D1751213

Beierlein/Kinne/Koch/Stackmann/Zimmermann

Der Mietprozess

Der Mietprozess

von

Ernst Beierlein
Rechtsanwalt in München

Harald Kinne
Vors. Richter am LG Berlin a.D.

Michael Koch
Rechtsanwalt in München
Fachanwalt für Miet- und
Wohnungseigentumsrecht

Dr. Nikolaus Stackmann
Vors. Richter am LG München I

Axel Zimmermann
Rechtsanwalt in München
Fachanwalt für Miet- und
Wohnungseigentumsrecht

Verlag C. H. Beck München 2006

Zitiervorschlag:

(z. B.) *Beierlein* in: Mietprozess 5. Kap. Rdn. 16

Verlag C. H. Beck im Internet:
beck.de

ISBN 3 406 52341 2

© 2006 Verlag C. H. Beck oHG
Wilhelmstraße 9, 80801 München
Druck und Bindung: fgb · freiburger graphische Betriebe
Bebelstr. 11, 79108 Freiburg

Satz: Druckerei C. H. Beck Nördlingen

Gedruckt auf säurefreiem, alterungsbeständigem Papier
(hergestellt aus chlorfrei gebleichtem Zellstoff)

Vorwort

Dieses Handbuch behandelt die in der Praxis vorkommenden gegenseitigen Ansprüche aus Mietverträgen. Ohne die Darstellung materiellen Rechts zu vernachlässigen, soll es vorrangig und gezielt eine systematische, konkrete Anleitung geben, welcher Sachvortrag für die prozessuale Durchsetzung von Ansprüchen notwendig und welches Verteidigungsvorbringen erfolgversprechend ist.

Wir haben dabei auch Wert auf die Darlegung der notwendigen vorprozessualen Schritte gelegt, damit später im Prozess schlüssig vorgetragen werden kann. Ein weiterer Schwerpunkt des Buches besteht in konkreten Hinweisen für eine aussichtsreiche Taktik im Prozess und in der vorausschauenden Berücksichtigung der sich daraus ergebenden Kostenfolgen.

In zwei eigenen Kapiteln werden die in der Praxis relevanten Probleme der Zwangsvollstreckung und die möglichen Rechtsmittel systematisch und umfassend dargestellt.

Die Autoren hoffen, mit dieser Aufbereitung des Mietprozesses einem Bedürfnis der Praxis entsprochen zu haben.

Veröffentlichte Rechtsprechung und Literatur konnten bis 31. 3. 2006 berücksichtigt werden. Fragen, die höchst- oder obergerichtlich bereits entschieden wurden, haben wir in der Regel nicht weiter vertieft; nur in Ausnahmefällen wurde die eigene abweichende Meinung dargestellt.

Besonderer Dank gilt den Mitarbeiterinnen Nency Malich und Ira Petrasch für die Arbeiten am Manuskript.

München/Berlin, im Juni 2006   Ernst Beierlein, Harald Kinne, Michael Koch,
                                      Nikolaus Stackmann, Axel Zimmermann

Es haben bearbeitet:

Ernst Beierlein,
Rechtsanwalt in München .... 3. Kap. (Klagen auf Duldung, Zustimmung oder Erlaubnis)
5. Kap. (Unterlassungsklagen)
6. Kap. (Feststellungsklagen)
9. Kap. I. (Klagen des Vermieters)
II. 2.–7. (Klagen des Mieters/ohne Mietpreisüberhöhung)
III. (Klagen Dritter)

Harald Kinne,
Vorsitzender Richter am Landgericht Berlin a. D. .... 4. Kap. (Mieterhöhungen)

Michael Koch,
Rechtsanwalt in München,
Fachanwalt für Miet- und Wohnungseigentumsrecht .... 1. Kap. I. (Zuständigkeit)
III. (Obligatorisches Schlichtungsverfahren)
2. Kap. (Räumungsklage)
12. Kap. (Zwangsvollstreckung)

Nikolaus Stackmann,
Dr. jur., Vorsitzender Richter
am Landgericht München I .... 13. Kap. (Rechtsbehelfe)

Axel Zimmermann,
Rechtsanwalt in München,
Fachanwalt für Miet- und Wohnungseigentumsrecht .... 1. Kap. II. (Prozessführungs- und Sachbefugnis)
7. Kap. (Vornahme einer Handlung)
8. Kap. (Stufenklage)
9. Kap. II. 1. (Klagen des Mieters/Mietpreisüberhöhung)
10. Kap. (Urkundenprozess)
11. Kap. (Einstweilige Verfügung)
14. Kap. (Selbständiges Beweisverfahren)

Inhaltsübersicht

Inhaltsverzeichnis IX
Abkürzungs- und Literaturverzeichnis XIX

1. Kapitel Allgemeiner Teil *(Koch/Zimmermann)* 1
2. Kapitel Räumungsklage *(Koch)* 31
3. Kapitel Klagen auf Duldung, Zustimmung oder Erlaubnis *(Beierlein)* 75
4. Kapitel Mieterhöhungen *(Kinne)* 105
5. Kapitel Unterlassungsklagen *(Beierlein)* 147
6. Kapitel Feststellungsklagen *(Beierlein)* 159
7. Kapitel Vornahme einer Handlung *(Zimmermann)* 171
8. Kapitel Stufenklage *(Zimmermann)* 191
9. Kapitel Zahlungsklagen *(Beierlein/Zimmermann)* 201
10. Kapitel Urkundenprozess *(Zimmermann)* 255
11. Kapitel Einstweilige Verfügung *(Zimmermann)* 259
12. Kapitel Zwangsvollstreckung *(Koch)* 281
13. Kapitel Rechtsbehelfe *(Stackmann)* 301
14. Kapitel Selbständiges Beweisverfahren *(Zimmermann)* 387

Sachregister 391

Inhaltsverzeichnis

Inhaltsverzeichnis IX
Abkürzungs- und Literaturverzeichnis XIX

1. Kapitel. Allgemeiner Teil
(Koch)

I. Zuständigkeit 1
   1. Sachliche Zuständigkeit 2
      a) Wohnraum 2
      b) Geschäftsraum 4
      c) Mischmietverhältnisse 5
      d) Werkswohnungen 6
   2. Örtliche Zuständigkeit 7
      a) Anwendungsbereich 7
      b) Wohnraum gem. § 549 Abs. 2 Nr. 1–3 BGB 8
      c) Klagen gegen Verwender von AGB 10
   3. Internationale Zuständigkeit 10
II. Prozessführungs- und Sachbefugnis *(Zimmermann)* 11
   1. Allgemeines 11
      a) Bedeutung nur einer Unterschrift bei Personenmehrheit im Rubrum 11
      b) Bedeutung mehrerer Unterschriften bei nur einer Person im Rubrum 13
      c) Bedeutung der Unterschrift im Zusammenhang mit einer juristischen Person 13
      d) Neue Bundesländer 14
   2. Verwalter 15
   3. Erbengemeinschaft 15
   4. Erwerber 16
   5. BGB-Gesellschaft 18
   6. Personenmehrheiten 20
      a) Aktivlegitimation und Prozessführungsbefugnis 20
      b) Passivlegitimation 23
   7. Insolvenzverwalter 23
   8. Nießbrauch-/Erbbauberechtigter 25
   9. Zwangsverwalter 25
   10. Nachlassverwalter 26
   11. Testamentsvollstrecker 26
   12. Mieterverein/Haus- und Grundbesitzerverein (Verbandsklage) 26
      a) Aktivlegitimation/Prozessführungsbefugnis 26
      b) Passivlegitimation 27
III. Obligatorisches Schlichtungsverfahren *(Koch)* 28
   1. Allgemeines 28
   2. Ausnahmen 28
   3. Landesrechtliche Bestimmungen 29
   4. Gang des Schlichtungsverfahrens 29

2. Kapitel. Räumungsklage
(Koch)

I. Abgrenzung Wohnraum/Gewerbe 31
   1. Allgemeines 31
   2. Mischmietverhältnisse 32
II. Klage auf künftige Leistung 32
   1. Wohnraum 32
   2. Gewerbe 33
   3. Ziehfrist bei fristloser Kündigung 34
III. Räumungsantrag und Schlüssigkeit des Vermietervorbringens 35
   1. Allgemeines 35

Inhalt

2. Antrag	36
3. Wohnraum	37
a) Ordentliche Kündigung	37
b) Fristlose Kündigung	45
4. Geschäftsraum	48
IV. Kündigung im Prozess	50
1. Zulässigkeit	50
2. Form	51
3. Erneute Räumungsklage	52
V. Sachvortrag des Mieters	53
1. Ordentliche Kündigung von Wohnraummietverhältnissen	54
2. Fristlose Kündigung von Wohnraummietverhältnissen	55
3. Geschäftsraummietverhältnisse	56
VI. Fortsetzungsantrag des Mieters	56
1. Anwendungsbereich	56
2. Voraussetzung	57
3. Fortsetzung nach Widerspruch	57
4. Gerichtliches Verfahren	58
5. Weitere Fortsetzung des Mietverhältnisses	58
VII. Räumungsfrist	60
1. Anwendungsbereich	60
2. Räumungsfrist gem. § 721 Abs. 1 ZPO	61
3. Räumungsfrist gem. § 721 Abs. 2 ZPO (künftige Räumung)	64
4. Verlängerung oder Verkürzung der Räumungsfrist gem. § 721 Abs. 3 ZPO	65
5. Höchstdauer der Räumungsfrist gem. § 721 Abs. 5 ZPO	65
6. Wirkung der Räumungsfrist	66
7. Rechtsmittel, § 721 Abs. 6 ZPO	67
8. Verzicht auf Räumungsfrist	67
9. Räumungsfrist bei Räumungsvergleichen, § 794 a ZPO	68
VIII. Kosten	70
1. Wohnraum	70
2. Geschäftsraum	72
3. Erledigung des Räumungsrechtsstreits in der Hauptsache	72
IX. Streitwert	73

3. Kapitel. Klagen auf Duldung, Zustimmung oder Erlaubnis
(Beierlein)

I. Allgemeines	75
II. Duldungspflichten des Mieters	76
1. Besichtigungs-/Betretungsrecht des Vermieters	76
2. Duldung von Umbau/Instandsetzung/Instandhaltung	77
a) Umbauarbeiten	77
b) Erhaltungsmaßnahmen (Instandsetzung/Instandhaltung)	78
3. Duldung Verbesserungs-, Modernisierungsmaßnahmen	79
4. Duldungsansprüche gegen Untermieter	83
III. Duldungspflichten des Vermieters	84
1. Wegnahme von Einrichtungen	84
2. Duldung baulicher Veränderungen	86
3. Duldung des Gebrauches des Mietsache	87
4. Installation von Anlagen	87
IV. Zustimmungspflichten des Vermieters	88
1. Bauliche Veränderungen	88
2. Veränderungen für eine behindertengerechten Nutzung der Wohnung	89
3. Zustimmung zur Tierhaltung	95
4. Zustimmung Gebrauchsüberlassung an Dritte/Untermiete	97
V. Zustimmungspflichten des Mieters	103

4. Kapitel. Mieterhöhungen
(Kinne)

I. Klage auf Zustimmung zur Erhöhung der Miete auf die ortsübliche Vergleichsmiete (§ 558 b BGB) 105
   1. Klageverfahren 105
   2. Beweisverfahren 115
   3. Kosten, Gebührenstreitwert, Beschwerdewert 120
   4. Nachholung formell unwirksamer Mieterhöhungsverlangen 122
   5. Nachteilige Vereinbarungen 125
II. Mieterhöhung nach Modernisierung (§ 559 BGB) 125
   1. Grundsätze 125
   2. Mieterhöhung gem. § 558 BGB und Modernisierungszuschlag 126
   3. Staffelmiete und Modernisierungszuschlag 127
   4. Indexmiete und Modernisierungszuschlag 127
   5. Klageverfahren 128
   6. Gebührenstreitwert 130
III. Staffelmieterhöhungen 131
   1. Vereinbarung 131
   2. Form 131
   3. Staffeldauer 132
   4. Ausschluss anderweitiger Mieterhöhungen 133
   5. Kündigungsrecht des Mieters 134
   6. Begrenzung der Staffel durch Verbot der Mietpreisüberhöhung 135
   7. Rechtsfolgen 136
   8. Klageverfahren 137
   9. Streitwert 137
IV. Indexmiete 137
   1. Allgemeines 137
   2. Zweck 138
   3. Anwendungsbereich 140
   4. Wirksamkeitsvoraussetzungen 141
      a) Vereinbarung 141
      b) Schriftform 141
      c) Indexierung 142
      d) Dauer der Vereinbarung 142
      e) Dauer der Indexmiete 143
   5. Mieterhöhungsverfahren 143
   6. Unwirksame Vereinbarungen 144
   7. Klageverfahren 145
   8. Streitwert 146

5. Kapitel Unterlassungsklagen
(Beierlein)

I. Allgemeines 147
II. Unterlassungsklagen des Vermieters 147
   1. Unterlassung vertragswidrigen Gebrauches des Mietsache 147
   2. Entfernung von Sachen aus Miträumen 153
   3. Streitwerte 153
III. Unterlassungsklagen des Mieters gegen den Vermieter 154
   1. Gegen Beeinträchtigungen/Störungen des Besitzes und Gebrauchsrechtes 154
   2. Abgrenzung zur Klage auf Vornahme einer Handlung 155
   3. Streitwerte 155
IV. Unterlassungsklagen des Mieters/Vermieters gegenüber Dritten 156
   1. Wegen Belastung des Mietobjektes mit einem Recht Dritter 156
   2. Unterlassungsansprüche Mieter gegenüber Untermieter 156

- 3. Unterlassungsansprüche Mieter gegenüber anderen Mietern oder sonstigen Dritten ... 157
- 4. Unterlassungsanspruch Vermieter gegen störende Dritte ... 157
- 5. Unterlassungsanspruch Grundpfandgläubiger gegen Mieter ... 157
- V. Gesetz über Unterlassungsklagen bei Verbraucherrechts- und anderen Verstößen ... 157

6. Kapitel. Feststellungsklagen
(Beierlein)

- I. Allgemeines ... 159
- II. Begriff des Rechtsverhältnisses ... 159
- III. Rechtliches Interesse an alsbaldiger Feststellung ... 160
- IV. Abgrenzung Leistungsklage ... 161
- V. Verjährungshemmung ... 162
- VI. Schlüssigkeit Klage/Darlegungs- und Beweislast positive und negative Feststellungsklage ... 163
- VII. Zwischenfeststellungsklage ... 164
- VIII. Weitere Beispielsfälle für mietrechtliche Feststellungsklagen ... 164
- IX. Streitwerte ... 168

7. Kapitel. Klage auf Vornahme einer Handlung
(Zimmermann)

- I. Klage des Mieters ... 171
  - 1. Beseitigung von Mängeln ... 171
    - a) Allgemeines ... 171
    - b) Antrag und Schlüssigkeit ... 172
    - c) Beweislast ... 174
    - d) Streitwert ... 175
  - 2. Auskunftsanspruch ... 175
  - 3. Herausgabe des Sparbuches oder der Bankbürgschaft ... 176
    - a) Sparbuch, Freigabeerklärung ... 176
    - b) Bürgschaft ... 178
    - c) Schlichtungsverfahren ... 178
  - 4. Abschluss eines Mietvertrages ... 178
    - a) Anspruch ... 178
    - b) Antrag ... 179
    - c) Schlüssigkeit ... 179
- II. Klage des Vermieters ... 180
  - 1. Durchführung von Schönheitsreparaturen ... 180
  - 2. Auskunftsanspruch ... 181
    - a) Wohnraum ... 181
    - b) Gewerbliches Mietverhältnis ... 182
    - c) Streitwert ... 182
  - 3. Entfernung eines Tieres ... 182
    - a) Anspruch ... 182
    - b) Antrag ... 183
    - c) Schlüssigkeit ... 183
    - d) Streitwert ... 183
    - e) Schlichtungsverfahren ... 183
  - 4. Beendigung der Nutzung der Räume durch den Untermieter ... 183
    - a) Wohnraummietverhältnisse ... 183
    - b) Gewerbliches Mietverhältnis ... 185
  - 5. Rückbau baulicher Veränderungen, Beseitigung von Einrichtungen ... 185
    - a) Anspruch ... 185
    - b) Klageantrag ... 185
    - c) Schlüssigkeit ... 186

Inhalt

6. Beseitigung von Schimmel	186
a) Antrag	186
b) Schlüssigkeit	186
7. Entfernung einer Parabolantenne	186
a) Anspruch	186
b) Antrag	187
c) Schlüssigkeit	187
d) Streitwert	188
e) Schlichtungsverfahren	188
8. Einräumung des Mitbesitzes	188
a) Anspruch	188
b) Antrag	189
c) Schlüssigkeit	189
III. Verweis auf weitere Klagemöglichkeiten	189

8. Kapitel. Stufenklage
(Zimmermann)

I. Allgemeines	191
II. Auskunftsanspruch des Mieters	191
1. Höhe der Kaution	191
2. Auskunft bezüglich der Anlageart	193
3. Rechnungslegung, Einsicht in die Unterlagen, Zahlungsklage	194
4. Streitwert	196
III. Auskunftsanspruch des Vermieters	196
1. Umsatz	196
2. Anzahl und Namen der Untermieter	197
3. Auskunft über den Verbleib von Pfandsachen	198

9. Kapitel. Zahlungsklagen
(Beierlein)

I. Klagen des Vermieters	201
1. Zahlung einer Barkaution	201
2. Zahlung von Mietrückständen	204
3. Betriebskostennachzahlungen	209
4. Zahlung künftiger Mieten	215
5. Zahlung Nutzungsentschädigung	217
6. Sonstige Zahlungsansprüche des Vermieters wegen Vorenthaltung	223
a) Schadensersatzansprüche	223
b) wegen unterbliebener Rückgabe der Mietsache	224
7. Sonstige Schadensersatzansprüche des Vermieters	225
a) Verzögerung von Modernisierungsarbeiten	225
b) Überschreitung des vertragsgemäßen Gebrauches	226
c) nicht durchgeführte Schönheitsreparaturen	229
d) durch den Mieter verschuldete fristlose Kündigung des Mietverhältnisses	232
II. Klagen des Mieters	233
1. Mietpreisüberhöhung *(Zimmermann)*	233
a) Mangellage	234
b) Unangemessen hohes Entgelt	235
c) Ausnutzung der Mangellage	235
2. Schadens- und Aufwendungsersatzanspruch wegen eines Mangels der Mietsache (§ 536 a BGB) *(Beierlein)*	236
a) Schadensersatzanspruch (§ 536 a Abs. 1 BGB)	236
b) Aufwendungsersatzanspruch nach § 536 a Abs. 2 BGB	239
3. Sonstige Ansprüche des Mieters auf Ersatz von Aufwendungen *(Beierlein)*	241
a) § 539 Abs. 1 BGB/Geschäftsführung ohne Auftrag	241
b) Aufwendungsersatzanspruch des Mieters nach § 554 Abs. 4 BGB	242
4. Sonstige Schadensersatzansprüche des Mieters *(Beierlein)*	243
a) Nutzlose Aufwendungen	243

       b) Schadensersatzansprüche des Mieters wegen Vorenthaltung der Mietsache/ Nichtgewährung des Gebrauches 244
       c) Schadensersatz des Mieters wegen Vereitelung des Vorkaufsrechtes nach § 577 BGB 245
       d) Schadensersatz des Mieters wegen entgangener Kautionszinsen 246
    5. Rückzahlung der Kaution *(Beierlein)* 246
    6. Rückzahlung einer Mietvorauszahlung (§ 547 BGB) *(Beierlein)* 249
    7. Bereicherungsansprüche des Mieters *(Beierlein)* 251
  III. Klagen Dritter gegen den Vermieter *(Beierlein)* 253

10. Kapitel. Urkundenprozess
(Zimmermann)

  I. Mietzahlung 255
    1. Wohnraummietverhältnisse 255
    2. Gewerberaummietverhältnisse 256
  II. Zukünftige Mieten/Nutzungsentschädigung 256
  III. Sonstige Ansprüche 257

11. Kapitel. Einstweilige Verfügung
(Zimmermann)

  I. Allgemeines 259
  II. Räumung 260
    1. Wohnraum 260
    2. Gewerberaum 261
  III. Doppelvermietung 262
  IV. Duldung 263
    1. Duldung der Modernisierung 263
    2. Duldung von Erhaltungsmaßnahmen 264
  V. Untersagung oder Erzwingung baulicher Maßnahmen 264
  VI. Mietzahlung 266
  VII. Konkurrenzschutz 266
  VIII. Betretungsrecht 267
  IX. Wiedereinräumung des Besitzes 268
  X. Betriebspflicht 269
  XI. Vermieterpfandrecht 270
    1. Anspruch des Vermieters 270
    2. Anspruch des Mieters auf Herausgabe 271
  XII. Untervermietung 271
    1. Anspruch des Vermieters 271
    2. Anspruch des Mieters 273
  XIII. Vorkaufsrecht des Mieters (§ 577 BGB) 273
  XIV. Kaution 275
  XV. Sonstige Fälle 275
    1. Konflikt mit Lebensgefährten 275
    2. Unzureichende Beheizung 276
    3. Einstweilige Verfügung auf Abschluss eines Hauptmietvertrages 276
    4. Lärmstörungen 276
    5. Widerruf einer Einzugsermächtigung 277
    6. Stellplatznutzung 277
    7. Bloßstellung 277
    8. Wassersperrung 277
    9. Störung der Gemeinschaftsantennenanlage 278
    10. Mängelrüge des Mieters gegenüber potentiellem Käufer 278
    11. Verbandsklage 278
  XVI. Anwaltszwang 278
  XVII. Vollziehungsfrist 279

XVIII. Schutzschrift	279
XIX. Rechtsbehelfe	279
XX. Streitwert	280

12. Kapitel. Zwangsvollstreckung
(Koch)

I. Vorläufige Vollstreckbarkeit	281
1. Ohne Sicherheitsleistung	281
2. Anträge der Parteien	282
II. Einstweilige Einstellung der Zwangsvollstreckung	283
III. Räumungsvollstreckung	285
1. Voraussetzungen	285
2. Titel gegen Schuldner	285
3. Durchführung der Zwangsräumung	287
IV. Handlung oder Unterlassung	291
1. Abgrenzung	291
2. Durchführung	293
V. Abgabe einer Willenserklärung	293
VI. Vollstreckungsschutz	294
1. Anwendungsbereich	294
2. Voraussetzungen	295
3. Verfahren	298

13. Kapitel. Rechtsbehelfe
(Stackmann)

I. Einleitung	302
1. Eingang der Entscheidung	303
2. Antrag auf Berichtigung und Ergänzung	303
II. Berufung	306
1. Einlegen der Berufung	306
a) Zuständiges Gericht	306
b) Formalien	308
c) Wiedereinsetzung in den vorigen Stand	308
d) Statthaftigkeit der Berufung	309
e) Beschwer	310
f) Anschlussberufung	311
g) Berufungsrücknahme	312
2. Berufungsbegründung	313
a) Frist und Fristverlängerung	313
b) Aufbau der Berufungsbegründung	314
c) Die Rügen im Einzelnen	320
3. Gerichtliche Reaktion auf Berufung und Berufungsbegründung	327
a) Beschlussverfahren	327
b) Urteilsverfahren	333
4. Berufungserwiderung	335
a) Fristverlängerung	335
b) Aufbau der Berufungserwiderung	336
5. Berufungsurteil	341
a) Entscheidungsgrundlage	341
b) Sachentscheidung oder Rückverweisung	343
c) Rechtsmittelzulassung	344
d) Inhalt des Berufungsurteils	345
III. Revision und Nichtzulassungsbeschwerde	348
1. Einlegen der Revision	348
a) Formalien	348
b) Statthaftigkeit der Revision	348

Inhalt

   c) Nichtzulassungsbeschwerde 349
   d) Anschlussrevision 354
   e) Zurücknahme der Revision 355
  2. Revisionsbegründung 356
   a) Vorüberlegung 356
   b) Inhalt der Rügen 357
  3. Zurückweisungsbeschluss und Revisionsurteil 358
 IV. Sprungrevision 359
  1. Statthaftigkeit 359
  2. Rügemöglichkeiten 360
  3. Einwilligung des Gegners 360
  4. Formalien 360
  5. Antrags- und Antragsbegründungsfrist 360
  6. Zulassungsentscheidung 361
 V. Sofortige Beschwerde 361
  1. Einlegen der sofortigen Beschwerde 361
   a) Zuständiges Gericht 361
   b) Formalien 361
   c) Beschwerdefrist 362
   d) Statthaftigkeit der sofortigen Beschwerde 362
   e) Beschwer 363
   f) Anschlussbeschwerde 364
   g) Beschwerderücknahme 364
  2. Beschwerdebegründung 364
  3. Abhilfeverfahren 366
  4. Entscheidung im Abhilfeverfahren 366
   a) Unzulässige Beschwerde 366
   b) Zulässige Beschwerde 366
  5. Beschwerdeverfahren 368
   a) Gesetzlicher Richter 368
   b) Verfahren des Beschwerdegerichts 369
   c) Entscheidung des Beschwerdegerichts 369
 VI. Beschwerde 370
 VII. Rechtsbeschwerde 371
  1. Einlegen der Rechtsbeschwerde 371
   a) Beschwerdefrist 371
   b) Formalien 371
   c) Statthaftigkeit der Rechtsbeschwerde 372
   d) Beschwer 372
   e) Anschlussrechtsbeschwerde 372
   f) Zurücknahme der Rechtsbeschwerde 372
  2. Begründung der Rechtsbeschwerde 373
   a) Gesetzlich zugelassene Rechtsbeschwerde 373
   b) Gerichtlich zugelassene Rechtsbeschwerde 373
  3. Entscheidung des Rechtsbeschwerdegerichts 374
 VIII. Weitere Beschwerde 374
  1. Einlegen der weiteren Beschwerde 374
   a) Zuständiges Gericht 374
   b) Formalien 374
   c) Beschwerdefrist und Wiedereinsetzung 374
   d) Statthaftigkeit der weiteren Beschwerde 375
   e) Anschlussbeschwerde 375
   f) Beschwerderücknahme 375
  2. Begründung der weiteren Beschwerde 375
  3. Abhilfe- und Beschwerdeverfahren 376
 IX. Weitere Rechtsbehelfe 376
  1. Erinnerung 376

2. Gehörsrüge 376
   a) Rügeschrift 377
   b) Mögliche Entscheidungen 380
3. Verfassungsbeschwerde zum Bundesverfassungsgericht 380
   a) Subsidiarität der Verfassungsbeschwerde 381
   b) Verhältnis zur Beschwerde zum Landesverfassungsgericht 382
   c) Beschwerdeschrift 383
   d) Verfahrensfortsetzung vor dem Ausgangsgericht 385

14. Kapitel. Selbständiges Beweisverfahren
(Zimmermann)

I. Allgemeines 387
II. Vermieter 388
III. Mieter 388
   1. Minderung 388
   2. Ortsüblichkeit der Miete 389
   3. Entschädigungshöhe 389
   4. Ablösevereinbarung zwischen Mieter und Nachmieter 390
IV. Streitwert 390

Sachregister 391

Abkürzungs- und Literaturverzeichnis

a. A.	anderer Ansicht
a. a. O.	am angegebenen Ort
Abs.	Absatz
abw.	abweichend
a. E.	am Ende
a. F.	alte(r) Fassung
AG	Amtsgericht, Aktiengesellschaft
AGB	allgemeine Geschäftsbedingungen
AGBG	Gesetz zur Regelung der allgemeinen Geschäftsbedingungen (außer Kraft)
Anm.	Anmerkung
AnwBl.	Anwaltsblatt, Erscheinungsjahr, Seite
Arnold/Meyer-Stolte/ Herrmann	Rechtspflegergesetz (RPflG). Kommentar, 6. Aufl. 2002
Aufl.	Auflage
Az.	Aktenzeichen
BAG	Bundesarbeitsgericht
Baumbach/Lauterbach/ Albers/Hartmann (Bearbeiter)	Zivilprozessordnung mit Gerichtsverfassungsgesetz und anderen Nebengesetzen, 64. Auflage, München 2006
BayAGGVG	Bayerisches Gesetz zur Ausführung des Gerichtsverfassungsgesetzes und von Verfahrensgesetzen des Bundes
BayObLG	Bayerisches Oberstes Landgericht
BB	Der Betriebsberater (Zeitschrift), Erscheinungsjahr, Seite
BbgVerfG	Verfassungsgericht des Landes Brandenburg
BerlVerfGH	Verfassungsgerichtshof des Landes Berlin
BFH	Bundesfinanzhof
BGB	Bürgerliches Gesetzbuch
BGBl.	Bundesgesetzblatt, Teil, Erscheinungsjahr, Seite
BGH	Bundesgerichtshof
BGHZ	Entscheidungen des Bundesgerichtshofs in Zivilsachen, Band, Seite
Blank/Börstinghaus	Miete, Kommentar, 2. Aufl. München 2004
BRAO	Bundesrechtsanwaltsordnung
BRAGO	Bundesgebührenordnung für Rechtsanwälte
Breuer	Das neue Insolvenzrecht, München 1998
Bub/Treier (Bearbeiter)	Handbuch der Geschäfts- und Wohnraummiete, 3. Auflage, München 1999
BVerfG	Bundesverfassungsgericht
BVerfGE	Entscheidungen des Bundesverfassungs-gerichts, Band, Seite
BVerfGG	Bundesverfassungsgerichtsgesetz
bzw.	beziehungsweise
Donkoff	Die zivilrechtliche Berufung, 3. Auflage, München 2005
Dunkl/Moeller/Baur/ Feldmeier (Bearbeiter)	Handbuch des vorläufigen Rechtsschutzes, 3. Auflage, München 1999
EuGH	Gerichtshof der Europäischen Gemeinschaften
EGZPO	Gesetz betreffend die Einführung der Zivilprozessordnung
EuGVO	Verordnung (EG) Nr. 44/2001 des Rats über die gerichtliche Zuständigkeit und die Anerkennung und Vollstreckung von Entscheidungen in Zivil- und Handelssachen

Abkürzungen und Literatur

f., ff.	folgende Seite, fortfolgende Seiten
FamRZ	Zeitschrift für das gesamte Familienrecht, Erscheinungsjahr, Seite
Fn	Fußnote
Franken	Mietverhältnisse in der Insolvenz, München 2002; ab 2. Auflage 2006: *Franken/Dahl*
GBO	Grundbuchordnung
GE	Das Grundeigentum (Zeitschrift), Erscheinungsjahr, Seite
GG	Grundgesetz
ggfs.	gegebenenfalls
GKG	Gerichtskostengesetz
Gogger	Insolvenzgläubigerhandbuch, München 2002
GRUR	Gewerblicher Rechtsschutz und Urheberrecht (Zeitschrift), Erscheinungsjahr, Seite
GUT	Gewerbemiete und Teileigentum (Zeitschrift), Erscheinungsjahr, Seite
GVG	Gerichtsverfassungsgesetz
Hannich/Meyer-Seitz	ZPO-Reform 2002 mit Zustellungsreformgesetz, München 2002
Hartmann	Kostengesetze, 35. Auflage, München 2005
Hartung/Römermann	Rechtsanwaltsvergütungsgesetz, München 2004
Herrlein/Kandelhard	Mietrecht, Kommentar, 2. Auflage, Recklinghausen 2004
Hinz/Junker/v. Rechenberg/Sternel	Text- und Diktathandbuch, Mietrecht, 3. Auflage 2004
h. M.	herrschende Meinung
Hs.	Halbsatz
InsO	Insolvenzordnung
i. S.	in Sachen
i. S. v.	im Sinne von
i. S. d.	im Sinne des, der
i. V. m.	in Verbindung mit
JA	Juristische Arbeitsblätter (Zeitschrift), Erscheinungsjahr, Seite
Jendrek (Hrsg.)	Münchner Prozessformularbuch, Mietrecht, 2. Auflage, München 2003
JurBüro	Juristisches Büro, Erscheinungsjahr, Seite
JZ	Juristenzeitung, Erscheinungsjahr, Seite
JuS	Juristische Schulung (Zeitschrift), Erscheinungsjahr, Seite
Justiz	Die Justiz (Zeitschrift), Erscheinungsjahr, Seite
Kap.	Kapitel
KG	Kammergericht Berlin/Kommanditgesellschaft
KGR	Kammergericht-Report
Kinne/Schach/Bieber	Miet- und Mietprozessrecht, 4. Auflage, Berlin 2005
Kossmann	Handbuch der Wohnraummiete, 6. Auflage, München 2003
KrsG	Kreisgericht
KV	Kostenverzeichnis zu § 3 Abs. 2 GKG, bzw. § 11 Abs. 1 GKG a. F.
Lammel	Heidelberger Kommentar zum Wohnraummietrecht, 2. Aufl. 2002
Langenberg	Betriebskostenrecht der Wohn- und Gewerberaummiete, 3. Auflage, München 2002
Langenberg SchönhRep.	Schönheitsreparaturen, Instandsetzung und Rückbau, 2. Aufl. München 2004
LG	Landgericht
Lindner-Figura/Oprée/Stellmann	Geschäftsraummiete München 2006

Abkürzungen und Literatur

LM	Lindenmaier/Möhring, Nachschlagewerk des Bundesgerichtshofs, Nummer, §, Gesetz
LMK	Kommentierte BGH-Rechtsprechung Lindenmaier-Möhring, Erscheinungsjahr, Seite
Lüke/Wax (Bearbeiter)	Münchener Kommentar zur Zivilprozessordnung-Bearbeiter, 2. Auflage, München 2000 und Aktualisierungsband-Bearbeiter München 2002
Maunz/Schmidt-Bleibtreu (Bearbeiter)	Bundesverfassungsgerichtsgesetz, Kommentar, Loseblattsammlung, München, Stand: 24. Ergänzungslieferung Januar 2005
MDR	Monatsschrift für Deutsches Recht (Zeitschrift, vierzehntägig erscheinend), Erscheinungsjahr, Seite
Mietprax	Mietrecht in der Praxis (Loseblattwerk), herausgegeben von Ulf P. Börsinghaus
MK (Bearbeiter)	Münchner Kommentar zur Zivilprozessordnung, 2. Auflage, München 2000 und Aktualisierungsband München 2002
MietRB	Mietrechtsberater (Zeitschrift), Erscheinungsjahr, Seite
MM	Mietermagazin (Zeitschrift)
Musielak (Bearbeiter)	Kommentar zur Zivilprozessordnung, 4. Auflage, München 2005
MünchKomm (Bearbeiter)	Münchner Kommentar zum BGB, 3. Auflage, 1995; 4. Auflage, 2002; 5. Auflage 2006 ff.
m.w.N.	mit weiteren Nachweisen
NJW	Neue Juristische Wochenschrift, Erscheinungsjahr, Seite
NJW-RR	Neue Juristische Wochenschrift Rechtsprechungs-Report, Erscheinungsjahr, Seite
NJW Spezial	Beilage zur NJW „zu speziellen Rechtsgebieten" (auch Miet- und Wohnungseigentumsrecht)
NMV	Neubaumietenverordnung
Nr., Nrn.	Nummer(n)
NZM	Neue Zeitschrift für Miet- und Wohnungsrecht, Erscheinungsjahr, Seite
Oberheim	Der Anwalt im Berufungsverfahren, München 2003
OLG	Oberlandesgericht
OLGR	OLG-Report
Palandt (Bearbeiter)	Bürgerliches Gesetzbuch, Kommentar, 65. Auflage, München 2006
Pauling	Rechtsmittel in Familiensachen, Berlin 2002
PKH	Prozesskostenhilfe
PZU	Postzustellungsurkunde
Rdn.	Randnummer(n)
RGKZ	Amtliche Sammlung von Entscheidungen des Reichsgerichts in Zivilsachen, Band, Seite
RGRK/Bearbeiter	Das Bürgerliche Gesetzbuch mit besonderer Berücksichtigung der Rechtsprechung des Reichsgerichts und des Bundesgerichtshofs, Kommentar, herausgegeben von Mitgliedern des Bundesgerichtshofs, 12. Auflage 1974 ff.
Rimmelspacher	Zivilprozessreform 2002, München 2002
Rosenberg/Schwab/Gottwald	Zivilprozessrecht, 16. Auflage, München 2004
Rpfleger	Der Deutsche Rechtspfleger, Erscheinungsjahr, Seite
RVG	Rechtsanwaltsvergütungsgesetz

Abkürzungen und Literatur

s., S.	siehe, Seite
Schellhammer	Zivilprozess, Gesetz-Praxis-Fälle, 10. Auflage, Heidelberg 2003
Schlaich/Korioth	Schlaich/Korioth Das Bundesverfassungsgericht, 6. Auflage, München 2004
Schmidt-Futterer (Bearbeiter)	Mietrecht, 8. Auflage, München 2003; demnächst: 9. Auflage 2006
Schmid (Hrsg.)	Miet- und Mietprozess, 4. Auflage, 2004
Schumann/Kramer	Die Berufung in Zivilsachen, 6. Auflage, München 2002
Stackmann	Rechtsbehelfe im Zivilprozess, München 2005
Staudinger (Bearbeiter)	J. von Staudingers Kommentar zum Bürgerlichen Gesetzbuch, Neubearbeitung 2003, Berlin
Stein/Jonas (Bearbeiter)	Kommentar zur Zivilprozessordnung, 22. Auflage, Tübingen 2004
Steinert/Theede	Zivilprozess, 8. Auflage, München 2004
Sternel	Mietrecht, 3. Auflage, Köln 1988
Sternel Mietrecht aktuell	Mietrecht aktuell, 3. Auflage, Köln 1996
str.	strittig
Thomas/Putzo (Bearbeiter)	Zivilprozessordnung, Kommentar, 27. Auflage, München 2005
u. H. a.	unter Hinweis auf
UKlaG	Unterlassungsklagegesetz
vgl.	vergleiche
VV	Vergütungsverzeichnis zu § 2 Abs. 2 RVG
WEG	Wohnungseigentumsgesetz
WM	Wertpapiermitteilungen (Zeitschrift), Erscheinungsjahr, Seite
Wolf/Eckert/Ball	Handbuch des gewerblichen Miet- und Pachtrechts, 9. Auflage, Köln 2004
WuM	Wohnungswirtschaft- und Mietrecht (Zeitschrift), Erscheinungsjahr, Seite
ZAP-PraxisKommentar (Bearbeiter)	Mietrecht. Herausgeber Jürgen Herrlein, Ronald Kandelhard, 2. Aufl., Recklinghausen 2004
z. B.	zum Beispiel
ZBR	Zurückbehaltungsrecht
ZIP	Zeitschrift für Wirtschaftsrecht, Erscheinungsjahr, Seite
ZMR	Zeitschrift für Miet- und Raumrecht, Erscheinungsjahr, Seite
Zöller (Bearbeiter)	Zivilprozessordnung, Kommentar, 25. Auflage, Köln 2005
ZPO	Zivilprozessordnung
ZR	Aktenzeichen des Bundesgerichtshofs für Revisionen
Zuck	Das Recht der Verfassungsbeschwerde, 2. Auflage, München 1988
ZVG	Zwangsversteigerungsgesetz
ZZP	Zeitschrift für Zivilprozess, Erscheinungsjahr, Seite

1. Kapitel. Allgemeiner Teil

Übersicht

	Rdn.		Rdn.
I. Zuständigkeit	1–64	6. Personenmehrheiten	109–126
1. Sachliche Zuständigkeit	7–34	a) Aktivlegitimation und Prozessführungsbefugnis	109, 110
a) Wohnraum	8–17	aa) Grundsatz	109, 110
b) Geschäftsraum	18–24	bb) gesetzliche Prozessstandschaft	111–118
c) Mischmietverhältnisse	25–30	cc) gewillkürte Prozessstandschaft	119–123
d) Werkswohnungen	31–34	b) Passivlegitimation	124–126
2. Örtliche Zuständigkeit	35–62	7. Insolvenzverwalter	127–136
a) Anwendungsbereich	36–49	8. Nießbrauch-/Erbbauberechtigter	137, 138
b) Wohnraum gem. § 549 Abs. 2 Nr. 1–3 BGB	50–58	9. Zwangsverwalter	139, 140
c) Klagen gegen Verwender von AGB	59–62	10. Nachlassverwalter	141
3. Internationale Zuständigkeit	63, 64	11. Testamentsvollstrecker	142–145
II. Prozessführungs- und Sachbefugnis	65–149	12. Mieterverein/Haus- und Grundbesitzerverein (Verbandsklage)	146–149
1. Allgemeines	65, 66	a) Aktivlegitimation	146, 147
a) Bedeutung nur einer Unterschrift bei Personenmehrheit im Rubrum	67–70	b) Passivlegitimation	148, 149
b) Bedeutung mehrerer Unterschriften bei nur einer Person im Rubrum	71, 72	III. Obligatorisches Schlichtungsverfahren	150–163
c) Bedeutung der Unterschrift im Zusammenhang mit einer juristischen Person	73–81	1. Allgemeines	150–155
d) Neue Bundesländer	82	2. Ausnahmen	156, 157
2. Verwalter	83–86	3. Landesrechtliche Bestimmungen	158, 159
3. Erbengemeinschaft	87–91	4. Gang des Schlichtungsverfahrens	160–163
4. Erwerber	92–99		
5. BGB-Gesellschaft	100–108		

I. Zuständigkeit

Die Zuständigkeit regelt, welches Gericht der ordentlichen Gerichtsbarkeit (§ 12 GVG) einen Rechtsstreit zu entscheiden hat. Die hiervon zu trennende **Zulässigkeit** des ordentlichen Rechtswegs ergibt sich aus § 13 GVG. Danach gehören vor die ordentliche Gerichte alle bürgerlichen Rechtsstreitigkeiten und Strafsachen, für die nicht entweder die Zuständigkeit von Verwaltungsbehörden oder Verwaltungsgerichten begründet ist oder aufgrund von Vorschriften des Bundesrechts besondere Gerichte bestellt oder zugelassen sind. Hält das ordentliche Gericht des ersten Rechtszugs (AG oder LG) den beschrittenen Rechtsweg für unzulässig, so spricht das Gericht dies nach Anhörung der Parteien von Amtswegen aus und verweist den Rechtsstreit sogleich an das zuständige Gericht des zulässigen Rechtswegs (§ 17a Abs. 2 Satz 1 GVG). Ein Antrag ist daher nicht erforderlich. Im Mietprozess können sich Zulässigkeitsfragen bei Rechtsstreitigkeiten um Werkwohnungen ergeben, siehe weiter unten Rdn. 31 ff. 1

Sowohl die Zuständigkeit als auch die Zulässigkeit des Rechtswegs ist vom Gericht **von Amts wegen** zu prüfen. Eine Amtsermittlung findet jedoch nicht statt. Vielmehr hat der Kläger substantiiert die Tatsachen darzutun, welche die Zuständigkeit des an- 2 gerufenen Gerichts begründen.[1] Bestehen seitens des Gerichts Bedenken an seiner Zuständigkeit, hat der Kläger die Beweislast für die Tatsachen, die die Zuständigkeit des Gerichts begründen, z.B. Eigenschaft als Miet- oder Pachtraum. In Zweifelsfällen empfiehlt sich daher bereits in der Klagebegründung entsprechender Sachvortrag.

3   Beurteilungsgrundlage für das Gericht ist nämlich die Rechtsnatur des mit der Klage geltend gemachten Anspruches, wie er sich aus dem Klageantrag in Verbindung mit den dazu zur Begründung vorgetragenen Tatsachenbehauptungen ergibt.[2]

4   Haben die Parteien eine **Schiedsvereinbarung** getroffen, ist das Schiedsgericht ausschließlich zuständig. Eine Klage an das ordentliche Gericht ist unzulässig, § 1032 Abs. 1 ZPO. Zu beachten ist allerdings, dass eine Schiedsvereinbarung über Rechtsstreitigkeiten, die den Bestand eines Mietverhältnisses über Wohnraum im Inland betreffen, unwirksam ist, soweit es sich nicht um Wohnraum der in § 549 Abs. 2 Nr. 1–3 BGB bestimmten Art[3] handelt, § 1030 Abs. 2 ZPO. Unter das Verbot des § 1030 Abs. 2 ZPO fallen daher mit der o.g. Ausnahme alle Räumungsklagen über Wohnraum sowie alle Klagen zur Feststellung des Bestehens oder Nichtbestehens eines Miet- oder Untermietverhältnisses über Wohnraum.

5   § 1030 Abs. 2 ZPO gilt nicht für Streitigkeiten über sonstige Ansprüche aus dem Mietverhältnis.[4] Insoweit sind Schiedsvereinbarungen zulässig, also auch bei Klagen auf Zustimmung zur Mieterhöhung. Hierbei liegt keine zum Nachteil des Mieters abweichende Vereinbarung gem. § 558b Abs. 4 BGB vor. Das Schiedsgericht ist an die materiell rechtlichen Bestimmungen des BGB ebenso gebunden wie ein staatliches Gericht.[5] Die zwingenden Vorschriften z.B. bezüglich eines Mieterhöhungsverfahrens können daher durch eine Schiedsvereinbarung nicht umgangen werden. Dies gilt auch für Erleichterungen bezüglich des Klageverfahrens, z.B. der Verlängerung der Klagefrist.[6]

6   Zwar hat der Schiedsspruch gem. § 1055 ZPO die Wirkung eines rechtskräftigen gerichtlichen Urteils. Damit gilt in einem Verfahren auf Zustimmung zur Mieterhöhungen die Zustimmung des Mieters gem. § 894 ZPO als erteilt. Zu beachten ist allerdings, dass die Wirkung erst nach einer gerichtlichen Vollstreckbarerklärung gem. § 1060 ZPO eintritt.[7] Der zeitliche Vorteil des Wegfalls der Berufung wird dadurch wieder geschmälert.

1. Sachliche Zuständigkeit

7   Die sachliche Zuständigkeit der Gerichte wird durch das Gesetz über die Gerichtsverfassung bestimmt, § 1 ZPO. Hierdurch wird bestimmt, welches Gericht in der 1. Instanz den Rechtsstreit zu entscheiden hat. Die sachliche Zuständigkeit des AG ergibt sich aus §§ 23 bis 23c GVG, die sachliche Zuständigkeit des LG aus § 71 GVG.

8   **a) Wohnraum.** Gemäß § 23 Nr. 2a GVG sind die Amtsgerichte ohne Rücksicht auf den Wert des Streitgegenstandes zuständig für Streitigkeiten über Ansprüche aus einem Mietverhältnis über Wohnraum oder über den Bestand eines solchen Mietverhältnisses; diese Zuständigkeit ist ausschließlich.

9   **aa) Allgemeines. Ein Mietverhältnis** liegt vor, wenn die Parteien einen Vertrag über die Überlassung einer beweglichen oder unbeweglichen Sache gegen die Zahlung eines Entgeltes schließen.[8]

---

[1] *Heinrich* in *Musielak* § 1 ZPO Rdn. 16.
[2] *Wittschier* in *Musielak* § 23 GVG Rdn. 2.
[3] S. hierzu Rdn. 50 ff.
[4] *Geimer* in *Zöller* § 1030 ZPO Rdn. 21.
[5] *Kossmann* § 144 Rdn. 14.
[6] *Börstinghaus* in *Schmidt-Futterer* § 558b BGB Rdn. 176.
[7] *Kossmann* a.a.O.
[8] BGH NJW 1993, 3131.

I. Zuständigkeit

Auf die Höhe des Entgeltes kommt es hierbei nicht an. Auch bei einer Gefälligkeitsmiete liegt ein Mietverhältnis vor, so, wenn der Mieter nur die Betriebskosten oder einen Teil davon zahlt. Unter Entgelt ist jede Gegenleistung des Mieters zu verstehen, z. B. auch Dienst- oder Werkleistungen.

Wohnraum ist jeder zum Wohnen (insbesondere Schlafen, Essen, Kochen sowie dauernder privater Benutzung) bestimmter Raum in einem Gebäude.[9] Darunter fallen auch Untermietverhältnisse sowie die Mietverhältnisse gem. 549 Abs. 2, 3 BGB (vgl. hierzu weiter unten Rdn. 50 ff.).

Nicht unter diese Bestimmung fallen Pachtverhältnisse (§ 581 BGB).

bb) Anwendungsbereich. Die Vorschrift ist weit auszulegen. Somit werden alle Ansprüche aus einem Wohnraummietverhältnis einschließlich der Klage auf Feststellung des Bestehens oder Nichtbestehens umfasst. Dies gilt auch für Leistungsklagen aus abgetretenen und gepfändeten Ansprüchen.[10] Umstritten ist, ob eine nur[11] auf § 985 BGB gestützte **Räumungsklage** die Zuständigkeit des Amtsgerichts begründet, wenn der Beklagte sich auf das Bestehen eines Mietverhältnisses beruft, das vom Kläger bestritten wird.[12] Nur dann, wenn eine Herausgabeklage ohne eine (streitige) mietrechtliche Beziehung zwischen den Parteien ausschließlich auf § 985 BGB gestützt ist, ist § 23 Nr. 2a GVG nicht anwendbar (so z. B. wenn der Verkäufer einer Wohnung sich im notariellen Kaufvertrag zum Auszug bis zu einem bestimmten Termin verpflichtet und nicht räumt).

So ist das Amtsgericht sachlich zuständig, wenn ein Anspruch auf Unterlassung der Zwangsvollstreckung aus einem Titel über Wohnraummiete gem. § 826 BGB geltend gemacht wird.[13]

Bei Ansprüchen des Vermieters auf Grund eines selbständigen Gewähr-, Garantie- oder **Bürgschaftsvertrages** gegen einen Dritten, der nicht Partei des Wohnraummietverhältnisses ist, handelt es sich nicht um Streitigkeiten über Ansprüche aus einem Mietverhältnis über Wohnraum.[14] Die Instanzgerichte haben die sachliche und örtliche Zuständigkeit des Amtsgerichts gem. §§ 23 Nr. 2a GVG, 29a ZPO teilweise aus Zweckmäßigkeitsgründen bejaht.[15] Der Geltungsbereich des § 23 Nr. 2a GVG umfasst aber schon nach dem Wortlaut[16] nur solche Rechtsstreitigkeiten, an denen die Prozessbeteiligten als Parteien des Mietvertrages, seiner Anbahnung oder Abwicklung beteiligt sind. Da die Bestimmungen der §§ 23 Nr. 2a GVG und 29a ZPO vom Wortlaut und Sinn her gleich auszulegen sind (bis auf die Ergänzung „Wohnraum" in § 23 Nr. 2a GVG), wird auch für die sachliche Zuständigkeit die Rechtsprechung des BGH in Zukunft zu beachten sein.[17]

Die Zuständigkeit des Amtsgerichts ist auch dann gegeben, wenn ein Herausgabeanspruch gem. §§ 546 Abs. 2, 985 BGB gegen den Endmieter geltend gemacht wird, unabhängig davon, ob eine gewerbliche Zwischenvermietung gem. § 565 BGB vorliegt oder nicht.[18]

---

[9] *Weidenkaff* in *Palandt* Einf. Rdn. 89 vor § 535 BGB.
[10] OLG Karlsruhe NJW-RR 2002, 1167.
[11] Im Falle der Anspruchskonkurrenz (Räumungsanspruch sowohl gem. § 556 Abs. 1 BGB als auch nach §§ 812, 985 und 1004 BGB) ist das Amtsgericht zuständig.
[12] Für Zuständigkeit des Amtsgerichts: OLG Hamburg WuM 1990, 393; OLG Bremen WuM 1990, 526 (wohl zu weitgehend: Auch bei Räumungsklagen gegen Hausbesetzer soll das Amtsgericht zuständig sein). A. A. *Wittschier* in *Musielak* § 23 GVG Rdn. 10 m. w. N.
[13] LG Hamburg WuM 2003, 38.
[14] BGH NZM 2004, 299 zu § 29a ZPO.
[15] LG Hamburg, WuM 2003, 38.
[16] Vgl. BGH a. a. O. zu § 29a Abs. 1 ZPO.
[17] Vgl. zur örtlichen Zuständigkeit Rdn. 35 ff.
[18] Vgl. BGH WuM 2003, 563.

17 Entscheidend ist, dass der Endmieter die Räume zu Wohnzwecken nutzt und sich je nach Fallgestaltung auf den Kündigungsschutz des sozialen Mietrechts berufen kann.

18 **b) Geschäftsraum.** Die **sachliche Zuständigkeit** bestimmt sich nach den §§ 23 Nr. 1, 71 Abs. 1 GVG. Danach ist das Amtsgericht zuständig bei Streitigkeiten über Ansprüche, deren Gegenstand an Geld oder Geldeswert die Summe von € 5000 nicht übersteigt. Der **Zuständigkeitsstreitwert** bei Räumungsklagen ist gem. § 8 ZPO zu ermitteln.[19] Danach ist der Betrag der auf die gesamte streitige Zeit entfallenden Pacht oder Miete entscheidend und, wenn der 25-fache Betrag des einjährigen Entgelts geringer ist, dieser Betrag. Die Höhe richtet sich nach der vertraglich vereinbarten Miete ohne Betriebskostenvorauszahlungen.[20] Ein Pauschale auf die Betriebskosten wird hingegen angerechnet.

19 Die **streitige Zeit** bestimmt sich nach den Angaben in der Klageschrift. Sie ist der gesamte Zeitraum, für den vom Vermieter Miete verlangt wird. Die streitige Zeit beginnt mit der Klageerhebung.[21] Sie endet mit dem Tag, an dem der Vertrag, wenn er auf feste Zeit abgeschlossen wurde, abläuft. Ist das Mietverhältnis auf unbestimmte Zeit abgeschlossen, endet die streitige Zeit an dem Tag, auf den derjenige hätte kündigen können, der die längere Bestehenszeit behauptet.[22] § 8 ZPO gilt nicht bei Klagen des Vermieters auf Räumung, wenn die Beendigung des Mietverhältnisses unstreitig ist, der Mieter aber gleichwohl nicht räumt. Der Zuständigkeitsstreitwert ist in diesem Fall nach § 6 ZPO zu ermitteln.[23]

20 Geschäftsräume sind alle Räume, die zu anderen als Wohnzwecken vermietet worden sind. Entscheidend ist der **vertraglich vereinbarte Zweck.** Eine fehlerhafte oder zur Umgehung der Schutzvorschriften des sozialen Mietrechts gewählte Bezeichnung im Mietvertrag (z.B. Formular über Geschäftsräume statt über Wohnräume) ist allerdings unbeachtlich.[24]

21 Die einmal vertraglich vereinbarte Nutzungsart bleibt für das Mietverhältnis auch dann bestimmend, wenn der Mieter die Nutzungsart ändert, und selbst dann, wenn der Vermieter von der Umwandlung Kenntnis hat.[25] Wandelt der Mieter zu gewerblichen Zwecken angemietete Räume im Laufe des Mietverhältnisses in Wohnraum um, so bleibt das Mietverhältnis weiterhin ein solches zu gewerblichen Zwecken.[26]

22 Zwar können die Parteien eines Geschäftsraummietverhältnisses die Anwendung der für die Wohnraummiete geltenden Kündigungsschutzbestimmungen vereinbaren. Dies führt jedoch nicht zur Zuständigkeit des Amtsgerichts gem. § 23 Nr. 2a GVG.[27]

23 Liegt der **Vertragszweck** in der **Weitervermietung** oder anderweitigen Überlassung der Miträume an Dritte, auch wenn es sich hierbei um Wohnräume handelt, liegt gleichwohl ein Geschäftsraummietvertrag vor. Entscheidend ist, dass der Vertragszweck sich nicht auf Wohnen richtet, sondern auf die Überlassung an weitere Personen. Unerheblich ist, ob mit der Überlassung eine Gewinnerzielungsabsicht verfolgt wird (gewerblicher Zwischenvermieter) oder nicht.[28]

24 Im Falle der sachlichen Zuständigkeit des Landgerichtes können Klagen auf Antrag des Klägers gem. § 96 GVG vor der **Kammer für Handelssachen** verhandelt wer-

---

[19] BGH NJW-RR 1992, 1359.
[20] *Herget* in *Zöller* § 8 ZPO Rdn. 6; BGH ZMR 1999, 615.
[21] BGH NJW-RR 1999, 1385.
[22] BGH NJW-RR 1992, 1359.
[23] OLG Karlsruhe WuM 1994, 338.
[24] *Blank* in *Schmidt-Futterer* vor § 535 BGB Rdn. 78.
[25] OLG Düsseldorf WuM 2004, 193.
[26] OLG Düsseldorf a.a.O.
[27] *Fischer* in *Bub/Treier* Kap. VIII Rdn. 6; AG Frankfurt WuM 1988, 316.
[28] *Blank* in *Schmidt-Futterer* vor § 535 BGB Rdn. 80.

den, wenn der Kläger dies in der Klageschrift beantragt hat und die übrigen Voraussetzungen hierfür vorliegen. Danach sind Handelssachen Rechtsstreitigkeiten, in denen durch die Klage ein Anspruch geltend gemacht wird gegen einen Kaufmann im Sinne des Handelsgesetzbuches, sofern er in das Handelsregister oder Genossenschaftsregister eingetragen ist oder auf Grund einer gesetzlichen Sonderregelung für juristische Personen des öffentlichen Rechts nicht eingetragen zu werden braucht, aus Geschäften, die für beide Teile Handelsgeschäfte sind, § 95 Abs. 1 Nr. 1 GVG. Der Abschluss des Mietvertrages muss daher für die Vertragsparteien ein Handelsgeschäft sein. Für den Mieter, der Kaufmann ist, ist die Anmietung von Geschäftsräumen zur Ausübung seines Gewerbes ein Handelsgeschäft gem. § 343 HGB. Bei einem Vermieter werden die Voraussetzungen eines Handelsgeschäftes allerdings nur dann vorliegen, wenn er die Vermietung oder Verpachtung als gewerbliche Tätigkeit betreibt. Hierbei handelt es sich nicht um eine Frage der sachlichen Zuständigkeit, sondern der gesetzlich geregelten Geschäftsverteilung.[29]

c) Mischmietverhältnisse. aa) Begriff. Werden Wohnräume und Geschäftsräume zugleich vermietet, liegt ein Mischmietverhältnis vor. Dies ist z.B. der Fall bei Vermietung eines Ladens mit dazugehöriger Wohnung, einer Gastwirtschaft mit Wirtswohnung, einer Wohnung, die sowohl dem Wohnen als auch der Berufsausübung dient. Ein Mischmietverhältnis liegt auch dann vor, wenn in einem einheitlichen Vertrag Wohn- und Geschäftsräume, die voneinander getrennt sind, sei es im gleichen Haus, sei es in verschiedenen Häusern, vermietet sind. 25

Für ein solches Mietverhältnis gelten entweder die Bestimmungen des Wohnraummietrechtes oder die der Geschäftsraummiete. Eine Aufspaltung des Vertrages dahin, dass für den zu Wohnzwecken genutzten Teil Wohnraummietrecht, für die restlichen Räume gewerbliches Mietrecht angewendet wird, ist nicht möglich.[30] Dies ist bei der Bestimmung des zuständigen Gerichts im Falle der Klageerhebung zu beachten. 26

bb) Vertragszweck. Entscheidend dafür, welche rechtlichen Bestimmungen zur Anwendung kommen, ist grundsätzlich der Parteiwille, wie er regelmäßig im Mietvertrag zum Ausdruck kommt.[31] Die Parteien entscheiden privatautonom, welche Vertragszwecke sie verfolgen wollen. Von dieser, keiner gesetzlichen Regulierung unterliegenden Entscheidung hängt dann erst ab, welche gesetzliche Regeln auf das Vertragsverhältnis anzuwenden sind.[32] Entscheidend ist dabei der wahre, das Rechtsverhältnis prägende Vertragszweck, also das, was dem tatsächlichen und übereinstimmenden Willen der Parteien entspricht. Dieser Parteiwille ist gegebenenfalls nach den allgemeinen Regeln auszulegen.[33] Ein vorgetäuschter Nutzungszweck ist unbeachtlich (Verwendung eines Formulars über Geschäftsräume, um die Wohnraumschutzgesetze zu umgehen).[34] 27

cc) Übergewichtstheorie. Die rechtliche Einordnung erfolgt danach, welcher Zweck überwiegt.[35] So liegt in der Regel dann, wenn der Mieter aus der Nutzung der Räume seinen Lebensunterhalt erwirtschaftet, ein Geschäftsraummietverhältnis vor (z.B. Gaststätte mit Wirtswohnung oder Einzelhandelsgeschäft mit Wohnung).[36] Wenn die gewerbliche Nutzung zum Erwerb des Lebensunterhalts im Vordergrund steht, ist ein einheitliches Geschäftsraummietverhältnis auch dann anzunehmen, wenn die zu 28

---

[29] *Gummer* in *Zöller* vor § 93 GVG Rdn. 1.
[30] BGH ZMR 1986, 278.
[31] BGH a.a.O.
[32] OLG Düsseldorf NZM 2002, 739.
[33] OLG Düsseldorf a.a.O.
[34] LG Frankfurt/Main WuM 1992, 112.
[35] BGH ZMR 1986, 278.
[36] LG Hamburg WuM 1993, 36.

Wohnzwecken genutzte Fläche überwiegt.[37] Wird zusammen mit der Wohnung eine Garage vermietet, handelt es sich ebenfalls um ein Mischmietverhältnis, bei dem Wohnraum überwiegt. Dagegen überwiegt der gewerbliche Teil in einem Mischmietverhältnis dann, wenn die Fläche der vermieteten Gewerberäume und die auf sie entfallende Miete ein Vielfaches der entsprechenden Größe der Wohnräume darstellt und sich eine hiervon abweichende rechtliche Einordnung des Vertrages aus vertraglichen Erklärungen der Parteien nicht ergibt.[38] Der Umstand allein, dass die Wohnung den Lebensmittelpunkt des Mieters bildet, führt nicht dazu, dass auf den Wohnraumteil die Mieterschutzbestimmungen anzuwenden sind.[39]

29 Da vorrangig auf den Vertragszweck, wie er sich aus dem **Parteiwillen** ergibt, abzustellen ist, werden in der Praxis Fälle völliger Gleichwertigkeit der beiden Nutzungsarten höchst selten auftreten. Die Rechtsprechung ist für diesen Fall uneinheitlich.[40] Richtigerweise wird auf den Einzelfall abzustellen sein, also ob es dem Mieter mehr auf die Anmietung von Wohnraum oder von Geschäftsräumen angekommen ist.[41]

30 Vereinzelt wird angenommen, dass das Amtsgericht im Räumungsklageverfahren bezüglich des Gesamtobjektes im einheitlichen Mischmietverhältnis ausschließlich zuständig ist.[42] Dies ist abzulehnen. Da das Verfahrensrecht keinen besonderen Wohnraumbegriff enthält, ist hier der Wertung im materiellen Mietrecht zu folgen.[43] Die gem. Parteiwillen und Vertragszweck überwiegende Nutzungsart ist daher auch dafür maßgeblich, welches Gericht sachlich zuständig ist.[44]

31 **d) Werkswohnungen. aa) Begriff.** Unter einer Werkswohnung wird Wohnraum verstanden, der im Hinblick auf ein Arbeitsverhältnis einem Arbeitnehmer überlassen ist.

32 **bb) Werkmietwohnung.** Ist Wohnraum mit Rücksicht auf das Bestehen eines Dienstverhältnisses vermietet, so handelt es sich um eine Werkmietwohnung (§ 576 Abs. 1 BGB). Bei einer Werkmietwohnung wird zwischen den Parteien neben dem Arbeitsvertrag ein selbständiger Mietvertrag geschlossen. Bei Werkmietwohnungen ist der Rechtsweg zu den ordentlichen Gerichten gegeben.[45]

33 **cc) Werkdienstwohnungen.** Hier ist der Wohnraum im Rahmen eines Dienstverhältnisses überlassen (§ 576b Abs. 1 BGB). Der Arbeitsvertrag ist die alleinige Rechtsgrundlage für die Nutzung des Wohnraums. Der Unterschied zur funktionsgebundenen Werkmietwohnung (§ 576 Abs. 1 Nr. 2 BGB) liegt darin, dass für die Überlassung der Wohnung kein eigener Mietvertrag geschlossen wird.[46] Die Überlassung des Wohnraums ist ein Teil der Vergütung für die Arbeitsleistung.

34 Während der Dauer des Arbeitsverhältnisses ist der Rechtsweg zu den ordentlichen Gerichten nicht eröffnet. Vielmehr sind während dieser Zeit die **Arbeitsgerichte** auch für Klagen, die die Wohnungsnutzung betreffen, gem. § 2 Abs. 1 Nr. 3a ArbGG zuständig.[47] Nach Beendigung des Arbeitsverhältnisses besteht hinsichtlich der Nutzung des Wohnraums ein gesetzliches Schuldverhältnis, das in seiner rechtlichen Beurteilung

---

[37] LG Hamburg a.a.O.; vgl. auch OLG Köln ZMR 2001, 963 betr. Zahnarztpraxis in Wohnung sowie BGH ZMR 1986, 278 betr. Anwaltskanzlei in Wohnung.
[38] OLG Schleswig NJW 1983, 49.
[39] OLG Schleswig a.a.O.
[40] Für Geschäftsraummiete: LG Mannheim ZMR 1966, 107; für Wohnraummiete: LG Frankfurt ZMR 1992, 542.
[41] *Reinstorf* in *Bub/Treier* Kap. I Rdn. 111.
[42] AG Fürth WuM 2001, 599.
[43] *Reinstorf* in *Bub/Treier* Kap. I Rdn. 99.
[44] *Gummer* in *Zöller* § 23 GVG Rdn. 9.
[45] BAG WuM 1990, 391.
[46] BAG NZA 1993, 272.
[47] BAG ZMR 2000, 361.

einem vertraglich begründeten Mietverhältnis gleichzustellen ist. Deshalb besteht ab diesem Zeitpunkt die ausschließliche Zuständigkeit des örtlichen Amtsgerichts.[48]

2. Örtliche Zuständigkeit

Für Streitigkeiten über Ansprüche aus Miet- oder Pachtverhältnissen über Räume 35 und über das Bestehen solcher Verhältnisse ist das Gericht ausschließlich zuständig, in dessen Bezirk sich die Räume befinden, § 29a Abs. 1 ZPO. Gerichtsstandsvereinbarungen sind daher unzulässig, § 40 Abs. 2 Nr. 2 ZPO.

a) Anwendungsbereich. Die Vorschrift ist weit auszulegen. Sie gilt für alle Pro- 36 zessarten und alle Arten von Klagen, über alle Arten von Räumen und über das Bestehen solcher Rechtsverhältnisse. Ausgenommen von der Anwendung sind Mietverhältnisse gem. § 549 Abs. 2 Nr. 1–3 BGB (siehe hierzu Rdn. 50 ff.).

Sinn und Zweck der Vorschrift ist es, dass Verfahren über Mietstreitigkeiten beim 37 ortsnahen Gericht durchgeführt werden sollen, welches mit den örtlichen Verhältnissen vertraut ist und eine eventuelle Beweisaufnahme leichter durchführen kann.[49]

Die Neufassung der Vorschrift durch Artikel 1 Nr. 2 RpflEntlG vom 11. 1. 1993 38 (BGBl I, S. 50) in Form einer Generalklausel beseitigt die früheren Auslegungsschwierigkeiten.

aa) Streitigkeiten. Darunter fallen Leistungs- Feststellungs- sowie Gestaltungskla- 39 gen. Die Vorschrift gilt auch für Arrest und einstweilige Verfügung.[50]

bb) Räume. Darunter sind alle Gebäude und Innenräume von Gebäuden zu ver- 40 stehen, und zwar sowohl Wohnräume als auch andere Räume (z. B. auch Garagen, nicht aber Parkplatz im Parkhaus).[51] Nicht unter die Bestimmung fallen daher Grundstücksflächen sowie bewegliche Sachen und deren Innenräume (Wohnwagen).

cc) Ansprüche aus Miet- und Pachtverhältnis. Die Bestimmung gilt für An- 41 sprüche von oder gegen den (gewerblichen) Zwischenmieter oder Endmieter. § 29a ZPO erfasst allerdings nur Streitigkeiten über Ansprüche aus Miet- oder Pachtverhältnissen über Räume oder über das Bestehen solcher Verhältnisse, also Rechtsstreitigkeiten, an denen die Prozessbeteiligten als Parteien des Vertrags, seiner Anbahnung oder Abwicklung beteiligt sind.[52] Bei Ansprüchen des Vermieters gegen einen Dritten aus einem selbständigen Gewähr- oder Garantievertrag oder aus einer **Bürgschaft** handelt es sich dagegen nicht um Streitigkeiten aus einem Miet- oder Pachtverhältnis, seiner Anbahnung oder Abwicklung, sondern um Ansprüche aus einem selbständigen Rechtsgeschäft. Sie unterscheiden sich damit auch von einem Schuldbeitritt, bei dem der Mitübernehmer neben der ursprünglichen Vertragspartei in ein bestehendes Schuldverhältnis eintritt und damit Partei des Miet- oder Pachtvertrages wird.[53] Vom Gerichtsstand des § 29 a ZPO werden daher Ansprüche des Vermieters auf Grund eines selbständigen Gewähr-, Garantie- oder Bürgschaftsvertrags gegen einen Dritten, der nicht Partei eines Miet- oder Pachtvertrags über Räume, dessen Anbahnung oder Abwicklung ist, nicht erfasst.[54]

§ 29a ZPO gilt auch für Streitigkeiten über das Bestehen von Miet- oder Pachtver- 42 hältnissen. Hierunter fallen sowohl **Räumungs-** als auch **Feststellungsklagen.** Da die Vorschrift ihrem Sinn nach weit zu fassen ist, fallen darunter auch Klagen auf Abschluss eines Mietvertrages aufgrund eines Vorvertrages oder einer Anmietoption.

---

[48] *Blank* in *Schmidt-Futterer* vor § 576 BGB Rdn. 12.
[49] LG Frankenthal NJW-RR 1997, 334.
[50] *Vollkommer* in *Zöller* § 29 a ZPO Rdn. 7.
[51] *Vollkommer* in *Zöller* a. a. O. Rdn. 5.
[52] BGH NZM 2004, 299.
[53] BGH a. a. O.
[54] BGH a. a. O.

43 Auch Streitigkeiten über das Zustandekommen eines Mietvertrages und die Vertragsanbahnung fallen hierunter.[55]

44 Aus dem vom Gesetzgeber beabsichtigten umfassenden Anwendungsbereich der Vorschrift ergibt sich auch, dass sämtliche Ansprüche aus **culpa in contrahendo** miteinzubeziehen sind, wobei es nicht darauf ankommt, ob das beabsichtigte Miet- oder Pachtverhältnis zustande gekommen ist oder nicht.[56]

45 § 29a ZPO gilt auch für Streitigkeiten über Ansprüche aus **Werkmietwohnungen**, nicht jedoch in Fällen, in denen kein eigener Mietvertrag abgeschlossen wurde, sondern die Wohnung im Rahmen eines Dienstverhältnisses überlassen wurde (Werkdienstwohnung), § 576b BGB.[57]

46 Wird ein **Ferienhaus** langfristig angemietet, kann es auch als zweiter Lebensmittelpunkt angesehen werden. In diesem Fall handelt es sich nicht um Wohnraum, der nur zu vorübergehendem Gebrauch vermietet ist. Hierfür ist der Gerichtsstand des § 29a ZPO für Rechtsstreitigkeiten begründet.[58]

47 Ebenso in den Anwendungsbereich des § 29a ZPO fallen **Heimverträge**, soweit der Mietcharakter überwiegt.[59]

48 Grundsätzlich geht die Bindung durch **Verweisung** gem. § 281 Abs. 2 Satz 5 ZPO der ausschließlichen Zuständigkeit gem. § 29a Abs. 1 ZPO vor.[60] Dies gilt jedoch nicht, wenn der Verweisung jede rechtliche Grundlage fehlt, sodass sie als objektiv willkürlich erscheint.[61] Dies ist z.B. der Fall bei einer Verweisung im Stadium der Klageanhängigkeit, also vor Zustellung der Klage an den Beklagten.[62] Eine solche Verweisung entfaltet keine Bindungswirkung. Lehnt das Gericht, an das verwiesen wurde, die Übernahme des Rechtsstreites mit Beschluss ab, so ist Antrag gem. § 36 Abs. 1 Nr. 6 ZPO auf gerichtliche Bestimmung der Zuständigkeit an das im Rechtszug höhere Gericht zu stellen. Dieses Gericht kann aus Gründen der Prozessökonomie eine Gerichtsstandsbestimmung auch bereits vor Eintritt der Rechtshängigkeit vornehmen.[63]

49 Die Abgabe des Rechtsstreits an ein gem. § 29a Abs. 1 ZPO unzuständiges Gericht im Mahnverfahren gem. § 696 Abs. 5 Satz 1 ZPO entfaltet hingegen keine Bindungswirkung.

50 **b) Wohnraum gem. § 549 Abs. 2 Nr. 1–3 BGB.** Ausdrücklich vom Anwendungsbereich des § 29a Abs. 1 ZPO ausgenommen ist Wohnraum gem. § 549 Abs. 2 Nr. 1–3 BGB. Hier gilt der besondere Gerichtsstand des Erfüllungsortes gem. § 29 Abs. 1 ZPO. Dies wird i.d.R. vielfach der Ort der belegenen Sache sein.[64]

51 **Gerichtsstandsvereinbarungen** sind im Anwendungsbereich des § 29a Abs. 2 ZPO unter den Voraussetzungen des § 38 ZPO zulässig. Die praktischen Auswirkungen sind gering, da bei Mietverhältnissen der genannten Art i.d.R. nicht beide Vertragsparteien Kaufleute, juristische Personen des öffentlichen Rechts oder öffentlich rechtliche Sondervermögen sind. Im Falle der Zuständigkeit in Folge rügeloser Einlassung des Beklagten zur Hauptsache gem. § 39 ZPO ist im Übrigen § 504 ZPO zu beachten (Hinweispflicht des Amtsgerichts auf die Unzuständigkeit).

---

[55] *Vollkommer* in *Zöller* § 29a ZPO Rdn. 8.
[56] *Vollkommer* in *Zöller* § 29a ZPO Rdn. 9; a.A. *Putzo* in *Thomas/Putzo* § 29a ZPO Rdn. 7 sowie LG Frankenthal NJW-RR 1997, 334.
[57] BAG WuM 2000, 362; vgl. hierzu oben Rdn. 133.
[58] OLG Hamburg NJW-RR 1993, 84; siehe hierzu auch Rdn. 52f.
[59] *Vollkommer* in *Zöller* § 29a ZPO Rdn. 6 a.E.
[60] OLG Frankfurt OLGZ 79, 451.
[61] BGH NJW 1993, 1273.
[62] OLG Karlsruhe NJW-RR 2002, 1167.
[63] OLG Karlsruhe a.a.O.
[64] *Heinrichs* in *Palandt-Heinrichs* § 269 BGB Rdn. 14.

I. Zuständigkeit 52–58 **1. Kap.**

aa) Wohnraum zu vorübergehenden Gebrauch. Unter vorübergehendem Gebrauch wird ein nur kurzfristiger Gebrauch verstanden, dessen Entzug den Mieter nicht schwer treffen kann. Entscheidend ist, ob nur ein vorübergehender Wohnbedarf, der aus besonderem Anlass entsteht, durch die Anmietung gedeckt werden soll oder ob ein allgemeiner Wohnbedarf wenn auch nur kurzfristig oder vorübergehend befriedigt werden soll.[65] 52

Ein solcher kurzzeitiger Sonderbedarf liegt z.B. vor bei einem zeitlich beschränkten Geschäftsaufenthalt, bei einem Professor für die Zeit der Gastprofessur oder bei einem Ferienaufenthalt,[66] nicht jedoch bei einer Ferienwohnung bei längerfristiger Vermietung.[67] 53

Die Aufnahme einer Klausel in den Mietvertrag, dass die Vermietung nur „zu vorübergehendem Gebrauch erfolgt", ist nicht ausreichend. Entscheidend ist der tatsächliche, vom Mieter verfolgte Vertragszweck bei der Anmietung.[68] 54

bb) Möblierter Wohnraum. § 29a Abs. 1 ZPO ist nicht anwendbar bei Wohnraum, der Teil der vom Vermieter selbst bewohnten Wohnung ist und den der Vermieter überwiegend mit Einrichtungsgegenständen auszustatten hat, sofern der Wohnraum dem Mieter nicht zum dauernden Gebrauch mit seiner Familie oder mit Personen überlassen ist, mit denen er einen auf Dauer angelegten gemeinsamen Haushalt führt, § 549 Abs. 2 Nr. 2 BGB. Der Hauptanwendungsbereich der Vorschrift liegt in der Vermietung **möblierter Zimmer** an einzelne Personen innerhalb der Wohnung des Vermieters. Möblierter Wohnraum im Sinne der Vorschrift liegt auch dann vor, wenn der Mieter z.B. ein ausgebautes Zimmer im Dachgeschoss eines Einfamilienhauses angemietet hat und zusammen mit dem Vermieter Küche und Bad nutzt.[69] 55

Voraussetzung ist weiterhin, dass der **Vermieter** gem. der mietvertraglichen Vereinbarung **verpflichtet** war, das Zimmer zu möblieren. Dies ist der Fall, wenn Vertragszweck die Vermietung eines „möblierten Zimmers" war. Ausreichend ist, wenn der Vermieter mehr als die Hälfte der für eine Haushaltsführung erforderlichen Einrichtungsgegenstände zu Verfügung stellt, also Möbel, Öfen, Beleuchtungskörper, Vorhänge, Bett- und Tischwäsche, aber nicht sonstigen Hausrat.[70] 56

Die Vermietung wird idR an eine Einzelperson erfolgen, da auch eine auf Dauer angelegte gemeinsame Haushaltsführung mehrerer Personen den Begriff der Familie im Sinne der mietrechtlichen Bestimmungen erfüllt.[71] Teilen sich allerdings z.B. zwei Wochenendheimfahrer, die ansonsten in keinerlei persönlicher oder wirtschaftlicher Beziehung zueinander stehen, ein Zimmer, liegt keine Familie vor. 57

cc) Wohnraum zur Deckung dringenden Wohnbedarfs. Ebenfalls ausgenommen ist Wohnraum, den eine juristische Person des öffentlichen Rechts oder ein anerkannter privater Träger der Wohlfahrtspflege angemietet hat, um ihn Personen mit dringendem Wohnbedarf zu überlassen, wenn sie den Mieter bei Vertragsschluss auf die Zweckbestimmung des Wohnraums und die Ausnahme von den Mieterschutzvorschriften hingewiesen hat, § 549 Abs. 2 Nr. 3 BGB. Voraussetzung ist also, dass die juristische Person des öffentlichen Rechts oder der anerkannte private Träger der Wohlfahrtspflege die Räumlichkeiten selbst angemietet hat. Personen mit dringendem Wohnbedarf sind solche, die besondere Schwierigkeiten bei der Wohnraumsuche ha- 58

---

[65] OLG Frankfurt WuM 1991, 17.
[66] *Börstinghaus* in *Schmidt-Futterer* vor §§ 557 bis 557b BGB Rdn. 28.
[67] OLG Hamburg NJW-RR 1993, 84, s.o. Rdn. 46.
[68] OLG Frankfurt a.a.O.; *Börstinghaus* in *Schmidt-Futterer* a.a.O.
[69] *Blank* in *Schmidt-Futterer* § 549 BGB Rdn. 9.
[70] *Blank* in *Schmidt-Futterer* a.a.O. Rdn. 11.
[71] *Blank* in *Schmidt-Futterer* a.a.O. Rdn. 14.

ben[72] (Obdachlose, Asylbewerber, körperlich oder geistig behinderte Personen, aber auch Studenten).[73] Zwar ist der Mieterschutz für Wohnraum in einem Studenten- oder Jugendwohnheim gem. § 549 Abs. 3 BGB eingeschränkt. § 29a Abs. 2 ZPO verweist allerdings nicht auf diese Bestimmung. Da aber die Bewohner eines Studenten- oder Jugendwohnheims aufgrund ihres geringen Einkommens zu den Personen mit dringendem Wohnungsbedarf gehören werden,[74] wird dieser Personenkreis i. d. R. in den Anwendungsbereich des § 549 Abs. 2 Nr. 3 BGB fallen, soweit diese Voraussetzungen ansonsten erfüllt sind.

59 c) **Klagen gegen Verwender von AGB.** Gemäß § 1 des Gesetzes über Unterlassungsklagen bei Verbraucherrechts- und anderen Verstößen können die Verwender von AGB, die nach den §§ 307 bis 309 BGB unwirksam sind, auf Unterlassung und im Falle des Empfehlens auch auf Widerruf in Anspruch genommen werden. Die Bestimmungen des UKlaG sind auch mietrechtlich von Bedeutung. Über die Wirksamkeit bzw. Unwirksamkeit von Formularmietverträgen sind zahlreiche Entscheidungen ergangen. § 6 UKlaG regelt die Zuständigkeit für solche Klagen. Danach sind die Landgerichte ausschließlich zuständig, in dessen Bezirk der Beklagte seine gewerbliche Niederlassung oder in Ermangelung einer solchen seinen Wohnsitz hat. Hat der Beklagte im Inland weder eine gewerbliche Niederlassung noch einen Wohnsitz, so ist das Gericht des inländischen Aufenthaltsortes zuständig, in Ermangelung eines solchen das Gericht, in dessen Bezirk die nach den §§ 307–309 BGB unwirksamen Bestimmungen in Allgemeinen Geschäftsbedingungen verwendet wurden oder gegen Verbraucherschutzgesetze verstoßen wurde. Gem. § 6 Abs. 2 UKlaG werden die Landesregierungen ermächtigt, zur sachdienlichen Förderung oder schnelleren Erledigung der Verfahren durch Rechtsverordnung einem Landgericht für die Bezirke mehrerer Landgerichte Rechtsstreitigkeiten nach diesem Gesetz zuzuweisen. Die Landesregierungen können die Ermächtigung durch Rechtsverordnung auf die Landesjustizverwaltungen übertragen.

60 Die **ausschließliche sachliche Zuständigkeit der Landgerichte** besteht ohne Rücksicht auf die Höhe des Streitwerts. Auch bei Verwendung von AGB im kaufmännischen Verkehr sind die Zivilkammern zuständig, nicht die Kammern für Handelssachen.[75]

61 Für die **örtliche Zuständigkeit** ist die gewerbliche Niederlassung des Beklagten maßgebend. Hierunter wird ein auf die Erzielung dauernder Einnahmen gerichteter Geschäftsbetrieb verstanden.[76] Der Begriff „Niederlassung" ist auszulegen wie in § 21 ZPO. Die Niederlassung muss auf längere Dauer angelegt sein.[77] Die Niederlassung muss ferner selbständig sein, d. h. sie muss zum selbständigen und endgültigen Abschluss von Geschäften unmittelbar von ihr aus berechtigt sein.[78]

62 Verschiedene Bundesländer haben von der Möglichkeit der Konzentration bei einem Landgericht gem. § 6 Abs. 2 UKlaG Gebrauch gemacht.[79]

3. Internationale Zuständigkeit

63 § 29a ZPO gilt nur für im Inland gelegene Miet- oder Pachträume. Die Zuständigkeit eines deutschen Gerichts kann sich allerdings aus den §§ 12, 13 ZPO ergeben.[80]

---

[72] *Blank* in *Schmidt-Futterer* a. a. O. Rdn. 21.
[73] *Blank* in *Schmidt-Futterer* a. a. O.
[74] *Blank* in *Schmidt-Futterer* a. a. O. Rdn. 22.
[75] *Bassenge* in *Palandt* § 6 UKlaG Rdn. 2.
[76] *Bassenge* in *Palandt* § 6 UKlaG Rdn. 5.
[77] *Hüßtege* in *Thomas/Putzo* § 21 ZPO Rdn. 2.
[78] BGH NJW 1987, 3081.
[79] Vgl. die Nachweise bei Bassenge in *Palandt* § 6 UKlaG Rdn. 8.
[80] OLG Düsseldorf ZMR 1990, 144.

Dies gilt nicht im Anwendungsbereich der **EuGVVO**. Innerhalb des geographischen Anwendungsbereichs dieser VO (Gebiet der Europäischen Union ohne Dänemark) ist gem. Art. 22 Nr. 1 Satz 1 EuGVVO eine ausschließliche örtliche und internationale Zuständigkeit ohne Rücksicht auf den Wohnsitz für Klagen, welche dingliche Rechte an unbeweglichen Sachen sowie die Miete oder Pacht von unbeweglichen Sachen zum Gegenstand haben, für das Gericht des Mitgliedstaates, in dem die unbewegliche Sache belegen ist, begründet. Nach Art. 22 Nr. 1 Satz 2 der VO sind jedoch für Klagen betreffend die Miete oder Pacht unbeweglicher Sachen zum vorübergehenden privaten Gebrauch für höchstens sechs aufeinander folgende Monate auch die Gerichte des Mitgliedstaats zuständig, in dem der Beklagte seinen Wohnsitz hat, sofern es sich bei dem Mieter oder Pächter um eine natürliche Person handelt und der Eigentümer sowie der Mieter oder Pächter ihren Wohnsitz in demselben Mitgliedsstaat haben. Art. 22 Nr. 1 EuGVVO gilt auch für Mietstreitigkeiten über Ferienwohnungen.[81] Die Bestimmung gilt nicht für die Vermietung oder die Vermittlung zur Vermietung einer Ferienwohnung oder eines Ferienhauses an einen Kunden durch einen gewerblichen Reiseveranstalter, wenn beide ihren Sitz bzw. Wohnsitz in demselben Staat haben, sofern der Reiseveranstalter nicht Eigentümer der Unterkunft ist.[82] Ebenfalls nicht anwendbar ist die Vorschrift bei Klagen wegen entgangener Urlaubsfreude und Ersatz für unnütz aufgewandte Reisekosten.[83]

Das **Lugano-Übereinkommen** regelt das Verhältnis zwischen Deutschland und den anderen EU-Mitgliedsländern zu Island, Norwegen und der Schweiz.[84] Im Hinblick auf die Regelung der ausschließlichen Zuständigkeit betreffend die Miete oder Pacht unbeweglicher Sachen folgt die Lugano-Übereinkunft Art. 22 EuGVVO. Nur die Regelung der Zuständigkeit zum vorübergehenden privaten Gebrauch ist etwas weiter ausgestaltet. Ausreichend ist, wenn es sich bei dem Mieter oder Pächter um eine natürliche Person handelt und keine Partei in dem Mitgliedsstaat wohnt, in dem die unbewegliche Sache belegen ist.[85]

II. Prozessführungs- und Sachbefugnis

1. Allgemeines

Der Mietprozess wird von den Parteien des vertraglichen oder gesetzlichen Schuldverhältnisses auf der Grundlage einer entgeltlichen Gebrauchsüberlassung von Wohn- oder Gewerberäumen oder Grundstücken geführt. Wer Vermieter oder Mieter und damit ohne weiteres zur Führung des Prozesses befugt ist, bestimmt der Mietvertrag. Wurde der Vertrag mündlich ausgehandelt, sind aktiv- oder passivlegitimiert diejenigen natürlichen oder juristischen Personen, zwischen denen der Vertrag zustande gekommen ist.

Bei einem schriftlichen Mietvertrag ist derjenige **Vertragspartei,** der im Rubrum als solche bezeichnet ist und den Mietvertrag unterzeichnet hat. Probleme treten auf, wo Rubrum und Unterschrift nicht übereinstimmen, z. B. bei einer **Mehrheit** von Vermietern oder Mietern, von denen mehrere im Rubrum aufgeführt sind, aber nicht alle den Mietvertrag unterzeichnet haben.

a) **Bedeutung nur einer Unterschrift bei Personenmehrheit im Rubrum.** Grundsätzlich entscheidet die **Unterschrift** und nicht das Rubrum über die Rechtsposition als Mieter oder Vermieter. Sind mithin **mehrere Personen** im Rubrum als

---
[81] *Geimer* in *Zöller* Art. 22 EuGVVO Rdn. 3.
[82] EuGH NJW 1992, 1029.
[83] EuGH NJW 1985, 905; *Geimer* in *Zöller* a. a. O. Rdn. 3.
[84] Zur Lugano-Übk vgl. *Geimer* in *Zöller* Art. 1 EuGVVO Rdn. 16 ff.
[85] *Geimer* in *Zöller* Art. 22 EuGVVO Rdn. 7.

Vermieter oder Mieter vermerkt und hat nur eine dieser Personen unterzeichnet, so wird nur diese eine Person Vertragspartei. Etwas anderes gilt dann, wenn im Vertrag ausdrücklich ein **Vertretungszusatz** vermerkt ist, der den Unterzeichnenden als Vertreter einer der Parteien ausweist.[86] Ausnahmen gelten dann, wenn es sich auf der einen oder anderen Seite um **Eheleute** handelt, von denen nur eine Person den Vertrag unterzeichnet hat.[87]

68 Hat allein der Ehemann unterschrieben, nimmt das OLG Düsseldorf an, der Vermieter könne nach Treu und Glauben die Vertragsunterzeichnung durch den Ehemann nur dahingehend verstehen, dass er zugleich für seine Ehefrau mit unterschrieb. Lägen keine konkreten Anhaltspunkte vor, die dafür sprächen, dass der Ehemann nur für sich selbst unterzeichnen wollte, könne auch nicht angenommen werden, der Unterzeichnende habe nur sich selbst als Mieter verpflichten wollen.[88]

69 Haben sich die **Eheleute** scheiden lassen und verbleibt ein Partner in der Wohnung, so sind beide weiterhin als Mieter anzusehen und sind damit aktiv- und passivlegitimiert.[89] Dies gilt auch dann, wenn Sie intern vereinbart haben, dass der ausziehende Mieter von dem Verbleibenden freigestellt werde.[90] Aus dem Mietvertrag wird der ausziehende Ehegatte nur dann entlassen, wenn entweder zwischen den Eheleuten und dem Vermieter eine entsprechende Aufhebungsvereinbarung geschlossen wird, oder das Gericht gemäß Abschnitt 2, § 5 der Verordnung über die Behandlung der Ehewohnung und des Hausrates bestimmt hat, dass ein von beiden Ehegatten eingegangenes Mietverhältnis von einem Ehegatten allein fortgesetzt wird. Die Entscheidung des Gerichtes ersetzt die **Zustimmung des Vermieters**.[91]

70 Es ist nicht erforderlich, im Rubrum bei einer Mehrheit von Vermietern oder Mietern die **vollständigen Namen** aller aufzuführen. So genügen die Bezeichnungen „Herr und Frau" (auch in Form einer Formularklausel) mit nachfolgenden Vor- und

---

[86] LG Hamburg WuM 1994, 425: Der im Mietvertrag aufgeführte **Miteigentümer** wird trotz fehlender Unterschrift Vermieter, wenn der unterzeichnende Mieteigentümer bevollmächtigt war, sämtliche Grundstücksgeschäfte zu erledigen. Die Vollmacht muss durch die Fassung des Rubrums zum Ausdruck kommen.

[87] OLG Düsseldorf WuM 1989, 362; vgl. OLG Schleswig WuM 1992, 674f; **a. A.:** LG München I Urteil vom 28. 1. 1981, Az.: 14 S 15092/80; LG Osnabrück WuM 2001, 438.

[88] *Scholz* WuM 1986, 5: der bei Eheleuten eine Vertretung jedenfalls dann annimmt, wenn nur ein Ehepartner in Anwesenheit des anderen unterzeichnet; so auch das OLG Schleswig WuM 1992, 674 ff. **(Anscheinsvollmacht);** vgl. aber: BGH NJW 1994, 1649 f: Wurde der Mietvertrag von einem Vertreter einer Vertragspartei unterzeichnet, ohne dass das Vertretungsverhältnis ausreichend deutlich aus einem Zusatz der Urkunde hervorgeht, so hat dies nicht nur Bedeutung für die Frage, ob ein schriftlicher oder mündlicher Mietvertrag vorliegt, sondern kann möglicherweise zu dem Schluss, dass überhaupt kein Vertrag zu Stande gekommen ist; dies jedenfalls dann, wenn z.B. der Vermieter erkennbar nur mit allen Mietern und nicht nur mit einem Mieter abschließen wollte; s.a. LG Mannheim NJW-RR 1994, 274: Die Beteiligung des nicht unterzeichnenden Ehegatten an den Vertragsverhandlungen ist ein Indiz, dass dieser Ehegatte nicht Vertragspartner werden wollte.

Der BGH (NZM 2005, 659 f) lässt die Frage offen, ob auch ein Mietvertrag mit der im Rubrum aufgeführten Ehefrau geschlossen wurde, wenn der Ehegatte wegen des Auslandsaufenthaltes der Ehefrau allein unterzeichnete, führt jedoch im Weiteren aus, dass jedenfalls dann von einem **konkludenten Eintritt** in den Mietvertrag auszugehen ist, wenn der nicht umziehende Ehegatte im eigenen Namen Willenserklärungen gegenüber der Hausverwaltung oder dem Vermieter abgibt und den Schriftverkehr im eigenen Namen führt, die Wohnung Jahre lang alleine nutzt, die Miete zahlt, Schönheitsreparaturen ausführt, das Mietverhältnis im eigenen Namen kündigt und die Kaution an sich zurückfordert.

[89] LG Heidelberg WuM 1993, 342; vgl. BayObLG WuM 1983, 107.

[90] LG Heidelberg a.a.O.

[91] *Brudermüller* in *Palandt* Anhang zu §§ 1361a, 1361b BGB (HausrVO) zu § 5 Rdn. 3.

Nachnamen des Mannes oder nur mit dem Nachnamen oder die Bezeichnung „Eheleute" oder „Herr XY und seine Ehefrau".[92]

b) Bedeutung mehrerer Unterschriften bei nur einer Person im Rubrum. 71
Ist im **Rubrum** des Vertrages nur eine Person aufgeführt, hat jedoch eine weitere mit unterschrieben, so ist die Aktivlegitimation der mitunterzeichnenden Person zu verneinen, da der **Unterschrift** insoweit keine eigenständige rechtliche Bedeutung beizumessen ist.[93] Diese Person wurde nicht Vertragspartei. Unter Umständen lässt sich die zusätzliche Unterschrift als **Schuldbeitritt** werten; dies berechtigt aber den Unterzeichnenden nicht, als Vermieter oder Mieter aktivlegitimiert gegen die jeweils andere Vertragspartei einen Prozess zu führen.[94]

Weist das **Rubrum** des Mietvertrages nur eine Person als Vermieter aus, haben aber 72
mehrere unterschrieben, so sollen alle Unterschriftleistende Vermieter geworden sein, wenn der Mieter zeitlich nach dem Vermieter gegenzeichnet. Unterschreibt hingegen der Mieter zuerst, wird nur der Unterzeichnende Vermieter, der auch im Rubrum benannt ist.[95]

c) Bedeutung der Unterschrift im Zusammenhang mit einer juristischen 73
Person oder einer Gemeinschaft zur gesamten Hand (hier: GbR).
Ist im Mietvertrag im **Rubrum** eine **juristische Person** (z. B. GmbH, AG) als Mieterin aufgeführt, so wird allein sie Vertragspartner, nicht auch die Gesellschafter.[96] Es ist allerdings möglich, dass neben der Gesellschaft auch der Geschäftsführer oder Gesellschafter Mitmieter wird, wenn dies entsprechend im Rubrum bezeichnet ist. Dies gilt selbst dann, wenn lediglich der Geschäftsführer neben dem Firmenstempel unterzeichnet hat. Er ist neben der GmbH Mieter geworden, mithin **aktiv- und passivlegitimiert.**[97] Hingegen ist der Unterzeichnende dann nicht passivlegitimiert, obwohl das Rubrum seinen Namen anführt und der Vertrag seine Unterschrift trägt, wenn bei den Vertragsverhandlungen deutlich gemacht wurde, dass er als Geschäftsführer einer GmbH handelte, auch wenn im Rubrum und in der Unterschrift der Zusatz „GmbH" fehlt.[98]

Ist der Geschäftsführer im **Rubrum** nicht aufgeführt, hat er jedoch im Rahmen eines 74
Schuldbeitritts den Mietvertrag mit unterzeichnet, ist er zwar passivlegitimiert, nicht jedoch aktivlegitimiert, d. h. er kann nicht in eigenem Namen Forderungen aus dem Mietverhältnis gegenüber dem Vermieter geltend machen,[99] da er nicht Mieter geworden ist.

Bezeichnet das **Rubrum** ein Unternehmen als alleinigen Mieter, wird nur dieses 75
Mieter, nicht aber der Unterzeichner des Mietvertrages, auch dann nicht, wenn er ohne Hinweis auf das Unternehmen unterschreibt.[100]

Im umgekehrten Fall, d. h. wenn im **Rubrum** eine Privatperson mit Namen und 76
Beruf als Mieter aufgeführt ist, diese Person aber mit dem Zusatz GmbH unterzeich-

---

[92] *Eisenschmid* in *Schmidt-Futterer* vor § 535 BGB Rdn. 227.
[93] *Scholz* a. a. O.
[94] *Sternel* I. Rdn. 23: nimmt im Zweifel im Interesse des Vermieters an, dass der mit unterzeichnende Ehegatte Mieter geworden ist.
[95] *Blank* in *Schmidt-Futterer* vor § 535 BGB Rdn. 288.
[96] *Blank* in *Schmidt-Futterer* vor § 535 BGB Rdn. 265.
[97] OLG Düsseldorf WuM 1997, 190 (Leitsatz) und ZMR 1997, 75/76: Zunächst sind die Auslegungsregeln (§§ 133, 157 BGB) herauszuziehen. Ist eine zweifelsfreie Entscheidung danach nicht möglich, ist nach § 164 Abs. 2 BGB davon auszugehen, dass es sich auch um ein Eigengeschäft des Vertreters handelt.
[98] OLG Köln, Urteil vom 29. 1. 1999, Az. 19 U 109/98, zitiert nach *Neuhaus* Rdn. 79.
[99] BGH NZM 1998, 718.
[100] OLG Hamm NJW-RR 1999, 232.

net, wird nicht die GmbH, sondern nur die Privatperson Mieterin und ist damit aktiv- und passivlegitimiert.[101]

77 Ist Mieterin eine GmbH, hat jedoch nur einer von zwei Geschäftsführern (im Handelsregister ist Gesamtvertretung eingetragen) unterzeichnet, gilt der schwebend unwirksame Mietvertrag nach über einem halben Jahr Nutzung durch die GmbH als genehmigt.[102]

78 Entscheidend für die Mieterposition einer im **Gründungsstadium** befindlichen **juristischen Person** ist, ob die Gründer den Mietvertrag im Namen der künftigen Rechtspersönlichkeit, z.B. einer GmbH, oder im eigenen Namen abgeschlossen haben.[103] Ist ersteres der Fall, ist der Vertrag in der Regel zunächst mit einer BGB-Gesellschaft zu Stande gekommen.[104] Sobald der **Gesellschaftsvertrag** notariell beurkundet ist und die Gründer nach außen eindeutig erkennbar für die künftige juristische Person als BGB-Gesellschaft tätig werden, gehen mit deren Entstehen die Rechte und Pflichten auf diese über,[105] die juristische Person wird anstelle der BGB-Gesellschaft Mieterin und damit auch aktiv- und passivlegitimiert.[106]

79 Hingegen bleiben die Gründer der juristischen Person weiter Mieter und damit aktiv- und passivlegitimiert, wenn sie den Mietvertrag im Gründungsstadium nicht für die zu gründende juristische Person, sondern im eigenen Namen abgeschlossen haben.[107]

80 Handelt es sich bei einer der Vertragsparteien um eine Außen-GbR so ist zur Wahrung der Schriftform des § 550 BGB nicht erforderlich, dass sämtliche GbR-Gesellschafter unterschreiben. Es ist auch nicht notwendig, dass im Mietvertrag ein Hinweis auf die Vertretung enthalten ist, wenn die Unterschrift durch einen vertretungsberechtigten Gesellschafter erfolgt.[108] Vielmehr ist es ausreichend, wenn sich die Zeichnungsbefugnis des oder der geschäftsführenden Gesellschafter aus den Umständen ergibt.[109] Der Grundsatz der Gesamtvertretung gilt nicht ausnahmslos. Ein Mitgesellschafter kann in konkludenter Form mit der alleinigen Vertretung betreut worden sein.[110]

81 (Zur Haftung der Gesellschafter siehe Rdn. 102 ff.).

82 d) **Neue Bundesländer.** Eine Besonderheit gilt für die neuen Bundesländer, soweit es sich um Mietverträge über Wohnraum handelt, die vor dem 3. 10. 1990 abgeschlossen worden sind (§ 100 Abs. 3 ZGB). Auch wenn nur ein **Ehegatte** den Mietvertrag unterzeichnet hat, so wurde der andere Ehegatte ebenfalls Mieter. Ist z.B. die Ehefrau des Mieters zu DDR-Zeiten nach Abschluss des Mietvertrages in die Mietwohnung des Ehegatten gezogen, ist sie Vertragspartei geworden.[111] Handelt es sich aber um eine **Werkswohnung,** so wurde der später hinzuziehende Ehegatte nur dann

---

[101] KG Berlin MDR 2000, 760: Es verbleibt bei der Festlegung der Vertragsparteien im Rubrum, wenn die außerhalb des Vertrages liegenden Umstände kein eindeutiges Bild ergeben.
[102] OLG Düsseldorf NZM 2005, 909.
[103] *Blank* in *Schmidt-Futterer* vor § 535 BGB Rdn. 266; OLG München ZMR 1997, 458.
[104] *Blank* in *Schmidt-Futterer* a.a.O.
[105] *Straßberger* in *Bub/Treier* II. Rdn. 318 m.w.N.
[106] *Blank* in *Schmidt-Futterer* a.a.O.
[107] *Blank* in *Schmidt-Futterer* a.a.O.
[108] OLG Dresden NZM 2004, 826ff.; **a.A.:** BGH NZM 2005, 502 (503); *Kraemer* NZM 2002, 465/471; OLG Rostock NZM 2001, 46; OLG Naumburg NZM 2004, 825f (entweder es unterschreiben alle Gesellschafter oder bei nur einer Unterschrift findet sich ein ausdrücklicher Hinweis auf die Vertretung der anderen Gesellschafter im Mietvertrag).
[109] OLG Dresden a.a.O., 829/830; vgl. aber BGH NZM 2005, 502 (503).
[110] BGH NZM 2005, 314f; hier: stillschweigende Bevollmächtigung infolge jahrelang geübter Arbeitsteilung.
[111] LG Cottbus WuM 1995, 38.

II. Prozessführungs- und Sachbefugnis

Mieter, wenn er auch bei dem Betrieb beschäftigt wurde, mit dem der Mietvertrag abgeschlossen worden war.[112]

2. Verwalter

Häufig werden Mietverträge von einem **Verwalter** ausgestellt, der mit dem Abschluss des Mietvertrages von dem Eigentümer beauftragt worden ist. Ist der Verwalter als Vermieter im Rubrum anstelle des Eigentümers aufgeführt, kommt der Vertrag mit dem Verwalter und nicht mit dem Eigentümer zustande (§ 164 Abs. 2 BGB). Etwas anderes gilt nur dann, wenn der Hausverwalter im Rahmen einer Stellvertretung handelt und dies offen legt.[113] 83

Selbst der Zusatz „Hausverwalter" oder „Hausverwaltung" ändert an diesem Ergebnis nichts, da der Mieter aus dieser Bezeichnung nicht schließen muss, es handele sich nicht um den Eigentümer und Vermieter, sondern nur um dessen Verwalter.[114] Auch Hausverwaltungen oder Hausverwalter verfügen über eigenen Grundbesitz und treten als Vermieter auf oder agieren als Zwischenvermieter. Es müssen schon besondere Umstände hinzutreten, dass der Wille, für den Eigentümer als Vermieter abschließen zu wollen, erkennbar wird. Im Mietprozess ist daher **aktiv- oder passivlegitimiert** der Hausverwalter, der im Rubrum als Vermieter ausgewiesen ist, es sei denn, er kann nachweisen, dass er erkennbar nur als **Vertreter** gehandelt hat.[115] 84

Der **Hausverwalter**, der nicht als Vermieter, sondern als dessen Vertreter auftritt, ist grundsätzlich weder prozessführungsbefugt, noch aktiv- oder passivlegitimiert, auch nicht als **gewillkürter Prozessstandschafter**.[116] Unabhängig davon, ob man eine Ermächtigung durch den Rechtsinhaber im Zusammenhang mit Gestaltungsrechten zulässt, scheitert selbst die Geltendmachung von einfachen Zahlungsforderungen an der fehlenden Voraussetzung eines eigenen **rechtsschutzwürdigen Interesses.** Dieses ist auch nicht darin zu sehen, dass den Hausverwalter aufgrund des Vertrages mit dem Vermieter Rechenschaftspflichten treffen.[117] Selbst der Umstand, dass der Hausverwalter gegenüber dem Vermieter wegen möglicherweise unwirksamer Vertragsbestimmungen auf **Schadensersatz** in Anspruch genommen werden kann, begründet kein unmittelbares eigenes rechtliches Interesse, fremde Rechte im eigenen Namen vor Gericht durchzusetzen. Ebenso wenig genügt die denkbare Belastung mit einem nur mittelbaren Vermögensnachteil bei Verlust des Prozesses, da der negative Ausgang des Verfahrens keinen unmittelbaren Einfluss auf die Rechtslage des Prozessführungsbefugten hat.[118] 85

Um ein schutzwürdiges Interesse zu bejahen, soll es nicht einmal genügen, wenn der Verwalter einen mietrechtlichen Forderungsanspruch gerichtlich durchzusetzen versucht, von dem er als Verwaltervergütung einen bestimmten Prozentsatz erhält.[119] 86

3. Erbengemeinschaft

Wird auf der Vermieterseite eine Erbengemeinschaft oder eine sonstige **Gesamthandsgemeinschaft** tätig, so müssen bereits bei der Vertragsunterzeichnung alle Mit- 87

---

[112] AG Potsdam WuM 1994, 522.
[113] *Eisenschmid* in *Schmidt-Futterer* vor § 535 BGB Rdn. 188.
[114] LG Berlin WuM 1987, 49.
[115] *Eisenschmid* in *Schmidt-Futterer* a. a. O.
[116] *Sternel* V. Rdn. 18; **a. A.:** *Schmidt-Futterer* vor § 535 BGB Rdn. 195; LG Bremen WuM 1993, 605; LG Darmstadt WuM 1990, 446 f.
[117] LG Görlitz WuM 1997, 682 f; AG Dortmund WuM 2001, 633; LG Saarbrücken WuM 1998, 421; **a. A.:** *Eisenschmid* in *Schmidt-Futterer* vor § 535 BGB Rdn. 195 ff.
[118] LG Görlitz a. a. O.
[119] *Sternel* V. Rdn. 18.

glieder mitwirken. In der Regel können die Ansprüche, z.B. auf Schadensersatz, auf Zahlung offener Mieten oder auf Nebenkostennachforderung, nur von allen Gläubigern gemeinsam geltend gemacht werden.[120] Somit sind in einem Mietprozess alle Mitglieder dieser Gemeinschaft aktiv- und passivlegitimiert.

88 Ist der Mietvertrag von einem Vertreter einer Erbengemeinschaft abgeschlossen worden, so kommt der Mietvertrag nicht mit der Erbengemeinschaft, sondern mit den Miterben zustande.[121] Die Erbengemeinschaft ist keine eigene Rechtspersönlichkeit, die von der Rechtsprechung zur BGB-Gesellschaft entwickelten Grundsätze bzgl. der Rechtsfähigkeit sind nicht übertragbar. Die Erbengemeinschaft ist weder rechts- noch parteifähig.[122]

89 Handelt es sich um eine ungeteilte Erbengemeinschaft, so ist denkbar, dass im Hinblick auf § 2039 Satz 2 BGB jeder einzelne Miterbe auf Leistung an alle Miterben klagt. Insoweit liegt ein Fall der **gesetzlichen Prozessstandschaft** vor.[123]

90 Im Prozess kann mithin ein Mitglied der ungeteilten Erbengemeinschaft alleine klagen, mit dem Antrag, an alle Miterben zu leisten. Dies gilt jedoch nicht, soweit es sich um die Ausübung von Gestaltungsrechten handelt.[124] Wurde das Gestaltungsrecht jedoch gemeinschaftlich ausgeübt, ist jedes Mitglied der Erbengemeinschaft berechtigt, z.B. Nutzungsentschädigungsansprüche nach erfolgter Kündigung vor Gericht mit Leistung an alle Miterben zu begehren.[125]

91 Klagt nur ein Erbe auf Leistung an alle Miterben, so liegt keine notwendige Streitgenossenschaft vor, wohl aber, wenn alle Miterben aus einem Recht der Gesamthänder klagen (str.).[126]

4. Erwerber

92 Nach der Veräußerung des Mietobjekts wird der **Erwerber** erst dann aktiv- oder passivlegitimiert, wenn er im Grundbuch als Eigentümer eingetragen wurde (§ 566 BGB). Im Prozess hat der Erwerber zunächst darzulegen, dass er vom Vermieter das Mietobjekt erworben hat. Bei Bestreiten hat er einen Grundbuchauszug vorzulegen. Es genügt nicht die bloße Behauptung des Eigentumserwerbs, verbunden mit dem Antrag auf Beiziehung der Grundbuchakte durch das Gericht. Liegen mehrere Veräußerungen vor, hat der Erwerber die gesamte Veräußerungskette darzulegen und durch Vorlage eines Grundbuchauszuges zu beweisen. Auch hier ist der Antrag auf **Beiziehung der Grundbuchakte** für das Gericht nicht ausreichend.[127]

93 Ist lediglich der notarielle Vertrag geschlossen worden, eine Eintragung im Grundbuch als Eigentümer jedoch noch nicht erfolgt, ist der Erwerber weder aktiv-, noch passivlegitimiert. Daran ändert auch eine häufig zwischen Veräußerer und Erwerber getroffene notarielle Vereinbarung nichts, nach der der Veräußerer mit sofortiger Wirkung sämtliche Rechte und Pflichten aus dem bestehenden Mietverhältnis an den Erwerber **abtritt.** Da der veräußernde Vermieter nicht nur Rechte hatte, sondern ihm auch Pflichten oblagen, er mithin auch Schuldner war, bedurfte es für die Wirksamkeit

---

[120] *Sternel* V. Rdn. 14; vgl. LG Gießen WuM 1997, 560: Die Kündigung aufgrund Mehrheitsbeschluss der Erbengemeinschaft ist eine Maßnahme ordnungsgemäßer Verwaltung.
[121] BGH NZM 2002, 950.
[122] BGH NZM a.a.O.; BGH NJW 1989, 21/23, als Begründung wird angeführt, die Erbengemeinschaft sei im Gegensatz zur BGB-Gesellschaft nicht auf Dauer angelegt, sondern auf Auseinandersetzung gerichtet.
[123] *Heldrich* in MünchKomm § 2039 BGB Rdn. 20.
[124] *Heldrich* in MünchKomm § 2039 BGB Rdn. 4; **a.A.** LG Gießen WuM 1997, 560.
[125] MünchKomm a.a.O.; LG Berlin WuM 1986, 326 (Leitsatz).
[126] Str. vgl. *Heldrich* in MünchKomm § 2032 BGB Rdn. 36.
[127] *Hinz* NZM 2004, 681 ff.

der Übertragung dieser Verpflichtungen der Genehmigung des Gläubigers, also des Mieters (§ 415 BGB). Da normalerweise der Mieter von den Klauseln des notariellen Veräußerungsvertrages keine Kenntnis hat, fehlt es an der erforderlichen Genehmigung; der Erwerber ist nicht passivlegitimiert. Dies gilt selbst dann, wenn der Mieter auf Anweisung des Vermieters den Mietzins an den Erwerber bezahlt, da in der Zahlung nicht die fehlende Genehmigung zu sehen ist, solange der Mieter nicht in Kenntnis der entsprechenden Abtretungsklausel geleistet hat.

Will der Mieter Ansprüche aus dem Mietverhältnis geltend machen, ist bis zur Eintragung des Erwerbers im Grundbuch der alte Vermieter passivlegitimiert, es sei denn, der Mieter hat die Abtretung ausdrücklich genehmigt, so dass ein **vorzeitiger Vermieterwechsel** stattgefunden hat. Für die Zustimmung ist nicht die Schriftform erforderlich.[128] **94**

Wirksam ist die Abtretung jedoch im Hinblick auf die Gläubigerstellung des Vermieters, d. h. fällig werdende Mieten können vom Erwerber eingeklagt werden.[129] Soweit allerdings Gestaltungsrechte von der Klausel betroffen sind, wie z. B. Kündigung oder Mieterhöhungsverlangen, ist die Vereinbarung auch bezüglich der Übertragung der Gläubigerrechte unwirksam, da **Gestaltungsrechte** nicht abtretbar sind.[130] Die Aktivlegitimation des Erwerbers ist somit zu verneinen, soweit Gestaltungsrechte betroffen sind. **95**

Beinhalten die vorgenannten notariellen Abtretungsklauseln gleichzeitig auch eine **Ermächtigung,** im eigenen Namen, für eigene Rechnung, sämtliche Rechte aus dem Mietverhältnis, einschließlich Kündigung, außergerichtlich und gerichtlich geltend zu machen, führt diese jedoch nicht dazu, dass der Erwerber als **gewillkürter Prozessstandschafter** sämtliche Ansprüche im eigenen Namen durchsetzen kann. Vielmehr ist dies nur insoweit möglich, als nicht unabtretbare Gestaltungsrechte betroffen sind (str.).[131] Sternel weitet die Unzulässigkeit der Prozessstandschaft auch auf den Anspruch auf Räumung aus, der zwar grundsätzlich abtretbar sei, jedoch regelmäßig dann nicht im Wege der Prozessstandschaft durchgesetzt werden könne, wenn die Freimachung der Räume ein besonderes Interesse erfordert, das in der Sphäre des Vermieters verwurzelt ist.[132] Für **gewerbliche** Mietverhältnisse soll dies nicht gelten.[133] **96**

---

[128] BGH MietRB 2003, 34.
[129] BGH NZM 2003, 716.
[130] LG Kiel WuM 1977, 228; *Fischer* in *Bub/Treier* VIII. Rdn. 49.
[131] LG Kiel WuM 1999, 293 f; WuM 1998, 233; WuM 1992, 128; LG München I WuM 1999, 161 und Urteil vom 7. 11. 2001, Az.: 14 S 3794/01; LG Augsburg WuM 1990, 226; LG Berlin NZM 2002, 780; **a. A.** im Ergebnis: *Blank* in *Schmidt-Futterer* vor § 535 BGB Rdn. 195, wonach für die Prozessstandschaft eine Abtretung nicht erforderlich ist; BGH WuM 1998, 99, (gewerbliches Mietverhältnis) der eine unwirksame Abtretung in eine Ermächtigung umdeutet; LG Berlin GE 2004, 483.
[132] *Sternel* V. Rdn. 19; weitergehend: LG München I, Entscheidung vom 23. 10. 1985, Az.: 14 S 12750/85, das die **Abtretung des Herausgabeanspruches** im Hinblick auf § 399 BGB verneint. Gerade im Mietrecht seien Rechte und Pflichten der einzelnen Vertragspartner eng miteinander verknüpft, so dass im Hinblick auf die komplexen Vertragsbeziehungen zumindest die Abtretung einzelner den Bestand des Mietverhältnisses berührender Ansprüche ausgeschlossen ist. Auch nach der Kündigung bestehe zwischen den Parteien ein rechtliches Sonderverhältnis. Verneinung der Abtretung des Herausgabeanspruches – anders als bei **Gewerberaummietverhältnissen** – LG München I WuM 1999, 161: Die Nichtabtretbarkeit ergebe sich aus der gesetzlichen Regelung des § 556 a BGB a. F., wo auf die Interessen von Mieter und Vermieter, nicht aber eines Dritten, abgestellt werde. Hinzu komme, dass bei einem Erfolg des Widerspruches nach § 556 a BGB a. F. nur ein Vermieter zur Fortsetzung des Wohnraummietverhältnisses verurteilt werden könne und der Vermieter verurteilt werden müsste, obwohl er nicht Prozesspartei sei; **a. A.:** LG Berlin GE 1994, 399; *Blank* in *Schmidt-Futterer* vor § 535 BGB Rdn. 195.
[133] BGH WuM 1998, 199; *Blank* in *Schmidt-Futterer* vor § 535 BGB Rdn. 195.

97 Lässt man entgegen der hier vertretenen Auffassung die **gewillkürte Prozessstandschaft** zu, muss der Prozessstandschafter im Prozess sich auf die ihm erteilte Ermächtigung berufen und erklären, wessen Recht er geltend macht.[134] Die Offenlegung der Prozessstandschaft muss im Falle der Mieterhöhungsklage vor Ablauf der Klagefrist erfolgen. Eine **Heilung** während des Prozesses kommt nicht in Betracht.[135]

98 Selbst wenn sich der Mieter aufgrund einer Vertragsklausel verpflichtet, den zukünftigen **Austausch des Vermieters** zu genehmigen, lässt sich ein anderes Ergebnis nicht gewinnen. Derartige Klauseln sind in der Regel unwirksam.[136]

99 Veräußert der Vermieter nach Erhebung einer Räumungsklage das Mietobjekt, muss er nach Eintragung des Erwerbers als Eigentümer im Grundbuch die **Klage** dahingehend **abändern,** dass er nunmehr Herausgabe nicht an sich, sondern an den Erwerber begehrt. Unterlässt er dies, ist die Klage abzuweisen, einerlei, ob sich der Mieter auf die unstreitige Eintragung des Erwerbers beruft.[137]

5. BGB-Gesellschaft

100 Eine wesentliche Änderung hat sich im Zusammenhang mit der **BGB-Gesellschaft** ergeben. In der Vergangenheit war die GbR nicht rechtsfähig, mithin weder aktiv noch passiv parteifähig.[138] Die Änderung in der Rechtsprechung des BGH führt dazu, dass die BGB-Gesellschaft als rechtsfähig angesehen werden kann, soweit sie durch die Teilnahme am Rechtsverkehr eigene Rechte und Pflichten begründet.[139]

101 Voraussetzung für die Annahme der Rechtsfähigkeit ist, dass die Gesellschaft als Außen-GbR auftritt. Dies ist nicht schon der Fall, wenn auf einer Seite des Mietvertrages mehrere Personen handeln, auch wenn z. B. durch eine gemeinsame Vermietung eine gemeinsame Zweckverfolgung wahrscheinlich ist. Entscheidend ist vielmehr, dass die GbR als Gesellschaft in Erscheinung tritt, mithin im Außenverhältnis am Rechtsverkehr teilnimmt.[140] Hierbei soll es nicht genügen, wenn die einzelnen Gesellschafter im Grundbuch mit dem Zusatz „in Gesellschaft bürgerlichen Rechts" eingetragen wurden.[141]

102 Durch die Aufgabe der bisherigen Rechtsprechung wurde es überflüssig, die bisher geübte Konstruktion beizubehalten, „wonach die aktive und passive Prozessführungsbefugnis hinsichtlich das Gesellschaftsvermögen betreffender Forderungen und Verbindlichkeiten bei den eine notwendige Streitgenossenschaft im Sinne des § 62 Abs. 1 ZPO bildenden Gesellschaftern liegt".[142] Nunmehr muss die Außen-GbR selbst klagen und verklagt werden, wobei es ratsam ist, im **Passivprozess** neben der Gesellschaft auch die Gesellschafter persönlich zu verklagen,[143] zumal die Gesellschafter kraft Gesetzes für die von der Gesellschaft begründeten Verpflichtungen haften.[144] Dies ist insbesondere dann zu empfehlen, wenn nicht mit Sicherheit festgestellt werden kann, ob

---

[134] BGH NJW 1994, 2550.
[135] *Hinz* NZM 2004, 681/683 m. w. N.
[136] LG München I, Urteil vom 23. 10. 1985, Az.: 14 S 12750/85: Die Kammer hatte die **Klausel** wegen fehlender **Bestimmtheitserfordernisse** für unwirksam erachtet. Es ergebe sich aus dem Wesen eines Wohnraummietvertrages als personenbezogenes Dauerschuldverhältnis, dass bei Abschluss eines solchen Vertrages die Personen des Vertragspartners bekannt oder doch zumindest bestimmbar sein müssten; **a. A.:** *Blank* in *Schmidt-Futterer* vor § 535 BGB Rdn. 297.
[137] *Kinne* in *Kinne/Schach/Bieber* Teil II Rdn. 34.
[138] BGH MDR 1981, 662.
[139] BGH WuM 2001, 134.
[140] *Löffland* MietRB 2003, 51 f.
[141] LG Berlin ZMR 2003, 264; vgl. LG Berlin NZM 2002, 780.
[142] BGH a. a. O., S. 136 m. w. N.
[143] BGH a. a. O. 134/138; vgl. LG Berlin NZM 2002, 780.
[144] BGH NZM 2005, 218.

tatsächlich eine Außengesellschaft mit Gesamthandsvermögen existiert. Der Kläger – so der BGH – hat dann zusätzlich den Vorteil, dass er auch gegen die einzelnen Gesellschafter vollstrecken kann, wenn sich erst während der Zwangsvollstreckung das Fehlen eines Gesellschaftsvermögens herausstellt. Gesellschaft und Gesellschafter sind keine notwendigen Streitgenossen.[145] Das Urteil gegen die Gesellschaft schneidet jedoch den Gesellschaftern Einwendungen gegen die festgestellte Gesellschaftsschuld ab.[146] Aus diesem Grund kann es für einen nicht vertretungsberechtigten Gesellschafter anzuraten sein, sich an dem Prozess als Nebenintervenient (§ 66 ZPO) zu engagieren.[147]

Für die Klage gegen die Gesellschaft genügt es, dass die Zustellung an einen von mehreren allein – oder gesamtvertretungsberechtigten Gesellschaftern erfolgt.[148]

Im **Aktivprozess** der Gesellschaft ist es lediglich erforderlich, die Gesellschaft identifizierbar zu beschreiben (exakte Bezeichnung, unter der die Gesellschaft auftritt; gesetzliche Vertreter; ggf. Benennung einiger Gesellschafter).[149] Klagt eine mittellose GbR, ist dem Gegner bei absehbarem Obsiegen anzuraten, seinen Klageabweisungsantrag mit einer Drittwiderklage gegen die Gesellschafter zu verbinden (§ 128 HGB), um so letztendlich zu einer Kostenerstattung zu kommen.[150] Die Sachdienlichkeit im Sinne des § 263 ZPO sieht Kraemer für gegeben an, da ein neuer Prozess dadurch vermieden wird. Ergibt sich für die Widerklage ein anderer Gerichtsstand als für die Klage, ist § 33 Abs. 1 ZPO nicht anwendbar; auch kann die Zuständigkeit der Widerklage nicht über § 36 Abs. 1 Nr. 3 ZPO erlangt werden.[151] War die Klage bereits vor der oben zitierten Änderung der Rechtsprechung rechtshängig, und mussten alle Gesellschafter der GbR als notwendige Streitgenossen Gesamthandsforderungen im Prozess geltend machen, so genügt es im anhängigen Verfahren, wenn das **Rubrum berichtigt** wird. Ein Parteiwechsel ist nicht erforderlich.[152] Aber selbst dann, wenn die Gesellschafter fälschlicherweise anstelle der Gesellschaft klagen, ist eine Rubrumsberichtigung möglich, da auch bei einer äußerlich unrichtigen Bezeichnung immer das Rechtssubjekt als Partei anzusehen ist, das objektiv durch die falsche Bezeichnung betroffen werden soll.[153]

Weigert sich einer von zwei vertretungsberechtigten Gesellschaftern aus gesellschaftswidrigen Gründen, an der gerichtlichen Durchsetzung der Gesellschaftsforderung durch die Gesellschaft gegen einen Dritten mitzuwirken, so kann der verbleibende vertretungsberechtigte Gesellschafter bewirken, dass die GbR klagt, obwohl eine an sich erforderliche gemeinschaftliche Vertretung der Gesellschaft durch alle Gesellschafter fehlt. Hier kann jedoch nichts anderes gelten als für jene Fälle (vor Anerkennung der Parteifähigkeit der Außengesellschaft), in denen der einzelne Gesellschafter nach ungerechtfertigter Weigerung der Mitgesellschafter eine der Gesamthand zustehenden Forderung gegen einen Dritten im eigenen Namen gemäß § 432 BGB mit Leistung an alle fordert. In diesem Fall ist der einzelne Gesellschafter **prozessführungsbefugt** (vgl. unten: Personenmehrheiten). Durch die Änderung der Rechtsprechung im Hinblick auf die Parteifähigkeit der BGB-Gesellschaft sind diese Grundsätze auf den hier diskutierten Fall zu übertragen.[154]

---

[145] *Kraemer* NZM 2002, 465/473.
[146] *Kraemer* a. a. O.
[147] *Kraemer* a. a. O.
[148] *Kraemer* a. a. O.
[149] *Kraemer* NZM 2002, 465/472: zur Identifizierung des Kostenschuldners müssen die Angaben im Prozess zunächst nachgeholt werden, sonst ist die Klage unzulässig.
[150] *Kraemer* NZM 2002, 465/473.
[151] *Kraemer* a. a. O.; BGH NJW 1992, 982.
[152] BGH NZM 2003, 235.
[153] BGH WuM 2005, 791 f: die Gesellschafter in ihrer gesamthänderischen Verbundenheit sind nichts anderes als die Gesellschaft.
[154] OLG Düsseldorf NZM 2003, 237 f.

106 Die neue Rechtsprechung des BGH hat vor allem den Vorteil, dass ein Wechsel im Mitgliederbestand der Gesellschaft nicht mehr der Zustimmung des Vermieters bzw. des Mieters bedarf und auch nicht die Aktiv- oder Passivlegitimation der Gesellschaft tangiert.[155]

107 Handelt es sich um eine BGB-Gesellschaft, die keine Außen-Gesellschaft ist, und überträgt eines der Mitglieder Geschäftsanteile, so ist dies als **Veräußerung** im Sinne §§ 566, 578 BGB anzusehen.[156] Aktiv- und passivlegitimiert sind in diesem Fall die ursprünglichen Gesellschafter mit Ausnahme des Gesellschafters, der seinen Anteil veräußert hat, an dessen Stelle der Erwerber getreten ist. Dies gilt dann, wenn im Grundbuch ein die gesamthänderische Bindung der ursprünglichen Gesellschafter bezeichnender Vermerk (§ 47 GBO) als Eigentümer oder Erbbauberechtigter eingetragen war.[157] § 571 BGB a.F. findet Anwendung, da es nicht darauf ankommt, auf welche Weise sich die Eigentumsverhältnisse verändert haben. Entscheidend ist vielmehr, dass vor dem Wechsel der Gesellschafter andere zu einer Gesamthand zusammengeschlossene Personen Eigentümer waren als nach dem Gesellschafterwechsel. Die gesetzliche Vorschrift will zu Gunsten des Mieters nicht zulassen, dass sich der Mieter ohne sein Zutun plötzlich einem oder gar mehreren Vermietern gegenüber sieht, die nicht mehr Eigentümer sind, und will zudem verhindern, dass der Mieter mit einem Eigentümer konfrontiert ist, der nicht mehr durch einen Mietvertrag an ihn gebunden ist.[158]

108 Zu dem Problem der **Prozessführungsbefugnis** eines Mitglieds der BGB-Gesellschaft siehe nachfolgend: Personenmehrheiten.

6. Personenmehrheiten

109 **a) Aktivlegitimation und Prozessführungsbefugnis: aa) Grundsatz.** Bei Personenmehrheiten auf Vermieter- oder Mieterseite müssen in der Regel alle Mitglieder klagen oder verklagt werden.

110 Dies gilt jedenfalls, wenn auf Gläubigerseite eine gesamthänderische Bindung besteht.[159] Mieter, die einen Kautionsrückzahlungsanspruch oder die Erstattung überzahlter Nebenkosten begehren, müssen ebenso gemeinschaftlich klagen wie Vermieter, die Miete oder Schadensersatz wegen Beschädigung der Mietsache oder nicht durchgeführter Schönheitsreparaturen begehren.

111 **bb) gesetzliche Prozessstandschaft.** Mitunter befinden sich die Anspruchsteller in Beweisschwierigkeiten. Um diesen auszuweichen, klagt z.B. nur einer von mehreren Mietern auf Rückzahlung der Kaution mit dem Antrag, die Vermieterseite zu verurteilen, die Kaution an ihn und die im Antrag namentlich genannten Mitmieter zu bezahlen (§ 432 BGB; **gesetzliche Prozessstandschaft**). Ein derartiger Antrag hat den Vorteil, dass der Mitmieter nicht Partei wird und als Zeuge im Prozess zur Verfügung steht.[160]

112 Die Zulässigkeit dieses Vorgehens ist jedoch umstritten.

113 Schmidt-Futterer gestattet einer Mehrheit von Vermietern jedenfalls hinsichtlich der Mietforderung die Anwendung des § 432 Abs. 1 BGB.[161] Etwas anderes gilt jedoch dann, wenn das angestrebte Urteil nur mit Wirkung für und gegen alle Vermieter/

---

[155] *Löffland* MietRB 2003, 51 f.
[156] *Eisenschmid* in Schmidt-Futterer vor § 535 BGB Rdn. 160.
[157] BGH WuM 1998, 341.
[158] BGH a.a.O.
[159] *Sternel* V. Rdn. 14; LG Hamburg WuM 1989, 569; **a.A.** *Kinne* in Kinne/Schach/Bieber Teil II Rdn. 32.
[160] *Vollkommer* in Zöller vor § 50 ZPO Rdn. 33.
[161] *Blank* in Schmidt-Futterer vor § 535 BGB Rdn. 167, 230 (für Eheleute); LG Kiel WuM 1982, 217.

II. Prozessführungs- und Sachbefugnis 114–118 1. Kap.

Mieter ergehen kann.[162] Dieser Grundsatz folgt aus der Einheitlichkeit des Mietverhältnisses und gilt jedenfalls für die Beendigung eines Mietverhältnisses, für die Kündigung und Feststellung der Unwirksamkeit eines Mietvertrages sowie für Mieterhöhungen.[163] Dies liegt darin begründet, dass nach h. M. das gegen den Prozessstandschafter ergangene Urteil nicht auch gegen den anderen Mieter wirkt.[164] Zulässig ist aber, wenn einer von mehreren Mietern die Erlaubnis zur Untervermietung in Form einer Leistungsklage geltend macht, sofern der Antrag darauf gerichtet ist, dass die Erlaubnis gegenüber allen Mietern zu erteilten ist.[165]

Werden Ansprüche einer ungeteilten **Erbengemeinschaft** erhoben, ergibt sich die Berechtigung des Einzelnen, Klage auf Leistung an alle zu erheben, aus § 2039 BGB.[166] Allerdings sind Gestaltungsrechte nur gemeinsam auszuüben (§ 2040 BGB). Haben aber z. B. alle Miterben das Mietverhältnis gekündigt, wird der Anspruch auf Herausgabe aus § 2039 BGB erfasst.[167] 114

Für die **Bruchteilsgemeinschaft** gilt Vorgesagtes entsprechend. Die Gestaltungsrechte können nur gemeinschaftlich ausgeübt werden.[168] Ansonsten ist eine Klage eines Mitglieds der Gemeinschaft mit Leistung an die Übrigen (§ 432 BGB) möglich,[169] da für die Bruchteilsgemeinschaft dieselben Grundsätze (somit auch Einschränkungen) wie für die Gesamthandsgemeinschaft gelten.[170] 115

Handelt es sich bei einer Partei um **Ehepartner,** die aufgrund eines Ehevertrages Gütergemeinschaft vereinbart haben, gilt Vorstehendes entsprechend.[171] Ist ein Ehegatte zur Alleinverwaltung berechtigt (§§ 1422 ff. BGB), führt er für das Gesamtgut im eigenen Namen Prozesse auf Aktiv- und Passivseite.[172] Ansonsten bilden Eheleute eine Gesellschaft. Bei einem nicht verheirateten Paar oder einer Wohngemeinschaft ist eine **BGB-Gesellschaft** (ohne Außengesellschaft zu sein) anzunehmen,[173] da der verfolgte Gesellschaftszweck im Zusammenleben in der gemeinsam gemieteten Wohnung gesehen wird. Jeder Ehegatte bzw. Lebenspartner soll Leistung an sich und den Partner begehren können,[174] soweit nicht Gestaltungsrechte betroffen sind. 116

Jedoch gilt für alle Fälle von Mieter-/Vermietermehrheiten, bei denen von einer Gesellschaft auszugehen ist, nachfolgende Einschränkung (str.),[175] die von den Instanzgerichten meist nicht Berücksichtigung findet.[176] 117

Nach der Rechtsprechung des BGH (NJW 1988, 1585f.) ist der Gesellschafter im Allgemeinen nicht befugt, einen Anspruch der GbR gegen einen Dritten im eigenen Namen durchzusetzen. Insoweit ist die Vorschrift des § 432 BGB durch die gesellschaftsvertragliche Regelung bzw. § 709 Abs. 1 BGB verdrängt. Die mit der Geschäftsführung verbundene Vertretungsmacht (§ 714 BGB) gibt nur die Berechtigung, einen 118

---

[162] OLG Celle WuM 1995, 193, hier: Klage auf Feststellung der Unwirksamkeit eines Mietvertrages.
[163] *Sternel* Mietrecht aktuell Rdn. 1413.
[164] *Vollkommer* in *Zöller* vor § 50 ZPO Rdn. 38.
[165] *Blank* in *Schmidt-Futterer* § 540 BGB Rdn. 75; **a. A.**: LG Berlin GE 1991, 681.
[166] *Heldrich* in MünchKomm § 2039 BGB Rdn. 20.
[167] Vgl. MünchKomm § 2039 BGB Rdn. 4.
[168] OLG Celle WuM 1995, 193 f.
[169] Vgl. BGH WuM 1989, 465 f.
[170] *Blank* in *Schmidt-Futterer* vor § 535 BGB Rdn. 170.
[171] *Blank* in *Schmidt-Futterer* vor § 535 BGB Rdn. 167.
[172] *Vollkommer* in *Zöller* vor § 50 ZPO Rdn. 63: Klageantrag geht auf Leistung an den Kläger (Folge § 1422 BGB).
[173] LG Berlin NZM 1999, 998 f.; *Gattar* in *Schmidt-Futterer* § 546 BGB Rdn. 30.
[174] Weitergehend: LG Kassel WuM 1994, 534.
[175] *Bydlinski* in MünchKomm § 432 BGB Rdn. 7.
[176] *Sternel* V. Rdn. 14.

Anspruch im Namen sämtlicher Gesellschafter zu erheben. Aus diesem Grund kommt auch für einen vertretungsberechtigten Gesellschafter eine Klageerhebung im eigenen Namen gemäß § 432 BGB nicht in Betracht.[177] Ausnahmen gelten dann, wenn ein Gesellschafter zu Unrecht eine Klage gegen einen Schuldner verweigert.[178]

119 **cc) gewillkürte Prozessstandschaft.** Inwieweit der beabsichtigte Erfolg im Wege der gewillkürten Prozessstandschaft erreicht werden kann, mithin ein fremdes Recht in eigenem Namen geltend zu machen, ist ebenso heftig umstritten (vgl. hierzu Kap. 1.II., Rdn. 96). Sternel hält es für zweifelhaft, ob die bloße Ermächtigung durch den anderen Gesamthandsgläubiger genügt, da das rechtliche und wirtschaftliche Interesse zur Begründung einer Prozessstandschaft damit noch nicht gegeben sei.[179] Darüber hinaus scheidet eine Ermächtigung aus, wenn nicht abtretbare Gestaltungsrechte betroffen sind.[180]

120 Nach anderer Auffassung soll es möglich sein, dass ein Mitmieter ermächtigt wird, die Ansprüche im eigenen Namen und auf eigene Rechnung durch eine Klage zu verfolgen.[181] Die **unterschiedlichen Rechtsfolgen** zwischen der gesetzlichen Prozessstandschaft (z.B. § 432 BGB) und der gewillkürten Prozessstandschaft werden damit gerechtfertigt, dass sich die prozessuale Situation des jeweiligen Gesellschaftsschuldners unterschiedlich darstellt. Der mit Hilfe der gewillkürten Prozessstandschaft in Anspruch genommene Gesellschaftsschuldner ist prozessrechtlich weitgehend geschützt.[182]

121 Aber selbst wenn eine gewillkürte Prozessstandschaft akzeptiert wird, so hat jedenfalls das Landgericht Saarbrücken eine wirksame Ermächtigung verneint, da der bloße Auszug eines Mitmieters aus der gemeinsamen Wohnung die erforderliche Offenkundigkeit der Ermächtigung nicht erfüllt, zumal bei Vermietung an eine **Wohngemeinschaft** in der Regel der Vermieter keine Kenntnis von diesem Umstand erlangt.[183]

122 Bejaht man die Zulässigkeit der gewillkürten Prozessstandschaft für die vorliegende Konstellation, wirkt das klageabweisende Urteil zu Gunsten des Vermieters auch gegen die Mitmieter, die der Prozessführung zugestimmt haben. Die **Rechtskraft** dieses Urteils erstreckt sich somit auf die anderen Mitmieter.[184] Solange der Prozess des ermächtigten Mitmieters rechtshängig ist, ist es den anderen Mitmietern verwehrt, selbst Klage zu erheben. Der Vermieter kann die Einrede der entgegenstehenden Rechtshängigkeit erheben.[185]

123 Mitunter wird versucht, den Anteil des gesamthänderischen Mieters am Anspruch auf Auszahlung der Restkaution an einen Mitmieter zum Zwecke der Geltendmachung im eigenen Namen abzutreten. Dies ist rechtlich unzulässig.[186] Denkbar ist hier

---

[177] BGH NJW 1988, 1585/1586; LG Düsseldorf GUT 2003, 18; LG Berlin NZM 1999, 998 f.; *Bydlinski* in MünchKomm § 432 BGB Rdn. 7.

[178] *Bydlinski* a. a. O.

[179] *Sternel* V. Rdn. 14; **a. A.:** *Kinne* in *Kinne/Schach/Bieber* Teil II Rdn. 32 unter Hinweis auf LG Gießen NJW-RR 1996, 1162; LG Berlin NZM 1999, 998/999.

[180] OLG Köln NJW-RR 1997, 1072; LG München I WuM 1999, 161; LG Kiel WuM 1999, 293 f.; *Fischer* in *Bub/Treier* VIII. Rdn. 49.

[181] LG Berlin NZM 1999, 998 f. sowie BGH NJW 1988 1585/1586: § 432 BGB ist in Gesellschaftsrecht zwar nicht anwendbar, aber im Fall einer Ermächtigung durch den anderen Gesellschafter ist anders als im Fall des § 432 BGB sichergestellt, dass der Prozess nicht gegen den Willen des anderen Gesellschafters geführt wird; siehe Fußnote 179.

[182] BGH NJW 1988, 1585/1586.

[183] LG Saarbrücken ZMR 1992, 60.

[184] *Kinne* in *Kinne/Schach/Bieber* Teil II Rdn. 32; BGH NJW 1988, 1585.

[185] *Kinne* in *Kinne/Schach/Bieber* a. a. O.

[186] *Sternel* V. Rdn. 14; **a. A.** *Kinne* in *Kinne/Schach/Bieber* Teil II Rdn. 32.

II. Prozessführungs- und Sachbefugnis

ohnehin nur die Abtretung des Anteils an der Gesamthandsgemeinschaft insgesamt, nicht jedoch der „ideell gedachte Anteil an einzelnen Teilen des Gesamthandsvermögens". Ausnahmsweise soll die Abtretung zulässig sein, wenn sich die Gläubigergemeinschaft im Abwicklungsstadium befindet.[187]

b) Passivlegitimation. Passiv legitimiert sind bei Personenmehrheiten auf der Vermieter- oder der Mieterseite alle Mieter oder Vermieter. Zwar genügt es, in Fällen der **Gesamtschuldnerschaft** (Mietforderung, Erfüllung oder Schadensersatz wegen nicht durchgeführter Schönheitsreparaturen, Vornahme von Handlungen wegen Standhaltung und Instandsetzung, etc.), dass nur ein Vermieter oder Mieter verklagt wird. Die klagende Partei ist jedoch gut beraten, insbesondere bei Zahlungsklagen gegen alle Gesamtschuldner Klage zu erheben, da sie so einen Titel gegen einen weiteren Schuldner erhält. Liegt jedoch eine gesamthänderische Schuldnerschaft vor, ist mithin die Grundlage des Vertrages betroffen, so sind sämtliche Mieter oder Vermieter zu verklagen. Dies gilt insbesondere in Fällen der Zustimmung zur Mieterhöhung oder der Zustimmung zur Untervermietung.[188]

Klagt der Vermieter bei einer **Mehrheit von Mietern** auf Unterlassung einer durch nur einen bestimmten Mieter begangene konkrete Vertragsverletzung, soll nach der h.M. im Hinblick auf § 425 BGB eine Unterlassungsklage nur gegen den störenden Mieter zulässig sein.[189]

Ist im Mietvertrag eine Klausel verankert, nach der sich die Mieter zur Vornahme und Entgegennahme von Willenserklärungen gegenseitig bevollmächtigen, ist der Vermieter dennoch nicht berechtigt, nur einen Mieter zu verklagen.[190] Auch wenn einer von zwei Mietern der geforderten Mieterhöhung vorprozessual zugestimmt hat, müssen beide Mieter verklagt werden, da bei Zustimmung nur eines Mieters die Zustimmung als insgesamt versagt gilt.[191] Wird gleichwohl nur ein Mieter verklagt, ist die Klage **unzulässig**.[192]

7. Insolvenzverwalter

Gerät der Vermieter oder der Mieter in **Insolvenz** und wird ein **Insolvenzverwalter** durch das Insolvenzgericht bestellt, geht die **Prozessführungsbefugnis** für Aktiv- und Passivprozesse mit der Verfahrenseröffnung auf den Verwalter über. Entsprechendes gilt, wenn ein vorläufiger Insolvenzverwalter ernannt wird (§§ 24 Abs. 2, 85 Abs. 1, 86 InsO), jedoch nur dann, wenn dem vorläufigen Verwalter die Verwaltungs- und Verfügungsbefugnis über das Vermögen des Schuldners verliehen wird (starker Verwalter), was in der Regel nicht der Fall ist.[193] Der Verwalter ist nach herrschender Amtstheorie Partei kraft Amtes. Er führt den Prozess in eigenem Namen für die Insolvenzmasse. Ein bereits anhängiges Verfahren wird gemäß § 240 ZPO unterbrochen.

Infolge der ZPO-Reform tritt schon mit der Insolvenzantragsstellung eine **Unterbrechung** anhängiger, die Insolvenzmasse betreffende Rechtsstreite ein (§ 240 Satz 2

---

[187] Sternel a.a.O.; Hinz, Junker, v. Rechenberg, Sternel S. 816 Rdn. 1 m.w.N.
[188] Sternel a.a.O. Rdn. 15; KG Berlin WuM 1986, 106.
[189] Vgl. Blank in Schmidt-Futterer § 541 BGB Rdn. 99 m.w.N., der die Auffassung vertritt, alle Mieter schulden den vertragsgemäßen Gebrauch, weshalb dem Vermieter der Anspruch gegen alle Mieter zugebilligt werden müsse; vgl. auch Kap. 5 II.
[190] KG Berlin WuM 1986, 106f.; abgesehen davon, dass die Klausel unwirksam ist, BGH WuM 1997, 599, hat sie nach dem KG lediglich den Zweck, den Rechtsverkehr zwischen Vertragsparteien zu vereinfachen. Die gesamthänderische Bindung der Mieter soll hierdurch nicht aufgehoben werden.
[191] AG Wiesbaden WuM 1992, 135; a.A.: LG Kiel ZMR 1989, 429.
[192] KG Berlin a.a.O.
[193] Franken Rdn. 128.

ZPO; i.d.F. des Art. 18 Nr. 2 EGInsO).[194] Betroffen ist die Insolvenzmasse auch dann, wenn der Vermieter gegen den insolventen Mieter vor Eröffnung des Insolvenzverfahrens gekündigt und den Herausgabeanspruch gerichtlich geltend gemacht hatte. Gemäß § 35 InsO zählt das gesamte Vermögen des Mieters zur Masse, mithin auch sein Besitzrecht aufgrund des Mietvertrages.[195] Dies hat zunächst erhebliche Nachteile für den Vermieter, der einen weiteren Mietausfall befürchten muss. Der Vermieter kann jedoch das Verfahren aufnehmen und somit die Unterbrechung beenden (§ 86 InsO), da ihm ein **Aussonderungsanspruch** zusteht.[196] Der Aufnahmeschriftsatz ist dem Insolvenzverwalter zuzustellen.[197]

129 Zu beachten ist jedoch, dass die vor der Insolvenzeröffnung erteilte Prozessvollmacht erloschen ist (§ 115 InsO).[198] Eine Zustellung an den ursprünglichen Prozessbevollmächtigten genügt nicht.[199]

130 Der Verwalter hat nicht die Möglichkeit, die Fortsetzung des Prozesses zu unterbinden. Er kann nur anerkennen oder die Freigabe des streitbefangenen Gegenstandes erklären. Mit der Freigabeerklärung erlangt der Schuldner seine Klagebefugnis zurück und muss als Beklagter den Prozess fortführen.[200]

131 Ist einer von mehreren Mietern in Insolvenz gefallen, wird nur der Prozess gegen ihn unterbrochen. Die Mieter als Räumungsschuldner sind nur **einfache Streitgenossen.**[201]

132 Erhebt der Vermieter eine Räumungsklage nach der Insolvenzeröffnung des Mieters, ist nur der Insolvenzverwalter passivlegitimiert.[202]

133 In der Insolvenz des Vermieters sollte der Verwalter eine Zahlungsklage des Mieters anerkennen oder eine Vereinbarung mit dem Mieter dahingehend treffen, dass er die Forderung zur Insolvenztabelle anerkennt.[203] Der Mieter hat in letzterem Fall die Möglichkeit, seine **Klage zurückzunehmen,** um Gerichtskosten zu sparen.

134 Einen unterbrochenen **Aktivprozess** aufzunehmen (§ 85 InsO) obliegt allein dem Insolvenzverwalter. Betroffen sind hierbei Rechtsstreite, in denen der Schuldner ein Vermögensrecht in Anspruch nimmt, das der Insolvenzmasse zuzurechnen ist.[204] Im Regelfall gilt dies für Prozesse, in denen der Schuldner als Kläger einen Anspruch durchzusetzen versucht, z.B. Klage auf Zahlung der Miete oder Räumung einer Wohnung oder eines Büros. Im Aktivprozess des Vermieters wird der Insolvenzverwalter den Prozess aufnehmen, wenn er z.B. durch die Räumung eine bessere Verwertung, d.h. eine höhere Miete, erzielen kann. Denkbar ist jedoch auch ein Aktivprozess dergestalt, dass sich der Schuldner einer Feststellung ausgesetzt sieht, mit der ein bestimmter Vermögensanspruch verwehrt werden soll.[205] Verweigert der Verwalter die Aufnahme des anhängigen Rechtsstreites, gilt § 85 Abs. 2 InsO, so dass jetzt sowohl der Schuldner als auch der Gegner den Rechtsstreit aufnehmen können. Gleichzeitig ist in der Ablehnung, den Rechtsstreit aufzunehmen, die Freigabe des Gegenstandes oder des Rechtes aus der Insolvenzmasse zu sehen.[206]

---

[194] *Breuer* S. 45.
[195] AG Berlin-Charlottenburg NZM 2005, 618; vgl. *Börstinghaus* NZM 2000, 326 ff.
[196] *Börstinghaus* NZM 2000, 326 f.
[197] *Greger* in *Zöller* § 240 ZPO Rdn. 12.
[198] *Gogger* S. 313.
[199] *Greger* in *Zöller* a.a.O.
[200] *Gogger* a.a.O. S. 313.
[201] *Börstinghaus* NZM 2000, 326 f.
[202] Vgl. AG Berlin-Charlottenburg a.a.O.
[203] *Franken* Rdn. 453.
[204] *Gogger* S. 310.
[205] *Gogger* a.a.O.
[206] *Gogger* a.a.O. S. 311.

War nach altem Recht denkbar, dass der Insolvenzverwalter anstelle der Freigabe 135
den Schuldner ermächtigte, einen bereits anhängigen Aktivprozess aufzunehmen oder
selbst einen Anspruch für die Masse gerichtlich durchzusetzen, so soll dies nunmehr
nicht mehr möglich sein.[207]

Die **Unterbrechung** des Verfahrens führt dazu, dass die Fristen aufhören zu laufen; 136
Sie beginnen erneut mit der Beendigung der Unterbrechung (§ 240 Abs. 1 ZPO).
Diese Folge betrifft ausschließlich prozessuale, nicht materielle Fristen. Die Unterbrechung des Räumungsstreits in der Insolvenz des Vermieters führt somit nicht zu einer
Verlängerung der **Schonfrist** des § 554 Abs. 2 BGB.[208]

8. Nießbrauch-/Erbbauberechtigter

Wird während des Mietverhältnisses ein **Nießbrauchrecht** bestellt, so wird der ein- 137
getragene Nießbraucher für die Dauer des Nießbrauchs Vermieter (§ 576 BGB) und
damit im Mietprozess aktiv- und passivlegitimiert. Veräußert der Vermieter als Eigentümer die Mietsache und lässt sich gleichzeitig als Nießbraucher im Grundbuch eintragen, bleibt er Vermieter. Endet das Nießbrauchrecht vor Ablauf der vereinbarten
Mietzeit, wird wiederum der Eigentümer Vermieter (§§ 1056 Abs. 1, 566 Abs. 1
BGB). Ihm steht dann allerdings nicht das Kündigungsrecht vor Ablauf der Mietzeit
nach § 1056 Abs. 2 BGB zu.[209]

Entsprechendes gilt beim **Erbbaurecht.** Mit dem Erlöschen dieses Rechts wird der 138
Grundstückseigentümer Vermieter (§ 566 BGB in Verbindung mit § 30 Abs. 1 ErbBauRVO).

9. Zwangsverwalter

Wird ein **Zwangsverwalter** bestellt, fungiert der Verwalter nicht als Vertreter des 139
Vermieters,[210] sondern es liegt ein Fall von **gesetzlicher Prozessstandschaft** vor[211]
(soweit man der herrschenden Amtstheorie folgt). Der Zwangsverwalter tritt daher im
eigenen Namen auf und bleibt beim anhängigen Prozess selbst dann noch prozessführungsbefugt, wenn die Zwangsverwaltung wegen Zuschlags aufgehoben wurde.[212] Endet das Mietverhältnis während der Dauer der Zwangsverwaltung und wird die Kaution zur Rückzahlung fällig, so ist der Zwangsverwalter passivlegitimiert. Dies bleibt er
auch dann, wenn der Zwangsverwalter die Kaution nicht erhalten hat, mithin die Voraussetzungen des § 572 Satz 2 BGB a.F. vorlagen. Der BGH hat insoweit seine
Rechtsprechung geändert und eine analoge Anwendung des § 572 Satz 2 BGB a.F.
mit der Begründung verneint, durch die Beschlagnahme nach § 148 Abs. 2 ZVG fände
– anders als bei der Zwangsversteigerung – ein Wechsel im Eigentum ebenso wenig
statt wie ein Rechtsübergang. Dem Eigentümer werde vielmehr nur die Verwaltung

---

[207] *Gogger* a.a.O. S. 312 mit weiteren Nachweisen; *Gogger* hält eine solche **gewillkürte Prozessstandschaft** für unzulässig, weil entgegen früherem Recht nunmehr auch der Neuerwerb des Schuldners in die Masse fällt. Ferner könne sich bei natürlichen Personen ein Restschuldbefreiungsverfahren anschließen. Obsiegt jedoch der Gläubiger in diesem Prozess, wäre er in Bezug auf den Kostenerstattungsanspruch ein Neugläubiger im Sinne von § 38 InsO mit der Folge, dass eine Anmeldung zur Insolvenztabelle nicht mehr möglich und eine Vollstreckung nach Abschluss des Insolvenzverfahrens nicht mehr durchsetzbar sei, da während des Restschuldbefreiungsverfahrens nach § 114 InsO die Lohn- und Gehaltsforderungen bereits an Dritte abgetreten seien oder Insolvenzgläubigern zustehen würden. Die Ermächtigung des Schuldners diene so lediglich der unzulässigen Verschiebung des Kostenrisikos.
[208] *Börstinghaus* a.a.O.
[209] OLG Koblenz NZM 2002, 293.
[210] *Blank* in *Schmidt-Futterer* vor § 535 BGB Rdn. 204.
[211] *Putzo* in *Thomas/Putzo* § 51 ZPO Rdn. 25 ff.
[212] BGH WuM 1993, 61.

und Benutzung seines Eigentums entzogen.[213] Dagegen ist der Zwangsverwalter nicht prozessführungsbefugt, wenn die Zwangsverwaltung vor Rechtshängigkeit der Streitsache aufgehoben worden ist.[214]

140 Fordert der Mieter die Abrechnung der **Betriebskosten** für Zeiträume, die vor der Bestellung des Verwalters liegen, so ist der Zwangsverwalter zur Abrechnung verpflichtet und damit passivlegitimiert, wenn eine etwaige Nachforderung von der als Beschlagnahme geltenden Anordnung der Zwangsverwaltung erfasst wird.[215] Errechnet sich ein Guthaben, so ist der Verwalter verpflichtet, dieses auszuzahlen, auch wenn ihm die Vorauszahlungen nicht unmittelbar zugeflossen sind.[216]

10. Nachlaßverwalter

141 Wird eine Nachlassverwaltung von Gericht angeordnet, ist der Verwalter zur Prozessführung kraft Amtes nach der herrschenden Amtstheorie befugt.[217] Es liegt ein Fall der **gesetzlichen Prozessstandschaft** vor; der Nachlassverwalter ist mithin nicht Vertreter der Erben. Er schließt die Mietverträge[218] und führt darauf resultierende Prozesse. Er ist somit aktiv- und passivlegitimiert.

11. Testamentsvollstrecker

142 Auch der Testamentsvollstrecker ist ebenso wie der Nachlassverwalter Partei kraft Amtes und als solcher prozessführungsbefugt.[219] Auch hier handelt es sich um eine **gesetzliche Prozessstandschaft**.[220] Ansprüche aus dem Mietvertrag kann nicht der Erbe, sondern muss der Testamentsvollstrecker geltend machen (§ 2212 BGB). Er allein ist prozessführungsbefugt.

143 Will der Mieter Ansprüche aus dem Mietverhältnis gerichtlich durchsetzen, kann sowohl der Erbe als auch der Testamentsvollstrecker verklagt werden (§ 2213 BGB).

144 Das gegen den Testamentsvollstrecker ergangene Urteil über einen gegen den Nachlass gerichteten Anspruch wirkt für und gegen den Erben (§ 327 Abs. 2 ZPO), wenn der Anspruch der Verwaltung des Testamentsvollstreckers unterlag.

145 Verklagt der Mieter lediglich den Erben, erfolgt die **Vollstreckung** aus dem obsiegenden Urteil nur in das Eigentum des Erben.[221] Will der Mieter in den Nachlass vollstrecken, ist hier ein Titel gegen den Testamentsvollstrecker erforderlich (§ 2213 Abs. 3 BGB; § 748 Abs. 2 ZPO). Der Titel gegen den Testamentsvollstrecker berechtigt aber nicht, in das Eigenvermögen des Testamentsvollstreckers oder des Erben zu vollstrecken, sondern ausschließlich in den Nachlass (§ 748 Abs. 1 BGB).

12. Mieterverein/Haus- und Grundbesitzerverein (Verbandsklage)[222]

146 **a) aktivlegitimiert/prozessführungsbefugt.** Mietervereine bzw. Haus- und Grundbesitzervereine können als qualifizierte Einrichtungen im Sinne des UKlaG, die

---

[213] BGH NZM 2003, 849 f.; WuM 2005, 460 ff.: Der Zwangsverwalter hat nach § 152 Abs. 2 ZVG anstelle des Vermieters u. a. dessen Pflichten zu erfüllen.
[214] BGH WuM 2005, 463 f.
[215] BGH NZM 2003, 473.
[216] BGH a. a. O., der Zwangsverwalter ist grundsätzlich verpflichtet, auch für die Vergangenheit abzurechnen und eine sich daraus ergebende Nachforderung einzuziehen. Die Verpflichtung zur Abrechnung umfasst auch den Ausgleich des Saldos, einerlei ob zu Gunsten des Verwalters oder zu dessen Ungunsten.
[217] *Weth* in *Musielak* § 51 ZPO, Rdn. 19.
[218] *Blank* in *Schmidt-Futterer* vor § 535 BGB, Rdn. 222.
[219] *Weth* in *Musielak* § 51 ZPO, Rdn. 19.
[220] *Weth* in *Musielak* a. a. O.
[221] *Blank* in *Schmidt-Futterer* vor § 535 BGB Rdn. 223.
[222] Vgl. Kap. 5 V.

II. Prozessführungs- und Sachbefugnis

in der Liste des Bundesverwaltungsamtes aufgeführt sind (§ 4 Abs. 1 UKlaG), Ansprüche auf **Unterlassung** oder **Widerruf** gegen Verwender von **allgemeinen Geschäftsbedingungen** geltend machen, sofern Klauseln nach §§ 307 bis 309 BGB unwirksam sind (§ 1 UKlaG). Dies gilt nicht, wenn die allgemeinen Geschäftsbedingungen gegenüber einem Unternehmer verwendet oder wenn sie zur ausschließlichen Verwendung zwischen Unternehmen empfohlen werden (§ 3 Abs. 2 UKlaG). Damit können vor allem Mietervereine gerichtlich gegen Verwender von AGBs vorgehen, aber auch der Haus- und Grundsbesitzerverein gegen von Mietern verwendete AGBs. Die letztere Konstellation ergibt sich vorwiegend bei Discountern, die infolge ihrer dominierenden Marktstellung die Ausformulierung der Mietverträge vorschreiben, insbesondere eigene allgemeine Geschäftsbedingungen verwenden.

§ 3 UKlaG regelt sowohl die **Aktivlegitimation** als auch die **Prozessführungsbefugnis**.[223] Ist der Verein als qualifizierte Einrichtung im Sinne des § 3 Abs. 1 Ziffer 1 UKlaG in der Liste des Bundesverwaltungsamtes eingetragen, ist er auch aktivlegitimiert.[224] Die Eintragung ist konstitutiv.[225] Selbst wenn das Prozessgericht begründete Zweifel an dem Vorliegen der gesetzlichen Voraussetzungen hegt, ist es an die Bindungswirkung der Eintragung gebunden und kann allenfalls das Bundesverwaltungsamt auffordern, die Eintragung zu überprüfen (§ 4 Abs. 4 UKlaG). Das Verfahren kann bis zur Entscheidung des Bundesverwaltungsamtes ausgesetzt werden. Inwieweit ein Verband in gesetzlicher Prozessstandschaft auftritt oder eigene Rechte bzw. Interessen der Allgemeinheit geltend macht, kann dahinstehen. Fehlt jedoch die Eintragung in der vom Bundesverwaltungsamt geführten Liste, kann sich das Klagerecht aus einer **gewillkürten Prozessstandschaft** Kraft besonderer Ermächtigung ergeben.[226] Das für die wirksame Übertragung der Prozessführungsbefugnis erforderliche schutzwürdige Eigeninteresse ist gegeben, wenn die Rechtsverfolgung zu den satzungsgemäßen Aufgaben des Verbandes zählt.[227] Die darüber hinaus erforderliche Ermächtigung kann unter Umständen satzungsgemäß erteilt werden.[228]

147

b) **passivlegitimiert**. Passivlegitimiert ist der **Verwender** der unwirksamen Vertragsklauseln. Das ist derjenige, in dessen Namen der Formularvertrag geschlossen wird.[229] In der Regel ist somit der Vermieter Verwender und passivlegitimiert. Die Verwendereigenschaft besteht bereits dann, wenn die beanstandete Klausel im rechtsgeschäftlichen Verkehr benutzt worden sind, zum Vertragsabschluss muss es noch nicht gekommen sein.[230] Der Vertreter des Vermieters, z. B. der **Makler,** kommt dann als Verwender in Betracht, wenn er in dem von ihm abgeschlossenen Vertrag unwirksame AGB-Klauseln verwendet, die von ihm selbst entworfen sind und die er im eigenen Interesse eingefügt hat.[231] Wird jedoch ein Dritter in die Vertragsabwicklung eingeschaltet, ohne zur Vertragspartei zu werden, wird dieser auch dann nicht Verwender, wenn er durch die unwirksamen Klauseln begünstigt wird.[232]

148

---

[223] *Bassenge* in *Palandt* § 3 UKlaG Rdn. 2.
[224] *Bassenge* a. a. O.
[225] *Bassenge* a. a. O. Rdn. 4.
[226] *Vollkommer* in *Zöller* vor § 50 ZPO Rdn. 58 f.
[227] *Vollkommer* in *Zöller* a. a. O. Rdn. 60.
[228] Siehe hierzu *Vollkommer* in *Zöller* vor § 50 ZPO Rdn. 60.
[229] *Bassenge* in *Palandt* § 1 UKlaG Rdn. 9 m. w. N.
[230] *Bassenge* in *Palandt* § 1 UKlaG Rdn. 5.
[231] *Bassenge* a. a. O. Anm. 9 mit Hinweis auf BGH NJW 1981, 2351 wer von ihm selbst vorformulierte AGB als Vertreter eines anderen in den Verkehr bringt, ist Verwender der AGB i. S. des § 13 Abs. 1 AGBG zumindest dann, wenn er ein eigenes Interesse daran hat, dass die AGB den von ihm vermittelten Verträgen zugrunde gelegt werden.
[232] BGH NJW 1991, 6, 36 ff.

149 Werden die beanstandeten Klauseln lediglich empfohlen, z.B. durch einen Verlag oder einen Haus- und Grundbesitzerverein, ist der Empfehlende in einer Klage auf Unterlassung und Widerruf passivlegitimiert. Die Beweislast für die Verwendung und Empfehlung trägt die Klagepartei.[233]

III. Obligatorisches Schlichtungsverfahren

1. Allgemeines

150 Aufgrund der häufig geringen Streitwerte in Mietprozessen ist § 15a EGZPO zu beachten. Danach kann durch Landesgesetz bestimmt werden, dass die Erhebung der Klage erst zulässig ist, nachdem von einer durch die Landesjustizverwaltung eingerichteten oder anerkannten Gütestelle versucht worden ist, die Streitigkeit einvernehmlich beizulegen. Gem. § 15a Abs. 1 Nr. 1 gilt dies in vermögensrechtlichen Streitigkeiten vor dem Amtsgericht über Ansprüche, deren Gegenstand an Geld oder Geldeswert die Summe von **€ 750 nicht übersteigt.** Die Wertfestsetzung erfolgt gem. § 2ff. ZPO.

151 Eine **vermögensrechtliche Streitigkeit** liegt vor, wenn der prozessuale Anspruch auf Geld oder geldwerte Gegenstände gerichtet ist oder wenn der Anspruch auf einem vermögensrechtlichen Rechtsverhältnis beruht.[234] So ist auch die Klage auf Feststellung der Echtheit eines Mietvertrages eine vermögensrechtliche Streitigkeit[235] Dies gilt auch für Klagen auf Unterlassung der Tierhaltung, Duldung der Besichtigung, Genehmigung der Untervermietung etc. Alle Ansprüche, die ihre Grundlage im Mietverhältnis zwischen den Parteien haben, sind also vermögensrechtlicher Natur. Entscheidend für die Anwendung des § 15a EGZPO ist daher die Streitwertfestsetzung, wenn keine bezifferbare Forderung geltend gemacht wird. Da bei den Amtsgerichten eine gewisse Tendenz besteht, die Streitwerte in diesen Fällen unter der Berufungsgrenze von € 600 zu halten,[236] empfiehlt es sich im Zweifelsfall, ein Schlichtungsverfahren durchzuführen.

152 Liegen die Voraussetzungen vor, hat der Kläger eine von der Gütestelle ausgestellte **Bescheinigung** über einen erfolglosen Einigungsversuch mit der Klage einzureichen. Die Vorlage des Schlichtungszeugnisses ist Prozessvoraussetzung und von Amts wegen zu prüfen. Beim Fehlen dieser Prozessvoraussetzung ist die Klage ohne weitere Sachprüfung als unzulässig abzuweisen.[237]

153 Diese **Prozessvoraussetzung** kann auch nach Einreichung der Klage nachgeholt werden, aber höchstens bis zur Zustellung der Klage, da § 15a Abs. 1 Satz 1 EGZPO auf die Erhebung der Klage abstellt, also auf die Zustellung der Klageschrift (§ 253 Abs. 1 ZPO). Das Schlichtungsverfahren muss also vor diesem Zeitpunkt bereits stattgefunden haben.[238] Diesen Zeitpunkt kann der Kläger dadurch hinauszögern, dass er den Gerichtskostenvorschuss nicht einzahlt und somit vorläufig die Zustellung verhindert. Diese Zeit kann dann genutzt werden, um das Schlichtungsverfahren nachzuholen.[239]

---

[233] BGH a.a.O.
[234] *Reichold* in *Thomas/Putzo* Einl. IV Rdn. 1.
[235] *Reichold* in *Thomas/Putzo* a.a.O. Rdn. 2.
[236] *Gies* NZM 2003, 886 (890).
[237] BGH NZM 2005, 154.
[238] BGH a.a.O.
[239] A.A. AG München NZM 2003, 280: Der Begriff der Klageerhebung nach Art. 1 BaySchlG sei enger zu fassen als der prozessuale Klageerhebungsbegriff nach § 253 ZPO, so dass das Schlichtungsverfahren vor Klageeinreichung durchgeführt werden muss; dagegen folgt das LG Baden-Baden, WuM 2001, 560 nicht der Auffassung, dass die Ausdrücke „Einreichung der Klage" und

III. Obligatorisches Schlichtungsverfahren

Teilweise wird die Auffassung vertreten, dass die Parteien nach § 251 ZPO das **Ruhen des Verfahrens** herbeiführen können, da ein wichtiger Grund vorliegt.[240] Die überwiegende Meinung in der Rechtsprechung geht davon aus, dass weder die Aussetzung des Verfahrens noch die Anordnung des Ruhens des Verfahrens zulässig ist, da sonst der gesetzliche Zweck der Vorschrift verfehlt werden würde.[241] Zwar sprechen Gründe der Prozessökonomie dafür, das Ruhen des Verfahrens zuzulassen. Die Vorschrift, deren praktische Anwendung beschränkt ist, da sie durch das Mahnverfahren umgangen werden kann (siehe unten Rdn. 156), würde hierdurch allerdings noch weiter entwertet werden. Zu folgen ist daher der überwiegenden Meinung in der Rechtsprechung. 154

Ebenfalls umstritten ist, ob durch Klageerweiterung nach Erhebung der Klage das Schlichtungsverfahren entbehrlich wird. Dies ist zu bejahen,[242] wenn die Klageerweiterung nicht rechtsmissbräuchlich vorgenommen wird. Andernfalls müsste der Kläger die Klage zurücknehmen und anschließend die erweiterte Klage neu erheben. Für eine derartige Verfahrensweise ist ein sachlicher Grund nicht erkennbar, da für die erweiterte Klage gerade kein Schlichtungsverfahren vorgeschrieben ist. 155

2. Ausnahmen

Wie bereits ausgeführt, ist ein Schlichtungsverfahren nicht erforderlich, wenn die Ansprüche im **Mahnverfahren** geltend gemacht werden, § 15a Abs. 2 Nr. 5 EGZPO. Ferner ist ein Schlichtungsverfahren nicht erforderlich, wenn die Klage binnen einer gesetzlichen Frist zu erheben ist, § 15a Abs. 2 Nr. 1 EGZPO. Dies ist der Fall bei Klagen auf Zustimmung zur Mieterhöhung. 156

Gem. § 15a Abs. 2. Satz 2 EGZPO kann ein Schlichtungsverfahren nicht angeordnet werden, wenn die Parteien **nicht in demselben Bundesland wohnen** oder ihren Sitz oder eine Niederlassung haben. Die örtliche Anwendbarkeit kann durch Landesrecht weiter beschränkt werden, so z. B. dahin, dass ein Schlichtungsverfahren nur durchgeführt werden muss, wenn beide Parteien ihren Wohnsitz im selben Landgerichtsbezirk haben.[243] 157

3. Landesrechtliche Bestimmungen.

Schlichtungsgesetze bestehen in folgenden Bundesländern: Bayern, Baden-Württemberg, Brandenburg, Hessen, Nordrhein-Westfalen, Saarland, Sachsen-Anhalt und Schleswig-Holstein.[244] 158

Zu beachten ist, dass das Bundesland Bayern mit Gesetz zur Änderung des Bayerischen Schlichtungsgesetzes vom 24.12.2005, GVBl. S. 655 die obligatorische Schlichtung bei vermögensrechtlichen Streitigkeiten bis zu € 750 abgeschafft hat. Dies gilt für alle Klagen, die nach dem 31.12.2005 bei Gericht eingehen. 159

4. Gang des Schlichtungsverfahrens.

Der Kläger hat einen Schlichtungsantrag bei der vom Landesgesetzgeber eingerichteten oder anerkannten Gütestelle einzureichen (in Baden-Württemberg z. B. nur 160

„Erhebung der Klage" in § 1 Abs. 1 SchlGBW unterschiedlich zu verstehen sind, da für eine Differenzierung kein Grund vorliegt.

[240] *Gummer* in *Zöller* § 15a EGZPO Rdn. 25; AG Königstein NZM 2003, 536.

[241] *Hüßtege* in *Thomas/Putzo* § 15a EGZPO Rdn. 2; LG Ellwangen NJW-RR 2002, 936; AG Nürnberg NJW 2001, 3489; AG München NZM 2003, 280.

[242] *Gummer* in *Zöller* a.a.O. Rdn. 25; LG Kassel NJW 2002, 2256; dagegen: AG München NZM 2003, 280; NJW-RR 2003, 515.

[243] So z.B. Art. 2 Bayerisches Schlichtungsgesetz Ausnahme: LG Bezirke München I und II: Schlichtungsverfahren erforderlich.

[244] Zusammenstellung in NJW 2001, Beil. zu Nr. 51.

Rechtsanwälte). Der Gesetzgeber kann regeln, dass mit dem Antrag ein Vorschuss einzuzahlen ist (z. B. Art 14 BaySchlG).

161 Der Ablauf des Schlichtungsverfahrens ist gem. § 15a Abs. 5 Halbsatz 1 EGZPO den Ländern überlassen. Der Bundesgesetzgeber hat lediglich die Pflicht zur Bescheinigung über den erfolglosen Einigungsversuch, § 15a Abs. 1 Satz 3 EGZPO und die Kosten der Gütestelle, die Kosten des Rechtsstreits sind, § 15a Abs. 4 EGZPO geregelt.

162 Gem. § 204 Abs. 1 Nr. 4 BGB wird die **Verjährung** durch die Veranlassung der Bekanntgabe des Güteantrags **gehemmt**. Voraussetzung ist, dass der Antrag die notwendigen Formalien wahrt und vom Berechtigten gestellt wird. Die Bekanntgabe wirkt auf die Einreichung des Antrags zurück, wenn sie demnächst erfolgt. Zum Nachweis wird daher empfohlen, den Schlichtungsantrag per Einschreiben mit Rückschein zu übersenden.[245]

163 Gem. § 15a Abs. 6 EGZPO gelten die vor Gütestellen geschlossenen Vergleiche als Vergleiche im Sinn des § 794 Abs. 1 Nr. 1 ZPO und damit als Vollstreckungstitel.

---

[245] *Gummer* in *Zöller* § 15a EGZPO Rdn. 20.

2. Kapitel. Räumungsklage

Übersicht

	Rdn.
I. Abgrenzung Wohnraum/Gewerbe	1–6
1. Allgemeines	2–4
2. Mischmietverhältnisse	5, 6
II. Klage auf künftige Leistung	7–16
1. Wohnraum	7–14
2. Gewerbe	15, 16
3. Ziehfrist bei fristloser Kündigung	17, 18
III. Räumungsantrag und Schlüssigkeit des Vermietervorbringens	19–88
1. Allgemeines	19–22
2. Antrag	23–33
3. Wohnraum	34–76
a) Ordentliche Kündigung	34–62
b) Fristlose Kündigung	63–76
4. Geschäftsraum	77–88
IV. Kündigung im Prozess	89–101
1. Zulässigkeit	89–96
2. Form	97–99
3. Erneute Räumungsklage	100, 101
V. Sachvortrag des Mieters	102–115
1. Ordentliche Kündigung von Wohnraummietverhältnissen	110–112
2. Fristlose Kündigung von Wohnraummietverhältnissen	113, 114
3. Geschäftsraummietverhältnisse	115
VI. Fortsetzungsantrag des Mieters	116–139
1. Anwendungsbereich	118–120
2. Voraussetzung	121–124
3. Fortsetzung nach Widerspruch	125
4. Gerichtliches Verfahren	126–130
5. Weitere Fortsetzung des Mietverhältnisses	131–139
VII. Räumungsfrist	140–206
1. Anwendungsbereich	141–146
2. Räumung	147–162
3. Räumungsfrist gem. § 721 Abs. 2 ZPO (künftige Räumung)	163–168
4. Verlängerung oder Verkürzung der Räumungsfrist gem. § 721 Abs. 3 ZPO	169–174
5. Höchstdauer der Räumungsfrist gem. § 721 Abs. 5 ZPO	175–177
6. Wirkung der Räumungsfrist	178–182
7. Rechtsmittel, § 721 Abs. 6 ZPO	183–187
8. Verzicht aus Räumungsfrist	188–222
9. Räumungsfrist bei Räumungsvergleichen, § 794a ZPO	189–206
VIII. Kosten	207–231
1. Wohnraum	207–215
2. Geschäftsraum	216
3. Erledigung des Räumungsrechtsstreits in der Hauptsache	217–222
IX. Streitwert	223–231

I. Abgrenzung Wohnraum/Gewerbe

Diese Abgrenzung ist nicht nur für die Zuständigkeit (siehe Kapitel I, 1) von Bedeutung, sondern auch für die Anwendung materiellen Rechts. Die Darlegungs- und Beweislast der Parteien richtet sich danach, welche materiellen Anspruchsgrundlagen sie vortragen. **1**

1. Allgemeines

Ob **Wohnraum** vermietet ist, ergibt sich aus der vertraglichen Vereinbarung der Parteien. Wohnraumnutzung liegt vor, wenn die Räume zur Führung eines Haushalts (Wohnen, Schlafen, Essen) angemietet werden.[1] Auf die objektive Geeignetheit der Räume zu Wohnzwecken kommt es hierbei nicht an. Wird ein Keller oder ein Ladengeschäft zu Wohnzwecken vermietet, liegt ein Wohnraummietverhältnis vor. **2**

Geschäftsräume sind Räume, nach dem Vertragszweck zu geschäftlichen, insbesondere gewerblichen oder freiberuflichen Zwecken vermietet werden. Sie sind wegen der unterschiedlichen Kündigungsfristen gem. § 580a Abs. 1 und Abs. 2 BGB zu unterscheiden von Räumen, die keine Wohnräume sind, aber auch nicht zu Geschäfts- **3**

---

[1] *Blank* in *Schmidt-Futterer* vor § 535 BGB Rdn. 71.

zwecken vermietet werden (z. B. Garagen, Kellerräume).[2] Die Parteien können allerdings ausdrücklich oder durch schlüssiges Verhalten vereinbaren, dass die Bestimmungen über Wohnraummietverhältnisse, insbesondere die Kündigungsschutzvorschriften, auf das zwischen ihnen bestehende Vertragsverhältnis Anwendung finden.[3] Eine solche konkludente Vereinbarung von Wohnraummietrecht ist z. B. angenommen worden bei der Verwendung eines Vertrages, der ausdrücklich mit „Wohnungs- Mietvertrag" überschrieben ist und der sich inhaltsmäßig an dem für Wohnraummietverhältnissen geltendem Recht orientiert (Kündigung, Mieterhöhung).[4] Dies gilt umso mehr, wenn die Parteien eines solchen Geschäftsraummietverhältnisses auch bei Mieterhöhungen die Bestimmungen des Wohnraummietrechts beachten.

4   Die Verwendung eines Formulars für Wohnraum kann auch dazu führen, dass die Formularklauseln – unbeschadet der grundsätzlichen Einordnung des Vertrages als Geschäftsraummietverhältnis – jedenfalls nach den Grundsätzen des Wohnraummietrechts ausgelegt werden.[5] Umgekehrt können die Parteien eines Wohnraummietverhältnisses nicht vereinbaren, dass zwischen ihnen Gewerberaummietrecht zur Anwendung kommen soll. Hier ist vielmehr Wohnraummietrecht anzuwenden.[6]

2. Mischmietverhältnisse

5   Ein Mischmietverhältnis über Räume liegt vor, wenn sowohl Wohnräume als auch nicht der Nutzung als Wohnraum dienende Räume vermietet werden (z. B. Laden mit anschließender Wohnung, Wohnung mit Tiefgarageneinstellplatz). Haben die Parteien hierüber einen einheitlichen Mietvertrag geschlossen, sind diejenigen Vorschriften anzuwenden, die für den Teil der Miträume gelten, worauf sich der vorherrschende, wahre Vertragszweck bezieht.[7]

6   Sind die Miträume trennbar, können die Parteien ohne weiteres zwei getrennte Mietverträge abschließen, aus denen sich auch die rechtliche Unabhängigkeit der beiden Mietverhältnisse voneinander ergibt (z. B. Wohnraummietvertrag, Garagenmietvertrag).[8]

II. Klage auf künftige Leistung

1. Wohnraum

7   Klage auf künftige Räumung kann bei Wohnraum erst erhoben werden, wenn den Umständen nach die **Besorgnis** gerechtfertigt ist, dass der Schuldner sich der rechtzeitigen Leistung entziehen werde, § 259 ZPO. Der Kläger hat die Darlegungs- und Beweislast für die Begründetheit der Besorgnis. Bleibt der Kläger beweisfällig, ist die Klage als unzulässig abzuweisen. Eine Klage auf künftige Räumung gem. § 257 ZPO ist bei Wohnraum auch dann unzulässig, wenn kein Mietverhältnis vorliegt, sondern der Anspruch auf Räumung von Wohnraum sich auf eine andere Rechtsgrundlage stützt (z. B. Leihe, Eigentümer-Besitzer-Verhältnis).[9]

---

[2] *Weidenkaff* in *Palandt* Einf. vor § 535 BGB Rdn. 91.
[3] OLG Naumburg WuM 1995, 142.
[4] OLG Naumburg a. a. O.
[5] OLG Hamburg DWW 1998, 50.
[6] AG und LG München I WuM 1991, 20.
[7] *Weidenkaff* in *Palandt* Einf. vor § 535 BGB Rdn. 101; siehe hierzu auch ausführlich 1. Kap. Rdn. 25 ff.
[8] Zum Streit darüber, wann ein rechtlich selbständiges Garagenmietverhältnis vorliegt, welches selbständig gekündigt werden kann, vgl. *Blank* in *Schmidt-Futterer* vor § 535 Rdn. 84 m. w. N.
[9] *Reichold* in *Thomas/Putzo* § 257 ZPO Rdn. 3.

II. Klage auf künftige Leistung

Der Anspruch muss dem Grunde nach bereits entstanden sein. Der Kläger muss daher darlegen, dass der Mietvertrag zu einem bestimmten künftigen Zeitpunkt beendet sein wird.[10] Weiter hat der Kläger darzulegen und ggf. zu beweisen, dass nicht rechtzeitige Räumung zu besorgen ist.

Dies ist der Fall, wenn der Mieter der Kündigung widersprochen hat mit der Begründung, der vom Vermieter angegebene Kündigungsgrund liege nicht vor.[11] Wenn der Mieter durch ernstliches Bestreiten des Kündigungsgrundes eindeutig zu erkennen gibt, dass er nicht gewillt ist, fristgerecht zu räumen, braucht auch das Ablaufen der Widerspruchsfrist nicht abgewartet werden.[12]

Die Besorgnis nicht rechtzeitiger Räumung besteht auch dann, wenn der Mieter gegen die Kündigung Widerspruch gem. § 574 BGB einlegt und Fortsetzung des Mietverhältnisses verlangt.[13] Rügt der Mieter hingegen nur formelle Mängel der Kündigung, ist die Besorgnis der Nichterfüllung nicht gegeben.[14]

Andererseits hat der Vermieter keinen Anspruch darauf, dass sich der Mieter zur Kündigung erklärt. **Schweigen des Mieters** auf die Kündigung hin oder allgemeine Hinweise über die Schwierigkeit, Ersatzwohnraum anzumieten oder die Bitte um Gewährung einer Räumungsfrist rechtfertigen daher nicht die Besorgnis der Nichterfüllung.[15]

Ist hingegen die Widerspruchsfrist abgelaufen, ohne dass der Mieter Widerspruch eingelegt hat, wird aus seinem Verhalten jedoch hinreichend deutlich, dass er zum Kündigungszeitpunkt nicht ausziehen wird, soll die Räumungsklage zulässig sein.[16] Begründet wird dies damit, dass der Mieter, der nicht tätig wird, gegenüber dem Mieter, der seine Einwendungen bekannt gibt, privilegiert werden würde. Da aber der Vermieter die Darlegungs- und Beweislast für die Besorgnis der Nichterfüllung hat, ist in solchen Fällen Vorsicht geboten.

Die **Zulässigkeit** einer Klage auf künftige Leistung beurteilt sich nach den Verhältnissen zum **Zeitpunkt der letzten mündlichen Verhandlung.** Daher kann eine unzulässig verfrüht erhobene Klage im Verlauf des Rechtsstreits zulässig werden.[17] Der Vermieter hat allerdings keinen Anspruch auf Vertagung.[18] Daher ist eine Klage als unzulässig abzuweisen, wenn der Vermieter den Mieter über das Widerspruchsrecht gem. § 574 BGB nicht belehrt hat, der Mieter auch nicht widersprochen hat und zur Zeit der letzten mündlichen Verhandlung die Widerspruchsfrist noch nicht abgelaufen ist.[19]

Schiebt der Vermieter im Laufe des Prozesses eine **neue Kündigung** nach, so liegt eine **Klageänderung** vor.[20] Ist das Verfahren noch in 1. Instanz anhängig und legt der Mieter Widerspruch ein, ist die Klageänderung sachdienlich.[21] Läuft die Widerspruchsfrist erst in der Berufungsinstanz ab, ist Sachdienlichkeit zu verneinen, da dem Beklagten hierdurch eine Instanz abgeschnitten wird.[22] Erhebt der Kläger nach Widerspruch Klage auf künftige Leistung und verstreicht der Auszugstermin auf Grund

---

[10] *Greger* in *Zöller* § 259 ZPO Rdn. 2.
[11] OLG Karlsruhe NJW 1984, 2953.
[12] Str. *Kossmann* § 187 Rdn. 4 m. w. N.; OLG Karlsruhe a. a. O.
[13] LG Wiesbaden WuM 1989, 428.
[14] LG Berlin GE 1997, 423.
[15] *Kossmann* a. a. O. Rdn. 2, 3.
[16] *Fischer* in *Bub/Treier* Kap. VIII Rdn. 31.
[17] *Sternel* Mietrecht 3. Aufl. Kap. V Rdn. 34.
[18] LG Kempten WuM 1993, 45.
[19] LG Kempten a. a. O.
[20] Siehe hierzu Rdn. 89 ff.
[21] *Fischer* in *Bub/Treier* Kap. VIII Rdn. 33; a. A. LG Heidelberg WuM 1982, 133.
[22] LG Heidelberg a. a. O.

der Dauer des Verfahrens, kann der Kläger ohne weiteres auf sofortige Leistung umstellen; eine Klageänderung liegt nicht vor, § 264 Nr. 2 ZPO.[23]

2. Gewerbe

15 Bei Mietverhältnissen, die keine Wohnraummietverhältnisse sind, kann gem. § 257 ZPO auf künftige Räumung geklagt werden. Voraussetzung ist, dass die Geltendmachung des Anspruchs auf Räumung an den Eintritt eines Kalendertages geknüpft ist. Der Kläger muss kein besonderes Interesse an der verfrühten Klageerhebung darlegen.[24] Ebensowenig ist erforderlich, dass der Beklagte Anlass zur Klage gibt.[25] Gleichwohl sind die praktischen Auswirkungen der Vorschrift gering. Erkennt nämlich der Beklagte den Anspruch sofort an, fallen dem Kläger die Prozesskosten zur Last, § 93 ZPO.[26] Bei nicht fälligen Ansprüchen wie dem künftigen Anspruch auf Räumung ist der Schuldner nämlich nicht verpflichtet, von sich aus seine Erfüllungsbereitschaft mitzuteilen.[27]

16 Grundsätzlich muss der Schuldner seine **Leistungsbereitschaft** auch bei einer entsprechenden Anfrage des Gläubigers nicht bekunden, um bei einem sofortigen Anerkenntnis der Kostenfolge des § 91 ZPO zu entgehen. Die bei einem (gewerblichen) Mietverhältnis bestehenden Besonderheiten rechtfertigen allerdings hiervon eine Ausnahme. Der Vermieter hat ein erhebliches und offensichtliches Interesse, insbesondere auch im Hinblick auf die Neuvermietung, vom Mieter zu erfahren, ob dieser die Mietsache fristgerecht räumen wird. Hat er bereits einen Mietinteressenten, und will mit diesem einen neuen Mietvertrag nahtlos zum Ende des vorhergehenden Mietvertrages abschließen, besteht die Gefahr der Doppelvermietung und entsprechender Haftung des Vermieters. Auch bei Umbauarbeiten muss der Vermieter Gewissheit haben, wann er freien Zutritt zu den Räumen hat. Eine Verpflichtung des Mieters gem. § 242 BGB, sich auf eine entsprechende Anfrage des Vermieters über seine Räumungsabsichten zu erklären, wird nicht bestehen. Unterlässt der Mieter aber auf eine solche Anfrage des Vermieters nach einer wirksamen Kündigung, die zwischen den Parteien außer Streit ist, eine Erklärung über seine Räumungsabsichten und erhebt der Vermieter daraufhin Räumungsklage, so hat der Mieter auch bei einem sofortigen Anerkenntnis gem. § 93 ZPO die Kosten des Rechtsstreits zu tragen, da der Mieter Veranlassung zu Erhebung der Räumungsklage gegeben hat.[28]

3. Ziehfrist bei fristloser Kündigung

17 Nach Zugang der Kündigung ist dem Mieter eine Ziehfrist von 1 bis 2 Wochen zu gewähren, bevor Räumungsklage erhoben wird. Der Mieter ist nämlich nicht in der Lage, unverzüglich nach Erhalt der Kündigung zu räumen und herauszugeben. Erst **nach Ablauf** dieser Ziehfrist hat der Mieter Anlass zur Klageerhebung gegeben.[29] Zieht der Mieter vor Zustellung der Räumungsklage aus, so hat der Vermieter gem. § 93 ZPO die Kosten des Rechtsstreits zu tragen.[30] Hat der Vermieter wegen Zahlungsverzuges fristlos gekündigt und reicht er die Räumungsklage vor Ablauf der Ziehfrist ein und zahlt der Beklagte innerhalb dieser Frist sämtliche Mietrückstände, so

---

[23] *Reichholdt* in *Thomas/Putzo* § 264 ZPO Rdn. 4.
[24] *Reichholdt* in *Thomas/Putzo* § 257 ZPO Rdn. 5.
[25] *Reichholdt* a. a. O.
[26] *Reichholdt* a. a. O.
[27] OLG Hamm ZMR 1996, 499.
[28] OLG Stuttgart NZM 2000, 95; *Zöller/Herget* § 93 ZPO Rdn. 6 „Mietsachen"; **a. A.** *Breckerfeld* NZM 2000, 328.
[29] LG München II WuM 1989, 181.
[30] LG Bremen WuM 1989, 430; AG Bergisch-Gladbach WuM 1990, 297.

III. Räumungsantrag und Schlüssigkeit des Vermietervorbringens   18–21   **2. Kap.**

hat der Vermieter auch in diesem Fall gem. § 93 ZPO die Kosten der vorfristig eingereichten Klage zu tragen.[31]

Reicht der Vermieter z.B. bei einer fristlosen Kündigung wegen Zahlungsverzuges die Klage vorfristig vor Ablauf der Ziehfrist ein, räumt der Mieter nicht, sondern erkennt den Klageanspruch im Termin zur mündlichen Verhandlung mehrere Wochen nach Ausspruch der fristlosen Kündigung an, ist hingegen § 93 ZPO nicht anwendbar. Maßgebender Zeitpunkt für die Prüfung der Klageveranlassung ist die letzte mündliche Verhandlung, auf die hin das Anerkenntnisurteil ergeht.[32] Wer aber nicht einmal nach Zustellung der Klage erfüllt, von dem war auch nicht zu erwarten, dass er innerhalb der Ziehfrist erfüllt. Die vorfristige Einreichung der Klage geht in solchen Fällen nicht zu Lasten des Vermieters.[33] Zwar ist grundsätzlich auf das vorprozessuale Verhalten des Beklagten abzustellen. Zu dessen Beurteilung kann aber auch das spätere Verhalten, insbesondere das im Prozess herangezogen werden. 18

III. Räumungsantrag und Schlüssigkeit des Vermietervorbringens

1. Allgemeines '

Voraussetzung für die Erhebung der Räumungsklage ist die Beendigung des Mietverhältnisses, § 546 Abs. 1 BGB. Ist das Mietverhältnis auf bestimmte Zeit eingegangen, endet es mit dem Ablauf dieser Zeit, § 542 Abs. 2 BGB. Mietverhältnisse auf unbestimmte Zeit werden durch Kündigung beendet, § 542 Abs. 1 BGB oder durch einen Mietaufhebungsvertrag. Vor Überlassung der Miträume an den Mieter kann das Mietverhältnis auch durch Rücktritt oder Anfechtung gem. § 123 BGB beendet werden, soweit diese Voraussetzungen vorliegen. 19

Für alle diese Beendigungstatbestände hat der **Vermieter die Darlegungs- und Beweislast.** Darlegungslast bedeutet, dass der Vermieter die Tatbestandsmerkmale der Rechtsnormen, auf die er seinen Räumungsanspruch stützt, behaupten muss. Dies können auch negative Tatsachen sein, z.B., dass sich das Mietverhältnis nicht nach § 545 BGB verlängert hat. Die Darlegung muss die nötige Begründungstiefe haben. Die Wiedergabe gesetzlicher Tatbestände ist nicht ausreichend. Trägt der Vermieter z.B. vor, das Mietverhältnis sei durch einen Aufhebungsvertrag beendet, genügt diese bloße Behauptung des Vertragschlusses eines solchen Aufhebungsvertrages nicht.[34] Der Vermieter muss also die konkreten Umstände des Vertragsschlusses vortragen und beweisen.[35] 20

Ist der Sachvortrag nicht ausreichend, hat das Gericht gem. § 139 Abs. 1 ZPO auf seine Schlüssigkeitsbedenken **hinzuweisen.** Dies gilt auch bei unzureichender Substantiierung.[36] Im Anwaltsprozess genügt ein knapper Hinweis ohne nähere Begründung. Es ist nicht Sache des Gerichts, Lücken im Sachvortrag auszufüllen oder den Sachvortrag schlüssig zu machen.[37] Gibt die darlegungspflichtige Partei auf den Hinweis des Gerichts in der mündlichen Verhandlung sogleich eine nach Ansicht des Gerichts wiederum nicht ausreichende Erklärung ab, und sind damit die Schlüssigkeitsbedenken des Gerichts nicht ausgeräumt, muss das Gericht zur Vermeidung einer un- 21

---

[31] LG Berlin GE 1994, 707.
[32] *Herget* in *Zöller* § 93 ZPO Rdn. 3.
[33] *Herget* a.a.O.; LG München II a.a.O.; **a. A.** *Sternel* Mietrecht aktuell Rdn. 1437.
[34] LG Mannheim DWW 1973, 181.
[35] Zum Problem, ob eine außerordentliche Kündigung in das Angebot zum Abschluss eines Aufhebungsvertrages umgedeutet werden kann und dieses Angebot durch den Auszug des Mieters angenommen worden ist, vgl. *Blank* in *Schmidt-Futterer* nach § 542 BGB Rdn. 9.
[36] BGH NJW 1999, 3716.
[37] *Greger* in *Zöller* § 139 ZPO Rdn. 17.

zulässigen Überraschungsentscheidung die darlegungspflichtige Partei unmissverständlich hierauf hinweisen und ihr Gelegenheit zum weiteren Vortrag geben.[38] Sind die Parteien allerdings anwaltschaftlich vertreten und folgt auf den unmissverständlichen Hinweis des Gerichts keine Reaktion, ist davon auszugehen, dass weiterer Vortrag nicht möglich oder nicht beabsichtigt ist.[39]

22 Erfolgen die Hinweise des Gerichts erst in der mündlichen Verhandlung und kann eine sofortige Äußerung hierzu nicht erwartet werden, ist die Verhandlung gem. § 227 ZPO zu vertagen oder der darlegungspflichtigen Partei Schriftsatzfrist zu gewähren, § 139 Abs. 5 ZPO.

2. Antrag

23 Im Antrag ist die zu räumende Mietsache genau zu bezeichnen.[40] Das Gericht hat zwar gem. § 139 Abs. 1 ZPO darauf hinzuwirken, dass sachdienliche Anträge gestellt werden. Gleichwohl sollte, um Probleme bei der Vollstreckung zu vermeiden, frühzeitig darauf geachtet werden, dass der Antrag bestimmt genug ist. Inhalt, Art und Umfang der Vollstreckung müssen sich ebenso wie die Parteien aus dem Titel bestimmt oder bestimmbar ergeben.[41] Der Vollstreckungstitel muss das Grundstück **bestimmt bezeichnen** und eindeutig auf Herausgabe, Überlassung oder Räumung gerichtet sein.[42] Aus einem Prozessvergleich, wonach die Parteien darüber einig sind, dass das Mietverhältnis zu einem bestimmten Termin beendet wird, kann daher nicht die Räumungsvollstreckung betrieben werden.[43] Ausreichend bestimmt ist auch die Bezeichnung des zu räumenden Grundstücks mit Flurstücksnummer und Grundbuchblatt.[44] Üblich ist aber die Bezeichnung nach Ort, Strasse, Hausnummer sowie bei Wohnungen Stockwerk und Stockwerkslage. Nebenräume (Keller, Speicher, TG-Stellplatz) sind mit anzugeben.

24 Der **Antrag** kann z. B. formuliert werden wie folgt:
„Der Beklagte wird verurteilt, die Wohnung in X-Stadt, Y-Strasse 1, 1. Obergeschoss rechts, bestehend aus 3 Zimmern, Küche, Bad, WC sowie Speicherraum Nr. 3 und Kellerraum Nr. 3 sowie TG-Stellplatz Nr. 3 zu räumen und an den Kläger herauszugeben."

25 Mehrere Mieter, aber auch Mieter und Untermieter haften als Gesamtschuldner.[45] Der Antrag ist in diesem Fall zu formulieren wie folgt: *„Die Beklagten werden samtverbindlich verurteilt . . ."*

26 **Einer von mehreren** Mietern kann seine Rückgabepflichten nicht dadurch erfüllen, dass er den Besitz aufgibt und auszieht. Die Besitzaufgabe ist keine Erfüllung des Rückgabeanspruchs.[46]

27 Von der nach materiellem Recht unzulässigen Teilkündigung eines einheitlichen Mietverhältnisses ist die prozessuale Teildurchsetzung und Teiltitulierung eines einheitlichen, aber mehrgliedrigen Räumungs- und Herausgabeanspruchs zu unterscheiden. Eine solche offene Teilklage ist gem. § 308 Abs. 1 ZPO zulässig.[47] Maßgeblich für die Zulässigkeit einer solchen Teilklage ist allein die Vollstreckungsfähigkeit des titulierten

---

[38] BGH NJW 1988, 2758; BGH AnwBl 2004, 256; vgl. auch *Greger* in *Zöller* § 139 ZPO Rdn. 14a.
[39] *Greger* a. a. O.
[40] Vgl. die Beispiele bei *Franke* in *Jendrek* Muster C. II. 2.
[41] *Putzo* in *Thomas/Putzo* vor § 704 ZPO Rdn. 16.
[42] *Putzo* in *Thomas/Putzo* § 885 ZPO Rdn. 3.
[43] LG Berlin DGVZ 1991, 92.
[44] OLG München DGVZ 1999, 56.
[45] OLG München NJW-RR 1989, 524.
[46] BGH DWW 1996, 250.
[47] OLG Düsseldorf WuM 2002, 481 (482).

III. Räumungsantrag und Schlüssigkeit des Vermietervorbringens   28–32   **2. Kap.**

Anspruchs. Diese ist gegeben, wenn die Räume, deren Räumung und Herausgabe verlangt wird, von den restlichen Räumen abgrenzbar und abgegrenzt sind, sodass es bei der Zwangsvollstreckung nicht zu unbehebaren Schwierigkeiten kommen kann.[48]

Der Räumungsantrag hat sich gegen alle Personen zu richten, die ein selbständiges Besitzrecht an den Räumen haben, zuvörderst also der oder die Mieter.[49] Die Räumungsklage ist aber auch **gegen alle Mitbesitzer** zu richten. Aus einem Räumungstitel gegen den Mieter einer Wohnung kann nämlich der Gläubiger nicht gegen einen im Titel nicht aufgeführten Dritten vollstrecken, wenn dieser Mitbesitzer ist.[50] Die Abgrenzung zwischen Mitbesitz und Besitzdienerschaft bei Personen, die mit dem Mieter zusammenleben, ist schwierig.[51] Auf die Frage, ob die Überlassung des Mitbesitzes berechtigt war oder nicht, kommt es hier nicht an, ebenso nicht auf die Kenntnis des Vermieters vom Einzug von dritten Personen in die Wohnung.[52] 28

Der vertragliche Räumungs- und Herausgabeanspruch nach Beendigung des mit mehreren Mietern begründeten Mietverhältnisses ist auch gegen denjenigen von ihnen begründet, der im Gegensatz zu den anderen den Besitz an den Räumen **endgültig aufgegeben** hat.[53] Für den Vermieter besteht ein Rechtsschutzbedürfnis auch gegen den Mieter, der den Besitz an den Mieträumen endgültig aufgegeben hat. Hierdurch wird der Vermieter nämlich für den Fall abgesichert, dass der ausgezogene Mieter seinen Entschluss ändert und mit dem verbliebenen Mieter oder an dessen Stelle die Wohnung wieder in Besitz nimmt. Solange der Vermieter den Besitz an der Wohnung nicht wieder erlangt hat, liegt darin keine verbotene Eigenmacht gegenüber dem Vermieter.[54] Auch kann die Klage gegen den ausgezogenen Mieter kostenmäßig dann von Vorteil sein, wenn der verbliebene Mieter nicht solvent ist. 29

Ein Rechtsschutzbedürfnis besteht ferner für die Klage gegen den nicht Mieter gewordenen **Ehegatten oder Lebensgefährten** des Mieters,[55] da der nicht mietende Ehegatte bzw. Lebensgefährte ein eigenständiges Besitzrecht an den Mieträumen hat.[56] 30

Desgleichen ist die Räumungsklage auch gegen den Untermieter zu richten. Auch gegen diesen ist ein eigener Titel erforderlich.[57] Der Vermieter hat einen direkten Herausgabeanspruch gegen den Untermieter, § 546 Abs. 2 BGB. Mieter und Untermieter haften für die Rückgabe als Gesamtschuldner.[58] 31

Minderjährige Kinder haben keinen selbständigen Besitz.[59] Sie sind daher nicht auf Räumung in Anspruch zu nehmen. Teilweise wird allerdings angenommen, dass über 14 Jahre alte Kinder eigenständigen Mitbesitz an der elterlichen Wohnung haben.[60] Bei **volljährigen Kindern,** die im elterlichen Haushalt leben, ist jedoch von Mitbesitz auszugehen. Sie sind daher ebenfalls mit auf Räumung in Anspruch zu nehmen.[61] 32

---

[48] OLG Düsseldorf a. a. O.
[49] Vgl. Kap. 1, Rdn. 65 ff.
[50] BGH NZM 2004, 701.
[51] Vgl. *Schuschke* NZM 2005, 10 sowie *ders.* NZM 2005, 681, 685.
[52] Vgl. *Schuschke* NZM 2005, 10, 11; a. A. KG NZM 2003, 105.
[53] BGH NJW 1996, 515.
[54] BGH a. a. O.
[55] OLG Schleswig ZMR 1993, 69.
[56] *Blank* in *Schmidt-Futterer* vor § 535 BGB Rdn. 234.
[57] BGH NZM 2003, 802.
[58] *Gather* in *Schmidt-Futterer* § 546 BGB Rdn. 119.
[59] OLG Hamburg MDR 1991, 453; AG Augsburg NZM 2005, 480.
[60] *Schuschke* NZM 2005, 10, 11.
[61] AG Berlin-Lichtenberg NJW-RR 2006, 430.

33 Angehörige der Mieter, z. B. die Eltern, Bruder, Schwester oder sonstige Verwandte haben Mitbesitz und sind daher mit auf Räumung in Anspruch zu nehmen.[62]

3. Wohnraum

34 **a) Ordentliche Kündigung.** Gem. § 573 Abs. 1 S. 1 BGB kann der Vermieter nur kündigen, wenn er ein berechtigtes Interesse an der Beendigung des Mietverhältnisses hat. Gem. § 573 Abs. 3 S. 1 BGB sind die Gründe für ein berechtigtes Interesse im Kündigungsschreiben anzugeben. Hieraus ergibt sich der **notwendige Sachvortrag** in der Klage. Der Vermieter muss zum einen die formelle Wirksamkeit der Kündigungserklärung darlegen und zum anderen auch, dass sämtliche Voraussetzungen für diese Kündigung vorliegen. Der Vermieter hat ferner insbesondere darzulegen, dass die Kündigung ausreichend (nachvollziehbar) begründet ist. Der Kündigungsgrund braucht im Kündigungsschreiben nur so ausführlich bezeichnet zu sein, dass er identifiziert und von anderen Gründen (Sachverhalten, Lebensvorgängen) unterschieden werden kann.[63] Ob ein Lebensvorgang im Einzelnen hinreichend dargelegt ist, kann nicht verallgemeinernd festgelegt werden, sondern beurteilt sich nach den Umständen des Einzelfalls. Die Anforderungen an ein Kündigungsschreiben können daher nicht gleichsam katalogmäßig festgelegt oder aufgelistet werden.[64]

35 An die Pflicht zur formellen Begründung dürfen nicht die gleichen hohen Anforderungen gestellt werden, wie an die materielle Anspruchsbegründung in der Klage.[65] Für die Kündigung ausreichend ist es, wenn die sog. **„Kerntatsachen"** angegeben sind. Tatsachen, die nur der näheren Erläuterung, Ergänzung, Ausfüllung sowie dem Beweis des geltend gemachten Kündigungsgrundes dienen („Ergänzungstatsachen") können im Prozess nachgeschoben werden. Sie sind bei der Entscheidung mit zu berücksichtigen.[66] Die Instanzgerichte gehen von einer relativ weitgehenden Begründungspflicht aus, die Angabe reiner Werturteile ohne Mitteilung der zugrunde liegenden objektiven Tatsachen reicht danach nicht aus.[67]

36 Die Zivilgerichte haben bei der Prüfung, ob eine Kündigung formell wirksam ist, den Einfluss des Art. 14 Abs. 1 Satz 1 GG und den damit verbundenen Anspruch auf Gewährung effektiven Rechtsschutzes zu beachten. Damit ist es nicht vereinbar, wenn die Gerichte die Anforderungen an die Begründungspflicht in einer Weise überspannen, die dem Vermieter die Verfolgung seiner Interessen unzumutbar erschwert. Dies ist der Fall, wenn das Gericht vom Vermieter Angaben verlangt, die über das anerkennenswerte Informationsbedürfnis des Mieters hinausgehen.[68] Insbesondere ist nicht erforderlich, dass bereits das Kündigungsschreiben die gerichtliche Feststellung erlaubt, dass die Kündigungsvoraussetzungen vorliegen.[69]

37 Bei inneren Tatsachen wie der eines bestimmten Nutzungswunsches bedarf es grundsätzlich keiner Substantiierung durch Hilfstatsachen.[70] Deuten Umstände darauf hin, die Zweifel an diesen inneren Tatsachen begründen, sind diese aufzuklären und vom

---

[62] *Stöber* in *Zöller* § 885 ZPO Rdn. 8.
[63] BayObLG NJW 1981, 2197.
[64] BayObLG ZMR 1985, 96. Vgl. die Übersicht bei *Barthelmess* § 564b BGB Rdn. 134 sowie bei *Blank* in *Schmidt-Futterer* § 573 BGB Rdn. 221.
[65] BayObLG NJW 1981, 2197.
[66] BayObLG a. a. O.
[67] LG Mannheim WuM 1996, 707: Vermieter wohnt in einer „wesentlich kleineren Wohnung" als der Mieter ohne nähere Angaben. Vgl. dazu auch *Blank* in *Schmidt-Futterer* § 573 BGB Rdn. 213, 216.
[68] BVerfG NZM 2003, 592 mit Nachweis der früheren Rechtsprechung.
[69] BVerfG a. a. O.
[70] BVerfG a. a. O.

III. Räumungsantrag und Schlüssigkeit des Vermietervorbringens 38–40 2. Kap.

Gericht auf Grund einer umfassenden gerichtlichen Prüfung der Begründetheit der Räumungsklage zu würdigen.

Eigenbedarf. Gemäß § 573 Abs. 2 Nr. 2 BGB kann der Vermieter ein Mietverhältnis über Wohnraum ordentlich kündigen, wenn er die Räume als Wohnung für sich, seine Familienangehörigen oder Angehörige seines Haushalts **benötigt**. Hierzu hat der BGH mit Rechtsentscheid vom 20. 1. 1988 entschieden, dass für die Annahme von Eigenbedarf die Absicht des Vermieters, in den vermieteten Räumen selbst zu wohnen oder eine der in § 564b Abs. 2 Nr. 2 BGB a. F. genannten Personen wohnen zu lassen, nur ausreicht, wenn er hierfür **vernünftige Gründe** hat. Eine unzureichende Unterbringung des Vermieters ist hingegen nicht erforderlich. Entgegenstehende Interessen des Mieters sind ausschließlich auf dessen Widerspruch gegen die Kündigung nach § 556a BGB a. F. zu berücksichtigen.[71] Das Bundesverfassungsgericht hat diese Rechtsprechung gebilligt.[72] **38**

Auf Grund des ebenfalls grundgesetzlich geschützten Besitzrechtes des Mieters ist es zulässig, diesen Nutzungswunsch des Vermieters nur dann zu berücksichtigen, wenn er **ernsthaft, vernünftig und nachvollziehbar** ist.[73] Auf entsprechende Einwendungen des Mieters hin hat das Gericht zu prüfen, ob der Eigenbedarfswunsch rechtsmissbräuchlich ist. Hieraus ergibt sich, was Vermieter und Mieter im Eigenbedarfsprozess jeweils vorzutragen haben.[74] Da der Vermieter in der Klagebegründung darzulegen hat, dass eine wirksame Kündigung erfolgt ist, sei kurz auf den notwendigen Tatsachenvortrag bei Eigenbedarfskündigungen[75] eingegangen. Anzugeben ist die **Bedarfsperson** und zwar konkret mit Vorname, Name und Anschrift sowie die Angehörigeneigenschaft. Name und Anschrift des Partners, mit dem die Bedarfsperson zusammenziehen will, müssen nicht angegeben werden.[76] Auch auf die Wohnverhältnisse des Partners der Bedarfsperson kommt es nicht an.[77] Weiter sind die vernünftigen und nachvollziehbaren Gründe darzulegen. Die Darlegung muss einer Plausibilitätskontrolle standhalten.[78] Dazu kann auch gehören, dass nach den Umständen des Einzelfalls auch persönliche Lebensumstände darzulegen und zu beweisen sind.[79] Bei **Wohnwertverbesserung** (häufigster Fall) sind die derzeitigen Wohnverhältnisse konkret den Wohnverhältnissen in der gekündigten Wohnung gegenüber zu stellen (Größe, Ausstattung, Lage, Nähe zum Arbeitsplatz etc.). Kündigt der Vermieter, weil ihm seinerseits gekündigt wurde, hat der Vermieter in der Kündigung die Kündigungsgründe der an ihn gerichteten Kündigung darzulegen.[80] Ein Kündigungsgrund besteht nämlich hier nicht, wenn die dem Vermieter gegenüber erklärte Kündigung ersichtlich unwirksam ist. Daher muss im Kündigungsschreiben zumindest umrisshaft dargelegt werden, aus welchen Gründen dem deshalb kündigenden Vermieter die Wohnung gekündigt worden ist.[81] **39**

Kündigt der Vermieter, um die Wohnung einer **Pflegeperson** zur Verfügung zu stellen, muss diese Pflegeperson beim Ausspruch der Kündigung noch nicht namentlich benannt werden.[82] In der Klageschrift wird der Vermieter allerdings seine Bemühungen um eine solche Pflegeperson darlegen und beweisen müssen. Pflegebedürftigkeit **40**

---

[71] BGH NJW 1988, 904.
[72] BVerfG WuM 1989, 114.
[73] BVerfG a. a. O.
[74] Zu den Einwendungen des Mieters siehe unten Rdn. 102 ff.
[75] Vgl. hierzu *Eisenhardt* MDR 2002, 1416.
[76] *Blank* in *Schmidt-Futterer* § 573 BGB Rdn. 219.
[77] LG Oldenburg NJW-RR 1996, 653; a. A. *Blank* a. a. O.
[78] *Grapentin* in *Bub/Treier* IV Rdn. 69.
[79] BVerfG NJW 1992, 1379; *Grapentin* a. a. O.
[80] LG München I WuM 1996, 770.
[81] LG München I a. a. O.
[82] OLG Hamm ZMR 1986, 398.

muss zum Zeitpunkt der Kündigung noch nicht vorliegen. Ein berechtigtes Interesse besteht bereits dann, wenn auf Grund äußerer Umstände mit einiger Sicherheit damit gerechnet werden kann, dass der Vermieter die Dienste einer Pflegeperson in naher Zukunft für seine Lebensführung benötigt.[83]

41   Hat der Vermieter anderen, **freistehenden Wohnraum** zur Verfügung, hat er in der Kündigung auszuführen, warum dieser zur Erfüllung des Eigenbedarfswunsches nicht geeignet ist. Ferner hat er diesen Wohnraum, wenn er als Alternativwohnung in Frage kommt, dem Mieter zu angemessenen Bedingungen anzubieten oder zu begründen, warum keine **Anbietpflicht** besteht. Eine Anbietpflicht besteht jedenfalls dann, wenn im selben Hausanwesen nach Zugang der Kündigung eine andere Wohnung frei geworden ist und keine Umstände vorliegen, die eine Neubegründung eines Mietverhältnisses mit dem gekündigten Mieter als unzumutbar erscheinen lassen.[84] Die Anbietpflicht gilt jedenfalls für Wohnraum, der sich im selben Haus oder in derselben Wohnanlage befindet.[85] Kommt der Vermieter dieser Anbietpflicht nicht nach, so ist die Kündigung wegen **Rechtsmissbrauchs** unwirksam.[86] Die Anbietpflicht besteht grundsätzlich nur bis zum Ablauf der Kündigungsfrist.[87]

42   Die Angabe von **negativen Tatbestandsmerkmalen** in der Kündigung ist zur formellen Wirksamkeit der Kündigung nicht erforderlich. Ausführungen zu weiterem vorhandenen Grundbesitzes des Vermieters und von dessen Ungeeignetheit für den Eigenbedarf sind daher nicht erforderlich.[88] Macht der Vermieter im Kündigungsschreiben Angaben zum Wohnungsbestand, so muss er seinen Grundbesitz vollständig offen legen, da andernfalls die Kündigung nicht hinreichend begründet ist.[89] Dem berechtigten Informationsinteresse des Mieters wird nämlich dann nicht Rechnung getragen, wenn der behauptete Bedarf objektiv unzutreffend dargelegt worden ist oder dramatisiert wird oder der Mieter dadurch nicht hinreichend informiert wird, dass nur ein Teil des Wohnungsbestandes angegeben wird und durch die Formulierung der Mieter in dem Glauben gelassen wird, dies umfasse den gesamten Wohnungsbestand.[90]

43   Der **bloße Wunsch** in der eigenen Wohnung zu wohnen, reicht nicht aus.[91] Wer hingegen finanzielle Mittel dazu verwendet, eine Eigentumswohnung zu erwerben, um in dieser selbst zu wohnen, weil er schlichtweg „Herr seiner eigenen vier Wände" sein will, gestaltet sein Leben vernünftig und nachvollziehbar. Die Fachgerichte können den Eigennutzungswunsch des Käufers einer vermieteten Eigentumswohnung, der selbst noch zur Miete wohnt, nicht deswegen zurückweisen, weil der Vermieter in seiner gemieteten Wohnung zureichend untergebracht ist.[92] In diesem vom Bundesverfassungsgericht entschiedenen Fall hat sich die Vermieterin auch deshalb zum Kauf einer Eigentumswohnung entschlossen, weil sie ihrerseits als Mieterin von ihrer Vermieterin mit Mieterhöhungs- und Räumungsklagen überzogen wurde. Zur Darlegung der Ernsthaftigkeit des Nutzungswunsches sind solche weiteren Umstände bereits in der Kündigung, jedenfalls aber in der Klagebegründung anzuführen.

---

[83] BayObLG NJW 1982, 1159.
[84] OLG Karlsruhe ZMR 1993, 159.
[85] BGH WuM 2003, 463.
[86] BGH a a. O.
[87] BGH a.a.O.
[88] LG München I WuM 1996, 38; *Blank* in *Schmidt-Futterer* § 573 BGB Rdn. 222; **a. A.** LG Bielefeld WuM1993, 539.
[89] LG München I NZM 2003, 20.
[90] LG München I a.a.O.
[91] BGH NJW 1988, 904.
[92] BVerfG WuM 1993, 729.

III. Räumungsantrag und Schlüssigkeit des Vermietervorbringens 44–48   **2. Kap.**

Ein berechtigtes Interesse des Vermieters an der Beendigung des Mietverhältnisses **44** kann sich auch aus **sonstigen Kündigungsgründen** gem. § 573 Abs. 1 Satz 1 BGB ergeben. So kann der Vermieter auch dann kündigen, wenn er die Wohnung nur teilweise für eigene Wohnzwecke, überwiegend jedoch für eigene berufliche Zwecke nutzen will. Das hierdurch begründete Interesse an der Beendigung des Mietverhältnisses nach § 573 Abs. 1 Satz 1 BGB ist schon im Hinblick auf die durch Art. 12 Abs. 1 GG geschützte Berufsfreiheit nicht geringer zu bewerten, als der in § 573 Abs. 2 Nr. 2 BGB gesetzlich geregelte Eigenbedarf des Vermieters zu Wohnzwecken.[93]

Hat der Vermieter ein Mietverhältnis über Wohnraum wegen Eigenbedarfs wirksam **45** gekündigt und **fällt** der geltend gemachte Grund **nachträglich weg,** so ist dies nur dann zu berücksichtigen, wenn der Grund vor dem Ablauf der Kündigungsfrist entfallen ist; in diesem Fall ist der Vermieter zu einer entsprechenden Mitteilung an den Mieter verpflichtet.[94]

Schuldhafte, nicht unerhebliche Vertragsverletzung durch den Mieter, § 573 **46** Abs. 2 Nr. 1 BGB. Auch hier müssen die Kündigungsgründe so ausführlich angegeben werden, dass der damit geltend gemachte Sachverhalt ausreichend von vergleichbaren anderen Sachverhalten abgegrenzt werden kann.[95] Bereits in der Kündigung ist daher ein **konkreter Sachverhalt** darzulegen. Wurden Vertragsverstöße abgemahnt, so ist in der Kündigung auf die Abmahnung Bezug zu nehmen und weiterhin auszuführen, zu welchen konkreten Vertragsverstößen es nach der Abmahnung gekommen ist.[96] Allgemeine Hinweise wie „ständige Ruhestörungen" reichen nicht aus. Bereits in der Kündigung sind die Vertragsverletzungen so anzugeben, dass der Mieter erkennen kann, was ihm im Einzelnen vorgeworfen wird, und ob er sich gegen diesen Vorwurf mit Erfolg verteidigen kann.[97] In der Klage ist der Sachvortrag dann so ausführlich darzulegen, dass er die notwendige Begründungstiefe gewinnt und dass im Bestreitensfall über einzelne konkrete Vertragsverstöße Beweis erhoben werden kann. Bei Ruhestörungen empfiehlt sich daher ein Sachvortrag mit genauen Angaben zu Ort, Datum, Uhrzeit sowie Art und Dauer des Vorfalls.

Aus dem Sachvortrag in der Kündigung muss sich ergeben, dass es sich um nicht **47** unerhebliche Vertragsverletzungen handelt. Wann diese Grenze überschritten ist, ist Frage des Einzelfalls. Einzelne geringe Störungen, die keine weiteren Folgen nach sich ziehen, reichen nicht aus.

Die ordentliche Kündigung gem. § 573 Abs. 2 Nr. 1 BGB steht zur fristlosen **48** Kündigung gem. §§ 543 Abs. 1, Abs. 2 Nr. 2, 569 Abs. 2 BGB in einem **Stufenverhältnis.** Der Vermieter kann daher fristlos gem. § 569 Abs. 2 BGB und hilfsweise ordentlich gem. § 573 Abs. 2 Nr. 1 BGB kündigen. Aus dem Kündigungsschreiben muss sich aber unzweifelhaft ergeben, dass neben der fristlosen Kündigung ausdrücklich auch eine ordentliche Kündigung ausgesprochen wird. Der Vermieter muss zum Ausdruck bringen, dass er das Mietverhältnis unter allen Umständen beenden will.[98] Der Vermieter kann auch neben einer fristlosen Kündigung wegen Zahlungsverzuges mit zwei Monatsmieten gem. § 543 Abs. 2 Nr. 3 BGB hilfsweise gem. § 573 Abs. 2 Nr. 1 BGB ordentlich kündigen.[99] Zahlt der Mieter den Rückstand innerhalb der

---

[93] BGH NZM 2005, 943.
[94] BGH WuM 2005, 782.
[95] BayObLG NJW 1981, 2197.
[96] § 573 Abs. 2 Nr. 1 BGB setzt tatbestandlich eine Abmahnung nicht voraus. Die Erheblichkeit des Vertragsverstosses wird sich jedoch bei geringfügigen Verstößen regelmäßig erst aus der Fortsetzung des vertragswidrigen Verhaltens nach Abmahnung ergeben.
[97] LG Berlin WuM 2003, 208, 210.
[98] BGH ZMR 1981, 113; *Kossmann* § 116 Rdn. 3.
[99] *Blank* in *Schmidt-Futterer* § 573 BGB Rdn. 34.

Schonfrist nach, wird die fristlose Kündigung gem. § 569 Abs. 3 Nr. 2 BGB unwirksam. Dies gilt jedoch nicht für die ordentliche Kündigung,[100] die allerdings Verschulden voraussetzt. Dabei ist die nachträgliche Zahlung zu Gunsten des Mieters zu berücksichtigen.

49 Eine ordentliche Kündigung gem. § 573 Abs. 2 Nr. 1 BGB ist ferner dann möglich, wenn der verschuldete Zahlungsrückstand unterhalb der Summe von zwei Monatsmieten liegt. Ab welchem Betrag eine Kündigung zulässig ist, ist im Einzelnen umstritten. Die Grenze dürfte bei dem Betrag einer Monatsmiete und dem Verzug mit einem halben Monat liegen.[101] Die praktischen Auswirkungen sind allerdings gering, da der Zahlungsrückstand verschuldet sein muss (Vorsatz oder Fahrlässigkeit), sodass schuldloser Geldmangel nicht ausreicht.[102]

50 Auch die nicht geleistete Nachzahlung aus einer **Betriebskostenabrechnung** kann zur ordentlichen Kündigung berechtigen, vorausgesetzt, es liegt eine nachvollziehbare Abrechnung vor. Die Erheblichkeitsgrenze wird bei einem Betrag in Höhe einer Monatsmiete und bei einem Verzug von mehr als einem Monat anzusetzen sein.[103] Diese Grundsätze werden auch bei der Nichtzahlung der Kaution zu gelten haben.[104]

51 Steht die primär behauptungsbelastete Partei außerhalb des von ihr darzulegenden Geschehensablauf und besitzt keine nähere Kenntnis der maßgebenden Tatsachen, während der Prozessgegner sie hat und ihm nähere Angaben zumutbar sind, kann sich der Prozessgegner nicht auf einfaches Bestreiten des Vortrags der primär behauptungsbelasteten Partei beschränken.[105] Allerdings hat die primär behauptungsbelastete Partei in der Klage zur Erhärtung ihres Vortrages hinreichende Anhaltspunkte z. B. in Folge eigener Nachforschungen darzulegen. Ist dies der Fall, kann sich die Gegenseite nach dem Prinzip der **sekundären Behauptungslast** nicht auf einfaches Bestreiten beschränken, sondern muss konkreten Vortrag entgegenstellen.[106] Im entschiedenen Fall war die Kündigung darauf gestützt, dass der Mieter nicht mehr selbst die Wohnung bewohnt, sondern sie seinem Sohn überlassen hat. Der Vermieter hat hierfür verschiedene Indizien dargelegt. Der Mieter hat dem keinen substantiierten Sachvortrag – z. B. konkrete Aufenthaltsnachweise – entgegengehalten. Die Folge dieser Nichterfüllung der sekundären Behauptungslast ist, dass die Behauptung des primär Darlegungspflichtigen (trotz eventuell mangelnder Substantiierung) als zugestanden im Sinn von § 138 Abs. 3 ZPO gilt.[107]

52 **Verhinderung der angemessenen wirtschaftlichen Verwertung,** § 573 Abs. 2 Nr. 3 BGB. Hierauf gestützte Kündigungen sind auf Grund der restriktiven Praxis der Instanzgerichte nur schwer durchzusetzen. Der Tatbestand setzt voraus[108] **erstens,** dass der Vermieter die Absicht hat, die Mietsache anderweitig zu verwerten, **zweitens,** dass die Verwertung nach allen Umständen angemessen ist, **drittens,** dass die Verwertung bei Fortsetzung des Mietverhältnisses nicht möglich ist und schließlich **viertens,** dass der Vermieter erheblich Nachteile erleidet, falls er die Mietsache nicht, wie gewünscht, verwerten kann. Auf Grund der Komplexität bereits der Tatbestandsvoraussetzungen hat der Vermieter in der Regel Schwierigkeiten, sämtliche Kündigungsvoraussetzungen in der Kündigung darzulegen. Insbesondere auch auf Grund der Rechtsprechung des

---

[100] OLG Stuttgart ZMR 1991, 429; OLG Karlsruhe ZMR 1992, 488; BGH NZM 2005, 334; a. A. *Blank* in *Schmidt-Futterer* § 573 BGB Rdn. 32.
[101] *Weidenkaff* in *Palandt* § 573 BGB Rdn. 16.
[102] *Weidenkaff* a. a. O.
[103] *Blank* in *Schmidt-Futterer* § 573 BGB Rdn. 29.
[104] *Blank* in *Schmidt-Futterer* § 573 BGB Rdn. 30.
[105] LG München I WuM 2002, 378.
[106] LG München I a. a. O.
[107] LG München I a. a. O.
[108] Nach *Blank* in *Schmidt-Futterer* § 573 BGB Rdn. 142.

III. Räumungsantrag und Schlüssigkeit des Vermietervorbringens 53–56 2. Kap.

Bundesverfassungsgerichtes dürfen die Anforderungen an die Kündigungserklärung daher nicht überspannt werden. Die Anforderungen an den Sachvortrag in der Kündigung sind daher geringer als bei Eigenbedarf oder schuldhafter, nicht unerheblicher Vertragsverletzung.

Auch für den Kündigungsgrund des § 573 Abs. 2 Nr. 3 BGB gilt, dass der Vermieter 53 sein berechtigtes Interesse im Kündigungsschreiben so darlegen muss, dass hierdurch dem Mieter zum frühest möglichem Zeitpunkt Klarheit über seine Rechtsposition verschafft wird.[109]

Eine unzumutbar strenge Anforderung verletzt aber die Gewährleistung des Eigen- 54 tums des Vermieters und seinen Anspruch auf Gewährung effektiven Rechtsschutzes. Das ist z. B. dann der Fall, wenn das Gericht eine übereinstimmende Einschätzung des wirtschaftlichen Nachteils, der den Vermieter durch die Fortsetzung des Mietverhältnisses entstehen soll, in den Gründen des Kündigungsschreibens und in der Begründung des Räumungsanspruchs verlangt.[110] Im entschiedenen Fall hatte der Vermieter in der Kündigung vorgetragen, dass er bei einem Verkauf der Wohnung in vermietetem Zustand einen Preisnachlass von 40% erleiden würde; in der Klage hatte er die Bestätigung einer Bank übergeben, die einen Preisnachlass von mindestens 30% annahm. Ebenso wenig muss der Vermieter im Kündigungsschreiben bereits darlegen, dass die von ihm genannten Gründe für den Verkauf der Wohnung erst nach Abschluss des Mietvertrages eingetreten sind.[111] Ausreichend ist also, wenn das Kündigungsschreiben dem **berechtigten Informationsbedürfnis** des Mieters genügt. Dieses Informationsbedürfnis ist aber zu unterscheiden von den weitergehenden, vom Bestreiten des beklagten Mieters abhängigen Anforderungen an die substantiierte Darlegung der tatbestandlichen Kündigungsvoraussetzungen im Prozess.[112] Das Gericht kann daher eine Räumungsklage nicht mit der Begründung abweisen, bereits das Kündigungsschreiben müsse die gerichtliche Feststellung des Vorliegens der Kündigungsvoraussetzungen erlauben.[113]

Es genügt daher für die Wirksamkeit einer Kündigung gem. § 573 Abs. 2 Nr. 3 55 BGB, wenn z.B. bei geplanter Sanierung in dem Kündigungsschreiben **Art und Umfang der beabsichtigten Umbauarbeiten** sowie der Grund angegeben werden, warum nach Ansicht des Vermieters nur durch den Umbau eine angemessene wirtschaftliche Verwertung zu erreichen ist. In diesem Fall bedarf es dann keiner näheren Beschreibung des Gebäudezustandes, wenn dieser Zustand dem Mieter bekannt ist.[114] Allgemeine Hinweise, z.B. dass die Räume nur nach Beendigung des Mietverhältnisses mit dem Mieter noch wirtschaftlich nutzbar seien, sind hingegen nicht ausreichend.[115] Nicht erforderlich ist hingegen, dass der Vermieter bereits im Kündigungsschreiben eine detaillierte Kalkulation hinsichtlich der Ertragslage vor und nach der etwaigen Sanierung vorlegt.[116] Andererseits wird gefordert, dass in der Kündigung für den Fall der Sanierung eine zumindest überschlägige Ertragskalkulation vor und nach der Sanierung enthalten sein muss. Mögliche Nachteile sind konkret in Zahlen auszudrücken.[117]

Für den Fall des **Verkaufes** muss der Vermieter im Kündigungsschreiben den Er- 56 werber noch nicht namentlich bezeichnen (wohl aber in der Klage unter entsprechen-

---

[109] BVerfG WuM 1992, 417.
[110] BVerfG a. a. O.
[111] BVerfG NJW 1998, 2662.
[112] BVerfG a. a. O.
[113] BVerfG a. a. O.
[114] LG Düsseldorf DWW 1991, 338.
[115] LG Berlin WuM 1989, 254.
[116] LG Düsseldorf a. a. O.
[117] LG Wiesbaden WuM 1997, 496.

den Beweisantritt).[118] In die Kündigung müssen aber die Verkaufsbemühungen des Vermieters, der einem ihm nachteiligen Verkaufserlös für die vermietete Wohnung zur Kündigungsbegründung anführt, dargelegt werden.[119] Vermutungen und allgemeine Unterstellungen genügen nicht. Der Vermieter muss bereits in der Kündigung die konkreten Nachteile vortragen, die ihm aus dem Verkauf im vermieteten Zustand drohen sowie konkrete Verkaufsbemühungen darlegen.[120] Der Hinweis auf allgemeine Erfahrungssätze im Bezug auf einen Mindererlös im vermieteten Zustand reicht nicht aus.[121] Zulässig ist aber, wenn der Vermieter zur Begründung für den Mindererlös auf ein Sachverständigengutachten oder Maklerauskünfte verweist.[122] Es ist auch unschädlich, wenn der Vermieter in der Kündigung den vermutlichen Mindererlös wesentlich zu hoch angegeben hat. Es ist keine sichere Prognose möglich, wie hoch ein Mindererlös eines vermieteten gegenüber einem unvermieteten Einfamilienhaus sein wird.[123]

57 In der Klage hat der Vermieter die tatbestandlichen Voraussetzungen des § 573 Abs. 2 Nr. 3 BGB darzulegen. Die Anforderungen der Instanzgerichte sind hoch. So hat der Vermieter den Nachweis für die Unverkäuflichkeit des vermieteten Hauses nicht dadurch erbracht, dass er das Anwesen einmal erfolglos in der Zeitung inseriert hat.[124] Vielmehr hat der Vermieter zum Nachweis der Unverkäuflichkeit mehrere Anzeigen aufzugeben und verschiedene Makler einzuschalten. Diese nachhaltigen erfolglosen Verkaufsanstrengungen sind im Einzelnen vorzutragen und unter Beweis zu stellen.

58 Auch die **Angemessenheit** der angestrebten wirtschaftlichen Verwertung ist darzulegen. Dieses Tatbestandsmerkmal ist nicht erfüllt, wenn der Vermieter ausschließlich zum Zwecke der Erzielung eines möglichst hohen Veräußerungserlöses die Beendigung des Mietverhältnisses erwirken will.[125] Der Vermieter hat also auch darzulegen, wieso auf Grund seiner Vermögensverhältnisse die Erzielung eines möglichst hohen Verkaufserlöses unerlässlich ist. Allgemeiner Sachvortrag, dass sich die finanziellen Verhältnisse verschlechtert haben und die Lebenshaltungskosten allgemein gestiegen sind, reicht hierfür nicht aus. Falls der Vermieter den Verkaufserlös für die Finanzierung von neuem Wohnraum verwenden will, hat er darzulegen, zu welchem Kaufpreis versucht wurde, die vermietete Wohnung zu verkaufen, wie hoch der Kaufpreis für die neu zu kaufende Wohnung ist und wieweit der zu erwartende Mindererlös die Angemessenheit der wirtschaftlichen Verwertung hindert.[126]

59 Die Rechtsprechung, ab welchem Prozentsatz der Verkauf in vermietetem bzw. unvermietetem Zustand einen erheblichen Nachteil darstellt, ist uneinheitlich.[127]

60 Das Bundesverfassungsgericht ist den überzogenen Anforderungen der Instanzgerichte mehrfach entgegengetreten. Der beabsichtigte Verkauf kann vom Anwendungsbereich des § 573 Abs. 2 Nr. 3 Satz 1 BGB nicht ausgenommen werden. Eine Kündi-

---

[118] *Kossmann* § 118 Rdn. 17 m. w. N.
[119] LG Bielefeld WuM 1997, 267.
[120] LG Bielefeld a. a. O.
[121] *Kossmann* § 118 Rdn. 17.
[122] BVerfG NJW 1998, 2662.
[123] LG Detmold NZM 2002, 339.
[124] LG Frankfurt/Main WuM 1991, 182.
[125] LG München I WuM 1991, 193.
[126] LG München I a. a. O.
[127] LG Hamburg WuM 1991, 185: mindestens 15% bis 20%; LG München I WuM 1992, 374: 20% reichen nicht aus; LG Stuttgart WuM 1991, 201: ein Mindererlös von 20% muss nicht hingenommen werden, wenn der Verkaufserlös zur Begleichung von Schulden auf Grund Berufsaufgabe wegen Erwerbsunfähigkeit dient; ebenso LG Düsseldorf WuM 1991, 593 für den Fall der Verwendung des Verkaufserlöses zur Finanzierung eines Hausbaus; 10% begründen bei wirtschaftlicher Notlage einen erheblichen Nachteil, LG Detmold NZM 2002 339.

gung kann nicht erst dann zugelassen werden, wenn der Eigentümer andernfalls in Existenznot gerät.[128] Die substantiierte Behauptung des Vermieters, die Wohnung sei im vermieteten Zustand praktisch unverkäuflich, ist vom Fachgericht daraufhin zu prüfen, ob der Verkauf unter den gegebenen Umständen für den Vermieter möglicherweise als wirtschaftlich sinnlos erscheinen muss und sich der Kündigungsschutz damit als faktisches Verkaufshindernis darstellt.[129] Jedenfalls muss sich das Mietgericht in einer **eingehenden Würdigung** mit den grundrechtlich geschützten Interessen des Eigentümers auseinandersetzen und dies auch in den Entscheidungsgründen des Urteils niederlegen, wenn ein vom Vermieter vorgelegtes Privatgutachten eine erhebliche Differenz der Verkehrswerte in vermietetem und unvermietetem Zustand ausweist (hier DM 180 000/260 000). Andernfalls verkennt das Gericht Bedeutung und Tragweite der Eigentumsgarantie des Art. 14 GG.[130] Weiter hat das Fachgericht dann, wenn der Eigentümer verschiedene Gründe zum Nachweis der Unmöglichkeit eines Verkaufs der vermieteten Wohnung vorträgt, zu prüfen, ob darin insgesamt eine hinreichende Substantiierung der Kündigungsvoraussetzungen liegt. Hierbei hat das Fachgericht auch zu berücksichtigen, inwieweit sich die Fortsetzung bislang ergebnisloser Verkaufsversuche preisschädigend auswirken könnte.[131]

Im Falle der Sanierung hat der Vermieter eine Rentabilitätsrechung vorzulegen, aus der die wirtschaftliche Erforderlichkeit sowie die Notwendigkeit der kompletten Räumung der Wohnung hervorgeht.[132] **61**

Der vom Vermieter geplante ersatzlose **Abriss** eines Gebäudes ist keine wirtschaftliche Verwertung im Sinn des § 573 Abs. 2 Nr. 3 BGB.[133] Die Zulässigkeit einer solchen Kündigung ergibt sich vielmehr aus § 573 Abs. 1 BGB. Eine solche Kündigung ist daher in den neuen Bundesländern auch nicht durch Art. 230 § 2 Abs. 2 EGBGB ausgeschlossen. **62**

b) Fristlose Kündigung. Die Kündigung des Mietverhältnisses bedarf der schriftlichen Form, § 568 Abs. 1 BGB. Besteht der wichtige Grund in der Verletzung einer Pflicht aus dem Mietvertrag, so ist die Kündigung erst nach erfolglosem Ablauf einer zur Abhilfe bestimmten angemessenen Frist oder nach erfolgloser **Abmahnung** zulässig. Dies gilt nicht, wenn eine Frist oder Abmahnung offensichtlich keinen Erfolg verspricht, die sofortige Kündigung aus besonderen Gründen unter Abwägung der beiderseitigen Interessen gerechtfertigt ist oder der Mieter mit der Entrichtung der Miete im Sinne des § 543 Abs. 2 Nr. 3 in Verzug ist, § 543 Abs. 3 BGB. Anspruchsgrundlage sind die §§ 543, 569 Abs. 2, 3 BGB. Zu beachten ist, dass der zur Kündigung führende wichtige Grund im Kündigungsschreiben anzugeben ist, § 569 Abs. 4 BGB. Wird die fristlose Kündigung auf mehrere Vertragsverstöße gestützt, sind alle Vertragsverstöße im Kündigungsschreiben anzugeben. Nicht genannte Gründe sind nicht zu berücksichtigen.[134] Im Gegensatz zur ordentlichen Kündigung (§ 573 Abs. 3 Satz 2 BGB) kann wegen der nicht genannten Gründe **erneut fristlos gekündigt** werden.[135] Hierbei ist allerdings zu beachten, dass einer solchen erneuten Kündigung die Einwendung der Verwirkung entgegenstehen kann. Kommt es nach Ausspruch der fristlosen **63**

---

[128] BVerfG WuM 1989, 118.
[129] BVerfG WuM 1992, 46. Zur Substantiierung hatte der Vermieter ein Sachverständigengutachten vorgelegt, wonach die Wohnung in unvermieteten Zustand zu einem Betrag von DM 135 000 und in vermietetem Zustand von DM 92 000 verkauft werden könne.
[130] BVerfG ZMR 2004, 95.
[131] BVerfG DWW 1998, 242.
[132] *Kossmann* § 118 Rdn. 22.
[133] BGH NZM 2004, 377.
[134] *Blank* in *Schmidt-Futterer* § 569 BGB Rdn. 70.
[135] *Blank* a. a. O.

Kündigung zu erneuten Vertragsverstößen, muss erneut fristlos gekündigt werden. Bloße Bezugnahme in einem prozessualen Schriftsatz auf erneute Vertragsverstöße reicht nicht aus.[136] Allerdings kann eine solche Kündigung auch in einem Schriftsatz ans Gericht enthalten sein.[137]

64 Umstritten ist, ob an den Umfang der **Begründungspflicht** geringere Anforderungen zu stellen sind als bei der ordentlichen Kündigung nach § 573 BGB.[138] Ausreichend dürfte sein, wenn die Kündigungsgründe nur so ausführlich angegeben werden, dass der damit geltend gemachte Sachverhalt von vergleichbaren anderen Sachverhalten abgegrenzt werden kann und der Mieter erkennen kann, welcher Umstand zur fristlosen Kündigung geführt hat.[139] Die Begründung der Kündigung soll es dem Kündigungsempfänger ermöglichen zu erkennen, auf welche Vorgänge oder auf welches Verhalten die Kündigung gestützt wird und ob bzw. wie er sich hiergegen verteidigen kann; dabei dürfen an den Inhalt der Begründung keine zu hohen und übertrieben formalistischen Anforderungen gestellt werden.[140]

65 Bei **Zahlungsverzug** genügt jedenfalls bei einfacher Sachlage (so, wenn z.B. zwei aufeinander fällige Zahlungen gänzlich unterblieben sind), dass der Vermieter diesen Umstand als Kündigungsgrund angibt und den Gesamtbetrag der rückständigen Miete beziffert.[141] Wird der Kündigungserklärung ein Kontoauszug als Anlage beigefügt, aus dem sich der Betrag ergibt, mit welchem der Mieter zum Zeitpunkt des Kündigungsausspruchs rückständig gewesen ist, so ist die Schriftform der Kündigung nur gewahrt, wen die Kündigungserklärung entweder fest mit der Anlage verbunden ist oder wenn sich aus der Kündigungserklärung als solcher ergibt, dass zur Begründung der Kündigung auf die Anlage Bezug genommen wird.[142] In solchen Fällen ist der Mieter ohne weiteres in der Lage, die Berechtigung der Kündigung durch einen Vergleich der geschuldeten mit der gezahlten Miete zu überprüfen. Dies gilt nicht, wenn sich der Rückstand erst durch umfangreiche Berechnungen aus einer Vielzahl unterschiedlicher Positionen ergibt. In einem solchen Fall genügt die Angabe eines Saldos nicht. Vielmehr muss sich aus dem Kündigungsschreiben ergeben, mit welchen Beträgen für welche Monate der Mieter in Verzug ist.[143] Entsprechendes gilt auch für die Klageschrift, in der eine weitere Kündigung ausgesprochen wird.[144]

66 Wird die fristlose Kündigung auf die **Störung des Hausfriedens** oder auf den vertragswidrigen Gebrauch der Mietsache gestützt, wird sich der Umfang der Begründungspflicht aus den Anforderungen wie bei einer ordentlichen Kündigung ergeben. Allgemeine Hinweise wie „ständige Ruhestörungen nach Abmahnung" reichen nicht aus. Um den Mieter die Gelegenheit zu geben, zu den behaupteten Vertragsverletzungen Stellung zu nehmen, ist vielmehr auch hier im Einzelnen auszuführen, welche einzelnen Vertragsverstöße **nach** der Abmahnung erfolgt sind. Diese Vertragsverstöße sind entsprechend zu konkretisieren („wer, wann, was, wie und wo").[145]

67 In der Klageschrift hat der Vermieter sämtliche Voraussetzungen der Kündigung darzulegen und zu beweisen.[146]

---

[136] *Blank* a.a.O.
[137] Vgl. dazu Rdn. 89 ff.
[138] Vgl. *Blank* in Schmidt-Futterer § 569 BGB Rdn. 71.
[139] LG Berlin NJW 2003, 3063.
[140] BGH WuM 2004, 97.
[141] BGH a.a.O.; a.A. LG Hamburg NJW 2003, 3064.
[142] LG Mannheim WuM 2004, 204.
[143] AG Dortmund, NJW-RR 2003, 1095; LG Dortmund WuM 2004, 205.
[144] LG Dortmund a.a.O.
[145] *Blank* in Schmidt-Futterer § 569 BGB Rdn. 73.
[146] Vgl. hierzu das Muster einer Räumungsklage wegen Zahlungsverzugs bei *Franke* in Jendrek Muster C. II. 3.

III. Räumungsantrag und Schlüssigkeit des Vermietervorbringens 68–73 **2. Kap.**

Ist die Klage auf eine fristlose Kündigung wegen Störung des Hausfriedens gestützt, **68** muss sich aus dem Sachvortrag die **Unzumutbarkeit** der Vertragsfortsetzung bis zum Ablauf der ordentlichen Kündigungsfrist oder bis zur sonstigen Beendigung des Mietverhältnisses ergeben. Hierbei sind alle Umstände des Einzelfalls, insbesondere das Verschulden der Vertragspartei zu berücksichtigen, § 569 Abs. 2 BGB. Zwar ist bei der Bewertung der besonderen Schwere des Pflichtverstoßes auf das Verschulden abzustellen. Verschulden ist aber keine Tatbestandsvoraussetzung für eine fristlose Kündigung gem. § 569 Abs. 2 BGB.[147] Die Kündigung kann also auch bei **verschuldensunabhängigen** Vertragsverstößen ausgesprochen werden (z.B. schwere Störungen des Hausfriedens auf Grund von Altersdemenz). Die Zumutbarkeitsgrenze wird in solchen Fällen allerdings noch höher liegen als bei einer verschuldeten Vertragsverletzung.[148] Die Abwägung zwischen den Belangen des Vermieters und des Mieters sowie der übrigen Mieter im Anwesen ist nicht erst im Rahmen der Härteklausel des § 574 BGB vorzunehmen, sondern bereits gem. § 543 Abs. 1 Satz 2 BGB.[149] Hierbei ist auf die Wertentscheidung des Grundgesetzes, insbesondere der Gesichtspunkt des Rechts auf Leben und körperliche Unversehrtheit angemessen zu berücksichtigen.[150] Zu beachten ist, dass die einem **Geschäftsunfähigen** gegenüber ausgesprochene Kündigung unwirksam ist. Der Vermieter hat allerdings die Möglichkeit, in solchen Fällen eine Betreuung beim Vormundschaftsgericht anzuregen. Gegen eine ablehnende Entscheidung des Vormundschaftsgerichts ist er beschwerdeberechtigt.[151]

Ist die Räumungsklage auf Zahlungsverzug gestützt und ist die Höhe der Miete **69** streitig, hat der Vermieter hierfür die Beweislast. Beruft sich der Mieter auf ein Recht zur **Minderung,** hat er für die Voraussetzungen der Minderung die Darlegungs- und Beweislast. Ferner hat der Mieter die Darlegungs- und Beweislast dafür, wann und wie er die rückständigen Mieten bezahlt hat. Bleibt die Zahlung streitig, muss der Mieter die von ihm vorzutragenden Tatsachen beweisen.

Ist die fristlose Kündigung auf unbefugte Gebrauchsüberlassung **(Untervermie- 70 tung)** gestützt, hat der Vermieter die Darlegungs- und Beweislast hierfür. Hierbei können sich Beweisprobleme ergeben, vgl. die Ausführungen zur sekundären Beweislast (Rdn. 51).

Trägt der Mieter vor, dass er gem. § 553 Abs. 1 Satz 1 BGB einen Anspruch auf **71** Genehmigung der Untervermietung gehabt hätte, so trägt er hierfür die Beweislast.[152]

Hat der Vermieter die fristlose Kündigung mit einer **Beschädigung der Mietsache 72** begründet, so hat er zum einen die Beschädigung darzulegen und zu beweisen. Ist streitig, wer den Schaden verursacht hat (z.B. Schimmel) hat der Vermieter die Beweislast dafür, dass die Schadensursache in den Bereich des Mieters fällt. Der Vermieter hat nachzuweisen, dass der Schaden nicht bauseits bedingt ist. Ist dieser Ausschlussbeweis geführt, hat sich der Mieter umfassend zu entlasten.[153]

Gem. § 569 Abs. 3 Nr. 2 BGB wird die Kündigung durch Zahlung innerhalb der **73 Schonfrist** bis zum Ablauf von 2 Monaten nach Eintritt der Rechtshängigkeit des Räumungsanspruches unwirksam. Ein **Versäumnisurteil** im schriftlichen Vorverfahren kann vor Ablauf der Schonfrist erlassen werden.[154] Aus der materiell rechtlichen

---

[147] BGH WuM 2005, 125.
[148] *Blank* in *Schmidt-Futterer* § 569 BGB Rdn. 21.
[149] BGH a.a.O.
[150] BGH a.a.O.
[151] BayObLG WuM 1996, 275.
[152] Vgl. BayObLG ZMR 1991, 64; WuM 1995, 378.
[153] *Blank* in *Schmidt-Futterer* § 543 BGB Rdn. 220; OLG Karlsruhe ZMR 1984, 417.
[154] LG Kiel WuM 2002, 149 m.w.N.; LG Köln NZM 2004, 65; *Herget* in *Zöller* § 331 ZPO Rdn. 12; a.A. OLG Hamburg ZMR 1988, 225; vgl. ausf. *Blank* in *Schmidt-Futterer* § 569 BGB Rdn. 51 ff.

Regelung in § 569 Abs. 3 BGB ergibt sich keine prozessuale Sperrfrist. Ferner ist darauf hinzuweisen, dass die einmal ausgesprochene Kündigung nicht schwebend unwirksam ist, sondern bis zur Begleichung der Mietschulden bzw. bis zur Übernahmeerklärung voll wirksam ist. Ebenso kann das Verfahren vor Ablauf der Schonfrist terminiert werden. Erscheint der Mieter nicht, so kann gegen ihn Versäumnisurteil ergehen.[155] Werden nach Erlass des Versäumnisurteils sämtliche Mietrückstände bezahlt bzw. liegt eine entsprechende Übernahmeerklärung vor, muss der Mieter gegen das Versäumnisurteil Einspruch einlegen (vgl. § 767 Abs. 2 ZPO).

74 Erscheint der Mieter in der mündlichen Verhandlung und erklärt, innerhalb der Schonfrist noch zahlen zu wollen, besteht kein Grund zur Vertagung. Vielmehr kann ein Räumungsurteil ergehen, wenn im Zeitpunkt der mündlichen Verhandlung nicht gezahlt ist.[156]

75 Erfolgt Zahlung nach Rechtshängigkeit, aber vor Erlass eines Urteils, so tritt die **Erledigung der Hauptsache** ein. Der Vermieter muss den Rechtsstreit in der Hauptsache für erledigt erklären (§ 91a ZPO). Die Kosten sind dem Mieter aufzuerlegen.[157]

76 Bei Zahlung nach Anhängigkeit (Klageeinreichung) aber vor Rechtshängigkeit gilt Folgendes: eine Feststellung der Erledigung scheidet aus.[158] Auf Grund der Neufassung des § 269 ZPO besteht auch für eine Kostenfeststellungsklage, die vor der Änderung für zulässig gehalten wurde, kein Rechtsschutzbedürfnis.[159] Auf Grund der Bestimmung des § 269 Abs. 3 Satz 3, Abs. 4 ZPO kann der Kläger bei **Rücknahme** der Klage vielmehr eine dem § 91a ZPO entsprechende Kostenentscheidung herbeiführen.[160] Eine Kostenentscheidung nach § 269 Abs. 3 Satz 3 ZPO ist auch dann möglich, wenn der Kläger wegen des Wegfalls des Klageanlasses die Klage zu einem Zeitpunkt zurückgenommen hat, in dem die Klage noch nicht zugestellt war, und wenn die Zustellung auch danach nicht mehr erfolgt ist.[161]

4. Geschäftsraum

77 Auch hier hat der Kündigende die Darlegungs- und Beweislast für alle Voraussetzungen der Kündigung. Die tatbestandlichen Voraussetzungen sind jedoch deutlich geringer als bei der Wohnraummiete. **Schriftform** der Kündigung ist **nicht erforderlich,** da § 578 BGB nicht auf § 568 Abs. 1 BGB verweist. Im Mietvertrag wird aber in der Regel für die Kündigung die Schriftform vereinbart sein. Es ist daher davon auszugehen, dass die Einhaltung der Schriftform Wirksamkeitsvoraussetzung der Kündigung ist.[162] Die Gegenmeinung, wonach eine Vermutung weder für die Vereinbarung der Schriftform zu Beweiszwecken oder als Wirksamkeitsvoraussetzung besteht,[163] führt zum selben Ergebnis: Die Partei, die sich im Prozess auf eine mündliche Kündigung trotz Schriftformklausel im Mietvertrag beruft, hat die Beweislast dafür, dass die Schriftform nur zu Beweiszwecken vereinbart war.[164] Falls im Mietvertrag nicht eindeutige Bestimmungen hierfür sprechen, wird der Beweis nicht geführt werden können.

---

[155] *Blank* a.a.O.
[156] *Kossmann* § 74 Rdn. 33; *Haas* § 569 BGB Rdn. 4; **a.A.** *Blank* in *Schmidt-Futterer* § 569 BGB Rdn. 54.
[157] LG Bochum WuM 1997, 335; *Blank* in *Schmidt-Futterer* § 569 BGB Rdn. 56.
[158] BGHZ 83, 12.
[159] *Hüßtege* in *Thomas/Putzo* § 91a ZPO Rdn. 36; so auch *Vollkommer* in *Zöller* § 91a ZPO Rdn. 42; a.A. *Greger* in *Zöller* § 269 ZPO Rdn. 18d.
[160] *Hüßtege* a.a.O.
[161] BGH WuM 2004, 159.
[162] *Ball* in *Wolf/Eckert/Ball* Rdn. 879.
[163] *Blank* in *Schmidt-Futterer* in § 542 BGB Rdn. 60.
[164] *Blank* a.a.O.

III. Räumungsantrag und Schlüssigkeit des Vermietervorbringens

Da die gesetzliche Schriftform (§ 126 BGB) nicht eingehalten werden muss, ist **78** bei Geschäftsraummietverhältnissen eine Kündigung durch Telegramm oder **Telefax** möglich.[165] Die Partei, die sich auf eine durch Telefax ausgesprochene Kündigung beruft, hat den Zugang zu beweisen. Zugegangen ist ein Telefax nur, wenn der Text vom Empfangsgerät ausgedruckt wird.[166] Die vom Telefaxgerät des Kündigenden ausgedruckte Bestätigung über den ordnungsgemäßen Zugang reicht jedoch als Beweis nicht aus.[167] Technische Mängel bei der Übertragung sind grundsätzlich nicht auszuschließen. Diese fallen in den Risikobereich dessen, der die Kündigung erklärt.[168]

Ist im Formularmietvertrag vereinbart, dass die Kündigung durch eingeschriebenen **79** Brief erfolgen zu hat, so handelt es sich hierbei um keine Wirksamkeitsvoraussetzung der Kündigung. Kann der Kündigende den Zugang der Kündigung auf andere Art beweisen, ist die Kündigung wirksam.[169]

Aus Beweisgründen wird empfohlen, schriftlich zu kündigen und die Kündigung **80** durch den Gerichtsvollzieher oder durch Boten zustellen zu lassen.

Die Kündigung eines Geschäftsraummietverhältnisses muss **nicht begründet** werden. **81** Etwas anderes gilt nur für den Fall, dass im Mietvertrag vereinbart ist, dass eine Kündigung nur aus bestimmten Gründen zulässig sein soll. Die Angabe von Gründen ist in einem solchen Fall in der Regel Wirksamkeitsvoraussetzung für die Kündigung.[170] Dies gilt gleichermaßen für die ordentliche wie auch für die fristlose Kündigung.[171]

Ebenso wenig erforderlich zur Wirksamkeit der Kündigung ist die Angabe einer **82** Kündigungsfrist oder eines **Endtermins**, zu dem zu räumen ist. Allerdings muss aus dem Inhalt der Kündigung klar hervorgehen, ob es sich um eine ordentliche, fristlose, oder außerordentliche Kündigung mit gesetzlicher Kündigungsfrist handelt. Die Kündigung ist aber bedingungs- und befristungsfeindlich.[172] Eine fristlose Kündigung des Mieters mit dem Nachsatz „bis wir andere Räume beziehen können" ist daher unwirksam.[173]

Zwei bei Geschäftsraummietverhältnissen häufige Fälle von befristeten Mietverhältnissen **83** mit **Verlängerungsklausel** sollen noch kurz erwähnt werden: Ist im Mietvertrag vereinbart, das Mietverhältnis am 30. 6. eines Jahres endet und sich jeweils um ein Jahr verlängert, wenn es nicht gekündigt wird, ist eine Kündigung unter Einhaltung der Kündigungsfristen des § 580a BGB möglich. Bei Geschäftsraummietverhältnissen ist die Kündigungsfrist gem. § 580a Abs. 2 BGB (spätestens am 3. Werktag eines Kalendervierteljahres zum Ablauf des nächsten Kalendervierteljahres) zu beachten.

Ist hingegen im Mietvertrag vereinbart, dass sich das Mietverhältnis jeweils um eine **84** bestimmte Zeit verlängert, wenn keine der Vertragsparteien der Verlängerung widerspricht, muss keine Kündigungsfrist eingehalten werden. Der **Widerspruch** ist eine einseitige, empfangsbedürftige Willenserklärung, die noch am letzten Tag der ursprünglichen Befristung abgegeben werden kann.[174]

Auch die **fristlose Kündigung** eines Geschäftsraummietverhältnisses muss nicht be- **85** gründet werden.[175] Im Räumungsprozess hat die Partei, die sich auf eine fristlose Kün-

---

[165] OLG Frankfurt NZM 1999, 419.
[166] BGH NJW 1994, 1881; NJW 1994, 2097.
[167] *Blank* in *Schmidt-Futterer* § 542 BGB Rdn. 78 m. w. N.
[168] Vgl. BGH NJW 1995, 665.
[169] OLG Frankfurt NZM 1999, 419, 420.
[170] BGH NJW-RR 2003, 152.
[171] *Weidenkaff* in *Palandt* § 542 BGB Rdn. 14.
[172] BGH NZM 2004, 66.
[173] BGH a. a. O.
[174] *Blank* in *Schmidt-Futterer* § 542 BGB Rdn. 145.
[175] BGH NJW 1980, 777, 779.

digung beruft, allerdings die Darlegungs- und Beweislast für das Vorliegen der Kündigungsgründe. Liegen keine Kündigungsgründe für eine fristlose Kündigung vor, ist die Klage abzuweisen. Dies gilt auch für den Fall, dass nachträglich Kündigungsgründe für eine fristlose Kündigung entstehen. In diesem Fall muss die Partei, die das Mietverhältnis beenden will, nochmals fristlos kündigen.

86 Waren im Kündigungsschreiben nicht alle Gründe aufgeführt, die zur fristlosen Kündigung geführt haben, kann sich der Kündigende im Räumungsprozess auch auf weitere Gründe berufen.[176] Hierfür hat er dann die Darlegungs- und Beweislast. Dies gilt allerdings nicht, wenn aus der Kündigung hervorgeht, dass der Kündigende nur wegen dieser Gründe kündigen will und z. B. die anderen Gründe nicht als wesentlich erachtet.[177]

87 Bei lang dauernden Mietverhältnissen wird manchmal versucht, eine Kündigung wegen Wegfalls oder Veränderung der Geschäftsgrundlage auszusprechen. Der Kündigende hat die volle Beweislast für das Vorlegen sämtlicher Voraussetzungen. Die Rechtsprechung ist hier sehr zurückhaltend.[178]

88 Bei Geschäftsraummietverhältnissen können auch **Sonderkündigungsrechte** vertraglich vereinbart werden. Die Partei, die sich auf eine solche Kündigung beruft, hat im Prozess die Darlegungs- und Beweislast für die Wirksamkeit dieser Vereinbarung. Weicht eine solche Kündigungsregelung in einem Formularvertrag von wesentlichen Grundgedanken der gesetzlichen Regelung (§ 543 BGB) ab, liegt ein Verstoß gegen § 307 Abs. 2 BGB vor.[179] Ob dies für eine Kündigungsregelung gilt, soweit sie auf den mehr als einmonatigen Verzug mit nur einer Monatsmiete abstellt, hat der BGH offen gelassen.[180] Erforderlich ist jedenfalls, dass solche Klauseln inhaltlich hinreichend genau bestimmt sind.[181]

IV. Kündigung im Prozess

1. Zulässigkeit

89 Der Vermieter ist nicht gehindert, im Laufe des Verfahrens eine erneute Kündigung auszusprechen und die Räumungsklage auch hierauf zu stützen. Hierin liegt eine Klageänderung, deren Zulassung ausschließlich nach § 263 ZPO zu bestimmen ist.[182] Da eine Einwilligung des Beklagten in der Regel nicht zu erwarten ist, kommt es auf die Sachdienlichkeit an. Die Sachdienlichkeit ist objektiv im Hinblick auf die Prozesswirtschaftlichkeit zu beurteilen; sie kann verneint werden, wenn vom Kläger völlig neuer Prozessstoff vorgetragen wird, der das bisherige Ergebnis der Prozessführung unverwertbar machen würde.[183]

90 Die Voraussetzungen der Zulassung einer Klageänderung im **Berufungsverfahren** sind in § 533 ZPO geregelt. An der Sachdienlichkeit wird es fehlen, wenn in der Berufungsinstanz noch eine umfangreiche Sachaufklärung erforderlich ist.[184] Auch ist zu berücksichtigen, dass dem Mieter hierdurch ein Rechtszug verloren geht. Sachdienlichkeit ist hingegen gegeben, wenn die neue Kündigung den schon bislang geltend gemachten Zahlungsverzug sowie lediglich den Betrag des inzwischen angewachsenen

---

[176] BGH a. a. O.
[177] *Blank* in *Schmidt-Futterer* § 542 BGB Rdn. 56.
[178] Vgl. BGH NZM 2002, 659.
[179] BGH NJW 1987, 2506, 2507.
[180] BGH NZM 1998, 718.
[181] BGH a. a. O.
[182] *Fischer* in *Bub/Treier* Kap. VIII Rdn. 50; OLG Zweibrücken ZMR 1982, 112.
[183] BGH NJW 1985, 1841.
[184] LG Düsseldorf WuM 1990, 505.

IV. Kündigung im Prozess   91–97 2. Kap.

Mietrückstandes zum Gegenstand hat.[185] Hat der Vermieter hingegen durch sein erstinstanzliches Vorbringen und die neue Kündigung eine unklare, unübersichtliche Rechtslage geschaffen, fehlt es an der Sachdienlichkeit.[186]

Eine erneute Kündigung im **Revisionsverfahren** ist gem. § 559 Abs. 1 Satz 1 ZPO unbeachtlich.[187] 91

Zu berücksichtigen ist ferner, dass durch die erneute Kündigung neue **Kündigungsfristen** in Lauf gesetzt werden. Bis zum Zeitpunkt der letzten mündlichen Verhandlung muss die Klage auf künftige Leistung daher zulässig sein (vgl. hierzu oben Rdn. 7 ff.). 92

Bei **Geschäftsraummietverhältnissen** ist eine erneute Kündigung materiell rechtlich ohne Einschränkungen zulässig. Bei Wohnraummietverhältnissen ist bei der ordentlichen Kündigung § 573 Abs. 3 Satz 2 BGB zu beachten. Die ordentliche Kündigung muss begründet werden. Andere als in der Kündigung genannten Gründe werden nur berücksichtigt, soweit sie nachträglich entstanden sind. Lagen die Gründe zum Zeitpunkt der ersten Kündigung also bereits vor, so muss der Vermieter eine neue Kündigungserklärung abgeben. Dies gilt auch für die fristlose Kündigung eines Wohnraummietverhältnisses (§ 569 Abs. 4 BGB) oder für die außerordentliche Kündigung (§ 573d Abs. 1 BGB). 93

Sind die Kündigungsgründe hingegen erst **nachträglich** entstanden, ist bei der ordentlichen und der außerordentlichen befristeten Kündigung ein Nachschieben dieser Gründe möglich; eine erneute Kündigung muss nicht ausgesprochen werden, wie sich aus § 573 Abs. 3 Satz 2 BGB ergibt. Voraussetzung für das Nachschieben von Kündigungsgründen ist allerdings, dass die ursprünglich erklärte Kündigung wirksam war.[188] War die Kündigung auch aus formellen Gründen unwirksam, muss der Vermieter eine neue Kündigung aussprechen. 94

Ändert sich der zugrunde liegende Lebenssachverhalt nachträglich nur geringfügig oder stellt sich eine in der Kündigung ausgesprochene Tatsachenprognose später in einem für die rechtliche Beurteilung nicht wesentlichen Punkt als unzutreffend heraus, ist allein deshalb keine erneute Kündigung erforderlich. Vielmehr können solche Präzisierungen in der Klagebegründung nachgeholt werden.[189] 95

Die Beweislast dafür, dass die nachgeschobenen Gründe nachträglich entstanden sind, also eine erneute Kündigung nicht erforderlich ist, hat der Vermieter. 96

2. Form

Die Kündigung eines Mietverhältnisses ist auch **durch Klageerhebung** möglich.[190] Voraussetzung hierfür ist, dass mit hinreichender Deutlichkeit zu erkennen ist, dass die Klageschrift neben der Prozesshandlung auch ein materiell-rechtliche Willenserklärung enthalten und nicht lediglich der Durchsetzung einer bereits außerprozessual erklärten Kündigung dienen soll.[191] Die Rechtsprechung hat eine solche materiell-rechtliche Willenserklärung gesehen in substantiierten Ausführungen in der Klageschrift über fortlaufende unpünktliche Mietzahlungen und dem ausdrücklichen Hinweis darauf, dass diese Zahlungsweise einen Kündigungsgrund im Sinn von §§ 543 Abs. 1, 569 Abs. 2, 4 BGB darstellt.[192] An die Kündigungserklärungen sind daher keine übertrie- 97

---

[185] LG Gießen WuM 1994, 706.
[186] LG Mannheim WuM 1991, 686.
[187] BGH WuM 2003, 569, 572.
[188] Vgl. hierzu die Fallkonstellationen bei *Blank* in *Schmidt-Futterer* § 573 BGB Rdn. 250 ff.
[189] BVerfG WuM 2000, 232.
[190] BGH ZMR 1989, 59; BGH ZMR 1997, 280.
[191] BGH a. a. O.
[192] BGH ZMR 1997, 280.

benen Anforderungen zu stellen. Aus ihr muss sich lediglich ausreichend klar ergeben, dass es sich um eine vertragsbeendende Willenserklärung und nicht nur um prozessualen Vortrag handelt. Hierbei ist die Verwendung des Wortes „Kündigung" nicht erforderlich.[193] Die Anforderungen sind allerdings höher, wenn bereits vorprozessual gekündigt worden ist. Ein Wille des Vermieters zur Abgabe einer materiell-rechtlichen Willenserklärung ist in solchen Fällen nur dann anzunehmen, wenn er sich bei der Klageerhebung oder einer weiteren prozessualen Erklärung für seinen Räumungsanspruch auf neue Kündigungsgründe oder auf andere Umstände stützt, die die erneute Kündigung für den Fall, dass die erste Kündigung unwirksam gewesen sein sollte, von seinem Standpunkt aus als aussichtsreich erscheinen lassen.[194]

98 Wird die Kündigung im Laufe des Rechtsstreits durch einen prozessualen Schriftsatz erklärt, so ist die **Schriftform** des § 568 Abs. 1 BGB gewahrt, wenn dem Mieter eine vom Prozessbevollmächtigten des Vermieters selbst beglaubigte Abschrift des die Kündigung aussprechenden Schriftsatzes zugeht. Eine Unterschrift des Prozessbevollmächtigten unter der Abschrift ist neben oder statt der Unterschrift unter dem Beglaubigungsvermerk nicht erforderlich.[195]

99 § 174 BGB findet auf eine von einem Rechtsanwalt im Rahmen des gesetzlichen Umfangs seiner **Prozessvollmacht** abgegebene Erklärung keine Anwendung.[196] Die Prozessvollmacht ermächtigt den Bevollmächtigten zu allen den Rechtsstreit betreffenden Prozesshandlungen. Solche können auch materiell-rechtliche Willenserklärungen sein, wenn sie sich auf den Gegenstand des Rechtsstreits beziehen, weil sie zur Rechtsverfolgung innerhalb des Prozessziels dienen.[197] Der im Prozess im Rahmen der erteilten Prozessvollmacht ausgesprochenen Kündigung muss also keine Vollmacht beigelegt werden.

3. Erneute Räumungsklage

100 Wenn eine Klageänderung nicht sachdienlich ist, kann der Vermieter auf Grund der erneuten Kündigung eine neue Räumungsklage erheben. Die **Rechtskraft** des vorangegangenen Urteils steht dem nicht entgegen. Nach rechtskräftiger Abweisung einer Räumungsklage steht lediglich fest, dass im Zeitpunkt der letzten mündlichen Verhandlung ein Anspruch auf Räumung nicht bestand. Einer erneuten Klage, die auf eine neue Kündigung gestützt wird, steht die Rechtskraft des früheren Urteils grundsätzlich nicht entgegen.[198] Der Umfang der Rechtskraft eines klageabweisenden Urteils ergibt sich aus Tatbestand und Entscheidungsgründen einschließlich des Parteivorbringens, da sich aus der Urteilsformel allein Streitgegenstand und damit Inhalt und Umfang der getroffenen Entscheidung nicht notwendig erkennen lassen.[199] Ist also die Klage im Vorprozess nicht als unbegründet, sondern als derzeit unbegründet abgewiesen worden, wobei es unschädlich ist, wenn dies im Tenor der Entscheidung nicht zum Ausdruck gebracht wird, dann steht der Rechtskraft dieses Urteils einer erneuten Klage nicht entgegen. Vielmehr ist es mit Art. 14 Abs. 1 Satz 1 und Art. 2 Abs. 1 GG in Verbindung mit dem Rechtsstaatsprinzip unvereinbar, eine Räumungsklage, mit der geltend gemacht wird, das Mietverhältnis sei durch erneute Kündigung nunmehr beendet, durch Hinweis auf die Rechtskraft eines klageabweisenden Urteils in einem früheren Räumungsprozess abzuweisen.[200]

---

[193] OLG Rostock NZM 2003 25 (26).
[194] BGH WuM 2003, 569 (571).
[195] OLG Hamm NJW 1982, 452.
[196] BGH NZM 2003, 229.
[197] BGH a.a.O.
[198] BGH NZM 1998, 33.
[199] BGH NJW 1961, 917.
[200] BVerfG NZM 2004, 21.

101 Nicht entschieden ist allerdings höchstgerichtlich, ob der mit einer Räumungsklage rechtskräftig abgewiesene Vermieter mit gleicher Begründung erneut kündigen und die Räumung verlangen kann. Ist im Vorprozess die Kündigung aus materiell-rechtlichen, nicht formellen Gründen für unwirksam erachtet worden und ist seit dem Ausspruch der Kündigung keine Änderung der Sach- und Rechtslage eingetreten, fehlt einer erneuten Räumungsklage das **Rechtsschutzbedürfnis**, da die erneute Kündigung rechtsmissbräuchlich ist.[201] Wird z.B. eine erneute fristlose Kündigung darauf gestützt, dass das vertragswidrige Verhalten nach dem Zeitpunkt der letzten mündlichen Verhandlung des Vorprozesses fortgesetzt wurde, ist der Kläger mit diesem Vortrag im zweiten Prozess nicht ausgeschlossen, da sich die Unzumutbarkeit der Fortsetzung des Mietverhältnisses auch aus der Nachhaltigkeit des beanstandeten Verhaltens ergeben kann.[202] Bei einer ordentlichen, auf Eigenbedarf gestützten Kündigung eines Wohnraummietverhältnisses kann z.B. auch durch Zeitablauf der Bedarf dringlicher geworden sein. Dies muss in den Kündigungsgründen allerdings deutlich herausgearbeitet werden.

V. Sachvortrag des Mieters

102 So wie der Vermieter für die rechtsbegründenden Tatsachen die Darlegungs- und Beweislast hat, hat der Mieter die Darlegungs- und Beweislast für die **rechtshindernden, rechtsvernichtenden oder rechtshemmenden** Tatsachen.[203] Beruft sich der Mieter im Falle der Räumungsklage darauf, dass sich das Mietverhältnis stillschweigend gem. § 545 BGB verlängert hat, so hat er die Darlegung- und Beweislast dafür, dass er den Mietgebrauch nach Ablauf der Mietzeit fortgesetzt hat, der Vermieter wiederum dafür, dass er rechtzeitig widersprochen hat.

103 Stützt der Vermieter eine Räumungsklage darauf, dass ein Mietvertrag nicht zustande gekommen sei und wendet der Mieter ein, anlässlich von Renovierungsarbeiten, die er am Haus vorgenommen hat, sei ein **mündlicher Mietvertrag** mit der Abrede geschlossen worden, diese Renovierungsarbeiten mit der Miete zu verrechnen, ist dieser Sachvortrag ausreichend substantiiert. Die Angabe eines genauen Zeitpunkts des Abschlusses der Renovierungsvereinbarung überspannt die an die Substantiierung zu stellenden Anforderungen. Der Mieter hat seiner Darlegungslast genügt, da er Tatsachen vorgetragen hat, die in Verbindung mit einem Rechtssatz geeignet sind, das geltend gemachte Recht als in seiner Person entstanden erscheinen zu lassen. Da das Parteivorbringen diesen Substantiierungsanforderungen genügt hat, kann der Vortrag weiterer Einzelheiten nicht verlangt werden.[204]

104 Die Erklärungslast des Mieters gem. § 138 Abs. 2 ZPO zum Sachvortrag des Vermieters richtet sich danach, wie substantiiert der Vermieter seiner Darlegungslast genügt.[205] Fehlt es am schlüssigen Sachvortrag des Klägers überhaupt, besteht auch keine entsprechende Darlegungslast des Beklagten. In diesem Fall ist der Mieter nicht verpflichtet, substantiiert vorzutragen oder den Vortrag des Vermieters zu ergänzen oder zu erläutern[206] (eine Ausnahme gilt nur für den Fall der sekundären Behauptungslast, siehe Rdn. 108).

105 Ein **Bestreiten mit Nichtwissen** ist nur unter den Voraussetzungen des § 138 Abs. 4 ZPO möglich, also nur über Tatsachen, die weder eigene Handlungen der Par-

---

[201] *Blank* in *Schmidt-Futterer* § 542 BGB Rdn. 93.
[202] BGH NZM 1998, 31.
[203] *Reichhold* in *Thomas/Putzo* vor § 284 ZPO Rdn. 23.
[204] VerfGH München WuM 2005, 121.
[205] BGH NJW 1999, 1404f.
[206] *Greger* in *Zöller* § 138 ZPO Rdn. 8.

tei noch Gegenstand ihrer eigenen Wahrnehmung gewesen sind. Hieraus ergibt sich, dass § 138 Abs. 4 ZPO auf Tatsachen, für die die jeweilige Partei die Darlegungs- und Beweislast trägt, nicht anwendbar ist.[207]

106 Bezieht sich die Erklärung mit Nichtwissen auf eigene Handlungen und Wahrnehmungen, steht diese unzulässige Erklärung dem Nichtbestreiten nach § 138 Abs. 3 ZPO gleich.[208]

107 Andere Handlungen und Wahrnehmungen können mit Nichtwissen bestritten werden. Eine Verpflichtung zu näherer Substantiierung besteht in diesem Fall nicht. Die Anforderungen an die Substantiierungslast des Bestreitenden hängen davon ab, wie substantiiert der darlegungspflichtige Gegner vorgetragen hat. Bei einer Tatsachenbehauptung des darlegungspflichtigen Klägers genügt in der Regel das einfache Bestreiten des Beklagten.[209] Eine weitere Substantiierungspflicht der nicht darlegungsbelasteten Partei lässt sich nur aus dem Wechselspiel von Vortrag und Gegenvortrag bestimmen, wobei die Ergänzung und Aufgliederung des Sachvortrags bei hinreichendem Gegenvortrag immer zunächst Sache der darlegungs- und beweispflichtigen Partei ist.[210]

108 Nur dann darf sich eine Prozesspartei als Gegner der primär behauptungsbelasteten Partei nach dem zu § 138 Abs. 2 ZPO entwickelten Prinzip der sog. **„sekundären Behauptungslast"** nicht auf einfaches Bestreiten des Vortrags der primär behauptungsbelasteten Partei beschränken, wenn die darlegungspflichtige Partei außerhalb des von ihr darzulegenden Geschehensablauf steht und keine nähere Kenntnis der Tatsachen besitzt, während der Prozessgegner sie hat und ihm nähere Angaben zumutbar sind.[211] In diesem Fall kann im Rahmen des Zumutbaren vom Prozessgegner insbesondere das substantiierte Bestreiten einer negativen Tatsache unter Darlegung der für das Positivum sprechenden Tatsachen und Umstände verlangt werden.[212] Benennt der Kläger zahlreiche mögliche Indizien dafür, dass der Beklagte seinen Lebensmittelpunkt an einen anderen Ort verlagert und somit die Sachherrschaft über die streitgegenständliche Wohnung im Wesentlichen aufgegeben hat, genügt nach diesen Grundsätzen einfaches Bestreiten des Beklagten nicht. In diesem Fall hat der Beklagte substantiiert vorzutragen, z.B. konkrete Angaben zu Zeit und Dauer und Zweck der jeweiligen Aufenthalte in der Mietsache.[213] Kommt die Prozesspartei der sekundären Behauptungslast nicht nach, so gelten die Behauptungen des primär Darlegungspflichtigen (trotz eventuell mangelnder Substantiierung) als zugestanden im Sinne von § 138 Abs. 3 ZPO.[214]

109 In der Klageerwiderung des Mieters empfiehlt es sich, folgende **Reihenfolge** einzuhalten: Bestreiten (ggf. substantiiert) der klagebegründenden Behauptungen, dann Einwendungen und Einreden in folgender Reihenfolge:[215] rechtshindernd, rechtsvernichtend und rechtshemmend, sodann substantiierter Sachvortrag einer etwaigen Widerklage auf Fortsetzung[216] oder auf Feststellung des Fortbestandes des Mietvertrages.[217]

1. Ordentliche Kündigung von Wohnraummietverhältnissen

110 Der Vermieter hat die Darlegungs- und Beweislast für alle Tatbestandsvoraussetzungen, insbesondere auch für die Ernsthaftigkeit des Nutzungswunsches. Der Justizge-

---

[207] *Reichhold* in *Thomas/Putzo* § 139 ZPO Rdn. 19.
[208] *Reichhold* in *Thomas/Putzo* § 139 ZPO Rdn. 20.
[209] BGH NJW 1999, 1404 (1405).
[210] BGH a.a.O.
[211] BGH a.a.O.; vgl. auch LG München I WuM 2002, 378.
[212] BGH a.a.O.; vgl. auch BGH NZM 2005, 580, 581.
[213] LG München I a.a.O.
[214] LG München I a.a.O.
[215] *Reichhold* in *Thomas/Putzo* § 313 ZPO Rdn. 20.
[216] S. Rdn. 126.
[217] Siehe hierzu *Hannemann* in *Jendrek* C. I. 2.

V. Sachvortrag des Mieters

währleistungsanspruch umfasst eine umfassende tatsächliche und rechtliche Prüfung des Streitgegenstandes.[218] Dies gilt auch, insoweit **innere Tatsachen** vorgetragen werden (Selbstnutzungswunsch). Die Feststellung dieser Tatsachen ist jedenfalls in der Weise möglich, dass Umstände festgestellt werden, die nach der Lebenserfahrung auf das Vorhandensein der festzustellenden Tatsachen schließen lassen.[219] Zwar wird der Mieter einer Parteivernehmung des Vermieters, der den Eigenbedarf für sich selbst geltend macht, widersprechen. In diesem Fall muss der Vermieter **Indiztatsachen** darlegen und unter Beweis stellen, die einen Schluss auf die Absicht der Selbstnutzung zulassen. So können z. B. Zeugen vernommen werden, denen gegenüber der Vermieter seinen Wunsch zur Selbstnutzung geäußert hat. Der Mieter kann innere Tatsachen wie den Selbstnutzungswunsch grundsätzlich mit Nichtwissen bestreiten, § 138 Abs. 4 ZPO.[220] Zu den Indiztatsachen, die der Vermieter weiter vorträgt, hat der Mieter je nach Substantiierung des Vermieters entsprechend vorzutragen.

Bei der ordentlichen Kündigung von Wohnraum wegen schuldhafter nicht unerheblicher Pflichtverletzung hat der Vermieter die Darlegungs- und Beweislast für das Vorliegen der Kündigungsvoraussetzungen; soweit eine Abmahnung erforderlich war, hat der Vermieter ferner vorzutragen, dass die Vertragsverletzungen nach der Abmahnung angedauert haben. Da es sich hierbei oft um Vorgänge innerhalb der Wohnung des Mieters handelt, ist das Prinzip der **sekundären Behauptungslast** für den Mieter zu beachten. Trägt der Vermieter substantiiert z. B. Ruhestörungen an bestimmten Tagen mit Angabe von Uhrzeit und Ausmaß vor, hat der Mieter ebenso substantiiert zu jeder einzelnen Vertragsverletzung Stellung zu nehmen. **111**

Auch für das Vorliegen der Kündigungsvoraussetzung der Verhinderung der angemessenen wirtschaftlichen Verwertung hat der Vermieter die Darlegungs- und Beweislast. Hier wird sich der Mieter in der Regel auf Bestreiten beschränken können. Etwas anderes gilt, wenn der Vermieter vorträgt, dass eine Modernisierung/Sanierung auf Grund des Zustandes der Miträume erforderlich ist. Zu diesem Zustand hat der Mieter seinerseits substantiiert vorzutragen. **112**

2. Fristlose Kündigung von Wohnraummietverhältnissen

Wird die fristlose Kündigung auf Zahlungsverzug gestützt (§ 569 Abs. 3 BGB) gilt Folgendes: Der Vermieter hat die entsprechenden Zahlungsrückstände vorzutragen[221] Der Mieter hat die **Beweislast** dafür, dass er die Mieten jeweils pünktlich und vollständig bezahlt hat. Ausreichend ist, wenn der Mieter die Leistungshandlung (z. B. Erteilung eines Überweisungsauftrages) rechtzeitig vorgenommen hat.[222] Klauseln, wonach es für die Rechtzeitigkeit der Zahlung nicht auf die Absendung, sondern auf den Eingang des Geldes ankommt, sind zulässig.[223] Für die Beurteilung, ob ein Zahlungsverzug im Sinne von § 543 Abs. 2 Satz 1 Nr. 3 BGB vorliegt, ist auf den Eingang des Geldes abzustellen, wenn Rechtzeitigkeitsklauseln vereinbart sind.[224] **113**

Trägt der Mieter vor, dass der Mietrückstand vor Zugang der Kündigungserklärung beglichen worden ist, so muss er die **Rechtzeitigkeit der Zahlung** beweisen. Beruft sich der Mieter darauf, dass er innerhalb der Schonfrist gem. § 569 Abs. 3 Nr. 2 Satz 1 BGB bezahlt hat, ist umstritten, ob die Leistungshandlung ausreicht[225] oder ob auch **114**

---

[218] BVerfG ZMR 1993, 409 (411).
[219] BVerfG a. a. O.
[220] BVerfG a. a. O.
[221] Siehe oben 3 c, bb.
[222] *Blank* in *Schmidt-Futterer* § 569 BGB Rdn. 37.
[223] *Langenberg* in *Schmidt-Futterer* § 556 b BGB Rdn. 7.
[224] *Kossmann* § 73 Rdn. 9.
[225] So *Blank* in *Schmidt-Futterer* § 569 BGB Rdn. 37.

hier die Rechtzeitigkeitklausel wirksam ist.[226] Ist die Höhe der Miete streitig, hat der Vermieter hierfür die Beweislast. Beruft sich der Mieter auf ein Recht zur Minderung, muss er darlegen und beweisen, dass die Mietsache mangelhaft ist und dass er den Mangel angezeigt hat bzw. dass eine Anzeige aus anderen Gründen entbehrlich war. Bei einem Rechtsirrtum des Mieters über die Höhe der Minderung ist die Rechtsprechung großzügig.[227]

3. Geschäftsraummietverhältnisse

115   Hier bestehen hinsichtlich der Darlegungs- und Beweislast des Mieters keine Besonderheiten.

VI. Fortsetzungsantrag des Mieters

116   Bei Wohnraummietverhältnissen kann der Mieter gem. § 574 Abs. 1 BGB der ordentlichen Kündigung des Vermieters gem. § 573 BGB **widersprechen** und von ihm die Fortsetzung des Mietverhältnisses verlangen, wenn die Beendigung des Mietverhältnisses für den Mieter, seine Familie oder einen anderen Angehörigen seines Haushalts eine Härte bedeuten würde, die auch unter Würdigung der berechtigten Interessen des Vermieters nicht zu rechtfertigen ist. Form und Frist des Widerspruchs ist in § 574b BGB geregelt. Danach muss der Mieter schriftlich zwei Monate vor Beendigung des Mietverhältnisses widersprechen. Hat der Vermieter den Mieter nicht rechtzeitig vor Ablauf der Widerspruchsfrist auf diese Möglichkeit hingewiesen, so kann der Widerspruch noch im ersten Termin des Räumungsrechtsstreits erklärt werden.

117   Der Vermieter hat die Darlegungs- und Beweislast dafür, dass er den Mieter rechtzeitig auf die Möglichkeit, die **Form und die Frist des Widerspruchs** nach den §§ 574 bis 574b hingewiesen hat, § 568 Abs. 2 BGB. Im Falle des rechtzeitigen Hinweises hat der Mieter seinerseits die Darlegungs- und Beweislast dafür, dass er den Kündigungswiderspruch fristgerecht beim Vermieter eingelegt hat. Wird der Widerspruch verspätet eingelegt, so hat der Vermieter dies einredeweise vorzutragen,[228] andernfalls ist der Widerspruch zu berücksichtigen.

1. Anwendungsbereich

118   Die §§ 574 bis 574c BGB (Sozialklausel) gelten bei Mietverhältnissen über Wohnraum im Falle der ordentlichen oder außerordentlichen befristeten Kündigung. Die Sozialklausel gilt nicht, wenn ein Grund vorliegt, der den Vermieter zur außerordentlichen fristlosen Kündigung berechtigt, § 574 Abs. 1 Satz 2 BGB. Sie ist ferner nicht anwendbar, wenn der Mieter gekündigt hat. Die Bestimmungen gelten ferner nicht bei Wohnraummietverhältnissen gem. § 549 Abs. 2 Nr. 1 bis 3 BGB. In diesen Fällen hat der Vermieter die Darlegungs- und Beweislast dafür, dass es sich um Wohnraum gem. § 549 Abs. 2 Nr. 1 bis 3 BGB handelt. Bei funktionsgebundenen Werkmietwohnungen gem. § 576 Abs. 1 Nr. 2 BGB (z.B. Hausmeisterwohnung) gilt die Sozialklausel ebenfalls nicht, § 576a Abs. 2 Nr. 1 BGB. Ebenfalls gilt die Sozialklausel nicht, wenn der Mieter das Dienstverhältnis gelöst hat, ohne dass ihm von dem Dienstberechtigten gesetzlich begründeter Anlass dazu gegeben war oder der Mieter durch sein Verhalten dem Dienstberechtigten gesetzlich begründeten Anlass zur Auflösung des Dienstverhältnisses gegeben hat, § 576a Abs. 2 Nr. 2 BGB.

---

[226] So LG Heilbronn WuM 1992, 10.
[227] *Blank* in *Schmidt-Futterer* § 543 BGB Rdn. 96ff.
[228] *Blank* in *Schmidt-Futterer* § 574b BGB Rdn. 9.

VI. Fortsetzungsantrag des Mieters

Ebenfalls nicht anwendbar ist die Sozialklausel bei fristgerechter Beendigung eines **Zeitmietvertrages**. Wird jedoch ein Zeitmietvertrag vom Vermieter außerordentlich mit gesetzlicher Frist gekündigt, gelten die §§ 574 bis 574c BGB entsprechend mit der Maßgabe, dass die Fortsetzung des Mietverhältnisses höchstens bis zum vertraglich bestimmten Zeitpunkt der Beendigung verlangt werden kann, § 575a Abs. 2 BGB.

Bei **Mischmietverhältnissen** ist die Sozialklausel anwendbar, wenn Wohnraum überwiegt. Überwiegt der gewerbliche Anteil, ist die Sozialklausel auch dann nicht anwendbar, wenn Wohn- und Geschäftsraum räumlich getrennt sind.[229]

2. Voraussetzungen

Der Mieter muss form- und fristgerecht **Widerspruch** einlegen. Der Widerspruch muss nicht begründet werden. Dies kann aber zu Kostennachteilen führen: Wird die Klage auf Grund des Widerspruchs abgewiesen, kann das Gericht ganz oder teilweise die Kosten dem Mieter auferlegen, wenn dieser auf Verlangen des Vermieters nicht unverzüglich über die Gründe des Widerspruchs Auskunft erteilt hat, § 93b Abs. 2 Satz 1 ZPO. Als Gründe hat der Mieter nur die „Kerntatsachen" anzugeben (wie der Vermieter bei der Eigenbedarfskündigung). Aus dem Sachvortrag des Mieters muss sich das Interesse an der Vertragsfortsetzung ergeben.[230] Weitere Darlegungen können dann in der Klageerwiderung erfolgen.

Der Widerspruch ist dann wirksam, wenn die Beendigung des Mietverhältnisses für den Mieter oder seine Familie eine **unzumutbare Härte** bedeutet. Für das Vorliegen der Härtegründe hat der Mieter die Darlegungs- und Beweislast. Im Gesetz besonders hervorgehoben ist der Härtegrund, dass angemessener Ersatzwohnraum zu zumutbaren Bedingungen nicht beschafft werden kann, § 574 Abs. 2 BGB. Der Mieter hat eine Ersatzraumbeschaffungspflicht, die mit Zugang der Kündigung beginnt. An die Darlegungs- und Beweislast des Mieters stellt die Rechtsprechung hohe Anforderungen. Allgemeine Hinweise um Bemühungen um Ersatzwohnraum genügen nicht.[231] Vielmehr hat der Mieter die einzelnen Bemühungen konkret darzulegen (Zeitungsanzeigen, Bewerbung bei Wohnungsbaugesellschaften, Genossenschaften oder Maklern). Trägt der Mieter vor, dass er konkrete Vertragsverhandlungen geführt hat, muss er auch vortragen, warum es nicht zur Anmietung der Wohnung gekommen ist.[232]

Hohes Alter soll für sich allein noch keinen Härtegrund darstellen. In der Regel werden jedoch altersbedingte Krankheiten oder Gebrechen vorliegen, die zu einer unzumutbaren Härte führen. Gleiches gilt bei lang dauernden Mietverhältnissen und damit einhergehender Verwurzelung in einem bestimmten Wohngebiet. Auch hier ist konkreter Sachvortrag erforderlich, aus dem sich dies alles ergibt.

Eine Härte kann auch vorliegen, wenn der Mieter im Vertrauen auf ein lang dauerndes Mietverhältnis erhebliche **Investitionen** erbracht hat, zu denen er vertraglich nicht verpflichtet war.[233] Hier hat der Mieter darzulegen und zu beweisen, welche Investitionen er wann vorgenommen hat, wann diese Investitionen abgewohnt sind sowie ferner, warum er von einer langen Mietzeit ausgehen konnte, darüber hinaus Kenntnis und Einverständnis der Vermieters mit den Investitionen. Entscheidend ist, dass der Vermieter einen entsprechenden Vertrauenstatbestand geschaffen hat.[234]

---

[229] *Blank* in *Schmidt-Futterer* § 574 BGB Rdn. 4.
[230] *Blank* in *Schmidt-Futterer* § 574b BGB Rdn. 3.
[231] LG Bonn WuM 1992, 16.
[232] *Blank* in *Schmidt-Futterer* § 574 BGB Rdn. 35.
[233] *Blank* in *Schmidt-Futterer* § 574 BGB Rdn. 51.
[234] *Blank* a.a.O.

3. Fortsetzung nach Widerspruch

125 Ist der Widerspruch des Mieters begründet, kann er vom Vermieter verlangen, dass das Mietverhältnis solang fortgesetzt wird, wie dies unter Berücksichtigung aller Umstände angemessen ist. Ist dem Vermieter nicht zuzumuten, das Mietverhältnis zu den bisherigen Vertragsbedingungen fortzusetzen, so kann der Mieter nur verlangen, dass es unter einer **angemessenen Änderung der Bedingungen** fortgesetzt wird, § 574a Abs. 1 BGB. Die gesetzliche Bestimmung geht also davon aus, dass sich die Parteien vertragsweise über die Fortsetzung der Mietverhältnisses auf bestimmte oder unbestimmte Dauer mit entsprechenden Änderungen einigen. Eine solche Einigung geht der gerichtlichen Entscheidung gem. § 574a Abs. 2 BGB vor, kommt aber in der Praxis so gut wie nicht vor.[235]

4. Gerichtliches Verfahren

126 Kommt keine Einigung zustande, so werden die Fortsetzung des Mietverhältnisses, dessen Dauer sowie die Bedingungen, zu denen es fortgesetzt wird, durch **Urteil** bestimmt, § 574a Abs. 2 Satz 1 BGB. Ein Antrag des Mieters ist hierbei nicht erforderlich, § 308a ZPO. Der Mieter muss nur darlegen und beweisen, dass er rechtzeitig Widerspruch eingelegt hat und dass Härtegründe bestehen, die das Erlangungsinteresse des Vermieters überwiegen. Entgegen dem Wortlaut von § 574a Abs. 1 Satz 1 BGB ist also nicht erforderlich, dass der Mieter die Fortsetzung „verlangt".[236] Gleichwohl kann der Mieter einen Fortsetzungsantrag ebenso stellen wie Widerklage auf Fortsetzung des Mietverhältnisses erheben.[237]

127 Ist die Kündigung unwirksam, ist die Klage abzuweisen, auf das Vorliegen von Härtegründen kommt es nicht an. Ist die Kündigung wirksam und überwiegen die Härtegründe, ist die Klage ebenfalls abzuweisen und das Mietverhältnis auf bestimmte oder unbestimmte Zeit fortzusetzen. Das Gericht hat also über die Wirksamkeit der Kündigung zu entscheiden. Einer Fortsetzung nach § 574 BGB kommt nur in Betracht, wenn die Wirksamkeit der Kündigung vorher festgestellt wurde.[238]

128 Der Regelfall ist die **Fortsetzung auf bestimmte Zeit.** Der Zeitraum bestimmt sich danach, wann das Räumungshindernis entfällt. Ist ungewiss, wann voraussichtlich die Umstände wegfallen, auf Grund deren die Beendigung des Mietverhältnisses eine Härte bedeutet, kann das Mietverhältnis auf unbestimmte Zeit fortgesetzt werden, § 574a Abs. 2 Satz 2 BGB. Dies kann der Fall sein, wenn sich die Härtegründe z.B. eher noch verstärken oder der Wegfall unsicher ist.[239]

129 Der Vermieter hat darzulegen und ggf. zu beweisen, warum ihm die Fortsetzung des Mietverhältnisses zu den bisherigen Bedingungen nicht zumutbar ist. Dies ist z.B. der Fall, wenn die Miete unter der ortsüblichen Vergleichsmiete gem. Mietspiegel liegt, oder wenn die Bedingungen des Mietvertrages von den Bedingungen bei vergleichbaren Mietverhältnissen in der Gemeinde abweichen.[240]

130 Ist das Mietverhältnis durch Gestaltungsurteil auf bestimmte Zeit verlängert worden, so ist eine Kündigung des Vermieters nicht erforderlich. Vielmehr endet das Mietver-

---

[235] Vgl. dazu *Blank* in *Schmidt-Futterer* § 574a BGB Rdn. 8.
[236] *Reichhold* in *Thomas/Putzo* § 308a ZPO Rdn. 2.
[237] *Blank* in *Schmidt-Futterer* § 574a BGB Rdn. 18; *Reichhold* a.a.O.; *Vollkommer* in *Zöller* § 308a ZPO Rdn. 2; a.a.O. *Sternel* IV Rdn. 232. Muster einer Widerklage bei *Hannemann* in *Jendrek* C. I 3.
[238] LG München I WuM 2001, 561.
[239] LG Essen WuM 2000, 357: über 89 Jahre alte Mieterin, alleinlebend, zu 80% schwerbehindert, auf tägliche häusliche Pflege angewiesen, lange Wohndauer.
[240] *Blank* in *Schmidt-Futterer* § 574a BGB Rdn. 13; LG Hagen WuM 1991, 103.

hältnis mit Zeitablauf. Der Vermieter kann Räumung und Herausgabe verlangen und ggf. Räumungsklage erheben. Eine stillschweigende Verlängerung des Mietverhältnisses ist allerdings möglich, § 545 BGB ist anwendbar.[241]

5. Weitere Fortsetzung des Mietverhältnisses

a) § 574 c Abs. 1 BGB. Ist das Mietverhältnis durch Einigung der Parteien, § 574 a Abs. 1 BGB oder durch Urteil des Gerichts, § 574 a Abs. 2 BGB auf bestimmte Zeit fortgesetzt worden, kann der Mieter gem. § 574 c Abs. 1 weiterer Fortsetzungen verlangen. Für die Form und Frist dieses Fortsetzungsverlangens gelten die §§ 574, 574 b BGB.[242] Der Mieter muss also zwei Monate vor Beendigung der Fortsetzungszeit schriftlich **Widerspruch** einlegen. Der Vermieter seinerseits sollte den Mieter rechtzeitig vor Ablauf der Widerspruchsfrist auf die Möglichkeit des Widerspruchs sowie auf die Form und Frist hinweisen, § 574 b Abs. 2 Satz 2 BGB. Erfolgt dieser Hinweis nicht, kann der Mieter sein Fortsetzungsverlangen gem. § 574 c Abs. 1 BGB noch im ersten Termin des Räumungsrechtsstreits erklären. Mehrmalige Fortsetzungsanträge gem. § 574 b Abs. 1 BGB sind zulässig. Der Fortsetzungsantrag ist begründet, wenn dies durch eine wesentliche Änderung der Umstände gerechtfertigt ist oder wenn Umstände nicht eingetreten sind, deren vorgesehener Eintritt für die Zeitdauer der Fortsetzung bestimmend war. Der Mieter hat also im Verfahren darzulegen und zu beweisen, dass die Gründe für das besondere Fortsetzungsinteresse gegeben sind. Ausreichend ist es wie beim Widerspruch des Mieters gegen die Kündigung gem. § 574 BGB, wenn dieses besondere Fortsetzungsinteresse im Verfahren als Einrede geltend gemacht wird.[243]

Eine **wesentliche Änderung** liegt vor, wenn neue Härtegründe hinzugetreten sind oder sich bestehende Härtegründe wesentlich verschärft haben.

Umstände, die nicht eingetreten sind, können z. B. die geplante Anmietung von Ersatzwohnraum betreffen, die ohne Verschulden des Mieters nicht möglich geworden ist oder sich weiter verzögert hat. Der Rechtsgedanke des § 162 BGB ist zu beachten.[244] Der Mieter muss also nachweisen, dass er sich intensiv um Ersatzwohnraum gekümmert hat oder dass er sich bei Fortsetzung aus gesundheitlichen Gründen um eine entsprechende Heilbehandlung bemüht hat.

Bestimmt das Gericht durch Urteil die weitere Fortsetzung des Mietverhältnisses, kann der Vermieter, soweit die Voraussetzungen des § 574 a Abs. 1 Satz 2 BGB vorliegen, verlangen, dass das Mietverhältnis nur unter einer angemessenen **Änderung der Bedingungen** fortgesetzt wird.

b) § 574 c Abs. 2 BGB. § 574 c Abs. 2 BGB ist anwendbar, wenn das Mietverhältnis durch **Urteil** (also nicht durch Vereinbarung) auf unbestimmte Zeit fortgesetzt wurde. Haben sich die Umstände, die zu einer Fortsetzung auf unbestimmte Zeit geführt haben, nicht oder nur unwesentlich geändert, gilt § 574 c Abs. 2 Satz 1 BGB. Der Vermieter ist nicht gehindert, eine **erneute ordentliche** (§ 573 BGB) oder außerordentliche **Kündigung** mit gesetzlicher Frist auszusprechen. Der Mieter kann in diesem Fall der Kündigung **widersprechen** und Fortsetzung des Mietverhältnisses auf unbestimmte Zeit verlangen. § 574 b BGB gilt hier nicht. Gleichwohl empfiehlt es sich aus Beweisgründen, schriftlich Widerspruch einzulegen. Dieser Widerspruch ist noch bis zum letzten Termin zur mündlichen Verhandlung zulässig. Ausreichend ist, dass der Mieter erkennen lässt, dass er auf der weiteren Vertragsfortsetzung besteht. Der Antrag auf Klageabweisung soll hierfür ausreichend sein, da hierin ein Fortsetzungsverlangen

---

[241] Blank in *Schmidt-Futterer* § 574 c BGB Rdn. 4.
[242] Blank in *Schmidt-Futterer* § 574 c BGB Rdn. 10.
[243] Vgl. Rdn. 126.
[244] Blank in *Schmidt-Futterer* § 574 c BGB Rdn. 7.

zu sehen ist.[245] Zur Klarstellung empfiehlt sich jedoch ein entsprechender Widerspruch bzw. Fortsetzungsantrag. In der Regel wird eine erneute Kündigung des Vermieters ohne wesentliche Sachverhaltsänderung keine Aussicht auf Erfolg haben. Der Vermieter hat auch nicht das Recht, Fortsetzung zu geänderten Bedingungen zu verlangen. § 574a Abs. 2 Satz 1 BGB ist hier nicht anwendbar. Vielmehr wird das Gericht das Mietverhältnis wiederum auf unbestimmte Zeit fortsetzen.

136 § 574c Abs. 2 Satz 2 BGB regelt den Sachverhalt, dass eine **wesentliche Veränderung der Umstände** vorliegt, die für die Fortsetzung bestimmend gewesen waren. Der Vermieter hat hier also bereits in der Kündigung die wesentlichen Veränderungen darzulegen und im gerichtlichen Verfahren auch zu beweisen. Diese wesentlichen Veränderungen können sich zum einen aus der Sphäre des Vermieters ergeben, so z.B. neue Kündigungsgründe oder wesentliche Verstärkung der Bedarfssituation (z.B. Geburt eines weiteren Kindes, wenn die Kündigung auf Eigenbedarf wegen nicht ausreichender Wohnversorgung gestützt war.)

137 Die wesentliche Veränderung der Umstände kann sich auch durch den nachträglichen Wegfall oder eine erhebliche Verminderung der Härtegründe des Mieters ergeben. Auch hierfür hat der Vermieter in der Kündigung vorzutragen, § 574 Abs. 3 BGB. § 574b Abs. 2 Satz 2 BGB ist anwendbar, es empfiehlt sich also, dass der Vermieter den Mieter auch über die Möglichkeit des Widerspruchs entsprechend belehrt.

138 Kann der Vermieter darlegen und beweisen, dass eine wesentliche Veränderung der Umstände eingetreten ist, so hat der Mieter seinerseits darzulegen und zu beweisen, dass die Beendigung des Mietverhältnisses für ihn eine unzumutbare Härte gem. § 574 BGB darstellen würde. Das Gericht hat dann eine völlig **neue Interessenabwägung** gem. § 574 BGB vorzunehmen.[246] Das Gericht kann also zur Räumung verurteilen oder das Mietverhältnis auf bestimmte oder unbestimmte Zeit fortsetzen. § 574c Abs. 2 BGB enthält im Gegensatz zu § 574c Abs. 1 BGB keinen Verweis auf § 574a BGB. Eine Fortsetzung zu geänderten Bedingungen soll daher nicht möglich sein.[247] Sachgerechter wäre allerdings eine entsprechende Anwendung des § 574a Abs. 1 Satz 2 BGB, da die Interessenlage durch die Verweisung auf § 574 BGB die gleiche ist.

139 Auch hier findet der Rechtsgedanke des § 162 BGB Anwendung.

VII. Räumungsfrist

140 Gem. § 721 ZPO kann dem Mieter auf Antrag oder von Amts wegen eine angemessene Räumungsfrist gewährt werden.

1. Anwendungsbereich

141 Es muss sich um ein Mietverhältnis über **Wohnraum** handeln. § 721 Abs. 1 bis Abs. 6 ZPO gilt nicht für Mietverhältnisse über Wohnraum im Sinne des § 549 Abs. 2 Nr. 3 BGB, also bei Wohnraum, den eine juristische Person des öffentlichen Rechts oder ein anerkannter privater Träger der Wohlfahrtspflege angemietet hat, um ihn Personen mit dringendem Wohnungsbedarf zu überlassen, wenn sie den Mieter bei Vertragsschluss auf die Zweckbestimmung des Wohnraums und die Ausnahme von den genannten Vorschriften hingewiesen hat.

142 Die Bestimmungen sind auch bei einem **Zeitmietvertrag** gem. § 575 BGB nur eingeschränkt anwendbar. Bei Beendigung des Mietverhältnisses zu der vertraglich vereinbarten Zeit kann der Mieter keine Räumungsfrist beantragen. Endet jedoch das

---

[245] *Blank* in *Schmidt-Futterer* § 574c BGB Rdn. 17.
[246] *Weidenkaff* in *Palandt* § 574c BGB Rdn. 9.
[247] *Blank* in *Schmidt-Futterer* § 574c BGB Rdn. 18.

VII. Räumungsfrist 143–151 **2. Kap.**

Mietverhältnis vor Ablauf der vertraglich vereinbarten Zeit durch außerordentliche Kündigung, kann eine Räumungsfrist höchstens bis zum vertraglich bestimmten Zeitpunkt der Beendigung gewährt werden, § 721 Abs. 7 Satz 2 ZPO.

§ 721 ZPO ist nur bei **Räumungsurteilen** anwendbar, nicht bei anderen Räumungstiteln, z. B. Zuschlagsbeschluss.[248] Da hierin eine Schlechterstellung von Räumungsschuldnern nach dem ZVG gesehen wird, soll in diesen Fällen durch großzügige Anwendung der Vollstreckungsschutzbestimmung gem. § 765a ZPO Abhilfe geschaffen werden.[249] 143

Überwiegt bei **Mischmietverhältnissen** der Wohnraumanteil, kann für das gesamte Mietverhältnis Räumungsfrist gewährt werden. Überwiegt Geschäftsraum, kann gleichwohl für den Wohnraum Räumungsfrist gewährt werden, wenn die getrennte Rückgabe der Wohnräume einerseits und der Geschäftsräume andererseits tatsächlich möglich, wirtschaftlich sinnvoll und dem Vermieter zumutbar ist.[250] 144

Der **gewerbliche Zwischenmieter** kann keine Räumungsfrist gem. § 721 ZPO beantragen, da es sich hier um ein Geschäftsraummietverhältnis handelt. Der Endmieter hingegen, der vom Vermieter direkt auf Räumung in Anspruch genommen wird, kann Räumungsfrist beantragen.[251] 145

Für Räumungsvergleiche gilt die Bestimmung des § 794a ZPO (siehe Rdn. 189). 146

2. Räumungsfrist gem. § 721 Abs. 1 ZPO

Die Räumungsfrist ist auf **Antrag oder von Amts** wegen zu gewähren, § 721 Abs. 1 Satz 1 ZPO. Der Antrag ist vor dem Schluss der mündlichen Verhandlung zu stellen, auf die das Urteil ergeht, § 721 Abs. 1 Satz 2 ZPO. Die Räumungsfrist kann auch vom Berufungsgericht gewährt werden. Der Antrag muss keine bestimmte Räumungsfrist beinhalten, ausreichend ist, angemessene Räumungsfrist zu beantragen.[252] 147

Von Amts wegen entscheidet das Gericht nur dann über die Gewährung einer Räumungsfrist, wenn tatsächliche Anhaltspunkte vorgetragen werden, wonach der Mieter eine Räumungsfrist wünscht oder benötigt.[253] Es empfiehlt sich daher für den Mieter ausdrückliche Antragstellung. 148

Ist der Antrag bei der Entscheidung übergangen, kann gem. § 721 Abs. 1 Satz 3 ZPO **Urteilsergänzung** gem. § 321 ZPO beantragt werden. Die Urteilsergänzung ist binnen zwei Wochen zu beantragen. Wiedereinsetzung ist nicht möglich, da es sich hierbei um keine Notfrist handelt. Ist der Antrag in den Gründen des Urteils erörtert worden, eine Räumungsfrist aber nicht gewährt worden, so kann eine Ergänzung des Urteils nicht vorgenommen werden.[254] Vielmehr hat der Mieter in diesem Fall sofortige Beschwerde gem. § 721 Abs. 6 Nr. 1 ZPO einzulegen. 149

Ist der Antrag bei der Entscheidung übergangen, kann das Gericht bis zur Entscheidung auf Antrag die Zwangsvollstreckung wegen des Räumungsanspruchs gem. §§ 719, 707 ZPO einstweilen einstellen. 150

Hat der Mieter keinen Antrag auf Räumungsfrist gestellt, und unterlässt das Gericht die Entscheidung über die Gewährung einer Räumungsfrist von Amts wegen, ist eine Urteilsergänzung auf Grund des Wortlauts des § 721 Abs. 1 Satz 3 ZPO nicht mög- 151

---

[248] H. M., vgl. die Nachweise bei *Blank* in *Schmidt-Futterer* Anh. 1 zu §§ 574–574c BGB Rdn. 8.
[249] LG Kiel NJW 1992, 1174.
[250] LG Mannheim ZMR 1993, 79; LG Hamburg NJW-RR 1993, 662.
[251] LG Stuttgart NJW-RR 1990, 654.
[252] Vgl. das Muster bei *Franke* in *Jendrek* D I.
[253] *Blank* in *Schmidt-Futterer* Anh 1 zu §§ 574–574c BGB Rdn. 27; a. A. LG Berlin WuM 1994, 385: eine Entscheidung zur Räumungsfrist im Tenor oder in den Gründen des Urteils ist immer erforderlich.
[254] *Stöber* in *Zöller* § 721 ZPO Rdn. 7.

lich.[255] Fehlt es in einem auf Räumung gerichteten und mittels Einspruch angefochtenen Versäumnisurteil an einer Entscheidung bezüglich einer Räumungsfrist, kann diese Entscheidung vom Amtsgericht nicht im Beschlussweg nachgeholt werden.[256]

152 Nach rechtskräftiger Verurteilung zur Räumung kann dem Mieter eine Räumungsfrist auch dann nicht gewährt werden, wenn die maßgeblichen Umstände für die Gewährung einer solchen Frist erst nach Schluss der mündlichen Verhandlung entstanden sind. In einem solchen Fall kommt nur **Vollstreckungsschutz** gem. § 765a ZPO in Betracht.[257]

153 Die Gewährung oder Versagung der Räumungsfrist liegt im **Ermessen** des Gerichts. Das Gericht hat hierbei eine Interessenabwägung vorzunehmen.[258] Hierbei sind sämtliche Umstände, die für und gegen die Gewährung einer Räumungsfrist und ihre kürzere oder längere Dauer sprechen, angemessen zu berücksichtigen. § 721 ZPO stellt eine prozessuale Schutzvorschrift für den Mieter dar. Nicht geschützt ist dagegen das öffentliche Interesse an der Vermeidung von Obdachlosigkeit.[259] Das Gericht hat nicht von Amts wegen zu ermitteln. Der Mieter, der die Räumungsfrist beantragt, hat also entsprechend vorzutragen, ebenso der Vermieter, der sich gegen die Gewährung der Räumungsfrist wendet. Gegen die Gewährung einer Räumungsfrist sprechen insbesondere schuldhafte Vertragsverletzungen erheblicher Art, z.B. fortgesetzte Ruhestörungen, Tätlichkeiten gegenüber Mitmietern oder dem Vermieter. Allerdings ist auch in solchen Fällen schon Räumungsfrist gewährt worden.[260]

154 Hauptgrund für die Gewährung wird idR sein, dass **kein Ersatzwohnraum** zur Verfügung steht. Teilweise wird die Ansicht vertreten, dass sich der Mieter ab Zugang der Kündigung auf Ersatzraumsuche begeben muss.[261] Überwiegend wird allerdings angenommen, dass diese Pflicht des Mieters erst dann eintritt, wenn der Mieter erkennen kann, dass seine Rechtsverteidigung gegenüber der Wirksamkeit der Kündigung nicht Erfolg versprechend ist.[262]

155 Der Mieter hat die Darlegungs- und Beweislast für die **erfolglosen Bemühungen** um Ersatzwohnraum. Allgemeine Hinweise auf den schwierigen Wohnungsmarkt reichen nicht aus.[263] Umstritten ist, ob die Gewährung der Räumungsfrist deshalb abgelehnt werden kann, weil auch in naher Zukunft kein Ersatzwohnraum zur Verfügung steht.[264] Da die Bewilligung der Räumungsfrist dazu dient, vorübergehende Schwierigkeiten bei der Ersatzwohnraumsuche zu beheben, nicht jedoch einen Dauerzustand zu schaffen, wird hier die Gewährung einer Räumungsfrist nicht in Frage kommen. Es ist in solchen Fällen Aufgabe der Ordnungsbehörde, anderweitige Unterbringungsmöglichkeiten zu schaffen.[265]

156 Bei der Gewährung der Räumungsfrist sind die sozialen und wirtschaftlichen Belange des Mieters zu berücksichtigen (Ausländer, kinderreiche Familie, Alleinerziehende). Die Anforderung an die **Darlegungslast** wird für solche am Markt benachteiligten Gruppen bei angespannter Lage auf dem Wohnungsmarkt von der Rechtsprechung erheblich her-

---

[255] LG Rostock NZM 2002, 213.
[256] LG Rostock a.a.O.
[257] LG Darmstadt NZM 2000, 376.
[258] OLG Hamm, NJW-RR 1995, 526.
[259] *Blank* in *Schmidt-Futterer* Anh. 1 zu §§ 574–574c BGB Rdn. 1; **a.A.** LG Berlin ZMR 2001, 189; LG Regensburg WuM 1991, 359; *Belz* in *Bub/Treier* VII Rdn. 30.
[260] LG Hamburg WuM 1994, 219.
[261] LG Aachen WuM 1985, 265; LG Stuttgart WuM 1990, 20.
[262] *Blank* in *Schmidt-Futterer* Anh 1 zu §§ 574–574c BGB Rdn. 12 m.w.N.
[263] *Sternel* Mietrecht aktuell Rdn. 1259.
[264] Für Räumungsfrist: LG Mannheim WuM 1990, 307; gegen Räumungsfrist: LG Mönchengladbach ZMR 1990, 463.
[265] LG Mönchengladbach a.a.O.

VII. Räumungsfrist

abgesenkt.²⁶⁶ So soll die Obliegenheit zur Ersatzraumsuche einer von Sozialhilfe lebenden ausländischen Mieterin mit einem Kleinkind und einem Säugling dann erfüllt sein, wenn sich die Mieterin mit der Wohnungsbehörde in Verbindung setzt.²⁶⁷ Zumindest wird man in solchen Fällen allerdings verlangen können, dass der Mieter den Kontakt mit der Behörde nicht abreißen lässt und auch die erforderlichen Unterlagen beibringt.

Hohes Lebensalter führt erfahrungsgemäß zu eingeschränkter – auch sozialer Beweglichkeit und ist daher zu berücksichtigen, ebenso Krankheit oder außergewöhnlich starke berufliche Belastung gerade zum Zeitpunkt der Beendigung des Mietverhältnisses (Examen, Promotion). **157**

Ebenso ist eine Räumungsfrist zu gewähren, wenn **Ersatzwohnraum** in absehbarer Zeit nach Beendigung des Mietverhältnisses zu Verfügung steht.²⁶⁸ Problematisch sind die Fälle, in denen der Mieter eine Räumungsfrist mit der Begründung beantragt, dass er derzeit am Bau eines Hauses ist, welches er selbst beziehen will. Ist die Bezugsfertigkeit nachweislich in absehbarer Zeit gegeben, kann Räumungsfrist gewährt werden.²⁶⁹ Erfahrungsgemäß kann sich ein solcher Bau geraume Zeit hinziehen. In solchen Fällen ist der Mieter verpflichtet, sich Ersatzwohnraum bis zur Bezugsfertigkeit zu beschaffen.²⁷⁰ **158**

Zwar sollen **Mietrückstände** aus zurückliegender Zeit der Gewährung einer Räumungsfrist nicht entgegenstehen.²⁷¹ Dies kann jedoch nur für den Fall gelten, dass sichergestellt ist, dass der Schuldner oder ein Dritter, z. B. eine öffentliche Stelle, die jeweils fällige Nutzungsentschädigung bezahlt.²⁷² Darlegungs- und beweispflichtig hierfür ist der Mieter. Kann der Mieter die künftigen Nutzungsentschädigungen nicht bezahlen, kommt die Gewährung einer Räumungsfrist nicht in Betracht. Die Darlegungs- und Beweislast hierfür liegt beim Vermieter. Ausreichend hierfür ist aber der Umstand, dass dem Mieter wegen Zahlungsverzug gekündigt wurde und er die rückständigen Mieten sowie die bereits fälligen Nutzungsentschädigungen nicht bezahlt hat. In einem solchen Fall kann keine Räumungsfrist gewährt werden.²⁷³ Umstritten ist, ob die Räumungsfrist unter Auflagen gewährt werden kann z. B., dass Räumungsfrist bis ... bewilligt wird, der Gläubiger jedoch die Zwangsvollstreckung aus dem Räumungstitel betreiben kann, wenn der Schuldner die jeweilige monatliche Nutzungsentschädigung nicht bis zum 3. Werktag eines Monats zahlt. Dies wird teilweise mit der Begründung angenommen, dass die Gewährung der Frist unter Auflagen oder Bedingungen einer teilweisen Abweisung des Antrags gleich steht. Dem Gericht würde hier ein sachbezogenes Gestaltungsermessen zustehen.²⁷⁴ Dies wird von der Gegenmeinung deshalb abgelehnt, weil hierfür eine gesetzliche Grundlage fehlt; das Gericht ist zu einer Änderung der Nutzungsbedingungen nicht befugt, die Möglichkeit der Verkürzung ergibt sich allein aus § 721 Abs. 3 ZPO.²⁷⁵ Gründe der Prozessökonomie sprechen allerdings für die Zulässigkeit von Auflagen. Die Entscheidung über einen Verkürzungsantrag gem. § 721 Abs. 3 ZPO dauert i. d. R. länger als die im Streit stehende Räumungsfrist. **159**

---

²⁶⁶ Vgl. *Sternel* Mietrecht aktuell Rdn. 1259.
²⁶⁷ LG Mannheim ZMR 1993, 79.
²⁶⁸ LG Mannheim NJW 1964, 2307.
²⁶⁹ LG Heidelberg WuM 1995, 661.
²⁷⁰ LG Verden WuM 1992, 637.
²⁷¹ LG Berlin ZMR 2001, 189.
²⁷² **A. A.** LG Berlin ZMR 2001, 189: Räumungsfrist von mindestens sechs Wochen, um Obdachlosigkeit des Mieters zu vermeiden.
²⁷³ LG Düsseldorf DWW 1993, 103.
²⁷⁴ LG Hamburg WuM 1990, 216; *Belz* in *Bub/Treier* VII Rdn. 30.
²⁷⁵ *Blank* in *Schmidt-Futterer* Anh 1 zu §§ 574–574c BGB Rdn. 36.

160 Ein allgemeiner Grundsatz, wonach das vorübergehende Bestandinteresse des Mieters den Vorrang vor dem Erlangungsinteresse des Vermieters hat, besteht nicht.[276] Hat der Vermieter dargelegt und bewiesen, dass er selbst oder die Bedarfsperson dringend auf die Wohnung angewiesen ist, ist dies bei der Entscheidung über die Räumungsfrist zu seinen Gunsten zu berücksichtigen. Bei Gleichwertigkeit der Interessen gehen die Belange des Vermieters vor.[277] Nicht zu Gunsten des Vermieters soll berücksichtigt werden können, dass der Vermieter bereits weiter vermietet hat, jedenfalls in Gebieten mit Wohnungsmangel.[278] Etwas anderes gilt allerdings, wenn der Mieter selbst gekündigt hat oder wenn der Mieter einen pünktlichen Auszug zugesichert hat.[279]

161 Das Gericht entscheidet durch **Urteil.** Aus Gründen der Klarheit ist das Ende der Räumungsfrist kalendermäßig anzugeben. Die Räumungsfrist darf insgesamt nicht mehr als ein Jahr betragen, sie rechnet sich vom Tage der Rechtskraft des Urteils, § 721 Abs. 5 ZPO.

162 Bei der unselbständigen Räumungsfristentscheidung im Urteil entstehen keine weiteren Kosten. Zu beachten ist § 93b Abs. 3 ZPO: Erkennt der Beklagte den Anspruch auf Räumung von Wohnraum sofort an, wird ihm jedoch eine Räumungsfrist bewilligt, kann das Gericht die Kosten ganz oder teilweise dem Kläger auferlegen, wenn der Beklagte bereits vor Erhebung der Klage unter Angabe von Gründen die Fortsetzung des Mietverhältnisses oder eine den Umständen nach angemessene Räumungsfrist vom Kläger vergeblich begehrt hatte.

3. Räumungsfrist nach § 721 Abs. 2 ZPO (Künftige Räumung)

163 Hat das Gericht (z.B. auf Grund eines Widerspruchs des Mieters gegen die Kündigung) auf künftige Räumung gem. § 259 ZPO erkannt und ist über eine Räumungsfrist noch nicht entschieden, auch nicht ablehnend in den Gründen, kann dem Schuldner eine dem Umständen nach angemessene Räumungsfrist gewährt werden, wenn er spätestens **2 Wochen** vor dem Tage an, an dem nach dem Urteil zu räumen ist einen Antrag stellt. Die Frist berechnet sich gem. § 222 Abs. 1 ZPO gem. den §§ 186–193 BGB. Umstritten ist, ob bei der Fristberechnung § 222 Abs. 2 ZPO anwendbar ist.[280] Nach dieser Bestimmung endet die Frist mit Ablauf des nächsten Werktages, wenn das Fristende auf einen Sonntag, einen allgemeinen Feiertag oder einen Samstag fällt. Zu Recht wird darauf hingewiesen,[281] dass die Anwendung der §§ 222 Abs. 1 ZPO in Verbindung mit § 193 BGB zum selben Ergebnis führt. Fällt der Rückgabetermin (z.B. Räumung am Sonntag, den 30. 6.) auf einen Samstag, Sonntag oder einen staatlich anerkannten Feiertag, verschiebt sich die Fälligkeit des Rückgabeanspruchs auf den nächsten Werktag.[282] Dann ist es ausreichend, wenn der Antrag 2 Wochen vor diesem Tag bei Gericht eingeht.

164 Die Frist von 2 Wochen gem. § 721 Abs. 2 ZPO ist eine Ausschlussfrist. Die Einhaltung der Frist ist von Amts wegen zu überprüfen. Bei unverschuldetem Fristversäumnis kann gem. § 721 Abs. 2 Satz 2 ZPO Wiedereinsetzung in den vorigen Stand gem. §§ 233–238 ZPO beantragt werden.

---

[276] *Blank* a.a.O. Rdn. 11; **a. A.** LG Hamburg WuM 1990, 216.
[277] *Blank* in *Schmidt-Futterer* nach §§ 574–574c BGB, Rdn. 25.
[278] LG Kassel WuM 1989, 443.
[279] *Blank* a.a.O. Rdn. 26.
[280] Für die Anwendbarkeit: *Stöber* in *Zöller* § 721 ZPO Rdn. 8; *Blank* in *Schmidt-Futterer* Anh. 1 zu §§ 574–574c BGB. Rdn. 43; dagegen *Putzo* in *Thomas/Putzo* § 721 ZPO Rdn. 5; LG München I WuM 1980, 247; LG Berlin ZMR 1992, 324.
[281] *Blank* a.a.O.
[282] OLG Hamm WuM 1981, 40.

VII. Räumungsfrist   165–175 2. Kap.

Gem. § 721 Abs. 4 entscheidet über den Antrag das Gericht 1. Instanz. Ist die Sache **165** in der Berufungsinstanz anhängig, entscheidet das Berufungsgericht. Ist die Sache beim Revisionsgericht anhängig, ist der Antrag an das Amtsgericht zu stellen.[283]

Das Gericht entscheidet durch Beschluss, § 721 Abs. 4 Satz 2 ZPO. Vor der Ent- **166** scheidung ist der Gegner zu hören, § 721 Abs. 4 Satz 3 ZPO.

Ist aus Zeitgründen, oder weil der Gegner noch zu hören ist, eine Entscheidung vor **167** dem Räumungstermin nicht möglich, kann die Zwangsvollstreckung durch **einstweilige Anordnung** gem. § 721 Abs. 4 Satz 4 in Verbindung mit § 732 Abs. 2 ZPO einstweilen eingestellt werden. Ein Antrag ist hierfür nicht erforderlich.

Die Räumungsfrist darf insgesamt ein Jahr nicht übersteigen, die Jahresfrist rechnet **168** ab dem im Urteil genannten Räumungstermin, § 721 Abs. 5 Satz 2 ZPO.

4. Verlängerung oder Verkürzung der Räumungsfrist gem. § 721 Abs. 3 ZPO

Auf Antrag kann die Räumungsfrist verlängert oder verkürzt werden. Der Antrag **169** auf Verlängerung ist spätestens 2 Wochen vor Ablauf der Räumungsfrist zu stellen. Die Bestimmung ist nur anwendbar, wenn vom Gericht bereit eine Räumungsfrist gewährt wurde. Zur Fristberechnung wird auf die Ausführungen unter Rdn. 163 verwiesen. Auch hier ist ein Antrag auf Wiedereinsetzung zulässig. Der Antrag ist an das Gericht 1. Instanz bzw., solange die Sache in der Berufungsinstanz anhängig ist, an das Berufungsgericht zu richten. Auch hier ergeht die Entscheidung durch Beschluss, der Gegner ist vorher zu hören. Auch hier sind einstweilige Anordnungen möglich.

Der Räumungsschuldner hat vorzutragen, warum trotz der bereits gewährten Räu- **170** mungsfrist seine Bemühungen um Ersatzwohnraum erfolglos waren. Hierzu hat er konkreten Sachvortrag über Art und Umfang der Ersatzraumsuche zu machen, insbesondere auch warum die Anmietung gescheitert ist.[284]

Hat der Schuldner **Ersatzwohnraum** gefunden, ist i. d. R. zur Vermeidung eines **171** Zwischenumzuges eine weitere Räumungsfrist zu gewähren.[285] Dies soll auch gelten, wenn Ersatzwohnraum binnen 3 Monaten voraussichtlich erlangt werden kann.[286]

Auch hier sind bei der Interessenabwägung die Interessen des Gläubigers zu berück- **172** sichtigen.

Der Antrag auf **Verkürzung** der Frist ist jederzeit während des Laufs der Räu- **173** mungsfrist möglich. Der Gläubiger hat die Darlegungs- und Beweislast für die Umstände, die zu einer Verkürzung der Räumungsfrist führen sollen. Eine Verkürzung kommt z. B. in Betracht, wenn der Schuldner weiterhin erheblich seine vertraglichen Verpflichtungen verletzt (z. B. weitere Ruhestörungen, Zahlungseinstellung).[287] Auch in der Person des Gläubigers können Umstände eintreten, die zu einer Verkürzung der Räumungsfrist führen können, so z. B. erhöhte Dringlichkeit des Bedarfs.[288]

Das Gericht entscheidet im Beschluss über die Kosten gem. §§ 91 ff. ZPO.[289] **174**

5. Höchstdauer der Räumungsfrist, § 721 Abs. 5 ZPO

Die Räumungsfrist darf insgesamt nicht mehr als **1 Jahr** betragen. Die Jahresfrist **175** rechnet sich gem. § 721 Abs. 5 Satz 2 ZPO vom Tage der Rechtskraft des Urteils

---

[283] BGH NJW 1990, 2823.
[284] LG Mannheim WuM 1993, 62.
[285] LG Waldshut-Tingen WuM 1996, 53.
[286] LG Münster WuM 1993, 62.
[287] AG München ZMR 1986, 295.
[288] *Blank* in *Schmidt-Futterer* Anh. 1 zu §§ 574–574 c BGB Rdn. 57.
[289] So die h. M. vgl. *Stöber* in *Zöller* in § 721 ZPO Rdn. 15 m. w. N.; a. A. LG München I WuM 1982, 81: Kosten der Zwangsvollstreckung gem. § 788 ZPO, die dem Schuldner aufzuerlegen sind.

oder, wenn nach einem Urteil auf künftige Räumung an einen späteren Tag zu räumen ist, von diesem Tage an.

176 Bei **Zeitmietverträgen** kann Räumungsfrist nur bis zum vertraglich vereinbarten Endzeitpunkt gewährt werden, § 721 Abs. 5 Satz 2 ZPO.

177 Gewährt das Amtsgericht eine Räumungsfrist und wird gegen das amtsgerichtliche Urteil Berufung eingelegt, so wird die Rechtskraft gehemmt, § 705 Satz 2 ZPO. Urteile des Landgerichts werden mit dem Ablauf der Revisionsfrist rechtskräftig. Eine vom Amtsgericht gewährte Räumungsfrist wird daher bei der Berechnung der Jahresfrist nicht mitgezählt.[290] Hierzu ein Beispiel:[291] Urteilsverkündung des Amtsgerichts: 1. 6. 2004; vom Amtsgericht gewährte Räumungsfrist bis 30. 9. 2004; Verkündung der landgerichtlichen Entscheidung: 10. 2. 2005; Höchstdauer der landgerichtlichen Räumungsfrist: 10. 3. 2006.

6. Wirkung der Räumungsfrist

178 Der Gläubiger kann die Zwangsvollstreckung nicht betreiben, § 751 Abs. 1 ZPO. Die Gewährung der Räumungsfrist ändert nichts daran, dass das Mietverhältnis beendet ist. Der Mieter ist zur Zahlung einer **Nutzungsentschädigung** gem. § 546a Abs. 1 BGB verpflichtet. Eine Vorenthaltung der Mietsache liegt auch dann vor, wenn der Vermieter im Räumungsfristverlängerungsverfahren der Gewährung der Räumungsfrist nicht entgegen getreten ist.[292] Bei Vorenthaltung kann der Vermieter statt der Entschädigung in Höhe der bisherigen Miete eine solche in Höhe der Miete verlangen, die für vergleichbare Räume ortsüblich ist. Die Geltendmachung einer höheren Nutzungsentschädigung erfolgt durch einseitige, empfangsbedürftige Willenserklärung. Die höhere Nutzungsentschädigung kann auch für die zurückliegende Zeit der Vorenthaltung gefordert werden.[293] Einen weiteren Schaden kann der Vermieter bei Wohnraummietverhältnissen nicht verlangen, § 571 Abs. 2 BGB.

179 Da das Mietverhältnis beendet ist, kann der Mieter auch vor Ablauf der Räumungsfrist räumen. Damit entfällt seine Verpflichtung zur Zahlung der Nutzungsentschädigung. Der Mieter hat allerdings eine nachvertragliche Verpflichtung, die Räumung rechtzeitig, d.h. mindestens 14 Tage vor Auszug mitzuteilen. Verletzt der Mieter diese Verpflichtung, so haftet er nach §§ 241 Abs. 2, 280 Abs. 1 BGB dann für den **Mietausfall,** wenn dem Vermieter tatsächlich ein Schaden entstanden ist, d.h., wenn der Vermieter bei rechtzeitiger Ankündigung nahtlos hätte weiter vermieten können.[294] Der Vermieter hat die Darlegungs- und Beweislast für seinen Schadensersatzanspruch.

180 Zu einer **stillschweigenden Verlängerung** des Mietverhältnisses gem. § 545 BGB kommt es nach Ende der Räumungsfrist nicht, wenn der Mieter nicht räumt, da, wie ausgeführt, das Mietverhältnis rechtlich beendet ist und § 545 BGB daher nicht anwendbar ist. Auch kann grundsätzlich nicht vom Neuabschluss des Mietvertrages durch konkludentes Handeln ausgegangen werden, wenn der Mieter nach Ablauf der Räumungsfrist die Nutzungsentschädigung weiter zahlt und der Vermieter die Zwangsräumung nicht sofort betreibt. Längeres Zuwarten kann allerdings je nach den Umständen des Einzelfalls zu einer konkludenten Fortsetzung führen.[295]

---

[290] *Blank* in *Schmidt-Futterer* Anh. 1 zu §§ 574–574c BGB Rdn. 59.
[291] Nach *Blank* a.a.O.; **a. A.** *Putzo* in *Thomas/Putzo* § 721 ZPO Rdn. 15: ein Jahr ab Verkündung, da der Rechtsmittelverzicht noch am Verkündungstag möglich ist und das Urteil damit rechtskräftig wird.
[292] *Scheuer* in *Bub/Treier* V Rdn. 69.
[293] BGH NZM 1999, 803.
[294] *Blank* in *Schmidt-Futterer* Anh. 1 zu §§ 574–574c BGB Rdn. 39.
[295] Vgl. *Stöber* in *Zöller* § 721 ZPO Rdn. 12; *Blank* in *Schmidt-Futterer* § 545 BGB Rdn. 35.

VII. Räumungsfrist

Der titulierte Herausgabeanspruch des Vermieters kann **verwirken,** wenn der Vermieter mehrere Jahre aus dem Urteil nicht vollstreckt, sondern vom Mieter, der mit der Nutzungsentschädigung in Verzug geraten ist, die Zahlung verlangt und die Zahlungen entgegen nimmt, obwohl er mehrfach die Vollstreckung des Räumungsurteils für den Fall der Nichtzahlung angedroht hat.[296] **181**

Der Mieter hat zu beachten, dass die Ansprüche auf **Ersatz von Aufwendungen** oder auf Gestattung der Wegnahme einer Einrichtung in 6 Monaten nach der Beendigung des Mietverhältnisses verjähren, § 548 Abs. 2 BGB. Je nach Länge der Räumungsfrist hat der Mieter also die entsprechenden Ansprüche rechtzeitig auch während der Dauer zur Frist geltend zu machen. **182**

7. Rechtsmittel, § 721 Abs. 6 ZPO

a) gegen Urteile. Die Berufung in der Hauptsache umfasst auch die Entscheidung über die Räumungsfrist. Dies gilt auch bei einem Einspruch gegen ein Versäumnisurteil.[297] Eine neben der Berufung bzw. dem Einspruch eingelegte sofortige Beschwerde ist unzulässig.[298] Möglich und empfehlenswert für den Mieter ist aber, neben der Berufung Antrag nach §§ 707, 719 ZPO zu stellen sowie hilfsweise die Gewährung oder Verlängerung der Räumungsfrist zu beantragen.[299] **183**

Ist nur die Versagung, Gewährung oder Bemessung der Räumungsfrist im Streit, so ist gegen das Urteil des Amtsgerichts die **sofortige Beschwerde** einzulegen, § 721 Abs. 6 Nr. 1 ZPO. Die Räumungsfrist ist auch dann versagt, wenn im Urteil hierzu keinerlei Ausführungen enthalten sind, z. B. bei einem Versäumnisurteil auf Räumung. Hier kann der Beklagte wahlweise Einspruch oder sofortige Beschwerde gem. § 721 Abs. 6 Nr. 1 ZPO einlegen.[300] Legt der Mieter Berufung gegen das Urteil ein, kann der Vermieter im Wege der Anschlussberufung die Gewährung der Räumungsfrist angreifen.[301] Diese Anschlussberufung kann auch alleine mit dem Ziel eingelegt werden, feststellen zu lassen, dass die schon abgelaufene Räumungsfrist nicht hätte gewährt werden dürfen. Hierfür hat der Vermieter ein Rechtsschutzbedürfnis, da bei einer gerichtlichen Feststellung, dass die Räumungsfrist nicht oder kürzer hätte ausgesprochen werden müssen, die zwingende gesetzliche Rechtsfolge des § 571 Abs. 2 BGB, wonach der Mieter bei Gewährung einer Räumungsfrist nicht zum Ersatz eines weiteren Schadens verpflichtet ist, entfällt. Der Vermieter hätte nämlich dann die Möglichkeit, Schadensersatzansprüche gem. § 557 Abs. 1 BGB zu stellen.[302] Stattdessen kann der Vermieter sofortige Beschwerde einlegen. Hierfür besteht ein Rechtsschutzbedürfnis trotz Einlegung der Berufung durch den Mieter.[303] Der Vermieter hat so die Möglichkeit, z. B. bei Zahlungseinstellung auf schnellem Wege eine Verkürzung der Räumungsfrist zu erreichen.[304] **184**

Ein zweites Versäumnisurteil gem. § 345 ZPO kann vom Mieter nicht mit der sofortigen Beschwerde gem. § 721 Abs. 6 ZPO angegriffen werden, da in einem solchen Urteil nicht auf Räumung erkannt ist.[305] **185**

b) gegen Beschlüsse. Gegen Beschlüsse gem. § 721 Abs. 2, 3 findet gem. § 721 Abs. 6 Nr. 2 ZPO die **sofortige Beschwerde** statt. Die Beschwerde ist nur zulässig **186**

---

[296] OLG Hamm WuM 1981, 257.
[297] LG München I NZM 1999, 308.
[298] LG München a. a. O.; *Blank* in *Schmidt-Futterer* Anh. zu §§ 574–574c BGB Rdn. 65.
[299] *Blank* a. a. O.
[300] LG Köln NJW-RR 1987, 143.
[301] LG Nürnberg-Fürth NJW-RR 1992, 1231.
[302] OLG Nürnberg-Fürth a. a. O.
[303] *Blank* in *Schmidt-Futterer* Anh. 1 zu §§ 574–574c BGB Rdn. 71.
[304] *Blank* a. a. O.
[305] *Putzo* in *Thomas/Putzo* § 721 ZPO Rdn. 18.

gegen Entscheidungen der 1. Instanz, § 567 Abs. 1 ZPO. Gegen die Entscheidungen des Landgerichts ist die Rechtsbeschwerde statthaft, wenn das Gericht die Rechtsbeschwerde zugelassen hat, § 574 Abs. 1 Nr. 2 ZPO. Dies ist der Fall, wenn die Rechtsache grundsätzliche Bedeutung hat oder die Fortbildung des Rechts oder die Sicherung einer einheitlichen Rechtsprechung eine Entscheidung des Rechtsbeschwerdegerichts erfordert, § 574 Abs. 2 ZPO.

187 Gem. § 567 Abs. 3 ZPO ist die Anschlussbeschwerde möglich, auch wenn die Beschwerdefrist verstrichen ist.

8. Verzicht auf Räumungsfrist

188 Die Bestimmungen der §§ 721 ff., 794a ZPO stellen prozessuale Rechtsbehelfe des Räumungsschuldners dar, auf die er wie auf andere prozessuale Rechte auch verzichten kann.[306] Ein solcher Verzicht ist in der Formulierung" den Beklagten bleibt vorbehalten, bei Vorliegen der Voraussetzungen einen Antrag gem. § 765a ZPO zu stellen" gesehen worden.[307] Zur Vermeidung von Auslegungsschwierigkeiten empfehlen sich klarere Formulierungen wie „der Beklagte verzichtet auf Räumungsschutzanträge, soweit gesetzlich zulässig."

9. Räumungsfrist bei Räumungsvergleichen, § 794a ZPO

189 a) **Anwendungsbereich.** Voraussetzung ist, dass sich der Schuldner in einem Vergleich, aus dem die Zwangsvollstreckung stattfindet, zur Räumung von Wohnraum verpflichtet hat, § 794a Abs. 1 ZPO. **Außergerichtliche** Räumungsvergleiche fallen also nicht unter diese Bestimmung, da aus ihnen nicht vollstreckt werden kann. Dies gilt auch für einen Anwaltsvergleich gem. § 796a Abs. 1 ZPO, da ein solcher Vergleich nicht für vollstreckbar erklärt werden kann, wenn er den Bestand eines Mietverhältnisses über Wohnraum betrifft, § 796a Abs. 2 ZPO. § 794a Abs. 1–4 gelten ferner gem. § 794a Abs. 5 ZPO nicht für Mietverhältnisse über Wohnraum im Sinne des § 549 Abs. 2 Nr. 3 BGB sowie nur eingeschränkt bei Zeitmietverträgen gem. § 575 BGB, vgl. Rdn. 142.

190 Voraussetzung ist also, dass die Parteien **vor Gericht** einen Räumungsvergleich abgeschlossen haben. Nicht zu den Voraussetzungen gehört, dass in diesem Vergleich auch eine Räumungsfrist vereinbart wurde.[308] Dies ergibt sich schon aus der gesetzlichen Bestimmung, in der die Gewährung einer Räumungsfrist im Vergleich nicht als Voraussetzung für die Anwendung des § 794a ZPO aufgeführt ist.

191 b) **Antrag nach § 794a Abs. 1 ZPO.** Zuständig ist immer das Amtsgericht, in dessen Bezirk der Wohnraum gelegen ist.

192 Der Antrag ist spätestens zwei Wochen vor dem Tage, an dem nach dem Vergleich zu räumen ist, zu stellen; die §§ 233–238 ZPO (Wiedereinsetzung) gelten sinngemäß. Zur Fristberechnung (s. Rdn. 163).

193 Haben die Parteien einen gerichtlichen Räumungsvergleich geschlossen und sodann außergerichtlich eine Verlängerung der Räumungsfrist vereinbart und will nunmehr der Mieter erstmals Verlängerung der Räumungsfrist gem. § 794a ZPO beantragen, so ist dieser Antrag 14 Tage vor Beendigung der außergerichtlich vereinbarten Räumungsfrist zu stellen.[309] Falls es sich um den ersten Antrag an das Gericht auf Gewäh-

---

[306] LG Aachen WuM 1996, 568.
[307] LG Aachen a.a.O.
[308] Str. so wie hier *Blank* in *Schmidt-Futterer* Anh. 2 zu §§ 574–574c BGB Rdn. 2; **a. A.** *Putzo* in *Thomas/Putzo* § 794a ZPO Rdn. 4.
[309] *Blank* a.a.O. Rdn. 10.

VII. Räumungsfrist   194–198   2. Kap.

rung von Räumungsfrist handelt, ist, soweit die übrigen Voraussetzungen vorliegen, Räumungsfrist nach § 794a Abs. 1 ZPO zu gewähren.[310]

194 Hat sich der Mieter zur **sofortigen Räumung** verpflichtet, berechnet sich die Antragsfrist ab Abschluss des Vergleichs und wenn der Vergleich eine Widerrufsfrist enthalten hat, ab Rechtskraft des Vergleiches.[311]

195 Ein Antrag des Vermieters auf **Verkürzung** oder Aufhebung der im Räumungsvergleich vereinbarten Räumungsfrist ist **unzulässig**.[312] Hier liegt nämlich nicht eine vom Gericht gem. 794a Abs. 1 ZPO bewilligte Räumungsfrist vor. Auch eine entsprechende Anwendung von § 794a Abs. 2 ZPO auf die vertraglich vereinbarte Räumungsfrist kommt nicht in Betracht. Diese ist im Rahmen der vom Gesetzgeber geachteten Privatautonomie der Vertragsparteien vereinbart worden, die nur in Ausnahmefällen in ausdrücklich gesetzlich geregelten Fällen durchbrochen werden kann. Ein Bedürfnis für eine analoge Ausdehnung von § 794a Abs. 2 ZPO besteht nicht. Falls sich der Vermieter das Recht auf Abkürzung der Räumungsfrist vorbehalten will, kann er die Bewilligung einer Räumungsfrist dem Gericht überlassen.[313] Dies ist vom Vermieter zu beachten. Wird z.B. wegen erheblicher Ruhestörungen gekündigt, und auf Vorschlag des Gerichts ein Räumungsvergleich geschlossen, so kann der Vermieter, auch wenn die Ruhestörungen weiterhin anhalten, keinen Antrag auf Verkürzung dieser vertraglich gewährten Frist stellen. Möglich soll aber die fristlose Kündigung der im Räumungsvergleich enthaltenen Stundungsvereinbarung aus wichtigem Grund sein, wenn der Vermieter bei gleicher Sachlage das Mietverhältnis auch fristlos kündigen könnte.[314] Da diese Kündigung aber ebenfalls in einem gerichtlichen Verfahren durchgesetzt werden müsste, ergibt sich hieraus kein zeitlicher Vorteil. Empfehlenswert ist daher in solchen Fällen, keinen Räumungsvergleich abzuschließen, sondern eine gerichtliche Entscheidung herbeizuführen. Dies kann im Wege des Anerkenntnisses unter Gewährung einer Räumungsfrist erfolgen.

196 Eine Vereinbarung im Räumungsvergleich, wonach das Gericht in analoger Anwendung von § 794a Abs. 2 ZPO die Räumungsfrist auf Antrag verkürzen kann, ist unwirksam, da die Parteien eine vom Gesetz nicht vorgesehene Zuständigkeit des Gerichts nicht begründen können.[315]

197 Die vertraglich vereinbarte Räumungsfrist kann allerdings mit einer auflösenden Bedingung für den Fall der unpünktlichen Zahlung der Nutzungsentschädigung vereinbart werden. Bei sonstigen Vertragsverletzungen ist dies nicht praktikabel, da über deren Vorliegen i.d.R. gestritten wird.

198 Das Amtsgericht entscheidet durch **Beschluss**. Vor der Entscheidung ist der Gläubiger zu hören. Das Gericht kann vor der Entscheidung eine einstweilige Anordnung gem. § 732 Abs. 2 ZPO erlassen. Das Gericht hat bei der Entscheidung eine Interessenabwägung vorzunehmen. Da sich der Mieter im Räumungsvergleich freiwillig zur Räumung zu einem bestimmten Zeitpunkt verpflichtet hat, hat er grundsätzlich dafür einzustehen, dass die Räumung auch zu diesem Termin erfolgt. Der Antrag kann daher nur auf solche Tatsachen gestützt werden, die seit Vergleichsabschluss eingetreten sind.[316] Nach anderer Ansicht[317] ist es ausreichend, wenn sich die Dauer der ursprüng-

---

[310] *Blank* a.a.O.
[311] Str., so wie hier *Beltz* in *Bub/Treier* VII Rdn. 35.
[312] LG Hamburg WuM 2001, 412 m.w.N.; LG Stuttgart WuM 1992, 32.
[313] LG Hamburg a.a.O.
[314] *Blank* a.a.O. Rdn. 7.
[315] *Blank* a.a.O. Rdn. 7.
[316] Str., so wie hier *Putzo* in *Thomas/Putzo* § 794a ZPO Rdn. 2; LG Waldshut-Tiengen WuM 1993, 621; LG Freiburg WuM 1993, 204.
[317] *Blank* a.a.O. Rdn. 14.

lich vereinbarten Räumungsfrist aus vom Schuldner nicht zu vertretenden Gründen als unzureichend erwiesen hat. Nicht ausreichend dürfte sein, wenn der Mieter bei unveränderter Wohnungsmarktlage innerhalb der vertraglich vereinbarten Räumungsfrist keinen Ersatzwohnraum gefunden hat.[318]

199 Der Mieter hat die Darlegungs- und Beweislast für die Gründe, auf die er den Verlängerungsantrag stützt.

200 Will sich der Vermieter absichern, so muss er versuchen, im Räumungsvergleich eine zulässige[319] Vereinbarung dahin zu treffen, dass der Mieter auf Verlängerungsanträge verzichtet.

201 **c) Verlängerung, Verkürzung und Höchstdauer der Räumungsfrist, Rechtsmittel.** Gemäß § 794a Abs. 2 ZPO kann die Räumungsfrist auf Antrag verlängert oder verkürzt werden. Diese Anträge können sich also nur auf die vom Gericht gewährte Räumungsfrist gem. § 794a Abs. 1 ZPO beziehen, nicht auf die vertraglich vereinbarte Räumungsfrist. Ein Antrag auf Verkürzung kann sich also nur gegen die vom Gericht verlängerte Frist beziehen, (s. hierzu Rdn. 195).

202 Die Räumungsfrist darf gem. § 794a Abs. 3 ZPO insgesamt nicht mehr als ein Jahr, gerechnet vom Tag des Abschluss des Vergleiches betragen. Ist nach dem Vergleich an einem späteren Tag zu räumen, so rechnet die Frist von diesem Tag an.

203 Hat der Vermieter nach Abschluss des gerichtlichen Vergleiches dem Mieter außergerichtlich eine weitere Räumungsfrist gewährt, bleibt diese weitere außergerichtliche Räumungsfrist bei der Berechnung der Jahresfrist außer Betracht. Die Jahresfrist berechnet sich vielmehr von dem Tag an, nach dem gem. dem gerichtlichen Vergleich zu räumen ist.[320]

204 Die Parteien können aber auch ausdrücklich vereinbaren, dass die Jahresfrist nicht erst mit Ablauf der gewährten Räumungsfrist beginnt, sondern ab Vergleichsabschluss, d. h., dass dann die vertragliche Räumungsfrist bei der Berechnung der Jahresfrist mit zu berücksichtigen ist.[321]

205 Gegen die Entscheidung des Amtsgerichts findet die sofortige Beschwerde statt, § 794a Abs. 4 ZPO, (s. Rdn. 186). Die Kostenentscheidung erfolgt gem. §§ 91ff. ZPO.

206 Zur Wirkung einer nach § 794a ZPO gewährten Räumungsfrist s. Rdn. 178ff.

VII. Kosten

1. Wohnraum

207 Bei Klagen auf Räumung von Wohnraum ist § 93b ZPO zu beachten. Gem. § 93b Abs. 1 ZPO kann das Gericht die Kosten ganz oder teilweise **dem Kläger auferlegen,** wenn das Fortsetzungsverlangen des Beklagten gem. §§ 574–574 BGB wegen der berechtigten Interessen des Klägers nicht gerechtfertigt ist und der Kläger aus Gründen obsiegt, die erst nachträglich entstanden sind, § 574 Abs. 3 BGB. Dies gilt auch in einem Rechtsstreit wegen Fortsetzung des Mietverhältnisses bei Abweisung der Klage entsprechend. Sinn der Regelung ist, dass der Mieter dann nicht die Kosten des Rechtsstreits tragen soll, wenn der Vermieter aus Gründen obsiegt, die bei Einlegung des Widerspruchs des Mieters diesem noch gar nicht bekannt waren.

208 Hat der Mieter keinen Widerspruch gegen die Kündigung eingelegt, ist die Bestimmung nicht anwendbar. Ergibt die Abwägung des Gerichts, dass bereits die in der Kündigung genannten Gründe des Vermieters auch ohne das Hinzutreten der nach-

---

[318] LG Saarbrücken WuM 1992, 698; **a. A.** LG Kiel WuM 1993, 555.
[319] LG Aachen WuM 1996, 568.
[320] LG Freiburg WuM 1993, 417.
[321] LG München I WuM 1987, 66.

VII. Kosten 2. Kap.

träglichen entstandenen Gründe zum Erfolg der Klage geführt hätten, ist die Bestimmung ebenfalls nicht anwendbar.

Wird eine Klage auf Räumung von Wohnraum mit Rücksicht darauf abgewiesen, dass auf Verlangen des Beklagten die Fortsetzung des Mietverhältnisses auf Grund der §§ 574–574b BGB bestimmt wird, so kann das Gericht gem. § 93b Abs. 2 BGB die Kosten ganz oder teilweise **dem Beklagten auferlegen,** wenn dieser auf Verlangen des Klägers nicht unverzüglich über die Gründe des Widerspruchs Auskunft erteilt hat. Dies gilt in einem Rechtsstreit wegen Fortsetzung des Mietverhältnisses entsprechend, wenn der Klage des Mieters stattgegeben wird. Dies gilt auch dann, wenn der Mieter unvollständige Angaben macht ohne Benennung der Tatsachen, die den Fortsetzungsanspruch gem. § 574a Abs. 1 Satz 1 BGB bei der Abwägung begründen.[322] 209

Die größten praktischen Auswirkungen hat die Vorschrift des § 93 Abs. 3 ZPO: **Erkennt** danach der Beklagte den Anspruch auf Räumung von Wohnraum **sofort an,** wird ihm jedoch eine Räumungsfrist bewilligt, so kann das Gericht die Kosten ganz oder teilweise dem Kläger auferlegen, wenn der Beklagte bereits vor Erhebung der Klage unter Angabe von Gründen die Fortsetzung des Mietverhältnisses oder eine den Umständen nach angemessene Räumungsfrist vom Kläger vergeblich begehrt hatte. 210

Die Bestimmung ist auch anwendbar, wenn der Mieter vorgerichtlich **Widerspruch** eingelegt hat, sich aus dem Widerspruchsschreiben aber ergibt, dass die Kündigung als solche anerkannt wird und es dem Mieter nur auf die Gewährung einer Räumungsfrist ankommt.[323] Legt der Mieter Widerspruch ohne weitere Begründung ein, ist § 93b Abs. 3 ZPO nicht anwendbar.[324] Dies gilt auch für den Fall, dass der Mieter Fortsetzung des Mietverhältnisses auf unbestimmte Zeit verlangt.[325] Das mit dem Kündigungswiderspruch verbundene Fortsetzungsverlangen muss also sachlich dem Begehren einer angemessenen Räumungsfrist gleichkommen, um gem. § 93b Abs. 3 ZPO berücksichtigt werden zu können.[326] 211

Der Mieter muss eine den Umständen nach **angemessene Räumungsfrist** vergeblich vom Vermieter verlangt haben. Die Bestimmung ist auch anwendbar, wenn der Mieter gekündigt hat und vor Ablauf der Kündigungsfrist eine Räumungsfrist beantragt.[327] Nicht ausreichend ist, wenn der Mieter im Widerspruch mitteilt, er sei verstärkt auf der Suche nach einer geeigneten Eigentumswohnung, die er sich kaufen wolle, wobei allerdings fraglich sei, ob dies bis zum Ablauf des Mietverhältnisses gelingen werde.[328] Lediglich unbestimmte Angaben über die beabsichtigte Errichtung eines Eigenheims oder den beabsichtigten Erwerb einer Eigentumswohnung reichen nicht aus. Vielmehr muss der Mieter unter Angabe der wesentlichen Gründe eine bestimmte oder doch bestimmbare Räumungsfrist vom Vermieter verlangen. Diese Frist kann bei angespanntem Wohnungsmarkt durchaus auch länger sein,[329] solange sie sich ungefähr im Rahmen dessen hält, was auch das Gericht bewilligen würde. Hat der Mieter eine Frist verlangt, die dem Vermieter unangemessen lang erscheint, soll der Vermieter eine den Umständen nach angemessene Räumungsfrist anbieten. Bei sofortiger Klageerhebung kann auch in solchen Fällen § 93b Abs. 3 ZPO angewendet werden.[330] Hat der Vermieter allerdings die den Umständen nach angemessene Räumungsfrist bewilligt, ist 212

---

[322] *Hüßtege* in *Thomas/Putzo* § 93b ZPO Rdn. 8.
[323] LG Köln DWW 1998, 345.
[324] *Hüßtege* in *Thomas/Putzo* § 93b ZPO Rdn. 11.
[325] *Herget* in *Zöller* § 93b ZPO Rdn. 8.
[326] LG Kiel WuM 1993, 550.
[327] LG Freiburg WuM 1996, 716.
[328] LG Heilbronn NZM 1998, 329.
[329] *Herget* in *Zöller* § 93b ZPO Rdn. 8; LG Stuttgart WuM 1993, 550.
[330] LG Wuppertal WuM 1993, 548.

er grundsätzlich nicht zur Gewährung einer weiteren Räumungsfrist verpflichtet, sondern kann, ohne Kostennachteile zu befürchten Klage erheben.[331] Dies gilt allerdings nicht, wenn sich beim Mieter die Umstände entscheidend ändern und der Mieter dies dem Vermieter nachprüfbar auch mitteilt.[332]

213 Weitere Voraussetzung ist ein **sofortiges Anerkenntnis** des Mieters. Der Beklagte muss also den Räumungsanspruch in der ersten mündlichen Verhandlung anerkennen. Wird der Räumungsanspruch erst im Laufe des Verfahrens fällig, liegt ein sofortiges Anerkenntnis vor, wenn es im folgenden Termin zur mündlichen Verhandlung erklärt wird.[333] Dies gilt auch dann, wenn der Räumungsanspruch erst im Berufungsverfahren fällig wird und daraufhin das sofortige Anerkenntnis erfolgt.[334]

214 Führt das Gericht ein **schriftliches Vorverfahren** gem. § 276 ZPO durch, sind die Meinungen in der Rechtsprechung geteilt, bis wann spätestens ein sofortiges Anerkenntnis erklärt werden muss. Überwiegend wird darauf abgestellt, dass bereits in der Verteidigungsanzeige gem. § 276 Abs. 1 Satz 1 ZPO das sofortige Anerkenntnis erklärt werden muss.[335] Teilweise wird es für ausreichend gehalten, wenn das Anerkenntnis innerhalb der zur Klageerwiderung gesetzten Frist gem. § 276 Abs. 1 Satz 2 ZPO erfolgt.[336] Zwar kann im schriftlichen Vorverfahren gem. § 307 Abs. 2 nach Erklärung des Beklagten ein Anerkenntnisurteil ohne mündliche Verhandlung ergehen. Hiervon unterscheidet sich jedoch das Anerkenntnis gem. § 93b Abs. 3 ZPO. Hier erkennt der Beklagte zwar den Räumungsanspruch an, beantragt aber gleichzeitig die Gewährung einer Räumungsfrist. Der Erlass eines Anerkenntnisurteils oder auch Teil- Anerkenntnisurteils gem. § 307 ZPO ist jedoch nicht möglich. Bei der zu treffenden Entscheidung handelt es sich nämlich um ein streitiges Endurteil, bei dem das Gericht lediglich der Prüfung enthoben ist, ob der Räumungsanspruch als solcher besteht.[337] Voraussetzung für eine Endentscheidung ist daher entweder eine mündliche Verhandlung oder die Anordnung des schriftlichen Verfahrens gem. § 128 Abs. 2 ZPO. Es widerspricht daher der gesetzlichen Wertung, wenn die Anwendung des § 93b Abs. 3 ZPO im schriftlichen Vorverfahren von der Einhaltung der Frist zur Verteidigungsanzeige abhängig gemacht wird.[338]

215 Dem sofortigen Anerkenntnis gem. § 93b Abs. 3 ZPO steht nicht entgegen, wenn vorher Einspruch gegen ein Versäumnis eingelegt wird.[339]

2. Geschäftsraum

216 Hier ergeben sich für die Kostenentscheidung keine Besonderheiten. § 93 ZPO ist nicht anwendbar, wenn der Mieter auf eine vorgerichtliche Anfrage des Vermieters über seine Räumungsabsichten schweigt, vgl. Rdn. 16.

3. Erledigung des Räumungsrechtsstreits in der Hauptsache

217 Mietprozessrechtliche Besonderheiten ergeben sich hier nicht. Zieht der Mieter während des Rechtsstreits aus, hat der Vermieter die Hauptsache für erledigt zu erklären. Der Mieter muss sich überlegen, ob er sich der Erledigterklärung anschließen will oder nach wie vor Klageabweisung beantragen will.

---

[331] LG Stuttgart WuM 1993, 544.
[332] AG Lörrach WuM 1993, 543.
[333] LG Köln WuM 1993, 542.
[334] LG Karlsruhe WuM 1993, 461.
[335] *Hüßtege* in *Thomas/Putzo* § 93b ZPO Rdn. 11; LG Lübeck WuM 1993, 552; LG Regensburg WuM 1993, 552, KG Berlin WuM 2006, 163 m.w.N.
[336] *Herget* in *Zöller* § 93b ZPO Rdn. 7 m.w.N.; LG Freiburg WuM 1993, 553.
[337] LG Freiburg WuM 1993, 553 (554).
[338] LG Freiburg a.a.O.
[339] LG Kiel WuM 1993, 550.

Hinzuweisen ist allerdings darauf, dass eine Erledigung der Hauptsache **nicht** vorliegt, wenn auf Grund eines für vorläufig vollstreckbar erklärten Urteils die **Zwangsräumung** erfolgt. Vielmehr ist in diesem Fall der Rechtsstreit fortzuführen. Eine Erfüllung ist nicht eingetreten.[340] Auch Erfüllungshandlungen zur Abwendung der Zwangsvollstreckung stellen kein Erledigungsereignis dar.[341] Hat der Gerichtsvollzieher also Termin nur zur Räumung bestimmt und zieht der Beklagte deshalb kurz vor dem Termin aus, ist der Rechtsstreit ebenfalls fortzuführen. Die gegenteilige Annahme des Gerichts, wonach die Zwangsräumung ein erledigendes Ereignis für den Räumungsrechtsstreit darstellt, ist allerdings nicht willkürlich und damit verfassungsrechtlich nicht überprüfbar.[342] **218**

Entscheidend ist, ob der Mieter zur Räumung verpflichtet war oder der Auszug freiwillig erfolgt ist. Allein aus der Tatsache des Auszugs ergibt sich die Begründetheit der Räumungsklage nicht.[343] War die Klage unbegründet, z.B. weil die Kündigung nicht ausreichend begründet war und ist der Beklagte gleichwohl ausgezogen, sind die Kosten des Verfahrens dem Kläger aufzuerlegen. **219**

Anders liegt der Fall, wenn der Mieter während einer gegen ihn rechtshängigen Räumungsklage selbst das Mietverhältnis bei einem Geschäftsraummietverhältnis kündigt und vor Beendigung des Prozesses auszieht. Hier ist die Klageänderung von der Räumungs- zur Feststellungsklage mit dem Antrag auf Hauptsacheerledigung stets begründet.[344] **220**

Die Erledigung der Hauptsache tritt auch dann ein, wenn bei einem Wohnraummietverhältnis die fristlose Kündigung wegen Zahlungsverzuges während der Verfahrens gem. § 569 Abs. 3 Nr. 2 BGB unwirksam wird. Erfolgt die Zahlung zwischen Anhängigkeit und Rechtshängigkeit der Klage, ist die Hauptsache nicht für erledigt zu erklären. Vielmehr kann der Kläger in diesem Fall die Klage zurücknehmen und gem. § 269 Abs. 3 Satz 3 ZPO beantragen, dass dem Beklagten die Kosten des Rechtsstreits auferlegt werden.[345] **221**

Zum Problem, ob der Mieter Anlass zur Klageerhebung gegeben hat, wenn ihm nach Ausspruch der Kündigung keine Ziehfrist bewilligt wird und er sofort anerkennt, s. o. Rdn. 17. **222**

IX. Streitwert

Der **Gebührenstreitwert** von Räumungsklagen ergibt sich aus § 41 Abs. 2 GKG. Danach ist das für die Dauer eines Jahres zu zahlende Entgelt maßgeblich. Das Entgelt umfasst neben dem Nettogrundentgelt Nebenkosten dann, wenn diese als Pauschale vereinbart sind und nicht gesondert abgerechnet werden. **223**

Werden der Anspruch auf Räumung von Wohnraum und der Anspruch nach den §§ 574 bis 574b BGB auf Fortsetzung des Mietverhältnisses über diesen Wohnraum in **224**

---

[340] BGH NJW 1983, 1111; NZM 2004, 377 (378).
[341] *Vollkommer* in *Zöller* § 91 a ZPO Rdn. 5.
[342] BayVerfGH NJW 1997, 1000.
[343] *Kossmann* § 188 Rdn. 5.
[344] OLG Bamberg NZM 1999, 377. Der Beklagte hatte der Hauptsacheerledigung nicht zugestimmt, sondern Klageabweisung beantragt. Das Gericht hat darauf hingewiesen, dass sich der Beklagte gegen die Auferlegung der Verfahrenskosten nur dadurch hätte wehren können, dass er die durch einseitige Erledigungserklärung in eine Feststellungsklage abgeänderte Räumungsklage gem. § 93 ZPO sofort anerkennt.
[345] *Vollkommer* in *Zöller* § 91 a ZPO Rdn. 58 Stichwort „Räumungsklage"; vgl. auch BGH NJW 2004, 1530.

demselben Prozess verhandelt, werden die Werte nicht zusammengerechnet, § 41 Abs. 3 GKG.

225 Hat der Mieter eines Grundstücks auf dem Grundstück Gebäude errichtet, sind die Kosten der Entfernung hinzuzählen.[346]

226 Der **Zuständigkeitsstreitwert und der Wert der Beschwer** richtet sich nach § 8 ZPO, wenn auch über Bestand und Dauer des Mietverhältnisses gestritten wird.[347] Bei der Zuständigkeit ist allerdings die ausschließliche Zuständigkeit des Amtsgerichts nach § 23 Nr. 2a GVG zu beachten.

227 Gem. § 8 ZPO bestimmt sich der Streitwert nach der Miete für die „streitige Zeit" und, wenn der 25fache Betrag des einjährigen Entgelts geringer ist, nach diesem Betrag.

228 Wird die Räumungsklage nach vorausgegangener Kündigung zu einem Zeitpunkt erhoben, zu dem die Kündigung nach der Behauptung des Klägers bereits wirksam geworden ist, **beginnt die streitige Zeit mit der Erhebung der Klage**.[348] Wird hingegen die Feststellung begehrt, dass ein Mietverhältnis in Folge fristloser Kündigung seit einem bestimmten Tag nicht mehr besteht, beginnt die streitige Zeit nicht erst mit der Klageerhebung, sondern mit dem Zeitpunkt der fristlosen Kündigung. Wird die Räumungsklage bereits zu einem Zeitpunkt erhoben, der vor dem behaupteten Wirksamwerden der Kündigung liegt, beginnt die streitige Zeit mit dem Zeitpunkt, zu dem die Wirkungen der Kündigung geltend gemacht werden können.[349]

229 **Das Ende der streitigen Zeit** bestimmt sich nach dem Verteidigungsvorbringen des Mieters. Grundsätzlich ist bei einem Miet- oder Pachtmietvertrag von bestimmter Dauer dessen Endzeitpunkt maßgebend. Die streitige Zeit kann ihr Ende allerdings auch dadurch finden, dass die Parteien den Vertrag später einvernehmlich beendet haben, der Mieter ausgezogen ist und sich auf den Bestand des Mietverhältnisses nicht länger beruft oder der Mieter selbst zu einem späteren Zeitpunkt kündigt.[350]

230 Bei Verträgen von unbestimmter Dauer ist der Zeitpunkt maßgeblich, auf den derjenige hätte kündigen können, der die längere Bestehenszeit behauptet.[351]

231 Beruft sich der Mieter darauf, dass ihm ein unbefristetes Nutzungsrecht zusteht, weil z.B. bei Wohnraum die Kündigung unwirksam ist, ist § 9 ZPO analog anzuwenden.[352] Der Wert bestimmt sich in diesen Fällen nach dem $3^{1}/_{2}$-fachen Wert des einjährigen Bezugs, also der 3,5fache Jahresbetrag der Miete. Dies gilt für die Berechnung der Rechtsmittelbeschwer, wenn sich der Mieter eines getrennt angemieteten Garagenplatzes gegenüber der Kündigung des Vermieters darauf beruft, die Garage solange wie die angemietete Wohnung nutzen zu dürfen, der Zeitpunkt der Beendigung der Wohnungsnutzung aber ungewiss ist.[353]

---

[346] BGH ZMR 1995, 245.
[347] BGH NZM 1999, 794.
[348] BGH NZM 1999, 794.
[349] BGH NZM 2005, 435.
[350] BGH NZM 1999, 21.
[351] BGH NZM 2005, 435, 436 m.w.N.
[352] BGH NZM 2005, 435, 437.
[353] BGH NZM 2004, 460.

3. Kapitel. Klagen auf Duldung, Zustimmung oder Erlaubnis

Übersicht

	Rdn.		Rdn.
I. Allgemeines	1–4	2. Duldung baulicher Veränderungen	64–68
II. Duldungspflichten des Mieters	5	3. Duldung des Gebrauches des Mietsache	69, 70
1. Besichtigungs-/Betretungsrecht des Vermieters	5–12	4. Installation von Anlagen	71, 72
2. Duldung von Umbau/Instandsetzung/Instandhaltung	13–23	IV. Zustimmungspflichten des Vermieters	73–167
a) Umbauarbeiten	13–18	1. bauliche Veränderungen	73–77
b) Erhaltungsmaßnahmen (Instandsetzung/Instandhaltung)	19–23	2. Veränderungen für eine behindertengerechten Nutzung der Wohnung	78–116
3. Duldung Verbesserungs-, Modernisierungsmaßnahmen	24–49	3. Zustimmung zur Tierhaltung	117–127
4. Duldungsansprüche gegen Untermieter	50, 51	4. Zustimmung Gebrauchsüberlassung an Dritte/Untermiete	128–167
III. Duldungspflichten des Vermieters	52–72	V. Zustimmungspflichten des Mieters	168, 169
1. Wegnahme von Einrichtungen	52–63		

I. Allgemeines

Allen oben genannten Ansprüchen der Mietvertragsparteien ist gemeinsam, dass sie 1
auf eine Ausgestaltung/Anpassung/Änderung des ursprünglich vereinbarten Mietverhältnisses abzielen. Die rechtlichen und prozessualen Konsequenzen sind jedoch vom Gesetz unterschiedlich geregelt.

„Duldung" ist kein gesetzlich definierter Begriff. Man versteht darunter ein **äu-** 2
ßerlich rein passives Verhalten, dieses aber in **Kenntnis** der Absicht des Gegners, in der **Einflusssphäre** des Duldenden eine **Handlung** vornehmen zu wollen. „Duldung" im richtig verstandenen Sinne ist also eine – stillschweigende – Willenserklärung.

Kann und muss auf Duldung in diesem Sinne geklagt werden („Der Beklagte hat ... 3
zu dulden"), muss die Formulierung des Klageantrages darauf abzielen, dass der Kläger nach antragsgemäßer Verurteilung des Beklagten ohne dessen weitere Mitwirkung seine konkreten, im **Klageantrag** im **Einzelnen** darzustellenden **Handlungen** auch tatsächlich durchführen kann. Derartige **„reine" Duldungsklagen** werden nachstehend unter II. und III. dargestellt.

Rechtsprechung und Literatur sprechen aber auch häufig von „Duldungspflichten", 4
wenn in einem Rechtsstreit zwar **inzident** eine Duldungspflicht geprüft wird, das Gesetz aber eine Klage auf Erteilung einer Zustimmung/Erlaubnis zu einer bestimmten Handlung fordert. **„Zustimmung"** oder **„Erlaubnis"** sind einseitige, empfangsbedürftige **Willenserklärungen.** Anders als bei §§ 182ff. BGB hängt aber von ihrer Erteilung **nicht** die **Wirksamkeit** eines Vertrages oder eines einseitigen Rechtsgeschäftes, das einem anderen gegenüber vorzunehmen ist, ab. Im Unterschied zur (reinen) Duldung (Handlung in der „Einflusssphäre" des Duldenden) beziehen sich Erlaubnis/ Zustimmung meistens auf Handlungen, die sich in der Einflusssphäre desjenigen abspielen (sollen), der um Erlaubnis/Zustimmung nachsucht und betreffen rechtsgestaltende Willenserklärungen. „Zustimmung" ist nach §§ 182ff. BGB der Oberbegriff für die vorherige **(Einwilligung)** und die nachträgliche **(Genehmigung)** Willenserklärung. Der Begriff „Erlaubnis" ist gesetzlich nicht definiert. Er wird jedoch meistens im

Sinne der „Einwilligung", also vorheriger Zustimmung, gebraucht. Derartige Klagen werden nachstehend unter IV. und V. behandelt, soweit es die Zustimmung zur Mieterhöhung betrifft im 4. Kapitel.

II. Duldungspflichten des Mieters

1. Besichtigungs-/Betretungsrecht des Vermieters

5   Grundsätzlich steht dem Mieter für die Dauer des Mietverhältnisses durch sein **Gebrauchsrecht** (§ 535 I S. 1. BGB) und den **eigentumsrechtsgleichen** Schutz seines **Besitzrechtes**[1] auch ein **Hausrecht** zu. Dies schränkt das Betretungsrecht des Vermieters ein. So wäre eine Regelung in einem Formularmietvertrag, die dem Vermieter jederzeit Zutritt zur Wohnung gewährt, wegen Verstoßes gegen Art. 13 GG iVm § 307 BGB unwirksam.[2]

6   Nur in engen Grenzen durch mietvertragliche Vereinbarungen erweiterbar, hat der Vermieter aber grundsätzlich das Recht, die Wohnung des Mieters in bestimmten Fällen zu **betreten** oder durch seine **Erfüllungsgehilfen** (Hausverwalter, Hauswart, Handwerker, Ableser von Zwischenzählern usw.) betreten zu lassen. Dies gilt nach allgemeiner Meinung vor allem, wenn **konkrete Anhaltspunkte** (keine Routinekontrolle!) für einen **drohenden Schaden** gegeben sind, das Wohnungsmietverhältnis **gekündigt** ist (Besichtigung mit neuen Mietinteressenten, dies allerdings eventuell nur, wenn die Beendigung des Mietverhältnisses schon mit ausreichender Sicherheit feststeht)[3] oder bei einem bevorstehenden Verkauf der Wohnung eine Besichtigung mit **Kaufinteressenten** oder mit einem Immobilienmakler.[4] Ebenfalls darf der Vermieter die Mieträume betreten, wenn er zur Planung von Modernisierungs- oder Sanierungsarbeiten den Umfang dieser Arbeiten feststellen oder zum Zwecke der Planung der vorgesehenen Maßnahmen die Räume des Mieters besichtigen will.[5]

7   Ein **Besichtigungsrecht** des Vermieters besteht darüber hinaus zur Prüfung, ob die Wohnung sich in **vertragsgemäßem Zustand** befindet.[6] Ebenso steht dem Vermieter ein Betretungsrecht bis zur Überprüfung, ob der Mieter geschuldete **Schönheitsreparaturen** durchführt.[7] Auch der Verdacht **vertragswidrigen Gebrauches** der Mietwohnung[8] oder **Vernachlässigung** der **Obhutspflicht** des Mieters (§ 536c BGB) führt zu einem Besichtigungsrecht des Vermieters. Dieses besteht auch, wenn der Vermieter die Wohnung zur **Vorbereitung** einer **Mieterhöhung** (§ 558 BGB) durch einen Sachverständigen begutachten lassen will.[9]

8   Ein Besichtigungstermin ist mit dem Mieter vorher rechtzeitig **abzustimmen.** Zu einem **Selbsthilferecht** darf der Vermieter auch bei Gefahr in Verzug nur unter den Voraussetzungen des § 229 BGB greifen.[10] Auch bei Gefahr im Verzug dürfte deswegen eine **Voranmeldefrist** von 24 Stunden einzuhalten sein. Ansonsten gilt wohl allgemein eine Vorlauffrist von mindestens 1 bis 2 Wochen.

---

[1] BVerfG NJW 1992, 2035; NJW-RR 2004, 440, 441.
[2] *Blank* in *Schmidt-Futterer* § 535 BGB Rdn. 162 m.w.N.
[3] AG Ibbenbüren WuM 1991, 360; Sonnenschein NJW 1988, 21802182.
[4] LG Frankfurt/Main NZM 2002, 696; AG Lüdenscheid WuM 1990, 489.
[5] AG Schöneberg GE 1987, 629.
[6] LG Stuttgart ZMR 1985, 273.
[7] AG Köln WuM 1980, 85.
[8] AG Rheine WuM 2003, 315 (verbotene Tierhaltung).
[9] *Huber* DWW 1980, 192.
[10] *Blank* in *Schmidt-Futterer* § 535 BGB Rdn. 164.

II. Duldungspflichten des Mieters 9–15 **3. Kap.**

Da der Vermieter für den Fall der Klage nachweisen muss,[11] dass er vor Inanspruch- 9
nahme gerichtlicher Hilfe sich ausreichend um einvernehmliche Regelung bemüht hat,
ist zu empfehlen, die **Ankündigung** eines Besichtigungstermines schriftlich vorzunehmen und Vorsorge zu treffen, dass der Zugang dieser Aufforderung ebenfalls bewiesen werden kann. Sind Mieter z. B. aus beruflichen Gründen häufig abwesend,
empfiehlt sich, dem Mieter zwei oder drei Alternativtermine vorzuschlagen und ihn
aufzufordern, sich innerhalb bestimmter, angemessener Frist mit einem dieser Termine
einverstanden zu erklären.

Verweigert der Mieter eine Besichtigung oder äußert er sich trotz nachweisbar zu- 10
gegangener Ankündigung nicht dazu, kann der Vermieter – in Eilfällen auch per
einstweiliger Verfügung (siehe Kapitel 11 VIII.) – ein Besichtigungsrecht im Rahmen einer Duldungsklage durchsetzen.

Der **Klageantrag** würde dann dahingehend lauten, den/die Beklagten zu verurtei- 11
len, dem Kläger und/oder seinem zu bezeichnenden Bevollmächtigten Zutritt (am
besten: zu bestimmten Zeiten oder für bestimmte Dauer) zur konkret zu bezeichnenden Mietwohnung zu gewähren. Dieser Antrag ist, wie alle auf Duldung gerichteten,
sinnvollerweise bereits mit Antrag auf widrigenfalls festzusetzendes **Ordnungsgeld,**
ersatzweise **Ordnungshaft** oder der Hinzuziehung eines Gerichtsvollziehers zur Beseitigung des Widerstandes zu verbinden, um den umständlichen Weg über §§ 890
Abs. 2,[12] 892 ZPO abzukürzen.[13] In der Begründung sind Mietverhältnis, vorgerichtliche Aufforderung und Grund der Besichtigung darzulegen.

Der **Streitwert** einer Klage auf Besichtigung der/Zutritt zu der Wohnung ist nach 12
dem wirtschaftlichen Interesse des Vermieters, also dem Besichtigungszweck nach § 3
ZPO zu schätzen; meistens 1 Monatsmiete.[14]

2. Duldung von Umbau/Instandsetzung/Instandhaltung

a) Unter **Umbauarbeiten** sollen – in Abgrenzung zu den nachstehend unter b) 13
aufgeführten Maßnahmen des Vermieters – solche Arbeiten verstanden werden, welche die Mietsache **verändern.**

Nach § 554 Abs. 1 BGB hat der Mieter grundsätzlich nur Maßnahmen zu dulden, 14
die zur **Erhaltung** der Mietsache erforderlich sind. Nur für derartige Maßnahmen besteht die **unumschränkte Duldungspflicht** des Mieters.

Unbeschadet § 554 Abs. 2 BGB (dazu nachstehend 3.) bedeutet dies, dass vom 15
Mieter unumschränkt zu duldende Maßnahmen des Vermieters **objektiv notwendig**
sein müssen. Will der Vermieter also Umbaumaßnahmen vornehmen, welche das
Mietobjekt verändern, ist der Mieter grundsätzlich nicht verpflichtet, derartige Maßnahmen zu dulden.[15]

---

[11] Zur Vermeidung eines sofortigen Anerkenntnisses des Mieters mit der Kostenfolge des § 93
ZPO.

[12] OLG Hamm, GUR 1985, 82: Androhung von Ordnungsmitteln in einem Prozessvergleich
aber nicht möglich;

[13] Anders OLG Zweibrücken ZMR 2004, 268, das Gewährung von Zutritt bei üblicherweise
verschlossenem Wohnanwesen als unvertretbare Handlung sieht, die gem. § 888 ZPO zu vollstrecken ist (was aber § 892 ZPO – Hinzuziehung eines Gerichtsvollziehers zur Beseitigung von Wi-
derstand – übersieht); a. A. Beschluss des AG München vom 30. 9. 03 (unveröffentlicht), wonach
vorsorglicher Antrag auf Hinziehung eines Gerichtsvollziehers unzulässige Vorwegnahme der
Zwangsvollstreckung darstellt, vgl. Kapitel 11 IX. Fn. 67.

[14] *Hartmann* in *Baumbach/Lauterbach* Rdn. 83 zu Anh. § 3 ZPO; ebenso *Herget* in *Zöller* § 3
ZPO Rdn. 16 „Besichtigung"; so auch z. B. AG Rheine, WuM 2003, 315.

[15] LG Gießen WuM 199, 278 für geplante Überdachung einer zur Mietwohnung zählenden
Terrasse; LG Berlin WuM 1998, 481 für Anschluss an die Gaszentralheizung: es werde die Aufrechterhaltung des konkret gemieteten Zustandes geschuldet.

16 **Bauliche Veränderungen** der Mietsache hat der Mieter – ausnahmsweise – nur dann zu dulden, wenn dem Vermieter bei einer **Abwägung** seiner und des Mieters **Interessen** ein Zuwarten mit dieser verändernden Maßnahme bis zum Ende der Mietzeit nicht zugemutet werden kann. Eine Duldungspflicht des Mieters kann sich in Einzelfällen aus **§ 242 BGB** ergeben.[16] Hier wird aber, ebenso wie bei schwerwiegenden Eingriffen in die Bausubstanz, die der Mieter vornehmen will (s. nachstehend IV. 1.) nicht von einer (reinen) Duldungspflicht auszugehen sein. Vielmehr wird der Vermieter vor Durchführung einer derartigen Maßnahme die **Zustimmung** des Mieters einholen/einklagen müssen (s. nachstehend V.).

17 Dies gilt insbesondere für Veränderungen des Mietobjektes, die zu dessen „**Verkleinerung**" (Wegfall Speicher/Kellerabteil) führen. Besteht – ausnahmsweise – ein Anspruch des Vermieters auf Duldung von Umbauarbeiten, sind auch diese innerhalb einer angemessenen Frist und konkret anzukündigen, sowie der Mieter unter angemessener Fristsetzung zur Duldung der Arbeiten aufzufordern. Die Interessenlage des Vermieters ist darzustellen. Um das Risiko einer späteren, gerichtlichen Abwägung der beiderseitigen Interessen abschätzen zu können, ist der Mieter aufzufordern, eventuell seine zuwiderlaufenden Interessen konkret darzulegen. Alles Vorstehende ist in der **Klagebegründung** dann konkret darzulegen. Im **Klageantrag** ist die zu duldende Maßnahme möglichst konkret darzustellen.

18 Der **Streitwert** für eine derartige Klage auf Duldung von Umbaumaßnahmen bemisst sich am **Interesse** des Vermieters an einer derartigen Umbaumaßnahme (§ 3 ZPO). Hier kann nicht – wie bei nachstehend b) – auf einen fiktiven Minderungsbetrag aus einer zu beseitigenden Einschränkung des Gebrauchswertes abgestellt werden. Allenfalls könnte der – fiktive – **12-fache Mieterhöhungsbetrag** für eine durch die Umbaumaßnahme verbesserte Wohnung herangezogen werden, wenn nicht der durch die Umbaumaßnahme **erhöhte Verkehrswert** der Wohnung anzusetzen ist.

19 **b) Erhaltungsmaßnahmen (Instandsetzung/Instandhaltung).** Während man unter **Instandsetzung** die Behebung von baulichen **Mängeln,** insbesondere von Mängeln versteht, die in Folge Abnutzung, Alterung, Witterungseinflüssen oder Einwirkungen Dritter entstanden sind, also Maßnahmen, die in den Wohnungen (oder außerhalb der Wohnungen am Gesamtgebäude) den zum bestimmungsgemäßen Gebrauch geeigneten Zustand **wieder herstellen,**[17] versteht man allgemein unter **Instandhaltung** die **Aufrechterhaltung** eines ordnungs- und vertragsgemäßen Zustandes des Mietobjektes.[18] Darunter fallen auch z. B. Schönheitsreparaturen, soweit sie der Vermieter vornehmen muss.[19]

20 Instandsetzung/Instandhaltung fallen unter § 554 Abs. 1 BGB und sind vom Mieter zu dulden. Grundsätzlich kommt es auf das Ausmaß der durch die Maßnahme bedingten Beeinträchtigung nicht an.[20] Die Duldungspflicht steht allenfalls unter Einschränkung der **Zumutbarkeit.** Diese beschränkt sich in der Regel aber darauf, dass Arbeiten in der Mietwohnung nicht zur Unzeit, also abends, nachts oder am Wochenende durchgeführt werden dürfen. Alle sonstigen Einwirkungen (§ 554 Abs. 1 BGB) wie Schmutz, Erschütterungen, Zugangsbeschränkungen, Lärm etc. sind in der Regel, soweit es sich um Instandsetzungs- oder Instandhaltungsarbeiten handelt, zumutbar. Der Mieter kann sogar zur vorübergehenden Räumung seiner Wohnung verpflichtet sein.[21]

---

[16] BGH NJW 1972, 723; LG Göttingen WuM 1990, 205; *Eisenschmid* in *Schmidt-Futterer* § 554 BGB Rdn. 77.
[17] *Scholz* WuM 1995, 12; AG Dortmund WuM 1979, 146.
[18] *Börstinghaus* in *Schmidt-Futterer* § 559 BGB Rdn. 56.
[19] *Eisenschmid* in *Schmidt-Futterer* § 554 BGB Rdn. 24 f m. w. N.
[20] LG Mannheim WuM 1987, 273.
[21] BVerfG NJW 1992, 1378 – allerdings Modernisierungsfall –.

II. Duldungspflichten des Mieters

Auch einer darauf gerichteten Duldungsklage hat – schon zur Vermeidung der Sanktion von § 93 ZPO – eine rechtzeitige, die geplante Maßnahme im Einzelnen darstellende, vorgerichtliche Mitteilung an den Mieter zu ergehen, worin dieser unter Setzung einer angemessenen Prüfungs- und Überlegungsfrist zur Duldung nachweisbar aufgefordert wird.

Im **Klageantrag** ist die durchzuführende, zu duldende Maßnahme („Der Beklagte wird verurteilt, folgende vom Kläger durchzuführende Erhaltungsmaßnahme in der angemieteten Wohnung ... zu dulden") konkret zu beschreiben (also z.B. Reparatur des Bodens im Flur der Wohnung, Streichen von Decken und Wänden in allen Zimmern, Ausbesserung der Feuchtigkeitsschäden an einer konkret zu bezeichnenden Wand im Wohnzimmer etc.). 21

Neu eingeführt im Mietrechtsreformgesetz ist ein **Aufwendungsersatzanspruch** (§ 554 Abs. 4 BGB), der Mietern nun auch für Erhaltungsmaßnahmen nach § 554 Abs. 1 BGB zusteht. Zu dessen prozessualer Einordnung siehe nachstehend bei 3. 22

Der **Streitwert** einer Klage auf Durchführung von Erhaltungsmaßnahmen bemisst sich nach der überwiegenden Rechtsprechung nach dem 42-fachen, monatlichen Minderungsbetrag, der aus der bestehenden, zu beseitigenden Einschränkung des Gebrauchswertes folgt.[22] 23

3. Duldung Verbesserungs-, Modernisierungsmaßnahmen

Im Einzelfall ist die **Abgrenzung** zwischen einer **Erhaltungsmaßnahme** nach § 554 Abs. 1 BGB und einer **Verbesserungs-/Modernisierungsmaßnahme** nach § 554 Abs. 2 BGB schwer zu treffen. Häufig erfüllen bestimmte Maßnahmen beide Kriterien. Wird z.B. eine Instandsetzungsmaßnahme – wie üblich – derart durchgeführt, dass beim Ersatz mangelhafter Bauteile neuere Verfahren oder Materialien verwendet oder die beauftragen Handwerker werkvertraglich gehalten sind, nach dem neuesten Stand der Technik zu verfahren, wird eine teilweise „Modernisierung" damit zwangsläufig verbunden sein. Könnte der Vermieter den alten Zustand auch heute noch herstellen und wählt er trotzdem den verbesserten, jetzigen Zustand, handelt es sich um eine **„modernisierende Instandsetzung"**. 24

Fällt eine Maßnahme sowohl unter § 554 Abs. 1 als auch unter Abs. 2 BGB, soll letztere Vorschrift **vorgehen,** also für die Duldungspflicht des Mieters allein § 554 Abs. 2 BGB einschlägig sein.[23] 25

„**Modernisierungsmaßnahmen**"[24] (zur **Verbesserung** der **Mietsache**,[25] zur **Einsparung** von **Energie** oder **Wasser** oder zur Schaffung **neuen Wohnraums**) hat der Mieter nur unter den Voraussetzungen des § 554 Abs. 2 S. 2 BGB zu dulden, wobei für die Abwägung der Interessen der Mietvertragsparteien § 554 Abs. 2 S. 3 und S. 4 BGB anzuwenden sind. 26

Eine **Sonderregelung** ist trotz der jetzigen Regelung in § 554 BGB immer noch in § **4 HeizKostV** enthalten. Nach § 4 Abs. 2 S. 1 HeizKostV hat der Vermieter die Räume mit Ausstattungen zur Verbrauchserfassung von Wärme und Warmwasser zu versehen. Nach § 4 Abs. 2 S. 1. haben die Nutzer dies zu dulden. Auch hierbei regeln sich die Verfahrensvorschriften nach § 554 Abs. 3 BGB.[26] 27

---

[22] LG Hamburg ZMR 1999, 403; für 36-fachen Jahresbetrag: LG Hamburg WuM 1992, 447; LG Aachen ZMR 1996, 441; a. A. LG Berlin GE 2001, 1468 (Aufwand zur Zutrittsgewährung).
[23] LG Berlin, GE 1994, 927: vorgesehene Durchführung von Heizungssträngen durch die Wohnung; weitere Beispiele bei *Pfeifer* DWW 1994, 10.
[24] Zahlreiche Beispiele bei *Eisenschmid* in *Schmidt-Futterer* § 554 BGB Rdn. 58–175.
[25] Auch z.B. Anschluss an Breitbandkabelnetz s. BGH NZM 2005, 697, WuM 2005, 576.
[26] *Lammel* in *Schmidt/Futterer* § 4 HeizKostV Rdn. 16.

28 Eine Pflicht des Mieters, Modernisierungsmaßnahmen zu dulden, besteht danach nur, wenn der Vermieter der in § 554 Abs. 3 BGB genannten **Mitteilungspflicht** sowohl von der **Form** (Textform), der **Frist** (spätestens 3 Monate vor Beginn der Maßnahme) als auch insbesondere **inhaltlich** (Art, voraussichtlicher Umfang und Beginn, voraussichtliche Dauer und die zu erwartende Mieterhöhung) **vollständig** nachgekommen ist. Diese Mitteilung ist **unabdingbar formelle Voraussetzung** eines Duldungsanspruches des Mieters. Gleiches gilt grundsätzlich für eine „falsche" Mitteilung (mit Ausnahme einer unrichtigen Mitteilung hinsichtlich der zu erwartenden Mieterhöhung oder eines späteren Abweichens der tatsächlichen Miterhöhung von der früheren Mitteilung. Hier verschiebt sich dann lediglich der Fälligkeitszeitpunkt für die Mieterhöhung um 6 Monate).

29 Die Ankündigungspflicht gilt nicht nur für Modernisierungsarbeiten innerhalb der Wohnung, sondern auch am **Gebäude** und im **Außenbereich,** also außerhalb des Gebäudes.[27]

30 Die nach § 554 Abs. 3 BGB notwendige Mitteilung hat der Vermieter **spätestens drei Monate** vor „Beginn der Maßnahme" (Fristberechnung §§ 187, 188 BGB) vorzunehmen. Zum „Beginn" der „Maßnahme" zählen dabei **nicht reine Vorbereitungsarbeiten** (z. B. auf einem Nachbargrundstück oder nur die Bereitstellung von Maschinen; ein „Baubeginn" ist darin nicht zu sehen.)[28]

31 Für die spätere Klagebegründung, also deren Schlüssigkeit, ist unbedingt bereits beim **vorgerichtlichen Vorgehen** zu beachten, dass die Mitteilung **„vollständig"** sein muss. Das bedeutet, dass alle Erklärungen in einer einzigen Mitteilung enthalten sein müssen. Da der Mieter sich aufgrund der Mitteilung des Vermieters ein umfassendes Bild über die vorgesehene Maßnahme bilden können muss, würde es den gesetzlichen Anforderungen nicht entsprechen, wenn die Mitteilung über Art und Umfang der Maßnahme in mehreren, aufeinanderfolgenden Mitteilungen enthalten wäre.[29]

32 Unter **„Textform"** ist die Form des § 126b BGB zu verstehen. Es ist also keine eigenhändige Unterschrift notwendig. Bei der Mitteilung handelt es sich um eine rechtsgeschäftsähnliche Handlung. Geht sie von einem Bevollmächtigten des Vermieters aus, ist wegen § 174 BGB vorsorglich eine Vollmachtsurkunde beizufügen.[30]

33 Das umfassende Informationsrecht des Mieters bedingt, dass insbesondere **„Art"** und **„Umfang"** der Maßnahme **möglichst detailliert** darzustellen sind. Es genügt nicht, hier die Arbeiten nur pauschal („erforderliche Wand- und Deckendurchbrüche zur Verlegung von Steigleitungen" oder „Anbringung von Heizkörpern in der Wohnung") darzustellen. Für den Mieter ist es von schützenswertem Interesse, also von seinem „Informationsrecht" umfasst, wie viele Steigleitungen durch seine Wohnung geführt werden, und an welchen Stellen dies der Fall ist, ob Rohrleitungen auf oder unter Putz verlegt werden, und an welchen Stellen der Wohnung Wanddurchbrüche vorgenommen oder Heizkörper entfernt/installiert werden sollen.[31]

34 Derartige Angaben müssen zwingend in dem Ankündigungsschreiben, welches Grundlage der späteren, eventuellen Duldungsklage ist, enthalten sein, da die form- und fristgerechte Mitteilung mit den vorgeschriebenen Angaben **Voraussetzung** für

---

[27] LG Berlin WuM 1987, 386 (Fahrstuhl im Treppenhaus); LG Düsseldorf WuM 1999, 113 (Wärmedämmmaßnahme an der Außenfassade); OLG München WuM 1991, 481 (nur Lärmeinwirkungen auf Mietsache durch Maßnahmen am Gebäude).
[28] *Eisenschmid* in *Schmidt-Futterer* § 554 BGB Rdn. 246 ff.
[29] LG Berlin ZMR 1992, 564.
[30] *Kraemer* in *Bub/Treier* III. A. Rdn. 1115.
[31] LG Berlin MM 1989 Nr. 6, 28; LG Hamburg WuM 1992, 121; AG Schöneberg GE 1987, 285.

II. Duldungspflichten des Mieters 35–39 3. Kap.

die **Fälligkeit der Duldungsverpflichtung** des Mieters ist.[32] Substantiiert der Vermieter derartige, notwendige Angaben erst später, kann dies die unvollständige Mitteilung nicht ex tunc heilen.[33] Die eintretende Heilung „ex nunc" setzt eine neue Überlegungsfrist des Mieters in Lauf.

Da zumindest bei umfangreicheren Modernisierungsmaßnahmen konkrete Baupläne 35 vorliegen, kann in der Praxis das Erfordernis einer möglichst genauen Mitteilung keine unüberwindlichen Schwierigkeiten bereiten, wird aber trotzdem meistens vernachlässigt. Kritikern einer derartig umfangreichen Mitteilungspflicht ist zwar Recht zu geben, dass sicherlich nicht jedes technische Detail dem Mieter vorab mitgeteilt werden muss, ganz abgesehen davon, dass sich aufgrund unerwarteter Hindernisse technische Details oftmals erst während der Bauphase klären lassen oder sich während dieser Bauphase zwingend ändern – was dann bei zu weitgehenden Anforderungen an die Mitteilungspflicht sogar die Notwendigkeit einer erneuten, derart „umfassenden" Mitteilung bedeuten würde.

Ebenso ist der **„voraussichtliche" Beginn** der Maßnahme mitzuteilen. Auch dies 36 ist möglich. Sind verbindliche Verträge mit Handwerkern abgeschlossen, ist deren Arbeitsbeginn einigermaßen, meist sogar auf den Tag genau vorhersehbar und damit zumindest der „voraussichtliche" Beginn der Maßnahme. Ob hier Ankündigungen nur mit „Anfang", „Mitte" oder „Ende" eines konkreten Monats genügen, ist zumindest sehr zweifelhaft.[34]

Von diesen Verpflichtungen ist der Vermieter nur bei Modernisierungsmaßnahmen 37 entbunden, die nur mit einer **„unerheblichen"**[35] Einwirkung auf die vermieteten Räume verbunden sind **und** (kumulativ) nur zu einer **„unerheblichen"**[36] **Mieterhöhung** führen, § 554 Abs. 3 S. 3 BGB. Auch derartige Bagatellmaßnahmen sind dem Mieter aber dann in angemessener Zeit (ca. 1 Woche) vorher wenigstens anzukündigen, um dessen diesbezügliche Duldungspflicht auszulösen.[37] Eine 3 Tage dauernde Rohrverlegung und die Verkleidung von Steigleitungen stellen keine Bagatellmaßnahme dar.[38] Bei einer Klage auf Duldung einer derartigen **Bagatellmaßnahme** ist der **Vermieter** für deren Voraussetzungen **darlegungs-** und **beweispflichtig**.

Der Mieter muss die angekündigte Maßnahme dulden, wenn der Vermieter alle 38 vorgenannten Voraussetzungen des § 554 Abs. 3 S. 1 erfüllt hat, und der Mieter weder von seinem **Kündigungsrecht** nach § 554 Abs. 3 S. 2 BGB Gebrauch gemacht noch einen **Härtegrund** nach § 554 Abs. 2 S. 2 BGB einwenden kann. Die Aufzählung der denkbaren Härten im Gesetz ist dabei nur beispielhaft.[39] Schon vorgerichtlich lassen sich bestimmte Härtegründe (z.B. die zu erwartende Mieterhöhung) durch einen teilweisen oder gänzlichen Verzicht des Vermieters vermeiden. Dies ist dann allerdings dem Mieter auch mitzuteilen.[40]

Ist der Mieter nach alledem zur Duldung verpflichtet, verweigert diese aber, entweder ausdrücklich oder durch Stillschweigen trotz Setzen einer angemessenen[41] Überlegungsfrist, ist im **Klageantrag** die zu duldende **Maßnahme** ebenfalls möglichst kon- 39

---

[32] *Kraemer* in *Bub/Treier* III. A. Rdn. 1116; Unterlassungsansprüche des Mieter hieraus siehe 5. Kapitel III.
[33] AG Neuköln MM 1993, 398.
[34] So aber *Weidenkaff* in *Palandt* § 554 BGB Rdn. 27.
[35] Beispiele bei *Weidenkaff* in *Palandt* § 554 BGB Rdn. 25.
[36] *Weidenkaff* in *Palandt* § 554 BGB Rdn. 25 m.w.N. (höchstens 5%); a.A.: *Eisenschmid* in *Schmidt-Futterer* § 554 BGB Rdn. 284 (unter 10,– Euro).
[37] AG Aachen WuM 1986, 87.
[38] LG Berlin GE 1986, 609; 1990, 763.
[39] Weitere Beispiele bei *Eisenschmid* a.a.O. Rdn. 179.
[40] BayObLG NJW-RR 2001, 300.
[41] *Weidenkaff* a.a.O. Rdn. 29: mindestens 1 Monat.

kret (notfalls unter Beifügung von Bauplänen) zu beschreiben, um die Duldungspflicht des Mieters umfassend im Urteil feststellen zu lassen. Beispielsweise: „Der Beklagte wird verurteilt, folgende Modernisierungsmaßnahmen im Bezug auf die an ihn vermietete Wohnung in ... zu dulden: Einbau einer Zentralheizungsanlage im gesamten Anwesen, die dazu erforderlichen Wand- und Deckendurchbrüche zur Verlegung der Steigleitungen im Wohnzimmer des Beklagten, Zu- und Ableitungen für die Heizkörper, Anbringung von Heizkörpern in sämtlichen Räumen der Wohnung".

40 Besteht schon vorgerichtlich Streit über die künftige Nutzung einer vor Durchführung der Maßnahme bereits in der Wohnung vorhandenen Einrichtung, ist zu empfehlen, auch die Verpflichtung des Mieters, die **Entfernung** derartiger **Einrichtung** aus Anlass der Modernisierungsmaßnahme zu dulden, klageweise geltend zu machen. Sind die Maßnahmen derart umfangreich, dass ein **Zwischenumzug** des Mieters in eine vom Vermieter zu stellende Ersatzwohnung notwendig, aber streitig, ist, sollte auch dies **miteingeklagt** werden. Antragsbeispiel: „Der Beklagte wird weiter verurteilt, für die Dauer der in Ziffer I. genannten Modernisierungsmaßnahmen die in Ziffer I. des Klageantrages genannte Wohnung zu räumen und für die Dauer der in Ziffer I. genannten Modernisierungsmaßnahmen die vom Kläger gestellte Ersatzwohnung in ... zu beziehen".

41 Da nach hM eine Mitwirkungspflicht des Mieters (z. B. Abdeckarbeiten[42] oder Wegräumen bzw. Entfernen seiner Sachen, um den notwendigen Platz für alle in § 554 BGB genannten Maßnahmen zu schaffen) nicht besteht,[43] dürfen derartige **Mitwirkungshandlungen** des Mieters auch **nicht miteingeklagt** werden. Es ist vielmehr Aufgabe des Vermieters, nach gerichtlich durchgesetzter Duldung auch diese „Nebenarbeiten" selbst durchführen zu lassen.

42 Während der **Mieter** die von ihm vorzubringenden **Härtegründe** beweisen muss, obliegt es dem **Vermieter,** seine Interessen darzulegen und zu beweisen. Der Vermieter hat in der **Klagebegründung** unter schlüssiger Darlegung der rechtzeitigen, vollständigen und zugegangenen **Mitteilung Art** und **Umfang** der **beabsichtigten Arbeiten,** die im Einzelnen sich voraussichtlich ergebende **Mieterhöhung** sowie die Voraussetzungen für die **berechtigten Interessen** des **Vermieters** und der **Mitmieter,** gegebenenfalls auch die Voraussetzungen der **Bagatelleklausel,** darzulegen und zu beweisen.[44]

43 Muss der Vermieter seinen Duldungsanspruch erst gerichtlich durchsetzen und entsteht dadurch eine Verzögerung der fristgerecht angekündigten Arbeiten, setzt dies **keine neue Mitteilungspflicht** in Lauf, da der Mieter dann die notwendigen Informationen im Rahmen des Gerichtsverfahrens erhält.[45]

44 Der Vermieter ist nicht nur verpflichtet, nach durchgeführter Maßnahme die entstandenen **Begleitschäden** zu **beseitigen,** ohne dass es einer besonderen Aufforderung dazu bedarf.[46] Dem Mieter steht auch nach § 554 Abs. 4 S. 1 BGB ein **Ersatzanspruch** zu für **Aufwendungen,** die der Mieter infolge einer Maßnahme nach **Abs. 1 oder 2 S. 1** machen musste, wobei der Vermieter diese Aufwendungen in **angemessenem Umfang** „zu ersetzen hat". „Angemessen" heißt nicht, dass der Mieter selbst einen Teil der Kosten zu tragen hat.[47] Der Mieter darf nur keinen unvernünftigen Aufwand zu Lasten des Vermieters betreiben; die zu erstattenden Kos-

---

[42] A. A.: *Wetekamp* in *Jendrek* B. II. 31 Anm. 8 (Schadensminderungspflicht).
[43] LG Berlin NJW-RR 1996, 1163 m. w. N.; *Weidenkaff* in *Palandt* § 554 BGB Rdn. 7 m. a. A. *Schläger* ZMR 85, 193 und 86, 348.
[44] *Eisenschmid* in *Schmidt-Futterer* § 554 BGB Rdn. 348 m. w. N.
[45] LG Berlin GE 1994, 455.
[46] LG Hamburg WuM 1985, 262.
[47] *Eisenschmid* in *Schmidt-Futterer* § 554 BGB Rdn. 324.

II. Duldungspflichten des Mieters

ten müssen also (nur) insoweit ersetzt werden, wie sie objektiv erforderlich gewesen sind.[48]

Der Aufwendungsersatzanspruch ist nach §§ 256, 246 BGB mit 4% jährlich zu verzinsen (allerdings erst von der Zeit der Aufwendung an). Der Vermieter hat jedoch auf Verlangen des Mieters nach § 554 Abs. 4 S. 2 auf diesen Aufwendungsersatz **Vorschuss** zu leisten, der selbst nicht zu verzinsen ist.[49] Verzichtet der Mieter auf sein Recht, einen derartigen Vorschuss auch im Wege der **einstweiligen Verfügung** durchzusetzen,[50] steht ihm nach absolut hM aber ein **Zurückbehaltungsrecht** (§ 273 BGB) hinsichtlich des Duldungsanspruches und eine darauf gerichtete **Einwendung** gegen die Duldungsklage zu.[51]

Besteht – wie oft – über die Höhe des Aufwendungsersatzes und des daraus resultierenden Vorschusses Streit, kann dem Vermieter nur geraten werden, auch diese Streitfrage möglichst vorgerichtlich zu klären. Andernfalls kommt nur eine Verurteilung des Mieters zur Duldung **Zug-um-Zug** gegen Zahlung des angemessenen Vorschusses in Betracht.

Der **Streitwert** einer Duldungsklage nach § 554 Abs. 2 BGB berechnet sich nach dem 12-fachen bis 36-fachen Betrag der möglichen Mieterhöhung (§ 559 BGB) aufgrund der Modernisierungsmaßnahme.[52]

Die Durchsetzung einer Maßnahme nach § 554 Abs. 2 BGB im Wege der **einstweiligen Verfügung** ist nach herrschender Meinung grundsätzlich nicht zulässig, insbesondere da dies die Hauptsache vorwegnehmen würde.[53] Ausnahmsweise kann eine einstweilige Verfügung zulässig sein, wenn ordnungsgemäß angekündigte Maßnahmen bereits begonnen haben, und durch eine Unterbrechung der Arbeiten dem Vermieter und den anderen Mietern des Hauses erhebliche Nachteile erwachsen würden. Einzelheiten dazu und zu den Ansprüchen des Mieters auf Erlass einstweiliger Anordnungen im Rahmen von Maßnahmen nach § 554 BGB siehe **Kapitel 11**.

Wegen der neuen Gesetzessystematik nach dem Mietrechtsreformgesetz sei abschließend noch auf folgendes hingewiesen: Nach § 554 Abs. 5 BGB ist eine zum Nachteil des Mieters von den Absätzen 2 bis 4 **abweichende Vereinbarung** unwirksam. Diese **Unabdingbarkeit** nachteiliger, abweichender Vereinbarung ist allerdings nur bei **Wohnraum zwingend**. Nach § 578 Abs. 2 S. 1 BGB ist Abs. 5 von § 554 BGB auf Mietverhältnisse über Räume, die **keine Wohnräume** sind, ausdrücklich nicht anwendbar. Grenzen sind hier bis zur Zumutbarkeit nur die §§ 138, 157, 242 BGB.[54]

4. Duldungsansprüche gegen Untermieter

Grundsätzlich ist auch ein **Untermieter** zur Duldung von Maßnahmen verpflichtet, die auch der Mieter zu dulden hat.[55] Dies gilt von vorneherein für Duldungspflichten des Untermieters gegenüber dem Mieter aus dem zwischen diesen bestehenden (Unter-) Mietverhältnis.

---

[48] *Eisenschmid* a.a.O. Rdn. 325 (nicht Aufwendungsersatz für Eigenleistung kleineren Umfangs).
[49] *Eisenschmid* a.a.O. Rdn. 329; a.A. *Horst* NZM 1999, 193, 194.
[50] So AG Köln WM 1981, 95.
[51] *Weidenkaff* in *Palandt* § 554 BGB Rdn. 35; *Eisenschmid* in *Schmidt-Futterer* § 554 BGB Rdn. 329 m.w.N.; a.A. *Harsch* in *Schmid* Kap. 7. Rdn. 44 unter Hinweis auf AG Neuss NJW-RR 1986, 891.
[52] Darstellung der differenzierenden Rechtsprechung bei *Eisenschmid* in *Schmidt-Futterer* § 554 BGB Rdn. 347; *Wetekamp* in *Jendrek* B. II. 31 Anm. 2.
[53] LG Berlin MM 1996, 452; *Weidenkaff* in *Palandt* § 554 BGB Rdn. 35 mit a.A. *Voelskow* MünchKomm § 541b a.F. Rdn. 24.
[54] *Weidenkaff* a.a.O. § 554 BGB Rdn. 3.
[55] *Weidenkaff* a.a.O. § 554 BGB Rdn. 28.

51 Dem **Vermieter** steht allerdings gegenüber dem Untermieter **kein unmittelbarer Duldungsanspruch** zu, da zu ihm keine Vertragsbeziehungen bestehen.[56] Für den Vermieter bleibt nur die Möglichkeit, vom Mieter zu verlangen und notfalls einzuklagen, dass dieser den Untermieter zur Duldung veranlasst. Die Anspruchsgrundlage des selbst duldungspflichtigen Mieters gegen seinen Untermieter auf dessen Duldung ist umstritten. Vertritt man die Auffassung,[57] dass der Vermieter mit Zustimmung zur Untervermietung sich der Möglichkeit begeben habe, das Risiko seiner Dispositionen in Bezug auf Modernisierungsmaßnahmen auf den Hauptmieter abzuwälzen, bleibt nur, dass auch der Anspruch des Hauptmieters gegen den Untermieter auf dessen Duldung einer Modernisierungsmaßnahme sich nach § 554 BGB richten muss.[58] Steht dem Untermieter gegenüber dem Mieter ein Härtegrund zur Seite, kann der Hauptmieter dem Vermieter gegenüber die angekündigte Modernisierung nicht gestatten.

III. Duldungspflichten des Vermieters

1. Wegnahme von Einrichtungen

52 Nach § 539 Abs. 2 BGB ist der Mieter berechtigt, Einrichtungen wegzunehmen, mit der er die Mietsache versehen hat. Unter dem gesetzlich nicht definierten Begriff der **Einrichtungen** werden allgemein **bewegliche Sachen** verstanden, die zusätzlich eingebracht werden, körperlich mit der Mietsache verbunden werden der Mietsache als Nebensache untergeordnet sein müssen und deren wirtschaftlichem Zweck dienen.[59]

53 Der Vermieter kann dieses Wegnahmerecht durch **Zahlung** einer angemessenen Entschädigung abwenden, wenn nicht der Mieter ein berechtigtes Interesse an der Wegnahme hat (§ 552 Abs. 1 BGB). Streitig ist, ob die Abwendung des Wegnahmerechtes eine vorab geleistete Zahlung (Vorleistungspflicht) des Vermieters voraussetzt oder dessen bloßes Angebot genügt. Die wohl herrschende Meinung[60] gibt ersterer Auffassung den Vorzug. Der Vermieter ist nicht nur bereits nach der gesetzlichen Formulierung vorleistungspflichtig. § 552 Abs. 2 BGB ist auch eine Ausnahmevorschrift zu Abs. 1, der grundsätzlich ein Wegnahmerecht festlegt. Auch bei einem unangemessenen Angebot bliebe das Wegnahmerecht erhalten. Das Wegnahmerecht würde auch zunichte gemacht, wenn ein vermögensloser Vermieter lediglich ein Angebot abzugeben hat.[61] Das „**berechtigte Interesse**" des Mieters und damit die **Abwendung des Entschädigungsrechtes** des Vermieters kann rein persönlicher (Liebhaberinteressen an Erinnerungs- und Erbstücken) oder wirtschaftlicher Natur sein (Neuanschaffung mit erheblichen Mehrkosten bei geringem Zeitwert der eingebrachten Sache; Einbauten sind auch für die neuen Räume des Mieters geeignet und passend; Neuanschaffung ist auf dem Markt nicht mehr möglich).[62] Ob niedrige Ausbau- und Wiederherstellungskosten ausreichen, ist strittig.[63]

54 Ein **Ausschluss** des Wegnahmerechtes durch Vereinbarung ist bei **Wohnraum** nur wirksam, wenn ein **angemessener Ausgleich** vorgesehen ist (§ 552, Abs. 2 BGB).

---

[56] *Eisenschmid* in *Schmidt-Futterer* § 554 BGB Rdn. 295.
[57] *Eisenschmid* a. a. O.
[58] So auch *Kraemer* in *Bub/Treier* III A Rdn. 1120.
[59] *Scheuer* in *Bub/Treier* V. B. Rdn. 245 ff mit Beispielen.
[60] KG GE 2001, 850.
[61] A. A.: *Scheuer* in *Bub/Treier* V. B. Rdn. 265: nur bei offensichtlicher Zahlungsunfähigkeit des Vermieters; ansonsten genügt Angebot der Zahlung; KG MDR 01, 984: tatsächliches Angebot, das zu Annahmeverzug des Mieters führt.
[62] *Scheuer* in *Bub/Treier* V. B. Rdn. 268.
[63] Dafür: *Scheuer* a. a. O.; verneinend *Franke* in *Jendrek* C III. 16. Anm. 12.

III. Duldungspflichten des Vermieters 55–60 **3. Kap.**

Nach § 578 Abs. 1 und 2 BGB ist für **Geschäftsräume** das Wegnahmrecht **abdingbar**. Bei Ausschluss von Entschädigung gilt nur § 138 BGB als Grenze.[64]

Das Wegnahmerecht des Mieters (i. V. m. § 258 S. 2 BGB) steht der aus § 546 BGB 55 hergeleiteten Räumungspflicht und der damit verbundenen Wegnahmepflicht des Mieters gegenüber.

Nach § 258 S. 2 BGB ergibt sich daraus die Verpflichtung des Vermieters, **nach** 56 **Beendigung** des Mietverhältnisses (während der Dauer des Mietverhältnisses ist der Mieter ohnehin zu derartiger Wegnahme berechtigt) dem Mieter „die Wegnahme der Einrichtung zu **gestatten**".

Auch dieser **Gestattungsanspruch** ist ein echter (siehe oben I.) Duldungsanspruch 57 gegen den Vermieter, das heißt, dieser hat ihn (nur) stillschweigend zu dulden. Der Vermieter ist nicht auf Herausgabe der Einrichtung oder Zustimmung zu deren Wegnahme, sondern mit Rückgabe der Mietsache auf **Duldung/Gestattung** ihrer Wegnahme zu verklagen.[65]

Wurde aber in oben I. die (echte) Duldung als passives Verhalten „bei Kenntnis" 58 definiert, so gilt für den Gestattungs-/Duldungsanspruch des Vermieters nach § 539 Abs. 2 BGB nach wohl herrschender Meinung eine Ausnahme. Die bevorstehende Ausübung des Wegnahmerechtes braucht dem Vermieter nach dieser herrschenden Meinung vorher **nicht angezeigt** zu werden.[66] Begründet wird dies damit, die Rechte des Vermieters seien dadurch gewahrt, dass er unter Ausnutzung seines Besichtigungsrechtes die Existenz von Einrichtungen in den Miefräumen feststellen und eine rechtzeitige Klärung mit dem Mieter herbeiführen könne. Dies würde ein „Unterlaufen" des Abwendungsrechtes des Vermieters durch Zahlung einer angemessenen Entschädigung ausreichend verhindern.

Verweigert der Vermieter die Wegnahme der Einrichtung, muss der **Klageantrag** 59 auf **Duldung** (auch möglich: **Gestattung**) **der Wegnahme der Einrichtung** lauten, wobei nicht nur die Einrichtung selbst, sondern auch deren **Standort** (im früheren Mietobjekt)[67] konkret darzustellen ist. Der Mieter muss **darlegen** und **beweisen,** dass er Einrichtungen eingebracht und der Vermieter ihm deren Wegnahme nach Beendigung des Mieterverhältnisses **untersagt** hat.[68]

Der **Vermieter** muss **darlegen** und beweisen, dass der Mieter Einrichtungen **frei-** 60 **willig** zurückgelassen hat.[69] Die Angemessenheit einer vom Vermieter gezahlten Entschädigung zur Abwendung des Wegnahmerechtes des Mieter hat ersterer darzulegen, wobei die Angemessenheit auch durch **Schätzung** nach § 287 Abs. 2 ZPO ermittelt werden kann.[70] Auch der **Nachmieter** (eventuell als **Gesamtschuldner** mit dem Vermieter) hat die Wegnahme zu dulden,[71] auch ein Nachmieter hat aber Wegnahmerecht, wenn ein Vormieter die Sache eingebracht hatte.[72] Der Mieter kann auch ausdrücklich seinen Duldungsanspruch gegen den Vermieter auf einen Dritten, also auch den Nachmieter, übertragen, also abtreten. Dies kann auch konkludent geschehen, indem der Mieter die Einrichtung dem Nachmieter entgeltlich oder auch unentgeltlich überlässt.[73]

---

[64] BGH NJW 1958, 2109, NJW 1967, 1224 und ZMR 1996, 122; OLG Hamburg MDR 1974, 609; OLG Karlsruhe NJW-RR 1986, 1395.
[65] Allgemeine Meinung: vgl. *Weidenkaff* in Palandt § 539 BGB Rdn. 10; BGH NJW 1981, 2564.
[66] *Weidenkaff* in Palandt § 552 BGB Rdn. 2; differenzierend: *Scheuer* in Bub/Treier V. B. Rdn. 251.
[67] *Scheuer* in *Bub/Treier* V. D Rdn. 281.
[68] BGH NJW 1969, 1855.
[69] BGH NJW 1969, 1855.
[70] *Weidenkaff* in *Palandt* § 552 BGB Rdn. 3.
[71] *Heitgreß* WuM 1982, 32.
[72] LG München ZMR 1962, 198.
[73] BGH NJW 1991, 3031.

3. Kap.   61–65   Klagen auf Duldung, Zustimmung oder Erlaubnis

61   Zu beachten ist, dass der Anspruch des Mieters auf Wegnahme innerhalb der kurzen, 6-monatigen Frist des § 548 BGB **verjährt**. Die Verjährung beginnt nicht erst mit der Rückgabe des Mietobjektes, wenn diese nach der **rechtlichen Beendigung** des Mietverhältnisses erfolgte.[74] **Prozessual** ist zu beachten, dass der Mieter gegenüber Mietzinsansprüchen des Vermieters kein Zurückbehaltungsrecht aus dem Wegnahmerecht geltend machen kann, da er – siehe oben – nur einen Anspruch auf Duldung hat.[75]

62   Ebenso ist Wegnahmerecht des Mieters ausgeschlossen, solange dem Vermieter ein ausgeübtes **Vermieterpfandrecht** (§§ 563, 678) zusteht, was der Vermieter darzulegen und zu beweisen hat.[76]

63   Nach § 258 S. 1 BGB hat der Mieter bei der Ausübung des Wegnahmerechtes alle **Abbau- und Transportkosten** zu tragen und danach die Mietsache ebenfalls auf seine Kosten in den **früheren Zustand** zu versetzen. Für die Erfüllung des letzteren (Schadenersatz) Anspruches kann der Vermieter **Sicherheitsleistung** (§§ 232 ff. BGB) fordern (§ 258 S. 2, 2. Halbsatz BGB). Leistet der Mieter auf eine entsprechende Aufforderung des Vermieters derartige, ausreichende Sicherheitsleistung nicht, kann der Vermieter nach § 258 S. 2, 2. Halbsatz BGB die Gestattung verweigern, also ein **Zurückbehaltungsrecht** geltend machen. Dessen Voraussetzungen und Höhe sind vom Vermieter in einer gerichtlichen Auseinandersetzung darzulegen und zu beweisen, führen aber dann nur zu einer **Zug-um-Zug-Verurteilung** des Vermieters hinsichtlich der Gestattung/Duldung der Wegnahme. Der **Streitwert** einer Klage auf Duldung der Wegnahme bemisst sich nach § 6 ZPO.[77] Anzusetzen ist der **nach Trennung verbleibende Verkehrswert** der Einrichtungen.[78]

2. Duldung baulicher Veränderungen

64   Vorbehaltlich mietvertraglicher Vereinbarungen kann der Mieter vom Vermieter **die Duldung baulicher Veränderungen** nur in eingeschränktem Umfang verlangen. Es soll hier weiterhin (siehe I.) von einer Duldungspflicht und einer Klage auf Duldung nur dann gesprochen werden, wenn der Klageantrag wirklich dahin geht, dass der Vermieter die Handlung ohne weiteres nur hinzunehmen hat.

65   Derartige Duldungsansprüche des Mieters betreffen dann allenfalls kleinere Eingriffe, die der Einrichtung der Wohnung dienen. Dabei kann es sich um **handwerkliche Maßnahmen** bei der Ausstattung der Wohnung (Setzen von Dübeln/Nägeln in geringem Umfang)[79] handeln oder auch um **Einrichtungsmaßnahmen** ohne größere Substanzeingriffe.[80] Sind Anlagen zur **Lebensführung** und insbesondere zur **Haushaltsführung** erforderlich, ist ebenfalls ein Duldungsanspruch des Mieters gegeben. Dem Mieter ist es ohne weiteres gestattet, in der Wohnung die für die Führung eines

---

[74] OLG Bamberg WuM 2004, 20: bei unberechtigtem, weiterem Aufenthalt des Mieters trotz wirksamer Kündigung des Mietverhältnisses: 6 Monate nach rechtlicher Beendigung des Mietverhältnisses, so auch OLG Hamm WuM 1996, 474; a. A. wohl *Weidenkaff* a. a. O. § 548 BGB, Rdn. 12 a. E.

[75] OLG Düsseldorf NZM 1999, 668.

[76] Anspruch des Vermieters gegen den Mieter auf Unterlassung s. 5. Kap. II.; gegenüber dem Mieter besteht ein Duldungsanspruch des Vermieters auf Verwertung dem Vermieterpfandrecht unterliegender Sachen, vgl. *Eisenschmid* in *Palandt* § 535 BGB Rdn. 152.

[77] BGH NJW 1991, 3221.

[78] BGH a. a. O.; KG ZMR 1972, 81.

[79] BGH WuM 1993, 109; LG Darmstadt NJW RR 1988, 80; LG Göttingen WuM 1990, 199.

[80] LG Konstanz WuM 1989, 67 (Einbauküche); AG Aachen WuM 1986, 88 (Ersetzung eines Kohlebadeofens durch einen Durchlauferhitzer); LG Berlin GE 1990, 869 (Aufstellung einer transportablen Duschkabine).

III. Duldungspflichten des Vermieters   66–71 3. Kap.

Haushaltes üblichen Geräte (Kühlschrank, Herd, Waschmaschine, Trockner, Geschirrspülmaschine) **fachgerecht montiert** aufzustellen.[81] Strittig kann allenfalls sein, ob der Vermieter für die Aufstellung der Waschmaschine des Mieters (nicht: Gemeinschaftswaschmaschine) auf einen entsprechenden Gemeinschaftsraum verweisen kann.

Diese Duldungsansprüche, da (s. o. I.) die eigene Sphäre des Mieters betreffend, wird **66** dieser nicht im Wege der hier behandelten Duldungsklage durchzusetzen versuchen (können). Lässt es der Mieter bei Streit über derartige Duldungspflichten im Rahmen des rein internen Gebrauchs seiner Mietsache nicht auf eine Beseitigungs- oder Unterlassungsklage des Vermieters ankommen, kommt allenfalls eine **Feststellungsklage** in Betracht.[82]

Ob der Vermieter dagegen den Eingriff in die **bauliche Substanz** zu dulden hat, **67** wenn das Mietobjekt **endgültig** und nur **schwer behebbar verändert** wird, **nachteilige Folgewirkungen** für die Wohnung oder **dauernde optische Beeinträchtigungen des Gebäudes** zu befürchten sind sowie **Störungen, Belästigungen** oder **Gefährdungen Dritter** auftreten können, kann nicht mehr im Rahmen einer Duldungsklage entschieden werden. Dies gilt nach hM bei Existenz einer **Gemeinschaftsantenne** auch für die **Anbringung** einer **Privatantenne** und eine **Parabolantenne**.[83]

Hier ist in jedem Falle die **Zustimmung** des Vermieters einzuholen bzw. einzuklagen. **68** Derartige Ansprüche des Mieters werden nachstehend unter IV. 1. behandelt.

3. Duldung des Gebrauches der Mietsache

Hier kommen Klagen des Mieters auf Duldung der Mitbenutzung ausdrücklich oder **69** stillschweigend mitvermieteter **Gemeinschaftsflächen** in Betracht (z. B. Abstellen von Kinderwagen im Hausflur; Abstellen eines Kfz's auch vor einer Garage bei alleinigen Nutzungsrecht des Mieters auch für die Garagenzufahrt). Ebenso fallen darunter Klagen des Mieters auf Duldung der Anbringung von **Schildern** am Hauseingang sowie an der Wohnungstür (auch des in die Wohnung berechtigterweise aufgenommenen **Lebensgefährten**).[84] Freiberuflich Tätige wie Ärzte, Steuerberater, Rechtsanwälte u. a. dürfen ebenfalls nach Verlegung der Praxis noch eine angemessene Zeit ein **Hinweisschild** auf ihr **neues Domizil** anbringen.[85] Auch dies hat der Vermieter zu dulden.

Antragsbeispiele: „Der Beklagte hat zu dulden, dass der Kläger im Hausflur des An- **70** wesens ... einen Kinderwagen abstellt/vor der Garageneinfahrt des Anwesens ... sein KFZ mit dem amtlichen Kennzeichen ... abstellt/am Hauseingang des Anwesens ... und an der Wohnungstür seiner Wohnung im ... Stock des Anwesens ... ein Namensschild/Praxisschild anbringt/ein Hinweisschild auf seine neue Adresse ... anbringt."

4. Installation von Anlagen

Frage des Einzelfalles[86] ist es, inwieweit der Vermieter zur Duldung verpflichtet ist, **71** wenn am Fenster der Wohnung oder an der Außenwand des Mietshauses Transpa-

---

[81] AG Hildesheim NJW 1973, 519 für Geschirrspülmaschine; AG Mühlheim WuM 1981, 12 für Wäschetrockner; AG Hameln WuM 1994, 426 für Waschmaschine im Badezimmer; AG Bochum WuM 1980, 136 für Waschmaschine.
[82] S. 6. Kapitel.
[83] *Blank* in *Schmidt-Futterer* § 541 BGB Rdn. 15 m. a. A. LG Hamburg WuM 1999, 454; s. dazu nachstehend in diesem Kapitel IV. 1.
[84] LG Hamburg WuM 1984, 196.
[85] OLG Düsseldorf NJW 1988, 2545.
[86] BayObLG WuM 1983, 129.

rente mit gesellschaftspolitischer Aufschrift installiert werden. Sieht der Mietvertrag ein diesbezügliches Verbot vor, ist der Mieter hieran grundsätzlich gebunden, auch für Plakate, die mit einer eigenen Meinungsäußerung nichts zu tun haben (schlicht dekorative Natur oder z. B. Aushang über eine Ausstellung). Regelt der Mietvertrag derartige Rechte des Mieters nicht, ist eine Interessenabwägung im Einzelfall erforderlich.[87] Eine **Duldungsverpflichtung** des Vermieters wurde bejaht für ein zwei Mal DIN A4 großes Plakat mit der Abbildung eines Atomkraftwerkes mit der Aufschrift „Abschalten".[88] Der Mieter einer zur Veräußerung anstehenden Eigentumswohnung wurde für berechtigt gehalten, an den Außenfenstern der Wohnung ein durchschnittlich auffälliges Plakat mit der Inschrift „Wir bleiben hier" anzubringen.[89]

72 Will der Mieter bei der Anbringung von derartigen Meinungsäußerungen an der Außenfassade des Anwesens – also der „Einflusssphäre" des Vermieters (s.o. I.) – es nicht ebenfalls (s. o. 2) auf eine Beseitigungs- und Unterlassungsklage des Vermieters ankommen lassen, so wird der Klageantrag in allen vorgenannten „Duldungsfällen" wiederum so konkret zu fassen sein, dass – bei klageweise durchgesetzter, passiver Duldung des Vermieters – die im Klageantrag/Urteilstenor benannte Maßnahme dann ohne weitere Mitwirkung des Vermieters durchgeführt werden kann.

IV. Zustimmungspflichten des Vermieters

1. Bauliche Veränderungen:

73 Soweit bauliche Veränderungen über den Rahmen der vorstehend in II. 2 genannten Maßnahmen hinausgehen, also Veränderungen der Mietsache darstellen, muss auch bei grundsätzlicher Genehmigungsfähigkeit und Genehmigungspflicht des Vermieters dessen **Zustimmung** eingeholt bzw. darauf geklagt (§ 894 ZPO) werden.

74 Der Vermieter hat **Eingriffe in die bauliche Substanz** dann nicht zu dulden und kann seine Zustimmung verweigern, wenn das Mietobjekt **endgültig** oder nur **schwer behebbar verändert** wird, **nachteilige Folgewirkungen** für die Wohnung oder **dauernde optische Beeinträchtigungen des Gebäudes** zu befürchten sind. Ebenso kann der Vermieter die Zustimmung verweigern, wenn Störungen, Belästigungen oder Gefährdungen Dritter auftreten können. Sachbezogene, triftige Gründe des Vermieters, derartige Einrichtungen nicht oder nur unter Auflagen zu gestatten, können sich auch aus für ihn nicht unerheblichen Beeinträchtigungen und nachhaltigen Verschlechterungen der Mietsache ergeben.[90]

75 Ob der Vermieter bei derartigen, schwerwiegenden Veränderungen eine Zustimmung zu erteilen hat, bestimmt sich danach, ob die Versagung der Erlaubnis nach Abwägung der erheblichen Interessen des Mieters an der Veränderung und den schutzwürdigen Belangen des Vermieters **rechtsmissbräuchlich** wäre.[91] Jede Partei hat für

---

[87] LG Aachen WuM 1988, 53.
[88] LG Aachen a. a. O. (Unterlassungsanspruch des Vermieters wurde abgelehnt.).
[89] AG Stuttgart – Bad Cannstatt WuM 1981, 28; dagegen AG Nürnberg WuM 1980, 261: „Das Spekulieren mit unseren Wohnungen lassen wir uns nicht gefallen" als vertragswidrig; s. a. 5. Kapitel II.
[90] OLG Karlsruhe NJW 1993, 2185 f; LG Berlin GE 1995, 429; AG Berlin/Tiergarten GE 2000, 127 (keine Zustimmung zu Einbau eines Duschbades bei erheblichem Eingriff in die und Umbau der Haussubstanz); weitere Bespiele bei *Kraemer* in *Bub/Treier* III. A Rdn. 982 f.
[91] *Kraemer* a. a. O. Rdn. 984; zum Thema „Parabolantenne" s. BGH NJW 2004, 937, NZM 2004, 227; OLG Karlsruhe NJW 1993, 2815; LG Berlin GE 2004, 181; BGH NZM 2005, 335, WuM 2005, 237, ZMR 2005, 436; BVerfG WuM 2005, 235; LG Berlin GE 2003, 1330; AG Lörrach WuM 2004, 658; LG Berlin GE 2004, 1097; LG Hannover ZMR 2005, 296; LG Kaiserslautern NZM 2005, 739; OLG Köln NZM 2005, 223; BVerfG ZMR 1996, 534.

IV. Zustimmungspflichten des Vermieters

die Tatsachen, die eine **Interessenabwägung** zu ihren Gunsten rechtfertigen, die **Darlegungs- und Beweislast**.

Im **Klageantrag** ist die vom Mieter vorgesehene Maßnahme konkret und umfassend darzustellen und auf deren Zustimmung (**§ 894 ZPO**) zu klagen. Eine **detaillierte, vorgerichtliche** Aufforderung des Mieters gegenüber dem Vermieter unter Einräumung einer ausreichenden **Überlegungs- und Prüfungsfrist** wird schon deswegen notwendig sein, um ein sofortiges Anerkenntnis des Vermieters im Prozess mit der entsprechenden Kostenfolge (§ 93 ZPO) zu vermeiden. Der **Streitwert** einer derartigen Zustimmungsklage bestimmt sich nach dem Interesse des Mieters an der baulichen Veränderung.

Zwar steht dem Vermieter – seine **Zustimmungspflicht** unterstellt – jedenfalls für die Dauer der Mietzeit bei eigenmächtig vom Mieter vorgenommenen Veränderungen **kein Anspruch auf Beseitigung** zu.[92] Da aber nicht zustimmungspflichtige und auch – nachträglich betrachtet – vom Vermieter nicht zu genehmigende Veränderungen der Mietsache unter dem Gesichtspunkt des vertragswidrigen Gebrauches und der Eigentumsbeeinträchtigung sowohl **Unterlassungs- als Beseitigungs- und Schadenersatzansprüche** auslösen können, die der Vermieter auch während der Mietzeit geltend machen kann, ist schon zur Absicherung des Mieters diesem dringend zu raten, die Frage der Zustimmungspflicht des Vermieters vor Einleitung der Maßnahme gerichtlich klären zu lassen.

2. Veränderungen für eine behindertengerechte Nutzung der Wohnung

§ 554a BGB ist im Rahmen der Mietrechtsreform ist neu eingefügt worden.[93] Mit dieser Regelung hat der Gesetzgeber dem **Wohnungsmieter**[94] im Rahmen der Behindertenpolitik und des Behindertenrechtes einen Anspruch auf „Mietermodernisierung" seiner Wohnung eingeräumt. Danach kann der Mieter vom Vermieter die Zustimmung zu **baulichen Veränderungen** oder **sonstigen Einrichtungen** verlangen, die für eine **behindertengerechten Nutzung** der **Mietsache** oder den **Zugang** zu ihr erforderlich sind, wobei sich der Begriff der Mietsache hier neben der vom Mieter bewohnten Wohnung auch auf die mitvermieteten Räume und Gemeinschaftsflächen (Kellerräume, Waschküchen, Trockenböden) bezieht. Voraussetzung dafür ist ein **berechtigtes Interesse** des Mieters (oder dessen **berechtigten Mitbewohnern**)[95] an der Veränderung oder dem Einbau der Einrichtung.

Der Begriff des **„Behindertseins"** ist nicht einengend im Sinne des Sozialrechtes (z.B. Schwerbehindertengesetz 3) oder des § 305 II Nr. 2 BGB zu verstehen. Auch § 3 des Behindertengleichstellungsgesetzes (BGG) vom 27. 4. 02 kann nicht verwendet werden.[96] Vielmehr soll **jede erhebliche und dauerhafte Einschränkung der Bewegungsfreiheit** des Mieters erfasst werden.

Gleichgültig dabei ist, ob die Einschränkung bereits bei Abschluss des Vertrages vorhanden ist oder erst im Laufe des Mietverhältnisses entsteht. Die gesetzliche Vorschrift soll vor allem die Gruppe der älteren Menschen bevorzugen, die ihre Wohnung altersbedingt umgestalten müssen, um nicht in ein Pflegeheim zu ziehen.[97]

---

[92] BGH NJW 1974, 1463, 1464.
[93] Und stellt im Grunde nur die in Gesetzesform gegossenen Grundsätze der Entscheidung des BverfG WuM 2000, 289, NZM 2000, 539 dar.
[94] *Weidenkaff* in *Palandt* § 554a BGB Rdn. 1; § 554a BGB ist auch in § 578 BGB nicht aufgeführt.
[95] *Weidenkaff* in *Palandt* § 554a BGB Rdn. 5.
[96] *Weidenkaff* a.a.O. § 554a BGB Rdn. 5.
[97] *Eisenschmid* in *Schmidt-Futterer* § 554a BGB Rdn. 8f.

81 Die Begriffe bauliche Veränderung/Einrichtung beziehen sich sowohl auf Maßnahmen im **Inneren** der Wohnung (Anbringung von Haltegriffen, behindertengerechte Türschwellen, Griffe an einer Badewanne, Vorrichtung über dem Bett an der Decke, Einbau einer behindertengerechten Nasszelle) als auch auf erforderliche Umbauten **außerhalb der Mietwohnung** zur Ermöglichung oder Verbesserung deren Zuganges (behindertengerechte Türschwellen, Treppenlift, Auffahrtsrampe für Rollstuhlfahrer etc.).[98] **„Erforderlich"** gemäß § 554a BGB sind **nicht nur zwingend gebotene** Maßnahmen. Es genügt vielmehr, dass die vom behinderten Bewohner beabsichtigte Änderung **hilfreich** und **wesentlich**[99] ist. Die Maßnahme darf also nicht nur mehr „Bequemlichkeit" für den Mieter versprechen.[100] Bei der vom Gesetz vorgesehenen Abwägung (siehe unten) wird aber ohnehin geprüft, ob nicht auch mit einem eventuell geringeren Eingriff in die Rechte des Vermieters das Ziel in gleicher Weise erreicht werden kann.[101]

82 Wenn derartige Veränderungen/Einrichtungen vom Vermieter nicht schon nach den allgemeinen Grundsätzen zu gestatten/dulden sind (vgl. oben III. 4.) kann – insbesondere bei mietvertraglichem Ausschluss derartiger Eingriffe – in jedem Fall auf § 554a BGB zurückgegriffen werden, da zum Nachteil des Mieters von Abs. 2 und 4 abweichende Vereinbarungen unwirksam sind (§ 554a Abs. 3 BGB).

83 Da auch ein Anspruch nach § 554a BGB von allen Mietern gegenüber allen Vermietern geltend gemacht werden muss, gilt im Innenverhältnis, dass der behinderte Mieter von seinem nichtbehinderten Mitmieter die Mitwirkung an einem Verfahren gemäß § 554a BGB verlangen und diese Mitwirkung durchsetzen kann.

84 Der Mieter kann vom **Vermieter nicht die Durchführung** der zur Barrierefreiheit führenden Arbeiten verlangen, sondern hat diese selbst und auf eigene Kosten durchzuführen, eventuell unter Inanspruchnahme für derartige Maßnahmen zur Verfügung gestellter öffentlicher Mittel.

85 Es ist eine **Abwägung** zwischen den Interesse des Mieters und des Vermieters vorzunehmen, die einer gerichtlichen Überprüfung unterworfen ist. Zu beachten ist jedoch, dass bereits nach dem Wortlaut des Gesetzes der **Vermieter** seine Zustimmung **nur verweigern** kann, wenn seine Interessen an der unveränderten Erhaltung der Mietsache oder des Gebäudes das Interesse des Mieters an einer behindertengerechten Nutzung der Mietsache **überwiegen** (§ 554a Abs. 1 S. 2 BGB). Ergibt also eine Abwägung von beiden Mietvertragsparteien darzulegenden und zu beweisenden, jeweiligen Interessen eine **Gleichwertigkeit,** gibt der Gesetzgeber dem **Mieter** den **Vorrang.** Der Vermieter hat dann die Zustimmung zu erteilen.

86 Diese umfassende Interessenabwägung der Vertragsparteien und der Mitmieter, eventuell auch der Miteigentümer (siehe unten) in/an dem Gebäude hat einerseits zu berücksichtigen, dass das Bundesverfassungsgericht[102] den **Besitz** des Mieters an der Wohnung als zumindest **„eigentumsähnlich"** ansieht. Die Interessen des Vermieters gehen andererseits desto stärker in die vorzunehmende Abwägung ein, je schwerer der geplante Eingriff in die bauliche Substanz ist. Bei der Abwägung sind insbesondere Art der Behinderung, deren Dauer (Heilungschancen), Schwere der Behinderung, Umfang und Erforderlichkeit der Maßnahme, Dauer der Bauzeit, Möglichkeit des späteren Rückbaus, bauordnungsrechtliche Genehmigungsfähigkeit, Beeinträchtigung der Mitmieter während der Bauzeit, Einschränkung durch die Maßnahme selbst sowie mögliche Haftungsrisiken des Vermieters aufgrund der ihm obliegenden Verkehrssiche-

---

[98] *Drasdo* WuM 2002, 123, 124; *Mersson* NZM 2002 313, 314.
[99] *Rips* WuM 2003, 429.
[100] *Eisenschmid* in *Schmidt-Futterer* § 554a BGB Rdn. 27.
[101] *Rips* a.a.O., 429, 430.
[102] BVerfG NJW 1993, 2053.

IV. Zustimmungspflichten des Vermieters 87–93 **3. Kap.**

rungspflicht[103] von der jeweils sich darauf berufenden Mietvertragespartei zur Begründung der jeweiligen Interessenlage vorzutragen und unter Beweis zu stellen.

Eine Behinderung aufgrund einer Krankheit muss zumindest so nahe und unausweichlich bevorstehen, dass ein „Zuwarten" für den Mieter nicht zumutbar ist,[104] was der Mieter darzulegen und zu beweisen hat. 87

Die berechtigten Interessen **anderer Mieter in dem Gebäude** sind zu berücksichtigen (§ 554a Abs. 1 S. 3 BGB). Sind Mitmieter durch die Maßnahme in ihrer Nutzung beeinträchtigt (z. B. Verengung des Hausflures/Treppenhauses durch Einbau eines Treppenliftes) oder gehindert (Wegfall von Zugängen zu Kellerräumen), fließt dies in die Gesamtabwägung zu Lasten des Mieters ein. Auch dürfen bei Zusammenleben von Menschen mit unterschiedlichen Behinderungen in einem Anwesen nicht Erleichterungen für den einen Mieter andere behinderte Mieter wieder unzumutbar beeinträchtigen. 88

Führen Maßnahmen nach § 554a BGB zu einer (erheblichen) Gebrauchsminderung für andere Mieter, die auch an eine zustimmende Mehrheitsentscheidung der Mieter im Hause nicht gebunden wären, ist grundsätzlich ein Minderungsanspruch (§ 536 BGB) der beeinträchtigten Mitmieter denkbar, worauf sich zur Begründung seiner Interessenlage der Vermieter berufen wird und dies darzulegen und zu beweisen hat. 89

Wegen des (siehe oben) eigentumsähnlichen Charakters des Besitzes an der Wohnung wird jedoch wegen der damit eben auch verbundenen Sozialpflichtigkeit des Eigentums und wegen der gesetzgeberischen Vorgabe in § 554a BGB ein Minderungsrecht abzulehnen sein.[105] 90

Stimmen vom Vermieter zur beabsichtigten Barrierefreiheitsmaßnahme angehörte, andere Mieter unter Darlegung schwerwiegender Interessen der Maßnahme ausdrücklich nicht zu und behalten sich Minderungsrechte vor, kann dem Vermieter eventuell trotzdem nur empfohlen werden, sich unter Hinweis auf diese angekündigten Minderungsansprüche auf eine prozessuale Auseinandersetzung mit dem behinderten Mieter einzulassen und in diesem Prozess den die Zustimmung verweigernden Mitmietern den **Streit zu verkünden,** wenn sich der behinderte und dazu auch leistungsfähige Mieter nicht von vorneherein darauf einlässt, den Vermieter von eventuellen, berechtigten Minderungsansprüchen von Mitmietern freizustellen. 91

Der Vermieter kann seine Zustimmung aber auch von **Auflagen** abhängig machen. Dazu gehört die sach- und fachgerechte Ausführung der Maßnahme, die Ausschaltung eines damit verbundenen Schadensrisikos (Abschluss einer Haftpflichtversicherung durch den behinderten Mieter), Berücksichtigung des Erscheinungsbildes des Gebäudes, Einhaltung von eventuellen Denkmalschutzbestimmungen oder baurechtlichen oder sonstigen öffentlich-rechtlichen (verbleibender Fluchtweg im Treppenhaus)[106] Bestimmungen, Übernahme der Reparatur- und Wartungskosten und Regelung über neu anfallende oder erhöhte Betriebskosten etc.[107] Bestehen berechtigte Zweifel an der wirtschaftlichen Leistungsfähigkeit des Mieters, kann, z. B. bei einem Sozialmieter, die **Kostenübernahmeerklärung** des Sozialhilfeträgers zur Auflage gemacht werden.[108] 92

Da der Mieter bei Wegfall der Behinderung durch Heilung, bei Auszug der die Wohnung berechtigt nutzenden, behinderten Person oder auch bei deren Tod,[109] spä- 93

---

[103] *Eisenschmid* in *Schmidt-Futterer* § 554a BGB Rdn. 33; *Weidenkaff* in *Palandt* § 554a BGB Rdn. 9.
[104] *Eisenschmid* a. a. O.
[105] So auch im Ergebnis *Eisenschmid* in *Schmidt-Futterer* § 554a BGB Rdn. 49.
[106] S. aber OLG München NJW-RR 2005, 1324 (Verringerung Mindestbreite Fluchtweg hinzunehmender Nachteil).
[107] *Eisenschmid* § 554a BGB, Rdn. 38 ff.
[108] *Drasdo* WuM 2002, S. 128/130.
[109] *Drasdo* WuM 2002, 128.

testens nach Beendigung der Mietzeit (mangels einer anderen Vereinbarung und eines eventuellen Ablösungsrechtes des Vermieters nach § 552 Abs. 1. BGB) verpflichtet ist, den ursprünglichen Zustand wieder herzustellen und Schäden zu beseitigen (§ 546 Abs. 1 BGB),[110] **kann** (nicht: muss) der Vermieter seine Zustimmung zur Durchführung der Maßnahme nach § 545a BGB von der Leistung einer **„angemessenen, zusätzlichen Sicherheit"** abhängig machen, bis zu deren Erbringung also ein **Zurückbehaltungsrecht** geltend machen.

94 Da nach § 554a Abs. 2 S. 2 nur § 551 Abs. 3 und 4 (nicht aber § 551 Abs. 1 BGB) entsprechend gelten, hat die Sicherheitsleistung in **einer Zahlung, fällig vor Beginn** der Baumaßnahme, zu erfolgen, wobei der Vermieter die Sicherheitsleistung wie eine **Kaution** anzulegen hat. Für die Sicherheitsleistung und deren Verwendung sind schriftliche Vereinbarungen zwischen den Mietvertragsparteien zu empfehlen.

95 Diese „zusätzliche" Sicherheit ist also unabhängig von der Kautionszahlung des Mieters (§ 551 BGB). Ihre Höhe richtet sich nach den voraussichtlichen Rückbau- und Entsorgungskosten. Nach dem Gesetzeswortlaut hat im Streitfall der Vermieter die **Darlegungs- und Beweislast** für die angemessene **Höhe** der zu leistenden Sicherheit.[111]

96 Hat der Vermieter die Zustimmung erteilt oder ist diese durch Endurteil ersetzt worden, kann er den – unterlassenen – Einwand nicht angemessener Sicherheitsleistung nicht mehr erheben. Gleiches gilt, falls der Vermieter es vorgerichtlich und auch noch im Prozess versäumt, die vorstehend dargestellten Auflagen geltend zu machen und daraus ein Zurückbehaltungsrecht herzuleiten. Sobald dem Vermieter insoweit ein **Bestimmungsrecht** zusteht, muss er dies **ausüben.** Versäumt er dies, kann der Mieter die Maßnahmen im Rahmen der sonstigen Rechtslage nach seinem Willen und seinen Vorstellungen durchführen.[112]

97 Auch bei längerfristigen Mietverhältnissen ist bei der Bemessung der Sicherheitsleistung auf deren **„voraussichtliche** Höhe" abzustellen. Eine prognostizierte Kostenentwicklung ist dabei nicht einzukalkulieren.[113] Stellt sich im Verlaufe eines längeren Mietverhältnisses heraus, dass angesichts tatsächlich gestiegener Baukosten die Sicherheitsleistung unangemessen niedrig (geworden) ist, kann der Vermieter, dessen umfassende Sicherung der Gesetzgeber vorgesehen hat, **zusätzliche** oder **ergänzende** Sicherheit verlangen (§ 240 BGB).[114]

98 § 554a BGB gibt dem Mieter auch das Recht zu baulichen Veränderungen von Gemeinschaftsflächen außerhalb (Treppenhaus, Kellerräume, Waschküche etc.) oder innerhalb der Wohnung (Umbau/Entfernung tragender Wände), also von Gebäudeteilen, die im Rahmen einer **Wohnungseigentümergemeinschaft Gemeinschaftseigentum** darstellen. Hier ist der Eigentümer/Vermieter der Wohnung des behinderten Mieters auf die **Zustimmung** der gesamten **Wohnungseigentümergemeinschaft** angewiesen (§ 22 Abs. 1 i.V.m. § 14 Nr. 1 und 3 WEG). Deswegen hat der Vermieter die Zustimmung der Wohnungseigentümergemeinschaft herbeizuführen, die unter gleicher Interessenabwägung wie der Wohnungseigentümer/Vermieter selbst die Zustimmung zu erteilen hat (§ 22 Abs. 1 WEG).

---

[110] Die Schadensbeseitigungspflicht ergibt sich nicht direkt aus § 554a BGB, soll nach dem Bericht des Rechtsausschusses des BT zu § 554a BGB aber auch hier ergänzende Pflicht des Mieters sein.

[111] So auch *Eisenschmid* in *Schmidt-Futterer* § 554a BGB Rdn. 60; a.A. *Drasdo* a.a.O.;

[112] *Drasdo* a.a.O. S. 126.

[113] *Eisenschmid* in *Schmidt-Futterer* § 554a BGB Rdn. 59; a.A. *Mersson* ZMR 2001, 956, 958.

[114] *Eisenschmid* a.a.O. Rdn. 59; *Drasdo* WuM 2002, 123, 127; *Rips* WuM 2003, 429, 431 hält Anreicherung durch auflaufende Zinsen bei Barkaution für ausreichenden Inflationszuschlag.

IV. Zustimmungspflichten des Vermieters

Den Anspruch auf Zustimmung der Wohnungseigentümergemeinschaft muss der Vermieter notfalls gerichtlich vor dem **WEG-Gericht** durchsetzen.[115] Wohnungseigentümer/Mieter können auch vereinbaren, dass der Mieter den Anspruch des Vermieters gegen die Eigentümergemeinschaft im Wege der gewillkürten **Prozessstandschaft** (vor dem WEG-Gericht) geltend macht.[116] In einem mietrechtlichen Verfahren zwischen Mieter und Vermieter auf Erteilung der Zustimmung wird bis zur vorgreiflichen Entscheidung des WEG-Gerichtes der Prozess bis zum Abschluss des WEG-Verfahrens **auszusetzen** sein (§ 148 ZPO),[117] um zu vermeiden, dass inzidenter im mietrechtlichen Verfahren die wohnungseigentumsrechtliche Rechtslage mit geprüft und entschieden werden muss bzw. um der Gefahr widersprechender Entscheidungen vorzubeugen.[118]

Die gleichen Überlegungen werden im Übrigen anzustellen sein, wenn der Vermieter nicht zugleich Eigentümer einer vermieteten Wohnung ist.[119]

Hat die Wohnungseigentümergemeinschaft gegen den Vermieter als Eigentümer der Wohnung Anspruch auf Sicherheit für die Rückbaukosten, ist der Mieter verpflichtet, Zustimmung zur **Übertragung** seiner dem Vermieter gegebenen **Sicherheit** auf die Eigentümergemeinschaft zu geben.[120]

Da der Vermieter **vor Beginn** der Maßnahme die Berechtigung des Mieteranliegens und seine entgegenstehenden Interessen umfassend zu prüfen in die Lage versetzt werden sollte, hat der Mieter den Vermieter rechtzeitig vor Beginn der Maßnahme **umfassend** zu informieren und gegebenenfalls schon vor, spätestens aber bei entsprechenden Einwendungen/Auflagen des Vermieters auf diese einzugehen bzw. deren Erfüllung (baurechtliche Genehmigungen) nachzuweisen.

Drasdo[121] ist zwar grundsätzlich Recht zugeben, dass der vom Gesetzgeber in § 554a BGB verwendete Begriff „Zustimmung" nach §§ 182ff. BGB sowohl die vorherige als auch die nachträgliche Willenserklärung des Vermieters abdecken würde (siehe auch oben I.).

Führt der Mieter aber bauliche Maßnahme **ohne vorherige Zustimmung** des Vermieters durch, besteht nicht nur die Gefahr, dass der Vermieter später zulässige Direktiven gibt und/oder zulässige Auflagen macht, die vom Mieter einzuhalten sind und deren damit verbundenen Mehrkosten er zu tragen hat.[122]

Der Vermieter kann darüber hinaus auch eventuell das Mietverhältnis nach Maßgabe von § 543 Abs. 1 BGB fristlos oder gemäß § 573 Abs. 2 Nr. 1 BGB ordentlich **kündigen** und/oder den Mieter auf **Unterlassung,** bei schwerwiegenden Eingriffen sogar auf **Beseitigung,** in Anspruch zu nehmen. Letztere Rechte stehen bei Eingriffen in das Gemeinschaftseigentum auch der Wohnungseigentümergemeinschaft zu.

Zwar kann dann in diesen Prozessen der Mieter sich – erstmalig, dann aber unter eventuell schwer darzustellender, genauer Darlegung/Belegung aller gesetzlichen Voraussetzungen einschließlich des vorwegzunehmenden Ergebnisses der vorzunehmen-

---

[115] Unterlässt der Vermieter z.B. die Anfechtung eines versagenden Beschlusses der WEG, macht er sich gegenüber dem Mieter schadensersatzpflichtig, OLG Köln NJW-RR 2005, 530 (zur Duldung Parabolantenne).

[116] *Eisenschmid* in *Schmidt-Futterer* § 554a BGB Rdn. 69 unter Hinweis auf BayObLG WuM 2001, 202, NZM 2000, 678, ZMR 2001, 906.

[117] *Blank* in *Blank/Börstinghaus* § 554a BGB Rdn. 25 ff.

[118] *Drasdo* WuM 2002, 123, 129.

[119] *Eisenschmid* in *Schmidt-Futterer* § 554a BGB Rdn. 66.

[120] *Eisenschmid* in *Schmidt-Futterer* § 554a BGB Rdn. 70 m.w.N.

[121] *Drasdo* WuM 2002, S. 123, 124; a.A. *Eisenschmid* in *Schmidt-Futterer* § 554a BGB Rdn. 15 m.w.N.: vorherige Zustimmung, also Einwilligung.

[122] So auch *Drasdo* WuM 2002, 123.

den Interessenabwägung – auf § 554a BGB berufen, woraufhin zwar auch über diesen Anspruch nach § 554a BGB mit zu entscheiden ist.[123]

107 Abgesehen von dem mit einem derartigen Vorgehen verbundenen **Prozesskostenrisiko** (Erledigungserklärung des Vermieters und Kostentragungspflicht des Mieters) verbleibt grundsätzlich angesichts der gerichtlich dann zu überprüfenden Abwägung der Interessen von Vermieter und Mieter eine erhebliche Gefahr für den Mieter, hier im Prozess mit seinem erstmaligen Einwand nach § 554a BGB nicht durchzudringen.

108 Vorgerichtlich hat der Mieter dem Vermieter eine „**angemessene**" **Überlegungs-/Prüfungs-/Zustimmungsfrist** einzuräumen, bevor er Klage auf Zustimmung erheben kann Diese Frist wird nach allgemeinen Grundsätzen mindestens ein bis zwei Monate betragen.

109 Der Mieter erleichtert dem Vermieter die Prüfung/Zustimmung und kann darauf gerichtete Frist eventuell verkürzen, wenn er unter detaillierter Darlegung der von ihm vorgesehenen Maßnahmen alle technischen Unterlagen/Baupläne, Angebote einer abzuschließenden Haftpflichtversicherung und eines Wartungsvertrages mit einer Fachfirma, nachvollziehbare Schätzungen über die zu leistende Sicherheit und eventuell sogar bereits schriftliche Zustimmung aller anderen Mieter im Haus mit dem Zustimmungsverlangen vorlegt, um zeitraubende, eventuell auf Zeitgewinn abzielende Rückfragen des Vermieters zu vermeiden.

110 Im **Klageantrag** (auf Abgabe einer Willenserklärung, § 894 ZPO) ist detailliert und konkret, notfalls unter Beifügung von Bauplänen, darzustellen, zu welcher genauen Maßnahme der Mieter die Zustimmung des Vermieters fordert. Der Mieter hat die **Beweislast** für seine (oder eines berechtigten Mitbenutzers) Behinderung, für die umfassende und detaillierte, vorgerichtliche Aufforderung, für die Erfüllung aller vom Vermieter vorgerichtlich zulässiger Weise gemachten Auflagen, für die Leistung der angemessenen Sicherheitsleistung und die Übernahme laufender Wartungs-, Reparatur- und Betriebskosten der geplanten Einrichtung.

111 Abgesehen von Mietern, deren mangelnde finanzielle Leistungsfähigkeit für die Übernahme laufender Wartungs- und Betriebskosten etc. unstreitig/unbestreitbar sein wird (z.B. Sozialmieter, bei denen eine Kostenübernahmeerklärung des Sozialträgers erforderlich und notfalls zu beweisen ist),[124] wird ansonsten die **wirtschaftliche Leistungsfähigkeit** des Mieters für die Übernahme laufender Kosten keine Rolle spielen dürfen.

112 Kommt der Mieter aber wegen verschlechterter finanzieller Verhältnisse nach Durchführung der Maßnahme dieser Kostentragungspflicht nicht (mehr) nach, muss dem Vermieter letztlich nach allgemeinen Grundsätzen die Möglichkeit offengelassen werden, hier auch nachträglich seine Zustimmung zu widerrufen und dann Beseitigung der Maßnahme zu fordern und einzuklagen.

113 Zwar ist die Zustimmung des Vermieters nach § 554a Abs. 2 S. 1 BGB ausdrücklich nur von der angemessenen Sicherheitsleistung für die Wiederherstellungskosten abhängig. Zulässige Auflagen und deren Erfüllung haben jedoch bereits bei der Interessenabwägung und der Feststellung, dass dem Vermieter keine „überwiegenden" Interessen zur Seite stehen, eine entscheidende Rolle gespielt. Kommt der Mieter der dauernden Erfüllung zulässig gestellter Auflagen (z.B. ständige Wartung eines Treppenhausliftes, Instandhaltungs- und Reparaturkosten einer Auffahrtsrampe für einen Rollstuhl) nachträglich nicht mehr nach, obliegt (wieder) dem Vermieter zumindest gegenüber anderen Mietern/Besuchern des Hauses die damit verbundene Verkehrssicherungspflicht.

---

[123] *Eisenschmid* in *Schmidt-Futterer* § 554a BGB Rdn. 16 m.w.N.
[124] S. vorstehend Rdn. 92.

IV. Zustimmungspflichten des Vermieters

Genauso wie der Wegfall der Behinderung (siehe oben) zu einer Beseitigungspflicht des Mieters führt, muss dies dann bei nicht mehr gewährleisteter Kostentragung, zumindest bei schwerwiegender Beeinträchtigung des Vermieters gelten. 114

Im Prozess auf Erteilung der Zustimmung hat der **Vermieter** nicht nur die **Darlegungs- und Beweislast** für sein „**überwiegendes**" (siehe oben) Interesse. Er hat auch nach zumindest herrschender Meinung[125] die **Darlegungs- und Beweislast**, wenn er die vom Mieter angebotene und erbrachte **Sicherheitsleistung** für **unzureichend** hält. Ebenfalls hat der Vermieter prozessual die Darlegungs- und Beweislast für die bei einer Abwägung zu berücksichtigenden **Interessen** von **Mitmietern/Miteigentümern**. 115

Der **Streitwert** einer Klage auf Zustimmung nach § 554a BGB richtet sich nach § 3 ZPO. Genausowenig wie bei der Auseinandersetzung über die Duldung des Vermieters zur Wegnahme von Einrichtungen (s. o. III. 1.) kann hier fiktiv von einer Mieterhöhung und deren mehrfachem Betrag ausgegangen werden. Gleiches gilt für eine fiktive Mietminderung, da dem Mieter zwar nach § 554a BGB ein Recht auf Zustimmung, mangels dieser Zustimmung jedoch keine Mietminderung zusteht. Analog zu dem Streitwert für die Wegnahme einer Einrichtung (s. o. III. 1.) ist deswegen vom **Wert der Einrichtung,** also deren Anschaffungspreis, auszugehen. 116

3. Zustimmung zur Tierhaltung

Die meisten Wohnraummietverträge beinhalten eine Regelung zur Tierhaltung. Fehlt ausnahmsweise eine derartige Vereinbarung (oder eine stillschweigende Erlaubnis/Duldung der Tierhaltung), ist Tierhaltung nach einer Auffassung **grundsätzlich vertragswidrig**.[126] Nach anderer Ansicht gehört die Tierhaltung zum **Gebrauch der Mietsache** i. S. d. § 536 BGB.[127] Dann hätte der Vermieter dies (s. o. III. 3.) schlicht zu dulden. Dies wird nach überwiegender Auffassung zumindest für **Kleintiere** (Ziervögel, Fische im Aquarium, Hamster, Meerschweinchen, Zwergkaninchen und ähnliche Lebewesen,[128] soweit ihre Anzahl das übliche Maß nicht überschreitet) gelten, da derartige Kleintiere nach außen nicht oder kaum in Erscheinung treten. Ihre exotische Herkunft soll dabei ebenfalls keine Rolle spielen.[129] 117

Für **Kleintiere** dürfte daher auch das **individualvertraglich** vereinbarte Verbot jeglicher Tierhaltung nicht greifen. Ansonsten wäre eine derartige Vereinbarung wirksam.[130] **Formularvertraglich** ist der **vollständige** Ausschluss jeglicher Tierhaltung („Das Halten von Haustieren ist unzulässig"[131] oder „Haustiere jeglicher Art dürfen nur mit schriftlicher Zustimmung des Vermieters gehalten werden")[132] **unwirksam.**[133] 118

---

[125] *Weidenkaff* in *Palandt* § 554a BGB Rdn. 4; a. A. *Drasdo* WuM 2002, 123 – Mieter –.

[126] OLG Hamm DWW 1981, 48 (Mehrfamilienwohnhaus) mit abw. *Blank* WuM 1981, 121; LG Karlsruhe DWW 2002, 100; a. A. AG Wedding GE 2002, 997.

[127] LG Hildesheim WuM 1989, 9; AG Friedberg/Hessen WuM 1993, 398; AG Dortmund WuM 1989, 495; AG Köln MDR 1997, 344; *Sternel* Rdn. II 144 und 163 ff.; *Schmidt/Futterer* WuM 1962, 147; ablehnend: LG Braunschweig WuM 1996, 291; AG Köln NJW-RR 1995, 1416; offengelassen OLG Hamm (RE) WuM 1981, 53; LG Berlin WuM 1998, 606; *Neuhaus* DWW 2001, 45, 48.

[128] Ausführliche Begriffsbestimmung bei AG Hanau WuM 2002, 91; KG WuM 2004, 721 stellt bei Katzenhaltung Erlaubnisvorbehalt zumindest in Frage.

[129] *Blank* in *Schmidt-Futterer* § 541 BGB Rdn. 54 m. w. N.

[130] LG Lüneburg WuM 1995, 704; *Schmid* WuM 1988, 345.

[131] BGH WuM 1993, 109.

[132] LG München I WuM 1994, 372.

[133] Weitere Beispiele unwirksamer Formularklauseln bei *Harsch* in *Schmid* Kap. 9 Rdn. 52 ff.

119 Fehlen Vereinbarungen zwischen den Mietvertragsparteien oder sind diese unwirksam, ist im Streit über die Tierhaltung einzelfallbezogen unter **Abwägung der beiderseitigen** Interessen zu entscheiden.[134]

120 Vor dieser Interessenabwägung muss aber erst der **Grundsatz der Gleichbehandlung** aller Mieter eingehalten sein. Ein Vermieter kann Mieter nicht ohne triftigen Grund unterschiedlich behandeln (§ 242 BGB). Gestattet also der Vermieter willkürlich einem Teil der Mieter die Haustierhaltung und verweigert dies anderen Mietern ohne sachlichen Differenzierungsgrund, liegt **Rechtsmissbrauch** vor.[135] Dies soll auch gelten, wenn der Vermieter selbst einen Hund hält.[136]

121 Der Mieter hat einen Rechtsanspruch auf Erteilung der Erlaubnis, wenn seine Interessen an der Tierhaltung **gewichtiger** sind als die Interessen des Vermieters an deren Verbot. Dies entspricht dem auch sonst anerkannten Prinzip, dass über den Umfang des vertragsgemäßen Gebrauchs aufgrund einer Interessenabwägung zu entscheiden ist, wobei auch die jeweiligen Grundrechte der Parteien zu berücksichtigen sind. Die Eigentumsinteressen des Vermieters müssen also mit den Interessen des Mieters an der Entfaltung seiner Persönlichkeit in Einklang gebracht werden.[137]

122 Es wird bei der Interessenabwägung insbesondere auf die **Art** und die **Zahl** der Tiere, auf die **Größe der Wohnung,** auf die Art und die Größe des **Hauses,** auf die Anzahl und die Art der **im Haus gehaltenen Tiere,** auf die **Altersstruktur** der **Bewohner,** auf **besondere Bedürfnislagen** beim Mieter und auf das **Verhalten** des **Vermieters** in vergleichbaren Fällen ankommen.[138]

123 Sprechen beim Mieter **gesundheitliche** Gründe für eine Tierhaltung (Blindenhund, eventuell auch Verbesserung depressiver Stimmungen durch den Umgang mit einem Tier),[139] oder **persönliche** Umstände (Einsamkeit im Alter), so ist dies zu berücksichtigen.

124 Bei den Interessen des Vermieters sind vom Tier ausgehende, erhebliche **Belästigungen** abzuwägen.[140] Ebenso kommen in Betracht eine Beeinträchtigung der Mietsubstanz,[141] eine besondere Gefährlichkeit der gehaltenen Tiere (Giftschlagen, Skorpione, Giftspinnen, Riesenschlangen etc.) oder von Tieren ausgehende Ekelerregung bei anderen Hausbewohnern (Ratten).[142] Bei einem **Kampfhund** soll der Mieter eventuell nur seine Eignung zur Haltung nachweisen müssen.[143] Bei der Zahl der gewünschten Tiere ist die Rechtsprechung teilweise sehr großzügig.[144]

---

[134] LG Mannheim ZMR 1992, 545; LG Freiburg WuM 1997, 175; *Blank* in *Schmidt-Futterer* § 541 BGB Rdn. 68.

[135] AG Leonberg WuM 1997, 210; LG München I WuM 1999, 217; LG Freiburg WuM 1996, 247; LG Berlin WuM 1987, 213.

[136] LG München a.a.O., AG Lörrach WuM 1986, 247.

[137] *Blank* in *Schmidt-Futterer* § 541 BGB Rdn. 57 ff. mit Beispielen für zu erteilende und nicht zu erteilende Erlaubnisse.

[138] So auch *Blank* a.a.O. Rdn. 57.

[139] LG Mannheim ZMR 1992, 545; a.A. LG Hamburg WuM 1996, 533: der Mieter müsse andere Möglichkeiten zur Verbesserung seiner depressiven Veranlagung suchen.

[140] *Blank* in *Schmidt-Futterer* § 541 BGB Rdn. 71.

[141] AG Hanau WuM 2002, 91.

[142] Insgesamt dazu AG Hanau WuM 2002, 91; s. auch AG München WuM 2005, 649 (aggressives Minischwein).

[143] LG Krefeld WuM 1996, 533: die langjährige Hundehaltung allein sei wenig aussagekräftig; a.A. LG Offenburg WuM 1998, 285: Selbst bei Kampfhunden müsse eine konkrete Gefährdung nachgewiesen werden; a.A. (allein die rassebedingten Eigenschaften des Tieres rechtfertigen ein Entfernungsverlangen des Vermieters) LG Gießen NJW-RR 1995, 12; LG Nürnberg-Fürth ZMR 1991, 179; AG Spandau GE 2002, 670).

[144] AG Hanau WuM 2002, 91: 5 Chinchillas in 2 Käfigen noch vertragsgemäßer Gebrauch; weitere Beispiele bei *Blank* in *Schmidt-Futterer* § 541 BGB Rdn. 58.

IV. Zustimmungspflichten des Vermieters　　　　125–131　**3. Kap.**

Klagt der Mieter – nach in der Klage darzustellender, vergeblicher, vorgerichtlicher **125** Aufforderung zur Erlaubniserteilung –, so ist im **Klageantrag** das **Tier** möglichst genau nach **Rasse, Größe, Farbe** zu bezeichnen und der Vermieter zu verpflichten, die Erlaubnis zur Haltung dieses konkret bezeichneten Tieres in der zu benennenden Wohnung zu erteilen (§ 894 ZPO). Der Mieter hat die **Darlegungs- und Beweislast** für die seinen Interessen entsprechenden Umstände und für das Verhalten des Vermieters in vergleichbaren Fällen, der Vermieter für die gegenteiligen Tatsachen.

Der **Streitwert** einer derartigen Klage schwankt je nach Tier zwischen € 300,00 **126** und € 1000,00.[145] Entscheidend ist das Interesse des Mieters an der Tierhaltung, wobei auch subjektive Kriterien zu berücksichtigen sind.[146] Bei Tierhaltung aus gesundheitlichen Gründen ist der Wert höher anzusetzen.[147] Fehlen konkrete Anhaltspunkte, so rechtfertigen die i. d. R. bestehenden, affektiven Beziehungen des Mieters zum Tier einen höheren Streitwert als für die Unterlassungsklage des Vermieters.[148]

Auch bei der Tierhaltung geht der Mieter ein erhebliches Risiko ein, wenn er ohne **127** (vorherige, notfalls eben einzuklagende) Erlaubnis des Vermieters ein nicht nur erlaubnispflichtiges, sondern nach gerichtlicher Überprüfung nicht „erlaubnisfähiges" Tier hält. Der Mieter riskiert auch hier nach einer vorherigen Abmahnung eine Unterlassungs-/Beseitigungsklage des Vermieters,[149] eventuell auch unter den Voraussetzungen der §§ 543 Abs. 2 Nr. 2, 569 Abs. 2, 573 Abs. 2 Nr. 2 BGB eine Kündigung des Mietverhältnisses, bei deren Entscheidung zwar die Frage der Erlaubnispflicht/Erlaubnisfähigkeit des Tieres mitentschieden, aber eben zu Ungunsten des Mieters beurteilt werden kann.

4. Zustimmung Gebrauchsüberlassung an Dritte/Untermiete

Der Gesetzgeber hat durch das Mietrechtsreformgesetz die frühere Bestimmung des **128** § 549 BGB a. F. durch die §§ 540, 553 BGB ersetzt. § 540 BGB stellt jetzt die **Grundsatzvorschrift** und § 553 BGB – entsprechend der Systematik des reformierten Mietrechts – die **Spezialvorschrift für die Wohnungsmiete** dar.[150]

Der Gesetzgeber hat hier die grundsätzliche Entscheidung getroffen, dass der Mieter **129** den Mietgebrauch grundsätzlich nur in eigener Person ausüben darf. Es sei wesentlich, welche Person diesen Mietgebrauch ausübe, da sich danach Umfang und Art des Gebrauches bestimmen.[151] Abgesehen davon würde eine unbeschränkte Gebrauchsüberlassung an Dritte (und deren weitere Gebrauchsüberlassung) nach kurzer Zeit für den Vermieter zu völlig unübersichtlichen Verhältnissen führen.

Dieser aus der **Eigentumsgarantie** (Art. 14 Abs. 1 GG) des Vermieters herrühren- **130** den, grundsätzlichen Erlaubnispflicht steht das Recht des Mieters auf eigene Lebensgestaltung (Art. 2 Abs. 1 GG) gegenüber.

Keine **Erlaubnispflicht** liegt wegen des letzteren Verfassungsgrundsatzes vor, wenn **131** der Mieter Besucher empfängt. **Besucher** ist, wer den Mieter auf Grund besonderer persönlicher Beziehungen aufgesucht hat und sich in dessen Wohnung für eine vorübergehende Zeit aufhält, ohne hierfür ein Entgelt zu entrichten.[152] **Einschränkungen**

---

[145] *Hannemann* in *Jendrek* B II. 33. Anm. 3.
[146] LG Hamburg WuM 1986, 248; LG Mannheim ZMR 1992, 545; LG Kassel WuM 1998, 296.
[147] LG Mannheim ZMR 1992, 545: auf jeden Fall über der Berufungsgrenz.
[148] LG Hamburg WuM 1986, 248 (Wert über der damaligen Berufungsgrenze).
[149] Siehe Kapitel 7.
[150] BGH NJW 2004, 56, 57; *Blank* in *Schmidt-Futterer* § 553 BGB Rdn. 1; *Weidenkaff* in *Palandt* § 540 BGB Rdn. 1.
[151] *Blank* in *Schmidt-Futterer* § 540 BGB Rdn. 1.
[152] *Blank* in *Schmidt-Futterer* § 540 BGB Rdn. 32.

des **Besuchsrechts** können sich allenfalls aus dem Vertragszweck, dem durch die Art des Mietobjektes geprägten Mietgebrauch bzw. der Beschaffenheit des Mietobjektes selbst ergeben.[153]

132 Eine Abgrenzung zwischen **kurzfristigen** Besuchen und **längerfristiger** Gebrauchsüberlassung lässt sich nur im Einzelfall treffen. Dauert die Besuchszeit länger als etwa 4 bis 6 Wochen, so wird eine Vermutung dafür sprechen, dass die Aufnahme des Dritten auf Dauer angelegt ist.[154] Diese Vermutung ist jedoch vom Mieter widerlegbar.[155] Bei derartigen, zulässigen, längeren Besuchen darf allerdings[156] keine **Überbelegung**[157] eintreten.

133 Auch besteht für derartige, längerfristige Besuche, genauso wie bei der ebenfalls **nicht erlaubnispflichtigen** Aufnahme von **Angestellten, Hauspersonal** oder **Pflegepersonal,** eine **Anzeigepflicht**[158] des Mieters gegenüber dem Vermieter, da dieser ein Recht hat zu wissen, wer sich für längere Zeit in seinem Hause aufhält; werden z. B. Betriebskosten vertraglich nach dem Verhältnis der Kopfteile umgelegt, besteht Anzeigepflicht auch aus diesem Grunde.[159] **Keine** (erlaubnispflichtige, aber **anzeigenpflichtige**)[160] Gebrauchsüberlassung an Dritte liegt vor, wenn der Mieter **Familienmitglieder,**[161] dessen **minderjährige** (auch **Pflege-**) **Kinder** aufnimmt, also in seinen **Haushalt eingliedert.**[162]

134 Unter die Personen, die i. S. v. § 540 Abs. 1 BGB nicht als „Dritte" verstanden werden,[163] fällt auch der **Lebenspartner.** Dieser gilt als Familienangehöriger.[164]

135 Streitig ist, ob Personen, die zur Bildung eines auf Dauer angelegten Haushaltes als **Lebensgefährte** aufgenommen werden sollen, als **„Dritte"** i. S. v. § 540 Abs. 1 betrachtet werden müssen, ihre Aufnahme also nur anzeigepflichtig oder **erlaubnispflichtig** ist. Für letzteres hat sich der BGH[165] in Abgrenzung zum Lebenspartner einer eingetragenen Lebenspartnerschaft entschieden, aber eine Erlaubnispflicht in der Regel bestätigt.

136 Strittig kann sein, ob bei einer **Änderung der Rechtspersönlichkeit des Mieters** dessen **Identität gewahrt** bleibt oder Gebrauchsüberlassung an einen Dritten vorliegt. Letzteres ist z. B. der Fall bei Veräußerung eines Einzelhandelsunternehmens, auch wenn die Firma fortgeführt werden darf, oder wenn durch Aufnahme eines Dritten in dem Betrieb des Mieters eine Personengesellschaft, auch Außen-GbR, entsteht.[166] Bei

---

[153] LG Berlin GE 1988, 947: kein Gewerbe mit Kundenbesuch in einer Wohnung; *Blank* a. a. O. Rdn. 33: keine Ausübung der Prostitution in einer Wohnung; Heim-Mietvertrag bedingt Begrenzung der Besuchszeiten.
[154] AG Frankfurt WuM 1995, 396 (3-monatiger Aufenthalt nicht mehr „Besuch").
[155] *Blank* in *Schmidt-Futterer* § 540 BGB Rdn. 32: vorübergehende Aufnahme von Verwandten oder Bekannten in einer Notsituation; Besucher mit langem Anreiseweg; Besuch eines Studenten während der Dauer der Semesterferien.
[156] Wohl aber bei kurzfristigen Besuchen.
[157] *Blank* a. a. O. Rdn. 32, 27.
[158] *Blank* a. a. O. Rdn. 32, 38.
[159] *Blank* a. a. O.
[160] *Weidenkaff* in *Palandt* § 540 BGB Rdn. 4; *Hummel* ZMR 75, 2 O 91.
[161] BayObLG (RE) WuM 1984, 13: nicht Bruder, Schwager und Schwägerin und Lebensgefährten von Kindern des Mieters.
[162] *Weidenkaff* in *Palandt* § 540 BGB Rdn. 4.
[163] BayObLG NJW 1998, 1324.
[164] § 11 Abs. 1 LPartG; *Weidenkaff* in *Palandt* § 540 BGB Rdn. 4.
[165] NJW 2004, 56, NZM 2004, 22, WuM 2003, 688 in Fortsetzung von NJW 85 130; ebenso *Weidenkaff* in *Palandt* § 540 BGB Rdn. 5 m. w. N.; a. A. LG Hamburg WuM 1980, 255; LG Aachen WuM 1989, 372; *Lammel* § 540 BGB Rdn. 5, *Sternel* II. Rdn. 238, 239.
[166] *Weidenkaff* in *Palandt* § 540 BGB Rdn. 6 m. w. N.

IV. Zustimmungspflichten des Vermieters

einer bestehenden Außen-GbR berühren dagegen Wechsel oder Beitritt eines Gesellschafter die Identität nicht.[167]

Gebrauchsüberlassung gemäß § 540 Abs. 1 S. 1 BGB umfasst **jede** Überlassung des Gebrauches, ob dies nun aufgrund eines Vertrages **(Miete, Leihe, Abtretung der Mieterrechte)** oder auch Grund eines **rein tatsächlichen Tuns** oder **Duldens** erfolgt.[168] Dabei ist es nach heute herrschender Meinung gleichgültig, ob der Dritte ein **selbständiges Besitzrecht** an der Sache erhält **(Untermiete)** oder er nur zur **Mitbenutzung** der Mietsache berechtigt wird.[169] Die **Untermiete** ist als eine in der Praxis besonders häufige und wichtige Art der Gebrauchsüberlassung ausdrücklich erwähnt. 137

Da die Untermiete ebenfalls **Miete** ist, liegt Untervermietung also vor, wenn das gesamte Mietobjekt oder ein Teil davon gegen **Entgelt** einem Dritten (Untermieter) überlassen wird. 138

Bei der Raummiete ist dabei wesentlich, dass dem Dritten zumindest ein Teil der Räume zur **ausschließlichen** Benutzung zur Verfügung steht. 139

Da die **Erlaubnis** zwar eine einseitige, empfangsbedürftige Willenserklärung (§ 130 BGB), jedoch **keine Einwilligung** (§§ 182 ff. BGB) ist (s. o. I.), ist die **Wirksamkeit** des Untermietvertrages beziehungsweise der Gebrauchsüberlassung nicht von der Erlaubnis des Vermieters abhängig. Sie stellt auch **kein gesetzliches Verbot** i. S. v. § 134 BGB dar.[170] 140

Erteilt der Vermieter die Erlaubnis, hat dies ausschließlich zur Folge, dass das vertragliche Recht des Mieters zum Gebrauch der Mietsache **erweitert** wird und eine Gebrauchsüberlassung bei erteilter Erlaubnis nicht vertragswidrig, sondern vertragsgemäß ist.[171] Sie kann **formlos** und auch **stillschweigend** (unbeanstandete Hinnahme einer Gebrauchsüberlassung für längere Zeit durch Vermieter)[172] erteilt werden. Ist der Hauptvertrag für längere Zeit als ein Jahr geschlossen, ist streitig, ob **Schriftform** (§ 550 BGB) erforderlich ist.[173] 141

Grundsätzlich hat der Mieter nach § 540 BGB mangels anderslautender, mietvertraglicher Vereinbarungen **keinen Anspruch** auf Erteilung der Erlaubnis zur Gebrauchsüberlassung „der Mietsache" an Dritte. 142

Dies gilt auch für Wohnraummietverträge. Selbst § 553 BGB (Wohnraummiete) betrifft nur (!) die Überlassung eines **Teils** der Mietsache an einen Dritten. Auf die Erteilung einer Erlaubnis zur Überlassung der **gesamten Mietsache** an einen Dritten zum **selbständigen Gebrauch** hat auch der **Wohnraummieter keinen Anspruch**.[174] In **eng begrenzten Ausnahmefällen** hat der Mieter nach **§ 242 BGB** einen **Anspruch** auf Erteilung der **Erlaubnis**. Bei Verweigerung aus **sachfremden Erwägungen** kann **Rechtsmissbrauch** vorliegen.[175] 143

Verweigert der Vermieter z. B. die Erlaubnis in der Erwartung, er könne mit dem vom Mieter ausgewählten Untermieter einen Hauptmietvertrag abschließen und dabei 144

---

[167] LG Düsseldorf NJW-RR 03, 513; *Kraemer* NZM 02, 465.
[168] *Blank* in *Schmidt-Futterer* § 540 BGB Rdn. 2.
[169] OLG Hamm NJW 1982, 2876, WuM 1982, 318, DWW 1982, 308, ZMR 1983, 49; siehe auch insoweit bestätigend BGH NJW 2004, 56, 57.
[170] *Weidenkaff* in *Palandt* § 540 BGB Rdn. 4, 7; *Blank* in *Schmidt-Futterer* § 540 BGB Rdn. 39, 40.
[171] BGHZ 59, 3, NJW 1972, 1267.
[172] *Blank* in *Schmidt-Futterer* § 540 BGB Rdn. 40; LG Frankfurt DWW 1982, 84 (18-monatige Mietdauer); LG Hamburg WuM 1977, 184, ZMR 1978, 85 bei jahrelanger Duldung; *Weidenkaff* in *Palandt* § 540 BGB Rdn. 7.
[173] Bejahend *Blank* in *Schmidt-Futterer* § 540 BGB Rdn. 40 m. w. N.; a. A. LG Kiel (zu § 549 Abs. 2 BGB a. F.) WuM 1994, 610; LG Kiel WuM 1994, 610; *Sternel* II. Rdn. 245.
[174] *Blank* in *Schmidt-Futterer* § 540 BGB Rdn. 41; *Franke* in *Jendrek* B. III. 29 Anm. 6.
[175] OLG Hamm NJWE-MietR 1996, 107.

einen höheren Mietzins als bisher erzielen, kann **Rechtsmissbrauch** vorliegen.[176] Gleiches gilt, wenn **die Belange des Vermieters nicht ernsthaft berührt** sind, z. B. bei Vermietung von Ladenräumen an eine BGB-Gesellschaft und dortiger Aufnahme eines weiteren, tätigen Gesellschafters.[177]

145 Hat sich die **Geschäftsgrundlage** seit dem Vertragsschluss **wesentlich geändert**, ist ebenfalls ein aus § 242 BGB herzuleitender Anspruch auf Erlaubniserteilung denkbar (z. B. Einschränkung der Berufstätigkeit eines Freiberuflers).[178]

146 Soll anlässlich der Gebrauchüberlassung an einen Dritten der **Geschäftszweck** geändert werden, bedarf dies allerdings einer ausdrücklichen Regelung und gilt nur für den Einzelfall.[179] Zwar ist der Abschluss eines **Anschlussuntermietvertrages** mit demselben Untermieter **erlaubnisfrei**. Eine ausdrückliche Vereinbarung zwischen Mieter und Vermieter ist jedoch notwendig, wenn der Untermieter berechtigt sein soll, seinerseits unterzuvermieten **(Unter-Unter-Miete).**[180]

147 Die Erlaubnis kann auch **befristet** werden, so dass der Mieter durch entsprechende Ausgestaltung des Untermietvertrages dafür sorgen muss, dass die Gebrauchsüberlassung nach Ablauf der Befristung endet. Andernfalls liegt bei Fortsetzung der Gebrauchsüberlassung trotz Ablauf der Befristung ein vertragwidriger Gebrauch vor.[181]

148 Die Erlaubniserteilung durch den Vermieter setzt zwingend voraus, dass der Mieter die **Person des Untermieters namentlich** benennt, über die **berufliche oder sonstige Tätigkeit** des Dritten **Auskunft** gibt und die **geplanten** (Unter-) **Mietbedingungen** regelmäßig **offen legt** (insbesondere bei Gewerbemiete).[182] Nur so kann der Vermieter überhaupt prüfen, ob der Erteilung der Erlaubnis in der Person des Untermieters liegende Gründe entgegenstehen.[183]

149 Der wichtige Grund muss in den **persönlichen Verhältnissen** des Dritten begründet sein. Rücksichtnahme auf die Hausgemeinschaft (Überbeanspruchung der Mietsache, Beeinträchtigung der anderen Mieter) und auf die berechtigten Interessen des Vermieters (Verstoß gegen Wettbewerbsverbot, Unzuverlässigkeit des Dritten) sind dabei maßgebend.[184] Auf **Verlangen** des Mieters muss der Vermieter den **Verweigerungsgrund** angeben.[185]

150 Über § 540 BGB hinausgehend gibt § 553 BGB dem **Wohnraummieter** einen **Anspruch** auf **Erlaubniserteilung.**

151 Dieser Anspruch ist zunächst davon abhängig, dass für den Mieter ein **berechtigtes Interesse** entsteht. Dieses kann **finanzieller** oder **persönlicher Natur** sein.[186]

152 Wie bereits oben erwähnt, darf das Interesse des Mieters nach § 553 BGB jedoch nur darauf gehen, einen **Teil** der Mieträume einem Dritten zu überlassen. Der Mieter muss also auch in Zukunft die **Sachherrschaft** über die Wohnung ausüben können.

---

[176] *Blank* in *Schmidt-Futterer* § 540 BGB Rdn. 44.
[177] *Blank* a. a. O., wobei sich hier schon (s. o.) die Frage der Identität stellt.
[178] *Blank* in *Schmidt-Futterer* § 540 BGB Rdn. 45.
[179] AG Potsdam WuM 1995, 40.
[180] OLG Hamm NJW-RR 1992, 783.
[181] *Blank* in *Schmidt-Futterer* § 540 BGB Rdn. 48; a. A. LG Stuttgart WuM 1992, 122.
[182] OLG Dresden NZM 2004, 462, DWW 2004, 150.
[183] BGH NJW 1985, 130; WuM 1985, 7, ZMR 1985, 50; LG Hamburg NJW-RR 1992, 13, DWW 1991, 241, WuM 1991, 585.
[184] *Weidenkaff* in *Palandt* § 540 BGB Rdn. 12; LG Bonn NJW-RR 2002, 1234.
[185] RG 74, 176.
[186] *Blank* in *Schmidt-Futterer* § 553 BGB Rdn. 5 mit zahlreichen Beispielen aus der Rechtsprechung, die meistens auf Kostenersparnis bei Verschlechterung der finanziellen Situation des Mieters abstellt, aber auch die Vereinsamung eines älteren Mieters, die Aufnahme in Not geratener Schwestern/Brüder, die Verminderung eines Einbruchsrisikos bei häufig abwesenden Mieter und die verbesserte Betreuung von Kleinkindern als berechtigtes Interesse anerkennt.

IV. Zustimmungspflichten des Vermieters 153–159 **3. Kap.**

Er hat **keinen** Anspruch auf Überlassung des selbständigen Mietgebrauches der **gesamten Wohnung.**[187] Dafür ist zwar nicht erforderlich, dass der Mieter ständig in der Wohnung lebt. Er kann die Sachherrschaft z. B. auch nur an Wochenenden ausüben.[188]

Der Mieter darf dem Dritten auch die Mitbenutzung der gesamten Wohnung gestatten; er darf ihm aber eben nicht die gesamte Wohnung vermieten. Hat der Mieter also die **Wohnung aufgegeben,** so ist eine Untermieterlaubnis zu versagen.[189]

Auch bei Überlassung nur eines Teiles des Wohnraumes darf nach § 553 Abs. 1 S. 2 BGB in der Person des **Dritten kein wichtiger Grund** für eine Erlaubnisversagung (konkrete Anhaltspunkte für Störung des Hausfriedens oder Beschädigung der Mietsache) vorliegen, der Wohnraum durch die Überlassung an Dritte **nicht übermäßig belegt**[190] werden oder dem Vermieter die Überlassung **aus sonstigen Gründen nicht zugemutet** werden können. Letzteres kann z. B. der Fall sein, wenn sich die Mieträume innerhalb der Vermieterwohnung befinden oder das Hauptmietverhältnis alsbald endet.[191]

Zu beachten ist weiter, dass das berechtigte Interesse des Mieters **nach Abschluss des Mietvertrages** entstehen muss. Der Mieter muss also die **tatsächlichen Umstände** der **Veränderung** darlegen. Dazu gehören bei Verschlechterung der wirtschaftlichen Verhältnisse auch deren **Offenlegung** sowie bei persönlichen Gründen für die Aufnahme eines Dritten Einzelheiten aus seiner **Privatsphäre** (nicht: Intimsphäre).[192]

Dass der Mieter auch den **Dritten namentlich benennen** muss, um den Vermieter insoweit überhaupt eine Überprüfung zu ermöglichen, wurde bereits oben dargelegt. Eine **Aufforderung** zur Erlaubniserteilung **ohne** diese **Offenlegung aller Umstände** (die auch bei Vermietung für einen Vermieter von schützenswertem Interesse sind) oder das Ersuchen um eine **generelle** Erlaubnis zur Untervermietung führen auch bei einem Schweigen des Vermieters weder zu einer erfolgreichen, klageweisen Durchsetzung des Erlaubnisanspruchs noch zu einem Sonderkündigungsrecht des Mieters.[193]

Ob der Mieter bei dem Ansuchen um Erlaubniserteilung den Untermietvertrag vorlegen oder den Untermietzins bekannt geben muss, ist zumindest hinsichtlich letzterer Bedingung strittig. Da bei der Bemessung des **Untermietzuschlages** (§ 553 Abs. 2 BGB) der Untermietzins durchaus eine Rolle spielen kann, ist dieser, zumindest bei Nachfrage des Vermieters, wohl doch bekannt zu geben.[194] Grundsätzlich interessieren die finanziellen Verhältnisse des Untermieters aber nicht, da allein der Mieter gegenüber dem Vermieter zu Zahlung des Mietzinses verantwortlich bleibt.

Auch der Untermieter hat allerdings Obhutspflichten gegenüber der Mietsache, für deren eventuelle Verletzung seinen finanziellen Verhältnisse von Interesse sein können.

Verweigert der Vermieter trotz nach Beginn des Mietverhältnisses entstandenem, berechtigtem Interesse des Mieters, ohne die Gefahr der Überbelegung und ohne Vor-

---

[187] LG Berlin GE 1989, 1111; AG Charlottenburg GE 1987 1003; *Beuermann* GE 1996, 562.
[188] LG Berlin WuM 1992, 352.
[189] LG Berlin WuM 1991, 483 (gelegentliche Besuche beim Untermieter); AG Berlin/Tiergarten GE 1987, 523: gelegentliche Übernachtungen in der früheren Wohnung; LG Berlin WuM 1995, 38) Berufstätigkeit seit vielen Jahren im Ausland bei nur gelegentlichen Besuchen in der früheren Wohnung; LG Berlin GE 1995, 1277 (Abwesenheit über viele Jahre, nur noch Lagerung von Möbeln in der Wohnung); LG Berlin GE 1994, 703 (Verlegung seines Lebensmittelpunktes in eine andere Wohnung).
[190] *Blank* in *Schmidt-Futterer* § 540 BGB Rdn. 27.
[191] *Blank* in *Schmidt-Futterer* § 540 BGB Rdn. 10, 11.
[192] *Blank* in *Schmidt-Futterer* § 553 BGB Rdn. 12.
[193] LG Gießen WuM 1997, 368.
[194] *Blank* in *Schmidt-Futterer* § 553 BGB Rdn. 13 mit abw. Meinung LG Berlin MM 93, 109.

liegen wichtiger Ablehnungsgründe in der Person des Untermieters die Erlaubnis zur Untervermietung, hat der Mieter im **Klageantrag** ausdrücklich und konkret die Untervermietung eines (am besten konkrete bezeichneten) **Teiles** der ebenfalls konkret zu bezeichnenden **Wohnung** an die **bestimmte, namentlich** und mit letzter **Adresse** bezeichnete **Person** eines **konkreten** Untermieters zu fordern.[195] Der Klageantrag geht wiederum auf gerichtliche Ersetzung der Willenserklärung/Erlaubnis (§ 894 ZPO).

160 Da eine **einstweilige Verfügung** die Hauptsache vorwegnehmen würde, ist sie wohl **unzulässig**.[196]

161 Bei mehreren Mietern ist zwar jeder Einzelne klagebefugt,[197] der Klageantrag muss aber darauf gerichtet sein, dass die Erlaubnis **gegenüber allen Mietern zu erteilen** ist.

162 Der Mieter hat die **Darlegungs- und Beweislast** für alle Tatsachen, die sein berechtigtes Interesse begründen, sowie für alle Tatsachen, dass dieses berechtigte Interesse erst nach Beginn des Mietverhältnisses entstanden ist. Ebenso trägt er die Darlegungs- und Beweislast dafür, dass er bereits vorgerichtlich dem Vermieter durch umfassende Offenlegung aller diesbezüglichen Tatsachen und aller relevanten Daten zur Person des Untermieters diesem ausreichend Gelegenheit zur Überprüfung gegeben hat. Bei Streit darüber, ob der Mieter dem Untermieter die gesamte Wohnung überlassen will, muss der Mieter beweisen, dass er weiterhin in den Räumen wohnt.[198]

163 Der Vermieter hat die **Darlegungs- und Beweislast** für alle Gründe i. S. v. § 553 Abs. 1 S. 2 BGB, die einer Erlaubnispflicht entgegenstehen. Gleiches[199] wird nach allgemeinen Grundsätzen gelten für die eventuell strittige Frage des **angemessenen** Untermietzuschlages (§ 553 Abs. 2 BGB), der eventuell nach § 287 ZPO zu schätzen ist. [200]

164 Da eine Untervermietung ohne Erlaubnis vertragwidrig ist, riskiert der Mieter wiederum ohne vorherige Einholung/gerichtliche Durchsetzung der Erlaubnis des Vermieters, dass letzterer ihn nach einer Abmahnung auf Unterlassung verklagt oder sogar das Mietverhältnis ordentlich oder außerordentlich kündigt und auf Räumung verklagt. Auch gegen diese Klagen des Vermieters kann sich der Mieter dann Prozessen mit dem Einwand zur Wehr setzen, der Vermieter habe die Untervermietung zu gestatten; diese sei damit nicht rechtswidrig.[201]

165 Nach einer Entscheidung des BayObLG (RE)[202] ist das Kündigungsrecht dem Vermieter nicht grundsätzlich versagt, selbst wenn der Mieter einen Anspruch auf die Erlaubnis hat.[203]

166 Hat der Vermieter das Mietverhältnis (nicht wegen vertragswidriger Untervermietung) bereits gekündigt, steht dies einer Klage des Mieter auf Erlaubniserteilung – bis zum Ablauf der Kündigungsfrist – nicht entgegen.[204] Ob eine Klage auf Erteilung der Untermieterlaubnis auszusetzen ist, wenn ein Räumungsrechtsstreit bereits anhängig wird, ist strittig.[205]

---

[195] Formulierungsbeispiel bei *Franke* in *Jendrek* B. III. 29.
[196] LG Hamburg WuM 2000, 303; a. A. siehe Kapitel 11.
[197] LG Berlin NJW-RR 1992, 13; a. A. LG Berlin GE 1991, 681.
[198] *Blank* in *Schmidt-Futterer* § 553 BGB Rdn. 20; a. A. LG Berlin MM 1992, 353; MM 1993, 109.
[199] *Blank* in *Schmidt-Futterer* § 553 BGB Rdn. 21.
[200] *Blank* in *Schmidt-Futterer* § 553 BGB Rdn. 14 für die insoweit anzuwendenden Kriterien.
[201] OLG Düsseldorf ZMR 2003, 177.
[202] NJW-RR 1995, 969, ZMR 1995, 301.
[203] S. a. *Franke* in *Jendrek* B. III. 30 Anm. 11.
[204] *Blank* in *Schmidt-Futterer* § 540 BGB Rdn. 75.
[205] Bejahend *Blank* a. a. O.; a. A. AG Tempelhof/Kreuzberg WuM 1987, 222.

Zum **Streitwert** variieren die Meinungen. Teilweise wird nur der Jahresbetrag des preisrechtlich beschränkten, minimalen Untermietzuschlages von € 3,00 bis € 5,00 angesetzt,[206] teilweise der Jahresbetrag des zu erwartenden Untermietzinses,[207] teilweise das wirtschaftliche Interesse des Mieters[208] oder nur eine Pauschale angesetzt.[209] **167**

V. Zustimmungspflichten des Mieters

Wenn der Vermieter **bauliche Änderungen** durchführen will, welche die Mietsache nachhaltig verändern, ohne Erhaltungs- oder Modernisierungsmaßnahmen darzustellen, kommt eine Zustimmungspflicht des Mieters nur in Ausnahmefällen in Betracht.[210] Der Vermieter hat in diesen Ausnahmefällen seine berechtigen Interessen, die ein Zuwarten auf das Ende des Mietverhältnisses nicht erlauben, **darzulegen** und zu **beweisen.** Für die Klage auf Zustimmung gelten die vorgenannten Grundsätze. **168**

Ansonsten kommt nur Zustimmung des Mieters zu einer **Mieterhöhung** in Betracht. Diese wird in **Kapitel 4** behandelt. **169**

---

[206] LG Hamburg MDR 1992, 577.
[207] *Sternel* V. Rdn. 588.
[208] *Sternel* Mietrecht aktuell Rdn. 1533.
[209] LG Berlin GE 1995, 425: DM 600,00 wegen „höherer Abnutzung".
[210] S. o. IV. 1.

4. Kapitel. Mieterhöhungen

Übersicht

	Rdn.		Rdn.
I. Klage auf Zustimmung zur Erhöhung der Miete auf die ortsübliche Vergleichsmiete (§ 558b BGB)	1–81	3. Staffeldauer	110–116
		4. Ausschluss anderweitiger Mieterhöhungen	117–119
1. Klageverfahren	1–36	5. Kündigungsrecht des Mieters	120–124
2. Beweisverfahren	37–65	6. Begrenzung der Staffel durch Verbot der Mietpreisüberhöhung	125–129
3. Kosten, Gebührenstreitwert, Beschwerdewert	66–70		
4. Nachholung formell unwirksamer Mieterhöhungsverlangen	71–79	7. Rechtsfolgen	130, 131
		8. Klageverfahren	132, 133
5. Nachteilige Vereinbarungen	80–81	9. Streitwert	134, 135
II. Mieterhöhung nach Modernisierung (§ 559 BGB)	82–105	IV. Indexmiete	136–179
1. Grundsätze	82–86	1. Allgemeines	136–140
2. Mieterhöhung gem. § 558 BGB und Modernisierungszuschlag	87–89	2. Zweck	141–143
		3. Anwendungsbereich	144–150
3. Staffelmiete und Modernisierungszuschlag	90	4. Wirksamkeitsvoraussetzungen	151–162
		a) Vereinbarung	151
4. Indexmiete und Modernisierungszuschlag	91	b) Schriftform	152–154
		c) Indexierung	155–158
5. Klageverfahren	92–103	d) Dauer der Vereinbarung	159
6. Gebührenstreitwert	104, 105	e) Dauer der Indexmiete	160–162
III. Staffelmieterhöhungen	106–135	5. Mieterhöhungsverfahren	163–168
1. Vereinbarung	106–108	6. Unwirksame Vereinbarungen	169–172
2. Form	109	7. Klageverfahren	173–178
		8. Streitwert	179

I. Klage auf Zustimmung zur Erhöhung der Miete auf die ortsübliche Vergleichsmiete (§ 558b BGB)

1. Klageverfahren

Will der Vermieter die vereinbarte Miete erhöhen, weil diese unter den üblichen Entgelten liegt, die in vergleichbaren Gemeinden für nicht preisgebundenen Wohnraum vergleichbarer Art, Größe, Ausstattung, Beschaffenheit und Lage in den letzten vier Jahren vereinbart oder, von Erhöhungen nach § 560 BGB abgesehen, geändert worden sind, so muss er zunächst den **Mieter um Zustimmung** zu einer Erhöhung der Miete **bitten** (§ 558 Abs. 1 BGB). Stimmt der Mieter dem Erhöhungsverlangen nicht bis zum Ablauf des 2. Kalendermonats zu, der auf den Zugang des Verlangens folgt, so kann der Vermieter bis zum Ablauf von **weiteren drei Monaten auf Erteilung der Zustimmung klagen** (§ 558b Abs. 3 BGB). **1**

Sachlich ausschließlich zuständig ist das Amtsgericht (§ 23 Nr. 2a GVG). Die Zuständigkeit eines anderen Gerichts kann weder durch eine Vereinbarung noch dadurch begründet werden, dass sich der Mieter auf die Zustimmungsklage an einem anderen Gerichtsstand rügelos einlässt.[1] Eine sonst bindende Verweisung des Rechtsstreits an ein anderes Gericht (§ 281 ZPO) ist unbeachtlich, wenn sie die ausschließliche Zuständigkeit des Gerichts für die Zustimmungsklage nicht berücksichtigt.[2] **2**

Örtlich zuständig ist das jeweilige **AG, in dessen Bezirk die Wohnung liegt**, für die die Zustimmung zur Mieterhöhung begehrt wird (§ 29a Abs. 1 ZPO).

---

[1] OLG Frankfurt/Main MDR 1979, 851.
[2] LG München I ZMR 1987, 271.

4. Kap. 3–7

3   Die Klage muss von dem **Vermieter** erhoben werden; eine Klage im Wege der **gewillkürten Prozessstandschaft** (durch eine von dem Vermieter ermächtigte Person) ist **nicht zulässig.**[3] Haben mehrere Personen auf der Vermieterseite den Mietvertrag abgeschlossen, müssen alle Vermieter klagen.[4] Sie können sich natürlich vertreten lassen, z. B. durch eine Hausverwaltung oder einen Rechtsanwalt. Der Vertreter muss bei Klageerhebung deutlich machen, dass er die Klage nicht im eigenen Namen, sondern im Namen des/der Vermieter(s) erhebt („namens und in Vollmacht des von mir vertretenen ..., Klägers ..."). Maßgeblich ist, wer Vermieter im Zeitpunkt der Rechtshängigkeit der Klage ist, also im Zeitpunkt der Zustellung der Klage (§ 263 ZPO). Wird der Mietvertrag von einer Baubetreuungsgesellschaft im Namen des Eigentümers geschlossen, so wird nur der eingetragene Eigentümer Vermieter; der von dem veräußernden Vermieter/Eigentümer bereits vor Eintragung in das Grundbuch zum Abschluss von Mietverträgen ermächtigte Erwerber wird nur dann Vermieter, wenn diese Ermächtigung dem Mieter bei Vertragsabschluss offenbart wird.[5]

4   Wird das vermietete Grundstück von dem Alleineigentümer in eine von ihm gegründete Gesellschaft eingebracht und werden sodann neben ihm die weiteren Gesellschafter als solche im Grundbuch eingetragen, so treten alle Gesellschafter in die sich während der Dauer ihres Eigentums aus dem Mietverhältnis ergebenden Rechte und Pflichten ein, und zwar auch dann, wenn der vermietende Alleineigentümer Miteigentumsanteile an dem Grundstück zunächst an die späteren Gesellschafter veräußert und das vermietete Grundstück sodann von allen gemeinschaftlich in die von ihnen gegründete Gesellschaft eingebracht wird.[6]

5   Hat der Vermieter die Wohnung veräußert, so tritt der Erwerber mit der Eintragung im Grundbuch als neuer Vermieter in das Mietverhältnis ein (§ 566 BGB).[7] Der Erwerber eines Grundstücks kann vor Eintragung in das Grundbuch gegen einen Mieter nicht den Anspruch auf Zustimmung zur Mieterhöhung klageweise geltend machen.[8]

6   Hat einer von mehreren Miteigentümern den Mietvertrag allein abgeschlossen, so treten die Erwerber des Grundstücks nur dann als Vermieter in den Mietvertrag ein, wenn der nicht vermietende Eigentümer dem Abschluss des Mietvertrages zugestimmt hat.[9]

7   Der Erwerber muss auf Zustimmung klagen. Das gilt unabhängig davon, ob der veräußernde Vermieter[10] oder er selbst von dem Mieter Zustimmung zur Mieterhöhung verlangt hat. Der Erwerber tritt mit Eintragung in das Grundbuch in das Mietverhältnis insgesamt ein, somit auch in die Rechte aus der vom veräußernden Vermieter abgegebenen Mieterhöhungserklärung (Textform), so dass er auch materiell berechtigt ist; das

---

[3] KG Beschluss vom 2. 12. 1996, 8 RE-Miet 6399/96, GE 1997, 110; KG GE 1990, 1257; LG Kiel WuM 1999, 226; LG Berlin GE 1989, 829; LG Augsburg, Urteil v. 13. 3. 1990, 4 S 4898/89, WuM 1990, 226; LG Köln, Urteil v. 29. 9. 1992, 12 S 102/92, ZMR 1993, IX Nr. 2; weitergehend LG Berlin, Urteil vom 3. 2. 2004, 65 S 126/03, GE 2004,483:
Der Eigentümer eines Grundstücks kann den Käufer ermächtigen ein vom Noch-Eigentümer geltend gemachtes Mieterhöhungsverlangen schon vor Eigentumsumschreibung im eigenen Namen weiter zu verfolgen.
[4] LG Marburg WuM 2001, 439.
[5] LG Berlin, Urteil vom 6. 7. 1999, 64 S 74/99.
[6] LG Berlin, Urteil vom 5. 6. 1998, 64 S 516/97.
[7] LG Berlin, Urteil vom 16. 2. 1999, 64 S 350/98.
[8] AG Charlottenburg, Urteil vom 21. 1. 2000, 24a C 322/99, GE 2000, 412 f.; AG Schöneberg, Urteil vom 15. 4. 1996, C 121/96, NJWE-MietR 1997, 74.
[9] LG Berlin, Urteil vom 6. 7. 1999, 64 S 74/99.
[10] A. A. LG Köln, Urteil vom 23. 5. 2001, 10 S. 349/00, NZM 2002, 288; der die Mieterhöhungserklärung abgebende Vermieter bleibt auch noch nach erfolgtem Eigentümerwechsel aktiv legitimiert.

I. Klage auf Zustimmung zur Erhöhung der Miete   8, 9   4. Kap.

ist er umso mehr, wenn er selbst die Mieterhöhungserklärung nach seinem Eintritt in das Mietverhältnis abgegeben hat. Der Vermieter kann nach dem Eintritt des Erwerbers in das Mietverhältnis nicht mehr auf Zustimmung klagen, da er nicht mehr Vermieter ist; seine Klage wahrt nicht die Klagefrist.[11] Wenn der bereits vor Rechtshängigkeit in das Mietverhältnis eingetretene Erwerber in dem bereits von dem veräußernden Vermieter angestrengten Zustimmungsprozess als neuer Kläger auftritt, handelt es sich um einen Parteiwechsel, keine Parteiberichtigung,[12] wenn der veräußernde Vermieter seine Klage zurücknimmt; er scheidet aus dem Prozess aus, der allein von dem Erwerber fortgeführt wird, mit der Folge, dass der ausscheidende Vermieter seine außergerichtlichen Kosten voll und die Gerichtskosten und diejenigen des verklagten Mieters anteilig zu tragen hat (§§ 269 Abs. 3, 92 Abs. 1 ZPO). Dasselbe würde bei übereinstimmender (Teil-)Erledigungserklärung im Verhältnis zwischen ausscheidendem veräußernden Vermieter und dem verklagten Mieter gelten; denn bereits bei Klageerhebung war die Klage unbegründet, weil sie noch von dem veräußernden Vermieter erhoben wurde, obwohl der Erwerber bereits vor Rechtshängigkeit in das Mietverhältnis eingetreten war. Erhebt der Erwerber bereits vor seiner Eintragung in das Grundbuch Klage auf Zustimmung zur Mieterhöhung, so kann seine mangelnde Aktivlegitimation dadurch geheilt werden, dass er noch vor Ablauf der Klagefrist durch Eintragung in das Grundbuch als neuer Vermieter in das Mietverhältnis eintritt. Da er nunmehr neuer Vermieter ist, wahrt seine Klage die Klagefrist.

Klagen mehrere Vermieter – zutreffend – zusammen auf Zustimmung zur Mieterhöhung, so liegt ein Fall der notwendigen Streitgenossenschaft vor.[13] Das gilt auch für Ehegatten als Vermieter.   8

Ist dagegen Vermieter eine juristische Person (GmbH, AG usw.) oder eine Handelsgesellschaft (GmbH u. Co. KG, OHG, KG usw.) ist unerheblich, wieviele Gesellschafter oder Anteilseigner vorhanden sind oder waren; ein Wechsel der Gesellschafter oder Anteilseigner berührt die Klagebefugnis der den Mietvertrag abschließenden Gesellschaft nicht. Vermietet eine GmbH eine Wohnung, deren Eigentümer einer ihrer Gesellschafter ist, auf Grund einer Ermächtigung durch diesen Gesellschafter, so muss ein wirksames Verlangen auf Zustimmung zur Mieterhöhung von der GmbH im eigenen Namen abgegeben werden. Die Klage auf Abgabe der Zustimmungserklärung zu dem Mieterhöhungsverlangen muss ebenfalls von der GmbH erhoben werden.[14] Dasselbe gilt bei Abschluss eines Mietvertrages durch eine Gesellschaft bürgerlichen Rechts, die als solche im Mietvertrag nach außen im Rechtsverkehr aufgetreten ist. Auch diese ist rechtsfähig.[15] Bei Mieterhöhungen tritt die GbR als solche auf, sie kann auf Zustimmung zur Mieterhöhung klagen. Der Wechsel der Gesellschafter ist unerheblich. Klagen mehrere Gesellschafter einer BGB-Gesellschaft auf Zustimmung zur Mieterhöhung, sind nicht deren Gesellschafter als Kläger im Rubrum aufzuführen, sondern die GbR ist selbst Klägerin.[16] Auch der Wohnungseigentümergemeinschaft wird neuerdings (Teil-)Rechtsfähigkeit zugebilligt.[17] Da aber in den seltensten Fällen die Wohnungseigentümergemeinschaft als solche vermietet, sondern der jeweilige Wohnungseigentümer, ist die praktische Auswirkung der (Teil-)Rechtsfähigkeit der Wohnungseigentümergemeinschaft auf die Zustimmungsklage zu vernachlässigen.   9

---

[11] KG, Beschluss vom 2. 12. 1996, 8 RE-Miet 6399/96, GE 1997, 110.
[12] KG, Beschluss vom 2. 12. 1996, 8 RE-Miet 6399/96, GE 1997, 110.
[13] LG Marburg NZM 2003, 394.
[14] KG, Beschluss vom 2. 12. 1996, 8 RE-Miet 6399/96, GE 1997, 110.
[15] BGH, Urteil v. 18. 2. 1998, XII ZR 39/96, NJW 1998, 1220 = GE 1998, 483 = NZM 1998, 260; BGH, Urteil v. 23. 1. 2001, II ZR 331/00, GE 2001, 276.
[16] OLG Düsseldorf, Urteil vom 7. 7. 2005, I-10/202/04, GE 2005, 1189 = WuM 2005, 655.
[17] BGH, Beschluss vom 2. 6. 2005, V ZB 32/05, GE 2005, 921.

10 **Mehrere Mieter** müssen ebenfalls zusammen verklagt werden. Auch hier ist maßgebend die Mieterstellung zum Zeitpunkt der Zustellung der Klage. Das Mieterhöhungsverfahren kann ausnahmsweise auch allein gegen den in der gemeinsam angemieteten Wohnung verbleibenden Mieter durchgeführt werden, wenn der aus der Wohnung ausgezogene Ehegatte mit dem Vermieter seine Entlassung aus dem Mietvertrag vereinbart hat und nur der andere Ehegatte seitdem die Wohnung nutzt und Miete zahlt.[18]

11 Gegen die in das Mietverhältnis gem. § 563 bis 564 BGB eingetretenen Familien- oder Haushaltsangehörigen ist die Zustimmungsklage zu richten, sobald die Eintrittsvoraussetzungen erfüllt sind. Hatte den Mietvertrag nur der verstorbene Mieter allein abgeschlossen, so tritt der nicht mietende Ehegatte gem. § 563 Abs. 1 Satz 1 BGB vorrangig vor den Kindern und den anderen Familien- und Haushaltsangehörigen in den Mietvertrag ein. Der Lebenspartner tritt gem. § 563 Abs. 1 Satz 2, Abs. 2 Satz 2 BGB zusammen mit den Kindern, aber vorrangig vor anderen Familien – und Haushaltsangehörigen ein. Die Kinder des Mieters treten gem. § 563 Abs. 2 Satz 1 BGB nach dem Ehegatten, aber gleichberechtigt mit dem registrierten Lebenspartner und – falls der Ehegatte bzw. Lebenspartner nicht in das Mietverhältnis eintritt – auch zusammen mit den anderen Familien – oder Haushaltsangehörigen ein. Der Eintritt erfolgt rückwirkend auf den Tod des Mieters auch dann, wenn zunächst – mit dem Tod des Mieters – der Ehegatte eingetreten ist und erst später erklärt hat, dass er das Mietverhältnis nicht fortsetzen will. Die anderen Familienangehörigen und die Haushaltsangehörigen treten gem. § 563 Abs. 2 Satz 3, 4 BGB nur dann ein, wenn der Ehegatte oder der registrierte Lebenspartner nicht eintritt, also nur subsidiär. Der Eintritt erfolgt rückwirkend auf den Tod des Mieters auch dann, wenn zunächst – mit dem Tod des Mieters – der Ehegatte eingetreten ist und erst später erklärt hat, dass er das Mietverhältnis nicht fortsetzen will. Mehrere Eintrittsberechtigte treten in diesem Rahmen zusammen in das Mietverhältnis ein, müssen also zusammen auf Zustimmung verklagt werden.

12 Der Eintritt erfolgt zunächst unabhängig davon, dass die eingetretenen Personen gem. § 563 Abs. 3 Satz 1 BGB dem Vermieter binnen eines Monats erklären können, dass sie das Mietverhältnis nicht fortsetzen wollen und unabhängig davon, dass der Vermieter das – fortgesetzte – Mietverhältnis gem. § 563 Abs. 4 binnen eines Monats nach Kenntnis von dem endgültigen Eintritt aus wichtigem Grund kündigen kann.[19] Entscheidend ist wiederum die Mieterstellung zum Zeitpunkt der Zustellung der Klage.[20] Lehnt danach eine der eintrittsberechtigten Personen die Fortsetzung des Mietverhältnisses wirksam ab, so gilt der Eintritt rückwirkend als nicht erfolgt, mit der Folge, dass nunmehr die ursprünglich passivlegitimierte Person nicht mehr Mieter ist und damit die begehrte Zustimmung zur Mieterhöhung nicht mehr erteilen kann. Daraus muss der klagende Vermieter prozessual Konsequenzen ziehen, d.h. er muss nunmehr die Klage auf Zustimmung gegen die nunmehr eingetretene Person umstellen. Die darin liegende subjektive Klagänderung auf der Passivseite ist sachdienlich (§ 264 ZPO), da sie einem neuen Rechtsstreit über den Mieterhöhungsanspruch vorbeugt. Sind mehrere Personen anstelle des verstorbenen Mieters eingetreten – z.B. bei Ablehnung des vorrangig eingetretenen Ehegatten die Kinder –, so muss die Klage nunmehr auf die sonstigen eingetretenen Personen erweitert werden.

13 Sind mehrere Personen i. S. d. 563 BGB gemeinsam Mieter, so wird das Mietverhältnis mit dem Tode dess Mieters mit den überlebenden Mietern fortgesetzt (§ 563a Abs. 1 BGB). Der verstorbene Mieter ist nicht mehr passiv legitimiert, so dass der

---

[18] BGH, Urteil vom 3. 3. 2004, VIII ZR 124/03, GE 2004, 615 = NJW 2004, 1797.
[19] *Blank/Börstinghaus* § 563 BGB Rdn. 22.
[20] *Blank/Börstinghaus* § 558b BGB Rdn. 21.

I. Klage auf Zustimmung zur Erhöhung der Miete   14–16 4. Kap.

Rechtsstreit insoweit in der Hauptsache für erledigt erklärt werden muss. Die Zustimmungsklage richtet sich nur noch gegen die übrigen Mieter. Kündigen die überlebenden Mieter das Mietverhältnis innerhalb eines Monats außerordentlich, wozu sie gem. § 563a Abs. 2 BGB berechtigt sind, so sind sie ebenfalls nicht mehr passiv legitimiert mit der Folge, dass der Rechtsstreit auch ihnen gegenüber für erledigt erklärt werden muss. Treten beim Tod des Mieters keine Personen im Sinne des § 563 BGB in das Mietverhältnis ein oder wird es mit ihnen nicht nach § 563a BGB fortgesetzt, so wird es mit dem Erben fortgesetzt (§ 564 Satz 1 BGB). Die Vorschrift hat insbesondere Bedeutung, wenn der alleinstehende Wohnraummieter verstirbt. Wird das Mietverhältnis dagegen mit den überlebenden Mietern fortgesetzt, so ist der Erbe vom Eintritt ausgeschlossen.[21] Ist der verstorbene Mieter dagegen nicht verheiratet, lebt er auch nicht mit einem registrierten Lebenspartner in der Wohnung zusammen und hat er auch keine sonstigen Angehörigen oder Haushaltsangehörigen oder erklären alle eintrittsberechtigten Personen rechtzeitig und wirksam, dass sie in das Mietverhältnis nicht eintreten wollen, so wird der Erbe Mieter. Die Klage ist sodann auf Zustimmung zur Mieterhöhung gegen ihn umzustellen.

Die Klage ist auch dann gegen mehrere Mieter zu richten, wenn einer der Mieter   **14**
schon vorprozessual seine Zustimmung erklärt hat.[22] Denn seine Zustimmungserklärung entfaltet wegen der gesamthänderischen Bindung der Mieter[23] materiell-rechtlich keine Wirkung.[24] Die Auffassung,[25] bei einer Mehrheit von Mietern brauche derjenige nicht mitverklagt zu werden, der schon vorprozessual der Mieterhöhung zugestimmt hat, ist wegen der gesamthänderischen Bindung der Mieter materiell-rechtlich und wegen der daraus folgenden notwendigen Streitgenossenschaft[26] auch prozessual nicht zutreffend.[27]

Die Klage des Vermieters auf Zustimmung des Mieters zu einer Mieterhöhung gem.   **15**
§ 558 Abs. 1 BGB ist eine **Leistungsklage,** gerichtet auf die Abgabe einer Willenserklärung,[28] und zwar auf Zustimmung zu der vorprozessual verlangten Mieterhöhung. Die Klage kann sich aber auch auf Zustimmung zu einem niedrigeren Betrag richten, als er mit der Mieterhöhungserklärung geltend gemacht worden ist. Eine Klage auf Zustimmung zu einer höheren Miete, als vorprozessual geltend gemacht, ist insoweit unzulässig, da es hinsichtlich des überschießenden Betrages an einem die Überlegungs- und Klagefrist auslösenden Mieterhöhungsverlangen fehlt. Die Klage muss sich auf Zustimmung zur Erhöhung der vereinbarten oder zuletzt einverständlich geänderten Miete richten. Ist eine Nettomiete vereinbart, kann nur Zustimmung zur Erhöhung der Nettomiete verlangt werden. Aus dem Klageantrag muss sich ergeben, dass die Betriebskosten unverändert bleiben. Ist eine Bruttokaltmiete vereinbart, kann nur Zustimmung zu deren Erhöhung verlangt werden. Frühere Bruttowarmmieten müssten bereits in eine Kaltmiete mit Vorschüssen umgestellt sein. Die zuletzt im Mietvertrag geltende Mietstruktur darf mit der Zustimmungsklage nicht verändert werden.

Hat der Vermieter in seinem Erhöhungsverlangen zwischen der Erhöhung der   **16**
Grundmiete und der Erhöhung des Anteils für Schönheitsreparaturen unterschieden,

---

[21] *Blank/Börstinghaus* § 563a BGB Rdn. 7.
[22] BGH, Urteil v. 3. 3. 2004, VIII ZR 124/03, GE 2004, 615.
[23] KG, RE v. 5. 12. 1985, 8 RE-Miet 5205/85, NJW-RR 1986, 439 = GE 1986, 225.
[24] AG Wiesbaden, Urteil v. 15. 1. 1992, 98 C 1124/91, WuM 1992, 135.
[25] LG Kiel, WuM 1989, 429.
[26] BGHZ 30 197; 37, 187, 191.
[27] AG Wiesbaden WuM 1992, 135; *Börstinghaus* in *Schmidt-Futterer* § 558b BGB Rdn. 63; *Sternel* Mietrecht aktuell, Rdn. 555; *Lammel* § 558b BGB Rdn. 28; a.A. *Staudinger/Emmerich* § 558b BGB Rdn. 26: Rechtsschutzbedürfnis fehlt.
[28] BayObLG, RE v. 30. 6. 1989, RE-Miet 4/88, ZMR 1989, 412 = WuM 1989, 484 = NJW-RR 1989, 1172 = GE 1989, 888; *Blank/Börstinghaus* § 558b BGB Rdn. 22.

muss er dennoch auf Zustimmung zur Erhöhung der Grundmiete einschließlich des Anteils für Schönheitsreparaturen auch dann klagen, wenn er den Anteil für Schönheitsreparaturen unverändert lässt.[29]

17 Der Vermieter muss auf Zustimmung, nicht auf Zahlung klagen. Er kann nur in Ausnahmefällen zugleich auf Zahlung der erhöhten Miete klagen, nämlich nur dann, wenn der Mieter in erster Instanz verurteilt worden ist, der Mieterhöhung zuzustimmen, und diese Verurteilung vor der Berufungsverhandlung über die Zahlungsklage in Teilrechtskraft erwachsen ist.[30]

18 Hat der Mieter bereits teilweise der Mieterhöhung zugestimmt – was zulässig ist und zur Erhöhung der Miete in diesem Umfang führt –, muss der Vermieter diese Teilzustimmung dadurch berücksichtigen, dass er nur noch Zustimmung zu dem verbleibenden Betrag verlangt.

19 Der **Klageantrag** muss auf Zustimmung zu einer betragsmäßig bezifferten Miete gerichtet sein.

20 Eine unbezifferte Zustimmungsklage ist unzulässig.[31]

21 Ferner muss angegeben werden, ab welchem Zeitpunkt die neue Miete zu zahlen ist. Das Gericht darf den Mieter nicht zur Zustimmung zu einem früheren Wirksamkeitszeitpunkt verurteilen, da es nicht mehr zusprechen darf, als beantragt worden ist (§ 308 ZPO). Das gilt auch dann, wenn es zu dem Ergebnis kommt, dass der Mieter bereits zu einem früheren Zeitpunkt – als in dem Klageantrag angegeben – der Mieterhöhung hätte zustimmen müssen. Hat der Vermieter in seinem Klageantrag keinen Wirksamkeitszeitpunkt genannt, ist durch Auslegung zu ermitteln, ab welchem Datum er die Mieterhöhung begehrt. Ergibt sich dieses Datum aus seinem Sachvortrag – insbesondere aus dem im Prozess eingereichten Mieterhöhungsverlangen –, kann das Gericht im Rahmen der Klageauslegung das Datum ergänzen.[32] Ist ein solches Datum nicht feststellbar, so ist der klagende Vermieter darauf hinzuweisen und zur Ergänzung des Klageantrages aufzufordern. Gibt er nunmehr ein bestimmtes Datum an, so ist das Gericht an dieses gebunden. In der nachträglichen Angabe des Datums liegt zugleich eine Klageerweiterung, da ohne Angabe des Datums die Mieterhöhung erst mit Rechtskraft der Entscheidung – ex nunc – eintreten würde.[33] Stellt das Gericht fest, dass die Mieterhöhungserklärung erst zu einem späteren Zeitpunkt wirksam geworden ist als im Klageantrag angegeben, so muss die weitergehende Klage mit der Kostenfolge des § 92 Abs. 1 ZPO abgewiesen werden, wenn sie nicht vorher zurückgenommen wird.

Beispiel: Es wird beantragt, den Beklagten zu verurteilen, der Erhöhung der monatlichen (Brutto/Netto/Teilinklusiv)Miete für die von ihm gemietete Wohnung in ... von ... Euro um ... Euro ... auf ... Euro zuzüglich Betriebskosten und Heizkostenvorauszahlungen wie bisher ab dem ... zuzustimmen.

22 Weitere Zulässigkeitsvoraussetzungen sind die Angabe des Mietverhältnisses, aus dem die Zustimmung zur Mieterhöhung begehrt wird, und die zumindest grobe Skizzierung des Grundes des Erhöhungsverlangens entsprechend den Merkmalen des § 558 BGB.[34] Weitergehende Angaben sind zur Wahrung der Klagefrist nicht erforderlich.

23 Davon zu unterscheiden ist die Schlüssigkeit der Klage. Die Klage ist erst schlüssig, wenn der Vermieter substanziiert vorträgt, dass die Wartefrist, die Kappungsgrenze, die

---

[29] OLG Frankfurt/Main, Beschluss vom 21. 3. 2001, 20 REMiet 2/99, GE 2001, 695.
[30] BGH, Urteil v. 4. 5. 2005, VIII ZR 5/04, GE 2005, 854 = WuM 2005, 458.
[31] LG Stuttgart NJW 1974, 1252.
[32] *Blank/Börstinghaus* § 558b BGB Rdn. 23.
[33] *Blank/Börstinghaus* § 558b BGB Rdn. 23.
[34] *Staudinger/Emmerich* 558b BGB Rdn. 25.

I. Klage auf Zustimmung zur Erhöhung der Miete 24–26 4. Kap.

Überlegungsfrist eingehalten sind und das Erhöhungsverlangen ordnungsgemäß begründet und dem Mieter zugegangen ist sowie die verlangte Miete die ortsübliche Vergleichsmiete nicht übersteigt. Dazu muss u. a. das Erhöhungsverlangen in Kopie (mit Vorder- und Rückseite!) beigefügt werden, auf das sich der Vermieter beziehen darf. Den Mietspiegel, auf den er sich zur Begründung bezieht, braucht er nicht erneut beizufügen, sollte dies aber zur besseren Übersichtlichkeit. Bezieht sich der Vermieter auf Spanneneinordnungsmerkmale des Mietspiegels, muss er die dafür maßgebenden Tatsachen unter Beweisantritt substanziiert vortragen. Allein die Wiederholung des Wortlauts des Spanneneinordnungsmerkmals reicht nicht aus. Im Übrigen hängt es von den Einwendungen des Mieters ab, wieweit der Vermieter im Prozess seinen Vortrag ergänzen muss.

Die Klage darf erst nach Ablauf der **Überlegungsfrist** des § 558b Abs. 1 BGB erhoben werden. Sie muss vor Ablauf der Klagefrist zugestellt werden. Diese Fristen werden durch das Mieterhöhungsverlangen ausgelöst. Der Mieter hat bis zum Ablauf des zweiten Monats nach dem Zugang des Mieterhöhungsverlangens Zeit, der Mieterhöhung zuzustimmen (§ 558b Abs. 2 Satz 1 BGB). Diese Zeit wird als Überlegungs- oder Zustimmungsfrist bezeichnet. Die Frist wird gem. §§ 187 ff. BGB berechnet; sie endet demgemäß um 24.00 Uhr des letzten Tages des übernächsten Monats nach Zugang des Mieterhöhungsverlangens. Auch § 193 BGB ist anwendbar, wonach dann, wenn der letzte Tag einer Frist zur Abgabe einer Willenserklärung auf einen Samstag, Sonntag oder einen am Erklärungsort staatlich anerkannten Feiertag fällt, sich die Frist bis zum nächsten Werktag verlängert.[35] Denn auch bei der Berechnung der sogenannten Karenzzeit von drei Werktagen, die den Parteien eines Wohnraummietvertrages zur Wahrung der Kündigungsfrist zusteht, ist der Sonnabend nur dann als Werktag mitzurechnen, wenn er mitten in der Karenzzeit liegt, nicht aber, wenn der letzte Tag der Karenzfrist auf diesen Tag fällt.[36] Fällt also der letzte Tag der Überlegungsfrist auf einen Samstag, Sonntag oder einen am Erklärungsort anerkannten gesetzlichen Feiertag, endet die Frist erst mit Ablauf des nächsten Werktags. Unabhängig davon tritt die Mieterhöhung bereits mit Beginn des dritten Kalendermonats nach dem Zugang des Erhöhungsverlangens (§ 558b Abs. 1 BGB) ein, entweder weil der Mieter zugestimmt hat oder weil er rechtskräftig zur Zustimmung verurteilt worden ist, was seine Zustimmung ersetzt. Die Verlängerung der Überlegungsfrist hat Bedeutung nur für die Klagefrist, deren Beginn – und damit auch Ende – von dem Ende der Überlegungsfrist abhängt.

Eine vor Ablauf der Überlegungsfrist erhobene Zustimmungsklage ist grundsätzlich unzulässig, da der Ablauf der Überlegungsfrist Prozessvoraussetzung für die Zustimmungsklage ist.[37] Da die Überlegungsfrist ihrerseits erst durch ein wirksames Erhöhungsverlangen in Lauf gesetzt wird, ist eine auf ein unwirksames Erhöhungsverlangen gestützte Zustimmungsklage ebenfalls als unzulässig abzuweisen.[38] Entscheidend ist das Datum der Zustellung der Zustimmungsklage. Zu diesem Zeitpunkt muss die Überlegungsfrist abgelaufen sein.[39] Auf das Datum der Klageeinreichung kommt es nicht an, da es nicht um die Einhaltung einer materiellen Frist geht, sondern um den Ablauf einer Frist als Prozessvoraussetzung für eine Klage.

Der Vermieter kann ausnahmsweise bereits vor Ablauf der Überlegungsfrist Zustimmungsklage erheben, wenn der **Mieter die Zustimmung endgültig und bestimmt**

---

[35] Bejahend *Blank/Börstinghaus* § 558b BGB Rdn. 18.
[36] BGH, Urteil vom 27. 4. 2005, VIII ZR 206/04, GE 2005, 726 = WuM 2005, 465 = NZM 2005, 532.
[37] OLG Hamburg MDR 1974, 585; LG Berlin WuM 1980, 18; LG Hamburg WuM 1980, 64; ZMR 1977, 247.
[38] AG Dortmund NZM 1999, 415.
[39] AG Münster WuM 1980, 81.

verweigert hat.⁴⁰ Das ist durch Auslegung zu ermitteln. Schweigen des Mieters auf das Mieterhöhungsverlangen ist nicht als Verweigerung der Zustimmung anzusehen, auch nicht, wenn der Vermieter dem Mieter eine kürzere Frist als die Überlegungsfrist gesetzt hat; denn vor Ablauf der Überlegungsfrist braucht sich der Mieter überhaupt nicht zu äußern. Stimmt der Mieter nur teilweise zu, kommt es darauf an, ob er zugleich die darüber hinaus gehende Mieterhöhung ablehnt; darin liegt dann die Verweigerung der Zustimmung in dieser Höhe, so dass der Vermieter insoweit Zustimmungsklage bereits vor Ablauf der – hinsichtlich der nicht akzeptierten – Mieterhöhung noch nicht abgelaufenen Überlegungsfrist erheben kann.

27 Die vor Ablauf der Überlegungsfrist erhobene Zustimmungsklage wird auch dann zulässig, wenn die **Frist bis zum Schluss der mündlichen Verhandlung** abgelaufen ist.⁴¹ Das gilt insbesondere für während des Zustimmungsrechtsstreits gem. § 558b Abs. 3 BGB nachgeholte Mieterhöhungsverlangen, die jeweils eine neue Überlegungsfrist in Lauf setzen. Gibt der Mieter zu erkennen, dass er auch die auf dieses nachgeholte Verlangen gestützte Mieterhöhung ablehnt, so ist es unschädlich, wenn die dafür neu zu laufende Überlegungsfrist im Zeitpunkt des Schlusses der mündlichen Verhandlung noch nicht abgelaufen ist.⁴² Erkennt der Mieter die Mieterhöhung vor Ablauf der dafür laufenden Überlegungsfrist im Zustimmungsprozess an, so hat der Vermieter die Kosten des Rechtsstreits zu tragen (§ 93 Abs. 1 ZPO). Ist die Überlegungsfrist auch bis zum Schluss der mündlichen Verhandlung nicht abgelaufen, ist die Klage als unzulässig abzuweisen. Darauf ist vom Gericht vor seiner Entscheidung hinzuweisen, weil der Ablauf der Überlegungsfrist Prozessvoraussetzung ist.

28 Unmittelbar nach dem Ende der Überlegungsfrist beginnt die **Klagefrist,** die drei Monate beträgt (§ 558b Abs. 2 Satz 2 BGB). Die Klagefrist ist nicht gewahrt, wenn mit der rechtzeitig erhobenen Klage der Vermieter sich zunächst auf ein anderes Erhöhungsverlangen stützt und den Irrtum erst nach Fristablauf durch Klageänderung korrigiert.⁴³ Für die Fristberechnung gelten die §§ 187, 188 und 193, so dass sich die Frist bis zum nächsten Werktag verlängert, wenn sie an einem Sonnabend oder an einem Sonntag bzw. an einem am Erklärungsort anerkannten gesetzlichen Feiertag endet.⁴⁴ Da die Klagefrist nach dem Ablauf der Überlegungsfrist beginnt, diese wiederum ein wirksames Erhöhungsverlangen voraussetzt, läuft sie ohne ein wirksames Zustimmungsverlangen ohnehin nicht. Eine materielle Entscheidung über die Berechtigung des Zustimmungsverlangens ist auch bei einer verfrüht eingereichten Klage, die mit Ablauf der Überlegungsfrist während des Prozesses zulässig geworden ist, nur zulässig, wenn die Klagefrist noch nicht abgelaufen war. Ist die Klage nicht innerhalb von drei vollen Monaten nach Ablauf der Zustimmungsfrist erhoben worden, ist sie als unzulässig abzuweisen.⁴⁵

29 Der **Beginn der Klagefrist** ist unabhängig davon, ob der Mieter die Zustimmung vor Ablauf der Überlegungsfrist ausdrücklich verweigert. Hatte der Mieter jedoch die Zustimmung ernsthaft und endgültig verweigert, kann der Vermieter bereits zu diesem Zeitpunkt Zustimmungsklage einreichen.

---

⁴⁰ KG, RE vom 12. 1. 1981, 8 W RE-Miet 4154/80, GE 1981, 133 = WuM 1981, 54 = ZMR 1981, 54; LG Mannheim NZM 1999, 957; AG Osnabrück WuM 1998, 290; AG Pankow-Weißensee GE 1995, 1555.
⁴¹ KG a.a.O.; BayObLG, RE vom 9. 2. 1982, NJW 1982, 1292; OLG Celle NJWE-MietR 1996, 73.
⁴² OLG Celle NJWE-MietR 1996, 73.
⁴³ LG Berlin, Urteil v. 5. 7. 2001, 62 S 2/01, GE 2001, 1469.
⁴⁴ Vgl. dazu im einzelnen *Beuermann* GE 1995, 848f.
⁴⁵ LG Berlin GE 1996, 1549; LG Duisburg, Urteil vom 21. 6. 2005, 135 119/05, WuM 2005, 457; *Staudinger/Emmerich* § 558b BGB Rdn. 17; *Lammel* § 558b BGB Rdn. 37; *Palandt/Weidenkaff* § 558b BGB Rdn. 37.

I. Klage auf Zustimmung zur Erhöhung der Miete 30–33 **4. Kap.**

Zur **Wahrung der Klagefrist** ist erforderlich, dass vor ihrem Ablauf eine formell **30** ordnungsgemäße Klage erhoben worden ist, d. h. zugestellt worden ist (§ 253 Abs. 1 ZPO). Die Zustimmungsklage muss durch die Unterschrift des Vermieters selbst oder desjenigen abgeschlossen werden, der für ihn als Bevollmächtigter oder als Geschäftsführer ohne Auftrag handelt. Die Zustimmungsklage kann auch durch **Telefax** eingereicht werden[46] oder mit Computerfax.[47] Denn auch Berufungen und Revision können durch Telefax eingelegt und begründet werden.[48] Da der Zugang des Bürgers zum Gericht nicht unnötig erschwert werden darf,[49] ist auch die Einreichung der Zustimmungsklage durch Telefax zulässig, zumal die Textform für das Mieterhöhungsverlangen ausreicht. Bei der Klageeinreichung durch Telefax kommt es, sofern die Empfangsstation des Gerichts über eine Speicherfunktion verfügt, auf den vollständigen Ausdruck bis zum Ablauf der Frist an,[50] wobei Verzögerungen infolge Störungen des Empfangsgeräts unschädlich sind.

Die Zustellung eines Mahnbescheides, in dem bereits die erhöhte Miete geltend **31** gemacht wird, genügt nicht, da nur ein Zustimmungsanspruch besteht.[51] Sämtliche Vermieter müssen gegen sämtliche Mieter klagen (vgl. dazu oben Rn. 3 bis 14). Bei einer (Außen-)GbR als Vermieterin muss die GbR das Mieterhöhungsverlangen nach §§ 558, 558a BGB geltend machen und gegebenenfalls klagen;[52] die Gesellschafter selbst sind nicht aktivlegitimiert, da sie nicht (auch)Rechtsinhaber sind. Auch eine gewillkürte Prozessstandschaft kommt nicht Betracht, da es sich um einen Anspruch auf Vertragsänderung nach § 558 BGB handelt. Die Zustimmungsklage bedarf der Angabe der Anschrift der klägerischen Partei noch vor Schluss der mündlichen Verhandlung.[53]

Bei einer Mietermehrheit ist entscheidend, ob die Zustimmungsklage allen Mietern **32** vor Ablauf der Klagefrist zugestellt worden ist. Ist die Zustimmungsklage auch nur einem von mehreren Mietern erst nach Ablauf der Klagefrist zugestellt worden, ist die Klage insgesamt unzulässig.[54] Eine Entscheidung nur gegenüber denjenigen Mietern, denen die Klage rechtzeitig zugestellt worden ist, ist schon deswegen nicht möglich, weil – abgesehen von der Zulässigkeit der Klage – die Wirksamkeit der Mieterhöhung nur allen Mietern gegenüber als notwendige Streitgenossen einheitlich getroffen werden kann. Ausreichend ist eine formell wirksame Klageerhebung, auf die Schlüssigkeit der Klage kommt es nicht an.

Die Klagefrist wird auch dadurch gewahrt, dass die Klage vor Ablauf der Klagefrist **33** bei dem Gericht eingeht, wenn sie danach demnächst zugestellt wird (§ 167 ZPO). Dazu ist es notwendig, dass die Klage bis 24.00 Uhr desjenigen Tages, an dem die Klagefrist abläuft, beim zuständigen Gericht eingegangen ist. Bei Klageeinlegung durch Telefax muss die letzte Seite vor 0 Uhr eingegangen sein.[55] Die Zustellung ist als „demnächst" erfolgt anzusehen, wenn der Kläger alles ihm Zumutbare für die Zustellung getan hat. Zeitlich kann eine Zustellung auch noch bis zu einem Monat nach

---

[46] AG Dortmund NJW-RR 1995, 971; AG Berlin-Schöneberg, GE 1999, 649; *Börstinghaus* in *Schmidt-Futterer* § 558b BGB Rdn. 86; a. A. AG Sömmerda WuM 2000, 612.
[47] GemS-OGB, Beschl. v. 5. 4. 2000, GmS-OGB 1/978, NJW 2000, 2340.
[48] BGH, Beschluss v. 11. 10. 1989, IVa ZB 7/89, NJW 1990, 188; BGH, Beschluss v. 4. 5. 1994, XII ZB 21/94, NJW 1994, 2097; BGH, Beschluss v. 19. 4. 1994, VI ZB 3/94, NJW 1994, 1881; BayObLG, Beschluss v. 13. 10. 1994, 1Z BR 39/94, NJW 1995, 668 – jeweils m. w. N.
[49] BVerfG, Beschluss v. 11. 2. 1987, 1 BvR 475/85, NJW 1987, 2067.
[50] BGH NJW 2001, 1581 [1582].
[51] AG Köln, Urteil vom 14. 1. 1994, 218 C 86/93.
[52] LG Berlin, Urteil vom 15. 4. 2002, 62 S 453/01, GE 2002, 1061 = NZM 2002, 780.
[53] LG Dortmund, Urteil vom 19. 8. 2005 175 59/05, WuM 2005, 723.
[54] *Blank/Börstinghaus* § 558b BGB Rdn. 25.
[55] AG Schöneberg GE 1999, 649; a. A. AG Sömmerda WuM 2000, 612.

Klageeinreichung ausreichen.[56] Bei Verzögerungen im Geschäftsbetrieb kann die Zeitspanne nicht kürzer bemessen werden. Entscheidend ist diejenige Zeitspanne, die dem Kläger anzulasten ist, wobei Verzögerungen im Gerichtsbetrieb nicht in die Zeitspanne einzurechnen sind; daher kann auch bei längerer Dauer zwischen Einreichung und Zustellung der Zustimmungsklage die Zustellung noch als „demnächst" erfolgt angesehen werden.[57] Entscheidend ist die Verzögerung zwischen Ablauf der Klagefrist und Zustellung der Klage,[58] nicht die Verzögerung zwischen Einreichung der Klageschrift und Zustellung. Dem Kläger anzulasten sind die Angabe des falschen Vornamens oder der falschen Anschrift des Beklagten, das Nichtbeifügen der erforderlichen Abschriften oder ähnliche Mängel der Klageschrift. Den Gerichtskostenvorschuss braucht er nicht sogleich mit der Klage einzuzahlen, sondern kann die Aufforderung des Gerichts abwarten.[59] Bleibt die Anforderung aus, muss er jedoch innerhalb von drei Wochen nachfragen oder einzahlen. Nach der Anforderung muss er unverzüglich, in der Regel binnen zwei Wochen einzahlen.[60] Auf Vorschusszahlungen durch den Rechtsschutzversicherer darf der Kläger nicht untätig warten.[61] Ist die Klage rechtzeitig bei einem unzuständigen Gericht eingegangen, so reicht es aus, dass der Rechtsstreit an das zuständige Gericht verwiesen wird, auch wenn dies erst nach Fristablauf geschieht.[62]

34 Diese Klagefrist darf bei Klageerhebung noch nicht abgelaufen sein. Sie ist eine **Ausschlussfrist**, so dass bei ihrer Versäumung keine Wiedereinsetzung in den vorherigen Stand zulässig ist.[63] Der Vermieter kann bei Versäumung der Klagefrist ein den Anforderungen des § 558a BGB nicht entsprechendes Mieterhöhungsverlangen auch nicht nachholen[64] oder seine Mängel beheben, da die Heilungsmöglichkeit gem. § 558b Abs. 3 BGB voraussetzt, dass die Klage zulässig war.

35 Ist die Klagefrist nicht eingehalten, ist die Zustimmungsklage unzulässig.

36 Die Zustimmung des Mieters zur Erhöhung der Miete gilt gem. § 894 Abs. 1 Satz 1 ZPO mit der Rechtskraft des Urteils als erteilt.[65] Der Mieter ist verpflichtet, die erhöhte Miete rückwirkend ab dem Wirksamkeitsdatum zu zahlen. In Verzug kommt der Mieter jedoch erst mit der Mahnung des Vermieters nach Rechtskraft des Zustimmungsurteils.[66] **Streitgegenstand** ist die Zustimmung zur Erhöhung der Miete um einen bestimmten Betrag zu einem genau bestimmten Zeitpunkt; klagt der Vermieter denselben Erhöhungsbetrag zu zwei verschiedenen Zeitpunkten ein, so handelt es sich um zwei Klagen.[67]

---

[56] BGHZ 150, 221; *Börstinghaus* in *Schmidt-Futterer* § 558b BGB Rdn. 86; *Beuermann* GE 2002, 964; *Schach* GE 2002, 1118, 1120.

[57] BGH MDR 2002, 1085; MDR 2003, 568; Urteil vom 20. 4. 2000, VIII ZR 116/99, NJW 2000, 2282.

[58] BGH NJW 1995, 2230; NJW 1993, 2320; OLG Hamm NJW-RR 1992, 480.

[59] BGH NJW 1986, 1347; NJW 1993, 2811; LG Berlin GE 2002, 733.

[60] BGH, Urteil v. 18. 11. 2004, IX ZR 229/03, NJW 2005, 291; Urteil vom 24. 5. 2005, IX ZR 135/04, GE 2005, 1420; KG KGR 2000, 233.

[61] BGH VersR 1968, 1062 [1063].

[62] BGH, Urteil v. 20. 2. 1986, III ZR 232/84, BGHZ 97, 155.

[63] LG Frankenthal NJW 1985, 273 = WuM 1985, 318; LG Lübeck WuM 1985, 319; LG Berlin GE 1996, 1549; AG Mölln WuM 1985, 315; AG Lübeck WuM 1985, 315; AG Aachen, WuM 1992, 628; *Börstinghaus* in *Schmidt-Futterer* § 558b BGB Rdn. 88 m.w.N.; *Staudinger/Emmerich* § 558a BGB Rdn. 17.

[64] LG Duisburg, Urteil v. 21. 6. 2005, 13 S 119/05, WuM 2005, 457.

[65] KG, RE v. 5. 12. 1985, 8 RE-Miet 5205/85, NJW-RR 1986, 439 = GE 1986, 225.

[66] BGH, Urteil vom 4. 5. 2005, VIII ZR 94/04, GE 2005, 730.

[67] LG Berlin ZMR 1985, 130 = GE 1986, 41; *Staudinger/Emmerich* § 558b BGB Rdn. 15; *Palandt/Weidenkaff* § 558b BGB Rdn. 11.

I. Klage auf Zustimmung zur Erhöhung der Miete 37–41 **4. Kap.**

2. Beweisverfahren

Problematisch ist die **Ermittlung der ortsüblichen Vergleichsmiete,** auf die sich 37 die Zustimmungsklage stützt. Das Gericht ist an die formellen Begründungsmittel hinsichtlich der Feststellung der ortsüblichen Vergleichsmiete nicht gebunden.[68] Selbst wenn sich aus der Begründung des Mieterhöhungsverlangens mit entsprechenden Entgelten für vergleichbare Wohnungen (§ 558a Abs. 2 Nr. 4 BGB) eine höhere Miete ergibt, ist das Gericht nicht verpflichtet, über die ortsübliche Vergleichsmiete dieser Vergleichswohnungen Beweis zu erheben. Die ortsübliche Vergleichsmiete bedarf natürlich nur dann des Beweises, wenn die Parteien sich darüber streiten. Dieser Streit kann sich entweder auf den gesamten Umfang der verlangten Mieterhöhung oder – nach teilweiser Zustimmung des Mieters – auf den Rest der verlangten Erhöhung beziehen. Denn der Mieter kann einem Mieterhöhungsverlangen nicht nur im Ganzen, sondern abweichend von § 150 Abs. 2 BGB auch teilweise zustimmen.[69] Dies gilt auch dann, wenn der Mieter zunächst das Mieterhöhungsverlangen des Vermieters vollständig abgelehnt, jedoch später teilweise zugestimmt hat.[70] Hat der Mieter dem Mieterhöhungsverlangen nur teilweise zugestimmt, kann der Vermieter wegen des Restbetrags Klage erheben.[71]

Voraussetzung für die **Beweisaufnahme über die Höhe der ortsüblichen Vergleichsmiete** ist eine entsprechende konkrete Behauptung; insoweit reicht aber die Behauptung einer bestimmten ortsüblichen Vergleichsmiete grundsätzlich aus.[72] 38

Die ortsübliche Vergleichsmiete wird in der Regel mittels eines örtlich anwendbaren 39 Mietspiegels ermittelt werden. Dabei ist zwischen dem nicht qualifizierten (einfachen) und dem qualifizierten Mietspiegel zu unterscheiden.

Einhellige Meinung ist, dass der – nicht qualifizierte – **Mietspiegel kein förmliches Beweismittel** ist[73] und auch keine Vermutung i. S. v. § 292 ZPO für die ortsübliche Vergleichsmiete begründet. Daher ist es allein Sache des Tatrichters, ob und in welcher Weise er das allgemeinkundige, im – nicht qualifizierten – Mietspiegel enthaltene Zahlenmaterial bei seiner Überzeugungsbildung im Rahmen der ihm aufgegebenen vergleichenden Bewertung als Hilfsmittel mit heranzieht. Die Werte des nicht qualifizierten Mietspiegels können jedoch im Rahmen der freien Beweiswürdigung gem. § 287 Abs. 2 ZPO herangezogen werden.[74] Der einfache Mietspiegel hat auch nach Einführung des qualifizierten Mietspiegels seine Bedeutung nicht verloren und kann nach wie vor im Rahmen der freien richterlichen Beweiswürdigung als Erkenntnismittel zur Feststellung der ortsüblichen Vergleichsmiete verwendet werden.[75] Ob der einfache Mietspiegel zur Ermittlung der ortsüblichen Vergleichsmiete verwendet werden kann, hängt von seiner Qualität ab. 40

Handelt es sich um einen **qualifizierten Mietspiegel,** wird vermutet, dass die darin 41 bezeichneten Entgelte die ortsübliche Vergleichsmiete wiedergeben (§ 558d Abs. 3

---

[68] LG Berlin MM 1992, 171; LG Bochum WuM 1991, 700; AG Frankfurt/Main WuM 2002, 54; AG Bochum DWW 1989, 171.

[69] BayObLG, RE v. 10. 3. 1988, RE-Miet 2/88, BayObLGZ 1988, 70 [73]; OLG Karlsruhe, RE v. 15. 12. 1983, 9 RE-Miet 2/83, WuM 1984, 21 [22].

[70] LG Berlin GE 1996, 263.

[71] BayObLG, RE v. 30. 6. 1989, RE-Miet 4/88, BayObLGZ 1989, 277 = ZMR 1989, 412 = WuM 1989, 484 = NJW-RR 1989, 1172 = GE 1989, 888 m.w.N.

[72] BVerfG, Beschluss v. 8. 9. 1993, 1 BvR 1331/92, ZMR 1993, 558.

[73] KG, RE v. 6. 6. 1991, 8 RE-Miet 323/91, ZMR 1991, 341 = WuM 1991, 425 = GE 1991, 725 = DWW 1991, 235.

[74] LG Berlin GE 2003, 1020; LG Dortmund, Urteil vom 19. 8. 2005, 175 59/05, WuM 2005, 273 = NZM 2006, 134; AG Dortmund WuM 2003, 35; *Beuermann* GE 2003, 233.

[75] LG Duisburg, Beschl. v. 24. 1. 2005, 13 T 9/05, GE 2005, 1065 = WuM 2005, 460.

BGB). Dabei handelt es sich um eine gesetzliche Vermutung i. S. d. § 292 ZPO. Damit ist aber auch der qualifizierte Mietspiegel noch kein Beweismittel im Prozess. Die gesetzliche Vermutung gilt nur dann, wenn die Tatbestandsvoraussetzungen für einen qualifizierten Mietspiegel vorliegen. Der qualifizierte Mietspiegel muss also zunächst die Anforderungen an einen einfachen Mietspiegel erfüllen, d. h. eine Übersicht über die ortsübliche Vergleichsmiete enthalten, die von der Gemeinde oder den Interessenverbänden erstellt worden ist. Die Übersicht muss nach wissenschaftlichen Grundsätzen erstellt sein. Der Mietspiegel muss von der Gemeinde oder den Interessenverbänden anerkannt sein; es reicht aber auch die Anerkennung durch die Gemeinde aus, wenn sich die Interessenvertreter der Vermieter und Mieter nicht einigen können. Der Mietspiegel muss nach zwei Jahren der Marktentwicklung angepasst werden. Schließlich muss die Wohnung, für die die Mieterhöhung begehrt wird, in den Mietspiegel eingeordnet werden können. Derjenige, der die Vermutung für sich in Anspruch nimmt, muss beweisen, dass es sich um einen qualifizierten Mietspiegel handelt. Allein die Behauptung des Mietspiegelerstellers dürfte nicht ausreichen. Ergibt sich aber aus der Mietspiegeldokumentation, dass der Mietspiegel nach wissenschaftlichen Grundsätzen erstellt worden ist, dürfte ein weiterer Beweis entbehrlich sein. Die Parteien können die Tatsachenvoraussetzungen für die Qualifizierung auch unstreitig stellen.

42   Ist unstreitig – oder bewiesen –, dass es sich um einen qualifizierten Mietspiegel handelt, muss diejenige Mietvertragspartei, die sich darauf beruft, die für die Einordnung in den Mietspiegel notwendigen Spanneneinordnungsmerkmale beweisen. Ist dieser Beweis gelungen, so spricht eine Vermutung für die aus dem qualifizierten Mietspiegel ersichtliche Miete als die ortsübliche Vergleichsmiete; diejenige Mietvertragspartei, die dies nicht akzeptieren will, muss den Gegenbeweis erbringen.

43   Der Vermieter kann sich für den Gegenbeweis auf Sachverständigengutachten berufen, wenn er eine höhere Miete verlangt.[76]

44   Einigkeit besteht darüber, dass zunächst das **allgemeine Mietniveau** zu ermitteln ist.[77] Insoweit stellt sich aber bereits die Frage, ob der jeweilige **Mietspiegel** zur Ermittlung des allgemeinen Mietniveaus **geeignet ist.** Nur empirisch auf Grund einer korrekten Datenerhebung und -auswertung erstellte Mietspiegel sind dazu geeignet, nicht dagegen ausgehandelte Mietspiegel.[78] Mittels der Regressionsanalyse erstellte Mietspiegel sind nicht geeignet, die ortsübliche Miete zuverlässig wieder zu geben.[79] Dagegen dürfte die Kappung von jeweils einem Sechstel der höchsten und niedrigsten tatsächlich gezahlten Mieten der Verwendung des Mietspiegels nicht entgegenstehen. Bei der Bestimmung des Mittelwerts kommt es darauf an, ob das arithmetische Mittel oder der Median gewählt wird.[80] Wegen der Bedenken gegen beide Methoden kann eine kombinierte Methode verwendet werden. Auch die Abgrenzung der Wohnlagen kann Anlass zur Kritik bieten. Dies gilt erst recht für die Orientierungshilfe mit wohnwertmindernden und wohnwerterhöhenden Merkmalen. Insbesondere dann, wenn die Merkmalgruppe „Wohnumfeld" fehlt, bestehen Bedenken gegen die Verwendbarkeit des Mietspiegels.

45   Zudem ist zu berücksichtigen, dass Mietspiegel – unterstellt, sie beruhen auf einer korrekten Datenerhebung und -auswertung sowie der Berücksichtigung der die Methode beeinflussenden Faktoren – nur das allgemeine Mietniveau widerspiegeln, also nur ein grobes Raster bieten.[81] Die Qualität des Mietspiegels muss auf Grund einer –

---

[76] LG Berlin, Urteil v. 20. 7. 2004, 65 S 370/03, GE 2004, 1456.
[77] Mietprax/*Börstinghaus* Fach 6 Rdn. 139.
[78] AG Frankfurt/Main NJW-RR 1989, 12; *Börstinghaus* WuM 1997, 421.
[79] LG München I WuM 2002, 547; LG München I WuM 1996, 709.
[80] Vgl. dazu näher *Beuermann* in Berliner Mietspiegel 1994, S. 18 Rdn. 47.
[81] *Schultz* in Bub/Treier III 504; *Voelskow* in Berliner Mietspiegel 1994, S. 25 m. w. N.

I. Klage auf Zustimmung zur Erhöhung der Miete

bei qualifizierten Mietspiegeln unabdingbar notwendigen – Dokumentation überprüfbar sein.

Enthält der angewendete Mietspiegel einen Unter-, Mittel – und Oberwert, ist streitig 46 ob sich eine Partei in einem Prozess ohne weitere Angaben auf den jeweiligen Mittelwert,[82] den unteren[83] oder den oberen[84] Wert berufen kann. Entscheidend ist, ob die verlangte Miete die ortsüblichen Mieten für vergleichbaren Wohnraum nicht übersteigt. Die Spanne des Mietspiegels gibt aber die ortsübliche Vergleichsmiete insgesamt wieder, so dass weder dem Unter-, noch dem Mittel – oder Oberwert eine Vermutungswirkung beigemessen werden kann. Ein Mieterhöhungsverlangen nach § 558 BGB ist nicht deshalb unwirksam, weil sich die Ausgangsmiete innerhalb der Bandbreite der vom gerichtlichen Sachverständigen festgestellten örtlichen Vergleichsmiete befindet.[85]

Nach der Entscheidung des Bundesgerichtshofes[86] zum Berliner Mietspiegel steht 47 fest, dass nicht nur der Mietspiegel als Beweismittel heranzuziehen ist, sondern dass auch die Orientierungshilfen als Grundlage einer Schätzung der ortsüblichen Vergleichsmiete durch das Gericht herangezogen werden kann. Zwar ist die Orientierungshilfe kein Bestandteil des qualifizierten Mietspiegels. Nach Auffassung des BGH handelt es sich jedoch dabei um „Aussagen, die vom umfassenden Sachverstand der an der Mietspiegelerstellung beteiligten Experten getragen werden". Das trift zwar nicht zu, da die Merkmale der Orientierungshilfe von den Interessenverbänden ausgehandelt wurden, ohne dass nachgewiesen worden wäre, ob die Merkmale tatsächlich Einfluss auf die Miethöhe haben. Nach der Entscheidung des BGH steht jedoch fest, dass Orientierungshilfen zur Spanneneinordnung zur Schätzung der ortsüblichen Vergleichsmiete durch das Gericht herangezogen werden können. Ein Sachverständigengutachten ist im Zweifel nur teuer, aber nicht unbedingt richtiger. Es liegt nahe, auch die anderen Teile des Berliner Mietspiegels, die ausdrücklich nicht zum qualifizierten Mietspiegel gehören, als Schätzungsgrundlage heranzuziehen. Das sind zum Einen die mit einem oder zwei Sternchen gezeichneten Mietspiegelfelder, bei denen nur wenige Daten vorlagen. Ein Sachverständiger würde dann für diese Wohnungen, die selten sind, im Zweifel nicht mehr Daten zur Verfügung haben.

Auch die Angaben zur Verkehrslärmbelastung sind im Mietspiegel als Orientie- 48 rungshilfe verzeichnet und sind nicht Bestandteil des qualifizierten Teils des Mietspiegels. Die Grundsätze des Urteils des BGH zur Orientierungshilfe gelten jedoch auch hier, so dass das Gericht befugt ist, auch diese Angaben zur Schätzung heranzuziehen.

Der BGH bejaht die Zulässigkeit der Schätzung durch das Gericht; eine Verpflich- 49 tung des Gerichts zur Schätzung besteht jedoch nicht. Im Prozess hat also keine Partei einen Anspruch darauf, dass das Gericht ohne weitere Beweiserhebung allein den Mietspiegel anwendet. Das Gesetz (§ 287 Abs. 1 Satz 2 ZPO) spricht ausdrücklich vom Ermessen des Gerichts. Umgekehrt hat die Zivilkammer 65 des LG Berlin[87] angenommen, dass es als Berufungsgericht an die Schätzung durch das Amtsgericht gebun-

---

[82] LG Berlin, NZM 1998, 1000; (ZK 61) GE 1991, 1151; (ZK 63) MM 1995, 67; (ZK 64) GE 1991, 49; (ZK 66) GE 1993, 749; GE 1991, 1149; (ZK 67) GE 1994, 1055; LG Dortmund ZMR 2002, 918; Urteil vom 19. 8. 2005, 17 S 59/05, NZM 2006, 134 = WuM 2005, 723; LG Wiesbaden WuM 1992, 256; AG Tempelhof-Kreuzberg GE 1997, 1345; MM 1993, 327; AG Gelsenkirchen-Buer NZM 1998, 50.
[83] AG Köln WuM 1996, 421.
[84] LG Berlin (ZK 61) GE 1989, 473, (ZK 65) GE 1990, 495; GE 1989,1231; LG Lübeck WuM 1989, 306.
[85] BGH, Urteil vom 6. 7. 2005, VIII ZR 322/04, GE 2005, 984 = NJW 2005, 2621 = NZM 2005, 660 = MM 2005, 262 = ZMR 2005, 780.
[86] BGH, Urteil vom 20. 4. 2005, VIII ZR 110/04, GE 2005, 663 = WuM 2005, 394 = NJW 2005, 2074 = MM 2005, 226 = ZMR 2005, 771.
[87] LG Berlin, Beschluss vom 5. 4. 2005, 65 S 406/04, GE 2005, 869.

den sei. Nur bei Zweifeln an der Richtigkeit oder Vollständigkeit der Feststellung des Amtsgerichts bei der Anwendung der Orientierungshilfe sei eine erneute Feststellung durch das Berufungsgericht geboten.

50 Nach Auffassung der Zivilkammer 67 des LG Berlin[88] kann auch bei Vorliegen eines qualifizierten Mietspiegels das Gericht ein Sachverständigengutachten zur ortsüblichen Vergleichsmiete einholen ,das dem Mietspiegel vorzuziehen ist. Demgegenüber kann nach Auffassung der Zivilkammer 65[89] für die Bestimmung des ortsüblichen Mietzinses innerhalb der Spanne des Berliner Mietspiegels bei der nach nach § 287 ZPO durchzuführenden Schätzung auch die Orientierungshilfe zur Spanneneinordnung herangezogen werden, eine Beweisaufnahme durch Sachverständigen-Gutachten wird insoweit nicht mehr für möglich gehalten.

51 Nach Auffassung des LG Potsdam[90] ist auf Grund des vergleichsweise breiten statistischen Datenmaterials ein Mietspiegel gegenüber dem Sachverständigengutachten das grundsätzlich überlegene Beweismittel.

52 Das Gericht muss die ortsübliche Vergleichsmiete zum Tag des Zugangs des Mieterhöhungsverlangens feststellen.Kommt es auf den Mietspiegel an, so ist der zu diesem Zeitpunkt geltende Mietspiegel auch dann heranzuziehen, wenn dessen Stichtag erst nachträglich bekannt wird. Ist das Zustimmungsverlangen auf einen früheren Mietspiegel gestützt, liegt der Zugang des Mieterhöhungsverlanges aber nach dem Stichtag des neuen Mietspiegels, kann nur die aus dem neuen Mietspiegel sich ergebende Miete zugesprochen werden. Ist das auf den früheren Mietspiegel gestützte Mieterhöhungsverlangen höher als die sich aus dem aktuellen Mietspiegel ergebende Miete, so ist das frühere Mieterhöhungsverlangen zwar nicht unwirksam, aber durch den neuen Mietspiegel gekappt auf die sich daraus ergebende Miete. Ist das auf den früheren Mietspiegel gestützte Mieterhöhungsverlangen niedriger als die sich aus dem aktuellen Mietspiegel ergebende Miete, kann nicht mehr zugesprochen werden, als mit dem entsprechenden Klageantrag geltend gemacht worden ist. Der Vermieter kann natürlich ein neues Mieterhöhungsverlangen auf den neuen Mietspiegel stützen, wenn seit dem davor geltend gemachten Mieterhöhungsverlangen die Wartefrist abgelaufen ist. Das neue Mieterhöhungsverlangen löst dann wieder die Überlegungsfrist und die Klagefrist aus.

53 Wenn die in dem Mietspiegel ausgewiesene ortsübliche Vergleichsmiete deswegen nicht mehr als aktuell angesehen werden kann, weil zwischen dem Stichtag des Mietspiegels und dem Zugang des Mieterhöhungsverlangens eine zu lange Zeit liegt, muss das Gericht entscheiden, ob es zu den Werten eine sog. **Stichtagsdifferenz hinzurechnet oder abzieht.** Das Gericht – nicht der Vermieter mit seinem Mieterhöhungsverlangen – kann Veränderungen der ortsüblichen Vergleichsmiete, die seit dem Zugang des Mieterhöhungsverlangens eingetreten sind, durch Zu – oder Abschläge zu dem für die Wohnung zutreffenden Mietspiegelwert berücksichtigen.[91] Dazu ist grundsätzlich ein Sachverständigengutachten einzuholen.[92]

54 Sind sich die Parteien darüber einig, dass der Mietspiegel die ortsübliche Vergleichsmiete zuverlässig wiedergibt, streiten sie aber über die **Einordnung** in die jeweiligen Spannen des Mietspiegels, so dürfte im Regelfall das Gericht sich durch **Inaugenschein-**

---

[88] LG Berlin, Urteil vom 8. 12. 2003, 67 S 288/03, GE 2004, 180.
[89] LG Berlin, Urteil vom 3. 6. 2002, 65 S 17/03.
[90] LG Potsdam, Urteil vom 30. 9. 2004, 11 S 9/04, MM 2004, 411 Ls.
[91] OLG Hamm, RE vom 30. 8. 1996, NJW-RR 1997, 142; LG Berlin GE 1996, 1547; Urteil vom 27. 9. 2001, 62 S 1/01, GE 2002, 192; LG Hamburg ZMR 2000, 538; WuM 1996, 45; LG München I WuM 1992, 25.
[92] OLG Stuttgart, RE v. 15. 12. 1993, 8 RE-Miet 4/93, GE 1994, 154 = DWW 1994, 47; *Voelskow* ZMR 1992, 326, 328 unter 2.a; a. A. LG Berlin, GE 1996, 925: lineare Entwicklung – auch a. A. *Blank/Börstinghaus* § 558b BGB Rdn. 33: Fortschreibung eines Indexes.

I. Klage auf Zustimmung zur Erhöhung der Miete   55–62   **4. Kap.**

nahme ein Bild von den Voraussetzungen für die Einordnung der Wohnung in das entsprechende Mietspiegelfeld innerhalb der dort angegebenen Spanne machen. Durch die Besichtigung der Wohnung kann insbesondere festgestellt werden, ob sie wohnwerterhöhende oder wohnwertmindernde Merkmale aufweist und/oder ob ein Zuschlag wegen des Vorliegens von Sondermerkmalen (z. B. Lage in einem Gebiet mit Einzelhandelsgeschäften und Kleingewerbetreibenden, in einem Villenvorort usw.) vorliegt.

Streiten die Parteien darüber, ob die **wohnwerterhöhende Ausstattung** vom Vermieter oder vom Mieter stammt, so ist der Vermieter, der eine entsprechend höhere Miete verlangt, dafür darlegungs- und beweispflichtig, dass diese wohnwerterhöhende Ausstattung von ihm (oder von dem Vorvermieter) eingebracht worden ist.   55

Vom Mieter geschaffene Ausstattungsmerkmale können nicht zugunsten des Vermieters berücksichtigt werden.   56

Hat der Mieter zunächst das Bad gefliest, aber der Vermieter anschließend im Rahmen einer Modernisierung für eine neue Verfliesung gesorgt, kann diese Verfliesung jedoch zugunsten des Vermieters als wohnwerterhöhendes Merkmal berücksichtigt werden – das gilt auch für die vom Mieter angeschaffte hochwertige Badausstattung, wenn der Vermieter dem Mieter den Differenzbetrag zu der von ihm beabsichtigten Standardausstattung bezahlt hat.[93]   57

Da der Vermieter sich – ohne Zustimmung des Mieters – nicht auf seine Vernehmung als Partei berufen kann (§ 447 ZPO), kommt insoweit nur Zeugenbeweis in Betracht.   58

Streiten die Parteien über die der Berechnung der ortsüblichen Vergleichsmiete **zugrunde liegende Wohnfläche,** dürfte in der Regel nur ein Gutachten eines gerichtlich bestellten und vereidigten Sachverständigen in Betracht kommen, der die Wohnfläche gem. §§ 2–4 der Wohnflächenverordnung (WoFlV) v. 25. 11. 2003 (BGBl. I S. 2346) ermittelt, wenn sie nicht bereits bis zum 31. 12. 2003 nach den §§ 42–44 der Zweiten Berechnungsverordnung berechnet worden ist.   59

Ein Sachverständigengutachten ist auf jeden Fall notwendig, wenn der Mietspiegel für die streitbefangene Wohnung nur ein **Leerfeld** ausweist. Durch ein Sachverständigengutachten kann die Vermutungswirkung des qualifizierten Mietspiegels (§ 558 d Abs. 3 BGB) widerlegt werden. Der Sachverständige muss sich mit den Werten des Mietspiegels auseinandersetzen, soweit dieser das allgemeine Mietenniveau zuverlässig wiedergibt.   60

Der Sachverständige muss in seinem Gutachten die von ihm zur Feststellung der ortsüblichen Vergleichsmiete herangezogenen **Vergleichswohnungen** so genau angeben, dass dem Mieter die Überprüfung möglich ist, ob diese Vergleichswohnungen die in dem Sachverständigengutachten angegebenen Merkmale aufweisen.[94] Dazu genügt grundsätzlich die Angabe der **Adresse,** des **Geschosses** und des **Quadratmeterpreises** der herangezogenen Wohnungen. Nur wenn es sich um ein Mehrfamilienhaus mit zahlreichen Wohnungen auf derselben Ebene handelt, ist auch der **Name** des Mieters oder die Angabe der genauen Lage der Wohnung erforderlich.[95] Gibt der Sachverständige in seinem Gutachten die Vergleichswohnungen nicht derart identifizierbar an, dürfte das Gutachten nicht verwertbar sein.   61

Das Gericht muss in seinem **Beweisbeschluss** das **Beweisthema** derart **genau angeben,** dass der Sachverständige diesen Weisungen folgen kann. Dazu gehört insbesondere die Eingrenzung, ob die Brutto- oder Nettomiete als ortsübliche Vergleichsmiete für die streitbefangene Wohnung ermittelt werden soll. Das hängt von der Vereinba-   62

---

[93] LG Berlin, Urteil v. 20. 11. 2001, 64 S 212/00.
[94] BVerfG, Beschluss v. 11. 10. 1994, 1 BvR 1398/93, ZMR 1995, 7 = GE 1994, 1372 = WuM 1994, 661 = NJW-RR 1995, 40; BGH, NJW 1994, 2899 = MDR 1994, 941 = GE 1994, 754.
[95] BGH, Urteil v. 18. 12. 2002, VIII ZR 72/02 und 141/02, GE 2003, 318; LG Berlin ZMR 1985, 341 = GE 1985, 1257; LG Berlin ZMR 1987, 22 = WM 1987, 226 = GE 1986, 1119.

rung über die Struktur der Miete ab. Ferner hat das Gericht den Sachverständigen anzuweisen, ob und in welchem Umfang er sich mit welchem Mietspiegel, der das allgemeine Mietenniveau wiedergeben kann, auseinander zu setzen hat. Insoweit kommt es darauf an, ob die jeweiligen Mieten nach ihrem **Stichtag** die entsprechende ortsübliche Vergleichsmiete wiedergeben (kommt es z. B. auf die ortsübliche Vergleichsmiete für die Zeit vom 1. 10. 2005 bis zum 31. 12. 2007 an, so muss sich der Sachverständige mit der ortsüblichen Vergleichsmiete aus mehreren Mietspiegeln auseinander setzen, da diese alle zwei Jahre neu erscheinen müssten). Hat der Sachverständige die ortsübliche Nettomiete für die streitbefangene Wohnung festzustellen, weist jedoch der Mietspiegel eine Bruttokaltmiete auf, so muss der Sachverständige angewiesen werden, wie er die Nettomiete aus dem Mietspiegel zu ermitteln hat, mit der er sich auseinander setzen muss (z. B. unter Abzug der zuletzt auf die Wohnung entfallenden Betriebskosten aus der geschuldeten Bruttomiete[96] oder der sich aus dem jeweiligen Mietspiegel ergebenden pauschalen Betriebskosten für die betreffende Wohnung).[97] Der Anspruch des Vermieters auf Erhöhung der Bruttokaltmiete, den er mit einem Mietspiegel begründet, der Nettomieten ausweist, ist durch Abzug der zuletzt auf die Wohnung entfallenden Betriebskosten von der vereinbarten Bruttokaltmiete zu beurteilen.[98]

63   Nach Gutachtenerstattung ist den **Parteien** das Gutachten **zur Stellungnahme** zuzuleiten. Das Gericht kann damit eine Fristsetzung verbinden (§ 411 Abs. 4 Satz 2 ZPO). Die Länge der Frist richtet sich danach, wie schwierig die zu beurteilende Beweisfrage und wie verständlich das Gutachten ist.[99] Nehmen die Parteien innerhalb der vom Gericht gesetzten Frist nicht Stellung, kann das Gericht spätere Einwendungen als verspätet zurückweisen.

64   Beantragt auch nur eine Partei, den Sachverständigen zur **mündlichen Erläuterung** seines Gutachtens zu laden, so muss diesem Antrag stattgegeben werden,[100] und zwar auch dann, wenn das Gericht das Gutachten für ausreichend und überzeugend hält.[101] Das Gericht kann aber trotz des Antrags zunächst eine schriftliche Stellungnahme des Sachverständigen zu den von den Parteien angekündigten Fragen einholen und dann klären, ob der Antrag auf mündliche Erläuterung des Gutachtens aufrechterhalten wird.

65   Soweit sich aus dem Mietspiegel oder dem Sachverständigengutachten ergibt, dass die vom Vermieter verlangte Mieterhöhung gerechtfertigt ist, wird der Mieter erstinstanzlich durch **Urteil** des örtlich zuständigen AG zur Zustimmung zur Erhöhung der Miete für die betreffende Wohnung von der bisherigen Miete um den Erhöhungsbetrag auf die neue Miete mit Wirkung ab demjenigen Zeitpunkt verurteilt, zu dem die Zustimmung zur Mieterhöhung berechtigterweise verlangt worden ist. Dabei muss im Urteil klargestellt werden, ob es sich um die Bruttokaltmiete (Kaltmiete einschließlich nicht bezifferten Betriebskostenanteils) oder um die Nettokaltmiete (Nettomiete ohne vereinbarte Betriebskostenvorschüsse) handelt.

3. Kosten, Gebührenstreitwert, Beschwerdewert

66   Obsiegt der Vermieter voll mit seinem Zustimmungsverlangen, so hat der Mieter die gesamten **Kosten** des Rechtsstreits zu tragen (§ 91 Abs. 1 Satz 1 ZPO). Zu den

---

[96] So BGH, Urteil vom 26. 10. 2005, VIII ZR 41/05, GE 2006, 46; LG Berlin, Urteil v. 27. 11. 1995, 62 S 263/95, GE 1996, 323.
[97] LG Berlin, Urteil vom 19. 7. 2005, 63 S 76/05, GE 2005, 1251; Offen gelassen von LG Berlin, Urteil v. 14. 3. 1995, 64 S 441/94, GE 1996, 59.
[98] BGH, Urteil vom 26. 10. 2005, VIII ZR 41/05, GE 2006, 46; KG, Urteil v. 20. 1. 2005, 8 U 127/04, GE 2005, 180; *Staudinger/Emmerich* § 558 BGB Rdn. 14; § 558a BGB Rdn. 29.
[99] OLG Düsseldorf NJW-RR 1996, 1527; OLG Celle MDR 2001, 108.
[100] BGH NJW 1998, 162; BGH NJW-RR 2001, 1431.
[101] BGH NJW-RR 2003, 208.

I. Klage auf Zustimmung zur Erhöhung der Miete   67–70   **4. Kap.**

Kosten des Rechtsstreits gehören auch die **Kosten des** vom Gericht im Prozess eingeholten **Sachverständigengutachtens**. Anders ist dies bei den von den Parteien eingeholten sog. Privatgutachten; vorprozessuale Gutachten zur Begründung einer Mieterhöhung sind grundsätzlich nicht erstattungsfähig.[102]

Obwohl die Zustimmung erst als abgegeben gilt, sobald das Urteil **Rechtskraft** erlangt hat (§ 894 Abs. 1 Satz 1 ZPO), ist auch das amtsgerichtliche Urteil hinsichtlich der Kostenentscheidung für vorläufig vollstreckbar zu erklären. Die Entscheidung über die **vorläufige Vollstreckbarkeit** hat dann die Wirkung, dass die obsiegende Prozesspartei die von dem Gegner zu erstattenden Kosten gem. §§ 104 ff. ZPO festsetzen lassen und dann diesen Kostenfestsetzungsbescheid vollstrecken kann   **67**

Das AG kann sein **Verfahren nach billigem Ermessen** bestimmen, wenn der Streitwert 600 Euro nicht übersteigt (§ 495a Satz 1 ZPO). Der Streitwert i. S. d. Bestimmung ist der Zuständigkeitsstreitwert,[103] für den die §§ 3–9 ZPO gelten (§ 2 ZPO). Der Zuständigkeitsstreitwert richtet sich nach § 9 ZPO, wonach der dreieinhalbfache Jahresbetrag der begehrten Mieterhöhung maßgebend ist. Bei Mieterhöhungsklagen ist die Beschwer ebenfalls nach § 9 ZPO zu bestimmen.[104] § 41 Abs. 5 GKG gilt nur für den Gebührenstreitwert, der aus sozialpolitischen Gründen niedrig gehalten werden sollte; dieser Gesichtspunkt ist aber für die Bemessung des Zuständigkeitsstreitwertes und des Beschwerdegegenstands ohne Bedeutung.[105] Daher ist das Verfahren nach § 495a ZPO nur bei Klagen auf Zustimmung zur Mieterhöhung um bis zu 14,28 Euro monatlich zulässig. Insoweit ist es auch zulässig, bei Unzulässigkeit oder Unschlüssigkeit der Zustimmungsklage ohne mündliche Verhandlung ein diese Klage abweisendes Urteil zu erlassen, selbst wenn der Mieter einen derartigen Antrag nicht gestellt und/oder sich zu der Klage überhaupt nicht geäußert hat. Mündliche Verhandlung ist nur notwendig, wenn eine Partei sie (ausdrücklich) beantragt (§ 495a Satz 2 ZPO). Ohne einen derartigen Antrag ist auch ein schriftliches Verfahren ohne Zustimmung der Parteien zulässig.   **68**

Der **Gebührenstreitwert** der Klage auf Zustimmung zur Mieterhöhung richtet sich nach § 41 Abs. 5 GKG, wonach höchstens der Jahresbetrag der zusätzlich geforderten Miete maßgebend ist. Dies gilt jedoch nur für die Zustimmungsklage gem. § 558 BGB, da § 41 Abs. 5 GKG nur den Streitwert für Ansprüche auf Erhöhung der Miete für Wohnraum regelt. Der Gebührenstreitwert einer Klage auf Mieterhöhung für gewerbliche Räume bestimmt sich daher nicht nach § 41 Abs. 5 GKG, sondern nach § 9 ZPO, so dass der dreieinhalbfache Jahresbetrag der Mieterhöhung maßgebend ist [106]   **69**

Der Wert der **Beschwer** nach § 511 Abs. 2 Nr. 1 ZPO für den mit seiner Klage abgewiesenen Vermieter bestimmt sich ebenfalls nach § 9 ZPO, so dass sich die Berufungssumme bei abgewiesenen Mieterhöhungsklagen ebenfalls nach dem dreieinhalbfachen Jahresbetrag der begehrten Mieterhöhung berechnet.[107]   **70**

---

[102] LG Bielefeld, Beschluss v. 22. 10. 1980, 3 T 523/80, Rpfleger 1981, 70; LG München I, Beschluss v. 31. 5. 1979, 14 T 3577/79, MDR 1984, 57.

[103] *Börstinghaus* in *Schmidt-Futterer* § 558b BGB Rdn. 96 m. w. N.

[104] Vgl. dazu BVerfG GE 1996, 600; *Zöller/Herget* § 3 ZPO Rdn. 16 Stichwort „Mietstreitigkeiten" m. w. N. auch für die Gegenmeinung; LG Berlin MM 2000, 419; LG Freiburg, ZMR 2002, 667; LG Hildesheim WuM 1996, 351; LG Kiel, Urteil v. 10. 5. 1994, 1 S 306/93, ZMR 1994, 480 = MDR 1994, 834.

[105] BVerfG, a. a. O., Fußn. 103.

[106] OLG Frankfurt/Main, Urteil v. 30. 10. 1992, 24 W 47/92, MDR 1993, 697.

[107] OLG Celle OLGR 1996, 84; LG Freiburg ZMR 2002, 667; LG Berlin, Urteil v. 21. 1. 2005, 63 S 387/04, GE 2005, 487; WuM 1997, 268; MM 2000, 419; LG Kiel, Urteil v. 10. 5. 1994, 1 S 306/93, ZMR 1994, 480 = MDR 1994, 834; LG Hildesheim, Urteil v. 26. 6. 1996, 7 S 435/95, WuM 1996, 716; *Börstinghaus* in *Schmidt-Futterer* § 558b BGB Rdn. 154 m. w. N.; *Lammel* § 558b BGB Rdn. 53; *Gärtner* WuM 1997, 160; *Thomas/Putzo* § 3 ZPO Rdn. 101; BVerfG

4. Nachholung formell unwirksamer Mieterhöhungsverlangen

71 Der Vermieter kann ein vollständig neues Erhöhungsverlangen an den Mieter richten, das allerdings für sich allein allen Anforderungen des § 558a BGB genügen muss.[108] Insoweit ist auch eine Bezugnahme auf ein vorangegangenes Mieterhöhungsverlangen, z.B. hinsichtlich der Begründung, zulässig,[109] soweit durch diese Bezugnahme die Form des § 558a BGB insgesamt eingehalten wird. Die Zustimmung zur Mieterhöhung kann außerhalb des Prozesses oder im noch anhängigen Prozess verlangt werden. Das außerhalb des Prozesses geltend gemachte Erhöhungsverlangen kann dann schriftsätzlich zum Verfahrensgegenstand des bereits laufenden Prozesses über das vorangegangene Mieterhöhungsverlangen gemacht werden. Unabhängig von einer formellen Zustellung dieses Schriftsatzes ist damit das Mieterhöhungsverlangen in den Rechtsstreit eingeführt. Bei der Nachholung der Mieterhöhungsverlangens im Prozess ohne vorausgegangenes außergerichtliches Erhöhungsverlangen muss klargestellt werden, dass es sich um ein Zustimmungsverlangen als nachgeholte Mieterhöhung handelt und nicht nur um eine nachgeholte Begründung des bereits geltend gemachten Zustimmungsverlangens.[110] Der entsprechende Schriftsatz muss daher sämtliche Voraussetzungen des § 558a BGB erfüllen, also insbesondere ein Mieterhöhungsverlangen enthalten. Ferner muss das im Prozess geltend gemachte Mieterhöhungsverlangen zur Begründung auf ein zulässiges Begründungsmittel Bezug nehmen. Der Schriftsatz muss dem Mieter – bzw. dessen Anwalt – auch zugehen. Der Zugang der einfachen Abschrift des nachgeholten Mieterhöhungsverlangens an den Mieter oder dessen Prozessbevollmächtigten reicht aus, weil gem. § 558b BGB für die Mieterhöhungserklärung Textform ausreicht.[111] Der Mieter kann das von dem Prozessbevollmächtigten des Vermieters nachgeholte Erhöhungsverlangen nicht deswegen zurückweisen, weil diesem die Prozessvollmacht nicht beigefügt war; denn der Prozessbevollmächtigte gilt kraft Prozessvollmacht als berechtigt, auch materiell-rechtliche Willenserklärungen abzugeben, soweit sie sich im Rahmen des Streitgegenstandes halten und der Erreichung des Prozessziels dienen.[112] Ebenso gilt der Prozessvertreter des Mieters als emfangsbevollmächtigt, so dass auch er das Mieterhöhungverlangen nicht mit dem Argument zurückweisen kann, die Prozessvollmacht gelte nur für Prozesshandlungen.[113] Ein außergerichtlich nachgeholtes Erhöhungsverlangen kann dagegen der Mieter unverzüglich zurückweisen, wenn die Vollmacht des Vertreters des Vermieters nicht beigefügt war.

72 Die Nachholung des Mieterhöhungsverlangens oder seine Einführung im Prozess ist unabhängig davon zulässig, dass dadurch eine Klageänderung eintritt, weil sich nunmehr der Streitgegenstand ändert.[114] Denn Klageänderungen im Prozess sind entweder dann zulässig, wenn der Beklagte einwilligt – wozu schon sein rügeloses Verhandeln zur Klageänderung ausreicht (§ 267 ZPO) – oder wenn das Gericht sie für sachdienlich erachtet (§ 263 ZPO). Die Sachdienlichkeit der Klageänderung dürfte bei einem nach-

---

v. 30. 1. 1996, 1 BvR 2388/95, ZMR 1996, 308 = GE 1996, 600; a. A. LG Köln, Beschluss v. 29. 8. 1996, 1 S 216/96, WuM 1996, 716; LG Darmstadt, Beschluss v. 10. 2. 1997, 21 S 254/96, NJW-RR 1997, 775; LG Bremen WuM 1997, 334.

[108] OLG Oldenburg NZM 2000, 31 [32]; LG Saarbrücken WuM 1990, 393; LG Dortmund WuM 1992, 197; LG Dortmund WuM 1992, 255; LG Köln ZMR 1996, 384f.

[109] LG Dortmund, a.a.O.; *Staudinger/Emmerich* § 558b BGB Rdn. 22; a. A. *Börstinghaus* in *Schmidt-Futterer* § 558b BGB Rdn. 166.

[110] Vgl. dazu BayObLG, RE v. 14. 7. 1981, AllgReg 32/91, NJW 1981, 321; *Börstinghaus* in *Schmidt-Futterer* § 558b Rdn. 166.

[111] *Börstinghaus* in *Schmidt-Futterer* § 558b BGB Rdn. 166.

[112] BGH NJW 1992, 1964; BGH NJW 2003, 963 = NZM 2003, 229.

[113] BGH, a.a.O., Fn. 111.

[114] *Staudinger/Emmerich* § 558b BGB Rdn. 23; *Sternel* Mietrecht aktuell Rdn. 1448.

I. Klage auf Zustimmung zur Erhöhung der Miete   73–75   **4. Kap.**

geholten Mieterhöhungsverlangen in erster Instanz in der Regel[115] – aber auch noch in der Berufungsinstanz (§§ 525, 263 ZPO)[116] – zu bejahen sein, weil dadurch die streitige Frage der Zulässigkeit und des Umfangs der Mieterhöhung zwischen den Prozessparteien für das zwischen ihnen bestehende Mietverhältnis abschließend geklärt wird.

Das Mieterhöhungsverlangen kann im Prozess bis zur Rechtskraft der Entscheidung über das ursprüngliche Verlangen nachgeholt werden. Entscheidend ist mithin nicht der Schluss der mündlichen Verhandlung, der mit der Rechtskraft nicht identisch ist. Daher kann das Mieterhöhungsverlangen auch noch nach Schluss der mündlichen Verhandlung nachgeholt werden. Ist die mündliche Verhandlung geschlossen, braucht das Gericht diese nicht wieder zu eröffnen, sondern kann die Klage wegen der Unwirksamkeit des vorangegangenen Mieterhöhungsverlangen als unzulässig abweisen. Der abgewiesene Vermieter kann gegen dieses Urteil Berufung einlegen, wenn der notwendige Wert der Beschwer von mehr als 600,– € (§ 511 Abs. 2 Nr. 1 ZPO) erreicht ist oder das Gericht des ersten Rechtszuges die Berufung zugelassen hat (§ 551 Abs. 2 Nr. 2 ZPO). Er muss allerdings mit der Berufung das erstinstanzliche Urteil als unrichtig angreifen; stützt er die Berufung nur auf das nachgeholte Erhöhungsverlangen, das nicht Gegenstand des Rechtsstreits erster Instanz war, ist die Berufung unzulässig. Entgegen der Ansicht von Sternel[117] ist der mit der Zustimmungsklage abgewiesene Vermieter durch das angefochtenen Urteil auch beschwert; diese Beschwer muss er jedoch mit der Berufungsbegründung geltend machen. Daran fehlt es, wenn er seine Zustimmungsklage nunmehr nur auf ein nachgeschobenes Mieterhöhungsverlangen – das nicht Gegenstand der Entscheidung erster Instanz war – stützt[118], ohne sich in der Berufungsbegründung mit dem angefochtenen Urteil auseinander zu setzen.[119] Der Vermieter muss sich also zunächst in der Berufungsbegründung mit dem angefochtenen Urteil gem. § 520 Abs. 3 Nr. 2 und 3 ZPO auseinander setzen, um in die Berufungsinstanz zu kommen und dort sein Mieterhöhungsverlangen nachholen zu können.   73

Durch das Mietrechtsreformgesetz ist außerdem die Möglichkeit eingeräumt worden, einzelne **Mängel** des Erhöhungsverlangens im Rechtsstreit zu **beheben.** Voraussetzung ist aber, dass der Zustimmungsklage überhaupt ein Mieterhöhungsverlangen vorausgegangen ist, auch wenn es unwirksam ist. Sämtliche Mängel des Erhöhungsverlangens können behoben werden, also sowohl die Nichteinhaltung der Wartefrist des § 558 Abs. 1 BGB, die Nichteinhaltung der Form gem. 558a BGB, das Fehlen einer Begründung oder Verstöße der Begründung gegen die sich aus § 558a Abs. 2 und 3 BGB ergebenden Erfordernisse.[120] Da das Mieterhöhungsverlangen in diesen Fällen in der Sache unverändert bleibt, handelt es sich nicht um eine Klageänderung.[121]   74

Hinsichtlich der Einhaltung der Jahressperrfrist wie auch hinsichtlich der Überlegungsfrist ist zwischen einem nur nachgebesserten und einem nachgeholten (neuen) Mieterhöhungsverlangen zu unterscheiden. Soweit es sich nur um die **Nachbesserung** – also die Heilung einzelner Fehler handelt –, sind die Jahressperrfrist und die Überle-   75

---

[115] *Börstinghaus* in *Schmidt-Futterer* § 558b BGB Rdn. 171; *Staudinger/Emmerich* § 558b BGB Rdn. 23 m. w. N.; *Lammel* § 558b BGB Rdn. 57; *Palandt/Weidenkaff* § 558b BGB Rdn. 21.
[116] BayObLG, RE v. 30. 6. 1989, RE-Miet 4/88, BayObLGZ 1989, 277 = ZMR 1989, 412 = WuM 1989, 484 = NJW-RR 1989, 1172 = GE 1989, 888; LG München I WuM 1994, 336; LG Berlin, WuM 1998, 229 [230]; *Staudinger/Emmerich* § 558b BGB Rdn. 23; *Palandt/Weidenkaff* § 558b BGB Rdn. 219.
[117] *Sternel* Mietrecht aktuell Rdn. 1449.
[118] Vgl. zur Zulässigkeit der Berufung LG Hamburg, WuM 1985, 323; LG Mannheim, ZMR 1989, 381.
[119] *Börstinghaus* in *Schmidt-Futterer* § 558b BGB Rdn. 167.
[120] *Staudinger/Emmerich* § 558b BGB Rdn. 20.
[121] *Staudinger/Emmerich* § 558b BGB Rdn. 24; *Palandt/Weidenkaff* § 558b BGB Rdn. 21.

gungsfrist nicht einzuhalten. Soweit es sich um die **Nachholung** – also ein neues Mieterhöhungverlangen – handelt, ist umstritten, ob bei einem nachgeschobenen Mieterhöhungsverlangen im Prozess auch die **einjährige Wartefrist** des § 558 Abs. 1 Satz 2 BGB zu beachten ist. Das Bayerische Oberste Landesgericht[122] hat zum früheren § 2 MHG die Auffassung vertreten, dass die Wartefrist der Nachholung des Mieterhöhungsverlangens im Prozess nicht entgegensteht, und zwar auch dann nicht, wenn das Gericht des ersten Rechtszugs auf Grund eines nur teilweise wirksamen Erhöhungsverlangens den Mieter verurteilt hat, der vom Vermieter geltend gemachten Mieterhöhung nur in Höhe eines Teilbetrags zuzustimmen, der Vermieter dann aber im Berufungsverfahren eine Mieterhöhungserklärung nachholt. Sternel[123] vertritt demgegenüber die Auffassung, dass das nachgeschobene Erhöhungsverlangen einen eigenständigen Streitgegenstand bildet und daher die Wartefrist zu beachten ist. Dieser Auffassung ist zuzustimmen.[124] Dies gilt ebenso für die Überlegungsfrist,[125] was in § 558b Abs. 3 BGB ausdrücklich so bestimmt ist. Sind diese Fristen im Zeitpunkt der Entscheidung über das nachgeholte Mieterhöhungsverlangen noch nicht abgelaufen, ist die Klage als unzulässig abzuweisen. Das Gericht muss auf die Unzulässigkeit vorher hinweisen.[126] Die Überlegungsfrist braucht für die Nachholung eines Mieterhöhungsverlangens im Prozess nicht eingehalten zu werden, wenn der Mieter bereits hinsichtlich des ersten unwirksamen Verlangens eindeutig zu erkennen gegeben hat, dass er auch einem formell wirksamen Verlangen nicht zustimmen werde.[127] Denn das Abwarten der Überlegungsfrist wäre in diesem Fall eine überflüssige Förmelei.

76 Sinn der Regelung des § 558b BGB ist die Verfahrensvereinfachung und – beschleunigung. Der Anspruch auf Zustimmung zur Mieterhöhung soll in einem einzigen Prozess entschieden werden.

77 Das setzt aber voraus, dass der Klageantrag umgestellt wird, weil das nachgeholte Mieterhöhungsverlangen einen anderen Wirksamkeitszeitpunkt hat. Das ergibt sich daraus, dass auch für das nachgeholte Mieterhöhungsverlangen die Warte- und Überlegungsfrist eingehalten werden müssen. Ist die Überlegungsfrist noch nicht abgelaufen, muss daher die auf das nachgeholte Mieterhöhungsverlangen gestützte Klage als unzulässig abgewiesen werden. Das nachgeholte Mieterhöhungsverlangen führt auch zu einem anderen Streitgegenstand, da Zustimmung zur Mieterhöhung erst zu einem späteren Zeitpunkt begehrt wird, als mit dem ursprünglichen Mieterhöhungsverlangen. Daher kann der Mieter nicht als minus zur Zustimmung zur Mieterhöhung zum späteren Zeitpunkt verurteilt werden.

78 Ist die geänderte Klage zum Zeitpunkt des Schlusses der mündlichen Verhandlung (noch) nicht zulässig, weil die Fristen für das nachgeholte Zustimmungsverlangen noch nicht abgelaufen sind ,so kann das Gericht die Verhandlung nicht gem. § 148 ZPO aussetzen, weil die Entscheidung über die Zustimmungsklage eben nicht von dem Bestehen oder Nichtbestehen eines Rechtsverhältnisses abhängt, das den Gegenstand eines anderen anhängigen Rechtsstreits bildet.[128] Das Gericht sollte aber jedenfalls ein in kurzer Zeit zulässig werdendes Mieterhöhungsverlangen nicht dadurch unterlaufen,

---

[122] BayObLG, RE v. 30. 6. 1989, RE-Miet 4/88, BayObLGZ 1989, 277 = ZMR 1989, 412 = WuM 1989, 484 = NJW-RR 1989, 1172 = GE 1989, 888.
[123] *Sternel* Mietrecht aktuell Rdn. 1448.
[124] So auch *Börstinghaus* in *Schmidt-Futterer* § 558b BGB Rdn. 169.
[125] LG München I NJW-RR 2004, 523.
[126] *Börstinghaus* in *Schmidt-Futterer* § 558b BGB Rdn. 173; KG, RE v. 12. 1. 1981, 8 W-RE-Miet 4154/80, OLGZ 1981, 85 = ZMR 1981, 158 = WuM 1981, 54; OLG Celle ZMR 1996, 206 [208] = WuM 1996, 20 [21] = NJWE-MietR 1996, 76; *Staudinger/Emmerich* § 558b BGB Rdn. 14; *Lammel* § 558b BGB Rdn. 31; *Palandt/Weidenkaff* § 558b BGB Rdn. 9.
[127] *Börstinghaus* in *Schmidt-Futterer* § 558b BGB Rdn. 169.
[128] LG Berlin MM 1989, Heft 9 S. 21.

dass es kurz vorher terminiert, um die Klage als unzulässig abweisen zu können; andererseits ist es nicht verpflichtet, derart zu terminieren, dass im Zeitpunkt des Schlusses der mündlichen Verhandlung die Überlegungsfrist abgelaufen ist.[129] Die Parteien können aber das Ruhen des Verfahrens beantragen oder beide im Termin nicht erscheinen oder nicht verhandeln, so dass das Gericht das Ruhen des Verfahrens anordnet (§§ 251, 251a Abs. 3 ZPO). Ist allerdings in einem früheren Termin bereits über die auf das nachgeholte Mieterhöhungsverlangen gestützte Zustimmungsklage mündlich verhandelt worden, kann das Gericht auch nach Lage der Akten über die Klage entscheiden (§ 251a Abs. 2 Satz 1 ZPO); das Urteil darf frühestens in zwei Wochen verkündet werden (§ 251a Abs. 2 Satz 2 ZPO). Die säumige Partei kann spätestens am siebten Tage vor dem zur Verkündigung des Urteils bestimmten Termin neuen Termin beantragen. Das Gericht bestimmt auch einen neuen Termin zur mündlichen Verhandlung, wenn die säumige Partein innerhalb der genannten Frist glaubhaft macht (eidesstattliche Versicherung), dass sie ohne ihr Verschulden in dem Termin ausgeblieben ist und die Verlegung des Termins nicht rechtzeitig beantragen konnte (§ 251a Abs. 2 Satz 4 ZPO).

Da das Mieterhöhungsverfahren erst mit Rechtskraft des Urteils abgeschlossen ist,[130] **79** ist wie bisher prozessual die **Nachholung eines** unwirksamen **Mieterhöhungsverlangens** auch noch in der Berufungsinstanz möglich.[131]

5. Nachteilige Vereinbarungen

Gem. § 558b Abs. 4 BGB sind zum Nachteil des Mieters abweichende Vereinbarungen unwirksam. **80**

Daher können weder die Klagefrist verlängert noch die Wartefrist noch die Überlegungsfrist verkürzt werden; letztere Vereinbarungen sind bereits gem. § 557 Abs. 4 BGB unwirksam. § 558b Abs. 4 BGB hat aber insoweit Bedeutung, als durch derartige Vereinbarungen die Klage früher als nach dem Ablauf der vorgenannten Frist zulässig wäre, wenn die Klagefrist eingehalten worden ist. **81**

II. Mieterhöhung nach Modernisierung (§ 559 BGB)

1. Grundsätze

Hat der Vermieter Modernisierungsmaßnahmen oder Maßnahmen auf Grund von Umständen, die er nicht zu vertreten hat, durchgeführt, so kann er eine Erhöhung der jährlichen Miete um 11 v. H. der aufgewendeten Kosten (§ 559 Abs. 1 BGB) bzw. eine erhöhte Kostenmiete (§ 6 Abs. 1 Satz 2 NMV i. V. m. § 11 Abs. 4, 5 II. BV) verlangen. In der Erklärung muss er die Erhöhung auf Grund der entstandenen Kosten berechnen und erläutern, warum die durchgeführten baulichen Maßnahmen entweder eine Modernisierung darstellen oder von ihm nicht zu vertreten sind. **82**

Die Zustimmung des Mieters zur Modernisierung ist anders als in § 558 BGB nicht Voraussetzung für den Mieterhöhungsanspruch. Der Mieter muss aber vorher nach § 554 Abs. 3 BGB über die Maßnahmen informiert worden sein.[132] Die vorherige Information ist nur entbehrlich, wenn der Mieter der Maßnahme als Modernisierungs- **83**

---

[129] *Börstinghaus* in *Schmidt-Futterer* § 558b BGB Rdn. 172; *Hinz* NZM 2002, 533.
[130] BayObLG, RE v. 30. 6. 1989, REMiet 4/88, NJW-RR 1989, 11872 = WuM 1989, 484 = GE 1989, 881 = ZMR 1989, 412.
[131] BayObLG, a. a. O. m. w. N.; *Börstinghaus* in *Schmidt-Futterer* § 558b BGB Rdn. 167.
[132] KG (RE) WuM 1988, 389 = ZMR 1988, 422 = NJW-RR 1988, 1420.

maßnahme zugestimmt[133] oder sie als solche geduldet hat[134] oder sein Verhalten nur in diesem Sinne interpretiert werden kann.[135] Erreicht die Modernisierungsankündigung den Mieter nicht und nur eine nicht vertretungsberechtigte Person duldet die Maßnahme in seiner Wohnung, so kann der Vermieter ebenso wenig die Miete erhöhen, wie wenn der Mieter eine Maßnahme im Außenbereich nicht als Modernisierungsmaßnahme anzusehen braucht (z.B. weil sie nicht als solche angekündigt worden ist) und deswegen auch nicht widerspricht. Erst Recht ist eine Mieterhöhung ausgeschlossen, wenn der Mieter der – nicht angekündigten- Maßnahme ausdrücklich widerspricht.[136] Ob der Mieter darüber hinaus eine einstweilige Verfügung gegen Modernisierungsmaßnahmen im Außenbereich erwirken muss, um klarzustellen, dass er die Modernisierungsmaßnahme nicht duldet,[137] erscheint schon deshalb fraglich, weil umstritten ist, ob der Mieter überhaupt ein Rechtsschutzbedürfnis für eine einstweilige Verfügung gegen den Vermieter auf Unterlassen von Baumaßnahmen im Außenbereich hat.[138]

84 Fehlt die Ankündigung völlig, ist sie formell unwirksam und hat der Mieter die Modernisierung in deren Kenntnis nicht geduldet oder ist ein Verhalten nicht als Duldung der Modernisierung anzusehen, wird der modernisierte Zustand der Mietsache auch vom Vermieter nicht geschuldet, so dass er „Rückbau" der Modernisierung verlangen kann, wenn nicht noch nachträglich eine Vereinbarung über die Modernisierung erfolgt.

85 Für preisgebundenen Neubau ist Voraussetzung der Mieterhöhung nach Modernisierung darüber hinaus[139] die vorherige Zustimmung der Bewilligungsstelle (§ 11 Abs. 7 Satz 1 II.BV). Diese Zustimmung gilt als erteilt, wenn Mittel aus öffentlichen Haushalten für die bauliche Maßnahme bewilligt worden sind (§ 11 Abs. 7 Satz 2 II.BV).

86 Eine erst später erteilte Zustimmung wirkt zwar grundsätzlich auf den Zeitpunkt der Fertigstellung der Modernisierungsmaßnahmen zurück. Eine Mieterhöhungserklärung vor Erteilung der Zustimmung ist jedoch auch dann unwirksam, wenn die Zustimmung später rückwirkend erteilt wird.[140]

2. Mieterhöhung gem. § 558 BGB und Modernisierungszuschlag

87 Die Mieterhöhung gemäß § 559 Abs. 1 BGB setzt nicht die **Wartefrist** von einem Jahr nach Zugang des Verlangens auf Zustimmung zur Erhöhung der ortsüblichen Vergleichsmiete (§ 558 Abs. 1 Satz 2 BGB) in Lauf. Erhöhungen der Miete gemäß § 559 BGB vor Ablauf der Jahresfrist bleiben vielmehr unberücksichtigt.[141] Das gilt auch für solche Mieterhöhungen, die auf den in den § 559 BGB genannten Gründen beruhen, jedoch nicht in dem dort vorgesehenen einseitigen Verfahren vom Vermieter geltend gemacht, sondern einverständlich von den Parteien vereinbart worden sind.[142]

---

[133] LG München I WuM 1998, 109; LG Düsseldorf WuM 1999, 113, 114; LG Berlin GE 198, 883; 1989, 885; 1990, 611; 1998, 1275 = NZM 1999, 219 = ZMR 1999, 711, 712.

[134] OLG Stuttgart GE 1991, 817 = NJW 1991, 1108 = WuM 1991, 332 = ZMR 1991, 259; OLG Frankfurt/Main WuM 1991, 527 = ZMR 1991, 432 = NJW-RR 1992, 145; KG GE 1992, 921 = ZMR 1992, 486 = NJW-RR 1992, 1362 = WuM 1992, 514.

[135] LG Berlin GE 2003, 187.

[136] LG Berlin GE 1998, 1275 für den Fall der verspäteten Ankündigung des Fahrstuhleinbaus, der trotz ausdrücklichen Widerspruchs des Mieters erfolgte.

[137] Unklar insoweit KG GE 1992, 920, 923 = NJW-RR 1992, 1362 = WuM 1992, 514.

[138] Verneinend: LG Berlin (ZK 61) WuM 1986, 138 und GE 1996, 679; bejahend LG Berlin, Urteil vom 7. 9. 2004, 63 T 71/04, GE 2004, 1233; MM 1985, 352; LG Gera, Urteil vom 10. 4. 1995, 5 T 152/95; AG Wolgast WuM 1994, 265.

[139] Offen gelassen von LG Berlin, Urteil vom 3. 12. 2004, 63 S 273/04, GE 2005, 1491.

[140] *Sternel* Mietrecht, III 949.

[141] *Börstinghaus* in Schmidt-Futterer § 558 BGB Rdn. 18; *Staudinger/Emmerich* § 558 BGB Rdn. 10; ZAP-Praxiskommentar/*Both* § 558 BGB Rdn. 6.

[142] LG Potsdam GE 2001, 61.

II. Mieterhöhung nach Modernisierung (§ 559 BGB)   88–91   4. Kap.

Auch die **Kappungsgrenze** von 20% innerhalb von drei Jahren (§ 558 Abs. 3 BGB) **88** gilt nicht für Mieterhöhungen nach § 559 BGB während der drei Jahre; dies ergibt sich bereits aus dem eindeutigen Wortlaut des § 558 Abs. 3 BGB, wonach „von Erhöhungen nach §§ 559 bis 560 abgesehen" werden muss.[143] Vor länger als drei Jahren erfolgte Mieterhöhungen gem. § 559 BGB gehen dagegen in die Ausgangsmiete ein, sind also bei der Berechnung der Kappungsgrenze mit einzubeziehen.[144] Bei der Berechnung der Kappungsgrenze nach § 558 Abs. 3 BGB bleiben auch solche Mieterhöhungen unberücksichtigt, die auf den in den § 559 BGB genannten Gründen beruhen, jedoch nicht in dem dort vorgesehenen einseitigen Verfahren vom Vermieter geltend gemacht, sondern einverständlich von den Parteien vereinbart worden sind.[145]

Auch bei der Berechnung der Kappungsgrenze beim Übergang von preisgebundenem zu preisfreiem Wohnraum[146] ist eine Mieterhöhung wegen einer Modernisierung, die materiell auf vergleichbaren Gründen wie in § 559 BGB beruht, bei der Berechnung nicht zu berücksichtigen.[147] Die innerhalb der Letzten drei Jahre vor Geltendmachung der Mieterhöhung gemäß § 558 BGB nach bisherigen preisrechtlichen Vorschriften zulässigerweise erhobenen Modernisierungszuschläge sind den Mieterhöhungen zu der um 20% erhöhten Kostenmiete hinzuzurechnen.[148] **89**

3. Staffelmiete und Modernisierungszuschlag

Während der Laufzeit einer Staffelmietvereinbarung durchgeführte Modernisierungsmaßnahmen berechtigten den Vermieter nicht zur Umlage der Modernisierungskosten gem. § 559 BGB. Denn während einer Staffelmietvereinbarung ist sowohl eine Mieterhöhung nach § 558 BGB als auch eine solche nach § 559 BGB ausgeschlossen (§ 557a Abs. 2 BGB). Daher kann der Vermieter auch nicht die Zustimmung zur Erhöhung der vereinbarten Miete auf die ortsübliche Vergleichsmiete für eine modernisierte Wohnung verlangen. Ist dennoch eine Erhöhung wegen Modernisierungsmaßnahmen bereits im Mietvertrag vereinbart, dürfte diese Vereinbarung unwirksam sein.[149] **90**

4. Indexmiete und Modernisierungszuschlag

Haben die Mietvertragsparteien eine Indexmiete gem. § 557b BGB vereinbart, so kann der Vermieter zwar die Miete nicht wegen einer Modernisierungs-, Energie- oder Wassereinsparungsmaßnahme erhöhen, aber wegen der Kosten für eine nicht von ihm zu vertretende Maßnahme (§ 557b Abs. 2 Satz 2 BGB). Dabei handelt es sich um diejenigen Maßnahmen, zu denen der Vermieter infolge gesetzlicher oder behördlicher Anordnungen gezwungen ist (z.B. Erneuerung der Zentralheizungsanlage wegen verschärfter Abgasvorschriften gem. § 9 EnEV).[150] **91**

---

[143] *Börstinghaus* in *Schmidt-Futterer* § 558 BGB Rdn. 185; *Staudinger/Emmerich* § 558 BGB Rdn. 52; *Lammel* § 558 BGB Rdn. 69.

[144] LG Berlin GE 1998, 358 = NZM 1998, 509; AG Dortmund WM 1984, 112f; *Staudinger/Emmerich* a.a.O.

[145] BGH, Urteil vom 28. 4. 2004, VIII ZR 185/03, GE 2004, 749 = NJW 2004, 2088 = GE 2004, 749; LG Berlin, Urteil vom 16. 6. 2003, 67 S 472/02, GE 2003, 1210; LG Frankfurt/Main ZMR 1997, 474; *Staudinger/Emmerich* § 558 BGB Rdn. 52; *Lammel* § 558 BGB Rdn. 69; *Bub/Treier/Schutz* III 353; a.A. *Börstinghaus* in *Schmidt-Futterer* § 558 BGB Rdn. 190; AG Bühl WM 1985, 329; AG Köln WuM 1994, 216; AG Nidda WuM 1994, 485; *Sternel* MDR 1983 356; *Heitgreß* WM 1983, 44.

[146] Vgl. dazu *Staudinger/Emmerich* § 558 Rdn. 48.

[147] *Staudinger/Emmerich* § 558 BGB Rdn. 51.

[148] *Börstinghaus* in *Schmidt-Futterer* § 558 BGB Rdn. 193.

[149] Weitergehend LG Berlin GE 1997, 555; *Staudinger/Weitemeyer* § 557a BGB Rdn. 18: Unwirksamkeit der Staffelmietvereinbarung insgesamt.

[150] Vgl. dazu näher *Kinne* ZMR 2004, 397.

5. Klageverfahren

92 Die Klage auf Zahlung des Modernisierungszuschlages ist eine normale Zahlungsklage (vgl. dazu Kapitel 9 Rn. 16, 21). Der Vermieter kann auch dann, wenn der Mieter den Modernisierungszuschlag nicht zahlt, nicht Feststellungsklage erheben, weil die insoweit zulässige Zahlungsklage Vorrang hat.[151] Der Vermieter kann aber mit der Klage auf rückständigen Modernisierungszuschlag eine Klage auf künftige Leistung gem. § 259 ZPO erheben, wenn nach den Umständen die Besorgnis gerechtfertigt ist, dass der Mieter sich der rechtzeitigen Leistung entziehen werde: Dies ist anzunehmen, wenn der Mieter auch für die Zukunft die Verpflichtung zur Zahlung der erhöhten Miete ernstlich bestreitet[152] oder in der Vergangenheit unter Berufung auf eine – teilweise – unwirksame Mieterhöhung nur teilweise gezahlt hat. Wird keine Klage auf zukünftige Leistung erhoben, so erwächst nur die Entscheidung über den rückständigen Modernisierungszuschlag in Rechtskraft, nicht über Grund und Höhe des Zuschlages.

93 Die Klage braucht keine Frist einzuhalten. Sie muss aber berücksichtigen, dass der Mieter die erhöhte Miete erst mit dem Beginn des dritten Monats nach Zugang der Mieterhöhungserklärung schuldet (§ 559b Abs. 2 Satz 1 BGB). Ist dieser Wirksamkeitszeitpunkt im Zeitpunkt des Schlusses der mündlichen Verhandlung noch nicht erreicht, so ist die Klage als unschlüssig – nicht als unzulässig – abzuweisen.

94 Für den Zugang der Mieterhöhungserklärung ist entscheidend, wann nach der Verkehrsanschauung mit der nächsten Kenntnisnahme zu rechnen ist. Ein in der Nacht in den Briefkasten eingeworfener Brief gilt daher erst am nächsten Morgen zugegangen. Ein nach 18.00 Uhr eingeworfener Brief dürfte ebenfalls erst als am nächsten Morgen zugegangen anzusehen sein, da üblicherweise nicht damit gerechnet werden kann, dass der Empfänger abends noch einmal in den Briefkasten schaut.[153] Nicht sofort als zugegangen gilt eine durch Einschreiben abgegebene Mieterhöhungserklärung, wenn der Empfänger nicht anwesend ist und der Postbote daher einen Benachrichtigungszettel hinterlegt; denn der Benachrichtigungsschein ersetzt nicht den Zugang des Einschreibebriefes, da er den Empfänger lediglich davon unterrichtet, dass für ihn ein Einschreiben bei der Post zur Abholung bereit liegt, darüber hinaus jedoch weder einen Hinweis auf den Absender noch auf den Inhalt des Einschreibebriefes zulässt.[154] Zugegangen ist der Brief dann erst in demjenigen Zeitpunkt, in dem der Empfänger diesen bei der Postanstalt abholt. Ob der Mieter verpflichtet ist, auf Grund eines Benachrichtigungszettels der Post über einen vergeblichen Zustellversuch den auf der Postanstalt niedergelegten Einschreibebrief abzuholen, ist streitig.[155] Holt der Mieter auf Grund eines Nachsendeantrages die Mieterhöhungserklärung ab, ist sie ihm zu diesem Zeitpunkt zugegangen.[156] Hat der Vermieter den Mieter vor Durchführung der Maßnahmen nicht auf die voraussichtliche Mieterhöhung gem. § 554 Abs. 3 Satz 1 BGB hingewiesen, verlängert sich die Frist um sechs Monate (§ 559b Abs. 2 Satz 2 BGB). Dasselbe gilt, wenn die tatsächliche Mieterhöhung mehr als 10% höher ist als die mitgeteilte (§ 559b Abs. 2 Satz 2 BGB). Das ist für jede einzelne Modernisierungsmaßnahme gesondert festzustellen.[157] Die Frist für die Wirksamkeit der Mieterhöhung verlängert sich auch dann um sechs Monate, wenn im Ankündigungsschreiben nur die Gesamtkosten, nicht aber ein bestimmter Mieterhöhungsbetrag mitgeteilt worden

---

[151] *Börstinghaus* in *Schmidt-Futterer* § 559b BGB Rdn. 145.
[152] *Börstinghaus* in *Schmidt-Futterer* § 559b BGB Rdn. 60 m. w. N.
[153] *Palandt/Heinrichs* § 130 BGB Rdn. 6.
[154] BGH MDR 1998, 337 m. w. N.
[155] Vgl. dazu BGHZ 67, 277; BGH NJW 1963, 554; ausführlich und mit weitergehenden Nachweisen LG Berlin (ZK 63) MM 1988, 25.
[156] BGH NJW 1996, 1968.
[157] AG Schöneberg GE 1998, 359.

II. Mieterhöhung nach Modernisierung (§ 559 BGB)

ist.[158] Nach erfolgter Duldung der Modernisierungsmaßnahme in deren Kenntnis ändert sich am Wirksamkeitszeitpunkt auch dann nichts, wenn die Ankündigung der Modernisierungsarbeiten nur sukzessiv erfolgte und ein detaillierter Zeitablaufplan für die Durchführung der einzelnen Arbeiten in der Wohnung fehlte.[159]

Der Vermieter braucht nicht bereits zum Wirksamkeitszeitpunkt Klage zu erheben, sondern kann mit dieser auch einige Zeit abwarten, um den Mietrückstand in Höhe der Berufungssummme zu erreichen; er sollte aber nicht zu lange abwarten, um sich nicht der Einrede der Verjährung oder dem Einwand der Verwirkung[160] auszusetzen. 95

Verlangt er zwischenzeitlich Zustimmung zur Erhöhung der Miete auf die ortsübliche Vergleichsmiete, kommt es darauf an, ob er die Miete für die modernisierte Wohnung oder für die nicht modernisierte Wohnung verlangt. 96

Ob der Vermieter die Miete gemäß § 558 BGB auf die ortsübliche Vergleichsmiete anheben oder gemäß § 559 BGB den Modernisierungszuschlag von 11% der aufgewendeten Kosten jährlich verlangen will, ist ihm überlassen.[161] Hat er jedoch die Miete auf der Grundlage des modernisierten Ausstattungsstandards der Wohnung gem. §§ 558 ff. BGB auf das ortsübliche Vergleichsmietenniveau für derart modernisierte Wohnungen erhöht, scheidet eine spätere Mieterhöhung nach §§ 559 ff. BGB aus.[162] 97

Im Einzelfall kann auch eine Kombination beider Mieterhöhungsmöglichkeiten in Betracht kommen: 98

So kann der Vermieter zunächst die Miete nach § 558 BGB ausgehend von der Vergleichsmiete einer nicht modernisierten Wohnung erhöhen. Beschränkt der Vermieter sich bei der Mieterhöhung gemäß § 558 BGB auf die Anhebung der ortsüblichen Vergleichsmiete für eine nicht modernisierte Wohnung, so kann er anschließend die Mieterhöhung nach § 559 BGB geltend machen.[163] Insoweit würde er dann keinerlei Beschränkungen hinsichtlich der Höhe der umlegbaren Kosten für die Modernisierungsmaßnahme unterliegen. 99

Zulässig wäre es auch, zunächst die Miete gemäß § 559 BGB um 11% der für die Wohnung aufgewendeten Kosten zu erhöhen und dann anschließend vom Mieter die Zustimmung zu der – noch höheren – Vergleichsmiete für derart modernisierte Wohnungen gemäß § 558 BGB zu verlangen.[164] Unerheblich ist, ob die Miete für die Vergleichswohnungen zunächst gem. § 558 BGB oder gem. § 559 BGB erhöht wurde. 100

Der Vermieter ist für Grund und Höhe des Mieterhöhungsanspruchs beweispflichtig. Er muss darlegen und beweisen, dass der Mieter die baulichen Maßnahmen geduldet hat oder dazu verpflichtet war. Daher muss er auch darlegen und beweisen, dass die Modernisierungsmaßnahme form- und fristgerecht angekündigt worden ist, wenn der Mieter die Maßnahme nicht tatsächlich dadurch geduldet hat, dass er der Modernisierung nicht widersprochen hat. Denn wenn es an einer tatsächlichen Duldung der Modernisierungsmaßnahme fehlt, ist Voraussetzung für den Duldungsanspruch und damit die Geltendmachung des Modernisierungszuschlages die form- und fristgereche Ankündigung der Modernisierungsmaßnahmen.[165] Ferner muss er den Umfang der baulichen Maßnahme und die Modernisierung darlegen und beweisen; wenn es sich um 101

---

[158] AG Friedberg WuM 1994, 485.
[159] LG Berlin (ZK 64) GE 1996, 1549.
[160] Vgl. dazu u. a. LG Berlin, Urteil vom 20. 1. 2000, 67 S 277/99, MM 2000, 280.
[161] OLG Hamm NJW-RR 1993, 399 = WuM 1993, 106 = ZMR 1993, 161; LG Berlin (ZK 62) GE 2001, 279; *Staudinger/Emmerich* § 559 BGB Rdn. 7.
[162] LG Berlin(ZK 62) GE 2001, 279.
[163] OLG Hamm (RE) ZMR 1983, 103 = WuM 1983, 17 = NJW 1983, 289.
[164] LG Hamburg WuM 1985, 339; LG Frankfurt/M. WuM 1987, 273; LG Essen WuM 1994, 217; *Staudinger/Emmerich* § 559 BGB Rdn. 7.
[165] KG, RE vom 1. 9. 1988, 8 REMiet 64048/88, GE 1988, 993 = WuM 1988, 38 = ZMR 1988, 422 = DWW 1988, 371; LG Berlin, Urteil vom 5. 8. 2002, 61 S 466/01, GE 2003, 187.

eine von ihm nicht zu vertretende Maßnahme handelt, muss der Vermieter die dafür notwendigen Voraussetzungen darlegen und beweisen (also z.B. die Auflage des Denkmalschutzamtes). Er muss die messbare Einsparung von Heizenergie durch den Einbau von Isolierglasfenstern oder eine Wärmedämmung nachweisen; ebenfalls die messbare Einsparung von Wasser durch den Einbau von Sparspülern.[166]

102 Der Vermieter muss auch darlegen und beweisen, dass in den Modernisierungskosten keine Instandsetzungskosten enthalten sind und/oder dass dem Modernisierungszuschlag nur die Modernisierungskosten – unter Abzug der Instandsetzungskosten – zugrundegelegt worden sind.[167] Denn wenn in der Mieterhöhungserklärung nach Modernisierung die fiktiven Instandsetzungskosten nachvollziehbar aus den Gesamtkosten ausgegliedert werden müssen,[168] muss der Vermieter auch beweisen, ob und in welchem Umfang Instandsetzungskosten bei der Modernisierung entstanden sind.[169] Ferner muss er die Abgabe der Mieterhöhungserklärung sowie deren rechtzeitigen Zugang darlegen und beweisen.

103 Fraglich ist, wer darlegen muss, dass der Vermieter entgegen § 559a BGB die den Erhöhungsbetrag verringernde Kürzungsbeträge[170] nicht abgezogen hat. Insoweit kommt es darauf an, ob der Abzug von Kürzungsbeträgen Anspruchsvoraussetzung ist oder erst vom Mieter geltend gemacht werden muss.[171] Da jedoch gem. § 559b BGB der Vermieter Kürzungsbeträge abzuziehen hat, ist er grundsätzlich dafür darlegungs- und beweispflichtig, dass dies entweder nicht notwendig war, weil die Voraussetzungen dafür nicht vorlagen, oder er tatsächlich in dem richtigen Umfang die Kürzungsbeträge abgezogen hat. Zunächst kann er sich allerdings auf die Behauptung beschränken, keine anrechnungspflichtigen Zuschüsse erhalten zu haben oder diese in dem notwendigen Umfang abgezogen zu haben. Wenn der Mieter jedoch einzelne Zahlungen oder Zinsverbilligungen behauptet, muss der Vermieter darlegen und beweisen, dass diese nicht geflossen sind, dass sie nicht anzurechnen sind oder dass sie in dem notwendigen Umfang angerechnet worden sind.[172] Der Mieter kann gegen den Vermieter auch Feststellungsklage erheben, dass dem Vermieter kein Anspruch auf den Modernisierungszuschlag aus einer bereits erklärten Mieterhöhung oder ein Anspruch nur in einer bestimmten Höhe zusteht, wenn der Vermieter sich des Modernisierungszuschlages berühmt, aber den Modernisierungszuschlag nicht einklagt. Hat er bereits Feststellungsklage erhoben, bevor der Vermieter auf Zahlung klagt, entfällt das Feststellungsinteresse nicht durch die Zahlungsklage.

6. Gebührenstreitwert

104 Für den Gebührenstreitwert einer Klage auf Duldung von Modernisierungsmaßnahmen[173] ist der Jahresbetrag einer möglichen Mieterhöhung maßgebend (§ 41 Abs. 5

---

[166] LG Berlin, Urteil vom 5. 11. 2002, 64 S 170/02, GE 2003, 122.
[167] *Börstinghaus* in *Schmidt-Futterer* § 559b BGB Rdn. 63.
[168] LG Berlin, Urteil vom 5. 11. 2002, 64 S 170/02, GE 2003, 122; LG Berlin, Urteil vom 16. 7. 2001, 67 S 527/00, MM 2001, 401; LG Gera, Urteil vom 22. 2. 2000, 8 S 281/99, NZM 2000, 1051 = WuM 2000, 256; LG Gera, Urteil vom 11. 8. 1999, 1 S 99/99, WuM 2000, 24; LG Berlin, Urteil vom 8. 3. 2003, 67 S 306/02, GE 2003, 883; LG Berlin, Urteil vom 16. 7. 2001, 67 S 527/00, MM 2001, 401.
[169] A.A. AG Rostock GE 1996, 1251; AG Gießen WuM 1991, 280; AG Köln WuM 1990, 227.
[170] Vgl. dazu BGH, Urteil vom 23. 6. 2004, VIII ZR 282/03, NZM 2004, 655.
[171] Für letzteres: *Staudinger/Emmerich* § 559b BGB Rdn. 28; a.A. *Börstinghaus* in *Schmidt-Futterer* § 559b BGB Rdn. 64.
[172] *Börstinghaus* in *Schmidt-Futterer* § 559b BGB Rdn. 64.
[173] Vgl. dazu LG Berlin, Beschluss vom 16. 6. 2003 62 T 59/03, GE 2003, 1082.

GKG). Das gilt auch für die Feststellungsklage des Vermieters oder die Klage auf künftige Zahlung des Modernisierungszuschlages.[174]

Der Wert der Beschwer des mit einer Klage auf Duldung von Modernisierungsmaßnahmen abgewiesenen Vermieters bemisst sich dagegen nach dem dreieinhalbfachen Jahresbetrag des voraussichtlichen Modernisierungszuschlages.[175]

III. Staffelmieterhöhungen

1. Vereinbarung

Gem. § 557a Abs. 1 BGB kann die Miete für bestimmte Zeiträume in unterschiedlicher Höhe schriftlich vereinbart werden, wobei in der **Vereinbarung** die jeweilige Miete oder die jeweilige Erhöhung in einem Geldbetrag auszuweisen sind. Unerheblich ist, ob es sich um ein unbefristetes Mietverhältnis oder einen Zeitmietvertrag handelt oder ob die Staffelmietvereinbarung bei Beginn des Mietverhältnisses oder während des laufenden Mietverhältnisses geschlossen wird. Bei mehreren Mietvertragsparteien muss die Vereinbarung von allen geschlossen werden.

An die vereinbarte Staffelmiete – ihre Wirksamkeit unterstellt – sind beide Vertragsparteien für ihre Dauer gebunden. Der Geschäftsraummieter ist auch bei einem gravierenden Absinken des Mietniveaus an vertraglich vereinbarte Staffelmieterhöhungen gebunden, und zwar auch dann, wenn die Vertragsdauer 20 Jahre betragen sollte.[176]

Bei einer **nachträglichen Staffelmietvereinbarung** braucht zwischen der Vereinbarung (Änderungsvertrag) und der Ersten staffelmäßigen Erhöhung nicht die fünfzehnmonatige Wartefrist zur letzten Mieterhöhung eingehalten zu werden. Diese Wartefrist, die nur im Rahmen des Vergleichsmietenverfahren gilt (§ 558 Abs. 1 Satz 1 BGB) gilt auch nicht entsprechend.[177] Denn die Staffelmietvereinbarung wird freiwillig abgeschlossen. Der Vermieter kann aber bereits während der Dauer der Staffelmietvereinbarung nach der letzten automatischen Erhöhung die Miete zu einem Wirksamkeitszeitpunkt nach deren Auslaufen gem. § 558 BGB erhöhen, muss aber dabei die Jahressperrfrist des § 558 Abs. 1 Satz 2 BGB einhalten.[178] Die Staffelmietvereinbarung darf keiner Mietvertragspartei von der anderen Vertragspartei aufgezwungen werden. Auch für den Fall, dass der Vermieter nach Ablauf der bisherigen Staffelmietvereinbarung eine „Fortsetzung" verlangt, ist der Mieter nicht verpflichtet, diesem Angebot zuzustimmen. Der Vermieter ist auch nicht zur Kündigung berechtigt, wenn der Mieter den Abschluss einer ihm vom Vermieter angebotenen Staffelmietvereinbarung während der Dauer des laufenden Mietverhältnisses ablehnt.

---

[174] *Börstinghaus* in *Schmidt-Futterer* § 559b BGB Rdn. 67.
[175] U.a. LG Berlin, Urteil vom 20. 4. 1999, 64 S 316/98, ZMR 1999, 554; *Börstinghaus* in *Schmidt-Futterer* § 559b BGB Rdn. 68; für dreifachen Jahresbetrag noch *Sternel* Mietrecht aktuell Rdn. 694; LG Hamburg WuM 1987, 61; ZMR 1993, 570; LG Mannheim ZMR 1993 Heft 6 S. VII; LG Fulda ZMR 1992, 393 = NJW-RR 1992, 658 = MDR 1992, 576 = WuM 1992, 243; LG Aachen ZMR 1995, 161; LG Berlin (ZK 67) GE 1996, 129; LG Köln WuM 1989, 566; a. A.: LG Berlin, Beschluss vom 16. 6. 2003, 62 T 59/03 – GE 2003, 1082; LG Hamburg MDR 1982, 148; LG Hannover MDR 1981, 232; LG Karlsruhe WuM 1979, 155; *Schach* GE 1988, 323.
[176] BGH, Urteil vom 27. 10. 2004, XII ZR 175/02, GE 2005, 178 = ZMR 2005, 112 = MietRB 2005 65f.
[177] *Börstinghaus* in *Schmidt-Futterer* § 557a BGB Rdn. 34.
[178] *Börstinghaus* in *Schmidt-Futterer* § 557a BGB Rdn. 58; *Staudinger/Weitemeyer* § 557a BGB Rdn. 18.

2. Form

109 Die Staffelmietvereinbarung muss **schriftlich** geschlossen werden, sonst ist sie nichtig. Die Staffelmietvereinbarung kann gem. § 126a BGB in elektronischer Form geschlossen werden, wobei sowohl der Vermieter als auch der Mieter mit qualifizierter elektronischer Signatur gem. § 2 Nr. 3 SigG unterzeichnen müssen. Eine **mündlich geschlossene Staffelmietvereinbarung** ist unwirksam (§ 125 Satz 1 BGB). Wird die erforderliche Schriftform nicht eingehalten, so hat keine Vertragspartei Anspruch auf Nachholung der Schriftform. Die Parteien können auch nicht auf die Schriftform verzichten oder die formunwirksam geschlossene Vereinbarung durch Zahlung der vereinbarten Beträge heilen. Die Staffelmietvereinbarung kann auch in einem Formularmietvertrag getroffen werden, wenn die Erhöhungsbeträge oder die (erhöhte) Gesamtmiete jeweils individuell ausgehandelt worden sind.

3. Staffeldauer

110 Die einzelnen Zeiträume müssen fest bestimmt sein und mindestens **ein Jahr** umfassen. Ausreichend ist aber auch, dass die einzelnen Zeiträume aus dem Mietvertrag selbst bestimmbar sind (z.B. Miete beträgt für die Ersten 12 Monate ... €, für die nächsten 12 Monate ... € usw.). Sicherer ist es, wenn konkrete Daten aufgenommen werden.

111 Die Miete muss jeweils ein Jahr unverändert bleiben, also auch die Eingangsmiete. Unterschreitet die Miete auch nur einmal die Mindestfrist von 1 Jahr, ist die gesamte Staffelmietvereinbarung unwirksam, mit der Folge, dass es zunächst bei der Eingangsmiete verbleibt.[179] Das gilt auch dann, wenn wegen der Verzögerung des Einzugs des Mieters die erste Mietstaffel nur zehn Monate Gültigkeit haben sollte.[180] Diese unwirksame Vereinbarung kann auch nicht ergänzend dahin ausgelegt werden, dass sich der Erhöhungszeitpunkt dann um den jeweiligen Zeitraum bis zur Jahresdauer verschiebt.[181] In der Zahlung der unwirksamen Staffelmiete liegt auch nicht die Vereinbarung einer erhöhten Miete i.S.d. § 557 Abs. 1 BGB;[182] auch eine Bestätigung der unwirksamen Staffelmietvereinbarung gem. § 141 BGB kann darin grundsätzlich nicht gesehen werden.[183] Eine unwirksame Staffelmietvereinbarung schließt aber nur ausnahmsweise eine Mieterhöhung nach § 558 BGB aus.[184]

112 Ist vereinbart, dass der Vermieter unabhängig von der Staffelmietvereinbarung die Miete erhöhen darf, so ist die Staffelmietvereinbarung ebenfalls unwirksam.[185] Wie sich aus § 557a Abs. 2 BGB ergibt, muss sich der Vermieter entscheiden, ob er das Verfahren der Mieterhöhung gem. § 558 BGB – Erhöhung der Miete auf die ortsübliche

---

[179] LG Berlin GE 1995, 369; LG Berlin, Urteil v. 21. 9. 1999, 64 S 187/99, GE 1999, 1428; LG Berlin, Urteil v. 16. 2. 1999, 64 S 356/98, GE 2000, 345; LG Berlin GE 2002, 54 = WuM 2002, 612 = NZM 2002, 941; LG Hamburg NZM 1999, 957 = ZMR 1999, 339; LG Nürnberg-Fürth, Urteil v. 27. 6. 1997, 7 S 246/97, ZMR 1997, 648 = WuM 1997, 438; AG Bergisch-Gladbach WuM 1991,700; AG Büdingen WuM 1996, 344; *Börstinghaus* in *Schmidt-Futterer* § 557a BGB Rdn. 49, 50; *Staudinger/Weitemeyer* § 557a BGB Rdn. 14 m.w.N.; ZAP-Praxiskommentar/Both, § 557a BGB Rdn. 8.
[180] LG Berlin, Urteil v. 20. 4. 2001, 64 S 471/00, GE 2001, 852; LG Berlin GE 2002, 941.
[181] So aber AG Berlin-Lichtenberg GE 1997, 321.
[182] LG Berlin, Urteil v. 21. 9. 1999, 64 S 187/99, GE 1999, 1428; LG Berlin GE 2000, 345; LG Berlin GE 2003, 325; LG Kiel WuM 2000, 308; *Staudinger/Weitemeyer* § 557a BGB Rdn. 17.
[183] LG Braunschweig WuM 1990, 159; *Börstinghaus* in *Schmidt-Futterer* § 557a BGB Rdn. 44; a. A. LG Berlin, GE 2002, 804.
[184] LG Berlin, GE 1984, 923; LG Berlin GE 1986, 501; LG Berlin GE 1993, 9; LG Berlin GE 1996, 471; LG Berlin NZM 1998, 859; LG Berlin, Urteil v. 13. 3. 2000, 62 S 277/99, GE 2000, 604; LG Berlin WuM 2001, 612; *Börstinghaus* in *Schmidt-Futterer* § 557a BGB Rdn. 46; Reih, ZMR 1999, 408.
[185] LG Berlin GE 1997, 555; *Staudinger/Weitemeyer* § 557a BGB Rdn. 18 m.w.N.

III. Staffelmieterhöhungen

Vergleichsmiete – wählt oder ob er statt dessen eine Staffelmiete vereinbart. Eine Kombination aus beiden Möglichkeiten ist nicht zulässig.[186] Daher ist auch die Vereinbarung einer jährlichen Vorbehaltsmiete unzulässig, wonach die Miete jeweils neu ausgehandelt wird. Die Vereinbarung einer Staffelmiete mit einer Option des Vermieters, wonach er sich nach Ablauf der Frist für eine Verlängerung der Staffelmiete oder für eine Mieterhöhung nach § 558 BGB entscheiden kann, ist daher ebenfalls unwirksam.

Während der Dauer einer Mietpreisbindung kann eine Staffelmiete jedoch für die Zeit nach ihrem Ablauf vereinbart werden.[187]

Nachforderungen aus **Betriebskostenerhöhungen** gem. § 560 Abs. 1 BGB sind zulässig, wenn die Staffelmiete als Grundmiete zuzüglich ausgewiesener Betriebskostenpauschale vereinbart worden ist. Bei einer Staffelmietvereinbarung über eine Bruttomiete sind nur solche Betriebskosten im Wege der Mieterhöhung umlagefähig, die sich nach der letzten Staffelstufe erhöht haben; die Erhöhung ist begrenzt bis zum Eintritt der nächsten Staffelmiete.[188]

Die unwirksame Staffelmietvereinbarung wird nicht dadurch geheilt, dass der Mieter trotz Nichteinhaltung der Frist die nächsten Mieten in Höhe der vereinbarten Staffel einmal oder mehrfach gezahlt hat.[189] Die Parteien können sowohl steigende Staffeln als auch sinkende Mieten vereinbaren.

Es reichen zwei Staffeln. Es genügt, wenn neben der Anfangsmiete nur eine weitere Mieterhöhung bei Vertragsschluss vereinbart wird.[190]

Die Vereinbarung muss entweder den jeweiligen Erhöhungsbetrag oder die zu zahlende Miete in einem Geldbetrag ausweisen. Der jeweilige Erhöhungsbetrag oder die (erhöhte) Miete muss betragsmäßig ausgewiesen sein; nicht ausreichend ist es, nur die Erhöhungsquote (Prozentsatz) anzugeben.[191] Enthält die Staffelmietvereinbarung weder einen bestimmten Zeitraum, noch die jeweilige (erhöhte) Miete oder die jeweilige Erhöhung in einem Geldbetrag, ist nur die Staffelmietvereinbarung nichtig, während der Mietvertrag im Übrigen gültig bleibt.[192] Dies gilt auch dann, wenn die erhöhte Miete oder die Erhöhungsbeträge nur teilweise ausgewiesen sind (z. B. für die erste und zweite Staffel), nicht dagegen für die übrigen Staffeln (z. B. weil nach der zweiten Staffel nur die Erhöhung in Prozentsätzen angegeben ist). Denn § 557a Abs. 1 BGB schreibt die Angabe der jeweiligen Miete oder des Erhöhungsbetrags für sämtliche Staffeln vor.[193] Bei Unwirksamkeit der Staffelmietvereinbarung gilt die zuletzt vor der Staffelmietvereinbarung vereinbarte oder wirksam erhöhte Ausgangsmiete.[194]

4. Ausschluss anderweitiger Mieterhöhungen

Während der Staffelmietzeit sind nur Mieterhöhungen gemäß § 560 BGB (Erhöhung der Betriebskostenpauschale oder Erhöhungen der Betriebskostenvorauszahlun-

---

[186] LG Berlin GE 1997, 555; *Börstinghaus* in *Schmidt-Futterer* § 557a BGB Rdn. 54; *Staudinger/Weitmeyer* § 557a BGB Rdn. 18.

[187] BGH, Urteil vom 3. 12. 2003, VIII ZR 157/03, NJW 2004, 511 = GE 2004, 175 = NZM 2004, 135 = WuM 2004, 28; LG Berlin GE 2003, 809; LG Berlin NJW-RR 1991, 1040.

[188] LG Berlin, Urteil v. 1. 11. 2001, 61 S 59/01, GE 2002, 399.

[189] LG Berlin GE 2000, 345; LG Kiel WuM 2000, 308.

[190] BGH, Urteil vom 16. 11. 2005, VIII ZR 218/04, WuM 2005, 786; *Börstinghaus* in *Schmidt-Futterer* § 557a BGB Rdn. 49; *Staudinger/Weitmeyer* § 557a BGB Rdn. 12; *Lammel* § 557a BGB Rdn. 8; ZAP-Praxiskommentar/*Both* § 557a BGB Rdn. 11.

[191] *Börstinghaus* in *Schmidt-Futterer* § 557a BGB Rdn. 41; ZAP-Praxiskommentar/*Both* § 557a BGB Rdn. 13.

[192] OLG Celle OLGZ 1982, 221.

[193] LG Nürnberg-Fürth, Urteil v. 27. 6. 1997, 7 S 246/97, ZMR 1997, 648 = WuM 1997, 438; LG Berlin MM 1989, 85; LG Berlin MM 1990, 68.

[194] LG Berlin GE 1995, 369.

gen auf Grund einer Abrechnung) – ebenso Nachforderungen aus Abrechnungen über Betriebskostenvorauszahlungen – zulässig. Sonstige Mieterhöhungen wie Anhebung auf die ortsübliche Vergleichsmiete (§ 558 BGB) oder wegen erfolgter Modernisierungsmaßnahmen (§ 559 BGB) sind nicht möglich. Entscheidend ist nicht die Laufzeit der Staffelmietvereinbarung sondern die letzte Erhöhungsstufe; daher kann die Zustimmung zur Erhöhung auf die ortsübliche Vergleichsmiete (§ 558 BGB) bereits nach Eintritt der letzten Erhöhungsstufe verlangt werden, wenn die Erhöhung erst zu einem Zeitpunkt nach Ablauf der Wartefrist eintreten soll.[195] Dabei ist die volle Wartefrist ab dem Zeitpunkt der Beendigung der Staffelmietvereinbarung einzuhalten. Der Vermieter kann die Staffelmiete auch dann nicht – über den vereinbarten Betrag hinaus – erhöhen, wenn die einzelne Staffel unter der ortsüblichen Vergleichsmiete liegt.

118 Auch **Modernisierungen**[196] während der Staffelmietvereinbarung berechtigen ihn nicht zu einer Mieterhöhung bis zur Fälligkeit der letzten Erhöhungsstufe.[197] Danach darf der Vermieter die Miete auch wegen der während der Laufzeit der Vereinbarung durchgeführten Modernisierungsmaßnahmen gem. § 559 BGB für die Zukunft erhöhen.[198]

119 Ist die Staffelmietvereinbarung unwirksam, sind Mieterhöhungen auf die ortsübliche Vergleichsmiete und wegen Modernisierungen zulässig[199] – auch bei dem entsprechend befristeten Mietverhältnis. Der Mieter kann sich nicht auf eine Begrenzung der Mieterhöhung durch die jeweilige Staffel berufen;[200] denn eine relative Unwirksamkeit sieht § 557a BGB nicht vor.

5. Kündigungsrecht des Mieters

120 Die bisherige zeitliche Begrenzung der Staffelmietvereinbarung auf 10 Jahre ist weggefallen. Die in einem vor dem 1. 9. 2001 geschlossenen Zeitmietvertrag enthaltene Begrenzung auf 10 oder weniger Jahre gilt fort. Der zehnjährige Ausschluss des Kündigungsrechts in einer vor dem 1. 9. 2001 geschlossenen Staffelmietvereinbarung ist jedoch auf vier Jahre zu begrenzen.[201] Bei einer nach dem 1. 9. 2001 abgeschlossenen Staffelmietvereinbarung ist eine Aufrechterhaltung eines unzulässigen Kündigungsausschlusses nicht möglich.[202]

121 Einen unbefristeten Mietvertrag kann der Mieter erst **zum Ablauf des vierten Jahres,** beginnend mit dem Abschluss der Staffelmietvereinbarung kündigen, wenn die Vertragsparteien die Kündigung für höchstens vier Jahre ausgeschlossen haben. Dabei ist die gesetzlichen Kündigungsfrist von drei Monaten einzuhalten. Die Vierjahresfrist beginnt nicht erst mit dem Zeitpunkt des Bezugs der Wohnung durch den Mieter zu laufen, sondern bereits mit dem Abschluss des Mietvertrages und der gleichzeitig vereinbarten Staffelmiete.[203]

---

[195] *Börstinghaus* in *Schmidt-Futterer* § 557a BGB Rdn. 58; *Staudinger/Weitemeyer* § 557a BGB Rdn. 18 m. w. N.

[196] LG Berlin, Urteil vom 30. 10. 2001, 64 S 179/01, NZM 2002, 947.

[197] *Börstinghaus* in *Schmidt-Futterer* § 557a BGB Rdn. 56; weitergehend *Lammel* § 557a BGB Rdn. 26: bis zum Ablauf der Vereinbarung.

[198] *Börstinghaus* in *Schmidt-Futterer* § 557a BGB Rdn. 57.

[199] LG Berlin, Urteil vom 13. 3. 2000, 62 S 277/99, GE 2000, 604.

[200] LG Berlin, Urteil vom 8. 11. 2001, 62 S 265/01, GE 2002, 468, 469; LG Berlin GE 1998, 490; LG Berlin GE 1993, 95; *Börstinghaus* in *Schmidt-Futterer* § 557a BGB Rdn. 54; a. A. LG Görlitz WuM 1997, 682, 684; LG Bonn WuM 1992, 199; LG Berlin WuM 1992, 198.

[201] BGH, Urteil vom 2. 6. 2004, VIII ZR 316/03, NJW-RR 2004, 1309; BGH, Urteil vom 29. 6. 2005, VIII ZR 344/04, NZM 2005, 782 = GE 2005, 1418.

[202] BGH, Urteil vom 25. 1. 2006, VIII ZR 3/05, GE 2006, 247; LG Berlin, Urteil vom 12. 9. 2005, 62 S 230/05, GE 2005, 1435.

[203] BGH, Urteil vom 29. 6. 2005, VIII ZR 344/04, NZM 2005, 782 = GE 2005, 1418.

III. Staffelmieterhöhungen

Die Staffelmietvereinbarung kann mit einem besonderen (mieterschutz- 122 losen) Zeitmietvertrag (§ 575 BGB) kombiniert werden, wenn eine bestimmte Verwendungsabsicht des Vermieters (Eigennutzung, Baumaßnahmen, Vermietung an eine zur Dienstleistung verpflichtete Person) nach Ablauf der bestimmten Zeit verwirklicht werden soll. Für den Vermieter eines solchen kombinierten Staffel-Zeit-Mietverhältnisses, das auf länger als vier Jahre befristet ist, ist zu beachten, dass der Ausschluss des Kündigungsrechts des Mieters nur für vier Jahre gilt (§ 557a Abs. 3 BGB). Einen auf längere Zeit als vier Jahre abgeschlossenen Zeitmietvertrag kann der Mieter ebenfalls unter Einhaltung der gesetzlichen Kündigungsfrist zum Ablauf des vierten Jahres kündigen.[204] Ein einseitiger – formularmäßig erklärter – Kündigungsausschluss zu Lasten des Mieters von Wohnraum benachteiligt den Mieter nicht unangemessen, wenn er zusammen mit einer zulässigen Staffelmiete vereinbart wird und seine Dauer nicht mehr als vier Jahre seit Abschluss der Staffelmietvereinbarung beträgt.[205]

Das gilt auch dann, wenn bei einer abgeschlossenen Staffelmietvereinbarung für ei- 123 nen Zeitraum von mehr als vier Jahren die Kündigung nur für einen jährlichen Termin möglich ist.[206]

Der Vermieter ist dagegen nicht berechtigt, den Mietvertrag, in dem seine Kündi- 124 gung ausgeschlossen ist, oder den Zeitmietvertrag vor dessen Ablauf ordentlich zu kündigen.[207]

6. Begrenzung der Staffel durch Verbot der Mietpreisüberhöhung

Auch Staffelmietvereinbarungen unterliegen der Grenze des § 5 WiStG.[208] Da im 125 Zeitpunkt des Abschlusses der Staffelmietvereinbarung nur die zu diesem Zeitpunkt geltende ortsübliche Vergleichsmiete festgestellt werden kann, während ungewiss ist, ob die danach erfolgenden Staffeln die ortsübliche Vergleichsmiete bis zum Ende der Staffelmietvereinbarung um mehr als 20% übersteigen, stellte sich die Frage, ob und in welchem Umfang unter dem Gesichtspunkt des § 5 WiStG eine derartige Staffelmietvereinbarung wirksam ist. Bereits nach den Rechtsentscheiden des OLG Hamm[209] und des OLG Frankfurt[210] war auf das jeweilige Vergleichsmietenniveau abzustellen. Ist eine Staffel gem. § 5 WiStG – teilweise oder ganz – nichtig, führt dies nicht automatisch zum Wegfall der nachfolgenden Staffeln.[211] Deren Wirksamkeit ist vielmehr selbständig im Hinblick auf die ortsübliche Vergleichsmiete des jeweiligen Anfangstermins festzustellen. Denn bei der Überprüfung einer Mietzinsvereinbarung nach § 5 WiStG sind auch nachfolgende Änderungen der ortsüblichen Vergleichsmiete zu berücksichtigen.[212] Der Verstoß gegen § 5 WiStG führt weder zur Gesamtnichtigkeit der überhöhten Staffel noch zur Unwirksamkeit der übrigen Staffeln.[213] Die weiteren Staffeln bleiben von der (Teil)Unwirksamkeit der früheren Staffel in vollem Umfang unberührt, selbst wenn sich jetzt höhere Steigerungsbeträge ergeben, als bei Wirksamkeit der früheren Staffel

---

[204] ZAP-Praxiskommentar/*Both* § 557a BGB Rdn. 20.
[205] BGH, Urteil vom 23. 11. 2005, VIII ZR 154/04, GE 2006, 250.
[206] BGH, Urteil vom 2. 6. 2004, VIII ZR 316/03, GE 2004, 1092 = ZMR 2004, 735; LG Berlin, Urteil vom 28. 8. 2003, 62 S 159/03, GE 2003, 1495.
[207] LG Berlin, Urteil vom 13. 9. 2005, 63 S 146/05, GE 2006, 257.
[208] OLG Hamburg GE 2000, 277 = NJW-RR 458 = NZM 2000, 233 = WuM 2000, 11 = ZMR 2000, 216; *Börstinghaus* in *Schmidt-Futterer* § 557a BGB Rdn. 77 ff.; *Staudinger/Weitemeyer* § 557a BGB Rdn. 13 m. w. N.; ZAP-Praxiskommentar/*Both* § 557a BGB Rdn. 15.
[209] OLG Hamm, RiM 1, 932 = WuM 1983, 108.
[210] OLG Frankfurt/Main, RiM 2/1563 = WuM 1985, 139.
[211] OLG Hamburg GE 2000, 277 = WuM 2000, 11.
[212] KG, RE vom 20. 4. 1995, REMiet 242/95, GE 1995, 686.
[213] BGH NJW 1984, 722; *Sternel* Mietrecht, 3. Aufl. III 432; *Staudinger/Weitemeyer* § 557a BGB Rdn. 13.

begründet gewesen wären (Beispiel: 1. Staffel 900,– €, nächste Staffel 990,– €, dritte Staffel 1089,– €, vierte Staffel 1197,90 € usw. also prozentuale Steigerung von 10% pro Jahr – Teilunwirksamkeit der 1. Staffel mit der Folge der Herabsetzung auf 800,– € – davon bleiben die weiteren Staffeln solange unberührt, wie nicht deren Verstoß gegen § 5 WiStG festgestellt ist, auch wenn der Sprung von der Ersten zur zweiten Staffel nunmehr (990,– € ./. 800,– € = 190,– €, also 23,75% beträgt).

126   Für die Beurteilung der Mangellage (vgl. dazu näher Kapitel 9 Rn. 147–149) kommt es bei einer Staffelmiete auf den Zeitpunkt des Abschlusses dieser Vereinbarung an.[214]

127   Verstößt eine Mietvereinbarung bei Begründung des Mietverhältnisses nicht gegen § 5 WiStG, und sinkt die ortsübliche Miete nachträglich soweit, dass die vereinbarte die ortsübliche Miete um mehr als 20% übersteigt, so ist der Vermieter weder verpflichtet, die Miete bis zur Wesentlichkeitsgrenze von 20% über der ortsüblichen Vergleichsmiete zu senken, noch darüber hinausgehende, bereits vereinnahmte Miete dem Mieter zurückzuzahlen. Entsprechendes gilt im laufenden Mietverhältnis, soweit eine nach § 5 WiStG i.V.m. § 143 BGB teilnichtige Mietvereinbarung durch Ansteigen der ortsüblichen Miete teilweise geheilt ist, wenn danach die ortsübliche Miete sinkt und dadurch die Mietvereinbarung in einem höheren Umfang über der Wesentlichkeitsgrenze liegt.[215]

128   Bei der Anwendung des § 5 Abs. 2 WiStG ist grundsätzlich auf den Teilmarkt abzustellen, zu dem die Wohnung gehört.[215a] Gibt es einen solchen Teilmarkt nicht, kann das die Gerichte nicht davon entbinden, das Tatbestandsmerkmal des geringen Angebots für vergleichbare Wohnungen zu prüfen. An der Ausnutzung eines geringen Angebots durch den Vermieter fehlt es, wenn der Mieter seine ergebnislosen Bemühungen um eine andere Wohnung nicht dargelegt hat.[216]

129   Bei der Beantwortung der Frage, ob der Vermieter ein geringes Angebot an vergleichbaren Räumen ausgenutzt hat, ist auf das gesamte Gebiete der Gemeinde und nicht lediglich auf den Stadtteil abzustellen, in dem sich die Mietwohnung befindet. Das Tatbestandsmerkmal des „geringen Angebots" ist deshalb nicht erfüllt, wenn der Wohnungsmarkt für vergleichbare Wohnungen nur in dem betreffenden Stadtgebiet angespannt, im übrigen Stadtgebiet aber entspannt ist.[217]

7. Rechtsfolgen

130   Zu dem in der Staffelmietvereinbarung bezeichneten Datum erhöht sich die Miete automatisch, ohne Erhöhungserklärung des Vermieters. Auch wenn nach Vereinbarung einer Staffelmiete die ohne besondere Erklärung des Vermieters eintretende Mietanpassung viele Jahre nicht praktiziert wird, kann allein der Zeitablauf nicht zur Verwirkung der Ansprüche des Vermieters führen; vielmehr müssen weitere besondere Umstände hinzutreten.[218]

---

[214] HansOLG Hamburg, Beschluss v. 3. 3. 1999, 4 RE-Miet U 131/98, GE 1999, 441 = NJW-RR 1999, 1610 = NZM 1999, 363 = WuM 1999, 209 = ZMR 1999, 329; LG Hamburg, NZM 1998, 622 = WuM 1998, 40; m.w.N.; LG Berlin – Urteil vom 11. 5. 1999, 64 S 541/98, GE 1999, 1358; *Staudinger/Weitemeyer* § 557a BGB Rdn. 13.

[215] LG Berlin, Urteil vom 3. 12. 1998, 61 S 110/97, GE 1999, 449; LG Berlin, Urteil vom 20. 5. 1999, 67 S 456/98, GE 1999, 1054; LG Berlin, Urteil vom 11. 5. 1999, 64 S 541/98.

[215a] BGH, Urteil vom 25. 1. 2006, VIII ZR 56/04, GE 2006, 440 = WuM 2006, 161 = NZM 2006, 291 = ZMR 2006, 355.

[216] BGH, Urteil v. 28. 1. 2004, VIII ZR 190/03, WuM 2004, 294; OLG Braunschweig, Beschluss [negativer RE] v. 21. 10. 1999, 1 RE-Miet 3/99, GE 2000, 408.

[217] BGH, Urteil v. 13. 4. 2005, VIII ZR 44/04, GE 2005, 790 = NJW 2005, 2156 = WuM 2005, 471 = MM 2005, 226 = MietRB 2005, 226; LG Hamburg, Urteil v. 8. 3. 2005, 316 S 161/04, ZMR 2005, 458.

[218] KG Urteil vom 2. 6. 2003, 12 U 320/01; ZMR 2004, 577; a.A. LG München I, Urteil vom 17. 4. 2002, 14 S 17420/01, GE 2003, 809.

III. Staffelmieterhöhungen

Zahlt der Mieter die vereinbarte (erhöhte) Miete nicht, so kann der Vermieter direkt auf Zahlung klagen, ohne den Mieter vorher mahnen zu müssen. Auch eine fristlose Kündigung (§ 543 Abs. 2 Nr. 3 i. V. m. § 569 Abs. 3 Nr. 1 BGB) oder eine fristgemäße Kündigung (§ 573 Abs. 2 Nr. 1 BGB) wegen Zahlungsverzugs kommt in Betracht. Die Schonfrist des § 569 Abs. 3 Nr. 3 BGB gilt nicht.[219] Zahlungsverzug tritt auch insoweit ohne weitere Mahnung ein, die durch die Vereinbarung des bestimmten Termins ersetzt wird, von dem an die erhöhte Miete zu zahlen ist (§ 286 Abs. 2 Nr. 1 BGB). **131**

8. Klageverfahren

Die Klage des Vermieters auf Zahlung der Mieten ist eine gewöhnliche Zahlungsklage (vgl. Kapitel 9 Rn. 16, 21). Eine Klage auf Zustimmung zur Mieterhöhung wäre abzuweisen, da sich die Miete zu den vereinbarten Zeitpunkten automatisch erhöht. Soweit nur der sich auf Grund der Staffelerhöhung ergebende Differenzbetrag eingeklagt wird, ist nur dieser Betrag maßgebend. **132**

Der Vermieter, der die erhöhte Miete geltend macht, muss die Staffelmietvereinbarung vortragen und beweisen. Dazu gehört auch die Einhaltung der Wirksamkeitserfordernisse (Form, Staffeldauer, Staffelhöhe). Beruft sich der Mieter darauf, dass die Staffelmietvereinbarung wegen Verstosses gegen § 5 WiStG (vgl. dazu näher Kapitel 9 Rn. 145–160) teilweise unwirksam ist, muss er darlegen und beweisen, dass das Angebot an Wohnungen des betreffenden Teilmarktes geringer war als die Nachfrage (Mangellage- vgl. dazu Kapitel 9 Rn. 147–152), dass die vereinbarte Staffelmiete (Grundmiete) um mehr als 20% über der ortsüblichen Miete lag (vgl. dazu Kapitel 9 Rn. 153) und dass der Vermieter die vorherrschende Mangellage ausgenutzt hat (vgl. dazu Kapitel 9 Rn. 156–160). Da die späteren Staffeln jeweils gesondert auf ihre jeweilige Mietpreiswidrigkeit zu überprüfen sind,[220] muss der Mieter auch darlegen und beweisen, dass die jeweils beanstandete Staffel gem. § 5 WiStG unwirksam ist. Das gilt erst recht bei einer Rückforderung wegen Verstosses gegen § 5 WiStG überzahlter Miete (vgl. dazu näher Kapitel 9 Rn. 145–160). **133**

9. Streitwert

Bei einer Klage auf künftige Leistung nach § 259 ZPO wäre analog § 41 Abs. 1, Abs. 5 Satz 1 GKG als Gebührenstreitwert höchstens der Jahresbetrag anzusetzen; § 9 ZPO ist nicht anwendbar.[221] Dasselbe gilt für die Klage des Vermieters auf Feststellung der Wirksamkeit der Staffelmietvereinbarung oder auf Feststellung, dass ein höherer Mietbetrag geschuldet wird. Ausgangspunkt für die Bemessung des Gegenstandswerts ist der sich aus der erhöhten Miete ergebende Differenzbetrag; differiert dieser für den fraglichen Zeitraum, ist der höhere Wert anzusetzen.[222] Für den positiven Feststellungsantrag ist ein Abschlag zu machen, der mit 20% der Erhöhungsdifferenz zu bewerten ist.[223] **134**

Der auf Feststellung der Unwirksamkeit einer Mietpreisvereinbarung gerichtete Antrag fällt in den Anwendungsbereich des § 41 Abs. 1 GKG, wenn sich aus der Begründung ergibt, dass die behauptete Unwirksamkeit der Entgeltvereinbarung voraussicht- **135**

---

[219] *Börstinghaus* in *Schmidt-Futterer* § 557a BGB Rdn. 53.
[220] OLG Hamburg OLG Hamburg, GE 2000, 277 = NJW-RR 458 = NZM 2000, 232 = WuM 2000, 11 = ZMR 2000, 216; *Börstinghaus* in *Schmidt-Futterer* § 557a BGB Rdn. 81 m. w. N.; *Staudinger/Weitemeyer* § 557a BGB Rdn. 13 m. w. N.; ZAP-Praxiskommentar/*Both* § 557a BGB Rdn. 15.
[221] ZAP-Praxiskomentar/*Schneider* § 557a BGB Rdn. 37 m. w. N.
[222] ZAP-Praxiskommentar/*Schneider* § 557a BGB Rdn. 38 m. w. N.
[223] ZAP-Praxiskommentar/*Schneider* § 557a BGB Rdn. 38 m. w. N.

lich die Nichtigkeit des gesamten Rechtsgeschäfts zur Folge haben würde.[224] Insoweit wäre kein Feststellungsabschlag zu machen, da bei Feststellung der Unwirksamkeit die Mieterhöhung ausgeschlossen wäre.

IV. Indexmiete

1. Allgemeines

136 Die Vertragsparteien können schriftlich vereinbaren, dass die Miete durch den vom Statistischen Bundesamt ermittelten Preisindex für die Lebenshaltung aller privaten Haushalte in Deutschland bestimmt wird (Indexmiete – § 557b Abs. 1 BGB).

137 Die Miete muss weiterhin – Ausnahme: Mieterhöhung nach § 559 BGB wegen vom Vermieter nicht zu vertretender baulicher Maßnahmen – mindestens ein Jahr unverändert bleiben (§ 557b Abs. 2 BGB). Die Mieterhöhung tritt weiterhin nicht automatisch – wie bei der Staffelmiete – ein, sondern muss geltend gemacht werden; allerdings ist die Form dafür erleichtert worden, denn die Einhaltung der Schriftform ist nicht mehr notwendig, es reicht die Mieterhöhung in Textform (automatische Einrichtung, Fax) aus (§ 557b Abs. 3 Satz 1 BGB). Wie bisher muss die eingetretene Änderung des Preisindexes sowie die jeweilige Miete oder die Erhöhung als Geldbetrag angegeben werden (§ 557b Abs. 3 Satz 2 BGB). Die geänderte Miete ist wie bisher mit Beginn des übernächsten Monats nach dem Zugang der Erklärung zu zahlen (§ 557b Abs. 3 Satz 3 BGB). Offen geblieben ist, ob die Erklärung auch schon so rechtzeitig vor dem Ablauf der einjährigen Dauer angegeben werden kann, dass die Erhöhung auch wirklich gleich nach Ablauf der Jahresfrist greift.

138 Ausgeschlossen ist auch weiterhin die Mieterhöhung zur Anpassung an die ortsübliche Vergleichsmiete. Mit den gleichen Einschränkungen wie bisher ist eine Mieterhöhung bei baulichen Maßnahmen (Modernisierungsmaßnahmen) des Vermieters während der Dauer der Gleitklausel nur dann zulässig, wenn es sich um Maßnahmen handelt, die der Vermieter nicht zu vertreten hat. Betriebskostenerhöhungen – sowohl in der Form der Nachforderung aus der Abrechnung über Vorauszahlungen mit deren Erhöhung als auch in der Form der Erhöhung der ausgewiesenen Betriebskostenpauschale – sind wie bisher weiterhin zulässig.

139 Indexmieten können sowohl in befristeten als auch in unbefristeten Wohnraummietverträgen vereinbart werden und sind grundsätzlich unabhängig von der Art des Wohnraums zulässig. Indexmietvereinbarungen können auch selbst befristet werden, z.B. in einem auf unbestimmte Zeit abgeschlossenen Mietvertrag auf fünf Jahre.

140 Für Indexmietvereinbarungen, die vor dem 1. 9. 2001 abgeschlossen worden sind, bleibt es – soweit sie nach § 10a MHG wirksam waren – bei den vereinbarten Regelungen. Mangels einer – ohnehin nicht notwendigen – Übergangsregelung kann der Vermieter aber auch nicht auf eine nach dem neuen Recht für ihn günstigere Vereinbarung umsteigen. Derjenige Vermieter, der gem. § 10a MHG eine zehnjährige Indexmiete vereinbart hat, kann nicht eine Verlängerung mit Rücksicht darauf verlangen, dass nach neuem Recht die ursprüngliche Befristung nicht mehr maßgebend ist. Ebenso wenig wird der Vermieter, der wegen der Wirksamkeitsvoraussetzung eines zehnjährigen Ausschlusses seiner Kündigung gem. § 10a Abs. 1 Satz 2 des früheren MHG einen Zehnjahresvertrag abgeschlossen hat, eine Reduzierung der Laufzeit nach dem 1. 9. 2001 verlangen können. Vereinbarungen, die nach dem bis zum 1. 9. 2001 geltenden Recht unwirksam waren (z.B. Indexmietvereinbarungen für weniger als zehn Jahre) werden umgekehrt nicht dadurch wirksam, dass nach der Neuregelung ei-

---

[224] BGH, Beschluss vom 21. 9. 2005, XII ZR 256/03.

ne Mindestdauer nicht mehr vorgeschrieben ist.[225] Etwas anderes gilt nur dann, wenn sie ab dem 1. 9. 2001 neu abgeschlossen oder bestätigt werden.[226]

2. Zweck

§ 557b BGB verfolgt den Zweck, auch weiterhin für beide Mietvertragsparteien die Möglichkeit schaffen, Mieterhöhungen unabhängig vom Vergleichsmietensystem für die Zukunft im Voraus zu vereinbaren. Im Gegensatz zu Staffelmietvereinbarungen erfolgt aber nicht automatisch eine Erhöhung um den vereinbarten Betrag, sondern sie ist von der Entwicklung des Preisindexes für die Lebenshaltung aller privaten Haushalte in Deutschland abhängig. Da in diesen auch die Entwicklung der Mieten einfließt, ist das bei Staffelmietvereinbarungen bestehende Risiko, dass die vereinbarten Staffeln wesentlich über oder unter der ortsüblichen Vergleichsmiete liegen, minimiert. Im Gegensatz zu Staffelmietvereinbarungen bedarf es auch einer Mieterhöhungserklärung in Textform, jedoch ist auch bei der Indexmiete das Mieterhöhungsverfahren gem. § 558a BGB entbehrlich. Ist die Mieterhöhungserklärung wirksam, wird unabhängig von der Zustimmung des Mieters die erhöhte Miete ab dem Wirksamkeitszeitpunkt geschuldet. Da die Mieterhöhungserklärung schon während der einjährigen Bindung zulässig sein dürfte, kann sie schon so rechtzeitig abgegeben werden, dass die Erhöhung gleich nach Ablauf der Jahresfrist greift, während beim Vergleichsmietensystem Mieterhöhungen nur im Abstand von fünfzehn Monaten erfolgen können, weil der Vermieter die Mieterhöhungserklärung erst nach dem Ablauf der einjährigen Bindung abgeben kann, so dass sie mit Rücksicht auf die Überlegungsfrist des Mieters von bis zu drei Monaten nach dem Zugang des Zustimmungsverlangens erst nach fünfzehn Monaten wirkt. Wie bei der Staffelmiete ist allerdings der Vermieter auch bei der Indexmiete für die Dauer der Vereinbarung an die dort vorgesehenen Mieterhöhungen grundsätzlich gebunden, weil Mieterhöhungen nach § 558 BGB ausgeschlossen sind. Im Gegensatz zur Staffelmiete ist aber eine Erhöhung nach § 559 BGB dann zulässig, wenn der Vermieter bauliche Maßnahmen auf Grund von Umständen durchgeführt hat, die er nicht zu vertreten hat. Ein Vermieter, der in absehbarer Zeit die Mietwohnung modernisieren will, wird daher die Vereinbarung einer Indexmiete – wie auch einer Staffelmiete – für unzweckmäßig halten, weil er keinen Modernisierungszuschlag fordern kann. Lediglich Betriebskostensteigerungen können – wie bei der Staffelmiete – weitergegeben werden, entweder durch Nachforderungen aus Betriebskostenabrechnungen wegen der durch die Vorschüsse nicht gedeckten Betriebskosten und sich daraus ergebenden Vorschusserhöhungen oder gem. § 560 Abs. 1 BGB, wenn die Indexmiete als Grundmiete zuzüglich ausgewiesener Betriebskostenpauschale vereinbart worden ist, für die sich der Vermieter wirksam eine Erhöhung im Wohnraummietvertrag vorbehalten hat. Auch für den Mieter kann die Vereinbarung einer Indexmiete wegen der Abhängigkeit nur von der Entwicklung des Preisindexes für die Lebenshaltung aller privaten Haushalte von Vorteil sein, zumal dadurch die Gefahr von Mieterhöhungen nach § 558 BGB (Anhebung auf die ortsübliche Vergleichsmiete – vgl. dazu oben Rn. 1 ff.) und § 559 BGB (Modernisierungszuschlag – vgl. dazu oben Rn. 82 ff.) im Wesentlichen ausgeschlossen ist. Vor einer Mietpreisüberhöhung ist der Mieter dadurch geschützt, dass auch die Indexmiete dann (teilweise) unwirksam ist, wenn sie 120% der ortsüblichen Vergleichsmiete übersteigt (vgl. dazu Kapitel 9 Rn. 153) und die Indexmiete zu einem Zeitpunkt vereinbart wurde, als Mangel an vergleichbarem Wohnraum bestand (vgl. dazu Kapitel 9 Rn. 147–152).

---

[225] *Staudinger/Weitemeyer* § 557b BGB Rdn. 12.
[226] *Börstinghaus* in *Schmidt-Futterer* § 557b BGB Rdn. 5; *Börstinghaus/Eisenschmid* Arbeitskommentar Neues Mietrecht, 262; *Beuermann* GE 2001, 902 (905).

142 Da die bisherige Befristung auf mindestens zehn Jahre weggefallen ist, kann die Indexmiete mit einem besonderen (mieterschutzlosen) Zeitmietvertrag (§ 575 BGB) kombiniert werden, wenn eine bestimmte Verwendungsabsicht des Vermieters (Eigennutzung, Baumaßnahmen, Vermietung an eine zur Dienstleistung verpflichtete Person) nach Ablauf der vereinbarten Mietzeit verwirklicht werden soll. Im Gegensatz zur Staffelmietvereinbarung besteht für die Indexmietenvereinbarung auch kein Sonderkündigungsrecht des Mieters zum Ende des vierten Jahres. Der Zeitmietvertrag mit Indexmiete kann mithin auch für längere Zeit abgeschlossen werden, da auch § 575 BGB eine zeitliche Begrenzung nicht vorsieht.

143 Wie sich aus § 557b Abs. 2 BGB ergibt, muss sich der Vermieter entscheiden, ob er das Verfahren der Erhöhung der Miete auf die ortsübliche Vergleichsmiete (§ 558 BGB) wählt oder statt dessen eine Indexmiete vereinbart. Daher ist auch die Vereinbarung eines Vorbehalts unwirksam, dass der Vermieter auch über § 557b BGB hinaus die Miete erhöhen darf, wenn die Indexmiete unter der ortsüblichen Vergleichsmiete liegt. Auch die Vereinbarung einer Indexmiete mit einer Option des Vermieters, wonach er sich nach Ablauf der Frist für eine Verlängerung der Indexmiete oder für eine Mieterhöhung nach § 558 BGB entscheiden kann, dürfte unwirksam sein.

3. Anwendungsbereich

144 Die Indexmiete ist ab 1. 9. 2001 grundsätzlich zulässig für alle Arten von preisfreiem (frei finanziertem) Wohnraum, also sowohl bei Altbauten als auch bei (frei finanziert oder auf Grund vereinbarter Förderung errichteten) Neubauten. Für Wohnraum i. S. d. §§ 549 Abs. 2 und Abs. 3 BGB gelten die Beschränkungen des § 557b BGB nicht. Indexmietvereinbarungen können auch für ab dem 1. 1. 2002 **öffentlich geförderten Wohnraum** geschlossen werden.[227] Soweit eine Preisbindung für den davor geförderten sozialen Wohnungsbau besteht, ergibt sich aus deren fortgeltenden Spezialvorschriften, dass und inwieweit andere Regelungen für die Mieterhöhung gelten. § 557b BGB gilt sowohl für die alten als auch für die neuen Bundesländer.[228]

145 Vor dem 1. 9. 1993 vereinbarte Indexmieten in Wohnraummietverträgen blieben, selbst wenn sie genehmigungsfähig waren, unwirksam,[229] es sei denn, sie wurden ab dem 1. 9. 1993 neu abgeschlossen oder bestätigt.[230] Eine Mietanpassungsvereinbarung, die vor dem 1. 9. 1993 getroffen wurde und erst danach in Kraft treten sollte, war demgegenüber wirksam. Die Vorschrift galt nicht in den neuen Bundesländern, soweit dort bis zum 1. 1. 1998 noch § 11 MHG Anwendung fand.

146 Während der Dauer der Preisbindung bei preisgebundenem Wohnraum i. S. d. Wohnungsbindungsgesetzes konnte und kann auch keine Indexmiete vereinbart werden, da § 557b BGB erst mit Aufhebung der Preisbindung anwendbar war bzw. ist.

147 Die während der Preisbindung vereinbarten Indexmieten werden auch nicht automatisch nach Auslaufen der Preisbindung wirksam, und zwar auch dann nicht, wenn nur die preisgebundene Miete und erst ab Auslaufen der Preisbindung eine Indexmiete vereinbart wurde. Denn in einem solchen Fall ist die Vereinbarung der Indexmiete mangels der früher notwendigen zeitlichen Befristung unwirksam.

---

[227] *Staudinger/Weitemeyer* § 557b BGB Rdn. 8; *Söfker* WuM 2002, 291 [295]; der Vermieter darf jedoch keine höhere Miete als die in der Förderzusage bestimmte verlangen (§ 28 Abs. 3 und Abs. 5 WoFG).

[228] Gemäß Art. 232 § 2 Abs. 1 EGBGB i. d. F. des Mietrechtsreformgesetzes richten sich auch vor dem 3. 10. 1990 abgeschlossene Mietverträge in den neuen Bundesländern nach den neuen Vorschriften.

[229] *Börstinghaus* in *Schmidt-Futterer* § 557b BGB Rdn. 10; *Staudinger/Weitemeyer* § 557b BGB Rdn. 12; *Beuermann* GE 2002, 1304.

[230] OLG Hamm DWW 1993, 321 [323]; *Sternel* Mietrecht aktuell, Rdn. A 112.

IV. Indexmiete

Die Indexmiete kann in Mietverträgen auf unbestimmte Zeit ebenso wie in befristeten Mietverträgen vereinbart werden. Sie ist zulässig auch für Einlieger- und Werkdienstwohnungen. **148**

Auch für Untermietverhältnisse kann eine Indexmiete zwischen Hauptmieter und Untermieter vereinbart werden, ebenso bei gewerblichen Zwischenmietverhältnissen zwischen dem Zwischenvermieter und dem Endmieter. **149**

Bei Gewerberaummietverhältnissen ist die freie Vereinbarung von Wertanpassungsklauseln weiterhin durch § 2 Preisangaben- und Preisklauselgesetz v. 3. 12. 1984 und die dazu erlassenen Preisgleitklauselverordnung v. 23. 9. 1998 (BGBl. I S. 3043) in dem bisherigen Umfang beschränkt.[231] **150**

4. Wirksamkeitsvorausssetzungen

a) Vereinbarung. Die Indexmiete muss – von den Mietvertragsparteien – vereinbart werden. Dies kann bei Mietvertragsabschluss als auch während des laufenden Mietverhältnisses geschehen.[232] Die Vereinbarung kann nur ausdrücklich erfolgen, da sie zudem der Schriftform bedarf. Problemlos ist die Vereinbarung in Gegenwart beider Vertragsparteien durch gegenseitige Unterschrift auf den für beide bestimmten Urkunden. Bei Vertragsabschluss unter Abwesenden – z. B. durch Übersendung der Mietverträge – muss darauf geachtet werden, dass das Angebot des Vermieters, der dem Mieter den Vertragsentwurf übersendet, innerhalb angemessener Frist vom Mieter auch angenommen wird. Die insoweit einzuhaltende Frist wird mit nur wenigen Tagen angesetzt.[233] Wird die Frist nicht eingehalten, so gilt die Übersendung des vom Mieter unterzeichneten Mietvertrags als neues Angebot, das der Vermieter wiederum ausdrücklich annehmen müsste. Insoweit reicht nicht aus, dass der Vermieter seinerseits den vom Mieter unterzeichneten Mietvertrag seinerseits unterzeichnet und abheftet: Vielmehr muss diese Annahme dem Mieter auch vom Vermieter auch erklärt werden, wofür ihm wiederum nur wenige Tage zur Verfügung stehen. Der Vermieter muss also zumindest das für den Mieter vorgesehene Vertragsexemplar mit beiden Unterschriften unverzüglich an den Mieter zurücksenden. **151**

b) Schriftform. Schriftform bedeutet nicht nur, dass die Indexmietvereinbarung von beiden Vertragsparteien oder deren Vertretern eigenhändig unterschrieben werden muss – die Unterschriften müssen den gesamten Vertragsinhalt abdecken und die Vereinbarung abschließen –, sondern auch, dass die Indexmietvereinbarung, wenn sie nicht ohnehin im Mietvertrag selbst enthalten ist, mit dem Mietvertrag eine urkundliche Einheit bilden muss. Diese Einheit kann dadurch hergestellt werden, dass sämtliche Blätter der Vereinbarung miteinander und gegebenenfalls mit dem Mietvertrag fest verbunden werden oder sich die Zusammengehörigkeit daraus ergibt, dass wechselseitig auf die Urkundenbestandteile Bezug genommen wird und alle Bestandteile jeweils unterschrieben sind.[234] Eine nicht mit dem Mietvertrag fest verbundene Indexmietenvereinbarung kann allenfalls dann als formwirksam angesehen werden, wenn sie aus sich heraus verständlich und von beiden Vertragsparteien eigenhändig unterzeichnet worden ist.[235] Eine nach Mietvertragsabschluss vereinbarte Indexmiete bedarf natürlich **152**

---

[231] *Börstinghaus* in *Schmidt-Futterer* § 557b BGB Rdn. 2; *Staudinger/Weitemeyer* § 557b BGB Rdn. 9 m. w. N.

[232] *Börstinghaus* in *Schmidt-Futterer* § 557b BGB Rdn. 22; *Staudinger/Weitemeyer* § 557b BGB Rdn. 14.

[233] KG GE 2001, 418: 5 Tage; LG Berlin WuM 1987, 378: 1 Woche; OLG Naumburg, Urteil vom 7. 9. 2004, 9 U 3/04 – ZMR 2005, 539: bei hoher wirtschaftlicher Bedeutung des betreffenden Mietvertrages und Beteiligung von Gesellschaftern auf beiden Vertragsseiten 17 Tage.

[234] Vgl. dazu BGH GE 2001, 485; NZM 2000, 36; KG, GE 2001, 1402, OLG Karlsruhe GE 2001, 694.

[235] LG Berlin GE 1998, 857.

ebenfalls der Schriftform. Dazu muss die Änderung der bisherigen Miete von allen Vertragsparteien auf allen Vertragsurkunden eigenhändig unterzeichnet werden. Denn der gesetzliche Formzwang gilt unabhängig davon, wann die Indexmiete vereinbart wird. Die Mietvertragsparteien können auch nicht wirksam vereinbaren, dass mündlich getroffene Abreden gelten sollen.

153 Eine mündlich geschlossene Indexmietenvereinbarung ist unwirksam (§ 125 Satz 1 BGB). Der Schriftformmangel ist von Amts wegen zu berücksichtigen ohne Rücksicht darauf, ob sich die Parteien auf den Formmangel berufen haben und ob sie sich des Formmangels bewusst.[236] Wird die erforderliche Schriftform nicht eingehalten, hat auch keine Vertragspartei einen Anspruch auf Nachholung der Schriftform.

154 Bei einer nachträglichen Indexmietenvereinbarung braucht zwischen der Vereinbarung und der ersten Erhöhung nicht die fünfzehnmonatige Wartefrist zur letzten Mieterhöhung eingehalten zu werden. Diese Wartefrist gilt nur im Rahmen des Vergleichsmietensystems.

155 **c) Indexierung.** Die Miete kann nur an den vom Statistischen Bundesamt ermittelten Preisindex für die Lebenshaltung alle privaten Haushalte in Deutschland geknüpft werden, der regelmäßig veröffentlich wird.

156 Die Veränderung der Miethöhe muss direkt durch die Änderung des Preisindexes bestimmt sein. Daher entspricht eine Vereinbarung, dass sich aus der Veränderung des Preisindexes lediglich ein Anspruch auf eine Einigung über die Neufestsetzung der Miete ergibt, nicht den Anforderungen des § 557b Abs. 1 BGB.[237] Ferner sollte vereinbart werden, von welchem Preisindex zu Beginn der Vereinbarung ausgegangen wird. Ab 1. 1. 2003 ist der Preisindex auf das Basisjahr 2000 umgestellt worden.[238] Bei einer bestehenden Vereinbarung auf der Grundlage eines alten Basisjahres kann die Veränderung, bezogen auf dieses Jahr, durch Multiplikatoren der aktuellen Indexzahlen auf der alten Basis errechnet werden.[239] Eine rückwirkende Umstellung der alten Basiszahl auf das neue Basisjahr ist ausgeschlossen.[240]

Beispiel: Die monatliche Miete von 500 Euro verändert sich im gleichen Verhältnis, in dem sich künftig jeweils der vom Statistischen Bundesamt ermittelte Preisindex für die Lebenshaltung aller privaten Haushalte in Deutschland gegenüber seinem Stand vom 1. 1. 2002 (= 100) ändert. Die Änderung wird durch Erklärung in Textform geltend gemacht. Dabei sind die eingetretene Änderung des Preisindexes sowie die jeweilige Miete oder die Erhöhung in einem Geldbetrag anzugeben. Der Änderung wird der Monatsindex für den dritten Monat vor dem Wirksamkeitszeitpunkt der Mieterhöhung zugrunde gelegt.

157 Die Verknüpfung mit Löhnen, Gehältern oder Renten durch **Spannungsklauseln** ist seit dem 1. 9. 2001 wieder unzulässig, selbst wenn es sich um genehmigungsfähige Gleitklauseln handelt. Vor dem 1. 9. 2001 geschlossene Indexmietenvereinbarungen, in denen Gehaltsklauseln in einem auf Lebenszeit des Vermieters abgeschlossenen Mietvertrag vereinbart wurden – oder die Gehaltsklausel bis zur Erreichung der Erwerbsfähigkeit, eines bestimmten Ausbildungsziels oder bis zum Beginn der Altersversorgung gelten sollte und der Mietvertrag auf zehn Jahre abgeschlossen wurde – waren zulässig und bleiben wirksam.[241]

158 Unzulässig in Wohnraummietverhältnissen sind **Leistungsvorbehalte,** in denen sich die Parteien die Festsetzung der Miete – durch sie selbst oder einen Dritten – bei

---

[236] OLG Düsseldorf, Urteil v. 7. 4. 2005, I-10 U 191/04, ZMR 2005, 705.
[237] OLG Celle NZM 2001, 468 = NJW-RR 2001, 1017 = ZMR 2001, 527; OLG Frankfurt/Main NZM 2001, 526.
[238] Vgl. GE 2003, 28.
[239] *Samm* GE 1996, 216 [222].
[240] *Staudinger/Weitemeyer* § 557b BGB Rdn. 23.
[241] *Kinne* GE 1998, 1071.

Änderung der Vergleichsgröße vorbehalten, ohne dass die Änderung der Vergleichsgröße automatisch die Mietänderung bewirkt.[242] Ferner bleiben in Wohnraummietverhältnissen **Kostenelementsklauseln** unzulässig, die den Vermieter berechtigen, die Miete bei Änderung der unmittelbar für die Herstellung oder Unterhaltung des Mietobjekts maßgeblichen Faktoren zu ändern.[243]

d) Dauer der Vereinbarung. Eine Mindestlaufzeit – wie bisher für den Vermieter für die Dauer von zehn Jahren oder für die Lebenszeit eines Vertragspartners – gibt es nicht mehr. Die Vereinbarung einer Indexmiete ist zeitlich unbeschränkt möglich. 159

e) Dauer der Indexmiete. Die Indexmiete muss **mindestens ein Jahr unverändert** bleiben. Für die Dauer der Indexklausel können Mieterhöhungen nur wegen Betriebskostensteigerungen erfolgen oder wegen derjenigen baulichen Maßnahmen, die der Vermieter nicht zu vertreten hat. Die Vereinbarung, dass der Vermieter die Karenzfrist von einem Jahr nicht einzuhalten braucht, wäre unwirksam mit der Folge, dass die Indexmietenvereinbarung insgesamt unwirksam wäre. 160

Die Wartefrist von einem Jahr beginnt mit der ersten Festlegung der Miete bei Vertragsbeginn oder mit dem Wirksamwerden einer Änderung der Miethöhe während des Bestehen des Mietverhältnisses.[244] Sie wird auch ausgelöst durch jede einvernehmliche Mietänderung, auch durch eine einvernehmliche Mietsenkung,[245] soweit sie nicht auf der Einigung über eine Minderungsquote beruht. 161

Die Karenzfrist von einem Jahr muss nicht bei Zugang der Mieterhöhungserklärung abgelaufen sein, denn eine Regelung wie in § 558 Abs. 1 BGB, wonach die Mieterhöhung frühestens ein Jahr nach der letzten Mieterhöhung verlangt werden kann, und deshalb die Miete sich erst nach fünfzehn Monaten ändern kann, fehlt in § 557b BGB. Die Mietänderungserklärung kann daher bereits vor Ablauf der Frist zugehen, wenn die Änderung erst nach dem Ablauf der Frist eintreten soll.[246] 162

5. Mieterhöhungsverfahren

Die vereinbarte Indexmiete ändert sich nicht automatisch, sondern muss geltend gemacht werden und zwar durch **Erklärung in Textform**. Wie bisher muss der Vermieter oder Mieter die Änderung des angegebenen Mietindexes sowie die sich hieraus ergebende Steigerungs- oder Senkungsrate und eine sich hieraus ergebende Veränderung der Miete – in einem Betrag oder in Prozentsätzen der ursprünglichen Miete reichen nicht aus[247] – nachvollziehbar vorrechnen. Unterbleibt die Angabe der Veränderung des vereinbarten Indexes oder des Betrages der geänderten Miete, so ist die Erklärung nichtig; ein Nachschieben von Gründen ist nicht möglich.[248] Über die Benennung der Indexfaktoren hinaus sind die Vertragsparteien zu einer näheren **Begründung** nicht verpflichtet. Weder muss die Berechnung der Änderung der Bezugsgröße noch müssen Fundstellen für die Veränderung des Wertmessers beigefügt werden. 163

---

[242] OLG Hamm NJWE-MietR 1996, 26; *Börstinghaus* in *Schmidt-Futterer* § 557b BGB Rdn. 15.

[243] *Börstinghaus* in *Schmidt-Futterer* § 557b BGB Rdn. 16; *Staudinger/Weitemeyer* § 557b BGB Rdn. 19.

[244] *Börstinghaus* in *Schmidt-Futterer* § 557b BGB Rdn. 32; *Staudinger/Weitemeyer* § 557b BGB Rdn. 28.

[245] *Staudinger/Weitemeyer* a.a.O.; a.A. *Blank* WuM 1993, 503 (511).

[246] *Börstinghaus* in *Schmidt-Futterer* § 557b BGB Rdn. 32; *Staudinger/Weitemeyer* § 557b BGB Rdn. 29; *Bub* NJW 1993, 2897 [2900]; *Steinig* GE 1995, 586; *Sternel* Mietrecht aktuell Rdn. A 109 – jeweils m.w.N.

[247] *Staudinger/Weitemeyer* § 557b BGB Rdn. 26.

[248] *Blank* WuM 1993, 503 (510).

Beispiel: In dem mit Ihnen geschlossenen Mietvertrag über die Wohnung ... ist in § ... vereinbart, dass die monatliche Miete sich im gleichen Verhältnis verändert, in dem sich künftig der vom Statistischen Bundesamt ermittelte Preisindex für die Lebenshaltungskosten aller privaten Haushalte in Deutschland gegenüber seinem Stand vom 1. 1. 2002 (= 100) ändert. Dieser Lebenshaltungskostenindex hat sich per ... von 100 auf 105 erhöht, ist also um fünf Prozentpunkte gestiegen. Daher erhöhe ich die Ausgangsmiete von 500 Euro um 25 Euro auf 525 Euro ab dem Beginn des übernächsten Monats nach Zugang dieser Erklärung.

164 Eine **Kappungsgrenze** hat der Gesetzgeber nicht vorgesehen. Der Vermieter kann daher auch in größeren Zeitabschnitten Mieterhöhungen über die Kappungsgrenze von 20% hinaus verlangen. In diesen Fällen dürfte auch keine Verwirkung eintreten, da während des Laufes der Indexmietenvereinbarung der Mieter immer mit Erhöhungen rechnen muss, so dass das Umstandsmoment nicht erfüllt ist.

165 Allerdings greift die Wesentlichkeitsgrenze des § 5 WiStG (vgl dazu Kapitel 9 Rn. 145–160) ein,[249] wenn im Zeitpunkt des Abschlusses der Indexmietenvereinbarung eine Mangellage (vgl. dazu Kapitel 9 Rn. 147–149) vorlag.[250] Der Vermieter kann dann nur eine Miete bis zu 20% über der ortsüblichen Vergleichsmiete verlangen, es sei denn, er kann höhere laufende Aufwendungen geltend machen; auch bei höheren laufenden Aufwendungen kann er allerdings nur eine Miete bis zu 50% über der ortsüblichen Vergleichsmiete (Wuchergrenze) verlangen.

166 Die erhöhte Miete wird – wie bisher – erst mit dem Beginn des übernächsten Monats nach Zugang der Erklärung geschuldet. Fristbeginn ist der Zugang der Änderungserklärung. Die Vertragsparteien können eine längere Frist für die Wirksamkeit der Änderungserklärung vereinbaren. Der Erklärende kann auch einseitig eine längere Frist bestimmen. Bei einer zu kurzen Frist gilt die gesetzliche Frist.[251]

Beispiel:
Zugang der Mieterhöhungserklärung: 1. 2. 2005
Wirksamkeit der Mieterhöhung: 1. 4. 2005

167 Entscheidend ist der Zugang bei allen **Vertragspartnern,** bei mehreren Vertragspartnern also der Zugang der formwirksamen Mieterhöhungserklärung bei dem „letzten" Vertragspartner. Bei Empfangsvollmachtsklauseln reicht der Zugang bei einem der mehreren Vertragspartner aus, wenn die Abänderungserklärung an sämtliche Vertragspartner adressiert war. Beweispflichtig für die Änderung der Miete ist derjenige, der sich auf die Abänderung beruft. Wird der Zugang erst zu einem späteren Zeitpunkt als dem bei Abgabe der Änderungserklärung angenommenen Zeitpunkt bewiesen, so wird die Änderungserklärung erst nach Ablauf der gesetzlichen Frist des § 557 b Abs. 3 Satz 3 BGB wirksam.

168 Ist der Mietvertrag wirksam auf bestimmte Zeit abgeschlossen, so hat keine Partei die Möglichkeit, das Mietverhältnis einseitig vorzeitig ordentlich zu kündigen.[252]

6. Unwirksame Vereinbarungen

169 Klauseln, wonach ohne Änderung des Indexes oder nur bei einer Steigerung der Vermieter einseitig die Miete erhöhen darf[253] oder die Vereinbarung einer Mindestmiete, die auch bei Änderung des Preisindexes nicht unterschritten werden darf, sind als zum Nachteil des Mieters abweichende Vereinbarungen unwirksam (§ 557 b Abs. 4 BGB).

---

[249] *Börstinghaus* in *Schmidt-Futterer* § 557 b BGB Rdn. 44.
[250] *Staudinger/Weitemeyer* § 557 b BGB Rdn. 31 m. w. N.; *Bohnert* JZ 1994, 610 f.
[251] *Staudinger/Weitemeyer* § 557 b BGB Rdn. 30; *Blank* WuM 1993, 503 (510).
[252] *Börstinghaus* in *Schmidt-Futterer* § 557 b BGB Rdn. 49; *Staudinger/Weitemeyer* § 557 b BGB Rdn. 32; ZAP-Praxiskommentar/*Both* § 557 b BGB Rdn. 25; *Schönleber* WuM 1995, 575 (576).
[253] Vgl. dazu *Staudinger/Weitemeyer* § 557 b BGB Rdn. 40.

IV. Indexmiete

Ebenso unwirksam sind Vereinbarungen, wonach der Vermieter die Zustimmung 170 zur Erhöhung der Miete auf die ortsübliche Vergleichsmiete (§ 558 BGB) verlangen darf, wenn die Indexmiete hinter dieser zurückbleibt; denn diese Mieterhöhung ist gem. § 557b Abs. 2 Satz 3 BGB ausgeschlossen.

Da Mieterhöhungen gem. § 559 BGB nur zulässig sind, wenn der Vermieter bauli- 171 che Maßnahmen nicht zu vertreten hat, kann auch nicht vereinbart werden, dass sämtliche Modernisierungen während der Dauer der Indexmiete zu einer Mieterhöhung dann berechtigen, wenn die Indexmiete hinter der durch den Modernisierungszuschlag erhöhten Miete zurückbleibt. Andererseits lösen gem. § 557b Abs. 2 Satz 2 BGB zulässige Mieterhöhungen wegen nicht zu vertretender baulicher Maßnahmen nicht die Wartefrist von einem Jahr aus, ebenso wenig wie vor Beginn der Indexmiete erfolgte Mieterhöhungen nach § 559 BGB wegen der übrigen Modernisierungen.[254]

Unwirksam sind Vereinbarungen, dass die Indexmiete nicht gelten soll, wenn eine 172 gleichzeitig vereinbarte Staffelmiete höher ist als die Indexmiete; denn Staffelmiete und Indexmiete schließen sich gegenseitig aus.[255] Bei Vereinbarung einer Staffel- und einer Indexmiete für dieselbe Zeit dürften beide Vereinbarungen unwirksam sein, so dass es zunächst bei der Ausgangsmiete bleibt.

7. Klageverfahren

Die Klage auf Zahlung der auf Grund der Indexmietenvereinbarung erhöhten Miete 173 ist eine reine Zahlungsklage. Die Miete erhöht sich auf Grund der vom Vermieter ausgesprochenen Erhöhungserklärung automatisch, ohne dass der Mieter zuzustimmen braucht, und zwar mit Beginn des übernächsten Monats. Für die Fälligkeit ist jedoch die Vereinbarung über die Mietzahlung maßgebend. Haben die Parteien die Vorauszahlung der Miete jeweils bis zum dritten Werktag eines Monats wirksam vereinbart, wird auch die Mieterhöhung zu diesem Zeitpunkt fällig. Ist die Vereinbarung unwirksam, gilt die gesetzliche Regelung. Bei vor dem 1. 9. 2001 abgeschlossenen Mietverträgen gilt bei Unwirksamkeit der vertraglichen Vorauszahlungsklausel § 551 Abs. 1 BGB a. F. weiter,[256] so dass die Erhöhung – zusammen mit der ursprünglichen Miete – bei einer monatlich zu zahlenden Miete – erst jeweils zum Monatsende zu zahlen waren. Bei ab dem 1. 9. 2001 abgeschlossenen Mietverträgen gilt § 556b Abs. 1 BGB, wonach die Miete spätestens bis zum dritten Werktag eines Monats zu entrichten ist; das gilt auch für den Erhöhungsbetrag. Zu diesem Zeitpunkt kommt der Mieter mit der Entrichtung auch der erhöhten Miete in Verzug (§ 286 Abs. 1, 2 Nr. 1 BGB).

Eine vor Fälligkeit der Erhöhung erhobene Zahlungsklage kann im Lauf des Rechts- 174 streits noch schlüssig werden, wenn zum Zeitpunkt des Schlusses der mündlichen Verhandlung Fälligkeit eingetreten ist. Der Vermieter sollte allerdings mit der Zahlungsklage bis zur Fälligkeit abwarten, da sonst die Gefahr droht, dass ihm die Prozesskosten insoweit zur Last fallen, als der Mieter – mangels Fälligkeit – keine Veranlassung zur Klageerhebung gegeben hat und den Anspruch sofort anerkennt (§ 93 ZPO).

Eine Klage auf künftige Leistung (§ 259 ZPO) scheidet aus, da die Änderung der 175 Miete erst durch Erklärung geltend gemacht werden muss und die geänderte Miete erst mit Beginn des übernächsten Monats nach dem Zugang der Erklärung zu entrichten ist, also der Mieter vor diesem Zeitpunkt nicht zur Zahlung einer – erst künftig feststehenden – Miete verurteilt werden kann.

Da aber eine Klage auf künftige Leistung nicht möglich ist, dürfte eine **Klage auf** 176 **Feststellung** der (Un-)wirksamkeit der Indexmietenvereinbarung zulässig sein, soweit Mieterhöhungen noch nicht fällig geworden sind. Der Mieter könnte eine Klage auf

---

[254] *Staudinger/Weitemeyer* § 557b BGB Rdn. 36.
[255] *Staudinger/Weitemeyer* § 557b BGB Rdn. 39.
[256] *Börstinghaus* in *Schmidt-Futterer* § 557b BGB Rdn. 42.

Feststellung der Unwirksamkeit der Indexmietenvereinbarung auch als Widerklage im Prozess des Vermieters auf Zahlung der bereits fällig gewordenen Erhöhungen erheben; die nachfolgende Fälligkeit einzelner – weiterer – Erhöhungen, führt nicht zum Wegfall des einmal begründeten Feststellungsinteresses (vgl. dazu Kapitel 6 Rn. 16).

177 Soweit nur der sich auf Grund der Staffelerhöhung ergebende Differenzbetrag eingeklagt wird, ist nur dieser Betrag maßgebend.

178 Der Vermieter, der die erhöhte Miete geltend macht, muss die Indexmietenvereinbarung vortragen und beweisen. Dazu gehört auch die Einhaltung der Wirksamkeitserfordernisse (Schriftform, Indexdauer, zulässiger Index). Ferner muss er die Änderungserklärung und deren Zugang darlegen und beweisen. Der Mieter, der sich auf eine Mietsenkung infolge gesunkenen Indexes beruft, muss ebenfalls darlegen und beweisen, dass es sich um eine wirksame Indexmietenvereinbarung handelt und er eine wirksame Änderungserklärung abgegeben hat, in der der Preisindex zum Zeitpunkt der letzten Anpassung, der aktuelle letzte veröffentliche Preisindex, die Differenz zwischen den Indexpunktwerten umgerechnet in einen Prozentwert, die Ausgangsmiete, die gesenkt werden soll, und die neue Miete enthalten sind. Beruft sich der Mieter darauf, dass die Indexmietvereinbarung wegen Verstosses gegen § 5 WiStG (vgl. dazu näher Kapitel 9 Rn. 145–160) teilweise unwirksam ist, muss er darlegen und beweisen, dass das Angebot an Wohnungen des betreffenden Teilmarktes geringer war als die Nachfrage (Mangellage vgl. dazu Kapitel 9 Rn. 147–152), dass die vereinbarte Indexmiete (Grundmiete) um mehr als 20% über der ortsüblichen Miete lag (vgl. dazu Kapitel 9 Rn. 153) und dass der Vermieter die vorherrschende Mangellage ausgenutzt hat (vgl. dazu Kapitel 9 Rn. 156–160). Da die späteren Erhöhungen jeweils gesondert auf ihre jeweilige Mietpreiswidrigkeit zu überprüfen sind,[257] muss der Mieter auch darlegen und beweisen, dass die jeweils beanstandete Staffel gem. § 5 WiStG unwirksam ist. Das gilt erst recht bei einer Rückforderung wegen Verstosses gegen § 5 WiStG überzahlter Miete (vgl. dazu näher Kapitel 9 Rn. 145–160).

8. Streitwert

179 Bei einer Klage auf Feststellung der (Un-)Wirksamkeit des Staffelmietvereinbarung wäre analog § 41 Abs. 1, Abs. 5 Satz 1 GKG als Streitwert höchstens der Jahresbetrag der vereinbarten Höhe anzusetzen; § 9 ZPO ist nicht anwendbar. Dasselbe gilt für die Klage des Vermieters auf Feststellung, dass ein höherer Mietbetrag geschuldet wird. Ausgangspunkt für die Bemessung des Gegenstandswerts ist der sich aus der erhöhten Miete ergebende Differenzbetrag; differiert dieser für den fraglichen Zeitraum, ist der höhere Wert anzusetzen. Für den positiven Feststellungsantrag ist ein Abschlag zu machen, der mit 20% der Erhöhungsdifferenz zu bewerten ist.

Der auf Feststellung der Unwirksamkeit einer Mietpreisvereinbarung gerichtete Antrag fällt in den Anwendungsbereich des § 41 Abs. 1 GKG, wenn sich aus der Begründung ergibt, dass die behauptete Unwirksamkeit der Entgeltvereinbarung voraussichtlich die Nichtigkeit des gesamten Rechtsgeschäfts zur Folge haben würde.[258] Insoweit wäre kein Feststellungsabschlag zu machen, da bei Feststellung der Unwirksamkeit die Mieterhöhung ausgeschlossen wäre.

---

[257] *Börstinghaus* in *Schmidt-Futterer* § 557b BGB Rdn. 54.
[258] BGH, Beschluss vom 21. 9. 2005, XII ZR 256/03.

5. Kapitel. Unterlassungsklagen

Übersicht

	Rdn.
I. Allgemeines	1–4
II. Unterlassungsklagen des Vermieters	5–39
1. Unterlassung vertragswidrigen Gebrauches der Mietsache	5–32
2. Entfernung von Sachen aus Mieträumen	33–36
3. Streitwerte	37–39
III. Unterlassungsklagen des Mieters gegen den Vermieter	40–55
1. gegen Beeinträchtigungen/Störungen des Besitzes und Gebrauchsrechtes	40–50
2. Abgrenzung zur Klage auf Vornahme einer Handlung	51, 52
3. Streitwerte	53–55
IV. Unterlassungsklagen des Mieters/Vermieters gegenüber Dritten	56–64
1. wegen Belastung des Mietobjektes mit einem Recht Dritter	56–58
2. Unterlassungsansprüche Mieter gegenüber Untermieter	59
3. Unterlassungsansprüche Mieter gegenüber anderen Mietern oder sonstigen Dritten	60
4. Unterlassungsanspruch Vermieter gegen störende Dritte	61–63
5. Unterlassungsanspruch Grundpfandgläubiger gegen Mieter	64
V. Gesetz über Unterlassungsklagen bei Verbraucherrechts- und anderen Verstößen	65–69

I. Allgemeines

Unterlassungsansprüche setzen ein vertrags- oder gesetzwidriges Handeln/Verhalten **1** desjenigen voraus, der auf Unterlassung deswegen in Anspruch genommen werden kann, um die vertrags- oder gesetzwidrige Beeinträchtigung/Störung zu unterbinden. Ein **Unterlassungsanspruch** zielt also auf ein **Nichthandeln** ab, welches ein bestimmtes **Ergebnis für die Zukunft** ausschließt.

In vielen Fällen kommt neben oder zusammen mit der Klage auf künftige Unterlassung einer derartigen **Dauerstörung** auch die Klage auf **Beseitigung** (Klage auf **Vornahme einer Handlung**, s. Kapitel 7) in Betracht. **2**

Letztere Klage – und keine Unterlassungsklage – ist dagegen geboten, wenn durch **3** eine einmalige Handlung des vertrags- oder gesetzwidrig Handelnden ein vertrags- oder gesetzwidrige **Zustand** bereits **abschließend** eingetreten ist.

Die Unterlassungsansprüche des Vermieters gegenüber dem Mieter werden nachstehend unter **II.** abgehandelt, die Ansprüche des Mieters gegenüber dem Vermieter unter **III.** Unter **IV.** werden mietrechtliche, eventuell darüber hinausgehende Unterlassungsansprüche beider Vertragsparteien gegenüber Dritten dargestellt. Unter **V.** wird im hier interessierenden Zusammenhang auf das **Unterlassungsklagengesetz** eingegangen. **4**

II. Unterlassungsklagen des Vermieters gegen den Mieter

1. Vertragswidriger Gebrauch der Mietsache

Nach **§ 541 BGB** kann der Vermieter auf Unterlassung klagen, wenn der Mieter **5** einen **vertragswidrigen** Gebrauch der Mietsache trotz einer **Abmahnung** des Vermieters fortsetzt.

Dem Mieter ist die Mietsache nur in dem im Mietvertrag vereinbarten Umfang ge- **6** währt. Der Vermieter hat also das Recht auf **Unterlassung** einer **Gebrauchsüber-**

schreitung.[1] Ob der Mieter die Grenzen seines **Gebrauchsrechtes**[2] überschreitet,[3] ergibt sich aus den vertraglichen Vereinbarungen zwischen den Mietvertragsparteien, die nach den allgemeinen Vorschriften auf den übereinstimmenden Willen der Vertragsparteien festzustellen, notfalls nach §§ 133, 157 BGB auszulegen oder im Wege ergänzender Vertragsauslegung zu ermitteln sind.[4] Der insoweit ermittelte **Vertragszweck** darf vom **Mieter nicht einseitig geändert** werden.[5]

7   Deswegen geben z.B. vom Mieter beabsichtigte, **unzulässige, bauliche Veränderungen** an der Mietsache dem Vermieter einen Unterlassungsanspruch.[6] Hat der Mieter unberechtigter Weise einmalige, bauliche Änderungen vorgenommen und **abgeschlossen,** kommt allerdings ohne **Wiederholungsgefahr** keine Unterlassungs-, sondern nur noch **Beseitigungsklage** des Vermieters in Betracht.[7]

8   Da dem Mieter auch eine **allgemeine Obhuts- und Sorgfaltspflicht**[8] obliegt, ist er im Rahmen des vertragsgemäßen Gebrauches der Mietsache auch gehalten, **Schäden** von der Mietsache **fernzuhalten.** Hierbei wird der Mieter **Einrichtungen,** mit denen er zulässiger Weise die Mietsache versieht, so anzubringen haben, dass eine Gefährdung der Haussubstanz, anderer Mieter oder von Passanten vermieden wird.[9] Dazu gehört auch, dass der Mieter bei der Lagerung von **Brennstoffvorräten** dafür sorgen muss, dass für das Anwesen keine Gefahren entstehen und **leicht entzündbare** oder **explosive Gegenstände** überhaupt nicht gelagert werden dürfen.[10]

9   Der Mieter ist auch zur **Wahrung des Hausfriedens**[11] verpflichtet. Auch ohne entsprechende Regelungen im Mietvertrag (meistens in Form einer **Hausordnung**)[12] bedeutet dies, dass **wechselseitige Rücksichtnahme** der Mieter untereinander zu beachten ist, die bei einer besonderen **Hellhörigkeit** des Hauses **gesteigert** sein kann.[13]

10 Selbst ohne ausdrückliche, mietvertragliche Vereinbarung sind daher **Haus-** und **Gartenfeste** allenfalls bis 22:00 Uhr zulässig.[14] Die Störung der **Nachtruhe** durch lautstarkes Feiern ist stets unzulässig.[15] Auch außerhalb der **Ruhezeiten** dürfen mit Geräuschentfaltung verbundene Geräte nur in **Zimmerlautstärke** betrieben werden,

---

[1] Unter den Voraussetzungen des § 543 Abs. 2 Nr. 2 BGB auch das Recht zur fristlosen Kündigung.

[2] S. a. 3. Kapitel Rdn. 69.

[3] Was auch durch vertragswidriges, passives Verhalten geschehen kann, z.B. OLG Hamm NJW-RR 1992, 783: Mieter verhindert nicht die Untervermietung durch seinen Untermieter.

[4] *Blank* in *Schmidt-Futterer* § 541 BGB Rdn. 3.

[5] Z.B. gewerbliche Nutzung von als Wohnung vermieteten Räumen; sonstige, völlig abweichende Art der Nutzung, vgl. BGH ZMR 1954, 211 (Umwandlung einer Gastwirtschaft in einen Spielclub); OLG Düsseldorf DWW 1991, 80, ZMR 1991, 176 (Unterbringung von Asylbewerbern bei Anmietung zur Nutzung als Büro); s. aber auch OLG München NJWE-MietR 1996, 127: Pächter eines Gasthofs/Hotels kann ein Zimmerkontingent an eine Behörde zum Zwecke der Unterbringung von Asylbewerbern vermieten.

[6] S. 3. Kapitel Rdn. 74.

[7] Bei noch nicht abgeschlossenen Arbeiten des Mieters oder Wiederholungsgefahr Kombination von Beseitigungs-/Unterlassungsklage, s. o. I.

[8] *Kraemer* in *Bub/Treier* III. A. Rdn. 940 ff.; *Blank* in *Schmidt-Futterer* § 541 BGB Rdn. 43.

[9] LG Berlin, MDR 1981, 584, ZMR 1982, 86; AG Berlin-Schöneberg MM 1990, 192; weitere Rechtsprechungsbeispiele bei *Blank* a.a.O. und *Kraemer* a.a.O.

[10] *Blank* in *Schmidt-Futterer* § 541 BGB Rdn. 44.

[11] *Kraemer* in *Bub/Treier* III. A. Rdn. 1050 ff; *Blank* in *Schmidt-Futterer* § 541 BGB Rdn. 45.

[12] Zu Begriff, Inhalt und Wirkung: Schmid WuM 1987, 71; BGH NJW 1991, 1750; zu unwirksamen Klauseln der Hausordnung: OLG Hamm ZMR 1982, 314; LG Bonn ZMR 1989, 179.

[13] OLG Düsseldorf ZMR 1997, 181.

[14] LG Frankfurt/Main WuM 1989, 575.

[15] OLG Düsseldorf WuM 1990, 116.

II. Unterlassungsklagen des Vermieters gegen den Mieter   11–14   **5. Kap.**

d.h. nur so laut, dass sie in anderen Wohnungen kaum zu hören sind.[16] Maßgebend ist die Geräuschempfindlichkeit eines verständigen **Durchschnittsmenschen**.[17]

Die **formularmäßige Beschränkung** des **Musizierens** in der Wohnung auf bestimmte Zeit für bestimmte Instrumente ist zulässig.[18] Ohne derartige Vereinbarungen im Mietvertrag ist Musizieren auf eineinhalb Stunden pro Tag zwischen 9:00 und 13:00 Uhr sowie 15:00 und 22:00 Uhr zu reduzieren.[19]   11

Störendes Verhalten von **Besuchern** ist dem Mieter **zuzurechnen,** da diese seine **Erfüllungsgehilfen** sind.[20] Gleiches gilt nach § 540 Abs. 2 BGB für die Haftung des Mieters für den **Untermieter**. Auch dieser ist also Erfüllungsgehilfe des Mieters.[21] Die Haftung des Mieters beschränkt sich dabei dann allerdings auf das Verhalten des Untermieters „**bei dem Gebrauche**", also jedes Handeln des Untermieters innerhalb der Mietsache. Hierzu gehören fahrlässige und vorsätzliche Sachbeschädigungen,[22] Störungen des Hausfriedens, unerlaubte Handlungen[23] und Vertragsverletzungen gegenüber dem Hauptmieter jeder Art. Diese Haftung des Mieters besteht auch bei unberechtigter Gebrauchsüberlassung,[24] da deren Privilegierung dem Sinn des Gesetzes widersprechen würde.[25]   12

Vertragwidrige und/oder nicht zustimmungspflichtige **Tierhaltung** ist ebenfalls zu unterlassen.[26] Ansonsten ist **sozialadäquates Verhalten** des Mieters in der Wohnung nicht **wirksam** mit mietvertraglichen Regelungen (inklusive Hausordnung) zu verbieten.[27]   13

Nicht vermietete Hausteile darf der Mieter **nicht nutzen**. Strittig ist dabei z.B., ob der Mieter im Hof vor seiner eigenen Garage parken darf.[28] Bei Existenz einer geeigneten Fläche wird das Abstellen von **Kinderwagen** im Hausflur zulässig, von **Fahrrädern** grundsätzlich vertragswidrig sein.[29] Beim Anbringen von **Plakaten** und   14

---

[16] LG Berlin DWW 1988, 83; AG Neuss DWW 1988, 355; AG Düsseldorf DWW 1988, 357.

[17] BGH DWW 1993, 70, ZMR 1993, 269.

[18] OLG Frankfurt/Main WuM 1984, 303; OLG Karlsruhe NJW-RR 1989, 1179; LG Nürnberg-Fürth WuM 1992, 253; OLG München DWW 1986, 118; *Gramlich* NJW 1985, 2131.

[19] LG Kleve DWW 1992, 26; LG Nürnberg-Fürth WuM 1992, 253.

[20] *Blank* in *Schmidt-Futterer* § 541 BGB Rdn. 48 unter Hinweis auf a.A. AG Köln WuM 1987, 21; a.A. auch bei Sorgfalts- und Obhutspflicht des Mieters OLG Düsseldorf ZMR 2002, 583f, WuM 2002, 545, 546.

[21] *Blank* in *Schmidt-Futterer* § 540 BGB Rdn. 72.

[22] BGHZ 112, 307, NJW 1991, 489, WuM 1991, 31, ZMR 1991, 60.

[23] OLG München NJW-RR 1997, 727.

[24] *Blank* in *Schmidt-Futterer* § 540 BGB Rdn. 72.

[25] Da die unberechtigte Gebrauchsüberlassung darüber hinaus eine Vertragsverletzung des Mieters darstellt, haftet der Mieter bei Schadenersatzansprüchen des Vermieters auch (Haftung für eigenes Verschulden), ohne dass es auf ein Verschulden des Untermieters ankommt, vgl. *Blank* in *Schmidt-Futterer* § 540 BGB Rdn. 73.

[26] Einzelheiten s.o. 4. Kapitel IV. 3.; ergänzend LG Mainz WuM 2003, 624 (Haltung von 7 Katzen, 1 Schäferhund und zwei Chinchillas in einer 2-Zimmer-Wohnung vertragswidrig).

[27] Beispiele bei *Blank* in *Schmidt-Futterer* § 541 BGB Rdn. 46ff.; *Kraemer* in Bub/Treier III. A. 1050ff.; s.a. AG Frankenberg (Eder) ZMR 2003, 848, 849: Rauchen innerhalb der Wohnung vertragsgemäße Nutzung; so auch LG Köln NJW; RR 1991, 1162; LG Saarbrücken WuM 1998, 689ff.; weitere Beispiele bei *Weidenkaff* in Palandt § 541 BGB Rdn. 6, 7; s.a. LG Bad Kreuznach WuM 2003, 328: Kinderlärm im Rahmen normaler Wohnnutzung keine Störung des Hausfriedens.

[28] Ablehnend *Blank* in *Schmidt-Futterer* § 541 BGB Rdn. 84; bejahend AG Hamburg-Wandsbek WuM 2003, 29.

[29] AG Wedding GE 1986, 509; AG Charlottenburg GE 1982, 87; differenzierend AG Münster WuM 1994, 198.

Transparenten an den Außenfenstern der Wohnung oder der Außenfassade des Hauses ist auf den **Einzelfall** abzustellen.[30]

15   Voraussetzung für eine Unterlassungsklage des Vermieters nach § 541 BGB ist, dass dieser gegenüber dem Mieter vor Einreichung der Klage eine **fruchtlose Abmahnung** ausgesprochen hat. Die Abmahnung ist eine einseitige, empfangsbedürftige Willenserklärung. Sie ist daher **vom Vermieter** – von einem Bevollmächtigten wegen § 174 BGB vorsorglich unter **Vollmachtsvorlage**[31] – auszusprechen und **Tatbestandsvoraussetzung** nach § 541 BGB.[32] Teilweise wird gegen den Gesetzeswortlaut vertreten, dass in der Unterlassungsklage selbst die Abmahnung zu sehen ist bzw. gesehen werden kann.[33] Auch diese Meinung sieht aber das **Prozessrisiko** einer **Klageabweisung,** wenn der Vermieter ohne vorherige Abmahnung klagt, und der Mieter sofort nach Klagezustellung den vertragswidrigen Gebrauch einstellt[34] und im Prozess sofort anerkennt.

16   Die Abmahnung muss der Vermieter **gegenüber dem Mieter** erklären. Dies gilt auch dann, wenn ein am Mietverhältnis nicht beteiligter Dritter (z. B. ein Familienangehöriger des Mieters) die Vertragsstörung begangen hat.[35] Die Abmahnung ist nur **entbehrlich,** wenn sicher feststeht, dass der Mieter das vertragswidrige Verhalten nicht abstellen will oder kann; sie wäre bei einer ausdrücklichen Verweigerung des Mieters auch eine reine Förmelei.[36]

17   Die Abmahnung muss den **gerügten** Vertragsverstoß **konkret bezeichnen.**[37] Der Mieter ist in der Abmahnung aufzufordern, das genau bezeichnete Fehlverhalten[38] künftig abzuändern oder aufzugeben.[39] Allgemeine Hinweise auf mietvertragliche Pflichten genügen nicht.[40]

18   Widerruft der Vermieter eine Erlaubnis zu einem bestimmten Verhalten, so liegt darin noch keine Abmahnung der Unterlassung künftigen Fehlverhaltens.[41] Die Androhung von Folgen einer weiteren Unterlassung, z. B. Klageandrohung, ist nicht notwendig.[42] Der Gegenstand der Abmahnung und derjenige der späteren Unterlassungsklage müssen **identisch** sein.[43]

19   Zwar ist die Abmahnung mangels anderweitiger, vertraglicher Vereinbarungen **formfrei,** kann also auch mündlich erteilt werden. Wegen ihrer prozessualen Bedeutung (siehe oben) muss ihr Zugang aber zumindest im Prozess **beweisbar** sein.[44]

---

[30] S. 3. Kapitel Rdn. 71; ergänzend mit zahlreichen Rechtsprechungsbeispielen *Blank* in *Schmidt-Futterer* § 541 BGB Rdn. 87; grundsätzlich ablehnend AG Wiesbaden ZMR 2003, 935 mit zahlreichen, weiteren Fundstellen der Einsender.
[31] OLG Celle WuM 1982, 106.
[32] *Hannemann* in *Jendrek* B. II. 36 Anm. 5; *Kraemer* in *Bub/Treier* III. A. Rdn. 1059; *Blank* in *Schmidt-Futterer* § 541 BGB Rdn. 97 („unschlüssige Unterlassungsklage ohne Darlegung einer Abmahnung").
[33] Z. B. *Voelskow* in MünchKomm zu § 550 BGB a. F. Rdn. 9.
[34] *Voelskow* a. a. O.
[35] *Blank* in *Schmidt-Futterer* § 541 BGB Rdn. 93 m. w. N.
[36] *Blank* in *Schmidt-Futterer* § 541 BGB Rdn. 91; BGH NJW-RR 2000, 717; *Weidenkaff* in *Palandt* § 541 BGB Rdn. 8.
[37] *Voelskow* in MünchKomm Rdn. 8; LG Hamburg ZMR 1977, 175, WuM 1977, 30; BGH NJW-RR 2000, 717.
[38] LG Hamburg ZMR 1977, 157, WuM 1977, 30.
[39] *Weidenkaff* in *Palandt* § 541 BGB Rdn. 8; *Kraemer* in *Bub/Treier* III. A. Rdn. 1058; *Blank* in *Schmidt-Futterer* § 541 BGB Rdn. 91.
[40] *Blank* in *Schmidt-Futterer* § 541 BGB Rdn. 91 unter Hinweis RGZ 77, 117.
[41] AG Berlin-Tiergarten GE 1992, 391.
[42] *Weidenkaff* in *Palandt* § 541 BGB Rdn. 8; *Kraemer* in *Bub/Treier* III. A. Rdn. 1058.
[43] *Blank* in *Schmidt-Futterer* § 554 BGB Rdn. 91.
[44] *Hannemann* in *Jendrek* B. II. 36 Anm. 6.

II. Unterlassungsklagen des Vermieters gegen den Mieter

Zwischen der Abmahnung und der Klageerhebung muss der Vermieter einen **an- 20 gemessenen Abhilfezeitraum**[45] verstreichen lassen. Eine ausdrückliche **Fristsetzung** in der Abmahnung ist zwar nach allgemeiner Meinung **entbehrlich**. Dem ist grundsätzlich zuzustimmen, da der Unterlassungsanspruch ein **verschuldensunabhängiger** Anspruch gegenüber dem Mieter ist, der einen vertragswidrigen Gebrauch nach Zugang einer Abmahnung sofort[46] einzustellen hat. Da aber trotzdem nach überwiegender Meinung (s. vorstehend) der angemessenen Abhilfezeitraum abzuwarten ist, **empfiehlt** sich trotzdem, im Abmahnschreiben eine angemessene **Abhilfefrist** zu setzen, deren Länge sich nach der Schwere des Vertragsverstoßes und der damit verbundenen Beeinträchtigung richten mag. Wird eine Frist gesetzt, hat der Vermieter deren Ablauf abzuwarten.[47]

Andererseits darf der Vermieter nicht zu lange zwischen Abmahnung/Beendigung 21 der eventuell gesetzten Ablauffrist (bzw. des Abhilfezeitraumes) und Klageerhebung abwarten, um sich nicht dem Einwand der **Verwirkung** auszusetzen, wenn der Mieter auf Grund besonderer Umstände darauf vertrauen durfte, der Vermieter werde den Unterlassungsanspruch nicht weiterverfolgen.[48]

Bei **wiederkehrenden Vertragwidrigkeiten** kann der Vermieter die Unterlas- 22 sungsklage erheben, wenn der Mieter die abgemahnte Vertragsverletzung wiederholt. Der Vermieter muss hier nicht weiter zuwarten. Es ist auch nicht erforderlich, dass eine weitere Wiederholung der beanstandeten Zuwiderhandlung droht.[49]

Bei einer **Mehrheit von Mietern** kann der Vermieter alle oder nur einzelne Mieter 23 auf Unterlassung in Anspruch nehmen. Strittig ist, ob dies auch gilt, wenn die konkrete Vertragsverletzung nur von einem bestimmten Mieter begangen worden ist. Für die ganz **h. M.** bedeutet dies, dass **nur der störende Mieter** auf Unterlassung verklagt werden kann[50] (s. a. Kapitel 1 II. 6b)

Bei einem Wechsel in der Person dessen, dem die Vermieterbefugnisse zustehen 24 (**Eigentümerwechsel,** Beendigung der Zwangsverwaltung etc.) soll die **Abmahnung gegenstandslos** werden, zumindest wenn die Beurteilung einer bestimmten Vertragswidrigkeit von besonderen, persönlichen Verhältnissen des jeweiligen Vermieters und dessen Beziehung zum Mieter abhängt.[51]

Der Vermieter hat die **Darlegungs-** und **Beweislast** dafür, dass eine **Vertrags-** 25 **widrigkeit** vorgelegen hat, und dass der Mieter den vertragswidrigen Gebrauch auch nach Ablauf der gesetzten oder angemessenen Frist **fortgesetzt** oder eine **erneute** Vertragswidrigkeit begangen hat.[52]

Unzulässig ist die Klage (mangels Rechtsschutzbedürfnis), wenn der Mieter den 26 vertragswidrigen Gebrauch nach Ablauf der gesetzten Frist, aber vor Klageerhebung, **beendet.** Bei Verschulden hat der Mieter dann die zur Vorbereitung der Klage entstandenen Kosten als Schadenersatz zu ersetzen.[53] Stellt der Mieter den vertragswidri-

---

[45] Z.B. bei Abmahnung unzulässiger Tierhaltung die zügige, anderweitige Unterbringung des Tieres; bei unzulässiger Untervermietung Beachtung der Kündigungsfrist dieses Untermietverhältnisses (LG Mannheim WuM 1985, 262; LG Hamburg WuM 1994, 357).
[46] *Weidenkaff* in Palandt § 541 BGB Rdn. 9.
[47] *Blank* in *Schmidt-Futterer* § 541 BGB Rdn. 97.
[48] *Blank* a. a. O.
[49] *Blank* a. a. O. Rdn. 98.
[50] Nachweise bei *Blank* a. a. O. Rdn. 99, der allerdings als eigene Auffassung wegen der Natur des Unterlassungsanspruches als Erfüllungsanspruch einen Klageanspruch auch dann gegen alle Mieter zubilligt.
[51] *Blank* a. a. O. § 541 BGB Rdn. 100.
[52] *Blank* in *Schmidt-Futterer* § 541 BGB Rdn. 101.
[53] *Blank* a. a. O.

gen Gebrauch erst nach Klageerhebung ein, ist dies **keine Erledigung** des Unterlassungsanspruches und lässt diesen unberührt.[54]

27   Im **Klageantrag** ist der zu unterlassende, vertragswidrige Gebrauch **konkret** zu bezeichnen. Dies beinhaltet bei unberechtigter Untervermietung auch den **Namen des Untermieters,** der notfalls bei Unkenntnis des Vermieters im Wege der **Auskunftsklage** (Stufenklage)[55] zu ermitteln ist. Bei unberechtigter **Tierhaltung** ist das Tier, dessen weitere Haltung unterlassen werden soll, nach **Rasse, Größe, Gewicht** und **Farbe** möglichst konkret zu bezeichnen.[56] Bei Klage auf Unterlassung **baulicher Veränderungen** sind diese ebenfalls detailliert im Klageantrag darzustellen (also z. B. „Der Beklagte wird bei Vermeidung gerichtlicher Festsetzung eines Ordnungsgeldes, ersatz- oder wahlweise Ordnungshaft, verurteilt, es zu unterlassen, die Wand zwischen dem Wohnzimmer und der Küche in der von ihm gemieteten 4-Zimmerwohnung im 4. Stock des Anwesens (Ort/Straße) zu entfernen.„). Gleiches gilt für ein **Störverhalten** des Mieters. Art und Weise der Belästigungen ihre Auswirkungen und Spitzenwerte der Lautstärke sind dabei anzugeben.[57]

28   Die **Darlegungs-** und **Beweislast** des Vermieters geht im Falle einer **Störung** dahin, diese konkret und substantiiert, eventuell unter Darlegung der unzulässigen **Lautstärke** und der **konkreten Beeinträchtigungen,** z. B. anderer Mieter, zu schildern und zu beweisen.[58]

29   Will der Mieter sich auf eine **stillschweigende** oder **ausdrückliche Erlaubnis/Duldung** berufen, hat er deren Voraussetzungen **darzulegen** und **zu beweisen.** Gleiches gilt für eine **Verwirkung** oder die **Notwendigkeit** einer **längeren Abhilfefrist.** Ist strittig, ob der Mieter einem Untermieter zulässiger Weise nur einen Teil der Wohnung oder unzulässiger Weise die ganze Wohnung überlassen hat,[59] hat der Mieter für ersteres die Darlegungs- und Beweislast,[60] genauso wie immer für die Voraussetzungen einer **Erlaubnis-/Zustimmungspflicht** des Vermieters.

30   Wie bereits im 3. Kapitel unter den Duldungs- und Zustimmungspflichten des Vermieters dargelegt wurde, kann der Mieter nämlich einen materiellrechtlichen Anspruch auf **Erteilung** einer **Erlaubnis** auch noch (erstmalig) im Unterlassungsprozess geltend machen, trägt dann allerdings für die seine Einwendung stützenden Tatsachen nach allgemeinen Regeln eben die Darlegungs- und Beweislast sowie das **Kostenrisiko** einer **Erledigungserklärung** des Vermieters. Der Mieter kann stattdessen auch **Widerklage** auf Erteilung der Erlaubnis erheben. Rechtsschutzbedürfnis dafür ergibt sich aus den jeweils **unterschiedlichen Rechtskraftswirkungen.**[61]

31   **Verbindet** der Vermieter eine Klage auf Unterlassung mit einer Klage auf **Beseitigung** eines **vertragswidrigen Zustandes,** ist auch bei der Beseitigungsklage (z. B. Beendigung eines unzulässigen Untermietverhältnisses, Abschaffung eines vertragswidrig gehaltenen Tieres, Rückbau einer unberechtigten, baulichen Veränderung) die durchzuführende Beseitigungsmaßnahme konkret und detailliert in den **Klageantrag** aufzunehmen.[62]

---

[54] *Blank* a. a. O. unter Hinweis auf *Gelhaar* RGRK § 550 BGB a. F. Rdn. 8.
[55] S. 8. Kapitel Rdn. 38; Antragsbeispiel bei *Hannemann* in *Jendrek* B. II. 32.
[56] Antragsbeispiel bei *Hannemann* in *Jendrek* B. II. 33.
[57] OLG Saarbrücken WuM 1995, 269.
[58] Gerade bei derartigen Unterlassungsklagen ist darauf zu achten, dass Beweisangebote mangels substantiiertem Sachvortrag nicht als Ausforschungsbeweis zurückgewiesen werden, vgl. z. B. OLG Saarbrücken, WuM 1995, 269.
[59] S. 3. Kapitel Rdn. 143.
[60] *Blank* in *Schmidt-Futterer* § 553 BGB Rdn. 20; a. A. LG Berlin MM 1992, 353; MM 1993, 109.
[61] *Blank* a. a. O. § 541 BGB Rdn. 101.
[62] S. 7. Kapitel.

II. Unterlassungsklagen des Vermieters gegen den Mieter 32–37 **5. Kap.**

Unter den allgemeinen Voraussetzungen sind Unterlassungsansprüche auch im We- 32
ge der **einstweiligen Verfügung** durchzusetzen. Einzelheiten siehe 11. Kapitel.

2. Entfernung von Sachen aus Mieträumen

Über § 541 BGB hinaus steht dem Vermieter auch ein Anspruch auf Unterlassung 33
gegenüber dem Mieter zu, dem **Vermieterpfandrecht (§ 562 BGB)** unterliegende
Sachen aus den Mieträumen **zu entfernen**. Im **Klageantrag** (wegen der hier immer
gegebenen Eilbedürftigkeit regelmäßig im Wege der **einstweiligen Verfügung**)[63] hat
der Vermieter eine genaue **Spezifizierung** der dem Entfernungsverbot unterliegenden
Gegenstände vorzunehmen. Ist z.B. die genaue Möblierung einer Wohnung dem
Vermieter (in aller Regel) nicht bekannt, sollte der Antrag auf das Verbot der Entfernung der gesamten **Wohnungseinrichtung** gerichtet werden.[64] Es ist auch die genaue
Adresse, Lage der **Mieträume** anzugeben, aus denen die Entfernung der Sachen untersagt werden soll.[65]

Der Vermieter hat dabei die **Darlegungs-** und **Beweislast** dafür, dass die Sachen 34
deren Entfernung verboten werden soll, im **Eigentum** des Mieters stehen.[66]

Da die **Vollstreckung** einer **titulierten Unterlassungsverpflichtung** dadurch 35
geschieht, dass bei Verstößen **Ordnungsgeld** oder **Ordnungshaft** festgesetzt wird
(§ 890 Abs. 1 S. 1 ZPO) sollte die Androhung schon im **Klageantrag** enthalten sein,
um nach Erlass eines entsprechenden **Urteils** oder eines **vollstreckbaren Beschlusses**
die Umständlichkeiten von § 890 Abs. 2 ZPO zu vermeiden.[67]

Die Androhung von Ordnungsmitteln in einem **Prozessvergleich** ist nicht mög- 36
lich.[68]

3. Streitwerte

Die **Streitwerte** für eine Klage des Vermieters auf Unterlassung richten sich nach 37
dessen **Interesse an der Beseitigung**. Bei der Unterlassung einer **Tierhaltung** soll es
dabei (anders als bei der Klage auf Erlaubniserteilung durch den Mieter)[69] nicht auf das
(Affektions-) Interesse des Mieter ankommen.[70] Vielmehr sollen die Auswirkungen der
von dem Tier ausgehenden Störungen maßgeblich sein.[71] Gehen von dem Tier Belästigungen anderer Hausbewohner aus, so sind deren – auch fiktive – Minderungsansprüche mit dem 3,5-fachen Jahresbetrag festzusetzen.[72] Dass die Mietminderung von
42 Monaten dem Streitwert entspricht, wird sich wohl als hM durchsetzen, nachdem
der BGH[73] dies so entschieden hat. Eventuell können auch durch das Tier verursachte
oder drohende Schäden angesetzt werden.[74] Aus diesen Kriterien wird sich – wie bei

---

[63] S. 11. Kapitel Rdn. 54.
[64] OLG Celle NJW-RR 1987, 447; AG Baden-Baden WuM 1985, 123.
[65] *Mersson* in *Jendrek* D. IV. 1.7 unter Hinweis auf die Voraussetzungen des Vermieterpfandrechtes in den Anmerkungen zu C. II: 16.
[66] *Lammel* in *Schmidt-Futterer* § 562 BGB Rdn. 18.
[67] Einzelheiten s. 12. Kapitel Rdn. 73.
[68] OLG Hamm GRUR 1985, 82.
[69] S. 3. Kapitel Rdn. 126.
[70] *Blank* in *Schmidt-Futterer* § 541 BGB Rdn. 76 mit abw. Meinung LG Wiesbaden WuM 1994,
486; s.a. LG Kiel WuM 1999, 586 (kein Affektionsinteresse); LG Berlin NZM 2001, 41: die
„therapeutische Notwendigkeit" der Hundehaltung wirkt sich nicht werterhöhend aus.
[71] LG Hamburg WuM 1989, 10.
[72] Wegen der Neufassung von § 9 ZPO: OLG Hamburg WuM 1995, 595; LG Kiel WuM
2003, 37.
[73] NZM 2000, 713, WuM 2000, 427.
[74] AG Kenzingen WuM 1986, 248.

der Klage des Mieters auf Erlaubniserteilung[75] – ein Streitwert von ca. 500,– € bis 1000,– € ergeben.[76]

38 Bei der Unterlassung von **Gebrauchsüberlassung an Dritte** wird das Interesse des Vermieters oft nur mit einer „Pauschale für erhöhte Abnutzung"[77] bewertet, teilweise der dreifache Jahresbetrag[78] oder einfache Jahresbetrag[79] des Untermietzuschlages nach § 26 Abs. 3 NMV angesetzt. Andere Gerichte gehen von dem Jahresbetrag des Untermietzinses (§ 16 GKG a. F., § 48 GKG n. F. analog) aus[80] bzw. dem Jahresbetrag der Mietzinsentlastung, den der Mieter durch die Gebrauchsüberlassung erzielen will.[81]

39 Für die Klage auf **Unterlassung baulicher Änderungen** wird die **Substanzgefährdung** der Wohnung oder des Hauses eine Rolle spielen. Eventuell können auch die Kosten für die Rückgängigmachung der baulichen Veränderungen und die Wiederherstellung des vormaligen Zustanden angesetzt werden.[82]

III. Unterlassungsklagen des Mieters gegen den Vermieter

1. Gegen Beeinträchtigung/Störungen des Besitzes und Gebrauchsrechtes

40 Der Vermieter hat nicht nur nach § 535 Abs. 1 S. 2 die Mietsache dem Mieter in einem zum vertragsgemäßen Gebrauch geeigneten Zustand zu überlassen und sie während der Mietzeit in diesem Zustand zu erhalten.

41 Der Vermieter ist auch verpflichtet, dem Mieter während der Mietzeit den – **ungestörten, vertragsgemäßen** – **Gebrauch** der Mietsache zu gewähren.[83]

42 Gegen alle im Gesetz oder Mietvertrag nicht vorgesehenen **Beeinträchtigungen/ Störungen** seines umfassenden **Besitz** und **Gebrauchsrechtes** stehen dem Mieter daher **Abwehr-/Unterlassungsansprüche** zu.[84]

43 Zu derartigen unberechtigten Störungen/Beeinträchtigungen gehört es z.B., wenn der Vermieter ohne rechtzeitige, vorherige Anmeldung oder ständig gegen den erklärten Willen des Mieters die Mieträume **betritt** und damit das **Hausrecht** des Mieters verletzt.[85]

44 Ebenso liegt eine Besitzstörung vor, wenn der Vermieter mitvermietete **Speicher- Kellerräume** oder mitvermietete Garage dem Mieter entziehen will (um z. B. Speicherräume in Dachgeschosswohnungen umzubauen) oder eigenmächtig den **Zugang** zu den Mieträumen oder Teilen davon erschwert oder behindert.

45 Wenn der Vermieter sein Recht auf Vornahme einer bestimmten Handlung nur auf dem Klagewege durchsetzen kann, ihm das Gesetz also einen **Selbsthilfeanspruch** versagt, handelt er widerrechtlich, wenn er dennoch die vermeintlich gerechtfertigte Handlung ohne vorherige Klage vornimmt.[86] Dann ist die Störung widerrechtlich, die Handlung also zu unterlassen.[87]

---

[75] S. 3. Kapitel Rdn. 126.
[76] LG Würzburg WuM 1988, 167; LG Hamburg WuM 1989, 10; WuM 1993, 469; LG München I WuM 1992, 495; LG Berlin GE 1993, 421.
[77] LG Berlin BlnGE 1995, 425.
[78] LG Hamburg MDR 1992, 577.
[79] LG Bad Kreuznach WuM 1989, 433.
[80] LG Berlin WuM 1998, 690.
[81] LG Kiel WuM 1995, 320.
[82] *Hannemann* in *Jendrek* B. II. 34 Anm. 2.
[83] *Kraemer* in *Bub/Treier* III. B. 1216; *Voelskow* in MünchKomm §§ 535, 536 BGB a. F. Rdn. 76.
[84] LG Berlin (Videoüberwachung).
[85] S. 3. Kapitel Rdn. 5.
[86] *Eisenschmid* in *Schmidt-Futterer* § 554 BGB Rdn. 56.
[87] AG Berlin-Mitte GE 1999, 984.

III. Unterlassungsklagen des Mieters gegen den Vermieter 46–53 **5. Kap.**

Dies gilt z. B. bei Maßnahmen i. S. v. § 554 BGB. Diese hat der Mieter nur unter **46** bestimmten Voraussetzungen zu dulden.[88] Erfüllt der Vermieter die Voraussetzungen einer Duldungspflicht des Mieters nicht, ist dieser nicht nur nicht zur Duldung verpflichtet, sondern kann sich gegen die Ankündigung oder den Beginn eigenmächtiger Maßnahmen des Vermieters mit einem Unterlassungsanspruch, notfalls im Wege der einstweiligen Verfügung,[89] zur Wehr setzen (s. Kapitel 11 II.).

Dieses Recht wird dem Mieter sogar dann gegeben, wenn der Vermieter eigen- **47** mächtig Veränderungen außerhalb der Wohnung des Mieters vornehmen will.[90] Hat der Mieter von seinem **Sonderkündigungsrecht** (§ 554 Abs. 3 S. 2 BGB) Gebrauch gemacht, hat er zumindest bis zum Ablauf der **Kündigungsfrist** oder die Dauer einer vom Vermieter eingeräumten **Räumungsfrist** einen Anspruch darauf, dass der Vermieter nicht schon mit Arbeiten innerhalb der Wohnung des Mieters beginnt.[91] Gleiches wird gelten, solange der Vermieter einem **Vorschussverlangen** des Mieters (§ 554 Abs. 4 S. 2 BGB) nicht nachgekommen ist oder eine zumutbare **Ersatzwohnung**/ausreichende **Hotelunterbringung** angeboten hat.

Ein vertragswidriger und damit zu unterlassender, **zielgerichteter Eingriff** in das **48** Besitz- und Gebrauchsrecht des Mieters liegt auch vor, wenn der Vermieter entgegen seiner Verpflichtung zur Einhaltung von **Wettbewerbs-/Konkurrenzschutz** Miet- räume vertragswidrig an einen Wettbewerber des Mieters vermieten will.[92]

Haben die Vertragsparteien vereinbart, dass der Vermieter die Miete per **Abbu- 49 chungsverfahren** oder **Einzugsermächtigung** einzieht, und macht der Vermieter von diesem Recht trotz berechtigtem **Minderungsrecht** des Mieters **ungeschmälert** Gebrauch, so hat der Mieter gegen den Vermieter ebenfalls einen Unterlassungsanspruch[93] (s. a. Kapitel 11 XV. 5.).

Im **Klageantrag** ist die **zu unterlassende Handlung konkret** darzustellen (s. o. **50** vorstehend II.).

2. Abgrenzung zur Klage auf Vornahme einer Handlung

Auf einen Verstoß des Vermieters gegen dessen übrige **Fürsorgepflichten** (z. B. **51** Herstellung ordnungsgemäßer Versorgung mit Strom und Wasser), wird der Mieter dagegen mit einer **Klage auf Vornahme einer Handlung**[94] reagieren.[95]

Gleiches wird gelten (müssen), wenn die vertragsgemäß zu unterlassende Handlung **52** des Vermieters bereits zu einem **Abschluss** gekommen ist (z. B. vollzogener Umbau eines Speicherabteils zu Wohnräumen, vollendete Herstellung einer den Zugang zu den Miträumen erschwerenden Einrichtung oder Abriss einer vermieteten Garage).

Hat der Vermieter dagegen diese Maßnahmen noch nicht begonnen/vollendet, kann der Mieter darauf mit einer Unterlassungsklage reagieren.

3. Streitwerte

Der Streitwert bemisst sich nach § 3 ZPO am **Interesse** des **Mieters** an der Un- **53** terlassung. Bei Untersagung des unangemeldeten **Betretens** wird der Streitwert also

---

[88] S. 3. Kapitel Rdn. 15.
[89] S. 11. Kapitel Rdn. 27.
[90] *Eisenschmid* in *Schmidt-Futterer* § 554 BGB Rdn. 345.
[91] *Eisenschmid* in *Schmidt-Futterer* § 554 BGB Rdn. 300; zum Recht auf einstweilige Verfü- gungsanträge des Mieters in diesen Fällen s. 11. Kapitel.
[92] *Weidenkaff* in *Palandt* § 535 BGB Rdn. 27 m. w. N.; *Eisenschmid* in *Schmidt-Futterer* § 535 BGB Rdn. 507 ff. m. w. N.
[93] *Hannemann* in *Jendrek* B. III. Anm. 14.
[94] S. 7. Kapitel Rdn. 1.
[95] S. 7. Kapitel Rdn. 1.

wieder meistens 1 Monatsmiete⁹⁶ betragen. Bei Untersagung der **eigenmächtigen Wegnahme** gemieteter Räume bemisst sich der Streitwert nach deren **anteiliger Jahresmiete** (§ 16 GKG). Bei Unterlassung der vertragswidrigen Vermietung an einen **Wettbewerber** wird sich der Streitwert nach § 3 ZPO am geschäftlichen Interesse des Mieters orientieren, also seinem drohenden **Gewinnausfall**.[97] Streitwert einer Klage auf Unterlassung der Entfernung dem **Vermieterpfandrecht** unterliegender Sachen entspricht dem Interesse des Vermieters an der begehrten Sicherstellung, also im Zweifel der Höhe bestehender **Forderungen** aus dem Mietverhältnis (§ 562 BGB).

54 Der Streitwert bei unzulässigem, **ungeschmälertem Einzug der Miete** trotz **Minderungsrechtes** des Mieters bemisst sich nach dem Jahresbetrag der zu Unrecht eingezogenen Minderungsbeträge zuzüglich maximal eines Jahresbetrages der Minderung für die Zukunftswirkung des Unterlassungsbegehrens.[98]

55 Schon in den **Klageanträgen** der Unterlassungsklage ist der Antrag auf Festsetzung von **Ordnungsgeld** bzw. **Ordnungshaft** aufzunehmen, um wiederum den späteren Umweg über § 890 ZPO zu vermeiden (s. o. II.).

IV. Unterlassungsklagen des Mieters/ Vermieters gegen Dritte

1. Wegen Belastung des Mietobjektes mit einem Recht Dritter

56 Nach § 567 S. 2 BGB steht dem **Mieter** von Wohnraum[99] ein Unterlassungsanspruch gegenüber einem Dritten zu, wenn das Mietobjekt nach der Überlassung an den Mieter vom Vermieter mit einem Recht dieses Dritten belastet worden ist, die Ausübung jedoch den vertragsgemäßen Gebrauch des Mieters beinträchtigen würde.

57 Keine Beeinträchtigung des Mietrechtes stellt die Belastung eines Grundstücks mit Hypotheken und Grundschulden dar.[100] Zu den dinglichen Rechten, durch die der vertragsgemäße Gebrauch des Mieters entzogen (§ 567 S. 1 BGB) wird, zählen der Nießbrauch (§ 1030 BGB) und das dingliche Wohnrecht (§ 1093 BGB), sofern es alle Räume umfasst. Umfasst es nur einen Teil der vermieteten Räume, so gilt § 567 S. 2 BGB.[101]

58 Wird der Mieter durch das dingliche Recht wie bei einer Grunddienstbarkeit nur in seinem vertragsgemäßen Gebrauch beschränkt, tritt der Berechtigte nicht in den Vertrag ein und hat das **vorhergehende** Gebrauchsrecht des Mieters zu beachten.[102] Der Mieter hat daraus neben dem Anspruch gegen den Vermieter auf Beseitigung der Beeinträchtigung (§ 536 Abs. 3 BGB), den Anspruch nach § 567 S. 2 BGB gegen den dinglich Berechtigten.[103] Im **Klageantrag** hat der Mieter die **Beeinträchtigung** darzustellen, für deren Existenz er auch die **Darlegungs-** und **Beweislast** hat.

2. Unterlassungsansprüche Mieter gegenüber Untermieter

59 Unterlassungsansprüche des Mieters gegen seinen **Untermieter** ergeben sich aus denselben Vereinbarungen/gesetzlichen Vorschriften/allgemeinen Grundsätzen wie im

---

[96] S. 3. Kapitel Rdn. 12.
[97] OLG Hamm ZMR 1997, 581; BGH MDR 1982, 36.
[98] *Hannemann* in *Jendrek* B. III. Anm. 2.
[99] Wegen der Verweisung in § 578 BGB gilt dies aber auch für Mietverhältnisse über Geschäftsräume und Grundstücke.
[100] *Gather* in *Schmidt-Futterer* § 567 BGB Rdn. 8.
[101] *Gather* a. a. O. Rdn. 4, 7.
[102] LG Bremen WuM 1990, 514.
[103] *Voelskow* in MünchKomm § 577 BGB a. F. Rdn. 4.

V. Gesetz über Unterlassungsklagen

Verhältnis des Vermieters gegen den Mieter. Gleiches gilt für das umgekehrte Verhältnis, also Unterlassungsansprüche des Untermieters gegenüber dem Untervermieter/Mieter, die deswegen hier nicht eigens behandelt werden und hinsichtlich des **Klageantrages** und der **Darlegungs-** und **Beweislast** denselben Anforderungen unterliegen. [104]

3. Unterlassungsansprüche des Mieters gegenüber anderen Mietern oder sonstigen Dritten

Keine mietvertraglichen Unterlassungsansprüche stehen dem Mieter gegenüber **60** **anderen Mietern** oder sonstigen **Dritten** zu. **Stören** jedoch diese Personen den Mieter in seinem geschützten **Besitzrecht,** hat er einen Unterlassungsanspruch nach den allgemeinen Vorschriften der §§ 862 Abs. 1, 858 Abs. 1, 1004 Abs. 1 BGB.

4. Unterlassungsanspruch des Vermieters gegenüber störenden Dritten

Auch dem **Vermieter** steht gegen störende **Dritte,** mit denen kein Mietverhältnis **61** besteht, nur der allgemeine Unterlassungsanspruch aus § 1004 BGB zu.[105]

Ergänzend: Der Wohnungseigentümergemeinschaft stehen nach § 15 WEG gegen- **62** über dem Sondereigentümer/Teileigentümer/Vermieter, aber auch gegenüber Dritten/Mietern nach § 15 WEG eigene Unterlassungsansprüche zu.[106]

Hinsichtlich des **Klageantrages** sowie der **Darlegungs-** und **Beweislast** gelten **63** dabei die oben unter II. und III. dargestellten Anforderungen. Eine **Abmahnung** (§ 541 BGB) wird allerdings **keine Tatbestandsvoraussetzung,** sondern allenfalls Voraussetzung des **Rechtsschutzbedürfnisses** sein.

5. Unterlassungsansprüche Grundpfandgläubiger gegenüber Mieter

Nach einer Entscheidung des OLG Dresden[107] hat ein **Grundpfandgläubiger** **64** analog § 1004 Abs. 1 und 2. BGB gegenüber dem Mieter wegen **unberechtigter Anmeldung** von Ansprüchen gemäß §§ 37, 57 ff. ZVG Anspruch auf Beseitigung (Rücknahme der Anmeldung) und Unterlassung (weiterer Anmeldung). Der Mieter hat dabei die **Darlegungs-** und **Beweislast** dafür, dass gemäß § 57 c ZVG ein Mietvertrag bestand und er auf Grund einer Vereinbarung mit dem Eigentümer aus seinem Vermögen einen Beitrag zur Schaffung oder Instandhaltung des Mietraumes geleistet hat.

V. Gesetz über Unterlassungsklagen bei Verbraucherrechts- und anderen Verstößen (Unterlassungsklagengesetz – UKlaG)[108]

Die meisten Mietverhältnisse werden unter Verwendung von **Formularmietver-** **65** **trägen** abgeschlossen. Diese stellen **Allgemeine Geschäftsbedingungen** dar und unterliegen deswegen bereits nach allgemeinen Regelungen (§§ 307–309 BGB)[109] einer Überprüfung auf ihre Wirksamkeit.

Das **UKlaG** vom 27. 8. 02[110] gibt darüber hinaus den in § 3 genannten, qualifizier- **66** ten Verbraucherverbänden, rechtsfähigen Verbänden zur Förderung gewerblicher In-

---

[104] Vgl. oben Rdn. 5 und Rdn. 40, auch zum Streitwert.
[105] Dazu gehört auch der Untermieter, vgl. z. B. *Weidenkaff* in *Palandt* § 541 BGB Rdn. 1; ist ein störender Mitmieter selbst auch Vertragspartner des Vermieters, gilt dies selbstverständlich nicht. Dann bestehen mietrechtliche Vertragsansprüche.
[106] *Bassenge* in *Palandt* § 15 WEG Rdn. 24.
[107] ZMR 2003, 670.
[108] Schönfelder Deutsche Gesetze Nr. 105.
[109] Vgl. dazu im Einzelnen *Harz* in *Schmid* 2. Kap. Rdn. 107 f.
[110] BGBl. I 3422.

teressen und Industrie- und Handelskammer/Handwerkskammern das Recht, nach § 1 des Gesetzes denjenigen auf **Unterlassung** und auf Widerruf in Anspruch zu nehmen, der in derartigen Allgemeinen Geschäftsbedingungen Bestimmungen verwendet oder empfiehlt, die nach den §§ 307–309 BGB unwirksam sind, soweit AGB nicht nur gegenüber einem Unternehmer (§ 14 BGB) verwendet oder zur ausschließlichen Verwendung zwischen Unternehmern empfohlen werden. (§ 3 Abs. 2 UKlaG).

67 Die Klagen von Verbraucherverbänden etc. (z. B. **Mietervereinen**)[111] sollen den Rechtsverkehr von unwirksamen AGB freihalten und verhindern, dass sich Rechtsunkundige von der Durchsetzung ihrer Rechte abhalten lassen, wenn ihnen eine nach §§ 307–309 BGB unwirksame Klausel entgegen gehalten wird.[112] Es kann also im Verfahren nach dem UKlaG, ähnlich einem abstrakten Normenkontrollverfahren,[113] eine abstrakt-generelle Regelung losgelöst von einem Einzelfall auf ihre Vereinbarkeit mit einer (ranghöheren) Norm überprüft werden. Die Entscheidung lautet nicht auf Feststellung der Unwirksamkeit der AGB, sondern auf **Unterlassung der Verwendung** oder **Widerruf der Empfehlung.**[114]

68 Der **Klageantrag** muss bei Klagen nach § 1 UKlaG „auch" – also zusätzlich zu den üblichen Voraussetzungen eines Unterlassungsantrages – enthalten den **Wortlaut** (bei **Teilunwirksamkeit** den Wortlaut der **Teilklausel**) der beanstandeten Bestimmungen in Allgemeinen Geschäftsbedingungen sowie die **Bezeichnung der Art der Rechtsgeschäfte,** für die die Bestimmungen beanstandet werden.

69 Der **Streitwert** derartiger Klagen ist nach billigem Ermessen (§ 3 ZPO) festzusetzen und richtet sich nach dem **Interesse der Allgemeinheit** an der **Beseitigung der gesetzwidrigen Bestimmung.**[115]

Besonderheiten der **Urteilsformel** sind in § 9 UKlaG aufgeführt.[116]

---

[111] Vgl. Kapitel 1 II. 10.
[112] *Bassenge* in *Palandt* § 1 UKlaG Rdn. 1; BGH NJW 1994, 2693.
[113] *Schmid* NJW 1989, 1192.
[114] *Bassenge* in *Palandt* § 1 UKlaG Rdn. 1.
[115] „Höchstwert nach § 48 Abs. 1 S. 2 GKG 250 000,– €, meistens je angegriffener Klausel" zwischen 1500,– € und 5000,– €, vgl. BGH WuM 1998, 342; OLG Naumburg WuM 1995, 547 und OLG München WuM 1997, 631 (alle Entscheidungen noch zu §§ 13 ff. ABGB); BHG NJW-RR 2003, 1694; s. a. *Bassenge* in *Palandt* § 5 UKlaG Rdn. 14 m. w. N.
[116] S. *Bassenge* in *Palandt* § 9 UKlaG Rdn. 2 f.

6. Kapitel. Feststellungsklagen

Übersicht

	Rdn.		Rdn.
I. Allgemeines	1, 2	VI. Schlüssigkeit Klage/Darlegungs- und Beweislast positive und negative Feststellungsklage	22–26
II. Begriff des Rechtsverhältnisses	3–6		
III. Rechtliches Interesse an alsbaldiger Feststellung	7–10	VII. Zwischenfeststellungsklage	27, 28
IV. Abgrenzung Leistungsklage	11–18	VIII. Weitere Beispielsfälle für mietrechtliche Feststellungsklagen	29–55
V. Verjährungshemmung	19–21		
		IX. Streitwerte	56–64

I. Allgemeines

Nach § 256 ZPO kann der Kläger Klage erheben u. a. auf **Feststellung** des Bestehens oder Nichtbestehens eines **Rechtsverhältnisses**, wenn er ein **rechtliches Interesse** daran hat, dass das Rechtsverhältnis alsbald festgestellt wird. 1

Das Ergebnis einer Feststellungsklage ist also einerseits nicht so weitreichend wie bei der **Leistungsklage** (Leistungsbefehl an den Beklagten) oder der **Gestaltungsklage** (Herbeiführung unmittelbarer Rechtsänderungen), da mit der Feststellungsklage nur die – positive oder negative – **deklaratorische Feststellung** erreicht werden kann, dass ein Rechtsverhältnis (nicht) besteht. Andererseits ist der Gegenstand der Feststellungsklage umfassender. Es werden Rechte und Rechtsverhältnisse rechtsbezeugend und **rechtskraftfähig**[1] festgestellt. 2

II. Begriff des Rechtsverhältnisses

Unter **Rechtsverhältnis** sind dabei – für den Mietprozess – nicht nur das (**Nicht-**) **Bestehen** des Mietverhältnisses selbst, sondern auch **einzelner Rechte/Rechtsfolgen und Pflichten hieraus** zu verstehen.[2] Rechtsverhältnis iSv § 256 ZPO ist die aus einem vorgetragenen Sachverhalt abgeleitete **rechtliche Beziehung** von Personen oder Personen zu Sachen.[3] **Feststellungsfähig** sind grundsätzlich **subjektive Rechte aller Art**. Dazu gehören im hier interessierenden Zusammenhang neben allen **absoluten Rechten** auch **schuldrechtliche Vertragsverhältnisse**[4] oder deren **rechtliche Einordnung**.[5] Auch **Ansprüche** begründen Rechtsverhältnisse iSd § 256 ZPO und können deswegen Gegenstand von Feststellungsklagen sein.[6] Ob Rechtsverhältnis i. S. v. § 256 ZPO mehr als ein Anspruch ist, dieser sich vielmehr erst aus ihm ergibt,[7] sollte bei der Prüfung des **Feststellungsinteresses** (s. nachstehend III.) zu einer genaueren 3

---

[1] Wenn auch wegen der nur deklaratorischen Wirkung außer im Kostenausspruch nicht vollstreckungsfähig, z. B. *Putzo* in *Thomas/Putzo* § 704 ZPO Rdn. 1.

[2] Z. B. aus der Mietrechtsprechung OLG Karlsruhe ZMR 1984, 18; LG Essen ZMR 1970, 31; zahlreiche, weitere Rechtsprechungsbeispiele bei *Reichold* in *Thomas/Putzo* § 256 ZPO Rdn. 5; *Greger* in *Zöller* § 256 ZPO Rdn. 3.

[3] *Hartmann* in *Baumbach/Lauterbach/Albers/Hartmann* § 256 ZPO Rdn. 5.

[4] Für den Mietvertrag s. OLG Düsseldorf NJW 1970, 2027; OLG Celle BB 1978, 576.

[5] RGZ 134, 122; 144, 54 (allerdings für Gesellschaftsvertrag).

[6] BGH NJW 1984, 1556.

[7] BGH GRUR 92, 114.

Prüfung Anlass geben. Gleiches gilt bei den **Gestaltungsrechten** für das **Kündigungsrecht**. Auch **Leistungsverweigerungsrechte** und **sonstige Einrederechte des BGB** sind feststellungsfähig.[8]

4 Nicht der Feststellungsklage zugänglich, da **keine Rechtsverhältnisse**, sind bloße, auch rechtserhebliche **Tatsachen**[9] oder einzelne **Elemente** oder **Vorfragen** eines Rechtsverhältnisses,[10] z.B. Rechtswidrigkeit,[11] Verschulden, Schuldnerverzug,[12] Realakte[13] oder die Berechnungsgrundlage für einen streitigen Anspruch.[14] **Annahmeverzug** ist ein „Rechtsverhältnis", wenn er dem Nachweis bei Verurteilung zu einer Zug-um-Zug-Leistung gemäß §§ 756, 765 ZPO dient.[15] **Abstrakte Rechtsfragen** sind ebenfalls nicht feststellungsfähig.[16] Die (s. oben) als zulässig dargestellte Feststellungsklage bezüglich der Einordnung eines Vertragsverhältnisses und die damit verbundene Abgrenzung zwischen Rechtsfrage und Rechtsverhältnis wird von der Praxis im Interesse eines umfassenden Rechtsschutzes, der Herstellung von Rechtssicherheit und der Vermeidung weiterer Prozesse nicht weiter thematisiert.[17]

5 Das in seinem Bestand oder Nichtbestand strittige Rechtsverhältnis muss **gegenwärtig** sein, wobei auch ein **vergangenes** Rechtsverhältnis dann noch Gegenstand einer Feststellungsklage bilden darf, wenn sich aus ihm nach dem Klagevortrag noch Rechtsfolgen für Gegenwart oder Zukunft ergeben.[18] **Erlischt** das Rechtsverhältnis während des Rechtstreites, bleibt die Feststellungsklage (nur) unter diesen Voraussetzungen zulässig.[19]

6 Das „Rechtsverhältnis" muss **zwischen den Parteien** des Feststellungsprozesses bestehen. Ein Rechtsverhältnis, das zu oder zwischen **Dritten** besteht, muss für die Rechtsbeziehungen der Prozessparteien untereinander von Bedeutung sein, und der Kläger muss ein berechtigtes Interesse an dieser Feststellung gerade gegenüber dem Feststellungsbeklagten haben.[20]

III. Rechtliches Interesse an alsbaldiger Feststellung

7 Das Interesse auf „**alsbaldige**" Feststellung durch richterliche Entscheidung bedeutet nach einhelliger Meinung nur, dass dieses Bedürfnis wenigstens in „nicht ferner Zukunft besteht".[21] Das „**rechtliche Interesse**" an der (alsbaldigen) Feststellung stellt die **spezielle Ausgestaltung** des bei jeder Rechtsverfolgung erforderlichen **Rechtsschutzinteresses** dar und ist deshalb unabhängig von der materiellrechtlichen Begründetheit des Feststellungsbegehrens.[22]

---

[8] OLG Hamm NJW 1981, 2473, 2474.
[9] BGH NJW 1977, 1288.
[10] BGHZ 22, 48 und 68, 331.
[11] BGH NJW 77, 1288.
[12] BGH NJW 2000, 2280.
[13] BGH NJW-RR 1992, 252.
[14] BGH NJW 1995, 1097.
[15] BGH NJW 2000, 2663; weitere Rechtsprechungsbeispiele z.B. bei *Greger* in *Zöller* § 256 ZPO Rdn. 4.
[16] Z.B. BGH NJW 1995, 1097; BGH NJW 1992, 697.
[17] *Lüke* in MK Zivilprozessordnung Bd. 1 § 256 ZPO Rdn. 22; s.a. BGH NJW 2001, 445: zumindest Bezug auf ein konkretes Rechtsverhältnis bei Klärung abstrakter Rechtsfragen.
[18] BGHZ 27 19, 196.
[19] BAG NJW 1994, 1751: Erledigung der Hauptsache.
[20] *Greger* in *Zöller* § 256 ZPO Rdn. 3b unter ablehnendem Hinweis auf die vereinzelte Rechtsprechung zum „Drittrechtsverhältnis"; BGH-NJW 1994, 459.
[21] Z.B. *Reichold* in *Thomas/Putzo* § 256 ZPO Rdn. 17.
[22] *Reichold* in *Thomas/Putzo* § 256 ZPO Rdn. 13; *Greger* a.a.O. § 256 Rdn. 7.

IV. Abgrenzung Leistungsklage

Bei **drohender Verjährung** liegt **Feststellungsinteresse**[23] vor, wenn bereits ein Schaden eingetreten, aber die bloße, auch nur entfernte Möglichkeit künftiger, weiterer Folgeschäden besteht.[24] **8**

Ansonsten muss dem Recht oder der Rechtslage des Klägers eine **gegenwärtige Gefahr der Unsicherheit** dadurch drohen, dass der Beklagte ein Recht des Klägers **ernstlich bestreitet**, diesem **zuwiderhandelt** oder sich eines Rechtes gegen den Kläger **berühmt**.[25] Das erstrebte Feststellungsurteil muss infolge seiner **Rechtskraft** (§ 322 ZPO) geeignet sein, diese Gefahr zu **beseitigen**. **9**

Ein **Gestaltungsrecht** (z. B. **Kündigungsrecht**) ist zwar grundsätzlich feststellungsfähig. Ein Feststellungsinteresse fehlt jedoch, wenn der Kläger sein Gestaltungsrecht ohne weiteres **ausüben** kann. Damit fehlt also das Interesse, das **Kündigungsrecht** selbst feststellen zu lassen.[26] Der zur Kündigung Berechtigte kann nach Ausübung seines Gestaltungsrechtes aber das gestaltete Rechtsverhältnis zum Gegenstand einer umfassenden (eventuell auch Feststellungs-) Klage machen.[27] Der Empfänger einer das Rechtsverhältnis gestaltenden Willenserklärung kann dagegen Klage auf Feststellung der Unwirksamkeit der Kündigung eines Dauerschuldverhältnisses erheben.[28] Der **Feststellungsantrag** würde aber trotzdem auf Bestand oder Nichtbestand des Dauerschuldverhältnisses (Mietverhältnis) gerichtet sein, also z.B.: „Es wird festgestellt, dass die Kündigung des Beklagten vom ... das zwischen den Partein bestehende Mietverhältnis über die Räume ... nicht zum ... beendet hat, sondern dieses Mietverhältnis darüber hinaus (oder: bis zum ...) fortbesteht". Zum Verhältnis zur **Räumungsklage** siehe unten VIII. **10**

IV. Abgrenzung Leistungsklage

Das Feststellungsinteresse fehlt, wenn Klage auf Leistung möglich ist.[29] **11**

Nach h. M. schließt die **Möglichkeit** einer **Klage** auf **künftige Leistung** das Feststellungsinteresse nicht aus.[30] Gleiches gilt, wenn die Feststellungsklage in einem **anderen Verfahren** als **Widerklage** erhoben werden könnte.[31] **12**

Besteht die Möglichkeit einer **weitergehenden Feststellungsklage,** kann einer nur auf einzelne Streitpunkte des Rechtsverhältnisses beschränkte Feststellung das Interesse fehlen, wenn diese Beschränkung weitere Prozesse befürchten lässt. Der Kläger muss in diesem Falle ein rechtliches Interesse darlegen, dass neben der Schadenersatzpflicht als solcher auch die Pflicht zum Ersatz nur einzelner Schadenspositionen festgestellt wird.[32] **13**

---

[23] Hemmung der Verjährung durch Erhebung der Feststellungsklage nach § 204 Abs. 1 S. 1 Ziff. 1 BGB.
[24] Z.B. *Reichold* in *Thomas/Putzo* § 256 ZPO Rdn. 14; s. a. BGH WM 1993, 251/260, der Feststellungsinteresse verneinte, da die Wahrscheinlichkeit des Eintritts irgendeines Schadens nicht substantiiert dargelegt worden war.
[25] Z.B. *Greger* in *Zöller* § 256 ZPO Rdn. 7.
[26] *Lüke* in MK § 256 ZPO Rdn. 15.
[27] So auch *Hartmann* in *Baumbach/Lauterbach/Albers/Hartmann* § 256 ZPO Rdn. 76.
[28] *Lüke* a. a. O.
[29] Z.B. *Greger* in *Zöller* § 256 ZPO Rdn. 7a; *Reichold* in *Thomas/Putzo* § 256 ZPO Rdn. 18.
[30] BGH NJW 1986, 2507 m. w. N.; BGH NJW-RR 1990, 1532; zweifelnd *Lüke* in MK § 256 ZPO Rdn. 52; a. A. KG ZMR 2005, 949.
[31] Z. B *Reichold* in *Thomas/Putzo* § 256 ZPO Rdn. 14.
[32] *Greger* in *Zöller* § 256 ZPO Rdn. 7b unter Hinweis auf BGH NJW 1999, 3734.

14 Allerdings entfällt grundsätzlich das Feststellungsinteresse für die negative Feststellungsklage, sobald positive Feststellungs- oder Leistungsklage (mit demselben Streitstoff) erhoben wird und einseitig nicht mehr zurückgenommen werden kann.[33]

15 Da das Rechtsschutzziel einer Leistungsklage umfassender ist, begründet eine negative Feststellungsklage für die Leistungsklage keine **„Rechtshängigkeitssperre"**.[34] Umgekehrt ist eine nach der Leistungsklage erhobene negative Feststellungsklage über denselben Anspruch wegen der anderweitigen Rechtshängigkeit (Streitgegenstand wird von der Leistungsklage umfasst) nach § 261 Abs. 3 Nr. 1 ZPO unzulässig.[35]

16 Das Feststellungsinteresse der negativen Feststellungsklage kann bei Erhebung der Leistungsklage nur dann (ausnahmsweise) weiter bestehen bleiben, wenn zum Zeitpunkt des § 269 Abs. 1 ZPO die negative Feststellungsklage aus Sicht der letzten mündlichen Verhandlung **entscheidungsreif** ist, die Leistungsklage dagegen noch nicht[36] oder wenn feststeht, dass über die Leistungsklage sachlich nicht entschieden werden kann.[37] Dann soll die Feststellungsklage wegen des **„Prioritätsgrundsatzes"** zulässig bleiben.[38]

17 Unter denselben Voraussetzungen gilt dies für die **positive Feststellungsklage,** wenn der Kläger später Leistungsklage mit **gleichem Streitstoff** erhebt.[39]

18 Bei Wegfall des Feststellungsinteresses ist die Feststellungsklage für **erledigt** zu erklären (§ 91a ZPO).[40]

V. Verjährungshemmung

19 Nur die **positive** Feststellungsklage, **nicht** aber die **negative** Feststellungsklage hemmt (früher: unterbricht) die **Verjährung** (§ 204 Abs. 1 Ziff. 1 BGB). **Nicht** hemmt auch die Verjährung die **Verteidigung** gegen die **negative Feststellungsklage**.[41] Kann der Beklagte selbst noch keine Leistungs- (Wider) Klage erheben, kann er Interesse an Erhebung einer verjährungsunterbrechenden, **positiven** Feststellungsklage haben, die wegen des weitergehenden Rechtsschutzzieles nicht an der Rechtshängigkeitssperre scheitern sollte.[42]

20 Eine die **Verjährung hemmende** (positive, s. o. I.) Feststellungsklage (§ 204 Abs. 1 Nr. 1 BGB) kommt insbesondere bei den **kurzen Verjährungsfristen** des § 548 BGB in Betracht, aus dem Wegnahmerecht des Mieters resultierend auch bei dessen **Schadenersatzanspruch wegen Verzuges,** wenn der Vermieter zu Unrecht die Wegnahme einer Einrichtung verweigert hat.[43]

---

[33] §§ 269 Abs. 1 i. V. m. 137 Abs. 1 ZPO, also streitig zur Sache verhandelt wurde; *Greger* in *Zöller* § 256 Rdn. 7 d; *Reichold* in *Thomas/Putzo* § 256 ZPO Rdn. 19, jeweils mit weiteren Nachweisen.

[34] BGH NJW 1994, 3107, 3108.

[35] Z.B. *Greger* in *Zöller* § 256 ZPO Rdn. 16 unter Hinweis auf BGH NJW 1989, 2064 und Hamm MDR 91, 546.

[36] BGH NJW 1987, 2680.

[37] *Reichold* in *Thomas/Putzo* § 256 ZPO Rdn. 19.

[38] BGHZ 134, 201.

[39] Z. B. *Reichold* in *Thomas/Putzo* § 256 ZPO Rdn. 19 unter Hinweis auf BGH NJW RR 1990, 1532.

[40] LG Aurich ZMR 2005, 48.

[41] BGHZ 72, 23.

[42] Z.B. *Greger* in *Zöller* § 256 ZPO Rdn. 17 unter Hinweis auf KG NJW 1961, 33; vgl. auch *Hartmann Baumbach/Lauterbach/Albers/Hartmann* § 256 ZPO Rdn. 44.

[43] OLG Hamm WuM 1986, 280.

VI. Schlüssigkeit der Klage

Abweichend von der Grundregel (§ 548 Abs. 2 BGB: Verjährung in 6 Monaten nach der rechtlichen Beendigung des Mietverhältnisses)[44] beginnt die Verjährungsfrist für diesen Anspruch des Mieters auf Ersatz des Verzugsschaden mit dem **Eintritt des Schadens,** da ansonsten der Anspruch bereits zu einem Zeitpunkt verjährt sein könnte, in dem überhaupt noch kein Schaden entstanden ist.[45] Eine die Verjährung hemmende Feststellungsklage bezüglich der Verpflichtung zum Schadenersatz genügt für den Fristbeginn.[46]

VI. Schlüssigkeit der Klage/Darlegungs- und Beweislast/positive und negative Feststellungsklage

In der **Klage** muss das festzustellende **(Nicht-)Rechtsverhältnis bestimmt** i. S. v. § 253 Abs. 2 ZPO bezeichnet werden, damit der Umfang der Rechtshängigkeit und späteren Rechtskraft feststeht. Also lautet der **Klageantrag** z. B.: „Es wird festgestellt, dass das Mietverhältnis zwischen den Parteien laut Mietvertrag vom ... über die Räume ... fortbesteht und erst am ... endet" (der Mieter hat eine Option auf Verlängerung des Mietverhältnisses ausgeübt, der Vermieter bestreitet dies aber) oder „Es wird festgestellt, dass der zwischen den Parteien am ... abgeschlossene Mietvertrag über die Räume ... von Anfang an nichtig ist und zwischen den Parteien kein Mietverhältnis besteht" oder „Es wird festgestellt, dass dem Beklagten gegenüber dem Kläger kein Anspruch auf Zahlung von Miete aus dem Mietvertrag zwischen den Parteien vom ... über die Räume ... zusteht". Ob das Rechtsverhältnis dann (nicht) **besteht,** ist eine Frage der **Begründetheit** der Klage.[47]

Bei der Darlegungs- und Beweislast gilt: Wer eine rechtshindernde oder rechtsvernichtende Tatsache behauptet, muss diese darlegen und beweisen. Die Umkehr der Parteirollen bei der negativen Feststellungsklage (Nichtbestehen eines Rechtsverhältnisses) ändert nichts an der Darlegungs- und Beweislast.[48] Hat der Feststellungsbeklagte sich also vorgerichtlich auf ein Recht, z. B. einen Zahlungsanspruch, berufen, ist und bleibt er auch im Falle der negativen Feststellungsklage für die Voraussetzungen dieses Anspruches voll darlegungs- und beweispflichtig. Kommt er dieser Pflicht nicht ausreichend nach, bleibt der streitige Anspruch also auch nur unklar, wird der negativen Feststellungsklage stattgegeben.[49]

Für die **negative** Feststellungsklage hat der Kläger aber die **Darlegungs- und Beweislast** dafür, dass der Beklagte sich auf ein entsprechendes, positives Rechtsverhältnis berufen hat. Ein derartiges, zur negativen Feststellungsklage berechtigendes **Berühmen** muss zwar nicht notwendig **ausdrücklich** geschehen. Auch ein rein **passives Verhalten** oder **Schweigen** des Beklagten reicht aus, dieses aber nur, wenn der Kläger aufgrund eines vorangegangenen Verhaltens des Beklagten eine ihn **endgültig sichernde Erklärung** erwarten konnte.[50]

Unklarheiten eines vorgerichtlichen Berühmens des Feststellungsbeklagten gehen zu Lasten des Klägers. Diesem ist deswegen dringend zu empfehlen, zur Vorbereitung der Klage dem Beklagten unter ausreichender **Fristsetzung** zu einer eindeutigen Stellung-

---

[44] OLG Hamm WuM 1996, 474; OLG Bamberg WuM 2004, 20; s. a. 3. Kapitel Rdn. 61.
[45] OLG Hamm a. a. O.; BGH MDR 1959, 910.
[46] BGH und OLG Hamm a. a. O.
[47] Z. B. *Reichold* in *Thomas/Putzo* § 256 ZPO Rdn. 21.
[48] BGH NJW 1992, 1103.
[49] *Reichold* in *Thomas/Putzo* § 256 ZPO Rdn. 21 unter Hinweis auf BGH NJW 1993, 1716, 1717; vgl. auch *Hartmann* in *Baumbach/Lauterbach/Albers/Hartmann* Anh. zu § 268 ZPO unter „Feststellungsklage".
[50] BGH NJW 1995, 2032, 2033; weitere Einzelheiten bei Greger Zöller § 256 ZPO Rdn. 14a.

nahme (Forderungsverzicht) zu bewegen, wenn ein Berühmen noch nicht eindeutig war. Schweigt der Beklagte dann auf eine entsprechende, vorgerichtliche Aufforderung, wird dies das Rechtsschutzinteresse für die negative Feststellungsklage endgültig bestätigen.

26   Eine **Bezifferung** des **Klageantrages** bei der **negativen Feststellungsklage** wird nur gefordert, wenn auch der Gegner vorgerichtlich sich eines bezifferten Anspruches berühmt hat. Ist dies nicht der Fall, genügt unbezifferter, negativer Feststellungsantrag. Dann darf sich eine Bezifferung allerdings auch nicht aus der Klagebegründung ergeben (dann Begrenzung der Feststellung im Urteil auf einen bestimmten Betrag und Klageabweisung im Übrigen mit der Kostenfolge des § 92 ZPO). Bei unbezifferter Berühmung des Beklagten soll dagegen die Klage insgesamt unbegründet sein, wenn dem Beklagten doch eine Forderung zusteht.[51]

VII. Zwischenfeststellungsklage

27   Zweck einer **Zwischenfeststellungsklage** (§ 256 Abs. 2 ZPO) ist die Ausdehnung der Rechtskraft auf das bedingende Rechtsverhältnis und die tragenden Entscheidungsgründe.[52] Der Kläger kann eine derartige Zwischenfeststellungsklage **zusammen mit der Leistungsklage** oder **nachträglich** (Anspruchshäufung, § 260 ZPO) erheben.[53] Sie kann auch vom **Beklagten** als **Widerklage** erhoben werden.

28   Es muss ein im Laufe des Prozesses streitig gewordenes Rechtsverhältnis vorliegen, von dessen Bestehen oder Nichtbestehen die Entscheidung des Rechtsstreits ganz oder zum Teil abhängt. Das **Rechtsschutzbedürfnis** für eine **Zwischenfeststellungsklage** liegt also in der **Vorgreiflichkeit.** Dafür genügt die **Möglichkeit,** dass das inzidenter zu klärende Rechtsverhältnis zwischen den Parteien oder zwischen einer Partei und einem Dritten noch über den Streitgegenstand der bisherigen Klage hinaus Bedeutung gewinnen kann, **fehlt** damit aber, wenn das Rechtsverhältnis keine weiteren Folgen zeigen kann als die bereits mit der Hauptklage zur Entscheidung gestellten, diese Entscheidung also die Rechtsbeziehungen mit **Rechtskraftwirkung erschöpfend** klarstellt.[54] Die **Vorgreiflichkeit** tritt bei der **Zwischenfeststellungsklage** an die Stelle des alsbaldigen Feststellungsinteresse in § 256 Abs. 1 ZPO, das daneben nicht bestehen muss. Das streitig gewordenen Rechtsverhältnis ist im **Klageantrag** konkret zu bezeichnen. Der Kläger hat die **Darlegungs-** und **Beweislast** für die Vorgreiflichkeit.

VIII. Weitere Beispielsfälle für mietrechtliche Feststellungsklagen

29   Vermieter, Mieter und Untermieter eines Mietvertragsverhältnisses können deswegen **Wirksamkeit/Nichtigkeit**[55]**/Bestand/Fortbestand** eines Mietverhältnisses durch positive oder negative Feststellungsklage klären lassen.[56]

---

[51] *Greger* in *Zöller* § 256 ZPO Rdn. 15 a.
[52] *Hartmann* in *Baumbach/Lauterbach/Albers/Hartmann* § 256 ZPO Rdn. 109.
[53] *Hartmann* in *Baumbach/Lauterbach/Albers/Hartmann* § 256 ZPO Rdn. 117; Antragsbeispiel (Feststellung auf Berechtigung zum Ersatz weiterer Schäden) bei *Deppen* in *Jendrek* B. III. 19.
[54] Eingehend mit weiteren Nachweisen: *Greger* in *Zöller* § 256 ZPO Rdn. 21 ff, *Reichold* in *Thomas/Putzo* § 256 ZPO Rdn. 26 ff.; *Hartmann* in *Baumbach/Lauterbach/Albers/Hartmann* § 256 ZPO Rdn. 114.
[55] BGH ZMR 2003, 716, ZMR 2003, 731, DWW 2003, 299: Verabredung zur Steuerhinterziehung („Schwarzzahlung" eines höheren als des schriftlichen vereinbarten Mietzinses) führt nur dann zur Gesamtnichtigkeit des Mietvertrages gemäß § 138 BGB, wenn die Steuerhinterziehung den Hauptzweck des Vertrages bildete.
[56] OLG Karlsruhe ZMR 1984, 18; LG Essen ZMR 1970, 31; OLG München ZMR 1997, 459; LG Stuttgart WuM 1976, 56; BGH NJW 1982, 2770 (Feststellungsklage wegen der wirksa-

VIII. Weitere Beispielsfälle für mietrechtliche Feststellungsklagen 30–38 **6. Kap.**

Glauben verschiedene Personen, auf Grund eines gültigen Mietvertrages zum Besitz 30 derselben Wohnung berechtigt, kann auch dieses „Rechtsverhältnis" zu einem **Dritten** (Vermieter) im Wege der Feststellungsklage geklärt werden.[57]

Mehrere Vertragspartner auf einer Seite des Mietvertrages müssen die **Feststel-** 31 **lungsklage gemeinsam** gegen alle Vermieter erheben, da jeweils das gesamte Mietverhältnis betroffen ist.[58]

Kann durch **Zwischenfeststellungsklage** (§ 256 Abs. 2 ZPO) geklärt werden, 32 ob das Mietverhältnis fortbesteht, ist eine **selbständige Feststellungsklage unzulässig.**[59]

Erhält der Mieter eine unberechtigte Kündigung des Vermieters, kann er vor Erhe- 33 bung der Räumungsklage selbst Feststellungsklage auf **Fortbestehen des Mietvertrages** erheben.[60] Das Landgericht Berlin[61] sieht eine Klage auf Feststellung der Unwirksamkeit der Kündigung noch für zulässig an, wenn der Vermieter vor längerer Zeit gekündigt, jedoch keinen Räumungsanspruch geltend gemacht hat und sich in einem späteren Schreiben erneut auf die Wirksamkeit dieser früheren Kündigung beruft.

Nach Erhebung der Räumungsklage ist aber die Feststellungsklage wohl für erledigt 34 zu erklären, da jetzt bei der Entscheidung über den Räumungsanspruch des Vermieters über das Fortbestehen des Mietverhältnisses inzident entschieden wird.

Der Mieter kann aber **Zwischenfeststellungsklage** (§ 256 Abs. 2 ZPO) erheben, um 35 bei drohenden, über den Räumungsanspruch des Vermieters hinausgehenden Ansprüchen des Vermieters die Rechtskraftwirkung des Urteils auf den Bestand des Mietverhältnisses auszudehnen.[62] Ist die Räumungsklage bereits rechtskräftig abgewiesen, kann der Mieter Feststellungsklage nur noch dann erheben, wenn er wegen sonstiger Ansprüche (z. B. Schadenersatzforderungen) ein besonderes rechtliches Interesse hat.[63]

Auch der Vermieter kann zugleich **mit der Räumungsklage** auf **Feststellung** kla- 36 gen, dass das Mietverhältnis durch fristlose Kündigung beendet worden ist, wenn diese Art der Vertragsauflösung für andere Ansprüche (z. B. Schadensersatz) von Bedeutung ist.[64]

Hat ein Mieter ein längerfristiges Mietverhältnis fristlos[65] gekündigt, muss er aber 37 (darlegbar und beweisbar) befürchten, dass der Vermieter die Kündigung zu diesem Zeitpunkt nicht anerkennt und weitere Zahlung der Miete verlangt, kann der Mieter auf Feststellung der **Beendigung des Mietverhältnisses zu einem bestimmten Zeitpunkt** klagen.

Gleiches gilt, wenn der Mieter nach § 540 Abs. 1 S. 2 BGB wegen Verweigerung 38 der Erlaubnis zur **Gebrauchsüberlassung** an **Dritte**[66] das Mietverhältnis außerordentlich gekündigt hat.[67] Bei dieser Feststellungsklage muss der Mieter **darlegen** und **be-**

---

men Ausübung eines Optionsrechtes); BGH NJW 1985, 2581; s. a. *Fischer* in *Bub/Treier* VIII. Rdn. 35.

[57] OLG Hamburg NJW 1965, 2406 (Pachtvertrag); BGH NJW 1994, 459.
[58] OLG Celle WuM 1995, 193; vgl. Kapitel 1 II. 6.
[59] OLG München ZMR 1997, 459; OLG Naumburg NJW-RR 2001, 303.
[60] LG Stuttgart WuM 1976, 56; s. a. OLG Celle ZMR 2003, 344: Klage einer Vermieterin auf Feststellung der Unwirksamkeit der Kündigung von Mietern.
[61] GE 1992, 1217.
[62] *Fischer* in *Bub/Treier* VIII. 36.
[63] BGHZ 43, 144, 147.
[64] OLG Celle BB 1978, 576.
[65] Z. B. wegen Gesundheitsgefährdung, § 569 Abs. 1 BGB, Unzumutbarkeit der Fortsetzung des Mietverhältnisses, § 569 Abs. 2 BGB oder Nichtgewährung des vertragsgemäßen Gebrauches § 543 Abs. 2 Nr. 1 BGB.
[66] S. 3. Kapitel Rdn. 155.
[67] LG Berlin GE 1996, 737.

weisen, dass er um Erlaubnis nachgesucht hat. Behauptet der Vermieter, er habe vor Zugang der Kündigung die Erlaubnis erteilt, muss er dies darlegen und beweisen.[68]

39 Unter „Rechtverhältnis" i. S. v. § 256 Abs. 1 ZPO sind aber auch **Rechtsfolgen** eines Mietverhältnisses, insbesondere daraus resultierende, einzelne **Ansprüche** zu verstehen. Beispiel: Eine Mieterin hatte ihren Vermieter auf Feststellung verklagt, sie sei berechtigt, **auch ohne** die **Erlaubnis** des Vermieters den Gebrauch der Wohnung ihrem Lebensgefährten zu überlassen. Der BGH[69] hatte gegen die **Zulässigkeit** dieser Feststellungsklage keine Bedenken (sie aber für unbegründet gehalten).[70]

40 Ebenso ist für zulässig gehalten worden die Feststellungsklage, dass ein Mietverhältnis als **Wohnraummietverhältnis** und **nicht als Gewerberaummietverhältnis einzustufen** ist.[71]

41 Dagegen fehlt das Rechtsschutzbedürfnis (Feststellungsinteresse)[72] einer Feststellungsklage, dass eine **Abmahnung** (§ 541 BGB) des Vermieters **unberechtigt** gewesen sei. Zum einen sei der Mieter regelmäßig durch die Abmahnung nicht in seinen Rechten beeinträchtigt. Vor allem aber könne die Wirksamkeit/Berechtigung einer **Willenserklärung** oder einer **sonstigen Rechtshandlung** grundsätzlich nicht durch eine Feststellungsklage geklärt werden. Für zulässig wird dagegen gehalten, wenn der Mieter nach einer unberechtigten Abmahnung des Vermieter auf **Feststellung** klagt, dass ein **vertragswidriger Gebrauch** aus tatsächlichen oder rechtlichen Gründen **nicht** vorliegt.[73]

42 **Unzulässig** sind wegen des **Vorranges der Leistungsklage** alle Feststellungsklagen im Zusammenhang mit einer **Mieterhöhung,** denen der Mieter **zustimmen** muss. Eine Feststellungsklage, dass der Mieter die Zustimmung oder daraus resultierend einen erhöhten Mietzins schulde, ist also nicht möglich.[74] Auch nicht zulässig sind Feststellungs- oder Zwischenfeststellungsklagen, die auf eine gerichtliche Bestätigung der **Wirksamkeit** eines bestimmten **Mieterhöhungsverlanges** zielen. Das Gericht entscheidet über die Wirksamkeit des Erhöhungsverlagens **inzidenter.** Dies gilt auch für eine zur Begründung einer Mieterhöhung erforderliche Feststellung eines **Ausstattungsmerkmales.** Dies ist eine tatsächliche **Vorfrage** des zukünftigen Mieterhöhungsverlanges und daher nicht mit einer gesonderten Feststellungsklage zu klären.[75] Dieselben Grundsätze gelten auch für eine Feststellungsklage oder Zwischenfeststellungsklage eines Mieters in Bezug auf die **Unwirksamkeit** einer **Mieterhöhungserklärung.** Diese ist nur als **Sachurteilsvoraussetzung** im Zustimmungsprozess von Bedeutung.[76]

43 Zulässig ist dagegen z. B. eine Feststellungsklage des Mieters, eine bestimmte, zwischen den Mietvertragsparteien abgeschlossene (Staffel-) Mietvereinbarung sei (z. B. wegen Wuchers) unwirksam.[77]

44 Bei Streit über die Berechtigung einer **Mietminderung** (§ 536 BGB) kann der Mieter mit Feststellungsklage feststellen lassen, dass er ab Eintritt des Mangels bis zu dessen Beseitigung zur Minderung berechtigt ist.[78]

---

[68] OLG Köln WuM 2000, 597.
[69] WuM 2003, 688, NJW 2004, 56, NZM 2004, 22.
[70] S. 3. Kapitel Rdn. 134.
[71] LG Berlin MM 1995, 228.
[72] LG Berlin GE 1996, 1243; AG Lübeck ZMR 1994, 370; AG Lückenwalde WuM 2000, 673; so auch *Blank* in *Schmidt-Futterer* § 541 BGB Rdn. 96.
[73] Nach den Grundsätzen der Darlegungs- und Beweislast muss der Vermieter (Beklagter dieser negativen Feststellungsklage) dann für die Vertragswidrigkeit des Gebrauches die Darlegungs- und Beweislast tragen.
[74] AG Berlin-Schöneberg GE 1988, 893.
[75] AG Münster 1980, 236.
[76] *Fischer* in *Bub/Treier* VIII. Rdn. 39 unter Hinweis auf AG Lübeck WuM 1975, 250.
[77] BGH NJW-RR 2006, 16.
[78] BGH ZMR 1985, 403.

VIII. Weitere Beispielsfälle für mietrechtliche Feststellungsklagen 45–50 6. Kap.

Strittig ist, ob der Mieter dabei die **Höhe** der festzustellenden **Mietminderung** 45 **unbeziffert** lassen darf. Dies wird von der Rechtsprechung abgelehnt, da der Minderungsanspruch kein Schadenersatzanspruch sei.[79] Eisenschmid[80] verweist auf das mit einer Bezifferung des Minderungsbetrages verbundene, hohe **Prozessrisiko** – vergleichbar der Klage auf Schmerzensgeld – und darauf hin, dass durch den von der Rechtsprechung herangezogenen Begriff der „Angemessenheit" in § 536 BGB dem Mieter die richtige Feststellung des Minderungsbetrages nicht erleichtert werde.

Ohnehin dürfte aber die Angabe einer prozentualen Minderungsquote (also keines 46 bezifferten Geldbetrages) ausreichend sein.[81] Eine derartige, prozentuale Quote dürfte letztlich auch dem Interesse des endgültigen Rechtsfriedens, nicht aber zuletzt dem Mieter dienen, der ansonsten bei jeder Mieterhöhung wieder eine Abänderung erreichen müsste. Strittig ist dann die Frage, auf welchen **Mietbegriff** sich die prozentuale Quote bezieht.[82]

Bei Klagen auf Feststellung der Berechtigung einer Mietzinsminderung müssen die 47 einzelnen Mängel in der Klagebegründung substantiiert dargelegt[83] und angegeben werden, welche Minderungsquote deshalb **insgesamt** begehrt wird. Nicht erforderlich ist es aber, für jeden einzelnen Mangel eine bestimmte Quote „auszuwerfen".[84] Notwendig ist auch die Darlegung, ab welchem Zeitpunkt ein fortdauernder Mangel bzw. innerhalb welcher Zeiträume ein beseitigter Mangel bestand. Im ersteren Fall ist auf Feststellung zu klagen, dass der Mieter ab dem Entstehen des Mangels (fortlaufend), im letzteren Falle zur Minderung innerhalb der genannten Zeiträume, jeweils um eine bestimmte Minderungsquote, berechtigt ist oder war.

Da das **Minderungsrecht kein Gestaltungsrecht** ist, sondern unter den Voraus- 48 setzungen des § 536 BGB per Gesetz entsteht („der Mieter **ist** von der Entrichtung der Miete befreit"), bedarf es einer Feststellungsklage nur dann, wenn der Mieter das Verzugs- und Kündigungsrisiko ausschließen will.

Will der Mieter wegen einer berechtigten Minderung Feststellungsklage erheben, 49 kann ihm dann aber nur empfohlen werden, dies unverzüglich zu tun, wenn sein Vermieter einer angekündigten Minderung zeitnah widersprochen hat. Der BGH[85] hat entschieden, dass jedenfalls bei zeitnahem Widerspruch der für eine Verwirkung des Mietzinses notwendige „Umstandsmoment" nicht entsteht, und der Vermieter (innerhalb der Verjährungsfristen) den durch die Minderung entstandenen Rückstand an Mietzins einklagen kann.[86]

Kündigt der Mieter eine Mietminderung an, ist auch der Vermieter berechtigt, Fest- 50 stellungsklage zu erheben, dass der Mieter zur Minderung nicht berechtigt sei.[87] Hat der Mieter die Miete allerdings tatsächlich gemindert, muss der Vermieter nach den oben unter I. dargelegten Grundsätzen **(Vorrang der Leistungsklage)** auf **Zahlung** der bereits rückständigen Restmiete klagen. Bezüglich der **künftigen** Mietzahlungen kann der

---

[79] KG GE 2002, 666.
[80] In *Schmidt-Futterer* § 536 BGB Rdn. 431 m. w. N.
[81] Z. B. *Beuermann* in *Jendrek* B. III. 10 im Klageantrag.
[82] BGH WuM 2004, 268; BGH ZMR 2005, 524, WuM 2005, 384 (Bruttowarmmiete); LG Berlin GE 1994, 1381: Nettokaltmiete; LG Hamburg WuM 1990, 146: Bruttokaltmiete; LG Kiel WuM 1994, 609; OLG Düsseldorf NJW-RR 1994, 399; LG Köln WuM 1997, 45: Bruttowarmmiete.
[83] Zu Fragen der Beweislast s. 7. Kapitel I. 1.
[84] BGH ZMR 1985, 403, 405, WuM 1997, 488.
[85] MietRB 2004, 161, WuM 2004, 198; BGH NZM 2003, 355; BGH NJW 2006, 219; s. aber auch BGH ZMR 2003, 341 (Verwirkung unter bestimmten Umständen).
[86] Dagegen noch LG München I. NZM 2002, 780: gerichtliche Geltendmachung des auf Minderung beruhenden, rückständigen Mietzinses innerhalb von 6 Monaten.
[87] BGH ZMR 1985, 403.

Vermieter auf Feststellung klagen, ohne sich auf eine Klage auf künftige Leistungen verweisen lassen zu müssen. (§ 259 ZPO; da der Anspruch auf den Mietzins von einer Gegenleistung abhängig ist, kommen §§ 257, 258 ZPO nicht zur Anwendung).

51 Nach Auffassung des BGH[88] kann ein Vermieter im Rahmen einer Feststellungsklage feststellen lassen, dass das Mietverhältnis zu den ursprünglich vereinbarten Bedingungen fortbesteht, wenn sich der Mieter auf eine behauptete Reduzierung der Miete aufgrund eines angeblichen **Wegfalls** (jetzt: **Störung,** § 313 BGB) der **Geschäftsgrundlage** beruft. Nach BGH ist insoweit die Leistungsklage nicht vorgreiflich, da die inzident zu treffende Entscheidung über den Wegfall der Geschäftsgrundlage bzw. die Reduzierung der vertraglich geschuldeten Miete nicht in Rechtskraft erwächst.

52 **Zahlt** der Mieter den Mietzins unter **(qualifiziertem) Vorbehalt,** also unter ausdrücklicher oder stillschweigend damit verbundener Ankündigung, den unter Vorbehalt gezahlten Mietzins später wieder in Abzug zu bringen bzw. zu verrechnen, wird der Vermieter die damit verbundene, rechtliche Unsicherheit z. B. im Falle eines angekündigten **Minderungsrechtes** des Mieters mit einer auf Nichtbestehen des Minderungsrechtes gerichteten Feststellungsklage ausräumen dürfen.

53 Zahlt der Mieter aber z. B. im Räumungsprozess innerhalb der Schonfrist des § 569 Abs. 3, Ziff. 2 BGB die Miete nach, um die Kündigung wegen Mietrückständen unwirksam zu machen und erklärt dabei den **(schlichten) Vorbehalt** der Rückforderung, hat der Vermieter trotz dieses Vorbehaltes den Räumungsrechtsstreit für **erledigt** zu erklären.[89]

54 Auch eine Leistung unter (schlichtem) Vorbehalt ist nämlich eine ordnungsgemäß Erfüllung, wenn der Schuldner – wie hier – lediglich die Wirkung des § 814 BGB ausschließen und sich den Anspruch aus § 812 BGB vorbehalten will.[90] Da der Vorbehalt nicht die Ordnungsmäßigkeit der Erfüllung in Frage stellt, kann der Vermieter die Leistung unter diesem Vorbehalt nicht ablehnen.

55 Ob ein Vorbehalt eine **Willenserklärung** darstellt, auf deren **Widerruf** der Vermieter klagen könnte, kann im hier interessierenden Zusammenhang dahinstehen.[91] Die mit dem (qualifizierten) Vorbehalt verbundene Unsicherheit kann der Vermieter aufgrund des Berühmens des Mieters auf ein Minderungsrecht in jedem Falle mit der Klage auf Nichtbestehen des Minderungsrechtes beseitigen.[92]

IX. Streitwerte

56 Der Gebührenstreitwert bei Feststellungsklagen über das **(Nicht-) Bestehen** eines Mietverhältnisses bemisst sich gem. § 41 Abs. 2 (früher: § 16 Abs. 1) GKG nach dem auf die streitige Zeit entfallenden, höchstens aber dem 1-jährigen Mietzins (inkl. Nebenkostenpauschalen).[93] Dies gilt auch bei Klagen auf **Fortsetzung eines Mietverhältnisses** gemäß §§ 574, 574c BGB oder auf Grund einer Verlängerungsoption[94] oder Klagen auf Feststellung der **Wirksamkeit einer Kündigung.**[95]

---

[88] NZM 2002, 786.
[89] S. mit weiteren Bespielen und zur Differenzierung *Blank/Börstinghaus* § 556b BGB Rdn. 41.
[90] BGH NJW 1982, 2302; NJW 1984 2826.
[91] Dann könnte der Vermieter jedenfalls keine Feststellungsklage auf Unwirksamkeit des Vorbehaltes erheben.
[92] Im Ergebnis so wohl auch AG München, Beschluss vom 24. 4. 02, Az.: 411 C 37605/01 (nicht veröffentlicht).
[93] OLG Düsseldorf JurBüro 1988, 227; BGH ZMR 1999, 21; BGH NJW-RR 2006, 16.
[94] BGH ZMR 1988, 173; OLG Hamburg WuM 1994, 553.
[95] BGH MDR 1958, 601, NJW 1958, 1291; OLG Frankfurt/M. MDR 1976, 313; LG Köln WuM 1997, 446.

IX. Streitwerte
57–62   6. Kap.

Mit **streitiger Zeit** ist der Zeitraum gemeint, über den durch den Rechtsstreit 57
entschieden werden soll. Dieser ist ab Klageerhebung zu rechnen.[96] Ein früherer Zeitpunkt kommt nur in Betracht, wenn der Kläger ausdrücklich festgestellt haben will, dass das Mietverhältnis bereits seit einer bestimmten Zeit vor Klageerhebung nicht mehr besteht.[97] Strittig ist, wie er sich auf die Wertberechnung des maßgeblichen Jahresbetrages auswirkt, wenn sich die streitige Zeit über ein Jahr hinaus erstreckt und das Mietentgelt in verschiedenen Zeitabschnitten verschieden hoch ist (Staffelmiete). Zumindest **hM** ist, dass es für die Berechnung des Gebührenwertes nach § 41 GKG dann auf die höchsten Beträge ankommt, die in der streitigen Zeit innerhalb eines Jahres zu zahlen sein würden.[98]

Ob § 41 Abs. 2 GKG zur Anwendung kommt, ist allein danach zu entscheiden, ob 58
die Parteien nach dem **gesamten Sachverhalt** über das Bestehen oder die Dauer eines Mietverhältnisses streiten, auch wenn der Kläger sich auf eine andere Anspruchsgrundlage gestützt hat.[99]

Bei **negativer** Feststellungsklage ist allgemeine Meinung, dass ein Abzug für die 59
„bloße" Feststellungswirkung nicht angebracht ist.[100] Ob bei **positiver Feststellungsklage** über das (Nicht-) Bestehen eines Mietverhältnisses ein Abschlag (nur Feststellungswirkung) von 20% des auf die streitige Zeit entfallenden Mietzinses vorzunehmen ist, ist streitig.[101] Ist der 1-jährige Mietzins geringer als der auf die streitige Zeit entfallende Mietzins, ist erster für den Gebührenstreitwert wegen § 41 Abs. 2 GKG anzusetzen. Beim Streitwert einer **Zwischenfeststellungsklage** gilt im Verhältnis zur positiven oder negativen Feststellungsklage nichts besonderes.[102] Beim **Zuständigkeitsstreitwert** verbleibt es bei dem Mietzins, der auf die streitige Zeit entfällt.

Werden mit der Feststellungsklage auf (Nicht-) Bestehen eines Mietverhältnisses andere Ansprüche (Schadenersatzansprüche) geltend gemacht, sind diese hinzuzurechnen. 60
Dagegen ist nur der Wert des höheren Anspruches maßgebend, wenn mit der Klage auf Feststellung des Bestehens/Nichtbestehens eines Mietverhältnisses **rückständige Mietzinsforderungen** miteingeklagt werden, da der Feststellungsanspruch das gesamte Rechtsverhältnis umfasst.[103] Dies gilt auch, wenn der Beklagte auf eine Mietzinsklage mit einer **Feststellungswiderklage** auf Nichtbestehen eines Mietverhältnisses reagiert.[104]

Streiten die Parteien nicht über den Bestand eines Mietverhältnisses, sondern nur 61
über die Feststellung bestimmter Inhalte/Ansprüche, so gilt § 3 ZPO.

Bei Klage auf Feststellung einer **Minderungsberechtigung** bemisst sich der Streit- 62
wert jetzt wohl in Anlehnung an § 41 Abs. 5 GKG am Jahresbetrag der Minderung und nicht mehr am 36-fachen oder 42-fachen Minderungsbetrag.[105]

---

[96] BGH NJW 1969, 2164; zur Berechnung der streitigen Zeit vgl. auch BGH NJW-RR 1992, 1359; LG Baden-Baden WuM 1991, 34; BGH NJW-RR 2006, 16.
[97] BGH NJW 1958, 1291.
[98] So auch BGH NJW-RR 2006, 16, 17 m. w. N.; *Woikewitsch* ZMR 2005, 840.
[99] OLG Nürnberg Rpfleger 1956, 268; BGH JurBüro 1953, 495; OLG Braunschweig Rpfleger 1956, 114; OLG München Rpfleger 1956, 29: Leistungsklage des Mieters auf „weitere Belassung" der von ihm innegehaltenen Räume; OLG Celle MDR 1989, 272; LG Halle WuM 1994, 531.
[100] BGH NJW 1970, 2025; OLG Düsseldorf JurBüro 1988, 227; BGH ZMR 1999, 21.
[101] Dafür z. B. *Hartmann* in *Baumbach/Lauterbauch/Albers/Hartmann* Anh. § 3 „Feststellungsklage"; wegen der Sonderregelung in § 16 Abs. 1 GKG a. F. speziell für Feststellungsklagen verneinend *Scholz* in *Schmid* Kap. 24 Rdn. 203.
[102] *Hartmann* in *Baumbauch/Lauterbach/Albers/Hartmann* § 256 ZPO Rdn. 119, Anh. § 3 Rdn. 53 „Feststellungsklage".
[103] OLG Karlsruhe Justiz 1980, 272.
[104] OLG Braunschweig MDR 1975, 848.
[105] So auch *Woikewitsch* ZMR 2005, 840 mit zahlreichen Nachweisen zum Stand der Diskussion und *Beuermann* in *Jendrekt* B. III. 10 Anm. 3 unter Hinweis auf a. A. LG Aachen NJW-RR

63 Bei einer Feststellungsklage auf **künftigen Schadensersatz** ist von den voraussichtlichen Schadensbeseitigungskosten auszugehen.[106]

64 Ansonsten bemessen sich die Streitwerte bei der Feststellung von Rechten/Ansprüchen aus dem Mietverhältnis gemäß § 3 ZPO nach dem Feststellungsinteresse, welches sich auch bei den damit verbundenen, sonstigen Klagen ergibt (jeweils bei positiver Feststellungsklage mit 20% Abschlag).

1996, 777: 36-facher Wert der Minderung; LG Berlin WuM 1997, 1401: 48-facher Minderungsbetrag; BGH NZM 2003: 42-facher Minderungsbetrag.

[106] *Jendrek* in *Jendrek* C. II. 9.a Anm. 3; vgl. auch LG Hamburg 1989, 430; LG Berlin WuM 1989, 440.

7. Kapitel. Klage auf Vornahme einer Handlung

Übersicht

	Rdn.		Rdn.
I. Klage des Mieters	1	e) Schlichtungsverfahren	66
1. Beseitigung von Mängeln	1–23	4. Beendigung der Nutzung der Räume durch den Untermieter	67–81
a) Allgemeines	1–5	a) Wohnraummietverhältnisse	67–76
b) Antrag und Schlüssigkeit	6–14	b) gewerbliches Mietverhältnis	77–81
c) Beweislast	15–21	5. Rückbau baulicher Veränderungen, Beseitigung von Einrichtungen	82–85
d) Streitwert	22, 23	a) Anspruch	82
2. Auskunftsanspruch	24–26	b) Klageantrag	83, 84
3. Herausgabe des Sparbuches oder der Bankbürgschaft	27–38	c) Schlüssigkeit	85
a) Sparbuch, Freigabeerklärung	27–34	6. Beseitigung von Schimmel	86, 87
b) Bürgschaft	35–37	a) Antrag	86
c) Schlichtungsverfahren	38	b) Schlüssigkeit	87
4. Abschluss eines Mietvertrages	39–48	7. Entfernung einer Parabolantenne	88–97
a) Anspruch	39, 40	a) Anspruch	88–91
b) Antrag	41–45	b) Antrag	92, 93
c) Schlüssigkeit	46–48	c) Schlüssigkeit	94, 95
II. Klage des Vermieters	49	d) Streitwert	96
1. Durchführung von Schönheitsreparaturen	49–56	e) Schlichtungsverfahren	97
2. Auskunftsanspruch	57–60	8. Einräumung des Mitbesitzes	98–101
a) Wohnraum	57, 58	a) Anspruch	98
b) gewerbliches Mietverhältnis	59	b) Antrag	99
c) Streitwert	60	c) Schlüssigkeit	100, 101
3. Entfernung eines Tieres	61–66	III. Verweis auf weitere Klagemöglichkeiten	102
a) Anspruch	61		
b) Antrag	62, 63		
c) Schlüssigkeit	64		
d) Streitwert	65		

I. Klage des Mieters

1. Beseitigung von Mängeln

a) Allgemeines. Die häufigsten Klagen, die ein Mieter gegen den Vermieter während der Dauer des Mietverhältnisses anstrengt, sind auf **Durchführung von Instandsetzungsarbeiten** bzw. auf **Beseitigung von Mängeln** gerichtet. 1

Grundsätzlich hat der Mieter einen Anspruch, eine mangelfreie Mietsache übergeben zu bekommen. Darüber hinaus ist der Vermieter verpflichtet, während der Mietdauer die Sache in einem mangelfreien Zustand zu halten. Treten Mängel an der Mietsache zu Tage und fordert der Mieter unter Fristsetzung den Vermieter auf, den Mangel zu beheben, muss der Vermieter aktiv werden und gegebenenfalls Handwerker einschalten. Tut er das nicht, kann der Mieter diese Vorgehensweise erzwingen. In der Klagebegründung hat der Mieter darzulegen, dass der Mangel während der Dauer des Mietverhältnisses entstanden, oder dass er zu Beginn des Mietverhältnisses nicht zu erkennen war.[1] Ferner ist auszuführen, dass infolge des Mangels der vertragsgemäße Gebrauch der Mietsache eingeschränkt ist und der Vermieter die Beseitigung trotz Aufforderung unterlassen hat. 2

---

[1] OLG Köln WuM 1995, 36/37.

3 Existierte der Mangel bei Abschluss des Mietvertrages und hatte der Mieter in Kenntnis dieses Mangels gleichwohl den Mietvertrag abgeschlossen, verliert der Mieter nur ausnahmsweise den Mängelbeseitigungsanspruch. Vertragliche Ausschlüsse oder gesetzliche Beschränkungen der Gewährleistungsansprüche (§§ 536, 536a BGB) berühren nicht den Erfüllungsanspruch des Mieters, der auf eine mangelfreie Überlassung des Mietobjektes gerichtet ist.[2] Denkbar ist jedoch, dass der Mangel, der bei Übernahme der Mietsache erkennbar vorhanden war, als vertragsgemäß akzeptiert wurde.[3] Dies ist bei formularmäßigen Bestätigungs- oder Berichtigungsklauseln jedoch nicht der Fall, da diese gegen § 309 Ziffer 12 BGB verstoßen.[4]

4 Ferner kann ein Anspruch des Mieters aufgrund Verwirkung ausgeschlossen sein (Vorliegen des Zeit- und des Umstandsmoments), z. B. wenn nach vielen Jahren plötzlich ein lang bekannter Mangel gerügt und seine Beseitigung gefordert wird.

5 Hat der Mieter den Schaden selbst verursacht, ist er nicht berechtigt, die Beseitigung dieses Schadens vom Vermieter zu verlangen.[5]

6 **b) Antrag und Schlüssigkeit.** Der Klageantrag muss im Hinblick auf § 253 ZPO ausreichend bestimmt sein.

7 Der Antrag des Mieters hat sich auf Beseitigung der Mängel, der Mängel- sowie der Beseitigungsfolgen zu richten, die im Einzelnen genau zu beschreiben sind. Der Mieter ist weder verpflichtet, im Antrag detailliert darzulegen, wie die Beseitigung zu erfolgen hat, noch ist dies tunlich. Denn grundsätzlich ist es Aufgabe des Vermieters, nicht nur für die Beseitigung des Mangels zu sorgen, sondern darüber zu entscheiden, wie er den Mangel beheben will.[6] Die Undichtigkeit von einzelnen, bezeichneten Fenstern gegen Luftzug und Regen kann der Vermieter z. B. sowohl durch den Austausch der alten Fenster gegen neue beseitigen, als auch durch von einem Schreiner auszuführende Reparaturmaßnahmen; in Fällen einer Lärmbelästigung durch Mitmieter der Nachbarwohnung kann der Vermieter Klage auf Unterlassung (siehe Kapitel 5 II 1) der Störung erheben oder unter Umständen dieses Mietverhältnis kündigen. Der Klageantrag ist daher ausreichend bestimmt, wenn der Mangel konkret bezeichnet und der Inhalt vollstreckungsfähig ist.[7] Da der Mieter kein **Bestimmungsrecht** bezüglich der Art und Weise der Beseitigung des Mangels beanspruchen kann, muss der Antrag so formuliert sein, dass es dem Vermieter bei mehreren Möglichkeiten der Beseitigung nicht verwehrt ist, sein Wahlrecht auszuüben.[8]

8 Erst in der Zwangsvollstreckung geht dieses Wahlrecht des Vermieters auf den Mieter über (§§ 887, 888 ZPO).[9] Etwas anderes gilt nur dann, wenn nur eine einzige bestimmte Maßnahme zur Behebung des Mangels den gewünschten Erfolg herbeiführt.[10] Nur in diesem Fall ist es dem Mieter gestattet, bereits mit dem Antrag eine bestimmte Beseitigungsmaßnahme zu beantragen.

9 Das Wahlrecht des Vermieters kann darüber hinaus beschränkt sein.

---

[2] *Sternel* II. Rdn. 530.

[3] *Wetekamp* in *Jendrek* B.III.6.2.; *Sternel* II. Rdn. 46; **a. A.:** *Eisenschmid* in *Schmidt-Futterer* § 536b BGB Rdn. 55.

[4] Vgl. *Sternel* a. a. O.

[5] *Wetekamp* a. a. O.; einschränkend: *Sternel* II. Rdn. 678, der bei Selbstverschulden des Mangels durch den Mieter den verschuldensunabhängigen Erfüllungsanspruch des Mieters bejaht, jedoch soll der Vermieter berechtigt sein, seine Leistung zurückzuhalten, bis der Mieter einen Vorschuss auf die zu erwartenden Beseitigungskosten leistet.

[6] *Sternel* II. Rdn. 45.

[7] *Greger* in *Zöller* § 253 ZPO Rdn. 13.

[8] *Schneider* MDR 1987, 639; *Zöller* a. a. O. Rdn. 13c: i. d. R. genügt die Angabe des erstrebten Erfolgs.

[9] *Zöller* a. a. O. Rdn. 13c.

[10] BGH NJW 1983, 751.

I. Klage des Mieters

10 Wurde auf den Mieter nicht oder nicht wirksam die Verpflichtung übertragen, die **Schönheitsreparaturen** durchzuführen, steht dem Mieter ein Anspruch auf Neudekoration der Räumlichkeiten zu. Solange eine Beendigung des Mietverhältnisses nicht absehbar ist, liegt die **Gestaltungsfreiheit** bei dem Mieter. Zumindest hat der Mieter einen Anspruch, dass die Räume wieder so hergerichtet werden, wie er sie zum Zeitpunkt der Anmietung vorfand. Insoweit ist das Wahlrecht des Vermieters eingeschränkt. Fraglich ist, ob der Mieter vom Vermieter verlangen darf, dass dieser die Wände in einem bestimmten Farbton streicht. Solange es sich nicht um außergewöhnliche Farben handelt und eine Beendigung des Mietverhältnisses nicht absehbar ist, wird nach Treu und Glauben auf die Wünsche des Mieters Rücksicht zu nehmen sein.[11] Insoweit ist der Mieter daher berechtigt, die Verwendung eines bestimmten Farbtons dem Vermieter im Klageantrag vorzuschreiben.

11 Besondere Probleme bereitet die Antragstellung bei Klagen auf Mängelbeseitigung, wenn es um **Lärmstörungen** geht, deren Quelle insbesondere außerhalb der Wohnung liegt. Dort, wo konkrete technische Normen eine Rolle spielen, z. B. im Bereich des Schallschutzes, lässt sich durch Einschaltung eines Sachverständigen oder der Umweltbehörde möglicherweise ein exakter Wert anhand einer DIN-Norm ermittelt, der die Grenze zwischen dem, was hingenommen werden muss und dem, was als Störung zu bezeichnen ist, exakt bestimmt. In vielen Fällen reichen diese Werte nicht aus, unter Umständen deshalb, weil das Geräusch eine zulässige Lautstärke nicht überschreitet, gleichwohl störend wirkt, z. B. wenn es nicht vorhersehbar in unterschiedlichen Intervallen auftritt (Klopfen der Heizungsanlage). Denkbar ist auch, dass objektiv gemessene Werte nicht zur Verfügung stehen; in diesen Fällen muss die Störung präzise beschrieben werden, so dass das Geräusch nicht nur identifizierbar wird, sondern auch zweifelsfrei von anderen Geräuschen unterschieden werden kann. Die exakte Beschreibung der Zumutbarkeit dessen, was hingenommen werden muss, ist mitunter sehr schwierig und hängt vom Einzelfall ab. Liegt die Lärmquelle außerhalb der Mietwohnung und stehen objektive Werte zur Beschreibung des Mangels nicht zur Verfügung, z. B. bei streitenden Mitbewohnern in der Nachbarwohnung oder zu lauten Fernsehgeräten etc., genügt ein Antrag dem Bestimmtheitserfordernis, wenn der Mieter die Verpflichtung begehrt, dass **„Zimmerlautstärke"** eingehalten werde. Aus einem entsprechenden Titel kann vollstreckt werden.[12] Liegt die Lärmbelästigung darüber hinaus auch darin, dass die allgemeinen **Ruhezeiten** nicht eingehalten werden, sind im Antrag die Zeiten genau zu bestimmen, innerhalb derer z. B. ein Musizieren untersagt werden soll (z. B. zwischen 12 und 14 Uhr, 22 und 6 Uhr).[13]

12 Dort, wo **Grenzwerte** ermittelt werden können (DIN-Normen, GefahrstoffVO, Elektro-SmokVO, BmSchV, TrinkwasserVO), ist es dienlich, Grenz- oder Richtwerte im Antrag anzugeben. Bei Überschreitung dieser Mindestwerte wird in der Regel immer ein Mangel vorliegen. Bei atypischen Sachverhalten wird das Gefährdungspotential nicht befriedigend durch die Mindestwerte begrenzt, so dass unter Umständen zusätzliche Kriterien benannt werden müssen.[14]

13 Ist der Vermieter nicht Eigentümer des Mietobjektes, so wird hierdurch der Anspruch des Mieters auf Beseitigung eines Mangels nicht tangiert. Der Vermieter muss gegebenenfalls gegen den Eigentümer selbst gerichtlich vorgehen und so die Wieder-

---

[11] Vgl. KG Berlin NZM 2005, 663 f: zu den Grenzen des normalen Geschmacks.

[12] *Blank* in *Schmidt-Futterer* § 541 BGB Rdn. 47; LG Hamburg WuM 1996, 159: Die Ausführung des Begriffs „Zimmerlautstärke" bedürfe richterlicher Wertung und könne unter Umständen eine Beweisaufnahme erforderlich machen, was jedoch auch in anderen Fällen der §§ 887 ff. ZPO hinzunehmen sei; vgl. OLG Saarbrücken WuM 1995, 269 f.

[13] *Schmidt-Futterer* a. a. O.

[14] Vgl. *Eisenschmid* in *Schmidt-Futterer* § 536 BGB Rdn. 139 f.

herstellung des vertragsgemäßen Gebrauches des Mietobjektes gewährleisten.[15] Dies gilt auch dann, wenn der Vermieter zwar Wohnungseigentümer ist, der Mangel sich aber im Bereich des Gemeinschaftseigentums zeigt. Der Vermieter kann nicht damit gehört werden, ihm sei die Leistung unmöglich, weil es erst eines Beschlusses der Eigentümerversammlung bedarf, den Mangel zu beheben.[16]

14 Handelt es sich bei den Mietern um eine Personenmehrheit, so soll es nicht erforderlich sein, dass alle Mieter auf Beseitigung des Mangels gegen den Vermieter klagen, da die Instandsetzungsverpflichtung eine Leistung ist, die der Vermieter aus der Natur der Sache heraus nur einmal erbringen muss, aber zugleich allen Mietern gemeinsam schuldet[17] (str. vgl. Kapitel 1., II., 6).

15 **c) Beweislast.** Die Existenz und das Ausmaß des behaupteten Mangels muss der Mieter nach den allgemeinen Beweislastgrundsätzen darlegen und beweisen.

16 Ist dieser Beweis erbracht oder der Sachvortrag unstreitig, ist es bei behaupteten Feuchtigkeitsschäden Aufgabe des Vermieters, darzulegen und zu beweisen, dass als Ursache nicht ein Baumangel in Frage kommt.[18] Ist ein Baumangel ausgeschlossen, liegt damit die Schadensursache im Einflussbereich des Mieters, ist es dessen Aufgabe, sein Heiz- und Lüftungsverhalten im Einzelnen darzulegen.[19]

17 Sind die Schäden infolge von baulichen Änderungen (z.B. Einbau von Kunststofffenstern) aufgetreten, obliegt es dem Vermieter darzulegen und zu beweisen, dass auf die Notwendigkeit des zu ändernden Nutzungsverhaltens hingewiesen wurde.[20]

18 Lässt sich nicht mit Sicherheit feststellen, ob Baumängel oder das Mieterverhalten ursächlich für das Auftreten des Mangels ist, so trägt der Vermieter die Beweislast.[21]

19 Klagt der Mieter auf die Beseitigung von Foggingfolgen ist entsprechend obiger Ausführungen zu verfahren. Zuerst hat der Vermieter darzulegen und zu beweisen, dass die Schadensursache nicht seinem Gefahrenbereich zuzuordnen ist.[22] Führt der Vermieter den Beweis, ist es Aufgabe des Mieters, darzulegen und zu beweisen, dass die

---

[15] OLG Zweibrücken WuM 1995, 144: Der Vermieter hat einen Erfüllungsanspruch gegenüber dem Hauptvermieter, den er notfalls gerichtlich durchsetzen kann und muss.

[16] KG Berlin WuM 1990, 376: Dem Mieter steht ein Instandsetzungsanspruch auch dann zu, wenn es eines Beschlusses der Wohnungseigentümergemeinschaft nach den Regeln der §§ 21, 23 WEG bedarf und dieser fehlt. Der Vermieter wird allein als Mietvertragspartner des Mieters in Anspruch genommen. Hierbei ist es unerheblich, ob er selbst zum Kreise der Eigentümer gehört. Zwar wirkt das Urteil nicht gegenüber den nicht am Rechtsstreit beteiligten übrigen Wohnungseigentümern. Es liegt lediglich ein vorübergehendes Leistungshindernis für den Vermieter vor. Der Vermieter muss sich gerichtlicher Hilfe bedienen, um notfalls die verweigerte Mitwirkung und Zustimmung der anderen Eigentümer zu erlangen. Selbst wenn es im Einzelfall billigem Ermessen entsprechen sollte, die gewünschten Maßnahmen zurückzustellen, ist der Vermieter gehalten, die Kosten der Instandsetzung des Gemeinschaftseigentums notfalls der Gemeinschaft vorzuschießen. Erlangt der Vermieter den angestrebten Beschluss der Gemeinschaft nicht, hat die Zwangsvollstreckung nach § 888 ZPO zu erfolgen, weil hier außer dem Vermieter als Schuldner auch Dritte mitzuwirken haben. Nachdem der Vermieter vergeblich alles ihm Zumutbare unternommen hat, um die Beseitigung des Mangels zu ermöglichen und wenn dies nicht bereits im Rahmen des § 888 ZPO berücksichtigt wurde, steht dem Vermieter noch die Möglichkeit der Vollstreckungsabwehrklage zu.

[17] LG Kassel WuM 1994, 530 für Eheleute.

[18] *Gather* in *Schmidt-Futterer* § 546 BGB Rdn. 110; LG Hamburg ZMR 2004, 41.

[19] *Gather* in *Schmidt-Futterer* a.a.O.; *Hinz/Junker/v. Rechenberg/Sternel* S. 220 m.w.N.

[20] LG Hannover WuM 1985, 22; LG Mannheim WuM 1985,24; LG Neubrandenburg WuM 2002, 309.

[21] LG Augsburg WuM 1985, 25; LG Osnabrück WuM 1989, 370; *Hinz/Junker/v. Rechenberg/Sternel* S. 220.

[22] *Eisenschmid* in *Schmidt-Futterer* § 536 BGB, Rdn. 205; *Hinz/Junker/v. Rechenberg/Sternel* S. 220, Rdn. 4.

Verschmutzung der Innenräume nicht in seinen Obhutsbereich gesetzt worden war, bzw. er den Schaden nicht zu vertreten hat.[23]

Ist die Ursache des Fogging nicht zu identifizieren, trägt auch hier der Vermieter die Beweislast.[24] Stellt sich heraus, dass sowohl eine mangelhafte Bauweise, als auch ein fehlerhaftes Mieterverhalten für das Auftreten des Mangels ursächlich war, hat letztlich der Vermieter die Verpflichtung zur Instandsetzung.[25]

In all diesen Fällen konnte sich letztendlich der Vermieter nicht entlasten, so dass der Mieter den Anspruch auf Instandhaltung durchzusetzen vermag. Lediglich dann, wenn dem Mieter durch den Vermieter eine bestimmte Verhaltensweise (z. B. häufigere Stoßbelüftung) vorgeschrieben oder die Verwendung bestimmter Stoffe untersagt worden war (z. B. Verlegung von Laminat) und die mangelnde Lüftung oder das verwendete Material ursächlich für das Auftreten des Mangels war, scheidet ein Instandsetzungsanspruch aus.[26]

d) Streitwert. Der Streitwert für die Beschwer solcher Instandsetzungsmaßnahmen richtet sich nach der Höhe der monatlichen fiktiven Minderung, gerechnet auf 3½ Jahre.[27]

Für den Gebührenstreitwert ist im Hinblick auf § 41 Abs. 5 GKG der Jahresbetrag einer angemessenen Mietminderung ausschlaggebend.[28]

2. Auskunftsanspruch

Wurde dem Mieter vom Vermieter wegen Eigenbedarfs gekündigt und die Wohnung nach Räumung an einen Dritten vermietet, steht dem Mieter möglicherweise ein Schadensersatzanspruch wegen vorgetäuschten Eigenbedarfs zu. In der Regel weiß der Mieter jedoch nicht, weshalb der Eigenbedarf nicht realisiert wurde, insbesondere kann er nicht ausschließen, dass nach dem Ausspruch der Kündigung innerhalb der Kündigungsfrist[29] Gründe eingetreten sind, die eine Weitervermietung rechtfertigen. Klagt der Mieter auf Schadensersatz, hat er die Darlegungs- und Beweislast für sämtliche Anspruchsvoraussetzungen, mithin auch für den Vertragsverstoß des Vermieters. Zwar mag der Beweis des ersten Anscheines die Behauptungen des Mieters belegen. Jedoch ist der Mieter nicht in der Lage, den Ausgang des Prozesses abzuschätzen, da er die Einwendungen des Vermieters nicht kennt. Legt der Vermieter substantiiert Gründe dar, wonach der Eigenbedarf z. B. erst nach Ablauf der Kündigungsfrist entfallen ist, wird der Mieter den Prozess verlieren. Um die Erfolgsaussichten des Schadensersatzprozesses beurteilen zu können, wird man dem Mieter einen **Auskunftsanspruch** zubilligen.[30]

Der Mieter kann daher nach vorheriger vergeblicher Aufforderung den Vermieter auf Auskunft mit dem Antrag verklagen, darzulegen, weshalb der geltend gemachte Eigenbedarf nicht realisiert wurde.

---

[23] *Eisenschmid* in *Schmidt-Futterer* a. a. O.; BGH WuM 1998, 96 f.
[24] *Hinz/Junker/v. Rechenberg/Sternel* S. 220, Rdn. 4; *Eisenschmid* in *Schmidt-Futterer* § 536 BGB, Rdn. 207.
[25] *Eisenschmid* in *Schmidt-Futterer* a. a. O.; LG München I WuM 1985, 26.
[26] *Eisenschmid* in *Schmidt-Futterer* § 536 BGB, Rdn. 227 f.
[27] BGH WuM 2000, 427 (Beschwer bei Geschäftsraummiete); BGH NZM 2003, 152 (Beschwer bei Wohnraummiete); BGH WuM 2004, 220.
[28] *Hartmann* § 41 GKG, Rdn. 37; **a. A.** *Heinrich* in *Musielak* § 3 ZPO, Rdn. 29 (Mietstreitigkeiten).
[29] BGH WuM 2005, 782 f.
[30] AG Wuppertal WuM 1995, 185; LG München I WuM 1986, 219 und 220; *Krüger* in MünchKomm § 260 BGB Rdn. 16; **a. A.:** LG München II WuM 1986, 220; *Grapentin* in *Bub/Treier* IV. Rdn. 103.

26 Wurde vor dem Auszug und vor Ablauf der Kündigungsfrist ein Räumungsprozess (§ 259 ZPO) geführt, und kam es in diesem Verfahren zu einem Räumungsvergleich, in dem sich der Mieter zur vorzeitigen Räumung bei Erbringung einer nicht unbedeutenden Gegenleistung durch den Vermieter verpflichtet hatte, so scheidet ein Schadensersatzanspruch und damit auch ein Auskunftsanspruch aus. Die erbrachte nicht unbedeutende Gegenleistung (Abfindung, Umzugsbeihilfe, Verzicht auf Schönheitsreparaturen) kann auch als Abfindung etwaiger Schadensersatzansprüche gewertet werden, wenn die Parteien mit dem Abschluss des Vergleiches auch den Streit darüber beilegen wollten, ob die vom Vermieter behauptete Bedarfslage besteht oder vorgetäuscht war.[31]

3. Herausgabe des Sparbuches oder der Bankbürgschaft

27 **a) Sparbuch, Freigabeerklärung.** Nach Beendigung des Mietverhältnisses und Ablauf der **Frist zur Abrechnung** der vom Mieter geleisteten Sicherheit (bis zu 6 Monaten), hat der Mieter einen Anspruch auf Herausgabe der Bürgschaftsurkunde bzw. des bei dem Vermieter hinterlegten Sparbuches, gegebenenfalls mit Freigabeerklärung bei Verpfändung des Sparkontos. Nicht zulässig ist, den Vermieter auf Zahlung der Kautionssumme zu verklagen, wenn – wie üblich – die **Sparforderung verpfändet** ist.[32] Hat der Mieter den Vermieter zur Kautionsabrechnung aufgefordert, ohne dass hierauf eine Reaktion erfolgte, wird er beantragen, den Vermieter zu verurteilen, das Sparbuch herauszugeben bzw. gegenüber der Bank eine **Freigabeerklärung** zu erteilen, sofern Pfandrechte begründet worden sind. Rechnet nunmehr der Vermieter – während des Prozesses – mit Gegenforderungen auf, kann der Mieter zwar weiterhin seinen Anspruch auf Herausgabe des Sparbuches und Freigabe verfolgen, da der Herausgabeanspruch bzw. der Freigabeanspruch einerseits und der zur Aufrechnung gestellte Zahlungsanspruch nicht **gleichartig** im Sinne des § 387 BGB sind.[33]

28 Dem Vermieter steht jedoch auch nach Ablauf der Abrechnungsfrist ein **Zurückbehaltungsrecht** zu, da die **Sicherungsabrede** in der Regel einen stillschweigenden, vertraglichen Ausschluss der Aufrechnungsmöglichkeit nicht enthält.[34] Es ist nicht Zweck der Kautionsgewährung, das Versäumen der Abrechnungspflicht mit der Versagung weiterer Zurückbehaltung der Kaution zu sanktionieren.[35] Gegebenenfalls ist die unzulässige Aufrechnungserklärung in die Geltendmachung eines Zurückbehaltungsrechts umzudeuten.[36]

29 Der Vermieter hat den Gegenanspruch – in der Regel ein Schadensersatzanspruch z.B. wegen nicht durchgeführter Schönheitsreparaturen – und damit die Leistungsverweigerung konkret zu bezeichnen und zu begründen. Nicht ausreichend ist, lediglich die Leistung zu verweigern.[37] Die wirksam erhobene Einrede gilt für alle weiteren Instanzen und muss daher nicht wiederholt werden.[38]

30 Wird das **Zurückbehaltungsrecht** einredeweise behauptet, muss der klagende Mieter – um eine Klageabweisung im Umfang des ausgeübten Zurückbehaltungsrechts zu vermeiden – seinen ursprünglichen Antrag auf eine Zug-um-Zug-Verurteilung reduzieren (§264 Nr. 2 ZPO). Da dieser Antrag ein Minus gegenüber dem Klageantrag

---

[31] OLG Frankfurt/M. WuM 1994, 600.
[32] AG Tiergarten WuM 1997, 241.
[33] LG Baden-Baden WuM 2002, 697; LG Kiel WuM 2001, 238/239.
[34] BGH WuM 1987, 311, der die Entscheidung des OLG Celle WuM 1986, 61, korrigiert, auf die sich das LG Baden-Baden a.a.O., beruft.
[35] BGH WuM 1987, 310/311.
[36] *Gummer/Heßler* in Zöller § 533 ZPO Rdn. 17.
[37] *Krüger* in MünchKomm § 274 BGB Rdn. 5.
[38] *Krüger* a.a.O. Rdn. 6 m.w.N.

I. Klage des Mieters

darstellt,[39] ist in diesem Umfang entweder die Hauptsache für erledigt zu erklären, in der Hoffnung einer analogen Anwendung des § 93 ZPO,[40] oder sofort die Klage teilweise oder gegebenenfalls ganz zurückzunehmen, in der Erwartung auf eine entsprechende Anwendung des § 269 Abs. 3 Satz 2 ZPO. Alternativ kann der Kläger bzgl. der Reduzierung der Klage feststellen lassen, dass der Gegner insoweit die Kosten zu tragen hat.[41]

Im Rahmen der analogen Anwendung des § 269 Abs. 3 Satz 3 ZPO bzw. des § 91 a ZPO in Verbindung mit einer entsprechenden Anwendung des § 93 ZPO[42] kann auch eine Parallelwertung zu der **Aufrechnung** vorgenommen werden. Wird z.B. das **Zurückbehaltungsrecht** mit einer Geldforderung gegen eine Geldforderung erklärt, handelt es sich letztlich um eine Aufrechnung. Im Falle der Aufrechnung ist für die Kostenentscheidung über das Erlöschen der beiderseitigen Forderungen nicht die Aufrechnungslage, sondern die Aufrechnungserklärung und der Zeitpunkt ihrer Abgabe maßgebend.[43] Entscheidend ist auch hier, ob der Vermieter sich mit seiner Abrechnung und damit der **Aufrechnungserklärung** in Verzug befand, bzw. inwieweit die Abrechnungsfrist bereits abgelaufen ist. Dementsprechend sind die Kosten zu verteilen. 31

Da eine entsprechende Anwendung des § 269 Abs. 3 Satz 3 ZPO bzw. des § 93 ZPO umstritten und für den Fall der einseitigen Erledigungserklärung nicht zweifelsfrei ist, ob tatsächlich eine Erledigung vorliegt, sollte der Kläger nach erklärter Erledigung einen Hinweis des Gerichts nach § 139 ZPO provozieren, um gegebenenfalls eine sachdienliche **Klageänderung** vorzunehmen. Der Kläger beantragt nunmehr festzustellen, dass der Prozessgegner insoweit die Kosten zu tragen hat, als der ursprüngliche Klageantrag infolge des Zurückbehaltungsrechtes reduziert werden musste.[44] Hätte der Vermieter vor dem Prozess über die Kaution abrechnen müssen, befand er sich mithin mit der Kautionsabrechnung in Verzug, steht dem Mieter ein Schadensersatzanspruch auf Erstattung der Anwalts- und Gerichtskosten zu. Denn hätte der Vermieter rechtzeitig abgerechnet, wäre der Mieter nicht zur Klage veranlasst worden. 32

Hat der Mieter ohne Aufforderung zur Kautionsabrechnung geklagt, bzw. war die **Abrechnungsfrist** noch nicht abgelaufen, eröffnet er dem Vermieter die Möglichkeit, unter den Voraussetzungen des § 93 ZPO sich von der Kostenlast zu befreien, sofern der Vermieter sich nicht ohnehin auf die fehlende Fälligkeit des Anspruches berufen kann. Kann der klagende Mieter infolge des Zurückbehaltungsrechtes nur noch Zug um Zug fordern, ist der beklagte Vermieter gezwungen, den Klageantrag mit dieser Einschränkung anzuerkennen, da ein uneingeschränkter Abweisungsantrag ihn zumindest teilweise mit den Kosten belastet.[45] 33

Durch die Entscheidung des Gerichts erwächst nur der Klageanspruch in Rechtskraft. Will der Vermieter aktiv seinen Anspruch verfolgen, muss er z.B. Widerklage (§ 33 ZPO) erheben.[46] 34

---

[39] *Krüger* a.a.O. Rdn. 7.
[40] Vgl. *Foerste* in *Musielak* § 264 ZPO Rdn. 6 i.V.m. § 91a Rdn. 28 ff.
[41] Vgl. BGH NJW 1994, 2895/2896.
[42] (str.) *Wiek* WuM 1989, 549 ff.: „Die Verlagerung des Kostenrisikos auf den Vermieter ist unter den entsprechenden Voraussetzungen des § 93 ZPO gerechtfertigt, weil der Mieter den untätigen Vermieter nur durch die Kautionsklage mittelbar zur Abrechnung zwingen kann und auf dem einzigen Rechtsbehelf kein Kostenrisiko lasten darf, wenn der Vermieter dessen Gebrauch herausfordert."
[43] BGH MDR 2003, 1493 (Leitsatz = NJW 2003, 3134); differenzierend: *Vollkommer* in *Zöller* § 91a ZPO Rdn. 58 (Aufrechnung).
[44] Vgl. BGH NJW 1994, 2895 f.: bei verspäteter Auskunftserteilung über das Nichtbestehen des Leistungsanspruches im Rahmen der Stufenklage.
[45] *Herget* in *Zöller* § 93 ZPO Rdn. 6 (Zurückbehaltungsrecht).
[46] *Krüger* in MünchKomm, § 274 BGB Rdn. 1.

35 **b) Bürgschaft.** Hat der Mieter die Kaution nicht mittels eines Sparbuches, sondern in Form einer **Bürgschaft** geleistet, soll der Vermieter nach der Abrechnungsfrist seine Gegenforderungen nicht mehr einredeweise geltend machen können.[47] Diese Entscheidung ist allerdings nicht mit dem Beschluss des BGH vom 1. 7. 1987[48] in Einklang zu bringen, der ausdrücklich dem Vermieter das Recht einräumt, die Kaution auch nach der Abrechnungsfrist zurückzubehalten oder den Kautionsrückzahlungsanspruch durch Aufrechnung mit einer eigenen Forderung ganz oder teilweise zu tilgen.

36 Begegnet der Vermieter einer Klage auf Herausgabe der Bürgschaft mit der Aufrechnung von Gegenforderungen aus dem Mietverhältnis, so scheitert dieses Ansinnen an der mangelnden **Gleichartigkeit** (§ 387 BGB). Übt der Vermieter ein Zurückbehaltungsrecht aus, ist entsprechend dem Anspruch auf Herausgabe des Sparbuches zu verfahren (siehe oben).

37 Mit dem Antrag auf Rückgabe der Bürgschaft soll der Mieter die Herausgabe nicht an sich, sondern an die Bank begehren (str.), da der Mieter nicht Partei des Bürgschaftsvertrages ist.[49]

38 **c) Schlichtungsverfahren.** Existiert ein landesrechtliches Schlichtungsgesetz (s. § 15a EGZPO), ist bei einem Streitwert von nicht über 750,– € ein vorprozessualer erfolgloser Schlichtungsversuch Prozessvoraussetzung (§ 15a Abs. 1 EGZPO i.V.m. dem jeweiligen landesrechtlichen Schlichtungsgesetz). Dies gilt nicht mehr in Bayern für nach dem 31. 12. 2005 eingereichte Klagen. (s. Kap. 1 III.)

4. Abschluss eines Mietvertrages

39 **a) Anspruch.** Haben die Parteien einen **Mietvorvertrag** abgeschlossen, steht dem Mieter ein Anspruch auf Abschluss des Hauptvertrages zu. Erforderlich ist allerdings, dass sich die Parteien über die wesentlichen Mietbedingungen geeinigt haben, d. h. Mietobjekt, Mietparteien, Miete und Mietdauer. Nicht erforderlich ist, dass der Vorvertrag schriftlich abgeschlossen wurde. § 550 BGB gilt nur für den Hauptvertrag.[50] Die Vereinbarung muss jedoch „ein solches Maß an Bestimmbarkeit und Vollständigkeit enthalten, dass der Inhalt des Vertrages im Streitfall richterlich festgestellt werden kann".[51] Wann dieses Maß an Bestimmbarkeit und Vollständigkeit gegeben ist, ist umstritten. Haben die Parteien zwar über die Essentialien des Mietvertrages Einigung erzielt, nicht aber über Nebenpunkte, wie Art und Umfang der Betriebskosten, die Kaution und die Durchführung von Instandhaltungsmaßnahmen, insbesondere Schönheitsreparaturen, ist dem Gericht nur ein enger Rahmen gesetzt, innerhalb dessen es Feststellungen treffen kann. Fehlt es an einer Einigung über diese Nebenpunkte, obwohl nach dem Willen der Parteien eine Regelung gefunden werden sollte, wird das Vorliegen eines Vorvertrages verneint.[52]

40 Haben die Parteien jedoch nicht nur die wesentlichen **Mietbedingungen** vereinbart, sondern sich dahingehend abgesprochen, dass ein bestimmtes **Mietvertragsformular** zu verwenden ist, so ist vom wirksamen Abschluss eines Vorvertrages jedenfalls dann auszugehen, wenn dieses Mietvertragsformular keine alternativen Gestaltungsmöglichkeiten vorsieht. Aber auch dann, wenn untergeordnete Vertragspunkte nach den Vorstellungen der Vertragsparteien noch regelungsbedürftig sind, liegt ein wirksamer Vorvertrag vor, sofern die fehlenden Regelungen nach dem mutmaßlichen Parteien-

---

[47] AG Köln WuM 2000, 674; *Blank* in *Schmidt-Futterer* § 551 BGB Rdn. 79.
[48] BGH WuM 1987, 310 ff.
[49] *Neuhaus* GUT 2003, 163 (165) u. H. a. OLG Celle ZMR 2002, 813; **a. A.:** *Scheuer* in *Bub/Treier* V. Rdn. 294.
[50] *Blank* in *Schmidt-Futterer* vor § 535 BGB Rdn. 92.
[51] *Blank* in *Schmidt-Futterer* a. a. O. Rdn. 91.
[52] *Wolf/Eckert/Ball* Rdn. 68 ff.

I. Klage des Mieters

willen ergänzt werden können.[53] Das Gericht muss gegebenenfalls anhand des Vortrages der Parteien die noch fehlenden Regelungen ermitteln können. Ist dies nicht möglich, hat der klagende Mieter keinen Anspruch auf eine stückweise Herbeiführung des Gesamtvertrages im Wege von Teilleistungsklagen.[54] Insoweit ist ein Rechtsschutzbedürfnis des klagenden Mieters zu verneinen.

b) Antrag. Der Antrag muss im Hinblick auf § 253 Abs. 2 Nr. 2 ZPO abschließend und bestimmt gefasst sein. Das Gericht ist nicht befugt, dem Mieter etwas zuzusprechen, was er nicht beantragt hat (§ 308 ZPO). Der Antrag ist nur dann ausreichend bestimmt gefasst, wenn er nach § 894 ZPO vollstreckt werden kann.[55] Wird das Urteil rechtskräftig, gilt das Vertragsangebot als angenommen, der Vertrag als abgeschlossen (§ 894 ZPO).

Sind einzelne Nebenpunkte noch nicht ausgehandelt, ist der klagende Mieter gehalten, diese Punkte, gegebenenfalls als **Hilfsanträge,** vollständig formuliert im Antrag aufzunehmen. Sofern dem Vermieter ein eigener Gestaltungsspielraum zuzubilligen ist, hat er seine Vorstellungen einredeweise konkret darzulegen. Der klagende Mieter ist dann verpflichtet, solche Abweichungen unter Änderung seines Klageantrages zumindest hilfsweise zum Gegenstand seines Klagebegehrens zu machen, will er nicht eine Klageabweisung riskieren, indem er auf seinem ursprünglichen Antrag beharrt.[56] Das Gericht ist allerdings gehalten, gemäß § 139 ZPO die Klagepartei darauf hinzuweisen, dass die Anträge dem Bestimmtheitserfordernis anzupassen sind.

Die Klagepartei hat daher ein genaues und im Einzelnen ausformuliertes Vertragsangebot zu unterbreiten und zu beantragen, den Vermieter zur Annahme dieses Angebotes zu verurteilen. Alternativen sind in Hilfsanträgen darzustellen.

Die Klagepartei kann sich nicht darauf versteifen, dass der Vermieter zur Abgabe eines Angebotes verpflichtet sei. Insoweit fehlt dem klagenden Mieter das Rechtsschutzbedürfnis.[57] Nur ausnahmsweise ist für eine Klage auf Abgabe eines Angebotes des Vermieters das Rechtsschutzbedürfnis zu bejahen, sofern die Parteien die notarielle Beurkundung eines noch nicht ausformulierten Hauptvertrages verabredet haben, oder wenn dem Mieter das Recht eingeräumt werden soll, das Mietobjekt zu erwerben und der Erwerbsvertrag in Einzelheiten noch nicht ausformuliert worden ist.[58]

Die Prozessökonomie erlaubt es, dass mit dem Antrag auf Abschluss eines Mietvertrages eine Klage auf Leistung aus diesem Vertrag verbunden wird.[59] Diese Leistungsklage steht unter der innerprozessualen Rechtsbedingung des Erfolgs des Hauptantrages.[60]

c) Schlüssigkeit. Der Mieter muss den vollständigen Inhalt des Vorvertrages sowie die näheren Umstände seines Zustandekommens darlegen und gegebenenfalls unter Beweis stellen. Aus dem Vortrag des klagenden Mieters müssen nicht nur die Essentialen des Mietvertrages, sondern auch die gemeinsame Vorstellung der Parteien erkennbar werden, wie die übrigen Vertragsbedingungen gestaltet werden sollen.

Sind einzelne Vertragsbedingungen noch offen geblieben, ist darzulegen, weshalb die Beklagtenpartei an dem Aushandeln der Vertragsbedingungen mitzuwirken hat und weshalb nach Vorstellung des klagenden Mieters die Bedingungen in der beantragten Form vom Vermieter anzunehmen sind. Da ein Mietvorvertrag wesensmäßig unvoll-

---

[53] Vgl. BGH NJW 1990, 1234 ff., *Herold* WuM 1982, 119 f.
[54] BGH WuM 1994, 71.
[55] BGH WuM 1974, 71.
[56] BGH WuM 1974, 71/72.
[57] *Reinstorf* in *Bub/Treier* II. Rdn. 156.
[58] *Reinstorf* a. a. O. m. w. N.
[59] BGH NJW 1986, 2820 f.
[60] *Reinstorf* in *Bub/Treier* II. Rdn. 157.

ständig ist, sind während des Prozesses abgegebene Gegenangebote der Beklagtenpartei zu beachten.⁶¹

48 Beantragt der Mieter, den Vermieter auf Leistung aus dem abzuschließenden Mietvertrag zu verurteilen (z. B. Gebrauchsüberlassung), sind nicht nur der Anspruch aus dem Vertrag und dessen Umfang darzulegen, sondern auch auszuführen, dass der beklagte Vermieter seine Verpflichtung aus dem Vorvertrag bestreitet.⁶²

II. Klage des Vermieters

1. Durchführung von Schönheitsreparaturen

49 Es ist zwischenzeitlich üblich, dass im Mietvertrag die **Durchführung von Schönheitsreparaturen** auf den Mieter übertragen wird. Ist die Übertragung dieser Verpflichtung wirksam vereinbart worden, hat der Vermieter einen Anspruch darauf, dass die Schönheitsreparaturen turnusgemäß durchgeführt werden, wobei der Turnus sich nach Zeiträumen richtet, nach deren Ablauf üblicherweise bei vertragsgemäßer Nutzung Dekorationsarbeiten erforderlich werden. Dies kann während der Dauer oder spätestens am Ende eines Mietverhältnisses sein, wenn z. B. die Fristen während der Dauer des Mietverhältnisses nicht beachtet wurden. In beiden Fällen steht dem Vermieter ein Erfüllungsanspruch auf Durchführung von Schönheitsreparaturen zu.

50 Umstritten war allerdings, wann der Vermieter den Erfüllungsanspruch während der Dauer des Mietverhältnisses gerichtlich geltend machen kann. Nach der Rechtsprechung des LG München I und des LG Berlin⁶³ muss wegen der unterlassenen Schönheitsreparaturen eine Gefährdung der Substanz des Mietobjektes vorliegen. Erfahrungsgemäß wird von Vermieterseite Klage auf Durchführung von Schönheitsreparaturen während der Dauer des Mietverhältnisses nur dann erhoben, wenn zwischen den Vertragsparteien aus anderen Gründen Unstimmigkeiten aufgekommen sind. Mancher Vermieter sieht in einer derartigen Instandhaltungsklage einen Disziplinierungsakt. Um hier unnötige Streitigkeiten zu vermeiden, erscheint es durchaus gerechtfertigt, nur bei Gefährdung der Substanz des Mietobjektes derartige Klagen zuzulassen.⁶⁴ Nach der Entscheidung des BGH⁶⁵ kommt es jedoch auf eine Substanzgefährdung nicht an. Der Vermieter hat einen fälligen Anspruch auf Durchführung der Schönheitsreparaturen, wenn objektiv ein Renovierungsbedarf besteht. Für Gewerberäume hatte der BGH dies bereits 1990 entschieden.⁶⁶

51 Der Vermieter, der während der Dauer des Mietverhältnisses diesen fälligen Erfüllungsanspruch durchzusetzen versucht, hat zunächst darzulegen und gegebenenfalls zu beweisen, dass der Mieter die Verpflichtung zur Durchführung von Schönheitsreparaturen wirksam übernommen hat, und dass die Dekorationsarbeiten fällig sind. Nach der vorzitierten Entscheidung des BGH⁶⁷ ist es nicht mehr erforderlich der früheren

---

⁶¹ *Reinstorf* in *Bub/Treier* II. Rdn. 147.
⁶² BGH NJW 1986, 2820/2821: entsprechend dem Rechtsgedanken des § 259 ZPO ist dem Kläger aus prozessökonomischen Gründen nicht zuzumuten, zwei Prozesse hintereinander zu führen.
⁶³ LG München I WuM 2004, 602 und WuM 1997, 616; LG Berlin WuM 1997, 210; **a. A.** *Hermlein* NZM 2003, 941 f. m. w. N.; LG Berlin WuM 2004, 465.
⁶⁴ *Langenberg* in *Schmidt-Futterer* § 538 BGB Rdn. 233.
⁶⁵ BGH WuM 2005, 383.
⁶⁶ BGH WuM 1990, 494 f: Der Vermieter hat keinen Schadensersatzanspruch; § 326 a. F. BGB ist nicht anwendbar. Der Vermieter hat jedoch bei Verzug der Mieter auch Anspruch auf Vorschuss, ohne zuvor ein Leistungsurteil erstreiten und somit die Voraussetzungen für eine Ersatzvornahme nach § 887 ZPO schaffen zu müssen.
⁶⁷ BGH WuM 2005, 383.

II. Klage des Vermieters

Rechtsprechung Rechnung zu tragen und auf die Gefährdung der Substanz des Mietobjektes hinzuweisen und die entsprechenden Behauptungen unter Beweis zu stellen. Ist der Anspruch des Vermieters gegeben, wird er dem Mieter nicht vorschreiben können, in welcher Art und Weise die Schönheitsreparaturen auszuführen sind. Während der Dauer des Mietverhältnisses hat der Mieter die freie Wahl, in welchen Farben und mit welchem Material er dekoriert.[68] Die Grenzen des Wahlrechtes finden sich dort, wo durch die Auswahl des Materials Schäden an der Substanz der Mietsache hervorgerufen werden, wie z. B. bei einer Versiegelung der Wände, so dass die Aufnahme der Luftfeuchtigkeit durch den Putz verhindert wird und damit mitvermietete Einrichtungsgegenstände, sei es durch Korrosion oder Schimmel, Schaden erleiden.[69]

Infolge des weitgehenden Wahlrechtes des Mieters ist der Vermieter lediglich berechtigt, vor Gericht zu beantragen, dass der Mieter in genau bezeichneten Räumen die Schönheitsreparaturen durchführt. Beharrt der Vermieter durch seinen Antrag auf der Verwendung von bestimmter Farbe und genau bezeichnetem Material, läuft er Gefahr, dass die Klage abgewiesen wird, weil eine Verurteilung aufgrund dieses Antrages die **Gestaltungsfreiheit** des Mieters zu sehr einengen würde. Der Vermieter ist nur berechtigt, eine Verurteilung des Schuldners mit dem Ziel zu beantragen, den Renovierungsbedarf zu beseitigen. Lediglich, wenn es nur eine einzige Methode oder ein Material gibt, um einen drohenden Schaden zu vermeiden, ist dem Vermieter zuzubilligen, die Durchführung dieser Methode oder die Verwendung eines bestimmten Materials dem Mieter vorzuschreiben. 52

Der Vermieter muss aber kein Leistungsurteil erstreiten. Er kann vielmehr die Zahlung eines Vorschusses in Höhe der zu erwartenden Renovierungskosten anstreben (siehe Fußnote 66). 53

Ist das Mietverhältnis gekündigt, endet auch die **Gestaltungsfreiheit** des Mieters. Der Mieter hat auf die Vorstellung des Vermieters Rücksicht zu nehmen, der in der Regel die Verwendung einer hellen Farbe für den Anstrich vorschreiben wird. Er kann den Mieter verpflichten, Türen und Fenster mit einem chemischen Lack zu bearbeiten und ihm damit die Verwendung eines Acryllacks konkludent untersagen, weil ihm das Wahlrecht zusteht und er allein bestimmt, in welchem Zustand er die Wohnung weiter vermieten will. 54

Die Durchsetzung des Erfüllungsanspruches nach Beendigung des Mietverhältnisses wird allerdings die Ausnahme bleiben, da es der Vermieter in der Regel vorziehen wird, nach vergeblicher Fristsetzung einen **Schadensersatzanspruch** gegenüber dem Mieter geltend zu machen, um so am besten den Einsatz der finanziellen Mittel zu steuern und sein Gestaltungsrecht ausüben zu können. 55

Hat der Vermieter seinen Erfüllungsanspruch auf Durchführung der Schönheitsreparaturen durchgesetzt, und kommt der Mieter der Verurteilung nicht nach, wird sich der Vermieter gemäß § 887 ZPO durch das Gericht ermächtigen lassen, im Wege der Ersatzvornahme die gewünschte Renovierung durchzuführen. Hierbei kann der Vermieter beantragen, dass ihm der Mieter einen Vorschuss leistet, der nach Durchführung der Arbeiten abgerechnet wird. 56

2. Auskunftsanspruch

a) **Wohnraum.** Hat der Mieter untervermietet und ist das Mietverhältnis beendet, so benötigt der Vermieter nicht nur einen **Räumungstitel** gegen den Mieter, sondern 57

---

[68] *Langenberg* in *Schmidt-Futterer* § 538 BGB Rdn. 229.
[69] Vergl. KG Berlin NZM 2005, 663 f: zur Frage der Farbgestaltung für Räume durch den Mieter, wenn Schönheitsreparaturen noch nicht fällig waren. Die Grenzen des normalen Geschmacks dürfen nicht überschritten werden.

auch gegen den **Untermieter**.[70] Kennt der Vermieter den Namen der in seiner Wohnung von einem Mieter aufgenommenen Personen nicht, ist es ihm in der Regel auch nicht möglich, einen Räumungstitel gegen die Untermieter zu erlangen. Zwar kann der Gerichtsvollzieher aus dem Räumungstitel gegen den Mieter auch jene Personen räumen, die nach dem Eintritt der Rechtshängigkeit der Klage in die Wohnung aufgenommen worden sind.[71] In der Regel weiß der Vermieter aber nicht, wann der Untermieter in die Wohnung eingezogen ist, so dass er gut daran tut, rechtzeitig den Mieter auf Auskunft in Anspruch zu nehmen.

58 Ist das Mietverhältnis noch nicht beendet, und hat der Vermieter auch nicht die Absicht, das Mietverhältnis zu kündigen, steht ihm gleichwohl ein **Auskunftsanspruch** zu, weil er grundsätzlich Einwendungen gegen die Person des Untermieters erheben kann (§ 553 Abs. 1 BGB; § 540 Abs. 1 BGB). Zwar kann der Vermieter wegen einer unerlaubten Gebrauchsüberlassung an Dritte das Mietverhältnis kündigen, doch muss er dies nicht tun. Er kann sich darauf beschränken, den Mieter nach vorangegangener vergeblicher Aufforderung auf Auskunft zu verklagen und ihm z. B. im Rahmen einer Stufenklage (s. dort) die Vermietung an bestimmte Personen zu untersagen.

59 **b) Gewerbliches Mitverhältnis.** Der Vermieter von gewerblichen Räumen ist ebenfalls berechtigt, seinen Mieter auf **Auskunft** über Vornamen und Namen etwaiger Untermieter zu verklagen. Hierzu ist es nicht erforderlich, dass der Vermieter vorträgt zu befürchten, durch die Aufnahme eines Untermieters werde der von ihm zu gewährende Konkurrenzschutz verletzt. Vielmehr ergibt sich der Anspruch direkt aus dem Gesetz (§ 540 BGB), da der Mieter grundsätzlich ohne Erlaubnis des Vermieters nicht berechtigt ist, unterzuvermieten.

60 **c) Streitwert.** Als Streitwert ist ein Jahresbetrag der Untermiete zugrunde zu legen. Beim Auskunftsanspruch ist es gerechtfertigt, ¼ des Jahresbetrages der Untermiete anzunehmen.[72][73]

3. Entfernung eines Tieres

61 **a) Anspruch.** Hält der Mieter ein **Tier** ohne Erlaubnis des Vermieters, so hat der Vermieter unter Umständen einen Anspruch auf Entfernung dieses Tieres. Handelt es sich um ein Kleintier, von dem keine Belästigungen der Mitmieter und keine Beschädigung der Mietsache zu erwarten ist, gehört die Haltung derartiger Tiere zum **vertragsgemäßen Gebrauch.**[74] Die Haltung von größeren oder gefährlichen Tieren ist vom vertragsgemäßen Gebrauch nicht gedeckt.[75] Grundsätzlich sind vertragliche Vereinbarungen zur Tierhaltung unproblematisch. Der Vermieter kann, auch **formularmäßig** – sieht man von der Kleintierhaltung ab – die Haltung eines Tieres untersagen oder die Haltung von seiner Erlaubnis abhängig machen.[76] Es liegt schlechthin in seinem Ermessen, ob er die Erlaubnis erteilt oder nicht. Grenzen werden dem Vermieter

---

[70] *Sternel* § 546 b BGB Rdn. 145 m. w. N.; BGH WuM 2004, 555 f.
[71] LG Karlsruhe NJW 1953, 30; *Scheuer* in *Bub/Treier* V. A Rdn. 51; a. A.: LG Köln ZMR 1963, 30.
[72] LG Berlin WuM 1998, 690.
[73] *Hannemann* in *Jendrek* B II.32, Anm. 2.
[74] *Eisenschmid* in *Schmidt-Futterer* § 535 BGB Rdn. 460.
[75] OLG Hamm WuM 1981, 53; **a. A.:** LG München I WuM 1958, 5; LG München I WuM 1999, 217; vermittelnd: *Eisenschmid* in *Schmidt-Futterer* § 535 BGB, 467, wonach die Entscheidung, ob vertragsgemäßer Gebrauch vorliegt oder nicht, nur auf der Grundlage einer umfassenden Interessenabwägung beantwortet werden kann, wobei Art und Zahl der Tiere, Größe des Hauses und Altersstruktur der Mitbewohner eine Rolle spielen.
[76] OLG Hamm a. a. O.

II. Klage des Vermieters 62–68 7. Kap.

nur dort gesetzt, wo er rechtsmissbräuchlich handelt, z. B. weil der Mieter auf das Tier angewiesen ist (Blindenhund).

b) Antrag. Im Antrag ist das Tier, das entfernt werden soll, **identifizierbar** zu bezeichnen, wobei zumindest die geschätzte **Größe** und die **Farbe** anzugeben ist, wenn möglich auch die **Rasse.** Üblicherweise wird die Klage auf Entfernung eines Tieres mit einem Unterlassungsantrag verbunden, mit dem dem Mieter verboten wird, bei Meidung der gerichtlichen Festsetzung eines Ordnungsgeldes zukünftig z. B. einen Hund oder eine Katze zu halten. Der Unterlassungsantrag richtet sich nach § 890 ZPO und sollte zweckmäßigerweise bereits in den Anträgen aufgenommen werden. Gemäß § 890 Abs. 2 ZPO muss der Verurteilung zu einem Ordnungsgeld eine entsprechende **Androhung** vorausgehen. Wird der Antrag nicht zusammen mit dem Beseitigungsantrag gestellt, bedarf es eines gesonderten Beschlusses des Gerichtes.[77] (Zur Problematik des Unterlassungsanspruches im Einzelnen siehe Kap. 5.) 62

Schließen die Parteien einen **Vergleich,** in dem die Unterlassungsverpflichtung vereinbart wird, bedarf es im Hinblick auf § 890 Abs. 2 ZPO eines **gesonderten Androhungsbeschlusses.** Die Androhung im Vergleich genügt nicht.[78] 63

c) Schlüssigkeit. Auch weil im Einzelfall in der Rechtsprechung und Literatur die Zulässigkeit der Tierhaltung diskutiert wird, ist es erforderlich, dass der Vermieter seine Interessen, die gegen die Haltung eines Haustiers gerichtet sind, genau darlegt, um die Schlüssigkeit der Klage nicht zu gefährden. Ferner hat der Vermieter darzulegen, dass er die Tierhaltung erfolglos abgemahnt hat. 64

d) Streitwert. Zum Streitwert für derartige Verfahren gibt es keine einheitliche Rechtsprechung. Die Streitwerte für die Unterlassungsklagen schwanken zwischen 100,– € und 3000,– €.[79] Bei der Bemessung des Gegenstandswertes spielt der Wert des Tieres ebenso wenig eine Rolle wie das Affektionsinteresse.[80] 65

e) Schlichtungsverfahren. Zu beachten ist ein landesrechtliches Schlichtungsgesetz, das einen erfolglosen Schlichtungsversuch als Prozessvoraussetzung bei einem Streitwert von nicht über 750,– € erforderlich macht. In Bayern gilt dies nicht für nach dem 31. 12. 2005 eingereichte Klagen (s. Kap. 1 III.). 66

4. Beendigung der Nutzung der Räume durch den Untermieter

a) Wohnraummietverhältnisse. Hat der Mieter die Miets räume ganz oder teilweise ohne Erlaubnis des Vermieters einem Dritten überlassen, insbesondere untervermietet, kann der Vermieter nach Abmahnung entweder kündigen (s. Räumungsklage), oder – sofern die Untervermietung unmittelbar bevorsteht – dem Mieter untersagen, an die ins Auge gefassten Personen unterzuvermieten (siehe dieses Kapitel II., 2. und Kapitel 5: Unterlassungsklage). Sollte bereits die Untervermietung erfolgt sein, steht dem Vermieter auch ein Anspruch auf Beendigung dieses Mietverhältnisses und Entfernung der Untermieter zu. 67

Sind die Untermieter dem Vermieter nicht bekannt, wird er zunächst im Wege der Stufenklage **Auskunft** über Anzahl und Namen der Untermieter begehren (s. Stufenklage III. 2.) 68

---

[77] *Putzo* in *Thomas/Putzo* § 890 ZPO Rdn. 18.
[78] *Thomas/Putzo* a. a. O.
[79] *Hannemann* in *Jendrek* 287 Anm. 3; *Putz* in *Thomas/Putzo* § 890 ZPO a. a. O.
[80] *Eisenschmid* in *Schmidt-Futterer* § 535 BGB Rdn. 482 m. w. N.; *Gies* NZM 2003, 886/890; der Schriftsteller *Rosendorfer* hat als Mietrichter den Streitwert auf Entfernung eines Tieres nach dem Mietwert der Wohnung berechnet, wobei der die Grundfläche des Hundes ins Verhältnis zur Wohnfläche setzte. Das Landgericht wich in der Begründung, nicht aber im Ergebnis ab.

69 Kennt der Vermieter **Namen und Anzahl der Untermieter,** wird er im Klageantrag die Namen der Untermieter benennen und den Mieter verpflichten, die Nutzung durch diese Untermieter zu beenden.

70 Hierbei hat der Vermieter neben dem Bestand des Mietverhältnisses vorzutragen, dass der Mieter ohne Erlaubnis den im Klageantrag näher bezeichneten Personen ganz oder teilweise das Mietobjekt überlassen hat.

71 Werden **sämtliche angemieteten Räume** dem Untermieter **überlassen,** liegt mithin eine Weitervermietung vor, ist dies vom Vermieter vorzutragen und unter Beweis zustellen.

72 Bei einer **teilweisen Untervermietung** gehört es nicht zur **Schlüssigkeit** der Klage, dass der Vermieter eine Interessenabwägung vornimmt, mithin bereits die etwaigen Interessen des Mieters diskutiert. Lediglich dann, wenn der Vermieter ein berechtigtes Interesse des Mieters anerkennt, aber die eigenen Interessen für gewichtiger erachtet, bedarf es einer kurzen Darstellung zur Interessenabwägung, wobei es nicht erforderlich ist, die Berechtigung des Mieters in Einzelheiten zu begründen. Vielmehr wird der Vermieter die eigenen Interessen in das rechte Licht rücken, zum Beispiel auf die Überbelegung durch die Aufnahme eines Untermieters hinweisen. Es ist nicht Aufgabe des klagenden Vermieters, die Einwendungen des Mieters vorweg zu nehmen.

73 Hat der Mieter **ohne Erlaubnis** untervermietet und legt er etwaige berechtigte Interessen erst während des Prozesses offen, wird der Vermieter ggf. den Rechtsstreit in der Hauptsache für erledigt erklären, wenn er der Auffassung ist, dass die Interessen des Mieters die eigenen überwiegen. Entsprechendes gilt, wenn beim klagenden Vermieter zwar vorprozessual um Erlaubnis nachgesucht wurde, ihm jedoch keine näheren Angaben zur Person gemacht worden waren. Solange der Vermieter nicht konkret aufgefordert worden war, die Untervermietung an eine bestimmte zu bezeichnende Person zu erlauben, musste er keine Erklärung abgeben. Es besteht keine Verpflichtung des Vermieters, generelle Fragen des Mieters zur Untervermietung zu beantworten, insbesondere wenn der Name des Untermieters nicht genannt wird.[81]

74 Stimmt der Mieter der Hauptsacheerledigung nicht zu, ist nach den allgemeinen Grundsätzen zur einseitigen Erledigungserklärung des Klägers zu verfahren, d.h. der Kläger wird beantragen festzustellen, dass der Rechtsstreit in der Hauptsache erledigt ist. Dies stellt im Sinne des § 264 Nr. 2 ZPO eine zulässige Klageänderung dar.[82]

75 Stimmt der Mieter der Erledigungserklärung zu, wird das Gericht dem Mieter die Kosten des Verfahrens dann auferlegen, wenn er untervermietet hat, ohne vorher um Erlaubnis nachgesucht zu haben.

76 Hatte der Vermieter bereits in der Vergangenheit die Erlaubnis zur Untervermietung erteilt, jedoch in der Folge diese **Erlaubnis widerrufen,** bedarf es zur Schlüssigkeit der Klage nicht nur der Darstellung der Erlaubniserteilung und des Widerrufs, sondern es sind Ausführungen erforderlich, weshalb wirksam widerrufen wurde. Eine einmal erteilte Erlaubnis ist grundsätzlich nicht einseitig widerrufbar (§ 311 Abs. 1 BGB), sofern nicht ein ausdrücklicher **Widerrufsvorbehalt** zwischen den Parteien vereinbart worden war. In Rechtsprechung und Literatur ist es jedoch nahezu unbestritten, dass aus wichtigem Grund auch dann der Widerruf erklärt werden kann, wenn ein Widerrufsvorbehalt im Mietvertrag nicht verankert ist.[83] So ist ein Widerruf dann zulässig, wenn das Verhalten des Untermieters z.B. eine fristlose Kündigung des Hauptmietverhältnisses rechtfertigen würde.[84]

---

[81] OLG Koblenz WuM 2001, 273.
[82] *Putzo* in *Thomas/Putzo* § 91a ZPO Rdn. 32.
[83] *Blank* in *Schmidt-Futterer* § 540 BGB Rdn. 49 m.w.N.
[84] *Blank* in *Schmidt-Futterer* a.a.O.

II. Klage des Vermieters

b) Gewerbliches Mietverhältnis. Handelt es sich um ein gewerbliches Mietverhältnis, besteht grundsätzlich kein Anspruch des Mieters, auf Erteilung der Erlaubnis zu einer auch nur teilweisen Gebrauchsüberlassung an Dritte durch den Vermieter (siehe hierzu Kapitel 3). Etwas anderes gilt nur dann, wenn vertragliche Vereinbarungen einen Anspruch des Mieters gewähren.[85] 77

Lediglich in Ausnahmefällen, dann, wenn die Verweigerung einen **Rechtsmissbrauch** darstellen würde, ist ein Anspruch des Mieters auf Erlaubnis aus § 242 BGB abzuleiten.[86] 78

Ein Rechtsmissbrauch kommt in Betracht, wenn der Vermieter keine Einwendungen gegen die Person des Untermieters hat, vielmehr beabsichtigt, mit diesem einen Hauptmietvertrag zur Erzielung eines höheren Mietzinses abzuschließen.[87] 79

Ein Anspruch auf Erlaubnis soll auch aus einer **geänderten Geschäftsgrundlage** hergeleitet werden können, wenn z. B. nach Mietvertragsabschluss ein nicht vorhersehbares Ereignis den Mieter zwingt, seinen Beruf aufzugeben und der Vertrag weder das Recht zur Untervermietung einräumt, noch das Kündigungsrecht des § 540 Abs. 1 Satz 2 BGB gewährt.[88] 80

Da die Einwendungen des Mieters in der Klage nicht darzustellen sind, kann der Vermieter abwarten, wie sich der Mieter im Prozess einlässt. Auch hier wird der Vermieter ggf. die **Hauptsache** für **erledigt** erklären, sollte ausnahmsweise ein Anspruch auf Erteilung der Erlaubnis zur Untervermietung gegeben sein. Die **Kostenfolge** richtet sich nach den allgemeinen Grundsätzen, insbesondere danach, ob der Vermieter bereits vorprozessual hätte erkennen können, dass ein Anspruch des Mieters besteht. 81

5. Rückbau baulicher Veränderungen, Beseitigungen von Einrichtungen

a) Anspruch. Bauliche Veränderungen stellen einen Eingriff in die Mietsache dar, der bei fehlender Vereinbarung vom vertragsgemäßen Gebrauch nicht gedeckt ist. Bei der Beendigung des Mietverhältnisses ist daher der Mieter grundsätzlich verpflichtet, all das zu entfernen, was er in die Mietsache eingebracht hat, mithin auch z. B. Holzwände und -decken, ebenso wie Einbauküche und verklebte Teppichböden. Der ursprüngliche Zustand ist wieder herzustellen. Ausnahmen gelten nur dann, wenn der Wert der Mietsache objektiv erhöht wurde und diese Wertverbesserung über das Mietverhältnis hinausreicht,[89] oder wenn Billigkeitsgesichtspunkte das Verlangen des Vermieters, den ursprünglichen Zustand der Räume wieder herzustellen, rechtsmissbräuchlich erscheinen lassen.[90] 82

b) Klageantrag. Derartige Klagen sind in der Praxis relativ selten, da in der Regel der Vermieter nach erfolgloser Abmahnung Schadensersatz fordern wird, um die Gestaltung der Räume besser bestimmen zu können. Klagt er dennoch auf Rückbau, hat er im Antrag exakt darzulegen, welcher Gegenstand entfernt und welcher Zustand nach Entfernung vom Mieter hergerichtet werden muss. Da, anders als in den Fällen der Instandsetzungsklagen des Mieters (I.1), ein Wahlrecht bzgl. der Gestaltung dem Schuldner nicht zusteht, hat der Vermieter in Einzelheiten vorzuschreiben, welcher Zustand nach dem Rückbau der baulichen Veränderungen bzw. der Entfernung der Einrichtungen hergestellt werden soll. Hierbei kann es erforderlich und zweckdienlich sein, einen Grundrissplan des Mietobjektes vorzulegen mit dem Antrag, z. B. den Ver- 83

---

[85] *Blank* in *Schmidt-Futterer* § 540 BGB Rdn. 41.
[86] *Blank* in *Schmidt-Futterer* § 540 BGB Rdn. 42 ff.
[87] *Blank* in *Schmidt-Futterer* § 540 BGB Rdn. 44 mit weiteren Beispielen.
[88] *Blank* in *Schmidt-Futterer* a. a. O. m. w. N.
[89] OLG Frankfurt WuM 1992, 56.
[90] *Sternel* 4. Rdn. 605.

lauf von bestimmten Wänden entsprechend dem ursprünglichen Plan wieder herzurichten. Ferner kann der Vermieter im Einzelnen vorschreiben, welcher Putz und welcher Farbton zu verwenden sind.

84   Wird ausnahmsweise dem Mieter ein Wahlrecht einzuräumen sein, wie er den Mangel im Einzelnen beseitigt, wird dem Bestimmtheitserfordernis des Antrags Genüge getan, wenn der angestrebte Erfolg exakt umrissen wird.[91]

85   **c) Schlüssigkeit.** Zur Schlüssigkeit der Klage ist u.a. erforderlich, dass der ursprüngliche Zustand des Mietobjektes dargelegt und ggf. unter Beweis gestellt wird. Entsprechendes gilt für die behaupteten Veränderungen, deren Beseitigung angestrebt wird. Waren die baulichen Veränderungen bereits zu Beginn des Mietverhältnisses existent, jedoch durch den Mieter vom Vormieter abgelöst worden, hat der Mieter eine Beseitigungspflicht nicht konkludent übernommen. Eine Beseitigungspflicht des Vormieters bestand nämlich dann nicht, wenn der Vermieter mit dem Einbau einverstanden und die Sache nicht nur für den vorübergehenden Gebrauch gedacht war. Dies gilt auch in Bezug auf den Nachmieter.[92]

6. Beseitigung von Schimmel

86   **a) Antrag.** Tritt während des Mietverhältnisses in den Mieträumen Schimmel auf und ist der Vermieter der Auffassung, dass dieser durch unzureichendes Lüften und Beheizen der Räume entstanden ist, wird er Klage auf Beseitigung des Schimmels erheben. Für die Bestimmtheit des Antrags (§ 253 Abs. 2 Ziffer 2 ZPO) genügt es, die Räume und innerhalb der Räume die Flächen exakt zu bezeichnen, die vom Schimmelbefall betroffen sind. Der Antrag des Vermieters ist ausreichend bestimmt, wenn er Art und Umfang des Mangels beschreibt, dessen Beseitigung er wünscht. Da der Mieter während des Mietverhältnisses bestimmen kann, wie er im Einzelnen seine Räume farblich gestaltet, bleibt es ihm überlassen, mit welchen Mitteln er den Schimmel beseitigt und wie er anschließend die Räume dekoriert (s. diese Kap. I.1.).

87   **b) Schlüssigkeit.** Zur Schlüssigkeit des Vertrages ist neben der Beschreibung des Mangels die Darstellung ausreichend, die Mieträume seinen zu Beginn des Mietverhältnisses mangelfrei, mithin ohne Schimmel, übergeben worden.[93] Sicherheitshalber ist darzulegen und unter Beweis zu stellen, dass ein Baumangel nicht Ursache der Schimmelpilzbildung ist[94] (vgl. zur Beweislast dieses Kap.I.1.c; Rdn. 15ff.).

7. Entfernung einer Parabolantenne

88   **a) Anspruch.** Das Grundrecht auf Informationsfreiheit gibt einem ausländischen oder einem aus dem Ausland stammenden Mieter das Recht, Heimatsender zu empfangen. Dieses Recht ist möglicherweise dann wesentlich eingeschränkt sein, wenn das ausländische Programm mittels der vorhandenen Antennenanlage nicht empfangen

---

[91] *Greger* in *Zöller* § 253 ZPO Rdn. 13 c.
[92] Urteil des LG München I vom 19. 8. 1987, 15 S 4583/87; vgl. auch AG Dortmund WuM 1982, 86; a. A. *Gather* in *Schmidt-Futterer* § 546 BGB Rdn. 52: die Zustimmung des Vermieters zu Baumaßnahmen in größerem Umfang hat nicht zwangsläufig den Verzicht auf den Beseitigungsanspruch zur Folge; OLG Hamburg WuM 1990, 390: der Nachmieter ist dem Vormieter gleichzustellen, der entsprechende Um- und Einbauten selbst ausführt; *Sternel* IV, Rdn. 601.
[93] *Eisenschmid* in *Schmidt-Futterer* § 536 BGB Rdn. 414.
[94] Vgl. LG Freiburg WuM 1989, 559f.; LG Osnabrück WuM 1989, 370: Der Vermieter trägt die Beweislast dafür, dass Gewährleistungsansprüche ausgeschlossen sind; OLG Saarbrücken WuM 1989, 133 A: aus § 548 BGB a. F. lässt eine die jeweilige Schadensursache betreffende Beweislastverteilung nicht mit der Folge herleiten, dass immer der Mieter die streitige Ursache auch während der Mietzeit auftretenden Schadens zu beweisen hat.; AG Bremerhaven WuM 1990, 363.

II. Klage des Vermieters

werden kann.[95] Kann das Informationsbedürfnis aber über ein Breitbandkabel, einen Decoder oder über das Internet befriedigt werden, besteht kein zusätzlicher Anspruch auf Anbringung einer Parabolantenne, wenn nicht außergewöhnliche Umstände vorliegen, die es rechtfertigen, ein gesteigertes Informationsbedürfnis anzunehmen.[96] Existiert ein Kabelanschluss, der es mit einem zusätzlichen Decoder versehen ermöglicht, mehrere (hier: russische) Programme zu empfangen, ist dem Mieter zuzumuten, das Zusatzgerät auf eigene Kosten anzuschaffen.[97] Dem Eigentumsrecht des Vermieters ist jedoch zumindest dann gegenüber dem Grundrecht des Mieters auf Informationsfreiheit der Vorrang einzuräumen, wenn die Parabolantenne eine erhebliche Störung des äußeren Gesamtbildes bewirkt.[98]

Unabhängig von der Frage, ob die Anbringung einer Parabolantenne noch zum vertragsgemäßen Gebrauch gehört oder erlaubnispflichtig ist, steht jedenfalls dem Vermieter ein Bestimmungsrecht bzgl. des Anbringungsorts zu.[99] **89**

Der Vermieter kann daher auf **Umsetzung** oder **Beseitigung** der Parabolantenne klagen, wenn der Anbringungsort aus ästhetischen Gründen den Gesamteindruck des Hauses beeinträchtigt. Hat der Mieter allerdings die Antenne auf einem mobilen Ständer ohne Verbindung mit dem Haus auf dem Balkon installiert, braucht er jedenfalls dann die Antenne nicht zu entfernen, wenn eine ästhetische Beeinträchtigung mangels Einsehbarkeit des Balkons nicht gegeben ist.[100] **90**

Aber bereits geringfügige ästhetische Veränderungen durch die vom Mieter angebrachte Parabolantenne müssen vom Vermieter nicht geduldet werden, wenn eine Gemeinschaftsantennenanlage vorhanden ist.[101] **91**

b) Antrag. Im Beseitigungsantrag ist die exakte Lage der Antenne zu bezeichnen sowie der Zustand zu beschreiben, der nach der Entfernung wieder hergestellt werden soll. Die Verwendung eines bestimmten Farbtons der Fassadenfarbe kann vorgeschrieben werden, da dem Mieter insoweit ein Wahlrecht nicht zusteht. Soll die Antenne lediglich umgesetzt werden, ist auch der neue Befestigungspunkt, gegebenenfalls die Führung der Zuleitung, zu beschreiben. **92**

Ist die Neuanbringung von einer noch zu stellenden Sicherheitsleistung abhängig, kann die Umsetzung Zug um Zug gegen Bezahlung der Kaution gestattet werden. (Beispiel: Der Beklagte wird verurteilt, die am Ort x installierte Antenne zu entfernen. Ihm wird gestattet, sie am Ort y Zug um Zug gegen Stellung einer Sicherheitsleistung in Höhe von X EUR anzubringen.) **93**

c) Schlüssigkeit. Begehrt der Vermieter eine Umsetzung der Antenne, so hat er genau zu beschreiben, wo die Antenne installiert werden muss (Ort, Weg der Zuleitung etc.). Strebt der Vermieter endgültig die Entfernung der Parabolantenne an, hat er die Beeinträchtigung seines Eigentums auszuführen und zu beweisen. Insbesondere ist darzulegen, welche – ggf. ausländischen – Sender bereits jetzt empfangen werden können, so dass es dem Gericht möglich ist, eine Interessenabwägung zwischen dem Informationsbedürfnis auf der einen und der Beeinträchtigung des Eigentums auf der anderen Seite vorzunehmen. Der Mieter hat gegebenenfalls zu entgegnen, dass mit Hilfe der Antenne zusätzliche TV-Programme in der jeweiligen Heimatsprache zu empfangen sind. Ein diesbezügliches Informationsinteresse muss seitens des Mieters nicht ge- **94**

---

[95] *Eisenschmid* in *Schmidt-Futterer* § 535 BGB Rdn. 394 ff. mit zahlreichen Beispielsfällen.
[96] BerlVerfGH NZM 2002, 560; bedenklich in Bezug auf EU-Recht: *Dörr* WuM 2002, 347 ff.
[97] BGH NZM 2005, 335 f.
[98] BGH a. a. O.
[99] BVerfG WuM 1996, 82.
[100] AG Herne-Wanne WuM 2001, 277.
[101] LG Erfurt GE 2001, 1467.

sondert dargetan werden.¹⁰² Das Bundesverfassungsgericht sieht ein greifbares Interesse des ausländischen Mieters an einer Auswahl zwischen unterschiedlichen Heimatprogrammen auch ohne nähere Begründung durch den Mieter gegeben.¹⁰³ Handelte der Mieter eigenmächtig, kann der Vermieter den Beseitigungsantrag damit begründen, ihm sei verwehrt worden, eine Erlaubnis unter Beseitigungsvorbehalt zu erteilen,¹⁰⁴ weil er z.B. beabsichtige, in absehbarer Zeit einen Breitbandkabelanschluß zu installieren.

95   Liegt eine Beeinträchtigung des Eigentums des Vermieters nicht vor, kann der Vermieter gleichwohl auf Beseitigung klagen, wenn er vortragen kann, den Mieter vergeblich vorprozessual zur Leistung einer Sicherheit aufgefordert zu haben. Klagt nämlich umgekehrt der Mieter auf Erteilung der Erlaubnis zur Anbringung einer Parabolantenne, wird bei geforderter Sicherheit nur eine Verurteilung des Vermieters Zug um Zug gegen Leistung der Sicherheit erfolgen.¹⁰⁵

96   **d) Streitwert.** Nach dem LG Berlin¹⁰⁶ beträgt der Streitwert 1300,– DM. Das LG Ahrensberg¹⁰⁷ geht von einem regelmäßigen Streitwert von 2000,– DM aus; das LG Erfurt setzt einen Wert von 5000,– DM an;¹⁰⁸ das LG Bonn stellt nicht auf den Kostenaufwand der Beseitigung, sondern auf die Beeinträchtigung des Klägers ab und kommt zu einem Streitwert von 1200,– DM;¹⁰⁹ für das LG Frankfurt/Main¹¹⁰ entscheidend ist das Interesse an der Unterbindung der Beeinträchtigung des optischen Erscheinungsbildes und die Höhe der Beseitigungskosten, hier 500,– EUR und 375,– EUR.

97   **e) Schlichtungsverfahren.** Soweit in den einzelnen Ländern Schlichtungsgesetze existieren (vgl. § 15a EGZPO) und von einem Streitwert von nicht über 750,– EUR auszugehen ist, ist die erfolglose Durchführung einer Streitschlichtung Prozessvoraussetzung (z.B. bayerisches Schlichtungsgesetz vom 25. 4. 2000, § 15a Abs. 1 EGZPO). Dies gilt nicht in Bayern für Klagen, die nach dem 31. 12. 2005 eingereicht wurden. (s. Kap. 1 III.).

8. Einräumung des Mitbesitzes

98   **a) Anspruch.** Ansprüche auf Einräumung des Besitzes an einer Wohnung oder eines Geschäftsraums ergeben sich in der Regel dann, wenn der Vermieter eine **Doppelvermietung** vorgenommen hat, oder wenn der Mieter nach erfolgtem Zwischenumzug wegen Modernisierung in seine ursprüngliche Wohnung wieder zurück will. Voraussetzung für die Durchsetzung des Anspruches ist der Abschluss eines mündlichen oder schriftlichen Mietvertrages, der zum Bezug der hier zur Diskussion stehenden Räume berechtigt. Meist werden derartige Auseinandersetzungen im Wege der einstweiligen Verfügung (siehe Kap. 11 III.) soweit geklärt, dass in einem etwa erforderlichen Hauptsacheverfahren nicht eingewendet werden kann, die Erfüllung des Anspruches sei unmöglich, weil bereits ein anderer Mieter aufgrund eines wirksamen Mietvertrages die Räume bezogen hat.¹¹¹ Einer derartigen Klage, die auf eine unmögliche Leistung gerichtet ist, fehlt nicht das Rechtsschutzbedürfnis,¹¹² weil denkbar

---

¹⁰² BVerfG WuM 1995, 693.
¹⁰³ BVerfG, a.a.O.
¹⁰⁴ *Kraemer* in *Bub/Treier* III A Rdn. 985a; vgl. aber BGH NZM 2006, 98ff.
¹⁰⁵ AG München, Urteil vom 14. 5. 2004, Az.: 472 C 3193/04.
¹⁰⁶ GE 2001, 1677.
¹⁰⁷ WuM 2001, 577.
¹⁰⁸ GE 2001, 1467.
¹⁰⁹ WuM 1993, 468f.
¹¹⁰ WuM 2002, 378.
¹¹¹ *Eisenschmid* in *Schmidt-Futterer* § 536 BGB Rdn. 250f.
¹¹² LG Köln WuM 1990, 65; LG Berlin WuM 1995, 123.

wäre, dass der Vermieter den bereits besitzenden Mieter dazu bewegen könnte, z. B. bei Zahlung einer Abfindung auszuziehen, oder gar in der Lage ist, das Mietverhältnis zu kündigen. Die Klage des ausgeschlossenen Mieters ist zulässig, da der Anspruch nur dann scheitert, wenn objektive Unmöglichkeit vorliegt (§ 275 Abs. 1 BGB n. F.). Eine subjektive Unmöglichkeit – wie sie im vorliegenden Fall gegeben ist – muss einredeweise geltend gemacht werden (§ 275 Abs. 2 u. 3 BGB n. F.) und ist nicht von Amts wegen zu berücksichtigen.[113] Das Rechtsschutzbedürfnis ist somit zu bejahen, solange der klagende Mieter das Unvermögen des Vermieters bestreitet.[114] Die Voraussetzungen für das Erlöschen des Erfüllungsanspruches hat der Vermieter darzulegen und zu beweisen.[115]

b) Antrag. Der Kläger hat daher zu beantragen, dass die Räume an ihn herausgegeben werden, wobei er den Antrag ähnlich einem Räumungsanspruch formuliert, d. h. er fordert die Herausgabe und Besitzverschaffung an der näher bezeichneten Wohnung, bestehend aus z. B. 3 Zimmern, 1 Bad, 1 Balkon und 1 Kellerraum. Sollte es dem Vermieter dann tatsächlich unmöglich sein, die Sache herauszugeben, weil z. B. die Herausgabevollstreckung des § 885 an einer Drittwiderspruchsklage scheitert (§ 771 ZPO), lässt sich das Unvermögen des Vermieters noch im Rahmen des § 888 ZPO klären.[116]

c) Schlüssigkeit. Der klagende Mieter hat den Erfüllungsanspruch darzulegen und zu beweisen, in der Regel durch Vorlage des Mietvertrages oder durch Zeugenbeweis, sofern es sich um einen mündlichen Mietvertrag handelt. Da es Aufgabe des Vermieters ist, das Erlöschen des Erfüllungsanspruches aufgrund anspruchsvernichtender Umstände (Doppelvermietung) darzulegen und zu beweisen,[117] muss der Mieter keine Ausführungen dazu machen, inwieweit es dem Vermieter möglich ist, den Besitz tatsächlich zu verschaffen. Der Mieter kann sich vielmehr darauf beschränken, den Einwand des Unvermögens abzuwarten und dann die zugrunde liegenden Behauptungen bestreiten.

Weiterhin ist Voraussetzung, dass der Kläger darlegt und beweist, den Vermieter aufgefordert zu haben, den Besitz einzuräumen. Zwar ist dies nicht unbedingt für jene Fälle erforderlich, in denen sich der Mietbeginn und damit der Verzug des Vermieters aus dem Mietvertrag ergibt, jedoch unabdingbar für die Fälle, in denen ein exakter Termin zwischen den Parteien nicht vereinbart worden war, z. B. im Falle des **Rückzugs in die Wohnung** nach Modernisierung.

III. Verweis auf weitere Klagemöglichkeiten

Ein Teil der Klagen auf Abgabe einer Willenserklärung wird unter den Kapiteln 4 (Mieterhöhung) und 5 (Zustimmung und Unterlassung) behandelt. Klagen, die im Zusammenhang mit einer Auskunft oder Rechnungslegung verbunden sind, finden sich im nachfolgenden Kapitel 8 (Stufenklage).

---

[113] *Kluth/Grün* NZM 2002, 473/478.
[114] *Kluth/Grün* a. a. O.
[115] LG Köln a. a. O.
[116] *Kluth/Grün* a. a. O.
[117] LG Köln WuM 1990, 65.

8. Kapitel. Stufenklage

Übersicht

	Rdn.		Rdn.
I. Allgemeines	1–3	4. Streitwert	28
II. Auskunftsanspruch des Mieters	4–28	III. Auskunftsanspruch des Vermieters	29–43
1. Höhe der Kaution	4–10	1. Umsatz	29–36
2. Auskunft bezüglich der Anlageart	11–14	2. Anzahl und Namen der Untermieter	37–41
3. Rechnungslegung, Einsicht in die Unterlagen, Zahlungsklage	15–27	3. Auskunft über den Verbleib von Pfandsachen	42, 43

I. Allgemeines

Begehrt der Kläger zunächst entweder **Rechnungslegung** oder **Auskunft** und kann hieraus ein Leistungsanspruch resultieren, so ist es unter den Voraussetzungen des § 254 ZPO möglich, dass Auskunfts- und Leistungsanspruch mit einer Klage in verschiedenen Stufen geltend gemacht werden, wobei bezüglich der Leistungsstufe eine einstweilige Befreiung von der **Bezifferungspflicht** des § 253 Abs. 2 Satz 2 ZPO gewährt wird.[1] Zulässig ist diese objektive Klagehäufung nur dort, wo die Auskunft dazu dient, den Leistungsanspruch zu beziffern. Dient die Stufenklage jedoch dazu, die Durchsetzung des Anspruches zu erleichtern, indem mittels der Auskunft Informationen beschafft werden sollen, ist sie unzulässig.[2] 1

Die Verpflichtung zur Rechnungslegung oder zur Auskunft muss sich aufgrund des Gesetzes oder einer vertraglichen Regelung ergeben [Beispiele: Der Vermieter von Wohnraum ist gemäß § 551 Abs. 3 BGB verpflichtet, eine vom Mieter geleistete Kaution getrennt von seinem übrigen Vermögen anzulegen. Um zu überprüfen, ob der Vermieter der gesetzlichen Vorgabe nachgekommen ist und die Barkaution insolvenzfest angelegt hat, steht dem Mieter ein Auskunftsanspruch zu.[3] Wurde zwischen den Parteien vereinbart, dass der Mieter Betriebskostenvorauszahlungen zu leisten hat, ist der Vermieter aufgrund des Gesetzes (§ 556 Abs. 3 BGB) gehalten, jährlich abzurechnen und damit zur Rechnungslegung verpflichtet]. 2

Stellt sich nach Erteilung der Auskunft heraus, dass der Leistungsantrag nicht begründet ist, so ist der Kläger gut beraten, weder die Klage zurückzunehmen, noch den Rechtsstreit in der Hauptsache für erledigt zu erklären, sondern die Klage in einen Feststellungsantrag zu ändern, wonach der Prozessgegner die Kosten des Verfahrens zu tragen hat (hierzu im Einzelnen unter II.3.; zur Unbegründetheit der Klage infolge einer Aufrechnung unter II.1.; die dort gemachten Ausführungen gelten für alle Fälle der Stufenklage.) 3

II. Auskunftsanspruch des Mieters

1. Höhe der Kaution

Hat der Wohnungsmieter eine **Barkaution** geleistet und ist seit der Beendigung des Mietverhältnisses eine angemessene Frist verstrichen, innerhalb der der Vermieter hätte 4

---

[1] *Greger* in *Zöller* § 254 ZPO Rdn. 2.
[2] *Zöller* a. a. O.
[3] *Schilling* in MünchKomm, zu § 551 BGB Rdn. 24.

abrechnen können und müssen (höchstens 6 Monate)⁴, ist der Mieter berechtigt, den Kautionsrückzahlungsanspruch geltend zu machen. Dazu ist erforderlich, dass der Mieter den Leistungsanspruch exakt beziffert (§ 253 Abs. 2 Ziffer 2 ZPO). Der Mieter kennt zwar die Höhe der geleisteten Kaution, in der Regel aber nicht die während der Dauer des Mietverhältnisses angefallenen Zinsen, die die Kaution erhöhen (§ 551 Abs. 3 BGB). Ist die Kaution zur Rückzahlung fällig und rechnet der Vermieter nicht ab, wäre der Mieter gezwungen, zunächst auf **Auskunft** über die Höhe der Kaution zu klagen, um anschließend die Leistungsklage zu erheben. Beide Klagen kann der Mieter in Form einer **Stufenklage** (§ 254 ZPO) zusammenziehen, wobei er zunächst auf Auskunft über die Höhe des Kautionsguthabens klagt, sich in der 2. Stufe die Auskunft an Eides statt versichern lässt und unter Ziffer 3 die Rückzahlung der Kaution begehrt, jedoch den Kautionsbetrag (also inklusive Zinsen) noch offen lässt. Er beantragt daher, den Vermieter zu verurteilen, den sich nach Auskunft gemäß Ziffer 1 zu errechnenden Betrag nebst Verzugszinsen an den Mieter zu bezahlen. Die Stufenklage ist deshalb anzuraten, weil nunmehr der Kautionsrückzahlungsanspruch nicht mehr nach 30 Jahren, sondern nach 3 Jahren verjährt (§ 195 BGB) und die Stufenklage die Verjährung hemmt.⁵

5   Der Mieter erfährt in der Regel erst nach Erteilung der Auskunft, inwieweit ein Zahlungsanspruch durchgesetzt werden kann. Hat die Auskunft ergeben, dass der **Leistungsanspruch** nicht besteht, wurde bisher überwiegend angenommen, es liege kein Fall der Erledigung vor, da der Leistungsantrag bereits bei Erhebung der Klage unbegründet war.⁶ Diese Konsequenz ergab sich immer dann, wenn der Vermieter gegen den Kautionsrückzahlungsanspruch mit bestehenden Gegenansprüchen im Prozess wirksam aufrechnete. Im Hinblick auf § 389 BGB erlischt rückwirkend die Forderung mit der Folge, dass der Mieter gezwungen ist, entweder die dritte Stufe (Leistungsklage) zurückzunehmen, oder aber den Rechtsstreit in der Hauptsache für erledigt zu erklären. Die Zurücknahme der Leistungsklage führt zur nachteiligen Kostenfolge des § 269 Abs. 3 ZPO. Dies könnte allenfalls bei analoger Anwendung des § 269 Abs. 3 Satz 3 ZPO zu einem kostengünstigeren Ergebnis führen.⁷ Es bleibt daher die Erklärung, der Rechtsstreit sei in der Hauptsache erledigt. Stimmt der Vermieter zu, kann das Gericht berücksichtigen, ob der Vermieter rechtzeitig abgerechnet hat, insbesondere, ob er hierzu vorprozessual aufgefordert worden war.⁸ Hat der Mieter vorprozessual den Vermieter zur Abrechnung der Kaution vergeblich zu bewegen versucht, kann das Gericht die Kosten dem Vermieter auferlegen.

6   Stimmt der Vermieter der **Hauptsacheerledigung** nicht zu, hat das Gericht festzustellen, ob der Rechtsstreit durch die Aufrechnung tatsächlich erledigt wurde. Da im Hinblick auf § 389 BGB der Kautionsrückzahlungsanspruch rückwirkend erlischt, wurde vertreten, die Klage sei von Anfang an unbegründet, da bereits vor Rechtshängigkeit der Klage eine Aufrechnungslage bestand.⁹ Demzufolge war der Feststellungsantrag des Mieters (der Rechtsstreit sei durch die Aufrechnung erledigt) abzuweisen. Dieser Auffassung tritt der BGH entgegen,¹⁰ der nicht auf die Aufrechnungslage, son-

---

⁴ Vgl. aber BGH WuM 2006, 197f.
⁵ BGH NJW 1999, 1101.
⁶ Vgl. *Greger* in *Zöller* § 254 ZPO Rdn. 15; *Mersson* in *Jendrek* C III 2, Anm. 3 a.E.; *Wolst* in *Musielak* § 91a ZPO Rdn. 43; BGH NJW 1994, 2895; **a.A.:** *Kassebohm* NJW 1994, 2728ff.; *Bork* in *Stein/Jonas* § 91a ZPO Rdn. 7: „Der Sinn des § 254 ZPO und die Verknüpfung der Ansprüche rechtfertigen es, eine Erledigung des Zahlungsanspruches anzunehmen, wenn sich dessen Nichtbestehen aus der Erfüllung des Auskunftsanspruches ergibt."
⁷ *Wolst* in *Musielak* a.a.O.
⁸ *Blank* in *Schmidt-Futterer* § 551 BGB Rdn. 77.
⁹ *Heinrichs* in *Palandt* bis zur 64. Auflage § 389 BGB Rdn. 2; *Mersson* in *Jendrek* a.a.O.; *Vollkammer* in *Zöller* § 91a ZPO Rdn. 58 (Aufrechnung) bis zur 25. Auflage.
¹⁰ BGH MDR 2003, 1439 (Leitsatz) = NJW 2003, 3134.

II. Auskunftsanspruch des Mieters

dern auf die Aufrechnungserklärung abstellt, da das Vorliegen einer Aufrechnungslage noch nicht zum Erlöschen der beiderseitigen Forderungen führt, wenn und solange die Aufrechnung nicht erklärt wird.[11] Somit ist nicht die **Aufrechnungslage** das erledigende Ereignis, sondern die **Aufrechnungserklärung** und diese erfolgte nach Rechtshängigkeit.

Hatte der Vermieter trotz Aufforderung durch den Mieter gegenüber dem fälligen Kautionsrückforderungsanspruch nicht abgerechnet, wird ihm das Gericht die Kosten auferlegen. Hatte der Mieter es versäumt, den Vermieter vorprozessual zur Abrechnung aufzufordern, können dem Mieter gemäß § 93 ZPO die Prozesskosten zur Last fallen, wenn der Vermieter sofort anerkennt.

Den Klageantrag der zweiten Stufe (**eidesstattliche Versicherung**) kann der Kläger überspringen und unmittelbar auf die nächste Stufe übergehen.[12] Hat nämlich der Beklagte antragsgemäß Auskunft erteilt, kann der Kläger nur dann den Klageantrag der zweiten Stufe stellen, wenn Grund zur Annahme besteht, die Auskunft oder die Rechnungslegung sei nicht mit der erforderlichen Sorgfalt erteilt worden (§ 259 Abs. 2 BGB). Sind aufgrund der Auskunft keinerlei Anhaltspunkte ersichtlich, die es erforderlich machen, die Richtigkeit und Vollständigkeit der Auskunft an Eides statt zu versichern, sollte der Kläger direkt zur Leistungsklage wechseln. Nach Auffassung des BGH muss der Antrag der zweiten Stufe nicht notwendigerweise zur Verhandlung und Entscheidung gestellt werden. Vielmehr ist der Kläger berechtigt, auf sein eigentliches Leistungsbegehren überzugehen, soweit er sich hierzu in der Lage sieht. Damit strebt der Kläger sein ursprünglich verfolgtes Klageziel unmittelbar an. Dies stellt **keine Klageänderung** dar, sondern ist gemäß § 264 Nr. 2 ZPO zulässig. Aus diesem Grund muss der Kläger die Klage insoweit weder teilweise zurücknehmen, noch die Hauptsache teilweise für erledigt erklären.[13]

Wurde die Kaution in Form eines Sparbuches, der Verpfändung eines Kontos oder mittels Bankbürgschaft geleistet, siehe Kap. 7., I., 3.

Der **Streitwert** der Stufenklage ist bezüglich der Zuständigkeit einheitlich festzusetzen[14] und zu addieren.[15] Bezüglich des Gebührenstreitwertes gilt § 44 GKG. Der Leistungsanspruch ist der höchste Anspruch.[16] Der ausschlaggebende Zeitpunkt für die Wertberechnung ist die Einreichung der Klage.[17] Die Vorbereitungsansprüche werden mit einem Bruchteil berechnet,[18] wobei der Anspruch mit dem höchsten Wert maßgebend ist.[19]

2. Auskunft bezüglich der Anlageart

Hat der Mieter zu Beginn des Wohnraummietverhältnisses eine Kaution geleistet, ist der Vermieter verpflichtet, diese **Kaution insolvenzsicher** getrennt vom übrigen Vermögen anzulegen (§ 551 Abs. 3 Ziffer 3 BGB). Der Mieter hat gegenüber dem Ver-

---

[11] BGH, a.a.O. sowie BGHZ, 300, 303f.
[12] BGH NJW 2001, 833: bei der zweiten Stufe handelte es sich hier um einen Antrag auf Wertermittlung gemäß § 2314 BGB; vgl. *Greger* in *Zöller* § 254 ZPO Rdn. 4.
[13] BGH a.a.O.; **a.A.** OLG München, FamRZ 95, 678, das eine konkludente Teilklagerücknahme annimmt. Folgt man dieser Auffassung, sollte die zweite Stufe, nämlich der Antrag, die Richtigkeit und Vollständigkeit der Auskunft eidesstattlich zu versichern, erst nach der Auskunft im Wege der Klageerweiterung gestellt werden, um eine ungünstige Kostenfolge zu vermeiden.
[14] *Putzo* in *Thomas/Putzo* § 5 ZPO Rdn. 4.
[15] *Herget* in *Zöller* § 3 ZPO Rdn. 16 (Stufenklage).
[16] *Schneider* MDR 1988, 358.
[17] *Greger* in *Zöller* § 254 ZPO, Rdn. 18.
[18] Vgl. *Herget* in *Zöller* a.a.O.
[19] *Greger* in *Zöller*, § 254 ZPO Rdn. 18.

mieter einen Auskunftsanspruch über die Art der Anlage. Erteilt der Vermieter trotz Aufforderung keine Aufklärung, ist der Mieter berechtigt, eine Auskunftsklage zu erheben mit dem Antrag, den Vermieter zu verurteilen, mitzuteilen, wo die Kaution angelegt wurde (Kreditinstitut), in welcher Anlageart und wann dies unter welcher Kontonummer geschah. Zur Schlüssigkeit der Klage genügt es, dass der Mieter die Vertragsbeziehung offen legt, den Nachweis der Zahlung der Kaution führt und behauptet, den Vermieter zur Auskunft vergeblich aufgefordert zu haben.

12 Stellt sich aufgrund der Auskunftsklage heraus, dass die Kaution nicht getrennt vom übrigen Vermögen des Vermieters angelegt ist, berechtigt dies den Mieter, den Vermieter zu verklagen, die Kaution nebst den zwischenzeitlich angefallenen Zinsen bei einem Kreditinstitut zu dem für Spareinlagen mit 3-monatiger Kündigungsfrist üblichen Zinssatz anzulegen (§ 551 Abs. 3 BGB). Hat der Mieter entsprechend § 551 Abs. 2 BGB die Kaution in drei gleichen monatlichen Raten geleistet, ist dies entsprechend im Klageantrag zu berücksichtigen. Der Vermieter ist danach zu verurteilen, zu Gunsten des Klägers (Mieter) die gezahlte Kaution in Höhe von X EUR nebst seit Zahlung der einzelnen Kautionsraten angefallenen Zinsen in Höhe des Zinssatzes für Spareinlagen mit 3-monatiger Kündigungsfrist bei einem Kreditinstitut zu dem für Spareinlagen mit 3-monatiger Kündigungsfrist üblichen Zinssatz anzulegen.

13 Die Auskunft und die Erfüllungsklage können in Form einer Stufenklage erhoben werden.[20]

14 Der **Streitwert** dieser Auskunftsklage ist mit bis zu einem Viertel des Kautionsbetrages anzusetzen.[21]

3. Rechnungslegung, Einsicht in die Unterlagen, Zahlungsklage

15 In der Regel wird zwischen Vermieter und Mieter vereinbart, dass der Mieter auf bestimmte **Betriebskosten** monatliche Vorauszahlungen leistet, die jährlich abzurechnen sind.

16 Im Hinblick auf das Wohnungsmietrecht haben sich grundsätzliche Veränderungen in der Rechtsposition des Mieters durch die Gesetzesänderung zum 1. 9. 2001 ergeben.

17 Hat der Vermieter nicht abgerechnet, wird der Mieter auf **Rechnungslegung** in Stufe 1, gegebenenfalls auf Einsicht in die Unterlagen in Stufe 2, und schließlich auf Auszahlung des Guthabens in Stufe 3 klagen. Ergibt sich aufgrund der Rechnungslegung kein Guthaben des Mieters, muss der Mieter entweder die Klage mit der sich daraus ergebenden Kostenfolge zurücknehmen oder den Rechtsstreit in der Hauptsache für erledigt erklären. Bei der übereinstimmenden Erledigungserklärung kann das Gericht im Rahmen der Ermessensausübung beurteilen, ob sich der Vermieter mit seiner Verpflichtung zur Abrechnung in Verzug befand.

18 Bei der einseitigen Erledigungserklärung ist umstritten, ob ein Fall der Hauptsacheerledigung vorliegt. Der BGH verneint dies,[22] hingegen wird die Frage von Stein/Jonas[23] bejaht. Richtigerweise wird man dem Mieter mit dem BGH einen Schadensersatzanspruch bei verspätet erteilter Auskunft zubilligen. Ergibt die Auskunft, dass ein Guthaben nicht besteht, wird der Mieter den unbezifferten Leistungsantrag in einen **Feststellungsantrag** abändern, wonach der Vermieter die Kosten des unbegründeten Leistungsantrages zu tragen hat, den der Mieter infolge der Nichterteilung oder nicht rechtzeitigen Erteilung der Rechnungslegung erhoben hatte.[24] Die damit einhergehen-

---

[20] *Blank* in *Schmidt-Futterer* § 551 BGB Rdn. 55.
[21] *Putzo* in *Thomas/Putzo* § 3 ZPO Rdn. 21.
[22] BGH NJW 1994, 2895.
[23] *Bork* in *Stein/Jonas* § 91a ZPO Rdn. 7.
[24] BGH NJW 1994, 2895f.

II. Auskunftsanspruch des Mieters 19–27 8. Kap.

de **Klageänderung** ist zumindest sachdienlich.[25] Liegt ein Verzug des Vermieters vor und konnte sich der Mieter erst aufgrund der verspäteten Auskunft Klarheit über seinen Leistungsanspruch verschaffen, so hat der Vermieter im Wege des Schadensersatzes die Kosten der Rechtsverfolgung zu tragen.[26]

Der Mieter sollte daher – Ausnahme: übereinstimmende Erledigungserklärung – auf 19 den Feststellungsantrag wechseln.

Da die Zahlungsklage auf Erstattung der nicht verbrauchten Vorauszahlungen ge- 20 richtet ist, ist die Klage dann abzuweisen, wenn der Anspruch auf Rückforderung der Vorauszahlungen bereits verjährt war. Der Vermieter ist dann nicht verpflichtet, dem Ansinnen auf Rechnungslegung nachzukommen, da im Hinblick auf die erhobene Einrede der **Verjährung** diesem Anspruch das Rechtsschutzbedürfnis fehlt, die Auskunft für den Mieter somit grundsätzlich keinen Wert mehr hat.[27] Beharrt der Mieter gleichwohl auf seinem Auskunftsverlangen, ist die Klage als unbegründet abzuweisen.[28] Dies soll aber nur im Rahmen einer Stufenklage gelten, nicht für die selbstständige Klage auf Erteilung einer Abrechnung.[29]

Allerdings gilt es zu bedenken, dass der Anspruch des Mieters (§ 812 Abs. 1 Satz 2 21 BGB und Mietvertrag) auf Rückzahlung der nicht verbrauchten Vorauszahlungen erst mit der Vorlage einer ordnungsgemäßen Abrechnung fällig wird.[30] Solange der Vermieter eine vertragsgerechte Abrechnung nicht erteilt hat, beginnt auch nicht die Verjährungsfrist der Mieteransprüche.

Soweit dem Mieter ein Anspruch auf Rechnungslegung zusteht, kann er dem Ver- 22 mieter nicht vorschreiben, wie er im Einzelnen die Abrechnung zu erstellen hat. Es ist vielmehr Sache des Vermieters, sich zu entscheiden, wie er den Anspruch des Mieters erfüllt.[31]

Hat der Vermieter eine **Betriebskostenabrechnung** erteilt, die den Mindestanfor- 23 derungen genügt, scheidet ein weitergehender Anspruch des Mieters aus. Sobald die Abrechnungspflicht als solche erfüllt ist – das ist sie immer dann, wenn Abrechnung formal ordnungsgemäß erfolgt – hat der Mieter keinen Anspruch auf eine erneute Abrechnung.[32]

Die gilt auch dann, wenn der Mieter Unrichtigkeiten bzgl. einzelner Positionen 24 feststellt. Der Mieter muss in diesem Fall ein errechnetes Guthaben einklagen.

Erteilt der Vermieter trotz rechtskräftiger Verurteilung keine Abrechnung, ist im 25 Wege der **Ersatzvornahme** nach § 887 ZPO zu vollstrecken.[33]

Die Abrechnung kann durch einen Dritten, insbesondere durch einen Sachverstän- 26 digen erteilt werden, dies ist allerdings mit nicht unerheblichen Kosten verbunden, auf die der Mieter gemäß § 887 Abs. 2 ZPO einen Vorschuss verlangen kann.[34]

Gewährt der Vermieter keine **Einsicht in die Unterlagen** oder fordert der Mieter 27 trotz Verurteilung vergeblich die Überlassung der Belege gegen Kostenerstattung,[35] ist der Titel nach § 888 ZPO zu vollstrecken.[36] Dies gilt auch dann, wenn das Urteil den

---

[25] BGH a.a.O.
[26] BGH a.a.O.
[27] *Langenberg* K 30.
[28] *Langenberg* a.a.O. u.H.a. BGHZ 108, 393/399.
[29] *Langenberg* a.a.O.
[30] OLG Hamm WuM 1998, 476/478.
[31] *Langenberg* a.a.O.
[32] LG Hamburg WuM 1998, 727.
[33] OLG Hamm WuM 1998, 476.
[34] *Langenberg* a.a.O. Rdn. 26.
[35] Dies gilt für den Fall des § 29 Abs. 1 NMV sowie im Übrigen dann, wenn Hausverwaltung bzw. Vermieter und Mieter nicht am selben Ort residieren.
[36] *Langenberg* a.a.O.

Vermieter verpflichtet, „die einschlägigen Rechnungen und Belege gegen Erstattung der Kopiekosten vorzulegen".[37] Es handelt sich insoweit nicht um eine Zug-um-Zug-Verurteilung.[38] Der Vermieter ist vorleistungspflichtig.

4. Streitwert

28 Der Streitwert richtet sich in der Regel nach der Höhe des höheren Zahlungsanspruches (§ 44 GKG). Handelt es sich um eine „stecken gebliebene" Stufenklage, bei der sich nach der Auskunft der zu erwartende Zahlungsanspruch deutlich verringert hat, soll es auf die Erkenntnis des Gerichtes in der letzten mündlichen Verhandlung ankommen.[39]

III. Auskunftsanspruch des Vermieters

1. Umsatz

29 Sieht ein gewerblicher Mietvertrag vor, dass der Mieter eine höhere Miete bei **steigendem Umsatz** zu entrichten hat und gewährt der Mieter trotz Aufforderung dem Vermieter nicht den Einblick in die Umsatzsteuererklärungen und Bilanzen sowie in die Kassenbücher,[40] so kann der Vermieter bei begründetem Verdacht,[41] der Umsatz sei so gestiegen, dass im Rahmen der vertraglichen Vereinbarung die Miete anzuheben ist, im Wege der Stufenklage seinen Anspruch geltend machen. In der ersten Stufe begehrt er Auskunft über die monatlich erzielten Umsätze, wobei er bereits in der ersten Stufe verlangen kann, dass die erteilten Auskünfte durch Vorlage z. B. der Umsatzsteuererklärung oder von Bilanzen belegt werden.[42] In jedem Einzelfall ist die vom Vermieter gewünschte Vorlage von Belegen exakt zu bezeichnen.

30 Hat der Mieter die Umsätze beziffert und durch Vorlage z. B. von Umsatzsteuervoranmeldungen belegt, kann der Kläger verlangen, dass die Richtigkeit und Vollständigkeit der Auskünfte **eidesstattlich versichert** werden. Dieser Antrag kann erst nach Vorlage gestellt werden, da erst jetzt geprüft werden kann, ob die Auskünfte mit der erforderlichen Sorgfalt erteilt worden sind. Der Antrag darf jedoch in zulässiger Weise bereits mit der Klage gestellt werden, da es dem Kläger unbenommen bleibt, nach der Auskunft direkt zur Leistungsklage überzugehen (vgl. Kap. 8., II. 1., Rdn. 8). Beharrt der Kläger auf der Stellung des Antrages der Stufe 2 (eidesstattliche Versicherung), zählt es zur Substantiierungspflicht des Vermieters, bei Stellung dieses Antrages im Einzelnen darzulegen, weshalb der Mieter die Auskunft oder die Rechnungslegung nicht sorgfältig vorgenommen hat.

31 Errechnet sich aufgrund der Auskunft eine Steigerung des Umsatzes und damit der Miete, so ist die Zahlungsklage entsprechend zu beziffern.

32 Problematisch gestaltet sich der Fall, wenn die Auskunft keine **Umsatzsteigerung** ergibt, dies aber darauf zurückzuführen ist, dass der Mieter z. B. die üblichen Ladenzeiten nicht eingehalten hatte. Wurde zwischen den Parteien eine **Betriebspflicht** nicht vereinbart, hat der Vermieter keinen Anspruch auf eine höhere Miete, die sich

---

[37] OLG Düsseldorf WuM 2001, 344.
[38] OLG Düsseldorf a. a. O.
[39] *Beuermann* in *Jendrek* B.II.7 Rdn. 10 u. H. a. KG JurBüro 1997, 595; vgl. § 40 GKG und Hartmann § 44 GKG, Rdn. 4.
[40] OLG Düsseldorf NJW–RR 1990, 1098.
[41] *Heinrichs* in *Palandt* § 261 BGB Rdn. 10: für den Leistungsanspruch muss eine überwiegende Wahrscheinlichkeit bestehen; *Krüger* in MünchKomm, § 260 Rdn. 16.
[42] *Wolff/Eckert/Ball* Rdn. 295 f; **a. A.:** *Sternel* III. Rdn. 17, der mangels weitergehender Vereinbarung dem Vermieter lediglich das Recht einräumt, die Umsatzsteuervoranmeldung zu fordern.

III. Auskunftsanspruch des Vermieters 33–37 **8. Kap.**

an einem Durchschnittsumsatz orientiert.[43] Dies gilt selbst dann, wenn lediglich die vereinbarte Mindestmiete bezahlt wird.[44]

Wie sich die Umsatzmiete im Einzelnen berechnet, hängt von den vertraglichen 33 Vereinbarungen ab. Fehlt es an diesen Vereinbarungen, zählt jedenfalls die **Mehrwertsteuer** nicht zum Umsatz.[45]

Ist aufgrund der Auskunft eine Steigerung der Miete zu verneinen, ist die noch un- 34 bezifferte Leistungsklage entweder für erledigt zu erklären, zurückzunehmen, oder als Feststellungsantrag (bzgl. der Kosten) zu formulieren. Im Falle der Rücknahme trägt der Vermieter die Kosten (§ 269 Abs. 3 ZPO). Erklärt der Vermieter die Leistungsklage für erledigt und stimmt der Mieter zu, kann das Gericht im Rahmen eines Beschlusses gemäß § 91 a ZPO die Kosten dem Mieter auferlegen, wenn der Vermieter vorprozessual vergeblich um Auskunft bzw. Rechnungslegung nachgesucht hat.

Stimmt der Mieter nicht zu, ist die Feststellungsklage des Vermieters, dass die Leis- 35 tungsklage sich infolge der Auskunft erledigt habe, abzuweisen, weil eine Erledigung der Hauptsache nicht eingetreten ist.[46] Auch wird der Vermieter die Kosten des Rechtsstreites zu tragen haben, da eine entsprechende Anwendung des § 93 ZPO zu Gunsten des Vermieters nicht in Frage kommt.[47]

Dem Vermieter steht jedoch ein **Schadensersatzanspruch** bei verspätet erteilter 36 Auskunft zu.[48] Er ist somit gut beraten, wenn er seinen unbezifferten Leistungsantrag nach der für ihn ungünstigen Auskunft in einen Feststellungsantrag abändert, wonach der Mieter die Kosten des unbegründeten Leistungsantrages zu tragen hat, den der Vermieter infolge der Nichterteilung oder nicht rechtzeitigen Erteilung der Auskunft erhoben hatte.[49] Die damit verbundene **Klageänderung** ist hier jedenfalls sachdienlich.[50] Das Gericht hat nur zu prüfen, ob der Mieter es unterlassen hatte, trotz entsprechender Aufforderung rechtzeitig Auskunft zu erteilen und sich der Vermieter erst durch die – verspätete – Auskunftserteilung Klarheit über die Unbegründetheit seines Leistungsantrages verschaffen konnte.[51] Liegt ein Verzug des Mieters vor, hat er auch im Wege des Schadensersatzes für die Kosten der Rechtsverfolgung aufzukommen.

2. Anzahl und Namen der Untermieter

Hat der Wohnungsmieter ohne Erlaubnis untervermietet, steht dem Vermieter ein 37 Anspruch auf Auskunft über die Anzahl der Untermieter und deren Vor- und Nachnamen zu (siehe Kap. 7 II. 2). Will der Vermieter darüber hinaus eine Untervermietung unterbinden, z.B. weil er eine Überbelegung befürchtet, kann er im Rahmen einer Stufenklage sowohl auf Auskunft klagen, als auch in einer weiteren Stufe entweder beantragen, bei Meidung der gerichtlichen Festsetzung eines Ordnungsgeldes, den

---

[43] *Sternel* III. Rdn. 16.
[44] *Sternel* a.a.O.; **a.A.**: BGH NJW 1979, 2351.
[45] *Sternel* a.a.O. Rdn. 15 m.w.N.; **a.A.**: OLG Celle BB 1974, 157.
[46] BGH NJW 1994, 2895.
[47] BGH a.a.O.: § 93 ZPO enthalte eine Ausnahme von der allgemeinen Regelung, wonach grundsätzlich der Verlierer des Prozesses die Kosten zu tragen habe; der Beklagte solle vor Verfahrenskosten geschützt werden, soweit er keinen Anlass zur Klageerhebung gegeben habe und er den Anspruch des Klägers sofort anerkenne. Dieser Fall sei mit dem vorliegenden nicht vergleichbar, bei dem der Beklagte im Rahmen der Stufenklage durch Auskunft und Rechnungslegung einwendet, dass der Zahlungsanspruch von Anfang an unbegründet gewesen sei; **a.A.** *Kassebohm* NJW 1994, 2728.
[48] AG Jena FamRZ 1997, 219, wonach der Schadensersatzanspruch im selben Prozess mittels Klageänderung durchgesetzt werden kann.
[49] BGH a.a.O.; *Wolst* in *Musielak* § 91a ZPO Rdn. 43.
[50] BGH a.a.O.; AG Jena a.a.O.
[51] BGH a.a.O.

Mieter zu verurteilen, es zu unterlassen, an die benannten Personen unterzuvermieten oder den Mieter verurteilen lassen, den oder die Untermieter zu entfernen.

38 Kennt der Vermieter die Anzahl, nicht aber die Namen der Personen, die in der Wohnung aufgenommen worden sind, und liegt tatsächlich eine Überbelegung vor,[52] so ist es aus prozessökonomischen Gründen ratsam, im Wege der Stufenklage vorzugehen. Ist dem Vermieter aber die Anzahl der Personen unbekannt, denen die Wohnung vom Mieter überlassen wurde und/oder kann er vorprozessual über die Personen nichts in Erfahrung bringen, weiß er letztlich nicht, ob er mit dem Antrag der weiteren Stufe Erfolg haben wird. Immerhin ist denkbar, dass der Mieter aufgrund vertraglicher oder der gesetzlichen Regelung einen Anspruch auf Erlaubniserteilung hat (§ 553 BGB). In solch einem Fall muss der Kläger die zweite Stufe zurücknehmen oder insoweit den Rechtsstreit für erledigt erklären. Im ersten Fall hat er in jedem Fall die Kosten der Klagerücknahme zu tragen; im zweiten Fall (bei Zustimmung zur Erledigterklärung) ergeht eine Entscheidung nach billigem Ermessen (§ 91 a ZPO). Stimmt der Mieter der Hauptsacheerledigung nicht zu, läuft der Vermieter zudem Gefahr, dass das Gericht den Unterlassungs-/Entfernungsantrag abweist und ihm die Kosten ganz auferlegt, da die Klage unter Ziffer 2 von Anfang an nicht begründet war.

39 Um hier ein Kostenrisiko zu vermeiden, sollte der Vermieter nur dann im Wege der Stufenklage vorgehen, wenn er mit einiger Sicherheit abzuschätzen vermag, die Ziffer 2 seines Antrages auch durchsetzen zu können. Im anderen Fall ist ihm anzuraten, zunächst lediglich auf Auskunft zu klagen.

40 In jedem Fall ist der Antrag auf Unterlassung unbegründet, wenn vorprozessual eine Abmahnung nicht vorausgegangen ist.[53] Kannte der Vermieter z.B. die Anzahl, aber nicht die Namen der Untermieter, muss die Abmahnung enthalten, dass der Mieter die Überlassung des Mietobjektes an soundso viele Personen unterlässt, wobei die Form der Abmahnung nicht vorgeschrieben ist.[54] (siehe hierzu Kap. 5).

41 Die Abmahnung ist nur dann entbehrlich, wenn der Mieter vorprozessual unmissverständlich zum Ausdruck gebracht hatte, in jedem Fall weiter unterzuvermieten.[55]

3. Auskunft über den Verbleib von Pfandsachen

42 Für Forderungen aus dem Mietverhältnis steht dem Vermieter an den eingebrachten Sachen des Mieters ein Pfandrecht zu (§ 562 BGB). Wurden die Pfandsachen ohne Wissen oder unter Widerspruch des Vermieters aus dem Mietobjekt entfernt, kann der Vermieter die Herausgabe zum Zwecke der Zurückschaffung auf das Mietgrundstück von demjenigen verlangen, der die Pfandsache entfernt hat. Ist das Mietverhältnis bereits beendet, wird er die Überlassung des Besitzes an sich fordern (§ 562b BGB). Häufig weiß der Vermieter nicht, welche Sachen wohin und zu wem gebracht wurden. Um seinen Herausgabeanspruch durchsetzen zu können, hat er einen Anspruch auf Auskunft.[56] Der Anspruch richtet sich gegen denjenigen, der die Pfandsachen entfernt hat (§ 260 Abs. 1 BGB). Die Auskunftsklage kann der Vermieter nach § 254 ZPO mit der Herausgabeklage in Form einer Stufenklage verbinden.[57]

43 Zu beachten ist die Ausschlussfrist von einem Monat nach Kenntnis der Entfernung der Pfandsachen (§ 562b Abs. 2 BGB). Nicht ausreichend zur Wahrung dieser Frist ist

---

[52] Wann dies der Fall ist, ist umstritten; vgl. *Hannemann* in Jendrek B.II.32, Anm. 5; *Blank* in *Schmidt-Futterer* § 540 BGB Rdn. 27 m. w. N.
[53] *Blank* in *Schmidt-Futterer* § 541 BGB Rdn. 90.
[54] *Blank* in *Schmidt-Futterer* a. a. O. Rdn. 91.
[55] *Blank* in *Schmidt-Futterer* a. a. O. Rdn. 93.
[56] *Lammel* in *Schmidt-Futterer* § 562b BGB, Rdn. 24.
[57] *Lammel* a. a. O.

III. Auskunftsanspruch des Vermieters **43 8. Kap.**

die Geltendmachung des Anspruches auf Verwertung des Pfandobjektes,[58] die Pfändung der Gegenstände aufgrund eines Zahlungstitels des Vermieters[59] oder ein Klageabweisungsantrag des Vermieters gegenüber einer Klage des Mieters auf Duldung der Entfernung der Gegenstände von dem Grundstück.[60] Ebenso wenig reicht es aus, die Hinterlegung des Erlöses nach § 805 Abs. 4 ZPO zu beantragen.[61]

---

[58] *Lammel* a.a.O., Rdn. 32.
[59] *Lammel* a.a.O., Rdn. 33 m.w.N.
[60] *Lammel* a.a.O.
[61] *Lammel* a.a.O.; **a.A.** *Weidenkaff* in *Palandt* § 562b BGB Rdn. 13 unter Hinweis auf *Emmerich* in *Staudinger* § 562b BGB Rdn. 20.

9. Kapitel. Zahlungsklagen

Übersicht

	Rdn.		Rdn.
I. Klagen des Vermieters	1–144	eines Mangels der Mietsache ($ 536a BGB)	161–181
1. Zahlung einer Barkaution	1–14	a) Schadensersatzanspruch ($ 536a Abs. 1 BGB)	161–174
2. Zahlung von Mietrückständen	15–37	b) Aufwendungsersatzanspruch nach § 536a Abs. 2 BGB	175–181
3. Betriebskostennachzahlungen	38–62	3. Sonstige Ansprüche des Mieters auf Ersatz von Aufwendungen	182–191
4. Zahlung künftiger Mieten	63–70	a) § 539 Abs. 1 BGB/Geschäftsführung ohne Auftrag	182–187
5. Zahlung Nutzungsentschädigung	71–96	b) Aufwendungsersatzanspruch des Mieters nach § 554 Abs. 4 BGB	188–191
6. Sonstige Zahlungsansprüche des Vermieters wegen Vorenthaltung	97–109	4. Sonstige Schadensersatzansprüche des Mieters	192–212
a) Schadensersatzansprüche	97–106	a) Nutzlose Aufwendungen	192–195
b) wegen unterbliebener Rückgabe der Mietsache	107–109	b) Wegen Vorenthaltung der Mietsache/Nichtgewährung des Gebrauches	196–204
7. Sonstige Schadensersatzansprüche des Vermieters	110–144	c) Wegen Vereitelung des Vorkaufsrechts nach § 577 BGB	205–209
a) Verzögerung von Modernisierungsarbeiten	110, 111	d) Wegen entgangener Kautionszinsen	210–212
b) Überschreitung des vertragsgemäßen Gebrauches	112–127	5. Rückzahlung der Kaution	213–225
c) nicht durchgeführte Schönheitsreparaturen	128–139	6. Rückzahlung einer Mietvorauszahlung (§ 547 BGB)	226–235
d) durch den Mieter verschuldete fristlose Kündigung des Mietverhältnisses	140–144	7. Bereicherungsansprüche des Mieters	236–246
II. Klagen des Mieters	145–246	III. Klagen Dritter gegen den Vermieter	247–250
1. Mietpreisüberhöhung	145–160		
a) Mangellage	147–152		
b) Unangemessen hohes Entgelt	153–155		
c) Die Ausnutzung der Mangellage	156–160		
2. Schadens- und Aufwendungsersatzanspruch des Mieters wegen			

Es können in diesem Kapitel nur die in der Praxis am häufigsten vorkommenden Zahlungsklagen behandelt werden. Ergibt sich der **Streitwert** bereits aus der Klagesumme, erfolgen dazu keine Ausführungen.

I. Klagen des Vermieters

1. Zahlung einer Barkaution

Es besteht **keine gesetzliche Verpflichtung** des Mieters, eine **Kaution** zu erbringen.[1] Ausnahme ist § 563 Abs. 3 BGB. Ansonsten muss die Verpflichtung eines Mieters zur Leistung einer Kaution zwischen den Mietvertragsparteien **ausdrücklich vereinbart** werden. Eine derartige Vereinbarung kann auch durch **Formularmietvertrag** getroffen werden,[2] wobei Blank eine **deutliche drucktechnische Gestaltung** fordert, um die Klausel nicht als „überraschend" im Sinne von § 305c Abs. 1 BGB zu bewerten.[3]

1

---

[1] *Weidenkaff* in *Palandt* § 551 BGB Rdn. 7.
[2] *Weidenkaff* in *Palandt* § 551 BGB Rdn. 4.
[3] *Blank* in *Schmidt-Futterer* § 551 BGB Rdn. 9.

2 Die Möglichkeit der freien Vereinbarung einer Sicherheitsleistung im Bereich der **Wohnraummiete** ist durch § 551 BGB **eingeschränkt** hinsichtlich der **Kautionshöhe**,[4] der **Fälligkeit** der Bereitstellung einer **Geldsumme** und der **Anlage** einer überlassenen Geldsumme. Eine weitere Einschränkung ergibt sich bei **preisgebundenem Wohnraum** nach § 9 Abs. 5 S. 1 WoBindG, wonach die Vereinbarung einer Sicherheit nur insoweit zulässig ist, als sie dazu bestimmt ist, Ansprüche des Vermieters gegen den Mieter (nur) aus Schäden an der Wohnung oder unterlassenen Schönheitsreparaturen zu sichern.

3 § 551 BGB ist auf **Geschäftsraummietverhältnisse** weder unmittelbar noch entsprechend anwendbar.[5] Gesetzliche Beschränkungen hinsichtlich der Höhe der Kautionssumme ergeben sich bei **Geschäftsräumen** daher allenfalls aus den Grenzen der §§ 137, 138 BGB. Wenn die Kaution das Sicherungsinteresse des Vermieters übersteigt, sind außerdem die Vorschriften des **Verbraucherkreditgesetzes** zu beachten, da sich die Leistung des Mieters in einem solchen Fall als verborgener Kredit darstellen kann.[6]

4 Neben den sonstigen, zu vereinbarenden Arten der Sicherheitsleistung (Verpfändung oder Sicherungsabtretung von Sparkonto, Sparbuch, Bankguthaben, Bürgschaften) ist immer noch die häufigste Form der Sicherheitsleistung die **Barkaution**. Danach ist der Mieter verpflichtet, an den Vermieter einen bestimmten **Geldbetrag zu übergeben** oder auf ein vom Vermieter bestimmtes **Konto einzuzahlen**.

5 Nach § 551 Abs. 4 BGB sind zum **Nachteil** des Wohnraummieters abweichende Vereinbarungen unwirksam. Der nach § 551 BGB zulässige Höchstbetrag umfasst dabei **sämtliche Formen der Sicherheitsleistung.** Der Höchstbetrag gilt also auch dann, wenn **mehrere Arten von Sicherheitsleistungen** vereinbart sind, z.B. gleichzeitig eine Barkaution von 3 Monatsmieten und eine Bankbürgschaft in derselben Höhe. Hier gilt das **Kumulationsverbot**.[7] Eine **zusätzliche Sicherheit** kann der Vermieter nur unter den gesetzlichen Voraussetzungen verlangen. Dazu gehört z.B. die Sicherheit nach § 554a BGB[8] oder eine **gesonderte** Sicherheit für die Anbringung einer Parabolantenne durch den Mieter.[9]

6 Enthält der Mietvertrag nur zur Fälligkeit der Kautionszahlung keine Regelung, soll die gesetzliche Fälligkeitsregelung (§ 271 Abs. 1 BGB) gelten.[10] Fehlt dem Mietvertrag, insbesondere im Formularmietvertrag, auch ein Hinweis auf die gesetzliche Ratenzahlungsmöglichkeit oder wird der Höchstbetrag überschritten, soll die Kautionsabrede nach einer Auffassung in der gesetzlich zulässigen Höhe und hinsichtlich der gesetzlichen Fälligkeitsregelung wirksam bleiben.[11] Nach anderer Auffassung soll dies zur Totalnichtigkeit der Kautionsabrede führen.[12] Sind die Pflicht zur Zahlung der Mietkaution und die Fälligkeit der Zahlung im Mietvertrag in **trennbaren Klauseln** vereinbart, kann der Mieter eine bereits gezahlte Kaution nach überwiegender Auffassung nicht

---

[4] LG Berlin WuM 2005, 454: Bei Vorliegen eines Mangels ist die vereinbarte, nicht die geminderte Miete die Höchstgrenze; s. aber BGH NZM 2005, 699, WuM 2005, 573: Liegt im Zeitpunkt der Vereinbarung der Mietsicherheit ein unbehebbarer Mangel vor, bildet die aufgrund des Mangels geminderte Miete die Höchstgrenze (erhebliche Flächenabweichung).
[5] *Blank* in *Schmidt-Futterer* § 551 BGB Rdn. 85; *Weidenkaff* in *Palandt* vor § 535 Rdn. 122.
[6] *Blank* in *Schmidt-Futterer* § 551 BGB Rdn. 85.
[7] BGH BGHZ 107, 236 (240).
[8] S. 3. Kapitel Rdn. 93
[9] OLG Karlsruhe ZMR (RE) ZMR 1993, 511; *Dörr* WuM 2002, 347.
[10] LG Köln WuM 2003, 30 (31).
[11] HansOLG Hamburg ZMR 2001, 887; LG Lüneburg MDR 1999; 1315; AG Dortmund WuM 1997, 212; LG Berlin MM 2003, 297; LG Lüneburg ZMR 2000, 303.
[12] LG München I NJW-RR 2001, 1230, WuM 2001, 280; LG Postdam GE 2002, 262, WuM 2003, 237.

I. Klagen des Vermieters

zurückfordern,[13] so dass auch die Zahlungsklage des Vermieters gerechtfertigt sein wird. Das gleiche gilt, wenn in der Klausel nur auf die gesetzliche Bestimmung (§ 551 BGB) verwiesen wird.[14] Der BGH[15] hat den grundsätzlichen Meinungsstreit dahinstehen lassen, als ein Mietvertrag in getrennten Klauseln eine zulässige Kautionshöhe und eine Zahlung „mit Abschluss des Mietvertrages" vorsah, bei einem Verstoß gegen die Fälligkeitsregelung und einer (geringfügigen) Überschreitung der Grenze von 3 Monatsmieten die Kautionsvereinbarung im Übrigen für wirksam erachtet.[16]

Klagt der Vermieter auf Zahlung einer Barkaution, hat er die wirksame Vereinbarung einer Kaution **darzulegen** und **zu beweisen.** Da nach § 551 Abs. 3 BGB **die Zinsen** auf die als Sicherheit überlassene Geldsumme ohnehin den Mieter zugute kommen, kann der Vermieter bei Zahlung auf Leistung der Barkaution nicht auch noch **Verzugszinsen** einklagen.[17] Wird eine Kaution erst **während des Mietverhältnisses** vereinbart, ist die erste Rate sofort fällig, die beiden anderen Raten jeweils einen bzw. zwei Monate später.[18]

Strittig ist, ob der Anspruch des Vermieters auf **Wiederauffüllung** der Kaution einer entsprechenden, vertraglichen Regelung bedarf. Die wohl herrschende Meinung nimmt an, dass eine derartige, ausdrückliche **Abrede nicht notwendig** sei, da der Mieter durch (z.B.) seine Nichtzahlung der Miete das Sicherungsinteresse des Vermieters beeinträchtigt habe.[19]

Da sich der **Vermieter** während des Mietverhältnisses nur eingeschränkt an die Kaution **halten** darf, also nur wegen **rechtskräftig festgestellter, unstreitig** oder **offensichtlich begründeter** Forderungen auf die Kaution zuzugreifen berechtigt ist,[20] kann der Vermieter nur unter den vorgenannten Voraussetzungen die Kaution schmälern und dann **Wiederauffüllung der Kaution** klageweise durchsetzen. War ein Anspruch des Vermieters allerdings bereits während des Mietverhältnisses verjährt, so kann er sich insoweit nicht mehr aus der Kaution befriedigen, dann also auch keine Wiederauffüllung mehr fordern. Zur Begründung wird darauf verwiesen, dass der Rückzahlungsanspruch des Mieters erst mit Beendigung des Mietvertrages erfüllbar werde, so dass sich die Forderungen in unverjährter Zeit nicht aufrechenbar gegenüber gestanden hätten (§ 387 BGB a. F.; § 215 BGB n. F.).[21]

Der Anspruch des Vermieters auf Zahlung der Kaution kann auch längere Zeit nach Beginn des Mietverhältnisses geltend gemacht werden.[22] Nach zumindest h.M. entfällt der Anspruch auf Kautionszahlung auch nicht mit der **Beendigung des Mietvertrages.** Dem Vermieter soll noch solange Anspruch auf Zahlung der Kaution zustehen,

---

[13] LG Berlin WuM 2002, 670.
[14] LG Köln WuM 2003, 30.
[15] BGH WuM 2003, 495, ZMR 2003, 729; BGH WuM 2004, 147; BGH WuM 2004, 269.
[16] BGH NJW 2004, 1240.
[17] OLG Düsseldorf GE 2000, 602, DWW 2000, 122; LG Nürnberg-Fürth ZMR 1991, 497, NJW-RR 1992, 335; a.A. *Kraemer* NZM 2001, 737 (738f), *Derleder* WuM 2002, 239 (241).
[18] *Weidenkaff* in *Palandt* § 551 BGB Rdn. 10.
[19] BGH WuM 1972, 75; OLG Düsseldorf ZMR 2000, 211; BGH NJW 1981, 976; OLG Düsseldorf NZM 2001, 380, OLG Celle WuM 1993, 291; KG GE 2005, 305; a. A. (ausdrückliche Abrede notwendig) *Weidenkaff* in *Palandt* vor § 535 BGB Rdn. 123; im Ergebnis ablehnend und zum Meinungsstand: *Wiek* in WuM 2005, 685.
[20] LG Hamburg ZMR 2001, 802; LG Berlin GE 1997, 1027; LG Mannheim WuM 1996, 296; *Blank* in *Schmidt-Futterer* § 551 BGB Rdn. 66; weitergehend OLG Karlsruhe NZM 2004, 298 (Gewerberaum).
[21] OLG Düsseldorf ZMR 2002, 658, WuM 2002, 495.
[22] LG Karlsruhe WuM 1992, 367; zur Verwirkung: AG Celle WuM 1982, 86; AG Regensburg WuM 1991, 95.

solange er aus dem beendeten Vertrag noch Forderungen hat.[23] Auch wegen nach Vertragsbeendigung noch entstehender Ansprüche soll sich der Vermieter also noch auf einfache Weise aus der Kaution befriedigen können, statt auf die zumindest schwerer durchsetzbare Zahlungsklage verwiesen zu werden.[24] Derartige zu sichernde Forderungen müssen allerdings im Zeitpunkt der Klageerhebung bestehen.[25]

11 Gegen eine Klage des Vermieters auf Zahlung der Kaution nach Beendigung des Mietverhältnisses kann der Mieter den Einwand der **unzulässigen Rechtsausübung** erheben, wenn er darlegen und beweisen kann, dass dem Vermieter nach Beendigung des Mietvertrages keine Ansprüche oder nur Ansprüche in geringer Höhe zustehen.[26] Weitergehend fordert das OLG Düsseldorf,[27] dass der Vermieter bei einer Kautionsklage nach beendetem Mietverhältnis substantiiert darlegen müsse, dass ihm trotz Beendigung des Mietverhältnisses noch Zahlungsansprüche gegenüber dem Mieter zustehen.

12 Hat der Vermieter einen Titel auf Zahlung der Kaution erwirkt und endet dann das Mietverhältnis, kann der Mieter **Vollstreckungsgegenklage** erheben, wenn der Vermieter nach Ablauf der Abrechnungsfrist vollstreckt, ohne eine Abrechnung vorgelegt zu haben.[28]

13 Ein **Zurückbehaltungsrecht** an der Kaution steht dem Mieter nur zu, wenn er die **Übernahme der Mietsache ablehnt** und **ablehnen darf.**[29] Zur Durchsetzung von **Mängelbeseitigungsansprüchen/Schadensersatzansprüchen** besteht **kein Zurückbehaltungsrecht.**[30] Da der Mieter während des Mietverhältnisses auf die Kaution **nicht einseitig zugreifen** kann, kann er auch gegen Ansprüche des Vermieters auf Zahlung der Kaution **nicht aufrechnen.**[31]

14 Gerät allerdings der Vermieter vor Zahlung der Kaution in **Vermögensverfall,** kann der Mieter verlangen, dass die Kaution **insolvenzsicher** angelegt wird (§ 321 BGB), ist also nicht auf die Durchsetzung eines derartigen Anspruches erst nach Zahlung der Kaution angewiesen.[32]

2. Zahlung von Mietrückständen

15 Der Mieter ist nach § 535 Abs. 2 BGB verpflichtet, dem Vermieter die vereinbarte Miete zu entrichten. Dabei ist unter **Miete** das **gesamte Entgelt** zu verstehen, das der Mieter für die Überlassung der Mietsache zu entrichten hat.

16 Klagt der Vermieter Mietrückstände ein, hat er zunächst substantiiert **darzulegen** und **zu beweisen,** welche **Miethöhe** zwischen den Parteien des Mietvertrages **vereinbart** ist. Außer der **Grundmiete** (Miete ohne Betriebskosten/Nebenkosten und ohne Zuschläge) wird der Vermieter also vortragen und unter Beweis stellen, dass bestimmte **Betriebskosten,** bei Gewerbemietverhältnissen eventuell auch bestimmte **sonstige Nebenkosten** auf den Mieter umgelegt sind, sowie darlegen und unter Be-

---

[23] BGH WuM 1981, 106, NJW 1981, 976; OLG Celle WuM 1993, 291; OLG Celle ZMR 1998, 265; OLG Düsseldorf GE 2000, 342, ZMR 2000, 453; *Blank* in *Schmidt-Futterer* § 551 BGB Rdn. 47.
[24] LG Saarbrücken WuM 1996, 616.
[25] OLG Düsseldorf ZMR 2000, 211.
[26] OLG Celle WuM 1993, 291.
[27] OLG Düsseldorf GE 2000, 342.
[28] LG Nürnberg-Fürth WuM 1994, 708; a. A. OLG Düsseldorf ZMR 1996, 493.
[29] KG ZMR 2005, 946, WuM 2005, 199.
[30] OLG Düsseldorf ZMR 1998, 159, ZMR 2000, 453; OLG Celle ZMR 1998, 272 (273); OLG München NZM 2000, 908, ZMR 2000, 528; LG Berlin GE 2000, 1475; KG GE 2003, 525; LG Köln WuM 1987, 257; LG Köln WuM 1993, 605; LG Nürnberg-Fürth ZMR 1991, 479; LG Nürnberg-Fürth NJW-RR 1992, 335; LG Hamburg ZMR 1991, 344.
[31] LG Hamburg ZMR 1991, 334, WuM 1991, 586; LG Baden-Baden WuM 1989, 73.
[32] *Blank* in *Schmidt-Futterer* § 551 BGB Rdn. 69.

I. Klagen des Vermieters 17–21 **9. Kap.**

weis stellen, dass diese Betriebskosten/Nebenkosten entweder als **Pauschale** oder **Vorauszahlungen** vereinbart sind. Macht der Vermieter eine höhere Grundmiete, höhere Betriebskosten-/Nebenkostenpauschalen oder -vorauszahlungen geltend als im Mietvertrag vereinbart wurden, hat er die Voraussetzungen für eine in der Zwischenzeit eingetretene **Mieterhöhung** ebenfalls darzulegen und zu beweisen.[33] Gleiches gilt für die **Indexierung** der Miete oder eine vereinbarte **Gleitklausel**.

Will der Vermieter außerdem bestimmte **Zuschläge** (z. B. **Untermietzuschlag**, 17 § 553 Abs. 2 BGB, **Möblierungszuschlag** oder **Zuschlag für gewerbliche Mitbenutzung**) einklagen, hat er auch deren Vereinbarung dem Grunde und der Höhe nach darzulegen und zu beweisen.[34] Ebenso gilt, dass der Vermieter die Darlegungs- und Beweislast trägt, will er als Teil der Miete auch **Umsatzsteuer** einklagen.[35]

Weiter hat der Vermieter bei Klagen auf die Zahlung von Mietrückständen darzulegen 18 und zu beweisen, dass diese Mietrückstände bereits **fällig** sind bzw. der Mieter sich bereits in Verzug befindet. Nach § 556 b BGB ist die Miete für Wohnungs- und für Geschäftsraummiete (§§ 549 Abs. 1, 579 Abs. 2 BGB) zu entrichten zu Beginn, spätestens bis zum 3. Werktag der einzelnen Zeitabschnitte, nach denen sie bemessen ist.[36] § 556 Abs. 1 BGB ist der Vertragsregelung nachgebildet, die ohnehin vor Inkrafttreten dieser gesetzlichen Regelung Inhalt der meisten Mietverträge war, wonach die Mieter von Wohn- und Gewerberäumen die regelmäßige monatliche Mietzahlung im voraus, spätestens am 3. Werktag eines Monats, zu bezahlen hatten.[37]

§ 556 b BGB spricht von **„Zeitabschnitten":** Beginnt also ein Mietverhältnis zum 19 15. eines Monats, hat der Mieter die Miete am 3. Werktag, der dem 15. eines Kalendermonats folgt, zu entrichten. Soll trotzdem der 3. Werktag eines **Kalendermonats** gelten, muss (und kann) dies ausdrücklich vereinbart werden.[38]

Ist nach der gesetzlichen Regelung der Mieter an sich nur verpflichtet (§ 270 Abs. 1 20 BGB), die Miete auf seine Gefahr und seine Kosten dem Vermieter fristgerecht zu übermitteln, wird dies in Formularmietverträgen häufig dahingehend abgeändert, dass es „für die Rechtzeitigkeit der Zahlung nicht auf die Absendung, sondern auf den **Eingang**" ankommt. Ist dies vereinbart, hat der Mieter seine Leistungshandlung also so rechtzeitig vorzunehmen, dass nach dem normalen Ablauf mit einer Gutschrift auf dem Konto des Vermieters am Fälligkeitstag zu rechnen ist. Auch nach dieser Klausel hat der Mieter allerdings für außergewöhnliche, nicht vorhersehbare Verzögerungen im Bereich seiner Bank nicht einzustehen.[39] Der BGH[40] hält diese Rechtzeitigkeitsklausel für wirksam, wenn sie sich auf die Zahlung der laufenden Mietzinsen bezieht und die Parteien zudem Kaufleute sind.

Bei Zahlungsklagen muss der Vermieter außerdem seine **Klageforderung** im **Ein-** 21 **zelnen genau bestimmen**. Da die Klageschrift die bestimmte Angabe des Gegenstandes und des Grundes des erhobenen Anspruchs sowie einen bestimmten Antrag enthalten muss (§ 253 Abs. 2 Nr. 2 ZPO), muss die mit der Klage geltend gemachte Mietforderung so **aufgeschlüsselt** werden, dass klargestellt ist, für welche **konkreten**

---

[33] Zu Mieterhöhungen s. Kapitel 4.
[34] *Blank/Börstinghaus* § 535 BGB Rdn. 396 ff.
[35] Zu den Voraussetzungen wirksamer Vereinbarung der Umsatzsteuerpflicht des Mieters *Blank/Börstinghaus* § 535 BGB Rdn. 400 ff.; LG Hamburg ZMR 1998, 291; LG Bochum NJW-RR 1987, 402; BGH NZM 2001, 952; OLG Schleswig NZM 2001, 1127; OLG München ZMR 1996, 487; *Schmid* NZM 1999, 292; BGH NJW-RR 2004, 1452.
[36] Bei Grundstücken und beweglichen Sachen richtet sich die Fälligkeit der Miete nach § 579 Abs. 1 BGB.
[37] *Langenberg* in *Schmidt-Futterer* § 556 b BGB Rdn. 3.
[38] *Blank/Börstinghaus* § 556 b BGB Rdn. 6.
[39] LG Berlin GE 1991, 935; *Sternel* Rdn. III 114 a; *von Brunn* in *Bub/Treier* III Rdn. 122.
[40] BGH ZMR 1998, 612; weitergehend *Beuermann* in *Jendrek* B. II 5. Anm. 18.

Monate welche Miete in welcher Höhe verlangt wird. Nur so stehen die Grenzen der Rechtskraft des späteren Urteils fest.[41] Der Hinweis auf ein **Kontokorrent-Saldo** genügt also unter keinen Umständen.

22 Dies macht besondere Schwierigkeiten, wenn der Miete bestimmte **Teilbeträge** gezahlt hat. Auch dann muss der Vermieter aber im Einzelnen aufschlüsseln, auf welche Mietbestandteile (z.B. Nettokaltmiete, Betriebskostenvorschuss) diese Teilzahlungen **verrechnet** worden sind, mit anderen Worten, welche noch nicht verrechneten Teilbeträge klageweise geltend gemacht werden. Die **Verrechnung** von Zahlungen des Mieters richtet sich nach den §§ 366, 367 BGB.[42] Ohne die Klarstellung, in welcher Reihenfolge welche Forderungen – gegebenenfalls hilfsweise – zur Entscheidung gestellt werden, ist die Zahlungsklage unzulässig.[43] Dies gilt selbstverständlich auch, wenn der Vermieter zwar bestimmte und in sich schlüssig vorgetragene Mietrückstände einklagt, selbst aber bereits vorgerichtlich und/oder in der Klageschrift eine Verrechnung mit **Gegenansprüchen** des Mieters (z.B. Rückzahlungsansprüche des Mieters aus Betriebskostenabrechnungen) eingestellt hat oder eine zur Rückzahlung fällige Kaution verrechnet. Hier muss der Vermieter konkret und im Einzelnen darlegen, auf welche seiner dargestellten Forderungen er die unstreitigen Gegenforderungen des Mieters verrechnet hat und welche (damit) konkreten Rückstände er auf welche Monate damit klageweise noch geltend macht.

23 Das OLG Koblenz[44] vertritt die Auffassung, dass nach Ausspruch einer fristlosen Kündigung wegen Zahlungsverzuges **Räumungs- und Zahlungsansprüche in einem Verfahren** geltend gemacht werden müssen. Die Aufspaltung in zwei Prozesse sei grundsätzlich pflichtwidrig.

24 Klagt der Vermieter **Betriebskostenvorschüsse** ein, kann der Mieter **nach Ablauf der Abrechnungsfrist** (§ 556 Abs. 3 Satz 2 BGB) die Zahlung solcher Vorschüsse verweigern, die er in dem vergangenen Abrechnungszeitraum nicht bezahlt hat. Dies wird damit begründet, dass der Anspruch auf die Vorschüsse als solche nach Ablauf der Abrechnungsfrist nicht mehr besteht.[45] Vielmehr hat der Vermieter nach Abrechnungsreife nur noch einen Anspruch auf Zahlung des durch die tatsächlich geleisteten Vorschüsse nicht gedeckten Betrages.[46] Der Vermieter muss daher nach Ablauf der Abrechnungsfrist die Klage auf Zahlung der sich aus der Abrechnung ergebenden **Nachforderung** ändern.[47]

25 Wird die Hauptsache hinsichtlich der Betriebskostenvorschüsse übereinstimmend (teilweise) für erledigt erklärt, wird nur noch über die Kosten des Rechtsstreits – soweit dieser erledigt ist – entschieden (§ 91a Abs. 1 ZPO). Bei ursprünglich zulässiger und begründeter Vorschussklage wird das Gericht die Kosten des Rechtsstreits dem verklagten Mieter auferlegen. Schließt sich der Mieter der Hauptsacherledigungserklärung des Vermieters nicht an, da bereits zum Zeitpunkt der Zustellung der Klage die Vorschüsse als solche wegen Ablaufes der Abrechnungsfrist nicht mehr geltend ge-

---

[41] LG Mannheim DWW 1995, 112; AG Köln ZMR 1997, 147; *Beuermann* in *Jendrek* B. II. 5. Anm. 10; großzügig dagegen OLG Düsseldorf ZMR 2005, 943 (Saldoübersicht als Anlage zur Klageschrift i.V.m. Zinsantrag genügt bei „hinreichender Deutlichkeit").

[42] Dazu im Einzelnen, wenn auch zur Rückstandsberechnung im Rahmen der fristlosen Kündigung eines Mietverhältnisses wegen Zahlungsverzuges: *Hinz* NZM 2004 681, 691 f.

[43] OLG Düsseldorf MDR 1993, 799.

[44] MietRB 2004, 6; vgl. dazu kritisch *Lützenkirchen* WuM 2004, 75 (auch zur dann eingeschränkten Kostenerstattungspflicht des Mieters und zum Regress gegenüber dem Vermieteranwalt).

[45] OLG Düsseldorf GE 2001, 488 (489); OLG Hamburg GE 1988, 1163, WuM 1989, 150; LG Landau/Pfalz ZMR 1997, 189 (190); LG Hamburg ZMR 2005, 622.

[46] LG Berlin GE 1990, 659.

[47] LG Frankfurt/Oder NZM 1999, 311.

I. Klagen des Vermieters

macht werden durften, ist die (einseitige) Erledigungserklärung des klagenden Vermieters als Antrag anzusehen, die Erledigung des Rechtsstreits insoweit festzustellen. Bei Abrechnungsreife bereits im Zeitpunkt der Zustellung der Klage auf Betriebskostenvorschüsse wird diese Feststellungsklage abgewiesen werden. Trat die Abrechnungsreife erst während des Rechtsstreits ein, kann die Erledigung des Rechtsstreits dann nicht festgestellten werden, wenn die Abrechnung noch nicht vorliegt. Denn nach Ablauf der Abrechnungsfrist können die Vorschüsse nicht mehr als solche, sondern nur noch als Nachforderung aus der Abrechnung geltend gemacht werden.[48]

Soweit **Einwendungen/Gegenansprüche** des Mieters auf § 536a BGB (Schadens- und Aufwendungsersatzanspruch) oder § 539 BGB (Ersatz sonstiger Aufwendungen), einem sonstigen Schadensersatzanspruch oder einem Bereicherungsanspruch des Mieters beruhen, werden die Voraussetzungen für derartige Ansprüche des Mieters in diesem Kapitel nachstehend unter II. behandelt. **26**

Wendet der Mieter darüber hinaus ein, er sei wegen eines **Mangels** der Mietsache, der ihre Tauglichkeit zum vertragsgemäßen Gebrauch aufhebt, von der Entrichtung der Miete **befreit** bzw. stehe ihm wegen geminderter Tauglichkeit ein **Minderungsanspruch** zu, hat der Mieter grundsätzlich dafür die Darlegungs- und Beweislast. § 536 Abs. 1 bis 3 BGB gelten für alle Mietverhältnisse. Die Minderung ist dabei nicht als Anspruch des Mieters geregelt, sondern sie tritt **kraft Gesetzes** ein.[49] Ebenso wenig kommt es auf ein **Verschulden des Vermieters** für die Entstehung des Mangels an. Ebenso unerheblich ist, ob der Vermieter den Mangel **beseitigen kann**. **27**

Grundsätzlich liegt ein Mangel vor, wenn die **Ist-Beschaffenheit** in negativer Weise von der **Soll-Beschaffenheit** abweicht und die Tauglichkeit der Mietsache hierdurch mehr als nur unerheblich **beeinträchtigt** wird, wobei maßgeblich für die Soll-Beschaffenheit nicht objektive Kriterien entscheidend sind, sondern das **vertraglich Vereinbarte (subjektiver Mangelbegriff)**.[50] Zu den Mängeln gehören **Gebrauchsbeeinträchtigungen,** die durch fehlerhafte Beschaffenheit der Mietsache hervorgerufen werden, Beeinträchtigungen durch die Beschaffenheit **benachbarter Räume** oder **Gebäudeteile** und **Umwelteinflüsse,** die einen negativen Einfluss auf die Gebrauchsfähigkeit ausüben.[51] Beim letzteren Bereich ist allerdings zwischen **unmittelbaren** und **mittelbaren Beeinträchtigungen** zu unterscheiden. Nur erstere (z.B. Erschwernisse des Zuganges zu gemieteten Ladenräumen infolge von Bauarbeiten in der Nachbarschaft) werden als Mangel bewertet. Dagegen gilt eine nur mittelbar Beeinträchtigung nicht als Mangel (z.B. Umstände, die zwar für die Attraktivität der Umgebung von Bedeutung sind, aber kein unmittelbaren Einfluss aber auf die Gebrauchstauglichkeit der Mietsache haben).[52] **28**

Ebenso gilt als Mangel ein **störendes Verhalten Dritter** (z.B. Lärm durch Nachbarn).[53] Es ist **nicht** erforderlich, dass der Mieter durch den Mangel **subjektiv beeinträchtigt** wird. Eine Minderung tritt also auch dann ein, wenn der Mieter das Miet- **29**

---

[48] Kinne in Kinne/Schach/Bieber Teil II Rdn. 129.
[49] BGH NJW 1987, 432; NJW-RR 1991, 779.
[50] KG WuM 1984, 42; LG Berlin ZMR 1990, 420; LG Düsseldorf DWW 1991, 284; LG Mannheim ZMR 1990, 220; Keppeler ZMR 2003, 885ff.
[51] Blank/Börstinghaus § 536 BGB Rdn. 5 mit zahlreichen Nachweisen; s. auch OLG Naumburg NZM 2004, 343; OLG Düsseldorf ZMR 2002, 819; zur **Flächenabweichung** als Mangel s. BGH NZM 2005, 699, WuM 2005, 573.
[52] Blank/Börstinghaus § 536 BGB Rdn. 5; zur Problematik „Nachrüstungspflicht" des Vermieters siehe: BGH WuM 2004, 715, NZM 2005, 60, ZMR 2005, 108; LG Berlin GE 2004, 1612; LG Berlin WuM 2005, 49; BGH NZM 2005, 60, WuM 2004, 527, ZMR 2005, 108; BayObLG NZM 1999, 899, ZMR 1999, 751.
[53] Blank/Börstinghaus § 536 BGB Rdn. 5; kein Minderungsrecht bei sozialadäquatem Kinderlärm, OLG München NJW-RR 2005, 598.

Beierlein

objekt aus in seiner Person liegenden Gründen (fehlende Gewerbeerlaubnis, Krankheit, Urlaubsabwesenheit) nicht nutzen kann.[54]

30 Nach § 536 Abs. 1 Satz 3 BGB bleibt eine **unerhebliche Minderung** der Tauglichkeit außer Betracht.[55] (Nur) § 536 Abs. 1 Satz 1 und 2 BGB gelten auch, wenn eine **zugesicherte Eigenschaft** fehlt oder später wegfällt bzw. dem Mieter der **vertragsgemäße Gebrauch der Mietsache** durch das **Recht eines Dritten** ganz oder teilweise entzogen wird.[56]

31 Macht der Vermieter (auch) den geminderten Mietzins klageweise geltend, so muss der Mieter Tatsachen substantiiert vortragen und beweisen, aus denen sich der Mangel ergibt.[57] Zu einem derartigen Vortrag des Mieters muss der Vermieter substantiiert Stellung nehmen, wenn er die Wohnung besichtigt hat.[58] Verweigert der Mieter die Besichtigung, ist ein Bestreiten des Vermieters mit Nichtwissen zulässig.[59]

32 Nach Auffassung von Blank/Börstinghaus[60] muss der Mieter zur **Höhe** der Minderung, die sich nach BGH[61] aus der Miete einschließlich der Nebenkosten (**Bruttomiete**) berechnet, oder zum Ausmaß der Beeinträchtigung nichts vortragen, weil sich dies aus dem Gesetz ergebe und im Streitfall vom Gericht festzustellen ist. Der Mieter müsse nur diejenigen Anknüpfungstatsachen darlegen, aus denen sich die Höhe der Minderung ergeben soll.

33 Dies mag zulässig sein, wenn der Mieter selbst auf Feststellung seiner Berechtigung zur Minderung klagt,[62] wird aber nicht möglich sein, wenn der Mieter einen konkreten Minderungsbetrag einbehalten hat. Dieser wird zu beziffern sein. Ist der vom Mieter geltend gemachte und einbehaltene Minderungsbetrag nach Auffassung des Gerichts zu hoch, wird der Mieter im Zahlungsprozess des Vermieters teilweise unterliegen. Das Gericht kann trotzdem nach **§ 92 Abs. 2 Nr. 1** (verhältnismäßig geringfügig überhöhter Minderungsbetrag) oder **Nr. 2 ZPO** (Festsetzung des Minderungsbetrages durch richterliches Ermessen) dem Vermieter auch dann die gesamten Prozesskosten auferlegen.

34 Ist der Mangel zwar unstreitig, die – wie häufig – **Mangelursache** aber zwischen den Parteien streitig, gilt folgende **Darlegungs-** und **Beweislast:** Der Vermieter muss zunächst darlegen und beweisen, dass die Ursache des Mangels nicht aus seinem Pflichten- und Verantwortungsbereich stammt, sondern vielmehr aus dem Herrschafts- und Obhutsbereich des Mieters. Gelingt dem Vermieter dieser Beweis, muss der Mieter nunmehr nachweisen, dass er den Mangel nicht zu vertreten hat.[63] Steht fest, dass

---

[54] BGH NJW 1987, 432; OLG Düsseldorf NZM 2003, 556; *Kraemer* WuM 2000, 515; *Eisenhardt* WuM 2000, 45; a. A.: LG Frankfurt WuM 2000, 79.

[55] Zur Abgrenzung *Eisenschmid* in *Schmidt-Futterer* § 536 BGB Rdn. 38.

[56] Einzelheiten und Beispiele zu Sachmängeln: *Eisenschmid* in *Schmidt-Futterer* § 536 BGB Rdn. 50–241; *Blank/Börstinghaus* § 536 BGB Rdn. 4–77; zu zugesicherten Eigenschaften: *Eisenschmid* in *Schmidt-Futterer* § 536 BGB Rdn. 277–294; *Blank/Börstinghaus* § 536 BGB Rdn. 78–81; zu Rechtsmangel: *Eisenschmid* in *Schmidt-Futterer* § 536 BGB Rdn. 245–258, 261; *Blank/Börstinghaus* § 536 BGB Rdn. 82–86.

[57] BGH WuM 1999, 345.

[58] *Blank/Börstinghaus* § 536 BGB Rdn. 95, der sogar zur Vorbereitung substantiierten Gegenvortrages eine Besichtigungspflicht des Vermieters annimmt.

[59] *Blank/Börstinghaus* a. a. O.

[60] *Blank/Börstinghaus* § 536 BGB Rdn. 95.

[61] BGH WuM 2005, 384, ZMR 2005, 524; dies soll auch gelten, wenn der Mangel in einer bloßen Flächenabweichung von mehr als 10% besteht: BGH ZMR 2005, 573; BGH WuM 2004, 268.

[62] Auch insoweit ablehnend KG GE 2002, 666; vgl. auch Kapitel 6 VIII Rdn. 45.

[63] BGHZ 126, 124, 128, NJW 1994, 2019; NZM 2000, 549, 550; *Kraemer* in *Bub/Treier* III Rdn. 960a; LG Düsseldorf ZMR 2003, 734.

ein Mangel vorgelegen hat und ist streitig, ob er **beseitigt** worden ist, trifft die Darlegungs- und Beweislast für die Beseitigung den **Vermieter**.[64] Dabei muss der Vermieter substantiiert darlegen, wann und durch wen der Mangel beseitigt worden ist.[65] Es genügt also nicht, wenn der Vermieter nur den Fortbestand des Mangels bestreitet.

Das Minderungsrecht aus § 536 BGB steht dem Mieter nicht zu (§ 536b BGB), wenn er den Mangel der Mietsache bei Vertragsschluss **kennt**[66] bzw. ihm der Mangel infolge **grober Fahrlässigkeit** unbekannt geblieben ist und der Vermieter in letzterem Fall den Mangel nicht **arglistig verschwiegen** hat. Gleiches gilt, wenn der Mieter eine mangelhafte Sache in Kenntnis des Mangels annimmt, ohne sich seine Rechte aus § 536 BGB vorzubehalten.

Alle Voraussetzungen derartiger **Ausschlusstatbestände** (oder der **Verwirkung**[67] des Minderungsrechts) hat der **Vermieter darzulegen** und zu **beweisen, Einschränkungen** dieser Ausschlussrechte dagegen der **Mieter.** Es muss also der Vermieter darlegen und beweisen, dass der Mieter den Mangel der Mietsache bei Vertragsabschluss gekannt hat. Der Mieter muss dagegen vortragen und beweisen, dass er die Mietsache nur unter Vorbehalt angenommen hat oder der Vermieter die Beseitigung des Mangels zugesichert hat. Für Tatsachen, aus denen sich grob fahrlässige Unkenntnis des Mieters ergibt, trägt der Vermieter die Darlegungs- und Beweislast, der Mieter andererseits für Tatsachen, die ein arglistiges Verschweigen des Vermieters belegen. Letzteres gilt auch, wenn der Vermieter sich wirksam auf einen vertraglichen Ausschluss von Rechten des Mieters wegen eines Mangels (§ 536d BGB) beruft.

Dieselbe Verteilung der Darlegungs- und Beweislast gilt für die Voraussetzungen des § 536c Abs. 2 Satz 1 Ziffer 1 BGB. Wendet also im Prozess der Vermieter ein, der Mangel sei **nicht angezeigt** worden, muss der Mieter die **Mängelanzeige** beweisen.[68] Hat der Mieter den Mangel nicht oder verspätet angezeigt, trifft den Vermieter die Beweislast dafür, dass der Mangel bei (rechtzeitiger) Anzeige hätte beseitigt werden **können**.[69] Dazu muss der Vermieter Tatsachen vortragen, aus denen sich ergibt, dass die Mängelbeseitigung objektiv möglich gewesen wäre. Es spielt aber keine Rolle, ob der Vermieter im Falle einer Mängelanzeige den Mangel tatsächlich beseitigt hätte. Nach dem Wortlaut von § 536c Abs. 2 BGB („nicht Abhilfe schaffen konnte") bestehen die Gewährleistungsansprüche des Mieters bei unterlassener Mängelanzeige nur dann fort, wenn der Vermieter den Mangel nicht beseitigen konnte, unabhängig davon, ob er ihn Falle einer Mängelanzeige tatsächlich beseitigt hätte.[70]

3. Betriebskostennachzahlungen

Es entspricht an sich dem **gesetzlichen Leitbild** (§ 535 Abs. 1 S. 3 BGB), dass der **Vermieter** die auf der Mietsache **ruhenden Lasten** zu tragen hat. Davon **können** aber die Vertragsparteien durch **Vereinbarungen abweichen.**

---

[64] BGH NZM 2000, 549, 550; OLG Hamm NJW-RR 1995, 525.
[65] LG Berlin GE 1990, 371.
[66] KG GE 2003, 115, NZM 2003, 718 (Erkennbarkeit); a.A. OLG Naumburg ZMR 2001, 617 (konkrete Kenntnis); s. auch KG GE 2001, 620 (Einbau von Zwischenwänden; a.A. OLG München ZMR 1996, 434).
[67] S. dazu, insbesondere zur Differenzierung nach der Mietrechtsreform, BGH WuM 2003, 440; BGH DWW 2005, 153, NZM 2005, 303; BGH NJW 2006, 219.
[68] BGH NZM 2002, 217; *Voelkow* in *MünchKomm* § 545 BGB Rdn. 14; *Kraemer* in *Bub/Treier* III Rdn. 978.
[69] BGH WuM 1987, 215, 216; LG Kiel WuM 1998, 282.
[70] *Blank/Börstinghaus* § 536c BGB Rdn. 12; a.A. OLG Düsseldorf ZMR 2003, 21: Vermieter muss darlegen und beweisen, dass die Mängelbeseitigung rechtzeitig möglich gewesen wäre u n d infolge der Unterlassung des Mieters unmöglich geworden ist; so wohl auch LG Kiel WuM 1998, 282.

39 Für die **Geschäftsraummiete** besteht weitgehende **Vertragsfreiheit.**[71] Hier können nicht nur **Betriebskosten,** sondern auch **sonstige Nebenkosten** auf den Mieter umgelegt werden.[72] Eine **Definition** der **Betriebskosten** enthält **§ 19 Abs. 2 des Wohnraumförderungsgesetzes (Wofg).** Seit 1. 1. 2004 sind Einzelheiten in der **Verordnung über die Aufstellung von Betriebskosten (BetrKV)** geregelt.[73] Für den **Betriebskostenbegriff** ist wesentlich, dass die Kosten **laufend entstehen,** wobei jede **wiederkehrende Belastung** genügt.[74] Die **Instandhaltungs- und Instandsetzungskosten** sowie die **Verwaltungskosten** zählen dagegen nicht zu den Betriebskosten (§ 1 Abs. 2 BetrKV), wobei die Vereinbarung, nach der der Mieter die für die Verwaltung oder Instandhaltung einen gleich bleibenden Betrag zu zahlen hat (diese Kosten also nicht in der jeweils anfallenden Höhe tragen muss) nach umstrittener Auffassung wirksam sein soll.[75] Zu den Betriebskosten zählen nach allgemeiner Auffassung auch nur die Kosten, die durch den **bestimmungsgemäßen Gebrauch** entstehen; dazu gehören also z. B. **nicht Schadenbeseitigungskosten.**[76] Da § 556 BGB nur einen **Regelungsvorbehalt** enthält, für sich betrachtet aber keinen Anspruch auf Betriebskostenzahlungen gibt, gilt für Vereinbarungen der Grundsatz der **Bestimmtheit.** Die umzulegenden Betriebskosten (bei Geschäftsraummiete: auch sonstige Nebenkosten) müssen **konkret** angegeben oder zumindest **eindeutig bestimmbar bezeichnet** werden.[77]

40 Unklarheiten gehen **zu Lasten des Vermieters.** Sind die auf den Mieter umwälzten Kosten nicht hinreichend genau bestimmt, so ist im Zweifel die gesamte Umlagevereinbarung unwirksam.[78] Ist unklar, ob die Parteien im Mietvertrag eine **Pauschale** oder eine **Vorauszahlung** ausgewiesen haben (§ 556 Abs. 2 Satz 1 BGB), gehen auch diese Zweifel zu Lasten des Vermieters. Es gilt dann im Zweifel eine Pauschale als vereinbart.

---

[71] *Langeberg* in *Schmidt-Futterer* § 556 BGB Rdn. 35; *Blank/Börstinghaus* § 556 BGB Rdn. 1.

[72] *Blank/Börstinghaus* a. a. O. unter Hinweis auch auf hierbei vorgegebenen Schranken durch §§ 242, 315 BGB und Rdn. 165–167; vgl. auch BHG ZMR 2005, 844: auch bei Gewerbemietvertrag ist die formularmäßige Auferlegung der Instandhaltung und Instandsetzung gemeinschaftlich genutzter Flächen und Anlagen auf den Mieter ohne Beschränkung der Höhe nach unwirksam; bei **Wohnraummiete** muss auch eine Vereinbarung zwischen den Vertragsparteien die Vorgaben des **§ 556 BGB** beachten dahingehend, dass nur **Betriebskosten** – entweder als **Pauschale** oder als **angemessene Vorauszahlungen** (§ 556 Abs. 2 BGB) – vereinbart werden können.

[73] Die an die Stelle bis 31. 12. 2003 geltenden Anlage 3 zu § 27 der Zweiten Berechnungsverordnung getreten ist; zu den Übergangsregelungen vgl. *Blank/Börstinghaus* § 556 BGB Rdn. 84 ff., 186; zur evtl. Erweiterung des Betriebskostenkataloges s. BGH WuM 2004, 290, ZMR 2004, 430 (Dachrinnenreinigung) und BGH WuM 2005, 336 (Bewachungskosten); LG Landau a. d. Pfalz ZMR 2005, 870 (Versicherungskosten/Tankreinigungskosten).

[74] *Langenberg* in *Schmidt-Futterer* § 556 BGB Rdn. 89; *Blank/Börstinghaus* § 556 BGB Rdn. 5; *Derchx* WuM 2005, 690.

[75] *Blank/Börstinghaus* § 556 BGB Rdn. 3 mit zahlreichen Nachweisen zum unterschiedlichen Meinungsstand.

[76] Siehe im Übrigen zum „Begriff der Betriebskosten" ausführlich: *Langenberg* in *Schmidt-Futterer* § 556 BGB Rdn. 71 bis 210; *Blank/Börstinghaus* § 556 BGB Rdn. 6–75; *Schmid* in *MünchKomm* § 556 BGB Rdn. 15–27.

[77] Einhellige Meinung, vgl. z. B. *Schmid* § 556 BGB Rdn. 12–22; *Blank/Börstinghaus* § 556 BGB mit zahlreichen Nachweisen; s. auch BGH WuM 2004, 290, ZMR 2004, 430; *Langenberg* in *Schmidt-Futterer* § 556 BGB Rdn. 76 ff. mit zahlreichen Nachweisen; OLG Düsseldorf ZMR 2003, 109; *Lützenkirchen* WuM 2001, 67; zu Umlagevereinbarungen in Formularmietverträgen: *Langenberg* a. a. O. Rdn. 43 ff.; *Schmid* a. a. O. Rdn. 17 ff.; *Blank/Börstinghaus* a. a. O. Rdn. 81/82.

[78] *Schmid* in *MünchKomm* § 556 BGB Rdn. 6 ff.; *Langenberg* in *Schmidt-Futterer* § 556 BGB Rdn. 35 ff.; *Blank/Börstinghaus* § 556 BGB Rdn. 77; LG Limburg WuM 2003, 565; LG Berlin ZMR 2005, 957.

I. Klagen des Vermieters

Stillschweigende Vereinbarungen werden in den seltensten Fällen vorliegen. **41** Auch wenn der Mieter Betriebskostenzahlungen/Nachzahlungen leistet, obwohl diese nicht vereinbart sind, liegt darin im Regelfall kein Angebot der Vermieters zum Abschluss einer Umlagevereinbarung, so dass die Zahlung der Abrechnung auch keine Annahme des Angebotes darstellt.[79]

Nach der Rechtsprechung des BGH[80] sind für die **Betriebskostenabrechnung** des **42** Vermieters folgende **Mindestangaben** notwendig:
– Zusammenstellung der Gesamtkosten im Abrechnungszeitraum und
– Angabe und Erläuterung der zugrunde gelegten Verteilerschlüssel und
– Berechnung des Anteils des Mieters und
– Abzug der Vorauszahlungen des Mieters.

Die **Ausschlussfrist** nach § 556 III 3 BGB zwingt den Vermieter, **innerhalb der** **43** **Frist** eine **formell und grundsätzlich auch materiell ordnungsgemäße Abrechnung zu übersenden.** Unterlässt er dies, ist er mit einer **Nachforderung ausgeschlossen,** wobei es für die Rechtzeitigkeit auf den **Zugang beim Mieter** ankommt, es sei denn, es liegt eine **entschuldigte Verspätung** i. S. v. § 556 Abs. 3 Satz 3 BGB vor.[81]

Materielle Fehler der Abrechnung haben den **Ausschluss von Nachforderungen** **44** des Vermieters jedenfalls insoweit zur Folge, als der Vermieter nach Fristablauf nicht mehr nachfordern kann, als er in der Abrechnung selbst angesetzt hat.[82] Nach einer wohl überwiegender Auffassung hindert der Nachforderungsausschluss den Vermieter auch daran, einzelnen Positionen, die sich als unbegründet erweisen, durch andere, bisher nicht berücksichtigte Positionen zu **ersetzen.**[83] Soll dies bei der Übertragung von zu niedrigen Zahlen aus der Abrechnung zugrunde liegenden Belegen gelten, so sollen nach anderer Auffassung zumindest Rechenfehler oder „Zahlendreher" in der **Abrechnung selbst,** die sofort auffallen, auch nach Fristablauf noch korrigierbar sein.[84]

Der Vermieter kann auf entsprechenden Hinweis des Gerichtes, die Abrechnung **45** entspreche nicht den Formalien, auch **noch innerhalb des auf Durchsetzung des Saldos gerichteten Prozesses** eine formal wirksame Abrechnung neu erstellen. Diese muss aber dann innerhalb der Ausschlussfrist dem Mieter/seinem Prozessbevollmächtigten zugehen. Wenn der Mieter nach Beendigung des Mietverhältnisses auf Rückzahlung der Vorauszahlungen klagt, hindert auch die Rechtskraft eines stattgebenden

---

[79] *Blank/Börstinghaus* § 556 BGB Rdn. 83 mit zahlreichen Rechtsprechungshinweisen und Hinweis auf a. A. BGH NZM 2000, 961 (diese Entscheidung allerdings nur für einen Mieter gewerblicher Räume, der über einen Zeitraum von 6 Jahren hinweg nicht vereinbarte Kosten bezahlt hat) und AG Würzburg DWW 1978, 264, ZMR 1979, 46 (stillschweigende Abänderung einer Kostenpauschale bei 6-jähriger Zahlung der tatsächlich entstandenen Kosten); AG Hamburg ZMR 2005, 873 (15 jährige Behandlung von Vorauszahlungen als Pauschalen); BGH NJW-RR 2004, 877; OLG Düsseldorf ZMR 2005, 42; s. auch LG Darmstadt NJW 2006, 519.

[80] BHG ZMR 1982, 108; BGH NZM 2003, 196.

[81] *Blank/Börstinghaus* § 556 BGB Rdn. 126 ff. mit Beispielfällen für Vertreten-/Nichtvertretenmüssen (§§ 276, 278 BGB); *Langenberg* in *Schmidt-Futterer* § 556 BGB Rdn. 471 ff.; *Weidenkaff* in *Palandt* § 556 BGB Rdn. 11; *Schmid* § 556 BGB Rdn. 47 ff.; s. auch AG Tübingen WuM 2004, 342; LG Berlin GE 2005, 1355; LG Potsdam GE 2005, 1357; AG Oldenburg/O. ZMR 2005, 204; AG Duisburg-Ruhrort WuM 2004, 203; LG Dortmund ZMR 2005, 864; AG Dortmund WuM 2004, 148; AG Witten ZMR 2005, 209; *Derchx* ZMR 2005, 86; *Streyl* WuM 2005, 505.

[82] *Langenberg* in *Schmidt-Futterer* § 556 BGB Rdn. 465; *Blank/Börstinghaus* § 556 BGB Rdn. 126, 137.

[83] Z. B. *Sternel* ZMR 2002, 937 (939); BGH NZM 2005, 13, WuM 2005, 61 (Abweichung Umlageschlüssel).

[84] *Langenberg* in *Schmidt-Futterer* § 556 BGB Rdn. 467, allerdings einschränkend in Rdn. 468; LG Itzehoe ZMR 2005, 540; *Langenberg* WuM 2005, 502.

Urteils den Vermieter nicht, nachträglich abzurechnen und eine Restforderung einzuklagen.[85]

46 Andererseits steht dem Mieter eine **Frist von 12 Monaten nach Zugang der Abrechnung** zu, innerhalb deren er **Einwendungen** gegen die Abrechnung dem Vermieter spätestens mitzuteilen hat (§ 556 Abs. 3 Satz 5 BGB), wobei diese Einwendungsfrist nur beginnen soll, wenn eine im wesentlichen richtige Abrechnung des Vermieters vorliegt.[86] Versäumt der Mieter diese Einwendungsfrist (wozu auch genügt, wenn er innerhalb der Jahresfrist nur allgemein gehaltene Einwände gegen die Abrechnung anbringt), ist er nach deren Ablauf mit konkreten Einwendungen **auch im Prozess** ausgeschlossen,[87] es sei denn, der Mieter habe die verspätete Geltendmachung nicht zu vertreten (§ 556 Abs. 3 Satz 6, letzter Halbsatz BGB).

47 Wegen des Spannungsverhältnisses zwischen der Fälligkeit der Nachforderung des Vermieters[88] und der dem Mieter zugestehenden **Prüfungsfrist** ist streitig, **ab wann der Vermieter Nachzahlungsbeträge mit Erfolg klageweise geltend machen kann**.[89]

48 Nach **h. M.** ist die Forderung des Vermieters **erst nach Ablauf einer angemessenen Prüfungsfrist durchsetzbar,** die nach ebenfalls **h. M.** erst **mit Beginn des auf den Zugang der Erklärung folgenden übernächsten Monats** beginnen soll.[90]

49 Hatte der Mieter also noch keine Gelegenheit, seine Kontrollrechte auszuüben, steht ihm ein **Zurückbehaltungsrecht** aus § 273 BGB zu, das im Rechtsstreit nicht nur zu einer bloßen Zug- um Zug-Verurteilung nach § 274 BGB führt.[91] Vor Ablauf dieser Prüfungsfrist gesetzte **Zahlungsfristen** sind unbeachtlich.[92]

50 Der Klarheit halber sei darauf hingewiesen, dass niemand die Auffassung vertritt, der Vermieter könne eine Nachforderung erst durchsetzen, wenn die **Einwendungsfrist** des Mieters nach § 556 Abs. 3 Satz 5 BGB abgelaufen ist. Macht allerdings der Mieter von dem ihm nach allgemeiner Ansicht[93] zustehenden Recht auf **Einsichtnahme in die Originalbelege** oder Überlassung von **Belegkopien gegen Kostenerstattung**[94] Gebrauch und verweigert der Vermieter diese Einsichtnahme/Überlassung von Kopien, steht dem Mieter ebenfalls nach h. M. ein **Zurückbehaltungsrecht** an der Nachforderung zu.[95]

51 Nach § 556 Abs. 4 BGB sind zum Nachteil des Mieters von Absatz 1, Absatz 2 Satz 2 oder Absatz 3 abweichende Vereinbarungen unwirksam. Bei **Geschäftsraummiete** kann bei **Regelungslücken** auf § 556 BGB zurückgegriffen werden. Es gilt

---

[85] BGH WuM 2005, 337.
[86] *Langenberg* in *Schmidt-Futterer* § 556 BGB Rdn. 499 m. w. N.; s. auch BGH WuM 2005, 579 (Einwendungsausschluss nur bei preisfreiem Wohnraum; a. A. *Langenberg* NZM 2001, 783, 784).
[87] *Langenberg* in *Schmidt-Futterer* § 556 BGB Rdn. 540.
[88] Ein Guthaben des Mieters wird mit Übersendung der Abrechnung sogleich fällig und zahlbar, vgl. *Langenberg* in *Schmidt-Futterer* § 556 BGB Rdn. 428 m. w. N.
[89] Klageweise Durchsetzung oder Aufrechnung gegen Ansprüche des Mieters, vgl. *Langenberg* in *Schmidt-Futterer* § 556 BGB Rdn. 429.
[90] Zustimmend *Langenberg* in *Schmidt-Futterer* § 556 BGB Rdn. 430 ff. mit zahlreichen Nachweisen und Hinweis auf a. A. *Blank* DWW 1992, 71, 72 und *Schmid* WuM 1996, 320, *Mersson* in *Jendrek* B. II. 8. Anm. 13: Überlegungsfrist 1 Monat unter Hinweis auf AG Gelsenkirchen-Buer WuM 1994, 549.
[91] AG Neu-Köln GE 2000, 609.
[92] *Langenberg* in *Schmidt-Futterer* § 556 BGB Rdn. 439.
[93] *Langenberg* in *Schmidt-Futterer* § 556 BGB Rdn. 494.
[94] LG Duisburg WuM 2002, 32; *Langenberg* Abschnitt I Rdn. 17; a. A. AG Hohenschönhausen ZMR 2005, 877 m. w. N.; AG Bremen WuM 2005, 129; zu gescannten Belegen s. *Schmid* ZMR 2003, 15.
[95] *Langenberg* in *Schmidt-Futterer* § 556 BGB Rdn. 497 unter Hinweis auf AG Köln WuM 1996, 629 (Nachforderung sei damit noch nicht einmal fällig); OLG Düsseldorf ZMR 2001, 48.

I. Klagen des Vermieters   52–57 **9. Kap.**

aber auch hier in jedem Fall das **Wirtschaftlichkeitsgebot** (§ 556 Abs. 3 Satz 1, 2. Halbsatz BGB).[96]

Zusammengefasst zur **Schlüssigkeit** einer Klage des Vermieters auf Nachzahlung von Betriebskosten, zur **Darlegungs-** und **Beweislast** in diesem Verfahren: 52

– Der Vermieter muss zur Schlüssigkeit seiner Klage zunächst vortragen den Abschluss einer Vereinbarung, aus der sich sein Anspruch auf Betriebskostenvorauszahlungen ergibt. Er hat also die **Mietstruktur** konkret darzulegen. Ist streitig, ob Betriebskosten als Pauschale oder als Vorauszahlung vereinbart sind, ist die Partei beweispflichtig, die aus dem behaupteten Inhalt der Vereinbarung Rechte für sich herleiten will, der **Mieter** bei Klage auf Zahlung restlicher Betriebskosten also für die Vereinbarung einer (nur) **Pauschale**. Der Vermieter ist ebenso darlegungs- und beweispflichtig für die Einhaltung des **Wirtschaftlichkeitsgrundsatzes** und dafür, dass dem Mieter vor Ablauf der Abrechnungsfrist eine den Erfordernissen der Rechtsprechung genügende Abrechnung[97] zugegangen ist. Der Vermieter hat auch die Beweislast für ein fehlendes Verschulden bei diesbezüglicher Fristüberschreitung. 53

– Der Mieter hat dagegen die Darlegungs- und Beweislast für die Einhaltung seiner Einwendungsfrist bzw. fehlendes Verschulden an deren Überschreitung. 54

– Wenn der Mieter den **Zugang der Abrechnung vor Klageerhebung** mit Erfolg **bestreitet,** kann er nach Vorlage der Abrechnung im Rechtsstreit diese mit der **Kostenfolge aus § 93 ZPO zu Lasten des Vermieters sofort anerkennen.** Gleiches gilt, wenn dem Mieter erst im Verlauf des Prozesses Unterlagen vorgelegt bzw. ihm die Einsichtnahme gestattet wird und er daraufhin nach Prüfung die Abrechnung akzeptiert. Ebenfalls wird dies gelten, wenn der Vermieter eine zunächst **unzureichende Abrechnung** im Rechtsstreits **nachbessert.**[98] 55

– Wendet sich der **Mieter** mit **materiellen Gründen** gegen die Abrechnung, darf er sich auf **pauschales** Bestreiten oder Bestreiten **mit Nichtwissen** nur beschränken, wenn er von seinem weitgehenden **Auskunftsanspruch Gebrauch** gemacht hat und dieses **ohne Erfolg** geblieben ist.[99] Für den Vermieter kann es deswegen vorteilhaft sein, wenn er nachweisen kann, er habe dem Mieter mit Auskünften zur Verfügung gestanden und Belegeinsicht angeboten.[100] Nach Ablauf der **Einwendungsfrist** ist der Mieter, der innerhalb der Jahresfrist nur allgemein gehaltene Einwände gegen die Abrechnung anbrachte, nach deren Ablauf im Prozess auch mit konkreten Einwänden ausgeschlossen.[101] 56

– Die **Beweislast** für die **Richtigkeit** der **Abrechnung** trägt der **Vermieter**. Dies gilt auch für die Richtigkeit aller Ansätze in der Abrechnung, die der Mieter substantiiert bestritten hat.[102] Kann der Vermieter diesen Beweis nicht erbringen, ist die Klage abzuweisen, was im Unterschied zur Klageabweisung bei fehlender Fälligkeit eine endgültige Entscheidung darstellt.[103] Wenn eine bestimmte Betriebskostenposition zwar dem Grunde nach unstreitig ist, aber deren Höhe unklar bleibt, darf die 57

---

[96] *Blank/Börstinghaus* § 556 BGB Rdn. 165, 168 ff.
[97] Vgl. dazu vorstehend Rdn. 42.
[98] Was bei Gewerberaum grundsätzlich zulässig ist, vgl. OLG Dresden GE 2002, 994, 995; bei Wohnraum außerhalb der Abrechnungsfrist nur bei materiellen Mängeln, siehe oben Rdn. 44.
[99] *Langenberg* in *Schmidt-Futterer* § 556 BGB Rdn. 539 mit zahlreichen Nachweisen und unter Hinweis auf a. A. *Schmid* MDR 2000, 124; *Blank/Börstinghaus* § 556 BGB Rdn. 182.
[100] *Blank/Börstinghaus* § 556 BGB a. a. O.; OLG Düsseldorf DWW 2000, 193, 195.
[101] *Langenberg* in *Schmidt-Futterer* § 556 BGB Rdn. 541.
[102] *Langenberg* in *Schmidt-Futterer* § 556 BGB Rdn. 541 unter Hinweis auf BGH NJW 1990, 1870; s. a. LG Düsseldorf DWW 1995, 286.
[103] *Blank/Börstinghaus* § 556 BGB Rdn. 181.

Klage nicht bereits deshalb abgewiesen werden. Der Mindestbetrag ist vielmehr unter Rückgriff auf die entsprechenden Betriebskosten des Vorjahre analog § 287 ZPO zu schätzen.[104]

58 – Hatte ein Vermieter **zu geringe Vorauszahlungen** vereinbart, die bei der ersten Abrechnung in keinem realistischem Verhältnis zu den tatsächlich angefallenen, überwälzten Kosten standen und deshalb **hohen Nachforderung** führten, stand nach **früher überwiegender** Meinung dem Mieter in solchen Fällen ein **Freistellungsanspruch** bezüglich der die Summe der Vorauszahlung wesentlich überschreitenden Beträge zu. Teilweise wurde auch angenommen, dass der Mieter die Auflösung des Vertrages fordern und die angefallenen Kosten als Schadensersatz verlange könne.[105] Der BGH hat in einem Urteil vom 11. 2. 2004[106] bei Vereinbarung zu niedrig angesetzter Vorauszahlungen den Vermieter weitgehend von Konsequenzen freigestellt. Eine Pflichtverletzung des Vermieters sei nur dann anzunehmen, wenn **besondere Umstände** hinzuträten, z. B. wenn der Vermieter ausdrücklich **ausreichende Höhe** der Vorauszahlungen **zugesichert** oder in **Täuschungsabsicht** gehandelt habe. Die Konsequenzen derartiger Pflichtverletzungen konnte der BGH aber ausdrücklich offenlassen.[107]

59 – Der Mieter kann selbst dann bestreiten, dass in Rechnung gestellte Leistungen für das Grundstück erbracht wurden, wenn der Vermieter **Belege** vorlegt. Ebenso kann der Mieter einwenden, die berechneten Leistungen seien nicht oder nur zum Teil ausgeführt worden. In beiden Fällen bleibt die volle Beweislast beim Vermieter.

60 – Besteht Streit über **notwendige Abgrenzungen** (z. B. Betreuung mehrerer Grundstücke durch einen Hauswart oder von diesem erbrachte, nicht umlegbare anteilige Verwaltungs- und Instandsetzungsleistungen) ist es ebenfalls Sache des Vermieters, diese Einwände zu widerlegen.[108]

61 – Streiten die Parteien über die Billigkeit eines **Umlageschlüssels** oder über die Einhaltung des Grundsatzes der **Wirtschaftlichkeit,** muss der **Mieter** zumindest **substantiiert vortragen.** Nur dann muss der **Vermieter** substantiiert bestreiten, allerdings bei verbleibenden Unklarheiten auch den **Vorschuss** für ein **Sachverständigengutachten** leisten.[109]

62 Enthält der Mietvertrag einen **Erhöhungsvorbehalt,** kann der Vermieter die **Erhöhung einer Betriebskostenpauschale** fordern (§ 560 Abs. 1 BGB). Ergibt sich aus einer Betriebskostenabrechnung, dass bisher vereinbarte Betriebskostenvorauszahlungen zu hoch oder zu niedrig angesetzt worden sind, kann jede Vertragspartei durch eine entsprechende Erklärung eine **Anpassung auf eine angemessene Höhe** vornehmen (§ 560 Abs. 4 BGB).

---

[104] *Blank/Börstinghaus* § 556 BGB Rdn. 181 unter Hinweis auf z. B. LG Essen WuM 1991, 702

[105] Z. B. LG Berlin NZM 2002, 212; LG Düsseldorf NZM 2002, 604; *Lützenkirchen* in WuM 2004, 63, 64 m. w. N.; *Blank/Börstinghaus* § 556 BGB Rdn. 172 m. w. N.; a. A. schon früher: OLG Stuttgart NJW 1982, 2506 und OLG Dresden NZM 2004, 68; AG Wismar ZMR 2004, 200 (keine Nachzahlung wegen c. i. c.); *Bütter* ZMR 2003, 644 m. w. N.

[106] NJW 2004, 1102, NZM 2004, 251.

[107] Vgl. kritisch *Drasdo* in NJW-Spezial 2004, 49, 50 unter Hinweis auf *Derckx* NZM 2004, 321 und *Artz* NZM 2004, 328.

[108] *Langenberg* in *Schmidt-Futterer* § 556 BGB Rdn. 543.

[109] *Langenberg* in *Schmidt-Futterer* § 556 BGB Rdn. 544 unter Hinweis auf § 556a BGB Rdn. 151 ff. und § 560 Rdn. 126.

I. Klagen des Vermieters

4. Zahlung künftiger Mieten

Zahlt der Mieter während eines **bestehenden Mietverhältnisses**[110] die geschuldete Miete nicht und will der Vermieter trotzdem noch am Mietverhältnis festhalten,[111] kann er grundsätzlich künftige Mieten nicht im voraus einklagen, sondern Klage nur erheben, wenn der Mieter sich mit der Zahlung bereits im **Verzug** befindet.

§ 257 ZPO erlaubt eine Klage auf **künftige Zahlung** nur, wenn diese nicht von einer **Gegenleistung** abhängig ist. Dies ist jedoch bei einem Mietvertrag, also einem bestehenden **Dauerschuldverhältnis**, stets der Fall.[112] Auch eine Klage auf „wiederkehrende Leistungen" i. S. v. § 258 ZPO setzt eine **einseitige** Leistung voraus.[113]

Klage auf künftige Mietzahlung kann deswegen nach allgemeiner Meinung nur unter den Voraussetzungen des **§ 259 ZPO** erhoben werden. **Zulässigkeitsvoraussetzung** ist dann aber die **Besorgnis,** dass der Schuldner sich der rechtzeitigen Leistungen **entziehen** werde. Dafür genügt es nach allgemeiner Meinung, dass der **Schuldner** seine Leistungspflicht **ernstlich bestreitet.**[114] Derartiges Bestreiten nach Grund, Fälligkeit („**rechtzeitige** Leistung") oder Höhe liegt z. B. vor, wenn der Mieter sich auf ein Recht zur Minderung beruft. Nicht ausreichend ist dagegen die Ankündigung des Mieters, er werde mit einer **Gegenforderung aufrechnen,** da er damit die (künftige) Mietforderung selbst nicht bestreitet.[115] Anderes gilt bei der Ankündigung einer **Eventualaufrechnung.**[116]

Bisher war zumindest h. M., dass nicht ausreichend sei die **Besorgnis künftiger Unmöglichkeit** der Leistung oder **künftiger Zahlungsunfähigkeit** des Schuldners. Dies stehe einem „Sich-Entziehen" nicht gleich, da dies über die bloße Nichtzahlung hinaus eine **Einwirkung** des Schuldners voraussetze.[117]

Der BGH hat mit Beschluss vom 20. 11. 02[118] bei schon **eingetretener Zahlungsunfähigkeit** des Mieters die Anwendung des § 259 ZPO letztlich für gerechtfertigt gehalten. Die Entscheidung bezieht sich allerdings ausdrücklich nur auf die Zulässigkeit einer Klage auf künftig fällig werdende **Nutzungsentschädigung** (bis zur Herausgabe der Wohnung) bei gleichzeitiger Räumungsklage und Klage auf Mietrückstände vor der Beendigung des Mietverhältnisses. In diesem Zusammenhang hat der BGH „jedenfalls bei schon eingetretener Zahlungsunfähigkeit" des Mieters die Anwendung des § 259 ZPO für gerechtfertigt gehalten. Dafür spreche zunächst das **Schutzbedürfnis des Gläubigers**, da bei über einen **längeren Zeitraum** bestehenden, auf Zahlungsunfähigkeit beruhenden Mietrückstand des Mieters die Vermutung begründet wird, er werde auch die nach Beendigung des Mietvertrages fällig werdende Raten der Nut-

---

[110] Zu Ansprüchen auf Nutzungsentschädigung nach Beendigung des Mietverhältnisses siehe nachstehend 5.
[111] Will der Vermieter also von einem evtl. Kündigungsrecht nach § 543 Abs. 2 Ziffer 3. BGB oder § 573 Abs. 2 Ziffer 1. BGB nicht Gebrauch machen, z. B. weil eine (nicht selbstschuldnerische) Bürgschaft existiert.
[112] Z. B. *Foerste* in *Musielak* § 257 ZPO Rdn. 3; *Reichold* in *Thomas/Putzo* § 257 ZPO Rdn. 2.
[113] *Foerste* in *Musielak* § 258 ZPO Rdn. 2; *Reichold* in *Thomas/Putzo* § 258 ZPO Rdn. 2; *Lüke* in MK § 258 ZPO Rdn. ab 9.
[114] *Reichold* in *Thomas/Putzo* § 259 ZPO Rdn. 2 unter Hinweis auf BGH 5, 342, NJW 99, 954; *Lüke* in MK § 259 ZPO Rdn 13; *Foerste* in *Musielak* § 259 ZPO Rdn. 5.
[115] *Lüke* in MK § 259 ZPO Rdn. 14 unter Hinweis auf *Henssler* NJW 1989, 138, 140 f; *Foerste* in *Musielak* § 259 ZPO Rdn. 14.
[116] *Lüke* a. a. O.
[117] OLG Koblenz FamRZ 1980, 583, 585; *Reichold* in *Thomas/Putzo* § 259 ZPO Rdn. 2; zweifelnd *Foerste* in *Musielak* § 259 ZPO Rdn. 5; a. A. OLG Dresden NZM 1999, 173; *Fischer* in *Bub/Treier* VIII Rdn. 34; *Henssler* NJW 1989, 138 (140).
[118] NJW 2003, 1395.

zungsentschädigung nicht bezahlen. Die Zulassung der Klage nach § 259 ZPO entspreche auch dem Bedürfnis nach einer wirtschaftlichen Prozessführung da Klagen auf rückständige Mieten und künftige Nutzungsentschädigungen in einem besonders engen Zusammenhang stünden und es andernfalls zu einer Mehrzahl von Prozessen komme, die höhere Verfahrenskosten verursachen würden. Deren Vermeidung liege letztlich auch im Interesse des Mieters. Der BGH stellte ebenfalls fest, dass er mit dieser Entscheidung nicht von der Rechtsprechung der anderen Zivilsenate abweiche, da auch diesen Entscheidungen nicht zu entnehmen sei, dass sich die Heranziehung des § 259 ZPO auf die Fälle des „Bestreitens,, beschränken solle.

68 Diese Argumentation lässt sich bei bereits eingetretener Zahlungsunfähigkeit des Mieters unschwer auch während eines bestehenden Mietverhältnisses auf eine Klage wegen rückständiger Mieten und künftiger Mietzahlungen anwenden, wenn der Mieter auch mit Mietrückständen bereits längere Zeit im Rückstand geblieben ist. Das Interesse des Vermieters, hier trotz bestehender Mietrückstände nicht fristlos zu kündigen und Räumungsklage zu erheben, kann z.B. darin liegen, dass ein Dritter für die Mietzahlungen als Bürge, aber nicht selbstschuldnerisch, haftet. Auch die Ansprüche auf rückständige und künftige Mieten würden aus demselben Sachverhalt hergeleitet werden und in einem besonders engen Zusammenhang stehen. Ständige Folgeprozesse (ständige Klageerweiterungen würde das Verfahren unabsehbar verlängern) würden auch hier höhere Verfahrenskosten verursachen.

69 Für die **Besorgnis nicht rechtzeitiger Leistung** hat der Vermieter die **Darlegungs- und Beweislast.** Nur wenn das Gericht diese Besorgnis bejaht, kommt es zu einem stattgebenden Urteil. Die Klage kann aber auch schon als unbegründet abgewiesen werden, wenn der geltend gemachte Anspruch nicht besteht, ohne dass die Besorgnis nicht rechtzeitiger Leistung festgestellt wird.[119] Im **Antrag** ist zu berücksichtigen, dass der **Urteiltenor** die Bedingung, unter der ein Anspruch steht, oder den Kalendertag, an dem die Leistung fällig wird, eindeutig nennen muss. Dagegen braucht die **Dauer der Verurteilung** nicht notwendig im Tenor ausgesprochen werden. Sie muss sich allerdings aus den Entscheidungsgründen ergeben.[120] Bei einem **laufenden Mietverhältnis** ist daher hinsichtlich künftiger Mieten zu beantragen, „den Beklagten zu verurteilen, jeweils am 3. Werktag eines Monats im voraus, beginnend mit dem Monat .../Jahreszahl an den Kläger jeweils € (Monatsbetrag der Miete) zu zahlen sowie diesen Betrag jeweils mit 5 Prozentpunkten (nach § 288 Abs. 2 BGB 8 Prozentpunkten) über dem Basiszinssatz zu verzinsen".

70 Erkennt der beklagte Mieter den Anspruch an, so kann ein **Anerkenntnisurteil** auch dann erlassen werden, wenn die Besorgnis nicht rechtzeitiger Leistung nicht gerechtfertigt war.[121] In diesem Fall hat der Beklagte allerdings keinen Anlass zur Klage gegeben, so dass bei einem sofortigen Anerkenntnis der Kläger die **Kosten** zu tragen hat (§ 93 ZPO). Da die begründete Besorgnis i.S.d. § 259 ZPO Klageanlass ist, ist aber im allgemeinen § 93 ZPO nicht anwendbar.[122] Die Erteilung der **Vollstreckungsklausel** richtet sich bei bedingten Ansprüchen nach § 726 Abs. 1 ZPO. Der beklagte Mieter kann seine Verteidigung auch auf künftige Einwendungen stützen (§ 257 ZPO, z.B. Aufrechnung mit einer gestundeten Gegenforderung).[123] Wenn die **titulierte Leistung** nicht mehr erbracht werden muss, da die Gegenleistung ausbleibt, muss der Schuldner **Vollstreckungsabwehrklage** erheben.[124] Eine Abänderungsklage

---

[119] *Lüke* in MK § 259 ZPO Rdn. 12.
[120] *Lüke* in MK § 259 ZPO Rdn. 17.
[121] *Lüke* in MK § 259 ZPO Rdn. 19.
[122] *Lüke* a.a.O.
[123] BGH NJW 1986, 3142.
[124] BGHZ 94, 29, 34, NJW 1985, 2481.

I. Klagen des Vermieters

nach § 323 ZPO ist nicht statthaft, da das Gericht keine „Prognoseentscheidung" getroffen hat.[125] Die **Klagen aus § 256 ZPO und § 259 ZPO** schließen sich nicht gegenseitig aus.[126] Die Feststellungsklage ist auch gegenüber der Klage auf künftige Leistung nicht subsidiär. Ob der Gläubiger ein Wahlrecht zwischen der Feststellungsklage und der Klage nach § 259 ZPO hat, ist strittig.[127]

5. Zahlung Nutzungsentschädigung

Durch die Neufassung des **§ 546a BGB** hat der Gesetzgeber klargestellt, dass dem Vermieter bei **verspäteter Rückgabe** von vorneherein eine **Entschädigung in Höhe der vereinbarten Miete** oder in Höhe der **ortsüblichen Miete** zusteht, falls letztere höher ist.[128]   71

Der **Vermieter** hat zunächst die **Darlegungs- und Beweislast** dafür, dass ein **Mietverhältnis bestanden hat.** War also der **Mietvertrag unwirksam,** so ergeben sich Ansprüche des Vermieters nicht aus § 546a BGB, sondern nach **§§ 812, 987ff. BGB.**[129]   72

§ 546a BGB gilt auch im Verhältnis des **Mieters** gegen seinen **Untermieter** nach **Beendigung des Untermietverhältnisses,** nicht aber im Verhältnis des (Haupt-) **Vermieters** gegen den **Untermieter.** Dieser schuldet dem Eigentümer vielmehr vom **Zeitpunkt der Kenntnis** der Beendigung des Hauptmietverhältnisses an eine Nutzungsentschädigung nach den §§ 987, 990, 991 BGB.[130]   73

Nach LG Köln muss der Vermieter bei Beendigung des Hauptmietverhältnisses sein **Rückforderungsrecht** gegenüber dem Untermieter ausdrücklich **geltend machen.**[131] Da dem Untermieter ohnehin **nachweisbar Kenntnis** von der Beendigung des Hauptmietverhältnisses zu geben ist (siehe vorstehend), empfiehlt es sich für den Vermieter, diese Mitteilung mit einer **ausdrücklichen Herausgabeforderung** zu verbinden.   74

Der Anspruch steht dem Vermieter (dem **Erwerber** nach § 566 BGB) gegenüber dem **Mieter** zu nach Beendigung des Mietverhältnisses. Dann ist ein **Eintritt** eines neuen Mieters in das Mietverhältnis nicht mehr möglich, da ein Eintritt ein bestehendes Mietverhältnis voraussetzt.[132] Bei einer **Mehrheit von Mietern** hat der Vermieter Ansprüche gegen alle, solange nur einer die Mietsache vorenthält. Es haftet also auch z.B. der **ausgezogene Ehegatte, Lebenspartner** für das Verbleiben des anderen Partners in der Wohnung. Der ausgezogene Mieter haftet als **Gesamtschuldner,** wenn der in der Wohnung verbleibende Partner Mietvertragspartei war. Ist dies nicht der   75

---

[125] *Lüke* in MK § 259 ZPO Rdn. 3.

[126] BGH NJW 1986, 2507.

[127] Für Wahlrecht: *Reichold* in *Thomas/Putzo* § 259 ZPO Rdn. 6 unter Hinweis auf RGZ 113, 410, 411; BGH NJW 1986, 2507; a.A.: *Foerste* in *Musielak* § 256 ZPO Rdn. 15 und *Lüke* in MK § 259 ZPO Rdn. 15 unter Hinweis auf a.A. LG Dortmund NJW 1981, 764, 765.

[128] Dieser Anspruch steht dem Vermieter im Gegensatz zu § 557 Abs. 1 Satz 1 1. Halbsatz BGB a.F. auch bei der Miete beweglicher Sachen zu, vgl. *Gather* in *Schmidt-Futterer* § 546a BGB Rdn. 2.

[129] *Weidenkaff* in *Palandt* § 546a BGB Rdn. 5; *Scheuer* in *Bub/Treier* V. A Rdn. 53; *Gather* in *Schmidt-Futterer* § 546a BGB Rdn. 14.

[130] *Gather* in *Schmidt-Futterer* § 546a BGB Rdn. 14; BGH NJW 1968, 197; LG Düsseldorf WuM 1988, 163; LG Tübingen WuM 1990217; LG Stuttgart NJW-RR 1990, 654; LG Köln NJW-RR 1990, 1232; abweichend LG München I NJW-RR 1990, 656, 657 (Verstoß des Vermieters gegen § 242 BGB bei 2-facher Inanspruchnahme des Endmieters) vgl. auch *Greiner* ZMR 1998, 403 zu den Direktansprüchen zwischen Eigentümer und Untermieter.

[131] LG Köln NJW-RR 1990, 1231, 1232; a.A. OLG Hamburg WuM 1999, 289, 290.

[132] *Schilling* in *MünchKomm* § 546a BGB Rdn. 8.

Fall, haftet der ausgezogene Mieter als Schuldner des **gesetzlichen Abwicklungsanspruches** nach § 546a BGB.[133]

76 Sind **Ehegatten, Kinder** oder **sonstige Angehörige** des Mieters dagegen **nicht Partei** des Mietvertrages, gilt auch im Verhältnis zu diesen § 546a BGB nicht.[134] § 546a BGB gilt nach h. M. auch nicht bei **Einweisung** eines Mieters durch eine **Obdachlosenbehörde**.[135] Gibt der Untermieter nach **Beendigung des Untermietverhältnisses** die Mietsache nicht zurück, und ist auch das **Hauptmietverhältnis** bereits **beendet**, steht dem Mieter keine **eigene Nutzungsberechtigung** mehr zu und ist er von jeder Nutzungsmöglichkeit ausgeschlossen, wenn der Untermieter die Mietsache direkt dem Hauptvermieter herausgibt.[136] Dem Mieter steht aber ein Anspruch auf **Ersatz des Verzugsschadens** nach §§ 280, 286 BGB zu, wenn der Untermieter die Mietsache an ihn oder den Hauptvermieter nicht rechtzeitig zurückgibt. Der Schaden des Mieters besteht dann darin, dass er selbst wegen verspäteter Rückgabe eine Nutzungsentschädigung zahlen muss.[137]

77 Der Vermieter hat weiter **vorzutragen** und zu **beweisen,** dass das früher bestandene **Mietverhältnis** (Zeitablauf, Kündigung oder Aufhebung) **beendet** ist und der Mieter trotzdem die Mietsache **vorenthält**.

78 Eine **Vorenthaltung** liegt dann vor, wenn der Mieter die Mietsache dem Vermieter **gegen dessen Willen** nicht – oder unberechtigterweise nur **zum Teil** – zurückgibt und so seine **Rückgabepflicht** nach § 546 Abs. 1 BGB (**Untermieter/Endmieter:** § 546 Abs. 2 BGB**)** nicht oder **verspätet** erfüllt.

79 Nach § 546 BGB muss der Mieter die Miträume im **geräumten Zustand** zurückgeben. Entscheidend ist, dass dem Vermieter der **unmittelbare Besitz an der geräumten Mietsache** verschafft wird,[138] und zwar in der Weise, dass ihm die weitere, ungehinderte Nutzung möglich wird.[139] Lässt der Mieter **einzelne Gegenstände** oder **Einrichtungen** in den Miträumen zurück, kommt es auf deren **Gewichtigkeit** und Hinderung der anschließenden Nutzung durch den Vermieter an.[140] Übt der Vermieter an eingebrachten Sachen des Mieters ein **Vermieterpfandrecht (§§ 562, 578 BGB)** aus, liegt dann bezüglich der gepfändeten Sachen des Mieters kein Vorenthalten mehr vor.[141]

80 **Kein Vorenthalten** liegt darin, dass der Mieter die Wohnung in **verwahrlostem** oder **beschädigtem** Zustand zurückgibt oder entgegen vertraglicher Vereinbarung von ihm geschuldete **Schönheitsreparaturen** noch ausstehen.[142] Deswegen liegt auch

---

[133] *Schilling* in *MünchKomm* § 546a BGB Rdn. 9; *Weidenkaff* in *Palandt* § 546a BGB Rdn. 13; *Gather* in *Schmidt-Futterer* § 546a BGB Rdn. 8.

[134] *Weidenkaff* in *Palandt* § 546a BGB Rdn. 5 unter Hinweis auf *Hoffmann* NJW 1968, 2327; *Scheuer* in *Bub/Treier* V. A Rdn. 53; *Gather* in *Schmidt-Futterer* § 546a BGB Rdn. 15.

[135] *Gather* a. a. O.; *Gather* in *Schmidt-Futterer* § 546a BGB Rdn. 16 unter Hinweis auf LG Essen ZMR 1956, 8 und *Scheuer* in *Bub/Treier* V. A Rdn. 54; zur Einweisung des Untermieters *Künkel* MDR 1962, 92, 93.

[136] *Gather* in *Schmidt-Futterer* § 546a BGB Rdn. 16 unter Hinweis auf BGH ZMR 1996, 15.

[137] *Gather* in *Schmidt-Futterer* § 546a BGB Rdn. 16 unter Hinweis auf BGH ZMR 1996, 15, 16.

[138] *Weidenkaff* in *Palandt* § 546a BGB Rdn. 8; *Schilling* in *MünchKomm* § 546a BGB Rdn. 5 unter Hinweis auf § 546 BGB Rdn. 4.

[139] *Weidenkaff* in *Palandt* § 546 BGB Rdn. 4.

[140] BGH NJW 1988, 2664 und NJW 1994, 3222; BGH NJW 1983, 1050, ZMR 1983, 198; OLG Hamm, ZMR 1996, 372; LG Köln NJW-RR 1996, 1480.

[141] BGH WuM 2005, 349; der Anspruch aus § 546a Abs. 1 BGB selbst gibt wegen § 562 Abs. 2 BGB kein Vermieterpfandrecht, vgl. *Weidenkaff* in *Palandt* § 562 BGB Rdn. 13 unter Hinweis auf BGH NJW 1972, 721; a. A. *Gather* in *Schmidt-Futterer* § 546a BGB Rdn. 8 unter Hinweis auf ebenfalls BGH NJW 1972, 721.

[142] BGH ZMR 1988, 175; OLG Hamm NZM 2003, 517; LG Düsseldorf WuM 2002, 494; BGH NJW 1983, 1049; KG MietRB 2004, 226.

I. Klagen des Vermieters 81–84 **9. Kap.**

kein Vorenthalten vor, wenn der Mieter nach Auszug im Einverständnis mit dem Vermieter einen **Wohnungsschlüssel** behält, um noch Schönheitsreparaturen durchführen zu können.[143] Ebenso liegt **kein Vorenthalten** (mehr) vor, wenn der Vermieter **Zwangsräumung** der Mieträume durchführt und der Gerichtsvollzieher ihn in den Besitz einweist.[144] Die Mietsache wird dagegen vorenthalten, wenn gegenüber dem Herausgabeanspruch des Vermieters **Vollstreckungsschutz** nach § 765a ZPO oder bei Wohnraum eine **Räumungsfrist** nach §§ 721, 794a ZPO gewährt wird.[145]

Ob bei **Annahmeverzug** des Vermieters (wofür der Mieter wie zu allen Voraussetzungen der **nicht** vorliegenden **Vorenthaltung** die Darlegungs- und Beweislast hat) ein Vorenthalten vorliegt, ist strittig.[146] Entscheidend ist das **Fehlen** des **Rücknahmewillens**.[147] Das liegt vor, wenn der Vermieter eine erforderliche **Mitwirkungshandlung** nicht erbringt.[148] 81

Für den Anspruch aus § 546a BGB ist **nicht notwendig,** dass der Mieter die Mietsache **weiter nutzt** (unmittelbarer oder mittelbarer Besitz).[149] Es genügt, wenn der Mieter seiner Rückgabepflicht nicht nachkommt.[150] Auch ein **Verschulden** des Mieters ist nicht erforderlich.[151] Eine **Vorenthaltung** liegt aber **nicht** vor, wenn die **Rückgabe objektiv unmöglich** ist, z.B. weil die Mietsache verloren oder untergegangen ist. Der Vermieter ist dann auf Schadensersatzansprüche nach den allgemeinen Grundsätzen (§§ 275, 280 BGB) angewiesen.[152] Wird die Rückgabe erst nach Ende des Mietverhältnisses objektiv unmöglich, endet die Vorenthaltung mit dem Eintritt des Ereignisses.[153] 82

§ 546a Abs. 1 BGB gibt dem Vermieter im Rahmen des **Abwicklungsverhältnisses,** das nach Ende der Mietzeit entsteht, statt des Anspruches auf die Miete einen **vertraglichen Anspruch eigener Art.**[154] § 254 BGB ist daher **nicht anwendbar,** da es sich gerade nicht um einen Schadensersatzanspruch handelt.[155] Allenfalls ist für den Mieter der **Einwand treuwidrigen Verhaltens** (§ 242 BGB) möglich, da der Vermieter den Mieter z.B. nicht an rechtzeitiger Räumung hindern oder den Eindruck erwecken darf, er werde die Räumung selbst durchführen.[156] 83

Gibt der Mieter nach Beendigung des Mietverhältnisses die Wohnung zu Unrecht an den Eigentümer statt an den **Zwangsverwalter** heraus, schuldet der Mieter dem 84

---

[143] OLG Bamberg ZMR 2002, 738; KG NJW-RR 2001, 1452; anders, wenn Mieter die Wohnung zur Durchführung von Schönheitsreparaturen wieder übernimmt, vgl. *Wiek* WuM 1988, 384 (str.).

[144] BayObLG NJW-RR 1989, 1291; siehe aber BGH NJW 2004, 1736: Zwangsräumung aus vorläufig vollstreckbarem Urteil gegen den besitzenden Mieter ist noch keine Erfüllung durch diesen.

[145] *Weidenkaff* in *Palandt* § 546a BGB Rdn. 5.

[146] *Weidenkaff* in *Palandt* § 546a BGB Rdn. 9 unter Hinweis auf bejahende Auffassung von OLG Düsseldorf NZM 2002, 742 m.w.N., ZMR 2004 27.

[147] KG NJW-RR 2001, 1452; OLG Hamm ZMR 2003, 354; LG Leipzig ZMR 2005, 195.

[148] OLG Düsseldorf ZMR 2001, 270 (Angabe des Rückgabeortes); OLG Köln ZMR 1993, 77 (Nichterscheinen zum Übergabetermin).

[149] OLG Hamm ZMR 1996, 373; OLG Hamburg WuM 1977, 73.

[150] *Blank/Börstinghaus* § 546a BGB Rdn. 10 unter Hinweis auf a.A. *Sternel* Rdn. IV. 648.

[151] BGH NJW 1966, 248.

[152] *Schilling* in *MünchKomm* § 546a BGB Rdn. 6 unter Hinweis auf OLG Hamm ZMR 1977, 372; *Blank/Börstinghaus* § 546a BGB, Rdn. 14; *Gather* in *Schmidt-Futterer* § 546a BGB Rdn. 24.

[153] OLG Hamm ZMR 1977, 372; *Scheuer* in *Bub/Treier* V. Rdn. 65.

[154] *Schilling* in *MünchKomm* § 546a BGB Rdn. 7 unter Hinweis auf BGH NZM 2003, 231.

[155] *Schilling* a.a.O. unter Hinweis auf BGHZ 104, 285, NJW 1988, 2665; BGHZ 1968, 397, 310, NJW 1977, 1335; *Scheuer* in *Bub/Treier* V. A 82; *Weidenkaff* in *Palandt* § 546a BGB Rdn. 7.

[156] *Weidenkaff* in *Palandt* § 546a BGB Rdn. 7.

Zwangsverwalter Nutzungsentschädigung, da dem Vermieter die Verwaltung und die Benutzung des Grundstücks entzogen worden ist (§ 148 Abs. 2 ZVG).[157]

85 Der Anspruch nach § 546a Abs. 1 BGB kann **selbständig abgetreten** werden. Tritt der Vermieter den **Rückgabeanspruch** (§ 546 Abs. 1 BGB) ab, ist darin im Zweifel auch eine Abtretung des Entschädigungsanspruches zu sehen, so dass der Mieter dann gegenüber dem Zessionar als Gläubiger in Verzug gerät, wenn er die Räume nicht an diesen zurückgibt.[158] Der Anspruch nach § 546a BGB **beginnt** erst mit dem Vorenthalten.[159] Für die Zeit davor wird die **Miete** geschuldet. Der Anspruch des Vermieters auf Entschädigung **endet** erst, wenn die **Vorenthaltung beendet** ist. Dies ist erst mit der **Rückgabe** der Fall.[160] Teilweise wird die Auffassung vertreten, dass bei **Rückgabe während des Monats** der Mieter die Nutzungsentschädigung bis zum Monatsende schuldet.[161] Nach der gegenteiligen Auffassung, der wohl zuzustimmen ist, findet dies im Gesetz keine Grundlage.[162] Der Vermieter muss vielmehr in diesem Falle, wenn er die Mieträume nicht sofort weitervermieten kann, Schadensersatz nach allgemeinen Grundsätzen verlangen.[163] Ab Vorenthaltung schuldet der Mieter in Form der Entschädigung mindestens die bisher vereinbart, vom Vermieter darzulegende und unter Beweis zu stellende **Gesamtmiete** inkl. aller Bestandteile (Grundmiete, Betriebskosten, Nebenkosten, Zuschläge). Da die Entschädigung nach § 546a BGB (siehe oben) wie eine **vertragliche Mietforderung** behandelt wird, unterliegt sie bei entsprechender **Option** des Vermieters auch der **Umsatzsteuerpflicht**.[164]

86 Die **Fälligkeit** der Nutzungsentschädigung richtet sich auch nach den für die Miete geltenden gesetzlichen oder vertraglichen Regelungen. Soweit nichts anderes vereinbart ist (Vorfälligkeitsregelung), wird auch der Entschädigungsanspruch nach § 546a BGB regelmäßig zu Beginn oder nach Ablauf der einzelnen Zeitabschnitte fällig, nach denen sich die Miete bemisst (§§ 556 Abs. 1, 579 BGB). Allerdings kann der Anspruch gemäß **§ 259 ZPO** zusammen mit der Klage auf Räumung und (evtl. Mietrückständen) auch für **künftig fällig werdende Zahlungen** geltend gemacht werden, wenn die Räume wegen **Zahlungsrückständen** von mehreren Monaten gekündigt worden sind und sich daraus die **Zahlungsunfähigkeit** des Mieters ergibt.[165] Ausdrücklich offen gelassen hat der BGH in seiner Entscheidung vom 20. 11. 2002, ob eine Klage auf künftige Nutzungsentschädigung auch bereits auf **§ 258 ZPO** gestützt werden kann. Dies wird nach der hier vertretenen Auffassung nicht zutreffend sein, da es sich auch beim Anspruch auf Nutzungsentschädigung um keinen einseitigen Anspruch handelt.[166]

---

[157] *Gather* in *Schmidt-Futterer* § 546a BGB Rdn. 24 unter Hinweis auf AG Köln ZMR 2000, 30.
[158] *Gather* in *Schmidt-Futterer* § 546a BGB Rdn. 11 m. w. N.; getrennte Abtretung von Herausgabe- und Räumungsanspruch offen gelassen in BGH NJW 1983, 112f zu § 557 Abs. 1 BGB a. F.
[159] BGH NJW 2001, 2251.
[160] *Blank/Börstinghaus* § 546a BGB Rdn. 35 m. w. N.; a. A. *Sternel* Rdn. IV 654 (Besitzaufgabe).
[161] KG GE 2001, 998; OLG Düsseldorf DWW 2002, 329; LG Düsseldorf WuM 1992, 191, DWW 1992, 154; AG Münster WuM 1987, 273; *Scheuer* in *Bub/Treier* V., Rdn. 75.
[162] *Blank/Börstinghaus* § 546a BGB Rdn. 35 unter Hinweis auf KG GE 2003, 253; LG Mönchengladbach WuM 1992, 215; *Sternel* Mietrecht aktuell Rdn. 600; so wohl auch *Schilling* in *MünchKomm* § 546a BGB Rdn. 16 unter Hinweis auf OLG Köln ZMR 1993, 77, WuM 1993, 46.
[163] Siehe dazu nachstehend unter 5. dieses Kapitels.
[164] *Gather* in *Schmidt-Futterer* § 546a BGB Rdn. 6 unter Hinweis auf BGH DWW 1998, 17, 18, BGHZ 104, 285, 291; OLG Köln WuM 1999, 288.
[165] BGH NZM 2003, 231, WuM 2003, 280, NJW 2003, 1395; siehe zu diesem Urteil auch bereits vorstehend 3. dieses Kapitels.
[166] BGH NZM 2003, 231; mit zahlreichen Nachweisen zum diesbezüglichen Meinungsstreit

I. Klagen des Vermieters   87–91   9. Kap.

Hatte der Mieter **am Ende der Mietzeit** das Recht, die Miete wegen **Mängeln** 87
nach § 536 BGB zu mindern, so sind auch bei der Höhe der Entschädigung nach
§ 546a BGB die entsprechenden Beträge abzuziehen.[167] Wenn dagegen ein **Mangel
erst während der Vorenthaltung** auftritt, mindert dies die Nutzungsentschädigung,
abgesehen von Einzelfällen nach § 242 BGB, nicht.[168] Wird der Mangel **während** der
Zeit der **Vorenthaltung beseitigt,** richtet sich die Entschädigung wiederum nach der
ursprünglich vereinbarten Miete.[169]

Der Vermieter kann auch eine **Erhöhung der Nutzungsentschädigung** verlangen, 88
wenn er bei Fortbestand des Mietverhältnisses die vereinbarte Miete hätte erhöhen können (vertragliche Vereinbarung einer Staffelmiete, Mietanpassung- oder Wertsicherungs-
klausel, Indexmiete oder kraft Gesetzes bei preisgebundenen Wohnungen).[170] Ist der
Marktpreis für das Mietobjekt bei Beendigung des Mietverhältnisses im Vergleich zum
Zeitpunkt von dessen Abschluss **gesunken** und damit eine **Weitervermietung nur zu
einer geringeren Miete** möglich, kann der Vermieter trotzdem die bisher vereinbarte
(Gesamt-) Miete fordern.[171] Ist eine Vereinbarung zur Höhe der Miete wegen eines Ver-
stoßes gegen **§ 5 WiStG** teilweise **nichtig,** wird auch als Entschädigung i.S.v. § 546a
BGB nur der Betrag in Höhe der zulässigen Miete geschuldet.[172]

Ist der **Marktwert** des Mietobjektes dagegen bei Beendigung des Mietverhältnisses 89
nach dem Maßstab der **ortsüblichen Miete** höher, steht dem Vermieter alternativ das
Recht zu, auch diese ortsübliche Miete als Entschädigung zu fordern. Auch in Höhe
der ortsüblichen Miete besteht der Entschädigungsanspruch seit Beginn der Vorenthaltung, wobei der Anspruch auch **rückwirkend** (seit Beginn der Vorenthaltung) geltend gemacht werden kann. Übersteigt die ortsübliche Höhe die vereinbarte Miete erst
später, gilt ab diesem Zeitpunkt die ortsübliche Miete.[173]

Unter dem **Begriff der ortsüblichen Miete** kann man sowohl die **Marktmiete** 90
(üblicher Neuvermietungspreis) als auch die **Durchschnittsmiete** (Durchschnitt aller
in einer Gemeinde gezahlten Mietpreise) als auch die Miete im Sinne von **§ 558
Abs. 2 BGB** (Durchschnitt der in den letzten 4 Jahren vereinbarten oder geänderten
Mieten) verstehen.[174] Nach überwiegender Meinung versteht man unter ortsüblicher
Miete das nach § 558 Abs. 2 BGB definierte Entgelt.[175]

Gilt damit für **Wohnraummiete** nach h.M. § 558 Abs. 2 BGB, so ist bei **preisge-** 91
bundenen Wohnungen die ortsübliche Miete i.S.v. § 546a BGB die **Kostenmiete.**[176] Dies soll auch dann gelten, wenn die Kostenmiete höher liegt als die ortsübliche
Miete für freifinanzierte Wohnungen.[177] Bei der **Geschäftsraummiete,** der **Grund-**

---

[167] *Schilling* in *MünchKomm* § 546a BGB Rdn. 10 unter Hinweis auf BGH NJW 1961, 916 und BGH NJW-RR 1990, 884, ZMR 1990, 206 (vertraglich geminderte Miete); *Weidenkaff* in *Palandt* § 546a BGB Rdn. 11; *Gather* in *Schmidt-Futterer* § 546a BGB Rdn. 31 m.w.N.; *Blank/Börstinghaus* § 546a BGB Rdn. 27 m.w.N.
[168] *Schilling* in *MünchKomm* § 546a BGB m.w.N.; BGH NJW 1961, 916; OLG Düsseldorf DWW 1992, 52; OLG München ZMR 1993, 466; *Blank/Börstinghaus* § 546a BGB Rdn. 27 m.w.N.
[169] *Blank/Börstinghaus* a.a.O.
[170] *Schilling* in *MünchKomm* § 546a BGB Rdn. 11; *Blank/Börstinghaus* § 546a BGB Rdn. 25.
[171] *Gather* in *Schmidt-Futterer* § 546a BGB Rdn. 30.
[172] *Gather* in *Schmidt-Futterer* a.a.O. unter Hinweis auf AG Nürtingen WuM 1982, 81.
[173] *Schilling* in *MünchKomm* § 546a BGB Rdn. 13 m.w.N.
[174] *Blank/Börstinghaus* § 546a BGB Rdn 31.
[175] *Blank/Börstinghaus* § 546a BGB a.a.O., der dem für die Wohnraummiete zustimmt; *Gather* in *Schmidt-Futterer* § 546a BGB Rdn. 32; *Voelskow* in *MünchKomm* § 557 BGB Rdn. 12; *Scheuer* in *Bub/Treier* Rdn. V. 109.
[176] *Blank/Börstinghaus* § 546a BGB Rdn. 31 m.w.N.
[177] *Blank/Börstinghaus* § 546a BGB a.a.O. unter Hinweis auf a.A. *Sternel* Rdn. IV., 675.

stücksmiete und der **Miete beweglicher Sachen** ist dagegen die **Marktmiete** heranzuziehen.[178] Die Voraussetzungen für die Höhe der ortsüblichen Miete hat der Vermieter darzulegen und zu beweisen. bei preisfreiem Wohnraum werden nur **die Kriterien des § 558 Abs. 2 BGB** angewendet.[179]

92 Nach früher h. M. konnte der Vermieter die ortsübliche Vergleichsmiete erst nach Ausübung einer entsprechenden einseitigen Gestaltungserklärung für die Zukunft fordern. Eine rückwirkende Geltendmachung war also nicht möglich. Seit der Entscheidung des **BGH** vom 14. 7. 1999[180] steht dem Vermieter **von vorneherein vom Beginn der Vorenthaltung** an auch ein Anspruch mindestens in Höhe der ortsüblichen Vergleichsmiete zu. Zur Erhöhung genügt eine **einseitige, empfangsbedürftige Willenserklärung.** Zustimmung des Mieters ist, anders als beim Mieterhöhungsverlangen während der Laufzeit eines Mietvertrages,[181] nicht notwendig.[182] Erweckt der Vermieter beim Mieter den Eindruck, er werde sich mit der vereinbarten Miete (statt höherer, ortsüblicher Miete) zufrieden geben, kann letzterer Anspruch **verwirken**.[183] Ansonsten tritt **Verjährung** nach den allgemeinen Vorschriften (3 Jahre, § 195 BGB) ein.[184]

93 Die Erhöhung auf die ortsübliche Miete braucht nicht mit den Mitteln des § 558a BGB begründet zu werden. Sie muss aber im Streitfall vom Vermieter bewiesen werden.[185] Da für die Geltendmachung des Anspruches auch die **einseitige empfangsbedürftige Erklärung** des Vermieters ausreicht, kann diese wirksam auch durch eine Zahlungsklage erfolgen.[186] Bei der **Wohnraummiete** kann der Vermieter in der streitigen Auseinandersetzung zur Bestimmung der Höhe der Entschädigung auf einen **Mietspiegel** zurückgreifen.[187] Besteht ein **qualifizierter Mietspiegel,** so soll nach Blank/Börstinghaus auch die Vermutungswirkung des § 558 Abs. 3 gelten.[188]

94 Vorhandene **Mängel** sind wertmindernd zu berücksichtigen, wobei es – anders als im Falle des § 558 BGB – nicht darauf ankommt, ob es sich dabei um behebbare oder nicht behebbare Mängel handelt.[189] Auch hier gilt aber, dass der Mieter sich auf ein Minderungsrecht wegen später, also nach Zugang der Erhöhungserklärung, auftretender Mängel nicht berufen kann.[190] Etwas anderes gilt nur, wenn der Vermieter nach dem Auftreten dieser Mängel eine **weitere Anpassung** nach § 564a BGB fordert.[191] **Werterhöhende Einrichtungen,** die der Mieter geschaffen hat, bleiben bei der Ermittlung der ortsüblichen Miete **unberücksichtigt**.[192]

---

[178] *Gather* in *Schmidt-Futterer* § 546a BGB Rdn. 32 m. w. N.; zustimmend *Blank/Börstinghaus* § 546a BGB Rdn. 31 und *Schilling* in *MünchKomm* § 546a BGB Rdn. 14.

[179] Siehe dazu im Einzelnen Kapitel 4.

[180] BGH DWW 1999, 324, NZM 1999, 803; vgl. dazu auch *Emmerich* NZM 1999, 929 und *Wass* ZMR 2000, 69.

[181] Siehe dazu Kapitel 4.

[182] *Schilling* in *MünchKomm* § 546a BGB Rdn. 13 m. w. N.; *Blank/Börstinghaus* § 546a BGB Rdn. 33 m. w. N.; *Gather* in *Schmidt-Futterer* § 546a BGB Rdn. 33 m. w. N.

[183] *Blank/Börstinghaus* § 546a BGB a. a. O. und *Gather* in *Schmidt-Futterer* § 546a BGB a. a. O.

[184] *Blank/Börstinghaus* § 546a BGB Rdn. 33; *Gather* in *Schmidt-Futterer* § 546a BGB Rdn. 22.

[185] *Schilling* in *MünchKomm* § 546a BGB Rdn. 13 und 17.

[186] *Gather* in *Schmidt-Futterer* § 546a BGB Rdn. 34; ohne vorgerichtliche Aufforderung dürfte dann aber bei sofortigem Anerkenntnis des Mieters der Vermieter nach § 93 ZPO die Kosten tragen.

[187] *Blank/Börstinghaus* § 546a BGB Rdn. 32 unter Hinweis auf LG Köln WuM 1987, 123; a. A. *Schilling* in *MünchKomm* § 546a BGB Rdn. 13.

[188] *Blank/Börstinghaus* § 546a BGB a. a. O.

[189] *Blank/Börstinghaus* § 546a BGB Rdn. 32 unter Hinweis auf LG Hamburg WuM 1987, 390, DDW 1987, 233 und *Sternel* Mietrecht aktuell Rdn. 597 sowie *Scheuer* in *Bub/Treier* V. Rdn. 109.

[190] S. vorstehend Fußnote.

[191] *Blank/Börstinghaus* § 546a BGB Rdn. 32

[192] *Blank/Börstinghaus* § 546a BGB a. a. O.

I. Klagen des Vermieters   95–102 9. Kap.

Grundsätzlich ist § 546a BGB **abdingbar**. Abweichende Vereinbarungen, die zu 95
Lasten des Mieters von Wohnraum aber zugleich von **§ 571 BGB abweichen**, sind
unwirksam.[193]

Der **Streitwert** einer Klage auf Nutzungsentschädigung bemisst sich im Rahmen 96
der Räumungsklage nach dem 6-fachen monatlichen Mietzins.[194]

6. Sonstige Zahlungsansprüche des Vermieters wegen Vorenthaltung

a) **Schadensersatzansprüche**. Die dem Vermieter nach § 546a Abs. 1 BGB bei 97
Vorenthaltung zustehende Entschädigung schließt nach **§ 546a Abs. 2 BGB** die Geltendmachung eines **weiteren Schadens** nicht aus. Diese Vorschrift stellt aber nur klar, dass die **allgemeinen Vorschriften** des **Schadensrechtes (§§ 280, 286 BGB)** neben § 546a Abs. 1 BGB anwendbar sind, gibt also **keine eigenständige Anspruchsgrundlage**.[195] § 546a Abs. 2 BGB gilt für **alle Mietverhältnisse**. Einschränkungen **bei der Wohnraummiete** sind in **§ 571 BGB** geregelt.

Im Folgenden werden hier nur die Schadensersatzansprüche des Vermieters behan- 98
delt, die aus **Verzug mit der Rückgabe** durch den Mieter entstehen. Schadensersatzansprüche des Vermieters wegen **Schlechterfüllung der Rückgabepflicht** werden unter 7. b) und c) dieses Kapitels behandelt.

Im Gegensatz zu § 546a Abs. 1 BGB ist, wie bei jedem Schadensersatzanspruch, **Ver-** 99
schulden des Mieters erforderlich und vom Vermieter **darzulegen** und **unter Beweis**
zu stellen. Hier kommt dann, ebenfalls im Gegensatz zum Anspruch auf Entschädigung nach § 546a Abs. 1 BGB,[196] ein **Mitverschulden** des Vermieters in Betracht.

Kein Verschulden des Mieters an der verspäteten Rückgabe wird z. B. angenom- 100
men bei **schwerer Krankheit** oder bei **fehlendem Ersatzraum** trotz Erfüllung der Ersatzraumbeschaffungspflicht (beides bei **Wohnraummiete**).[197]

Ob auf Seiten des Mieters ein **schuldloser Irrtum über seine Räumungspflicht** 101
bei **streitiger Wirksamkeit der Kündigung** und **ungewissem Ausgang des Räu-**
mungsrechtsstreits entlastet, ist zumindest nach sehr strengen Maßstäben zu beurteilen. Ein Verschulden soll dann nur entfallen, wenn der Mieter mit einem Erfolg des Vermieters hinsichtlich der Räumungsklage nicht zu rechnen brauchte.[198] Kann ein Mieter weder aus eigenem noch aus abgetretenem Recht gegen den **Untermieter** vorgehen, kann ein Verschulden entfallen.[199] Als Ausnahme von § 425 BGB soll für das Verschulden eines Mitmieters bei Einwirkungsmöglichkeit auf diesen gehaftet werden.[200]

Der Mieter hat den Schaden zu ersetzen, der **durch die Vorenthaltung** entsteht, 102
so dass Schadensersatzanspruch über § 254 BGB z. B. ausgeschlossen sein kann, wenn der Vermieter an den Nachmieter ab einem Zeitpunkt vermietet, von dem er weiß, dass der Mieter nicht rechtzeitig räumen kann.[201] Kann der Vermieter das Mietobjekt

---

[193] Für Formularverträge gelten außerdem §§ 307 Abs. 2 Nr. 1, 308 Nr. 7 und 309 Nr. 5 und 7 BGB.
[194] LG Nürnberg-Fürth WuM 2005, 684.
[195] *Blank/Börstinghaus* § 546a BGB Rdn. 37; *Weidenkaff* in *Palandt* § 546a BGB Rdn. 16; LG Mannheim WuM 1962, 210.
[196] S. vorstehend in diesem Kapitel 5. Rdn. 82.
[197] *Blank/Börstinghaus* § 546a BGB Rdn. 38 mit weiteren Beispielen und mit Hinweis auf § 574 BGB Rdn. 28.
[198] BGHZ 72, 147, NJW 1978, 2148, ZMR 1979, 78; a. A. AG Schwäbisch Gmünd WuM 1991, 347: der Mieter darf grundsätzlich den Ausgang eines Rechtsstreits abwarten.
[199] *Blank/Börstinghaus* § 546a BGB Rdn. 38.
[200] *Weidenkaff* in *Palandt* § 546a BGB Rdn. 16 unter Hinweisen auf OLG Düsseldorf NJW-RR 1987, 911 und BGHZ 131, 176 sowie auf § 425 BGB Rdn. 8.
[201] *Weidenkaff* in *Palandt* § 546a BGB Rdn. 16 und 17, letzterer unter Hinweis auf OLG München ZMR 1989, 224.

wegen der verspäteten Rückgabe nicht weitervermieten, wird er bereits durch den Anspruch aus § 546a Abs. 1 BGB[202] entschädigt. Gibt der Mieter die Mietsache **verspätet** zurück, entsteht ein **Mietausfallschaden** dann, wenn der ursprünglich zur Anmietung bereite Nachmieter jetzt keinen Mietvertrag mehr abzuschließen bereit ist. Mietausfallschaden entsteht auch dann, wenn der Vermieter bei rechtzeitiger Rückgabe das Mietobjekt zu einem höheren Preis hätte vermieten können.[203] Ebenfalls zu ersetzen ist der **Schaden** des Vermieters, wenn dieser einem **Nachfolgemieter** wegen Nichterfüllung oder Verzug **Schadensersatz** schuldet[204] oder **zusätzliche Aufwendungen** hat, weil er die Mietsache nicht termingerecht in Gebrauch nehmen konnte.[205] Gibt der Mieter die Mietsache zur **Unzeit** zurück (z.B. während eines Monats oder vor Ablauf einer **gerichtlich** bestimmten **Räumungsfrist**) zurück, und kann der Vermieter deswegen die Sache nicht sofort weitervermieten, kann er diesen Mietausfall ebenfalls als weiteren Schadensersatz verlangen.[206]

103 In jedem Falle hat der Vermieter die Darlegungs- und Beweislast dafür, dass ein **bestimmter Mietinteressent** bereit gewesen wäre, die Räume zu einem früheren Zeitpunkt anzumieten.[207] Der Mieter hat die Darlegungs- und Beweislast dafür, dass ihn an der verspäteten Rückgabe **kein Verschulden** trifft bzw. ein **Mitverschulden des Vermieters** vorliegt.

104 Auch der Schadensersatzanspruch nach § 546a Abs. 2 BGB kann bei diesbezüglicher, fortlaufender Zahlungsverpflichtung des (früheren) Mieters erst zu jeweiligen (früheren) Mietzahlungsfälligkeiten **fällig** werden.[208] Dann wird bei Besorgnis nicht rechtzeitiger Leistung auch hier eine Klage auf künftig fällig werdende Zahlungen nach **§ 259 ZPO** zulässig sein.[209]

105 **Schadensersatz statt der Rückgabe** kann der Vermieter nach §§ 281, 282 BGB verlangen. Fraglich ist, ob der Vermieter in diesem Fall nach Fristsetzung (§ 281 Abs. 1 Satz 1 BGB) Schadensersatz (statt der Leistung) in Geld (Marktwert) gegen Übernahme der Sache durch den Mieter verlangen kann (**„Zwangsverkauf"**).[210]

106 Auch die Ansprüche des Vermieters wegen eines weiteren, durch Vorenthaltung entstandenen Schadens **verjähren** nach **§ 195 BGB (3 Jahre)**. **§ 548 BGB** (Verjährung 6 Monate) betrifft nur Ersatzansprüche „wegen **Veränderungen** oder **Verschlechterungen**" der Mietsache.

107 **b) wegen unterbliebener Rückgabe der Mietsache.** Nach h.M. stellt § 546a BGB keine Sonderregelung dar, so dass daneben auch Ansprüche aus ungerechtfertigter Bereicherung (§§ 812ff. BGB) und Ansprüche aus Eigentümer-Besitzer-Verhältnis (§§ 987ff. BGB) anwendbar sind.[211]

---

[202] S. dazu in diesem Kapitel vorstehend 5.
[203] *Schilling* in *MünchKomm* § 546a BGB Rdn. 19.
[204] *Schilling* a.a.O. unter Hinweis auf OLG Düsseldorf MDR 1990, 725.
[205] *Schilling* a.a.O.
[206] Nach a.A. kann der Vermieter diesen Mietausfall als weiteren Entschädigungsanspruch nach § 546 Abs. 1 BGB geltend machen, siehe dazu vorstehend in diesem Kapitel Ziffer 5. Rdn. 85.
[207] OLG Düsseldorf DWW 2002, 329; LG Hamburg WuM 1984, 74.
[208] BGH MDR 1979, 1016.
[209] *Schilling* in *MünchKomm* § 546a BGB Rdn. 20 unter Hinweis auf Rdn. 15.
[210] Bejahend *Schilling* in *MünchKomm* § 546a BGB Rdn. 21, aber auch unter Hinweis auf den Ausschluss eines Zwangsverkaufes bei Wohnraummiete wegen § 571 BGB unter Hinweis auf Rdn. 22, ansonsten unter Hinweis auf § 242 BGB; *Blank/Börstinghaus* § 546a BGB Rdn. 43: Lösung nur unter Rückgriff auf § 242 BGB.
[211] BGH NJW 1966, 248, ZMR 1966, 78, BGHZ 44, 241; BGHZ 68, 307, NJW 1977, 1335; BGH NJW 1968, 197, BGH ZMR 1954, 236; BGH NZM 2000, 183, NJW-RR 2000, 382; *Scheuer* in *Bub/Treier* Rdn. V. 124ff.; *Weidenkaff* in *Palandt* § 546a BGB Rdn. 19 unter ergänzen-

Bei der **Raummiete** ist diese Frage von geringer praktischer Bedeutung, da sowohl 108 nach §§ 987, 990 Abs. 1 Satz 2 BGB der Vermieter Anspruch auf Herausgabe der nach dem Mietwert bemessenen Gebrauchsvorteile hat. Der Bereicherungsanspruch aus § 812 BGB führt zu demselben Ergebnis.[212] Die identischen Ansprüche hat der Vermieter aber auch nach § 546a BGB. Ein Anspruch aus ungerechtfertigter Bereicherung kann dann vor allem von Bedeutung sein, wenn ein **Mietausfallschaden** des Vermieters sich **nicht feststellen** lässt.[213] Scheitert ein beabsichtigter **Mietvertragsabschluss,** werden die Räumlichkeiten aber bereits vor Abschluss eines Mietvertrags an einen **Mietinteressenten überlassen,** kann der Überlasser statt eines vertraglichen Anspruches einen Bereicherungsanspruch nach §§ 812 Abs. 1, 818 Abs. 1 BGB geltend machen.[214] Dabei setzt dieser Anspruch grundsätzlich voraus, dass der Besitzer die Sache tatsächlich nutzt. Dann bemisst sich die Höhe der Nutzungsentschädigung nach dem **objektiven Mietwert** der Sache, der vom Überlasser **zu beweisen** ist.[215] Hat der Nutzer einzelne Gegenstände zurückgelassen, ansonsten aber den Besitz aufgegeben, muss der Nutzer die Entschädigung in voller Höhe zahlen, wenn dem Überlasser damit die eigene Nutzung vollständig genommen ist. Wenn die Nutzungsmöglich des Überlassers nur beschränkt ist, umfasst der Anspruch nur den Nutzungswert der von dem zurückgebliebenen Sachen konkret belegten Fläche.[216]

Ist der **Überlasser zugleich Eigentümer** der Sache, hat er darüber hinaus einen 109 Entschädigungsanspruch nach den §§ 987 ff. BGB, für dessen Höhe dasselbe gilt wie beim Bereicherungsanspruch. Einen **Mietausfallschaden** kann der **Überlasser** nur geltend machen, wenn ihm durch die Vorenthaltung ein **konkreter Mietausfall** entsteht. Insoweit obliegt dem Überlasser die **Darlegungs-** und **Beweislast,** wann, an wen und zu welchem Mietzins er die Sache oder Teile davon hätte vermieten können.[217]

7. Sonstige Schadensersatzansprüche des Vermieters

a) **Verzögerung von Modernisierungsarbeiten.** Zwar kann der Mieter seine 110 **Pflicht** zur Duldung von **Modernisierungsmaßnahmen**[218] grundsätzlich bestreiten und auch erst einer richterlichen Entscheidung unterstellen, ohne dadurch schadensersatzpflichtig zu werden. Verweigert der Mieter also eine Duldung der vom Vermieter beabsichtigten Modernisierungsmaßnahmen unter Berufung auf **finanzielle Unzumutbarkeit,**[219] verpflichtet dies den Mieter nicht zum Ersatz des Schadens, der sich aufgrund von **Arbeitsverzögerungen** ergibt.[220]

Der Mieter muss allerdings nach Ablauf der ihm gesetzlich eingeräumten **Überle-** 111 **gungsfrist**[221] entscheiden, ob er die Maßnahme dulden oder kündigen[222] will und dem Vermieter eine entsprechende Mitteilung machen. Ab **positiver Kenntnis** des

---

dem Hinweis auf Waas ZMR 2000, 69; a. A. – Sonderregelung: LG Mannheim NJW 1970, 1881; LG Düsseldorf WuM 1967, 134; OLG Köln NZM 1999, 710; *Sternel* Rdn. IV. 692.

[212] BGH ZMR 1966, 78, NJW 1966, 248, BGHZ 44, 241; BGH NZM 2000, 183.
[213] *Schilling MünchKomm* § 546a BGB unter Hinweis auf BGH NJW-RR 2000, 382, NZM 2000, 183 m.w.N.
[214] *Blank/Börstinghaus* § 546a BGB Rdn. 46 unter Hinweis auf BGH NZM 2000, 183.
[215] *Blank/Börstinghaus* a.a.O.
[216] *Blank/Börstinghaus* a.a.O.
[217] *Blank/Börstinghaus* a.a.O. unter Hinweis auf BGH NZM 2000, 183.
[218] Siehe dazu Kapitel 3. Rdn. 28.
[219] Siehe Kapitel 3. Rdn. 38.
[220] *Eisenschmid* in *Schmidt-Futterer* § 554 BGB Rdn. 288.
[221] Siehe Kapitel 3. Rdn. 39.
[222] Siehe Kapitel 3. Rdn. 38.

Mieters über seine **Duldungspflicht** (nach rechtlicher Beratung oder gerichtlicher Entscheidung), kann der Vermieter **Schadensersatz** wegen der durch den Mieter **verzögerten** Modernisierungsarbeiten geltend machen.[223] Der Mieter kann sich auch schadensersatzpflichtig machen, wenn er mit seiner Verweigerungshaltung gegen § 242 BGB verstößt und die Modernisierung nur deshalb behindert, weil er dem Vermieter **schikanieren** will.[224] Der Mieter von **Gewerberäumen** soll dabei einer **gesteigerten Prüfungspflicht** unterliegen, so dass es ihm zumutbar sei, vor einer Ablehnung zunächst **Rechtsrat einzuholen,** wobei der Verstoß gegen die Pflicht zur Einholung von Rechtsrat als Verstoß gegen eine **vertragliche Nebenpflicht** zur Schadensersatzpflicht führt (§ 280 BGB i. V. m. § 241 Abs. 2 BGB).[225]

112 **b) Wegen Überschreitung des vertragsgemäßen Gebrauches.** Nach § 280 BGB kann der Vermieter **Schadensersatz** verlangen, wenn der Mieter **eine Pflicht aus dem Mietverhältnis verletzt.** Der Vermieter muss dabei zunächst **darlegen und nachweisen,** dass eine **objektive Pflichtverletzung** vorliegt. Dadurch wird das subjektive Vertretenmüssen indiziert. Darüber hinaus enthält § 280 Abs. 1 BGB zum **Verschulden** eine **Beweislastumkehr.** Der Schuldner/**Mieter** muss **nachweisen,** dass ein **Vertretenmüssen i. S. v. § 276 BGB** nicht vorliegt.[226]

113 Nach § 538 BGB hat der Mieter aber **Veränderungen** oder **Verschlechterungen** der Mietsache, die durch den **vertragsgemäßen Gebrauch** herbeigeführt werden, **nicht** zu vertreten.

114 Macht der Vermieter einen Schadensersatzanspruch geltend, der nach seiner Auffassung durch nicht vertragsgemäßen Gebrauch entstanden ist, bestehen folgende Grundsätze für die **Darlegungs- und Beweislast:**

115 Der Vermieter muss die **Verursachung des Schadens** darlegen (und immer: im Bestreitensfalle **beweisen**), also vortragen, dass die Mietsache **während** der **Mietzeit** eine Veränderung oder Verschlechterung erfahren hat. Der Vermieter muss deswegen den **Zustand** der Mietsache bei **Mietbeginn** präzise beschreiben und darlegen, welche konkrete Veränderung oder Verschlechterung eingetreten ist. Für die **Schadensfreiheit** der Mietsache bei **Mietbeginn** ist der Vermieter beweispflichtig.[227]

116 Die Gerichte stellen **hohe Anforderungen** an einen **substantiierten Sachvortrag** des Vermieters. Weder helfen hier rein **wertende Darstellungen** („vertragswidrig" oder „nicht ordnungsgemäß"), noch Formeln, die von vorneherein keinen konkreten Bedeutungsgehalt haben („stark beschädigt" oder „verschmutzt").[228] Ebenso würde es zu einem **unzulässigen Ausforschungsbeweis** führen, ginge ein Gericht einem Vortrag mit Begriffen wie „katastrophaler Zustand", „fürchterlich" oder „schlimm" nach.[229] Die in Mietverträgen häufig verwendete **Formularklausel,** wonach der Mieter mangelfreie Übergabe der Sache bei Vertragsbeginn bestätigt, verstößt gegen § 309 Nr. 12 Buchstabe b BGB. Auch eine gesonderte, entsprechende Erklärung gilt nicht als **Empfangsbekenntnis** i. S. v. der vorgenannten gesetzlichen Regelung.[230] Zum Beweis für eine schadensfreie Übergabe kann der Vermieter dagegen ein

---

[223] *Eisenschmid* in *Schmidt-Futterer* § 554 BGB Rdn. 290 m. w. N.
[224] *Eisenschmid* a. a. O. unter Hinweis auf AG Löbau DWW 1996, 124 (Missachtung einer gerichtlichen Entscheidung).
[225] *Eisenschmid* in *Schmidt-Futterer* § 554 BGB Rdn. 291.
[226] *Blank/Börstinghaus* § 538 BGB Rdn. 2 unter Hinweis auf *Graf von Westphalen* NZM 2002, 368, 369, 375.
[227] *Blank/Börstinghaus* § 538 BGB Rdn. 3 unter Hinweis auf OLG Düsseldorf DWW 1988, 251; OLG Hamm ZMR 1988, 300; LG Berlin MM 1988, 28; OLG Düsseldorf DWW 2002, 328, WuM 2003, 621, 622.
[228] *Blank/Börstinghaus* § 538 BGB Rdn. 3 unter Hinweis auf LG Berlin GE 1994, 1119.
[229] *Blank/Börstinghaus* a. a. O.
[230] *Blank/Börstinghaus* § 538 BGB Rdn. 4.

I. Klagen des Vermieters   117–120   9. Kap.

vom Mieter bei Beginn des Mietverhältnisses unterzeichnetes **Übergabeprotokoll** vorlegen. Dann ist der Mieter mit dem Einwand, ein Schaden sei bereits bei Mietbeginn vorhanden gewesen, ausgeschlossen.[231]

Will der Vermieter vortragen, dass eine Mietsache bei **Rückgabe** beschädigt war, so muss er dies beweisen, wenn streitig ist, ob der Schaden nicht später entstanden ist.[232] Haben die Parteien bei Beendigung des Mietverhältnisses und Rückgabe der Mietsache ein **Rückgabeprotokoll** gefertigt und unterzeichnet, sind die Rechtsfolgen strittig. Nach Auffassung des BGH[233] wird der Mieter mit der Einwendung, die Schäden seien bereits bei Mietbeginn vorhanden gewesen oder er habe diese nicht zu vertreten, nicht dadurch ausgeschlossen, dass er tatsächliche Feststellungen über Schäden in dem Abnahmeprotokoll durch seine Unterschrift als zutreffend bestätigt. Nach **anderer Auffassung** kann der Mieter auch dann noch bestreiten, dass die Mietsache bei Vertragsende beschädigt gewesen ist.[234]   117

Andererseits kann der Vermieter den Mieter nur für solche Schäden verantwortlich machen, die im **Protokoll vermerkt** sind.[235] Eine Ausnahme gilt für solche Schäden, die **nicht zu erkennen** waren, wobei der BGH[236] beim **Gewerberaumvermieter** für die Erkennbarkeit auf das Urteilsvermögen eines **Fachmannes** abstellt, den der Vermieter notfalls beiziehen müsse. Ein **deklaratorisches Schuldanerkenntnis** i. S. v. § 311 Abs. 1 BGB liegt vor, wenn der Mieter nicht nur die Richtigkeit der tatsächlichen Feststellungen im Rückgabeprotokoll bestätigt, sondern darüber hinaus erklärt, dass er für die Kosten der Renovierung und Schadensbeseitigung aufkommen werde. Dann ist der Mieter mit allen Einwendungen tatsächlicher oder rechtlicher Art ausgeschlossen, die er bei der Abgabe des Schuldanerkenntnisses kannte oder mit denen er gerechnet hat. Mit **unbekannten Einwendungen** wird der Mieter aber auch dann grundsätzlich nicht ausgeschlossen. Gleiches gilt umgekehrt, wenn der Vermieter bestätigt, die Mietsache vertragsgemäß zurückerhalten zu haben **(negatives Schuldanerkenntnis)**,[237] was eventuelle Ansprüche des Vermieters zum Erlöschen bringt. Dieselbe Rechtsfolge hat eine vom Vermieter ausgestellte sog. „**Generalquittung**".[238]   118

Der Vermieter muss ebenfalls **darlegen und beweisen,** dass der Schaden **durch den Mietgebrauch verursacht** geworden ist.[239] Die Möglichkeit einer in seinen **Verantwortungs- und Pflichtenkreis** fallenden Schadensursache muss der Vermieter ausräumen.[240]   119

Gelingt dem Vermieter dies, trägt nach gefestigter Rechtsprechung der **Mieter** im Rahmen des § 538 BGB die **Beweislast** dafür, dass er den Schadenseintritt **nicht zu vertreten** hat.[241] Diesen **Entlastungsbeweis** hat der Mieter geführt, wenn er die   120

---

[231] *Blank/Börstinghaus* § 538 BGB Rdn. 4 unter Hinweis auf a. A. (nur widerlegbares Beweisanzeichen) OLG Düsseldorf GE 2003, 1080 und *Emmerich* NZM 2000, 1155, 1162.
[232] LG Detmold WuM 1090, 290.
[233] BGH NJW 1983, 446.
[234] OLG Düsseldorf GE 2003, 1080; *Emmerich* NZM 2000, 1155, 1162 (nur widerlegbares Beweisanzeichen).
[235] *Blank/Börstinghaus* § 538 BGB Rdn. 5 unter Hinweis auf OLG Celle MDR 1998, 149 (Leasingvertrag); KG GE 2003, 524, 525.
[236] BGH NJW 1983, 446.
[237] BGH NJW 1983, 446.
[238] BGH NZM 1999, 371.
[239] *Blank/Börstinghaus* § 538 BGB Rdn. 6; *Schilling* in MünchKomm § 538 BGB Rdn. 7.
[240] *Blank/Börstinghaus* a. a. O. und BGB § 538 BGB Rdn. 7 mit zahlreichen Beispielen; *Schilling* in MünchKomm a. a. O.
[241] BGHZ 66, 349, 351, NJW 1976, 1315; BGHZ 116, 278, 289, NJW 1992, 683; BGHZ 126, 124, 128, NJW 1994, 2019; BGHZ 131, 95, 103, NJW 1996, 321; BGH NZM 1998, 117; OLG Düsseldorf ZMR 2002, 583.

Umstände widerlegt, die für ein Verschulden auf seiner Seite sprechen können.[242] Bleibt es **unaufklärbar,** ob es sich um ein „**im Gebrauch**" liegendes Risiko handelt, trägt der **Vermieter** das **Risiko der Unaufklärbarkeit.** Gleiches gilt, wenn ungeklärt bleibt, ob ein im Gebrauch liegendes Risiko oder ein anderer Sachverhalt schadensursächlich war.[243]

121 Für **Zufall und höhere Gewalt** muss der Mieter nicht haften.[244] Über die Grenzen des **vertragsgemäßen Gebrauches** enthält das Gesetz nur in **§§ 540, 553, 554a BGB** ausdrückliche Regelungen. Ansonsten ergeben sich die Grenzen des vertragsgemäßen Gebrauches aus dem **Mietvertrag** (einschließlich einer in zulässigerweise in den Mietvertrag einbezogenen Hausordnung) und dessen **Vertragszweck,**[245] der **Verkehrssitte,**[246] vor allem bei der gewerblichen Raum- und Grundstücksmiete aus einschlägigen **Vorschriften und Standards** der Gewerbeaufsicht, des Umweltschutzes oder des Arbeitsschutzes.[247]

122 Ein **mietvertraglicher Haftungsausschluss** zugunsten des Mieters liegt vor, wenn – wie üblich – bei den Betriebskosten nach den mietvertraglichen Vereinbarungen auch die Kosten einer Sach- und Haftpflichtversicherung umfasst sind. Bei fahrlässiger Schadensverursachung kann der Vermieter nur den Versicherer in Anspruch nehmen.[248]

123 Auch die **Schadenshöhe** hat der Vermieter darzulegen und zu beweisen. Nach den allgemeinen Grundsätzen wird dabei die konkrete Vermögenslage des Vermieters mit derjenigen verglichen, die ohne den Schaden gegeben wäre. Statt der **Wiederherstellung** des Zustandes (§ 249 Abs. 1 BGB) kann der Vermieter dabei auch den zur Beseitigung des Schadens erforderlichen **Geldbetrag** verlangen (§ 249 Abs. 2 Satz 1 BGB). Die **Umsatzsteuer** kann der Vermieter nur fordern, wenn und soweit sie tatsächlich angefallen ist (§ 249 Abs. 2 Satz 2 BGB). Auch ansonsten gelten die allgemeinen Grundsätze des Schadensersatzrechtes (Liquidation aufgrund eines **Gutachtens**[249] **oder Kostenvoranschlags, tatsächlich entstandene Reparaturkosten,** diese mit Umsatzsteuer, es sei denn der Vermieter ist zum **Vorsteuerabzug berechtigt,** Vergütung der Arbeitsleistung nach „Marktwert" bei **Selbstbeseitigung** des Schadens durch den **privaten Vermieter,** Ausgleich eines **Minderwertes, Vorteilsausgleich** bei „**Neu für Alt**", Kosten der **Ersatzbeschaffung**).[250]

124 **Weitere Vermögensnachteile** hat der Mieter ebenfalls zu ersetzen.[251] Dazu gehört insbesondere der **schadensursächliche Mietausfall.** Hinterlässt der Mieter bei Been-

---

[242] BGH NZM 1998, 117; *Blank/Börstinghaus* § 538 BGB Rdn. 9 mit zahlreichen Beispielen; OLG Düsseldorf WuM 2004, 461; OLG Oldenburg ZMR 2004, 581, MietRB 2004, 283; LG Hildesheim WuM 2005, 717.

[243] *Blank/Börstinghaus* § 538 BGB Rdn. 8 mit zahlreichen Beispielen; AG Leipzig NJW-RR 2004, 1378; BGH WuM 2005, 57.

[244] *Blank/Börstinghaus* § 538 BGB Rdn. 14 mit zahlreichen Beispielen; *Langenberg* in *Schmidt-Futterer* § 538 BGB Rdn. 3 ff.

[245] *Langenberg* in *Schmidt-Futterer* § 538 BGB Rdn. 94 ff. mit zahlreichen Beispielen.

[246] *Schilling* in *MünchKomm* § 538 BGB Rdn. 2: keine Teilnahme an einem Autorennen mit einem gemieteten Fahrzeug.

[247] *Schilling* a. a. O.; vgl. im übrigen Bespiele zu Überschreitungen des Mietgebrauches Kapitel 5 Rdn. 5; *Langenberg* in *Schmidt-Futterer* § 538 BGB Rdn. 102 ff. mit zahlreichen Beispielen.

[248] *Blank/Börstinghaus* § 538 BGB Rdn. 11 unter Hinweis auf BGH ZMR 1991, 462 (Wohnraummiete) und BGH ZMR 1990, 333 (Geschäftsraummiete); zum versicherungsrechtlichen Regressverzicht vgl. BGH NZM 2001, 108; OLG Düsseldorf ZMR 2003, 734, 735; vgl. dazu auch *Jendrek* DWW 2003, 142, 144.

[249] Auch Erstattung von Gutachterkostenkosten, BGH WuM 2004, 466, MietRB 2004, 283.

[250] *Blank/Börstinghaus* § 538 BGB Rdn. 15, 16 ff.

[251] *Blank/Börstinghaus* § 538 BGB Rdn. 23 mit Beispielen.

digung des Mietverhältnisses die Mietsache verändert oder verschlechtert, muss der Vermieter beweisen, dass eine **Weitervermietung** zu einem früheren Zeitpunkt möglich gewesen wäre (unter konkreter Nennung des Zeitpunktes und des Nachmietinteressenten), wenn der Mieter die Räume in vertragsgemäßem Zustand zurückgegeben hätte.[252] Werden die Räume alsbald nach der Schadensbeseitigung weitervermietet, kann allerdings hieraus geschlossen werden, dass auch für einen früheren Zeitpunkt Mietinteressenten vorhanden gewesen wären.[253]

Ein Mietausfall ist auch dann schadensursächlich, wenn er infolge eines vom Vermieter betriebenen **selbständigen Beweisverfahrens** entsteht. Dabei – wie **insgesamt** – besteht für den Vermieter die **Schadensminderungspflicht** nach **§ 254 BGB**. Der Vermieter muss also den Beweissicherungsantrag **unverzüglich** einreichen und dabei darauf hinweisen, dass die Besichtigung wegen beabsichtigter Reparatur und Weitervermietung kurzfristig anberaumt werden soll. Notfalls muss der Vermieter bei Verzögerung des Besichtigungstermins beim Gericht auf eine Beschleunigung hinwirken. Ergibt sich später, dass der Mieter allenfalls für einen geringen Teil der festgestellten Schäden haftet und wäre wegen dieser Schäden kein Beweissicherungsverfahren notwendig gewesen, haftete der Mieter nicht für den Mietausfall, der durch das Beweissicherungsverfahren entstanden ist.[254]

Von § 538 BGB **abweichende Regelungen** können sowohl **individuell** als auch in **Formularmietverträgen** nur begrenzt vereinbart werden.[255]

Es sei darauf hingewiesen, dass in diesem Abschnitt nur Ansprüche des Vermieters aufgrund von **Schäden** erörtert werden, **die bereits endgültig eingetreten sind.** Neben § 280 Abs. 3 BGB sind bei diesen Schäden also die **zusätzlichen Voraussetzungen** des **§ 281 BGB** bereits **erfüllt,** da der Mieter eine **leistungsbezogene Nebenpflicht** verletzt hat. Davon zu unterscheiden ist, wenn der Mieter eine **Primärleistungspflicht** verletzt, wie z.B. bei der Nichtdurchführung geschuldeter Schönheitsreparaturen. Dies wird nachstehend behandelt.[256]

c) nicht durchgeführte Schönheitsreparaturen. Grundsätzlich zulässig ist es, dem Mieter die **Schönheitsreparaturen**[257] aufzubürden. Da auch dies dem gesetzlichen Leitbild von § 535 Abs. 1 Satz 2 BGB widerspricht, wonach der Vermieter u.a. verpflichtet ist, die vermietete Sache während der Mietzeit in einem zum vertragsgemäßen Gebrauch geeigneten Zustand zu erhalten, unterliegt die Überbürdung von Schönheitsreparaturen auf den Mieter gerichtlicher Kontrolle. Die Rechtsprechung stellt an die Wirksamkeit insbesondere von **Formularklauseln** strenge Anforderungen, die z.B. die Abwälzung **laufender Schönheitsreparaturen** in **Kombination** mit einer **(verkappten) Endrenovierungsklausel** für insgesamt **unwirksam** hält.[258] Auch sonstige Kombinationen zwischen einer Pflicht zur **Anfangsrenovierung,** der **laufenden Renovierung,** diese mit **starren Fristen** und der **Endrenovierung** scheitern häufig an der **Inhaltskontrolle** nach § 307 BGB und meistens mit der Folge, dass die Abwälzung nach herrschender Auffassung **insgesamt unwirksam** ist.[259]

---

[252] *Blank/Börstinghaus* § 538 BGB Rdn. 24.
[253] OLG Frankfurt DWW 1992, 336.
[254] *Blank/Börstinghaus* § 538 BGB Rdn. 24.
[255] *Blank/Börstinghaus* § 538 BGB Rdn. 28 mit zahlreichen Beispielen.
[256] Zur Abgrenzung sonstiger Reparaturen/Schäden von „Schönheitsreparaturen" siehe *Langenberg* in *Schmidt-Futterer* § 538 BGB Rdn. 94 ff., 102 ff. und zur Abgrenzung der Rechtsfolgen Rdn. 91 ff.; *Langenberg* Schönheitsreparaturen 1. Teil. A IV. Rdn. 23 ff.
[257] Definitionen bei *Langenberg* in *Schmidt-Futterer* § 538 BGB Rdn. 71 ff.; *Langenberg* Schönheitsreparaturen Teil 1. Rdn. 4 ff.; *Blank/Börstinghaus* § 535 BGB Rdn. 267.
[258] BGH NZM 2003, 594 und NZM 2003, 755.
[259] *Langenberg* in *Schmidt-Futterer* § 538 BGB Rdn. 149–205 mit zahlreichen Beispielen; *Blank/Börstinghaus* § 535 BGB Rdn. 262–269 mit zahlreichen Beispielen; *Langenberg* Schönheitsrepara-

129 Hat der Vermieter die Schönheitsreparaturen durch wirksame Vereinbarung dem Mieter überbürdet, muss er darauf achten, bereits bei **Fälligkeit** vom Mieter geschuldeter Schönheitsreparaturen **(Primärleistungspflicht)** die **Anforderungen** des **§ 281 BGB** zu erfüllen. Führt der Mieter während der Mietzeit oder bei dessen Beendigung geschuldete Schönheitsreparaturen nicht oder nicht brauchbar durch, kann der Vermieter zwar grundsätzlich statt der Leistung **Schadensersatz** verlangen. Ein Schadensersatzanspruch setzt aber grundsätzlich voraus, dass dem Mieter erfolglos eine **Frist zur Durchführung** der Schönheitsreparaturen gesetzt worden ist (§ 281 BGB),[260] es sei denn, die Ausnahmen nach § 281 Abs. 2 BGB liegen vor.

130 Abweichend von § 326 Abs. 1 BGB a. F. ist zwar ein **Verzug** des Mieters mit der Erfüllung seiner Pflicht **keine Voraussetzung mehr** für das Verfahren nach § 281 Abs. 1 BGB. Maßgeblich ist nur noch, ob der Erfüllungsanspruch des Vermieters **fällig** ist.[261] Auch die **Ablehnungsandrohung** ist mit der **Neufassung des Gesetzes weggefallen**.[262] Allerdings wandelt sich nach Durchführung des Verfahrens gemäß § 281 Abs. 1 BGB nicht schon der **Erfüllungsanspruch** in einen **Schadensersatzanspruch** um, sondern beide Ansprüche bestehen **zunächst nebeneinander**. Dieses Zwischenstadium endet erst, wenn der Vermieter Schadensersatz **verlangt**. Danach ist der Erfüllungsanspruch gemäß § 281 Abs. 4 BGB **ausgeschlossen.** Diese Neuregelung bedeutet aber keine echte Erschwerung der Rechtsposition des Vermieters. Will dieser in jedem Fall sogleich nach Fristablauf zum Schadensersatz übergehen können, wird eine Ablehnungsandrohung bisheriger Art im Zusammenhang mit Fristsetzung und Leistungsaufforderung genügen, jedenfalls dann, wenn die Ablehnungsandrohung erkennen lässt, dass für den Fall erfolglosen Fristablaufes Schadensersatz gefordert wird.

131 Gemäß § 281 BGB muss der Vermieter dem Mieter eine **angemessene**[263] **Frist „zur Leistung"** setzen. Dies bedeutet, dass der Vermieter die geforderten Schönheitsreparaturen **im Einzelnen genau** bezeichnen muss. Nur so kann der Mieter erkennen, was von ihm gefordert wird.[264] Der Vermieter muss also die **konkreten, beanstandeten Renovierungsmängel** und die **konkreten, geforderten Arbeiten** nennen. Dabei ist zunächst eine **Zustandsbeschreibung** erforderlich, die Mängel nach den einzelnen Räumen spezifiziert.[265] Der Vermieter muss ohnehin im eventuellen, nachfolgenden Schadensersatzprozess die verbliebenen Mängel ebenfalls konkret beschreiben und darf sich nicht mit allgemeinen Zustandsbeschreibungen/Bewer-

---

turen 1. Teil. B. Rdn. 13 ff. und Rdn. 38 ff.; s. auch BGH NZM 2004, 734, WuM 2004, 529 („Kostenklausel" = "Vornahmeklausel"); KG MM 2005, 11 (formularmäßige Überbürdung einer Anfangsrenovierung); BGHZ NZM 2003, 594, WuM 2003, 436 (Schlussrenovierung); BGH ZMR 2005, 527 (Schlussrenovierung bei Gewerberaum); AG Berlin-Mitte MM 2003, 384 (Anfangsrenovierung); KG MM 2005, 111; BGH ZMR 2005, 527; OLG Celle ZMR 1999, 470 (Anfangsrenovierung als Individualvereinbarung); OLG Düsseldorf WuM 2005, 655 (Schlussrenovierung als Individualvereinbarung); LG Regensburg ZMR 2003, 933 (unzulässig weiter Umfang); LG Berlin WuM 2004, 497; BGH NZM 2004, 653, WuM 2004, 463 (starrer Fristenplan); BGH NZM 2004, 497 („im allgemeinen" = keine starre Klausel); BGH NZM 2005, 58, WuM 2005, 241 (mögliche Fristverlängerung); BGH NJW 2005, 3416, NZM 2005, 860, WuM 2005, 716 („in der Regel ... spätestens ..." = wirksame Klausel, da keine starre Frist); *Heinrichs* WuM 2005, 155, *Kinne* ZMR 2005, 291.

[260] *Blank/Börstinghaus* § 535 BGB Rdn. 279 unter Hinweis auf *Langenberg* NZM 2002, 972; *Langenberg* in *Schmidt-Futterer* § 538 BGB Rdn. 252 und 257 ff.

[261] *Langenberg* a. a. O; es sei denn, eine derartige Klausel ist im Mietvertrag enthalten. Dann gilt sie wohl.

[262] *Langenberg* a. a. O.

[263] Zu den damit verbundenen Schwierigkeiten bei umfangreichen Renovierungsarbeiten in Großobjekten vgl. *Langenberg* in *Schmidt-Futterer* § 538 BGB Rdn. 278, 279.

[264] KG ZMR 2003, 676; *Langenberg* in *Schmidt-Futterer* § 538 BGB Rdn. 291 ff.

[265] *Langenberg* in *Schmidt-Futterer* § 538 BGB Rdn. 293 ff.

I. Klagen des Vermieters****132–137   9. Kap.

tungen begnügen.²⁶⁶ Diesen Anforderungen kann er genauso gut bereits im vorgerichtlichen Aufforderungsschreiben nachkommen.²⁶⁷ **Misslingt** dem Vermieter die Leistungsaufforderung, besteht **kein Schadensersatzanspruch**. Die gesetzliche Neuregelung bietet also für den Vermieter den Vorteil, dass er nach einer ersten, unwirksamen Leistungsaufforderung, eventuell nach Rechtsberatung, eine wirksame nachschieben und dann erst auf Schadensersatzanspruch übergehen kann.

Zusammengefasst ergibt sich für den Schadensersatzanspruch aufgrund nicht durchgeführter Schönheitsreparaturen folgende **Darlegungs-** und **Beweislast** beider Parteien: **132**

– Der Vermieter muss darlegen und beweisen, dass die Schönheitsreparaturen wirksam auf den Mieter überbürdet sind. **133**

– Der Vermieter hat darzulegen und zu beweisen, dass ihm ein Schadensersatzanspruch deshalb zusteht, da er den Mieter entsprechend den Anforderungen des § 281 BGB unter Setzung einer angemessenen Frist zur Durchführung konkreter, fälliger Renovierungsarbeiten aufgefordert und nach Ablauf der Frist Schadensersatz gefordert hat. **134**

– Enthält der Mietvertrag zwischen den Parteien **keine Ersatzvornahmeklausel**,²⁶⁸ kann der Vermieter nach den allgemeinen Grundsätzen aufgrund eines **Kostenvoranschlages** Schadensersatz fordern. Er kann für die notwendigen Kosten zur Durchführung fälliger Schönheitsreparaturen während eines Mietverhältnisses auch einen **Vorschuss** fordern und einklagen, ohne dass die Substanz der Wohnung gefährdet ist.²⁶⁹ **135**

– Selbst wenn eine **Verpflichtung** des **Mieters** zur Durchführung von Schönheitsreparaturen **nicht wirksam** vereinbart ist, kann sich eine Haftung des Mieters aus dem Gesichtspunkt der **Vertragsverletzung** (nach **§ 280 BGB,** ohne Fristsetzung) ergeben, wenn der Mieter trotzdem renoviert, dabei aber so unfachmännisch arbeitet, dass dem Vermieter **weitere Kosten** entstehen.²⁷⁰ Der Schadensersatzanspruch des Vermieters setzt aber dann voraus, dass die Arbeit des Mieters zu einer **Verschlechterung** des vorher bestehenden Zustandes geführt hat.²⁷¹ Der Mieter muss also nur die zur Beseitigung der unsachgemäßen Arbeiten erforderlichen Kosten erstatten.²⁷² **136**

– Sind die Schönheitsreparaturen zum **Ende des Mietverhältnisses** fällig, so muss der Mieter dann auf **durchschnittliche Geschmacksstandards** Rücksicht nehmen.²⁷³ Bei Vertragsende müssen die Arbeiten „fachgerecht" sein, im Unterschied zur Durchführung der Arbeiten während der Mietzeit.²⁷⁴ Zur **Schadenshöhe** gehören auch über die reinen **Renovierungskosten**²⁷⁵ hinaus die Kosten für einen **137**

---

²⁶⁶ Vgl. dazu vorstehend in diesem Kapitel Rdn. 116.
²⁶⁷ Dies gilt auch für Beanstandungen über restliche Schönheitsreparaturen, wenn der Mieter bereits Arbeiten vorgenommen hat, vgl. KG ZMR 2003, 676.
²⁶⁸ In diesem Fall kann der Vermieter nur die tatsächlich angefallenen Kosten der Ersatzvornahme fordern.
²⁶⁹ BGHZ 111, 301, WuM 1990, 494; BGH WuM 2005, 383, ZMR 2005, 523 (Aufwendungsersatzanspruch).
²⁷⁰ BGH ZMR 1995, 577, 578; LG Köln WuM 1997, 41; KG GE 2005, 917, NZM 2005, 663; LG Frankfurt a. M. NZM 2002, 191; LG Hamburg ZMR 2004, 37, 38 (Ersatz Mehrkosten; a. A. KG GE 2005, 917, NZM 2005, 663: Abzug „neu für alt").
²⁷¹ LG Berlin MM 2003, 45, GE 2003, 257.
²⁷² LG Berlin GE 1995, 1083.
²⁷³ *Emmerich* NZM 2000, 1155, 1161; KG GE 2005, 917, NZM 2005, 663.
²⁷⁴ LG Düsseldorf WuM 1996, 90.
²⁷⁵ Zu Anteils- und Quotenhaftungsklauseln: BGH ZMR 2005, 518; BGH NZM 2005, 615, WuM 2004, 466, ZMR 2004, 659; KG MM 2005, 111; AG Esslingen ZMR 2005, 199; LG

Sachverständigen[276] und **Mietausfall**. Bei letzterer Position muss der Vermieter darlegen und beweisen, dass eine Weitervermietung zum nächsten Monatsersten möglich gewesen wäre, wenn der Mieter die Räume im vertragsgemäßen Zustand zurückgegeben hätte.[277] Als Beweiserleichterung wird als Regelfall davon ausgegangen, dass renovierte Wohnungen mittlerer Preislage sofort weiter vermietet werden können.[278] Die **Höhe des Mietausfalls** soll auf die Zeit beschränkt sein, die für eine zügig durchgeführte Renovierung benötigt wird.[279]

138 – **Leistungshindernisse** befreien den Mieter von seiner Leistungspflicht. Er trägt deswegen dafür die Darlegungs- und Beweislast.[280] Nach **h. M.** entfällt der Schadensersatzanspruch des Vermieters nicht, wenn der **Nachfolgemieter** die Schönheitsreparaturen auf eigene Kosten durchführt.[281] Strittig ist, ob die **Schadensersatzpflicht** des Mieters **entfällt,** wenn der Vermieter nach dem Auszug des Mieters in der Wohnung **Umbauarbeiten** durchführen lässt oder den **Abriss des Hauses** plant.[282]

139 Die Schadensersatzansprüche des Vermieters wegen nicht durchgeführter Schönheitsreparaturen oder sonstiger Veränderungen oder Verschlechterungen der Mietsache **verjähren** in sechs Monaten. Die Verjährung **beginnt (§ 200 BGB)** mit dem Zeitpunkt, in dem der Vermieter die Mietsache **zurückerhält** oder sich mit der Rücknahme in **Annahmeverzug** befindet.[283] Die Ersatzansprüche verjähren mit der Verjährung des Anspruchs des Vermieters auf Rückgabe der Mietsache **(§ 548 Abs. 1 BGB).**

140 **d) Schadensersatz bei durch den Mieter verschuldeter, fristloser Kündigung des Mietverhältnisses.** Eine **Schadensersatzpflicht des Mieters** nach diesen Gesichtspunkten setzt voraus, dass der Vermieter **berechtigterweise** eine **fristlose Kündigung** des Mietverhältnisses ausgesprochen hat[284] und der Mieter das Mietobjekt daraufhin auch geräumt und an den Vermieter herausgegeben hat.[285] Diese Voraussetzungen sind vom Vermieter im Streitfall darzulegen und zu beweisen.

141 Ebenso gilt nach allgemeinen Grundsätzen, dass der Schadensersatzanspruch ein **Verschulden** voraussetzt. Dies gilt auch dann, wenn das Gesetz die Kündigung ohne ein solches Verschulden gestattet.[286] Es kann deswegen näherer Sachvortrag des Vermieters erforderlich sein je nach Art des Kündigungsgrundes.[287] Gerade wenn eine Schadens-

---

Hamburg WuM 2005, 453; zur Umsatzsteuer auf Schönheitsreparaturkosten *Wüstefeld* WuM 2003, 15 m. w. N.
[276] BGH WuM 2004, 466, MietRB 2004, 283.
[277] *Blank/Börstinghaus* § 535 BGB Rdn. 284 unter Hinweis auf a. A. LG Berlin NZM 2000, 1178 (Nutzungsausfall unabhängig von der Vermietbarkeit); OLG Düsseldorf ZMR 2003, 105.
[278] LG Frankfurt ZMR 2000, 763; s. a. OLG Frankfurt DWW 1992, 336.
[279] LG Berlin GE 1996, 1373.
[280] *Blank/Börstinghaus* § 535 BGB Rdn. 285 mit Beispielen.
[281] BGH ZMR 1968, 40, NJW 1968 491; OLG Hamburg ZMR 1984, 432; LG Berlin GE 1996, 1373; *Blank/Börstinghaus* § 535 BGB Rdn. 286; AG Münster WuM 2003, 562 (Anspruch gegen Nachmieter aus Vertrag zugunsten Dritter).
[282] *Blank/Börstinghaus* § 535 BGB Rdn. 287, 288 mit zahlreichen Nachweisen zu den jeweiligen Meinungen; vgl. auch *Langenberg* in *Schmidt-Futterer* § 538 BGB Rdn. 247 ff.
[283] KG ZMR 2005, 455 (rechtskräftig); BGH WuM 2005, 126; zur Hemmung der Verjährung infolge von Verhandlungen (§ 203 BGB) s. BGH NZM 2004, 583 und infolge gerichtlichen Vergleiches BGH WuM 2005, 381; zur formularmäßigen Verlängerung von Verjährungsfristen s. *Kandelhard* NZM 2002, 929.
[284] BGH ZMR 1974, 375; *Grapentin* in *Bub/Treier* IV. Rdn. 142.
[285] Ist letzteres (noch) nicht der Fall, kommt Nutzungsausfall/Schadensersatz nach § 546a Abs. 1 und 2 BGB in Betracht, s. vorstehend in diesem Kapitel I. 5. und 6.
[286] BGH WuM 1974, 213.
[287] *Lehmann* in *Jendrek* C. II. 12 Ziffer 8.

minderungspflicht des Vermieters streitig ist, wird dieser zu den Gründen, die ein Festhalten am Vertrag unzumutbar gemacht und damit die Kündigung gerechtfertigt haben, so umfassend wie möglich vortragen. Gleiches gilt widersprechend für den Mieter. Grundsätzlich kann es für Grund und Höhe des Schadensersatzanspruches darauf ankommen, wer die **wesentlichen Ursachen** für das **Zerwürfnis** der Parteien gesetzt hat.[288]

Der Mieter kann eventuell einwenden, das Mietverhältnis habe sich trotz ansonsten wirksamer, fristloser Kündigung nach Ablauf der Kündigungsfrist entsprechend **§ 545 BGB** stillschweigend fortgesetzt, da der Vermieter keine anderslautende Erklärung abgegeben habe. Die Rückgabe des Mietverhältnisses sei daher freiwillig oder aufgrund einer Mietaufhebungsvereinbarung erfolgt. Das Gegenteil (fristgerechte Erklärung nach § 545 BGB) hat der Vermieter darzulegen und zu beweisen. Ebenso denkbar ist der Einwand des Mieters, trotz wirksamer fristloser Kündigung des Mietverhältnisses habe der Vermieter weitere Zahlungen (als Miete) angenommen. Dass derartige, weitere Zahlungen nur als **Nutzungsentschädigung** akzeptiert und entgegengenommen wurden, hat der Vermieter darzulegen und zu beweisen. **142**

Es sind **alle Aufwendungen** für eine Neuvermietung **ersatzfähig,** die ohne die Kündigung nicht entstanden wären. (z. B. Maklerkosten). Ist die vereinbarte, **restliche Mietvertragsdauer** aber nur noch **kurz,** wird sich der Mieter im Zweifel darauf berufen können, dies seien „**sowieso-Kosten**". Das Gleiche wird gelten, wenn der Vermieter bei nur noch kurzer Restlaufzeit des mit dem Mieter vereinbarten Mietverhältnisses Kosten für **größere Umbauarbeiten** geltend macht, die für eine **Anschlussvermietung** notwendige gewesen seien.[289] **143**

Gelingt dem Vermieter eine **Anschlussvermietung** zu **verbesserten Mietkonditionen,** hat er sich diesen Vorteil auf seinen Schadensersatzanspruch anrechnen zu lassen. Gelingt eine Anschlussvermietung nur zu **verschlechterten Mietbedingungen,** obliegt es dem Mieter, die entsprechende Verletzung der Schadensminderungspflicht des Vermieters darzulegen und zu beweisen. Schon wegen dieses Einwandes des Mieters ist der Vermieter aber nicht gehalten, sofort zu einem verschlechterten Mietzins weiterzuvermieten. Er kann zumindest für eine überschaubare Zeit versuchen, mindesten zum bisherigen Mietzins neu zu vermieten, ohne dass ihm daraus bei sofortiger Möglichkeit der Weitervermietung zu verschlechterten Mietkonditionen ein Vorwurf gemacht werden kann.[290] **144**

II. Klagen des Mieters

1. Mietpreisüberhöhung

Will der Wohnungsmieter eine infolge **Mietpreisüberhöhung** überbezahlte Miete zurückfordern (§ 812 BGB), erfordert eine ausreichende Klagebegründung darzulegen und unter Beweis zu stellen, dass **145**

a) eine Mangellage vorherrschte,
b) der Vermieter ein unangemessen hohes Entgelt gefordert oder angenommen hat, oder sich versprechen ließ
c) unter Ausnutzung eines geringen Angebots an vergleichbaren Wohnräumen.

Die Klageforderung errechnet sich aus der Differenz zwischen der **ortüblichen Miete** unter Hinzurechnung eines zwanzig prozentigen Zuschlags und der gezahlten **146**

---

[288] Lehmann in Jendrek C. II. 13 Ziffer 4.
[289] Vgl. Lehmann in Jendrek C. II. 12 Ziffern 8–10.
[290] Lehmann in Jendrek C. II. 12 Ziffer 8 unter Hinweis auf OLG Frankfurt WuM 1998, 24, 27 m. w. N.; OLG Düsseldorf MDR 2002, 633.

Miete. Hierbei ist zu beachten, dass die Rückforderungsansprüche nunmehr in 3 Jahren verjähren. Diese Verjährungsfrist gilt für die Zeiträume ab dem 1. 1. 2002 und für alle Rückforderungsansprüche, die am 1. 1. 2002 bereits bestanden haben und noch nicht verjährt waren (Art. 229 § 6 Abs. 1 Satz 1 EGBGB).Für ältere Rückforderungsansprüche gilt ebenfalls die neue Verjährungsregelung, allerdings nur insoweit, als die Frist nach dem alten Recht vor der Frist nach dem neuen Recht abgelaufen wäre. War dies der Fall, greift die Verjährung zu dem jeweils früheren Zeitpunkt (Art. 229 § 6 Abs. 4 Satz 2 EGBGB). Somit sind Forderungen aus den Jahren 2001 und 2002 am 31. 12. 2005 verjährt, soweit keine Unterbrechung oder Hemmung eingetreten ist.[291]

147 **a) Mangellage.** Eine Mangellage liegt vor, wenn das Angebot an Wohnungen geringer ist als die Nachfrage. Da § 5 WiStG nur bei Wohnraum Anwendung findet, ist es erforderlich, dass aufgrund der vertraglichen Vereinbarung zwischen Vermieter und Mieter die angemieteten Räumlichkeiten zumindest zum größten Teil als Wohnraum dienen sollen, wobei sich zumindest vorübergehend der Lebensmittelpunkt in der Wohnung befinden muss.[292]

148 Handelt es sich um ein Mischmietverhältnis, ist nach der Schwergerichtstheorie zu bemessen, ob der Vertrag als Wohnraum- oder als Gewerberaummietvertrag anzusehen ist.[293]

149 Die Mangellage ist getrennt nach dem jeweiligen Wohnungsgruppen zu beurteilen.[294] Es ist aber unerheblich, ob ein geringes Angebot, z. B. an 3-Zimmerwohnungen, in einem Stadtteil gegeben ist. Entscheidend ist vielmehr das gesamte Gebiet der Gemeinde.[295] In der Regel besteht an **Luxuswohnungen,** d. h. sehr aufwändig ausgestatteten und daher teuren Wohnungen, keine Mangellage. Selbst in Bereichen, in denen der Wohnungsmarkt sich sehr verengt zeigt, können üblicherweise noch teure Luxuswohnungen angemietet werden. Ein Mangel herrscht meistens im Bereich der Einfach- und Durchschnittswohnungen, für die eine große Nachfrage vorherrscht. Es muss jedoch keine Unterversorgung vorliegen.[296] Entscheidend ist, ob der Vermieter in der Lage sein könnte, aufgrund der Marktsituation die Mietbedingungen dem Mieter vorzuschreiben.

150 Der Mieter hat deshalb darzulegen, mit wie vielen Mietinteressenten er um einen bestimmten Wohnungstyp konkurrieren musste, und inwieweit die in den örtlichen Zeitungen geforderten Mieten über dem ortsüblichen Mietzins lagen. Deren Ermittlung erfolgt üblicherweise anhand des örtlichen Mietspiegels.

151 Es gibt zahlreiche Indikatoren, die den Rückschluss auf ein geringes Angebot nahe legen (Zahl der registrierten Wohnungslosenfälle, landesrechtliche Rechtsverordnungen, das Vorliegen einer Zweckentfremdungsverordnung, das Verhältnis des Lebenshaltungskostenindex zum Mietanstieg etc.).[297] Es ist daher Aufgabe des Mieters, möglichst viele Indizien vorzutragen, die auf ein geringes Angebot schließen lassen.

152 Nicht ausreichend ist, wenn der Mieter sich allein auf das bestehende **Zweckentfremdungsverbot** beruft und darauf verweist, dass das Stadtgebiet als Gebiet mit erhöhtem Wohnbedarf ausgewiesen sei.[298] Die gesuchte Wohnung muss zumindest dem Anspruch der breiten Mittelschicht an Wohnqualität entsprechen. Der klagende Mieter hat darzulegen, weshalb er nicht die Möglichkeit hatte, eine derartige Wohnung zu

---

[291] *Blank* in *Schmidt-Futterer* § 5 WiStG Rdn. 89 bis 91.
[292] *Blank* in *Schmidt-Futterer* nach § 535 BGB, § 5 WiStG Rdn. 7.
[293] OLG Stuttgart NJW 1996, 322 f.
[294] *Blank* in *Schmidt-Futterer* nach § 535 BGB Rdn. 71.
[295] BGH WuM 2005, 471 ff.
[296] *Schmidt-Futterer* a. a. O.
[297] *Schmidt-Futterer* a. a. O. Rdn. 73 m. w. N.
[298] LG Köln NZM 2003, 339; LG Aachen NZM 2001, 466 m. w. N.

II. Klagen des Mieters 153–156 **9. Kap.**

finden, wobei er auch den Zeitraum anzugeben und unter Beweis zu stellen hat, in dem er suchte.²⁹⁹ Der Beweis für die Behauptung der Existenz einer Mangellage wird durch ein Sachverständigengutachten angetreten.

b) Unangemessen hohes Entgelt. Der objektive Tatbestand des § 5 WiStG erfordert u. a. die Darlegung, dass die bezahlte Grundmiete um mehr als 20% über dem ortsüblichen Mietzins liegt. Ist ein Mietspiegel vorhanden, lässt sich die ortsübliche Miete ermitteln.³⁰⁰ Ohne einen derartigen Spiegel sollte anhand von repräsentativen Vergleichsobjekten der ortsübliche Mietzins ermittelt werden. Dies ist in der Regel selbst durch fachkundige Beratung nur sehr ungenau möglich. Ein bestimmter Zahlungsantrag enthält deshalb ein nicht ganz abschätzbares Risiko, weil die ortsübliche Miete erst anhand eines gerichtlichen Sachverständigengutachtens ermittelt wird, das die Höhe der Forderung bestimmt. Es ist deshalb dem Mieter anzuraten, im Wege eines **selbstständigen Beweisverfahrens** die Höhe der Ortsüblichkeit und damit die Grundlage für die Berechnung vorab zu ermitteln. Ein derartiges Beweisverfahren ist zulässig (str.).³⁰¹ (s. Kap. 15). **153**

Der Mieter vermag in der Regel vorab nicht abzuschätzen, inwieweit der Vermieter einwenden kann, er habe die hohe Miete deshalb vereinbaren müssen, um die laufenden Aufwendungen abdecken zu können. Aus diesem Grund ist dem Mieter unter entsprechender Anwendung des § 8 Abs. 4 Satz 1 WoBindG ein Auskunftsanspruch zuzubilligen.³⁰² **154**

Liegen die Tatbestandsvoraussetzungen vor, ist die Vereinbarung im Bereich der Überhöhung, also ab 20% über dem ortsüblichen Mietzins, nichtig (§ 134 BGB). Diese Teilnichtigkeit der Gesamtmiete soll sich entsprechend der Änderung des ortsüblichen Mietniveaus anpassen.³⁰³ Etwaige Preisveränderungen sind in regelmäßigen Abständen festzustellen, wobei als Ausgangspunkt die ortsübliche Miete, zuzüglich 20%, anzusehen ist.³⁰⁴ Die Teilnichtigkeit endet hinsichtlich zukünftiger Mietzinsansprüche nicht deshalb, weil nach Vertragsabschluss der Tatbestand des geringen Angebotes an vergleichbaren Räumen entfällt.³⁰⁵ **155**

c) Die Ausnutzung der Mangellage. Als weiteres Tatbestandsmerkmal ist die Ausnutzung der vorherrschenden Mangellage darzulegen. Insoweit soll es sich nicht um ein subjektives Tatbestandsmerkmal handeln, das für die zivilrechtlichen Folgen eines Verstoßes nicht vorliegen müsste.³⁰⁶ **156**

---

²⁹⁹ LG München I WuM 1998, 360.
³⁰⁰ *Blank* in *Schmidt-Futterer* nach § 535 BGB Rdn. 92, wonach es genügen soll, wenn sich der Mieter auf den Mietspiegel bezieht, wobei er die Miete zur Benennung der erforderlichen Daten anhand des Mietspiegels errechnet. Nach Auffassung *Schmidt-Futterer*s greift die Vermutungswirkung eines qualifizierten Mietspiegels zu Gunsten des Mieters, da § 558d Abs. 3 BGB im Rückforderungsverfahren nach §§ 5 WiStG, 812 BGB analog angewandt werde.
³⁰¹ LG Köln WuM 1995, 490; *Scholl* WuM 1997, 307; a. A.: LG Köln WuM 1996, 484; LG Braunschweig WuM 1996, 291.
³⁰² *Blank* in *Schmidt-Futterer* nach § 535 BGB Rdn. 83.
³⁰³ OLG Frankfurt WuM 1985, 139.
³⁰⁴ OLG Frankfurt a. a. O.; zu Recht weist *Schmidt-Futterer* daraufhin, dass diese Vorgehensweise rechtsdogmatisch problematisch ist; verändert sich während der Dauer des Mietverhältnisses das Mietpreisniveau, müsse noch eine vertragliche Vereinbarung über einen gesetzlichen Erhöhungsfall nach §§ 558f. BGB hinzukommen. Entscheidend sei daher, ob der Verstoß gegen § 5 WiStG im Zusammenhang mit dem Vertragsabschluss oder einer später vereinbarten Mieterhöhung stehe (*Schmidt-Futterer* a. a. O. Rdn. 78).
³⁰⁵ OLG Hamburg NZM 1999, 363f.
³⁰⁶ OLG Hamburg WuM 1999, 209: „Da allerdings die subjektiven Elemente des Verbotstatbestandes für die zivilrechtlichen Folgen eines Verstoßes nicht vorliegen müssen..., reicht es für die Kausalität zwischen geringem Angebot und maßgeblichem Verhalten des Vermieters, soweit

157 Ein Ausnutzen liegt vor, wenn die **Mangellage** der Grund für die hohe Mietforderung ist, wobei allein die Kausalität zwischen Marktlage und Mietpreis nicht ausreicht. Erforderlich ist vielmehr ein bewusstes Zunutzemachen der gegebenen Marktlage.

158 Die individuelle Situation des Mieters soll keine Rolle spielen.[307] Für die zivilrechtliche Beurteilung kommt es daher nicht auf eine Not- oder Zwangslage des Mieters an. Entscheidend ist vielmehr, dass die hohe Miete aufgrund der Mangellage vereinbart werden konnte.[308] Diese Kausalitätsbeziehung sei ohne weiteres zu unterstellen, weil es zu den allgemein bekannten Gesetzmäßigkeiten der Marktwirtschaft gehöre, dass ein geringes Angebot bei starker Nachfrage einen hohen Preis zur Folge habe.[309]

159 Dieser Auffassung tritt der BGH entgegen.[310] Der Mieter muss darlegen und beweisen, dass in seinem konkreten Fall der Vermieter die **Mangellage ausgenutzt** hat, wobei das Tatbestandsmerkmal der „Ausnutzung" nicht allein auf das Verhalten des Vermieters und die objektive Lage des Teilmarktes abgestellt werden darf. Vielmehr muss sich das Merkmal der „Ausnutzung" auch auf die Person des Mieters beziehen.[311] Eine Beweiserleichterung mittels eines Anscheinsbeweises oder einer Vermutung zu Gunsten des Mieters scheidet aus.[312]

160 Damit folgt der BGH den Gerichten, die eine „Ausnutzung" verneinen, wenn der Mieter sich auf eine ganz bestimmte Wohnung, in einer ganz bestimmten Lage, mit einer besonderen Ausstattung versteift hatte.[313] Aus diesem Grund muss der Mieter darlegen, welche Bemühungen er unternommen hat, eine adäquate Wohnung zu finden und auszuführen, weshalb es ihm nicht möglich war, auf ein anderes annehmbares Mietobjekt auszuweichen.[314]

2. Schadens- und Aufwendungsersatzanspruch des Mieters wegen eines Mangels der Mietsache (§ 536 a BGB)

161 a) **Schadensersatzanspruch (§ 536 a Abs. 1 BGB).** Will der **Mieter** einen **Schadensersatzanspruch** nach § 536 a Abs. 1 BGB geltend machen, hat er zunächst das Vorhandensein eines **Mangels**[315] **im Sinne von § 536 BGB** darzulegen und zu beweisen. Darüber hinaus sind bei den **drei Alternativen** des § 536 Abs. 1 BGB die **unterschiedlichen Voraussetzungen** zu beachten.

162 Bei einem **ursprünglichen Mangel** (oder dem **Fehlen** einer **zugesicherten Eigenschaft, § 536 Abs. 2 BGB**[316]) haftet der Vermieter auch **ohne Verschulden (Garantiehaftung).** Ursprünglich heißt dabei nach allgemeiner Auffassung (und dem Gesetzeswortlaut von § 536 a Abs. 1 **1. Alternative** BGB), dass der Mangel bereits **bei**

---

sie psychisch vermittelt wird, aus, dass sie nach den äußeren Umständen möglich ist, dass mithin zur Zeit des maßgeblichen Verhaltens ein geringes Angebot an vergleichbaren Wohnräumen besteht."

[307] *Schmidt-Futterer* a. a. O. Rdn. 76 m. w. N.
[308] *Blank* in *Schmidt-Futterer* nach § 535 BGB Rdn. 95.
[309] *Schmidt-Futterer* a. a. O.; LG Heidelberg WuM 2001, 346: Beweis des ersten Anscheins spricht für Ausnutzung, wenn z. B. die betroffene Wohnung in einer Gemeinde liegt, die dem Zweckentfremdungsverbot unterliegt.
[310] BGH WuM 2004, 294.
[311] BGH a. a. O.
[312] BGH a. a. O.
[313] OLG Braunschweig WuM 1999, 684 f. m. w. N.
[314] LG München I WuM 1998, 360: Die Kammer forderte, der Mieter müsse darlegen, dass er den Vermieter in Kenntnis gesetzt habe, aus welchem Grund er gerade auf die streitgegenständliche Wohnung angewiesen sei, nur so könne der Schluss gezogen werden, dass der Vermieter diese Notlage ausgenutzt habe.
[315] Vgl. zum „Mangelbegriff" I. 1. dieses Kapitels m. w. N.
[316] *Blank/Börstinghaus* § 536 a BGB Rdn. 12; *Schilling* in *MünchKomm* § 536 a BGB Rdn. 5.

II. Klagen des Mieters 163–167 9. Kap.

Vertragsabschluss vorhanden sein muss.³¹⁷ **Vorhanden** ist ein Mangel auch dann schon bei Vertragsschluss, wenn er zu diesem Zeitpunkt noch **nicht zu Tage getreten** ist. Es genügt vielmehr, wenn die **Mängelursache** zu diesem Zeitpunkt vorhanden war.³¹⁸ Auch ein **anfänglicher Rechtsmangel** kann zu Schadensersatzansprüche nach § 536a Abs. 1 BGB führen.³¹⁹ Die **Garantiehaftung** des Vermieters für **Rechtsmängel** soll sich erst auswirken, wenn ein **Dritter** sein Recht geltend macht. Erst dann soll also der Schadensersatzanspruch in Betracht kommen.³²⁰

Im Falle der **Doppelvermietung** durch den Vermieter haftet dieser nach allgemeiner Meinung wegen eines **ursprünglichen** (Rechts-) **Mangels**. Ein Verschulden auf Seiten des Vermieters wird dann sicherlich zusätzlich vorliegen, braucht aber vom Mieter nicht eigens vorgetragen und unter Beweis gestellt zu werden. **163**

Kann der Vermieter vermietete Räume dagegen dem Mieter nicht (rechtzeitig) **überlassen,** weil der Vormieter nicht (rechtzeitig) auszieht, soll der Vermieter nur dann **verschuldensunabhängig** haften, wenn er eine **Garantie für die pünktliche Übergabe** übernommen hat, wofür dann allerdings **konkrete Anhaltspunkte** vorliegen müssen.³²¹ Hat der Vermieter eine derartige Garantie nicht abgegeben, haftet er nach überwiegender Auffassung nicht nach § 536a Abs. 1 1. Alternative BGB.³²² Soweit daraus resultierende Schadensersatzansprüche des Mieters nicht aus § 536a Abs. 1 BGB, sondern unter dem Gesichtspunkt der (Teil-) Unmöglichkeit geltend gemacht werden können, werden diese in diesem Kapitel nachstehend unter Ziffer 4. a) behandelt.³²³ **164**

Für **spätere** Mängel, die also **nach Vertragsschluss** auftreten, haftet der Vermieter auf **Schadensersatz** nur bei **Verschulden,** § 536a Abs. 1 **2. Alternative** BGB. Hierbei genügt **einfache Fahrlässigkeit.** Der Vermieter hat für das Verschulden seiner **gesetzlichen Vertreter** und seiner **Erfüllungsgehilfen** einzustehen (§ 278 BGB).³²⁴ **165**

Kann der Mieter dabei die **Verletzung** von dem Vermieter/dessen gesetzlichem Vertreter oder Erfüllungsgehilfen obliegenden **Pflichten** (Obhutspflichten, Verkehrssicherungspflichten, Fürsorgepflichten) darlegen und beweisen, wird **Verschulden** des Vermieters oder seiner Hilfspersonen zunächst unterstellt (**Verteilung der Beweislast** nach **Gefahrenkreisen**). Gelingt dem Vermieter daraufhin nicht der **Entlastungsbeweis,** haftet er.³²⁵ **166**

Nach § 536a Abs. 1 **3. Alternative** BGB besteht ein **Schadensersatzanspruch,** wenn der **Vermieter** sich mit der **Schadensbeseitigung in Verzug**³²⁶ befindet. Dann **167**

---

[317] *Eisenschmid* in *Schmidt-Futterer* § 536a BGB Rdn. 12 unter Hinweis auf § 536 BGB Rdn. 18ff.; *Schilling* in *MünchKomm* § 536a BGB Rdn. 6; *Blank/Börstinghaus* § 536a BGB Rdn. 13, dann evtl. aber missverständlich in Rdn. 3.
[318] *Schilling* in *MünchKomm* § 536a BGB Rdn. 7 m.w.N.; *Blank/Börstinghaus* § 536a BGB Rdn. 13. m.w.N.; *Eisenschmid* in *Schmidt-Futterer* § 536a BGB Rdn. 12ff.
[319] *Schilling* in *MünchKomm* § 536a BGB Rdn. 5; jeweils mit m.w.N.: *Eisenschmid* in *Schmidt-Futterer* § 536a BGB Rdn. 25ff.; *Blank/Börstinghaus* § 536a BGB Rdn. 15.
[320] *Eisenschmid* in *Schmidt-Futterer* § 536a BGB Rdn. 28 unter Hinweis auf OLG Düsseldorf WuM 1999, 37.
[321] *Blank/Börstinghaus* § 536a BGB Rdn. 7 m.w.N.
[322] *Blank/Börstinghaus* a.a.O.; differenzierend *Eisenschmid* in *Schmidt-Futterer* § 536a BGB Rdn. 25, der zumindest im Zweifel eine regelmäßige Garantiezusage des Vermieters annimmt.
[323] Rdn. 192.
[324] *Schilling* in *MünchKomm* § 536a BGB Rdn. 9; *Blank/Börstinghaus* § 536a BGB Rdn. 22; *Weidenkaff* in *Palandt* § 536a BGB Rdn. 9; *Eisenschmid* in *Schmidt-Futterer* § 536a BGB Rdn. 35.
[325] Jeweils mit m.w.N.: *Blank/Börstinghaus* § 536a BGB Rdn. 29; *Weidenkaff* in *Palandt* § 536a BGB Rdn. 11; *Eisenschmid* in *Schmidt-Futterer* § 536a BGB Rdn. 43ff.
[326] Die Verzugshaftung geht dann auf einen Erwerber über BGH NZM 2005, 253, WuM 2005, 201, ZMR 2005, 354.

hat der Mieter auch die **Voraussetzungen** des Verzuges **(§ 286 BGB) darzulegen** und **zu beweisen.** Die **Mängelanzeige** nach **§ 536 c BGB** begründet grundsätzlich **noch keinen Verzug.**[327] Ansonsten entfällt (§ 284 Abs. 2 BGB) die Notwendigkeit einer verzugsbegründenden Mahnung nach den allgemeinen Voraussetzungen nur dann, wenn z. B. bereits zwischen den Parteien eine kalendertägliche Mängelbeseitigung durch den Vermieter vereinbart worden ist (§ 284 Abs. 2 Nr. 1 BGB).[328] Ist der **Mangel** so **schwerwiegend,** dass dem Mieter ein weiteres **Zuwarten nicht zugemutet** werden kann, muss der Vermieter **unverzüglich** (§ 121 BGB) den Mangel beseitigen.[329] Ansonsten ist zwar **Fristsetzung nicht erforderlich.** Es muss aber dem Vermieter **ausreichend** Zeit zur Mängelbeseitigung gelassen werden.[330]

168 Macht der Mieter **Schadensersatz** nach § 536 Abs. 1 BGB geltend, hat er nach den allgemeinen Regeln die **Höhe des Schadens** darzulegen und zu beweisen. Die Schadensersatzpflicht **umfasst** dabei neben der Beseitigung der **Mängelursache auch Mangelfolge- oder Begleitschäden,** technischen und merkantilen **Minderwert** der Mietsache (der z. B. zu einer niedrigeren Miete bei Untervermietung führen kann, dabei muss sich der Mieter allerdings eine **Mietminderung anrechnen** lassen[331]), **entgangenen Gewinn** (mit der Erleichterung zur Darlegung und zum Nachweis nach § 252 Satz 2 BGB).[332]

169 Ob auch **Aufwendungen zur Abwendung** des Schadens geltend gemacht werden können, ist **streitig.**[333] Nach wohl zutreffender Ansicht[334] wird man bei **Verzug** des Vermieters dem Mieter die Wahl lassen dürfen, ob er seine Aufwendungen nach § 536a Abs. 1 BGB als **Schaden** oder nach Abs. 2 als **Aufwendungen zur Beseitigung des Mangels** geltend macht. Bei der 1. und 2. Alternative des § 536a Abs. 1 BGB dagegen soll der Vermieter den **Vorrang bei der Beseitigung** des Mangels haben.[335]

170 Zusätzlich zu einem **materiellen Schadensersatzanspruch** kann der Mieter unter den Voraussetzungen von **§ 253 Abs. 2 BGB** auch **Schmerzensgeld** fordern.[336] **Deliktische Ansprüche** bleiben neben dem **vertraglichen Anspruch aus § 536a BGB** bestehen (insbesondere wegen Verletzung der **Verkehrssicherungspflicht**).[337]

171 Beruft sich der **Vermieter** auf einen wirksamen **Haftungsausschluss,** hat er dafür die Darlegungs- und Beweislast. Nach allgemeiner Meinung kann in **Formularmietverträgen** die **verschuldensabhängige Garantiehaftung** für anfängliche **Mängel**

---

[327] *Schilling* in *MünchKomm* § 536a BGB unter Hinweis auf RGZ 100, 42, 43; *Weidenkaff* in *Palandt,* § 536a BGB Rdn. 12.

[328] *Weidenkaff* in *Palandt* § 536a BGB Rdn. 12 unter Hinweis auf LG Berlin NJW-RR 2000, 674.

[329] AG Hamburg WuM 1994, 609 (Wasseraustritt aus einem Heizkörper); *Eisenschmid* WuM 2002, 889, 891 (Schäden **infolge** einer Naturkatastrophe).

[330] *Blank/Börstinghaus* § 536a BGB Rdn. 24.

[331] *Schilling* in *MünchKomm* § 536a BGB Rdn. 13; *Weidenkaff* in *Palandt* § 536a BGB Rdn. 13.

[332] Jeweils m. w. N.: *Schilling* in *MünchKomm* § 536a BGB Rdn. 17; *Weidenkaff* in *Palandt* § 536a BGB Rdn. 14; *Eisenschmid* in *Schmidt-Futterer* § 536a BGB Rdn. 76 ff.; *Blank/Börstinghaus* § 536a BGB Rdn. 31.

[333] *Schilling* in *MünchKomm* § 536a BGB Rdn. 14 unter Hinweis auf bejahend BGHZ 56, 136, 140 und *Kraemer* in *Bub/Treier* III. B 1376, 1396; siehe auch *Schilling* in *MünchKomm* § 536a BGB Rdn. 10.

[334] *Schilling* in *MünchKomm* § 536a BGB Rdn. 14.

[335] *Schilling* in *MünchKomm* § 536a BGB Rdn. 14.

[336] *Weidenkaff* in *Palandt* § 536a BGB unter Hinweis auf § 253 BGB Rdn. 8.

[337] Allgemeine Meinung, vgl. *Eisenschmid* in *Schmidt-Futterer* § 536a BGB Rdn. 3, der bei Verletzung von Nebenpflichten (§ 241 Abs. 2 BGB) auch auf Ansprüche aus § 280 BGB (p. V. V.) oder aus § 311 BGB (c. i. c.) verweist.

II. Klagen des Mieters

wirksam abbedungen werden.³³⁸ Zumindest nach **h. M.** gilt dies auch für **Körperschäden**.³³⁹ Die **verschuldensabhängige Haftung** des Vermieters **für Mängel** der Mietsache kann dagegen grundsätzlich **nicht formularmäßig** eingeschränkt werden.³⁴⁰ Verboten ist dann nicht nur der Haftungsausschluss, sondern auch die **Haftungsbegrenzung.**³⁴¹ Dies gilt auch für **Geschäftsraummiete.**³⁴²

Individualvertraglich können die Rechte des Mieters aus § 536 a Abs. 1 BGB bei **arglistigem Verschweigen** eines Mangels durch den Vermieter (§ 536 d BGB) **nicht,** ansonsten nur in den **Grenzen** der §§ 138, 242 BGB ausgeschlossen werden.³⁴³

Der **Schadensersatzanspruch des Mieters nach § 536 a Abs. 1 BGB ist ausgeschlossen** unter den Voraussetzungen des **§ 536 b Abs. 2 BGB.** Die Voraussetzungen dafür hat ebenfalls der Vermieter darzulegen und zu beweisen.³⁴⁴ Der Vermieter hat auch die Darlegungs- und Beweislast, wenn er sich auf ein **Mitverschulden** (§ 254 BGB) berufen will. Der Schadensersatzanspruch des Mieters kann nach § 254 BGB gemindert sein oder ganz entfallen **auch gegenüber der Garantiehaftung** nach § 536 a Abs. 1 1. Alternative.³⁴⁵ Macht der Vermieter eine **zeitliche Begrenzung** des Schadensersatzes geltend, hat er darzulegen und zu beweisen, bis zu welchem Zeitpunkt er gegen seinen Willen am Vertrag festgehalten werden kann (Ende der festgelegten Laufzeit oder Beendigung nach erstmaligem Kündigungszeitpunkt).³⁴⁶

Der **Schadensersatzanspruch** nach § 536 a Abs. 1 BGB **verjährt** nach 3 Jahren (§ 195 BGB). Die kurze Verjährungsfrist des **§ 548 BGB** gilt hier nicht.³⁴⁷

b) Anspruch des Mieters auf Ersatz der erforderlichen Beseitigungsaufwendungen nach § 536 a Abs. 2 BGB. Bei **Verzug des Vermieters** mit der Beseitigung eines Mangels, für die der Mieter **dieselbe Darlegungs- und Beweislast** hat wie beim Schadensersatzanspruch nach § 536 a Abs. 1 BGB,³⁴⁸ hat der Mieter nach § 536 a Abs. 2 Ziff. 1 BGB ein **Selbstbeseitigungsrecht.** Auch **ohne Verzug** des Vermieters steht dem Mieter das Selbstbeseitigungsrecht auch zu, wenn die **umgehende Beseitigung** des Mangels **zur Erhaltung oder Wiederherstellung des Bestands der Mietsache notwendig** ist. Im Unterschied zu **notwendigen** Beseitigungsmaßnahmen fallen **Eilmaßnahmen** nach allgemeiner Meinung unter **536 a Abs. 2 Nr. 1 BGB.** Eilmaßnahmen sind solche, die **erhebliche Schäden** vom Mieter abwenden

---

³³⁸ Jeweils mit zahlreichen Nachweisen: *Eisenschmid* in *Schmidt-Futterer* § 536 a BGB Rdn. 33; *Blank/Börstinghaus* § 536 a BGB Rdn. 33; *Schilling* in *MünchKomm* § 536 a BGB Rdn. 21.
³³⁹ BGH NJW 2002, 3232, BGH NJW-RR 1991, 74, WuM 1992, 316 m. w. N.; RE BayObLGZ 1984, 299, NJW 1985, 716, WuM 1985, 49; *Joachim* WuM 2003, 183; *Lützenkirchen* MDR 2001, 1107, 1108; a. A.: *Sternel* II. 689; *Blank/Börstinghaus* § 536 a BGB Rdn. 35 zumindest für Schmerzensgeld unter Hinweis auf § 309 Nr. 7 a BGB und *Joachim* WuM 2003, 183, 185.
³⁴⁰ BGH NZM 2002, 116; *Schilling* in *MünchKomm* § 536 a BGB Rdn. 21; *Eisenschmid* in *Schmidt-Futterer* § 536 a BGB Rdn. 33.
³⁴¹ *Eisenschmid* a. a. O.
³⁴² *Blank/Börstinghaus* § 536 a BGB Rdn. 33.
³⁴³ Ausführlich *Schilling* in *MünchKomm* § 536 a BGB Rdn. 21; *Weidenkaff* in *Palandt* § 536 a BGB Rdn. 7; *Eisenschmid* in *Schmidt-Futterer* § 536 a BGB Rdn. 33.
³⁴⁴ Siehe dazu in diesem Kapitel auch I. 2. Rdn. 35.
³⁴⁵ BGHZ 68, 281, 287; *Eisenschmid* in *Schmidt-Futterer* § 536 a BGB Rdn. 93 unter Hinweis auf BGH NJW-RR 1991, 970 und Rdn. 94 f mit Beispielen zum Mitverschulden; *Blank/Börstinghaus* § 536 a BGB Rdn. 19 f.
³⁴⁶ BGH MDR 1964, 915 (entgangener Gewinn); BGH MDR 1972, 411. Der Vermieter kann auch **einwenden,** dass er **ohne Verschulden** an der **Mängelbeseitigung** gehindert ist (§ 286 Abs. 4 BGB, womit **Verzug entfällt**).
³⁴⁷ Mit zahlreichen Nachweisen: *Eisenschmid* in *Schmidt-Futterer* § 536 a BGB Rdn. 152.
³⁴⁸ *Schilling* in *MünchKomm* § 536 a BGB Rdn. 24; dazu oben a) Rdn. 161.

können.³⁴⁹ Auch die Voraussetzungen für derartige Eilmaßnahmen hat der Mieter darzulegen und zu beweisen.

176 Eine **Verpflichtung des Mieters,** von seinem Selbsthilferecht Gebrauch zu machen, kann sich nur in Ausnahmefällen aus seiner **Obhutspflicht** ergeben.³⁵⁰ Die Voraussetzungen einer derartigen **Selbstbeseitigungspflicht** hat der Vermieter darzulegen und zu beweisen.³⁵¹

177 Der **Anspruch auf Ersatz der Aufwendungen entsteht,** sobald der Mieter die Maßnahme zur Beseitigung des Mangels **getroffen** oder **veranlasst** hat.³⁵² Allgemeine Meinung ist, dass der Mieter in Höhe der **voraussichtlich** zur Mängelbeseitigung erforderlichen, zweckgebundenen **Vorschuss** fordern kann.³⁵³ Der Mieter muss also nicht zunächst den Vermieter auf Mängelbeseitigung in Anspruch nehmen und dann erst im Wege der Vollstreckung den Anspruch auf Vorschuss (§ 887 ZPO) durchsetzen.³⁵⁴ Nach Abschluss der Mängelbeseitigungsarbeiten muss der Mieter über den Vorschuss abrechnen und dabei Rechnung legen, wobei Verzugszinsen aus verspäteter Vorschusszahlung bei der Abrechnung außer Betracht bleiben.³⁵⁵ Ist allerdings der Vermieter nach Verurteilung zur Vorschusszahlung bereit, die notwendigen Arbeiten zurückzuführen, geht diese Leistung des Vermieters der Vorschusszahlung vor.³⁵⁶ Dem Vermieter ist es wegen der Zweckgebundenheit des Vorschusses verwehrt, gegen den Anspruch des Mieters aufzurechnen.³⁵⁷ Der Mieter dagegen kann grundsätzlich mit dem Aufwendungsersatzanspruch gegen eine **Mietzinsforderung** des Vermieters **aufrechnen.**³⁵⁸

178 Dass die Aufwendungen **erforderlich** waren, hat der Mieter darzulegen und zu beweisen. Der Mieter schuldet eine **fachgerechte** Arbeit.³⁵⁹ Zu den **nachzuweisenden Aufwendungen** gehören die Kosten für **Handwerkerleistungen/Materialkosten/eigene Arbeitsleistungen** des Mieters sowie die Arbeitsleistungen **freiwilliger Helfer** sowie **Belastungen und Schulden.**³⁶⁰ Der Mieter kann auch den Ersatz **notwendiger Sicherungsmaßnahmen** fordern (z.B. das Anbringen von Schlössern³⁶¹).

179 Stehen für die Mängelbeseitigung **mehrere geeignete** Maßnahmen zur Wahl (Reparatur/Neubeschaffung) hat der Mieter die Pflicht, dem Vermieter zunächst **Gelegenheit zur Leistungsbestimmung** einzuräumen. Das **Leistungsbestimmungsrecht** geht in analoger Anwendung von § 536a Abs. 2 BGB nur auf den Mieter über,

---

³⁴⁹ *Blank/Börstinghaus* § 536a BGB Rdn. 40 m.w.N.; *Eisenschmid* in *Schmidt-Futterer* § 536a BGB Rdn. 116 m.w.N.
³⁵⁰ *Schilling* in *MünchKomm* § 536a BGB Rdn. 30 m.w.N. und Beispielfällen (Kraftfahrzeugpannen, Brand oder Überschwemmung).
³⁵¹ OLG Düsseldorf WuM 2003, 386.
³⁵² *Schilling* in *MünchKomm* § 536a BGB Rdn. 32.
³⁵³ *Blank/Börstinghaus* § 536a BGB Rdn. 42 m.w.N.; *Schilling* in *MünchKomm* § 536a BGB Rdn. 33 m.w.N.; *Eisenschmid* in *Schmidt-Futterer* § 536a BGB Rdn. 141 m.w.N.
³⁵⁴ *Eisenschmid* a.a.O. unter Hinweis auf *Kraemer* in *Bub/Treier* III. B Rdn. 1392.
³⁵⁵ *Eisenschmid* in *Schmidt-Futterer* § 536a BGB Rdn. 142 unter Hinweis auf BGH NJW 1985, 2325, MDR 1985, 924.
³⁵⁶ *Eisenschmid* in *Schmidt-Futterer* § 536a BGB Rdn. 150 unter Hinweis auf LG Berlin GE 1989, 151.
³⁵⁷ *Eisenschmid* in *Schmidt-Futterer* § 536a BGB Rdn. 143 unter Hinweis auf *Kraemer* in *Bub/Treier* III. B Rdn. 1392 und OLG Stuttgart WuM 1989, 199, ZMR 1989, 191; KG NJW-RR 1988, 1039, ZMR 1988, 219; LG Kleve WuM 1989, 14.
³⁵⁸ *Eisenschmid* in *Schmidt-Futterer* § 536a BGB Rdn. 145 unter Hinweis auf Weimar ZMR 1975, 163, 164.
³⁵⁹ *Blank/Börstinghaus* § 536a BGB Rdn. 41.
³⁶⁰ *Eisenschmid* in *Schmidt-Futterer* § 536a BGB Rdn. 135 m.w.N.
³⁶¹ *Sternel* II. Rdn. 587; *Kraemer* in *Bub/Treier* III. B Rdn. 1397; *Eisenschmid* in *Schmidt-Futterer* § 536a BGB Rdn. 136.

II. Klagen des Mieters

wenn der Vermieter untätig bleibt. Auch dann gilt aber für den Mieter das **Wirtschaftlichkeitsgebot** unter **Berücksichtigung der Interessen des Vermieters**.[362] Der Vermieter kann **nicht einwenden**, die vom Mieter durchgeführte Reparatur sei **erfolglos** geblieben, wenn dem Mieter daran **kein Verschulden** trifft. Der Vermieter kann **einwenden**, dass den **Mieter** die vertraglich wirksam vereinbarte **Instandhaltungspflicht** trifft, und er deswegen keinen Aufwendungsersatz (evtl. nicht voller Höhe) leisten muss.[363]

Ebenso wenig kann der **Vermieter einwenden**, der vom Mieter (immer: im eigenen Namen) beauftragte Handwerker habe mehr als das **unbedingt Erforderliche** getan, da der Mieter grundsätzlich darauf vertrauen darf, dass der Handwerker nur das zur Mangelbeseitigung Erforderliche unternimmt.[364] Einen nach Reparatur verbliebenen Mangel muss der Mieter **erneut** anzeigen, andernfalls er seine Gewährleistungsrechte verliert.[365] Kommt der Vermieter zwar jeder Mängelanzeige nach, sind aber die von ihm veranlassten Mängelbeseitigungsmaßnahmen regelmäßig ungenügend, so dass der angezeigte Mangel entweder nicht beseitigt wird oder nach kurzer Zeit wieder auftritt, läge es im Interesse des Mieters, die Mängelbeseitigung selbst durchzuführen. Dafür gibt es aber keine gesetzliche Grundlage. Eine **analoge Anwendung** des § 536a Abs. 2 BGB scheidet aus. Der Mieter hat dann nur die Möglichkeit, **Klage auf Herstellung des vertragsgemäßen Zustandes** zu erheben und bei Nichterfüllung der titulierten Verpflichtung nach **§ 887 ZPO** vorzugehen. Erst danach kann das Gericht den Mieter ermächtigen, die Mängelbeseitigung auf Kosten des Mieters vornehmen zu lassen.[366] 180

Der Aufwendungsersatzanspruch nach § 536a Abs. 2 BGB **verjährt** nach **§ 548 Abs. 2 BGB** in sechs Monaten nach Beendigung des Mietverhältnisses. 181

3. Sonstige Ansprüche des Mieters auf Ersatz von Aufwendungen

a) Geschäftsführung ohne Auftrag. Aufwendungen **auf die Mietsache**, die der Vermieter dem Mieter **nicht nach § 536a Abs. 2 BGB** zu ersetzen hat, kann der Mieter nach §§ 539 Abs. 1 BGB nur nach den Vorschriften über die **Geschäftsführung ohne Auftrag** (im folgenden: GoA) ersetzt verlangen. Die sind Aufwendungen, die die Nutzungsmöglichkeit der Mietsache erweitern oder den Wert des Mietobjektes steigern.[367] 182

Die Verweisung auf die Vorschriften über die GoA stellt nach allgemeiner Meinung nur eine **Rechtsgrundverweisung** dar. Es müssen also die Voraussetzungen der berechtigten (§ 683 BGB) oder unberechtigten (§ 684 BGB) GoA gegeben sein.[368] Daher hat der Mieter **Fremdgeschäftsführerwillen** (§ 677 BGB) vorzutragen und zu be- 183

---

[362] *Blank/Börstinghaus* § 536a BGB Rdn. 41; *Eisenschmid* in *Schmidt-Futterer* § 536a BGB Rdn. 134.

[363] *Blank/Börstinghaus* § 536a BGB Rdn. 41.

[364] AG Hamburg WuM 1994, 609.

[365] OLG Düsseldorf NJW-RR 1987, 1232; AG Wetzlar WuM 2005, 715.

[366] *Blank/Börstinghaus* § 536a BGB Rdn. 43; s. dazu auch Kapitel 7; zu den Besonderheiten für den Mieter einer Eigentumswohnung bei Mängeln am Gemeinschaftseigentum s. *Blank/Börstinghaus* § 536a BGB Rdn. 44.

[367] *Langenberg* in *Schmidt-Futterer* § 539 BGB Rdn. 10 mit zahlreichen Beispielen; BGH NJW-RR 1993, 522 (Verlegung von Fußböden, Einbau eines Bades); OLG Hamburg WuM 1986, 82 (Verbesserung der Wasser- und Stromversorgung); OLG Köln WuM 1996, 269 (An- und Umbau an einem Gebäude); zur Unterscheidung zwischen „Aufwendungen" i.S.v. § 539 Abs. 1 BGB und „Einrichtungen" i.S.v. § 539 Abs. 2 BGB: *Blank/Börstinghaus* § 539 BGB Rdn. 16f. und *Langenberg* in *Schmidt-Futterer* § 539 BGB Rdn. 10ff.

[368] *Langenberg* in *Schmidt-Futterer* § 539 BGB Rdn. 25; *Blank/Börstinghaus* § 539 BGB Rdn. 3.

weisen, dass er also ein **Geschäft des Vermieters** führen wollte. Daran sind **strenge Anforderungen** zu stellen,[369] deren Darlegungs- und Beweislast dem Mieter obliegt.

184 Es wird daran fehlen, wenn die Verwendungen **nur den eigenen Zwecken** und den **eigenen Interessen des Mieters** dienen.[370] Selbst wenn der Mieter den Willen, ein fremdes Geschäft zu führen, hat, setzt § 683 BGB **außerdem** voraus, dass die Geschäftsführung dem **Interesse und (!) dem wirklichen oder dem mutmaßlichen Willen des Vermieters** entspricht. Für das Interesse des Vermieters gelten dabei **objektive Kriterien,** wobei jedoch die **gesamte Interessenlage** des Vermieters maßgeblich ist. Das Risiko einer **Fehleinschätzung** liegt beim Mieter.[371] Selbst bei **Zustimmung des Vermieters** muss diese (beweisbar) ausdrücklich den Willen erkennen lassen, dass die Maßnahmen **auch für ihn** erfolgen sollen.[372] Der **Anspruch entfällt,** wenn der Mieter **nicht die Absicht** hatte, vom Vermieter Ersatz zu verlangen (§ 685 BGB).[373] Liegt eine **unberechtigte GoA** vor, können dem Mieter lediglich **Bereicherungsansprüche** nach § 812 BGB zustehen (§ 684 Satz 1 BGB).[374] Nach § 684 Satz 2 BGB führt allerdings die **Genehmigung** einer ursprünglich unberechtigten Geschäftsführung dazu, dass diese wie eine **berechtigte GoA** zu behandeln ist. Liegt allerdings **Schenkungsabsicht** (§ 685 BGB) vor, entfällt auch ein Bereichungsanspruch.[375]

185 Unter **sonstigen Aufwendungen** i.S.v. § 539 Abs. 1 BGB sind nur die **nicht notwendigen Aufwendungen** zu verstehen, da letztere bereits nach § 536a Abs. 2 BGB zu ersetzen sind.[376]

186 Aufwendungsersatzansprüche nach § 539 Abs. 1 BGB werden **fällig,** wenn die jeweiligen Aufwendungen der Mietsache zugute gekommen sind.[377] Bei **Aufwendungen vor der Mietzeit** (nach Übernahme) kann § 539 Abs. 1 BGB nach den vorstehend dargestellten Grundsätzen eine angemessene Ausgleichsregelung bieten. Bei Maßnahmen **nach Ende der Mietzeit** wird im Regelfall der Wille des Vermieters entgegenstehen, dem Mieter die Mietsache weiterhin zu belassen.[378]

187 Beruft sich der **Vermieter** auf einen **Ausschluss** der Rechte des Mieters nach § 539 Abs. 1 BGB, hat er eine dahingehende Vereinbarung darzulegen und zu beweisen. Auch der Anspruch nach § 539 BGB **verjährt** innerhalb der Frist des § 548 BGB von 6 Monaten nach Mietende. Er kann allerdings schon vorher **verwirkt** sein, wenn der Mieter lange Zeit nach der Maßnahme darauf verzichtet hat, Aufwendungsersatz zu fordern.[379]

188 **b) Aufwendungsersatzanspruch des Mieters nach § 554 Abs. 4 BGB.** Führt der Vermieter **Erhaltungsmaßnahmen**[380] nach § 554 Abs. 1 BGB oder **Modernisierungsmaßnahmen**[381] nach § 554 Abs. 2 BGB durch, muss der Vermieter **in angemessenem Umfang** die **Aufwendungen** ersetzen, die der Mieter **infolge dieser Maßnahmen** machen musste. Eine zum Nachteil des Mieters **abweichende Vereinbarung** ist **unwirksam** (§ 554 Abs. 5 BGB).

---

[369] BGH NJW-RR 1993, 522; BGH NZM 1999, 19.
[370] BGH NZM 1999, 19, 20.
[371] *Langenberg* in *Schmidt-Futterer* § 539 BGB Rdn. 32 ff.; *Blank/Börstinghaus* § 539 BGB Rdn. 5.
[372] *Langenberg* in *Schmidt-Futterer* § 539 BGB Rdn. 38; *Blank/Börstinghaus* § 539 BGB Rdn. 5; *Weidenkaff* in *Palandt* § 539 BGB Rdn. 5.
[373] *Blank/Börstinghaus* § 539 BGB Rdn. 6 unter Hinweis auf OLG München ZMR 1995, 406.
[374] Vgl. dazu in diesem Kapitel Zif. 7. Rdn. 238, 242.
[375] OLG München ZMR 1995, 406.
[376] *Schilling* in *MünchKomm* § 539 BGB Rdn. 5 unter Hinweis auf § 536a BGB Rdn. 24 ff.; a.A. *Weidenkaff* in *Palandt* § 539 BGB Rdn. 2.
[377] BGHZ 5, 197.
[378] *Schilling* in *MünchKomm* § 539 BGB Rdn. 7.
[379] *Langenberg* in *Schmidt-Futterer* § 539 BGB Rdn. 68.
[380] Siehe dazu und zur Duldungspflicht des Mieters Kapitel 3 Rdn. 19–23.
[381] Siehe dazu und zur Duldungspflicht des Mieters Kapitel 3 Rdn. 24–29.

II. Klagen des Mieters

Nach § 554 Abs. 4 Satz 2 BGB hat der Vermieter **auf Verlangen Vorschuss** zu leisten. Gegenüber der **Duldungsklage** des Vermieters kann der Mieter sein Recht auf Vorschuss auch mit **Zurückbehaltungsrecht (§ 273 BGB)** geltend machen.[382] 189

Der Mieter hat die **Ursächlichkeit** der zu duldenden Maßnahmen für die Aufwendung darzulegen und zu beweisen. Die gesetzliche **Beschränkung** auf **angemessenen** Aufwendungsersatz hat zur Folge, dass die Aufwendungen **wirtschaftlich vernünftig** sein und dem **Lebenszuschnitt des Mieters** entsprechen müssen.[383] 190

Entgangene Einkünfte bei **gewerblichen Räumen** oder **erhöhte Betriebskosten** (z.B. Heizkosten) als Folge der Modernisierung sind **keine Aufwendungen**. Daraus resultierende Ansprüche des Mieters können sich allenfalls unter dem Gesichtspunkt des **Schadensersatzes** ergeben.[384] 191

4. Sonstige Schadensersatzansprüche des Mieters

a) **Nutzlose Aufwendungen.** Darunter fallen **Mehrausgaben**, die dem Mieter entstehen wegen der **vom Vermieter zu vertretenden, vorzeitigen Auflösung des Mietverhältnisses.**[385] Dies ist z.B. der Fall, wenn der Mieter einer Kündigung des Vermieters wegen **Eigenbedarfs (§ 573 Abs. 2 Nr. 2 BGB)** durch Räumung nachgekommen ist, sich der Eigenbedarf jedoch nachträglich als vorgetäuscht herausstellt oder der Eigenbedarfsgrund vor Ablauf der Kündigungsfrist weggefallen ist.[386] 192

Ebenso hat der Vermieter evtl. **nutzlos gewordene („frustrierte") Aufwendungen,** die vom Mieter **im Hinblick auf einen abgeschlossenen Vertrag** gemacht und durch dessen **Nichterfüllung** nutzlos werden, aber im Verlauf des vertragsgemäßen Gebrauch der Mietsache hätten erwirtschaftet werden können.[387] 193

Für **alle Fälle** dieser Art hat die **Schuldrechtsmodernisierung** mit **§ 284 BGB** die Rechtsgrundlage erweitert, von der **Rentabilitätsvermutung gelöst** und dabei allerdings auf die Fälle beschränkt, in denen der Mieter **Schadensersatz statt der Leistung** verlangen kann.[388] Auch hier ist der Mieter für die Voraussetzungen des Schadensersatzanspruchs darlegungs- und beweispflichtig. Er muss also die Pflichtverletzung des Vermieters, deren Ursächlichkeit für den Schaden und für dessen Verschulden beweisen.[389] 194

Mit **§ 536 Abs. 1 BGB** oder **§ 539 Abs. 1 BGB** waren und sind Ansprüche auf Ersatz derartiger Aufwendungen bereits deshalb nicht zu begründen, da es sich hierbei weder 195

---

[382] *Weidenkaff* in *Palandt* § 554 BGB Rdn. 35.
[383] *Weidenkaff* in *Palandt* § 554 BGB Rdn. 33 unter Hinweis auf *Horst* NZM 1999, 193; *Schilling* in *MünchKomm* § 554 BGB Rdn. 40 mit zahlreichen Beispielen und Rdn. 41; *Eisenschmid* in *Schmidt-Futterer* § 554 BGB Rdn. 320 ff. mit zahlreichen Beispielen.
[384] *Eisenschmid* in *Schmidt-Futterer* § 554 BGB Rdn. 327; *Schilling* in *MünchKomm* § 554 BGB Rdn. 40 m.w.N.
[385] *Schilling* in *MünchKomm* § 536a BGB mit Beispielen: Umzugskosten, einstweilige Hotelunterbringung, Lagerung von Möbeln etc., Maklerkosten zur Anmietung neuer Räume, höherer Mietpreis für gleichartige, neu Räume oder andere Mietsachen, evtl. Aufwand für deren Herrichtung und Ausstattung, Kautionskosten, entgangener Verdienst wegen Suche nach neuen Räumung und Umzug; BGH NJW 2000, 2342 mit Anm. *Horst* MDR 2000, 875; LG Saarbücken WuM 1995, 159; LG Saarbücken NZM 1999, 411; *Eisenschmid* in *Schmidt-Futterer* § 536a BGB Rdn. 83.
[386] BGH NJW 2006, 220, 221 mit zahlreichen Nachweisen und Hinweisen auf abw. Meinungen (Mitteilung des Vermieters über Wegfall des Eigenbedarfs bis Rechtskraft Räumungsurteil/Ablauf Räumungsfrist oder Auszug des Mieters); zur Darlegungs- und Beweispflicht des Mieters s. BGH WuM 2005, 521; s. auch *Blank* NJW 2006, 739.
[387] *Blank/Börstinghaus* § 536a BGB Rdn. 28.
[388] *Schilling* in *MünchKomm* § 536a BGB Rdn. 15 m.w.N.; *Eisenschmid* in *Schmidt-Futterer* § 536a BGB Rdn. 88 ff.; *Blank/Börstinghaus* § 536a BGB Rdn. 28.
[389] OLG Hamburg WuM 1990, 71; OLG München NJWE-MietR 1996, 177; OLG Hamm ZMR 1997, 520.

um Aufwendungen für die Beseitigung eines Mangels noch um sonstige Aufwendungen auf die Mietsache handelt.

196 **b) Schadensersatzansprüche des Mieters wegen Vorenthaltung der Mietsache/Nichtgewährung des Gebrauches.** Auch wenn der Vermieter zur Übergabe der Mietsache **außerstande** ist, z. B. weil diese bereits **vor Vertragsschluss untergegangen** ist (früher: **anfängliche objektive Unmöglichkeit**; jetzt: **§ 311a Abs. 1 BGB),** ist der Mietvertrag trotzdem **wirksam.** Der Vermieter ist in diesen Fällen allerdings **nicht zur Erfüllung verpflichtet** (§ 275 BGB). Bei **Wohnraummiete** kann der Mieter dann wahlweise entweder die vorstehend unter a) dargestellten, vergeblichen Aufwendungen verlangen (§§ 284, 311a Abs. 2 BGB) **oder Schadensersatz** (positives Interesse) fordern.

197 Ist bei **Geschäftsraummiete** der **Vertrag zu erwerbswirtschaftlichen Zwecken** abgeschlossen (Ladenmiete, Büroräume etc.) wird zugunsten des Mieters vermutet, dass dieser die Aufwendungen bei vertragsgemäßem Einsatz des Mietobjektes wieder erwirtschaftete hätte.[390] Der Vermieter kann diese Vermutung allerdings **widerlegen.** Dann hat der Mieter keinen Anspruch auf Ersatz der frustrierten Aufwendungen. Bei einem **Vertrag** zu ideellen Zwecken gilt die für die Wohnraummiete maßgebliche Rechtslage.[391]

198 Hat allerdings der Vermieter das **Leistungshindernis** bei **Vertragsabschluss nicht gekannt** und seine Unkenntnis auch **nicht zu vertreten** (wofür er **beweispflichtig** ist), stehen dem Mieter bei **allen Mietverhältnissen** weder **Schadensersatz-** noch **Aufwendungsersatzansprüche** zu (§ 311a Abs. 2 Satz 2 BGB).[392]

199 Wenn die Mietsache **nach Vertragsschluss** vollkommen zerstört wird und nicht wiederhergestellt werden kann (früher: **nachträgliche objektive Unmöglichkeit**) so gelten ebenfalls die allgemeinen Vorschriften,[393] unabhängig davon, ob die Mietsache **vor** oder **nach Übergabe** untergeht. In diesem Fall wird der Vermieter von seiner **Erfüllungspflicht befreit** (§ 275 Abs. 1 BGB). Ebenso **entfällt die Pflicht des Mieters** zur **Zahlung der Miete** (§ 326 Abs. 1 Satz 1 BGB). Das Mietverhältnis erlischt kraft Gesetzes.[394] **Schadensersatz** kann der Mieter verlangen, wenn der Untergang vom **Vermieter zu vertreten** ist (§§ 275 Abs. 4, 280 Abs. 1, 283 BGB). Wenn der **Mieter** den Untergang **zu vertreten** hat, wird der Vermieter ebenfalls von der Leistung frei (§ 275 Abs. 1 BGB), behält aber den Anspruch auf die Miete unter Anrechnung der Vorteile, die infolge der Befreiung von der Leistungspflicht eintreten (§ 326 Abs. 2 BGB). Ist der Untergang von **keiner Partei zu vertreten,** bestehen keine Schadensersatzansprüche. Bei **beiderseitigem Verschulden** gilt § 254 BGB.

200 Ist die **Mietsache teilweise zerstört,** eine Wiederherstellung dem Vermieter aber unter wirtschaftlicher Betrachtungsweise nicht zuzumuten oder ist die **Opfergrenze** überschritten, gelten die vorstehenden Ausführungen.

201 Ist die **Wiederherstellung zumutbar,** hat der Mieter einen **Leistungsanspruch** gegen den Vermieter (Anspruch auf Wiederherstellung), wobei dann die mietrechtlichen Erfüllungs- (§ 535 BGB) und Gewährleistungsvorschriften (§§ 536 ff. BGB) gelten. Im Falle der Teilzerstörung gelten für den zerstörten Teil die allgemeinen Vorschriften (siehe oben), hinsichtlich des Erhalten gebliebenen Teils gilt allgemeines Mietrecht.

---

[390] BGHZ 99, 182, 198; zur Darlegungspflicht des Mieters hinsichtlich seines entgangenen Gewinns BGH NJW-RR 2005, 1063 und KG ZMR 2005, 948.

[391] *Blank/Börstinghaus* § 536a BGB Rdn. 4.

[392] *Blank/Börstinghaus* a. a. O.

[393] S. auch BGH ZMR 2005, 612.

[394] *Kraemer* in *Bub/Treier* III. Rdn. 1192; *Horst* DWW 2002, 6,12; *Gather* DWW 1997, 169, 170.

II. Klagen des Mieters　　　　　　　　　　　　　　202–208　9. Kap.

Der Mieter kann **Schadensersatz statt der ganzen Leistung** verlangen, wenn er 202
an der Teilleistung kein Interesse hat (§ 281 Abs. 1 Satz 2 BGB).

Hat der **Vormieter** die Räume noch im Besitz und kann der Vermieter deswegen 203
die Räume nicht an den Mieter übergeben (früher: Unvermögen) sind die jeweiligen
Mietverträge wirksam (§ 311a Abs. 1 BGB) der Vermieter wird aber von seiner Leistungspflicht befreit (§ 275 Abs. 1 BGB), unabhängig davon, ob er das Leistungshindernis zu vertreten hat.[395]

Der Mieter kann **vom Vertrag zurücktreten** (§ 326 Abs. 5 BGB **oder** nach 204
§ 311a Abs. 2 BGB), **Schadensersatz** statt der **Leistung** oder **Aufwendungsersatz**
verlangen, wobei sich Rücktritt und Schadensersatz **nicht ausschließen**. Ein Schadensersatzanspruch setzt allerdings, wie immer, Verschulden voraus.[396]

c) **Schadensersatz des Mieters wegen Vereitelung des Vorkaufsrechts nach** 205
§ 577 BGB. Dem **Mieter** von **vermieteten Wohnräumen**, an denen **nach der**
Überlassung an den Mieter **Wohnungseigentum begründet worden ist** oder **begründet werden soll** steht ein gesetzliches Vorkaufsrecht zu, wenn diese vermieteten
Räume an einen **Dritten** an einen **nicht** zu seinen **Familienangehörigen** oder **seinem Haushalt Angehörigen verkauft**. Um den Mieter die Ausübung seines Vorkaufrechtes zu ermöglichen, bestimmt § 577 Abs. 2 BGB, dass der **Verkäufer** oder der
Dritte dem Mieter über den **Inhalt des Kaufvertrages Mitteilung** zu machen und
diese Mitteilung mit einer **Information des Mieters** über sein **Vorkaufsrecht** zu
verbinden haben (§ 577 Abs. 2 BGB). Erfüllt der Verkäufer oder der Dritte die vorgenannte **Mitteilungspflicht** nicht oder nicht vollständig, stellt diese eine **Pflichtverletzung** dar, die den Mieter zu einem **Schadensersatz** berechtigen kann.

Dabei hat der Mieter zunächst die vorstehend hervorgehobenen Voraussetzungen darzulegen und zu beweisen. Zu beachten ist dabei, dass sich bereits durch die unterschiedliche Wortwahl in § 577 Abs. 1 und 2 BGB ergibt, dass **Vermieter** und **Verkäufer nicht**
identisch sein müssen.[397] Allgemeine Meinung ist, dass ein Erwerb in der **Zwangsversteigerung** oder beim Verkauf durch den **Insolvenzverwalter** aus der **Insolvenzmasse** das **Vorkaufsrecht nicht** auslöst (§ 577 Abs. 1 Satz 3 i. V. m. § 471 BGB).[398]
Gleiches gilt für **Tausch** oder **Schenkung** und nach überwiegender Ansicht auch für
Erbteilkäufe zwischen künftigen, gesetzlichen Erben.[399] Dabei darf allerdings eine derartige Vertragsgestaltung sich nicht als **Umgehung des Vorkaufsrechtes** darstellen,[400]
wobei dafür allerdings der Mieter dann die Darlegungs- und Beweislast hat. 206

Da § 577 BGB nur einen **schuldrechtlichen** Anspruch gibt, verbleibt dem Mieter 207
nur noch ein Schadensersatzanspruch, wenn zugunsten des Käufers bereits eine **Auflassungsvormerkung** (§ 883 Abs. 1 BGB) eingetragen worden ist, die zunächst einmal **vorrangig** ist (§ 883 Abs. 2 BGB) und die Eintragung des Käufers als Eigentümer
dann erfolgt.[401]

Eine Verletzung der Mitteilungspflicht ist nur dann **ursächlich** für den Schaden des 208
Mieters, wenn dieser darlegen und beweisen kann, dass ihm für den Ankauf der Miet-

---

[395] *Heinrichs* in *Palandt* § 275 BGB Rdn. 5; *Canaris* JZ 2001, 500; *Blank/Börstinghaus* § 536a BGB Rdn. 7.
[396] Außer im Falle der Garantie des Vermieters für pünktliche Übergabe, siehe in diesem Kapitel oben II. 2. Rdn. 164.
[397] *Commichau* NJW 1995, 1010; *Weidenkaff* in *Palandt* § 577 BGB Rdn. 3.
[398] *Weidenkaff* in *Palandt* § 577 BGB Rdn. 4 unter Hinweis auf BHZ 141, 194; *Blank/Börstinghaus* § 577 BGB Rdn. 23 unter Hinweis auf AG Frankfurt NJW 1995, 1034.
[399] *Blank/Börstinghaus* a. a. O. unter Hinweis auf a. A. *Sternel* Mietrecht aktuell Rdn. A 51.
[400] OLG Nürnberg NJW-RR 1992, 461.
[401] Zur einstweiligen Verfügung auf Eintragung einer Auflassungsvormerkung zugunsten des Mieters siehe Kapitel 11 Rdn. 71.

wohnung zu dem zwischen dem Verkäufer und dem Käufer vereinbarten Kaufpreis die **Finanzierung** möglich gewesen wäre.[402] Ein **Schaden** des Mieters tritt in der Ragel nur dadurch ein, dass zunächst sein Vorkaufsrecht vereitelt wird, der Erwerber nach Eintragung als Eigentümer berechtigterweise wegen **Eigenbedarf** kündigt und der Mieter deswegen die Mietwohnung verlassen muss. Dann besteht der Schaden des Mieters in Höhe der dadurch entstehenden Aufwendungen.[403]

209 Andernfalls wird der Mieter über § 251 BGB nur so gestellt, dass dessen jetzige Vermögenslage mit derjenigen verglichen wird, die bei Erwerb und Selbstnutzung der Eigentumswohnung gegeben wäre. Auch wenn der zwischen Verkäufer und Drittem vereinbarte Kaufpreis – wie bei vermieteten Wohnungen oft üblich – niedriger ist als bei einer nicht vermieteten Wohnung, kann der Mieter nicht als Schaden die Differenz zu einem höheren Verkaufserlös geltend machen, den er selbst nach Erwerb der Mietwohnung erzielt hätte.[404] Auf der anderen Seite können Verkäufer und Dritter eine **differenzierte Preisabrede** treffen, je nachdem, ob der Mieter sein Vorkaufsrecht ausübt (höherer Preis) oder nicht (niedrigerer Preis), wenn eine derartige Preisgestaltung den Marktgegebenheiten entspricht.[405]

210 **d) Schadensersatz des Mieters wegen entgangener Kautionszinsen.** Hat der Mieter an den Vermieter eine **Kaution** geleistet,[406] ist letzterer nach § 551 Abs. 3 Satz 1, 3 BGB verpflichtet, eine ihm überlassenen Geldsumme zu einem für Spareinlagen mit dreimonatiger Kündigungsfrist **üblichen Zinssatz** oder in einem anderen, zwischen den Parteien vereinbarten Anlageform anzulegen. In beiden Fällen stehen die **Erträge** dem **Mieter** zu und erhöhen die Sicherheit.

211 Verstößt der Vermieter gegen diese Verpflichtung, ist er wegen der entgangenen Zinsen und **Zinseszinsen**[407] dem Mieter **schadensersatzpflichtig.** Dieser Anspruch des Mieters wird in den meisten Fällen erst nach Beendigung des Mietverhältnisses und Fälligkeit des Anspruches auf Abrechnung/Rückzahlung der Kaution geltend gemacht werden.[408] Die Verpflichtung des Vermieter, die vom Mieter als Kaution geleistete Geldsumme anzulegen, besteht aber bereits mit Übergabe der Geldsumme. Bereits ab diesem Zeitpunkt besteht ein **Auskunftsanspruch** des Mieters[409] und Anspruch auf Erfüllung dieser Anlageverpflichtung.[410]

212 Verklagt der Mieter den Vermieter, den bereits vor längerer Zeit geleisteten Kautionsbetrag auch tatsächlich anzulegen, steht ihm für den bereits abgelaufenen Zeitraum der Nichtanlage bereits ein Schadensersatzanspruch zu.

5. Rückzahlung der Kaution

213 Eine Klage auf Rückzahlung einer **Kautionssumme** kann der Mieter nur erheben, wenn er (beweisbar) eine **Barkaution**[411] geleistet hat. Bei Sicherheitsleistung durch ein **Sparbuch** hat der Mieter nur einen Anspruch auf dessen **Herausgabe** und gegebe-

---

[402] BGH ZMR 2003, 408; AG Berlin-Schalottenburg NZM 1999, 22.
[403] *Blank* in *Schmidt-Futterer* § 577 BGB Rdn. 43.
[404] AG Hamburg WuM 1996, 477, 478; Langhein DNotZ 1993, 650, 665; *Blank/Börstinghaus* § 577 BGB Rdn. 74; s. aber BGH NJW-RR 2005, 1534: Schaden des Mieters ist Differenz zwischen auf die Wohnung entfallendem Teil eines Gesamtkaufpreises und Wert der Wohnung.
[405] *Blank/Börstinghaus* a. a. O.
[406] Siehe zur Verpflichtung des Mieters zur Leistung einer Kaution vorstehend in diesem Kapitel I. 1.
[407] *Weidenkaff* in *Palandt* § 551 BGB Rdn. 13 m. w. N.
[408] Nachstehend Ziffer 5.
[409] Siehe dazu Kapitel 8 Rdn. 4.
[410] Siehe dazu in diesem Kapitel Rdn. 210.
[411] Siehe dazu in diesem Kapitel I. 1. Rdn. 7.

nenfalls auf **Freigabe** des **Pfandes**,⁴¹² bei Sicherheit durch **Bürgschaft** auf **Herausgabe** der **Bürgschaftsurkunde** an den **Bürgen**.⁴¹³

Hat z.B. die **Bank** selbstschuldnerisch gebürgt und dem Vermieter aufgrund dessen Aufforderung die Kautionssumme **ausbezahlt,** ist der Mieter nicht aktivlegitimiert für eine Rückzahlungsklage,⁴¹⁴ es sei denn der Mieter lässt sich den **Rückzahlungsanspruch** der Bank **abtreten**. **214**

Nach allgemeiner Meinung ist der Vermieter auch nach Beendigung des Mietverhältnisses mangels **anderweitiger** Vereinbarung erst innerhalb **angemessener Frist** verpflichtet, über die vom Mieter bei Beginn oder während des Mietverhältnisses gezahlte Kaution **abzurechnen**. 3 bis 6 Monate werden dabei nach allgemeiner Meinung als **angemessene Frist** betrachtet.⁴¹⁵ Zwar erwirbt der Mieter bereits mit Leistung der Kaution einen **aufschiebend bedingten Anspruch** auf Rückgewähr der Sicherheit.⁴¹⁶ Der Rückzahlungsanspruch wird aber nach allgemeiner Meinung erst **fällig** wenn der Vermieter übersehen kann, ob er zu Befriedigung seiner Ansprüche auf die Kaution rückgreifen muss. **215**

Dabei genügt nicht ein **Zurückbehaltungsrecht** des Vermieters. Er muss zur **Aufrechnung** berechtigt sein. Dies hat zur Folge, dass der Vermieter z.B. nach Beendigung eines Mietverhältnisses und Rückgabe der Mietsache den Mieter möglichst bald zur Durchführung geschuldeter Schönheitsreparaturen in der notwendigen Form⁴¹⁷ auffordern und mit dieser Aufforderung oder spätestens nach Ablauf gesetzter Frist **Schadensersatz** fordern sollte.⁴¹⁸ Nach **h.M.** kann der Vermieter einen angemessenen Teil der Kaution aber über den vorgenannten, üblichen Abrechnungszeitraum hinaus **zurückbehalten,** wenn zu seinen Gunsten ein Nachzahlungsanspruch für noch **nicht fällige Betriebskosten** zu erwarten ist.⁴¹⁹ Dieses Zurückbehaltungsrecht steht dem Vermieter nicht mehr zu, wenn die **Abrechnungsfrist** nach § 566 Abs. 3 Satz 2 BGB abgelaufen ist.⁴²⁰ **216**

Der **Inhalt der Kautionsabrechnung** muss **§ 259 BGB** entsprechen. Eventuelle Gegenforderungen müssen also nachvollziehbar nach Grund und Höhe dargelegt werden. **217**

Ist der Vermieter einer außergerichtlichen Aufforderung des Mieters, über die Kaution ordnungsgemäß abzurechnen, nicht nachgekommen, klagt der Mieter daraufhin **218**

---

⁴¹² LG Berlin GE 2002, 596.

⁴¹³ BGH NJW 1986, 2108; BGH NJW 1989, 1482; OLG Celle ZMR 2002, 813.

⁴¹⁴ LG München I, Urteil vom 24. 4. 1996, Az. 15 S 21136/95 (unveröffentlicht).

⁴¹⁵ *Weidenkaff* in *Palandt* § 551 BGB Rdn. 15; *Blank* in *Schmidt-Futterer* § 551 BGB Rdn. 73 mit Hinweisen auf Abweichungen zur o.g. Regelfrist; OLG Köln ZMR 1998, 345 (2,5 Monate); LG Berlin GE 1997, 1473 (3 Monate); OLG Düsseldorf WuM 2000, 212 (6 Monate); BGHZ 101, 244, 251 (im Einzelfall länger als 6 Monate).

⁴¹⁶ BGHZ 1984, 345, WuM 1982, 240; *Sternel* Rdn. III. 253; zum notwendigen Nachweis der Übergabe einer Mietkaution an den Erwerber bei Altmietverträgen s. BGH NJW 2005, 3494, NZM 2005, 907.

⁴¹⁷ Siehe dazu in diesem Kapitel I Rdn. 10.

⁴¹⁸ S. a. *Blank* in *Schmidt-Futterer* § 551 BGB Rdn. 71.

⁴¹⁹ OLG Karlsruhe WuM 1987, 156; OLG Hamburg DWW 1988, 42, NJW-RR 1988, 651; OLG Düsseldorf GE 2000, 342, 343; LG Regensburg NJW-RR 1995, 907, AG Köln WuM 1988, 267; AG Langen WuM 1996, 31; *Schulz* DWW 1986, 170; *v. Martius* in *Bub/Treier* Rdn. III. 770 (es müssen zumindest Anhaltspunkte für eine Betriebskostennachzahlung vorliegen); *Sternel* Rdn. III. 256 (Beschränkung auf Betriebskostennachforderungen auf dreifachen Vorauszahlungsbetrag); a. A. LG Darmstadt WM 1987, 273; AG Offenbach WuM 1986, 117; AG Regensburg NJW-RR 1995, 114; *Goetzmann* ZMR 2002, 566, 568; *Blank* in *Schmidt-Futterer* § 551 BGB Rdn. 75 (sofortige Abrechnungspflicht über nur fällige Gegenansprüche; anders nur bei vertraglicher Vereinbarung).

⁴²⁰ OLG Düsseldorf ZMR 2002, 37.

die volle Kautionssumme ein und erteilt der **Vermieter** erst im Verlauf des **Prozesses** eine **ordnungsgemäße Abrechnung** (und **rechnet** dann erst **auf**), so gilt folgendes:

219 Anerkennt der Mieter die verspätete Abrechnung und Aufrechnung des Vermieters, wird er den Rechtsstreit ganz oder teilweise für **erledigt erklären.** Die Entscheidung über die **Verfahrenskosten** (§ 91a ZPO) wird dann davon abhängen, ob der Vermieter eine Obliegenheit z.B. zur beschleunigten Schadensermittlung und rechtzeitigen Abrechnung der Betriebskosten verletzt hat.[421] Ist dies der Fall, wird der Vermieter die Kosten zu tragen haben. Eine **Aufrechnungslage** (§ 399 BGB) war hier vor Klageerhebung noch nicht entstanden.

220 Bei ansonsten nur objektiv verspäteter Abrechnung/Aufrechnung sind die Auffassungen geteilt. Nach einer Meinung hat schon die vor Klageerhebung des Mieters bestehende **Aufrechnungslage genügt.** Damit entfällt **rückwirkend** die Klageforderung des Mieters. Bei dessen Erledigungserklärung sind ihm daher die Kosten des Rechtsstreits aufzuerlegen.[422] Nach anderer Meinung ist nicht die Aufrechnungslage entscheidend, sondern die **Aufrechnungserklärung.** Erst letztere beseitige die Klageforderung wirksam. Nach dieser Auffassung trägt der Mieter die Kosten des Verfahrens dann nur, wenn der Vermieter bereits vorgerichtlich (und noch innerhalb der Verjährungsfrist) Aufrechnung erklärt hat. War dagegen der Vermieter mit der Rückzahlung der Kaution in Verzug gesetzt worden, ohne dass er eine Aufrechnungserklärung abgegeben hat, trägt der Vermieter die Kosten des Verfahrens.[423]

221 Der Vermieter kann nicht mehr gegen die Kautionsrückzahlungsanspruch des Mieters aufrechnen, wenn seine Gegenforderung **bereits** zum **Zeitpunkt** der **Erfüllbarkeit verjährt** war.[424] Ansonsten kann der Vermieter auch noch im Prozess mit **verjährten Gegenforderungen** aufrechnen.[425]

222 Rechnet der Vermieter mit **mehreren Gegenforderungen** auf, muss die **Tilgungsreihenfolge** ersichtlich sein. Droht **Verjährung** z.B. von Schadensersatzforderungen (z.B. § 548 BGB), wird der Vermieter zunächst mit Schadensersatzansprüchen und dann z.B. erst mit Mietansprüchen aufrechnen. Auch eine **Hilfsaufrechnung** sollte vorgenommen und detailliert nachvollziehbar sein.[426] Klagt der Vermieter nach und unter Verrechnung des Kautionsrückzahlungsanspruches ihm zustehende Restforderungen ein, muss er das **Verbot der unzulässigen Saldierung** beachten,[427] also eindeutig darlegen, welche seiner Gegenansprüche in welcher Tilgungsreihenfolge bereits gegen den Kautionsrückzahlungsanspruch des Mieter verrechnet sind und welche darüber hinausgehenden Restansprüche, insbesondere Teilbeträge hieraus, er mit der Klage noch geltend macht.

223 Ist dem Mieter unbekannt, welche Zinsen (und Zinseszinsen[428]) angefallen sind, kann er statt einer sofortigen Leistungsklage auch zunächst **Stufenklage** mit Auskunft über die Höhe der Kaution inkl. Zinsen erheben.[429] Hat der Vermieter seine Verpflichtung, die Kautionssumme verzinslich anzulegen, nicht erfüllt, steht dem Mieter außer dem

---

[421] *Blank* in *Schmidt-Futterer* § 551 BGB Rdn. 77.
[422] *Vollkommer* in *Zöller* § 91a ZPO Rdn. 58 „Aufrechnung" unter Hinweis auf OLG Hamm MDR 2000, 296, OLGR 2000, 100 und OLG Köln OLGR 1994, 140; LG Berlin ZMR 1989, 98.
[423] BGH MDR 2003, 1493; OLG Düsseldorf MDR 2000, 540; *Schneider* MDR 2000, 507 m.w.N.
[424] OLG Düsseldorf ZMR 2002, 658; vgl. auch § 215 BGB und dazu *Heinrichs* in *Palandt* § 215 BGB Rdn. 1.
[425] *Weidenkaff* a.a.O.; BHG NJW 1987, 2372, WuM 1987, 310, ZMR 1987, 412.
[426] *Blank* in *Schmidt-Futterer* § 551 BGB Rdn. 75.
[427] Siehe dazu in diesem Kapitel I. 2. Rdn. 21.
[428] Siehe dazu vorstehend in diesem Kapitel II. 4. d) Rdn. 210.
[429] Siehe dazu Kapitel 8 Rdn. 4.

II. Klagen des Mieters

Rückzahlungsanspruch der Kaution (als bedingtem, fälligem vertraglichem Anspruch) auch ein **Schadensersatzanspruch** hinsichtlich (fiktiver) schuldhaft nicht vereinnahmter und damit nicht angewachsener Zinsen und Zinseszinsen zu.[430]

Hat der Vermieter einen **Titel auf Zahlung der Kaution** erwirkt und endet dann 224 das Mietverhältnis vor Durchführung der Zwangsvollstreckung, kann der Mieter **Vollstreckungsgegenklage** erheben, wenn der Vermieter **nach Ablauf der Abrechnungsfrist (§ 556 Abs. 3 Satz 2 BGB) vollstreckt,** ohne eine Abrechnung vorgelegt zu haben.[431]

Zum Anspruch des Mieters auf Rückzahlung der Kaution gegen den **Zwangsver-** 225 **walter** s. Kapitel 1, II. 7., bei **Vermieterwechsel** s. Kapitel 1 II. 4.

6. Auf Rückzahlung einer Mietvorauszahlung (§ 547 BGB)

Für die Erstattungspflicht des Vermieters nach § 547 Abs. 1 BGB ist unerheblich, aus 226 welchem **Gründen** das **Mietverhältnis beendet** wurde.[432] Auch wenn der Vermieter in **Vermögensverfall** gerät, scheidet aber ein Anspruch auf Rückerstattung der Mietvorauszahlungen **vor Vertragsende** aus.[433]

Eine **Mietvorauszahlung** liegt nach allgemeiner Meinung sowohl vor bei einer 227 Mietzahlung aufgrund einer Vorfälligkeitsregelung für den Rest des Monats nach Beendigung eines Mietverhältnisses als auch bei einem **abwohnbaren Baukostenzuschuss** und einem **Mieterdarlehen,** wenn dessen Tilgung durch Verrechnung mit der Miete erfolgen soll, nicht dagegen bei einem **verlorenen Baukostenzuschuss.**[434] Für den **verlorenen Baukostenzuschuss** bei **Wohnraum** bestehen **Sondervorschriften** in Art. VI des Gesetzes zur Änderung des II. WoBauG, die eine Rückerstattung derartiger Zuschüsse abschließend regeln.[435]

Nach § 547 Abs. 1 Satz 2 BGB ist bei der **Haftung** des Vermieters für nicht abge- 228 wohnte Mietvorauszahlungen zu unterscheiden, ob der **Vermieter** die **Beendigung** des Mietverhältnisses **zu vertreten** oder **nicht zu vertreten** hat. Dabei genügt es für **vertreten müssen,** dass **der Umstand/das Verhalten dem Vermieter zugerechnet** werden muss.[436]

Nicht zu vertreten hat danach ein Vermieter, wenn das Mietverhältnis durch 229 **Zeitablauf, fristlose Kündigung,** deren **Gründe** dem **Mieter zuzurechnen** sind, oder durch Kündigung wegen des **Insolvenzverfahrens** über das Vermögen des Mieters (§ 109 Abs. 1 InsO) beendet wird, oder bei Beendigung des Mietvertrages wegen **Nicht-Ausübung** einer Option oder wegen **Kündigung des Erstehers** in der **Zwangsversteigerung** oder wegen **Todes** des Mieters eintritt.[437] **Zu vertreten** hat der **Vermieter** Kündigungen durch den Mieter nach §§ 543 Abs. 1, Abs. 2 Nr. 1, 569 Abs. 1, Abs. 2 BGB). Dies gilt auch dann, wenn den Mieter ein **Mitverschulden** an der Vertragsbeendigung trifft.[438] Bei einer ordentlichen Kündigung des Mieters inner-

---

[430] Vgl. dazu bereits vorstehend in diesem Kapitel II. 4. d) Rdn. 210.
[431] LG Nürnberg-Fürth WuM 1994, 708 a.A. OLG Düsseldorf ZMR 1996, 493 (Abrechnungspflicht des Vermieters erst nach vereinnahmter Kaution).
[432] *Weidenkaff* in *Palandt* § 547 BGB Rdn. 4 m.w.N.; *Blank/Börstinghaus* § 547 BGB Rdn. 2; *Gather* in *Schmidt-Futterer* § 547 BGB Rdn. 6.
[433] *Gather* in *Schmidt-Futterer* § 547 BGB Rdn. 7.
[434] *Blank/Börstinghaus* § 547 BGB Rdn. 4ff. mit zahlreichen Nachweisen; *Gather* in *Schmidt-Futterer* § 547 BGB Rdn. 13ff.
[435] Siehe dazu *Gather* in *Schmidt-Futterer* § 547 BGB Rdn. 16.
[436] *Gather* in *Schmidt-Futterer* § 547 BGB Rdn. 24 m.w.N.
[437] Jeweils mit zahlreichen Nachweisen: *Gather* in *Schmidt-Futterer* § 547 BGB Rdn. 28; *Blank/Börstinghaus* § 547 BGB Rdn. 16, 18.
[438] LG Mönchengladbach WuM 1989, 78.

halb eines unbefristeten Mietverhältnisses reicht es auch, wenn sie durch eine **nicht unerhebliche Vertragsverletzung des Vermieters** verursacht worden ist.[439]

230 Der Vermieter hat die Beendigung auch **zu vertreten,** wenn er seine ordentliche Kündigung auf **Eigenbedarf** (§ 543 Abs. 2 Nr. 2 BGB) oder **Hinderung angemessener wirtschaftlicher Verwertung** (§ 573 Abs. 2 Nr. 3 BGB) stützt oder nach § 573a BGB (Einliegerwohnung) kündigt.[440] Auch zu vertreten hat der Vermieter, wenn er dem Mieter Grund für die Ausübung eines **Sonderkündigungsrechtes** (Modernisierung, § 554 Abs. 3 Satz 2 BGB, oder Verweigerung der Erlaubnis zur Untervermietung, § 540 Abs. 1 Satz 2 BGB) gegeben hat.[441] Ob bei Abschluss eines **Aufhebungsvertrages** der Vermieter die (vorzeitige) Beendigung des Mietverhältnisses zu vertreten hat, ist streitig. Nach einer Auffassung hat dies der Vermieter nie zu vertreten.[442] Eine andere Meinung lässt es darauf ankommen, wer den Anlass zur Vertragsaufhebung gegeben hat.[443]

231 Die Unterscheidung ist deswegen von Bedeutung, weil der Vermieter nach § 547 Abs. 1 Satz 2 BGB **nur nach den Vorschriften über die Herausgabe einer ungerechtfertigten Bereicherung,** nach § 547 Abs. 1 Satz 1 BGB nach **Rücktrittsrecht** haftet.

232 Die Haftung nach Rücktrittsrecht ist also für den Mieter günstiger, da sich der Vermieter in diesem Falle nicht auf den **Wegfall der Bereicherung** (§ 818 Abs. 3 BGB) berufen kann.[444] In diesem Fall hat der Vermieter den zurückzuzahlenden Geldbetrag auch nur zu verzinsen, wenn er ihn **verzinslich angelegt** hat (§ 818 Abs. 1 BGB).[445] Nach der gesetzlichen Regelung ist die Rückzahlung nach Bereicherungsgrundsätzen die Ausnahme. Dies bedeutet für die **Beweislast,** dass der Vermieter die tatsächlichen Voraussetzungen für eine Rückzahlung (nur) nach Bereicherungsgrundsätzen darlegen und beweisen muss, wenn der Mieter den für ihn günstigeren Rückerstattungsanspruch nach § 547 Abs. 1 Satz 1 BGB geltend macht.[446] Dann beginnt eine Verzinsungspflicht des Vermieters (siehe oben) erst mit dem Ende des Mietverhältnisses.

233 Auf eine vereinbarte **Abdingbarkeit** kann sich der Vermieter nicht bei **Wohnraum** (§ 547 Abs. 2 BGB), ansonsten bei allen anderen Mietverhältnissen berufen.[447] Bei **Gewerberaummiete** werden **formularmäßige,** abweichende Vereinbarungen, wie stets, an § 307 BGB und evtl. § 309 Nr. 6 BGB gemessen werden. Individualvereinbarungen unterliegen, wie stets, den Grenzen nach § 138 Abs. 1 BGB.

234 Grundsätzlich ist die Person zur Rückerstattung der Miete verpflichtet, die zum Zeitpunkt der Beendigung des Mietverhältnisses Vermieter ist.[448] Im Falle der **Sonderrechtsnachfolge** (§ 566 BGB) ist § 566c BGB zu beachten, die auch für den Erwerb in der **Zwangsversteigerung** gilt.[449] Ist in einem Mietvertrag wegen der Mietvorauszahlung eine **Nachfolgerklausel** zugunsten des Mieters vereinbart und ein

---

[439] *Blank/Börstinghaus* § 547 BGB Rdn. 17; *Gather* in *Schmidt-Futterer* § 547 BGB Rdn. 25.

[440] *Gather* in *Schmidt-Futterer* § 547 BGB Rdn. 26 unter Hinweis auf *Scheuer* in *Bub/Treier* V. Rdn. 332.

[441] *Gather* in *Schmidt-Futterer* § 547 BGB Rdn. 26; *Scheuer* in *Bub/Treier* V. Rdn. 332; a. A. *Blank/Börstinghaus* § 547 BGB Rdn. 16 (wegen des engeren Begriffes des „Vertretenmüssens").

[442] *Blank/Börstinghaus* § 547 BGB Rdn. 16.

[443] *Scheuer* in *Bub/Treier* V. B Rdn. 331; *Schilling* in *MünchKomm* § 547 BGB Rdn. 7.

[444] *Gather* in *Schmidt-Futterer* § 547 BGB Rdn. 32; *Sternel* III. Rdn. 173; *Scheuer* in *Bub/Treier* V. B Rdn. 337.

[445] Wie Fn. 149.

[446] *Blank/Börstinghaus* § 547 BGB Rdn. 19; *Sternel* Rdn. III. 169.

[447] *Blank/Börstinghaus* § 547 BGB Rdn. 22.

[448] LG Berlin GE 1991, 1035; *Gather* in *Schmidt-Futterer* § 547 BGB Rdn. 34; *Schilling* in *MünchKomm* § 547 BGB Rdn. 7.

[449] BGHZ 53, 35, 38.

II. Klagen des Mieters   235–240   9. Kap.

Mieterwechsel eingetreten, so ist zu unterscheiden: Hat der neue Mieter den Vormieter wegen der Vorauszahlung abgefunden, kann der (Nach-) Mieter den noch nicht abgewohnten Teil der Vorauszahlung bei Beendigung des Mietverhältnisses zurückverlangen.[450] Ist zwischen den Mietern kein Ausgleich **erfolgt,** kann der ausscheidende Mieter die Vorauszahlung vom Vermieter zurückverlangen.[451]

Neben § 547 BGB können dem Mieter **Schadensersatzansprüche** zustehen. Ist 235 eine Vorauszahlung nach §§ 566b, 566c gegenüber dem Erwerber, dem nach § 567 BGB dinglich Berechtigten, dem nach § 1056 oder § 30 ErbbauVO eingetretenen Grundstückseigentümer oder dem Nacherben (§ 2135 BGB) unwirksam, kann der frühere Vermieter nach § 280 BGB **neben § 547 BGB** zum **Schadensersatz** verpflichtet sein.[452]

7. Bereicherungsansprüche des Mieters

Im Streitfall muss der Mieter hierzu darlegen und beweisen, dass er eine **Leistung** 236 **erbracht** hat, die weder **wirksam vereinbart** war noch **eine gesetzliche Grundlage** hat.

Hauptsächliche Beispielfälle sind:

- Entsprechend mietvertraglicher Vereinbarung bezahlt der Mieter zusätzlich zur 237 Miete **Umsatzsteuer.** Nachträglich stellt sich heraus, dass der Vermieter **nicht** für die Umsatzsteuer **optiert** oder gegen **§ 14 UStG (Rechnungsstellung)** verstoßen hat.[453]
- Wenn durch **Maßnahmen** des Mieters der Verkehrs- oder der Mietwert des 238 Grundstücks erhöht worden ist oder der Vermieter die verbesserte Sache vorzeitig zurückerhält und sie zu einem höheren Mietzins weitervermieten kann, scheidet zwar ein Ersatzanspruch nach § 539 Abs. 1 BGB aus. Dem Mieter können aber unter Umständen Ansprüche aus ungerechtfertigter Bereicherung zustehen.[454] Dann ist die Höhe des Bereicherungsanspruches allerdings nicht identisch mit der Höhe der Aufwendungen des Mieters, sondern besteht allenfalls im höheren Verkehrswert des Grundstücks oder im höheren, erzielbaren Mietzins.[455]
- Der Mieter zahlt aufgrund unwirksamer Vereinbarung eine **überhöhte Miete** oder 239 aufgrund einer Betriebskostenabrechnung Nachzahlungen auf Betriebskosten, obwohl die Parteien im Mietvertrag eine **Betriebskostenpauschale** vereinbart habe.[456] Hat der Vermieter über eine Umlagevereinbarung hinaus zu viel an Betriebskosten abgerechnet und der Mieter dies bezahlt, liegt im **vorbehaltslosem Ausgleich** einer **Betriebskostenabrechnung** zugleich eine Vereinbarung der Einigkeit über Ergebnis und Modalitäten der Abrechnung. Dann besteht kein Bereicherungsanspruch.[457]
- Bezahlt der Mieter eine **Kaution,** die entweder überhaupt nicht oder entgegen 240 § 551 Abs. 1 BGB der Höhe nach unwirksam vereinbart ist, steht ihm ein Rück-

---

[450] BGH NJW 1966, 1705, 1707; *Gather* in *Schmidt-Futterer* § 547 BGB Rdn. 33.
[451] *Gather* in *Schmidt-Futterer* a. a. O.; *Sternel* Rdn. III. 178.
[452] BGH NJW 1966, 1703.
[453] BGH NZM 2004, 785; OLG München ZMR 1996, 487; zur Schadensersatzpflicht des Vermieters, wenn dieser die Umsatzsteuer nicht an das Finanzamt abführt und der Mieter dadurch den Vorsteuerabzug verliert, s. OLG Hamm ZMR 2003, 925.
[454] BGH ZMR 2001, 881.
[455] BGH NJWE-MietR 1996, 33; BGH NZM 1999, 19, 20; OLG Frankfurt ZMR 1986, 358; LG Berlin GE 1997, 431; OLG Rostock NZM 2005, 666.
[456] OLG Koblenz NZM 2002, 436.
[457] OLG Hamburg WuM 1991, 598; AG Aachen WuM 1994, 436; AG Schöneberg GE 1997, 51; *Klas* WuM 1994, 595.

zahlungsanspruch in voller Höhe bzw. des über die gesetzliche Höchstgrenze hinausgehenden Teiles zu.

241 – Zahlt der Mieter zur Erledigung eines Räumungsrechtsstreits (§ 569 Abs. 3 Nr. 2 BGB) **geminderte Mietbeträge unter Vorbehalt** nach, steht ihm anschließend ein Bereicherungsanspruch zu. Gleiches gilt, wenn der Mieter gewerblicher Mietflächen wegen einer entsprechenden Klausel im Mietvertrag gehindert ist, Minderungsbeträge vor einer gerichtlichen Entscheidung über die Minderungsberechtigung von der Miete abzuziehen.

242 – Erbringt der Mieter während des Mietverhältnisses oder nach dessen Beendigung **Schönheitsreparaturen,** obwohl er dazu nach den vertraglichen Vereinbarungen zwischen den Parteien (wirksam) nicht verpflichtet ist, kann sich ebenfalls ein Bereicherungsanspruch ergeben. Dabei ist zu beachten: Die Herausgabe der Bereicherung (Renovierung des Mietobjektes) selbst ist nicht möglich. Der Vermieter hat deswegen nach § 818 Abs. 2 BGB **Wertersatz** zu leisten, wobei der **objektive Wert** zu ersetzen ist.[458] Dabei besteht die Wertsteigerung wiederum grundsätzlich **nicht** in den **Kosten,** die der Mieter für die Maßnahme **aufgewendet** hat. Es kommt nur ein Ausgleich des hierdurch eingetretenen **höheren Ertragswertes** des Mietobjektes in Betracht, also die bei Neuvermietungen erzielbaren, **höheren Mieteinnahmen.**[459] Dabei kommt es auf den **objektiven** Wert der Räume und deren Ertragswert an, unabhängig davon, ob der Vermieter zu gleicher oder niedrigerer Miete weitervermietet hat.[460] Ein höherer, mit dem Nachmieter vereinbarter Mietzins gibt andererseits einen Maßstab für die Höhe des Wertzuwachses, sofern und soweit er nachweislich auf der vom Mieter durchgeführten Verbesserung beruht.[461] Ist dem Vermieter dagegen die Neuvermietung nur zu **gleichem Mietzins** möglich, ist er **nicht bereichert.**[462]

243 – Da es beim Bereicherungsanspruch aber in besonderem Maße auf die Grundsätze von Treu und Glauben gemäß § 242 BGB ankomme, gibt eine Meinung auf dieser Anspruchsgrundlage trotzdem eine Ausgleichspflicht.[463] Will man sich dieser Auffassung nicht anschließen, kann sich bei durchgeführten, aber nicht geschuldeten Schönheitsreparaturen allenfalls ein **Schadensersatzanspruch** des Mieters bei **Verschulden** des Vermieters ergeben. Dieses kann bereits in **der Verwendung** gängiger **Vertragsformulare** mit unwirksamen Verpflichtungen zur Schönheitsreparatur liegen.[464] Ebenso kann sich ein Schadensersatzanspruch des Mieters auf Ersatz seiner notwendigen Renovierungskosten daraus ergeben, dass der Vermieter an seinem rechtswidrigem Verlangen nach einer umfassenden Durchführung von Schönheitsreparaturen festhält, obwohl der Mieter dagegen (berechtigte) Einwände erhoben hat.[465]

244 – Zahlungen an den Vermieter mit **„Schmiergeldcharakter"** verstoßen gegen die guten Sitten, sind deshalb unwirksam und ebenfalls nach Bereicherungsgrundsätzen

---

[458] BGHZ 82, 299, 307.
[459] BGH NJW 1967, 2555; BGH NJW 1990, 1789; BGH NZM 1999, 19, ZMR 1999, 43; a. A. LG Freiburg (Kostenersatz) MietRB 2004, 164; *Börstinghaus* WuM 2005, 677.
[460] BGH NJW 1967, 2555; BGH NJW 1990, 1789; BGH NZM 1999, 19, ZMR 1999, 43; OLG Karlsruhe NJW-RR 1986, 1394; OLG München NJW-RR 1997, 650, ZMR 1997, 326; OLG Hamburg MDR 1974, 584.
[461] BGH NJW 1985, 313, 315.
[462] BGH NJW 1972, 2224, 2226; OLG Karlsruhe ZMR 1974, 47.
[463] *Langenberg* in *Schmidt-Futterer* § 538 BGB Rdn. 207 unter Hinweis auf BGH BGHZ 111, 308, 312.
[464] LG Stuttgart WuM 1986, 370.
[465] *Langenberg* in *Schmidt-Futterer* § 538 BGB Rdn. 208.

III. Zahlungsklagen Dritter gegen den Vermieter

zurückzufordern.[466] Bei „Vertragsabschlussgebühren" kann ein Verstoß gegen § 2 Abs. 2 Nr. 2 des **Wohnungsvermittlungsgesetzes** vorliegen.[467]

Bereits oben[468] wurde erörtert, unter welchen Voraussetzungen dem Mieter für getätigte Aufwendungen ein Ersatzanspruch nach § 536a Abs. 2 BGB oder nach § 539 Abs. 1 BGB zusteht. **Kleinere Reparaturarbeiten**, die vorgenommen worden sind, ohne dass die Voraussetzungen der §§ 536a Abs. 2, 539 Abs. 1 BGB vorliegen, führen darüber hinaus schon deswegen nicht zu einem Bereicherungsanspruch, weil ein dadurch entstandener, objektiver Mehrwert der Wohnung nicht darzustellen ist.

Kann der Vermieter aufgrund gesetzlicher (§§ 258, 1004 BGB) oder vertraglicher Regelung vom Mieter verlangen, dass dieser eine während der Mietzeit angebrachte **Einrichtung** entfernt, kann der Vermieter einem auf Ersatz der Einrichtungskosten gerichteten Bereicherungsanspruch diesen Beseitigungsanspruch entgegensetzen. Ist kein Beseitigungsanspruch gegeben, kann sich der Vermieter vom Bereicherungsanspruch des Mieters dadurch befreien, dass er die Einrichtung zurückgibt (§ 1001 Satz 2 BGB analog).[469] Eine **Verpflichtung** des Vermieters zur **Übernahme** von **Einrichtungen** besteht dagegen nur, wenn dies vertraglich vereinbart ist.[470] Eine „aufgedrängte Bereicherung" muss der Vermieter also nicht hinnehmen. Ist der **Wegnahmeanspruch** (§ 539 BGB) des Mieters **verjährt**, stehen ihm auch keine Bereicherungsansprüche mehr zu.[471]

III. Klagen Dritter gegen den Vermieter

Der Vermieter haftet auch, wenn die **Rechtsgüter** von Personen verletzt werden, die in den **Schutzbereich des Mietvertrages** einbezogen sind. Zu diesen Personen gehören auch diejenigen, von denen bei Vertragsabschluss angenommen werden muss, dass der Mieter ihnen denselben Schutz zukommen lassen will, wie er ihm selbst im Rahmen des Vertrages zusteht.[472] Dazu gehören also bei der Wohnungsmiete alle in der Wohnung lebenden **Angehörigen** des Mieters (soweit sich diese dort rechtmäßig aufhalten) oder **Besucher**. Bei Gewerberäumen umfasst dieser Schutzbereich die **Angestellten** und **Kunden** des Mieters.[473]

Der in den Schutzbereich des Mietvertrages einbezogene Dritte kann daher **eigene vertragliche Ansprüche** gegenüber dem Vermieter geltend machen. Darüber hinaus stehen ihm **Schadensersatzansprüche** bei schuldhafter Verletzung seiner Rechtsgüter im selben Umfang zu wie dem Mieter. Für alle Ansprüche des Dritten und deren Umfang gelten daher die **gleichen Voraussetzungen** wie bei den **Ansprüchen des Mieters**.

Könnte ein Mieter nach § 536a Abs. 1 BGB Schadensersatz wegen eines **Mangels** der Mietsache fordern, da Geschäftseinrichtung oder Warenvorräte beschädigt wurden, steht dieser Anspruch auch Personen zu, die an dieser Einrichtung oder an diesen Waren **Sicherungseigentum** oder **Vorbehaltseigentum** haben, außer diese Gegenstän-

---

[466] LG Berlin MM 1985, 232; AG Neuss WuM 1997, 352.
[467] AG Hamburg-Wandsbek WuM 2005, 47 („Vertragsausfertigungsgebühr"); AG Frankfurt WuM 1984, 77; unwirksame Vereinbarungen nach § 4a Abs. 1 Satz 1 Wohnungsvermittlungsgesetz, die dem **Wohnungssuchenden** einen Bereicherungsanspruch geben, werden hier nicht behandelt, s. Kapitel 14 Rdn. 17.
[468] Siehe dieses Kapitel II.
[469] *Blank/Börstinghaus* § 539 BGB Rdn. 9.
[470] OLG München ZMR 1997, 235.
[471] OLG Düsseldorf ZMR 2004, 257, 258.
[472] BGHZ 49, 350.
[473] BGH NJW 1973, 2059.

de wurden im Verhältnis zum Vermieter unberechtigterweise in die Mieträume verbracht.[474]

250 Die **Untermieter** sind dagegen sowohl bei der Geschäftsraummiete als auch bei der Wohnraummiete **nicht** in den Schutzbereich des (Haupt-) Mietvertrages einbezogen.[475] Schutzpflichten von **Mietern untereinander** bestehen nicht.[476]

---

[474] BGHZ 49, 350.
[475] BGHZ 70, 327.
[476] BGH NJW 1969, 41, MDR 1969, 135, OLG Celle VersR 1984, 1075.

10. Kapitel. Urkundenprozess

Übersicht

	Rdn.		Rdn.
I. Mietzahlung	1–6	II. Zukünftige Mieten/Nutzungsentschädigung	7
1. Wohnraummietverhältnisse	2–5		
2. Gewerbliche Mietverhältnisse	6	III. Sonstige Ansprüche	8–10

I. Mietzahlung

Der Urkundenprozess ermöglicht es dem Vermieter, in einem beschleunigten Verfahren z.B. Ansprüche auf Zahlung der Miete geltend zu machen (§§ 592 ff. ZPO). Hierbei muss der Kläger sämtliche zur Begründung des Anspruches erforderlichen Tatsachen durch die Vorlage von Urkunden beweisen können. Will der Vermieter daher eine bestimmte, nicht erhaltene Miete einklagen, muss er sowohl die Aktiv- als auch die Passivlegitimation anhand des Mietvertrages nachweisen, sowie die Höhe der Miete, die sich in der Regel ebenfalls aus dem Mietvertrag ergibt. Sollte eine nachträgliche Änderung eingetreten sein, ist diese durch Urkunden zu belegen. Die Fälligkeit der Miete ergibt sich entweder aus dem Mietvertrag oder aus dem Gesetz. 1

1. Wohnraummietverhältnisse

Liegt ein Mangel der Mietsache vor und mindert der Mieter die Miete, ist der Vermieter berechtigt, den geminderten Betrag im Wege des Urkundenprozesses geltend zu machen.[1] 2

Die Mietminderung stellt kein **Gestaltungsrecht** dar.[2] Es bedarf weder einer Erklärung noch einer Handlung des Mieters, um sie eintreten zu lassen. Vielmehr wird die Miete kraft Gesetzes gemindert. Mit dem Verbot einer für den Mieter nachteiligen Regelung des Minderungsrechts (§ 536 Abs. 4 BGB) will der Gesetzgeber eine rasche Anpassung der Miete an den mangelhaften Zustand des Mietobjektes gewährleisten.[3] Diese Absicht würde – so die bisherige h. M. zur Statthaftigkeit von Urkundenprozessen bei Wohnraum – durch den Urkundenprozess unterlaufen, da zunächst ein Vorbehaltsurteil erginge, nachdem in aller Regel die erhebliche Beeinträchtigung der Gebrauchstauglichkeit nicht durch die in dieser Prozessart zugelassenen Beweismittel nachgewiesen werden kann. Erst im Nachverfahren fände ein entsprechender Vortrag Gehör. Dann aber existierte bereits ein Vorbehaltsurteil, aus dem der Vermieter vollstrecken kann. Im Hinblick auf §§ 536 Abs. 4, 556b Abs. 2 BGB würde hierdurch die zwingende, soziale Schutzfunktion des Mietrechts unterlaufen.[4] Der Mieter könne sich gegen die Zwangsvollstreckung nur durch die Einlegung einer Berufung sowie eine entsprechende Sicherheitsleistung schützen.[5] Gerade das Schutzbedürfnis eines sozial 3

---

[1] BGH WuM 2005, 526 ff.; NZM 2005, 661 ff.; *Kinne* in *Kinne/Schach/Bieber* Teil II Rdn. 193.
[2] *Eisenschmid* in *Schmidt-Futterer* § 536 BGB Rdn. 301.
[3] *Blank* NZM 2000, 1083 ff.
[4] *Sternel* V. Rdn. 37.
[5] *Sternel* a.a.O.; LG Augsburg WuM 1993, 416; *Eisenschmid* in *Schmidt-Futterer* § 536 BGB Rdn. 434; LG München I WuM 1998, 558; *Sternel* Mietrecht aktuell Rdn. 1470; *Blank* NZM 2000, 1083; *Herkenrath* zu LG Bonn WuM 1986, 100; **a. A.:** *Fischer* in *Bub/Treier* VIII. Rdn. 41; *Kinne* in *Kinne/Schach/Bieber* Teil II Rdn. 193; LG Saarbrücken WuM 1998, 557/558; LG Bonn

schwächeren Mieters, der durch Vollstreckungsmaßnahmen des Vorbehaltsurteils in Bedrängnis gerät, verbiete die Statthaftigkeit des Urkundenprozesses bei Wohnraummietverhältnissen.[6]

4   Der BGH zerstreut jedoch diese Bedenken und hält den Urkundenprozess gleichwohl für statthaft, indem er u. a. darauf verweist, dass auch derjenige Mieter, der zur Stellung einer Sicherheitsleistung nicht in der Lage sei, eine einstweilige Einstellung der Zwangsvollstreckung ohne Sicherheitsleistung für die Dauer des Nachverfahrens erreichen könne.[7] Er folgt somit der unter Fußnote 5 dargestellten Gegenansicht.

5   Ist allerdings strittig, ob der Vermieter dem Mieter den unmittelbaren Besitz an der Wohnung verschafft hat, oder liegt unstreitig ein wesentlicher Mangel der Wohnung vor, kann der Urkundenprozess unzulässig sein (siehe nächsten Abs.).

2. Gewerbliche Mietverhältnisse

6   Ein etwaiges Schutzbedürfnis des Mieters ist bei der **Gewerberaummiete** ohnehin zu verneinen (§ 536 Abs. 4 BGB gilt nur für Wohnraummietverhältnisse), so dass der Urkundenprozess statthaft ist.[8] Der Anspruch auf Zahlung der Miete besteht jedoch nur, wenn der vorleistungspflichtige Vermieter dem Mieter den unmittelbaren Besitz an den Räumen verschafft hat. Ist dies streitig, trifft die Beweislast den Vermieter. Kann der Vermieter diesen Beweis nicht mittels Urkunden führen, ist der Urkundenprozess unstatthaft.[9] Sind zudem nicht unerhebliche Mängel der Mietsache unstreitig, kann der Vermieter die Höhe der Miete nicht mehr mit Urkunden beweisen. Die vertragliche vereinbarte und urkundlich festgehaltene Miete ist im Hinblick auf die Mängel nicht geschuldet. Für die Höhe der Minderung bzw. die Höhe der Miete aber ist der Vermieter darlegungspflichtig.[10] Auch dies führt zur Unzulässigkeit des Urkundenprozesses.

II. Zukünftige Mieten/Nutzungsentschädigung

7   Klagt der Vermieter auf Zahlung einer **zukünftigen Nutzungsentschädigung**,[11] mithin auf zukünftige Leistungen (§ 259 ZPO), ist dies immer dann im Urkundenprozess statthaft, wenn der Vermieter nicht nur die Beendigung des Mietverhältnisses, entweder durch Vorlage eines Zeitmietvertrages oder durch Vorlage einer Kündigung darlegen und beweisen kann, sondern auch die Weigerung des Mieters durch eine Urkunde zu belegen vermag, eine Nutzungsentschädigung entrichten zu wollen. Aber selbst dann, wenn eine derartige Erklärung nicht vorliegt (was meist der Fall sein dürfte, da derartige Erklärungen in der Regel nur zur Räumungsverpflichtung abgegeben werden), soll die Klage im Urkundenprozess zulässig sein, weil der Vermieter für die Durchsetzung seines Nutzungsentschädigungsanspruches (§ 546a BGB) im Rahmen

---

WuM 1986, 109f., jedoch mit anderer Beweislastverteilung: LG Frankfurt/Main WuM 2000, 314; *Greiner* NJW 2000, 1314.

[6] *Sternel* a. a. O.; *Eisenschmid* in *Schmidt-Futterer* § 536 BGB Rdn. 374; KG Berlin NZM 1998, 402; **a. A.** LG München I NZM 2005,63; LG Frankfurt a. M. NZM 2000, 541; *Stürhahn* NZM 2004, 441ff.

[7] BGH WuM 2005, 526ff.

[8] BGH WuM 1999, 345; OLG Oldenburg WuM 1999, 225.

[9] OLG Düsseldorf WuM 2004, 416/417.

[10] OLG Düsseldorf a. a. O. mit Verweis auf BGH WuM 1991, 544: Der Mieter hat den konkreten Sachmangel darzulegen, der die Gebrauchstauglichkeit der Mietsache einschränkt. „Hingegen fällt das Maß der Gebrauchsbeeinträchtigung durch den Mangel nicht in die Darlegungslast des Mieters.".

[11] BGH NZM 2003, 231f (betrifft Gewerberäume).

des Urkundenprozesses lediglich vorzutragen hat, dass das Mietverhältnis beendet ist. Hingegen obliegt es dem Mieter zu beweisen, dass die Mietsache rechtzeitig zurückgegeben wurde.[12] Somit ist die Besorgnis der Leistungsverweigerung (§ 259 ZPO) als Prozessvoraussetzung von Amts wegen zu prüfen.[13] Nach einem Beschluss des BGH[14] ist bei einem auf Zahlungsunfähigkeit beruhenden Mietzinsrückstand die Vermutung begründet, der Mieter werde auch die **zukünftig fällig werdende Nutzungsentschädigung** nicht entrichten. § 259 ZPO soll u. a. die Effektivität des Rechtsschutzes fördern; es entspräche daher einer wirtschaftlichen Prozessführung, die Klage nach § 259 ZPO zuzulassen, da die Ansprüche auf rückständige Miete ebenso wie die auf die zukünftige Nutzungsentschädigung aus einem Sachverhalt herrührten und in einem besonderen Zusammenhang stünden. Würde man § 259 ZPO nicht anwenden, käme es regelmäßig zu Folgeprozessen. Die Zulässigkeit der Klage im Sinne des § 259 ZPO diene somit letztlich auch dem Mieter, der vor weiteren Prozessen und damit verbundenen Prozesskosten bewahrt werde.[15]

III. Sonstige Ansprüche

In vielen anderen Fällen (z. B. Zahlung einer **Kaution,** Zahlung von **Betriebskosten** oder Rückzahlung eines Betriebskostenguthabens des Mieters), bei denen ohnehin eine Mietminderung keine Rolle spielen kann, ist das Urkundenverfahren auch bei Wohnraummietverhältnissen statthaft. Folgt man der Entscheidung des BGH[16] können auch Ansprüche auf Miete aus Wohnraummietverträgen grundsätzlich im Urkundenprozess geltend gemacht werden. Billigt man diese Entscheidung nicht (s. Rdn. 2) scheidet die Geltendmachung von Mieterhöhungen aufgrund einer Indexvereinbarung oder einer vertraglichen Staffelmiete aus. 8

Die allgemeinen Regeln des Urkundenprozesses müssen beachtet werden. Sind Behauptungen zu beweisen, die dem Urkundenprozess nicht zugänglich sind, muss diese Verfahrensart scheitern. So ist es dem Mieter nicht möglich, im Urkundenprozess eine Kaution zurückzuverlangen, solange auch der Wegfall des Sicherungsbedürfnisses belegt werden muss.[17] 9

Entsprechendes gilt, wenn z. B. der Mieter aufgrund einer mangelhaften Betriebskostenabrechnung nach Ende des Mietverhältnisses die **Vorauszahlung** zurückfordert. Der Mieter ist nämlich gehalten, die Mindesthöhe der tatsächlich entstandenen Nebenkosten möglichst annähernd genau vorzutragen.[18] Dieser Nachweis ist mittels Urkunde in der Regel nicht möglich. Der Kläger muss in das ordentliche Verfahren wechseln (§ 596 ZPO). 10

---

[12] *Gatter* in *Schmidt-Futterer* § 546 a BGB Rdn. 51.
[13] *Hartmann* in *Baumbach/Lauterbach/Albers/Hartmann* § 259 ZPO Rdn. 12; nach anderer Meinung kommt es auf die Voraussetzungen des § 259 ZPO nicht an, da bereits § 258 ZPO anwendbar sei, BGH MDR 1996, 1232: Eine Klage auf wiederkehrende Nutzungsentschädigung, die sich z. B. auf eine gesetzliche Anspruchsgrundlage, z. B. Eigentümer-/Besitzerverhältnis stütze, stehe nicht in einem Gegenseitigkeitsverhältnis, weil mit dem Entgelt die tatsächliche Nutzung, nicht eine entsprechende Leistung des Berechtigten abgegolten werden soll.
[14] BGH NZM 2003, 231/232.
[15] BGH a. a. O.
[16] BGH NZM 2005, 661 f = WuM 2005, 526 f.
[17] *Blank* in *Schmidt-Futterer* § 551 BGB Rdn. 76.
[18] Vgl. OLG Braunschweig NZM 1999, 751; *Blank* a. a. O.

11. Kapitel. Einstweilige Verfügung

Übersicht

I. Allgemeines	1–5
II. Räumung	6–16
1. Wohnraum	7–13
2. Gewerberaum	14–16
III. Doppelvermietung	17–20
IV. Duldung	21–26
1. Duldung der Modernisierung	21–24
2. Duldung von Erhaltungsmaßnahmen	25, 26
V. Untersagung oder Erzwingung baulicher Maßnahmen	27–32
VI. Mietzahlung	33, 34
VII. Konkurrenzschutz	35–41
VIII. Betretungsrecht	42–47
IX. Wiedereinräumung des Besitzes	48–51
X. Betriebspflicht	52, 53
XI. Vermieterpfandrecht	54–60
1. Anspruch des Vermieters	54–59
2. Anspruch des Mieters auf Herausgabe	60
XII. Untervermietung	61–70
1. Anspruch des Vermieters	61–65
2. Anspruch des Mieters	66–70
XIII. Vorkaufsrecht des Mieters (§ 577 BGB)	71–77
XIV. Kaution	78–80
XV. Sonstige Fälle	81–97
1. Konflikt mit Lebensgefährten	81
2. Unzureichende Beheizung	82, 83
3. Einstweilige Verfügung auf Abschluss eines Hauptmietvertrages	84, 85
4. Lärmstörungen	86, 87
5. Widerruf einer Einzugsermächtigung	88, 89
6. Stellplatznutzung	90
7. Bloßstellung	91, 92
8. Wassersperrung	93
9. Störung der Gemeinschaftsantennenanlage	94
10. Mängelrüge des Mieters gegenüber potentiellem Käufer	95
11. Verbandsklage	96, 97
XVI. Anwaltszwang	98
XVII. Vollziehungsfrist	99
XVIII. Schutzschrift	100–102
XIX. Rechtsbehelfe	103–105
XX. Streitwert	106, 107

I. Allgemeines

Durch Arrest und einstweilige Verfügung wird ein vorläufiger Rechtsschutz ermöglicht. Im Vergleich zum normalen zivilprozessualen Erkenntnisverfahren erhält der Gläubiger kurzfristig einen Vollstreckungstitel, damit er seine Ansprüche sichern und einer eventuellen Gefährdung der Vollstreckung entgegen wirken kann.[1] Das Verfahren ist summarisch. Beweise werden nur eingeschränkt erhoben. Sachverständigengutachten werden nicht erholt. Stattdessen wird dem Gläubiger die Möglichkeit eröffnet, seine Behauptungen bezüglich des Verfügungsanspruches und des Verfügungsgrundes glaubhaft zu machen (§ 294 ZPO). Das Gericht entscheidet in dringlichen Fällen ohne mündliche Verhandlung durch Beschluss. Legt der Antragsgegner Widerspruch ein (§§ 924, 925 ZPO), wird eine mündliche Verhandlung anberaumt. Zeugen werden nicht geladen, präsente Zeugen werden gehört (§ 294 Abs. 2 ZPO). Das Gericht entscheidet nunmehr durch Urteil (§§ 925 Abs. 1, 936 ZPO). 1

Durch den Antrag auf Erlass einer einstweiligen Verfügung wird der sachlichrechtliche Anspruch nicht selbst anhängig, sondern das Begehren nach Sicherung und vorläufigem Rechtsschutz.[2] Dem Antragsteller wird daher nicht verwehrt, gleichzeitig seinen Anspruch im normalen Erkenntnisverfahren geltend zu machen. Er ist hierzu 2

---

[1] *Dunkl/Moeller/Baur/Feldmeier* A Rdn. 1.
[2] *Dunkl/Moeller/Baur/Feldmeier* a. a. O. Rdn. 10 m. w. N.

gezwungen, wenn das zuständige Gericht auf Antrag eine Frist zur Erhebung der Klage setzt (§§ 936, 926 ZPO).

3   Auch im Mietrecht ist eine einstweilige Verfügung nur dann zulässig, wenn eine Vertragspartei zu befürchten hat, dass durch die Veränderung des bestehenden Zustandes die Verwirklichung des Rechtes vereitelt oder wesentlich erschwert werden könnte (§§ 935, 939 ZPO). Sie ist auch zulässig, wenn sie der Abwendung wesentlicher Nachteile oder zur Verhinderung drohender Gewalt oder aus anderen Gründen nötig erscheint (§ 940 ZPO). Die Veränderung muss unmittelbar bevorstehen oder bereits begonnen haben. Entscheidend ist, dass dem jeweiligen Antragsteller nur die Verwirklichung eines Rechtes gesichert, keinesfalls der zugrunde liegende Anspruch erfüllt werden darf.[3] Die einstweilige Verfügung soll mithin nicht zur Befriedigung des Antragstellers führen.[4] Ausnahmsweise wird jedoch eine teilweise Befriedigung dann zugelassen, wenn dem Antragsteller nicht zuzumuten ist, ein ordentliches Verfahren abzuwarten, weil er auf die sofortige Erfüllung angewiesen ist.[5]

4   Da die Abgrenzung zwischen der Sicherungsverfügung (§ 935 ZPO) und der Regelungsverfügung (§ 940 ZPO) mitunter schwierig zu treffen ist, ist dem Gläubiger anzuraten,[6] den Antrag auf Erlass der einstweiligen Verfügung auf beide vorgenannten Vorschriften zu stützen.

5   Im einstweiligen Verfügungsverfahren tritt die **Rechtshängigkeit** mit der Einreichung des Antrages ein.[7] Dies hat zur Folge, dass ein Fall der **Hauptsacheerledigung** dann vorliegt, wenn nach Einreichung des Antrags, jedoch vor Zustellung der einstweiligen Verfügung, die Dringlichkeitslage nicht mehr besteht, d. h. der Verfügungsgrund entfallen ist.[8] Nicht der zu sichernde Anspruch ist als Hauptsache anzusehen, sondern die erwünschte Rechtsfolge auf z. B. Sicherung.[9] Das Gericht wird daher, sollte der Rechtsstreit nicht übereinstimmend für erledigt erklärt werden, feststellen, dass der Rechtsstreit erledigt ist, wobei ausschließlich zu überprüfen ist, inwieweit die zwangsweise Sicherung des Anspruchs bzw. die einstweilige Regelung zulässig war.[10] Für die Kostenentscheidung entscheidend ist, ob der Verfügungsgrund bejaht werden kann.[11]

II. Räumung

6   Die Durchsetzung des Räumungsanspruches im Wege der einstweiligen Verfügung stellt eine Erfüllung des Anspruches dar. Der Antrag auf Erlass einer einstweiligen Verfügung ist deshalb nur ausnahmsweise zuzulassen.

1. Wohnraum

7   Handelt es sich um **Wohnraum,** darf eine einstweilige Verfügung durch das Gericht nur dann erlassen werden, wenn der Nutzer den Besitz durch verbotene Eigenmacht erlangte oder konkrete Gefahr für Leib und Leben besteht (§ 940a ZPO).[12]

---

[3] *Kinne* in *Kinne/Schach/Bieber*, Teil II. Rdn. 185.
[4] *Reichold* in *Thomas/Putzo* § 938 ZPO Rdn. 3.
[5] *Reichold* in *Thomas/Putzo* § 940 ZPO Rdn. 6.
[6] *Scholz* in *Schmid* Kap. 24 Rdn. 128.
[7] LG Braunschweig WuM 2002, 221.
[8] *Vollkommer* in *Zöller* § 91a ZPO Rdn. 58 (Arrest u. einstw. Verfügung).
[9] *Vollkommer* a. a. O.
[10] *Huber* in *Musielak* § 916 ZPO Rdn. 3.
[11] *Vollkommer* a. a. O.
[12] Einschränkend LG Mannheim WuM 1986, 351; Hat der Antragsgegner die Antragstellerin bedroht, können die Interessen des Wohnungsgebers an einem vorübergehenden Ausschluss des

II. Räumung 8–14 **11. Kap.**

Neben den Voraussetzungen des § 940a ZPO müssen auch die Voraussetzungen des § 940 ZPO vorliegen, d. h. die Räumung muss auch zur Abwendung wesentlicher Nachteile oder zur Verhinderung drohender Gewalt oder aus anderen Gründen notwendig erscheinen.[13] **8**

Der Antragsteller hat die Voraussetzungen des § 858 ZPO (**verbotene Eigenmacht**) darzulegen und glaubhaft zu machen. Verbotene Eigenmacht liegt nicht vor, wenn der Besitz durch den zur Nutzung berechtigten Mieter erlangt wurde, wie im Falle des Zuzuges eines nichtehelichen Lebenspartners des Mieters, der ohne Genehmigung des Vermieters die Wohnung bewohnt. In derartig gelagerten Fällen ist es dem Vermieter verwehrt, die Wohnung im Wege der einstweiligen Verfügung freizubekommen.[14] **9**

Auch eine **Zwangsräumung** stellt keine verbotene Eigenmacht dar. Hat der Vermieter den Mieter aufgrund eines Urteils geräumt, wurde dieses Urteil jedoch durch das Bundesverfassungsgericht wieder aufgehoben, hat der Mieter keinen Anspruch auf Wiedereinweisung in die Wohnung. Im Übrigen dürfte es dem Mieter schwer fallen, eine dringliche Notlage, z. B. Obdachlosigkeit, darzulegen.[15] **10**

Wohl aber ist denkbar, dass der Mieter, gegen den ein stattgebendes Räumungsurteil vorliegt, im Wege der einstweiligen Anordnung bis zur Entscheidung über eine Grundrechtsklage, längstens jedoch für die Dauer von 6 Monaten, die Zwangsvollstreckung aus dem Urteil aussetzen lassen kann.[16] **11**

Liegt ein Fall verbotener Eigenmacht vor, ist der Gläubiger im Hinblick auf § 253 ZPO gehalten, den Störer als Adressaten der einstweiligen Verfügung namentlich zu benennen.[17] Ist dies nicht möglich (z. B. Hausbesetzung, unbekannter Untermieter), hat der Gläubiger die Person, gegen die sich die einstweilige Verfügung richtet, durch Merkmale zu bestimmen, die keinen Zweifel an deren **Identität** zulassen.[18] Es ist nicht ausreichend, dass die Identität der betroffenen Person im Zeitpunkt der Vollstreckung feststeht, ansonsten liefe es darauf hinaus, eine „Partei, die es angeht" zuzulassen, was mit § 253 ZPO nicht in Einklang zu bringen ist.[19] **12**

Droht eine konkrete Gefahr für Leib und Leben des Antragstellers oder anderer Hausbewohner[20] kommt ebenfalls eine Räumungsverfügung in Betracht. Den Verfügungsanspruch bildet § 546 BGB.[21] Der Verfügungsgrund dürfte zur Vermeidung von Obdachlosigkeit nur nach eingehender Prüfung, auch hinsichtlich der Glaubhaftmachung, zu bejahen sein. Es muss eine erhebliche, objektive Gewaltanwendung konkret zu befürchten sein.[22] **13**

2. Gewerberaum

Bei **Gewerberaum** gilt § 940a ZPO nicht,[23] so dass es denkbar wäre, dass ein Vermieter z. B. aufgrund einer fristlosen Kündigung eine einstweilige Verfügung beantragt. **14**

Besitzrechtes des Antragsgegners im Einzelfall derart gewichtig sein, dass die Anwendung des § 940a ZPO schlichtweg verfehlt wäre.

[13] LG Frankfurt NJW 1980, 1758.
[14] LG Arnsberg WuM 1999, 418.
[15] LG Frankenthal WuM 1992, 185.
[16] *Hess* StGH WuM 1999, 322 ff.
[17] LG Bremen WuM 1990, 527.
[18] OLG Oldenburg WuM 1996, 233 f.: dies kann der Fall sein, wenn eine Personengruppe nach räumlichen Kriterien und zeitlich vorübergehend feststeht.
[19] OLG Oldenburg a. a. O. u. H. a. LG Kassel NJW-RR 1991, 381; BGH NZM 2003, 802.
[20] *Hinz* NZM 2005, 841 + 854.
[21] *Hinz* a. a. O.
[22] *Hinz* a. a. O. Rdn. 855.
[23] OLG Celle NZM 2001, 194/195.

Allerdings ist dies im Hinblick auf die Befriedigung des Räumungsanspruches nur dann zulässig, wenn der Vermieter im Rahmen des Verfügungsgrundes darlegt und glaubhaft macht,[24] auf die sofortige Erfüllung unbedingt angewiesen zu sein.

15 Das ist der Fall, wenn dem Vermieter erhebliche Vermögensschäden drohen und der Räumungsanspruch unstreitig oder offensichtlich ist. Zu bejahen ist eine Räumungsverfügung nach § 940 ZPO jedenfalls dann, wenn der Mieter bewusst rechtswidrig in den Räumlichkeiten verbleibt oder versucht, sich die sofortige Räumung erpresserisch durch eine hohe Geldsumme abgelten zu lassen.[25] Die von Literatur und Rechtsprechung geforderte Beschränkung der Räumungsverfügung nach § 940 ZPO auf Grenzfälle erscheint gerechtfertigt, da die Räumung aufgrund einer Anordnung nach § 940 ZPO die Vorwegnahme der Hauptsache bedeutet, mit fatalen Wirkungen für den Geschäftsraummieter; das gesamte Geschäftsinventar muss geräumt und Firmenschilder abmontiert werden; der Geschäftsbetrieb kann nicht mehr aufrecht erhalten werden. Zudem zieht in der Regel ein neuer Mieter ein; die Räumung ist nicht mehr rückgängig zu machen.

16 Selbst wenn der Antragsteller darzustellen und glaubhaft zu machen vermag, sich in einer besonderen Notlage zu befinden, ist die Dringlichkeit immer dann zu verneinen, wenn der Antrag z. B. erst nach monatelangem Zuwarten gestellt wird. In diesem Falle ist das Hauptsacheverfahren zu führen. Der Antrag auf Erlass einer einstweiligen Verfügung ist auch dann nicht dringlich, wenn zunächst im Hauptverfahren die falsche Partei in Anspruch genommen und die Klageabweisung abgewartet wird.[26]

III. Doppelvermietung

17 Hat der Vermieter die Wohnung doppelt vermietet und ist ein Mieter eingezogen, so kann der leer ausgehende Mieter nicht im Wege der einstweiligen Verfügung die Räumung des Mietobjektes betreiben, um so seinen eigenen Einzug zu ermöglichen.[27] Schließlich ist der die Räume nutzende Mieter aufgrund eines Mietvertrages eingezogen und nicht in Folge verbotener Eigenmacht. Der ausgesperrte Mieter hätte im Wege der einstweiligen Verfügung allenfalls dem Vermieter untersagen können, dem anderen Mieter den Besitz einzuräumen, wobei nicht entscheidend ist, welcher Mietvertrag zuerst abgeschlossen wurde, da das **Prioritätsprinzip** bei konkurrierenden obligatorischen Ansprüchen nicht greift.[28]

18 Allerdings soll der Verfügungsanspruch des Mieters in Frage gestellt sein, da nach § 938 Abs. 1 ZPO nicht in die Rechte Dritter eingegriffen werden darf.[29]

19 Beide konkurrierenden Mieter verfügen über einen Mietvertrag. Eine einstweilige Verfügung einer der beiden Mieter greift jedoch nicht in die Rechte des anderen ein, da der andere Mieter durch ein gegen den Vermieter gerichtetes Überlassungsverbot nicht tangiert wird.[30] Auch der andere Mieter hat gegenüber dem Vermieter einen obligatorischen Anspruch auf Überlassung der Mietsache. Da der vom Ausschluss be-

---

[24] *Voelskow* in *Zöller* § 940 ZPO Rdn. 8, Stichwort: Herausgabe und Sequestration, Räumung
[25] *Kluth/Grün* NZM 2001, 1013 ff.; LG Wiesbaden WuM 1997, 447 f.: Wenn auf den Pächter einer Gaststätte Sprengstoffanschläge verübt werden, so kann der Räumungsanspruch aufgrund fristloser Kündigung mit der einstweiligen Verfügung zur notwendigen Abwehr drohender Nachteile durchgesetzt werden.
[26] OLG Celle a. a. O.
[27] *Voelskow* in *MünchKomm* (3. Auflage) § 541 BGB Rdn. 5; *Schilling* in *MünchKomm* (4. Auflage) § 536 BGB Rdn. 25.
[28] BGH MDR 1962, 398; vgl. *Hinz* NZM 2005, 841, 843.
[29] LG München I WuM 1991, 577; OLG Frankfurt NJW-RR 1997, 77.
[30] *Jendrek* in *Jendrek* D.IV.2.4, Anm. 11.

IV. Duldung von Modernisierungs- und Erhaltungsmaßnahmen   20, 21   **11. Kap.**

drohte Mieter nach wie vor einen Anspruch auf Erfüllung hat, zumindest solange die Räume von dem konkurrierenden Mieter nicht bezogen wurden, soll er ein Verfügungsverbot erwirken können.[31] Die Gegenansicht hält eine einstweilige Verfügung wegen mangelndem **Rechtsschutzbedürfnis** für unzulässig,[32] da bei konkurrierenden Überlassungsansprüchen die Sicherungsfunktion nicht erfüllt werden kann. Mangels einer Kollisionsnorm wie §§ 135, 883 Abs. 2 BGB, die hier auch nicht analog Anwendung finden,[33] käme es bei der Zulassung der Anordnung eines Überlassungsverbotes zu einem untragbaren Ergebnis. Die konkurrierenden Mieter könnten jeweils Überlassungsverbote erwirken. Der Vermieter könnte keinen der beiden Überlassungsansprüche erfüllen, ohne gegen eines der Verbote zu verstoßen. Lediglich in den seltenen Fällen des Nichtbestehens des konkurrierenden Überlassungsanspruches lässt diese Auffassung eine einstweilige Verfügung zu. Ansonsten wird verwiesen auf die Möglichkeit, durch eine einstweilige Verfügung die Entstehung einer Konkurrenzlage zu verhindern, indem bei Vorlage eines Verfügungsgrundes dem Vermieter untersagt wird, konkurrierende Ansprüche durch einen weiteren Vertragsabschluss zu begründen.[34] Damit könnte keiner der beiden konkurrierenden Mieter seinen Anspruch auf Überlassung der Räume durchsetzen und es bliebe dem Vermieter überlassen, wen er einziehen lässt.

Dieses Ergebnis wird von den Entscheidungen des OLG Frankfurt und des OLG   **20** Hamm gedeckt,[35] die im Hinblick auf das Wahlrecht des Vermieters, gegenüber wem er erfüllen und gegenüber wem er Schadensersatz leisten will, dem Gläubiger den Weg einer einstweiligen Verfügung verwehren. Einer der Mieter kann danach dem Vermieter nicht untersagen, die Räume dem konkurrierenden Mieter zu überlassen. Somit würde die Entscheidung, welcher Mieter die Räume beziehen darf, letztendlich bei dem liegen, der die Doppelvermietung veranlasst hat. Da jedoch die Entscheidungsfreiheit des Vermieters, wem er die Mieträume überlässt, keinen Schutz verdient, zumal er sich gegenüber dem Antrag stellenden Mieter vertragswidrig verhält,[36] ist der Auffassung der Vorzug zu geben, ein **Überlassungsverbot** im Wege der einstweiligen Verfügung zuzulassen.

IV. Duldung von Modernisierungs- und Erhaltungsmaßnahmen

1. Duldung der Modernisierung

Will der Vermieter modernisieren, kann er den Mieter nicht im Wege der einstwei-   **21** ligen Verfügung zur Duldung verpflichten. Abgesehen davon, dass es in der Regel am Verfügungsgrund, d.h. an der Eilbedürftigkeit mangelt, würde durch die einstweilige Verfügung und deren Vollziehung eine Entscheidung in der Hauptsache vorweg genommen, ohne dass eine nachträgliche Korrektur möglich wäre.[37] Im Übrigen handelt es sich bei dem einstweiligen Verfügungsverfahren um ein summarisches Verfahren, das mit weniger Rechtsschutzgarantien ausgestattet ist.[38] Die Gefahr einer Fehlent-

---

[31] *Fischer* in *Bub/Treier* VIII. Rdn. 118 m.w.N.
[32] *Ulrici* ZMR 2002, 881 ff.
[33] Vgl. *Hinz* NZM 2005, 841, 844, 845.
[34] *Ulrici* a.a.O.
[35] OLG Frankfurt NJW-RR 1997, 77; OLG Hamm NZM 2004, 192 f; h.M. vgl. *Hinz* NZM 2005, 841, 844 m.w.N.
[36] *Fischer* in *Bub/Treier* a.a.O., *Voelskow* in *MünchKomm* (3. Auflage) a.a.O.; *Kluth/Grün* NZM 2002, 473, 476, 477.
[37] *Sternel* II. Rdn. 352 m.w.N.; *Eisenschmid* in *Schmidt-Futterer* § 554 BGB Rdn. 341; *Hinz* NZM 2005, 841, 849.
[38] *Schmidt-Futterer* a.a.O.

scheidung ist nicht gering, zumal die Fragen, die im Zusammenhang mit Modernisierungsmaßnahmen stehen, oft nur durch ein Sachverständigengutachten geklärt werden können, das in einem Eilverfahren jedoch nicht angeordnet wird.

22 Nur in ganz eng zu sehenden Ausnahmefällen kann das einstweilige Verfügungsverfahren zulässig sein, z.B. dann, wenn die Modernisierungsarbeiten bereits begonnen wurden und durch die Weigerung eines Mieters dem Vermieter und den übrigen Mietern des Hauses erhebliche Nachteile drohen,[39] wobei jedoch der Wegfall von befristeten öffentlichen Modernisierungszuschüssen als Nachteil nicht ausreicht.[40] Entsprechendes gilt auch dann, wenn das Mietverhältnis kurz vor der Beendigung steht.[41] Keinesfalls genügt es, wenn durch die Weigerung des Mieters zusätzliche Handwerkerkosten zu befürchten sind.[42]

23 Grundsätzlich sind strenge Anforderungen an die Darlegung des Verfügungsanspruches und des Verfügungsgrundes zu stellen.[43] Dies ist im Hinblick auf eine Vorwegnahme einer Entscheidung in der Hauptsache gerechtfertigt.[44]

24 So wird man dem Vermieter entgegen halten müssen, dass er durch eine ungenügend durchdachte Planung und Durchführung für die nunmehr auftretende Eilbedürftigkeit selbst verantwortlich ist. Er hätte rechtzeitig die erforderliche Zustimmung der betroffenen Mieter einholen müssen.[45]

2. Duldung von Erhaltungsmaßnahmen

25 Etwas anderes gilt nur dann, wenn es sich um Maßnahmen handelt, die der Erhaltung der Mietsache dienen, und bei nicht rechtzeitiger Durchsetzung akute Gefahr für das Gebäude oder die Mitbewohner besteht.[46] Dies ist z.B. dann der Fall, wenn aus Sicherheitsgründen die Gasleitung abgeriegelt werden muss, mithin die Arbeiten keinen Aufschub dulden.[47]

26 Grundsätzlich ist der Vermieter zur Erhaltung der Mietsache ohne Einschränkung verpflichtet. Daraus ergibt sich eine uneingeschränkte Duldungs- und Mitwirkungspflicht[48] des Mieters. Kommt der Mieter dieser Verpflichtung nicht nach, hat der Vermieter einen Anspruch auf Duldung oder gar auf Mitwirkung, die auch im Wege der einstweiligen Verfügung durchgesetzt werden kann. Gleichwohl bedeutet dies nicht, dass der Vermieter ohne vorausgehende Zustimmung des Mieters Baumaßnahmen einleiten darf. Tut er dies gleichwohl, liegt ein Fall der verbotenen Eigenmacht vor.[49]

V. Untersagung oder Erzwingung baulicher Maßnahmen

27 Zulässig sind hingegen einstweilige Verfügungen des Mieters gegen bauliche Maßnahmen des Vermieters. Hat z.B. der Vermieter ohne Vorankündigung das Wasser

---

[39] LG Berlin MM 1996, 452.
[40] LG Frankenthal/Pfalz WuM 1993, 418/419.
[41] LG Frankenthal/Pfalz a.a.O.
[42] LG Hamburg WuM 1986, 243.
[43] Vgl. *Hartmann* in *Baumbach/Lauterbach/Albers/Hartmann* Grundz. § 916 ZPO, Rdn. 9.
[44] AG Görlitz WuM 1993, 390f.: Wonach es nicht ausreicht, dass der Ablaufplan zur Durchführung der Baumaßnahmen nicht eingehalten werden kann.
[45] *Schmidt-Futterer* a.a.O.
[46] *Fischer* in *Bub/Treier* VIII. Rdn. 116.
[47] AG Münster WuM 1987, 256; *Dunkl/Moeller/Baur/Feldmeier* A 636 b.
[48] A.A. BayObLG NJW-RR 1997, 266.
[49] LG Braunschweig WuM 2002, 221: Der Vermieter hatte aufgrund einer Empfehlung des Sachverständigen brüchige Balkone abreißen lassen, ohne nachweisbar zuvor den Mieter zur Duldung dieser Maßnahme aufzufordern.

V. Untersagung oder Erzwingung baulicher Maßnahmen   28–32   11. Kap.

oder das Gas abstellen lassen, um bauliche Veränderungen durchzuführen, zu denen er die Zustimmung des Mieters nicht vorher eingeholt hat, ist eine einstweilige Verfügung auf **Unterlassung** und gegebenenfalls **Wiederherstellung** zulässig. Dies gilt auch dann, wenn der Vermieter im Außenbereich Modernisierungsmaßnahmen gegen den Willen des Mieters beginnt. Zwar ist der Mieter möglicherweise von den Maßnahmen nur indirekt betroffen, jedoch – so die früher vertretene Auffassung – hat die Duldung solcher Maßnahmen zur Folge, dass der Mieter die aufgrund der Modernisierung angekündigte Erhöhung der Miete bezahlen muss.[50]

Durch die Änderung der Gesetzeslage (3 MHRG) hat sich die Situation insoweit verändert, als es nicht auf die **tatsächliche** Duldung der Maßnahme, sondern auf die **materielle** Duldungspflicht ankommt; d. h. die tatsächliche Duldung ersetzt nicht die Duldungspflicht.[51]   **28**

Trotz der Änderung der Gesetzeslage ist ein Verfügungsgrund zu Gunsten des Mieters zu bejahen, wenn der Mieter eine nicht unerhebliche Beeinträchtigung des Mietgebrauches durch eine (nicht unmittelbar die Wohnung betreffende) **Außenmaßnahme,** mithin eine Besitzstörung glaubhaft macht.[52] Hingegen ist ein Verfügungsgrund im Sinne der §§ 935, 940 ZPO zu verneinen, wenn der Mieter die Arbeiten durch Verweigerung des Zutrittes zu der Wohnung unterbinden kann.[53] Entsprechendes gilt bei Außenmaßnahmen des Vermieters, wenn der Mieter lediglich eine Härte im Hinblick auf die zu erwartende Mieterhöhung geltend macht, da es auf die materielle Duldungspflicht ankommt, nicht auf die tatsächliche Duldung.[54]   **29**

Ferner kommt eine einstweilige Verfügung des Mieters dann in Betracht, wenn ein schwerer Mangel der Mietsache auftritt und der Vermieter trotz Aufforderung diesen Defekt nicht behebt. In diesen Fällen ist der erforderliche Verfügungsgrund zu bejahen, wenn die Untätigkeit des Vermieters zu einer Gesundheitsgefährdung des Mieters führt (z. B. absichtlicher Betriebsstopp der Zentralheizung oder defekte Heizung bei Minustemperaturen, defekte Strom- oder Gasleitung).[55]   **30**

Hingegen ist der Verfügungsgrund zu verneinen, wenn zur Beseitigung des Mangels eine **Mitwirkungshandlung** des Vermieters nicht erforderlich ist. Dies ist dann der Fall, wenn der Mieter infolge der besonderen Dringlichkeit auch ohne vorherige Mahnung die Beseitigung des Mangels herbeiführen kann.[56]   **31**

Verlangt der Mieter im Zusammenhang mit den angekündigten Modernisierungsmaßnahmen einen **Vorschuss** z. B. für die zu erwartenden Reinigungsarbeiten (§ 554 Abs. 4 BGB), kann er bei Weigerung des Vermieters diesen Anspruch nicht im Wege der einstweiligen Verfügung durchsetzen; es fehlt an der erforderlichen Eilbedürftigkeit.[57]   **32**

---

[50] KG WuM 1992, 515 ff.: Verhält sich der Mieter in Kenntnis der Absicht des Vermieters passiv, insbesondere erwirkt er bei Außenmodernisierungen keine gerichtliche Untersagungsverfügung, kann sich der Mieter im Rahmen der Modernisierungserhöhung nicht darauf berufen, zur Duldung der Maßnahmen nicht verpflichtet gewesen zu sein; **a. A.:** LG Berlin WuM 1996, 407 f.: wonach zur Verhinderung der Annahme einer bewussten Duldung es ausreichen soll, dass der Mieter den Arbeiten mündlich oder schriftlich widerspricht.

[51] LG München I WuM 1998, 109; *Schulz* in *Bub/Treier* III. A Rdn. 555 und 558.

[52] *Kraemer* in *Bub/Treier* III. A Rdn. 1119; weitergehend *Hinz* NZM 2005, 841, 850: auch ohne Besitzstörung muss einstweiliger Rechtsschutz möglich sein, da schwer abzugrenzen ist, wann eine unmittelbare Störung oder eine mittelbare Beeinträchtigung vorliegt (Lärm, Staub).

[53] *Kraemer* in *Bub/Treier* a. a. O.

[54] LG München I a. a. O.

[55] *Dunkl/Moeller/Baur/Feldmeier* A 636 c; vgl. auch *Hinz* NZM 2005, 841, 847 f.

[56] AG Lörrach WuM 1990, 204.

[57] *Sternel* II. Rdn. 352; *Hinz* NZM 2005, 841, 850; **a. A.:** *Eisenschmid* in *Schmidt-Futterer* § 554 BGB Rdn. 346 wobei übersehen wird, dass sich das Zurückbehaltungsrecht nicht auf die Mietzinszahlung bezieht, sondern auf die Duldungspflicht; vgl. *Horst* NZM 1999 Rdn. 194 f.

Dem Mieter steht ein **Zurückbehaltungsrecht** so lange zu, bis der Vermieter den Vorschuss geleistet hat. Der Mieter wird daher eine vom Vermieter erhobene Duldungsklage Zug um Zug gegen Leistung des begehrten Vorschusses anerkennen.

VI. Mietzahlung

33 Eine einstweilige Verfügung, die auf die Zahlung der Miete gerichtet ist, kommt nur in wenigen Ausnahmefällen in Betracht. Zu bejahen ist die für den Erlass der einstweiligen Verfügung erforderliche Eilbedürftigkeit nur, wenn sich der Vermieter in einer **Notlage** befindet und dringend auf die Miete angewiesen ist (Sicherung des Existenzminimums).[58]

34 Reicht bereits ein Teil der Miete zur Behebung der augenblicklichen Notlage aus, oder kann mit diesem Teil der notwendige Lebensunterhalt gesichert werden, so ergeht die einstweilige Verfügung nur in Höhe dieses erforderlichen Betrages.[59]

VII. Konkurrenzschutz

35 Bei gewerblichen Mietverhältnissen ergibt sich ein Konkurrenzschutz des Mieters entweder aus einer konkreten vertraglichen Vereinbarung oder aufgrund der dem Mietverhältnis zu Grunde liegenden Konkurrenzschutzpflicht des Vermieters, den Mieter vor störendem Wettbewerb zu schützen. Erfährt der Mieter von einem bevorstehenden Vertragsabschluss, der diese Vermieterpflichten verletzen würde, kann der Mieter im Wege des einstweiligen Verfügungsverfahrens den Abschluss eines Mietvertrages mit dem missliebigen Konkurrenten verhindern.[60] Der Verfügungsgrund ist in der Regel gegeben, da es dem Mieter nicht zuzumuten ist, im Hauptsacheverfahren zu klagen. Bevor in diesem eine Entscheidung getroffen wird, ist der Vertrag längst abgeschlossen und das angestrebte Ziel kann nicht mehr erreicht werden.

36 Handelt es sich um eine Konkurrenz unter Freiberuflern, z.B. Ärzten, Rechtsanwälten, Steuerberatern oder Architekten ist strittig, ob der grundsätzlich für diese Bereiche geltende Konkurrenzschutz[61] auch dann greift, wenn ein Konkurrent einer anderen Fachrichtung im selben Haus die Arbeit aufnimmt.[62]

37 Ist die Glaubhaftmachung einer Konkurrenzsituation im einstweiligen Verfügungsverfahren bei Konkurrenten derselben Fachrichtung schon schwierig, dürfte diese Glaubhaftmachung bei einem Konkurrenten einer anderen Fachrichtung im Normalfall in der Kürze der gebotenen Zeit nicht möglich sein. Da ein Sachverständigengutachten vom Gericht nicht eingeholt wird, ist der vom Gesetz erforderliche Nachweis in der Regel nicht zu führen, zumal die Konkurrenzsituation bei dem Vorliegen unterschiedlicher Fachrichtungen nicht offensichtlich ist.

38 Grundsätzlich muss der Geschäftsbetrieb des Mieters im Kernbereich betroffen sein, mithin dort, wo der Betrieb seine Prägung erfährt (Haupt-, nicht aber Nebenartikel).[63]

39 Wurde der Vertrag mit dem Konkurrenten bereits abgeschlossen, ist der Mieter nicht auf das normale Erkenntnisverfahren zu verweisen,[64] eine einstweilige Verfügung

---

[58] *Dunkl/Moeller/Baur/Feldmeier* A 636d u. H. a. die ablehnende Entscheidung: OLG Celle NJW 1952, 1221; **a. A.** AG Brandenburg a. d. Havel WuM 2005, 69.
[59] *Dunkl/Moeller/Baur/Feldmeier* A 500 m. w. N.
[60] OLG Hamm ZMR 1991, 295.
[61] BGHZ 1970, 79.
[62] Vgl. *Krammer* in *Bub/Treier* III B Rdn. 1247 ff.
[63] *Hinz* NZM 2005, 841, 850.
[64] *Hinz* NZM 2005, 841, 853: Der Vermieter kann so gezwungen werden, den störenden Wettbewerb zu unterbinden.

VIII. Betretungsrecht   40–42   **11. Kap.**

ist zulässig, zumindest dann, wenn sie nicht auf eine unmögliche Leistung gerichtet ist. Denkbar wäre, dass dem Vermieter im Wege der einstweiligen Verfügung eine Vertragsverlängerung durch den betroffenen Mieter untersagt wird, wenn diese Verlängerung nur kurzfristig noch unterbunden werden kann und der Mieter gerade erst von der Vertragsgestaltung Kenntnis erhalten hat (Vollstreckung nach § 890 ZPO). Hat der Konkurrent einen Vertrag auf unbestimmte Zeit abgeschlossen, stehen dem Vermieter Erfolg versprechende Einwirkungsmöglichkeiten zur Seite (z. B. Kündigung), wobei das Wahlrecht des Vermieters, wie er die Konkurrenzsituation behebt, durch die einstweilige Verfügung nicht eingeschränkt werden darf.[65]

Hat der konkurrierende Mieter zwar den Vertrag mit dem Vermieter schon abge- **40** schlossen, befindet er sich jedoch noch in der Vorbereitungsphase zur Aufnahme eines Geschäftsbetriebes, kann der Vermieter durch eine einstweiligen Verfügung gezwungen werden, auf den konkurrierenden Mieter in der Weise einzuwirken, dass dieser z. B. einen beabsichtigten Umbau unterlässt (Vollstreckung § 888 ZPO).[66] Problematisch hierbei ist allerdings, inwieweit durch einen derartigen Antrag das Ergebnis eines Hauptsacheprozesses vorweggenommen wird.[67]

Im Verhältnis der konkurrierenden **Mieter untereinander** ist nur in Ausnahmefäl- **41** len eine einstweilige Verfügung denkbar, nämlich dann, wenn einer der Mieter dem anderen unlauteren Wettbewerb (§ 1 UWG) vorwirft. So hatte das OLG Frankfurt[68] im Rahmen eines einstweiligen Verfügungsverfahrens zu beurteilen, ob der Betrieb einer Drogerie gegen § 1 UWG verstößt, wenn nicht apothekenpflichtige Arzneimittel im Schaufenster besonders herausgestellt werden, und sich der Betreiber so auf einem Teilgebiet als der preisgünstigere Konkurrent präsentiert. Ein derartiger Fall ist jedoch als Ausnahme anzusehen, da die konkurrierenden Mieter in keinerlei Vertragsverbindung stehen und deshalb gezwungen sind, sich an den jeweiligen Vertragspartner, nämlich den Vermieter, zu halten.[69]

VIII. Betretungsrecht

Will der Vermieter die Räume des Mieters **betreten** und verweigert dies der Mie- **42** ter, so kann sich der Vermieter im Wege der einstweiligen Verfügung den Zutritt verschaffen, wenn das Betreten zur **Beseitigung erheblicher Gefahren** für Sachen oder Personen geboten ist.[70] Der Verfügungsgrund zu verneinen, will der Vermieter lediglich eine etwaige Reparaturbedürftigkeit der Wohnung überprüfen.[71] Bejaht wurde der Verfügungsgrund, wenn der Auftrag des Vermieters, die Wärmezähler an den **Heizkörpern abzulesen,** vom Mieter vereitelt wurde, sofern die Maßnahme rechtzeitig angemeldet wurde.[72]

---

[65] *Hinz* NZM a. a. O.; **a. A.** *Wolf/Eckert/Ball* Rdn. 658.
[66] Vgl. *Deppen* in *Jendrek* D.IV.2.7. Anm. 3.
[67] Verneinend *Deppen* in *Jendrek* a. a. O., da der Vermieter noch nicht verpflichtet werde, auf den neuen Mieter in der Weise einzuwirken, dass dieser seinen Betrieb erst gar nicht aufnimmt.
[68] OLG Frankfurt NJW 1982, 707/708.
[69] *Wolf/Eckert/Ball* Rdn. 656 f.
[70] *Fischer* in *Bub/Treier* VIII Rdn. 119; bzgl. der Anträge und der Vollstreckung: *Hinz* NZM 2005, 841, 848, 849.
[71] *Hinz* NZM 2005, 841, 848.
[72] *Dunkl/Moeller/Baur/Feldmeier* A 636 e m. w. N.; einschränkend LG Cottbus WuM 1994, 260 f.: Ein Elektrizitätsversorgungsunternehmen erstritt im Wege der einstweiligen Verfügung nicht nur die Duldung der Einstellung der Stromversorgung, sondern beantragte für den Fall der Zutrittsverweigerung, die Öffnung der Räumlichkeiten durch den Gerichtsvollzieher anzuordnen. Dies wurde vom Gericht mit dem Hinweis verweigert, die vorsorgliche Zulassung von

43 Zulässig ist eine einstweilige Verfügung ferner dann, wenn dem Vermieter verwehrt wird, die **gekündigte Wohnung** zu besichtigen (gegebenenfalls mit mietlustigen Bewerbern).[73]

44 Verneint hingegen wurde das Vorliegen des Verfügungsgrundes, wenn der Vermieter lediglich eine **Überprüfung der Heizkörper wegen Überhitzung** vornehmen wollte.[74] Ferner fehlt der Verfügungsgrund für den Fall einer Schadensbesichtigung im Mietobjekt, wenn die Vermieterin durch eine einstweilige Verfügung auch den Zutritt des Ehemanns erzwingen will, dem der Mieter **Hausverbot** erteilt hat, weil der Vermieterin zuzumuten ist, den Schaden mit einem Dritten zu überprüfen und die Berechtigung des Zutritts des Ehemanns im Hauptsacheverfahren zu klären.[75]

45 Der Vermieter hat nicht die Möglichkeit, im Wege der einstweiligen Verfügung dem **Mieter das Betreten der Mieträume zu untersagen,** da dies letztlich eine Umgehung des § 940a ZPO darstellen würde.[76] Ausnahmen sollen denkbar sein, wenn Mieter und der Vermieter im selben Haus wohnen und der Vermieter erhebliche Gefahren für Leib und Leben befürchten muss.[77] Zu Recht wird darauf hingewiesen, dass eine einstweilige Verfügung nur in den wenigen Ausnahmefällen zulässig sein kann, in denen eine anderweitige Sicherung der Rechte nicht mehr gewährleistet ist.[78]

46 Will ein Mieter das Betreten seiner Wohnung durch den Vermieter verhindern, so kommt eine einstweilige Verfügung dann in Betracht, wenn erhebliche Gefahren für Sachen oder Personen bestehen.[79] Hier darf der Mieter nicht darauf verwiesen werden, dass er das Betreten durch Austausch des Schließzylinders unter Umständen verhindern könnte. Das widerrechtliche Betreten der Wohnung stellt einen Straftatbestand dar, den der Mieter aus keinem rechtlichen Gesichtspunkt zu dulden hat und gegen den er sich effektiv und kurzfristig wehren können muss.

47 Der **Antrag des Mieters** richtet sich auf Herausgabe des Zweitschlüssels mit dem Gebot, dem Vermieter zu untersagen, den Mieter weiterhin im Besitz zu stören.

IX. Wiedereinräumung des Besitzes

48 Trotz des Gewaltmonopols des Staates versuchen bisweilen Vermieter ihre privatrechtlichen Ansprüche auf eigene Faust durchzusetzen, indem sie sich z. B. nach Ausspruch einer fristlosen Kündigung widerrechtlich Zutritt zu dem Mietobjekt verschaffen und den Mieter aus dem Besitz setzen. Der so behandelte Mieter kann gegen diese **verbotene Eigenmacht** im Wege der einstweiligen Verfügung die Wiedereinräumung des Besitzes betreiben. Nicht entscheidend ist, ob die vorausgegangene fristlose Kündigung, z. B. wegen Zahlungsverzuges, wirksam war oder nicht. Der Mieter macht den possessorischen Besitzschutzanspruch des § 861 BGB geltend, der auf die Wiederherstellung des Zustandes vor Besitzentziehung gerichtet ist. Liegen die Voraussetzun-

---

Zwangsmaßnahmen in der einstweiligen Verfügung würde nicht dem Rang des verfassungsrechtlichen Schutzes der Wohnung gemäß Art. 113 GG entsprechen, zumindest dann nicht, wenn lediglich einmal vergeblich Zugang zu der Wohnung zu erlangen versucht wurde.

[73] *Scholz* in *Schmid* Kap. 24 Rdn. 136; **a. A.:** AG Ibbenbüren WuM 1991, 360: Für den Fall der Verweigerung des Mieters, nach fristloser Kündigung Zutritt zu gewähren, wenn der Mieter die Kündigung als unbegründet zurückgewiesen hat und der Vermieter den Räumungsanspruch auch nicht gerichtlich geltend macht.
[74] OLG Hamburg WuM 1978, 169.
[75] AG Neumünster WuM 2004, 222.
[76] *Dunkl/Moeller/Baur/Feldmeier* A 636a m. w. N.
[77] *Fischer* in *Bub/Treier* VIII. Rdn. 115 m. w. N.
[78] *Fischer* a. a. O.
[79] *Dunkl/Moeller/Baur/Feldmeier* A 636a m. w. N.

gen der verbotenen Eigenmacht (§ 858 BGB) vor, kann der Antragsgegner nicht petitorisches Recht entgegen halten (§ 863 BGB). Es kommt mithin nicht auf die Wirksamkeit der Kündigung des Vermieters an.

Nicht erforderlich ist in diesem Fall die Darlegung eines weiteren besonderen Verfügungsgrundes und dessen Glaubhaftmachung.[80] **49**

Weigert sich der Antragsgegner, den Mieter in den Besitz der Mietsache zu setzen, **50** bedarf es auf Antrag eines Beschlusses, nach dem der Gläubiger auf Kosten des Schuldners die Handlung (Öffnung der Wohnungstüre) vornehmen lassen kann (§ 887 Abs. 1 ZPO a. E. i. V. § 885 ZPO). Beantragt der Antragsteller gleichzeitig mit der einstweiligen Verfügung, sich zu deren Durchsetzung der Hilfe des Gerichtsvollziehers bedienen zu dürfen, in der Hoffnung, hierbei wertvolle Zeit zu gewinnen und nicht erneut nach Weigerung des Schuldners das Gericht bemühen zu müssen, wird der Antrag zurückgewiesen. Der Antrag ist unzulässig, da er eine Vorwegnahme der Zwangsvollstreckung darstellt (str.). Hierüber ist im einstweiligen Verfügungsverfahren jedoch keine Entscheidung veranlasst, da zunächst davon ausgegangen werden muss, dass sich der Antragsgegner angesichts der einstweiligen Verfügung rechtstreu verhält.[81]

Darüber hinaus ist der Wiedereinräumungsanspruch aus § 861 BGB nicht als ver- **51** tretbare Handlung im Sinne des § 887 ZPO zu werten, sondern ein Herausgabeanspruch gemäß § 885 ZPO[82] (vgl. Kap. 7 Rdn. 80ff.).

X. Betriebspflicht

Haben die Parteien bei einem gewerblichen Mietverhältnis vereinbart, dass dem **52** Mieter eine **Betriebspflicht** obliegt oder lässt diese sich aus besonderen Umständen ableiten (Laden im Einkaufszentrum/Gaststätte),[83] kann der Vermieter bei Verstoß gegen diese Verpflichtung im Wege der einstweiligen Verfügung vorgehen.[84] Bei dem Anspruch des Vermieters handelt es sich um einen Leistungsanspruch auf Erbringung einer unvertretbaren Handlung (§ 888 ZPO).[85] Ist zur Erfüllung der Betriebspflicht die Mitwirkung Dritter erforderlich, kann diese aber nicht durchgesetzt werden, ist nicht nur § 888 ZPO nicht anwendbar,[86] sondern der Antrag auf Durchsetzung der Betriebspflicht im Wege der einstweiligen Verfügung mangels Vollstreckbarkeit nicht zulässig. Von diesem Ausnahmefall abgesehen ist grundsätzlich die Eilbedürftigkeit zu bejahen, da dem Vermieter nicht zugemutet werden kann, die Klärung des Anspruches im normalen Erkenntnisverfahren abzuwarten. So wird es als gerichtsbekannt angesehen, dass Leerstände in der Nachbarschaft sich wirtschaftlich negativ auf die Mitmieter eines Einkaufszentrums auswirken (geminderte Kundenakzeptanz), insbesondere den

---

[80] *Bassenge* in *Palandt* § 861 BGB Rdn. 18 m. w. N.; *Joost* in *MünchKomm*, § 861 BGB Rdn. 16 m. w. N.

[81] Beschluss des AG München vom 30. 9. 2003, Az.: 452 C 30128/03: Der Antrag stellt eine unzulässige Vorwegnahme der Zwangsvollstreckung dar.; a. A.: *Hinz* NZM 2005, 841, 846 mit Antragsformulierung.

[82] Vgl. *Bassenge* in *Palandt* § 861 BGB Rdn. 10 und *Stöber* in *Zöller* § 885 ZPO Rdn. 2.

[83] *Hinz* NZM 2005, 841, 852.

[84] OLG Hamburg WuM 2003, 641 f.; **a. A.** *Huber* in *Musielak* § 940 ZPO Rdn. 11.

[85] Offen gelassen: *Wolf/Eckert/Ball* Rdn. 616 ff.; verneinend: *Eisenschmid* in *Schmidt-Futterer* § 535 BGB Rdn. 203.

[86] OLG Naumburg NZM 1998, 575; **a. A.**: *Jendrek* NZM 2000, 526, 530: Solange die Mitwirkungsbereitschaft eines Dritten feststeht, ist ein Ausschluss einer Vollstreckbarkeit nach § 888 Abs. 1 ZPO nicht ersichtlich. Bestehen Zweifel an der Erfüllungsbereitschaft des Dritten, muss der Schuldner seine Erfüllungsbereitschaft bis an die Grenzen des Zumutbaren ausschöpfen, wozu er durch Zwang angehalten werden kann.; vgl. hierzu *Hinz* NZM 2005, 841, 852.

Umsatz dieser Geschäfte beeinträchtigen (str.).[87] Zudem ist ein leer stehender Laden schwieriger zu vermieten als ein im Betrieb befindlicher.[88] Steht ein Laden erst einmal eine Zeitlang leer, können Nachteile (Verlust des Kundenstamms, geringere Miete bei neuer Vermietung) für den Vermieter eintreten, die nur sehr schwer ausgeglichen werden können. Es ist somit nicht gerechtfertigt, in diesen Fällen den vorläufigen Rechtsschutz zu verweigern, zumal der Schadensersatzanspruch im Hauptsacheverfahren in der Regel wegen Beweisschwierigkeiten kaum durchsetzbar ist.[89]

53 Ist allerdings der Mieter vermögenslos geworden, soll der Antrag unbegründet sein, weil dem Mieter nichts abverlangt werden kann, was er einzuhalten nicht in der Lage ist.[90] Befindet sich der Mieter zudem in erheblichem Zahlungsrückstand, fehlt das Rechtsschutzbedürfnis, da das Mietverhältnis entweder fristlos beendet wurde oder erwartungsgemäß gekündigt werden wird.[91]

XI. Vermieterpfandrecht

1. Anspruch des Vermieters

54 Dem Vermieter steht für Forderungen aus dem Mietverhältnis gemäß § 562 BGB ein **Pfandrecht** an den eingebrachten Sachen des Mieters zu. Zur Durchsetzung dieses Pfandrechtes kann der Vermieter mittels einstweiliger Verfügung (§§ 935, 938 Abs. 2 ZPO) die Entfernung der dem Pfandrecht unterliegenden Sachen unterbinden oder nach erfolgter Entfernung deren Zurückschaffung erzwingen.[92] Die Realisierung des Vermieterpfandrechtes ist dann in Gefahr, wenn der Mieter die Absicht kund tut, demnächst ausziehen zu wollen.[93] Zwar steht dem Vermieter gemäß § 562b BGB ein Selbsthilferecht zu, gleichwohl ist das Rechtsschutzbedürfnis für das Erlangen einer einstweiligen Verfügung gegeben.[94] Es ist nicht erforderlich, dass der Vermieter glaubhaft macht, seine Forderungen aus dem Mietverhältnis seien weder durch eine Minderung noch durch eine Aufrechnung des Mieters erloschen. Die Gegenansicht geht unzutreffend davon aus, die gemäß § 936 ZPO entsprechend anzuwendende Vorschrift des § 920 Abs. 2 ZPO enthalte eine Beweislastregelung zu Lasten des Antragstellers[95] (vgl. Kapitel 5 II. 2.).

55 Es genügt jedoch nicht, wenn der Vermieter lediglich pauschal dem Mieter durch die einstweilige Verfügung die Entfernung von Gegenständen aus der Wohnung untersagen lassen will. Erforderlich ist vielmehr eine genaue Bezeichnung der Gegenstände sowie Glaubhaftmachung, dass sich die fraglichen Gegenstände zum Zeitpunkt der Antragstellung in den Miträumen befunden haben.[96]

---

[87] OLG Hamburg GUT 2003, 232; WuM 2003, 642; LG Bamberg ZMR 2004, 581; **einschränkend:** KG GUT 2004, 236 = NZM 2005, 620f: bloße Befürchtungen über mögliche Folgen der Betriebseinstellung genügen nicht; es müssen konkrete und nachprüfbare Nachteile vorgetragen werden.
[88] OLG Hamburg a.a.O.
[89] OLG Hamburg a.a.O.; vgl. aber: KG GUT 2004, 236.
[90] LG Köln NZM 2005, 621f.; **a.A.** OLG Düsseldorf ZMR 2004, 508.
[91] *Hinz* a.a.O.
[92] *Fischer* in *Bub/Treier* VIII. Rdn. 120; *Emmerich* in *Staudinger* § 562b BGB Rdn. 20 m.w.N.; OLG Rostock NZM 2005, 440.
[93] *Emmerich* in *Staudinger* § 562b BGB Rdn. 3 m.w.N.; OLG Celle NJW-RR 1987, 447/448.
[94] *Fischer* a.a.O., u.H.a. OLG Celle NJW-RR 1987, 447f.
[95] *Fischer* a.a.O. i.V.m. Rdn. 117.
[96] *Scholz* in *Schmid* Kap. 24 Rdn. 144; **a.A.:** OLG Hamm NZM 2001, 623: Der Ort an dem sich die Gegenstände befinden ist konkret zu beschreiben, nicht aber die einzelnen Gegenstände.; einschränkend auch: *Hinz* NZM 2005, 841, 855 m.H.a. OLG Rostock NZM 2005, 440.

XII. Untervermietung   56–61 **11. Kap.**

Bei der Durchsetzung des Vermieterpfandrechtes durch den Vermieter ist stets zu **56** beachten, dass der Herausgabeanspruch des Vermieters gegen den Besitzer der Gegenstände, die dem Pfandrecht unterworfen sind, innerhalb einer **Ausschlussfrist** von einem Monat nach Kenntnis der Entfernung des Pfandobjektes geltend gemacht werden muss (§ 562b Abs. 2 Satz 2 BGB). Hierbei ist für den Fristbeginn unerheblich, ob der Vermieter Kenntnis davon hat, wo sich die Sachen befinden.[97] Wurde der Besitz am Mietobjekt vom Mieter bereits aufgegeben, kann der Vermieter die Überlassung des Besitzes am Pfandobjekt an sich selbst fordern.[98] Ist der Besitz noch nicht aufgegeben worden, ist die Herausgabe der Gegenstände an den Gerichtsvollzieher als Sequester zu beantragen.[99] Der Gerichtsvollzieher hat die Gegenstände in den Besitz des Mieters zurückzuschaffen.

In dem Antrag auf Erlass einer einstweiligen Verfügung sollte daher der Zeitpunkt **57** der Kenntnisnahme der Wegschaffung der Pfandobjekte dargelegt und glaubhaft gemacht werden. Antragsgegner ist der jeweilige Besitzer des Pfandobjektes.[100]

Sind die Pfandsachen aus dem Mietobjekt entfernt worden und weiß der Vermieter **58** nicht, welche Gegenstände wohin verbracht wurden und wer sie besitzt, steht ihm zunächst nur ein **Auskunftsanspruch** zu. Dieser kann im Wege der einstweiligen Verfügung durchgesetzt werden, auch wenn Sinn und Zweck der §§ 935ff. ZPO es verbieten, die Hauptsache vorwegzunehmen,[101] Die Situation ist vergleichbar mit der des Besitzers, der den durch verbotene Eigenmacht entzogenen Besitz zurück verlangt.[102]

Der Vermieter ist daher nicht auf das ordentliche Verfahren zu verweisen. Er kann **59** seinen Anspruch gegebenenfalls in Form einer Stufenklage geltend machen.[103] Damit wahrt er die Ausschlussfrist des § 562b Abs. 2 Satz 2 BGB.

2. Anspruch des Mieters auf Herausgabe

Hat der Vermieter aufgrund des von ihm geltend gemachten Vermieterpfandrechtes **60** dem Mieter untersagt, nicht pfändbare Gegenstände (§§ 811, 811c, 812 ZPO) mitzunehmen oder den Gerichtsvollzieher anlässlich der Räumung angehalten, diese Gegenstände in den Räumen zu belassen, eröffnet sich für den Mieter im Rahmen des einstweiligen Rechtsschutzes die Möglichkeit, eine einstweilige Verfügung auf Herausgabe bzw. Duldung der Wegnahme der betroffenen Gegenstände zu beantragen. In dem eigenmächtigen Vorgehen des Vermieters ist eine verbotene Eigenmacht zu sehen.[104]

XII. Untervermietung

1. Anspruch des Vermieters

Die Berechtigung zur Untervermietung von **gewerblichen Räumen** ergibt sich **61** nicht aus dem Gesetz, sondern allenfalls aus dem Mietvertrag. Wurde in diesem dem

---

[97] *Lammel* in *Schmidt-Futterer* § 562b BGB, Rdn. 31 m. w. N.
[98] *Lammel* in *Schmidt-Futterer* § 562b BGB, Rdn. 27.
[99] *Lammel* a. a. O. Rdn. 32.
[100] *Lammel* a. a. O. Rdn. 34.
[101] OLG Rostock NZM 2005, 440; **a. A.:** *Dunkl/Möller/Baur/Feldmeier* A, Rdn. 623; *Huber* in *Musielak* § 940 ZPO Rdn. 18 mit Ausnahme: Vermieter ist aus existentiellen Gründen auf die Auskunft angewiesen, ein effektiver Rechtsschutz durch ein ordentliches Verfahren ist nicht gewährleistet und die Entscheidung für den Hauptsacheprozess wird nicht vorweggenommen.
[102] OLG Rostock a. a. O.
[103] OLG Rostock a. a. O.
[104] *Schuschke* WuM 2004, 137/139; *Hinz* NZM 2005, 841, 856.

Mieter die Untervermietung untersagt oder von der Erlaubnis des Vermieters abhängig gemacht, oder wurde überhaupt keine Regelung getroffen und überlässt der Mieter ohne ausdrückliche Einwilligung des Vermieters Teile oder die Räume in ihrer Gesamtheit einem Dritten, hat der Vermieter einen Anspruch auf Unterlassung.[105] Diesen Anspruch kann er aber nur in einem Ausnahmefall mittels einer einstweiligen Verfügung durchsetzen.

62 Erlangt der Vermieter Kenntnis davon, dass der Mieter kurz **vor** Beendigung des Mietverhältnisses beabsichtigt, die Räume **unterzuvermieten,** kann er mit einer einstweiligen Verfügung einschreiten.[106]

63 Die **Dringlichkeit** des Handelns ergibt sich aus dem Umstand, dass der Vermieter – ist der Untermieter erst einmal eingezogen – zunächst einen Räumungstitel im ordentlichen Klageverfahren gegen den Untermieter erstreiten muss,[107] was nicht nur erheblich Zeit beansprucht, sondern mit zusätzlichem Aufwand und Kosten verbunden ist. Den Untermieter direkt im Wege der einstweiligen Verfügung aus den Räumen zu setzen, ist – selbst im nachfolgenden umstrittenen Ausnahmefall – dem Vermieter verwehrt. Der Untermieter erhält seinen Besitz vom Hauptmieter und hat die Räume nicht durch verbotene Eigenmacht erlangt. Der Vermieter ist insoweit auf das ordentliche Klageverfahren zu verweisen.

64 Wenn die Untervermietung ohne oder gegen den Willen des Vermieters erst **nach** Beendigung des Mietverhältnisses insb. nach **Rechthängigkeit** des Räumungsanspruchs (§ 325 Abs. 1 ZPO) erfolgt ist, soll der Vermieter direkt gegen den Untervermieter einschreiten können, da er in diesem Falle keinen eigenen Titel benötigt, vielmehr aus dem Titel gegen den Hauptmieter vollstrecken kann.[108] Dies soll aber nur dann gelten, wenn der Besitz deshalb begründet wurde, um einer möglichen Zwangsräumung des Mieters zu begegnen und die Art der Nutzung die Gefahr einer deutlichen Verschlechterung des Mietobjektes in sich birgt.[109] Folgt man dieser Auffassung, fehlt für eine einstweilige Verfügung das **Rechtschutzbedürfnis**.

65 Vorstehende Überlegungen gelten auch grundsätzlich für **Wohnraummietverhältnisse,** jedenfalls für die Fälle, in denen die gesamte Wohnung untervermietet werden soll, da § 553 BGB dem Mieter allenfalls das Recht einräumt, Teile der Wohnung einem Dritten zum Gebrauch zu überlassen.[110] Weder während der Dauer des Mietverhältnisses, noch nach dessen Beendigung, ist es dem Vermieter aus obigen Gründen möglich, den Untermieter etwa durch eine einstweilige Verfügung aus der Wohnung zu bekommen. Ein Fall verbotener Eigenmacht liegt nicht vor. Der Vermieter muss daher eine Räumungsklage erheben und so einen vollstreckbaren Titel gegen den Untermieter erlangen.[111]

---

[105] Grundsätzlich hat der Mieter keinen Anspruch auf Erteilung der Untermieterlaubnis: OLG Düsseldorf WuM 1993, 399/400; a.A.: OLG Hamburg WuM 1993, 737.
[106] *Hannemann* in *Jendrek* D.IV.1.1; weitergehend: *Hinz* NZM 2005, 841, 851.
[107] Vgl. OLG Hamburg WuM 1993, 737; OLG Düsseldorf WuM 1993, 399; BGH NZM 2003, 802; WuM 2004, 555f.
[108] *Scheuer* in *Bub/Treier* V. A Rdn. 51 für den Fall des § 325 Abs. 1 ZPO; *Vollkommer* in *Zöller* § 325 ZPO Rdn. 38; vgl. LG Hamburg ZMR 2003, 493f.; OLG Hamburg WuM 1992, 548; LG Karlsruhe NJW 1953, 30; **a. A.:** LG Köln ZMR 1963, 30; BGH NZM 2003, 802; BGH WuM 2004, 555f. Zwangsvollstreckung ist nur gegen die Person zulässig, die im Titel und der Vollstreckungsklausel als Vollstreckungsschuldner bezeichnet ist. Der Gerichtsvollzieher hat nicht das Recht zum Besitz zu beurteilen.
[109] LG Hamburg ZMR 2003, 493f.
[110] *Krämer* in *Bub/Treier* III.A Rdn. 1020 m.w.N.
[111] BGH NZM 2003, 802; BGH WuM 2004, 555f.

2. Anspruch des Mieters

Der Verfügungsanspruch auf Erteilung der Untermieterlaubnis ergibt sich aus § 553 66
Abs. 1, Satz 1 BGB oder aufgrund vertraglicher Vereinbarung.

Ein **Verfügungsgrund** kann vorliegen, wenn der Wohnungsmieter seinen An- 67
spruch auf teilweise Untervermietung durchsetzen will. Der Mieter benötigt grundsätzlich die Erlaubnis des Vermieters, will er die Wohnung auch nur teilweise einem Dritten überlassen.[112] Handelt es sich nicht um Familienangehörige,[113] ist es erforderlich, dass der Vermieter den Namen desjenigen kennt, an den untervermietet werden soll.[114] Der Mieter muss daher dem Vermieter den Namen und die Anschrift des künftigen Untermieters bekannt geben und um Erlaubnis bitten, an diese Person untervermieten zu dürfen. In der Regel ist ein Untermieter auf Wohnungssuche. Müsste der Mieter erst im ordentlichen Klageverfahren die Erlaubnis erstreiten, wird der Untermieter im Hinblick auf die lange Verfahrensdauer von seiner Absicht Abstand nehmen, bei dem Mieter anzumieten und sich anderswo umsehen. Der Mieter ist deshalb darauf angewiesen, dass bei Vorliegen der Anspruchsvoraussetzungen die Erlaubnis rasch erteilt wird. Wegen der gebotenen Eile und angesichts der drohenden finanziellen Nachteile ist der Verfügungsgrund (entgegen h. M.) zu Gunsten des Mieters zu bejahen.[115]

Der Mieter kann nicht darauf verwiesen werden, den Untermieter ohne Erlaubnis des 68
Vermieters aufzunehmen mit der Begründung, bei einem bestehenden Anspruch sei die Erlaubnis lediglich Formsache (in der Regel bei der Aufnahme eines Lebensgefährten). Im Hinblick auf den Rechtsentscheid des BayObLG[116] stellt die Aufnahme des Untermieters ohne die Erlaubnis des Vermieters eine Pflichtverletzung dar, die den Vermieter berechtigt, unter Umständen das Mietverhältnis zu kündigen. Zwar ist die Pflichtverletzung des Mieters unter dem Gesichtspunkt zu würdigen, dass der Mieter möglicherweise einen Anspruch auf Erteilung der Untermieterlaubnis hatte, jedoch muss sich der Mieter in diesem Falle der Gefahr aussetzen, die Wohnung ganz zu verlieren.

Gleichwohl lässt sich nicht generell sagen, dass der Mieter seinen Anspruch immer 69
im Wege der einstweiligen Verfügung durchsetzen kann. Der Verfügungsgrund kann entfallen, wenn der Mieter den entgangenen Untermietzins als Schadensersatz geltend machen kann[117] und unerheblich ist, wer als Untermieter einzieht.

Ist jedoch auch die Person des Untermieters von Bedeutung – was in der Regel der 70
Fall sein dürfte – und muss der Mieter befürchten, dass der ausgewählte Untermieter im Hinblick auf eine lange Prozessdauer von seiner Absicht anzumieten Abstand nimmt, muss der Verfügungsgrund bejaht werden.

XIII. Vorkaufsrecht des Mieters (§ 577 BGB)

Wird nach Überlassung der Wohnung an den Mieter Wohnungseigentum begrün- 71
det und diese Wohnung an einen Dritten verkauft, so steht dem Mieter ein Vorkaufs-

---

[112] BGH WuM 2003, 688; BayObLG WuM 1995, 378.
[113] BayObLG, WuM 1997, 603 (Eltern).
[114] KG WuM 1992, 350: Es besteht kein Anspruch des Mieters auf Erteilung einer generellen Untermieterlaubnis; ebenso wenig hat der Mieter einen Anspruch darauf, dass der Vermieter seiner Rechtsauffassung über das Vorliegen eines Teils der gesetzlichen Voraussetzungen für den Anspruch auf Erlaubniserteilung zustimmt.
[115] Vgl. *Hinz* NZM 2005, 841, 850, 851, ausnahmsweise zur Aufnahme eines Lebensgefährten; **a. A.:** LG Hamburg WuM 2000, 303 mit dem Argument, die einmal erteilte Erlaubnis führe zu einer endgültigen Erfüllung.
[116] BayObLG WuM 1995, 378.
[117] LG Berlin MM 1999, 169.

recht zu (§ 577 BGB). Übt der Mieter das Vorkaufsrecht aus, kann er zur Sicherung seines Erfüllungsanspruches im Wege der einstweiligen Verfügung den Parteien des Kaufvertrages untersagen, Schritte zur Eintragung des Käufers als Eigentümer der Wohnung zu unternehmen.[118] Der Verfügungsanspruch ergibt sich aus § 577 BGB direkt, sofern der Mieter sein Vorkaufsrecht ausgeübt hat. Gegenüber dem Erwerber kann dem Mieter ein Verfügungsanspruch gemäß § 826 BGB auf Unterlassung der Eintragung als Eigentümer im Grundbuch zustehen, sofern die entsprechenden Voraussetzungen vorliegen. Grundsätzlich stellt das Vorkaufsrecht gemäß § 577 BGB eine durch § 826 BGB geschützte Rechtsposition dar.[119] Weist der Mieter ein kollusives Zusammenwirken zwischen Vermieter und Drittkäufer zur Vereitelung des Vorkaufsrechtes nach, – wobei die Freistellung des Verkäufers durch den Erwerber von etwaigen Schadensersatzansprüchen des Mieters ausreichen kann – ist der Verfügungsanspruch in jedem Falle zu bejahen.[120]

72 Der Verfügungsgrund ergibt sich schon aus dem Umstand, dass im Falle der Eintragung des Erwerbers als Eigentümer die Rechte des Mieters nicht mehr verwirklicht werden können. Da der Vermieter zudem ebenso wie der **Erwerber** einen Eintragungsantrag stellen kann, ist auch gegenüber dem Vermieter ein Verfügungsgrund zu bejahen.[121]

73 Darüber hinaus kann der Mieter zur Sicherung seines Erfüllungsanspruches auch im Fall einer einstweiligen Verfügung die Eintragung einer Auflassungsvormerkung erzwingen.[122]

74 Im Hinblick auf § 885 Abs. 1 Satz 2 BGB ist es nicht erforderlich, eine Gefährdung des Eigentumsverschaffungsanspruches des Mieters glaubhaft zu machen. Zum Teil wird die Ansicht erörtert, dass die Eintragung einer Vormerkung zu Gunsten des Mieters bereits dann möglich sein soll, wenn sich die Umwandlungsabsicht verdichtet.[123] Dies sei deshalb erforderlich, weil die Eintragung einer Vormerkung zu Gunsten des Mieters voraussetzt, dass zunächst ein Kaufvertrag mit einem Dritterwerber abgeschlossen worden ist und dann der Mieter sein Vorkaufsrecht ausgeübt hat. Infolge des Zeitablaufes kann die Durchsetzung des Erfüllungsanspruches aus § 577 BGB durch die Eintragung einer Vormerkung zu Gunsten des Erwerbers vereitelt werden. Im Hinblick auf das Fehlen einer gesetzlichen Grundlage wird jedoch überwiegend die Eintragung der Vormerkung **vor** Ausübung des Vorkaufsrechtes abgelehnt.[124] Die beschriebene Vorgehensweise ist nur dann anzuraten, wenn ein kollusives Zusammenwirken von Verkäufer und Dritterwerber zu Lasten des Mieters nachgewiesen werden kann. Ansonsten wird der Dritte im Hinblick auf seine vorrangige Auflassungsvormerkung die Löschung der nachrangigen Auflassungsvormerkung zu Gunsten des Mieters oder gar die Eintragung des Mieters als Eigentümer im Wege der Klage auf Zustimmung der Löschung beseitigen.[125]

75 Zuständig ist das Gericht der Hauptsache (§ 937 Abs. 1, 973 ZPO und § 942 Abs. 2 ZPO). Örtlich und sachlich zuständig ist das Amtsgericht, in dessen Bezirk sich die Wohnung befindet (§ 29 a Abs. 1 ZPO; Ausnahme: § 29 a Abs. 2 ZPO; § 23 Nr. 2 a GVG).

76 Gemäß § 941 ZPO ist das Amtsgericht befugt, das Grundbuchamt um die Eintragung zu ersuchen. Das Gericht muss einen entsprechenden Antrag des Antragstellers

---

[118] OLG München WuM 2000, 120 ff.
[119] OLG München a. a. O.
[120] OLG München WuM 2000, 120 ff.
[121] OLG München a. a. O., 124.
[122] *Blank* in Schmidt-Futterer § 577 BGB Rdn. 63; *Hinz/Junker/v. Rechenberg/Sternel* S. 684 ff.
[123] Vgl. hierzu *Blank* in Schmidt-Futterer § 577 BGB Rdn. 65 m. w. N.; vgl. *Hinz* NZM 2005, 841, 851.
[124] *Blank* in Schmidt-Futterer a. a. O. m. w. N.
[125] *Blank* in Schmidt-Futterer § 577 BGB Rdn. 66.

XV. Sonstige Fälle   77–81   11. Kap.

nicht folgen; sicherheitshalber sollte der Antragsteller einen eigenen Eintragungsantrag stellen.[126]

Die **Vollziehung** der einstweiligen Verfügung (siehe XVII) kann vor der Zustel- 77 lung erfolgen, wenn letztere innerhalb Wochenfrist nach der Vollziehung und vor Verstreichen der Monatsfrist des § 929 Abs. 2 ZPO durchgeführt wird.

XIV. Kaution

Ist der Mieter ausgezogen und hat er einen fälligen Anspruch auf Rückzahlung der 78 Kaution, kann er diesen Anspruch nicht im Wege der einstweiligen Verfügung durchsetzen. Dies gilt auch dann, wenn der Mieter vorträgt, dringend auf den Kautionsbetrag, z. B. für das neue Mietverhältnis, angewiesen zu sein.[127] Zum einen ist in der Regel der Kautionsbetrag zum Zeitpunkt, da das neue Mietverhältnis abgeschlossen ist, nicht zur Rückzahlung fällig (in der Regel 3–6 Monate nach Beendigung), so dass es insoweit schon am Verfügungsanspruch fehlt. Zum anderen ist auch der Verfügungsgrund zu verneinen, weil dadurch der Sicherungszweck unterlaufen werden würde. Die Kaution dient als Sicherheit für die Forderungen des Vermieters. Beim Antrag auf Erlass einer einstweiligen Verfügung handelt es sich um ein summarisches Verfahren, das mit wenigen Rechtsschutzgarantien ausgestattet ist.[128] Als **Verfügungsgrund** müsste der Mieter ohnehin darlegen, in einer Notlage zu sein. Gibt das Gericht hierauf der einstweiligen Verfügung statt, verliert der Vermieter seine Sicherheit und wird gerade im Hinblick auf die Notlage des Mieters die Durchsetzung seiner Gegenansprüche nicht mehr realisieren können. Zudem besteht die Gefahr einer Fehlentscheidung, da die Kautionsabrechnungsprozesse oft nur durch Sachverständigengutachten entschieden werden können, die jedoch in einem Eilverfahren nicht angeordnet werden.

Greift der Vermieter während des laufenden Mietverhältnisses auf die Kaution zu, 79 kann der Mieter dies im Wege der einstweiligen Verfügung untersagen (Unterlassungsverfügung), wenn dem Vermieter kein fälliger unstreitiger Anspruch zusteht (str.).[129] Ist die Berechtigung der Gegenforderung des Vermieters strittig, muss dieser das Bestehen seiner Forderung erst auf dem ordentlichen Rechtsweg klären, bevor er die Kaution beansprucht. Das vom Mieter angestrengten einstweiligen Verfügungsverfahren ist hierfür nicht geeignet.[130] Die Kaution dient lediglich der Sicherung, nicht dazu, dem Vermieter die Möglichkeit zu eröffnen, sich vor der gerichtlichen Klärung des Streits zu befriedigen.[131]

Droht der Vermieter in Vermögensverfall zu geraten, kann der Mieter ihn mittels 80 einer einstweiligen Verfügung bei nicht beendetem Mietverhältnis durch eine Auskunftsverfügung zwingen, darzulegen, ob und wie er die Kaution angelegt hat.[132]

XV. Sonstige Fälle

1. Hat der Mieter den nicht ehelichen **Lebensgefährten** wegen erheblicher Span- 81 nungen aus der Wohnung gewiesen, kann der Ausgewiesene den Zutritt zur Wohnung nicht durch eine einstweilige Verfügung erzwingen.[133] Die Kammer ließ offen, ob ein

---

[126] *Huber* in *Musielak* § 941 ZPO Rdn. 1.
[127] *Blank* in *Schmidt-Futterer* § 551 BGB Rdn. 76.
[128] Vgl. *Eisenschmid* in *Schmidt-Futterer* § 554 BGB Rdn. 341.
[129] LG Wuppertal NZM 2004, 298; vgl. *Kluth/Grün* NZM 2002, 1015 f.
[130] LG Wuppertal a. a. O.
[131] LG Wuppertal a. a. O.
[132] *Schilling* in *MünchKomm* § 551 BGB Rdn. 24.
[133] LG Mainz WuM 1992, 440 f. m. w. N.; vgl. KrsG Magdeburg WuM 1992, 310 sowie *Stellwag* ZMR 1991, 289; vgl. LG Berlin ZMR 1991, 182 f.

Fall der verbotenen Eigenmacht zu bejahen ist, da sie das Begehren des Antragstellers als rechtsmissbräuchlich erachtete. Sie war zu der Überzeugung gelangt, dass ein auch nur einigermaßen friedliches Zusammenleben der Parteien in der gemeinsamen Wohnung nicht mehr möglich war und die konkrete Gefahr einer eskalierenden Auseinandersetzung bestand.

82 2. Wird die Wohnung nicht ordnungsgemäß beheizt, hat der Mieter einen Anspruch, im Wege der einstweiligen Verfügung die **Beheizung** zu gewährleisten.[134] Der Verfügungsgrund ist selbst dann nicht zu verneinen, wenn der Antragsteller die Möglichkeit hat, die Wohnung auch elektrisch zu beheizen. Eine elektrische Beheizung stellt nur einen Notbehelf dar.[135]

83 Wurde zwischen dem Vermieter und einem Dritten ein Energielieferungsvertrag geschlossen, hat der Mieter aufgrund der Schutzwirkung dieses Vertrages einen Anspruch auf Belieferung gegen den Betreiber. Diesen Anspruch kann er im Wege der einstweiligen Verfügung durchsetzen. Das Vorliegen eines Verfügungsgrundes ist während der kalten Jahreszeit grundsätzlich zu bejahen, um die Beheizbarkeit der Wohnung sicher zu stellen.[136] Ist die Wohnung nicht beheizbar, ist sie unbewohnbar. Eine Gesundheitsgefährdung ist zu befürchten. Die Ausübung der Liefersperre unter Ausnutzung der Monopolstellung des Versorgungsunternehmens bedeutet eine erhöhte Gefahr für den Verfügungskläger, wesentliche Nachteile zu erleiden.[137]

84 3. Haben die Vertragsparteien einen Mietvorvertrag abgeschlossen, ist es dem potentiellen Mieter im Wege der einstweiligen Verfügung versagt, eine Besitzeinräumung zu erzwingen, oder auch nur die Abgabe einer Willenserklärung zum Abschluss eines Mietvertrages durchzusetzen.[138] Eine Sicherungsverfügung gemäß § 935 ZPO dient lediglich der vorläufigen Sicherung eines gefährdeten Rechtes, nicht der Verwirklichung des Rechtes selbst. Aufgrund des Mietvorvertrages besteht noch nicht ein Anspruch auf Besitzeinräumung, sondern lediglich auf Abschluss des Mietvertrages. Erst wenn dieser abgeschlossen ist, kann der Anspruch auf Einräumung des Besitzes durchgesetzt werden. Insoweit ist ein Verfügungsanspruch zu verneinen.[139] Eine Regelungsverfügung gemäß § 940 ZPO ist nur in Ausnahmefällen möglich, nämlich dann, wenn der Antragsteller auf die sofortige Erfüllung dringend angewiesen ist.[140] Der Mieter muss die Dringlichkeit seines Antrages konkret darlegen und glaubhaft machen, wobei das Gericht offen gelassen hat, ob der Abschluss eines Vormietvertrages grundsätzlich ein taugliches Rechtsverhältnis für das Begehren des Antragstellers darstellt.

85 Die **Abgabe einer Willenserklärung** kann nicht im Wege der einstweiligen Verfügung erzwungen werden. Dies widerspricht grundsätzlich dem vorläufigen Charakter des Eilrechtsschutzes.[141]

86 4. Will der Mieter die Unterlassung von **Lärmstörungen** im Wege der einstweiligen Verfügung erzwingen, sind an den Verfügungsgrund strenge Anforderungen zu stellen, da zumindest teilweise die Hauptsache vorweg genommen wird.[142] Erforderlich ist darüber hinaus eine erhebliche Wiederholungsgefahr.[143]

---

[134] OLG Köln ZMR 1994, 325; AG Burg WuM 1992, 588.
[135] *Scholz* in *Schmid* Kap. 24 E Rdn. 139.
[136] AG Erfurt WuM 2000, 259 ff.
[137] AG Erfurt a. a. O.
[138] AG Schöneberg ZMR 1999, 643 ff.
[139] AG Schöneberg a. a. O.
[140] AG Schöneberg a. a. O.; *Vollkommer* in *Zöller* § 940 ZPO Rdn. 6.
[141] AG Schöneberg a. a. O.
[142] AG Hamburg-Wandsbek ZMR 2002, 130; vgl. *Eisenschmid* in *Schmidt-Futterer* Rdn. 123.
[143] LG Bonn WuM 1990, 358 f.

XV. Sonstige Fälle

Wird der Mieter durch Klavierspiel eines Dritten belästigt, kann er dies gegenüber diesem Dritten zumindest während der Nachtruhe und in allgemeinen Ruhezeiten untersagen. Auch bei einer längeren Dauer der Auseinandersetzung bleibt die Sache eilbedürftig, da „ein unausgesetztes Musizieren für die unfreiwilligen Zuhörer von Tag zu Tag unerträglicher wird".[144]

5. Wurde zwischen den Parteien vereinbart, dass der Vermieter im Wege einer Einzugsermächtigung den Mietzins einzieht, so hat er der Widerruf dieser **Einzugsermächtigung** zu beachten. Tut er dies nicht, kann der Mieter im Wege der einstweiligen Verfügung **Unterlassung** verlangen.[145]

Der Mieter hatte gemindert, der Vermieter gleichwohl in voller Höhe von seiner Einzugsermächtigung Gebrauch gemacht. Der Verfügungsgrund wurde bejaht, da das Gericht davon ausging, dass bis zum Erlass eines erstinstanzlichen Urteils und der Erwirkung eines Beschlusses nach § 890 ZPO einige Monate ins Land gehen können. Während dieser Zeit wäre der Verfügungskläger jedes Mal gezwungen gewesen, die erfolgten Abbuchungen zurückzurufen und den reduzierten Mietzins zu leisten. Der Verfügungsanspruch und somit das Vorliegen einer Minderung ist vom Antragsteller darzulegen und glaubhaft zu machen.

6. Streiten Mietvertragsparteien über die Nutzung eines **Stellplatzes,** kann sich der Mieter im Wege der einstweiligen Verfügung zum Zwecke der Regelung eines einstweiligen Zustandes die Nutzung eines Stellplatzes sichern. Hierbei ist nicht zwingend erforderlich, dass sich der Verfügungsanspruch aus dem Mietvertrag ergibt, da bei der Regelungsverfügung ein materiell-rechtlicher Anspruch nicht Voraussetzung ist.[146] Für die Darlegung des Verfügungsgrundes reicht es aus, wenn der Verfügungskläger seine Schwerbehinderung nachweist. Die Wahrscheinlichkeit, dass ohne die Nutzung des Stellplatzes ein möglicherweise weit entfernter Parkplatz gesucht werden muss, reicht für die Annahme eines notwendigen, wesentlichen Nachteils aus.

7. Stellt der Vermieter den Mieter wegen angeblichen Mietrückstands öffentlich bloß, kann der Mieter den Vermieter im Wege der einstweiligen Verfügung zur Unterlassung zwingen. Dies gilt jedenfalls dann, wenn es dem Vermieter offensichtlich im Wesentlichen um die **Bloßstellung** und weniger um die Mahnung ging. Der Verfügungsgrund im Sinne des § 940 ZPO ist dann gegeben, wenn die Besorgnis besteht, der Vorfall werde sich wiederholen, und wenn eine Schädigung des Ansehens des Antragstellers befürchtet werden muss.[147]

Auch Bloßstellungen, Beleidigungen oder Äußerungen diskriminierenden Inhalts durch den Mieter mittels Plakaten z.B. in den Fenstern der gemieteten Räume können mit einer einstweiligen Verfügung unterbunden werden.[148] Handelt es sich dabei um politische Äußerungen ist im Einzelfall abzuwägen zwischen den Interessen des Mieters, des Vermieters und der Mitmieter. Der Vermieter dürfte ein Recht darauf haben, nicht mit politischen Inhalten in Zusammenhang gebracht zu werden, die er nicht billigt.[149]

8. Versucht ein Wasserversorgungsunternehmen zur Durchsetzung von Ansprüchen gegen den Vermieter, die Wasserbelieferung der Mieterhaushalte zurückzubehalten, kann der von einer angedrohten **Wassersperrung** betroffene Mieter die Unterlassung der Störung durch verbotene Eigenmacht im Wege der einstweiligen Verfügung durch-

---

[144] LG Frankfurt WuM 1990, 287f., mit Verweis auf OLG München WuM 1988, 299 (mietvertragliches Musizierverbot).
[145] LG Berlin GE 1996, 805: außerdem bestünde immer die Gefahr, dass eine Buchung übersehen wird; *Hinz* NZM 2005, 841, 851.
[146] AG Lörrach WuM 2002, 95.
[147] LG Dortmund WuM 1990, 287.
[148] *Hinz* NZM 2005, 841, 850.
[149] *Hinz* a.a.O.

zusetzen.¹⁵⁰ Der Verfügungskläger wird im Besitz seiner Wohnung durch verbotene Eigenmacht gestört, wenn die Wasserversorgung unterbunden wird (§ 862 Abs. 1 BGB). Zwar steht dem Wasserversorgungsunternehmen aufgrund der Verordnung über allgemeine Bedingungen für die Versorgung mit Wasser ein Zurückbehaltungsrecht zu. Diese Norm stellt jedoch keine gesetzliche Regelung im Sinne des § 858 BGB dar,¹⁵¹ und berechtigt somit nicht, willentlich die berechtigten Interessen unbeteiligter Dritter, hier der Mieter, erheblich zu beeinträchtigen. Die Angelegenheit ist auch dringlich, zumal den Mietern nicht zugemutet werden kann, die Ursache des Stopps der Wasserbelieferung, hier Zahlungsrückstände, im Sinne von § 267 BGB auszugleichen.¹⁵²

94   9. Hat der Vermieter die **Gemeinschaftsantennenanlage** an einen Dritten übertragen, der die Anlage betreibt, so begeht dieser Dritte verbotene Eigenmacht, wenn er die tatsächliche Nutzungsmöglichkeit des Mieters unterbindet. Auch etwaige Zahlungsrückstände des Mieters gegenüber dem Vermieter berechtigen den Betreiber der Anlage nicht zu Manipulationen an der Antennenanlage. Allenfalls ein entsprechender Rechtstitel könnte den Verfügungsbeklagten berechtigen, die Nutzung durch den Mieter zu unterbinden.¹⁵³

95   10. Weist der Mieter auf Mängel der Mietsache gegenüber einem **potentiellen** Käufer hin, ist der Vermieter nicht berechtigt, durch eine einstweilige Verfügung die Unterlassung von Äußerungen des Mieters zu erzwingen.¹⁵⁴

11. Verbandsklage

96   Der **Anspruch nach dem UKlaG** gegen den Verwender von unwirksamen AGBs beziehungsweise denjenigen, der diese AGBs empfiehlt, kann auch im einstweiligen Verfügungsverfahren durchgesetzt werden.¹⁵⁵ In Frage kommt allerdings lediglich eine Leistungsverfügung nach § 940 ZPO, nicht jedoch der Anspruch auf Widerruf, da dies zu einer endgültigen Erfüllung führen würde.¹⁵⁶ Gemäß § 5 UKlaG findet auf das Verfahren auch die Vorschrift des § 12 Abs. 2 UWG Anwendung. Dies bedeutet, dass bezüglich des Verfügungsgrundes eine Darlegung und Glaubhaftmachung der Dringlichkeit nicht erforderlich ist, da sie nach § 12 Abs. 2 UWG widerlegbar vermutet wird.¹⁵⁷

97   Fraglich ist, ob diese Vermutungsregelung entfällt, wenn der Antragsteller in Kenntnis des Verstoßes mehrere Monate untätig geblieben ist.¹⁵⁸ Dies ist bei einem Zuwarten von 3 bis 4 Monaten zu bejahen.

XVI. Anwaltszwang

98   Im Hinblick auf §§ 920 Abs. 3, 936 ZPO sowie § 78 Abs. 5 ZPO ist der Antrag auf Erlass der einstweiligen Verfügung auch dann nicht dem Anwaltszwang unterworfen, wenn sachlich das Landgericht zuständig ist.

---

¹⁵⁰ AG Frankfurt WuM 1998, 42.
¹⁵¹ AG Frankfurt a. a. O.
¹⁵² AG Frankfurt a. a. O., vgl. AG Siegen WuM 1996, 707; LG Bonn WuM 1980, 231 f.; LG Berlin WuM 2003, 508: Bei Besitzstörung ist die Eilbedürftigkeit als gegeben zu erachten.
¹⁵³ AG Bergen WuM 1994, 524.
¹⁵⁴ OLG Celle NJW-RR 1991, 781; *Scholz* in *Schmid* Kap. 24 Rdn. 147.
¹⁵⁵ OLG Düsseldorf NJW 1989, 1487; OLG Frankfurt NJW 1989, 1489; **a. A.:** OLG Düsseldorf NJW 1978, 2513.
¹⁵⁶ *Bassenge* in *Palandt* § 5 UKlaG Rdn. 9.
¹⁵⁷ *Bassenge* a. a. O. Rdn. 10.
¹⁵⁸ *Bassenge* a. a. O.

XVII. Vollziehungsfrist

Zu beachten ist, wie bei allen einstweiligen Verfügungen, § 929 Abs. 2 ZPO. Danach muss die einstweilige Verfügung innerhalb eines Monats seit Zustellung an den Antragsteller und bei der Urteilsverkündung mit dessen Verkündung vollzogen sein. Nach einer Entscheidung des OLG Düsseldorf ist die nach § 922 Abs. 2 ZPO erforderliche Wirksamkeitszustellung üblicherweise zugleich als Vollziehungszustellung anzusehen.[159] Selbst wenn – wie teilweise vertreten[160] – die Stellung eines Vollstreckungsantrages nach §§ 887, 888 ZPO hinzukommen müsste, ist dieser Antrag zunächst nicht erforderlich, wenn eine zeitraubende Auslandszustellung notwendig ist.[161] 99

XVIII. Schutzschrift

Mit der Schutzschrift beugt der Antragsgegner einem Antrag auf Erlass einer einstweiligen Verfügung vor. Damit kann der Antragsgegner zumindest die Durchführung einer mündlichen Verhandlung und damit einer Beweisaufnahme vor Erlass der einstweiligen Verfügung erzwingen. Dies erweitert die Verteidigungsmöglichkeit des Antragsgegners, weil in der mündlichen Verhandlung präsente Zeugen gehört werden müssen. 100

Die Schutzschrift ist bei der entsprechenden Abteilung des Gerichtes zu hinterlegen, bei dem der Antrag auf Erlass einer einstweiligen Verfügung erwartet wird. Sie sollte bezüglich Inhalt und Aufbau einem Verfügungsgesuch angeglichen sein.[162] 101

Nach Antragstellung und Darlegung des Sachverhaltes sind die Einwendungen gegen die zu erwartende einstweilige Verfügung (Prozessvoraussetzung, Verfügungsanspruch, Verfügungsgrund) darzulegen. 102

XIX. Rechtsbehelfe

Wird dem Antrag auf Erlass einer einstweiligen Verfügung nicht stattgegeben, ist die sofortige Beschwerde durch den Antragsteller statthaft (§§ 567 Abs. 1 Nr. 2, 569 ZPO). 103

Der Antragsgegner kann gegen den Erlass einer einstweiligen Verfügung Widerspruch einlegen (§§ 924, 925 ZPO). 104

Gegen das Urteil, das aufgrund des Widerspruches ergangen ist, ist dem Unterliegenden unter den allgemeinen Voraussetzungen das Rechtsmittel der Berufung eröffnet. 105

---

[159] BGH NJW 1990, 122/124.
[160] OLG Hamm NJW-RR 1993, 959.
[161] OLG Düsseldorf, Beschluss vom 21. 10. 2003, Az.: I-10 W 64/03; im günstigsten Falle erfolgt die Zustellung der Beschlussverfügung zeitgleich mit der Zustellung des Antrages nach § 888 ZPO. Der Gläubiger hätte dann das Risiko zu tragen, dass sich der Schuldner dem Druck der einstweiligen Verfügung beugt und – wie beantragt – den Geschäftsbetrieb aufnimmt. Der Antrag nach § 888 ZPO ist erledigt und der Gläubiger hätte dessen Kosten nach § 91a ZPO zu tragen. Im Übrigen müsse der Gläubiger dem Schuldner ausreichend Gelegenheit geben, die Wiederaufnahme des Betriebes zu organisieren. Ein verfrühter Antrag wäre unzulässig.
[162] *Dunkl/Moeller/Baur/Feldmeier* A Rdn. 550.

XX. Streitwert

106 Dient die einstweilige Verfügung – was der Regelfall ist – nur der Sicherung des Anspruches, ist das Interesse des Antragstellers an der Unterlassung von Besitzstörungen maßgebend, das mit höchstens einem Drittel bis zur Hälfte des Wertes der Hauptsache anzusetzen ist.[163] Entsprechendes gilt für Anträge, mit denen der Mieter die Doppelvermietung zu unterbinden versucht oder die Besitzeinräumung eines Konkurrenten verhindern will.[164] Der Antrag auf Unterlassung des Abschlusses eines Mietvertrages mit einem Konkurrenten ist ebenfalls mit einem Drittel bis zur Hälfte des Hauptsachewertes zu beziffern. Schließt der Konkurrent allerdings daraufhin mit dem Vermieter nicht ab, wird er sich anderweitig umsehen, so dass in der Regel eine endgültige Klärung herbeigeführt wird.[165] Entsprechend höher ist der Streitwert anzusetzen.

107 Bei einstweiligen Verfügungen, die eine **endgültige Regelung** herbeiführen (z.B. Instandsetzungsverfügungen), ist der Jahresbetrag der Mietminderung anzusetzen.[166] Entsprechendes gilt bei einstweiligen Verfügungen, mit denen eine Räumung oder eine Modernisierung durchgesetzt werden soll; hier ist der Räumungsstreitwert bzw. der Jahresbetrag der Modernisierungserhöhung als Streitwert anzusetzen.

---

[163] *Jendrek* in *Jendrek* D.IV.2.5, Anm. 5.
[164] *Jendrek* in *Jendrek* D.IV.2.3, Anm. 5.
[165] *Deppen* in *Jendrek* D.IV.2.6, Anm. 4.
[166] § 41 Abs. 5 GKG.

12. Kapitel. Zwangsvollstreckung

Übersicht

	Rdn.		Rdn.
I. Vorläufige Vollstreckbarkeit	1–19	IV. Handlung oder Unterlassung	61–73
1. Ohne Sicherheitsleistung	2–10	1. Abgrenzung	62–69
2. Anträge der Parteien	11–19	2. Durchführung	70–73
II. Einstweilige Einstellung der Zwangsvollstreckung	20–24	V. Abgabe einer Willenserklärung	74–77
		VI. Vollstreckungsschutz	78–109
III. Räumungsvollstreckung	25–60	1. Anwendungsbereich	80–83
1. Voraussetzungen	26–29	2. Voraussetzungen	84–99
2. Titel gegen Schuldner	30–39	3. Verfahren	100–109
3. Durchführung der Zwangsräumung	40–60		

I. Vorläufige Vollstreckbarkeit

Die Zwangsvollstreckung findet gem. § 704 Abs. 1 ZPO statt aus Endurteilen, die **1** rechtskräftig oder für vorläufig vollstreckbar erklärt sind. Über die vorläufige Vollstreckbarkeit ist ohne Antrag von Amts wegen zu entscheiden.

1. Ohne Sicherheitsleistung

Zu unterscheiden ist zwischen Urteilen, die nicht für vorläufig vollstreckbar zu er- **2** klären sind, z.B. Revisionsurteile des BGH, Urteile, die gegen Sicherheitsleistung für vorläufig vollstreckbar zu erklären sind (**Regelfall,** vgl. § 709 ZPO) und Urteile, die ohne Sicherheitsleistung für vorläufig vollstreckbar zu erklären sind, § 708 ZPO.

Auch Urteile auf **Abgabe einer Willenserklärung** (Zustimmung zur Mieterhö- **3** hung) sind für vorläufig vollstreckbar zur erklären.[1] Da aber gem. § 894 ZPO die Wirkung des Urteils erst mit Rechtskraft eintritt, hat die vorläufige Vollstreckbarkeit nur Wirkung für die Kostenfestsetzung.[2]

Mietrechtlich von Bedeutung ist die Bestimmung des **§ 708 Nr. 7 ZPO**. Danach **4** sind für vorläufig vollstreckbar ohne Sicherheitsleistung zu erklären Urteile in Streitigkeiten zwischen dem Vermieter und dem Mieter oder Untermieter von Wohnräumen oder anderen Räumen oder zwischen dem Mieter und dem Untermieter solcher Räume wegen Überlassung, Benutzung oder Räumung, wegen Fortsetzung des Mietverhältnisses über Wohnraum auf Grund der §§ 574–574b BGB sowie wegen Zurückhaltung der von dem Mieter oder dem Untermieter in die Mieträume eingebrachten Sachen.

Nicht unter die Bestimmung fallen also Klagen auf Zustimmung zur Mieterhöhung, **5** auf Mietzahlung (z.B. wegen Minderung), außer der Gegenstand der Verurteilung in der Hauptsache übersteigt € 1250 nicht, § 708 Nr. 11 ZPO. Ebenfalls nicht unter diese Bestimmung fallen Klagen auf Bestehen oder Nichtbestehen eines Mietverhältnisses.

„**Benutzung**" liegt auch vor, wenn die Parteien um die Umgestaltung der gemie- **6** teten Räume streiten.[3]

---

[1] *Putzo* in *Thomas/Putzo* vor §§ 708–720 ZPO Rdn. 1; a.A. *Börstinghaus* in *Schmidt-Futterer* § 558b BGB Rdn. 136.
[2] *Stöber* in *Zöller* § 894 ZPO Rdn. 4.
[3] LG Berlin WuM 1989, 426.

7 Voraussetzung ist es, dass es sich um eine Streitigkeit zwischen Vermieter und Mieter oder Untermieter handelt. Die Bestimmung gilt auch für klageabweisende Urteile. In diesem Fall ist die Kostenentscheidung ohne Sicherheitsleistung für vorläufig vollstreckbar zu erklären unabhängig davon, ob die Voraussetzungen des § 708 Nr. 11 ZPO vorliegen.

8 „**Andere Räume**" sind insbesondere Geschäftsräume aller Art, Garagen nicht aber unbebaute Grundstücke oder bewegliche Sachen und deren Innenräume, z.B. Wohnwagen oder Wohncontainer.[4]

9 In Mietprozessen ist ferner § 708 Nr. 11 ZPO zu beachten. Für vorläufig vollstreckbar ohne Sicherheitsleistung sind danach zu erklären Urteile in vermögensrechtlichen Streitigkeiten, wenn der Gegenstand der **Verurteilung in der Hauptsache € 1250 nicht übersteigt** oder wenn nur die Entscheidung über die Kosten vollstreckbar ist und eine Vollstreckung im Wert von nicht mehr als € 1500 ermöglicht. Entscheidend ist der Betrag der Hauptsache ohne Zinsen, Kosten und andere Nebenforderungen. Bezüglich der Kosten kommt es allein auf den zu schätzenden Kostenerstattungsanspruch an. Wird gleichzeitig auf Räumung und auf Zahlung geklagt (objektive Klagehäufung) und beträgt die Forderung mehr als € 1500, gilt insoweit § 709 ZPO.

10 Gemäß § 711 ZPO hat das Gericht in den Fällen des § 708 Nr. 1–11 ZPO auszusprechen, dass der Schuldner die Vollstreckung durch Sicherheitsleistung oder Hinterlegung abwenden darf, wenn nicht der Gläubiger vor der Vollstreckung Sicherheit leistet. Das Gericht kann die Sicherheit entweder in bestimmter Höhe oder als verhältnismäßige Sicherheit gem. § 711 Satz 2 in Verbindung mit § 709 Satz 2 ZPO festsetzen.[5]

2. Anträge der Parteien

11 Der **Gläubiger** hat die Möglichkeit, gem. §§ 711 Satz 3, 710 ZPO einen Antrag **vor Schluss** der mündlichen Verhandlung (§ 714 ZPO) zu stellen, wonach das Urteil ohne Sicherheitsleistung für vorläufig vollstreckbar erklärt wird, wenn er die Sicherheit nicht oder nur unter erheblichen Schwierigkeiten leisten kann und wenn die Aussetzung der Vollstreckung für ihn einen schwer zu ersetzenden oder schwer abzusehenden Nachteil bringen würde oder aus einem sonstigen Grunde unbillig wäre, insbesondere weil der Gläubiger die Leistung für seine Lebenshaltung oder seine Erwerbstätigkeit dringend benötigt. Die Voraussetzungen hierfür sind glaubhaft zu machen, § 714 Abs. 2 ZPO.

12 Erhebliche Bedeutung insbesondere im Hinblick auf die einstweilige Einstellung der Zwangsvollstreckung im Berufungs- und Revisionsverfahren hat der **Schutzantrag des Schuldners gem. § 712 ZPO**. Danach ist dem Schuldner zu gestatten, ohne Rücksicht auf eine Sicherheitsleistung des Gläubigers durch eigene Sicherheitsleistung die Vollstreckung abzuwenden, sofern ihm die Vollstreckung einen nicht zu ersetzenden Nachteil bringen würde. Auch hier gilt § 714 ZPO. Die Anträge sind vor Schluss der mündlichen Verhandlung zu stellen, auf die das Urteil ergeht und die tatsächlichen Voraussetzungen sind glaubhaft zu machen. Ein solcher unersetzlicher Nachteil kann der Verlust der Wohnung sein.[6]

13 Liegen die Voraussetzungen vor, sollte der Schuldner noch in 1. Instanz[7] hilfsweise beantragen, ihm gem. § 712 Abs. 1 ZPO zu gestatten, die vorläufige Vollstreckbarkeit des Räumungsurteils ohne Rücksicht auf eine Sicherheitsleistung des Klägers durch

---

[4] Putzo in Thomas/Putzo § 29a ZPO Rdn. 6.
[5] Vgl. die Formulierungsbeispiele bei Putzo in Thomas/Putzo § 711 ZPO Rdn. 3, 3a.
[6] LG Frankfurt WuM 1989, 304.
[7] Der Antrag ist auch noch in 2. Instanz zulässig, vgl. Putzo in Thomas/Putzo § 714 ZPO Rdn. 5. Hierdurch können aber Nachteile bei den Anträgen auf einstweilige Einstellung der Zwangsvollstreckung entstehen, s. Rdn. 22.

eigene Sicherheitsleistung abzuwenden. Liegen die Voraussetzungen des § 712 Abs. 1 Satz 2 ZPO vor, ist der Schuldner also nicht in der Lage, die Sicherheit zu leisten, sollte hilfsweise beantragt werden, ein Räumungsurteil gem. § 712 Abs. 1 Satz 2 ZPO nicht für vorläufig vollstreckbar zu erklären.[8]

Die Beweislast für den nicht zu ersetzenden Nachteil hat der Schuldner, für das überwiegende Interesse des Gläubigers hingegen der Gläubiger.[9] Das Gericht hat gem. § 712 Abs. 2 Satz 1 ZPO eine **Interessenabwägung** vorzunehmen, wenn der nicht zu ersetzende Nachteil bejaht wird. Danach ist dem Antrag des Schuldners gleichwohl nicht zu entsprechen, wenn ein überwiegendes Interesse des Gläubigers entgegensteht. Kann in diesem Fall der Gläubiger nicht darlegen und beweisen, dass seine Interessen überwiegen, ist dem Schutzantrag des Schuldners stattzugeben.[10]   14

Der Gläubiger muss nicht, sollte aber entsprechend vortragen und die entsprechenden Tatsachen glaubhaft machen, § 714 Abs. 2 ZPO entsprechend.   15

Weitere Voraussetzung für den Antrag nach § 712 ZPO ist die Statthaftigkeit eines Rechtsmittels im Sinne von § 713 ZPO. Bei Räumungsurteilen ist dies problemlos der Fall.   16

In der Praxis wird von der Möglichkeit eines Antrags nach § 712 ZPO in Räumungsrechtsstreitigkeiten wenig Gebrauch gemacht. Unbedingt erforderlich ist ein solcher Antrag dann, wenn die zuständige Berufungskammer die einstweilige Einstellung der Zwangsvollstreckung gem. §§ 719 Abs. 1, 707 ZPO von der Stellung eines Antrags gem. § 712 ZPO in der 1. Instanz abhängig macht (s. Rdn. 22).   17

Wird dem Schutzantrag des Schuldners gem. § 712 ZPO stattgegeben, und leistet der Schuldner die Sicherheit, so ist die Zwangsvollstreckung **einzustellen**, §§ 775 Nr. 3, 776 ZPO. Ist über die vorläufige Vollstreckbarkeit, auch über Anträge nach § 710 oder 712 Abs. 1 ZPO nicht entschieden, so sind wegen der Ergänzung des Urteils die Vorschriften des § 321 ZPO anzuwenden, § 716 ZPO.   18

Betreibt der Gläubiger aus einem vorläufig vollstreckbaren Urteil die Zwangsvollstreckung und leistet der Schuldner zur Abwendung der Vollstreckung, führt dies nicht zur Erledigung der Hauptsache.[11] Hat der Schuldner also geräumt und herausgegeben, um die Zwangsräumung abzuwenden, ist der Räumungsprozess gleichwohl weiterzuführen.   19

II. Einstweilige Einstellung der Zwangsvollstreckung

Eine einstweilige Einstellung der Zwangsvollstreckung kommt in Betracht[12]   20
1. wenn ein erstinstanzliches Räumungsurteil vorliegt und der Mieter Berufung einlegt, § 719 Abs. 1 ZPO
2. wenn der Mieter zur Räumung verurteilt wurde und Revision eingelegt hat, § 719 Abs. 2 ZPO
3. wenn ein Räumungsurteil vorliegt und der Mieter die zugelassene Rechtsbeschwerde eingelegt hat, § 570 Abs. 3 Halbsatz 1 ZPO in Verbindung mit § 575 Abs. 5 ZPO[13]
4. wenn der Mieter im Falle eines Räumungsurteils nur gegen die Versagung der Räumungsfrist sofortige Beschwerde einlegt, §§ 721 Abs. 6, 570 Abs. 3 ZPO

---

[8] *Eisenhardt* in NZM 1998, 64; hier auch zum Verhältnis des Antrags gem. § 712 ZPO zum Antrag auf einstweilige Einstellung der Zwangsvollstreckung.
[9] *Herget* in Zöller § 712 ZPO Rdn. 6.
[10] *Herget* a. a. O.
[11] *Vollkommer* in Zöller § 91 a ZPO Rdn. 5.
[12] Nach *Franke* in Jendrek D. I. 7.
[13] Vgl. BGH WuM 2003, 509.

5. wenn der Antrag auf Räumungsfrist gem. § 721 Abs. 1 bei der Entscheidung übergangen wurde und der Mieter Urteilsergänzung beantragt hat, § 721 Abs. 1 Satz 3 ZPO, letzter Halbsatz
6. wenn auf künftige Räumung erkannt wurde und der Mieter Räumungsfrist nach § 721 Abs. 2 ZPO beantragt hat und über diesen Antrag noch nicht entschieden wurde, § 721 Abs. 2 in Verbindung mit Abs. 4 Satz 4 ZPO
7. wenn der Mieter eine Verlängerung der Räumungsfrist gem. § 721 Abs. 3 beantragt hat und über diesen Antrag noch nicht entschieden wurde, § 721 Abs. 3 ZPO in Verbindung mit Abs. 4 Satz 4 ZPO
8. wenn der Schuldner beim Berufungsgericht Schutzantrag nach § 712 ZPO stellt, kann das Berufungsgericht auf Antrag nach § 719 ZPO einstweilen einstellen.[14]

21 Legt der Mieter gegen ein Räumungsurteil **Berufung** ein und beantragt die einstweilige Einstellung der Zwangsvollstreckung gem. § 719 Abs. 1 ZPO, ist zunächst die Berufungsbegründung abzuwarten.[15] Sodann sind vorweg Zulässigkeit und die Erfolgsaussichten der Berufung zu überprüfen.[16] Kommt zumindest die Gewährung einer (weiteren) Räumungsfrist in Betracht, kann die Zwangsvollstreckung einstweilen eingestellt werden.

22 Teilweise wird die Ansicht vertreten,[17] dass eine einstweilige Einstellung der Zwangsvollstreckung im Berufungsverfahren gem. §§ 719 Abs. 1, 707 ZPO nicht in Betracht kommt, wenn dem Mieter das Stellen eines Schutzantrages gem. § 712 ZPO im Verfahren 1. Instanz möglich und zumutbar ist. Überwiegend wird hingegen zu Recht die Auffassung vertreten, dass die Einstellung am Unterlassen eines Antrags gem. § 712 ZPO nicht scheitern darf.[18] Ein Antrag nach § 719 Abs. 1 ZPO bleibt also zulässig. War jedoch in der Vorinstanz versäumt worden, einen Schutzantrag gem. § 712 ZPO zu stellen, kann dieser Antrag nicht mehr nachgeholt werden.[19]

23 Ist über die vorläufige Vollstreckbarkeit, ob von Amtswegen gem. §§ 708, 709 ZPO oder über rechtzeitig gestellte Anträge gem. §§ 714 Abs. 1, 711, 712 Abs. 2 Satz 2 ZPO nicht entschieden, so sind gem. § 716 ZPO wegen **Ergänzung des Urteils** die Vorschriften des § 321 ZPO anzuwenden. Hierbei ist insbesondere die Frist des § 321 Abs. 2 ZPO zu beachten, wonach die nachträgliche Entscheidung binnen einer zweiwöchigen Frist, die mit der Zustellung des Urteils beginnt, durch Einreichung eines Schriftsatzes beantragt werden muss. Bei Fristversäumnis bleibt nur noch die Möglichkeit der Berufung zusammen mit einem Antrag gem. § 718 Abs. 1 ZPO.

24 Nach ständiger Rechtsprechung des BGH[20] kommt eine einstweilige Einstellung der Zwangsvollstreckung gem. § 719 Abs. 2 ZPO im **Revisionsverfahren** nicht in Betracht, wenn in der Berufungsinstanz ein möglicher und zumutbarer Antrag nach § 712 ZPO nicht gestellt wurde. Der Antrag auf Gewährung einer Räumungsfrist ersetzt einen solchen Vollstreckungsschutzantrag nicht.[21] Dem Mieter ist das Stellen eines Schutzantrages gem. § 712 ZPO im Verfahren 2. Instanz selbst dann zumutbar, wenn das Berufungsgericht seinen Antrag nach §§ 719 Abs. 1, 707 ZPO zurückgewiesen hat.[22] Übergeht das Berufungsgericht den Schutzantrag des Mieters gem. § 712 ZPO

---

[14] *Herget* in *Zöller* § 714 ZPO Rdn. 1.
[15] *Herget* in *Zöller* § 719 ZPO Rdn. 3.
[16] *Herget* a. a. O.
[17] LG Hanau NZM 1999, 801; LG Frankfurt a. M. NZM 1999, 1136.
[18] *Putzo* in *Thomas/Putzo* § 719 ZPO Rdn. 3 m. w. N.; *Herget* in *Zöller* § 719 ZPO Rdn. 3; *Eisenhardt* NZM 1999, 785.
[19] *Herget* in *Zöller* § 714 ZPO Rdn. 1; a. A. *Putzo* in *Thomas/Putzo* § 714 ZPO Rdn. 5.
[20] BGH, NZM 1999, 794; NZM 2000, 382; WuM 2003, 637; WuM 2003, 710 m. w. N.
[21] BGH WuM 2003, 710.
[22] BGH NZM 2000, 382.

und versäumt der Mieter die Beantragung eines Ergänzungsurteils gem. §§ 716, 321 ZPO, kommt auch dann eine Einstellung der Vollstreckung nach § 719 Abs. 2 ZPO regelmäßig nicht in Betracht.[23] Der Mieter hat also auch bei Aussichtslosigkeit eines solchen Antrags an das Berufungsgericht diesen Antrag vorsorglich zu stellen, um sich die Möglichkeit eines Antrags nach § 719 Abs. 2 ZPO in der Revision offen zu halten.[24] Eine Ausnahme gilt nur dann, wenn und soweit die Gründe, auf die der Antrag auf einstweilige Einstellung gem. § 719 Abs. 2 ZPO gestützt wird, im Zeitpunkt der letzten mündlichen Verhandlung vor dem Berufungsgericht noch nicht vorlagen oder aus anderen Gründen nicht vorgetragen und glaubhaft gemacht werden konnten.[25]

III. Räumungsvollstreckung

Die Räumungsvollstreckung wird gem. § 885 ZPO durchgeführt. **25**

1. Voraussetzungen

Der Schuldtitel muss auf Herausgabe, Überlassung oder Räumung lauten, § 885 **26** Abs. 1 Satz 1 ZPO. Ein Titel, der nur feststellt, dass das Mietverhältnis beendet ist, ist nicht nach § 885 ZPO zu vollstrecken.[26]

Schuldtitel kann sein ein Räumungsurteil, ein Zuschlagsbeschluss gem. § 93 Abs. 1 **27** ZVG oder ein Räumungsbeschluss gegen den Schuldner bei Zwangsverwaltung, § 149 Abs. 2 ZVG sowie ein Räumungsvergleich gem. § 794 Abs. 1 Nr. 1 ZPO; bei gewerblichen Mietverhältnissen kann auch aus einer notariellen Urkunde oder einem Anwaltsvergleich vollstreckt werden, § 794 Abs. 1 Nr. 5 ZPO, § 796a Abs. 1 ZPO, nicht jedoch bei Wohnraummietverhältnissen.

Der Gläubiger muss einen Auftrag gem. § 753 ZPO an den zuständigen Gerichts- **28** vollzieher erteilen. Der Auftrag und die Terminsanberaumung können schon vor Ablauf der Räumungsfrist erfolgen; die Terminierung steht im pflichtgemäßen Ermessen des Gerichtsvollziehers. Ein Auftrag sechs Wochen vor Fristablauf ist allerdings abgelehnt worden.[27]

Der Vollstreckungstitel muss das Grundstück **bestimmt bezeichnen** (genaue Ad- **29** resse, bei Wohnungen auch Stockwerk und Stockwerkslage sowie Nebenräume; ausreichend, aber nicht üblich ist auch die Bezeichnung des zu räumenden Grundstücks mit Flurstücksnummer und Grundbuchblatt).[28]

2. Titel gegen Schuldner

Grundsätzlich muss der Titel **gegen jeden Gewahrsamsinhaber** gerichtet sein.[29] **30** § 885 ZPO bestimmt nur, wie die Zwangsräumung durchgeführt wird. Wer Vollstreckungsschuldner ist, beurteilt sich nach § 750 Abs. 1 ZPO. Danach kann die Zwangsvollstreckung nur gegen solche Personen begonnen werden, die im Titel und in der Vollstreckungsklausel als Vollstreckungsschuldner bezeichnet sind.[30] Vollstreckungsrechtlich ohne Bedeutung ist daher, ob der Mitbewohner nach materiellem Recht zur

---

[23] BGH a. a. O.
[24] BGH NZM 1999, 794.
[25] BGH NZM 2001, 194.
[26] *Stöber* in *Zöller* § 885 ZPO Rdn. 2.
[27] AG Oberkirch DGVZ 1995, 92.
[28] OLG München DGVZ 1999, 56.
[29] BGH NZM 2004, 701.
[30] BGH a. a. O.

Herausgabe der Mietsache an den Vermieter verpflichtet wäre; diese Fragen gehören in das Erkenntnisverfahren und nicht in das formalisierte Zwangsvollstreckungsverfahren.[31] Dies führt dazu, dass entscheidend die nicht völlig geklärte Frage ist, wer Mitbesitzer oder wer Besitzdiener ist.[32]

31 Aufgrund der geänderten Lebensauffassungen ist insbesondere fraglich, ob volljährige Kinder, die sich noch in der Berufsausbildung befinden und weiterhin in der elterlichen Wohnung in den ihnen zugewiesenen Zimmern wohnen, Besitzdiener sind. Vieles spricht dafür, dass **volljährige Kinder** Mitbesitzer sind.[33]

32 **Ehegatten** des Mieters, die selbst nicht Mieter sind, sind nicht als bloße Besitzdiener anzusehen, sondern als selbständige Gewahrsamsinhaber.[34]

33 Da sich der Mitbesitz an der Ehewohnung auch auf alle Einrichtungsgegenstände erstreckt und der Ehegatte, gegen den kein Titel vorhanden ist, den anderen Ehegatten jederzeit wieder in die Wohnung aufnehmen kann, kann aus dem Räumungstitel auch nicht gegen den Mieter vollstreckt werden.[35]

34 Gegen **minderjährige** Kinder ist kein eigener Titel erforderlich.[36]

35 Angehörige des Mieters wie Eltern, Schwiegereltern, Geschwister, die mit Kenntnis und Erlaubnis des Vermieters in die Wohnung aufgenommen wurden, haben Mitbesitz; die Räumung erfordert daher auch einen Vollstreckungstitel gegen diese Personen.[37]

36 Nach der neuen Rechtsprechung des BGH ist auch gegen den **Partner** des Mieters ein eigener Räumungstitel erforderlich, da hier i.d.R. von Mitbesitz ausgegangen werden muss. Bei kurzer oder nur vorübergehender Aufnahme ohne Erlaubnis des Vermieters soll kein Mitbesitz vorliegen.[38] Ob und wie der Gerichtsvollzieher im Räumungstermin dies überprüfen soll und entsprechend entscheiden soll, ist problematisch. Allerdings besteht eine erhebliche Missbrauchsgefahr. Mitbewohner, die ohne Wissen und Willen des Vermieters nach Klageerhebung Mitbesitz erlangt und nicht offen gelegt haben, sind daher auf Grund eines gegen den Mieter ergangenen Räumungsurteils auch ohne Titel aus dem Besitz zu setzen.[39] Andernfalls könnte der Schuldner eine Zwangsräumung praktisch unmöglich machen, da es nach der höchstrichterlichen Rechtsprechung nicht auf die Kenntnis des Vermieters von den tatsächlichen Besitzverhältnissen ankommt.[40] Für den Vermieter wäre es höchstens noch möglich, den Herausgabeanspruch gegen Mitbewohner oder Untermieter (§ 546 BGB) gem. §§ 886, 829, 835 ZPO zu pfänden und sich zur Einziehung überweisen zu lassen. Sonst besteht nur noch die zeitraubende Möglichkeit, den Mieter auf Auskunft in Anspruch zu nehmen, wer Mitbesitzer der gemieteten Räume ist. Auch hier könnte der Mieter allerdings durch die Aufnahme immer neuer Personen eine Auskunftsklage ins Leere laufen lassen. Eine Räumungsklage gegen unbekannte Mitbesitzer ist unzulässig.[41]

37 Keinesfalls kann der Gerichtsvollzieher den Räumungstermin absetzen, wenn er erfährt, dass in der Wohnung weitere Bewohner sind, gegen die kein Titel vorliegt. Viel-

---

[31] BGH a.a.O.
[32] Vgl. hierzu *Schuschke* NZM 2005, 10 sowie ders. NZM 2005, 681.
[33] *Schuschke* NZM 2005, 10, der auch bei Kindern über 14 Jahre von Mitbesitz ausgeht; AG Berlin-Lichtenberg NJW-RR 2006, 430; a.A. *Stöber* in *Zöller* § 885 ZPO Rdn. 7.
[34] BGH NZM 2004, 701.
[35] OLG Frankfurt WuM 2003, 640.
[36] AG Augsburg NZM 2005, 480.
[37] *Stöber* a.a.O. Rdn. 8.
[38] *Stöber* in *Zöller* § 885 ZPO Rdn. 10.
[39] AG Hildesheim DGVZ 2003, 93; ebenso *Putzo* in *Thomas/Putzo* § 885 ZPO Rdn. 4b; KG NZM 2003, 105.
[40] BGH NZM 2004, 701.
[41] *Schusckke* NZM 2005, 681, 686.

III. Räumungsvollstreckung 38–43 **12. Kap.**

mehr hat er einen Räumungstermin anzusetzen, da gegebenenfalls die Mitbewohner freiwillig bereit sind, mit dem Schuldner zusammen auszuziehen. In diesem Fall entfällt der Mitbesitz mit dem freiwilligen Auszug.[42]

Ist der Mieter bereits vor Erhebung der Räumungsklage ausgezogen und hat die Wohnung anderen Personen (Verwandten oder Bekannten) überlassen, ist zur Vollstreckung gegen diese Personen ein eigener Titel erforderlich.[43] Daneben ist der ausgezogene Mieter weiter auf Räumung in Anspruch zu nehmen, da er auf Grund des Vertrages nach wie vor Räumung und Herausgabe schuldet.[44] **38**

Gegen den **Untermieter** kann die Räumungsvollstreckung nicht auf Grund des gegen den Hauptmieter ergangenen Titels betrieben werden. Vielmehr ist gegen den Untermieter ein gerichtlicher Vollstreckungstitel erforderlich.[45] Gemäß § 750 Abs. 1 Satz 1 ZPO kann nämlich die Zwangsvollstreckung nur gegen eine Person begonnen werden, die im Titel und in der Vollstreckungsklausel als Schuldner bezeichnet ist. Diese allgemeine Voraussetzung kann nicht durch materiell-rechtliche Erwägungen oder Gesichtspunkte der Billigkeit außer Kraft gesetzt werden.[46] Dies kann aber nicht gelten, wenn ohne Wissen des Vermieters ein Untermietverhältnis vereinbart wird, um der drohenden Zwangsräumung zu entgehen. Hier liegt ein Fall kollusiven Zusammenwirkens vor, bei dem der Einwand des Rechtsmissbrauchs zu beachten ist.[47] **39**

3. Durchführung der Zwangsräumung

Die Vollstreckung hat möglichst schonend und **kostengünstig** zu erfolgen.[48] Der Gerichtsvollzieher hat den Schuldner aus dem Besitz zu setzen und den Gläubiger in den Besitz einzuweisen, § 885 Abs. 1 Satz 2 ZPO. Gem. § 180 Nr. 2 GVGA soll der Zeitpunkt der Vollstreckung rechtzeitig vorher mitgeteilt werden. Dies ist auch deshalb geboten, damit der Schuldner rechtzeitig Vollstreckungsschutzanträge gem. § 765a ZPO stellen kann (gem. § 765a Abs. 3 ZPO spätestens zwei Wochen vor dem festgesetzten Räumungstermin). **40**

Der Schuldner ist, notfalls mit Gewalt (§ 758 Abs. 3 ZPO) aus dem Besitz zu setzen und der Gläubiger in den Besitz einzuweisen. Hierfür ist i.d.R. die Anwesenheit des Gläubigers oder eines Vertreters erforderlich, vgl. § 180 Nr. 2 GVGA. **41**

Gemäß § 885 Abs. 2 ZPO werden bewegliche Sachen, die nicht Gegenstand der Zwangsvollstreckung sind, vom Gerichtsvollzieher weggeschafft. Dies gilt zur Vermeidung überflüssiger Kosten nicht für Unrat oder Müll.[49] Solche Gegenstände, auch Sperrmüll, kann der Gerichtsvollzieher aussondern und vernichten. Dies gilt aber nicht für wertlose Sachen, bei denen ein Verwertungserlös nicht zu erwarten ist (§ 885 Abs. 3 Satz 2 ZPO). Solche Sachen sind mit zu entfernen und erst nach Ablauf einer Frist von 2 Monaten zu vernichten, § 885 Abs. 4 Satz 2 ZPO. **42**

Die Transportkosten für die Wegschaffung der beweglichen Sachen und für das Einlagern sind mit beträchtlichen Kosten verbunden. Zwar trägt gem. § 788 ZPO der Schuldner die Kosten der Zwangsvollstreckung. Gegenüber dem Gerichtsvollzieher ist jedoch der **Gläubiger** als Auftraggeber **zahlungspflichtig**, § 13 Abs. 1 Nr. 1 GVKostG. Gem. § 4 GVKostG kann der Gerichtsvollzieher einen i.d.R. beträchtliche **43**

---

[42] *Schuschke* WuM 2004, 137 Rdn. 14; a.A. BGH NZM 2004, 701, 702; vgl. auch *Stöber* in Zöller § 885 ZPO Rdn. 13 sowie *Schuschke* NZM 2005, 10.
[43] *Schuschke* WuM 2004, 138; LG Stuttgart DGVZ 2003, 121.
[44] BGH DWW 1996, 250.
[45] BGH NZM 2003, 802.
[46] So BGH a.a.O.
[47] KG NZM 2003, 105; *Lützenkirchen* WuM 2004, 58 (76); *Putzo* a.a.O.
[48] *Sternel* V Rdn. 93.
[49] AG Bremen DGVZ 1999, 63.

Vorschuss verlangen. Der Vorschuss muss die Transportkosten einschließlich der Kosten der Verpackung und die Kosten der Spedition decken, ebenso die Kosten der Einlagerung für zwei Monate.[50] Für die Kalkulation setzen die Gerichtsvollzieher teilweise einen Betrag von bis zu € 2000 pro zu räumenden Zimmer an. Ohne Vorschuss wird nicht geräumt. Der Gläubiger hat daher ein Interesse daran, die Kosten der Zwangsräumung möglichst gering zu halten, da insbesondere bei Räumungsklagen wegen Zahlungsverzugs vom Schuldner nichts mehr zu erlangen ist. Der Gläubiger hat allerdings wenige Möglichkeiten zur Kostenreduzierung. Die Spedition wird vom Gerichtsvollzieher ausgewählt und beauftragt.[51] In vielen Amtsgerichtsbezirken bestehen Rahmenverträge mit einer bestimmten Spedition, die vom Gerichtsvollzieher zu beauftragen ist. Nach überwiegender Meinung kann der Gerichtsvollzieher das Angebot des Gläubigers, die Räumung selbst durchzuführen, aus Haftungsgründen ablehnen.[52] In der Rechtsprechung und Literatur werden verschieden Modelle diskutiert, die **Kosten bei der Zwangsräumung gering zu halten.**[53] So wechselt in **Hamburg** der Gerichtsvollzieher das Schloss aus, übergibt die neuen Schlüssel jedoch nicht sofort dem Gläubiger, sondern wartet ca. zwei Wochen ab. Die Sachen des Schuldners verbleiben in dieser Zeit noch in der Wohnung. Teilt der Schuldner mit, dass er eine neue Wohnung gefunden hat, weist der Gerichtsvollzieher den Spediteur an, die Sachen in die neue Wohnung des Schuldners zu bringen, wenn der Kostenvorschuss ausreicht oder der Schuldner selbst die Kosten vorstreckt. Zahlt der Schuldner nicht, wird die Wohnung geräumt und die Gegenstände, soweit sie nicht Müll sind, eingelagert.[54] Eine andere Vorgehensweise hat das **AG Frankfurt** zugelassen:

44 Die in der Wohnung befindlichen Gegenstände des Schuldners werden durch den Gläubiger in einem eigens hierfür bereit gestellten und abgetrennten Kellerraum eingelagert, wobei dem Gerichtsvollzieher durch zur Verfügungstellung von Schlüsseln eine eigene Zugangsmöglichkeit einzuräumen ist. Die Durchführung der Räumung wird durch von den Gläubigern bereitgestellte, in einer von dem Gerichtsvollzieher zu bestimmenden Anzahl von fachkundigen Helfern bewirkt, die Entsorgung von Unrat durch die Gläubiger mittels eines bereitgestellten Kleinlasters unentgeltlich vorgenommen. Diese Räumungsdurchführung ist ferner davon abhängig, dass sich die Gläubiger verpflichten, etwaige durch die Räumung entstehende Schäden am Räumungsgut zu ersetzen und dass sie den Gerichtsvollzieher von einer etwaigen Haftung freistellen.[55] Liegen diese Voraussetzungen vor, so kann sich der Gerichtsvollzieher nicht auf einen bestehenden Rahmenvertrag berufen. Eine persönliche Verpflichtung des Gerichtsvollziehers aus einem solchen Vertrag besteht nicht. Vielmehr reduziert sich, wenn die genannten Voraussetzungen vorliegen, das **Ermessen des Gerichtsvollziehers auf Null,** sodass die einzig ermessensfehlerfreie Entscheidung des Gerichtsvollziehers die Räumung in der angegebenen Art und Weise besteht.[56] Das Gericht hatte in diesem Fall einen Räumungskostenvorschuss in Höhe von € 750 (statt des von der Gerichtsvollzieherin ursprünglich geforderten Betrages von € 7000) festgesetzt. Der Gläubiger steht allerdings vor einem Dilemma: Legt er gegen die Anforderung des Kostenvorschusses durch den Gerichtsvollzieher Erinnerung ein mit dem Ziel, dem Gerichtsvollzieher zu einer Räumung gem. den oben dargestellten Grundsätzen zu verpflichten, vergeht bis zur Entscheidung des Gerichts einige Zeit mit weiteren Mietausfällen.

---

[50] *Schuschke* NZM 2005, 681, 683 m. w. N.
[51] LG Stuttgart DGVZ 1990, 172.
[52] AG Hannover DGVZ 1975, 124; *Putzo* in *Thomas/Putzo* § 885 ZPO Rdn. 15.
[53] Vgl. *Schuschke* NZM 2005, 681, 684 f.
[54] Vgl. hierzu *Riecke* DGVZ 2005, 81.
[55] So AG Frankfurt a. Main DWW 2004, 21 m. Anm. *Huth.*
[56] AG Frankfurt a. M. a. a. O.

III. Räumungsvollstreckung   45–51 **12. Kap.**

Auch ist nach wie vor umstritten, ob sich die Gerichtsvollzieher im Hinblick auf die geschlossenen Rahmenverträge und aus Haftungsgründen auf eine solche Art der Räumung einlassen müssen. Auf der anderen Seite steht eine erhebliche Verminderung der Räumungskosten, die i. d. R. beim Schuldner nicht mehr beizutreiben sind.

Eine andere Möglichkeit, die Räumung kostengünstig durchzuführen, ist das sog. **45** „**Berliner Modell**". Danach beschränkt der Gläubiger die Zwangsvollstreckung nach § 825 ZPO auf eine Herausgabe der Wohnung und macht an sämtlichen in den Räumen befindlichen Gegenständen das **Vermieterpfandrecht** geltend. Dadurch spart sich der Gläubiger die Kosten des Abtransportes und der Einlagerung. Für diese ausschließlich auf Herausgabe gerichtete Zwangsvollstreckung, zu deren isolierter Durchführung der Gerichtsvollzieher verpflichtet ist, kann der Gerichtsvollzieher einen Vorschuss für die Kosten des Abtransportes der Möbel nicht verlangen. Der BGH hat diese Art der Räumungsvollstreckung gebilligt.[57]

Eine Prüfung, ob die bei der Durchführung der Herausgabevollstreckung in der **46** Wohnung befindlichen Gegenstände alle vom Vermieterpfandrecht erfasst werden oder ob es sich hierbei auch um Gegenstände handelt, die unpfändbar sind, hat der Gerichtsvollzieher nicht vorzunehmen. Der Gerichtsvollzieher als Vollstreckungsorgan ist nicht zuständig, materiell-rechtliche Ansprüche der Parteien im Rahmen der Zwangsvollstreckung zu klären.[58]

Anstelle der in § 885 Abs. 3 Satz 1 ZPO bestimmten Unterbringung der bewegli- **47** chen Sachen des Schuldners durch den Gerichtsvollzieher hat nunmehr der Gläubiger die in der Wohnung verbliebenen Sachen zu verwahren, §§ 1215, 1257 BGB. Die dem Vermieterpfandrecht unterliegenden Gegenstände kann der Gläubiger nach den Bestimmungen der §§ 1233 ff. BGB verwerten (Versteigerung durch den Gerichtsvollzieher gem. §§ 237 bis 241 GVGA in Verbindung mit § 21 GVO).[59] Sonstige Gegenstände, auch wenn sie wertlos und abgenutzt sind, hat der Gläubiger zu verwahren und an den Schuldner herauszugeben. Nur echten Müll kann er beseitigen.[60] Für den Gläubiger empfiehlt es sich zur Vermeidung von Schadensersatzansprüchen des Schuldners, ein genaues Protokoll über alle in der Wohnung befindlichen Gegenstände, möglichst mit Fotos, von Zeugen fertigen zu lassen.

Macht der Vermieter das **Vermieterpfandrecht** geltend, kann der Mieter im Kla- **48** gewege bzw. im Wege der einstweiligen Verfügung die Herausgabe der dem Vermieterpfandrecht nicht unterliegenden Gegenstände verlangen.[61]

Der Mieter ist allerdings nach Beendigung der Zwangsräumung, d. h. also nachdem **49** er aus dem Besitz der Wohnung gesetzt und der Vermieter in den Besitz eingewiesen worden war, nicht berechtigt, ohne gerichtlichen Titel die Gegenstände, bezüglich derer das Vermieterpfandrecht geltend gemacht wurde, eigenmächtig aus der Wohnung zu entfernen.[62]

Die Verwertung der gepfändeten Gegenstände ist nicht mehr Teil der Räumungs- **50** vollstreckung. Sie erfolgt durch öffentliche Versteigerung gem. §§ 1233 ff. BGB.

Diese Modelle haben den Nachteil, dass erhebliche Haftungsprobleme für den Gläu- **51** biger auftreten können, wenn der Schuldner behauptet, dass während der Räumung Wertgegenstände verschwunden sind und dafür z. B. Angehörige als Zeugen benennt.[63] Aber auch die Ausübung des Vermieterpfandrechts kann für den Gläubiger zu

---

[57] BGH NZM 2006, 149.
[58] BGH a. a. O.
[59] Vgl. hierzu im Einzelnen *Schuschke* NZM 2006, 284.
[60] *Schuschke* a. a. O.
[61] *Schuschke* a. a. O. sowie *ders.* NZM 2005, 681 f.
[62] OLG Rostock NZM 2005, 440.
[63] Vgl. hierzu *Schuschke* NZM 2005, 681, 685 sowie *ders.* NZM 2006, 284.

erheblichen Kosten führen, wenn, wie in der Regel, in der Wohnung des Schuldners nur unpfändbare Sachen zurückgeblieben sind. In diesem Fall hat nämlich der Gläubiger dem Schuldner den Besitz durch verbotene Eigenmacht entzogen. Der Schuldner kann Wiederherstellung des Besitzes, auch im Wege der einstweiligen Verfügung, beantragen. Der Gläubiger muss in diesem Fall die Sachen auf eigene Kosten an die neue Adresse des Schuldners herausgeben.

52 Kommen diese Möglichkeiten, die Zwangsräumungskosten günstiger durchzuführen nicht in Betracht, so ist mit den beweglichen Sachen gem. § 885 Abs. 2–4 ZPO zu verfahren. Im Regelfall werden diese Gegenstände auf Kosten des Gläubigers, der auch hierfür Vorschuss zu leisten hat, **zwei Monate eingelagert.** Wertloses Räumungsgut, das nicht Sperrmüll ist, ist ebenfalls einzulagern. Eine Vernichtung ist erst nach zwei Monaten möglich, § 885 Abs. 4 Satz 2 ZPO.

53 Der Gerichtsvollzieher hat dafür zu sorgen, dass überhöhte Transport- und Lagerkosten vermieden werden.[64] Der Gläubiger sollte also darauf achten, dass spätestens nach zwei Monaten die Gegenstände vom Gerichtsvollzieher verkauft werden, soweit sie der Schuldner nicht herausverlangt hat.

54 Der Gerichtsvollzieher ist nicht verpflichtet, die Gegenstände in die neue Wohnung des Schuldners zu verbringen, außer, der Schuldner schießt die Kosten vor oder es werden hierdurch **Verwahrungskosten gespart.**[65] Hierfür besteht aber keine Vorschuss- oder Kostenpflicht des Gläubigers.[66] Dagegen kann es durchaus im pflichtgemäßen Ermessen des Gerichtsvollziehers liegen, dass Räumungsgut durch den Gläubiger in die neue Wohnung des Schuldners schaffen zu lassen.[67]

55 Die unpfändbaren und die nicht verwertbaren Sachen sind auf Verlangen des Schuldners ohne Kostenerstattung vom Gerichtsvollzieher herauszugeben. Ein Zurückbehaltungsrecht des Gerichtsvollziehers besteht nicht.[68] Die anderen Gegenstände muss der Gerichtsvollzieher nur gegen Erstattung der Transport- und Verwahrungskosten herausgeben.[69]

56 **Dritte Personen** können die Herausgabe an sich nur mit Einverständnis des Schuldners verlangen.[70] Auch von diesen Personen kann der Gerichtsvollzieher dann die anteiligen Transport- und Verwahrungskosten verlangen. Er hat insoweit ein Zurückbehaltungsrecht. Stimmt der Schuldner der Herausgabe von Gegenständen an dritte Personen nicht zu, müssen diese den Schuldner auf Herausgabe verklagen.[71]

57 Der **Erlös** aus dem Verkauf ist nach Abzug der Kosten des Verkaufs zu hinterlegen, § 885 Abs. 4 Satz 1 ZPO. Vom Erlös sind ferner die vom Vorschuss des Gläubigers nicht gedeckten Kosten von Räumung, Verwahrung und Verkauf abzuziehen.[72] Der Gläubiger kann den Anspruch des Schuldners auf Auszahlung des Restbetrages gem. § 829 ZPO pfänden lassen.

58 Ist die Zwangsräumung durchgeführt, ist der Titel verbraucht. Dies gilt nicht, wenn der Schuldner durch behördliche Einweisung wieder in die Wohnung verbracht wird.[73]

59 Die Zwangsvollstreckung kann unzulässig sein, wenn der Vermieter ca. fünf Jahre lang aus dem Urteil nicht vollstreckt hat, sondern immer wieder unter Androhung

---

[64] *Putzo* in *Thomas/Putzo* § 885 ZPO Rdn. 14.
[65] *Stöber* in *Zöller* § 885 ZPO Rdn. 17.
[66] *Putzo* in *Thomas/Putzo* § 885 ZPO Rdn. 17.
[67] So *Schuschke* NZM 2005, 681, 683; a. A. AG Lörrach, DGVZ 2005, 109.
[68] *Stöber* in *Zöller* § 885 ZPO Rdn. 22.
[69] *Stöber* a. a. O. Rdn. 23.
[70] *Stöber* a. a. O. Rdn. 23 a.
[71] *Stöber* a. a. O.
[72] *Putzo* in *Thomas/Putzo* § 885 ZPO Rdn. 24.
[73] *Putzo* in *Thomas/Putzo* § 885 ZPO Rdn. 10.

IV. Handlung oder Unterlassung   60–63 **12. Kap.**

der Zwangsräumung Nutzungsentschädigung verlangt und entgegengenommen hat.[74] Der Räumungstitel darf nicht als Druckmittel für die regelmäßige und pünktliche Zahlung der Nutzungsentschädigung verwandt werden.[75] Dagegen ist **Verwirkung** verneint worden, wenn der Gläubiger aus einem etwa fünf Jahre alten Räumungstitel nunmehr vollstrecken will, weil der Schuldner erneut in Zahlungsrückstand geraten ist.[76]

Gegen das Verfahren des Gerichtsvollziehers findet als Rechtsbehelf die Erinnerung **60** gem. § 766 ZPO statt. Dritte können auch Drittwiderspruchsklage gem. § 771 ZPO erheben.

IV. Handlung oder Unterlassung

Vertretbare Handlungen kann der Gläubiger auf Kosten des Schuldner durchführen **61** lassen, § 887 Abs. 1 ZPO. Kann die Handlung ohne Mitwirkung des Schuldners nicht vorgenommen werden (unvertretbare Handlung), so kann der Schuldner durch Zwangsgeld oder Zwanghaft dazu angehalten werden, § 888 Abs. 1 ZPO. Eine Unterlassungs- oder Duldungspflicht wird durch Ordnungsgeld erzwungen, § 890 Abs. 1 ZPO.

1. Abgrenzung

Entscheidend ist, ob die Handlung von einem Dritten ohne Mitwirkung des Schuld- **62** ners vorgenommen werden kann, wobei es vom Standpunkt des Gläubigers aus wirtschaftlich gleichgültig ist, durch wen die Handlung vorgenommen wird und vom Standpunkt des Schuldners aus rechtlich zulässig sein muss, dass ein anderer als er selbst die Handlung vornimmt.[77] Eine **unvertretbare Handlung** liegt vor, wenn die Handlung von einem Dritten nicht vorgenommen werden kann, sondern ausschließlich vom Willen des Schuldners abhängig ist, jedoch nicht in der Abgabe einer Willenserklärung (§ 894 ZPO) besteht. Die Abgrenzung zur Unterlassung liegt darin, dass Handeln ein aktives Tun erfordert. Ob ein Handeln oder ein Unterlassen des Schuldners verlangt wird, kann auch durch die Antragstellung beeinflusst werden.[78]

Umstritten ist, ob die Pflicht zur **Abrechnung der Betriebskosten** seitens des **63** Vermieters eine vertretbare[79] oder eine unvertretbare[80] Handlung darstellt. Entscheidend ist darauf abzustellen, ob die Erfüllung dieser Verpflichtung Kenntnisse erfordert, die nur der Vermieter selbst, nicht aber ein Dritter haben kann.[81] Dies ist bei der Erstellung einer Betriebskostenabrechnung zu verneinen. Vielmehr kann die Abrechnung von jedem sachverständigen Dritten, der im Besitz der Unterlagen ist, erstellt werden. Hierbei spielt es keine Rolle, dass diese Unterlagen sich im Besitz des Schuldners befinden. Das Gericht kann nämlich im Anordnungsbeschluss nach § 887 ZPO einzelne zur Vornahme der erforderlichen Handlungen notwendige Anordnungen treffen, z.B. dem Schuldner aufgeben, die erforderlichen Unterlagen herauszugeben.[82]

---

[74] LG Hamburg WuM 1989, 32; vgl. auch OLG Hamm NJW 1982, 341.
[75] LG Hamburg WuM 1987, 233.
[76] LG Möchengladbach WuM 1990, 161.
[77] BGH NJW 1995, 463 (464).
[78] Vgl. *Sternel* V Rdn. 97.
[79] *Langenberg* in *Schmidt-Futterer* § 556 BGB Rdn. 546; LG Rostock NZM 2003, 40; *Schmidt* und *Gohrke* WuM 2002, 593.
[80] *Sternel* Mietrecht aktuell Rdn. 1486 m.w.N.
[81] So zur Abrechnungspflicht des ausgeschiedenen WEG-Verwalters BayObLG NZM 2002, 489 (491).
[82] So LG Roststock a.a.O.

64 Ist der Mieter zur **Abschaffung eines Tieres** verurteilt worden, liegt eine vertretbare Handlung vor.[83] Dieser Antrag wird sinnvollerweise mit dem Antrag auf Unterlassung weiterer Tierhaltung verbunden, der nach § 890 ZPO zu vollstrecken ist.[84]

65 Ist der Vermieter verurteilt worden, **Schäden** an der Wohnung des Mieters zu beseitigen, ist zu differenzieren. Handelt es sich nicht um eine Eigentumswohnung oder sind bei einer Eigentumswohnung keine Eingriffe in das Gemeinschaftseigentum erforderlich, so ist die Beseitigung der Schäden eine vertretbare Handlung. Die Vollstreckung erfolgt in diesem Fall gem. § 887 ZPO, auch wenn es Sache des Vermieters ist, wie er den Schaden beseitigt.[85]

66 Sind Schäden an einer **vermieteten Eigentumswohnung** zu beseitigen, die einen Eingriff in das Gemeinschaftseigentum erfordern, ist § 887 ZPO nicht anwendbar. Diese Vorschrift gilt nicht, wenn die Vornahme der Handlung davon abhängt, dass ein Dritter mitwirkt oder sie freiwillig duldet.[86] Da es jedoch Sache des Vermieters ist, die rechtlichen Voraussetzungen für die Zulässigkeit der Instandsetzungsmaßnahme zu schaffen, sind ihm damit auch diejenigen Handlungen mit aufgegeben, die erforderlich sind, um die Maßnahmen durchführen zu können.[87] Eine Ausnahme gilt nur für den Fall, dass die Aufwendungen für die Beseitigung eines Mangels einer Wohnung im Bereich des Gemeinschaftseigentums voraussichtlich so unverhältnismäßig hoch sind, dass sie die „Opfergrenze" für den Vermieter übersteigen.[88] Solange also die Mitwirkung der Wohnungseigentümergemeinschaft noch aussteht, erfolgt die Zwangsvollstreckung nach § 888 ZPO.[89] § 888 ZPO ist allerdings dann unanwendbar, wenn der Schuldner, hier also der Vermieter, mit der gebotenen Intensität versucht hat, die Handlung vorzunehmen, also die WEG zur Mitwirkung zu veranlassen, notfalls entsprechend zu verklagen.[90] Trägt der Vermieter vor, dass er seinerseits alles ihm Zumutbare getan hat, steht ihm der Weg der Vollstreckungsabwehrklage zu.[91] Nach § 888 ZPO vollstreckt werden kann also die Verpflichtung des Vermieters, gegenüber der Wohnungseigentümergemeinschaft tätig zu werden und seine Rechte nach § 21 Abs. 4 WEG geltend zu machen.

67 Fraglich ist auch, wie **Dauerverpflichtungen** zur Vornahme einer vertretbaren Handlung vollstreckt werden sollen. Ist eine Eigentumswohnung vermietet und liegen die Mängel im Gemeinschaftseigentum, kann gem. den obigen Ausführungen nur nach § 888 ZPO vollstreckt werden.[92] Ist keine Eigentumswohnung vermietet, ist der Vermieter durch Zwangsgeld zur Vornahme anzuhalten, wobei offen bleiben kann, ob eine vertretbare oder unvertretbare Handlung vorliegt.[93] Eine Vollstreckung gem. § 890 ZPO kommt hingegen nicht in Betracht, wohl auch nicht bei entsprechender Antragsformulierung.[94]

68 Eine vertretbare Handlung liegt bei der Verurteilung des Mieters zur Durchführung von **Schönheitsreparaturen** vor. Damit das Urteil vollstreckungsfähig ist, ist im Antrag anzugeben, welche Arbeiten im Einzelnen auszuführen sind.

69 Ist der Mieter verurteilt worden, dem Vermieter **Zutritt** zu den Räumen zu gewähren, um sie z. B. mit Mietinteressenten besichtigen zu können, handelt es sich da-

---

[83] *Sternel* Mietrecht aktuell Rdn. 1488; vgl. auch *Hannemann* in *Jendrek* D II 33 Anm. 2.
[84] Vgl. das Muster bei *Hannemann* a. a. O.
[85] LG Berlin WuM 1994, 552.
[86] *Putzo* in *Thomas/Putzo* § 887 ZPO Rdn. 1a.
[87] KG Berlin NJW-RR 1990, 1166.
[88] BGH NZM 2005, 820.
[89] KG Berlin a. a. O.
[90] OLG Düsseldorf WuM 2002, 272.
[91] KG Berlin a. a. O.
[92] OLG Hamm WuM 1996, 586.
[93] *Sternel* Mietrecht aktuell Rdn. 490 m. w. N.
[94] Vgl. *Sternel* V Rdn. 97 sowie das Beispiel dort in Rdn. 23.

V. Abgabe einer Willenserklärung   70–74 **12. Kap.**

bei weder um ein Dulden noch ein Unterlassen. Unter Unterlassen ist nämlich jedes untätige Verhalten zu verstehen. Bei üblicherweise verschlossenen Wohnanwesen genügt daher untätig sein nicht. Vielmehr muss der Schuldner die Türe öffnen und Einlass bzw. Zugang gewähren. Es handelt sich somit um eine unvertretbare Handlung, die gem. § 888 ZPO zu vollstrecken ist.[95]

2. Durchführung

Bei der Durchführung der Zwangsvollstreckung ergeben sich keine mietprozessrechtlichen Besonderheiten. Die Vollstreckung nach § 887 ZPO setzt voraus, dass der Schuldner die Handlung verweigert hat oder nicht erfüllungsgemäß erbracht hat.[96] Behauptet der Schuldner Erfüllung, muss er seine Rechte gem. § 767 ZPO geltend machen. Dies gilt auch, wenn er sich z.B. bei Verweigerung der Zustimmung von Dritten auf Unvermögen beruft.[97] Der Gläubiger kann sich vom Prozessgericht des ersten Rechtszugs auf Antrag ermächtigen lassen, auf Kosten des Schuldners die Handlung vornehmen zu lassen und zugleich beantragen, den Schuldner zur Vorauszahlung der Kosten zu verurteilen, die durch die Vornahme der Handlung entstehen werden. Im Antrag ist die begehrte Handlung genau zu bezeichnen; ist ein bestimmter Erfolg geschuldet, sind im Antrag die zu ergreifenden Maßnahmen aufzuführen.[98] 70

Bei nicht vertretbaren Handlungen ist auf Antrag des Gläubigers vom Prozessgericht des ersten Rechtszugs zu erkennen, dass der Schuldner zur Vornahme der Handlung durch **Zwangsgeld** und für den Fall, dass dieses nicht beigetrieben werden kann, durch Zwangshaft oder durch Zwangshaft anzuhalten ist. Das einzelne Zwangsgeld darf den Betrag von € 25 000 nicht übersteigen. Anders als bei § 890 ZPO unterbleibt eine Androhung des Zwangsmittels, § 888 Abs. 2 ZPO.[99] 71

Die Erzwingung von Unterlassungen und Duldungen erfolgt gem. § 890 ZPO. Hierunter fallen z.B. Klagen auf Duldung der Wohnungsbesichtigung,[100] auf Duldung von Erhaltungs- oder Modernisierungsmaßnahmen, auf Unterlassung der Untervermietung,[101] auf Unterlassung der Tierhaltung,[102] auf Unterlassung baulicher Veränderung der Mietsache[103] sowie auf Unterlassung einer vertragswidrigen Nutzung[104] sowie Klagen auf Unterlassung von Verstöße gegen die Hausordnung.[105] 72

Die erforderliche Androhung des Ordnungsmittels gem. § 890 Abs. 2 ZPO ist zweckmäßigerweise gleich in den Antrag mit aufzunehmen. 73

V. Abgabe einer Willenserklärung

Für Klagen auf **Zustimmung zur Mieterhöhung** ist § 894 ZPO einschlägig. Ist der Schuldner zur Abgabe einer Willenserklärung verurteilt, so gilt die Erklärung als abgegeben, sobald das Urteil Rechtskraft erlangt hat. Mit Rechtskraft des Urteils ist 74

---

[95] OLG Zweibrücken ZMR 2004, 268; *Stöber* in *Zöller* § 888 ZPO Rdn, 3 „Zugangsgewähr"; *Putzo* in *Thomas/Putzo* § 888 ZPO Rdn. 2.
[96] *Putzo* in *Thomas/Putzo* § 887 ZPO Rdn. 4.
[97] *Putzo* a.a.O.
[98] *Putzo* a.a.O.
[99] Vgl. das Muster für einen Antrag gem. § 888 ZPO bei *Beuermann* in *Jendrek* B. II. 28.
[100] Muster bei *Beuermann* in *Jendrek* B. II. 29.
[101] Muster bei *Hannemann* in *Jendrek* B. II. 32.
[102] Muster bei *Hannemann* a.a.O. B. II. 33.
[103] Muster bei *Hannemann* a.a.O. B. II. 34.
[104] Muster bei *Hannemann* a.a.O. B. II. 35 und 36.
[105] Muster bei *Hannemann* a.a.O. B. II. 37.

75 § 894 ZPO gilt nur bei Urteilen, **nicht bei Vergleichen.**[107] Dies ist bei der Formulierung des Vergleiches zu beachten z.B. „Der Beklagte stimmt einer Mieterhöhung für die Wohnung in ... auf € ... ab ... zu." Damit ist die Zustimmungserklärung abgegeben. Eine Zwangsvollstreckung ist nicht erforderlich oder auch zulässig, da der Vergleich zugleich die Erfüllung der Verpflichtung enthält.[108] Die Parteien können den Vergleich auch im Wege des Änderungsvertrages schließen, z.B. „Die Parteien sind sich darüber einig, dass die Miete für die Wohnung ... ab ... € ... beträgt." Auch hier ist eine Zwangsvollstreckung nicht erforderlich.

also die Zustimmungserklärung abgegeben. Weitere Vollstreckungsmaßnahmen sind weder nötig noch zulässig.[106]

76 Bei der Formulierung „der Beklagte verpflichtet sich, einer Mieterhöhung ... zuzustimmen" ist die Zustimmung gerade noch nicht abgegeben. Da die Zustimmung eine unvertretbare Handlung darstellt, erfolgt die Vollstreckung in diesem Fall gem. § 888 Abs. 1 ZPO.[109]

77 Zahlt der Mieter trotz rechtskräftigen Urteils oder Vergleichs die erhöhte Miete nicht, muss der Vermieter Zahlungsklage erheben. Aus dem Leistungsanspruch kann insoweit nicht vollstreckt werden.

VI. Vollstreckungsschutz

78 Gemäß § 765a Abs. 1 ZPO kann das Vollstreckungsgericht auf Antrag des Schuldners eine Maßnahme der Zwangsvollstreckung ganz oder teilweise aufheben, untersagen oder einstweilen **einstellen,** wenn die Maßnahme unter voller Würdigung des Schutzbedürfnisses des Gläubigers wegen ganz besonderer Umstände eine Härte bedeutet, die mit den guten Sitten nicht vereinbar ist.

79 Im Mietprozess ist die Vorschrift im **Räumungsvollstreckungsverfahren** von Wohnraum von Bedeutung. Hauptanwendungsbereich sind Fälle, in denen eine Räumungsfrist nach §§ 721, 794a ZPO nicht mehr in Betracht kommt, weil die gesetzliche Höchstdauer von 1 Jahr bereits abgelaufen ist oder weil der Schuldner die Antragsfristen versäumt hat.

1. Anwendungsbereich

80 Die Bestimmung des § 765a ZPO ist eine allgemeine Schutzvorschrift des Vollstreckungsrechts für Zwangsvollstreckungen jeder Art. Auch ein Gewerberaummieter kann sich daher auf § 765a ZPO berufen. § 765a ZPO findet nicht nur bei Urteilen, sondern auch bei allen anderen Titeln Anwendung, z.B. bei Räumungsvergleich oder bei der Räumungsvollstreckung aus einem Zuschlagsbeschluss.[110]

81 Da § 765a ZPO nicht nur dem Schuldnerschutz, sondern auch öffentlichen Interessen dient, kann der Schuldner **nicht** wirksam im Voraus auf Vollstreckungsschutz nach dieser Bestimmung **verzichten,** auch nicht in einem Räumungsvergleich.[111] Der Schuldner kann einen Schutzantrag allerdings jederzeit zurücknehmen. Hierin ist jedoch kein Verzicht auf künftige Schutzanträge zu sehen. Ein erneuter Antrag kann daher während der Zwangsvollstreckung jederzeit wieder gestellt werden. Der Schuldner kann einen abgelehnten Antrag auch wiederholen. Aussicht auf Erfolg hat ein solcher

---

[106] *Stöber* in *Zöller* § 894 ZPO Rdn. 5.
[107] OLG Köln MdR 1975, 586.
[108] *Börstinghaus* in *Schmidt-Futterer* § 558b BGB Rdn. 146.
[109] *Börstinghaus* a.a.O.
[110] OLG München OLGZ 69, 43.
[111] *Belz* in *Bub/Treier* Kap. VII Rdn. 58.

VI. Vollstreckungsschutz 82–87 **12. Kap.**

Antrag allerdings nur, wenn der Antrag nach veränderter Sachlage auf neue Gründe gestützt werden kann.[112]

Der Schuldner kann daher auch in einem Antrag nach § 765a ZPO Gründe vorbringen, die bereits in einem Verfahren auf Räumungsfristverlängerung nach § 721 ZPO hätten vorgebracht werden können[113] oder in einem solchen Verfahren bereits vorgebracht wurden.[114] 82

Da § 765a ZPO als Ausnahmevorschrift aber **eng auszulegen** ist, fehlt es am Schutzbedürfnis, wenn der Schuldner nach anderen Bestimmungen wie nach §§ 721, 794a ZPO ausreichend geschützt ist, weil die Gewährung einer Räumungsfrist noch in Betracht kommt.[115] Sind allerdings die Voraussetzungen für einen Schutzantrag nach § 721 ZPO so spät eingetreten, dass der Schuldner die Antragsfrist nicht mehr einhalten konnte, kann Räumungsschutz nach § 765a gewährt werden.[116] Gleiches gilt, wenn die Höchstfrist des § 721 Abs. 5 ZPO von einem Jahr schon ausgeschöpft ist. 83

2. Voraussetzungen

Der Schuldner muss einen Antrag an das ausschließlich zuständige (§ 802 ZPO) Amtsgericht als Vollstreckungsgericht stellen, in dessen Bezirk sich die zu räumende Wohnung befindet, § 764 Abs. 1, Abs. 2 ZPO.[117] 84

In **Räumungssachen** ist der Antrag spätestens **2 Wochen** vor dem festgesetzten Räumungstermin zu stellen, es sei denn, dass die Gründe, auf denen der Antrag beruht, erst nach diesem Zeitpunkt entstanden sind oder der Schuldner ohne sein Verschulden an einer rechtzeitigen Antragstellung gehindert war, § 765a Abs. 3 ZPO. Ist die Frist nicht eingehalten, ist der Antrag als unzulässig abzuweisen. Bei Versäumen der Frist hat der Schuldner die Darlegungs- und Beweislast[118] für die Berücksichtigung des verspäteten Antrags. Dies kann z.B. eine verspätete Mitteilung des Gerichtsvollziehers über den Räumungstermin sein oder eine schwere Erkrankung des Schuldners. 85

Weitere Voraussetzung ist, dass die Zwangsräumung eine sittenwidrige Härte darstellt. Wie oben ausgeführt, kann Vollstreckungsschutz nach dieser Bestimmung nur gewährt werden, wenn Räumungsschutz nach §§ 721, 794a ZPO nicht oder nicht mehr in Frage kommt.[119] Auch müssen ganz besondere Umstände vorliegen, sodass die vorzunehmende Interessenabwägung eindeutig zu Gunsten des Schuldners ausfällt. Gleichwohl wird die Vorschrift in der Praxis großzügig angewandt. Hierbei haben sich verschiedene Fallgruppen herausgebildet, die zur einstweiligen Einstellung der Zwangsvollstreckung führen: 86

Gesundheits- oder Lebensgefahr. Hier ist nach ständiger Rechtsprechung des Bundesverfassungsgerichts[120] das Grundrecht aus Art. 2 Abs. 2 Satz 1 GG zu beachten. Dies gilt nicht nur für den Schuldner selbst, sondern auch für nahe Angehörige. Besteht im Falle einer Zwangsräumung bei einem nahen Angehörigen des Schuldners eine Suizidgefahr, ist diese bei der Anwendung des § 765a ZPO in gleicher Weise wie eine beim Schuldner selbst bestehende Gefahr zu berücksichtigen.[121] Das Recht 87

---

[112] *Belz* a.a.O.
[113] *Stöber* in *Zöller* § 765a ZPO Rdn. 13.
[114] *Blank* in *Schmidt-Futterer* Anh. 3 zu §§ 574–574c BGB Rdn. 4.
[115] LG Mannheim DWW 1973, 97.
[116] LG Darmstadt NJW-RR 2000, 1178.
[117] Vgl. das Muster bei *Hannemann* in *Jendrek* D II.
[118] *Putzo* in *Thomas/Putzo* § 765a ZPO Rdn. 7b; anders *Stöber* in *Zöller* § 765a ZPO Rdn. 19b: Glaubhaftmachung genügt.
[119] *Belz* in *Bub/Treier* VII Rdn. 46.
[120] BVerfG NJW 1979, 2607; NJW 1991, 3207; NJW 1994, 1719.
[121] BGH NZM 2005, 517.

auf Leben und körperliche Unversehrtheit verpflichtet die Vollstreckungsgerichte, bei der Prüfung der Voraussetzungen des § 765a ZPO die Wertentscheidungen des Grundgesetzes und die dem Schuldner in der Zwangsvollstreckung gewährleisteten Grundrechte zu berücksichtigen. Die Vollstreckungsgerichte sind daher verpflichtet, Beweisangebote des Schuldners hinsichtlich seines Vorbringens, ihm drohten schwerwiegende Grundrechtsbeeinträchtigungen, besonders sorgfältig nachzugehen.[122] Es wird i.d.R. dazu führen, dass bei konkreten Anhaltspunkten für Lebens- oder Gesundheitsgefahr das Gericht eine einstweilige Anordnung gem. § 732 Abs. 2 ZPO erlassen wird, um den Sachverhalt entsprechend aufzuklären. Dies wird in solchen Fällen oft nur mit Hilfe eines **amtsärztlichen Gutachtens** möglich sein. Diese Grundsätze gelten auch dann, wenn der Schuldner keinerlei Nutzungsentschädigung zahlt.[123] Die Rechtsprechung des Bundesverfassungsgerichtes beinhaltet aber nicht, dass in all diesen Fällen die Zwangsvollstreckung ohne weiteres einstweilen einzustellen ist. Das Bundesverfassungsgericht prüft vielmehr nur, ob das Vollstreckungsgericht das Verfassungsrecht und die Ausstrahlungswirkung der Grundrechte beachtet hat. Dies ist dann der Fall, wenn, wie ausgeführt, alle Umstände des Einzelfalls sorgfältig nachgeprüft werden. Hieraus folgt insbesondere nicht, dass die Zwangsräumung bei jeder konkreten Möglichkeit einer Lebens- oder Gesundheitsgefahr eingestellt werden muss. Vielmehr sind auch hier die Interessen des Gläubigers zu berücksichtigen.[124]

88 Der Schuldner hat eine entsprechende Darlegungspflicht- und Beweislast. Insbesondere an die **Konkretisierung** der behaupteten Lebens- oder Gesundheitsgefahr sind strenge Anforderungen zu stellen.[125] Vom Schuldner vorgelegte allgemein gehaltene ärztliche Atteste, in denen lediglich festgestellt wird, dass dem Schuldner die Räumung aus Gesundheitsgründen nicht zugemutet werden kann oder dass ein Aufschub aus Gesundheitsgründen erfolgen muss, sind nicht ausreichend.

89 Auch eine amtsärztlich bestätigte Selbsttötungsgefahr für den Fall der Zwangsräumung begründet nicht als solche eine sittenwidrige Härte, sondern ist nur ein gewichtiger Gesichtspunkt bei der **Abwägung** der Gläubiger- und Schuldnerinteressen. Dabei ist auch zu berücksichtigen, ob der suizidgefährdete Schuldner den Versuch macht, durch laufende ärztliche Behandlung die extreme Reaktion auf die drohende Räumung zu überwinden.[126]

90 Wieweit die **Konkretisierungspflicht** des Schuldners geht, ist Frage des Einzelfalls. So hat das Bundesverfassungsgericht eine fachärztliche Bescheinigung, in der in einem Satz festgestellt wird, dass bei dem Schuldner eine chronisch depressive Reaktion besteht und die Zwangsversteigerung seines Hauses eine völlige Dekompensation auslösen würde, als ausreichend angesehen, den Zurückweisungsbeschluss aufzuheben und die Zwangsvollstreckung bis zum Erlass einer rechtskräftigen Entscheidung des Landgerichts auszusetzen.[127] Zwar räumt das Bundesverfassungsgericht ein, dass der ärztliche Befund sehr knapp gefasst war. Ihm war jedoch zu entnehmen, dass Gefahr für das Leben des Schuldners bei einer Zwangsvollstreckung bestand. Dies ist von den Instanzgerichten nicht ausreichend gewürdigt worden.

91 Macht der Räumungsschuldner geltend, bei Zwangsräumung bestehe für ihn eine konkrete Suizidgefahr, so genügt es nicht, wenn die Frage der Suizidalität vom Gericht nur mit dem Hinweis auf eine tatsächlich fehlende psychische Erkrankung des

---

[122] BVerfG NJW 1979, 2607.
[123] BVerfG NJW 1994, 1719.
[124] *Blank* in *Schmidt-Futterer* Anh. 3 zu §§ 574–574c BGB Rdn. 8.
[125] OLG Köln NJW-RR 1990, 590.
[126] OLG Köln NJW 1993, 2248.
[127] BVerfG NJW 1994, 1272.

VI. Vollstreckungsschutz

Räumungsschuldners beantwortet wird. Vielmehr ist auch zu berücksichtigen, dass die individuelle Charakterstruktur und die emotionale Befindlichkeit eines Menschen ebenso wie eine psychische Erkrankung dazu führen können, dass der Betroffene Hand an sich legt, ohne dabei zu einer rationalen Abwägung des ihn mit der Zwangsräumung treffenden Verlusts mit seinem Leben fähig zu sein.[128] Die Einstufung eines drohenden Suizids als **„Bilanzselbstmord"** ändert nichts daran, dass das Leben des Schuldners durch die bevorstehende Vollstreckungsmaßnahme konkret in Gefahr ist und diese Gefahr bei der Abwägung der widerstreitenden Interessen Berücksichtigung finden muss.[129]

Allerdings muss der Räumungsschuldner daran **mitwirken,** die der Zwangsvollstreckung entgegenstehenden Härten auszuräumen. So muss er Krankheitsrisiken, die bei der Räumungsvollstreckung lebensgefährlich sind, in jeder zumutbaren Weise verringern.[130] Auch bei konkreter Gefahr für Leben und Gesundheit des Schuldners ist eine Abwägung der in solchen Fällen ganz besonders gewichtigen Interessen der Betroffenen mit den Vollstreckungsinteressen des Gläubigers erforderlich. Auch bei konkreter Suizidgefahr ist daher zu prüfen, ob dieser Gefahr nicht auch auf andere Weise als durch Einstellung der Zwangsvollstreckung wirksam begegnet werden kann. Der Schuldner ist verpflichtet, das ihm Zumutbare zu tun, um die Risiken, die für ihn im Fall der Vollstreckung bestehen, zu verringern.[131]

Die Feststellung, welche Handlungen den Schuldnern zumutbar sind, ist Aufgabe des Vollstreckungsgerichts. So kann die Vollstreckungseinstellung mit der **Auflage** angeordnet werden, dass der Vollstreckungsschuldner eine Erfolg versprechende Behandlungsmöglichkeit wahrnimmt und dass er die Notwendigkeit weiterer Behandlung in halbjährlichem Abstand durch eine Bescheinigung des sozialpsychiatrischen Dienstes nachweist.[132]

Auch kann einem Schuldner zugemutet werden, wenn er dazu in der Lage ist, fachliche Hilfe ggf. auch durch einen stationären Aufenthalt in einer Klinik in Anspruch zu nehmen, um die Selbsttötungsgefahr auszuschließen oder zu verringern.[133] Der Räumungsschuldner kann daher mit der Begründung der Suizidgefährdung die Einstellung der Zwangsvollstreckung für die Dauer des Verfahrens der Nichtzulassungsbeschwerde zur Revision nicht erreichen, wenn eine stationäre Behandlung die Selbsttötung ausschließen kann.[134]

Zwischenumzug kann nach der Rechtsprechung[135] ein Härtegrund gem. § 765a ZPO sein.[136] Die Grenze, die dem Gläubiger zuzumuten ist, dürfte bei ca. 3 Monaten liegen.

Schwangerschaft stellt ebenfalls eine zu berücksichtigende unzumutbare Härte dar, jedenfalls in der Zeit von ca. 6 Wochen vor und ca. 8 Wochen nach der Entbindung.[137]

---

[128] BVerfG NJW 1994, 1719.
[129] BVerfG NZM 2001, 951 für Räumungsvollstreckung bei Gewerberaummiete; dagegen *Linke* NZM 2002, 205.
[130] BVerfG WuM 2004, 81.
[131] BVerfG NZM 2005, 559, 657; BGH NZM 2005, 517; BGH NZM 2006, 156; BGH NZM 2006, 158.
[132] OLG Jena NJW-RR 2000, 1251.
[133] BGH NZM 2005, 517, 518.
[134] BGH WuM 2005, 735.
[135] Vgl. die Nachweise bei *Stöber* in *Zöller* ZPO § 765a Rdn. 12.
[136] Differenzierend *Blank* Anh. 3 zu §§ 574–574c BGB Rdn. 12: nicht bei alleinstehendem Schuldner oder bei Ehepaar ohne Kinder, zu bejahen bei Familien mit kleineren oder schulpflichtigen Kindern.
[137] LG Bonn DGVZ 1994, 75.

97 **Obdachlosigkeit** stellt hingegen keine unzumutbare Härte dar.[138] Die Durchführung der Zwangsräumung bringt regelmäßig Härten mit sich, die der Schuldner hinzunehmen hat. Drohende Obdachlosigkeit allein führt jedenfalls nicht zur Sittenwidrigkeit.[139] So liegt auch keine sittenwidrige Härte vor, wenn eine Familie mit 4 minderjährigen Kindern im Falle der Zwangsräumung in eine Obdachlosenunterkunft einziehen muss.[140]

98 Kann der Schuldner seine Angelegenheiten nicht mehr selbst besorgen, liegen insbesondere die Voraussetzungen für eine **Betreuung** vor, sind die Voraussetzungen des § 765 a ZPO gegeben.[141] In solchen Fällen ist vom Vormundschaftsgericht ein Betreuer mit dem Aufgabenbereich der Rechtswahrung im Vollstreckungsverfahren zu bestellen.

99 Bei alledem ist nicht zu vergessen, dass das Gericht eine **Interessenabwägung** vorzunehmen hat. Das Gericht hat auch das Schutzbedürfnis des Gläubigers voll zu würdigen. Hierbei sollen allerdings Mietrückstände aus vergangener Zeit nicht berücksichtigt werden, da die Möglichkeit der Beitreibung zurückliegender Schulden durch die einstweilige Einstellung der Zwangsvollstreckung nicht vermindert wird.[142] Dies gilt aber nicht für die laufende und künftige Nutzungsentschädigung. Wird diese nicht bezahlt, kann grundsätzlich kein Räumungsschutz gewährt werden.[143] Nur in absoluten Ausnahmefällen kann nach der Rechtsprechung des Bundesverfassungsgerichts[144] eine zeitlich unbegrenzte oder begrenzte einstweilige Einstellung der Zwangsvollstreckung in Betracht kommen.

3. Verfahren

100 Wie bereits ausgeführt, ist ein **fristgerechter Antrag** erforderlich. Das Rechtsschutzbedürfnis ist erst gegeben, wenn die Maßnahme eines Vollstreckungsorgans bevorsteht, d. h. wenn der Räumungsauftrag vom Gläubiger erteilt worden ist. Ist die Räumung vollständig durchgeführt, besteht kein Rechtsschutzinteresse mehr. Gem. § 765 a Abs. 1 Satz 2 ZPO kann das Gericht eine **einstweilige Anordnung** gem. § 732 Abs. 2 ZPO erlassen. Dies wird i. d. R. der Fall sein, wenn die Zwangsräumung unmittelbar bevorsteht und der Sachverhalt noch nicht genügend aufgeklärt ist. Voraussetzung ist allerdings, dass der Schuldner seiner Darlegungslast soweit nachkommt, dass die Erfolgsaussichten überschlägig beurteilt werden können. Gegen die einstweilige Anordnung durch den Rechtspfleger kann befristete Erinnerung nach § 11 Abs. 2 RPflG eingelegt werden. Hilft der Rechtspfleger nicht ab und entscheidet der Richter über die Erinnerung, ist gegen die Entscheidung des Richters eine Beschwerde nicht zulässig.[145] Der Gläubiger hat also nicht die Möglichkeit der rechtlichen Nachprüfung. Die Auswirkungen sind beträchtlich. Ordnet z. B. das Gericht eine amtsärztliche Untersuchung an, können Monate vergehen, ohne dass über den Vollstreckungsschutzantrag gem. § 765 a ZPO entschieden wird. Von dieser Möglichkeit sollte deshalb nur zurückhaltend Gebrauch gemacht werden.[146] Die einstweilige Anordnung wird durch die Entscheidung über den Schutzantrag wirkungslos; eine ausdrückliche Aufhebung ist nicht erforderlich.

---

[138] *Putzo* in *Thomas/Putzo* ZPO § 765 a Rdn. 9; a. A. *Blank* in *Schmidt-Futterer* Anh. 3 zu §§ 574–574 c BGB Rdn. 9.
[139] *Belz* in *Bub/Treier* VII Rdn. 47.
[140] OLG Köln ZMR 1995, 535.
[141] *Blank* in *Schmidt-Futterer* Anh. 3 zu §§ 574–574 c BGB Rdn. 13.
[142] *Blank* in *Schmidt-Futterer* Anh. 3 zu §§ 574–574 c BGB Rdn. 16; a. A. LG Hildesheim NJW-RR 1995, 1164.
[143] *Blank* a. a. O.
[144] BVerfG NJW 1991, 3207; BVerfG NZM 1998, 21; BVerfG NZM 2005, 657, 659.
[145] *Stöber* in *Zöller* § 732 ZPO Rdn. 17.
[146] So zu Recht *Blank* in *Schmidt-Futterer* Anh. 3 zu §§ 574–574 c BGB Rdn. 27.

VI. Vollstreckungsschutz 101–108 12. Kap.

Das Gericht entscheidet ohne mündliche Verhandlung durch Beschluss. Der Gläubiger ist vorher zu hören. Sind die Voraussetzungen gegeben, wird i. d. R. die Zwangsräumung einstweilen eingestellt. Im Beschluss ist der Zeitpunkt anzugeben, bis zu welchem Termin eingestellt wird. Dies richtet sich danach, wann voraussichtlich das Räumungshindernis weggefallen ist. **Nur in absoluten Ausnahmefällen** kann auf unbestimmte Zeit oder Lebenszeit des Schuldners eingestellt werden.[147]

101

Die einstweilige Einstellung kann auch unter einer **Bedingung** erfolgen, z. B. regelmäßige Zahlung der Nutzungsentschädigung oder mit einer Auflage verbunden werden, so z. B., dass der Schuldner bei Einstellung wegen Selbstmordgefahr eine Erfolg versprechende Behandlungsmöglichkeit wahrnimmt und dass er die Notwendigkeit weiterer Behandlung in halbjährlichem Abstand durch eine Bescheinigung des Sozialpsychiatrischen Dienstes nachweist.[148]

102

Gem. § 765 a Abs. 2 ZPO kann der Gerichtsvollzieher die Zwangsräumung bis zur Entscheidung des Vollstreckungsgerichts, nicht jedoch länger als eine Woche **aufschieben,** wenn ihm die Voraussetzungen des § 765 a Abs. 1 ZPO glaubhaft gemacht werden und dem Schuldner die rechtzeitige Anrufung des Vollstreckungsgerichts nicht möglich war.

103

Nach § 765 a Abs. 4 ZPO hebt das Vollstreckungsgericht seinen Beschluss auf Antrag auf oder ändert ihn, wenn dies mit Rücksicht auf eine Änderung der Sachlage geboten ist. Voraussetzung ist also zum einen ein Antrag, zum anderen eine Änderung der Sachlage. Gem. § 765 a Abs. 5 ZPO ist eine Änderungsentscheidung erst nach Rechtskraft des Beschlusses, also nach Unanfechtbarkeit möglich.

104

Eine **Änderung der Sachlage** liegt vor z. B. bei Verschlechterung des Gesundheitszustandes, erneuter Erkrankung etc. Der Schuldner kann den Antrag auf jeden, bisher noch nicht vorgetragenen Sachvortrag stützen, auch wenn dies bereits in einem früheren Antrag möglich gewesen wäre, jedoch dort nicht erfolgt ist.[149] Der Gläubiger kann Verkürzung beantragen, wenn z. B. trotz entsprechender Bedingung die Nutzungsentschädigung nicht bezahlt wird oder der Gesundheitszustand des Schuldners sich deutlich bessert oder der Schuldner eine ihm von der Sozialbehörde angebotene Wohnung nicht annimmt. Das Vollstreckungsgericht entscheidet über den Antrag auf Grund der geänderten Sachlage neu und ist nicht an den rechtskräftigen früheren Beschluss gebunden, auch nicht an einen Beschluss des übergeordneten Beschwerdegerichts. An Stelle eines Antrag gem. § 765 a Abs. 4 ZPO kann der Schuldner aber auch, wenn sich die Sachlage geändert hat, einen neuen Antrag gem. § 765 a Abs. 1 stellen.[150]

105

Gegen die Entscheidung des Vollstreckungsgerichts ist die **sofortige Beschwerde** gem. § 11 Abs. 1 RPflG, § 793 ZPO zulässig. Der Schuldner ist beschwert, wenn das Gericht hinter der von ihm beantragten Frist der Einstellung zurückbleibt. Eine Beschwer des Gläubigers liegt vor, wenn Vollstreckungsschutz gewährt worden ist. Gem. § 572 Abs. 1 ZPO kann der Rechtspfleger abhelfen.

106

Gem. § 574 Abs. 1 Nr. 2 ZPO kann das Beschwerdegericht die Rechtsbeschwerde zulassen.

107

Wird Vollstreckungsschutz gewährt, ist die Zwangsvollstreckung gem. § 775 Nr. 2 ZPO einzustellen. Da der Schuldner die Mietsache **vorenthält**, ist er zur Zahlung der Nutzungsentschädigung nach § 546 a Abs. 1 BGB verpflichtet. Ist die ortsübliche Miete höher als die vereinbarte Miete, kann der Vermieter als Entschädigung auch die orts-

108

---

[147] BVerfG ZMR 1997, 626.
[148] OLG Jena NJW-RR 2000, 1251.
[149] *Blank* in *Schmidt-Futterer* Anh. 3 zu §§ 574–574 c BGB Rdn. 40.
[150] Strittig; sowie hier *Belz* in *Bub/Treier* VII Rdn. 50; a. A. *Blank* in *Schmidt-Futterer* Anh. 3 zu §§ 574–574 c BGB Rdn. 28: Antrag nach Abs. 1 nur einmal. Das Ergebnis ist gleich, da ein Antrag nur bei geänderter Sachlage erfolgreich ist.

übliche Miete verlangen. Für diese Ersetzungsbefugnis sind die Bestimmungen über die Miethöhe gem. §§ 557 ff. BGB nicht anwendbar. Der Vermieter kann diesen Anspruch auf erhöhte Nutzungsentschädigung auch rückwirkend ab dem Zeitpunkt der Vorenthaltung geltend machen.[151] Die Geltendmachung eines weiteren Schadens gem. § 546 Abs. 2 BGB ist durch § 571 Abs. 1 BGB beschränkt. Danach ist der Schaden nur insoweit zu ersetzen, als die Billigkeit eine Schadloshaltung erfordert. Auf die Haftungsfreistellung gem. § 571 Abs. 2 BGB kann sich der Mieter bei Gewährung von Vollstreckungsschutz nicht berufen.

109 Gem. § 788 Abs. 1 ZPO hat der Schuldner auch dann die **Kosten des Verfahrens** zu tragen, wenn Vollstreckungsschutz gewährt wird. Nur in Ausnahmefällen kann das Gericht gem. § 788 Abs. 4 dem Gläubiger die Kosten ganz oder teilweise auferlegen, wenn dies aus besonderen, in dem Verhalten des Gläubigers liegenden Gründen der Billigkeit entspricht. Lehnt das Amtsgericht als Vollstreckungsgericht den Schutzantrag des Schuldners ab und wird dem Schuldner im Beschwerdeverfahren vom Beschwerdegericht Vollstreckungsschutz gewährt, so hat gleichwohl der Schuldner auch in diesem Fall die Kosten des Beschwerdeverfahrens zu tragen.[152] Wird dem Schuldner vom Amtsgericht Vollstreckungsschutz gewährt und legt der Gläubiger erfolglos hiergegen Beschwerde ein, so hat der Gläubiger gem. § 97 ZPO die Kosten des Beschwerdeverfahrens zu tragen.

---

[151] BGH NZM 1999, 803.
[152] OLG Düsseldorf WuM 1996, 235.

13. Kapitel. Rechtsbehelfe

Übersicht

	Rdn.		Rdn.
I. Einleitung	1–13	cc) Hinweis auf Verwerfungsgründe	87
1. Eingang der Entscheidung	3	dd) Reaktion auf gerichtliche Hinweise	88, 89
2. Antrag auf Berichtigung und Ergänzung	4–13	ee) Verwerfungs- und Zurückweisungsbeschluss	90–92
II. Berufung	14–137	b) Urteilsverfahren	93–99
1. Einlegen der Berufung	14	aa) Übertragung auf den Einzelrichter	93–96
a) Zuständiges Gericht	14	bb) Terminsbestimmung und Hinweispflicht	97–99
aa) Landgericht	15	4. Berufungserwiderung	100–120
bb) Oberlandesgericht	16–19	a) Fristverlängerung	101
b) Formalien	20	b) Aufbau der Berufungserwiderung	102–120
c) Wiedereinsetzung in den vorigen Stand	21, 22	aa) Ziele der Berufungserwiderung	102–106
d) Statthaftigkeit der Berufung	23–25	bb) Erwiderungsrelevanter Prozessstoff	107–115
e) Beschwer	26, 27	(1) Erwiderung auf die Rüge der materiellen Rechtsverletzung	109, 110
f) Anschlussberufung	28–31	(2) Erwiderung auf die Verfahrensfehlerrüge	111, 112
g) Berufungsrücknahme	32–36	(3) Erwiderung auf neue Angriffs- oder Verteidigungsmittel	113–115
2. Berufungsbegründung	37–73	cc) Abschließende Überlegungen und Antragstellung	116–120
a) Frist und Fristverlängerung	37, 38	5. Berufungsurteil	121–137
b) Aufbau der Berufungsbegründung	39–54	a) Entscheidungsgrundlage	121–124
aa) Anträge	47	b) Sachentscheidung oder Rückverweisung	125–127
bb) Gliederung	48–54	c) Rechtsmittelzulassung	128, 129
c) Die Rügen im Einzelnen	55–73	d) Inhalt des Berufungsurteils	130–137
aa) Rüge der materiellen Rechtsverletzung	58–62	aa) Tatbestandliche Darstellung	132
bb) Verfahrensfehlerrüge	63–68	bb) Rechtliche Begründung	133–137
cc) Neue Angriffs- und Verteidigungsmittel	69	III. Revision und Nichtzulassungsbeschwerde	138–183
(1) Übersehener/für unerheblich gehaltener Gesichtspunkt	70	1. Einlegen der Revision	138–170
(2) Verfahrensmangel 1. Rechtszug	71	a) Formalien	138
(3) Unverschuldet nicht angebracht	72, 73	b) Statthaftigkeit der Revision	139–141
3. Gerichtliche Reaktion auf Berufung und Berufungsbegründung	74–99	c) Nichtzulassungsbeschwerde	142–162
a) Beschlussverfahren	74–92	aa) Einlegen der Nichtzulassungsbeschwerde	142, 143
aa) Prüfungsgrundlage	74–78	(1) Formalien	142
bb) Gerichtliche Hinweispflicht bei beabsichtigter Zurückweisung	79–86		
(1) Keine Grundsatzbedeutung	80–84		
(2) Kein Bedürfnis für die Fortbildung des Rechts	85		
(3) Kein Bedürfnis für die Sicherung einer einheitlichen Rechtsprechung	86		

13. Kap. 1 — Rechtsbehelfe

	Rdn.
(2) Statthaftigkeit der Nichtzulassungsbeschwerde	143
bb) Die Begründung der Nichtzulassungsbeschwerde	144–162
(1) Mögliche Rügen	144–146
(2) Inhalt der Nichtzulassungsbeschwerde	147–149
(3) Relative Revisionsgründe	150, 151
(4) Absolute Revisionsgründe	152–154
(5) Zulassungsgründe	155–159
(6) Entscheidung über die Nichtzulassungsbeschwerde	160–162
d) Anschlussrevision	163–167
e) Zurücknahme der Revision	168–170
2. Revisionsbegründung	171–180
a) Vorüberlegung	171–174
b) Inhalt der Rügen	175–180
3. Zurückweisungsbeschluss und Revisionsurteil	181–183
IV. Sprungrevision	184–191
1. Statthaftigkeit	184
2. Rügemöglichkeiten	185
3. Einwilligung des Gegners	186
4. Formalien	187
5. Antrags- und Antragsbegründungsfrist	188
6. Zulassungsentscheidung	189–191
V. Sofortige Beschwerde	192–228
1. Einlegen der sofortigen Beschwerde	192–204
a) Zuständiges Gericht	192
b) Formalien	193
c) Beschwerdefrist	194
d) Statthaftigkeit der sofortigen Beschwerde	195–197
e) Beschwer	198, 199
f) Anschlussbeschwerde	200, 201
g) Beschwerderücknahme	202–204
2. Beschwerdebegründung	205–210
3. Abhilfeverfahren	211, 212
4. Entscheidung im Abhilfeverfahren	213–216
a) Unzulässige Beschwerde	213
b) Zulässige Beschwerde	214–216
aa) Entscheidungsgrundlage	214
bb) Nichtabhilfebeschluss	215
cc) Abhilfebeschluss	216
5. Das Beschwerdeverfahren	217–228
a) Gesetzlicher Richter	217–220
aa) Einzelrichter	217, 218
bb) Spruchkörper	219, 220
b) Verfahren des Beschwerdegerichts	221
c) Entscheidung des Beschwerdegerichts	222–228
VI. Beschwerde	229–231
VII. Rechtsbeschwerde	232–250
1. Einlegen der Rechtsbeschwerde	232–243
a) Beschwerdefrist	232, 233
b) Formalien	234
c) Statthaftigkeit der Rechtsbeschwerde	235
d) Beschwer	236
e) Anschlussrechtsbeschwerde	237–240
f) Zurücknahme der Rechtsbeschwerde	241–243
2. Begründung der Rechtsbeschwerde	244–247
a) Gesetzlich zugelassene Rechtsbeschwerde	244–246
b) Gerichtlich zugelassene Rechtsbeschwerde	247
3. Entscheidung des Rechtsbeschwerdegerichts	248–250
VIII. Weitere Beschwerde	251–264
1. Einlegen der weiteren Beschwerde	252–261
a) Zuständiges Gericht	252
b) Formalien	253
c) Beschwerdefrist und Wiedereinsetzung	254–256
aa) RVG	254
bb) GKG und JVEG	255, 256
d) Statthaftigkeit der weiteren Beschwerde	257, 258
e) Anschlussbeschwerde	259
f) Beschwerderücknahme	260, 261
2. Begründung der weiteren Beschwerde	262
3. Abhilfe- und Beschwerdeverfahren	263, 264
IX. Weitere Rechtsbehelfe	265–300
1. Erinnerung	265–269
2. Gehörsrüge	270–283
a) Rügeschrift	271–278
aa) Form und Frist	271
bb) Mögliche Rügen	272–276
(1) Gerichtliche Versehen	273
(2) Subsumtionsfehler	274
(3) Unterlassene Hinweise	275
(4) Grenzen der Rügemöglichkeiten	276
cc) Entscheidungserheblichkeit des Gehörverstoßes	277, 278
b) Mögliche Entscheidungen	279–283
aa) Verwerfungs- und Zurückweisungsbeschluss	279, 280
bb) Verfahrensfortsetzung	281–283
3. Verfassungsbeschwerde zum Bundesverfassungsgericht	284–300
a) Subsidiarität der Verfassungsbeschwerde	285–288
aa) Formelle Subsidiarität	286, 287
bb) Materielle Subsidiarität	288

I. Einleitung 1–3 13. Kap.

	Rdn.		Rdn.
b) Verhältnis zur Beschwerde zum Landesverfassungsgericht	289, 290	cc) Entscheiduntgserheblichkeit der Rechtsverletzung	296, 297
c) Beschwerdeschrift	291–297	d) Verfahrensfortsetzung vor dem Ausgangsgericht	298–300
aa) Form und Frist	291, 292		
bb) Darlegung der Rechtsverletzung	293–295		

I. Einleitung

Eine Darstellung des Mietprozesses kann nicht ohne das Aufzeigen von Möglichkeiten auskommen, gegen gerichtliche Entscheidungen vorzugehen. Dabei muss für den am Fall tätigen Prozessanwalt im Mittelpunkt der Überlegungen das selbst einzulegende und zu begründende Rechtsmittel stehen, in der Regel also Berufung und (sofortige) Beschwerde. Schon mit förmlicher Zustellung oder Eingang der Entscheidung ist diese unabhängig von Obsiegen oder Unterliegen auf ihre Vollständigkeit und Richtigkeit zu prüfen, um ggfs eine Korrektur zur Vorbereitung eines etwaigen Überprüfungsverfahren zu erreichen Im Verlaufe des gesamten Verfahrens darf die Möglichkeit der Revision oder der Rechtsbeschwerde zum BGH nie aus den Augen verloren und muss ggfs vorbereitet werden. Auch Gehörsrüge und Verfassungsbeschwerde als (außerordentliche) Rechtsbehelfe können nur dann mit Aussicht auf Erfolg eingelegt werden, wenn das diese später begründende Vorbringen rechtzeitig angebracht wird.

Kosten: Am Ende der Darstellung eines Rechtsmittels oder Rechtsbehelfs findet sich eine knappe Übersicht zum Stichwort „Kosten" unterteilt nach Gerichts- und Parteikosten und den einzelnen Verfahrensstadien. Abschließend befindet sich eine Bemerkung, ob der Wert des jeweiligen Gegenstands von Amts wegen festgesetzt wird oder ein eigener Antrag erforderlich ist.[1]

1. Eingang der Entscheidung

Mit Zugang der gerichtlichen Entscheidung sollte diese unverzüglich inhaltlich auf Vollständigkeit und Richtigkeit geprüft werden. Wegen des Beginns des Fristlaufs bei befristeten Rechtsbehelfen mit Zustellung der in vollständiger Form abgefassten Entscheidung sollte auf das Ausstellen von **Empfangsbekenntnissen**[2] Sorgfalt verwandt werden. Wird etwa ein Urteil (irrtümlich) nur in abgekürzter Fassung übersandt und heißt es dennoch auf dem sofort unterschriebenen Empfangsbekenntnis „Urteil mit Gründen", wäre die Beweiswirkung des § 174 Abs. 4 S. 1 ZPO zu widerlegen. Ökonomischer ist es, dass Empfangsbekenntnis erst dann zu unterschreiben, wenn man sich von der Zustellung einer vollständig abgefassten Entscheidung überzeugt hat. Ist die **Zustellung** versehentlich unterblieben und die Bekanntmachung formlos erfolgt, gilt gem. § 189 ZPO als Zeitpunkt der Zustellung der tatsächliche Zugang.[3] Bei Rechtsanwälten wird sich dieser regelmäßig durch den Eingangsstempel auf der ihm mitgeteilten Ausfertigung feststellen lassen. Stellen sich Mängel der mitgeteilten **Entscheidungsausfertigung** heraus, sollte dies dem Gericht mit der Bitte um Zustellung einer

---

[1] Die Rechtslage bis zur Reform des Kostenrechts erschließt sich aus den Kostenanmerkungen in *Stackmann* Rechtsbehelfe im Zivilprozess, München 2005.
[2] Vgl. zum Widerspruch zwischen der PZU und dem Zustelldatum auf dem Zustellumschlag BGH NJW 2004, 71.
[3] Vgl. *MK-Wenzel* Aktualisierungsband 2002 Rdn. 8 zu § 189 ZPO. Anders etwa *Rosenberg/Schwab/Gottwald* § 146 Rdn. 7 ohne auf § 189 ZPO einzugehen.

vollständigen Entscheidungsausfertigung mitgeteilt werden. Hat dagegen die Entscheidung selbst inhaltliche Mängel, muss deren Beseitigung über einen Rechtsbehelf angestrebt werden.

2. Antrag auf Berichtigung und Ergänzung

4   Für die Möglichkeit, eine Abänderung der Ausgangsentscheidung zu erreichen, bildet nicht der Ablauf der Rechtsmittelfrist die erste zeitliche Zäsur, sondern der Ablauf der mit Zustellung[4] in Gang gesetzten 14-tägigen Frist zur Beantragung einer **Tatbestandsberichtigung** (§ 320 Abs. 1 ZPO) oder **Urteilsergänzung** (§ 321 Abs. 2 ZPO). Diese Vorschriften werden auf andere Entscheidungen entsprechend angewendet.[5] Bis zu dem genannten Zeitpunkt muss der **Berichtigungs-** bzw. **Ergänzungs**antrag beim Erstgericht eingegangen sein. Daher empfiehlt es sich für die Prozessbevollmächtigten, das Ersturteil bei Zustellung einer sorgfältigen Prüfung zu unterziehen.

5   Ein Antrag auf Entscheidungsergänzung nach § 321 ZPO kommt nur in Betracht, wenn das Gericht versehentlich lückenhaft entschieden hat.[6] Entweder weil es einen gestellten Antrag teilweise oder gar nicht verbeschieden oder weil es eine von Amts wegen zu treffende Entscheidung wie die über die Kostentragungspflicht übergangen hat. Dagegen unterliegt die fehlerhafte Rechtsanwendung auch dann nicht der Ergänzung, wenn sie ins Auge springt.[7] Denn wenn sich das Gericht etwa über das Bestehen eines Anspruchs eine Meinung gebildet hat, beruht diese auf der – richtigen oder falschen – Anwendung einer Norm. Ein solcher Fehler kann aber nur über das dafür vorgesehene Rechtsmittel, also der Berufung oder der Beschwerde angegriffen werden.

6   Wird eine von Amts wegen zu treffende Entscheidung nicht getroffen, muss weiter differenziert werden. Fehlt eine gesetzlich vorgeschriebene und zu verlautbarende Entscheidung, wie die durch § 308 Abs. 2 ZPO angeordnete **Kostenentscheidung,** sprechen die Umstände für ein versehentliches Übergehen dieser Entscheidung. Sie kann nach Ablauf der Zweiwochenfrist des § 321 Abs. 2 ZPO auch nicht im Wege der isolierten Kostenbeschwerde nachgeholt werden.[8] Dann empfiehlt es sich aber in jedem Falle, den Versuch zu unternehmen, eine Berichtigung über § 319 Abs. 1 ZPO zu erreichen. Bei Antragstellung sollte darauf hingewiesen werden, dass zur Vermeidung von nicht mehr korrigierbaren Rechtsnachteilen eine großzügige Auslegung der Berichtigungsvorschriften angebracht ist.[9] Hierzu kann durchaus vertreten werden, dass die selbstverständliche und durch die Entscheidung in der Hauptsache vorgezeichnete Kostenentscheidung aufgrund eines offensichtlichen Versehens im Urteilstenor nicht ausdrücklich niedergelegt wurde.

7   Anders verhält es sich, wenn die Verlautbarung einer zu treffenden Entscheidung nicht ausdrücklich vorgeschrieben ist. Dies ist etwa bei der **Rechtsmittelzulassung** der Fall. Denn etwa nach § 511 Abs. 2 Nr. 2 ZPO ist die Berufung, wenn die mit ihr geltend gemachte Beschwer 600,– € nicht überschreitet, nur zulässig, wenn das Erstgericht die Berufung zugelassen hat. Es bedarf also einer ausdrücklichen Zulassungsentscheidung, die im Tenor oder in den Entscheidungsgründen getroffen werden kann.

---

[4] Zum Fristbeginn und Verkündungs- und Zustellmängeln vgl. etwa die Übersicht bei *Oberheim* Berufungsverfahren Rdn. 188.
[5] Vgl. etwa *Thomas/Putzo* Rdn. 1 zu § 319 ZPO.
[6] BGH MDR 1953, 164 (165).
[7] So die Formulierung von *Schellhammer* Rdn. 830 zur Berichtigung, s. auch a. a. O. Rdn. 832. Vgl. auch BGH NJW 2004, 779 einerseits und 2529 andererseits.
[8] Vgl. die Nachweise bei *Zöller/Vollkommer* Rdn. 2 zu § 321 ZPO.
[9] Vgl. etwa OLG München, JurBüro 1993, 680.

I. Einleitung   **8, 9 13. Kap.**

Schweigt das Urteil zu dieser Frage, fehlt es an einer positiven Zulassungsentscheidung, so dass die Berufung unzulässig ist. Damit kann ein Fall, der der Berichtigung oder Ergänzung unterliegt, nur vorliegen, wenn es Anhaltspunkte dafür gibt, dass die Entscheidung versehentlich unterblieben ist.[10] Diese werden sich nur dann finden, wenn sich aus dem Urteil ergibt, dass die Berufung zugelassen werden sollte. Dann liegt ein Fall des § 319 ZPO vor[11] und kann die entsprechende positive Äußerung hierzu im Wege der Berichtigung in Tenor oder Entscheidungsgründe aufgenommen werden. Hat sich das Gericht dagegen überhaupt keine Gedanken zur Berufungszulassung gemacht, spricht alles dafür, dass es mangels eines konkreten Anlasses keine positive Entscheidung treffen wollte. Dieses Vorgehen wäre bei tatsächlichem Vorliegen der Rechtsmittelvoraussetzungen rechtsirrig. Gegen solche Rechtsfehler ist aber nicht der Weg der Berichtigung oder der Ergänzung gegeben, sondern nur der des Rechtsmittels. Gegen die Nichtzulassung der Berufung ist ein solches aber nicht vorgesehen, so dass in diesem Fall nach der gesetzgeberischen Grundentscheidung eine Berufungszulassung im Wege der Berichtigung oder Ergänzung nicht möglich ist.[12] Es bleibt also nur die Gehörsrüge und ggfs. die Verfassungsbeschwerde gegen die fehlerhafte Entscheidung des Erstgerichts.

Verfahrensfehlerhaft falsche tatsächliche Feststellungen, die unter Verletzung des **8** Grundsatzes des rechtlichen Gehörs Parteivorbringen übergehen, können in jedem Fall durch das gegebene **Rechtsmittel** angegriffen werden.[13] Demnach ist die Möglichkeit der Tatbestandsberichtigung nach § 320 ZPO auf Fälle beschränkt, in denen Vorbringen versehentlich übergangen wurde.[14] Wollte das Gericht also eine Anregung auf Berufungszulassung nicht in das Urteil aufnehmen, weil diese aus seiner Sicht unerheblich war, kann die Aufnahme der entsprechenden Äußerung in das Urteil nicht über den Weg der Tatbestandsberichtigung erzwungen werden. Ist durch das Übergehen der Anregung auf Berufungszulassung das rechtliche Gehör verletzt, muss das Erstgericht auf den gem. § 321a Abs. 2 S. 2 ZPO innerhalb von zwei Wochen nach Urteilszustellung zu stellenden Antrag den Rechtsstreit fortführen. Es hat dann erneut durch Urteil über die Frage der Rechtsmittelzulassung zu befinden.[15]

Die Tatbestandsberichtigung hat demnach nur dort Bedeutung für das Rechts- **9** mittelverfahren, wo die **Beurkundungswirkung** des **Tatbestandes** gem. § 314 S. 1 ZPO tatsächlich greift. Dies sind die Fälle, in denen im Tatbestand anderweitig nicht nachweisbare Tatsachen beurkundet bzw. nicht beurkundet sind. Dabei wird es sich um solche Vorgänge handeln, die weder durch die mit Antragstellung in Bezug genommenen Schriftsätze[16] oder Sitzungsniederschriften bzw. deren Berichtigung nachzuweisen sind. Wird dagegen etwa in Schriftsätzen festgehaltenes Vorbringen übergangen, kann

---

[10] Nach BGH NJW 2004, 779 liegt ein Berichtigungsfall nur dann vor, wenn eine beschlossene Zulassung versehentlich nicht niedergelegt wurde, anders für den Verstoß gegen den gesetzlichen Richter bei der Entscheidung über die Rechtsmittelzulassung BGH NJW 2004, 2529.

[11] BGH FamRZ 2004, 393. Der dort mitgeteilte Leitsatz geht davon aus, dass ein Widerspruch zwischen Tatbestand und Entscheidungsgründen in der Frage der Rechtmittelzulassung der Berichtigung zugänglich ist und dass ab Bekanntgabe des Berichtigungsbeschlusses eine neue Rechtsmittelfrist läuft. *Rosenberg/Schwab/Gottwald* § 140 Rdn. 14 schlägt eine Analogie zu §§ 72 Abs. 1 S. 2, 64 Abs. 3a ArbGG zur Nachholung übergangener Nebenentscheidungen vor.

[12] Anders verhält es sich nur bei der Revision, da gem. §§ 544 Abs. 1 S. 1 ZPO, 26 Nr. 8 EGZPO bei Streitwerten über 20 000,– € die Nichtzulassungsbeschwerde möglich ist.

[13] Jedenfalls tendenziell ohne überzeugende Begründung a. A. *Schellhammer* Rdn. 1008; ähnlich *Schumann/Kramer* Rdn. 483ff. Wie hier *Rixecker* NJW 2004, 705 (708).

[14] BGH NJW 2004, 1876 (1879).

[15] So auch *Althammer/Löhnig* NJW 2004, 1567 (1569).

[16] BGH NJW-RR 1996, 379.

unter Bezugnahme auf die entsprechende Fundstelle in den Akten die Verletzung der richterlichen Kenntnisnahmepflicht als Verfahrensfehler gerügt werden.[17]

10 Im Wesentlichen wird also die nach § 139 Abs. 4 ZPO erforderliche **Dokumentation von Hinweisen**[18] in Frage kommen, die den Parteivertretern formlos telefonisch erteilt wurden. Berichtigungsrelevant ist nicht nur die unrichtige Wiedergabe eines Hinweises, sondern insbesondere für die obsiegende Partei die bisher nicht erfolgte Dokumentation eines Hinweises. Denn wenn die unterlegene Partei im Wege des Rechtsmittels rügt, auf bestimmte Punkte nicht hingewiesen worden zu sein, kann gem. § 139 Abs. 4 S. 2 ZPO der Gegenbeweis nur anhand der Akten geführt werden. Erkennt also die obsiegende Partei bei Lektüre des Urteils, dass es an der hinreichenden Dokumentation von wesentlichen Hinweisen fehlt, sollte unbedingt der Weg des Antrags auf Tatbestands- bzw. Protokollberichtigung[19] gewählt werden. Denn im Rechtsmittelverfahren ist die Wiedergabe konkreter Einzelheiten eines Rechtsgesprächs irrelevant, wenn der Vorderrichter im Protokoll nur festgehalten hat, dass „die Sach- und Rechtslage gründlich erörtert wurde".[20]

11 Im Einzelfall kann es schwierig sein, abzugrenzen, auf welchem Weg die angestrebte Korrektur erreicht werden kann. Beispielsweise für die Aufnahme einer versehentlich nicht ausgesprochenen Berufungszulassung in ein Urteil werden verschiedene Möglichkeiten erörtert.[21] Die Fragestellung kann sich weiter verkomplizieren, wenn eine Tatbestands- oder **Protokollberichtigung** vorgreiflich ist. Dies kann allerdings für den Antragsteller unentschieden bleiben, da er nur klarstellen muss, dass es ihm im Ergebnis um die Aufnahme der Berufungszulassung in das Urteil geht, unabhängig davon, von welcher der gegebenen Möglichkeiten das Gericht Gebrauch machen will. Wichtig ist nur, dass herausgearbeitet wird, woraus sich das Versehen des Gerichts ergibt, und dass ggfs auch ein Protokoll- bzw. Tatbestandsberichtigungsantrag gestellt wird.

12 **Kosten: Gericht:** §§ 319–321 ZPO keine, § 321a ZPO bei Verwerfung oder Zurückweisung KV[22] Nr. 1700 50,– € Festgebühr; **Parteien:** keine § 19 Abs. 1 Nr. 6 RVG, es sei denn, es wird ein Prozessbevollmächtigter eigens für das Rügeverfahren bestellt, dann gem. VV[23] Nr. 3330 mindestens 0,5 Verfahrensgebühr aus dem Gegenstandswert der Berichtigung gem. §§ 23 Abs. 2, 3 RVG.

13 **Wertfestsetzung:** Für das Berichtigungsverfahren nur auf Antrag gem. § 33 Abs. 1 RVG durch das Prozessgericht.

---

[17] Ebenso *Gaier* NJW 2004, 110 (111).

[18] Zur Möglichkeit der Dokumentation von Hinweisen im Urteil s. *Rensen* MDR 2003, 483 (484) und BGH NJW 2006, 60.

[19] Das Erteilen eines konkreten Hinweises ist gem. § 160 Abs. 2 ZPO im Protokoll festzuhalten, vgl. *Hannich/Meyer-Seitz* § 139 ZPO Rdn. 19 m. w. N.

[20] Etwa *MK/Peters* Aktualisierungsband 2002, Rdn. 5 zu § 139 ZPO, empfiehlt, den hauptsächlichen Inhalt des Hinweises „identitätssicher" festzuhalten; s. neuerdings auch BGH NJW 2006, 60.

[21] *Greger* NJW 2002, 3049 <3051>, und *Zöller/Gummer* 22. Aufl. 2001 Rdn. 53 zu § 546 ZPO m. w. N., *ders.* u. *Heßler* a. a. O., 25. Aufl. 2004 Rdn. 39 zu § 511 ZPO bevorzugen § 319 ZPO, den *Piekenbrock/Schulze* JZ 2002, 911, 913 ausschließen, während *Zöller/Vollkommer* ZPO 25. Auflage 2004 Rdn. 5 zu § 321 ZPO den Weg über § 321 ZPO wählt; so auch *Stackmann* NJW 2002, 781 (782). *Huber* JUS 2002, 791 (79), weist auf den Weg über § 321a ZPO hin. Der II. Senat des BGH steht auf dem Standpunkt, dass generell nur der Weg der Berichtigung möglich ist, eine nachträgliche Zulassung komme nur dann in Betracht, wenn die beschlossene Zulassung versehentlich nicht niedergelegt worden sei, NJW 2004, 779. Anders der IX a Senat, NJW 2004, 2529 bei der Verletzung des Gebots des gesetzlichen Richters in der Frage der Rechtsmittelzulassung.

[22] Kostenverzeichnis, Anlage 1 zum Gerichtskostengesetz (§ 3 Abs. 2 GKG).

[23] Vergütungsverzeichnis, Anlage 1 zu § 2 Abs. 2 RVG.

II. Berufung

1. Einlegen der Berufung

a) Zuständiges Gericht. Nach § 519 Abs. 1 ZPO kann die Berufung (fristwahrend) nur beim Berufungsgericht eingelegt werden. Deshalb muss gerade bei drohendem Fristablauf absolute Klarheit über das anzurufende Gericht herrschen.[24] Das gilt ganz besonders für die ordnungsgemäße Bezeichnung des angegangenen Gerichtes, wenn der Berufungsschriftsatz bei einer gemeinsamen Einlaufstelle mehrerer Gerichte eingeht, oder zwei voneinander getrennte Gerichte sehr ähnliche Namen tragen, wie etwa die Landgerichte München I und II.[25]

aa) Landgericht. Für die Berufung gegen Urteile des Amtsgerichts sind gem. § 72 GVG grundsätzlich die Landgerichte **zuständig.** Wenig Beachtung findet der Umstand, dass funktionell neben der allgemeinen **Zivilkammer** auch die **Handelskammer** zuständig sein kann. Etwa im Gewerbemietprozess kann es sich empfehlen, mit Einreichung der Berufungsschrift die Verhandlung vor der Kammer für Handelssachen zu beantragen (§ 96 GVG). Im Gegensatz zur Handelskammer kann die Zivilkammer (vgl. §§ 97 Abs. 2 GVG einerseits und § 98 Abs. 3 GVG andererseits) eine Handelssache nicht von Amts wegen an die Kammer für Handelssachen verweisen. Das kann nach §§ 98 Abs. 1, 101 GVG nur auf einen rechtzeitig innerhalb der Berufungserwiderungsfrist gestellten Antrag des Berufungsbeklagten geschehen. Zieht man ins Kalkül, dass wegen § 522 Abs. 2 ZPO eine Terminierung und das Setzen einer Berufungserwiderungsfrist in der Regel nur dann erfolgen wird, wenn die Berufung nach Auffassung der Zivilkammer nicht völlig aussichtslos ist, kann der Antrag auf Verweisung an die Handelskammer ein legitimes taktisches Mittel des Berufungsbeklagten sein.

bb) Oberlandesgericht. Zum Stolperstein für die Berufungen gegen Urteile der Amtsgerichte kann die ausnahmsweise gem. §§ 119 Abs. 1 Nr. 1 a)–c) und Abs. 3 GVG gegebene Zuständigkeit der Oberlandesgerichte werden. Es sollte immer darauf geachtet werden, ob eine Partei – ggfs. ein Streitgenosse[26] – seinen **allgemeinen Gerichtsstand im Ausland** hat. Dabei kommt es wegen des exakten Wortlauts der Vorschrift nicht darauf an, ob im Inland ein besonderer Gerichtsstand etwa der gewerblichen Niederlassung (§ 21 ZPO) oder der ausschließliche des § 29a ZPO gegeben ist. Fehlt es für eine Partei (einen Streitgenossen) an einem (Wohn-)Sitz gem. §§ 12, 13, 17 ZPO im Inland,[27] ist die Berufung an das OLG zu richten.[28]

In Zweifelsfällen sollte die Berufungsschrift möglichst zeitig bei Gericht eingehen. Denn der Rechtsmittelrichter hat innerhalb angemessener Zeit auf Bedenken **hinzuweisen** und auf eine fristgerechte Mängelbehebung hinzuwirken, etwa durch rechtzeitige Weiterleitung der Berufungsschrift an das zuständige Gericht. Tut er dies nicht, ist nach der Rechtsprechung des Bundesverfassungsgerichts und des BGH ein Wiedereinsetzungsgrund auch bei einer durch einen Rechtsanwalt vertretenen Partei gegeben.[29] In der Rechtsprechung wird hierzu aber auch der Standpunkt vertreten, bei einer anwaltlich

---

[24] Zu den Folgen falscher Adressierung vgl. *Pauling* Rechtsmittel Rdn. 20 f.
[25] Siehe dazu etwa *Thomas/Putzo/Reichold* Rdn. 5 f. zu § 519 ZPO.
[26] BGH MDR 2003, 1194 für Fälle der einfachen Streitgenossenschaft.
[27] Es reicht aus, wenn dieser jedenfalls bei Klagezustellung im Inland war, vgl. LG Berlin NJW 2005, 3223.
[28] Ausdrücklich für Mietstreitigkeiten BGH NJW 2003, 3278; s. auch OLG Karlsruhe NJW 2003, 3208 und OLG Hamm, NJW 2005, 3649 – Unkenntnis des Anwalts von § 119 Abs. 1 Nr. 1 b) GVG kein Wiedereinsetzungsgrund.
[29] BVerfG NJW 2001, 1343 u. BGH NJW 1998, 2291 sowie OLG Düsseldorf MDR 2004, 830.

vertretenen Partei könne der für die Richtervorlage zuständige Geschäftsstellenbeamte davon ausgehen, dass diese gezielt zum angegangenen Gericht Berufung eingelegt habe. Dann entspreche eine Aktenvorlage an den zuständigen Richter, die erst einige Zeit nach Eingang der Berufungsschrift erfolge, dem normalen Geschäftsgang (üblicherweise erfolgt Aktenvorlage erst mit Eingang der Berufungsbegründung). Deshalb könne in einem solchen Fall Wiedereinsetzung nicht gewährt werden, selbst wenn feststünde, dass bei Aktenvorlage mit Eingang der Berufungsbegründung eine fristwahrende Zuleitung an das angegangene Gericht möglich gewesen wäre.[30] Darum sollte ggfs. deutlich sichtbar in der Berufungsschrift um sofortige Richtervorlage gebeten werden.

18 Die Zuständigkeit des OLG in Fällen, in denen das Amtsgericht ausdrücklich die Anwendbarkeit **ausländischen Rechts** festgestellt hat (§ 119 Abs. 1 Nr. 1c) GVG), sollte schon wegen der Besonderheiten eines solchen Falles problemlos erkennbar sein. Gleiches gilt für den Fall, dass ein Land von der Experimentierklausel des § 119 Abs. 3 GVG Gebrauch macht, denn dann ist gem. § 119 Abs. 4 GVG eine entsprechende Rechtsbehelfsbelehrung erforderlich.

19 Für Berufungen gegen erstinstanzliche Entscheidungen der Landgerichte sind nach § 119 Abs. 1 Nr. 2 GVG die Oberlandesgerichte zuständig. Die Zuordnung der einzelnen Gerichte zu bestimmten Rechtsmittelgerichten ergibt sich aus den Gerichtsorganisationsgesetzen der Länder.

20 **b) Formalien.** Nach § 519 Abs. 2 ZPO muss die Berufungsschrift das Ersturteil bezeichnen und, wenn auch nicht durch die Verwendung dieses Begriffes, erkennen lassen, dass Berufung eingelegt wird. Außerdem ist eindeutig kenntlich zu machen, für und gegen wen Berufung eingelegt wird, ebenso müssen die Parteirollen und die Parteien richtig[31] bezeichnet werden. Da die Vorschriften über vorbereitende Schriftsätze über § 519 Abs. 4 ZPO anzuwenden sind und darüber hinaus Berufungen bestimmende Schriftsätze sind, müssen sie zwingend unterschrieben (§§ 129, 130 ZPO)[32] oder gem. § 130a Abs. 1 S. 2 ZPO mit einer qualifizierten elektronischen Signatur versehen sein. Wegen des gemäß § 78 Abs. 1 S. 1 ZPO vor den Landgerichten geltenden **Anwaltszwang**s müssen Unterschrift bzw. Signatur einer an das Landgericht gerichteten Berufungsschrift von einem bei einem Amts- bzw. Landgericht zugelassenen Rechtsanwalt stammen. Vor den Oberlandesgerichten ist gem. § 78 Abs. S. 2 ZPO die **Postulationsfähigkeit** nur bei Zulassung des Unterzeichners bei einem OLG gegeben. Es muss also mindestens der OLG-bestellte Vertreter gem. § 53 Abs. 2 BRAO tätig werden. Ein selbst bestellter Vertreter muss selbst beim OLG zugelassen sein. Um allen Unwägbarkeiten, die in der Kommentarliteratur[33] eingehend beschrieben sind,

---

[30] OLG Köln NJW-RR 2002, 283, ebenso BGH NJW 2005, 3776 (3777).

[31] Vorsicht ist bei mehreren (einfachen) Streitgenossen geboten, wird einer als Berufungsbeklagter bezeichnet, ein anderer nicht, ist dieser, auch wenn es für den Berufungskläger zweckmäßig wäre, nicht Rechtsmittelbeklagter, BGH NJW 2003, 1203. Dagegen ist das OLG Düsseldorf unter Berufung auf BGH NJW 1988, 1204 u. 1994, 512 der Meinung, dass wenn der an erster Stelle des Urteilsrubrums genannte Streitgenosse als Berufungsbeklagter genannt ist, das klageabweisende Ersturteil im Zweifel gegenüber allen obsiegenden Streitgenossen angefochten ist, ZMR 2003, 922.

[32] Im Zweifelsfall reicht aber auch die Unterschrift unter einem Beglaubigungsvermerk oder Anschreiben, ggfs. ist das Gericht aufzufordern, sich vom Gegner die Originalabschriften wieder vorlegen zu lassen (§ 421 ZPO), s. auch *Zöller/Gummer/Heßler* Rdn. 27 zu § 519 ZPO m.w.N. Der BGH hält ein Computerfax ohne eingescannte Unterschrift oder die Erklärung, das Schriftstück sei wegen der elektronischen Übermittlung nicht unterschrieben, für nicht ausreichend, NJW 2005, 2087, a. A. LG Köln NJW 2005, 77 (78) für den Amtsgerichtsprozess. Zur Wiedereinsetzung durch Verhandlung in der Sache vgl. BVerfG NJW 2004, 2149. Siehe auch oben Kapitel 4 Rdn. 30.

[33] Etwa bei *Thomas/Putzo/Reichold* Rdn. 10 zu § 519 ZPO findet sich ein eindrucksvoller Überblick darüber, welche Skurrilitäten sich ergeben können, wenn sich bei diesem Routinegeschäft Fehler einschleichen.

II. Berufung

aus dem Weg zugehen, sollte stets das nach der Ordnungsvorschrift des § 519 Abs. 3 vorzulegende Ersturteil in einer gerichtlichen **Ausfertigung** oder in Abschrift beigefügt werden.[34]

c) Wiedereinsetzung in den vorigen Stand. Die durch § 517 ZPO determinierte Berufungsfrist ist eine Notfrist i.S.v. § 224 Abs. 1 S. 1 ZPO, die wegen § 224 Abs. 2 2. Hs ZPO nicht verlängert werden kann. Eine Fristwahrung nach Überschreiten der nach § 222 ZPO in Verbindung mit §§ 187–189 BGB zu berechnenden Monatsfrist[35] (Ausnahme: 6 Monate nach Verkündung, wenn es an der Zustellung bzw. dem Zugang eines in vollständiger Form abgefassten Urteils fehlt),[36] kann also nur dann in Betracht kommen, wenn die Voraussetzungen der §§ 233 ff. ZPO vorliegen.

Wird dies relevant, ist der entsprechende Sachverhalt unter allen in Betracht kommenden Aspekten und unter Heranziehung mindestens eines Kommentars insgesamt zu würdigen. Denn es kommt immer wieder vor, dass zwar ein Teil des Vorbringens zur Wiedereinsetzung in den vorherigen Stand sehr gut in das System der mehr oder minder nach Schlagworten typisierten Entschuldigungsgründe passt (Beispiel: der Prozessbevollmächtigte vergisst infolge eines persönlichen Schicksalsschlages[37] das rechtzeitige Absenden der Berufungsschrift), aber der übrige Sachverhalt dennoch für ein verschuldetes **Fristversäumnis** spricht. Im Beispielsfall müsste noch zusätzlich belegt werden, dass die im Rahmen der Büroorganisation vorzusehende (wirksame) Ausgangskontrolle[38] das geschehene Versäumnis nicht verhindern konnte. Dies gilt umso mehr, als gem. § 236 ZPO mit Anbringen des Wiedereinsetzungsantrags alle Tatsachen vorgetragen und glaubhaft gemacht werden müssen (§ 294 ZPO), die die Wiedereinsetzung rechtfertigen. Bei der vorzunehmenden Analyse kann sich auch herausstellen, dass es sich tatsächlich nicht um eine Frage der Wiedereinsetzung handelt, sondern darum, ob die Fristwahrung nachgewiesen werden kann, etwa wenn es zu Fehlern bei der Anbringung des gerichtlichen Einlaufstempels gekommen ist.[39] Ist unsicher, ob der Nachweis der Fristwahrung zu führen ist, sollte erwogen werden, ob mit dem entsprechenden Vorbringen hilfsweise (innerprozessuale Bedingung) ein Wiedereinsetzungsantrag zu stellen ist. Dieser kann begründet sein, wenn der Prozessbevollmächtigte aufgrund der ihm bekannten Tatsachen davon ausgehen konnte, alles zur Fristwahrung Erforderliche getan zu haben.[40] Dabei muss immer mitbedacht werden, ob nicht gleich-

---

[34] Dies führte in BGH FamRZ 2004, 697 (698) zur Bejahung der Zulässigkeit der vom OLG verworfenen Berufung.
[35] Eine Berichtigung gem. § 319 ZPO hat grundsätzlich keinen Einfluss auf den Lauf der Berufungsbegründungsfrist, vgl. BGH NJW 2003, 2991. Für Ergänzungsurteile i.S.v. § 321 ZPO gilt § 518 ZPO.
[36] Wenn das Urteil nicht innerhalb der Fünfmonatsfrist zugestellt ist, kann sich die Berufungsbegründung darauf beschränken, diesen Umstand zu rügen, BGH FamRZ 2004, 179. Nach 5 Monaten läuft die Berufungsfrist (BAG NJW 2005, 3084), unabhängig davon, ob die Partei etwas von dem Urteil weiß oder nicht, ggfs. ist Wiedereinsetzung zu gewähren, BGH MDR 2004, 406 (407).
[37] Siehe dazu die Übersicht bei *Zöller/Greger* Rdn. 23 zu § 233 ZPO Stichwort: „Krankheit".
[38] Vgl. etwa *Thomas/Putzo* Rdn. 19 und 16 zu § 233 ZPO.
[39] Der Berufungsbegründungsschriftsatz mit Einlaufstempel ist eine öffentliche Urkunde i.S.v. § 418 ZPO, der Gegenbeweis kann im Freibeweisverfahren (s. dazu *Zöller/Gummer/Heßler* Rdn. 20 zu § 519 ZPO) z.B. auch durch eidesstattliche Versicherung geführt werden, BGH FamRZ 1996, 1004. In der Praxis hat sich das Erholen einer dienstlichen Erklärung des zuständigen Mitarbeiters der Einlaufstelle bewährt. Bei einem Telefax kann der Nachweis des rechtzeitigen Zugangs durch Vorlage der Kundenrechnung der Telekom geführt werden, BGH NJW 2003, 3487.
[40] *Thomas/Putzo* Rdn. 27–29 zu § 233 ZPO.

zeitig ein Antrag auf Wiedereinsetzung im Hinblick auf die möglicherweise ebenfalls versäumte Berufungsbegründungsfrist zu stellen ist.[41]

23 **d) Statthaftigkeit der Berufung.** Berufungsfähig sind gem. § 511 Abs. 1 ZPO generell alle die erste Instanz ganz oder teilweise beendenden Urteile. Nicht berufungsfähig sind grundsätzlich **Versäumnisurteile** mit der Ausnahme des § 514 Abs. 2 ZPO für Zweite Versäumnisurteile, wenn geltend gemacht werden soll, dass kein Fall der schuldhaften Säumnis vorgelegen hat. Die **Kostenentscheidung** kann nach § 99 Abs. 1 ZPO nicht isoliert angefochten werden

24 Der **Wert des Beschwerdegegenstandes** muss, abgesehen vom Fall der Zweiten Versäumnisurteile (§ 514 Abs. 2 S. 2 ZPO), mindestens 600,– € betragen. Dieser muss ggfs gem. § 511 Abs. 3 ZPO glaubhaft gemacht werden. Dieses Problem ist bei Zahlungsklagen nicht relevant. Etwa für die Räumung einer Wohnung gelten §§ 3 ZPO, 41 Abs. 2 GKG.[42] Ist die erforderliche Beschwer nicht erreicht, muss die Berufung gem. § 511 Abs. 2 ZPO vom Erstgericht zugelassen sein. Da die Eingangsgerichte nicht routinemäßig über die Frage der **Berufungszulassung** entscheiden, sollte eine solche angeregt werden. Eine ausdrückliche Äußerung des Urteils zur Frage der Berufungszulassung ist nicht nötig, da wegen der Pflicht zur ausdrücklichen Erklärung des Gerichts hierzu Schweigen Nichtzulassung bedeutet.[43] Nach § 511 Abs. 4 Nr. 2 ZPO muss das Erstgericht nur dann über die Frage der Berufungszulassung befinden, wenn die Beschwer einer Seite insgesamt unter 600,– € liegt.[44]

25 Daher ist es für den Anwalt unerlässlich, dieser Frage bereits in der ersten Instanz Aufmerksamkeit zu schenken und auf eine etwaige Grundsatzbedeutung (Beispiel: Relevanz der Reparaturklausel für viele Mieter mit derselben Klausel) oder eine Divergenz[45] zu nichtveröffentlichten Entscheidungen anderer Spruchkörper hinzuweisen.[46]

26 **e) Beschwer.** Das für das Einlegen der Berufung erforderliche **Rechtsschutzbedürfnis** ist regelmäßig gegeben, wenn das Ersturteil hinter den Anträgen des Klägers zurückbleibt oder den Beklagten materiell belastet.[47] Diese scheinbar unerhebliche Fra-

---

[41] Diesen hält BGH NJW 2003, 3275 (3276) bei PKH nicht für erforderlich und will eine Frist ab Zustellung der stattgebenden PKH-Entscheidung gewähren. Hier wird der jeweilige Einzelfall genau analysiert werden müssen Ggfs ist für die Vorlage der Berufungsbegründung Wiedereinsetzung zu beantragen. Nach §§ 236 Abs. 2 S. 2 i. V. m. 234 Abs. 1 S. 2 ZPO in der Fassung durch das erste Gesetz zur Modernisierung der Justiz gilt für die Versäumung der Berufungsbegründungsfrist eine Monatsfrist (sonst: 14 Tage).

[42] Zum Gegenstandswert bei Klagen auf Entfernung eines Tieres vgl. oben Kapitel 7, Rdn. 65 und Kapitel 4 Rdn. 37.

[43] Vgl. etwa BGH NJW 1980, 344. Nach BGH NJW 2004, 779 kommt eine Berichtigung nur dann in Betracht, wenn eine beschlossene Zulassung versehentlich im Urteil nicht niedergelegt wurde. Siehe dazu auch schon oben Rdn. 3ff zur Urteilsberichtigung.

[44] Zur Beschwer bei Mieterhöhungsklagen vgl. oben Kapitel 4, Rdn. 32 u. 33. Zur Unterlassung Kapitel 5 Rdn. 37 u. 53. Zur Feststellung Kapitel 6 Rdn. 56ff. Zum Eilverfahren Kapitel 11 Rdn. 106. Die Ausführungen zum Streitwert eröffnen den Zugang zur Bewertung der Beschwer des Rechtsmittelführers.

[45] Um diese beiden Zulassungsgründe geht es bei der Rechtsmittelzulassung durch den iudex a quo, der seine eigene Entscheidung regelmäßig nicht für falsch halten und aus diesem Grund zur Wahrung der Einheitlichkeit der Rechtsprechung ein Rechtsmittel zulassen wird, vgl. *Rimmelspacher* LMK 2003, 13 (14) und mit etwas anderem Akzent *Piekenbrock/Schulze* JZ 2002, 911, 913. Zu den Einzelheiten s. u. Rdn. 80ff.

[46] Das Darlegen der Gründe für die Revisionszulassung in der Nichtzulassungsbeschwerde verlangt BGH NJW 2003, 65 (66) ausdrücklich, in der Instanz hat schon aus praktischen Erwägungen nichts anderes zu gelten.

[47] Etwa durch Verbrauch einer Auf- oder Verrechnungsforderung, BGH MDR 2002, 601, Hilfsweise geltend gemachte Ansprüche bleiben außer Ansatz bleiben außer Ansatz, BGH MDR 2004, 829.

ge entwickelt sich dann zum Problem, wenn in der Berufungsinstanz in Reaktion auf den Inhalt des vorangegangenen Urteils der ursprüngliche gestellte Antrag abgeändert[48] oder die Parteien ausgewechselt werden. Insoweit muss unbedingt darauf geachtet werden, das jedenfalls mit der Hauptberufung das ursprünglich verfolgte Rechtschutzbegehren bis zum Schluss der mündlichen Verhandlung im Berufungsverfahren[49] so weit weiter verfolgt wird,[50] dass der Wert der Beschwer in diesem Punkt über 600,– € liegt.

Macht zum **Beispiel** der Sohn der verstorbenen Vermieterin vor dem Amtsgericht **27** Zahlung der Miete an sich selbst geltend, greift er das Ersturteil nicht inhaltlich an, wenn er mit der Berufung nur den neu gestellten Klageantrag verfolgt, den Mieter auf Zahlung an die Erbengemeinschaft nach der Vermieterin, bestehend aus ihm selbst und vier Geschwistern, zu verurteilen.[51] Denn dann unterscheiden sich die beiden Klageanträge im Streitgegenstand: Zunächst wird geltend gemacht, der Kläger gehe aus eigenem Recht vor, während in der Berufungsinstanz die im Wege der Gesamtrechtsnachfolge erworbenen Rechte der Erbengemeinschaft geltend gemacht werden sollen. Anders wäre der Fall zu beurteilen gewesen, wenn etwa der Kläger der Erbengemeinschaft nicht angehört hätte und erstinstanzlich Zahlung an seine vier die Erbengemeinschaft bildenden Geschwister verlangt hätte. Wären diese dem Rechtsstreit nach Berufungseinlegung des Klägers beigetreten und hätten nach dessen Ausscheiden aus dem Rechtsstreit die Berufung begründet, wäre diese insgesamt zulässig gewesen. Die Berufungseinlegung wäre durch den formell beschwerten Kläger erfolgt, der Streitgegenstand hätte sich infolge des Umstandes nicht geändert, dass in beiden Instanzen das Recht der Erbengemeinschaft und nicht ein vermeintlich eigenes des Klägers geltend gemacht würde. Deshalb sieht der BGH eine solche Berufung als zulässig an.[52]

f) Anschlussberufung. Der Berufungsbeklagte kann sich gem. § 524 Abs. 1 S. 2 **28** ZPO der vom Gegner eingelegten Berufung (unselbständig)[53] innerhalb der Berufungserwiderungsfrist[54] mit der Folge anschließen, dass diese gem. § 524 Abs. 4 ZPO wirkungslos wird, wenn die Hauptberufung zurückgenommen oder durch Beschluss verworfen oder zurückgewiesen wird. Da auf diese spezielle Berufung gem. § 524 Abs. 3 S. 2 ZPO von den allgemeinen Berufungsvorschriften nur §§ 519 Abs. 2 und 4 (Formalien der Berufungsschrift) sowie § 520 Abs. 3 (Abfassen der Berufungsrügen) und § 521 ZPO (Zustellungserfordernis, Erwiderungsfrist) gelten, fehlt es für die Anschlussberufung an einer Wertbeschränkung.[55] Deshalb eröffnet sie dem Teilobsiegen-

---

[48] Vgl. etwa BGH NJW-RR 2002, 1435 oder MDR 2004, 225 (226). Zur Beschwer durch ein Anerkenntnisurteil auf den ursprüngliche Antrag nach Ankündigung einer klageerweiternden Klageänderung s. BGH NJW 2004, 2019, vgl. auch schon oben Kapitel 2, Rdn. 90.
[49] BGH NJW-RR 2002, 1435 (1436), NJW-RR 2004, 526.
[50] Ständige Rechtsprechung des BGH, vgl. FamRZ 2003, 1093 (1095) oder NJW-RR 2004, 144. Für die Frage der Beschwer kommt es gem. § 4 ZPO zwar nur auf den Zeitpunkt der Einlegung des Rechtsmittels an, allerdings ist nach BGHZ 1, 29 und OLG Hamburg NJW-RR 1998, 356 eine willkürliche Beschränkung des Rechtsmittels zu beachten, die dann in Betracht kommt, wenn die Antragstellung zu einer höheren Beschwer nur vorgenommen wurde, um die Streitwertgrenze zu umgehen.
[51] Anders ist es, wenn das erstinstanzliche Vorbringen so verstanden werden kann, dass der Kläger mit dem auf Zahlung an sich selbst gerichteten Antrag auch den Zahlungsanspruch der Erbengemeinschaft verfolgt, BGH NJW-RR 2005, 955. Vgl. dazu auch oben Kapitel 1, Rdn. 87 ff. und 109 ff.
[52] FamRZ 2003, 1093.
[53] Zu den Begriffen s. etwa *Heiderhoff* NJW 2002, 1402.
[54] Für die Anschlussberufung, die eine Verurteilung zu künftig fällig werdenden Leistungen zum Gegenstand hat, gilt keine Frist gem. § 524 Abs. 1 S. 3 ZPO.
[55] Nicht geklärt ist bisher die Frage, ob sich das Anschlussrechtsmittel auf den Gegenstand des Hauptsacherechtsmittels beziehen muss, s. dazu unter Rdn. 163 f. zur Anschlussrevision.

den im Hinblick auf ein Teilunterliegen mit einer Beschwer von unter 600,– € den Berufungsrechtsweg.[56] Bei der Bezeichnung des Rechtsmittels ist Vorsicht geboten, nach Auffassung des BGH ist ein als „Selbständige Anschlussberufung" innerhalb der Berufungsfrist eingelegtes Rechtsmittel als Hauptberufung zu bewerten. Dabei sei im Zweifel der Grundsatz zu berücksichtigen, dass das gewollt sei, was nach den Maßstäben der Rechtsordnung vernünftig sei und der wohlverstandenen Interessenlage entspräche.[57]

29   Infolge des fehlenden Verweises auf die Regelung des § 520 Abs. 2 ZPO (Verlängerung der Berufungsbegründungsfrist) ist gem. § 224 Abs. 2 ZPO die Verlängerung der **Frist** zur Begründung der Anschlussberufung nicht möglich.[58] Damit muss die in der Anschlussschrift zu begründende Berufung spätestens einen Monat nach Zustellung der Hauptberufungsbegründung vorgelegt werden. Die auf die Zustellung der Berufungsschrift begründungslos eingereichte Anschlussberufung ist unzulässig. Dieser Mangel kann allerdings durch Einreichung einer Begründung bis einen Monat nach Zustellung der Hauptberufungsbegründung geheilt werden.[59] Ein solches Vorgehen birgt allerdings ein deutliches Kostenrisiko:[60] Zwar hat der Berufungskläger bei Rücknahme seiner Berufung grundsätzlich die Kosten der Anschlussberufung zu tragen.[61] Dies gilt aber nach Ansicht des OLG Köln[62] dann nicht, wenn die Anschlussberufung schon wegen in dieser enthaltener Mängel unzulässig ist. In der Rechtsprechung ist umstritten, ob **bei Zurückweisung der Berufung durch Beschluss** die **Kosten beiden Parteien** im **Verhältnis der Werte** von Berufung und Anschlussberufung **zur Last fallen** oder ob diese dem Berufungsführer allein aufzuerlegen sind.[63]

30   **Kosten: Gerichtskosten:** Erhöhung der 4 Gebühren gem. KV Nr. 1220, 1413 durch Streitwerterhöhung. **Anschlussberufungsführer:** jedenfalls 1,6 Verfahrensgebühr gem. VV Nr. 3200 aus dem Streitwert Anschlussberufung, ansonsten gilt, dass für die Hauptberufung jedenfalls eine 1,1 Verfahrensgebühr angefallen ist. **Berufungsbeklagter:** mindestens 1,1 Verfahrensgebühr aus Gegenstandswert Anschlussberufung, die weitere 0,5 Gebühr aus VV Nr. 3200 fällt bei veranlasster Sachantragstellung zur Anschlussberufung[64] an, 1,6 Gebühren für die Hauptberufung sind bereits erstattbar.

31   **Wertfestsetzung:** Von Amts wegen gem. § 63 Abs. 2 S. 1 GKG am Instanzende.

32   **g) Berufungsrücknahme.** Berufungsrücknahme kann gem. § 516 Abs. 1 ZPO bis zur Verkündung des Berufungsurteils ohne Einwilligung des Berufungsbeklagten durch Erklärung gegenüber dem Gericht erfolgen. Zeckmäßigerweise erfolgt diese außerhalb der mündlichen Verhandlung so rechtzeitig vor dem Verkündungstermin, dass der entsprechende Schriftsatz vor Verkündung beim zuständigen Richter vorliegt. Wird die

---

[56] Nicht aber dem voll obsiegenden Kläger die Möglichkeit der Klageerweiterung im Wege der Anschlussberufung, weil es dann ganz an der Beschwer fehlt, vgl. *Münch* MDR 2004, 781 (784).

[57] FamRZ 2003,1465, anders noch die Vorentscheidung OLG Frankfurt MDR 2003, 594.

[58] So ausdrücklich und kritisch zur Regelung OLG Celle NJW 2002, 2651, kritisch auch *Ludwig* MDR 2003, 670 (671). Nach BGH NJW-RR 2003, 1299 sind trotz der fehlenden Bezeichnung der Frist aus § 524 Abs. 2 ZPO als Notfrist die Wiedereinsetzungsvorschriften entsprechend anzuwenden.

[59] Auch *Heiderhoff* NJW 2002, 1402 geht davon aus, dass die Anschließung bereits vor Ablauf der Berufungsfrist erfolgen kann.

[60] *Pape* NJW 2003, 1150(1153) warnt zu Recht vor dem leichtfertigen Umgang mit Anschlussrechtsmitteln.

[61] BGHZ 4, 229 (240f.), OLG Hamburg, MDR 2003, 1251.

[62] NJW 2003, 1879, s. auch OLG Oldenburg NJW 2002, 3555 zur Anschließung mit einer zunächst unzulässigen Hauptberufung.

[63] Für Kostenteilung: OLG Düsseldorf Rpfleger 2003, 45, OLG Celle NJW 2003, 2755 sowie OLG Brandenburg MDR 2003, 1261, a.A. OLG Celle MDR 2004, 592 m.w.N.

[64] Vgl. dazu BGH NJW 2004, 73.

II. Berufung   33–37 **13. Kap.**

Rücknahmeerklärung versehentlich nicht bei Gericht eingereicht, aber dem erstinstanzlichen Prozessbevollmächtigten des Gegners gegenüber erklärt, er möge sich aufgrund des Umstandes, dass die Berufung zurückgenommen sei, nicht als Verfahrensbevollmächtigter im Berufungsverfahren bestellen, kann dies als ein Verzicht i.S.v. § 515 ZPO zu werten sein. Dieser zieht die Verwerfung der Berufung durch Beschluss nach sich.[65]

Nach Eingang der Rücknahme wird von Amts wegen durch Beschluss ausgesprochen, dass der Verlust des Rechtsmittels eingetreten ist und dass der Berufungsführer die durch das Rechtsmittel entstandenen **Kosten** zu tragen hat.[66] Dies gilt auch für die Kosten einer zulässigen Anschlussberufung.[67] Deshalb sollte bei einem Hinweisbeschluss nach § 522 Abs. 2 S. 2 ZPO errechnet werden, ob die Rücknahme wegen der Reduzierung der Gerichtsgebühren gem. KV Nr. 1222 Nr. 1 auf 2 Gebühren billiger ist, als einen Zurückweisungsbeschluss abzuwarten. Bei diesem bleibt es zwar bei den vollen 4 Gebühren gem. KV Nr. 1220, aber der Anschlussberufungsführer wird anteilig an den Kosten beteiligt.[68]   33

Bei einer außergerichtlichen Einigung auf Berufungsrücknahme gegen Verzicht auf Kostenerstattung sollte wegen der ohne Antrag von Amts wegen zu treffenden Kostenentscheidung sichergestellt werden, dass der Gegner von einem Beschluss über die Kostentragungspflicht keinen Gebrauch machen kann.   34

Kosten: Gerichtsgebühren: Gem. KV Nr. 1222 Nr. 1 Reduzierung der gem. KV Nr. 1220 angefallenen Gebühren auf 2 bei Rücknahme vor Schluss der mündlichen Verhandlung; **Berufungskläger:** 1,6 Verfahrensgebühr gem. VV Nr. 3200 **Berufungsbeklagter:** mind. 1,1 gem. VV Nr. 3201 Nr. 1, falls nicht bereits weitere 0,5 durch berechtigte Antragstellung erstattbar.[69]   35

Wertfestsetzung: § 63 Abs. 2 S. 1 GKG von Amts wegen bei Instanzbeendigung.   36

2. Berufungsbegründung

a) **Frist und Fristverlängerung.** Nach § 520 Abs. 2 S. 1 ZPO ist die Berufung innerhalb zwei Monaten nach Zustellung des Ersturteils[70] in vollständiger Form, spätestens jedoch mit Ablauf von 7 Monaten nach der Verkündung des Ersturteils zu begründen. Für den ersten Antrag auf Verlängerung der **Berufungsbegründungsfrist** gilt die bewährte Routine[71] fort, dass sich der Rechtsanwalt bei Geltendmachen eines anerkannten Verlängerungsgrundes[72] auf das Gewähren der Fristverlängerung verlassen   37

---

[65] BGHZ 27, 60. Dann fallen gem. KV Nr. 1220 alle 4 Gerichtsgebühren an.
[66] Siehe auch *Rosenberg/Schwab/Gottwald* § 135 Rdn. 58.
[67] BGHZ 4, 229 und soeben Rdn. 29.
[68] Soeben Rdn. 29 zur Anschlussberufung.
[69] So ausdrücklich BGH NJW 2003, 2992. Nach BGH JurBüro 2004, 196, entstehen notwendige Auslagen durch eine Sachantrag nach Begründung des Rechtsmittels und vor Zurückweisungsbeschluss.
[70] Eine Ausnahme gilt, wenn PKH bewilligt wird. Dann läuft die Begründungsfrist nach BGH NJW 2003, 3275 frühestens mit Zustellung der Entscheidung über die PKH für mindestens einen Monat (s. dazu *Gaier* NJW 2004, 2041 [2042]), für die Rechtsbeschwerde vgl. BGH NJW 2003, 3782. Dies gilt auch im Fall der Ablehnung der PKH, so dass nicht gleichzeitig diese versagt und die Berufung mangels rechtzeitiger Begründung verworfen werden kann, BGH FamRZ 2004, 699. Nach § 234 Abs. 1 S. 2 ZPO beträgt die Wiedereinsetzungsfrist bei Rechtsmitteln jetzt 1 Monat.
[71] Zu dieser vgl. etwa BVerfG NJW-RR 2002, 1007. Zum Verlängerungsantrag vgl. auch *Doukoff* Rdn. 252 ff. oder *Pauling* Rdn. 25.
[72] Z.B. Arbeitsüberlastung, Erkrankung des Personals, Urlaube, festgelegte Kur, Beschaffungsschwierigkeiten von Beweisurkunden oder Gutachten, fehlende Information, s. die etwa Aufzählung bei *Zöller/Gummer/Heßler* Rdn. 19 zu § 520 ZPO. Allerdings sollte sichergestellt sein, dass der geltend gemachte Grund schlüssig dargelegt ist, dies ist bei Behauptung der Arbeitsüberlastung bereits mit Beginn der Berufungsbegründungsfrist nicht der Fall, vgl. LG München I, NJW 2004, 79.

kann. Deutlich kritischer ist die Lage bei weiteren Fristverlängerungen über die Monatsfrist des § 520 Abs. 2 S. 3 ZPO hinaus. Denn auch bei Vorlage gegnerischer Einwilligung[73] liegt das Gewähren weiterer **Fristverlängerung** jedenfalls im Ermessen[74] des Vorsitzenden, auch wenn man hier nicht auf die entsprechende Anwendung des § 227 Abs. 1 Nr. 3 ZPO abstellt.[75] Soweit bei Fristverlängerung der Hinweis gegeben wird, dass weitere Fristverlängerung auch bei gegnerischer Zustimmung nur bei Darlegen eines wichtigen Grundes zu erwarten steht, sollte bei dem Antrag auf weitere Fristverlängerung gründlich geprüft werden, ob wirklich ein solcher vorliegt. Insbesondere die nicht näher ausgeführte Begründung, mit einer ortsabwesenden Partei könne kein Termin vereinbart werden, wird unter heutigen Kommunikationsbedingungen kritisch zu beurteilen sein. Der sorgfältige Prozessbevollmächtigte wird den Fristverlängerungsantrag rechtzeitig stellen[76] oder sich zunächst informell erkundigen, unter welchen Bedingungen üblicherweise mit einer weiteren Fristverlängerung gerechnet werden kann. Scheitert die Fristverlängerung nach den Gepflogenheiten des angegangenen Gerichts und der örtlichen Anwaltschaft nur daran, dass der Gegner seine Zustimmung wider Erwarten nicht erteilt, kann dies ein Wiedereinsetzungsgrund sein.[77]

38 Generell kann zum Thema Fristen und deren Ausschöpfung die Empfehlung gegeben werden, den Fristenlauf dann nicht auszuschöpfen, wenn Unsicherheit über Zulässigkeits- und Begründetheitskriterien des einzureichenden Schriftsatzes herrscht. Denn der (Rechtsmittel-) Richter hat innerhalb angemessener Zeit auf Bedenken gegen die Zulässigkeit des Rechtsbehelfs **hinzuweisen** und auf fristgerechte Mängelbehebung hinzuwirken. Geschieht dies nicht, liegt ein Wiedereinsetzungsgrund vor.[78] Entsprechendes gilt grundsätzlich auch für Bedenken gegen die Begründetheit des zulässig eingelegten Rechtsmittels. Wird die Berufung, wie es in einfacheren Fällen gelegentlich geschieht und auch die Arbeitsökonomie empfiehlt (Abschluss der notwendigen Vorüberlegungen zur Berufungseinlegung und der daraus folgenden Berufungsbegründung in einem Arbeitsgang), mit deren Einlegung begründet, sollte diese trotz der notwendigen Aktenanforderung beim Ausgangsgericht vor Fristablauf dem berichterstattenden Richter vorgelegt werden. Dann können bei rechtzeitigem Erhalt etwa gebotener Hinweise fristgerecht weitere Berufungsgründe nachgeschoben oder ggfs. **Wiedereinsetzung** hinsichtlich der versäumten Berufungsbegründungsfrist beantragt werden. Ähnliche Überlegungen können auch hinsichtlich eines Hinweisbeschlusses gem. § 522 Abs. 2 S. 2 ZPO und der in diesem eingeräumten Stellungnahmefrist angestellt werden.

---

[73] Ohne Einwilligung des Gegners kann der Berufungsführer grundsätzlich nicht auf die Bewilligung einer zweiten Berufungsbegründungsfristverlängerung über einen Monat hinaus vertrauen, BGH NJW 2004, 1742.
[74] Vgl. den Wortlaut von § 520 Abs. 2 S. 3 ZPO: ... „kann" und *Hannich/Meyer-Seitz* § 520 ZPO, Rdn. 7.
[75] Ausführlicher hierzu *Stackmann* NJW 2002, 781 (783). *Thomas/Putzo/Reichold* Rdn. 11 zu § 520 ZPO vertritt ohne nähere Begründung die Auffassung, das Einvernehmen reiche aus, ähnlich die Kommentierung bei *Baumbach/Lauterbach-Albers* Rdn. 11 zu § 520 ZPO. Unentschieden ist *Musielak/Ball* Rdn. 9 zu § 520 ZPO; a. A. unter Hinweis auf die Gesetzesbegründung MK-Rimmelspacher, Aktualisierungsband 2002, Rdn. 50 zu § 520 ZPO.
[76] Die Bewilligung der Fristverlängerung besagt nichts dazu, ob die Berufung rechtzeitig eingelegt wurde, dies wird erst mit Eingang der Berufungsbegründung und Aktenvorlage geprüft, BGH MDR 2005, 944.
[77] So ausdrücklich OLG Zweibrücken, NJW 2003, 3210 (3211).
[78] So ausdrücklich BVerfG NJW 2001, 1343 und BGH NJW 1998, 2291, deshalb in dieser Pauschalität kaum haltbar der Hinweis des V. Senats des BGH, eine Rechtspflicht des Gerichts durch Hinweise auf die Beseitigung von zur Heilung von Formmängeln hinzuwirken, bestehe nicht (FamRZ 2004, 788 unter Hinweis auf BGH NJW 1997, 1989).

b) Aufbau der Berufungsbegründung. Neben den aus § 520 Abs. 3 Nr. 1–4 **39** ZPO ersichtlichen Vorgaben für das Abfassen der Berufungsbegründung, also der Erforderlichkeit eines bestimmten Berufungsantrags, Bezeichnung der materiellen, erheblichen Rechtsverletzung oder des ausschlaggebenden Verfahrensfehlers bzw. der noch (aus welchem Grund?) zu berücksichtigenden neuen Tatsachen, sollte bei Abfassung der Berufungsschrift die konkrete Arbeitssituation des über den Fortgang des Berufungsverfahrens maßgeblich entscheidenden Richters bedacht werden. Denn das Mitglied des Spruchkörpers, das die Berufung nach Eingang der Berufungsbegründung bearbeitet, wird in der Regel dem Kollegium vorschlagen, ob im Beschlussverfahren entschieden werden soll oder ob gem. § 523 Abs. 1 S. 2 ZPO ein Termin vor dem Einzelrichter oder der Kammer bzw. dem Senat bestimmt werden soll.

Üblicherweise werden die Sachakten erstmals mit Vorlage der Berufungsbegründungsschrift einer näheren Prüfung unterzogen. Zunächst wird die **Einhaltung der** **40** **Formalien** der Berufung, insbesondere der Fristen zur Berufungseinlegung aus § 517 und der Berufungsbegründung (§ 520 Abs. 2 ZPO) **kontrolliert** werden,[79] falls dies nicht schon mit der Vorlage eines Fristverlängerungsantrages geschehen ist. Vor inhaltlicher Befassung mit der nun vorliegenden Berufungsbegründung wird der Berufungsrichter zunächst das Ersturteil lesen, um sich mit dem Gegenstand des Verfahrens vertraut zu machen. Danach wird er prüfen, ob die Berufungsbegründung die erforderliche inhaltliche Auseinandersetzung mit dem Ersturteil bietet und darlegt, dass das Ersturteil unter einem entscheidenden Fehler leidet.[80]

Wird etwa mit der Berufung gerügt, dass das Erstgericht nach altem Recht fälschlich **41** von der kurzen Verjährung des § 196 BGB a. F. ausgegangen sei, muss auch die daneben angestellte Erwägung angegriffen werden, nach der der Klageanspruch verwirkt sei. Denn die Berufungsbegründung muss im Falle des uneingeschränkten Angriffs auf das Ersturteil geeignet sein, das gesamte Urteil in Frage zu stellen.[81] Bei einem **teilbarem oder mehreren Streitgegenständen** muss sie sich grundsätzlich auf alle Teile des Urteils erstrecken, hinsichtlich derer eine Änderung beantragt wird. Anderenfalls ist die Berufung hinsichtlich der Teile des Urteils unzulässig, für die eine über die formelle Antragstellung hinausgehende Begründung nicht vorliegt.[82] Insoweit ist insbesondere bei Verfahren, in denen mehrere voneinander unabhängige Forderungen eingeklagt werden, Vorsicht angebracht. Sollen etwa nach fortschreitendem Zeitablauf monatlich fällig werdende Mietzinsforderungen zu Fall gebracht werden, muss im Prinzip eine Auseinandersetzung mit dem Zusprechen der Miete für jeden einzelnen Monat stattfinden.[83] Hiervon kann nur abgewichen werden, wenn der vorzubringende Einwand alle Mietzinsforderungen zu Fall bringt, etwa weil der Mieter nach wirksamer Kündi-

---

[79] Hier spielt die Unterschrift eines beim Berufungsgericht zugelassenen Prozessbevollmächtigten gelegentlich eine Rolle, deren Wirksamkeit ausnahmsweise dann zu prüfen ist, wenn der Anwalt sich durch einen Zusatz bei der Unterschrift vom Inhalt des Schriftsatzes distanziert, oder er zweifellos *blanko* unterschrieben hat. Eine solche Blankounterschrift reicht z. B. dann nicht aus, wenn ein Referendar eine Berufungsbegründung nach Besprechung selbstständig korrigiert und ohne erneute Prüfung des Prozessbevollmächtigten einreicht (BGH NJW 2005, 2709).

[80] So auch *Rixecker* NJW 2004, 705. Eine pauschale Berufungsbegründung, in der außerdem kein Antrag gestellt und mit Stellen eines Fristverlängerungsantrags darauf hingewiesen wird, es werde noch geprüft, ob die Berufung durchgeführt werden solle, genügt nach BGH FamRZ 2005, 882 den Kriterien des § 520 Abs. 2 ZPO nicht.

[81] Zu den insoweit schon nach altem Recht gegebenen Anforderungen an die Berufungsbegründung BGH NJW-RR 2002, 208 und 209. Laut BGH NJW 2003, 2531 präzisiert das neue Recht die bisherigen Zulässigkeitsanforderungen.

[82] Vgl. etwa BGH NJW 1998, 1081 (1082).

[83] Siehe dazu auch oben Kapitel 9, Rdn. 21 ff. zum Streitgegenstand der Zahlungsklage.

gung ausgezogen ist und die Mieträume im fraglichen Zeitraum nicht benutzt hat. Denn dann ist er unter keinem rechtlichen Gesichtspunkt zur Zahlung verpflichtet.

42 Weil sich das Gericht mit dem Verfahrensgegenstand bereits auseinandergesetzt hat, ist es keinesfalls ratsam, die Berufungsbegründung mit einer umfangreichen **Darstellung des** bereits bekannten **Sachverhalts** zu beginnen.[84] Dies wäre methodisch gesehen ein Fehler, weil das Berufungsgericht zunächst an die Feststellungen des Erstgerichts gebunden ist (§ 529 Abs. 1 Nr. 1 ZPO), es sei denn, es bestehen konkrete Zweifel an der Richtigkeit dieser Feststellungen oder es sind neue Tatsachen zu berücksichtigen (§ 529 Abs. 1 Nr. 1/2 ZPO). Deshalb sollten nur dann nicht ohnehin schon bekannte Tatsachen eingeführt werden, wenn jeweils begründet wird, warum diese zu berücksichtigen sein sollen. Dies schreibt § 520 Abs. 3 Nrn. 3/4 ZPO ausdrücklich so vor. Insoweit wird beim Abfassen der Berufungsbegründung häufiger ein Blick in das Ersturteil notwendig werden, um zu prüfen, ob die in dieser angeführten Tatsachen dort festgestellt sind. Ist das nicht der Fall, muss erwogen werden, unter welchem Gesichtspunkt die (zur Begründung der Berufung unerlässliche?) Tatsache eingeführt werden kann. Dies gilt auch für den Fall, dass das Erstgericht Vorbringen übergangen hat und deshalb Zweifel an der Richtigkeit der getroffenen Feststellungen angebracht sind. Zwar prüft der Berufungsrichter das Ersturteil von Amts wegen auf Zweifel i.S.v. § 529 Abs. 1 Nr. 1 ZPO, das heißt jedoch nicht, dass er solche von Amts wegen ermittelt. Diese wollen vielmehr geweckt werden.[85]

43 Nach § 531 Abs. 2 Nr. 1 ZPO sind **neue Angriffs- bzw. Verteidigungsmittel** nur zuzulassen, wenn sie einen vom Erstgericht erkennbar übersehenen oder für unerheblich gehaltenen Punkt betreffen. Eine entsprechende Rüge muss also zunächst darlegen, wann und wo erstinstanzlich eine entsprechende Behauptung aufgestellt wurde und warum diese Äußerung zu berücksichtigen oder anders zu bewerten sein sollte. Dies schreibt § 520 Abs. 3 Nr. 3 ZPO auch in formeller Hinsicht vor. Denn dort wird nicht nur das Darlegen der Gründe der Zweifel an der Richtigkeit oder der Vollständigkeit der Tatsachenfeststellung verlangt, sondern auch der Umstände, die deshalb eine Neufeststellung gebieten.

44 Wegen der Forderung des § 313 Abs. 2 S. 1 ZPO wird das Ersturteil generell nur eine knappe Darstellung der entscheidungserheblichen Tatsachen enthalten.[86] Technisch gesehen wird es der Erstrichter nach Festlegen der von ihm für richtig gehaltenen Rechtsfolge auf die damit bereits getroffene Entscheidung zuschneiden. Geht es um Fragen, die sich mit einem Blick in einen Standardkommentar beantworten lassen, werden sich Zweifel an der Richtigkeit der Feststellungen meist nicht aus der Lektüre des Urteils, sondern daraus ergeben, dass bei Vorbereitung der Entscheidung entscheidungserhebliche Tatsachen nicht mitbedacht wurden. Ist dies der Fall, muss zunächst untersucht werden, welche Tatsachen zusätzlich zu den festgestellten dargelegt werden können, um die vom Berufungsführer gewünschten Folgerungen begründen zu können.

45 Es müssen die Verfahrensfehler herausgearbeitet werden, die entweder direkt (rechtliches Gehör) oder mittelbar (unterlassener Hinweis) zum Übergehen der nun vorgebrachten Tatsachen geführt haben. Insoweit kann auf § 531 Abs. 2 Nr. 2 ZPO zurückgegriffen werden (infolge eines **Verfahrensmangels** nicht geltend gemacht). Sind die erforderlichen Tatsachen unangreifbar in das Verfahren eingeführt, ist zu fragen, ob auf der nun erweiterten Tatsachengrundlage die Feststellung der gewünschten Rechtsfolge möglich ist. Dabei darf nicht aus den Augen verloren werden, dass auch

---

[84] So auch *Oberheim* Rdn. 319. Auch *Steinert/Theede* Kap. 12 Rdn. 49 raten zu einer knappen Zusammenfassung nur der maßgebenden Entscheidungsgründe.
[85] Vgl. *Stackmann* NJW 2004, 1838 und BGH NJW 2004, 1876 (1878).
[86] So auch BGH NJW 2004, 1876 (1879).

II. Berufung 46, 47 **13. Kap.**

der Gegner mit vom Erstgericht übergangenem Vortrag zu hören ist. Wenn etwa zurecht darauf hingewiesen wird, dass sich im Ersturteil keine Feststellungen zum Vortrag der insoweit beweisbelasteten berufungsführenden Partei finden, ist unbedingt zu prüfen, ob der Gegner bestritten hat. Ist dies der Fall, muss entweder auf ein übergangenes Beweisangebot verwiesen oder begründet werden, warum das spätestens jetzt zu unterbreitende Beweisangebot zu berücksichtigen ist. Hat es der Prozessbevollmächtigte erkennbar übersehen, insoweit ein Beweisangebot zu unterbreiten, hätte ihm das Erstgericht einen **Hinweis** gem. § 139 Abs. 2 S. 1 ZPO erteilen müssen. Insoweit ist nicht der materielle Rechtsstandpunkt des Erstgerichts, das diesen Punkt ja nicht für relevant hielt, sondern der richtige vom Berufungsgericht einzunehmende Rechtsstandpunkt erheblich. Denn dieses hat ggfs die Tatsachen neu festzustellen und über §§ 525, 139 Abs. 1 S. 2 ZPO auf die rechtzeitige Benennung der Beweismittel hinzuwirken. Damit ist für die Berufungsbegründung zu unterstellen, dass der eingenommene Rechtsstandpunkt geteilt und daher die fragliche Tatsache neu festzustellen ist.

Beispiel: Der Verwerfung einer Berufung als unzulässig entging der Prozessbevollmächtigte 46
eines auf Mietzinszahlung in Anspruch genommenen Mieters nur knapp, als er seine gegen das zusprechende Ersturteil gerichtete Berufung damit begründete, dass das die Zahlungspflicht beseitigende Kündigungsschreiben seines Mandanten entgegen den Feststellungen des Erstgerichts entsprechend dem nun vorgelegten Beleg der Deutschen Post AG zugegangen sei. Zur Vorlage des Belegs erst in der Berufungsinstanz fand sich nur die Bemerkung, die Vorlage des Belegs sei früher nicht möglich gewesen. Hätte auch diese Bemerkung gefehlt, wäre dem Mieter keine Gelegenheit gegeben worden, gem. § 531 Abs. 2 S. 2 ZPO die Tatsachen glaubhaft zu machen, aus denen sich die Zulässigkeit des Einführens des Belegs in der Berufungsinstanz ergab. Denn § 520 Abs. 3 Nr. 3 ZPO verlangt das Darlegen der Tatsachen in der Berufungsbegründungsschrift, aufgrund derer neues Vorbringen zuzulassen ist. Insoweit gilt über § 531 ZPO das „alte" Verspätungsrecht weiter. Allerdings ging es hier nicht nur um eine Überschreitung der Frist aus § 520 Abs. 2 ZPO (Berufungsbegründungsfrist) unter dem Gesichtspunkt des § 296 Abs. 1 ZPO. Hätte sich in der Berufungsbegründung nicht einmal die eine Entschuldigung andeutende Bemerkung gefunden, eine frühere Vorlage der Bescheinigung sei nicht möglich gewesen hätte es insgesamt an einer der Form des § 520 Abs. 3 Nr. 4 ZPO entsprechenden Rüge gefehlt, so dass die Berufung insoweit unzulässig gewesen wäre. Eine nicht mindestens in einem Punkt innerhalb der Berufungsbegründungsfrist zulässig begründete Berufung kann aber nicht mehr nachgebessert werden, weil sie dann insgesamt nicht fristgerecht in zulässiger Form vorgelegen hat.

aa) Anträge. In aller Regel enthalten Berufungsschrift oder -begründung die gem. 47
§ 522 Abs. 3 Nr. 1 ZPO erforderliche Erklärung, inwieweit das Ersturteil angegriffen wird (Berufungsantrag).[87] Selbst wenn ein ausdrücklicher Antrag fehlt, lässt sich dieser der Begründungsschrift nahezu immer entnehmen.[88] Wenn mit Urteilserlass vollstreckt werden soll, sollte die Anregung gegeben werden, das Urteil für vorläufig **vollstreckbar** zu erklären. Bei Berufungsurteilen der Landgerichte in Wohnungsmietsachen mit einer Beschwer von mehr als 20 000,– € sollte auf die durch die Neufassung von § 711 S. 2 und 709 S. 2 ZPO geschaffene Rechtslage hingewiesen werden, da der Schuldner die Vollstreckung nur durch Sicherheitsleistung in Höhe des insgesamt zu vollstreckenden Betrags abwenden darf, während die Sicherheitsleistung des Gläubigers sich nach dem jeweils zu vollstreckenden Betrag richtet.[89] Zur Selbstkontrolle des Berufungs-

---

[87] Antragsbeispiele finden sich bei *Steinert/Theede* Kap. 12 Rdn. 50. Zum Antrag auf Verkürzung bzw. Verlängerung der Räumungsfrist gem. § 721 Abs. 3 ZPO s. oben Kapitel 2 Rdn. 169.
[88] Zur Auslegung des Vorbringens vgl. BGH NJW 1999, 211 m.w.N. und neuerdings NJW 2002, 3783 oder FamRZ 2004, 179, es genügt, wenn sich das Anliegen des Berufungsführers aus seinen fristgerecht eingereichten Schriftsätzen ergibt.
[89] Ausführlich dazu OLG Celle NJW 2003, 73 mit verunglücktem Leitsatz (Kläger und Beklagter vertauscht), Formulierungsvorschlag dort: Der Beklagte darf die Vollstreckung durch Sicherheitsleistung in Höhe von 120% des aufgrund des Urteiles zu vollstreckenden Betrags abwen-

führers empfiehlt es sich, nach § 520 Abs. 4 S. 1 ZPO den Wert des Beschwerdegegenstandes anzugeben.[90]

48   **bb) Gliederung.** Nach Abschluss der Stoffsammlung (was stimmt nicht, woran liegt es, kann ich die Ursache meines Unbehagens verbalisieren und an Rechtsvorschriften festmachen) sollte die nun auszuarbeitende Berufungsbegründung nach den vorgefundenen Fehlern aufgegliedert werden. Dabei sollte die nach Auffassung des Berufungsführers durchschlagende Rüge möglichst am Anfang stehen. Der die Berufungsbegründung prüfende Richter wird sich dieser jedenfalls auf den ersten Seiten mit der gebotenen Aufmerksamkeit widmen, um zunächst zu erfahren, ob die Berufung überhaupt Erfolgsaussicht hat. Bemerkt er sogleich, dass das Ersturteil jedenfalls an einem relevanten Fehler leidet, wird er bei die Feststellungen betreffenden Rügen die gesamte Akte studieren. Denn dann steht fest, dass es an der Bindungswirkung der erstinstanzlichen Feststellungen fehlt.[91] Damit kann der nun anzuberaumende Verhandlungstermin nur dann sinnvoll vorbereitet werden, wenn der gesamte Akteninhalt im Hinblick auf etwa erforderliche Zeugenladungen oder zuvor erforderliche Beweiserhebungen durch Gutachten geprüft wird. Außerdem kann die Frage beantwortet werden, wie mit einem gestellten oder noch zu erwartenden Rückverweisungsantrag umzugehen ist. Noch erheblicher ist aber die Prüfung der Frage, ob die Berufung nicht möglicherweise doch durch über Hinweise vorzubereitenden Beschluss gem. 522 Abs. 2 S. 1 ZPO zurückzuweisen ist, weil sie jedenfalls im Ergebnis keine Erfolgsaussicht bietet. Zumindest die Oberlandesgerichte Celle und Rostock[92] vertreten die vom Bundesverfassungsgericht gebilligte[93] Auffassung, dass eine Beschlusszurückweisung immer dann möglich ist, wenn sich das Ersturteil im Ergebnis mit einer anderen Begründung aufrechterhalten lässt.

49   Schleppt sich dagegen eine Berufungsbegründung ohne ersichtliche Gliederung über eine Vielzahl von Seiten, wird bei Ausbleiben einer schlüssigen Argumentation die Aufmerksamkeit des Lesers allmählich abnehmen und die Wahrscheinlichkeit schwinden, dass er doch noch fündig wird. Diese Überlegungen gelten erst recht, wenn Rügen zwar verbal durchaus überzeugend klingen, sie aber auf falscher Tatsachengrundlage beruhen oder auf einer kaum vertretbaren Rechtsauffassung. Beispielsweise ist die Behauptung, etwas sei in erster Instanz „unstreitig" behauptet worden, schon an sich suspekt. Fehlt es an einem Zitat, wird sich der Berufungsrichter nur ungern auf die Suche machen, ob sich in der Akte tatsächlich ein entsprechender Beleg findet. Handelt es sich um eine umfangreiche Akte, wird er sich vermutlich auf den Standpunkt stellen, § 520 Abs. 3 Nr. 3 ZPO verlange das Angeben „konkreter Anhaltspunkte", dies aber könnte bei umfangreicheren Akten nur mit einem genauen Zitat geschehen.[94]

50   Die insoweit anzuratende Sorgfalt bewahrt auch vor dem Fehler, leichtfertig in den Raum zu stellen, es sei etwas so oder so behauptet worden, während sich bei genauer

---

den, falls nicht der Kläger vor der Vollstreckung Sicherheit in Höhe von 120% des jeweils zu vollstreckenden Betrags leistet.

[90] Siehe a. *Doukoff* Rdn. 305.

[91] Dies generell zu tun, ist entgegen den jedenfalls missverständlichen Ausführungen von Löhnig FamRZ 2004, 245 nicht die Pflicht des Berufungsrichters. Denn auch die Beantwortung der Frage nach relevanten Zweifeln am Inhalt des Ersturteils setzt nicht voraus, dass der Berufungsrichter die Sachakte von sich aus auf Fehler durchforstet, vgl. BGHZ 35, 103 (106 f.).

[92] NJW 2003, 1676; MDR 2003, 1073 (Rostock) und NJW 2002, 2800 (Celle).

[93] NJW 2003, 281.

[94] So ist es für das Revisionsverfahren usus, vgl. *Zöller/Gummer* Rdn. 14 zu § 551 ZPO, für das Berufungsverfahren s. a. a. O., Rdn. 41 zu § 520 ZPO. A. A. scheinbar das obiter dictum in BGH NJW 2004, 1876 (1878), das letztlich nur besagt, dass die Angabe einer genauen Fundstelle nicht erforderlich ist, aber nicht definiert, wie „konkrete Anhaltspunkte" i. S. v. § 520 Abs. 3 Nr. 3 ZPO auszusehen haben.

II. Berufung 51, 52 **13. Kap.**

Nachschau ergibt, dass das Zitat weder dem Wortlaut noch dem Wortsinn nach der Akte zu entnehmen ist. Äußerst bedenklich ist es, wenn bei der vermeintlich zusammenfassenden Bezeichnung eines erstinstanzlich angeblich bereits gerügten Mangels tatsächlich ein **neues Angriffsmittel** eingeführt wird. Wenn der Vermieter in erster Instanz rügt, er habe die Wohnung „nicht frisch geweißelt" zurückbekommen, deckt sich dies nicht ohne weiteres mit der in zweiter Instanz aufgestellten Behauptung die Wohnung sei „unstreitig nicht frisch gestrichen" worden. Dies gilt jedenfalls dann, wenn der Mieter auf die Rüge des Vermieters in erster Instanz im Einzelnen dargelegt hat, dass er die Wohnung in den bei Einzug vorgefundenen Farbtönen einige Monate vor Auszug gestrichen habe. Die Wohnung sei mit diesem intakten Anstrich ordnungsgemäß zurückgegeben worden sei. Denn dann ist die nun aufgestellte Mangelbehauptung neu und kann nur über § 531 Abs. 2 ZPO in das Berufungsverfahren eingeführt werden.

Die als Rügen in Betracht kommenden Gesichtspunkte werden vor Aufnahme in 51 die Berufungsbegründung zweckmäßigerweise nach dem sich aus § 520 Abs. 3 Nr. 2–4 ZPO ergebenden **Schema** geprüft. Dabei kann nur dann allein auf die unaufwendige und zur Sicherheit jedenfalls zu einem tragenden Gesichtspunkt immer zu erhebende Rüge der Verletzung materiellen Rechts[95] zurückgegriffen werden, wenn sich die Tatsache der Rechtsverletzung oder die nicht überzeugende Rechtsanwendung[96] aus den Feststellungen des Ersturteils unmittelbar ergibt. Ist im Ersturteil festgestellt, dass die Verjährungseinrede erhoben wurde und ergeben sich aus diesem auch die weiteren, notwendigen Daten, kann sich der dennoch zur Zahlung verurteilte Berufungsführer bei Zutreffen der von ihm hierzu vertretenen Rechtsauffassung darauf beschränken, die Verletzung des § 197 BGB a. F. zu rügen. Ist im Ersturteil dagegen schon nicht festgehalten, dass die Verjährungsrüge erhoben wurde, sollten in der Form des § 520 Abs. 3 Nr. 3 ZPO Zweifel an der Vollständigkeit des erstinstanziellen Tatbestandes angemeldet werden,[97] weil die im Schriftsatz „vom … auf S. … erhobene Einrede" nicht berücksichtigt worden ist. Weiter wäre darzustellen, dass das Ersturteil bei Berücksichtigung der Einrede deshalb auf Klageabweisung und nicht auf Zusprechen gelautet hätte, weil Verjährung wegen der Rüge und des sich aus dem Tatbestand des Ersturteils ergebenden Zeitablaufs eingetreten sei. Ist auch dieser nicht dargestellt, sollten auch insoweit Verfahrensfehlerrügen angebracht werden.[98] Auf diese Weise kann das Vorbringen zum Vorliegen einer Rechtsverletzung schnell das Ende einer längeren Rüge bilden, weil zunächst die erforderlichen Tatsachen einzuführen sind. Hieraus ergibt sich auch, dass oft keine einzelne dem Verfahrens- oder materiellen Recht zuzuordnende Rüge zu erheben ist, sondern dass sich erst aus dem Zusammenspiel unterschiedlichster Gesichtspunkte eine insgesamt zum Ziel führende Rüge ergeben kann.

Wenn Rügen nach §§ 520 Nrn. 2/3 ZPO nicht zum Erfolg führen, sollte der Weg 52 über § 520 Abs. 3 Nr. 4 ZPO gesucht werden. Das Einführen **neuer Tatsachen** über diese Möglichkeit wird erst dann notwendig, wenn nicht bereits ein Verfahrensmangel dazu geführt hat, dass das Gericht etwas übersehen hat und infolgedessen etwas nicht

---

[95] Laut BGH MDR 2003, 1130 sind die Anforderungen an die Darlegung der Rechtsverletzung nach neuem Recht gegenüber dem alten Zustand noch etwas herabgesetzt worden, weil nur die „Umstände", aus denen sich die Rechtsverletzung ergibt, anzugeben sind, dabei setzt die Zulässigkeit nicht die Schlüssigkeit der Berufungsbegründung voraus, BGH NJW 2006, 142 (143).
[96] Zur nicht überzeugenden Vertragsauslegung im Berufungsverfahren ausführlich BGH NJW 2004, 275.
[97] Die Verjährungsrüge kann nicht erst in der Berufungsinstanz erhoben werden, OLG Oldenburg MDR 2004, 292 und BGH, Urteil vom 21. 12. 2005, Az X ZR 165/04, Rdn. 26 ff.
[98] Zwar sind nach BGH NJW 2004, 1876 (1878) Zweifel an der Richtigkeit der Tatsachenfeststellungen von Amts wegen zu beachten, aber auch diese wollen erst einmal geweckt werden.

vorgetragen wurde. Grundsätzlich ist es denkbar, dass die unterlegene Partei ohne Nachlässigkeit Tatsachen in erster Instanz nicht eingeführt hat. Bedenkt man, dass sich die anwaltlich vertretene Partei das Verschulden ihres Prozessbevollmächtigten über § 85 ZPO zurechnen lassen muss, erklärt sich, dass das Einführen neuer Tatsachen über §§ 520 Abs. 3 Nr. 4, 531 Abs. 2 Nr. 3 ZPO nur sehr selten gelingt.[99]

53 Erfolg kann der Weg über §§ 520 Abs. 3 Nr. 4, 531 Abs. 2 Nr. 3 ZPO dann haben, wenn sich erst in einer Beweisaufnahme, auf die hin das Ersturteil erging, bei der Vernehmung von Zeugen weitere Fakten ergeben haben, die (indiziell) relevant waren, und zu denen sich die Partei noch nicht äußern konnte.

Beruft sich zum **Beispiel** ein auf Schadensersatz in Anspruch genommener Beklagter darauf, dass er ein Kellerabteil geräumt und den Inhalt entsorgt habe, weil er angenommen habe, es habe sich bei diesem um den Abstellraum seines verstorbenen Bruders gehandelt, kann es für die Beurteilung des Tatvorsatzes darauf ankommen, ob er davon ausgehen durfte, dass sein Bruder auch Damenbekanntschaften gepflegt habe. Dies kann etwa dann der Fall sein, wenn in dem Keller auch Damenoberbekleidung aufbewahrt wurde. Sagt hierzu eine Zeugin aus, der Verstorbene habe jedenfalls mit einer bestimmten Dame über Jahre intime Kontakte gepflegt, kann der dies bestreitende Kläger die fragliche Dame erst nach Bekanntwerden ihres Namens als Gegenzeugin anbieten. Hat das Erstgericht nach Durchführung der **Beweisaufnahme** gem. **§ 279 Abs. 3 ZPO** darauf hingewiesen, dass es davon ausgehen wolle, dass der Verstorbene Damenkontakte gepflegt habe, wäre allerdings zu prüfen, ob dann nicht sogleich Schriftsatzfrist für entsprechende Darlegungen zu beantragen gewesen wäre, weil sich die Partei zu diesem ihr bisher nicht bekannten Fakt nicht sogleich äußern konnte (§ 139 Abs. 5 ZPO). Hier wäre ggfs. mit § 139 Abs. 1 S. 2 ZPO zu argumentieren, weil das Gericht darauf hinzuwirken hat, dass die Parteien sich vollständig zu allen erheblichen Tatsachen äußern. War nicht auszuschließen, dass sich die Partei nach Einholen von Erkundigungen noch äußert, wäre ein gerichtlicher **Hinweis** auf die Möglichkeit erforderlich gewesen, eine entsprechende Frist zu beantragen, wenn der Prozessbevollmächtigte dies im Eifer des Gefechts übersehen hat.

54 Bezieht sich das Ersturteil auf **mehrere Streitgegenstände,** kann es sinnvoll sein, die Rügen, die alle Streitgegenstände betreffen, voranzustellen und anschließend die nur einzelne Streitgegenstände betreffenden Fehler des Erstgerichts aufzuführen. Die entsprechende Prüfung sollte zur Kontrolle des eigenen Arbeitsergebnisses jedenfalls gedanklich im Hinblick auf alle erhobenen Rügen vollzogen werden, damit nicht unabsichtlich ein Streitgegenstand übergangen wird.

55 **c) Die Rügen im Einzelnen.** Nach § 513 Abs. 1 ZPO kann die Berufung nur darauf gestützt werden, dass die Entscheidung auf einer Rechtsverletzung beruht oder dass die nach § 529 ZPO zugrundezulegenden Tatsachen eine andere Entscheidung rechtfertigen. Schlagwortartig könnte man daher von materiellen und Verfahrensrügen ausgehen. Damit soll allerdings nicht behauptet werden, dass sich die Bereiche der Rügen ganz voneinander trennen und unterscheiden lassen.[100] Dies zeigt schon der Wortlaut von § 513 ZPO, denn wenn das Ersturteil, wie in der ersten Alternative vorausgesetzt, auf einer Rechtsverletzung beruht, rechtfertigen die nach § 529 ZPO zu berücksichtigenden Tatsachen eine andere Entscheidung. Anderseits ist auch die

---

[99] Vgl. etwa LG Schwerin NJW-RR 2003, 1292. oder LG Hamburg MDR 2005, 543. Ob es im Verfahren nach § 522 Abs. 2 ZPO zur Feststellung der Unstreitigkeit neuer Tatsachen kommen kann, ist zweifelhaft. Ist dies der Fall, sollen diese Tatsachen zu berücksichtigen sein, vgl. OLG Nürnberg MDR 2003, 1133.

[100] Vgl. etwa die Ausführungen von *Laumen* zu den Schwierigkeiten bei der Unterscheidung der in der Regel dem materiellen Recht zuzuordnenden Beweislast und der dem Verfahrensrecht zugehörigen Beweiswürdigung(sregeln) in NJW 2002, 3739 (3743).

Verletzung von Verfahrensnormen eine Rechtsverletzung, auf der die getroffene Entscheidung beruhen kann.[101]

Unterscheidungskriterium zwischen beiden Rügemöglichkeiten ist die nach § 520 **56** Abs. 3 Nr. 2 und 3 ZPO unterschiedene Form der prozessualen Geltendmachung. Nicht so aufwendig ist das Geltendmachen einer **materiellen Rechtsverletzung** auf der Basis der festgestellten Tatsachen.

> **Beispiel:** Geht das Ersturteil aufgrund der Feststellung, der Kläger habe dem Beklagten sein Ladengeschäft vermietet, von der uneingeschränkten Mietzinszahlungspflicht des Beklagten aus, könnte sich die Berufung auf die Rüge der Verletzung des § 536 Abs. 1 BGB stützen. Dies setzt aber voraus, dass sich im Urteil die Feststellung findet, der Beklagte verweigere die Zahlung, weil er die Schlüssel zu dem Ladenlokal nicht bekommen habe. Fehlt diese Feststellung, sollte der Sicherheit halber auch die **Verfahrensfehlerrüge** mit dem Argument erhoben werden, das Gericht habe den erhobenen Einwand (Fundstelle!) des nichterfüllten Vertrages nicht festgestellt, obwohl dieser für die zu treffende Entscheidung relevant gewesen sei. Allerdings hat das Berufungsgericht schon bei Erheben der materiellen Rüge zu prüfen, ob die Feststellungen des Erstgerichts die ausgesprochene Verurteilung überhaupt tragen, weil das Übergehen relevanten Vortrags ein von Amts wegen zu beachtender Verfahrensfehler i. S. v. § 529 Abs. 2 S. 2 ZPO ist. Für die Fertigung einer Berufungsbegründung genügt die Unterscheidung danach, ob sich der Fehler des Ersturteils schon aufgrund der dort getroffenen Feststellungen belegen lässt oder ob zusätzliche Tatsachen eingeführt werden müssen.[102]

Die Sperre des § 531 Abs. 2 ZPO für **neues Vorbringen** gilt jedoch nicht ausnahmslos. **57** Nach der Rechtsprechung des BGH zum alten Revisionsrecht stellt Vorbringen zu den von Amts wegen in jeder Verfahrenslage zu prüfenden Sachurteilsvoraussetzungen kein neues Angriffs- oder Verteidigungsmittel dar. Deshalb kann etwa der Nachweis der Vollmacht des Klägervertreters im Rechtsmittelverfahren dazu führen, dass die Klage entgegen der ordnungsgemäß zustande gekommenen Ausgangsentscheidung nicht als unzulässig abzuweisen ist.[103] Außerdem ist neues Sachvorbringen dann zu berücksichtigen, wenn es unstreitig ist. Solches Vorbringen unterfällt § 531 Abs. 2 ZPO nicht. Dies soll selbst dann gelten, wenn das relevante Vorbringen an sich unstreitig ist, aber die Konsequenz der Berücksichtigung ist, dass weiteres streitiges Vorbringen zu berücksichtigen ist, zu dem Beweis erhoben werden muss.[104] Noch nicht abschließend geklärt ist die Frage, ob im Verfahren nach § 522 Abs. 2 ZPO, in dem der Gegner nicht gehört werden muss, die Prognose Berücksichtigung befinden muss, dass Vorbringen werde unstreitig werden oder ob sämtliches Vorbringen in der Berufungsbegründung, dass in erster Instanz noch nicht angebracht war, mangels Zugeständnis als potenziell streitig zu behandeln ist.[105]

---

[101] So auch *Schellhammer* Rdn. 980 u. Rdn. 998, der zwischen der Rechtsverletzung und dem „Sachverhaltsfehler" unterscheidet. Ähnlich *Oberheim* Rdn. 318.

[102] Denn das Berufungsgericht berücksichtigt zunächst nur die aus dem Ersturteil bereits ersichtlichen Verfahrensfehler, es muss diese ohne Zweifel begründende Anhaltspunkte nicht von sich aus suchen, dazu ausführlich *Rimmelspacher* in FS für Beys S. 1333 (1344), s. aber auch BGH NJW 2004, 1876 (1878).

[103] BGH NJW 2002, 1957. Zum Geltendmachen der infolge Unfähigkeit zur Selbstvertretung eingetretenen Verfahrensunterbrechung vgl. BGH NJW 2002, 2107. Zu den Ausnahmen vom Novenverbot nach altem Revisionsrecht vgl. BGH NJW 1988, 3092 (3094).

[104] BGH MDR 2005, 180 (nur Leitsatz, Az IX ZR 229/03), der Volltext kann über JURIS oder die Internetseite des BGH abgerufen werden, in eine andere Richtung weist BGH, Urteil vom 21. 12. 2005, Az X ZR 165/04, Rdn. 26 ff.

[105] Vgl etwa *Crückeberg* MDR 2003, 10, der darauf hinweist, dass bei Prüfen der Erfolgsaussichten nur auf das Vorbringen des Berufungsführers abzustellen ist, so dass es nicht darauf ankommen könne, ob dieses Vorbringen unstreitig wird, so auch OLG Oldenburg NJW 2002, 3556.

58   **aa) Rüge der materiellen Rechtsverletzung.** Relevant ist die Verletzung aller Rechtsnormen,[106] also des Verfassungs-, Gesetzes- und Verordnungsrechts oder des Gewohnheitsrechts. Die Verletzung der Denkgesetze und Erfahrungssätze[107] kann jedenfalls in Verbindung mit einem „Obersatz" (etwa § 286 ZPO) zur Annahme eines Rechtsverstoßes führen. Entsprechendes gilt für privatrechtliche Satzungen und Allgemeine Geschäftsbedingungen[108] wie Formularmietverträge.

Zum **Beispiel:** Bei einem festgestellten Rechtsanwendungsfehler könnte die Rüge lauten: „Das Erstgericht hat zu Unrecht in dem festgestellten Fehlen von Fenstergriffen an den Schlafzimmerfenstern keinen Mangel i. S. v. § 536 Abs. 1 BGB gesehen". Hieraus ergibt sich allerdings noch keine vollständige Rüge, denn § 520 Abs. 3 Nr. 2 ZPO verlangt zusätzlich die Darstellung, dass der bezeichnete Mangel für die angefochtene Entscheidung erheblich war. Es hat sich also die Behauptung anzuschließen, dass sich bei Berücksichtigung des Mangels überhaupt eine oder eine höhere als die angenommene Mietminderung ergeben hätte.

59   Das Beispiel illustriert eine weitere Schwierigkeit der Berufungsbegründung. Sollte im Ersturteil wegen anderer Umstände bereits eine Mietminderung zugesprochen worden sein, fragt es sich, ob bei Unterstellen des gerügten Mangels eine höhere Minderung zuzusprechen gewesen wäre. Dies aus zwei Gründen. Zum einen kann schon das Darlegen einer „erheblichen" Rechtsverletzung i. S. v. § 520 Abs. 3 Nr. 2 ZPO fraglich sein, wenn eine relativ hohe Gesamtminderung zugesprochen ist und nicht ohne weiteres ersichtlich ist, ob die Annahme eines weiteren relativ geringfügigen Mangels zu einer höheren Minderungsquote führen kann. Zum anderen darf nicht aus den Augen verloren werden, dass das Berufungsgericht eine an sich zulässige Berufung nach § 522 Abs. 2 Nr. 1 ZPO durch Beschluss zurückweisen kann, wenn sie (im Ergebnis) keine Erfolgsaussicht hat. Gelangt also das Berufungsgericht zu der Auffassung, dass das Erstgericht zwar § 536 Abs. 1 S. 1 BGB verletzt hat, aber bei Berücksichtigung der Gesamtumstände eine weitere Minderung nicht in Betracht kommt, bleibt die Berufung trotz ihrer Zulässigkeit erfolglos, ohne dass es zu einer mündlichen Verhandlung kommt.

60   Findet sich im **Ersturteil** ein insgesamt möglicherweise **vertretbares Subsumtionsergebnis,** muss der Berufungsführer aufdecken, warum er annimmt, dass das Erstgericht den ihm eingeräumten Beurteilungsspielraum überschritten hat.[109]

Beispiel: Begehrt etwa der Berufungsführer wegen eines Sturzes im Treppenhaus des Mietobjekts infolge von baulichen Mängeln vom Vermieter ein höheres Schmerzensgeld als den zugesprochenen Betrag, genügt es keinesfalls, in der Berufungsbegründung mitzuteilen, dass aufgrund der vom Erstgericht festgestellten Tatsachen ein Schmerzensgeld in mindestens dreifacher Höhe hätte zugesprochen werden müssen. Hier ist schon fraglich, ob überhaupt die erforderliche Auseinandersetzung[110] mit dem Ersturteil stattfindet, wenn der Auffassung des Erstgerichts zur Höhe des Schmerzensgeldes mit der Behauptung entgegengetreten wird, diese sei falsch, und nur das nach Meinung der eigenen Partei richtige Ergebnis mitgeteilt wird. In einem solchen Fall ist eine Auseinandersetzung mit den in der Rechtsprechung zur Bemessung eines Schmerzensgeldes entwickelten Kriterien unerlässlich. Argumentationsgrundlage könnte etwa

---

[106] Definiert in § 12 EGZPO.
[107] *Rimmelspacher* NJW 2002, 1897(1898) zählt diese zu den Rechtsnormen, zur Annahme eines Verstoßes vgl. *Köhler-Gerig* JA 2003, 699.
[108] Dazu näher m. w. N. *Rimmelspacher* a. a. O., s. auch *Oberheim* Rdn. 331 ff.
[109] Anderenfalls ist die Berufung laut OLG Hamm, MDR 2003, 1249 unzulässig, eher wohl nicht erfolgversprechend, weil das zur Begründung der Fehlerhaftigkeit des Ersturteils angezogene Argument nicht greift. Ähnlich wie hier *Oberheim* Rdn. 346, und OLG München NJW 2004, 959.
[110] Das Bundesverfassungsgericht hat das Begründungserfordernis, das auch zu § 519 ZPO a. F. galt, ausdrücklich gebilligt (NJW-RR 2002, 155 m. w. N).

II. Berufung   61–63   **13. Kap.**

sein, dass andere Gerichte in vergleichbaren Fällen erheblich höhere Beträge zugesprochen hätten.[111]

Die Frage, wie weit der Prüfungsrahmen des Berufungsgerichts bei der **Auslegung** 61
von Willenserklärungen geht, war zunächst strittig. Einige Oberlandesgerichte wollten ähnlich wie im Revisionsverfahren die Auslegung auf etwaige Verstöße gegen Verfahrensvorschriften, gegen gesetzliche und anerkannte Auslegungsgrundsätze, gegen Erfahrungssätze und das Außerachtlassen wesentlicher Grundsätze prüfen.[112] Demgegenüber hat der VIII. Senat des Bundesgerichtshofs klargestellt, dass die Tatsachenfeststellungen nach § 529 ZPO geprüft werden, während sich die Prüfung der juristischen Tatsachenwürdigung nach § 546 ZPO zu richten hat. Damit kann nur eine das Berufungsgericht rechtlich auch überzeugende Prüfung Bestand haben.[113]

Beispiel: Gelangt das Erstgericht zu der Auffassung, ein Schreiben des Beklagten sei nicht als Kündigung aufzufassen, sollte zur Sicherheit ein in dieses Prüfprogramm passender Fehler genannt werden. Sind nur die gezogenen rechtlichen Schlüsse zu beanstanden, könnte dargelegt werden, dass die erstrichterliche Auslegung nicht überzeuge, weil sie diesen oder jenen (festgestellten?) Gesichtspunkt nicht hinreichend berücksichtige. Ähnlich verhält es sich mit der Bewertung eines Mitverschuldensanteils oder Gewichtung der beiderseits bestehenden Gefährdungshaftung.[114]

Der Berufungsführer sollte nach Formulierung seiner Rüge kontrollierend überlegen, 62
ob bei Unterstellung des von ihm angenommenen Rechtsfehlers dessen **Erheblichkeit** für die angefochtene Entscheidung zwingend dargelegt ist. Zu prüfen ist auch, ob in jedem Fall eine Erfolgsaussicht der Berufung angenommen werden kann.

Beispiel: Rügt der Mieter, dass sich das Erstgericht nicht mit dem wegen zahlreicher Mängel des Mietobjekts erhobenen Minderungseinwand auseinandergesetzt, kann er nur dann zum Erfolg kommen, wenn er den Einwand widerlegen kann, er habe dem Vermieter bzw. von diesem beauftragten Handwerkern den Zutritt zum Mietobjekt verweigert. In einem mir bekannten Fall hatte die Mieterin eines Ladengeschäftes in erster Instanz behauptet, wegen der Hochsaison in ihrem Geschäft hätten Nachbesserungsarbeiten zwischen Mai und Oktober nicht stattfinden können und die Miete wegen der Ende April mitgeteilten Mängel von Mai bis Mitte November (Zeitpunkt der Mängelbeseitigung) gemindert. Die Darlegungen in der schließlich durch Beschluss gem. § 522 Abs. 2 ZPO zurückgewiesenen Berufung beschränken sich auf die Darstellung der Mängel und die Behauptung, diese seien verfahrensfehlerhaft übergangen worden. Hierauf kam es aber nicht an, weil die Vermieterin der Minderung entgegengehalten hatte, dass eine frühere Mängelbeseitigung nicht möglich gewesen sei.

bb) Verfahrensfehlerrüge. Konkrete Anhaltspunkte, die Zweifel an der Richtig- 63
keit bzw. Vollständigkeit der Tatsachenfeststellung begründen, können dann vorliegen, wenn das Erstgericht einen Verfahrensverstoß begangen hat. Theoretisch kommt also zunächst die Verletzung aller in der ZPO, aber auch in anderen Rechtsquellen, wie etwa in der Verfassung,[115] niedergelegten Verfahrensmaximen in Frage. In aller Regel wird man sich darauf konzentrieren können, ob tatsächliches Vorbringen übergangen oder nicht vorgetragene Tatsachen verwertet, unstreitige oder zugestandene Tatsachenbehauptungen als streitig oder streitiges Vorbringen als unstreitig, angebotene Be-

---

[111] Vgl. dazu auch *Rixecker* NJW 2004, 705, 706 m.w.N.
[112] OLG München MDR 2004, 112; OLG Celle OLGR 2002, 238. Zweifelnd *Gaier* NJW 2004, 2041 (2042).
[113] BGH NJW 2004, 2751, s. dazu auch *Doukoff* Rdn. 140f. und *Heßler* NJW-Sonderheft BayObLG, 2005, 47 (50) sowie *Roth* JZ 2005, 174 (176).
[114] Vgl. dazu OLG Hamm NJW 2004, 2246.
[115] Zur Überraschungsentscheidung und Art. 103 GG vgl. BVerfG NJW 2002, 1334 oder NJW-RR 2002, 69, zu den Grenzen der verfassungsrechtlichen Gehörsrüge BVerfGE 75, 303 (313ff.). Beispiele finden sich bei *Wenzel* NJW 2002, 3353 (3356).

weise verfahrensfehlerhaft nicht oder unter Verletzung von Verfahrensnormen erhoben, erhobene Beweise nicht oder fehlerhaft gewürdigt oder Erfahrungs-, offenkundige oder gerichtsbekannte Tatsachen nicht berücksichtigt sind.[116]

64 **Von Amts wegen** hat das Berufungsgericht auch ohne entsprechende Rüge **prüfen,** ob die Voraussetzungen für ein von der ersten Instanz gefällte Teilurteil vorlagen.[117] Dies kann nur dann der Fall sein, wenn die durch Schlussurteil über den Rest des noch anhängigen Streitgegenstandes zu treffende Entscheidung keinerlei Einfluss auf die bereits getroffene Entscheidung haben kann.[118] Diese Prämisse ist dann nicht gegeben, wenn die Gefahr besteht, dass es in Teil- und Schlussurteil zu widersprechenden Entscheidungen kommt. Die hier immer wieder anzutreffenden Fehler sind oft nicht sogleich erkennbar. Daher empfiehlt es sich für den Prozessbevollmächtigten des Berufungsführers, **Teilurteil**e sorgfältig auf das Vorliegen von deren Voraussetzungen zu prüfen und ggfs. auf das Fehlen hinzuweisen.

65 Der in solchen Fällen regelmäßig erfolgenden Aufhebung und Zurückverweisung können die Parteien oft nur durch einen Vergleich aus dem Wege gehen, weil das Berufungsgericht grundsätzlich nicht über Ansprüche urteilen kann, die vom Erstgericht weder zu- noch aberkannt worden und noch dort anhängig sind.[119] Ggfs. kann es infolge ausdrücklicher Einigung der Parteien oder rügeloser Einlassung des Berufungsbeklagten auf einen zum gesamten Streitstoff gestellten Antrag den in erster Instanz noch anhängigen Teil der Klageansprüche an sich ziehen und insgesamt entscheiden.[120]

66 Der anwaltliche Vertreter des Berufungsführers muss das die erstinstanzliche Verfahren auf Rechtsfehler[121] prüfen und diese in der Form von § 520 Abs. 3 Nr. 2/3 ZPO rügen. Liegt jedenfalls eine zulässige Berufungsrüge[122] vor, muss sich aber auch der Berufungsrichter fragen, auf welche Mängel er das angefochtene Urteil gem. § 529 Abs. 2 S. 2 ZPO von Amts wegen zu untersuchen hat und welche er nur auf **Verfahrensfehlerrüge**[123] hin zu beachten hat. Rügepflichtig sind die nicht von Amts wegen zu beachtenden und damit verzichtbaren Verfahrensmängel.[124] Dies sind Verstöße gegen Verfahrensnormen, die nur dem Parteiinteresse, nicht aber (auch) dem öffentlichen Interesse dienen.[125] Versäumt es die Partei solche Fehler rechtzeitig zu rügen, können

---

[116] So ausdrücklich *Ball* WM 2002, 296 (297). Zu den Einzelheiten muss aus Platzgründen auf die Kommentarliteratur zu den einzelnen Verfahrensvorschriften verwiesen werden. Ausführlich *Stackmann* Rechtsbehelfe, Kap. 1, Rdn. 77 ff.

[117] Vgl. etwa *Zöller/Vollkommer* Rdn. 2 u. 13 zu § 301 ZPO, zum Parallelfall des § 308 ZPO *Rimmelspacher* in FS für *Beys* S. 1333 (1349).

[118] Bezüglich der gerade hier immer wieder vorkommenden Fehler sei auf die ausführlichen Darlegungen etwa bei *Zöller/Vollkommer* a. a. O. Rdn. 1 ff. zu § 301 ZPO verwiesen.

[119] Die Ausgangsentscheidung BGHZ 30, 213 wird vom BGH immer wieder herangezogen, wenn er nach Aufhebung und Zurückverweisung das Berufungsgericht im Einzelfall anweist, über den gesamten Streitgegenstand zu entscheiden, obwohl nur Rechtsmittel gegen ein Teilurteil eingelegt worden waren, vgl. etwa BGH NJW 2001, 78; 1999, 1035 (1036); 1992, 511 (512); 1983, 1311 (1312).

[120] Siehe etwa *Musielak/Ball* Rdn. 3 zu § 528 ZPO und *Zöller/Gummer/Heßler* Rdn. 17 zu § 528 ZPO, jeweils m. w. N.

[121] Zu den Hinweispflichten vgl. z. B. oben Kapitel 2, Rdn. 21 und den Überblick bei *Stöber* NJW 2005, 3601.

[122] Diese muss z. B. einen konkreten Fehler der Beweiswürdigung rügen, die globale Rüge des Verstoßes gegen § 286 ZPO reicht nicht, s. auch *Rixecker* NJW 2004, 705 (710).

[123] Siehe dazu BGH NJW 2004, 1876, V. Senat und *Stackmann* NJW 2004, 1838.

[124] Vgl. *Zölle/Gummer/Heßler* Rdn. 13 zu § 529 ZPO, s. auch *Rimmelspacher* NJW 2002, 1897 (1901) oder *Löhnig* FamRZ 2004, 245 (246).

[125] Siehe dazu etwa *Zöller/Greger* Rdn. 2 ff. zu § 295 ZPO. Ausführlich äußert sich *Rimmelspacher* in FS für *Beys* S. 1333 (1337), der schlagwortartig zwischen verfahrensleitenden (verzichtbaren) und prozessualen Maßstabsnormen, wie §§ 139, 286, 287 ZPO, unterscheidet. Nach BGH

diese gem. § 295 Abs. 1 ZPO nicht mehr angebracht werden. Wie komplex diese Fragestellung sein kann, mag sich daraus erschließen, dass der beispielsweise der Antrag auf Anhörung des Sachverständigen in der Regel von der Partei gestellt werden muss und dieses Recht daher **verzichtbar** ist.[126] Andererseits können es aber Widersprüche oder Unklarheiten im schriftlichen Gutachten gebieten, von Amts wegen die Anhörung des Sachverständigen anzuordnen, um die Basis für eine willkürfreie Beweiswürdigung zu schaffen.[127]

Diese richterlichen Prüfungspflichten entlasten den Prozessbevollmächtigten nicht. **67** Denn er hat laut BGH Nachteile aus erkennbaren Fehlern des Gerichts durch das Hinwirken auf deren Beseitigung zu verhindern.[128] Steht also spätestens mit Zustellung eines Hinweises gem. § 522 Abs. 2 S. 1 ZPO fest, dass das Berufungsgericht relevante Verfahrensfehler nicht erkannt hat, muss sich der Vertreter des Berufungsführers die Frage vorlegen, ob nicht von Amts wegen, ggfs. wegen Zweifeln i.S.v. § 529 Abs. 1 Nr. 1 ZPO zu beachtende Verfahrensmängel vorliegen, die der Berufungsrichter auch ohne rechtzeitige Rüge zu beachten hat. Eine solche Verfahrensweise würde allerdings das Risiko des Rechtsmittelverlusts wegen nicht rechtzeitiger Rüge eines Verfahrensmangels bergen, so dass sich auch insoweit eine umfassende Fehleranalyse des Ersturteils vor Fertigung der Berufungsbegründung empfiehlt. Diese muss im Übrigen auch die Grundlage einer kompetenten **Risikobelehrung**[129] sein.

Methodisch dürfte sich die Hinzuziehung eines erstinstanzlich mit der Angelegen- **68** heit nicht befassten Kollegen empfehlen, da dieser das Ersturteil und die regelmäßig einzusehende Gerichtsakte[130] frei von Vorverständnis würdigen kann. Offenbaren sich in einem folgenden Gespräch mit dem erstinstanzlich mit der Interessenwahrnehmung betrauten Prozessbevollmächtigten Differenzen im Verständnis von Ersturteil und Verfahren, kann dies ein wichtiges Indiz für das Vorliegen relevanter Rechtsfehler sein.

Beispielsweise kann es für den unbefangenen Betrachter durchaus unverfänglich sein, wenn das Erstgericht den plausiblen Angaben eines „glaubwürdigen" Zeugen folgt. Wird ihm aber von eingeweihter Seite vorgehalten, dass dieser etwa als spezieller Freund der Gegenpartei ein Motiv zur Lüge hatte, wird zu prüfen sein, ob dies dem Erstgericht bekannt war und ob es sich deshalb mit Zweifeln an der Glaubwürdigkeit des Zeugen hätte auseinandersetzen müssen. Waren dem Erstgericht diese Umstände nicht bekannt, wird zu fragen sein, warum dies nicht der Fall war. Hat das Erstgericht den erst im Beweistermin aus dem Hut gezauberten Zeugen geglaubt, ohne der Gegenseite Gelegenheit zur Äußerung zu geben? Hätte der überraschte Prozessbevollmächtigte hierzu von sich aus Schriftsatzfrist beantragen müssen oder hätte das Gericht

---

NJW 2004, 1876 (1878) muss das Berufungsgericht bei einer zulässigen Rüge allen aus dem Akteninhalt ersichtlichen Zweifeln nachgehen, unabhängig davon, ob diesen rügepflichtige Mängel zugrunde liegen.

[126] Vgl. BGH NJW 1994, 801 (802).
[127] Vgl. etwa BGH NJW 1994, 219.
[128] Siehe etwa BGH NJW 95, 1419 (1420), zu Recht kritisch zur stellvertretenden Haftung der Anwaltschaft für gerichtliche Fehler *Jaeger* NJW 2004, 1 (5) und BVerfG NJW 2002, 2937, interessant in diesem Zusammenhang der Hinweis von *Schlaeger* (NJW 2004, Heft 1/2, S. XIV) auf EuGH NJW 2003, 3539, der eine Staatshaftung für offenkundig falsche Gerichtsentscheidungen fordert.
[129] Dazu grundlegend BGHZ NJW 89, 178 (182 ff.). Etwa in BGH NJW 2004, 69 (70) wird einleuchtend belegt, dass ein Notar, auf dessen Fehler ein erstinstanzliches Verfahren zwischen Beurkundungsparteien zurückzuführen sein mag, jedenfalls nicht für die Kosten der zweiten Instanz einstehen muss, wenn die Sachlage durch die erstinstanzielle Beweisaufnahme geklärt war und das Ersturteil (lediglich) unzureichende Entscheidungsgründe aufwies.
[130] Ausreichend dokumentierte Hinweise in der Akte?, vgl. § 139 Abs. 4 ZPO.

den erkennbar Überrumpelten, der offensichtlich ad hoc keine Informationen erlangen konnte, auf diese Möglichkeit hinweisen müssen?[131]

69 **cc) Neue Angriffs- und Verteidigungsmittel.** Mit neuem, strittigem Tatsachenvorbringen[132] wird der Berufungsführer gem. § 529 Abs. 1 Nr. 2 ZPO nur gehört, wenn einer der drei Zulassungsgründe des § 531 Abs. 2 ZPO vorliegt. Diese gelten generell für neue Angriffs- und Verteidigungsmittel, also für jedes sachliche und prozessuale Vorbringen, das der Durchsetzung bzw. der Abwehr des geltend gemachten prozessualen Anspruchs dient.[133]

70 **(1) Übersehener/für unerheblich gehaltener Gesichtspunkt.** § 531 Abs. 2 Nr. 1 ZPO fügt sich ohne weiteres in die Gesetzessystematik ein. Hat es das Erstgericht übersehen, eine für seinen Rechtsstandpunkt erhebliche Tatsache festzustellen, hat es verfahrensfehlerhaft gegen seine **Pflicht zur Kenntnisnahme** verstoßen, so dass der Berufungsführer mit dem entsprechenden Einwand zu hören ist. Ist das Berufungsgericht der Auffassung, dass der Rechtsstreit nicht auf der Grundlage der Rechtsauffassung des Erstgerichts zu entscheiden ist, muss es hierzu den Berufungsführer hören, weil dieser sich in erster Instanz nur auf die Meinung des Erstgerichts, nicht aber auf den nun für entscheidend gehaltenen Rechtsstandpunkt einstellen konnte.

Beispiel: Macht der Berufungskläger in der Berufungsschrift geltend, entgegen der Auffassung der ersten Instanz sei die Frage der Verwirkung des Klageanspruchs zu prüfen, zu dem er bereits in erster Instanz vorgetragen habe, ohne dass diese Ausführungen festgestellt worden seien, muss dieses Vorbringen berücksichtigt werden, wenn dieser Vortrag bei Wahrunterstellung tatsächlich den Verwirkungseinwand trägt. Verweist er zusätzlich darauf, dass das Erstgericht jedenfalls Anlass zu dem Hinweis gehabt habe, dass sein erstinstanzliches Vorbringen etwa mangels Substanziierung (noch) nicht geeignet sei, den Einwand der Verwirkung zu stützen, können insoweit auch noch nicht dargetane Tatsachen Berücksichtigung finden.

71 **(2) Verfahrensmangel 1. Rechtszug.** § 531 Abs. 2 Nr. 2 ZPO nimmt den Gedanken von § 531 Abs. 2 Nr. 1 ZPO auf und weist nochmals auf die Möglichkeit des Einführens neuer Tatsachen hin, die infolge eines Verfahrensmangels unberücksichtigt geblieben sind.

72 **(3) Unverschuldet nicht angebracht.** § 531 Abs. 2 Nr. 3 ZPO ist im Zusammenhang mit § 531 Abs. 2 S. 2 und § 520 Abs. 3 Nr. 4 ZPO zu lesen. Bereits in der Berufungsschrift ist schlüssig darzulegen, warum die nun einzuführende Tatsache in erster Instanz unverschuldet nicht eingeführt wurde. Dagegen ist die Glaubhaftmachung keine Zulässigkeitsvoraussetzung und kann daher auf Verlangen des Berufungsgerichts auch nach Ablauf der Berufungsbegründungsfrist nachgebracht werden.

---

[131] Das Gericht muss nach der ständiger Rechtsprechung des BGH der Partei die Möglichkeit eröffnen, den Sachvortrag sachdienlich zu ergänzen, vgl. etwa NJW 1985, 1539 (1543), NJW-RR 1990, 856 (857), NJW 1999, 2123 und OLG München NJW-RR 1997, 1425. Das OLG Hamm verneint die Pflicht, eine Schriftsatzpflicht von Amts wegen auch ohne Antrag zu gewähren, wenn das Gericht den Hinweis auf die fehlende Substanziierung einer Klage im Termin protokolliert und der Prozessbevollmächtigte trotz der Anwesenheit des Mandanten keine Erklärung abgibt (Kaskoschaden an Wohnwagen), NJW 2003, 2543.

[132] § 531 Abs. 2 ZPO gilt nicht für unstrittiges Vorbringen: BGH MDR 2005, 180 (nur Leitsatz, Az IX ZR 229/03); der Volltext kann über JURIS oder die Internetseite des BGH abgerufen werden.

[133] Zum Begriff vgl. etwa *Thomas/Putzo/Reichold* Rdn. 2 zu § 146 ZPO m.w.N. Nach Auffassung des VII. Senats des BGH ist eine Schlussrechnung kein neues Angriffs- und Verteidigungsmittel, weil die Partei durch sie erst die materiellen Voraussetzungen des zuvor schon geltend gemachten Zahlungsanspruchs schafft (NJW-RR 2004, 167), bestätigt durch Urteil vom 6. 10. 2005, Az VII ZR 229/03.

Verlangt das Berufungsgericht die **Glaubhaftmachung,** ist nach § 294 ZPO vorzugehen. Bringt der Berufungsführer eine schlüssige Beweisführung an, wird das Berufungsgericht Hinweise erteilen müssen, wenn es dieser nicht folgen will. Auch hier sind die Anforderungen den Gegebenheiten anzupassen und die Ansprüche an die Beweisführung nicht zu überspannen.[134] Kann die berufungsführende Partei nur auf eine eigene eidesstattliche Versicherung zurückgreifen, ist, darf diese nicht mit dem Argument zurückgewiesen werden, im eigenen Interesse abgegebene eidesstattliche Versicherungen seien generell nicht glaubhaft.[135]

3. Gerichtliche Reaktion auf Berufung und Berufungsbegründung

a) Beschlussverfahren. aa) Prüfungsgrundlage. Das Berufungsgericht prüft in kompletter Besetzung spätestens mit Eingang der Berufungsbegründung bzw. deren Ausbleiben die Frage, ob die Berufung im **Beschlussverfahren** ohne mündliche Verhandlung zu verwerfen oder zurückzuweisen ist. Dabei besteht gem. § 521 Abs. 2 ZPO die Möglichkeit, zunächst unter Fristsetzung eine Stellungnahme des Gegners zu erholen[136] und ggfs eine Replik des Berufungsführers anzuordnen. Hierzu besteht unter praktischen und kostenrechtlichen[137] Gesichtspunkten dann ausnahmsweise Veranlassung, wenn der Berufungsbegründung ohne weiteres zu entnehmen ist, dass es sich um einen kompliziert gelagerten Fall handelt, der sich möglicherweise nicht hinreichend beurteilen lässt, ohne zuvor den Gegner zu hören. Regelmäßig kann das Berufungsgericht jedoch unter Heranziehung des Ersturteils und der Berufungsbegründung beurteilen, ob diese zulässig ist und jedenfalls bei Zugrundelegen des Vortrags in der Berufungsbegründung Erfolgsaussicht bietet.[138] Der Berufungsführer muss also generell einkalkulieren, dass es ohne Äußerung des Gegners zu einem Dialog mit dem Gericht kommt, ob der Schritt in die mündliche Verhandlung gelingt, ohne den ein obsiegendes Berufungsurteil nicht denkbar ist.

Seiner Prüfung, ob die Berufung eine die Terminierung erforderliche Erfolgsaussicht aufweist (Gegenschluss aus § 522 Abs. 2 S. 1 ZPO) und nicht die allgemeinen Revisionszulassungsgründe mündliche Verhandlung erfordern, hat das Berufungsgericht nach § 529 Abs. 1 Nr. 1 ZPO nur die vom Erstgericht festgestellten **Tatsachen** zugrunde zu legen.[139] Dies gilt nur dann nicht, wenn konkrete Anhaltspunkte Zweifel an der Richtigkeit der erstinstanzlichen Feststellungen gebieten oder neue Tatsachen zu berücksichtigen sind. Daneben muss das Berufungsgericht infolge der gesetzlichen Anordnung der Berufungsbegründung durch § 520 Abs. 1 ZPO auch den Vortrag in dieser zur Kenntnis nehmen. Daraus ergibt sich allerdings nicht, dass das Berufungsgericht jeden Vortrag in der Berufungsbegründung auch inhaltlich zur Kenntnis nehmen dürfte. Hier baut § 529 Abs. 1 Nr. 2 ZPO eine Hürde auf, indem er die Berücksichtigung neuer Tatsachen, also aller, die das Erstgericht nicht festgestellt hat, davon abhängig macht, dass deren Berücksichtigung zulässig ist. Methodisch muss das Gericht analog der Aufgabenstellung des Prozessbevollmächtigten bei der Berufungsbegründung überprüfen, welches Vorbringen von den erstinstanzlichen Feststellungen ab-

---

[134] Vgl. etwa BVerfG NJW-RR 2002, 1006 zur Glaubhaftmachung des Wiedereinsetzungsgrundes.
[135] BGH FamRZ 1996, 408 (409).
[136] Die Zurückweisungspflicht aus § 522 Abs. 2 S. 1 ZPO besteht erst, wenn das Berufungsgericht „überzeugt" ist, wie eine solche Überzeugung gewonnen werden kann, schreibt das Gesetz nicht vor.
[137] Die Berufungserwiderung kostet gem. VV Nr. 3200, 3201 0,5 Gebühren.
[138] A. A. ohne nähere Begründung *Rosenberg/Schwab/Gottwald* § 137, Rdn. 7 unter Bezugnahme auf OLG Koblenz, NJW 2003, 2100 (2101).
[139] BGH NJW 2004, 2152 (2153).

weicht und ob insoweit die Filterwirkung des § 531 Abs. 2 ZPO greift.[140] Ist dies der Fall, ist zu überlegen, ob die Berufungsbegründung entsprechend § 520 Abs. 3 Nr. 2–4 ZPO schlüssig Mängel des Ersturteils darlegt bzw. mit auch inhaltlich ausreichender Begründung neue Tatsachen einführt. An diesem Punkt der Prüfung scheitern nicht nur Berufungen, die schon nicht den nach § 520 Abs. 3 Nr. 2–4 geforderten Mindestinhalt aufweisen, sondern auch diejenigen, die zwar eine zulässige Rüge eingeführt haben, deren Begründung aber inhaltlich nicht trägt und auch keine Zweifel an der Richtigkeit der getroffenen Feststellungen weckt.[141]

76 **Beispiel:** So kann etwa der nun erbrachte schriftliche Erfüllungsnachweis des auf Zahlung in Anspruch genommenen Beklagten diese Klippe dann nicht passieren, wenn die Tatsache der Erfüllung streitig bleibt und eine tragfähige Entschuldigung für das Nachbringen des schriftlichen Zahlungsbelegs nicht vorgebracht wird. Die nun vorgelegte Urkunde kann nicht in jedem Fall über die konkreten Zweifel i. S. v. § 529 Abs. 1 Nr. 1 ZPO in den zu berücksichtigenden Prozessstoff transportiert werden, weil nach der Systematik von § 529 Abs. 1 ZPO nur solche Tatsachen richterliche Zweifel auslösen können, die nicht schon von der Ausnahmeregelung von § 529 Abs. 1 Nr. 2 ZPO für neue Tatsachen erfasst sind. Denn der Regelung für die Berücksichtigung neuer Tatsachen bedarf es nur, wenn diese nicht schon als konkrete Anhaltspunkte zu berücksichtigen sind und Zweifel gebieten. Damit engt sich das Feld für die Gewinnung von Zweifeln von vornherein auf solche Umstände ein, die schon von den Parteien vorgetragen waren, unstreitig sind oder auf andere Weise als durch Parteivortrag zur Kenntnis des Berufungsrichters geraten sind.[142] Hierher können beispielsweise zusätzliche Kenntnisse zum Wert erstinstanzlicher Beweise zählen, etwa der Tatsache, dass ein Zeuge ein notorischer Lügner ist.

77 Deutlich größere Möglichkeiten bietet die Amtsprüfung des Ersturteils auf materielle Fehler nach § 529 Abs. 2 S. 2 ZPO, da insoweit das Ersturteil auf inhaltliche Mängel zu prüfen ist, ohne dass das Gericht zunächst prüfen müsste, ob die entsprechenden Überlegungen das Nadelöhr des **Novenverbots** passieren können. So ist eine Beweiswürdigung schon von Amts wegen darauf zu prüfen, ob sie hinreichend begründet ist. Stellen sich bei einer solchen Prüfung relevante Mängel des Ersturteils heraus, dann hält dieses in Bezug auf seine Tatsachenfeststellung einer rechtlichen Prüfung nicht stand, so dass diese neu erfolgen muss. Bei dieser Neufeststellung ist davon auszugehen, dass beide Seiten mit ihrem bisherigen Vortrag einschränkungslos gehört werden wollen. In diesem Fall ist der Prüfung der Erfolgsaussicht ohne weiteres der gesamte Parteivortrag zugrunde zu legen, da bei Mängeln der rechtlichen oder tatsächlichen Erwägungen des Ersturteils die Tatsachenbindung des Berufungsgerichts nicht gegeben ist. Dieses hat vielmehr den Prozessstoff selbständig festzustellen.

78 Dagegen kann bei der Prüfung einer Beschlusszurückweisung gem. § 522 Abs. 2 ZPO ein im Wege der **Klageerweiterung,**[143] **Aufrechnung** oder **Widerklage** eingeführter Streitgegenstand keine Berücksichtigung finden. Über einen neu eingeführten Streitgegenstand kann das Berufungsgericht nur nach mündlicher Verhandlung entscheiden, weil dem Zurückweisungsverfahren nur der vom Erstgericht bereits behandelte Streitstoff zugrunde liegen kann. Insoweit können zwar über §§ 529 Abs. 1 Nr. 2, 531 Abs. 2 ZPO neue Tatsachen eingebracht werden, diese müssen sich jedoch zunächst auf den Streitstoff beziehen, der dem Erstgericht bereits zur Entscheidung vorgelegen hat. Hieran anknüpfend kann ein neuer Streitgegenstand nur dann in das Verfahren eingeführt werden, wenn die Berufung nicht „unverzüglich" zurückgewiesen wird, wie das Gesetz ausdrücklich formuliert. Für die Aufrechnung gilt insoweit eine Ausnahme, als sie dann in das Verfahren eingeführt werden kann, wenn ihr erst-

---

[140] Siehe oben Rdn. 44.
[141] Vgl. BGH NJW 2004, 1876 (1878).
[142] BGH a. a. O.
[143] Dies sind nicht unter § 264 Nrn. 2 u. 3 ZPO fallende Änderungen des Klageantrags, BGH NJW 2004, 2152 (2154).

II. Berufung 79, 80 **13. Kap.**

instanzliches Unterlassen auf gerichtliche Fehler, wie etwa einen unterlassenen Hinweis zurückzuführen ist.

bb) Gerichtliche Hinweispflicht bei beabsichtigter Zurückweisung. Bejaht 79 das Berufungsgericht die Voraussetzungen des § 522 Abs. 2 S. 1 ZPO, muss es gem. § 522 Abs. 2 S. 2 ZPO unter Setzen einer Äußerungsfrist auf die beabsichtigte Zurückweisung und deren Gründe hinweisen. Es muss also einstimmig der Auffassung sein, dass die Rechtssache keine Aussicht auf Erfolg hat. Nur wenn diese Voraussetzung bejaht wird, muss zusätzlich von Amts wegen gem. § 522 Abs. 2 S. 1 Nr. 2 und 3 ZPO geprüft und einstimmig verneint werden, dass eine grundsätzliche Bedeutung vorliegt oder die Fortbildung des Rechts oder die Sicherung einer einheitlichen Rechtsprechung eine Entscheidung aufgrund mündlicher Verhandlung erfordern. Vor dem Hintergrund des Rechtsmittelsystems der Zivilprozessordnung besteht das Erfordernis der mündlichen Verhandlung immer dann, wenn im Zeitpunkt der Entscheidung über die Terminierung der Sache[144] eine Entscheidung denkbar ist, gegen die gem. § 543 ZPO die Revision zuzulassen wäre. Denn ein Rechtsmittel kann wegen der Unanfechtbarkeit von Beschlüssen nach § 522 Abs. 2 S. 1 ZPO nur gegen Urteile aufgrund mündlicher Verhandlung zugelassen werden. Dieser Gesichtspunkt greift in Eilverfahren nicht, weil hier der Rechtsweg gem. § 542 Abs. 2 ZPO bei den Berufungsgerichten endet.

(1) Keine Grundsatzbedeutung. Auch die in der Frage der Zuordnung einzelner 80 Probleme zu den Tatbeständen der Paralellvorschrift des § 543 Abs. 2 Nr. 1 und 2 ZPO nicht einige Rechtsprechung des BGH geht davon aus, dass der klassische Fall der an der Beschlusszurückweisung hindernden Grundsatzbedeutung dann vorliegt, wenn eine entscheidungserhebliche, klärungsbedürftige und klärungsfähige Frage zu lösen ist, die über den Einzelfall hinaus Bedeutung hat.[145] Eine Rechtsfrage ist nur dann entscheidungserheblich, wenn sich die Frage des Erfolgs der Berufung ohne ihre Klärung nicht beantworten lässt.

Hat zum **Beispiel** das Amtsgericht nach Antrag auf Feststellung der Erledigung der Hauptsache infolge Aufrechnungserklärung des Beklagten nach Klageerhebung die Klage abgewiesen, kommt es darauf an, ob das erledigende Ereignis bereits in der Aufrechnungslage, die bereits vor Klageerhebung entstanden sein kann, oder erst in der Abgabe der Aufrechnungserklärung zu sehen ist. Bei Richtigkeit der zuletzt genannten Auffassung wäre die Hauptsacheerledigung erst während des Verfahrens eingetreten und im Berufungsverfahren unter Aufhebung des Ersturteils auf Feststellung der Erledigung der Hauptsache zu erkennen. Da sich das klageabweisende Ersturteil auch nicht mit einer anderen Begründung als der halten lässt, dass die erledigende Wirkung bereits vor Klageerhebung (ohne vorherige Aufrechnungserklärung) eingetreten ist, und daher kein Fall der Hauptsacheerledigung vorliegt, ist die aufgeworfene Frage entscheidungserheblich. Sie war bis zu der dieses Problem lösenden Entscheidung des BGH im Juli 2003 auch klärungsbedürftig, weil in Rechtsprechung und Literatur bis dahin mit nachvollziehbaren Begründungen unterschiedliche Auffassungen zu dieser Frage vertreten wurden.[146] Sie kann auch im Berufungsverfahren geklärt werden, weil sie nicht, wie etwa die Annahme der örtlichen Zuständigkeit gem. § 513 Abs. 2 ZPO, von der Prüfungskompetenz des Berufungsgerichts ausgenommen ist.

---

[144] Nach zutreffender Auffassung des BGH ist maßgeblich der Zeitpunkt der ohne mündliche Verhandlung zu treffenden Entscheidung, NJW-RR 2003, 352.
[145] V. Senat NJW 2003, 1943, XI. Senat NJW 2003, 65 (67) und 2319. Vgl. dazu auch die Zusammenfassung von *v. Gierke/Seiler* NJW 2004, 1497. Kurz und prägnant auch *Gehrlein* MDR 2004, 912.
[146] NJW 2003, 3134 (3135). Erst die Abgabe der Aufrechnungserklärung ist das erledigende Ereignis.

81 Dagegen fehlt es heute nach der Entscheidung des BGH an einer Grundsatzbedeutung der Frage, wann bei Abgabe der Aufrechnungserklärung die Hauptsacheerledigung eingetreten ist, da diese nun höchstrichterlich geklärt ist. An einer entscheidungserheblichen Frage hätte es von vornherein gefehlt, wenn das Berufungsgericht bei Durchsicht der Akten auf insoweit entscheidungserhebliches Vorbringen des Berufungsbeklagten festgestellt hätte, dass nach bestrittenem Vorbringen des Beklagten vorprozessual aufgerechnet worden sei. Denn dieses war der Auffassung, dass entgegen der Meinung des Erstgerichts die Hauptsacheerledigung erst mit Abgabe der Aufrechnungserklärung eintrete. Damit war entscheidungserheblich, ob infolge einer vorprozessualen Aufrechnungserklärung Erledigung der Klageerhebung eingetreten war. Dann hätte zur Feststellung dieser für den Verfahrensausgang erheblichen Tatsache terminiert werden müssen. Eine Grundsatzbedeutung hätte sich dann nur ergeben können, wenn das Berufungsgericht nicht hätte feststellen können, dass der Beklagte vorprozessual aufgerechnet hat und es damit tatsächlich auf die Frage des Eintritts der erledigenden Wirkung der Hauptsacheerledigungserklärung angekommen wäre.

82 Würde das Berufungsgericht unter Widerspruch gegen die zitierte Entscheidung des BGH die Auffassung vertreten, die im Prozess abgegebene Erledigungserklärung wirke auf den Zeitpunkt des Eintritts der Aufrechnungslage zurück, läge ein klassischer Divergenzfall mit Grundsatzbedeutung vor. Denn dann bestünde ein Klärungsbedürfnis insoweit, als herauszufinden wäre, ob der BGH an seiner nun bestehenden Rechtsprechung festhält oder nicht.[147] Die Frage wäre auch klärungsbedürftig, weil sich ein Berufungsgericht gegen die Rechtsprechung des Revisionsgerichts stellen will. Es hätte dann aufgrund mündlicher Verhandlung durch ggfs. anfechtbares Urteil zu entscheiden.

83 Grundsatzbedeutung kann aber auch vorliegen, wenn es zwar nicht um die Klärung einer für eine Vielzahl von Fällen bedeutsame Rechtsfrage geht, aber andere Auswirkungen des Rechtsstreits das Interesse der Allgemeinheit in besonderem Maße berühren. Das kann sich aus dem tatsächlichen oder wirtschaftlichen Gewicht der Sache für die Allgemeinheit ergeben.[148] *Rimmelspacher* weist darauf hin, dass es um Sachen geht, bei denen die inmitten stehende Rechtsfrage wegen ihrer wirtschaftlichen, politischen oder sonstigen Bedeutung über den konkreten Prozess hinausreicht.[149] Diese nicht sonderlich erhellenden Definitionen besagen letztlich nur, dass eine Grundsatzbedeutung dann ausscheiden muss, wenn der Sache über den Einzelfall hinaus keine Bedeutung zukommt, wie das bei auslaufendem Recht der Fall sein kann.[150] Dagegen kann etwa die Frage, wie bestimmte Nebenkosten abzurechnen sind, Allgemeinbedeutung haben, auch wenn diese die in Anspruch genommene Prozesspartei im Zweifel nur einige Euro kostet.

84 Grundsatzbedeutung liegt immer vor, wenn sich voraussichtlich die Notwendigkeit ergeben wird, nach Art. 234 EG-Vertrag eine Vorabentscheidung des Gerichtshofs der Europäischen Gemeinschaften einzuholen.[151]

---

[147] Das BVerfG hat entschieden, dass in einem solchen Fall ein Beschluss nach § 522 Abs. 2 ZPO gegen Art. 2 GG und das Rechtsstaatsprinzip verstößt, NJW 2005, 1931.

[148] NJW 2003, 65 (68).

[149] LMK 2003, 13. Ein Beispiel ist die Frage danach, ob Kammerrechtsbeistände im Anwaltsprozess postulationsfähig sind, eine rechtlich eindeutig zu beantwortende Frage (BGH NJW 2003, 3765), die aber nach Auffassung des V. Senats wegen ihrer tatsächlichen und wirtschaftlichen Bedeutung für die Berufsstände der Rechtsanwälte und Rechtsbeistände im September 2003 Grundsatzbedeutung hatte (a. a. O.).

[150] Vgl. etwa *Wenzel* NJW 2002, 3353 (3354); anders etwa BGH MDR 2004, 226 zu weiterhin bedeutsamen Fragen des alten Verfahrensrechts.

[151] So zutreffend *Baumert* MDR 2003, 606 (607).

II. Berufung 85–88 **13. Kap.**

(2) Kein Bedürfnis für die Fortbildung des Rechts. Eine mündliche Verhand- 85
lung wird unabhängig von den Erfolgsaussichten der Berufung dann erforderlich, wenn
im konkreten Fall Anlass zu der Annahme besteht, dass allgemeine Regeln für die
Auslegung von Gesetzesbestimmungen des materiellen oder formellen Rechts aufzustellen oder Gesetzeslücken auszufüllen sind. Dies ist dann der Fall, wenn es für die
rechtliche Beurteilung typischer oder verallgemeinerungsfähiger Sachverhalte an einer
richtungsweisenden Orientierungshilfe ganz oder teilweise fehlt,[152] also nicht, wenn es
bereits eine ständige Rechtsprechung zu dem Problem gibt, der das Berufungsgericht
folgen will.[153] Es wird also in der Regel um die Bewältigung neuer Rechtsmaterien
gehen,[154] wie etwa der durch die Mietrechtsreform[155] geschaffenen Rechtslage.

(3) Kein Bedürfnis für die Sicherung einer einheitlichen Rechtsprechung. Die 86
beabsichtigte Abweichung von der Rechtsprechung eines anderen höher- oder gleichrangigen Gerichts veranlasst die mündliche Verhandlung und eine Entscheidung des
Berufungsgerichts durch Urteil, das ggfs durch Revision angegriffen werden kann.[156] Es
ist zu prüfen, ob von der Rechtsprechung eines anderen Berufungsgerichts abgewichen
werden soll, ohne dass dafür sachverhaltsbezogene Gründe vorliegen. Ein anderes Gericht kann auch eine andere Berufungskammer desselben Landgerichts oder ein anderer
Senat des gleichen Oberlandesgerichts sein, weil es insoweit an einer anderen Möglichkeit fehlt, zu einer verbindlichen gemeinsamen Auffassung zu kommen.[157] Allerdings
muss eine Divergenz in Rechtsfragen auch tatsächlich vorliegen. Dies ist bei unterschiedlichen Entscheidungen in sogenannten Parallelprozessen nicht zwingend der Fall,
weil Sachverhalt und Parteivortrag nicht unbedingt identisch sein müssen.[158] Will dagegen eine Berufungskammer eines Landgerichts abweichend von einer erstinstanzlichen
Entscheidung eines anderen oder desselben Landgerichts entscheiden, liegt noch kein
relevanter Fall der beabsichtigten Divergenz vor, weil es (noch) an einer abweichenden
Berufungsentscheidung fehlt. Dann wäre allerdings zu fragen, ob wegen des Fehlens einer obergerichtlichen Entscheidung nicht der Gesichtspunkt der Fortbildung des Rechts
die mündliche Verhandlung und ggfs die Revisionszulassung erfordert.

cc) Hinweis auf Verwerfungsgründe. Vieles spricht dafür, die Vorschrift des 87
§ 522 Abs. 2 S. 2 ZPO auf die Fälle der beabsichtigten Verwerfung der Berufung als
unzulässig gem. § 522 Abs. 1 ZPO entsprechend anzuwenden. Denn es versteht sich
von selbst, dass die die Berufung einreichende Partei der Auffassung ist, eine zulässige
Berufung einzureichen. Deshalb muss sie vor einer Verwerfung Gelegenheit haben, zu
einem von ihr anders eingeschätzten Gesichtspunkt Stellung zu nehmen, der nach
Auffassung des Berufungsgerichts an der angestrebten Sachentscheidung hindert. Dementsprechend hat der BGH die Pflicht zur Anhörung in diesem Fall direkt aus Art. 103
Abs. 1 GG hergeleitet.[159]

dd) Reaktion auf gerichtliche Hinweise. Innerhalb der gesetzten Äußerungsfrist 88
entscheidet sich das weitere Schicksal des Berufungsverfahrens. Der Berufungsführer

---

[152] BGH MDR 2003, 1009 f. oder FamRZ 2003, 1552.
[153] BGH FamRZ 2003, 1552.
[154] So auch die Prognose von *Gaier* NJW-Sonderheft 2. Hannoveraner ZPO-Symposion
20. September 2003 S. 18 (20).
[155] Durch das Mietrechtsreformgesetz vom 19. 6. 2001, BGBl. I, 1149.
[156] So BGH MDR 2003, 1009 (1010) m. w. N. Meinungsstreitigkeiten in der Literatur veranlassen die Zulassung der Revision unter diesem Gesichtspunkt nicht, BVerfG NJW 2004, 1371
(1373), s. a. WM 2005, 1577.
[157] Vgl. dazu auch *Gaier* NJW-Sonderheft 2. Hannoveraner ZPO-Symposion 20. September
2003, S. 18 (20 f.).
[158] BGH NJW 2004, 1167.
[159] BGH NJW 1994, 392.

bzw. sein Bevollmächtigter werden also gründlich erwägen müssen, welche Optionen gegeben sind, um einen Erfolg der Berufung herbeizuführen. Dabei muss das Nahziel das Erreichen der mündlichen Verhandlung sein, da gegen eine Berufungszurückweisung durch Beschluss gem. § 522 Abs. 3 ZPO ein Rechtsmittel nicht gegeben ist. Auch bei Verwerfung der Berufung durch Beschluss schafft die durch § 522 Abs. 1 S. 4 geschaffene Möglichkeit der Rechtsbeschwerde nur eine trügerische Sicherheit. Denn diese ist gem. § 574 Abs. 2 ZPO durch den BGH zuzulassen, dabei gelten die schon bekannten Gründe der Grundsätzlichkeit, der Rechtsfortbildung und der Wahrung der Rechtseinheitlichkeit.[160] Zu beachten ist, dass die Verwerfung der Berufung als unzulässig die Berufungsbegründungsfrist nicht unterbricht,[161] es ist also bei Einlegen der Rechtsbeschwerde gegen den Verwerfungsbeschluss in jedem Fall eine Berufungsbegründung fristgerecht vorzulegen.

89 In der **Stellungnahme** zu den gerichtlichen Hinweisen muss auf diese insgesamt argumentativ eingegangen werden und die hinreichende Erfolgsaussicht der Berufung sowie das Erfordernis einer mündlichen Verhandlung belegt werden. Dabei gelten prinzipiell keine anderen Überlegungen als die zur Fertigung der Berufungsbegründung angestellten. Wirft das Berufungsgericht neue Gesichtspunkte auf, kann zu diesen neues Vorbringen nachgeschoben werden, was jeweils unter Verweis auf die durch die gerichtlichen Hinweise geschaffene Sachlage geschehen sollte. In jedem Fall sind in der Berufungsbegründung eingenommene oder nunmehr einzunehmende Standpunkte sorgfältig und ggfs anhand von Fundstellen in Rechtsprechung und Literatur zu vertiefen. Denn auch wenn es bei besonders groben Verfehlungen des Berufungsgerichts denkbar erscheint, dass diese nach Ergehen eines Beschlusses nach § 522 Abs. 2 ZPO noch geltend gemacht werden können, wenn sie im Berufungsverfahren trotz Gelegenheit zur Äußerung dazu nicht angesprochen wurden, liegt es gerade im Fall der anwaltlichen Vertretung nahe anzunehmen, dass diese Mängel im fachgerichtlichen Verfahren keine Rolle gespielt haben. Das Bundesverfassungsgericht verlangt aber, dass auch Gesichtspunkte, die letztlich nur vor den Verfassungsgerichten zu klären sind, wie etwa die Gesetzgebungskompetenz des Bundes zum Erlass des Zivilprozessreformgesetzes,[162] bereits in das Verfahren vor den Fachgerichten einzubringen sind, widrigenfalls sie nicht mehr zum Gegenstand der Verfassungsbeschwerde gemacht werden können.[163]

90 **ee) Verwerfungs- und Zurückweisungsbeschluss.** Diese Beschlüsse beenden die Instanz, sie sind daher mit einer Kostenentscheidung zu versehen. Wegen ihrer urteilsersetzenden Funktion sollen sie zu**zustellen** sein.[164] Für Verwerfungsbeschlüsse gilt zusätzlich § 329 Abs. 2 ZPO, weil insoweit die Rechtsbeschwerde gem. § 575 Abs. 1 S. 1 ZPO binnen einer Notfrist von einem Monat eingelegt werden kann. Eines Ausspruches über die Vollstreckbarkeit bedarf es nicht, denn in der Hauptsache ist wegen

---

[160] Siehe dazu oben Rdn. 79 ff. zum Erfordernis der mündlichen Verhandlung.

[161] Vgl. *Zöller/Gummer/Heßler* Rdn. 14 zu § 520 ZPO m. w. N. und *Musielak/Ball* Rdn. 4 zu § 520 ZPO.

[162] Diese bezweifelt *Meister* AnwBl. 2003, 195. Solche Zweifel hegt das BVerfG offensichtlich nicht, vgl. etwa den Kammerbeschluss zu den Zulassungsvoraussetzungen der Revision NJW 2004, 1371. Dies wird wohl auch für die kaum ausdifferenzierten Bedenken *von Raeschke-Kessler* AnwBl. 2004, 321 (325), gelten, die § 321 a ZPO und dessen verfassungskonforme Anwendung nicht hinreichend berücksichtigen. Deutlich differenzierter die Ausführungen von *Schenke* zum Rechtsschutz gegen Rechtsprechungsakte (JZ 2005, 116 ff.), die allerdings nicht gegen das derzeit gültige Verfahren sprechen, das das BVerfG laut *Deubner* JuS 2005, 223 (226) für verfassungsgemäß hält, wie sich auch aus BVerfG NJW 2005, 1768 ergibt. *Gottwald* schlägt vor, im Verfassungsbeschwerdeverfahren die Ungleichbehandlung zu rügen, die sich daraus ergäbe, dass nach anderen Prozessordnungen die Beschwerde möglich sei (FamRZ 2005, 428).

[163] BVerfG NJW 2003, 2378. Siehe dazu auch *Schlaich/Korioth* Rdn. 249.

[164] So jedenfalls OLG München MDR 2003, 522.

der Verwerfung oder Zurückweisung nichts zu vollstrecken. Die Vollstreckung der Kostenentscheidung bedarf zunächst der Festsetzung der zu vollstreckenden Kosten im Kostenfestsetzungsverfahren. Der Kostenfestsetzungsbeschluss ist dann gem. § 794 Abs. 2 ZPO die Vollstreckungsgrundlage.

Der Beschluss bedarf insoweit einer **Begründung,** als sich diese nicht bereits aus dem vorher erteilten Hinweis ergibt (so ausdrücklich § 522 Abs. 2 S. 3 ZPO). Dieser Grundsatz gilt im Verwerfungsverfahren ebenso, weil das Gericht zu dokumentieren hat, dass es sich mit dem Parteivorbringen auseinandergesetzt und unter sachlichen Kriterien eine Entscheidung gefällt hat.[165] Weist das Amtsgericht eine auf Zahlung von 150,- € gerichtete Klage im Verfahren nach § 495a ZPO ab und lässt es die Berufung zu, wird das Landgericht diese Berufung nicht ohne nähere Begründung verwerfen können, schon weil dann die Annahme sehr nahe liegt, dass das Gericht die Tatsache der Berufungszulassung übersehen hat. Die Begründung wird sich im Übrigen unter Bezugnahme auf die bereits erteilten Hinweise mit den Darlegungen in der Stellungnahme des Berufungsführers auseinander zu setzen haben. 91

Der BGH hat im Hinblick auf Urteile mehrfach festgestellt, dass ein Verstoß gegen die Vorschriften über die in einem Berufungsurteil erforderlichen tatsächlichen Angaben auch dann einen von Amts wegen zu beachtenden Mangel darstellt, der zur Aufhebung des Urteil führt, wenn das Urteil aufgrund einer statthaften Nichtzulassungsbeschwerde der Revision unterliegen kann.[166] Dies gilt auch für Beschlüsse, die einem Rechtsmittel unterliegen.[167] Deshalb müssen die rechtsmittelfähigen **Verwerfungsbeschlüsse** eine Begründung enthalten, die den Anforderungen des § 540 ZPO entspricht.[168] Verwerfungsbeschlüsse sollten also in Ziffer I der Gründe den Streitgegenstand unter Bezugnahme auf die Feststellungen und die Entscheidung des Erstgerichts wiedergeben, außerdem die weitere Prozessgeschichte bezogen auf das nun entscheidende Zulässigkeitshindernis. Auch die Anträge der Parteien im Berufungsverfahren[169] und deren Reaktion auf die erteilten Hinweise sind wiederzugeben. 92

b) Urteilsverfahren. aa) Übertragung auf den Einzelrichter. Steht fest, dass das Berufungsgericht nur aufgrund mündlicher Verhandlung entscheiden kann, weil ein Beschluss gem. § 522 ZPO nicht möglich ist, ist über die Übertragung des Rechtsstreits auf den Einzelrichter zu entscheiden. Deshalb soll bereits gem. § 520 Abs. 4 Nr. 1 ZPO die Berufungsbegründung eine Äußerung zur Frage der Übertragung auf den Einzelrichter enthalten. Dagegen liegt eine Berufungserwiderung, die sich über §§ 521 Abs. 2 S. 2, 277 Abs. 1 S. 2 ZPO zur Frage der Einzelrichterübertragung äußern soll, in der Regel noch nicht vor. Deshalb muss das Berufungsgericht eine Äußerung des Berufungsbeklagten zu dieser Frage antizipieren, der ggfs. über § 526 Abs. 2 ZPO die Rückübertragung auf den gesamten Spruchkörper verlangen kann. 93

Der Berufungsbeklagte sollte sich entweder gegen eine Übertragung verwahren oder Vorlage an den Spruchkörper verlangen, wenn er der Terminsladung bereits entnehmen kann, dass gegen eine seiner Meinung nach bestehende höchstrichterliche Rechtsprechung entschieden werden soll bzw. eine Grundsatzbedeutung vorliegt. 94

---

[165] Vgl. etwa EGMR NJW 1999, 2429.
[166] MDR 2004, 226, NJW 2003, 3352, FamRZ 2003, 747, 1273.
[167] Vgl. § 576 Abs. 3 ZPO i. V. m. § 547 Nr. 6 ZPO, BGH NJW 2003, 3781; Rpfleger 2002, 645; s. auch OLG Hamm MDR 1991, 452.
[168] Nach BGH NJW 2002, 2648 müssen Beschlüsse, die der Rechtsbeschwerde unterliegen, generell den Sachverhalt wiedergeben, über den sie entscheiden, weil das Rechtsbeschwerdegericht von dem vom Beschwerdegericht festgestellten Sachverhalt auszugehen hat. Fehlt es daran, ist aufzuheben und zurückzuverweisen.
[169] So ausdrücklich BGH NJW 2003, 1273: Die eingenommenen Positionen müssen sich jedenfalls sinngemäß aus der Entscheidung ergeben.

95 Die Übertragung auf den Einzelrichter ist gem. § 526 Abs. 1 Nr. 1 ZPO von vornherein ausgeschlossen, wenn die angefochtene Entscheidung nicht von einem Einzelrichter (also Zivil- oder Handelskammer des Landgerichts) stammt. Das Gleiche gilt, wenn die Parteien bereits zur Hauptsache verhandelt haben. Dies wird im Berufungsverfahren, das einen vorbereitenden frühen ersten Termin nicht kennt, regelmäßig dann der Fall sein, wenn die Parteivertreter entsprechend § 137 Abs. 1 ZPO zu Beginn der Sitzung ihre Sachanträge gestellt haben.

96 Gem. § 526 Abs. 3 ZPO kann ein **Rechtsmittel** auf die erfolgte oder die unterlassene Übertragung nicht gestützt werden, es sei denn, sie greift in Verfahrensgrundrechte ein, etwa weil sie willkürlich ist. Die entsprechende Regelung in § 568 S. 3 ZPO hat den BGH allerdings nicht daran gehindert, Beschlüsse des Einzelrichters, in denen dieser die Rechtsbeschwerde zugelassen hat, mit der Begründung aufzuheben, es sei nicht der gesetzliche Richter tätig gewesen. Wenn dieser trotz der seiner Meinung nach gegebenen Grundsätzlichkeit, die nach § 568 S. 2 ZPO die Rückgabe an den Spruchkörper erfordere, allein entscheide und die Rechtsbeschwerde zulasse, sei dies objektiv als willkürlich anzusehen. Denn wenn derselbe Richter dieselbe Frage einmal bejahe und einmal verneine, sei dies „offensichtlich unvertretbar".[170] Dagegen ist die Situation nach Übertragung auf den Einzelrichter im Berufungsverfahren eine andere. Die Rückübertragung wegen Grundsätzlichkeit ist nur bei einer wesentlichen Änderung der Prozesslage gem. § 526 Abs. 2 Nr. 1 ZPO möglich. Sieht dagegen der Einzelrichter im Gegensatz zum Kollegium, an dessen Meinung er nach Übertragung nicht gebunden ist, die Grundsätzlichkeit als gegeben an, kann er die Revision zulassen.[171] Der Versuch der Rückübertragung über § 526 Abs. 2 S. 1 ZPO würde in einem solchen Fall keinen Sinn machen, weil der Spruchkörper über die Rückübernahme gem. § 526 Abs. 2 S. 3 ZPO durch Beschluss zu entscheiden hat. Die Grundsätzlichkeit bzw. besondere Schwierigkeiten waren aber schon bei der Übertragung auf den Einzelrichter zu prüfen und sind bei unveränderter Rechtslage verneint worden.

97 **bb) Terminsbestimmung und Hinweispflicht.** Ist die Entscheidung getroffen, dass die Berufung nicht im Beschlussverfahren zurückgewiesen wird, bestimmt das Berufungsgericht entweder durch den Einzelrichter oder den Vorsitzenden gem. §§ 523, 216 Abs. 2 ZPO Termin zur mündlichen Verhandlung. Dabei muss zwischen der Zustellung der **Ladung** und dem **Termin** mindestens die zweiwöchige Ladungsfrist gem. §§ 523 Abs. 2, 274 Abs. 3 ZPO liegen. Diese Frist gilt gem. §§ 525, 275 Abs. 1, 3, 277 Abs. 3 ZPO auch für die gleichzeitig zu setzende Berufungserwiderungsfrist. Die Länge der zu gewährenden Frist, die mit der Mindestfrist regelmäßig zu kurz bemessen ist, richtet sich nach den Umständen des Einzelfalles,[172] sollte aber nur ausnahmsweise 4 Wochen unterschreiten. Diese Möglichkeit kommt nur dann in Frage, wenn das Verfahren schon ausreichend aufbereitet ist und zu erwarten steht, dass sich der Berufungsbeklagte auf Antragstellung und Bezugnahme auf das Ersturteil bzw. seinen erstinstanzlichen Vortrag beschränken kann.

98 Nach § 139 Abs. 2, 4 ZPO ist möglichst frühzeitig, idealerweise mit der Terminsladung auf übersehene oder von beiden Parteien anders bewertete Gesichtspunkte **hinzuweisen.** Die berufungsbeklagte Partei wird sich regelmäßig darauf beziehen können, dass sie auf die Richtigkeit der vom Erstgericht eingenommenen Rechtsstandpunkte vertraut. Schon deshalb muss auf die Punkte hingewiesen werden, die das Berufungsgericht bei der Amtsprüfung des Ersturteils unabhängig von den erhobenen Rügen an-

---

[170] BGH NJW 2003, 1254 = Rpfleger 2003, 374 mit Anm. *Abramenko;* s. auch *Haentjens* NJW 2003, 2884. Nach BGH NJW 2003, 1876 kann nicht beanstandet werden, dass statt des Einzelrichters der Spruchkörper entschieden hat.
[171] BGH NJW 2003, 2900 (2901) u. 3768.
[172] Vgl. etwa *Thomas/Putzo/Reichold* Rdn. 6 zu § 275 ZPO.

ders sieht, als dies bisher im Verfahren der Fall war. Reagiert die berufungsbeklagte Partei nicht auf eine Rüge des Gegners, wird sich bei objektiver Sicht nicht ausschließen lassen, dass sie diesen Punkt übersehen hat. Deshalb wird insoweit spätestens bei Vorlage der Berufungserwiderung ohnehin ein Hinweis notwendig. Außerdem verlangt eine verfassungsrechtlichen Grundsätzen genügende Anhörung, dass die Verfahrensbeteiligten bei Einhaltung der von ihnen zu erwartenden Sorgfalt erkennen können, auf welchen Tatsachenvortrag es für die Entscheidung ankommen kann.[173] Deshalb sollte das Berufungsgericht bei Terminierung die ausschlaggebenden Gesichtspunkte dafür mitteilen, warum es nicht im Beschlussverfahren entscheidet.

Dies wird bei gegebener Erfolgsaussicht der Berufung darauf hinauslaufen, dass etwa mit erneuter Ladung von Zeugen mitgeteilt wird, dass das Ersturteil insoweit an einem Fehler leidet, als sich nicht hinreichend mit dem Umstand auseinandergesetzt habe, dass die als widerspruchsfrei gewürdigte Aussage des Zeugen, dem das Erstgericht gefolgt ist, tatsächlich Widersprüche aufweist. Bei materiellen Rechtsfehlern ist darauf hinzuweisen, in welchem Punkt das Berufungsgericht die rechtliche Bewertung des Erstgerichts nicht teilt. Also etwa, dass das Berufungsgericht die Meinung nicht teilt, der Klageanspruch sei verwirkt. Dieser Hinweis gibt der davon betroffenen und bisher obsiegenden beklagten Partei die Möglichkeit, ihren Sachvortrag im Hinblick auf die bisher als gegeben angesehene Verwirkung zu ergänzen. **99**

4. Berufungserwiderung

a) Fristverlängerung. Sollte die gesetzte Berufungserwiderungsfrist nicht ausreichen, besteht die Möglichkeit, nach § 224 Abs. 2 ZPO Fristverlängerung zu beantragen, wenn erhebliche Gründe glaubhaft gemacht werden. Auf den ersten Blick scheint danach die Möglichkeit, eine Verlängerung der Berufungserwiderungsfrist zu erreichen, im Vergleich zur Verlängerung der Berufungsbegründungsfrist eingeschränkter zu sein, weil nach § 520 Abs. 1 S. 3 ZPO die erste Fristverlängerung bereits dann gewährt werden kann, wenn durch diese das Berufungsverfahren nicht verzögert wird. Allerdings ist bei Ausübung des richterlichen Ermessens nach § 224 Abs. 2 ZPO das Prinzip der **Waffengleichheit**[174] zu beachten.[175] Ist also der Termin zur mündlichen Verhandlung mit großem zeitlichen Abstand angesetzt, kann der Berufungsbeklagtenvertreter sicher damit rechnen, dass ihm die Berufungserwiderungsfrist um einen Monat verlängert wird. Entsprechendes gilt für komplizierte Großverfahren, in denen der Berufungsbeklagtenvertreter ähnlich wie der Berufungsklägervertreter angemessene Zeit für die Vorbereitung eines Verhandlungstermins haben muss. Hier werden sich Parteivertreter bei einvernehmlicher weiterer Verlängerung der Berufungsbegründungsfrist zweckmäßigerweise darauf einigen, dass zugleich das Einvernehmen des Berufungsklägers mit einer entsprechenden Fristverlängerung für den Berufungsbeklagten erteilt wird. Dies kann auch mit der Bitte an das Gericht verbunden werden, die Berufungserwiderungsfrist so zu bestimmen, dass diese der tatsächlich gewährten Berufungsbegründungsfrist entspricht. **100**

Mit einer ersten **Fristverlängerung** wird im Regelfall auch dann gerechnet werden können, wenn der Berufungsbeklagtenvertreter einen Grund angibt, der üblicherweise die Verlängerung der Berufungsbegründungsfrist rechtfertigen würde. Insoweit reicht das stichwortartige Darlegen von typischerweise die Fristverlängerung rechtfertigenden Tatsachen aus.[176] Bei einem Antrag auf Verlängerung der Berufungserwiderungsfrist sollte immer mitbedacht werden, dass bei zeitnaher Terminierung des Spruchkörpers die **101**

---

[173] BVerfGE 84, 264 (274).
[174] Vgl. zu diesem etwa BVerfGE 52, 131 (156).
[175] *Zöller/Gummer/Heßler* Rdn. 12 zu § 521 ZPO m. w. N.
[176] Siehe dazu auch oben zur Fristverlängerung für die Berufungsbegründung Rdn. 37.

Verlegung des Termins zur mündlichen Verhandlung notwendig wird. Es ist daher in einem solchen Falle sicher nicht von Nachteil, wenn im Hinblick auf einen neuen Termin (der regelmäßige Terminstag ergibt sich meist aus dem Wochentag des Ladungstermins) etwaige Verhinderungszeiten mitgeteilt werden. Noch rationeller dürfte es sein, in Abstimmung mit dem Prozessgegner mehrere mögliche Ausweichtermine zu nennen.

102 **b) Aufbau der Berufungserwiderung. aa) Ziele der Berufungserwiderung.** Eine Berufungserwiderung wird erst dann notwendig, wenn das Gericht den Berufungsbeklagten gem. §§ 521 Abs. 2 S. 1 oder 525, 275 Abs. 1, 3, 277 Abs. 3 ZPO zur Vorlage einer solchen auffordert. Denn das Berufungsgericht kann auch ohne Einschaltung des Beklagten im Beschlussverfahren über die Erfolgsaussichten der Berufung befinden.[177] Unabhängig vom Verfahrensstadium, in dem die Aufforderung zur Berufungserwiderung ergeht, muss zunächst überdacht werden, welche Art des Vorgehens die Interessen des Mandanten am sichersten wahrt. Erste Priorität muss dabei das **Ziel** haben, einen die Berufung zurückweisenden Beschluss des Berufungsgerichts zu erreichen, da dieser dem Berufungsbeklagten endgültig Recht gibt.

103 Erst hilfsweise kann das Ziel der Bemühungen des Verfahrensbevollmächtigten des Berufungsbeklagten ein Verwerfungsbeschluss sein, da gegen diesen das Rechtsmittel der Rechtsbeschwerde gegeben ist, auch wenn diese der Zulassung durch den BGH bedarf. Sollte das Berufungsgericht auf die Unzulässigkeit der Berufung hinweisen, müsste angestrebt werden, dass der Berufungskläger vor Ergehen des Verwerfungsbeschlusses unter Einräumen einer Möglichkeit zur Äußerung auf solche Umstände hingewiesen wird, die auch materiell für die fehlende Erfolgsaussicht der Berufung sprechen. Reagiert der Berufungskläger auf solche Hinweise nicht, wird er im Falle einer Rechtsbeschwerde die Begründetheitsprüfungsprüfung durch den BGH nach § 577 Abs. 3 ZPO kaum passieren können.

104 Denn eine **Rechtsbeschwerde** gegen einen **Verwerfungsbeschluss** wird nur dann beim gemäß § 133 GVG zuständigen BGH Erfolg haben, wenn der monierte Fehler bei Verwerfung der Rechtsbeschwerde entscheidungserheblich war.[178] Dies ist aber nur der Fall, wenn nicht feststeht, dass das Berufungsgericht die Berufung bei inhaltlicher Prüfung zum selben Termin zurückgewiesen hätte, weil dem auf den Hinweis auf die Unzulässigkeit der Berufung folgenden Verweis auf deren Aussichtslosigkeit in der Sache nichts entgegengehalten wurde. Allerdings setzt eine solche Entscheidung voraus, dass der Berufungskläger tatsächlich Gelegenheit hatte, sich zu einem entsprechenden Hinweis zu äußern. Hier dürfte es sich für den Berufungsbeklagten empfehlen, nicht den Ablauf der zu den Verwerfungsgründen gesetzten Äußerungsfrist abzuwarten, sondern den Berufungsgegner mit einem sogleich direkt zugestellten Schriftsatz unmissverständlich auf die inhaltliche Aussichtslosigkeit der Berufung hinzuweisen. Wird der Schriftsatz über das Gericht geleitet, besteht die Gefahr, dass der Gegner diesen nicht mehr rechtzeitig erhält, etwa weil er erst mit dem Verwerfungsbeschluss zugestellt wird.

105 Ein entsprechender Schriftsatz verfehlt allerdings sein Ziel, wenn er sich in der Hauptsache die mitgeteilte Meinung des Berufungsgerichts zur Unzulässigkeit der Berufung zu Eigen macht und nur hilfsweise mit vorformulierten, nichtssagenden Textbausteinen „höchstvorsorglich" auf die Unbegründetheit des Berufungsvorbringens verweist. Denn das rechtliche Gehör für den Berufungsführer ist nur gewahrt, wenn er im Hinblick auf den Einzelfall unmissverständlich auf den von ihm übersehenen rechtlichen Gesichtspunkt hingewiesen wird. Ein solcher **Hinweis** muss nicht zwingend durch das Gericht erfolgen, weil auch der nicht falsch zu verstehende, eindeutige Hin-

---

[177] Siehe oben Rdn. 74 zum Verwerfungs- und Zurückweisungsverfahren nach § 522 ZPO.
[178] Gem. § 577 Abs. 3 ZPO ist die Rechtsbeschwerde zurückzuweisen, wenn sich die Entscheidung (nicht die Verwerfung) aus anderen Gründen als richtig erweist, s. dazu unten Rdn. 246.

weis der Gegenseite auf Mängel im eigenen Parteivorbringen den Prozessbevollmächtigten zur Überprüfung der eigenen Darlegungen veranlassen muss. In einem solchen Fall muss das Schweigen auf eindeutige gegnerische Darlegungen nicht ohne weiteres auf einen durch gerichtliche Hinweise zu vermeidenden Irrtum des Berufungsklägers hindeuten. Wird nämlich von der Gegenseite unzweideutig auf dem Berufungsziel widersprechende Rechtsprechung und den Umstand hingewiesen, dass eine fehlende Äußerung hierzu unabhängig vom Vorliegen der durch das Berufungsgericht gerügten Zulässigkeitsmängel zum Rechtsmittelverlust führen kann, wird der Berufungsführer reagieren müssen. Andernfalls liegt die Annahme, dass er sich in Kenntnis der daraus resultierenden Folgen nicht mehr äußern wollte, näher als die eines Irrtums.

Erst wenn sich Zurückweisungs- und Verwerfungsbeschluss nicht (mehr) erreichen lassen, kann sich der Bevollmächtigte des Berufungsklägers nur auf das Ziel Zurückweisung der Berufung durch Urteil konzentrieren. **106**

bb) Erwiderungsrelevanter Prozessstoff. Der Inhalt der Berufungserwiderung **107** wird durch den zum Zeitpunkt ihrer Anfertigung vorliegenden Prozessstoff bestimmt. In jedem Fall ist eine Stellungnahme zur Berufungsbegründung erforderlich. Soweit bereits gerichtliche Hinweise erteilt sind, ist auf diese zu reagieren. Dagegen bedarf es einer eigenen Prüfung durch den Vertreter des Berufungsbeklagten auf andere als die bereits von Gegner und Gericht angesprochenen Mängel des Ersturteils nicht. Es kann zwar gelegentlich anzunehmen sein, dass der eine oder andere gravierende Fehler des Erstgerichts im Verlaufe des Verfahrens noch zur Sprache kommt, dies sollte aber kein Anlass sein, dazu vorzeitig Stellung zu nehmen. Einerseits müsste dann eine gegnerische Rüge oder ein gerichtlicher Hinweis hypothetisch vorweggenommen werden, um eine vorsorgliche Äußerung abgeben zu können, andererseits steht nicht fest, ob Gericht und Gegner den Fehler tatsächlich erkennen bzw. aus diesem negative Konsequenzen zu Lasten des Berufungsbeklagten ziehen.

Zunächst kann der Berufungsbeklagte auf die Richtigkeit der erstinstanzlichen Entscheidung vertrauen. Erst wenn Gegner oder Gericht auf einen möglicherweise relevanten Fehler des Erstgerichts hinweist, ist dieses Vertrauen erschüttert und deshalb eine Stellungnahme zu dem angeblichen Fehler veranlasst. Erfolgt die Rüge des Berufungsklägers nicht in der Berufungsschrift oder wird ein entsprechender **Hinweis** des Gerichts nicht bereits mit der Ladung zum Termin zur mündlichen Verhandlung erteilt, muss sein Prozessbevollmächtigter bei einer nachträglichen Rüge oder einem später erteilten Hinweis gem. §§ 139 Abs. 5, 283 ZPO prüfen, ob er hinreichende Möglichkeit zur Erklärung hat, widrigenfalls die Gewährung einer ausreichenden **Schriftsatzfrist** zu beantragen ist. Innerhalb dieser bleibt hinreichend Zeit zu nun tatsächlich erhobenen und nicht spekulativ vorweggenommenen Bedenken gegen das Ersturteil Stellung zu nehmen. **108**

(1) Erwiderung auf die Rüge der materiellen Rechtsverletzung. Beschränkt **109** sich der Berufungskläger auf die Rüge der Verletzung materiellen Rechts bzw. ergibt eine Prüfung seiner Rügen, dass einzig die Frage der Verletzung des materiellen Rechts relevant werden kann, weil anderen Rügen offensichtlich ohne Substanz sind, muss das Ersturteil anhand der dazu festgestellten bzw. in erster Instanz vorgebrachten Tatsachen auf seine Richtigkeit im Hinblick auf die vom Berufungskläger monierten bzw. vom Berufungsgericht hingewiesenen Bedenken[179] geprüft werden. Dabei kann sich herausstellen, dass sie unbegründet bzw. nicht erfolgversprechend sind und sich anhand gefestigter Rechtsprechung widerlegen lassen.

---

[179] Wenn das Erstgericht die Klage für schlüssig gehalten hat, kann der Kläger nach BGH NJW-RR 1994, 566 darauf vertrauen, dass ihm eine abweichende Rechtsauffassung des Berufungsgerichts rechtzeitig mitgeteilt wird.

110 Ergeben sich dagegen Zweifel zugunsten des Berufungsklägers, ist zu prüfen, ob weitere Tatsachen zur Kenntnis des Berufungsgerichts zu bringen sind. Dabei kann es sich um solche handeln, die bereits in erster Instanz dargetan worden sind oder solche, die **neu** in das Berufungsverfahren einzuführen sind. Die bereits vorgetragenen **Tatsachen** muss das Berufungsgericht berücksichtigen, soweit sie einen vom Erstgericht anders beurteilten Gesichtspunkt betreffen. Denn dann müssen insoweit gem. §§ 529 Abs. 1 Nr. 2, 531 Abs. 2 Nr. 1 ZPO jedenfalls zu diesem die Tatsachen neu festgestellt werden. Dabei ist das gesamte Vorbringen erster Instanz beider Seiten auf seine Relevanz zu dem neu berücksichtigenden Gesichtspunkt erneut zu prüfen. Es wird sich jedoch gerade bei umfangreichen Verfahren empfehlen, auf den insoweit relevanten Vortrag zusammenfassend und wegen der Details mit Fundstelle auf das Vorbringen erster Instanz hinzuweisen. Die Einführung weiterer, bisher nicht berücksichtigter Tatsachen ist für den Berufungsbeklagten regelmäßig unproblematisch.[180] Denn wenn das Berufungsgericht beabsichtigt, einen rechtlichen Gesichtspunkt abweichend vom Erstgericht zu bewerten, muss der Berufungsbeklagte ebenso wie der Berufungskläger Gelegenheit haben, sich dazu zu äußern[181] und muss mit den entsprechenden Darlegungen gehört werden.[182]

111 **(2) Erwiderung auf die Verfahrensfehlerrüge.** Rügt der Berufungsführer einen Verfahrensfehler oder weist das Berufungsgericht auf einen solchen hin, ist zunächst zu prüfen, ob die dabei zugrunde gelegten Tatsachen zutreffen. Wird behauptet, ein erforderlicher Hinweis sei nicht erteilt worden, ist dieses Vorbringen anhand des Akteninhalts gem. § 139 Abs. 4 S. 2 ZPO zu überprüfen. Schweigen die Akten, wird zunächst unwiderlegbar vermutet, dass der monierte Hinweis nicht erteilt wurde.[183] Eine Dokumentation eines tatsächlich erteilten, aber nicht im Urteil festgehaltenen Hinweises über einen Antrag auf Tatbestandsberichtigung wird in diesem Verfahrensstadium wegen Ablaufs der zweiwöchigen Frist des § 320 Abs. 1 ZPO ausscheiden. Wurde dieser allerdings in der mündlichen Verhandlung erteilt, besteht die Möglichkeit, insoweit **Protokollberichtigung** gem. §§ 164 Abs. 1, 160 Abs. 2 ZPO durch das Erstgericht zu beantragen[184] und damit auch gem. § 314 S. 2 ZPO die (negative) Beurkundungswirkung tatbestandlicher Feststellungen auszuheben.[185] Dann wird das Berufungsgericht zunächst wegen der Vorgreiflichkeit der Entscheidung über die Protokollberichtigung den Ausgang des Berichtigungsverfahrens vor dem Erstgericht abwarten müssen. Anschließend müssen beide Parteien Gelegenheit haben, sich zu dem Ergebnis des Berichtigungsverfahrens zu äußern.

112 Spätestens wenn die Berichtigung rechtskräftig abgelehnt ist[186] bzw. wenn sogleich feststeht, dass der Verfahrensfehler begangen wurde, müssen die gebotenen Konsequenzen in Bezug auf das bisherige Vorbringen gezogen werden. Es ist zu prüfen, ob schon eine hinreichende Stellungnahme zu dem Sachvorbringen vorliegt, mit dem der Berufungsführer die Erfolgsaussicht seiner Rüge begründet. Entsprechendes gilt zu den Gesichtspunkten, unter denen das Berufungsgericht nach seinem Hinweis den bezeichneten Verfahrensfehler für erheblich hält. Auch insoweit gilt die Sperre des § 529 Abs. 1 ZPO

---

[180] So auch *Oberheim* Rdn. 499, 503. Ähnlich *Rixecker* NJW 2004, 705 (706).
[181] Nach BVerfGE 75, 183 (188/189) gebietet es die richterliche Fürsorgepflicht, dass die Parteien Gelegenheit erhalten, sich zu allen erheblichen Tatsachen vollständig zu äußern.
[182] BVerfGE 52, 131 (156).
[183] Vgl. etwa *Thomas/Putzo/Reichold* Rdn. 31 zu § 139 ZPO und BGH NJW-RR 2005, 1518.
[184] So auch *Zöller/Greger* Rdn. 13 zu § 139 ZPO.
[185] So ausdrücklich BGH NJW 2004, 72 zur Sitzungsniederschrift,
[186] Vgl. zu den im Einzelnen strittigen Möglichkeiten, Rechtsmittel einzulegen *Zöller/Stöber* Rdn. 11 zu § 164 ZPO.

II. Berufung 113–116 **13. Kap.**

für **neues Vorbringen** nicht. Denn der in erster Instanz obsiegende Berufungsbeklagte hat Anspruch darauf, zu dem nun erteilten Hinweis gehört zu werden.

Legt zum **Beispiel** der Berufungskläger infolge in erster Instanz unterbliebener Hinweise auf den fehlenden Nachweis der Aktivlegitimation mit der Berufung die in erster Instanz versehentlich nicht vorgelegte Abtretungserklärung vor, muss der Berufungsbeklagte spätestens jetzt seine weiteren Einwendungen gegen diese vorbringen. Dies kann etwa die Mängeleinrede oder der Erfüllungseinwand sein. Entsprechend ist bei anderen Verfahrensfehlern wie dem Übergehen von Sachvortrag oder Fehlern in der Beweiswürdigung zu verfahren.

(3) Erwiderung auf neue Angriffs- oder Verteidigungsmittel. Für die Berufungserwiderung gilt die Pflicht zur vollständigen Erklärung aus § 138 Abs. 2 ZPO. Deshalb gelten nach Einreichen der Berufungserwiderung alle nicht ausdrücklich bestrittenen Behauptungen gem. § 138 Abs. 3 ZPO als zugestanden. Diesen Sachstand muss das Berufungsgericht bei Prüfung der Frage zugrundelegen, ob das neue Vorbringen des Berufungsklägers der Vorschrift des § 531 Abs. 2 ZPO unterfällt. Vertritt es dabei die zutreffende Auffassung, dass eine Anwendung der Präklusionsvorschriften nicht in Betracht kommt, wenn die Berücksichtigung des neuen Vortrags keine nennenswerte Mehrarbeit verursacht und die Belange des Prozessgegners gewahrt bleiben,[187] muss es nur noch prüfen, ob schützenswerte Belange des Berufungsbeklagten einer Berücksichtigung des **neuen Vorbringens** entgegenstehen. 113

Dieses ist jedenfalls der Fall, wenn bei Berücksichtigung neuer Behauptungen Beweis über diese erhoben werden müsste,[188] dies trifft dagegen nicht zu, wenn erst infolge der Berücksichtigung nun unstreitiger Behauptungen über anderen Tatsachenstoff, etwa eine streitige Aufrechnung Beweis erhoben werden muss.[189] Deshalb kann eine Berufungserwiderung auf neues Vorbringen des Berufungsklägers nie in dem Verweis darauf bestehen, das Vorbringen sei neu, nach § 531 Abs. 2 ZPO nicht zuzulassen, daher unterbleibe insofern eine Einlassung. Soll tatsächlich eine inhaltliche Erklärung zu dem neuen Vorbringen unterbleiben, muss dieses gedanklich als unstreitig unterstellt werden, um zu prüfen, ob und welche Einwendungen gegen die dann vom Berufungskläger vermeintlich erworbene Rechtsposition vorzubringen sind. 114

Beispiel: Hat der Berufungskläger den bereits in erster Instanz erhobenen Erfüllungseinwand durch Vorlage der nun aufgefundenen Quittung belegt, kann der Berufungsbeklagte je nach Inhalt der Urkunde gehalten sein, darauf hinzuweisen, dass die in erster Instanz bestrittene Barzahlung sich nicht auf das streitgegenständliche Geschäft, sondern einen anderen Vorgang beziehe. Ebenso kann weiteres Vorbringen zu der Quittung eingeführt werden. Danach bleibt abzuwarten, wie sich der Berufungskläger hierzu einlässt. Ist das Vorbringen des Berufungsbeklagten erheblich, ist eine Beweisaufnahme oder die Zurückweisung der Berufung vorprogrammiert. Denn entweder wird dieses unstreitig und bringt die Position des Berufungsklägers endgültig zu Fall oder es wird bestritten. Dann muss das Berufungsgericht Beweis erheben, weil der Umstand, dass wegen der Berücksichtigung neuen, unstreitigen Vorbringens eine Beweisaufnahme wegen anderer Tatsachen erforderlich wird, eine Präklusion nach § 531 Abs. 2 ZPO nicht rechtfertigt.[190] 115

cc) Abschließende Überlegungen und Antragstellung. Sind die Rügen des Gegners und die Hinweise des Gerichts abgearbeitet,[191] sollte überlegt werden, ob tatsächlich ein erfolgversprechender Angriff auf das zu verteidigende Endurteil vorliegt 116

---

[187] BGH MDR 2005, 180 (nur Leitsatz, Az IX ZR 229/03), der Volltext kann über JURIS oder die Internetseite des BGH abgerufen werden).
[188] BGH ZZP 1974, 460 (461).
[189] BGH NJW 2005, 291 (292).
[190] BGH MDR 2005, 180 (nur Leitsatz, Az IX ZR 229/03), der Volltext kann über JURIS oder die Internetseite des BGH abgerufen werden), s. a. BGH NJW 2005, 291 (292).
[191] Zur Klageerwiderung siehe schon oben Kapitel 2, Rdn. 109.

und ob dieses insgesamt in Frage gestellt ist. Hat das Erstgericht seine Entscheidungen auf mehrere tragende Überlegungen gestützt, kann die Berufung nur Erfolg haben, wenn sie sich mit allen entscheidungserheblichen Begründungen auseinandersetzt.

> **Beispiel:** Hat das Erstgericht die Abweisung einer Klage auf Nachzahlung von Nebenkosten neben Verjährung auf Verwirkung gestützt und greift die Berufungsbegründung nur die Annahme der Verjährung an, ist die Berufung unzulässig.[192] Dann kann sich die Berufungserwiderung ohne Auseinandersetzung mit den Ausführungen zur Frage des Eintritts der Verjährung auf die Darlegung dieses Umstands beschränken. In der Hauptsache ist die Verwerfung der Berufung zu **beantragen.** Teilt das Berufungsgericht diese Auffassung nicht, müsste es den Berufungsbeklagten hierauf hinweisen.

117 Erst dann müsste der Berufungsbeklagte auf diesen Gesichtspunkt eingehen und sich inhaltlich zu dem Berufungsvorbringen äußern. Teilt er die Auffassung des Berufungsgerichts zur Frage der Zulässigkeit der Berufung nicht, wäre der eingenommene gegenteilige Standpunkt zu vertiefen und aufzuzeigen, dass gegen ein Urteil, dass von der Zulässigkeit der Berufung ausgeht, die Revision zuzulassen wäre. Liegt eine zulässige Berufung nicht für alle ausgeurteilten Streitgegenstände vor,[193] sollte ausdrücklich auf diesen Umstand hingewiesen werden und darauf, zu welchen Streitgegenständen mangels einer insoweit zulässigen Berufung eine Stellungnahme nicht erfolgt. Auch hier besteht ggfs. Gelegenheit, auf den **Hinweis** des Berufungsgerichts, dass diese Auffassung nicht geteilt wird, weiter vorzutragen und zu diesem Gesichtspunkt die Zulassung der Revision zu beantragen. Entsprechendes gilt bei einem teilbaren Streitgegenstand. Hier ist eine Berufungserwiderung zu quantitativ abgrenzbaren und eindeutig individualisierbaren Teilen des Ersturteils nicht erforderlich, wenn zu diesen ein Berufungsangriff nicht vorliegt. Insbesondere bei Streitigkeiten über ausstehende Mietzinszahlungen dürfte es sich lohnen, Überlegungen in diese Richtung anzustellen.

118 Für die wirksam angegriffenen Teile des Ersturteils ist der behauptete Fehler gedanklich zu unterstellen, um zu prüfen, ob dieser tatsächlich entscheidungserheblich war. Bei Fehlern im Hinblick auf die Tatsachenfeststellung ist dies bereits dann der Fall, wenn die Möglichkeit besteht, dass bei Neufeststellung der Tatsachen ein dem Berufungsführer günstiger Umstand zu Tage tritt. Es muss aber die Möglichkeit bestehen, dass eine solche Feststellung getroffen wird. Verweist der Berufungskläger auf Behauptungen, für die er die Beweislast trägt, kann sein Rechtsmittel nur dann Erfolg haben, wenn diese unstreitig sind bzw. werden oder er sie unter Beweis stellt. Beruft sich der auf Zahlung verklagte Vermieter auf Verjährung der Schadensersatzansprüche des Mieters, muss er nachweisen, wann die Verjährungsfrist zu laufen begonnen hat.[194] Rügt er mit der Berufungsbegründung, dass das Erstgericht diesen Einwand nicht beachtet habe, kann er mit diesem nur Erfolg haben, wenn er spätestens auf das Bestreiten des Fälligkeitszeitpunkts durch den Berufungsbeklagten den behaupteten Zeitpunkt des Eintritts der Fälligkeit unter Beweis stellt. Werden Fehler in der Rechtsanwendung gerügt, ist danach zu fragen, ob bei Unterstellen eines solchen Fehlers das Ersturteil tatsächlich in Frage gestellt ist. Hierzu muss der gesamte relevante Sachverhalt ermittelt werden, damit ggfs gegen die Erfolgsaussicht sprechende Umstände neu in das Verfahren eingeführt werden können.

119 Ergibt die Analyse des Verfahrensstandes, dass die weitere Rechtsverfolgung des Berufungsbeklagten unter Verteidigung des Ersturteils erfolgversprechend ist, ist der **Antrag** auf Zurückweisung der Berufung der Berufungserwiderungsschrift voranzu-

---

[192] Vgl. etwa *Thomas/Putzo/Reichold* Rdn. 26 zu § 520 ZPO.
[193] Siehe dazu bereits oben Rdn. 41.
[194] Vgl. etwa *Palandt/Heinrichs* Rdn. 23 Überblick vor § 194 BGB.

II. Berufung

stellen.[195] Zeichnet sich ab, dass das Berufungsgericht in einer klärungsbedürftigen Frage einen anderen Rechtstandpunkt als der Berufungsbeklagte einnimmt, sollte der Klärungsbedarf dargestellt und gem. § 543 Abs. 2 ZPO die **Zulassung der Revision** beantragt werden. Insoweit sollte eine allgemeine Antragstellung vermieden werden, weil selten anzunehmen ist, dass in allen Punkten, in denen das Berufungsgericht vom Standpunkt des Berufungsbeklagten abweichende Meinungen vertritt, tatsächlich Anlass zur Revisionszulassung besteht. Deshalb genügt es, die unterschiedlichen Standpunkte und den Klärungsbedarf dort herauszuarbeiten, wo sich die konkret zu beantwortende Frage ergibt. Hier kann anschließend an die Ausführungen zur Sache für den Fall, dass das Gericht ihnen nicht folgen sollte, die Zulassung der Revision beantragt werden. Denn eine andere Auffassung als die des Berufungsbeklagten würde von der konkret zu benennenden Rechtsprechung anderer Gerichte oder eines anderen Spruchkörpers desselben Gerichts abweichen. Liegt keine Rechtsprechung in dieser Frage vor, ist ihre Grundsatzbedeutung[196] zu erläutern.

Sollte sich ausnahmsweise ergeben, dass sich bereits mit Vorlage der Berufungsbegründung prognostizieren lässt, die Berufung werde in jedem Fall Erfolg haben, etwa weil die Berufungsbegründung schlüssig ist und sich die dieser zugrundeliegenden Tatsachen nicht bestreiten lassen, sollte überlegt werden, ob aus Kostengründen der Rückzug über ein Anerkenntnis oder eine Klagerücknahme in Betracht kommt. Zeichnet sich vorhersehbar ein (Teil-)Unterliegen ab, sollte die Möglichkeit eines kostengünstigen schriftlichen Vergleichs bedacht und ggfs ein schriftlicher Vergleichsvorschlag gem. § 278 Abs. 6 ZPO durch das Gericht angeregt werden.

5. Berufungsurteil

a) **Entscheidungsgrundlage. Grundlage** der Entscheidung des Berufungsgerichts in der Sache ist zunächst der im Berufungsverfahren angefallene Prozessstoff, also die Schriftsätze der Parteivertreter, die in den Sitzungsniederschriften enthaltenen Feststellungen und die über § 529 Abs. 1 Nr. 1 ZPO zu übernehmenden tatsächlichen Feststellungen des Erstgerichts. Dabei handelt es sich nicht nur um die vom Erstgericht im Wege der Beweisaufnahme festgestellten Tatsachen. Vielmehr hat das Berufungsgericht entsprechend der Konzeption des Berufungsverfahrens anhand der vom Erstgericht aufgestellten Prämissen zu prüfen, ob das Verfahrensergebnis Fehler aufweist. Eine solche **Prüfung** ist nur möglich, wenn das Berufungsgericht grundsätzlich von allen vom Erstgericht im Urteil getroffenen Feststellungen auszugehen hat.[197] Andernfalls müsste das Berufungsgericht zunächst das gesamte Vorbringen erster Instanz nach den Kriterien „streitig" oder „unstreitig" erneut zusammentragen, um dann zu entscheiden, über welche Behauptungen das Erstgericht bereits bindend entschieden hat. Erst danach wären Aussagen dazu möglich, welche erstinstanzlichen Feststellungen binden und welche nicht.

Wegen der Filterwirkung des § 529 Abs. 1 ZPO kann von den Feststellungen des Erstgerichts abweichendes Vorbringen nur dann berücksichtigt werden, wenn die **Neufeststellung** der Tatsachen geboten ist. Daher muss das Berufungsgericht zunächst prüfen, ob infolge durch konkrete Anhaltspunkte begründeten Zweifeln an der Richtigkeit der entscheidungserheblichen Feststellungen eine erneute Tatsachenfeststellung erforderlich ist.[198] Grundlage für die Prüfung des Vorliegens von Zweifeln ist zunächst

---

[195] Zum Antrag auf Verkürzung bzw. Verlängerung der Räumungsfrist gem. § 721 Abs. 3 ZPO s. oben Kapitel 2, Rdn. 169 ff.
[196] Siehe dazu oben Rdn. 79 ff zur Notwendigkeit der mündlichen Verhandlung bei Grundsatzbedeutung.
[197] BGH NJW 2004, 2152 (2153).
[198] Vgl. BGH NJW 2004, 1876 und 2152.

das Ersturteil sowie die sich aus dem in zweiter Instanz angefallenen Prozessstoff ergebenden Gesichtspunkte. Zweifel ergeben sich in jedem Fall, wenn aus diesem Prüfungsstoff hervorgeht, dass das Erstgericht das materielle Recht falsch angewendet oder einen von Amts wegen zu berücksichtigenden Verfahrensfehler gemacht hat. Gem. § 295 ZPO verzichtbare und nach § 529 Abs. 2 S. 1 ZPO zu rügende Verfahrensfehler können nur dann berücksichtigt werden, wenn eine Rüge tatsächlich erhoben wird.

Ergibt sich **beispielsweise** aus den Verhandlungsprotokollen des Erstgerichts nicht, dass der Zeuge, auf dessen Aussage hin der Beklagte verurteilt wurde, vor der Vernehmung über sein Zeugnisverweigerungsrecht aus § 383 Nr. 3 ZPO im Hinblick auf seine Verwandtschaft mit dem Beklagten belehrt wurde, belegt dieser Umstand für sich genommen keinen Zweifel an den erstinstanzlichen Feststellungen. Denn mangels einer entsprechenden Rüge hat das Berufungsgericht davon auszugehen, dass der Zeuge vor seiner Vernehmung ordnungsgemäß belehrt worden ist.[199]

Bei seiner Prüfung ist das Berufungsgericht nicht verpflichtet, von sich aus den gesamten Akteninhalt auf Fehler in der Tatsachenfeststellung zu durchforsten.[200] Nach der Gesetzessystematik bleibt neben der durch § 529 Abs. 1 Nr. 1 ZPO geregelten Möglichkeit des Vorhandenseins relevanter Zweifel an den erstinstanzlichen Feststellungen nur ein geringer Spielraum für vom Gericht außerhalb des Prozessstoffs gewonnene Zweifel.[201] Diese können nur dort Platz greifen, wo es der Partei ohne eigenes Verschulden nicht möglich war, diese Gesichtspunkte in erster Instanz vorzubringen. Behandelt also ein Ersturteil eine Zeugenaussage als widerspruchsfrei, obwohl sich aus der Protokollierung des Erstgerichts gravierende Widersprüche ergeben, kann das Berufungsgericht diese Zweifel von sich aus berücksichtigen, falls die Möglichkeit eines anderen Verfahrensausgangs nach Neubewertung der Zeugenaussage besteht. Teilt die berufungsführende Partei widersprechende Tatsachen erst in der Berufungsbegründung mit, können diese regelmäßig nicht berücksichtigt werden.

123 Bestehen keine durchgreifenden Zweifel an den Feststellungen des Erstgerichts, hat das Berufungsgericht von diesen auszugehen und zu beurteilen, ob Fehler in der materiellen Rechtsanwendung vorliegen. Ist dies nicht der Fall, kann die Berufung auf der Grundlage der erstinstanzlichen Feststellungen zurückgewiesen werden.

124 Stellen sich Rechtsanwendungsfehler des Erstgerichts heraus, muss den Parteien **Gelegenheit zur Stellungnahme** gegeben werden. Tragen diese neue Tatsachen im Hinblick auf den nun eingeführten Rechtsstandpunkt vor, sind sie mit diesem Vorbringen zu hören. Dementsprechend bildet so eingeführtes Vorbringen den weiter zu berücksichtigenden Prozessstoff. Stellt sich das erstinstanzliche Verfahren sogleich als entscheidend rechtsfehlerhaft heraus, sind die Tatsachen jedenfalls in den durch den Fehler betroffenen Punkten neu festzustellen. Dabei sind die Parteien infolge ihrer Angriffs- und Verteidigungspflichten im Berufungsverfahren nicht in jedem Fall verpflichtet, ihr erstinstanzliches Vorbringen ausdrücklich zu wiederholen. Ihnen obliegt es vielmehr, schlüssige Angriffe bzw. Verteidigungen in Bezug auf das Ausgangsurteil zu formulieren. Dabei können sie damit rechnen, mit ihrem bisher schon angebrachten Vorbringen gehört zu werden, wenn dieses vom Erstgericht als unerheblich behandelt

---

[199] Die Belehrung gehört nicht zu den in § 160 Abs. 3 (Nr. 4) ZPO genannten Förmlichkeiten, laut BGH NJW 1985, 1470 (1471) ist „revisionsmäßig" von der ordnungsgemäßen Belehrung auszugehen, wenn nicht gerügt wird; vgl. zur Rügepflicht auch BGH NJW 1985, 1158.

[200] Ebenso *Rimmelspacher* FS für Beys S. 1350; a. A. ohne hinreichende Begründung *Löhnig* FamRZ 2004, 245 (247), in diesem Punkt nicht ganz eindeutig das obiter dictum in BGH NJW 2004, 1876 (1878). Die Prüfung von Amts wegen bedeutet jedenfalls nicht die Geltung der Untersuchungsmaxime, vgl. *Rosenberg/Schwab/Gottwald* § 77 Rdn. 45.

[201] Großzügiger ist etwa *Löhnig* a.a.O., 246, der sich allerdings nicht mit den Darlegungspflichten der Parteien im Berufungsverfahren auseinandersetzt.

wurde und daher unbeachtet blieb. Stellt sich nun die Entscheidungserheblichkeit dieses Vorbringens heraus, ist dieses zur Kenntnis zu nehmen.[202] Dieses sich aus dem Verfassungsrecht ergebende Ergebnis folgt auch aus § 529 Abs. 1 Nr. 1 ZPO. Denn wenn das Berufungsgericht die erstinstanzlichen Tatsachenfeststellungen nicht zugrundelegen kann, muss es selbst Feststellungen treffen. Dabei muss der gesamte feststellungsrelevante Prozessstoff berücksichtigt werden, ohne dass es darauf ankäme, wann er angebracht wurde.[203] Denn insoweit befindet sich das Berufungsgericht in der Rolle der umfassenden Tatsacheninstanz, die ihre Feststellungen aufgrund des gesamten bisher dem Gericht unterbreiteten Vorbringens zu treffen hat.

b) Sachentscheidung oder Rückverweisung. Bei unzulässigen **Teilurteilen** 125 muss sich das Berufungsgericht gem. § 538 Abs. 2 S. 3 ZPO von Amts wegen, im Übrigen auf Antrag einer der Parteien mit der Frage befassen, ob es selbst in der Sache entscheiden oder die Sache an das Erstgericht zurückverweisen will. Nach § 538 Abs. 1 ZPO ist die eigene Entscheidung des Berufungsgerichts in allen Fällen die Regel und die Rückverweisung die Ausnahme. Sie ist nach Antragstellung durch eine der Parteien gem. § 538 Abs. 2 Nr. 1 ZPO zu prüfen, wenn das Verfahren des Erstgerichts einen wesentlichen Mangel aufweist und aufgrund dieses Mangels eine umfangreiche und aufwändige Beweisaufnahme erforderlich wird.[204] Ein relevanter Fehler ist dann gegeben, wenn das Verfahren des ersten Rechtszugs an einem so erheblichen Mangel leidet, dass es keine ordnungsgemäße Grundlage für eine instanzbeendende Entscheidung sein kann.[205] Diese Frage ist nicht vom Standpunkt des Berufungsgerichts aus, sondern vom Standpunkt des Erstrichters aus zu beurteilen.[206] Deshalb können materiellrechtliche Fehler nie zu einer Zurückverweisung führen.

Aus diesem Grund ist bei der Prüfung des Berufungsgerichts ggfs der von ihm für 126 falsch gehaltene Rechtsstandpunkt des Erstgerichts zu unterstellen. Stellt sich heraus, dass infolge des Verfahrensfehlers des Erstgerichts eine umfangreiche oder aufwändige Beweisaufnahme notwendig ist, steht die **Rückverweisung** im Ermessen des Berufungsgerichts. Eine umfangreiche Beweisaufnahme wird dann notwendig, wenn absehbar ist, dass noch eine Vielzahl von Zeugen oder Sachverständigen zu vernehmen ist, sie ist z. B. aufwändig, wenn sie an einem weit entfernten Ort vorzunehmen ist.[207] Diese wenig erhellenden Erläuterungen zeigen, dass es keine sicheren Determinanten für die im Einzelfall zu treffende Entscheidung gibt. Allerdings sollte der Berufungsrichter im Auge behalten, dass auch die Ladung mehrerer Zeugen zum ohnehin anstehenden Verhandlungstermin des Berufungsgerichts möglich ist. Dass sich dann ein Termin um die Dauer der Vernehmung dieser Zeugen verlängern wird, kann kein Anlass dafür sein, von einer umfangreichen oder aufwändigen Beweisaufnahme zu sprechen. Dagegen kann schon bei der Notwendigkeit der Einvernehme eines Zeugen anders verhalten, wenn dieser nicht im Inland geladen werden kann und möglicherweise nur die Einvernahme im Wege der Rechtshilfe in Betracht kommt.

Ist die **Ermessens**ausübung durch das Berufungsgericht hinsichtlich einer Rückver- 127 weisung eröffnet, muss dieses auch ausgeübt werden, widrigenfalls das Berufungsurteil an einem revisiblen Verfahrensmangel leidet.[208] Es sind jeweils die Folgen einer Rückgabe

---

[202] Vgl. etwa BVerfG NJW 2000, 131 zum Verteidigungsvorbringen des Beklagten.
[203] Im Ergebnis wohl ebenso *Rixecker* NJW 2004, 705, 707.
[204] Siehe dazu mit zahlreichen Beispielen aus der Rechtsprechung *Rosenberg/Schwab/Gottwald* § 138 Rdn. 20 ff.
[205] Ständige Rechtsprechung des BGH, vgl. etwa NJW 1993, 2318 (2319) m. w. N.
[206] Ständige Rechtsprechung seit BGHZ 18, 107 (109) unter Übernahme der dort nachgewiesenen Rechtsprechung des Reichsgerichts.
[207] So die Gesetzesbegründung, siehe *Rimmelspacher* S. 185.
[208] BGH NJW 1993, 2318 (2319) und 2001, 2551.

der Sache an das Erstgericht oder einer eigenen Sachentscheidung des Berufungsgerichts abzuwägen. Dabei kommt es entgegen einem in der Praxis immer wieder entstehenden Eindruck nicht auf die persönlichen Interessen der beteiligten Richter,[209] sondern auf die objektiv belegbaren und erkennbaren Folgen für das Verfahren an. Die Prozessordnung geht von einer zügigen und straffen Durchführung eines Verfahrens aus und gibt andererseits den Parteien, abgesehen von Fällen mit geringer wirtschaftlicher Bedeutung Gelegenheit, ihre Anliegen in zwei Instanzen zu verfolgen. Zeichnet sich ab, dass das Berufungsgericht endgültig entscheiden wird, ohne die Revision zuzulassen, besteht für die infolge Beweiswürdigung unterlegene Partei keine ernsthafte Möglichkeit mehr, das Verfahrensergebnis überprüfen zu lassen. Deshalb erscheint eine völlige Neubeginn eines Verfahrens vor dem Berufungsgericht problematisch, das erstinstanzlich noch nicht einmal in die Phase der Erörterung der wechselseitigen Rechtsstandpunkte gelangt ist, weil sich das Erstgericht bereits im frühen ersten Termin ohne viel Federlesens zu einer kurzfristigen Erledigung entschlossen hat.[210] Für Fälle, in denen die Verhandlung zur Sache noch gar nicht begonnen hat, sehen §§ 538 Abs. 2 Nr. 2 (Einspruchsverwerfung), Nr. 3 (Abweisung der Klage als unzulässig), Nr. 4 (Vorabentscheidung über den Klagegrund oder Klageabweisung bei auch über den Betrag nach streitigen Ansprüchen), Nr. 5 (Vorbehaltsurteil) und Nr. 6 (Versäumnisurteil) die Möglichkeit der Rückverweisung vor.

128   **c) Rechtsmittelzulassung.** Eine Äußerung im Urteilstenor zu der Frage, ob die **Revision** zugelassen wird, ist nicht zwingend vorgeschrieben. § 543 Abs. 1 Nr. 1 ZPO legt nur fest, dass die Revision dann zulässig ist, wenn sie vom Berufungsgericht in seinem Urteil zugelassen wurde. Wird die Revision zugelassen, kann dies auch durch eine Erklärung in den Urteilsgründen geschehen. In der Sache wird sich das Berufungsgericht erneut nach der Prüfung im Vorfeld der Terminierung[211] die Frage vorlegen müssen, ob die Angelegenheit wegen einer entscheidungserheblichen, im Revisionsverfahren klärbaren,[212] Rechtsfrage[213] grundsätzliche Bedeutung hat[214] oder ob es von der Rechtsprechung anderer Berufungsgerichte bzw. des BGH abweichen will. Es muss nun anhand des gesamten angefallenen Prozessstoffes und der nun beabsichtigten Entscheidung von Amts wegen anhand des vorgetragenen Sachverhalts prüfen, ob der grundsätzlich verschlossene Zugang zur Revisionsinstanz zu öffnen ist. Dabei soll regelmäßig nicht das Interesse des Einzelnen an der richtigen Entscheidung seines Falles maßgeblich sein, sondern es muss ein Interesse der Allgemeinheit an einer Entscheidung des BGH bestehen.[215] Dieses erschließt sich nicht nur aus den klassischen Revisionszulassungsgründen der Rechtsfortbildung und -vereinheitlichung. Daneben kann sich auch aus der tatsächlichen und wirtschaftlichen Bedeutung einer Rechtsfrage für eine Vielzahl von Fällen[216] eine i. S. d. Revisionszulassungsvorschriften relevante Grundsätzlichkeit ergeben.[217]

---

[209] Von daher mag der Hinweis von *Schumann/Kramer* Rdn. 509 auf das sich regelmäßig durch Verfahrensfehler selbst entlastende Erstgericht im Einzelfall zwar belegbar sein, ist aber in der Sache nicht weiterführend.

[210] Dagegen überwiegt nach BGH NJW 2004, 1452 (1454) bei einem bereits 9 Jahre anhängigen Streit das Interesse an einer alsbaldigen Entscheidung das Interesse, den Verlust einer Instanz zu vermeiden.

[211] Siehe zur gerichtlichen Hinweispflicht im Beschlussverfahren Rdn. 79 ff.

[212] Etwa Fragen der Zuständigkeit lassen sich nicht auf dem Weg der Revision klären, § 545 Abs. 1 ZPO.

[213] Vgl. etwa BGH NJW 2003, 1609 (IV. Senat) und BGH NJW 2003, 1125 (X. Senat); s. dazu *Baumert* MDR 2003, 606 u. *Lindner* NJW 2003, 1097.

[214] Vgl. dazu auch den Überblick von *Wenzel* NJW 2003, 3353 (3354) und oben Rdn. 79 ff.

[215] Kritisch zu diesem Aspekt der Rechtsmittelzulassung *Nassall* NJW 2003, 1345 (1347).

[216] BGH NJW 2003, 831 unter Bezugnahme auf NJW 2002, 3029.

[217] So ausdrücklich BGH NJW 2003, 3765 unter Berufung auf die Gesetzgebungsgeschichte.

Die Fortbildung des Rechts[218] veranlasst die Revisionszulassung, wenn der Einzelfall **129** Veranlassung gibt, Leitsätze für die Auslegung von Gesetzesbestimmungen des materiellen oder formellen Rechts aufzustellen oder Gesetzeslücken auszufüllen. Ein solcher Sachverhalt wird nur dann gegeben sein, wenn es für die rechtliche Beurteilung typischer und verallgemeinerungsfähiger Sachverhalte an einer richtungsweisenden Orientierungshilfe ganz oder teilweise fehlt. Im Unterschied zu den Fällen der Grundsätzlichkeit muss die Rechtsfrage jedoch nicht umstritten sein. Es muss also um die Klärung neuer oder sich weiterentwickelnder Rechtsmaterien gehen. Gerade auf dem Gebiet des reformierten BGB ist diesem Revisionszulassungsgrund wachsende Bedeutung zu prognostizieren. Eine gem. § 543 Abs. 1 Nr. 2 ZPO zulassungspflichtige Divergenz liegt vor, wenn das Berufungsgericht einen (abstrakten) Rechtssatz aufstellt, der sich mit einem in einer Vergleichsentscheidung aufgestellten und diese tragenden Rechtssatz nicht deckt.[219]

d) Inhalt des Berufungsurteils. Nach § 540 Abs. 1 Nr. 1 und 2 ZPO enthält das **130** Berufungsurteil nicht wie das Ersturteil gem. § 313 Abs. 1 Nr. 5 und 6 ZPO Tatbestand und Entscheidungsgründe, sondern die Bezugnahme auf die tatsächlichen Feststellungen im angefochtenen Urteil und eine Darstellung etwaiger Änderungen und Ergänzungen sowie eine kurze Begründung für die Abänderung, Aufhebung oder Bestätigung der angefochtenen Entscheidung.[220] Die tatbestandlichen Darstellungen sind gem. § 540 Abs. 2 ZPO in Verbindung mit § 313a Abs. 1 ZPO nicht erforderlich, wenn ein Rechtsmittel gegen das Urteil unzweifelhaft nicht zulässig ist. Dies betrifft nach § 26 Nr. 8 EGZPO bis zum 31. 12. 2006 solche Urteile, gegen die die Revision nicht vom Berufungsgericht zugelassen wird und durch die eine mit der Revision geltend zu machende Beschwer von unter 20 000,01 € ausgelöst wird.[221] Es darf also für keine der Parteien eine Beschwer von über 20 000,– € vorliegen. Durch § 26 Nr. 9 EGZPO ist die Nichtzulassungsbeschwerde in allen Familiensachen ausgeschlossen, in denen die Entscheidung vor dem 1. 1. 2007 verkündet oder bekannt gemacht wird. Ergibt also die Prüfung des Berufungsgerichts, dass diese Ausnahmen zweifelsfrei vorliegen, kann es sich auf die Darstellung der Gründe für die Abänderung, Aufhebung oder Bestätigung der angefochtenen Entscheidung beschränken.

Die prozessuale Bedeutung der Urteilsbegründung ergibt sich aus § 559 Abs. 1 S. 1 **131** ZPO, da das Parteivorbringen nur insoweit der Beurteilung durch das Revisionsgericht unterliegt, als es aus dem Berufungsurteil und dem Sitzungsprotokoll ersichtlich ist. Damit verfügt der BGH nur dann über eine hinreichende Grundlage für die Prüfung der Revision oder der Nichtzulassungsbeschwerde, wenn das für die Entscheidung wesentliche tatsächliche Vorbringen im Berufungsurteil festgehalten ist. Damit dürfte ein solcher Mangel regelmäßig entscheidungserheblich sein,[222] weil es jedenfalls denkbar ist, dass die Revision bei Vorliegen einer **tatbestandlichen Darstellung** etwa im Hinblick auf die vom Revisionsgericht nach § 557 Abs. 3 S. 1 ZPO vorzunehmende

---

[218] Dazu schon oben Rdn. 85.
[219] Dazu schon oben Rdn. 86.
[220] Die fehlende Begründung ist als Verstoß gegen § 540 Abs. 1 ZPO revisibel und begründet die Rückverweisung von Amts wegen (BGH NJW-RR 2003, 1290 [1291]), allerdings begründet das Fehlen einer tatbestandlichen Darstellung nicht per se die Nichtzulassungsbeschwerde, wenn dieser Mangel auf der falschen Einschätzung der Beschwer beruht, BGH NJW 2003, 3208. Ansonsten ist regelmäßig mit der Zulassung der Revision und Rückverweisung zu rechnen, vgl. etwa BGH FamRZ 2004, 265.
[221] Gegenschluss aus BGH NJW 2003, 3352. Bei mehreren Beklagten, die als Gesamtschuldner verurteilt sind, ergibt sich die Beschwer maximal aus dem einfachen Betrag der Verurteilung, BGH MDR 2004, 406.
[222] Vgl. etwa BGH NJW-RR 2003, 1006 und 1290 (1291); FamRZ 2004, 438; MDR 2004, 493, NJW 2004, 1390.

Prüfung auf Fehler bei der materiellen Rechtsanwendung Erfolg hat.[223] Dagegen wird die Nichtzulassungsbeschwerde, die sich nur auf das Fehlen der Wiedergabe des Parteivortrags stützt, nicht durchgehend Erfolg haben. Denn es ist dem Grunde nach geklärt, dass eine solche Darstellung notwendig ist. Damit bleibt nur der Zulassungsgrund der Sicherung einer einheitlichen Rechtsprechung. Dieser wird dann ausscheiden, wenn es wegen einer irrtümlich falschen Einschätzung des Wertes der potentiellen Beschwer an der Sachdarstellung fehlt.[224] Durch Rechtsbehelfe wie Gehörsrüge und Verfassungsbeschwerde kann das Fehlen einer Urteilsbegründung an sich nicht gerügt werden.[225] Allerdings kann das Fehlen einer hinreichenden Begründung Willkür besorgen lassen, wenn zu einem Rechtsproblem unterschiedliche Auffassungen vertreten werden und die Urteilsgründe nicht erkennen lassen, warum sich das Gericht der einen oder anderen Meinung angeschlossen hat.[226] Ähnliche Überlegungen gelten, wenn die Parteien zu einem streitentscheidenden Punkt unterschiedlich geäußert haben und sich bei Unterstellen der unterschiedlichen Behauptungen substanziell verschiedene rechtliche Einschätzungen ergeben. Dann bestünde Anlass zu der Besorgnis, dass die unterlegene Partei mit ihrem Vorbringen nicht gehört worden ist,[227] was zwangsläufig die Aufhebung des an sich rechtskräftigen Urteils nach sich zieht.

132   **aa) Tatbestandliche Darstellung.** Außer der Bezugnahme auf die tatsächlichen Feststellungen des Erstgerichts müssen die Berufungsanträge wiedergegeben werden,[228] denn diese fallen erst nach Abschluss der ersten Instanz an und kennzeichnen den Umfang des in die Berufung gelangten Streitgegenstandes.[229] Weitere Ausführungen sind dann erforderlich, wenn die tatsächlichen Feststellungen des Erstgerichts zu ändern[230] oder zu ergänzen sind. Daraus ergibt sich, dass im Ersturteil nicht erscheinendes Parteivorbringen dann wiedergegeben werden muss, wenn es vom Berufungsgericht auch tatsächlich berücksichtigt wird.

133   **bb) Rechtliche Begründung.** Einleitend sollte das Ergebnis des Berufungsverfahrens in einem oder zwei knappen Sätzen erläutert werden. Hatte die Berufung insgesamt Erfolg oder keinen Erfolg, heißt es, die Berufung hatte (keinen) Erfolg und ein schlagwortartiger Hinweis auf den maßgeblichen Grund „weil der Kläger für den behaupteten Vertragsabschluss beweisfällig geblieben ist". Bei Teilerfolg bietet sich die Aufteilung in zwei knappe Einleitungssätze an. Nicht mehr relevante Verfahrensergebnisse, wie etwa die bereits durch Terminierung festgestellte Zulässigkeit der Berufung können unerwähnt bleiben, falls sich die Parteien hierüber nicht bis zum Schluss des Verfahrens gestritten haben. Entsprechendes gilt für im Verlaufe des Verfahrens erledigte Streitpunkte. Ist etwa im Hinblick auf unbehelfliche Berufungsangriffe bereits mit

---

[223] *Lindner* NJW 2003, 3320 (3321).
[224] BGH NJW 2003, 3208.
[225] Tendenziell wohl anders *Lindner* NJW 2003, 3320 (3322), der verkennt, dass eine Urteilsbegründung kein Selbstzweck ist.
[226] BVerfG NJW-RR 1995, 1033 geht von einem Verstoß gegen Art. 103 Abs. 1 GG aus, wenn besondere Umstände deutlich machen, dass das Gericht tatsächliches Vorbringen oder Rechtsausführungen eines Beteiligten nicht zur Kenntnis genommen oder erwogen habe. Ein solcher Umstand sei gegeben, wenn das Gericht zu einer Frage, die für das Verfahren von zentraler Bedeutung sei, trotz entsprechenden Parteivortrags in den Gründen nicht Stellung nehme.
[227] Vgl. etwa BVerfGE 52, 131 (156).
[228] BGH FamRZ 2003, 1273; sie müssen sich jedenfalls sinngemäß aus den Ausführungen des Berufungsgerichts zu den einzelnen angegriffenen Positionen ergeben, BGH NJW-RR 2003, 1290 (1291), NJW 2004, 356 und 2086.
[229] BGH FamRZ 2003, 747, NJW-RR 2003, 1290, NJW 2003, 3352.
[230] Widersprechen sich die in Bezug genommenen Feststellungen des Erstgerichts und des Berufungsgerichts, ist das Berufungsurteil von Amts wegen aufzuheben und die Sache zurückzuverweisen, BGH FamRZ 2004, 363.

Terminierung auf die insoweit maßgeblichen Gesichtspunkte verwiesen worden, ohne dass hierzu erneut Stellung bezogen wurde, reicht ein kurzer Hinweis auf die Erledigung dieser Rügen aus.

Entsprechendes gilt für die Berücksichtigung neuer Tatsachen. Gegen deren Einbeziehung kann sich die davon negativ betroffene Partei nicht mehr wehren, weil insoweit der Gesichtspunkt der materiellen Gerechtigkeit Vorrang vor der Bewahrung einer verfahrensrechtlichen Position hat.[231] Dies mag zwar in Fällen prozessualer Willkür anders sein, dann allerdings ist es Sache desjenigen, der dies mit einem Rechtsbehelf angreifen will, die entsprechenden Tatsachen in seiner Revisions- oder Beschwerdebegründung anzubringen. Gleichwohl sollte schon, um jeden Anschein der Willkür zu Lasten einer in diesem Punkt erklärtermaßen nicht einsichtigen Partei zu vermeiden, knapp angedeutet werden, warum das Berufungsgericht neue Tatsachenfeststellungen zu treffen hatte.

Das Berufungsgericht muss im Übrigen gem. § 540 Nr. 2 ZPO in Auseinandersetzung mit dem noch relevanten Tatsachenstoff und den entscheidungserheblichen Rechtsfragen begründen, warum es die angefochtene Entscheidung aufhebt, abändert oder bestätigt.

Kosten: Klagerücknahme vor dem Termin zur Berufungsverhandlung: Gerichtskosten: Vor Eingang der Berufungsbegründung KV Nr. 1221, 1414 1 Gebühr, danach KV Nr. 1222 Nr. 1, 1415 Nr. 1 2 Gebühren. **Berufungskläger:** 1,1 Verfahrensgebühr aus VV Nr. 3201, falls noch kein Antrag gestellt ist, ansonsten 1,6 Verfahrensgebühr gem. VV Nr. 3200. Wegen § 19 Nr. 9 RVG fällt für den Kostenantrag des Beklagten keine weitere Gebühr aus dem Kostenstreitwert an, es sei denn, über diesen wird verhandelt. **Berufungsbeklagter:** mind. 1,1 Verfahrensgebühr gem. VV Nr. 3201,[232] falls nicht bereits weitere 0,5 durch berechtigte Antragsstellung erstattbar.[233]

Kosten Verwerfungs- oder Zurückweisungsbeschluss: Gerichtsgebühren: KV Nr. 1220, 1413 4 Gerichtsgebühren. **Berufungskläger:** 1,6 Verfahrensgebühr gem. VV Nr. 3200. **Berufungsbeklagter:** mind. 1,1 Verfahrensgebühr gem. VV Nr. 3201 Nr. 1, falls nicht bereits weitere 0,5 durch berechtigte Antragsstellung erstattbar.

Klagerücknahme in dem Termin zur Berufungsverhandlung: Gerichtskosten: KV Nr. 1222 Nr. 1, 1415 Nr. 1 2 Gebühren. **Berufungskläger:** 2,8 Gebühren aus VV Nrn. 3200, 3202 gem. Vorbemerkung 3 Abs. 3 VV **Berufungsbeklagter:** mindestens 2,3 Gebühren aus VV Nrn. 3201, 3202, falls nicht weitere 0,5 Verfahrensgebühr aus VV Nr. 3200 durch berechtigte Antragstellung erstattbar **Anerkenntnisurteil im Termin: Gerichtskosten:** KV Nr. 1222, 1415 Nr. 2 2 Gebühren, dies gilt aber nicht für ein Anerkenntnis unter Verwahrung gegen die Kostenlast.[234] **Berufungskläger:** 2,8 Gebühren gem. VV Nrn. 3200, 3202, diese Gebühr würde auch im schriftlichen Verfahren gem. § 128 ZPO anfallen, VVNrn. 3202 Abs. 1, 3104 Abs. 1 Nr. 1 **Berufungsbeklagter:** mindestens 2,3 Gebühren gem. VV Nrn. 3200, 3202, falls nicht weitere 0,5 Verfahrensgebühr aus VV Nr. 3200 durch berechtigte Antragstellung erstattbar. **Kosten**

---

[231] BGH NJW 2004, 1458 (1459), so auch BGH NJW 1960, 100 (101) zur Verwertung von aus einer Beweisaufnahme gewonnenen Erkenntnissen und NJW 1981, 928 für die Zulassung von als verspätet beanstandetem Vorbringen; die hier vertretene Meinung teilt MünchKommZPO/ *Rimmelspacher* Rdn. 32 zu § 531 ZPO; s. auch *Löhnig* FamRZ 2004, 245 (248). A.A. etwa *Lechner* NJW 2004, 3593 (3598).

[232] Wenn berechtigterweise der Prozessbevollmächtigte zur Vertretung im Rechtsmittelverfahren beauftragt ist, was schon bei Beratung in Angelegenheiten der Rechtsmittelinstanz der Fall ist, BGH NJW 2003, 756, so dass § 19 Abs. 1 S. 2 Nr. 9 RVG (§ 37 Nr. 7 BRAGO) nicht mehr greift. Zu der strittigen Abgrenzung vgl. etwa *Zöller/Herget* Rdn. 13 Stichwort „Berufung" zu § 91 ZPO oder *Hartung/Römermann* Rdn. 69 ff. zu § 19 RVG.

[233] So ausdrücklich BGH NJW 2003, 2992. Nach BGH JurBüro 2004, 196, entstehen notwendige Auslagen durch eine Sachantrag nach Begründung des Rechtsmittels und vor Zurückweisungsbeschluss.

[234] So jedenfalls die bei *Zöller/Vollkommer* Rdn. 12 zu § 307 ZPO nachgewiesene Rechtsprechung. Dann enthält das Urteil Entscheidungsgründe i.S.v. KV Nr. 1222 Nr. 2.

schriftlicher Vergleich gem. § 278 Abs. 6 auf Vorschlag im Hinweisbeschluss: KV Nr. 1222, 1415 Nr. 3, 3 Gebühren, **Berufungskläger:** 4,1 Gebühren aus VV Nr. 1004, 3200, 3202 (1) i. V.m. 3104 (1) Nr. 1. **Berufungsbeklagter:** 4,1 Gebühren aus VV Nr. 1004, 3200. 3202 (1) i. V.m. 3104 (1) Nr. 1.

Kosten Vergleich in oder nach mündlicher Verhandlung: KV Nr. 1222, 1415 Nr. 3 3 Gebühren. **Berufungskläger:** 4,1 Gebühren aus VV Nr. 1004, 3200, 3202. **Berufungsbeklagter:** 4,1 Gebühren aus VV Nr. 1004, 3200, 3202.

137   **Wertfestsetzung:** § 63 Abs. 2 S. 1 GKG von Amts wegen bei Instanzbeendigung.

III. Revision und Nichtzulassungsbeschwerde

1. Einlegen der Revision

138   **a) Formalien.** Nach §§ 548, 549 Abs. 1 S. 1 ZPO ist die Revision **innerhalb eines Monats** nach Zustellung des Berufungsurteils, spätestens jedoch 6 Monate nach dessen Verkündung beim Revisionsgericht einzulegen. Die erfolgreiche Nichtzulassungsbeschwerde gilt gem. § 544 Abs. 6 ZPO als Revision. Sie ist gem. § 78 Abs. 1 S. 4 ZPO zwingend von einem beim BGH **zugelassener Rechtsanwalt** zu unterschreiben,[235] weil die Revision gem. §§ 549 Abs. 1 S. 1 ZPO, 133 GVG beim BGH einzulegen ist. Im Übrigen gelten hinsichtlich der Formalien die oben bei Rdn. 20ff. angestellten Überlegungen zur Berufung entsprechend.

139   **b) Statthaftigkeit der Revision.** Revisionsfähig sind gem. § 543 Abs. 1 Nr. 1 ZPO alle Urteile, in denen die Revision ganz oder teilweise zugelassen ist. Dies gilt auch in den Fällen, in denen der BGH die Revision auf Nichtzulassungsbeschwerde gem. § 544 Abs. 1 ZPO zulässt.

140   Eine **Teilzulassung** der Revision muss sich nicht ausdrücklich aus dem Urteilstenor ergeben. Es genügt, wenn sich aus den Entscheidungsgründen eindeutig ergibt, dass das Berufungsgericht die Revision nur für einen Teil des Streitgegenstands zulassen wollte.[236] Eine wirksame Beschränkung der Revision setzt aber voraus, dass es sich um einen rechtlich selbständigen und abtrennbaren Teil des Streitstoffs handelt.[237]

Hat zum **Beispiel** das Berufungsgericht eine Verurteilung alternativ auf mehrere Anspruchsgrundlagen gestützt, kann es die Revision nicht auf eine dieser Anspruchsgrundlagen beschränken.[238] Weist das Berufungsgericht die Klage auf Fortzahlung des vollen Mietzinses teilweise ab, bezieht sich die zugelassene Revision generell auf die Annahme, dass wegen der festgestellten Mängel im fraglichen Zeitraum kein höherer Zahlungsanspruch gegeben ist. Verlangt der Beklagte im Wege der Widerklage unter dem Gesichtspunkt der Mängel Rückzahlung des bereits gezahlten, reduzierten Mietzinses, kann die Revision nicht auf Klage oder Widerklage beschränkt werden, weil über die Höhe des geschuldeten Mietzinses nur einheitlich entschieden werden kann.[239]

141   Der Revisionsführer kann die Revision nach ihrer Zulassung gem. § 557 Abs. 1 ZPO auf abtrennbare Teile des Streitstoffs **beschränken,** ohne dass es darauf ankäme, wie hoch die Beschwer durch den nun noch angegriffenen Teil des Berufungsurteils ist.[240]

---

[235] Eine Liste aller beim BGH zugelassener Rechtsanwälte ist über dessen Internetseite abzurufen (www.bundesgerichtshof.de, Stichwort „Der BGH"). Zu den Voraussetzungen der Beiordnung eines beim BGH zugelassenen Notanwalts vgl. BGH NJW-RR 2004, 864.
[236] BGH NJW 2003, 3134 und FamRZ 2003, 590.
[237] Vgl. etwa BGH MDR 2004, 468 (469).
[238] BGH NJW-RR 2003, 1192.
[239] Vgl. die Konstellation in BGH NJW-RR 2003, 1193 (1194).
[240] Vgl. *v. Gierke/Seiler* JZ 2003, 403 (404).

c) **Nichtzulassungsbeschwerde. aa) Einlegen der Nichtzulassungsbeschwerde. (1) Formalien.** Nach § 544 Abs. 1 S. 2 ZPO ist die Nichtzulassungsbeschwerde **innerhalb eines Monats** nach Zustellung des Berufungsurteils, spätestens jedoch 6 Monate nach dessen Verkündung, beim Revisionsgericht einzulegen. Deshalb ist gem. § 78 Abs. 1 S. 4 ZPO zwingend ein beim BGH **zugelassener Rechtsanwalt** hinzuziehen.

(2) Statthaftigkeit der Nichtzulassungsbeschwerde. Beschwerdefähig sind gem. § 544 Abs. 1 S. 1 ZPO zunächst alle instanzbeendenden Entscheidungen, in denen die Revision ganz oder teilweise nicht zugelassen wird. Bis zum 31. 12. 2006 ist die Nichtzulassungsbeschwerde jedoch ausgeschlossen, wenn der **Wert** der mit der zuzulassenden Revision geltend zu machenden Beschwer unter 20 000,01 € liegt. Der Revisionskläger muss insoweit in seiner Beschwerde glaubhaft machen,[241] dass der Wert des Beschwerdegegenstandes 20 000,00 € übersteigt.[242] Über den Wert des Beschwerdegegenstandes wird im Rahmen der Prüfung der Zulässigkeit der Nichtzulassungsbeschwerde entschieden. Ein gesondertes Verfahren zur Festsetzung der Beschwer aus dem anzufechtenden Urteil gibt es nicht. Sie wird ggfs. durch den Bundesgerichtshof geschätzt.[243] Kommt eine Teilzulassung in Betracht, muss die Wertgrenze für jeden Teil des Streitgegenstandes überschritten sein, für den eine Zulassung in Betracht kommt.[244] Es kommt allein darauf an, welche Beschwer der Beschwerdeführer aus dem Berufungsurteil geltend machen kann, nicht aber, in welcher Höhe er sie nach Zulassung in der Revision geltend machen will.[245] Nach einer Andeutung des Bundesgerichtshofs kann eventuell dann eine Addition der Beschwerdegegenstände vorgenommen werden, wenn diese etwa durch einen identischen Rechtsanwendungsfehler untrennbar miteinander verbunden sind.[246]

bb) Die Begründung der Nichtzulassungsbeschwerde. (1) Mögliche Rügen. Nach § 545 Abs. 1 ZPO kann die Revision und damit auch die Nichtzulassungsbeschwerde nur auf die Verletzung des Bundesrechts oder einer Norm gestützt werden, deren Geltungsbereich sich über den Bezirk eines OLG hinaus erstreckt. Revisibel ist damit auch Landesrecht, wenn sich dessen Anwendungsbereich über den Bezirk eines OLG hinaus erstreckt, wie dies bei Flächenstaaten wie Baden-Württemberg oder Bayern der Fall ist.[247]

Unter „Recht" sind gem. § 12 EGZPO neben den förmlichen Gesetzen und dem Gewohnheitsrecht[248] auch Verordnungen, Rechtssätze in Staatsverträgen, Gewohnheitsrecht und Satzungen zu verstehen. Bestimmungen rechtsgeschäftlicher Art nicht individualrechtlicher Art,[249] wie etwa Mietvertragsklauseln[250] sind wie revisible Rechtsnormen zu behandeln, wenn sie über den Bezirk des Berufungsgerichts hinaus verwen-

---

[241] Der Wertermittlung nach § 3 2. Hs. ZPO bedarf es nicht, BGH NJW 2002, 3180.

[242] Vgl. BGH NJW 2002, 3180 oder etwa NJW-RR 2003, 1694 zum Wert der Beschwer bei AGB-Klauseln.

[243] Vgl. BGH NJW-RR 2005, 74 zum Wert der Beschwer bei der Verurteilung zur Auskunftserteilung. Der Wert des Beschwerdegegenstandes erhöht sich durch ein hilfsweise geltend gemachtes Zurückbehaltungsrecht nicht, BGH FamRZ 2005, 265.

[244] *Wenzel* NJW 2002, 3353 (3357); vgl. auch *Piekenbrock/Schulze* JZ 2002, 911 f.

[245] *v. Gierke/Seiler* JZ 2003, 403 (404).

[246] BGH NJW 2005, 224.

[247] BGHZ 6, 147 (152).

[248] BGH NJW 1965, 1862 (1864).

[249] Also Regelungen, die für einen unbestimmten Personenkreis bestimmt sind und nur einheitlich ausgelegt werden können, BHZ 14, 25 (36 f.).

[250] Vgl. BGH NJW 2004, 2961 zur Auslegung einer Schönheitsreparaturklausel, die über den Bezirk des Berufungsgerichts hinaus Anwendung findet.

det werden, so dass ein Bedürfnis nach ihrer einheitlichen Auslegung besteht.[251] Diese Grundsätze finden aber auch Anwendung, wenn die fragliche Norm von unterschiedlichen Berufungsgerichten angewendet wird, also von einem Landgericht und einem Oberlandesgericht, selbst wenn sich deren Zuständigkeitsbereich deckt.[252]

146 Nach § 545 Abs. 2 ZPO können Zuständigkeitsfragen nicht zum Gegenstand einer Rüge gemacht werden.[253] Nur die Annahme einer internationale Zuständigkeit unterfällt nicht § 545 Abs. 2 ZPO und kann im Wege der Revision nachgeprüft werden.[254]

147 **(2) Inhalt der Nichtzulassungsbeschwerde.** Im Verfahren der Nichtzulassungsbeschwerde prüft der BGH nur die in der Beschwerdebegründung schlüssig und substanziiert dargelegten Revisionszulassungsgründe.[255] Deshalb muss der Beschwerdeführer im Einzelnen darlegen, aus welchen der in § 543 Abs. 2 ZPO genannten Gründen die Revision zuzulassen sein soll. Die **Prüfung des Revisionsgerichts** beschränkt sich in zeitlicher Hinsicht auf die bis zum Ablauf der Begründungsfrist schlüssig und substanziiert dargelegten Revisionszulassungsgründe.[256] Die bloße Behauptung eines Zulassungsgrundes reicht dazu nicht aus. Die Zulassungsgründe, auf die die Beschwerde gestützt wird, sind im Einzelnen zu benennen und jeweils die Zulassungsvoraussetzungen substanziiert vorzutragen. Der BGH muss dadurch in die Lage versetzt werden, allein anhand der Lektüre der Beschwerdebegründung und das Berufungsurteils die Voraussetzungen für die Zulassung zu prüfen.[257]

148 Daraus ergibt sich zwingend, dass vor den Darlegungen zum Vorliegen eines Zulassungsgrundes zunächst ein entscheidungserheblicher, rügbarer Rechtsfehler anzuführen ist. Denn das angegriffene Urteil weist nur dann eine relevante Beschwer zulasten des Beschwerdeführers auf, wenn es einen durch das Revisionsgericht zu beseitigenden Rechtsfehler aufweist. Deshalb muss der Rechtsfehler **entscheidungserheblich** sein,[258] hieran fehlt es, wenn sich das Berufungsurteil aus einem anderen rechtlichen Gesichtspunkt aufrecherhalten lässt.[259] Ebensowenig reicht es zu behaupten, das Berufungsgericht habe gegen § 543 Abs. 2 ZPO verstoßen, weil es die Revision nicht zugelassen habe. Denn nur wenn die Entscheidung einen Rechtsfehler aufweist, der nach Darlegung des Beschwerdeführers ihre Abänderung rechtfertigt, besteht die Möglichkeit einer Abänderung der Hauptsacheentscheidung im Revisionsverfahren.

149 Erst wenn ein Rechtsfehler und dessen Entscheidungserheblichkeit dargetan ist, kann in einem weiteren Schritt begründet werden, dass dieser Fehler nach § 543 Abs. 2 Nr. 1/2 die Zulassung der Revision begründet.[260]

---

[251] BGHZ 112, 204 (210).

[252] Auch hier besteht die Gefahr divergierender Entscheidungen, so dass sich der BGH etwa bei den AGB der Berliner Müllabfuhr und Straßenreinigung bei einer Divergenz zwischen Entscheidungen des LG Berlin und des Kammergerichts zu einer eigenen Auslegung berechtigt ansah, NJW 2005, 2917 (2918).

[253] BGH NJW 2002, 1957 und NJW 2003, 2917.

[254] BGH NJW 2003, 426 u. 2916.

[255] Diese Regelungen sind verfassungsrechtlich nicht zu beanstanden, BVerfG NJW 2004, 1371 (1372).

[256] BGH NJW 2002, 3334 (3335).

[257] BGH NJW 2003, 65 (66) und MDR 2003, 64. Ob es sich bei der Begründungspflicht um eine Zulässigkeitsvoraussetzung handelt, kann letztlich offen bleiben, weil eine nicht hinreichend begründete Nichtzulassungsbeschwerde jedenfalls in der Begründetheitsprüfung scheitert, vgl. *v. Gierke/Seiler* JZ 2003, 401 (405).

[258] BGH NJW 2003, 1103 und NJW-RR 2003, 1125 (1126).

[259] Vgl. dazu kritisch *v. Gierke/Seiler* JZ 2003, 403 (406) m. w. N.

[260] Laut *Musielak/Ball* Rdn. 22b zu § 544 ZPO darf die Revision wegen eines von Amts wegen zu berücksichtigenden Verfahrensmangels nur zugelassen werden, wenn zu erwarten ist, dass dieser mit der Revision auch tatsächlich gerügt wird.

III. Revision

(3) Relative Revisionsgründe. Nach § 551 Abs. 3 Nr. 2a/b ZPO kann die 150 Rechtsverletzung i. S. d. § 546 ZPO[261] in einer Verletzung des materiellen Rechts oder in einer Verletzung des Verfahrensrechts bestehen. Dabei ist das Geltendmachen von materiellen Rechtsverletzungen ähnlich wie bei der Berufung[262] unaufwendiger, wenn sich diese bereits aus dem Berufungsurteil oder in den Sitzungsniederschriften festgestelltem Parteivorbringen ergibt.[263]

Beispiel: Dann könnte etwa bei der Rüge der Verletzung der Vorschriften über die Verjährung vorgebracht werden, dass sich die Fälligkeit des Klageanspruches aus dem Berufungsurteil ergebe. Der Beklagte habe ausweislich der Sitzungsniederschrift des Berufungsgerichts die Einrede der Verjährung erhoben. Diese sei auch beachtlich und damit entscheidungserheblich, weil die Verjährungsfrist vor Klageerhebung abgelaufen sei. Hierauf sei zu Protokoll des Berufungsgerichts hingewiesen worden.

Will der Revisionsführer dagegen weiteres, bisher nicht gem. § 559 Abs. 1 ZPO 151 festgestelltes Vorbringen einführen, müssen die entsprechenden Tatsachen über §§ 559 Abs. 1 S. 2 und 551 Abs. 3 Nr. 2b ZPO eingeführt werden. Die Verfahrensfehler des Berufungsgerichts müssen genau bezeichnet werden. Wird eine gerichtliche Unterlassung, wie etwa die Nichterteilung von Hinweisen gerügt, muss sogleich dargetan werden, was vorgetragen worden wäre, wenn das Gericht seine Pflichten erfüllt hätte. Sodann muss in einem weiteren Schritt erläutert werden, dass der begangene Fehler entscheidungserheblich war, also jedenfalls die Möglichkeit besteht, dass das Berufungsgericht zugunsten des Beschwerdeführers anders entschieden hätte.

(4) Absolute Revisionsgründe. Die Darlegung der Entscheidungserheblichkeit 152 entfällt nur bei den absoluten Revisionsgründen des § 547 ZPO.[264] Also muss bei fehlerhafter Besetzung der Richterbank, Mitwirken eines ausgeschlossenen oder befangenen Richters, fehlender Vertretung der Partei, Verletzung der Vorschriften über die Öffentlichkeit oder fehlender Urteilsbegründung die Ursächlichkeit der entsprechenden Verfahrensfehler für das angegriffene Urteil nicht dargelegt werden. Das ändert aber nichts daran, dass auch diese Fehler nur dann beachtlich sind, wenn insoweit ein Zulassungsgrund vorliegt.[265] Allerdings darf die gesetzliche Wertung, nach der die absoluten Revisionsgründe des § 547 Nr. 1–4 ZPO zugleich als Nichtigkeitsgründe i. S. v. § 579 Abs. 1 Nr. 1–4 ZPO ausgestaltet sind, nicht aus den Augen verloren werden. Denn im Falle der fehlerhaften Besetzung der Richterbank und des Mitwirkens eines ausgeschlossenen Richters ist die Nichtigkeitsklage gem. § 579 Abs. 2 ZPO nicht statthaft, wenn sie durch ein Rechtsmittel hätte geltend gemacht werden können. Zwar ist die Nichtzulassungsbeschwerde kein Rechtsmittel,[266] jedoch verlangt der Umstand, dass hier die Rechtskraftregel ohne weiteres durchbrochen werden soll, die Annahme, dass insoweit ein symptomatischer Fehler i. S. v. § 543 Abs. 2 Nr. 2 ZPO vorliegt, dessen Wiederholung in jedem Fall ausgeschlossen werden muss.

Außerdem kann sich diese Auffassung auch auf die **Meistbegünstigungstheorie** 153 stützen. Besteht für den Beschwerdeführer infolge der Verfahrensfehler des Berufungsgerichts nur die Möglichkeit, entweder Nichtzulassungsbeschwerde oder Nichtigkeitsklage zu erheben, müssen die Nachteile durch die gerichtlich verursachte Unsicherheit über den zu wählenden Rechtsbehelf durch eine großzügige Auslegung der Zulassungskriterien insoweit ausgeglichen werden. Ähnliches gilt für den Ausschluss der Nichtigkeitsklage im Falle der Mitwirkung eines ausgeschlossenen Richters oder der

---

[261] Zu § 546 ZPO ausführlich BGH NJW 2004, 2751 (2754).
[262] Vgl. dazu oben Rdn. 56 zu den Berufungsrügen.
[263] Vgl. § 559 Abs. 1 ZPO.
[264] Siehe zu diesen mit Beispielen *Rosenberg/Schwab/Gottwald* § 141, Rdn. 44 ff.
[265] Vgl. etwa BAG NJW 2003, 162.
[266] BGHZ 2, 245 (außerordentlicher Rechtsbehelf).

Stackmann

fehlenden Vertretung einer Partei bei erfolglosem Geltendmachen dieser Umstände mit einem Rechtsmittel. Würde der BGH bei gegebenen Verfahrensfehlern in diesen Punkten die Revision nicht zulassen, würde er den Parteien entgegen den Wertungen des Gesetzes das erneute Beschreiten des Rechtswegs zumuten.

154   Anders liegt der Fall bei Verletzung der Öffentlichkeitsvorschriften aus §§ 169 ff. GVG. Insoweit fehlt es ebenso wie beim Fehlen einer Urteilsbegründung neben der unwiderlegbaren Kausalitätsvermutung des § 547 ZPO an Vorschriften, die erkennen lassen, dass der Gesetzgeber allein den Umstand von entsprechenden Verfahrensfehlern für so bedeutsam hält, dass ein solches Urteil in jedem Fall der Kassation zu unterliegen hätte. Deshalb muss nach der Rechtsprechung des BGH bei Fehlen hinreichender Urteilsgründe ein symptomatischer Rechtsfehler hinzutreten, der die Zulassung der Revision rechtfertigt. Er liegt vor, wenn das Berufungsgericht nicht nur versehentlich eine ausreichende Urteilsbegründung unterlassen hat.[267]

155   **(5) Zulassungsgründe.** Ein Revisionszulassungsgrund liegt gem. § 543 Abs. 2 ZPO nur vor, wenn die Rechtssache wegen der angegriffenen Rechtsauffassung grundsätzliche Bedeutung hat oder eine Entscheidung des BGH zu der aufgeworfenen Rechtsfrage zur Fortbildung des Rechts oder der Sicherung einer einheitlichen Rechtsprechung[268] erforderlich ist. Dabei kommt es nicht darauf an, ob die zu treffende Entscheidung tatsächlich zugunsten des Beschwerdeführers ausfallen wird, sondern nur darauf, ob die aufgeworfene Rechtsfrage die von § 543 Abs. 2 ZPO vorausgesetzte Bedeutung hat und deshalb der grundsätzlich verschlossenen Zugang zur Revisionsinstanz zu öffnen ist.

156   Die Frage, wann ein Rechtsfehler unter welchem Gesichtspunkt die Zulassung der Revision veranlasst,[269] war **unter den Senaten** des Bundesgerichtshofs zunächst **umstritten**.[270] Nach der nun herrschenden Meinung des **V. Senats** liegt ein das Vertrauen der Allgemeinheit in eine funktionierende Rechtsprechung gefährdender Rechtsfehler vor, wenn das Berufungsgericht bei der Auslegung oder Anwendung von Vorschriften des materiellen Rechts oder des Verfahrensrechts gegen grundlegende verfassungsrechtliche Anforderungen verstößt. Die Revision ist insbesondere dann zur Sicherung einheitlichen Rechtsprechung zuzulassen, wenn die anzufechtende Entscheidung auf einer Verletzung des allgemeinen Gleichheitssatzes in seiner Ausprägung als Willkürverbot (Art. 3 Abs. 1 GG) oder auf einer Verletzung der Verfahrensgrundrechte – insbesondere der Garantie des gesetzlichen Richters (Art. 101 Abs. 1 S. 2 GG) oder des Anspruchs auf rechtliches Gehör (Art. 103 Abs. 1 GG)[271] beruht und deshalb nicht zweifelhaft ist, dass sie auf eine Verfassungsbeschwerde hin aufgehoben würde. Der Revision kommt nach dieser Auffassung auch die Funktion zu, vermutlich erfolgreiche Verfassungsbeschwerden vermeidbar zu machen.[272] Dagegen führt der „einfache" Rechtsanwendungsfehler nicht zur Zulassung der Revision.[273]

157   Die Zulassungs**kriterien** sind insoweit **dieselben, die** nach der Rechtsprechung des Bundesverfassungsgerichts einer **Verfassungsbeschwerde zum Erfolg verhelfen** würden. Demzufolge muss bei einer Revision, die sich auf einen Rechtsfehler des Beru-

---

[267] Vgl. etwa BGH FamRZ 2004, 265 (VI. Senat).
[268] Zu diesen Begriffen vgl. schon oben Rdn. 80 ff.
[269] Siehe dazu etwa *Nassall* NJW 2003, 1346 (1347) oder *v. Gierke/Seiler* JZ 2003, 403 (409 f.).
[270] So auch der Befund von *Rosenberg/Schwab/Gottwald* § 140, Rdn. 10, BVerfG NJW 2003, 1371 (1372) und von *v. Gierke/Seiler* NJW 2004, 1497 (1499 f.). Kritisch aus Sicht der Praxis *Bamberger* ZRP 2004, 137 (141).
[271] Diesen Fall behandelt BGH NJW 2003, 3205, V. Senat.
[272] BGH NJW 2003, 1943 (1946), so auch MDR 2003, 468; NJW 2004, 688; FamRZ 2005, 195 (196). Zustimmend *Scheuch/Lindner* ZIP 2004, 973 (974). Deshalb hat eine Nichtzulassungsbeschwerde keinen Erfolg, wenn der BGH die vorgenommene Grundrechtsabwägung billigt, NJW-RR 2005, 367.
[273] BGH FamRZ 2004, 265 (266), FamRZ 2003, 1741.

fungsurteils stützen will, ein relevanter Grundrechtsverstoß herausgearbeitet werden, sei es gegen Verfahrens- oder materielle Grundrechte. Dies gilt nur dann nicht, wenn sich die Rechtsverletzung als Abweichung von einer Vergleichsentscheidung darstellen lässt,

Der **XI. Senat** vertrat eine andere Auffassung. Er sah den Anwendungsbereich 158 von § 543 Abs. 2 Nr. 2 ZPO auf solche Fälle beschränkt, in denen **zu dem vorliegenden Rechtsfehler** entweder die **Divergenz** oder die **Nachahmungs-** beziehungsweise die **Wiederholungsgefahr** hinzutritt.[274] Bei dieser Interpretation lassen sich Verfassungsverstöße nicht durchgehend unter die Sicherung einer einheitlichen Rechtsprechung subsumieren, weil etwa ein Verstoß gegen das rechtliche Gehör auch durch ein Versehen, wie das Übersehen eines weiteren, rechtzeitig eingereichten Schriftsatzes, zustande kommen kann, ohne dass sich aus diesem Fehler auf eine Wiederholungsgefahr schließen lassen würde. Diese Überlegung würde auch gelten, wenn das Berufungsgericht bei einer Grundrechtsabwägung etwa im Bereich der Meinungsfreiheit die Belange einer Partei falsch gewichtet. Diesem Umstand wollte der Senat damit abhelfen, dass er bei objektiv willkürlichen und/oder ein Verfahrensgrundrecht verletzenden Entscheidungen eine Grundsatzbedeutung anerkannte. Damit fasste er den Anwendungsbereich der Revisionszulassung insgesamt insofern enger, als er die Grundsatzbedeutung nur dann annehmen wollte, wenn das Interesse der Allgemeinheit ein Eingreifen des Revisionsgerichts erfordert. Diese hat aber in der Regel kein Interesse an dem Ausgang eines Rechtsstreits. Ihre Belange lassen sich auch mit einer materiell unrichtigen Entscheidung vereinbaren. Dies gilt auch für schwerwiegende Fehler einer Einzelfallentscheidung und für nicht offenkundige Fehlleistungen des Berufungsgerichts. Erst ein Urteil, das zweifelsfrei die Willkürschwelle überschreitet oder Verfahrensgrundrechte verletzt, kann das Vertrauen der Allgemeinheit insgesamt beschädigen.[275] Nach der großzügigeren Interpretation des Erfordernisses der Sicherung einer einheitlichen Rechtsprechung durch den V. Senat kommt es dagegen nicht darauf an, welche Vorstellung das Revisionsgericht davon hat, was die Allgemeinheit zur Kenntnis nimmt oder nicht. Vielmehr hat er mit der Einführung der Prüfung eines möglichen Verfassungsverstoßes ein zwar schwer fassbares, aber immerhin ein rechtliches Kriterium in das Zulassungsverfahren eingeführt.[276] Im Ergebnis würde nur die Verletzung von Verfahrensgrundrechten bei Unterstellen beider Meinungen zur Zulassung der Revision führen. Dagegen würde der Abwägungsfehler bei der Bewertung von Grundrechtspositionen nach der früheren Rechtsprechung des XI. Senats[277] nur bei dem Hinzutreten einer Gehörsverletzung oder offenkundiger Willkür den Zugang zur Revision eröffnen, während die vorzugswürdige Gegenmeinung allein das Vorliegen eines Grundrechtsverstoßes ausreichen lässt.[278]

---

[274] NJW 2003, 65 (67). Der Rechtsanwendungsfehler verbunden mit Nachahmungs- oder Wiederholungsgefahr ist immer ein Zulassungsgrund, vgl. BGH NJW 2003, 754, V. Senat. Eingehend dazu *v. Gierke/Seiler* JZ 2003, 401 (408f.), NJW 2004, 1497 (1499) und *Hager* NJW-Sonderheft 2. Hannoveraner ZPO-Symposion 20. September 2003, 23 ff.; *Vollkommer* NJW-Sonderheft BayObLG, 2005, 64 (67) weist darauf hin, dass in der Nichtzulassungsbeschwerde der für das geänderte Prozessrecht totgesagte Rechtsbehelf der außerordentlichen Beschwerde wegen greifbarer Gesetzeswidrigkeit fortlebe (a. a. O., S. 68), s. dazu a. *Bloching/Kettinger* NJW 2005, 860.

[275] So jedenfalls die Meinung des XI. Senats, a. a. O., 68. Kritisch dazu *Scheuch/Lindner* NJW 2003, 728, *Rimmelspacher* LMK, 2003, 13 oder *v. Gierke/Seiler* NJW 2004, 1497 (1499).

[276] Zustimmend auch *Hager* NJW-Sonderheft 2. Hannoveraner ZPO-Symposion 20. September 2003, 23 (28).

[277] Aufgegeben durch BGH FamRZ 2004, 1189 (1190).

[278] Deshalb unterscheiden sich die Ansichten des XI. und des V. Senats entgegen *Schütt* MDR 2003, 107 (108) nicht nur in der Zuordnung zu den Zulassungsgründen des § 543 Abs. 2 ZPO. Die restriktive Auslegung der Zulassungskriterien sieht auch *Rosenberg/Schwab/Gottwald* § 140, Rdn. 10 kritisch, s. a. *Gross* AnwBl. 2005, 231.

13. Kap. 159–164

159 Bei der **Darlegung** eines **Zulassungsgrundes** ist der Beschwerdeführer nicht auf bereits vorgebrachte Tatsachen beschränkt, insoweit kann er insbesondere die Grundsatzbedeutung auf bisher nicht vorgebrachte Umstände stützen. § 544 Abs. 2 S. 3 ZPO verlangt nur die – schlüssige – Darlegung von Zulassungsgründen, eine § 559 ZPO entsprechende Tatsachenbindung des Revisionsgerichts gibt es insoweit nicht. Dieses verhält sich im Hinblick auf die Darlegung einer aus Sicht des Beschwerdeführers falschen Rechtsanwendung anders, weil eine solche nur dann rügbar ist, wenn sie sich aus den dem Revisionsgericht verfügbaren Tatsachenstoff ergibt.

160 **(6) Entscheidung über die Nichtzulassungsbeschwerde.** Das Revisionsgericht entscheidet über die Frage der Zulassung der Revision durch Beschluss, der im Falle der Zulassung der Revision gem. § 544 Abs. 4 S. 2 2. Alt. ZPO nicht begründet werden muss.[279] Der die Zulassung der Revision versagende **Beschluss** soll nach § 544 Abs. 4 S. 2 ZPO „kurz" begründet werden. Von einer solchen kann gem. § 544 Abs. 4 S. 2 1. Alt. abgesehen werden, wenn die Begründung nicht geeignet wäre, zur Klärung der Voraussetzungen beizutragen, unter denen eine Revision zuzulassen ist. Dieses Abstellen auf das Allgemeininteresse an einer einheitlichen Zulassungspraxis auch der Berufungsgerichte[280] ist nur scheinbar geeignet, individuelle Rechtspositionen des Beschwerdeführers zu verletzen. Denn eine Verletzung des Willkürverbots oder des Anspruchs auf rechtliches Gehör wird bei Absehen von einer Begründung nur dann vorliegen, wenn es dazu kommen sollte, dass wesentliches Vorbringen oder in Rechtsprechung und Literatur kontrovers diskutierte Gesichtspunkte, die für eine Zulassung sprechen, übergangen werden.[281] Bei einer solchen Konstellation greift aber schon im Allgemeininteresse die Pflicht zur „kurzen" Begründung.

161 **Kosten: Gerichtskosten:** KV Nr. 1243 1 Gebühr, bei Ablehnungsbeschluss KV Nr. 1242 2 Gebühren. **Beschwerdeführer:** jedenfalls gem. VV 3208, Vorbemerkung 3.2 Abs. 1 2,3 Verfahrensgebühren **Beschwerdegegner:** Mind. 1,1 Verfahrensgebühr gem. VV Nr. 3207, soweit der zweitinstanzliche Prozessbevollmächtigte den Antrag entgegennimmt.[282]

162 **Wertfestsetzung:** Gem. § 63 Abs. 2 S. 1 GKG am Ende der Instanz durch den BGH.

163 **d) Anschlussrevision.** Der Revisionsbeklagte kann sich gem. § 554 Abs. 1 ZPO der vom Gegner eingelegten Revision (unselbständig)[283] mit der Folge anschließen, dass diese gem. § 554 Abs. 4 ZPO wirkungslos wird, wenn die Hauptrevision zurückgenommen, durch Beschluss entweder gem. § 552 Abs. 2 ZPO verworfen oder gem. § 552a ZPO zurückgewiesen wird. Da auf diese spezielle Revision gem. § 554 Abs. 3 S. 2 ZPO von den allgemeinen Revisionsvorschriften nur §§ 549 Abs. 1 S. 2 und Abs. 2 ZPO (Formalien der Revisionsschrift) sowie § 551 Abs. 3 ZPO (Abfassen der Revisionsrügen) und § 550 ZPO (Zustellungserfordernis, Erwiderungsfrist) gelten, fehlt es für diese an einem Zulassungserfordernis.

164 Nach der Rechtsprechung des BGH ist die Anschlussrevision **nicht uneingeschränkt möglich.** Ist etwa die Revisionszulassung wirksam auf einen abtrennbaren

---

[279] *Musielak/Ball* Rdn. 24 zu § 544 ZPO weist darauf hin, dass eine Beschlussbegründung dann sinnvoll ist, wenn sie geeignet ist, den Berufungsrichtern Hinweise für die Zulassungspraxis zu geben. Das BVerfG NJW 2004, 1371 (1372) hält eine nicht individualisierte Kurzbegründung in jedem Fall für ausreichend, NJW 2004, 1371 (1372).

[280] Hierauf stellt Gesetzesbegründung ab, vgl. dazu *Zöller/Gummer* Rdn. 12c zu § 544 ZPO.

[281] Vgl. etwa BVerfG NJW-RR 2002, 68 m.w.N. und NJW-RR 1995, 1033.

[282] Und berechtigterweise mit der Vertretung im Rechtsmittelverfahren beauftragt ist, was schon bei Beratung in Angelegenheiten der Rechtsmittelinstanz der Fall ist, BGH NJW 2003, 756, so dass § 19 Abs. 1 S. 2 Nr. 9 RVG nicht mehr greift. Zu der strittigen Abgrenzung vgl. etwa *Zöller/Herget* Rdn. 13, Stichwort „Berufung" zu § 91 ZPO oder *Hartung/Römermann* RVG 2004, Rdn. 69 ff. zu § 19 RVG.

[283] Zum Begriff s. etwa *Heiderhoff* NJW 2002, 1402.

III. Revision

Teil des Streitgegenstandes beschränkt, besteht die Möglichkeit der Anschlussrevision nur in diesem Teil des Streitgegenstandes.[284] Entsprechendes gilt, wenn der Gegner sein Rechtsmittel beschränkt, dann kann sich das Anschlussrechtsmittel nur auf einen Lebenssachverhalt oder Anspruch beziehen, der auch von der Hauptsacherevision erfasst ist. Diese Annahme ergibt sich daraus, dass es der Zweck einer Rechtsmittelanschließung ist, in Bezug auf den durch das Hauptsacherechtsmittel zur Überprüfung des Rechtsmittelgerichts gestellten Streitgegenstand Waffengleichheit zu schaffen.[285]

Angesichts dieser Rechtsprechung ist es eher unwahrscheinlich, dass sich Rimmelspacher mit der Auffassung durchsetzt, die Anschlussrevision sei jetzt unabhängig vom Gegenstand der Hauptrevision zulässig.[286] Denn sein Verweis darauf, dass der Gesetzgeber eine Erweiterung der Möglichkeit der Anschlussrevision beabsichtigt habe, erschließt sich aus der Gesetzesbegründung nicht zweifelsfrei. Dort heißt es, dass an die bisherige Regelung des § 556 Abs. 1 ZPO angeschlossen werden solle und dass der Revisionsbeklagte die Möglichkeit erhalten solle, eine Abänderung des Berufungsurteils zu erreichen, wenn das Revisionsverfahren ohnehin durchgeführt werden müsse.[287] Das lässt nach wie vor die Deutung zu, dass sich der Anschluss nur auf den Streitgegenstand beziehen kann, der im Revisionsverfahren aufgrund der Hauptrevision ohnehin zu prüfen ist, nicht aber auf solche Gegenstände die mangels einer Hauptrevision beim Revisionsgericht nicht anfallen.

Infolge des in § 554 Abs. 3 ZPO fehlenden Verweises auf die Regelung des § 551 Abs. 2 ZPO (Verlängerung der Revisionsbegründungsfrist) ist gem. § 224 Abs. 2 ZPO die Verlängerung der Frist zur Begründung der Anschlussrevision nicht möglich.[288]

Kosten: Es gelten die oben Rdn. 30 f. angestellten Überlegungen zur Anschlussberufung entsprechend.

e) **Zurücknahme der Revision.** Die Revision ist jederzeit frei rücknehmbar, insoweit gilt § 516 Abs. 3 ZPO entsprechend.[289] Der Verlust des Rechtsmittels und die Kostentragungspflicht werden von Amts wegen durch Beschluss ausgesprochen.

Kosten: Reduzierung der Gebühr KV Nr. 1231 auf 1 Gebühr bei Zurücknahme vor Einreichung der Revisionsbegründung, danach fallen gem. KV Nr. 1232 3 Gebühren an. **Revisionsführer:** jedenfalls gem. VV Nr. 3208 2,3 Verfahrensgebühren. **Revisionsgegner:** Mindestens[290] 1,1 (1,8) Verfahrensgebühren gem. VV Nr. 3207 (3209).

Wertfestsetzung: Gem. § 63 Abs. 2 S. 1 GKG am Ende der Instanz durch den BGH.

2. Revisionsbegründung

a) **Vorüberlegung.** Die Revision eröffnet nur insoweit gem. § 557 Abs. 1 ZPO einen Überprüfungsspielraum für das Revisionsgericht, als die Antragstellung reicht.

---

[284] Ständige Rechtsprechung, vgl. BGHZ 36, 162 (166), BGH NJW-RR 1998, 506. A. A. etwa *Rosenberg/Schwab/Gottwald* § 142, Rdn. 2.

[285] BGHZ 148, 156 (160). Für das neue Recht gibt es noch keine Entscheidung, vgl. BGH NJW 2004, 1315 (1317) unter Verweis auf BGH NJW 2003, 2525.

[286] MünchKommZPO/*Rimmelspacher* Aktualisierungsband 2002, Rdn. 4 zu § 554 ZPO.

[287] *Rimmelspacher* S. 194.

[288] *Musielak/Ball* Rdn. 7 zu § 554 ZPO Nach BGH NJW-RR 2003, 1299 zum Parallelproblem bei der Anschlussberufung sind trotz der fehlenden Bezeichnung der Frist aus § 524 Abs. 2 ZPO als Notfrist die Wiedereinsetzungsvorschriften entsprechend anzuwenden. S. im Übrigen schon oben Rdn. 29 zur Anschlussberufung.

[289] BGH NJW 2003, 756, s. auch *Rosenberg/Schwab/Gottwald* § 140, Rdn. 61.

[290] Wenn der zweitinstanzliche Prozessbevollmächtigte berechtigterweise mit der Vertretung im Rechtsmittelverfahren beauftragt ist, was schon bei Beratung in Angelegenheiten der Rechtsmittelinstanz der Fall ist, BGH NJW 2003, 756, so dass § 19 Abs. 1 S. 2 Nr. 9 RVG nicht mehr greift. Zu der strittigen Abgrenzung vgl. etwa *Zöller/Herget* Rdn. 13 Stichwort „Berufung" zu § 91 ZPO.

Stellen sich also bei Prüfung durch den Revisionsrichter absolute Verfahrensmängel oder das Fehlen von Prozessvoraussetzungen heraus, hat dies nur für den zur Überprüfung gestellten Teil des Ersturteils Auswirkungen. Dies hat allerdings bei einer Revision gegen ein Sachurteil auch die Auswirkung, dass die Ausgangsklage auf das Vorliegen von **von Amts wegen zu berücksichtigende Verfahrenmängel** geprüft wird, genauso wie vorab die Frage untersucht wird, ob die Prozessvoraussetzungen vorliegen. Etwa die Frage der Prozessführungsbefugnis wird bis in das Revisionsverfahren hinein ohne Bindung an die tatsächlichen Feststellungen der Vorinstanzen geprüft. Stellt sich etwa im Revisionsverfahren des Klägers, der gegen seiner Klage in der Sache nicht stattgebendes Berufungsurteil vorgeht, heraus, dass er zur Führung des Prozesses nicht befugt ist, wird seine Klage ohne weitere Sachprüfung als unzulässig abgewiesen.[291]

172 Es wird von Amts wegen geprüft, ob hinsichtlich der Berufung die **Prozessfortführungsvoraussetzungen** vorgelegen haben. Etwa die Rechtzeitigkeit einer Berufung ist dabei ohne Bindung an die Entscheidung der Vorinstanz zu einem etwaigen Wiedereinsetzungsantrag zu prüfen,[292] so dass die Revision gegen ein zur Zahlung verurteilendes Berufungsurteil schon unter diesem Gesichtspunkt endgültig Erfolg haben kann, wenn durch das Ersturteil die Klage abgewiesen wurde. Andererseits wäre das endgültige Ziel der Klageabweisung verfehlt, wenn die Berufung des Beklagten und nunmehrigen Revisionsführers gegen ein verurteilendes Erkenntnis erster Instanz verfristet war. Ähnlich verhält es sich mit den Einspruchsfristen gegen Versäumnisurteile, unabhängig davon, ob diese nun in erster oder zweiter Instanz ergangen sind und der Nachweis der Zustellung erst im Revisionsverfahren erbracht wird.[293] Wehrt sich etwa ein durch die Aufrechterhaltung eines Versäumnisurteils Beklagter mit der Revision gegen seine Verurteilung, ist es denkbar, dass durch die Entscheidung des Revisionsgerichts der Einspruch verworfen und das Versäumnisurteil aufrechterhalten wird.

173 Geprüft wird auch, ob das angefochtene Urteil überhaupt hätte ergehen dürfen und eine Grundlage für die revisionsgerichtliche Prüfung bieten kann.[294] Beispielsweise prüft der BGH bei einem Grundurteil von Amts wegen, ob es überhaupt hätte erlassen werden dürfen.[295] Dies ist z.B. dann nicht der Fall, wenn über den Grund eines nicht bezifferten Zahlungsantrags vorab entschieden wird.[296] Bei **Teilurteilen** wird derzeit noch eine Rüge nach § 551 Abs. 3 Nr. 2b ZPO verlangt, allerdings hat der BGH darauf hingewiesen, dass es für die unterschiedliche Behandlung von Teil- und Grundurteilen keinen überzeugenden Grund gäbe und tendiert offensichtlich dazu, auch die Voraussetzungen für den Erlass eines Teilurteils von Amts wegen zu prüfen.[297] Ebenso wird geprüft, ob das Berufungsurteil einen vollstreckungsfähigen Inhalt hat.

174 Die im Freibeweis zu prüfenden **absoluten Verfahrensmängel** sind stets zu beachten, so dass zu diesen in jedem Stadium des Revisionsverfahrens vorgetragen werden kann.[298] Ergeben sich aus den Verfahrensakten in diesem Punkt Mängel, müssen spätestens vor Begründung der Revision deren Konsequenz bedacht werden. Ver-

---

[291] BGHZ 31, 279 (281).
[292] BGH NJW-RR 1992, 1338 (1339) m.w.N.
[293] BGH NJW 1976, 1940.
[294] Dies ist nicht nur bei unzureichenden tatbestandlichen Feststellungen der Fall (vgl. etwa BGH NJW-RR 2003, 1290 [1291]), sondern auch, wenn sich die in Bezug genommenen Feststellungen des Erstgerichts und des Berufungsgerichts widersprechen, BGH FamRZ 2004, 363.
[295] Vgl. BGH NJW-RR 2005 zu einem Teilgrundurteil bei Klage und Widerklage mit identischer Vorfrage und MDR 2005, 1069 zu dem Fall, in dem die beklagte Partei zu bisher nicht schlüssig dargestellten Gegenansprüchen vortragen kann.
[296] BGH NJW 2000, 1572.
[297] BGH NJW 2003, 2380 (2381).
[298] Zöller/Gummer Rdn. 9 zu § 557 ZPO.

schlechtert sich die Situation des Revisionsklägers durch die Aufdeckung des Mangels, ist die Revision zurückzunehmen. Führt dagegen schon der Verfahrensmangel zwingend zur Aufhebung und Zurückverweisung, ist eine Darlegung der Revisionsrügen nur noch hilfsweise erforderlich.

b) Inhalt der Rügen. Das Revisionsgericht prüft gem. § 559 Abs. 1 ZPO nur das aus dem Berufungsurteil und dem Sitzungsprotokoll ersichtliche Parteivorbringen. Verfahrensmängel können gem. §§ 559 Abs. 1, 557 Abs. 3 S. 2, 551 Abs. 3 Nr. 2b ZPO nur berücksichtigt werden, wenn die zugrundeliegenden Tatsachen im Einzelnen dargelegt sind. Ebenso ist es nach § 559 Abs. 2 ZPO an die beweiswürdigenden Feststellungen gebunden, falls nicht insoweit ein zulässiger und begründeter Revisionsangriff vorliegt. Daraus ergibt sich, dass die **Revisionsbegründung** zunächst **nur anhand** des **Berufungsurteils geprüft** wird. Ergibt die gedankliche Prüfung, dass auf der Basis dieser Feststellungen die begehrte Rechtsfolge nicht erreichbar ist, muss die Tatsachenbasis für die Prüfung des Revisionsgerichts erweitert werden. Das heißt hinsichtlich aller Rügen, die nicht nur aus dem Wortlaut des Ersturteils zu belegen sind, dass zunächst die tatsachenerweiternde Verfahrensfehlerrüge zu erheben ist. Dies gilt nur dann ausnahmsweise nicht, wenn sich während der Revisionsinstanz neue Tatsachen ereignen, die unstreitig sind oder deren Vorliegen ohnehin von Amts wegen zu beachten ist und schützenswerte Belange der Gegenseite nicht entgegenstehen.[299]

Bei den Verfahrensfehlerrügen ist ebenso wie bei nur materiellrechtlichen Rügen zu prüfen, ob tatsächlich ein entscheidungserheblicher Fehler vorliegt. Denn die Revision ist gem. § 561 ZPO zurückzuweisen, wenn sich das Berufungsurteil trotz dieses Fehlers als richtig erweist. Jeder Revisionsangriff muss deshalb gedanklich in mindestens zwei Schritten geführt werden. Zunächst ist der Fehler als solcher aufzudecken und dann darzulegen, dass und warum er **entscheidungserheblich** ist.[300] Vorzuschalten ist die Korrektur der Feststellungen des Berufungsgerichts durch entsprechende Rügen, falls sich der Rechtsfehler nicht auf der Basis der Feststellungen des Berufungsurteils darlegen lässt.

Auch insoweit dürfte gelten, dass sich entscheidende Fehler in der Regel mit einigen kurzen Sätzen eingrenzen lassen. Im Anschluss daran sind die Auswirkungen auf das Berufungsurteil zu erläutern. Gelingt eine solche schlüssig begründete Rüge, sollte diese an den Anfang der Revisionsbegründung gestellt werden, da diese sogleich aufzeigt, dass das Rechtsmittel nicht nur um seiner selbst willen, sondern auch aus einem in der Sache liegenden Grund eingelegt wurde. Lässt sich die Rechtsverletzung des Berufungsgerichts nur anhand einer Vielzahl miteinander zu koordinierender Überlegungen ableiten, kann es sich empfehlen, den einzelnen Argumentationssträngen eine **gliedernde Vorüberlegung** voranzustellen, die dem Leser zeigt, mit welchem Ziel möglicherweise nicht sogleich zuzuordnende Überlegungen angestellt werden.[301]

Besonderes Augenmerk sollte der Revisionsführer darauf legen, eine vom Ersturteil abweichende **Beweiswürdigung** des Berufungsgerichts im Berufungsurteil kritisch zu in Frage zu stellen. Denn Berufungsgerichte neigen immer wieder dazu, eine vom Erstgericht durchgeführte Beweisaufnahme abweichend vom Erstgericht zu würdigen, ohne die dazu erforderlichen eigenen Beweiserhebungen durchzuführen.[302] Die meist

---

[299] BGH NJW 2002, 1130 (1131) m.w.N.
[300] Die sich in diesem Zusammenhang ergebenden Anforderungen an die Revisionsbegründung ergebenden Anforderungen schildert BAG NJW 2004, 1683.
[301] Hier gelten im Ergebnis die zur Berufungsbegründung, Rdn. 48ff angestellten Überlegungen entsprechend.
[302] Etwa nach BGH NJW 1998, 2222 (2223) m.w.N. ist z.B. eine erneute Zeugenvernehmung nicht nur dann erforderlich, wenn das Berufungsgericht dessen persönliche Glaubwürdigkeit anders beurteilen will, als das Erstgericht, sondern auch dann, wenn es seinen Bekundungen

auf das Ergebnis der Spruchkörperberatungen abzielenden Ausführungen im Urteil lassen in ihrer Kürze oft eine hinreichende Begründung nicht erkennen.[303]

179 Sollte der Rügeführer in den getroffenen gerichtlichen Entscheidungen eine **Verletzung** eines materiellen **Grundrechts** oder einer verfassungsrechtlich gesicherten Verfahrensposition erblicken, müssen diese Gesichtspunkte in der Revisionsbegründung vollständig angesprochen werden, auch wenn bereits feststehen sollte, dass der zuständige Revisionssenat diesen Argumenten nicht folgen wird. Denn das Bundesverfassungsgericht befasst sich nur dann aufgrund einer Verfassungsbeschwerde mit dem gerügten Grundrechtsverstoß, wenn die verfassungsrechtlichen Einwände bereits im Ausgangsverfahren geltend gemacht worden sind.[304]

180 Das Revisionsgericht ist bei Prüfung der Begründetheit der Revision **nicht** an die Gründe der Rechtsmittelzulassung **gebunden.** Deshalb muss auch bei der durch den Bundesgerichtshof zugelassenen Revision sicherheitshalber darüber nachgedacht werden, ob nicht nach dem Darlegen eines entscheidungserheblichen Zulassungsgrundes nun weitere Rügen nachgeschoben werden können,[305] die zwar die Zulassung der Revision nicht gerechtfertigt hätten, aber dennoch geeignet sind, das angefochtene Urteil zu Fall zu bringen.

3. Zurückweisungsbeschluss und Revisionsurteil

181 Ist das Revisionsgericht nach Anhörung des Revisionsführers einstimmig der Auffassung, dass kein Revisionszulassungsgrund vorliegt und sie keine Erfolgsaussicht hat, weist es die Revision durch Beschluss zurück. Eine Begründung ist nach § 532a S. 2 in Verbindung mit § 522 Abs. 2 S. 3 ZPO nur dann erforderlich, wenn sich der Revisionsführer gegen den vorher erteilten Hinweis[306] gewandt hat.[307]

Das Urteil des Revisionsgerichts nach mündlicher Verhandlung ergeht gem. §§ 555, 313 ZPO mit Tatbestand und Entscheidungsgründen. Wegen der Funktion des Revisionsgerichts wird ein gem. §§ 555, 313a Abs. 1 ZPO möglicher Verzicht auf die Darstellung des Sachverhalts nicht in Betracht kommen. Dies gilt auch für pauschalierende Bezugnahmen auf das der Öffentlichkeit nicht bekannte Berufungsurteil. Die Entscheidungsgründe sollten in Auseinandersetzung mit den verschiedenen zu einer Rechtsfrage vertretenen Rechtsmeinungen zu einem argumentativ begründeten Standpunkt des Revisionsgerichts finden. Dies entspricht dem Zweck der Revision, das Allgemeininteresse an der Schaffung einheitlicher Rechtsbedingungen durch Rechtsfortbildung und Förderung der Rechtseinheitlichkeit zu wahren.[308] Gelegentlich wird von der Möglichkeit des § 564 ZPO Gebrauch gemacht, das Revisionsurteil im Hinblick auf

---

eine andere Tragweite oder ein anderes Gewicht beimessen will, als die Vorinstanz, vgl. auch BGH NJW 2004, 2299 (2301). Ein Unterlassen der erneuten Zeugenvernehmung trotz abweichender Beurteilung der Glaubwürdigkeit des Zeugen verstößt gegen Art. 103 Abs. 1 GG, BVerfG NJW 2005, 1487.

[303] Der Tatrichter verstößt gegen § 286 ZPO, wenn er den unterbreiteten Sachverhalt verfahrensfehlerhaft nicht ausschöpft und die Beweise nicht umfassend würdigt, BGH NJW-RR 2004, 425.

[304] BVerfG NJW 2003, 2738 (2739) m.w.N.

[305] Dieses sollte man sich ausdrücklich vorbehalten, denn der BGH hat aus der Bezeichnung der Begründung der Nichtzulassungsbeschwerde auch als Revisionsbegründung den Schluss gezogen, dass die Revision bereits bei Zustellung des Zulassungsbeschlusses hinreichend begründet war, NJW 2004, 2981.

[306] Allein der Hinweis, gegen das Berufungsurteil sei revisionsrechtlich nichts zu erinnern, wird kaum ausreichen, wie BVerfG NJW 2005, 1485 (1486) andeutet.

[307] Vgl. dazu auch oben Rdn. 91 zur Begründung des Zurückweisungsbeschlusses im Berufungsverfahren.

[308] Formulierung nach *Zöller/Gummer* Rdn. 1 vor § 542 ZPO.

nicht durchgreifende Verfahrensrügen nicht zu begründen.[309] Bei Absehen von einer solchen Begründung wird eine Verletzung des Willkürverbots oder des Anspruchs auf rechtliches Gehör nur vorliegen, wenn dadurch wesentliches Vorbringen oder in Rechtsprechung und Literatur kontrovers diskutierte Gesichtspunkte, die für ein Durchgreifen der Rüge sprechen, übergangen werden.[310]

182 **Kosten: Gerichtsgebühren:** Mind. 3 gem. KV Nr. 1232 bei Terminierung, höchstens 5 gem. KV Nr. 1230 bei Urteil/verfahrensbeendendem Beschluss mit Gründen. **Revisionskläger:** mindestens 2,3 höchstens 5,1 Gebühren gem. VV Nr. 3208, 3210, 1004. **Revisionsbeklagter:** mindestens 2,3 höchstens 5,1 Gebühren gem. VV Nr. 3208, 3210, 1004.
Kosten Klagerücknahme durch den Revisionsbeklagten vor dem Termin: Gerichtsgebühren: 3 gem. KV Nr. 1232, da in der Regel die Reduzierungsmöglichkeit gem. KV Nr. 1231 auf 1 Gebühr wegen bereits erfolgter Vorlage der Revisionsbegründung nicht greift. **Revisionskläger:** mind. 2,3 Verfahrensgebühr gem. VV Nr. 3208. **Revisionsbeklagter:** mind. 1,8 Gebühr gem. VV Nr. 3209.
Anerkenntnisurteil im Termin: Gerichtskosten: KV Nr. 1232 Nr. 2 3 Gebühren **Revisionskläger:** 3,8 Gebühren gem. VV Nr. 3208, 3210, diese Gebühr würde auch im **schriftlichen Verfahren** gem. § 128 ZPO anfallen, VV Nr. 3210, 3104 Abs. 1 Nr. 1. **Revisionsbeklagter:** 3,8 Gebühren gem. VV Nr. 3208, 3210.
Kosten schriftlicher Vergleich gem. § 278 Abs. 6 ZPO: Gerichtsgebühren: KV Nr. 1232 Nr. 3 3 Gebühren, da in der Regel die Reduzierungsmöglichkeit gem. KV Nr. 1231 wegen bereits erfolgter Vorlage der Revisionsbegründung nicht greift. **Revisionskläger:** 3,6 Gebühren gem. VV Nr. 3208, 1004. **Revisionsbeklagter:** 3,6 Gebühren gem. VV Nr. 3208, 1004.
Kosten außergerichtlicher Vergleich nach Ergehen eines Revisionsurteils: Beide Anwälte erhalten zusätzlich zu den schon im Revisionsverfahren mindestens verdienten 3,8 Gebühren gem. VV Nr. 1000 weitere 1,5 Gebühren, falls nicht das Berufungsverfahren wieder anhängig ist, dann 1,3 Einigungsgebühr aus VV Nr. 1004.
Kosten Fortsetzung des streitigen Verfahrens vor dem Berufungsgericht: mindestens weitere 1,2 für beide Prozessbevollmächtigte gem. VV Nr. 3202, Vorbemerkung 3 Abs. 6; keine weiteren Gerichtsgebühren, falls nicht neue Gebührentatbestände ausgelöst werden, § 37 GKG.

183 **Wertfestsetzung:** § 63 Abs. 2 S. 1 GKG von Amts wegen bei Instanzbeendigung.

IV. Sprungrevision

1. Statthaftigkeit

184 Gegen erstinstanzliche Urteile mit einer potenziellen Beschwer von über 600,– € findet gem. § 566 Abs. 1 ZPO in Verbindung mit § 511 Abs. 2 Nr. 1 ZPO unter Übergehung der Berufungsinstanz die Sprungrevision statt. Dagegen kommt es nicht darauf an, ob die Grenze des § 26 Nr. 8 EGZPO überschritten ist.[311] Betrifft das Ersturteil mehrere selbständige Ansprüche, ist der Zulassungsantrag nur für solche Streitgegenstände in Betracht, von denen eine Beschwer von über 600,– € ausgeht.[312]

2. Rügemöglichkeiten

185 Die Sprungrevision kommt allerdings gem. § 566 Abs. 4 S. 2 ZPO nur in Betracht, wenn ein Fehler in der materiellen Rechtsanwendung gerügt werden soll. Die Über-

---

[309] Vgl. etwa das Urteil vom 12. 2. 2004, Az. III ZR 355/02, S. 8; weitere Fundstellen können über eine Internetrecherche unter www.bundesgerichtshof.de, Dokumentsuche, Stichwort „§ 564 ZPO" ermittelt werden.
[310] Vgl. etwa BVerfG NJW-RR 2002, 68 m.w.N. und NJW-RR 1995, 1033.
[311] BGH NJW 2003, 143.
[312] BGH, a.a.O.

prüfung auf Verfahrensfehler kann nur in der Berufungsinstanz erreicht werden. Deshalb sollte ein entsprechender Antrag nur dann erwogen werden, wenn die erstinstanziellen Feststellungen verfahrensfehlerfrei zustande gekommen sind und eine Überprüfung des eingenommenen Rechtsstandpunktes ermöglichen.

3. Einwilligung des Gegners

186   Zunächst muss die gem. § 566 Abs. 1 Nr. 1 ZPO erforderliche Einwilligung des Gegners eingeholt werden. Diese erfordert wegen des mit ihr verbundenen Verzichts auf die Berufungsinstanz (§ 566 Abs. 1 S. 2 ZPO) als Prozesshandlung[313] Postulationsfähigkeit[314] gem. § 78 ZPO der den Verzicht erklärenden Person. Dabei reicht gem. § 566 Abs. 2 S. 4 ZPO die Erklärung des erstinstanzlichen Prozessbevollmächtigten. War der Rechtsstreit in erster Instanz vor dem Amtsgericht anhängig, kann sie auch zu Protokoll der Geschäftsstelle, ggfs in der mündlichen Verhandlung abgegeben werden.[315] Von einer solchen Verfahrensweise ist jedoch dringend abzuraten, weil zu diesem Zeitpunkt noch nicht feststeht, ob nicht infolge von Verfahrensmängeln, die sich erst im Urteil offenbaren, das Berufungsgericht angerufen werden sollte. Der BGH hat 1984 die Auffassung vertreten, die Einwilligungserklärung müsse mit dem Antrag auf Zulassung der Sprungrevision im Original vorgelegt werden,[316] bei der entsprechenden Erklärung handele es sich um einen bestimmenden Schriftsatz, der unterschrieben sein müsse. Der Beglaubigungsvermerk des Prozessbevollmächtigten des Revisionsführers habe hinsichtlich der Erklärung des Prozessgegners keine Wirkung.

4. Formalien

187   Der Antrag auf Zulassung der Sprungrevision muss gem. §§ 566 Abs. 2 S. 1 ZPO, 133 GVG beim BGH eingereicht werden. Daher kann dies gem. § 78 Abs. 1 S. 4 ZPO nur durch einen **beim BGH zugelassenen Rechtsanwalt** geschehen.

5. Antrags- und Antragsbegründungsfrist

188   Für die Antragsbegründung gibt es keine zusätzliche Frist, vielmehr muss die Grundsatzbedeutung, das Erfordernis der Fortbildung des Rechts bzw. der Sicherung der einheitlichen Rechtsprechung bereits in der Antragsschrift dargelegt werden (§§ 566 Abs. 2 S. 3, Abs. 4 ZPO). Die Frist zur Einreichung des Antrags beträgt nach §§ 566 Abs. 2 S. 2, 548 ZPO einen Monat ab Zustellung des Ersturteils.

6. Zulassungsentscheidung

189   Der BGH entscheidet gem. § 566 Abs. 5 ZPO über die Zulassung der Sprungrevision durch den Parteien zuzustellenden Beschluss. Deshalb kann ohne mündliche Verhandlung entschieden werden (§ 128 Abs. 4 ZPO). Eine Begründung ist nicht ausdrücklich vorgeschrieben. Sie wird nach allgemeinen Grundsätzen überall dort nötig sein, wo der Antrag auf Zulassung der Sprungrevision mit vertretbaren Argumenten gestellt und abgelehnt wird.[317]

---

[313] Zum Begriff vgl. etwa *Zöller/Vollkommer* Rdn. 14 vor § 128 ZPO.
[314] Diese ist Prozesshandlungsvoraussetzung, vgl. *Zöller/Vollkommer* Rdn. 4 zu § 78 ZPO.
[315] So jedenfalls BSG MDR 1990, 576.
[316] BGHZ 92, 76 (78).
[317] Geht ein Gericht in einer letztinstanzlichen Entscheidung nicht auf den wesentlichen Kern eines Vorbringens ein, so lässt dies laut BVerfG NJW 2003, 421 auf die Nichtberücksichtigung dieses Vortrages schließen. In der Tendenz anders *Thomas/Putzo/Reichold* Rdn. 7 zu § 566 ZPO, der § 544 Abs. 4 S. 2 ZPO entsprechend anwendet.

Kosten: Gerichtskosten: KV Nr. 1240 1,5 Gebühren bei Ablehnung.[318] **Antragsteller:** jedenfalls gem. VV Nr. 3208 2,3 Verfahrensgebühren. **Antragsgegner:** Mind. 1,1 Gebühren gem. VV Nr. 3207. **Wertfestsetzung:** Gem. § 63 Abs. 2 S. 1 GKG am Ende der Instanz durch BGH.
Ersparnis Wegfall Berufungsinstanz: 4 Gerichtsgebühren, insgesamt 5,6 Anwaltsgebühren.
Wertfestsetzung: § 63 Abs. 2 S. 1 GKG von Amts wegen bei Instanzbeendigung.

V. Sofortige Beschwerde

1. Einlegen der sofortigen Beschwerde

a) Zuständiges Gericht. Die sofortige Beschwerde kann gem. § 569 Abs. 1 S. 1 ZPO entweder beim Ausgangsgericht oder beim Beschwerdegericht eingelegt werden.[319] Zwei Gründe lassen es als empfehlenswert erscheinen, die sofortige Beschwerde grundsätzlich beim Erstgericht einzulegen. Zwar sind die Landgerichte im allgemeinen Zivilprozess meistens die Beschwerdegerichte, wenn die Ausgangsentscheidung vom Amtsgericht stammt. Dieser Grundsatz hat aber einige in der täglichen Praxis nicht leicht zu erinnernde Ausnahmen.[320] Außerdem ist gem. § 571 Abs. 1 ZPO regelmäßig ein Abhilfeverfahren durchzuführen, das sich deutlich verlängert, falls die Beschwerde beim übergeordneten Gericht eingelegt wird. Denn mit Eingang der Beschwerdeschrift erhält diese beim Beschwerdegericht in der Einlaufstelle ein Aktenzeichen und wird an die Geschäftsstelle weitergeleitet. Diese fordert routinemäßig die Akten des Erstgerichts an, ohne dabei die Beschwerdeschrift zu übersenden, die zunächst als Fehlblatt für die nicht vorhandene Verfahrensakte dient. Erst mit Vorlage der Sachakte erfolgt Richtervorlage. Dieser wird die Sachakte abgesehen von noch zu erörternden Ausnahmefällen zunächst dem Erstgericht zur Durchführung des Abhilfeverfahrens zuleiten. Wird dagegen die Beschwerdeschrift beim Ausgangsgericht eingereicht, kann diese dem für die Durchführung des Abhilfeverfahrens zuständigen Richter oder Rechtspfleger sogleich vorgelegt werden. Dieser kann dann ohne weitere Verzögerung durch Aktentransporte das Abhilfeverfahren durchführen.

b) Formalien. Nach § 569 Abs. 2 S. 2 ZPO muss die Beschwerdeschrift die angefochtene Entscheidung bezeichnen und, wenn auch nicht wörtlich, erkennen lassen, das Beschwerde eingelegt wird. Werden der Partei an einem Tag zwei Beschlüsse zugestellt, muss in der Beschwerdeschrift klargestellt werden, ob beide Beschlüsse oder nur einer und zwar welcher angegriffen wird. Ist nur eine der beiden Entscheidungen angreifbar, liegt es auf der Hand, dass sich die Beschwerde gegen den anfechtbaren Beschluss richtet.[321] Die Vorschriften über vorbereitende Schriftsätze gelten auch hier. Deshalb müssen Beschwerdeschriften als bestimmende Schriftsätze von einem gem. § 78 Abs. 1 S. 1/2 ZPO vor dem Beschwerdegericht postulationsfähigen Rechtsanwalt unterschrieben (§§ 129, 130 ZPO)[322] oder gem. § 130a Abs. 1 S. 2 ZPO mit einer

---

[318] Ansonsten s. Revisionsverfahren, Rdn. 181.
[319] Dies gilt nicht für Beschwerden nach dem RVG und dem GKG. Diese sind gem. §§ 33 Abs. 7 S. 2 RVG, 66 Abs. 5 S. 4 GKG beim Ausgangsgericht einzulegen.
[320] Es gilt dasselbe wie für die Zuständigkeit in Berufungsverfahren, s. oben Rdn. 15 ff.
[321] Anders sieht dies das OLG Brandenburg FamRZ 2004, 388, mit ablehnender Anmerkung Gottwald, wenn auf Anfrage keine Klarstellung des Beschwerdebegehrens erfolgt.
[322] Im Zweifelsfall reicht aber auch die Unterschrift unter einem Beglaubigungsvermerk oder Anschreiben, ggfs ist das Gericht aufzufordern, sich vom Gegner die Originalabschriften wieder vorlegen zu lassen (§ 421 ZPO), s. auch *Zöller/Gummer/Heßler* Rdn. 27 zu § 519 ZPO m.w.N. Der Bezirksrevisor hat im Verfahren der Prozesskostenhilfe nach § 127 Abs. 3 ZPO eine besondere Stellung, so dass er auch ohne anwaltliche Vertretung sogar beim BGH postulationsfähig ist, BGH NJW-RR 2005, 1237.

qualifizierten elektronischen Signatur versehen sein. Dies gilt gem. § 569 Abs. 3 Nr. 1 ZPO nicht, wenn das Verfahren erster Instanz vor dem Amtsgericht geführt wurde und nicht dem **Anwaltszwang** unterlag. In diesem Fall kann die Beschwerde gem. § 569 ZPO auch zu Protokoll der Geschäftsstelle eingelegt werden. Das gilt hinsichtlich der PKH allgemein (§ 569 Abs. 3 Nr. 2 ZPO).[323] Nach § 569 Abs. 3 Nr. 3 ZPO können sich auch Zeugen, Sachverständige und Dritte i. S. v. §§ 142, 144 ZPO ohne Inanspruchnahme eines Rechtsanwalts beschweren.[324] Die Erklärung zu Protokoll der Geschäftsstelle kann auch durch Übersendung einer Beschwerdeschrift geschehen, bei deren Auslegung großzügige Maßstäbe anzulegen sind.

194 **c) Beschwerdefrist.** Die durch § 569 Abs. 1 S. 1 ZPO determinierte zweiwöchige[325] Beschwerdefrist ist eine Notfrist i. S. v. § 224 Abs. 1 S. 1 ZPO, die wegen § 224 Abs. 2 2. Hs. ZPO nicht verlängert werden kann. Sie läuft ab der gem. § 329 Abs. 2 ZPO erforderlichen Zustellung des erstinstanzlichen Beschlusses. Ist die Zustellung versehentlich unterblieben und die Bekanntmachung formlos erfolgt, gilt gem. § 189 ZPO als Zeitpunkt der Zustellung der tatsächliche Zugang.[326] Bei Rechtsanwälten wird sich dieser regelmäßig durch den Eingangsstempel auf der ihm mitgeteilten Ausfertigung feststellen lassen. Ist das nicht möglich, ist zugunsten der beschwerdeführenden Partei großzügig zu verfahren, weil die Unsicherheit über den Zustellungszeitpunkt aus einer gerichtlichen Unterlassung resultiert.

195 **d) Statthaftigkeit der sofortigen Beschwerde.** Gem. § 567 Abs. 1 Nr. 1 ZPO findet die sofortige Beschwerde nur dann statt, wenn dies gesetzlich ausdrücklich angeordnet ist.[327] Anderes gilt gem. § 567 Abs. 1 Nr. 2 ZPO nur dann, wenn es sich um eine Entscheidung handelt, die eine mündliche Verhandlung nicht erfordert und durch die ein das Verfahren betreffendes Gesuch abgelehnt wird. Insoweit ist zunächst zu unterscheiden zwischen Verfahrenshandlungen, die nur auf Antrag vorgenommen werden und solchen, die der amtswegigen Verfahrensleitung zugehören, wie etwa die Frage, ob einem Vertagungs- oder Terminsverlegungsantrag stattgegeben wird.[328] Deshalb gibt auch keine Beschwerdemöglichkeit gegen Beweisbeschlüsse, Verfahrenstrennung oder -verbindung und ähnliche verfahrensleitende Anordnungen,[329] die ggfs nach Ergehen eines Urteiles dadurch angegriffen werden können, dass die Berufung darauf gestützt wird. Angegriffen werden kann aber die Aussage des Gerichts, zu einem Antrag überhaupt keine Entscheidung treffen zu wollen.[330] Hierher gehört auch der Fall der Untätigkeit der Vorinstanz.[331]

196 Nach § 567 Abs. 2 ZPO kann bei Entscheidungen über Kosten nur dann sofortige Beschwerde eingelegt werden, wenn die **Beschwer über 200,– € liegt.** Neben dieser Reduktion des Rechtswegs findet sich in Bezug auf die Hauptsacheerledigung in § 91a Abs. 2 S. 2 ZPO ein weiterer allgemeiner Rechtsgedanke. Der Rechtsweg im

---

[323] Vgl. auch *Pauling* S. 132, Rdn. 81.
[324] Siehe auch *Rosenberg/Schwab/Gottwald* § 146 Rdn. 5.
[325] Einzelne Vorschriften, wie etwa § 127 Abs. 2 S. 3 ZPO für die PKH sehen eine Beschwerdefrist von einem Monat vor.
[326] Vgl. MünchKommZPO/*Wenzel* Rdn. 8 zu § 189 ZPO. Anders etwa *Rosenberg/Schwab/Gottwald* § 146 Rdn. 7, ohne auf § 189 ZPO einzugehen.
[327] Zur sofortigen Beschwerde bei Gewähren oder Versagen einer Räumungsfrist s. oben Kapitel 2, Rdn. 186 und 205.
[328] Vgl. etwa *Zöller/Gummer* Rdn. 35 zu § 567 ZPO unter Hinweis auf *Stein/Jonas/Grunsky*.
[329] Vgl. etwa OLG Zweibrücken FamRZ 2004, 35 zur Terminsbestimmung ohne vorherige Entscheidung über einen PKH-Antrag.
[330] OLG Hamburg FamRZ 1979, 528, s. auch LG Köln JurBüro 1987, 1886.
[331] A. A. laut *Zöller/Gummer* Rdn. 33 zu § 567 ZPO noch OLG Karlsruhe Justiz 1975, 271. Wie hier dagegen OLG Karlsruhe FamRZ 2004, 53.

V. Sofortige Beschwerde

Beschwerdeverfahren soll nicht weiter gehen, als dies in der Hauptsache der Fall gewesen wäre. Daher kann gegen Kostenentscheidungen in Sachen, in denen der Streitwert der Hauptsache 600,- € nicht überstiegen hat, keine Beschwerde eingelegt werden. Eine ähnliche Regelung enthält § 127 Abs. 2 S. 2 ZPO für die Beschwerde gegen Entscheidungen im Prozesskostenhilfeverfahren.[332]

Wegen der nicht der Wortwahl in § 511 Abs. 1 Nr. 1 ZPO („Wert des Beschwerdegegenstandes") entsprechenden Formulierung der Vorschriften wird es Fälle geben, die sich nur im Wege der Auslegung lösen lassen. Nach Auffassung des BGH ist ausschlaggebend, ob das unterstellte Unterliegen der beschwerdeführenden Partei 600,- € übersteigt.[333] 197

e) Beschwer. Die Beschwerde ist nur zulässig, wenn sich mit ihr ein Verfahrensbeteiligter gegen eine durch den Ausgangsbeschluss verursachte Beschwer wendet. Dabei darf es nicht lediglich um ideelle Motive gehen, wie etwa das, das einer Partei die vom Erstgericht gewählte Beschlussbegründung nicht zusagt Denn dann fehlt es an einem Angriff auf materiellen Inhalt der Entscheidung.[334] Hat sich die Entscheidung mittlerweile **erledigt,** etwa weil der Drittschuldner die durch die ihm durch den nun aufgehobenen Pfändungs- und Überweisungsbeschluss auferlegte Zahlung bereits erbracht hat,[335] bleibt dem beschwerdeführenden Gläubiger nur noch das Erklären der Hauptsacheerledigung, falls während der Anhängigkeit des Beschwerdeverfahrens die Zahlung erfolgt.[336] Allerdings muss geprüft werden, ob tatsächlich ein Fall der Erledigung der Hauptsache vorliegt. **Beispielsweise** die Richterablehnung erledigt sich nicht dadurch, dass der abgelehnte Richter eine Hauptsacheentscheidung trifft. Dies ist nur der Fall, wenn das Rechtsschutzbedürfnis für die Beschwerde gegen eine das Ablehnungsgesuch zurückweisende Entscheidung deshalb entfällt, weil der Beschwerdeführer in erster Instanz zur Gänze Recht bekommen hat. 198

Beschwerde einlegen kann nur derjenige Verfahrensbeteiligte, der von einer gerichtlichen Anordnung **unmittelbar betroffen** ist. Dies ist nicht immer die Partei der Hauptsache. Im Entschädigungsverfahren nach dem Justizvergütungs- und -entschädigungsgesetz wird unmittelbar nur zu Gunsten und zu Lasten der zu entschädigenden Personen bzw. der Staatskasse entschieden. Das **mittelbare Interesse** der Parteien an der Höhe der letztlich von ihnen zu tragenden Vergütung verhilft ihr dort nicht zu einem Beschwerderecht, ggfs. muss mit einem Rechtsbehelf zugewartet werden, bis die Ausgangsentscheidung so umgesetzt ist, dass sie tatsächlich konkret in Parteirechte eingreift. Dies ist aber erst dann der Fall, wenn gegen eine Partei Kostenansatz ergeht. Dagegen kann sie sich mit der Erinnerung gem. § 66 Abs. 1 GKG zur Wehr setzen. 199

f) Anschlussbeschwerde. Gem. § 567 Abs. 3 ZPO kennt auch das Beschwerdeverfahren ein Anschlussrechtsmittel. Der Gegner kann sich einer Beschwerde jederzeit anschließen, solange das Hauptsacherechtsmittel noch anhängig ist. Dann gilt für ihn die Wertgrenze des § 567 Abs. 2 ZPO nicht. Dagegen muss aber eine Beschwerde gem. § 567 Abs. 1 ZPO überhaupt statthaft sein. 200

Kosten: Gericht: Keine gesonderten, nur der Gegenstandswert des Beschwerdeverfahrens erhöht sich; **Parteivertreter:** Keine gesonderten, der Gegenstandswert für die Gebühren gem. VV Nr. 3500 ff. 201

---

[332] Daraus leitet OLG Bamberg FamRZ 2004, 38, den allgemeinen Rechtsgedanken her, dass eine Beschwerde gegen die Ablehnung einer einstweiligen Anordnung unzulässig ist, wenn eine Hauptsachentscheidung unanfechtbar wäre, diese Auffassung hat der BGH in NJW 2005, 1659 (1660) bestätigt.
[333] BGH NJW 2003, 1504 (1505).
[334] Vgl. OLG Köln, RPfl. 1986, 184.
[335] Diese Konstellation lag der Entscheidung OLG Köln MDR 1984, 60 zugrunde.
[336] Vgl. *Musielak/Ball* Rdn. 19 zu § 567 ZPO.

202 g) **Beschwerderücknahme.** Wird die Beschwerde zurückgenommen, ist entsprechend § 516 Abs. 3 ZPO von Amts wegen auszusprechen, dass der Beschwerdeführer seines Rechtsmittels verlustig ist und die Kosten des Beschwerdeverfahrens zu tragen hat.[337]

203 **Kosten:** Festgebühren gem. KVNr. 1811 entfallen, da für den Ansatz Verwerfung oder Zurückweisung Voraussetzung ist, Wertgebühren, wie etwa KV Nr. 1417, 1418 (von 1,5 auf 1 Gebühr) reduzieren sich, entfallen aber nicht ganz. **Parteivertreter:** An bereits verdienten Gebühren ändert sich nichts mehr, es wird also zu fragen sein, ob die Rücknahme das Entstehen eines Gebührenanspruchs beim Beschwerdegegnervertreter verhindert; dies wird nach VV Vorbemerkung 3 Abs. 2 regelmäßig nicht der Fall sein.

204 **Wertfestsetzung:** Solange keine Gerichtsgebühren anfallen kann diese nicht gem. § 63 Abs. 2 S. 1 GKG geschehen, sondern nur auf Antrag gem. § 33 Abs. 1 RVG.

2. Beschwerdebegründung

205 Eine Beschwerdebegründung ist gesetzlich nicht vorgeschrieben. Die Beschwerde „soll" gem. § 571 Abs. 1 ZPO begründet werden. Deshalb muss eine Beschwerdebegründung auch nicht zwingend mit der Einlegung einer sofortigen Beschwerde vorgelegt werden. Soll eine solche erfolgen, ist es zweckmäßig dies in der Beschwerdeschrift mitzuteilen. Dabei kann der Beschwerdeführer selbst mitteilen, innerhalb welcher Frist er die Beschwerde begründen will. Äußert sich hierzu das Gericht nicht, kann er davon ausgehen, dass er die Beschwerde innerhalb dieser Frist begründen kann. Will das Gericht eine deutlich zu lang gesetzte Begründungsfrist nicht akzeptieren, wird es dies dem Beschwerdeführer unter Mitteilung der Meinung des Gerichts angemessenen Frist gem. § 571 Abs. 3 S. 1 ZPO mitteilen müssen.[338] Wird diese Frist überschritten, gilt gem. § 571 Abs. 3 S. 2 und 3 ZPO Verspätungsrecht.

206 Erklärt der Beschwerdeführer nur, er wolle sein Rechtsmittel noch begründen,[339] ist das Gericht nicht verpflichtet, ihm ausdrücklich eine Äußerungs**frist** zu setzen. Dem Anspruch des Beschwerdeführers auf rechtliches Gehör ist dadurch Genüge getan, dass eine angemessene Zeit zugewartet wird, in der dieser Gelegenheit zur Äußerung hat.[340] Diese Frist wird üblicherweise mit 2–3 Wochen bemessen.[341] Besteht begründeter Anlass zu der Annahme, dass eine Frist nicht gewahrt werden kann, ist gem. 224 Abs. 2 ZPO Fristverlängerung zu beantragen. Auch insoweit kann beim ersten Antrag bei Angabe eines normalerweise akzeptierten Grundes mit Fristverlängerung gerechnet werden.[342]

207 Die Beschwerdebegründung kann im Gegensatz zur Berufungsbegründung frei gestaltet werden. Nach § 571 Abs. 2 ZPO kann sie auf **neue Angriffs- oder Verteidigungsmittel** gestützt werden. Deshalb muss der Ausgangsbeschluss im Hinblick auf eine Beschwerde zunächst nur dahin geprüft werden, ob er auf der richtigen Tatsachen- und Rechtsgrundlage ergangen ist.

208 Neben dem Aufdecken von Fehlern in der Rechtsanwendung ist ein wesentlicher Punkt beim Entwurf der Beschwerdebegründung die Prüfung der Frage, ob durch den

---

[337] BGH LM § 515 ZPO Nr. 1.
[338] Kaum überzeugend ist die Auffassung des OLG Oldenburg, MDR 1990, 1125, eine offensichtlich nach sehr großzügigern Maßstäben erbetene Frist könne ohne vorherigen Hinweis auf einen nach Meinung des Gerichts ausreichenden Zeitraum gekürzt werden.
[339] Hiervon rät *Schneider* ZIP 1986, 1338 mit guten Gründen ab.
[340] BayObLG NJW-RR 1986, 1446 (1447).
[341] BVerfG ZIP 1986, 1336 (1337) hält eine Frist von 2 Wochen für noch angemessen, wenn für eine Äußerung keine Informationen beim Mandanten eingeholt werden müssen; s. auch OLG Köln NJW-RR 1996, 1022 und *Zöller/Gummer* Rdn. 15 zu § 571 ZPO m. w. N.
[342] Vgl. dazu die oben Rdn. 37 zur Berufungsbegründung angestellten Überlegungen.

Beschluss erster Instanz Rechtsauffassungen zu Tage getreten sind, die ggfs der Prüfung in der Rechtsbeschwerdeinstanz bedürfen.[343] Denn für diesen Fall ist der **gesetzliche Richter** in jedem Fall der Spruchkörper und nicht der Einzelrichter, auch wenn in erster Instanz der Einzelrichter entschieden haben sollte. Deshalb sollte in einem solchen Fall bereits in der Beschwerdebegründung inhaltlich aufgezeigt werden, warum für den Fall, dass das Beschwerdegericht die Auffassung des Erstgerichts teilt, die Rechtsbeschwerde zuzulassen wäre und demzufolge eine Entscheidung des gesamten Spruchkörpers zu treffen ist.

Inhaltlich ist in einem solchen Fall genau wie bei Berufung und Revision darauf abzustellen, ob die Angelegenheit grundsätzliche Bedeutung hat (§ 574 Abs. 2 Nr. 1 ZPO) oder die Fortbildung des Rechts bzw. die Sicherung der Einheitlichkeit der Rechtsprechung eine Entscheidung des Rechtsbeschwerdegericht erfordern (§ 574 Abs. 2 Nr. 2 ZPO).[344] Bei Prüfung der Frage, ob eine mit entsprechendem Aufwand vorzubereitende Frage vorliegt, sollte mit Augenmaß überlegt werden. Der Alltag eines Beschwerderichters besteht nicht in der permanenten Prüfung von grundsätzlichen oder sonst bedeutsamen Rechtsfragen. Vielmehr besteht die Routine darin, zunächst die für eine Entscheidung erforderlichen Einzelheiten des Sachverhalts zusammenzustellen und danach zu fragen, aufgrund welcher Rechtsnormen der Fall zu entscheiden ist. Dabei stellt sich in aller Regel heraus, dass bei entsprechend sorgfältigem Vorgehen auf Rechtsprechung zurückgegriffen werden kann, in der die Eckdaten des Problems geklärt sind, die nun auf den jetzt zu entscheidenden Einzelfall anzuwenden sind.

Bei solchen Überlegungen kann ein mehr oder minder unterschiedslos gestellter Antrag, die **Rechtsbeschwerde zuzulassen,** falls das Gericht die Meinung des Antragenden im Hinblick auf das Ergebnis des Beschwerdeverfahrens nicht teilt, nur störend wirken. Wird dagegen eine tatsächlich in Rechtsprechung und Literatur unterschiedlich behandelte Frage aufgedeckt und ausreichend plausibel dargestellt, warum im Einzelfall eine Entscheidung des Rechtsbeschwerdegerichts erforderlich ist, wird dies als positiver Beitrag für die zu anzustellenden Vorüberlegungen empfunden werden. Hat das Erstgericht eindeutig einen Rechtsfehler begangen, reicht der Hinweis darauf und auf die Behandlung des Problems in der Rechtsprechung aus. Trifft der Hinweis zu, ist für den Beschwerderichter, der die Frage der Rechtsbeschwerdezulassung von Amts wegen zu prüfen hat, klar, dass er bei abweichender Rechtsauffassung eine Entscheidung des Spruchkörpers herbeizuführen hat. In dieser muss dann ggfs die Rechtsbeschwerde zugelassen werden.

3. Abhilfeverfahren

Nach Eingang der Beschwerde bzw. Zuleitung durch das Beschwerdegericht hat das Erstgericht in derselben Besetzung wie im Ausgangsverfahren[345] gem. § 572 Abs. 1 ZPO das Abhilfeverfahren durchzuführen. Dafür gelten die allgemeinen Vorschriften der Zivilprozessordnung genauso wie im Hauptsacheverfahren und damit auch die gleichen richterlichen Pflichten. Das Gericht ist also verpflichtet, den Vortrag in der

---

[343] Soweit diese eröffnet ist, s. dazu unten Rdn. 223 zur Frage der Rechtsmittelzulassung im Beschluss des Beschwerdegerichts.
[344] Zu den einzelnen Zulassungsgründen s. auch *Seiler/Wunsch* NJW 2003, 1840 (1843 ff.) und *v. Gierke/Seiler* NJW 2004, 1497, sowie oben Rdn. 80 ff. und Rdn. 155 ff.
[345] Etwa OLG Düsseldorf MDR 2003, 230 ist zu entnehmen, dass es Zivilkammern an Landgerichten gibt, bei denen im Abhilfeverfahren die Kammer statt des vorher tätigen Einzelrichters entscheidet. Dies ist ein Verstoß gegen den gesetzlichen Richter, falls nicht gleichzeitig eine Übertragung des gesamten Rechtsstreits auf die Kammer gem. §§ 348 Abs. 3, 348a Abs. 2 ZPO stattfindet.

Beschwerdebegründung zur Kenntnis zu nehmen,[346] bzw. bei nicht begründeter Beschwerde entweder der Partei Gelegenheit zur Begründung zu geben oder jedenfalls einen angemessenen Zeitraum abzuwarten, ob noch eine Begründung vorgelegt wird. Für den Vortrag in der Beschwerdeschrift gelten anders als im Berufungsverfahren gem. § 571 Abs. 2 ZPO keinerlei Einschränkungen, so dass sich sogar die Situation ergeben kann, dass eine weitere mündliche Verhandlung stattfinden muss, etwa um Zeugen zu hören, ob die mit einem Zwangsgeld belegte Partei tatsächlich gegen ein gerichtliches Unterlassungsgebot verstoßen hat.

212 Es gilt gem. § 139 Abs. 1–3 ZPO auch die richterliche **Hinweispflicht,** außerdem ist jeweils rechtliches Gehör zu gewähren. Ergibt sich mit Eingang der Beschwerdeschrift, dass der Beschwerdeführer mit seinem nun als schlüssig anzusehenden Vorbringen Erfolg haben könnte, ist dem Gegner Gelegenheit zur Stellungnahme zu gewähren. Dies geschieht zweckmäßigerweise unter Hinweis auf die Gesichtspunkte, die eventuell eine Abhilfe veranlassen könnten. Scheitert eine Abhilfe an Gesichtspunkten, die der Beschwerdeführer nicht gesehen haben kann, ist er auf diese hinzuweisen. Ist die Beschwerde verfristet, muss kundgetan werden, dass eine Abhilfe schon unter diesem Aspekt nicht erfolgen kann. Beantragt der Beschwerdeführer Wiedereinsetzung in den vorigen Stand, hat das Erstgericht über eine Abhilfe zu entscheiden, wenn es den Wiedereinsetzungsantrag für begründet hält. Ist dies nicht der Fall, ist die Beschwerde zur endgültigen Entscheidung über die Frage der Verfristung dem Beschwerdegericht vorzulegen.[347]

4. Entscheidung im Abhilfeverfahren

213 **a) Unzulässige Beschwerde.** Ist die Beschwerde unstatthaft oder nicht zulässig, bedarf es keiner Nichtabhilfeentscheidung in der Sache. Dann fehlt es an einer Abhilfekompetenz des Erstgerichts, weil bei nicht gegebenem Rechtsmittel eine Abhilfe nur unter den Voraussetzungen des § 321a ZPO erfolgen kann. Soweit in der Rechtssprechung vertreten wird, dass das Erstgericht eine nicht statthafte Beschwerde nicht vorzulegen braucht,[348] mag dies ein für die Praxis gelegentlich nützlicher Hinweis sein, trifft allerdings nicht den rechtlichen Kern der Angelegenheit. Da die sofortige Beschwerde ein Rechtsmittel mit Devolutiveffekt ist, der immer dann greift, wenn ihr nicht abgeholfen wird, liegt die Verwerfungskompetenz allein beim angegangenen Beschwerdegericht.[349]

214 **b) Zulässige Beschwerde. aa) Entscheidungsgrundlage.** Grundsätzlich ist der Beschwerdeführer mit sämtlichem Vorbringen zu hören, das er im Abhilfeverfahren anbringt. Da gem. § 128 Abs. 4 ZPO regelmäßig ohne mündliche Verhandlung zu entscheiden ist, gilt die Zäsur des Schlusses der mündlichen Verhandlung nicht. Es ist grundsätzlich jedes Vorbringen zu berücksichtigen, dass vor Erlass der Beschwerdeentscheidung bei Gericht eingeht. Diese ist erst dann ergangen, wenn sich das Gericht der Entscheidung „entäußert" hat,[350] sie also den inneren Bereich des Gerichts verlassen hat. Dies ist der Fall, wenn der Beschluss aus der Geschäftsstelle zu Zustellzwecken abgegangen ist. Im Einzelfall kann das Gericht damit konfrontiert werden, dass vor Hinausgabe eines Beschlusses ein weiterer Schriftsatz eingeht. Dieser muss bei der zu treffenden Entscheidung berücksichtigt werden. Daraus kann sich die Konsequenz ergeben, dass ein bereits gefundenes Beratungsergebnis erneut zu überprüfen ist.

---

[346] Nach OLG Brandenburg MDR 2002, 844 besteht eine Amtspflicht zur Kenntnisnahme.
[347] Ebenso *Zöller/Greger* Rdn. 1 zu § 237 ZPO, zur Rechtspflegererinnerung.
[348] BGH NJW 1957, 1262; OLG Zweibrücken FamRZ 1984, 1031.
[349] OLG Köln Rpfl. 1975, 67.
[350] Vgl. *Zöller/Geimer/Vollkommer* Rdn. 6 zu § 329 ZPO m. w. N.

V. Sofortige Beschwerde

bb) Nichtabhilfebeschluss. Hilft das Erstgericht einer Beschwerde nicht ab, so hat 215 es dies unter Auseinandersetzung mit der gegebenen Sachlage zu begründen. Unabhängig davon, ob dies nun in Form eines Beschlusses zu geschehen hat,[351] wird durch die Vorlage dem sachlichen Petitum des Beschwerdeführers nicht entsprochen. Dies zieht schon nach den Grundsätzen der Gewährung rechtlichen Gehörs eine Begründungspflicht nach sich, weil sonst nicht erkennbar ist, ob sich das Gericht überhaupt mit den zur Begründung vorgebrachten Argumenten auseinandergesetzt hat. Außerdem ist es der Zweck der durch § 572 Abs. 1 ZPO beabsichtigten Fehlerbeseitigung durch Selbstkontrolle, Beschwerdeverfahren auf möglichst einfachem Weg zu erledigen. Deshalb kann eine Vorlage der Beschwerde nur erfolgen, wenn sich das Ausgangsgericht mit dem Beschwerdevorbringen auseinandergesetzt hat. Dies gilt besonders dann, wenn in der Beschwerde neue entscheidungsrelevante Tatsachen vorgetragen sind oder aufzeigt, welcher entscheidungserhebliche Gesichtspunkt bisher keine ausreichende Berücksichtigung gefunden hat.[352] Die Vorlage unter Verwendung der weit verbreiteten Floskel, „auf die Gründe des Beschlusses vom ... wird Bezug genommen, das Beschwerdevorbringen gibt zu einer anderen Entscheidung keinen Anlass", kann Hinweis für das Vorliegen von wesentlichen Verfahrensmängeln sein. Die dann naheliegende Verletzung des Grundsatzes der Gewährung rechtlichen Gehörs kann auch im Beschwerdeverfahren im Einzelfall die Aufhebung der Vorlageentscheidung und die Zurückverweisung an das Erstgericht zur ordnungsgemäßen Durchführung des Abhilfeverfahrens rechtfertigen.[353]

cc) Abhilfebeschluss. Hilft das Erstgericht der Beschwerde ganz oder teilweise ab, 216 erledigt es den insoweit anhängigen Prozessstoff insgesamt, weil dann ein neues, überprüfendes Verfahren nur aufgrund einer erneuten Beschwerde der nun betroffenen Partei in Gang kommen kann. Deshalb muss durch Beschluss als der regelmäßigen Entscheidungsform außerhalb des Urteilsverfahrens[354] entschieden werden. Wird das Beschwerdeverfahren auf dem Weg erledigt, dass der Beschwerde insgesamt abgeholfen wird, muss in den Verfahren, in denen eine Kostenerstattung stattfindet,[355] eine **Kostenentscheidung** ergehen.[356] Grundsätzlich ist dies in allen Beschwerdeverfahren nach der Zivilprozessordnung[357] der Fall, wenn nicht der Ausschluss der Kostenerstattung gesetzlich angeordnet ist, wie das im Prozesskostenhilfeverfahren gem. § 127 Abs. 4 ZPO gilt. Zu einzelnen Beschwerdeverfahren wird auch vertreten, dass deren Kosten Teil der Hauptsachekosten sind, über die im Beschwerdeverfahren nicht gesondert zu entscheiden ist. Dies ist etwa im Ablehnungsverfahren gem. §§ 42 ff. ZPO der Fall[358] oder wenn entgegen der ursprünglichen Ablehnung im Beschwerdeverfahren die Durchführung eines selbständigen Beweissicherungsverfahren angeordnet wird. Dann ist über

---

[351] So OLGe Stuttgart MDR 2003, 110, Koblenz Rpfl. 1974, 260 und Frankfurt Rpfl. 1978, 104.

[352] Vgl. dazu etwa OLG München Rpfl. 2004, 167 (168).

[353] Vgl. *Zöller/Gummer* Rdn. 7 zu § 572 ZPO m.w.N.; *Pauling* S. 130, Rdn. 80, sowie *Rosenberg/Schwab/Gottwald* § 146, Rdn. 30 und OLG Hamm, MDR 2004, 412.

[354] Vgl. *Zöller/Vollkommer* Rdn. 1 f. vor § 300 ZPO.

[355] Erstattungsfähige Anwaltskosten entstehen im Beschwerdeverfahren regelmäßig schon mit Einreichung der Beschwerde, der nun abgeholfen wird (vgl. etwa *Hartmann* Rdn. 3 zu VV Nr. 3500).

[356] Bei Teilabhilfe ist vom Beschwerdegericht wegen des Grundsatzes der Einheitlichkeit der Kostenentscheidung insgesamt über die Frage der Kostentragungspflicht zu entscheiden.

[357] Bei Beschwerdeverfahren nach dem GKG ist Kostenerstattung regelmäßig ausgeschlossen, vgl. etwa § 66 Abs. 8 S. 2 GKG.

[358] Strittig, vgl. *Zöller/Vollkommer* a.a.O., Rdn. 20 zu § 46 ZPO; der BGH hat nun entschieden, dass es auch im Beschwerdeverfahren nach Zurückweisung eines Ablehnungsantrags eine Kostenerstattungspflicht gibt, NJW 2005, 2233.

die Kostentragungspflicht für das Beschwerdeverfahren erst mit der Hauptsache zu entscheiden.[359]

5. Das Beschwerdeverfahren

217 **a) Gesetzlicher Richter. aa) Einzelrichter.** Gem. § 568 S. 1 ZPO entscheidet das Beschwerdegericht durch den originären Einzelrichter,[360] falls die angefochtene Entscheidung von einem Einzelrichter oder einem Rechtspfleger getroffen wurde. Der Vorsitzende der Handelskammer ist, auch wenn er allein entscheidet, kein Einzelrichter.[361]

218 In Prozesskostenhilfesachen, hat grundsätzlich der Einzelrichter zu entscheiden, wenn das Erstgericht durch den Einzelrichter entschieden hat. Deshalb kann dieser das Verfahren auch nur dann auf den Spruchkörper übertragen, wenn die Voraussetzungen des § 568 S. 2 ZPO vorliegen, die Sache also besondere Schwierigkeiten tatsächlicher oder rechtlicher Art aufweist oder die Sache grundsätzliche Bedeutung hat. Dies wird nicht bei jeder Prozesskostenhilfeentscheidung der Fall sein, so dass unabhängig von der Frage, in welcher Besetzung das Berufungsgericht in einem Berufungsverfahren entscheiden würde, der Einzelrichter zuständig bleibt.[362]

219 **bb) Spruchkörper.** Das OLG entscheidet gem. § 122 Abs. 1 GVG grundsätzlich durch den vollbesetzten Senat, wenn in der ersten Instanz eine Zivilkammer in voller Besetzung entschieden hat.

220 Unerlässlich ist eine Spruchkörperentscheidung auch dann, wenn der Einzelrichter der Auffassung ist, dass die Rechtsbeschwerde oder die weitere Beschwerde zuzulassen ist. Zwar kann nach §§ 568 S. 3 ZPO ein Rechtsmittel nicht auf die erfolgte oder unterbliebene Übertragung gestützt werden. Allerdings entspricht es der ständigen Rechtsprechung des BGH, dass eine Entscheidung, die unter Verletzung des Gebots des gesetzlichen Richters zustande gekommen ist, von Amts wegen der Aufhebung im Rechtsbeschwerdeverfahren unterliegt.[363] Deshalb werden im Rechtsbeschwerdeverfahren nahezu ausnahmslos alle Entscheidungen,[364] in denen ein Einzelrichter die Rechtsbeschwerde zugelassen hat, aufgehoben und die Angelegenheit zur erneuten Verhandlung und Entscheidung an das Beschwerdegericht zurückverwiesen.

221 **b) Verfahren des Beschwerdegerichts.** Im Beschwerdeverfahren gelten generell dieselben **richterlichen Pflichten** wie im Abhilfeverfahren, auch das Beschwerdegericht ist jederzeit zu **Hinweisen** und zur Gewährung rechtlichen Gehörs verpflichtet.[365]

222 **c) Entscheidung des Beschwerdegerichts.** Für die durch Beschluss zu treffenden Entscheidung des Beschwerdegerichts gelten keine anderen Erwägungen als für die des

---

[359] Vgl. *Zöller/Herget* Rdn. 5 zu § 490 ZPO.
[360] Hier gilt eine mit § 348 Abs. 1 Nr. 1 ZPO vergleichbare Einschränkung für die Tätigkeit von Proberichtern nicht, die also vom ersten Tag ihrer Richtertätigkeit an im Beschwerdeverfahren als Einzelrichter tätig sein können, BGH NJW 2003, 1875 (1876).
[361] BGH NJW 2004, 856.
[362] A. A. OLG Köln NJW 2002, 1436; wie hier OLG Celle NJW 2002, 2329.
[363] Deshalb hat das OLG Hamburg in einem seiner Meinung nach grundsätzlichen Fall auf die Gegenvorstellung einer Partei einen vom Einzelrichter getroffenen Beschluss durch diesen aufgehoben und die Angelegenheit sodann dem Senat zur Entscheidung vorgelegt, vgl. MDR 2003, 1371.
[364] Eine Ausnahme gilt dann, wenn die zu entscheidende Frage die originäre Zuständigkeit des Einzelrichters betrifft, insoweit ist die Vorlage zulässig, weil sich die Frage nach der Übertragung nicht mehr stellen könnte, BGH NJW 2004, 856.
[365] Soeben Rdn. 212.

V. Sofortige Beschwerde

Abhilfegerichts. Sie ist prinzipiell mit einer Begründung zu versehen,[366] die allerdings bei einer Beschwerde, die in einer Wiederholung des Vorbringens im Ausgangsverfahren besteht, im Wesentlichen aus einer Bezugnahme auf die Ausführungen des Erstgerichts bestehen kann. Dies setzt allerdings voraus, dass insoweit eine brauchbare Begründung vorliegt. In jedem Verfahren muss eine Kostenentscheidung getroffen werden. Fällt eine Gerichtsgebühr als Wertgebühr an, ist der Gegenstandswert festzusetzen.[367]

Das Beschwerdegericht muss von Amts wegen über die Frage entscheiden, ob die **Rechtsbeschwerde** oder die weitere Beschwerde **zuzulassen** ist. Zunächst muss geprüft werden, ob im konkreten Fall der Rechtsweg zum Rechtsbeschwerdegericht eröffnet ist.[368] Dies verneint der BGH bei Kostenentscheidungen, wenn der Rechtsmittelzug in der Hauptsache begrenzt ist,[369] wie das im Eilverfahren gem. § 542 Abs. 2 ZPO der Fall ist.[370] Bei Prozesskostenhilfeentscheidungen kann nur hinsichtlich der Frage der persönlichen Voraussetzungen oder Verfahrensproblemen die Rechtsbeschwerde zugelassen werden. Liegen dagegen in der Sache die Voraussetzungen der Rechtsbeschwerdezulassung vor, ist die PKH zu bewilligen.[371] Eine gewährte Wiedereinsetzung kann wegen deren Unanfechtbarkeit aus § 238 Abs. 3 ZPO nicht mit der Rechtsbeschwerde angegriffen werden.[372] Ist die Rechtsbeschwerde bereits kraft Gesetzes zulässig, bindet eine dennoch ergangene Zulassungsentscheidung das Rechtsbeschwerdegericht nicht.[373] Etwa das GKG[374] oder das JVEG sehen eine Rechtsbeschwerde nicht vor. Im Verfahren der Rechtswegentscheidung gem. § 17a GVG ist nach dem Wortlaut der Vorschrift nur gegen Entscheidungen der Oberlandesgerichte die Rechtsbeschwerde zum BGH möglich,[375] während nach dem Gesetzeswortlaut gegen Entscheidungen der Landgerichte ein Rechtsmittel nicht stattfindet.[376] Der BGH hält eine Auslegung von § 17a Abs. 4 S. 4 GVG im Wege der Rechtsfortbildung für möglich, die auch den Landgerichten die Befugnis gibt, aus den Gründen des Satzes 5 die Rechtsbeschwerde zum BGH zuzulassen.[377]

Ferner muss geprüft werden, ob hinsichtlich der Normen, die eine Rechtsmittelzulassung veranlassen könnten, die Möglichkeit besteht, deren Verletzung mit der Rechtsbeschwerde zu rügen. **Rügen** können im Rechtsbeschwerdeverfahren nach § 576 Abs. 1 ZPO nur auf eine Verletzung des Bundesrechts oder solcher Vorschriften gestützt werden, deren Geltungsbereich sich über den Bezirk eines Beschwerdegerichts hinaus erstreckt.[378] Zuständigkeitsrügen sind gem. § 576 Abs. 2 ZPO ausgeschlossen.[379]

---

[366] Die Meinung des BVerfG zu Formularbegründungen ergibt sich z.B. aus BVerfG NJW 2002, 1941 (1942).
[367] § 63 Abs. 2 S. 1 GKG.
[368] Sonst bleibt die getroffene Entscheidung trotz Rechtsmittelzulassung unanfechtbar, vgl. *Seiler/Wunsch* NJW 2003, 1840 (1842).
[369] BGH MDR 2004, 109 und 2203, 1195 jeweils m.w.N.
[370] Dies gilt auch für die Zurückweisung eines Antrags auf Erlass einer einstweiligen Verfügung im Beschlussverfahren gem. §§ 936 Abs. 2, 567 Abs. 1 Nr. 2 ZPO, BGH NJW 2003, 153.
[371] BGH NJW 2003, 1126. Gegen die Bewilligung von PKH im Beschwerdeverfahren ist auch eine zugelassene Rechtsbeschwerde wegen § 127 Abs. 2 S. 1 ZPO unzulässig, BGH NJW 2002, 3554.
[372] BGH NJW 2003, 211 (212).
[373] BGH NJW-RR 2003, 784 (785), kritisch dazu *Seiler/Wunsch* NJW 2003, 1840 (1842f.).
[374] BGH BRAGOreport 2003, 56, stattdessen nun die weitere Beschwerde gem. § 33 Abs. 6 S. 1 RVG, 66 Abs. 4 S. 1 GKG.
[375] Vgl. BAG JurBüro 2003, 42.
[376] Vgl. dazu *Zöller/Gummer* Rdn. 16a zu § 17a GVG.
[377] BGH NJW 2003, 2913 (2914); s. dazu auch *Deubner* JuS 2004, 31.
[378] Zu der Divergenz zwischen verschiedenen Beschwerdegerichten s. oben Rdn. 145.
[379] Ausnahme: Internationale Zuständigkeit BGH NJW 2003, 426 u. 2916, s. auch oben Rdn. 146.

225 In der Frage der **Rechtsmittelzulassung** muss das Gericht nicht ohne Anlass nachforschen, ob aus einem ihm nicht bekannten Grund die Rechtsbeschwerde zuzulassen sein könnte. Bietet weder der Parteivortrag noch die zu entscheidende Rechtsfrage hierzu Anlass, wird regelmäßig entschieden werden können, ohne auf die Frage der Zulassung der Rechtsbeschwerde überhaupt einzugehen.[380] Stellt sich allerdings im Einzelfall die Frage, ob die Rechtsbeschwerde gem. § 574 Abs. 2 Nr. 2 ZPO zuzulassen ist, muss sich der gesamte Spruchkörper zur Frage der Grundsätzlichkeit, bzw. der Sicherung der Einheitlichkeit der Rechtsprechung oder der Fortbildung des Rechts äußern.[381] Der Einzelrichter wird sich dazu erklären müssen, warum gem. § 568 S. 2 ZPO die Voraussetzungen für eine Übertragung der Angelegenheit auf den Spruchkörper nicht vorliegen.

226 Bei Zulassung der Rechtsbeschwerde oder der weiteren Beschwerde wachsen die Anforderungen an eine **Beschlussbegründung** beträchtlich. Denn das Rechtsbeschwerdegericht ist zur eigenen Tatsachenfeststellung nicht befugt. Damit muss es seiner Entscheidung die vom Beschwerdegericht getroffenen Feststellungen zu Grunde legen. Sind diese mangels tatbestandlicher Feststellungen im Beschwerdebeschluss nicht feststellbar, führt dies auf die Rechtsbeschwerde von Amts wegen zur Aufhebung und Zurückverweisung an das Beschwerdegericht.[382]

227 Kosten: Gerichtskosten: Im allgemeinen Zivilprozess kommt regelmäßig KV Nr. 1811, Festgebühr 50,– € bei Verwerfung oder Zurückweisung zur Anwendung. Ausnahme ist beispielsweise die sofortige Beschwerde gegen die Zurückweisung eines Antrags auf Erlass einer Einstweiligen Verfügung gem. KV Nr. 1417 (1,5 Wertgebühr). **Beschwerdeführervertreter:** jedenfalls VV Nr. 3500 0,5 Verfahrensgebühr **Beschwerdegegnervertreter:** jedenfalls VV Nr. 3500, Vorbemerkung 3 Abs. 1, 0,5 Verfahrensgebühr

228 Wertfestsetzung: Gem. § 63 Abs. 2 S. 1 am Instanzende durch das Beschwerdegericht, wenn Gerichtsgebühren nach Wert zu erheben sind, dies ist bei Festgebühren oder Erfolg der Beschwerde regelmäßig nicht der Fall; in einem solchen Fall ist eventuell ein Antrag nach § 33 Abs. 1 BRAGO zu stellen.

VI. Beschwerde

229 Die Zivilprozessordnung selbst sieht die einfache Beschwerde nicht mehr vor. Vorgesehen ist sie aber in §§ 33 Abs. 3 S. 1 RVG, 66 Abs. 2, 68 Abs. 1 GKG.[383] Es gelten für **Einlegung** und Behandlung der Beschwerden keine wesentlichen Besonderheiten, weil auch bei diesen ein **Abhilfeverfahren** durchzuführen ist. Dagegen gibt es abgesehen von § 33 Abs. 3 S. 3 RVG keine Beschwerde**frist,** aber gelegentlich, wie in § 68 Abs. 1 S. 3 GKG eine Ausschlussfrist, innerhalb derer die Beschwerde einzulegen ist. In Beschwerdesachen findet in der Regel keine Rechtsbeschwerde statt, weil der Rechtsmittelzug insoweit gesondert in der jeweiligen Spezialvorschrift geregelt ist und spätestens beim Gericht der weiteren Beschwerde endet. Auch in diesen Verfahren gilt gem. § 33 Abs. 4 S. 2 RVG, 66 Abs. 3 S. 2 die besondere Zuständigkeit der Oberlandesgerichte aus § 119 Abs. 1 Nr. 1, Abs. 2 und 3 GVG. Da die Beschwerde aber gem. §§ 33 Abs. 7 S. 2 RVG, 66 Abs. 5 S. 4 GKG beim Ausgangsgericht einzulegen ist, können sich hieraus keine Probleme ergeben. Insoweit haben die Gerichte selbst über die Zuständigkeit zu befinden.

---

[380] Siehe dazu oben in Rdn. 7 die Ausführungen zur Berichtigung.
[381] Siehe dazu schon oben Rdn. 208 und 220.
[382] §§ 576 Abs. 3, 547 Nr. 6 ZPO; BGH Rpfl. 2002, 645, NJW 2002, 2648 und NJW-RR 2005, 78.
[383] Bzw. §§ 5 Abs. 2, 25 Abs. 3 GKG a. F., 16 Abs. 2 ZSEG, soweit nach den Übergangsvorschriften noch anwendbar.

VII. Rechtsbeschwerde   230–235   13. Kap.

Hinsichtlich der **Zulassung der weiteren Beschwerde** „wegen der grundsätzli- 230
chen Bedeutung der zur Entscheidung stehenden Frage"[384] gelten grundsätzlich keine
anderen Erwägungen als zur Zulassung der Rechtsbeschwerde.[385] Zwar sind die Fortbildung des Rechts und die Sicherung einer einheitlichen Rechtsprechung nicht erwähnt, dies hat seinen Grund aber darin, dass die Grundsatzbedeutung als Oberbegriff diese Unterfälle enthält. Nachdem durch die ZPO-Reform eine Definition der Zulassungsgründe für die streitige Gerichtsbarkeit erfolgt ist,[386] war eine erneute Definition im Kostenrechtsmodernisierungsgesetz[387] nicht mehr erforderlich.

Kosten: Das Beschwerdeverfahren ist gebührenfrei, Kosten werden nicht erstattet, vgl. etwa 231
§ 66 Abs. 8 GKG.

VII. Rechtsbeschwerde

1. Einlegen der Rechtsbeschwerde

a) Beschwerdefrist. Nach § 575 Abs. 1 S. 1 ZPO ist die Rechtsbeschwerde inner- 232
halb eines Monats nach Zustellung des Beschlusses einzulegen. Bei Versäumnis der
Beschwerdefrist muss die Frage der Wiedereinsetzung geprüft werden.[388] Im Hinblick
auf die teilweise unterschiedlichen und eigenständigen Regelungen zu den Beschwerden hat der BGH ausdrücklich entschieden, dass dem durch eine fehlerhafte Rechtsmittelbelehrung Benachteiligten auch das Rechtsmittel zur Verfügung steht, auf das das Ausgangsgericht rechtsfehlerhaft hingewiesen hat.[389]

Die Rechtsbeschwerde ist an den BGH zu richten. Deshalb ist gem. § 78 Abs. 1 S. 4 233
ZPO in diesem Fall zwingend ein **beim BGH zugelassener Rechtsanwalt** hinzuzuziehen.[390] Der Bezirksrevisor hat im Verfahren der Prozesskostenhilfe nach § 127
Abs. 3 ZPO eine besondere Stellung, so dass er auch ohne anwaltliche Vertretung
beim BGH postulationsfähig ist.[391]

b) Formalien. Die fristwahrende Wirkung der Beschwerdeeinlegung tritt nur dann 234
ein, wenn diese die angegriffene Entscheidung identitätssicher bezeichnet. Hierzu ist
das Aktenzeichen zweitinstanzlichen Gerichts sowie das Datum des Beschlusses anzugeben. Außerdem muss erkennbar sein, für und gegen wen Beschwerde eingelegt
wird, Parteien und Parteirollen sind zu bezeichnen (vgl. §§ 575 Abs. 4 S. 1, 130 Nr. 1
ZPO). Die Rechtsbeschwerde muss als bestimmender Schriftsatz gem. §§ 129, 130
ZPO zwingend **unterschrieben** oder gem. § 130a Abs. 1 S. 2 ZPO mit einer elektronischen Signatur versehen sein.

c) Statthaftigkeit der Rechtsbeschwerde. Die Rechtsbeschwerde ist gem. § 574 235
Abs. 1 Nr. 1 ZPO statthaft, wenn sie gesetzlich oder gem. § 574 Abs. 1 Nr. 2 ZPO
durch das zweitinstanzliche Gericht zugelassen ist.[392] Die Zulassung durch das Vorder-

---

[384] So die Formulierung in §§ 33 Abs. 6 S. 1 RVG, 66 Abs. 4 S. 1 GKG.
[385] Vgl. soeben Rdn. 223.
[386] Vgl. dazu etwa *Zöller/Gummer* Rdn. 7 ff. zu § 543 ZPO.
[387] Vom 5. 5. 2004, BGBl. I, 717.
[388] Siehe oben Rdn. 21 f., vgl. etwa BGH NJW 2003, 3782, zur Wiedereinsetzung nach Bewilligung von Prozesskostenhilfe für das Rechtsbeschwerdeverfahren.
[389] BGH NJW-RR 2003, 277 (279).
[390] BGH NJW 2002, 2181; eine Liste aller beim Bundesgerichtshof zugelassener Rechtsanwälte ist über dessen Internetseite abzurufen (www.bundesgerichtshof.de, Stichwort „Der BGH"). Zu den Voraussetzungen der Beiordnung eines beim BGH zugelassenen Notanwalts vgl. BGH NJW-RR 2004, 864.
[391] BGH NJW-RR 2005, 1237.
[392] Gegen die Nichtzulassung der Rechtsbeschwerde gibt es kein Rechtsmittel, BGH FamRZ 2004, 440.

gericht hat nur dann keine Bindungswirkung für das Rechtsbeschwerdegericht, wenn durch diese ein gesetzlich nicht vorgesehenes Rechtsmittel eröffnet wird.[393]

236 **d) Beschwer.** Die Rechtsbeschwerde ist ebenso wie die sofortige Beschwerde nur zulässig, wenn durch sie eine konkrete Beschwer durch den zweitinstanzlichen Beschluss beseitigt werden soll.[394]

237 **e) Anschlussrechtsbeschwerde.** Gem. § 574 Abs. 4 S. 1 ZPO kennt auch das Rechtsbeschwerdeverfahren ein Anschlussrechtsmittel. Der Gegner kann sich einer Rechtsbeschwerde innerhalb einer Notfrist von einem Monat nach Zustellung der Begründung der Rechtsbeschwerde anschließen. Für ihn gilt das Erfordernis der Beschwerdezulassung nicht. Da die Hauptbeschwerde die Rechtskraft eines angegriffenen Beschlusses nur soweit hemmt, als sie diesen angreift, muss bei mehreren Beschlussgegenständen geprüft werden, ob die Anfechtung nur eines von mehreren Gegenständen des Ausgangsbeschlusses tatsächlich die Anschlussrechtsbeschwerde auf einen weiteren, bisher nicht angegriffenen und selbständigen Beschlussgegenstand eröffnet.[395]

238 Die Anschlussrechtsbeschwerde ist in der Anschlussschrift, also spätestens bis Ablauf eines Monats nach Zustellung der Begründung der Rechtsbeschwerde zu begründen. Nach dem eindeutigen Wortlaut von § 574 Abs. 4 S. 3 ZPO gibt es insoweit ebenso wenig wie bei der Anschlussrevision[396] eine Fristverlängerungsmöglichkeit.

239 **Kosten:** Gericht: Keine gesonderten, nur der Gegenstandswert des Rechtsbeschwerdeverfahrens erhöht sich; Parteivertreter: Keine gesonderten, der Gegenstandswert für die Gebühr gem. VV Nr. 3502.

240 **Wertfestsetzung:** Gem. § 33 Abs. 1 RVG nur auf Antrag, falls nicht eine Gerichtsgebühr nach Wert anfällt.

241 **f) Zurücknahme der Rechtsbeschwerde.** Die Rechtsbeschwerde ist jederzeit **frei rücknehmbar,** insoweit gilt § 516 Abs. 3 ZPO entsprechend.[397] Der Verlust des Rechtsmittels und die Kostentragungspflicht wird von Amts wegen durch Beschluss ausgesprochen.

242 **Kosten: Gerichtskosten:** Festgebühren fallen bei Erledigung durch Rücknahme nicht an, bei Zurückweisung oder Verwerfung KV Nr. 1823 Festgebühr 100,– €, bei Wertgebühren vermindert sich die Gebühr durch Rücknahme vor Begründung, vgl., etwa KV Nrn. 1820, 1821 bei Berufungsverwerfung, Reduzierung von 2 auf 1 Wertgebühr **Beschwerdeführer:** jedenfalls aus VV Nr. 3502 1 Verfahrensgebühr. **Beschwerdegegner:** Mind. 0,5 Verfahrensgebühr aus VV Nr. 3503, 3201 Nr. 1.[398]

243 **Wertfestsetzung:** Gem. § 33 Abs. 1 RVG nur auf Antrag, falls nicht eine Gerichtsgebühr nach Wert anfällt.

2. Begründung der Rechtsbeschwerde

244 **a) Gesetzlich zugelassene Rechtsbeschwerde.** Nach § 575 Abs. 3 Nr. 2 ZPO muss in den Fällen der gesetzlich zugelassenen Rechtsbeschwerde das **Vorliegen der**

---

[393] BGH NJW 2003, 1531 m. w. N.
[394] Siehe hierzu bereits oben Rdn. 196 f.
[395] Siehe dazu schon oben Rdn. 163 f. zur Anschlussrevision.
[396] Siehe dazu oben Rdn. 166.
[397] So BGH NJW 2003, 756 zur Nichtzulassungsbeschwerde.
[398] Wenn der zweitinstanzliche Prozessbevollmächtigte berechtigterweise mit der Vertretung im Rechtsmittelverfahren beauftragt ist, was schon bei Beratung in Angelegenheiten der Rechtsmittelinstanz der Fall ist, BGH NJW 2003, 756, so dass § 19 Abs. 1 S. 2 Nr. 9 RVG (§ 37 Nr. 7 BRAGO) nicht mehr greift. Zu der strittigen Abgrenzung vgl. etwa *Zöller/Herget* Rdn. 13 Stichwort „Berufung" zu § 91 ZPO oder *Hartung/Römermann* Rdn. 69 ff. zu § 19 RVG.

VII. Rechtsbeschwerde 245–248   13. Kap.

Zulassungsgründe aus § 574 Abs. 2 ZPO ausdrücklich dargetan werden. Fehlt es an dieser Darstellung, muss die Rechtsbeschwerde verworfen werden.

Inhaltlich ist wie bei Berufung und Revision darauf abzustellen, ob die Angelegenheit grundsätzliche Bedeutung hat (§ 574 Abs. 2 Nr. 1 ZPO) oder die Fortbildung des Rechts bzw. die Sicherung der Einheitlichkeit der Rechtsprechung eine Entscheidung des Rechtsbeschwerdegericht erfordern (§ 574 Abs. 2 Nr. 2 ZPO).[399] Für die Zulässigkeit der Rechtsbeschwerde ist es ausreichend, dass es unabhängig von der Frage, ob der aufgezeigte Zulassungsgrund entscheidungserheblich ist, geboten ist, die angefochtene Entscheidung jedenfalls in einem Punkt im Rechtsbeschwerdeverfahren zu überprüfen.[400] Deshalb reicht es beispielsweise aus, hinsichtlich einer versagten Wiedereinsetzung darzutun, dass die Rechtsauffassung der Vorinstanz den Zugang zum Instanzenzug in unzumutbarer, aus Sachgründen nicht mehr zu rechtfertigender Weise erschwert. Es ist dann eine Frage der Begründetheit des Rechtsmittels, ob im konkreten Fall tatsächlich dargelegt worden ist, dass die Partei schuldlos daran gehindert war, die versäumte Frist einzuhalten.[401] 245

Die Rechtsbeschwerde hat nach § 577 Abs. 3 ZPO nur dann Erfolg, wenn eine Rechtsverletzung vorliegt und sich die Entscheidung **nicht aus anderen Gründen als richtig** erweist. Deshalb müssen sich die Rügen mit der Entscheidung insgesamt und insbesondere der Frage auseinandersetzen, ob bei Hinwegdenken des gerügten Fehlers eine andere Entscheidung des Vordergerichts jedenfalls möglich wäre. Deshalb muss bei der Rechtsbeschwerdebegründung antizipiert werden, zu welcher Entscheidung das Gericht bei richtiger Rechtsanwendung gekommen wäre. Wurde eine Berufung verworfen, muss geprüft werden, ob es bei Rückgriff auf die sonstigen Feststellungen des Berufungsgerichts dazu nicht gekommen wäre. 246

b) Gerichtlich zugelassene Rechtsbeschwerde. Die Vorgehensweise bei der durch das Berufungs- und Beschwerdegericht zugelassenen Beschwerde ist dadurch einfacher, dass das Rechtsbeschwerdegericht an die Zulassung gebunden ist,[402] und es daher neben der Antragstellung nur der Angabe der Rechtsbeschwerdegründe bedarf.[403] 247

3. Entscheidung des Rechtsbeschwerdegerichts

Das Rechtsbeschwerdegericht entscheidet durch Beschluss. Wegen der Funktion der Rechtsbeschwerde kommt ein Verzicht auf die Darstellung des Sachverhalts nicht in Betracht, wenn das Rechtsbeschwerdegericht selbst positiv über die Zulassung der Rechtsbeschwerde entschieden hat. Diese ist dagegen nicht mehr nötig, wenn über ein Problem, das nach Auffassung des Vordergerichts die Zulassung der Rechtsbeschwerde rechtfertigt, bereits mit ausführlicher Begründung entschieden wurde. Über § 577 248

---

[399] Zu den einzelnen Zulassungsgründen s. auch *Seiler/Wunsch* NJW 2003, 1840 (1843ff.) und oben Rdn. 80ff. sowie 155ff.

[400] So BGH NJW 2004, 367 (368), V. Senat: „Dieser Verstoß ... führt unabhängig davon zur Zulässigkeit der Rechtsbeschwerde, ob er sich auf das Ergebnis auswirkt"; a. A. *ders.* Senat in NJW 2004, 72: Die Beschwerde „ist als unzulässig zu verwerfen, weil die Rechtsfrage, deren Klärungsbedürftigkeit und Klärungsfähigkeit die Bf. darlegt ... nicht entscheidungserheblich ist".

[401] So die Konstellation in BGH NJW 2004, 367 (368). Vgl. dazu auch *v. Gierke/Seiler* NJW 2004, 1497, 1501.

[402] Die Bindungswirkung gilt allerdings nur hinsichtlich des Vorliegens eines Zulassungsgrundes innerhalb eines eröffneten Rechtswegs (vgl. etwa BGH NJW 2003, 1531 m. w. N.), daher muss immer gefragt werden, ob gegen die anzugreifende Entscheidung überhaupt der Rechtsweg zum Rechtsbeschwerdegericht eröffnet ist

[403] Wie soeben in Rdn. 246 beschrieben.

Abs. 6 S. 2 ZPO gilt § 564 ZPO, deshalb muss der Beschluss im Hinblick auf nicht durchgreifende Verfahrensrügen nicht begründet werden.[404]

249 **Kosten: Gerichtskosten:** Regelmäßig KV Nr. 1823 Festgebühr von 100,– €, wenn die Beschwerde zurückgewiesen oder verworfen wird, Ausnahme etwa Rechtsbeschwerde gegen Verwerfung der Berufung KV Nr. 1820 2 Wertgebühren; **Beschwerdeführer:** jedenfalls gem. VV Nr. 3502 1 Verfahrensgebühr. **Beschwerdegegner:** regelmäßig jedenfalls VV Nr. 3503, Vorbemerkung 3 Abs. 2, 0,5 Verfahrensgebühr.[405]

250 **Wertfestsetzung:** Gem. § 63 Abs. 2 S. 1 GKG am Ende der Instanz durch BGH oder auf Antrag gem. § 33 Abs. 1 RVG.

VIII. Weitere Beschwerde

251 Durch das Kostenrechtsmodernisierungsgesetz[406] ist die durch die ZPO-Reform abgeschaffte weitere Beschwerde auf dem Gebiet des Kostenrechts wieder eingeführt worden. Die Neuregelung gilt für Kostenansätze und Streitwertfestsetzungen, auf die das neue Kostenrecht anzuwenden ist.[407]

1. Einlegen der weiteren Beschwerde

252 **a) Zuständiges Gericht.** Die weitere Beschwerde ist gem. §§ 33 Abs. 7 S. 2 RVG, 66 Abs. 5 S. 4 GKG, 4 Abs. 6 S. 2 JVEG bei dem Gericht einzulegen, dessen Entscheidung angefochten ist.

253 **b) Formalien.** Die Beschwerde kann entweder schriftlich oder **zu Protokoll** der Geschäftsstelle eingelegt werden (§§ 33 Abs. 7 S. 1 RVG, 66 Abs. 5 S. 1 GKG, 4 Abs. 6 S. 1 JVEG). Da die Einlegung zu Protokoll der Geschäftsstelle auch durch Übersendung eines formlosen Schreibens geschehen kann, sind insoweit großzügige Maßstäbe anzulegen. Der eigenhändigen Unterschrift bedarf es nicht, es muss nur erkennbar sein, von wem die Beschwerde eingelegt wurde. Deshalb ist es auch nicht möglich, die Erklärung zu Protokoll der Geschäftsstelle telefonisch abzugeben.[408]

254 **c) Beschwerdefrist und Wiedereinsetzung. aa) RVG.** Die weitere Beschwerde nach § 33 Abs. 6 RVG hinsichtlich der Wertfestsetzung für Anwaltsgebühren ist gem. § 33 Abs. 6 S. 4, Abs. 3 S. 3 RVG ist innerhalb von 2 Wochen nach Zustellung der Entscheidung des LG einzulegen. War der Beschwerdeführer unverschuldet an der Fristeinhaltung gehindert, ist ihm gem. § 33 Abs. 5 S. 1 RVG durch das OLG Wiedereinsetzung zu gewähren.

255 **bb) GKG und JVEG.** Die weitere Beschwerde in Wertfestsetzungssachen gem. § 68 GKG ist gem. § 68 Abs. 1 S. 5 GKG innerhalb eines Monats nach Zustellung der Entscheidung des LG einzulegen. War der Beschwerdeführer ohne Verschulden an der Fristeinhaltung gehindert, ist ihm gem. § 68 Abs. 2 S. 1 GKG durch das OLG Wiedereinsetzung zu gewähren.

---

[404] Siehe oben Rdn. 181 zum Revisionsurteil.

[405] Wenn der zweitinstanzliche Prozessbevollmächtigte berechtigterweise mit der Vertretung im Rechtsmittelverfahren beauftragt ist, was schon bei Beratung in Angelegenheiten der Rechtsmittelinstanz der Fall ist, BGH NJW 2003, 756, so dass § 19 Abs. 1 S. 2 Nr. 9 RVG nicht greift. Zu der strittigen Abgrenzung vgl. etwa *Zöller/Herget* Rdn. 13 Stichwort „Berufung" zu § 91 ZPO oder *Hartung/Römermann* Rdn. 69 ff. zu § 19 RVG.

[406] Vom 5. 5. 2004, BGBl. I, 717.

[407] Mandatserteilung oder Instanzbeginn nach dem 1. 7. 2004, §§ 60, 61 RVG; 71, 72 Nr. 1 GKG.

[408] OLGR Köln 2001, 341.

VIII. Weitere Beschwerde 256–264 13. Kap.

Die weitere Beschwerde gegen den Kostenansatz ist gem. § 66 GKG nicht befristet, so dass insoweit in Ausnahmefällen der Grundsatz der prozessualen Verwirkung heranzuziehen ist.[409] Dies gilt auch für die weitere Beschwerde nach § 4 Abs. 5 JVEG. 256

d) Statthaftigkeit der weiteren Beschwerde. Die weitere Beschwerde kann nur dann eingelegt werden, wenn diese vom LG als Beschwerdegericht zugelassen worden ist (§§ 33 Abs. 6 S. 1 RVG, 66 Abs. 4 S. 1 GKG, 4 Abs. 5 S. 1 JVEG). Die Nichtzulassung der Beschwerde ist nicht anfechtbar (§§ 33 Abs. 6 S. 4, Abs. 4 S. 4 RVG; 66 Abs. 4 S. 4, Abs. 3 S. 4 GKG, 4 Abs. 5 S. 4, 4 Abs. 4 S. 4 JVEG). 257

Für die weitere Beschwerde sehen GKG, JVEG und RVG eine Wertgrenze für die Beschwer nicht ausdrücklich vor, insoweit findet sich weder in § 33 Abs. 6 S. 4 RVG, § 4 Abs. 5 S. 4 JVEG noch in § 66 Abs. 4 S. 4 GKG eine förmliche Verweisung auf die Wertbegrenzung für die einfache Beschwerde. Allerdings muss sich die Zulassung der weiteren Beschwerde auch auf den Beschwerdegegenstand beziehen. Wendet sich der Beschwerdeführer nur gegen solche abtrennbaren Teile der Entscheidung, auf die sich die Beschwerdezulassung nicht bezieht, ist die Beschwerde unabhängig vom Wert der Beschwer unzulässig. 258

e) Anschlussbeschwerde. Eine Anschlussbeschwerde sehen im Gegensatz zu §§ 567 Abs. 3, 574 Abs. 4 ZPO weder das RVG noch das GKG vor. Diese ist damit ausgeschlossen. 259

f) Beschwerderücknahme. Die Beschwerde ist jederzeit frei rücknehmbar. Eines Kostenausspruches bedarf es nicht, da weder Gerichtsgebühren anfallen, noch Kosten zu erstatten sind (§§ 33 Abs. 9 RVG, 66 Abs. 8 GKG, 68 Abs. 3 GKG). 260

Kosten: Gerichtskosten: keine. **Nicht erstattbare Parteivertreterkosten:** 0,5 Gebühr gem. VV Nr. 3500 **Wertfestsetzung:** nur auf Antrag, § 33 Abs. 1 RVG. 261

2. Begründung der weiteren Beschwerde

Eine Frist für die Beschwerdebegründung ist in §§ 33 Abs. 6 RVG, 4 Abs. 6 JVEG, 66 Abs. 2, 68 Abs. 1 GKG nicht vorgesehen.[410] Explizite Vorschriften über den Inhalt der Beschwerdeschrift gibt es nicht. Gemäß §§ 33 Abs. 6 S. 2 RVG und 66 Abs. 4 S. 2 RVG kann die weitere Beschwerde nur darauf gestützt werden, dass die Entscheidung des LG auf einem Rechtsfehler beruht. Der Beschwerdeführer wird also zum Ausdruck bringen müssen, dass er den beanstandeten Beschluss in einem entscheidungserheblichen Punkt für rechtsfehlerhaft hält. Mangels Verweises auf § 577 Abs. 2 S. 4, 559 ZPO auf die Tatsachenbindung des Rechtsbeschwerdegerichts können mit der weiteren Beschwerde neue Tatsachen eingeführt werden. Danach kann sich die Rechtsverletzung auch daraus ergeben, dass die angefochtene Entscheidung von einem unvollständigen Sachverhalt ausgegangen ist. Deshalb muss der Ausgangsbeschluss im Hinblick auf eine Beschwerde zunächst darauf geprüft werden, ob er auf der richtigen Tatsachen- und Rechtsgrundlage ergangen ist. 262

3. Abhilfe- und Beschwerdeverfahren

Die zur sofortigen Beschwerde in Rdn. 211 ff. angestellten Überlegungen gelten entsprechend. 263

Kosten: Gerichtskosten: keine. **Nicht erstattbare Parteivertreterkosten:** 0,5 Gebühr gem. VV Nr. 3500 **Wertfestsetzung:** nur auf Antrag, § 33 Abs. 1 RVG. 264

---

[409] Vgl. dazu etwa *Zöller/Gummer* Rdn. 10 zu § 567 ZPO.
[410] Siehe dazu schon oben Rdn. 205 ff. zur sofortigen Beschwerde.

IX. Weitere Rechtsbehelfe

1. Erinnerung

265 Gem. § 573 Abs. 1 S. 1 ZPO findet gegen Entscheidungen des ersuchten oder beauftragten Richters oder des Urkundsbeamten der Geschäftsstelle die befristete Erinnerung binnen zwei Wochen statt. Dies gilt gem. § 11 Abs. 2 S. 1 RpflG[411] auch für Entscheidungen der Rechtspfleger, falls insoweit nicht gesetzlich bereits ein Rechtsbehelf bestimmt ist, wie dies im Verfahren der Kostenfestsetzung durch §§ 104 Abs. 3 S. 1, 567 Abs. 2 ZPO geschehen ist, die bei einer Beschwer von mehr als 200,– € die sofortige Beschwerde vorsehen. Damit ist die Erinnerung nur bei einer Beschwer bis einschließlich 200,– € zulässig. Eine falsche Bezeichnung des Rechtsbehelfs ist bei Einreichung beim Ausgangsgericht unschädlich, weil dort beide Rechtsbehelfe eingelegt werden können.[412] Das Gericht ermittelt ggfs. im Wege der Auslegung, welcher Rechtsbehelf gemeint ist.

266 Nach §§ 573 Abs. 1 S. 2 und 3 ZPO und § 11 Abs. 2 S. 4 RpflG gelten für die Erinnerung die Vorschriften über die sofortige Beschwerde entsprechend. Im Hinblick auf das Verfahren gelten gegenüber dem Verfahren der sofortigen Beschwerde keine Besonderheiten. Da die Erinnerung nicht zur Vorlage an das nächsthöhere Gericht führt, fehlt ihr der Devolutiveffekt eines Rechtsmittels.

267 Gem. § 573 Abs. 2 ZPO findet gegen Entscheidungen der Amts- und Landgerichte im ersten Rechtzug die sofortige Beschwerde statt. Es gilt also nicht das Prinzip der Durchgriffserinnerung. Will sich die Partei mit der in der Instanz getroffenen richterlichen Entscheidung nicht abfinden, muss sie sofortige Beschwerde einlegen. Dies allerdings ist nur möglich, wenn die Wertgrenzen des § 567 Abs. 2 ZPO überschritten sind. Im Kostenfestsetzungsverfahren ist nach Erinnerung und richterlicher Entscheidung über diese also nur dann eine sofortige Beschwerde denkbar, wenn im Erinnerungsverfahren der Ausgangsbeschluss so abgeändert wird, dass die Beschwer für eine Seite nun über 200,– € liegt.

268 **Kosten: Gericht:** keine; **Parteivertreter:** die Erinnerung gehört gem. § 19 Nr. 5 RVG zur Instanz, wird der Anwalt nur insoweit tätig, gilt VV Nr. 3500 mind. 0,5 Verfahrensgebühr für Fertigung bzw. Entgegennahme der Erinnerung.

269 **Wertfestsetzung:** Nur auf Antrag gem. § 33 Abs. 1 RVG.

2. Gehörsrüge

270 Gegenüber nicht mit einem Rechtsmittel angreifbaren Entscheidungen findet gem. § 321a ZPO die Rüge der Verletzung rechtlichen Gehörs statt. Die der Plenarentscheidung des Bundesverfassungsgerichts vom 30. 4. 2003[413] folgende Änderung des § 321a ZPO[414] hat die Debatte über die Anwendung der Vorschrift über erstinstanzliche Urteile hinaus erledigt: Bei nicht anfechtbaren Entscheidungen ist das Gericht verpflichtet, sich auf Gehörsrüge hin selbst auf etwaige Verstöße gegen Verfahrensgrundrechte zu prüfen und bei Bejahung eines entsprechenden Fehlers das Ausgangs-

---

[411] Siehe auch § 66 Abs. 1 S. 1 GKG (unbefristet), §§ 56, 33 Abs. 3 S. 3 RVG (befristet).

[412] Die Erinnerung gem. § 11 Abs. 2 RpflG kann nur beim Ausgangsgericht eingelegt werden. Dies ergibt sich trotz des (überholten und nun wieder aktuellen) Hinweises in § 11 Abs.2 S. 4 RpflG auf die Beschwerde daraus, dass das Gericht der sofortigen Beschwerde (§ 569 Abs. 1 ZPO) zur Entscheidung über die Erinnerung unter keinem Aspekt zuständig ist, vgl. *Arnold/Meyer-Stolte/Herrmann/Hansens/Rellermeyer* Rdn. 52 zu § 11 RPflG m.w.N.

[413] NJW 2003, 1924.

[414] Durch das Anhörungsrügengesetz vom 9. 12. 2004 (BGBl. I, 3220).

IX. Weitere Rechtsbehelfe 271, 272 **13. Kap.**

verfahren fortzusetzen. Nach Berichtigung des Verfahrensfehlers ist erneut zu entscheiden. Diese führt zur Fortsetzung des Verfahrens, wenn tatsächlich eine entscheidungserhebliche Verletzung des rechtlichen Gehörs stattgefunden hat.

a) Rügeschrift. aa) Form und Frist. Die Rügeschrift[415] ist gem. § 321a Abs. 2 **271**
S. 1 ZPO innerhalb von 2 Wochen nach Erlangung der Kenntnis vom Gehörsverstoß[416] beim Prozessgericht des ersten Rechtszugs einzureichen. Gem. § 321a Abs. 2 S. 2 ZPO gilt eine Ausschlussfrist von einem Jahr ab Bekanntgabe der angegriffenen Entscheidung. Hierzu ist § 323 Abs. 2 S. 3 ZPO zu beachten. Nach dieser Vorschrift gilt bei Nachweis der Aufgabe der Entscheidung zur Post die Bekanntgabe am dritten Tag als erfolgt. Die Rügeschrift muss gem. § 130 Nr. 6 ZPO unterschrieben sein. Da der Antrag auf Fortsetzung des bereits abgeschlossenen Verfahrens gerichtet ist, muss er von einer vertretungs- und ggfs. auch **postulationsbefugten** Person unterschrieben sein.[417] Außerdem muss gem. § 321a Abs. 2 Nr. 1 ZPO der Prozess bezeichnet werden, dessen Wiederaufnahme begehrt wird. Dies geschieht zweckmäßigerweise durch die Angabe des gerichtlichen Aktenzeichens. Angefügt werden sollten aber auch die Namen der Parteien und die Bezeichnung des angegriffenen Urteils. Außerdem muss dargelegt werden, worin die Verletzung rechtlichen Gehörs gesehen wird und warum diese Verletzung entscheidungserheblich ist.[418]

bb) Mögliche Rügen. Es nicht immer ganz leicht, zu entscheiden, ob eine unter **272**
Verstoß gegen die richterliche Pflicht zur Kenntnisnahme vom Parteivortrag zustande gekommene Entscheidung gegen Art. 103 Abs. 1 GG oder eine andere Verfassungsnorm verstößt.[419] Nach der verfassungsgerichtlichen Rechtsprechung sind allerdings die einfachgesetzlichen Regeln der Zivilprozessordnung deutlich weitergehend als die aus Art. 103 GG ableitbaren Pflichten. Wenn der Begriff der Gehörsverletzung in der ZPO verwendet wird, wird zunächst zur Definition auf diese selbst zurückgegriffen werden müssen. Insoweit ist § 139 Abs. 1 ZPO als die zentrale Norm der materiellen Prozessleitung heranzuziehen. Das Gericht hat danach das Sach- und Streitverhältnis, soweit erforderlich, mit den Parteien in rechtlicher und tatsächlicher Hinsicht zu erörtern und Fragen zu stellen. Es hat darauf hinzuwirken, dass sich die Parteien vollständig über alle wesentlichen Tatsachen äußern, insbesondere ungenügende Angaben zu den geltend gemachten Tatsachen ergänzen, die Beweise bezeichnen und die sachdienlichen Anträge stellen. Liegt objektiv gesehen ein Verstoß gegen diese Pflichten vor, hat das Gericht die Parteien nicht hinreichend zur Sache gehört, ohne dass es auf ein subjektiv zurechenbares Verschulden des beteiligten Richters oder anderer Gerichtspersonen ankäme.

---

[415] Laut *Vollkommer* FS für Musielak S. 619 (623) kann die Rüge entsprechend § 496 ZPO auch zu Protokoll der Geschäftsstelle erhoben werden.
[416] Näheres bei *Hinz* WuM 2005, 83 (85). Kenntnis ist erst bei Erhalt der das Verfahren abschließenden Entscheidung gegeben, auch wenn sich das Übergehen von Vortrag bereits einem gerichtlichen Hinweis entnehmen lässt, vgl. *Zuck* NJW 2005, 1226 (1228).
[417] *Zöller/Vollkommer* Rdn. 13 zu § 321a ZPO. Siehe auch OLG Köln NJW-RR 20004, 879 und BGH NJW 2005, 2017.
[418] Ein Muster findet sich bei *Steinert/Theede* Kap. 12, Rdn. 154.
[419] Mögliche Rügen und die Nachweismöglichkeiten im vereinfachten Verfahren nach § 495a ZPO erörtert *Vollkommer*, FS für Musielak S. 619 (629ff.), zum Übergehen des Inhalts einer per Fax nur verstümmelt eingegangenen Berufungsbegründung s. BVerfG NJW 2004, 351 (3552). Wonach *Zuck* NJW 2005, 12226 (1228) unterscheiden will, wird dort nicht deutlich. Kritisch aus rechtspolitischer Sicht zu der von ihm so verstandenen Beschränkung des § 321a ZPO auf Gehörsverletzungen *Gehb* DRiZ 2005, 212 (123). BVerfG NJW 2005, 3059 (3060) bezieht die Gehörsrüge auch auf den Verstoß gegen die Grundsätze des fairen Verfahrens.

273 **(1) Gerichtliche Versehen.** Die **Pannenfälle**[420] dürften das Gros der in der Praxis denkbaren Fälle bilden.[421] Wird ein bei Gericht rechtzeitig eingegangener Schriftsatz in einer Entscheidung nicht berücksichtigt, weil etwa ein Zahlendreher in der Angabe des Aktenzeichens dazu führt, dass der Schriftsatz in die falsche Akte eingeordnet wird[422] und daher vom Gericht vor seiner Entscheidung nicht zur Kenntnis genommen werden konnte, ändert der Ausgangsfehler im Parteibereich nichts daran, dass die Partei mit ihrem rechtzeitig angebrachten Vorbringen nicht gehört wurde. In diese Kategorie gehört auch der Fall, in dem in einem schriftlichen Verfahren in einem zum Ende zum Ende der Äußerungsfrist vorgelegten Schriftsatz neue Tatsachenbehauptungen enthalten sind, zu denen sich der Gegner zwangsläufig nicht äußern kann, weil er diesen nicht innerhalb offener Äußerungsfrist erhält. Dann kann eine Endentscheidung ohne Gehörsverletzung nur dann auf diesem Schriftsatz neu vorgebrachte Tatsachen gestützt werden, wenn der Gegner zuvor Gelegenheit zur Erwiderung hatte.

274 **(2) Subsumtionsfehler.** Zu den rügbaren Fällen gehören aber auch solche, in denen das Gericht die betroffene Partei infolge fehlerhafter Anwendung der Prozessordnung nicht gehört hat. Insoweit kann an das fehlerhafte Zurückweisen von Parteivorbringen als verspätet, aber auch die ermessenfehlerhaft unterlassene Wiedereröffnung der mündlichen Verhandlung gem. § 156 Abs. 1 ZPO gedacht werden.

Wenn zum **Beispiel** eine Partei die mit der Ladungsverfügung gesetzte Frist überschreitet, aber zwei Wochen vor dem Termin eine Klageerwiderung vorlegt, in der zu entscheidungserheblichen Themen Zeugenbeweis angeboten wird, kann sich das Gericht nicht darauf berufen, es habe eine an sich nötige Beweisaufnahme infolge der verspäteten Vorlage des Schriftsatzes nicht durchführen können. Denn bei dem auch vom Gericht zu verlangendem gehörigen Bemühen wäre es ohne weiteres möglich gewesen, mit Vorlage des Schriftsatzes die benannten Zeugen zu laden. In einem solchen Fall wäre unter Hinweis auf die einschlägige Rechtsprechung[423] zu rügen, dass das Gericht den unter Beweis gestellten Vortrag unter Verstoß gegen die eigene Pflicht zur sachgerechten Terminsvorbereitung übergangen hat.

275 **(3) Unterlassene Hinweise.** Als weitere Fallgruppe kommen solche Konstellationen in Betracht, in denen das Gericht in seiner Endentscheidung eine von der Partei nicht vorhergesehene und auch nicht vorhersehbare Rechtsauffassung vertritt.[424] In den Fällen solcher Überraschungsentscheidungen wird nicht selten der Einwand zu erheben sein, dass bei rechtzeitigem Hinweis auf die Rechtsauffassung des Gerichts weitere Tatsachen vorgetragen worden wären.

276 **(4) Grenzen der Rügemöglichkeiten.** Über den Umweg des Verfahrensrechts können bei den oft gleichzeitig vorliegenden Gehörsverletzungen materielle Rechtspositionen[425] in das Selbstkorrekturverfahren des § 321a ZPO eingebracht werden. Das heißt allerdings nicht, dass es unbegrenzt möglich wäre unter dem Deckmantel der Gehörsverletzung bisher nach Auffassung der antragenden Partei zu Unrecht nicht be-

---

[420] So *Zöller/Vollkommer* Rdn. 6 zu § 321a ZPO im Anschluss an die Formulierung in BVerfGE 42, 243 (248). Beispiele finden sich in *Vollkommer* FS für Musielak S. 619 (632 ff.).

[421] Haben aber nach einer ersten Auswertung der in der Praxis entschiedenen Fälle keine Rolle gespielt, vgl. *Vollkommer* FS für Musielak S. 619 (623); anders *Braun* JR 2005, 1 (3) unter Berufung auf BVerfGE 42, 243 (248).

[422] Etwa für den rechtzeitigen Eingang des Antrags auf Verlängerung einer Berufungsbegründungsfrist hat der BGH entschieden, dass allein maßgeblich der Zeitpunkt des Eingangs, nicht aber die Angabe eines richtigen Az. ist, AnwBl. 2004, 60.

[423] BVerfG NJW 1990, 2373, NJW-RR 1999, 1079; BGHZ 75, 138, BGH NJW 1991, 1182.

[424] Praxisbeispiele schildert *Vollkommer* FS für Musielak S. 619 (642 ff.).

[425] Zu den Schwierigkeiten im Einzelfall das verletzte Recht zu bestimmen vgl. *Schuppert* AöR 103 (1978), 43 (52) unter Bezugnahme auf BVerfGE 42, 64.

rücksichtigte Rechtspositionen erneut in das Verfahren einzubringen. Der unumstößliche prozessuale Grundsatz ergibt sich nach wie vor aus § 318 ZPO: Das Gericht ist an eine einmal getroffene Entscheidung gebunden.[426] Die Ausnahme des § 321 a ZPO gilt nur für den Fall, dass das Gericht gegen seine prozessualen Pflichten verstoßen hat. Daraus ergibt sich zwingend, dass die Möglichkeit der **Selbstkorrektur** dann nicht besteht, wenn das Gericht in Auseinandersetzung mit dem Parteivorbringen in der Sache entschieden hat.[427] Insoweit kommt es nicht darauf an, ob die Entscheidung richtig oder falsch ist. Fühlt sich eine Partei durch eine gerichtliche Entscheidung in einer materiellen Rechtsposition betroffen, bleibt ihr nur der Weg zu den Verfassungsgerichten, nicht aber der Weg über § 321 a ZPO zur Herbeiführung einer Selbstkorrektur des Gerichts.[428]

cc) Entscheidungserheblichkeit des Gehörsverstoßes. Der Rügeschriftsatz muss sich unbedingt dazu erklären, warum der im ersten Schritt dargelegte Gehörsverstoß entscheidungserheblich war.[429] Hier sind zwei Varianten denkbar. Entweder würde sich die getroffene Entscheidung bei Berücksichtigung des übergangenen Vortrags ändern oder aber es bestünde jedenfalls die Möglichkeit der Abänderung der getroffenen Entscheidung bei Fortsetzung des Verfahrens.

Ist **beispielsweise** in einem versehentlich nicht rechtzeitig zur Akte gelangten Schriftsatz des Beklagtenvertreters einerseits die Verjährungseinrede und andererseits eine von der Klagepartei bereits bestrittene Mangelbehauptung unter Beweis gestellt, wäre die Klage bei Erheblichkeit des erhobenen Verjährungseinwands vorbehaltlich der Äußerung des Klägers abweisungsreif. Im Falle der Mangelbehauptung wäre eine Endentscheidung erst nach Durchführung der Beweisaufnahme möglich.

Im gerichtlichen Alltag ist immer wieder zu beobachten, dass auf das Darlegen der Entscheidungserheblichkeit des vermeintlichen gerichtlichen Fehlers zu wenig Sorgfalt verwendet wird. Regelmäßig wird für die Beurteilung der Entscheidungserheblichkeit der eigene Rechtsstandpunkt, nicht aber die in der getroffenen Entscheidung zum Ausdruck gekommene Auffassung des Gerichts unterstellt.

Für die Beurteilung der Entscheidungserheblichkeit kommt es aber nicht darauf an, ob die vom erkennenden Gericht vertretene Rechtsauffassung richtig oder falsch ist, sondern darauf, ob das Gericht bei Unterstellen des von ihm eingenommenen Standpunkts einen Verfahrensfehler gemacht hat.

Beispiel: Wendet das Gericht abweichend vom Standpunkt des Klägers eine kurze Verjährungsfrist an und weist seine Klage ab, wird dieser zwar einwenden können, dass er bei rechtzeitiger Kenntnis von dieser Auffassung auf die in der obergerichtlichen Rechtsprechung vertretene andere Meinung hingewiesen hätte. Mit diesem Einwand wird der Kläger aber keinen Erfolg haben, wenn er erklärtermaßen nur die Änderung der Hauptsacheentscheidung anstrebt. Denn es ist durchaus denkbar, dass das Gericht seine Rechtsauffassung nicht teilt. Dann könnte die Rüge mit der Begründung zurückgewiesen werden, der unterlassene Hinweis sei wegen der anderen Rechtsauffassung des Gerichts nicht entscheidungserheblich. In einem solchen Fall kann hilfsweise eingewandt werden, dass der Kläger bei rechtzeitiger Kenntnis der Meinung des Gerichts die andere Auffassung der Obergerichte dargelegt und insoweit die Zulassung der Berufung zur Wahrung der Einheitlichkeit der Rechtsprechung gem. § 511 Abs. 2 Nr. 2 ZPO beantragt hätte. Kann sich das Gericht dann nicht entschließen, der Rechtsauffassung des Klägers zu folgen, wird es konsequenterweise nach Fortsetzung des Verfahrens die Berufung zulassen müssen, wenn es zu-

---

[426] Das scheint *Hinz* WuM 2005, 83 (86) zu übersehen.
[427] Vgl. etwa BGH FamRZ 2005, 694.
[428] Die von *Müller* NJW 2002, 2743 (2747) propagierte großzügige Haltung auch zu anderen Verfassungsverstößen dürfte angesichts des Gesetzeswortlauts nur schwer durchzusetzen sein. *Redeker* (NJW 2003, 2956, 2957) meint, dieses Problem müsse der Gesetzgeber entscheiden. In der Tendenz wie hier *Vosskuhle* NJW 2003, 2193 (2197f.) und *Rensen* MDR 2005, 181 (183).
[429] So auch *Uwe Schmidt* MDR 2002, 915 (916).

trifft, dass zu dem behandelten Problem in der Rechtsprechung unterschiedliche Auffassungen vertreten werden.

279 **b) Mögliche Entscheidungen. aa) Verwerfungs- und Zurückweisungsbeschluss.** Gelangt das Gericht nach etwa notwendiger Anhörung der auf Verfahrensfortsetzung antragenden Partei zu dem Schluss, dass die Rüge nicht ordnungsgemäß erhoben ist, verwirft es diese durch Beschluss gem. § 321 Abs. 4 S. 1 ZPO. Der Verwerfungsbeschluss ist nach § 321a Abs. 4 S. 3 ZPO „kurz"[430] zu begründen.

280 Entsprechendes gilt für den Fall, in dem sich die Behauptung eines entscheidungserheblichen Gehörsverstoßes als unbegründet erweist. Hier wird zunächst geprüft, ob die behauptete Gehörsverletzung tatsächlich geschehen ist. Ist dies nicht der Fall, wird die Rüge schon aus diesem Grund zurückgewiesen.

281 **bb) Verfahrensfortsetzung.** Ist das Gericht nach Anhörung der Gegenseite der Auffassung, dass das Verfahren fortzusetzen ist, ist neu zu verhandeln, da gem. § 321a Abs. 5 S. 2 ZPO der Prozess in die Lage zurückversetzt wird, in der er sich vor dem Schluss der mündlichen Verhandlung befand.[431] Es ist also ggfs erneut die mündliche Verhandlung zu schließen oder jedenfalls eine weitere Äußerungsmöglichkeit einzuräumen. Es wird ohne Bindung an die getroffene Entscheidung im Rahmen der gestellten Anträge neu entschieden. Kommt es etwa erneut zu einem Urteil muss gem. §§ 321a Abs. 5 S. 3 i.V.m. 343 ZPO entschieden werden, ob und inwieweit die bereits getroffene Entscheidung aufrechterhalten bleibt.

282 **Kosten: Gerichtskosten: Zurückweisender oder verwerfender Beschluss:** KV Nr. 1700 Festgebühr 50,– €. **Verfahrensfortsetzung:** keine zusätzlichen Kosten, das alte Verfahren wird fortgesetzt, daher sind §§ 37 GKG, 21 Abs. 1 RVG nicht anwendbar (vgl. § 19 Abs. 1 Nr. 5 RVG), anderes gilt, wenn bisher noch nicht angefallene Gebührentatbestände ausgelöst werden, etwa weitere 0,5 Verfahrensgebühr beim **Berufungsbeklagten** gem. VV Nr. 3200 bei nun veranlasster Sachantragstellung.

283 **Wertfestsetzung:** § 63 Abs. 2 S. 1 GKG von Amts wegen bei erneutem Ende der Instanz.

3. Verfassungsbeschwerde zum Bundesverfassungsgericht

284 Gegen anders nicht angreifbare Urteile kann gem. Art. 93 Abs. 1 Nr. 4a GG, § 90 Abs. 1 BVerfGG Verfassungsbeschwerde zum Bundesverfassungsgericht mit der Behauptung erhoben werden, der Beschwerdeführer sei in einem seiner **Grundrechte** oder in einem seiner Rechte aus Art. 20 Abs. 4, 33, 38, 101, 103 und 104 GG verletzt worden. Hauptsächlich relevant ist die Verletzung des Anspruchs auf rechtliches Gehör aus Art. 103 Abs. 1 GG,[432] aber auch der Anspruch auf den gesetzlichen Richter aus Art. 101 Abs. 1 S. 2 GG.[433] Daneben können materielle Grundrechtspositionen relevant werden. Die Verfassungsbeschwerde soll insoweit die eigentliche Grundrechtssphäre des Bürgers schützen, soweit sie ihm durch die Grundrechte und grundrechtsähnlichen Rechte des Grundgesetzes garantiert ist.[434] Grundrechte sind alle im ersten

---

[430] Zu Recht kritisch zu dieser Begriffsbildung *Schellhammer* Rdn. 833.

[431] Zur Fortsetzung der mündlichen Verhandlung bei teilbarem Verfahrensgegenstand vgl. § 321a Abs. 5 S. 1 ZPO und *Stackmann* Rechtsbehelfe, Kap. 1, Rdn. 382 und die ausführliche Darstellung zum Verfahren ab Rdn. 378.

[432] Vgl. etwa die Darlegungen und Statistiken von *Schumann* NJW 1985, 1134 zur von ihm so bezeichneten „Pannenjudikatur" des Bundesverfassungsgerichts; vgl. auch die Übersicht von *Zuck* NJW 2005, 3753.

[433] Auch unter dem Gesichtspunkt der Verletzung der Vorlagepflicht an ein anderes Gericht, vgl. BVerfG NJW 2004, 1371 (1372) m.w.N.

[434] So *Maunz/Schmidt-Bleibtreu/Klein/Bethge* Rdn. 15 zu § 90 BVerfGG m.w.N. Vgl. zur Funktion der Verfassungsbeschwerde auch *Schlaich/Korioth* Rdn. 203 ff. Zu dem im Mietprozess besonders relevanten Art. 14 GG s. schon oben Kapitel 2, Rdn. (S. 7), (12), zu Art. 2 Kapitel 12, Rdn. (S. 13) und (S. 14).

IX. Weitere Rechtsbehelfe   285–287   13. Kap.

Abschnitt des GG aufgezählten Rechte unter Einschluss von Art 1 GG als tragendes Konstitutionsprinzip.⁴³⁵ **Grundrechtsähnliche Rechte** sind die in Art. 93 Abs. 1 Nr. 4a GG, § 90 BVerfGG einzeln aufgeführten Rechte. Wegen der weiteren Einzelheiten muss aus Platzgründen auf die Speziallliteratur zum Verfassungsbeschwerdeverfahren verwiesen werden, eine minutiöse Aufstellung der rügbaren Rechte findet sich z. B. bei *Schmidt-Bleibtreu*.⁴³⁶ Deshalb kann etwa die Verletzung der Europäischen Menschenrechtskonvention nicht unmittelbar Gegenstand eines Verfassungsbeschwerdeverfahrens sein. Deckt sich allerdings das in Anspruch genommene Recht mit einem Grundrecht, kann dieses in Anspruch genommen werden. Entsprechendes gilt für Rechte aus den Landesverfassungen, die ansonsten bei Vorhandensein einer solchen Möglichkeit vor den Landesverfassungsgerichten geltend gemacht werden können.

a) **Subsidiarität der Verfassungsbeschwerde.** Eine Verfassungsbeschwerde kann 285 erst dann erhoben werden, wenn dies erforderlich ist, um eine erlittene Grundrechtsverletzung auszuräumen. Dies ist gem. § 90 Abs. 2 BVerfGG nicht der Fall, wenn eine anderweitige Möglichkeit besteht, gegen die erlittene Rechtsverletzung vorzugehen und ohne Inanspruchnahme des Bundesverfassungsgerichts im Ergebnis dasselbe zu erreichen.⁴³⁷

aa) **Formelle Subsidiarität.** Die Tätigkeit des Bundesverfassungsgerichts kann ge- 286 gen Entscheidungen der Zivilgerichte grundsätzlich nur dann in Anspruch genommen werden, wenn nach der Zivilprozessordnung ein anderer Rechtsbehelf nicht mehr gegeben ist. Gegen Ersturteile kann eine Verfassungsbeschwerde prinzipiell erst dann erhoben werden, wenn die Beschwer der betroffenen Partei unter 600,01 € liegt und die Gehörsrüge nach § 321a ZPO erfolglos geblieben ist, soweit mit der Verfassungsbeschwerde auch die Verletzung des rechtlichen Gehörs gerügt werden soll.⁴³⁸ Wegen der Probleme, die sich durch die Überschneidung der Anwendungsbereiche der verfassungsrechtlich geschützten Rechtspositionen ergeben,⁴³⁹ kann es ratsam sein, neben dem Antrag nach § 321a ZPO innerhalb eines Monats nach Zustellung des Ersturteils auch Verfassungsbeschwerde einzulegen.⁴⁴⁰ Ggfs kann das Verfassungsbeschwerdeverfahren nach Abhilfe im Rügeverfahren für erledigt erklärt werden, ohne dass dies Kostennachteile nach sich ziehen muss.

Der formelle Grundsatz der Subsidiarität besagt auch, dass neuer Vortrag zunächst 287 vor den Fachgerichten⁴⁴¹ anzubringen ist.⁴⁴² Ebenso muss das fachgerichtliche Verfahren einschließlich etwa gestellter Prozesskostenhilfegesuche angemessen betrieben wor-

---

⁴³⁵ Vgl. *Maunz/Schmidt-Bleibtreu/Klein/Bethge* Rdn. 77 zu § 90 BVerfGG m. w. N.
⁴³⁶ A. a. O., Rdn. 77 ff., durchaus heute noch verwendbar die Übersicht von *Zuck* S. 132 ff., Rdn. 315 ff., siehe auch *Stackmann* Rechtsbehelfe, Kap. 1, Rdn. 395 ff.
⁴³⁷ BVerfGE 51, 130 (139 f.), den Subsidiaritätsgrundsatz hat das BVerfG etwa auch in NJW 2003, 1924 (1929) ausdrücklich betont. Vgl. dazu auch *Schlaich/Korioth* Rdn. 244 ff.
⁴³⁸ Die Ankündigung des BVerfG in NJW 2003, 1924 (1928) für eine Übergangszeit die Zulässigkeit der Verfassungsbeschwerde nicht von der Erhebung der Gehörsrüge abhängig machen zu wollen, gilt nicht für Verfahren, in denen § 321a ZPO unmittelbar anwendbar ist, so ausdrücklich BVerfG, Beschluss v. 25. 4. 2005 zum Az. 1 BvR 644/05. Enger dagegen HessStGH NJW 2005, 2217 u. 2219.
⁴³⁹ Zu diesen vgl. BVerfG NJW 2003, 1924 und *Schlaich/Korioth* Rdn. 248.
⁴⁴⁰ *Zuck* NJW 2005, 1226 (1229), geht daher davon aus, dass bei möglichen Verstößen gegen Art. 103 GG regelmäßig zwei Verfassungsbeschwerden eingelegt werden, eine gegen die instanzbeendende Entscheidung und eine gegen die Zurückweisung/Verwerfung der Anhörungsrüge.
⁴⁴¹ Zum Instanzenzug i. S. v. § 90 Abs. 2 BVerfGG s. *Maunz/Schmidt-Bleibtreu/Klein/Bethge* Rdn. 377 ff. zu § 90 BVerfGG.
⁴⁴² So *Kreuder* NJW 2001, 1243 (1245); s. aber z. B. auch BVerfG ZMR 2003, 729 zur unterlassenen Mitwirkung im Verfahren.

den sein. Neben der Zurückweisung von Rechtsbehelfen wegen Fristversäumnis oder unzureichender Begründung kann auch sich widersprechendes Vorbringen in der Verfassungsbeschwerde und im Ausgangsverfahren als unzureichende Verfahrensführung gewertet werden.[443] Bei der Gehörsrüge muss vor den Zivilgerichten alles Zumutbare unternommen worden sein, um mit dem nun angebrachten Vortrag gehört zu werden.

288 **bb) Materielle Subsidiarität.** Die materielle Subsidiarität ist beachtet, wenn der behauptete Grundrechtsverstoß – so dies möglich war – bereits im fachgerichtlichen Verfahren geltend gemacht wurde. Denn das Bundesverfassungsgericht will, weil die Zivilgerichte mit dem angeblichen Grundrechtsverstoß konfrontiert werden müssen, mit dem Fall tunlichst nicht befasst werden. Zumindest aber will es die Fallanschauung der Fachgerichte kennenlernen.[444] Aus dieser Subsidiarität folgt letztlich eine Präklusion mit solchem Vorbringen, das vor der Fachgerichtsbarkeit schon hätte angebracht werden können.[445] Natürlich können diese Anforderungen nicht dahin überspannt werden, dass vor den Fachgerichten schon Rügen im Hinblick auf ein erst noch zu erwartendes, aber noch nicht vollzogenes Verhalten zu erheben sind.[446] Es kann also nicht erwartet werden, dass der spätere Beschwerdeführer sich erst im Urteil manifestierende Verfahrensverstöße schon im Vorfeld erkennt und vorausschauend seine Position geltend macht. Letztlich müssen die Fachgerichte, die Gelegenheit gehabt haben, selbst grundrechtswahrend tätig zu werden.[447] Dass dies der Fall war, muss in der Verfassungsbeschwerde zum Ausdruck gebracht werden.[448] Die sich gelegentlich in Entscheidungen des 1. Senats andeutende Tendenz, diese Prüfung etwas großzügiger zu handhaben, hat sich bisher weder in der Spruchpraxis des 2. Senats noch der einzelnen Kammern hinreichend bestätigt.[449]

289 **b) Verhältnis zur Beschwerde zum Landesverfassungsgericht.** Es ist nach § 90 Abs. 3 BVerfGG möglich, gleichzeitig Verfassungsbeschwerden zum Bundesverfassungsgericht und zu dem zuständigen Landesverfassungsgericht[450] einzulegen, weil die Möglichkeit Verfassungsbeschwerde zu einem Landesverfassungsgericht einzulegen, von der Regelung des Rechts Verfassungsbeschwerde zum Bundesverfassungsgericht nicht berührt wird.[451] Denn die Prüfungskompetenz von Landesverfassungsgerichten und Bundesverfassungsgericht ist unterschiedlich. Das Bundesverfassungsgericht untersucht generell die in den vorgelegten Gerichtsverfahren ergangenen Entscheidungen auf Verstöße gegen Grundrechte oder grundrechtsähnliche Rechte des Grundgesetzes, oh-

---

[443] Vgl. *Kreuder* a.a.O. m.w.N. in der nicht veröffentlichten Rechtsprechung des BVerfG.
[444] Siehe hierzu und zu den Schwierigkeiten, Verfassungsrecht in den Zivilprozess einzuführen, *Zuck* MDR, 1999, 577.
[445] Etwa in BVerfG NJW 2004, 151 (152) hat das Bundesverfassungsgericht die Rüge der unrichtigen Rechtsanwendung durch ein OLG als unzulässig zurückgewiesen, weil die mit der Verfassungsbeschwerde gerügte Rechtsverletzung nicht zum Gegenstand der Revision gemacht worden sei.
[446] *Kreuder* NJW 2001, 1243 (1245) m.w.N.
[447] So die Formulierung von *Zuck* S. 17, Rdn. 54.
[448] BVerfG FamRZ 2004, 1093.
[449] Siehe dazu die Ausführungen von *Linke* NJW 2005, 2190 (2192).
[450] Einen Überblick über die bestehenden Landesverfassungsgerichte bietet die Internetseite des Bundesverfassungsgerichts (http://www.bundesverfassungsgericht.de) unter Links. Laut Jutzi NJW 2003, 492 Fn. 1, gibt es in Bremen, Baden-Württemberg, Hamburg, Niedersachsen, Nordrhein-Westfalen und Schleswig-Holstein keine landesrechtliche Verfassungsbeschwerde.
[451] Nach BVerfGE 32, 157 (162) kann das Bundesverfassungsgericht den Beschwerdeführer nicht zunächst auf den Weg zum Landesverfassungsgericht verweisen. Eine hier nicht näher interessierende Ausnahme schafft § 91 S. 2 BVerfGG für das Selbstverwaltungsrecht der Gemeinden. Zur Möglichkeit von Parallelverfahren s. etwa *Schlaich/Korioth* Rdn. 349 ff.

IX. Weitere Rechtsbehelfe 290–293 **13. Kap.**

ne dass es darauf ankäme, ob dieser Verstoß in der von den Vordergerichten angewendeten Rechtsnorm oder in deren Handhabung des Verfahrens liegt. Dagegen sind die Verfassungsgerichte der Länder als deren Einrichtung darauf limitiert, Akte der der Hoheit des betreffenden Landes unterfallenden Gerichte daraufhin nachzuprüfen, ob sie gegen durch die Landesverfassung garantierten Rechte verstoßen. Damit scheidet eine abschließende Prüfung der angewendeten Rechtsnormen auf Verstöße gegen das GG aus, weil insoweit gem. Art. 31 GG gilt, dass Bundesrecht Landesrecht bricht.[452] In der Regel wird es also um Verstöße gegen verfassungsrechtlich garantierte Mindeststandards des Verfahrens gehen, die parallel zu Art. 101 Abs. 1 GG auch in der Landesverfassung gewährt sind.[453] Daher können Verstöße der Gerichtsbarkeit des Landes im bundesrechtlich geregelten Zivilverfahren gegen das rechtliche Gehör auch vor den Landesverfassungsgerichten geltend gemacht werden. Dies gilt ebenso für das Willkürverbot, weil sich ein Landesgericht dann „außerhalb jeder Rechtsanwendung stellt", wenn es „in Wahrheit gar kein Recht, also auch kein Bundesrecht zugrundegelegt hat".[454] Wird aber ein Urteil eines der Gerichtsbarkeit eines Landes zuzurechnenden Gerichts durch den Bundesgerichtshof im Verfahren der Nichtzulassungsbeschwerde überprüft, ist auch das Urteil des Berufungsgerichts der Überprüfung durch das Landesverfassungsgericht entzogen. Denn wenn im Verfahren der Nichtzulassungsbeschwerde eine Kontrolle der Bundesstaatsgewalt stattgefunden hat, sind auch die Akte der überprüften Landesgerichte der Kontrolle durch das Landesverfassungsgericht entzogen.[455]

Die Anrufung eines Landesverfassungsgerichts kann sich insbesondere deshalb empfehlen, weil es bei den Verfassungsbeschwerden zu den Verfassungsgerichten der Länder kein der Regelung des § 93a BVerfGG entsprechendes Annahmeverfahren gibt.[456] Schließlich kann der Höchstbetrag der **Missbrauchsgebühr**[457] niedriger liegen als der durch § 34 Abs. 2 BVerfGG angesetzte Betrag von 2600,– €. 290

c) Beschwerdeschrift. aa) Form und Frist. Die Verfassungsbeschwerde ist gem. 291 § 93 Abs. 1 BVerfGG innerhalb eines Monats nach Zustellung oder formloser Mitteilung der in vollständiger Form abgefassten Entscheidung einzulegen. Bei Fristversäumnis kann über § 93 Abs. 2 BVerfGG innerhalb von zwei Wochen nach Wegfall des Hindernisses Wiedereinsetzung in den vorigen Stand beantragt werden. In der Beschwerdeschrift ist entweder der wesentliche Inhalt der angefochtenen Entscheidung oder diese selbst als Anlage mitzuteilen.

Anwaltszwang gilt im schriftlichen Verfahren vor dem Bundesverfassungsgericht 292 nicht, allerdings müssen sich die Parteien in der mündlichen Verhandlung gem. § 22 Abs. 1 BVerfGG durch einen bei einem deutschen Gericht zugelassenen Rechtsanwalt oder einem Lehrer des Rechts an einer deutschen Hochschule vertreten lassen.

bb) Darlegung der Rechtsverletzung. Die Verfassungsbeschwerde muss gem. 293 § 92 BVerfGG das verletzte Recht und die Handlung oder Unterlassung des Gerichts bezeichnen, durch die sich der Beschwerdeführer verletzt fühlt. Liest man hierzu § 23 Abs. 1 S. 2 BVerfGG, nach dem Anträge generell zu begründen und die erforderlichen Beweismittel anzugeben sind, wird deutlich, dass das Anfertigen einer form- und frist-

---

[452] BVerfGE 22, 267 (270 ff.).
[453] Entscheidungen, die gegen ein den grundrechtlichen oder grundrechtsgleichen Gewährleistungen inhaltsgleiches Landesverfassungsrecht verstoßen, können nach BVerfGE 96, 345 (374) vom Landesverfassungsgericht aufgehoben werden.
[454] St. Rechtsprechung des BayVerfGH NJW 1993, 518 m.w.N.
[455] BerlVerfGH, JR 2005, 15.
[456] Beispielsweise im Gesetz über den Bayerischen Verfassungsgerichtshof (*Maunz/Schmidt-Bleibtreu/Bethge* Bd. I, A 21a) fehlt in den Art. 51ff. eine entsprechende Regelung.
[457] Bayern Art. 27 Abs. 1 VerfGHG 1500,00 €, Hessen § 28 Abs. 2 StGHG: bis zu 1500,00 €.

gerechten Verfassungsbeschwerde hohe Anforderungen an den Verfasser stellt.[458] Es ist zunächst das verletzte Grundrecht bzw. grundrechtgleiche Recht zu bezeichnen und die angefochtenen gerichtlichen Entscheidungen. In Bezug auf diese muss dargetan werden, dass es nicht um die Verletzung einfachen Rechts durch die Zivilgerichte, um Auslegungs- oder Rechtsanwendungsmängel geht, die auf einer grundsätzlich unrichtigen Anschauung von der Bedeutung eines Grundrechts beruhen und die in ihrer Bedeutung für den konkreten Fall von einigem Gewicht sind.

294 Denn das Bundesverfassungsgericht prüft im Annahmeverfahren nach § 93a BVerfGG auch, ob die mit der Verfassungsbeschwerde geltend gemachte Rechtsverletzung besonderes Gewicht[459] hat oder den Beschwerdeführer in existentieller Hinsicht trifft.

295 Zur Begründung der Verfassungsbeschwerde gehören auch die für die verfassungsrechtliche Beurteilung erforderlichen **Anlagen,** aus denen das Bundesverfassungsgericht zu ersehen vermag, ob die behauptete Grundrechtsverletzung vorliegen kann.[460] „Erst wenn sich danach die Möglichkeit eines Verfassungsverstoßes ergibt, zieht das Bundesverfassungsgericht im Rahmen der Amtsermittlung nach § 26 Abs. 1 S. 1 BVerfGG Akten bei und holt, soweit notwendig, weitere Informationen ein. Demzufolge gehen in der Beschwerdeschrift enthaltene Hinweise auf in den Akten des Ausgangsverfahrens nachzulesende Schriftsätze und Dokumente oder Bitten um Hinweise auf die Erforderlichkeit weiteren Vortrags regelmäßig ins Leere, da das Bundesverfassungsgericht auf eine ohne weitere Unterlagen bzw. ergänzende Ausführungen noch unschlüssige Darlegung eines Verfassungsverstoßes hin nichts unternimmt".[461] Deshalb sollten die angefochtene Entscheidung, sowie ggfs Entscheidungen über zurückgewiesene Rechtsbehelfe unbedingt mitvorgelegt werden.[462] Diese Anlagen müssen auch bei Beschwerdeeinlegung per Telefax rechtzeitig vorliegen.[463] Das Nachschieben neuer Sachverhalte nach Fristablauf ist unzulässig.[464]

296 cc) **Entscheidungserheblichkeit der Rechtsverletzung.** Mit der Verfassungsbeschwerde wird nur dann substanziiert ein Verfassungsverstoß einer gerichtlichen Entscheidung dargelegt, wenn sie sich mit allen diese tragenden Begründungen auseinandersetzt. Denn ein den Beschwerdeführer unmittelbar in seinen Grundrechten treffender Verstoß kann nur vorliegen, wenn die Ausgangsentscheidung ihn unter jedem dort angeführten Aspekt in solchen trifft.

297 Die bisherigen Ausführungen, die nicht durchgehend danach unterscheiden, ob eine nicht hinreichend begründete Verfassungsbeschwerde im Annahmeverfahren nun an Zulässigkeits- oder Begründetheitskriterien[465] scheitert, zeigen, dass bei Einlegen einer

---

[458] So auch *Kreuder* NJW 2001, 1243 (1248) unter Bezugnahme auf *Zuck* MDR 1999, 577. Zu den notwendigen Darlegungen s. *Schlaich/Korioth* Rdn. 226 ff. BVerfG FamRZ 2004, 1093: Pauschalbehauptung der Grundrechtsverletzung reicht nicht.

[459] Hier ist im Hinblick auf Mietsachen besonders an Art. 14 GG zu denken, hier geht das BVerfG aber nicht vom Grundsatz der vollen Nachprüfung der Entscheidung aus, da es um die Drittwirkung der Grundrechte im Privatrecht geht; vgl. dazu etwa *Schlaich/Korioth* Rdn. 332.

[460] Vgl. *Kreuder* NJW 2001, 1243 (1247) m. w. N.

[461] So der ehemalige wissenschaftliche Mitarbeiter des BVerfG *Kreuder* a. a. O.

[462] So ausdrücklich BVerfG NJW 2005, 2140.

[463] Vgl. *Kreuder* a. a. O., 1243 unter Bezugnahme auf zwei nicht veröffentlichte Entscheidungen des Bundesverfassungsgerichts.

[464] *Maunz/Schmidt-Bleibtreu/Bethge* Rdn. 9 zu § 23 BVerfGG und Rdn. 8 zu § 92 BVerfGG und BVerfGE 65, 196 (209).

[465] Dies ist angesichts der wenigen Regelungen zu dieser Frage im BVerfGG und der offensichtlich von Einzelfallentscheidungen geprägten Kasuistik schwierig, vgl. *Zuck* Rdn. 298 ff.; es lässt sich der u. a. von *Kreuder* geäußerte Verdacht, das Bundesverfassungsgericht steuere seine Geschäftslast großenteils prozessual, nicht von der Hand weisen. Dies mag für das Gericht wegen der unter dem Strich „richtigen" Ergebnisse nicht so erheblich sein, ist aber gerade für den in der

Verfassungsbeschwerde eine Vielzahl miteinander verwobener, verwickelter Kriterien zu beachten ist. Dennoch erscheint es gerade im Hinblick auf den Angriff auf Urteile von Zivilgerichten ratsam, von einer simplen **Grundüberlegung** auszugehen. Wenn der Beschwerdeführer tatsächlich nachhaltig in einer wie auch immer gearteten Grundrechtsposition betroffen ist, sollte sich der Gedanke, wo nun ein massiver Verstoß liegt, zunächst in wenigen Sätzen zusammenfassen lassen.[466] Denn das Vorliegen eines Grundrechtsverstoßes, der eventuell vom Ausgangsgericht sehenden Auges hingenommen wird, bildet den Ausnahmefall.[467] Es muss sich also einem verständigen Laien mit kurzen Worten erklären lassen, wo aus Sicht des Betroffenen die nicht hinzunehmende Ungeheuerlichkeit liegt. Lässt sich also tatsächlich ausführen, dass man vom Gericht überhaupt nicht gehört wurde oder dass man auch unter Beachtung der Belange der Gegenpartei seine Eigentumsrechte nicht mehr ausüben darf? Ist es bei vernünftiger Betrachtung wirklich erforderlich, dass sich das höchste Bundesgericht mit dem Fall befasst? Lassen sich alle derartigen Fragen positiv beantworten, ist es nach meinen Erfahrungen möglich, den Grundsachverhalt in kürzester Form zu schildern.[468]

d) Verfahrensfortsetzung vor dem Ausgangsgericht. Gibt das Bundesverfassungsgericht einer Verfassungsbeschwerde durch Kammer- oder Senatsentscheidung statt, hebt es die angefochtene(n) Entscheidung(en) auf und **verweist** gem. § 95 Abs. 2 BVerfGG an ein zuständiges Gericht **zurück**.[469] Adressat der kassatorischen Entscheidung kann damit bei einer angegriffenen obergerichtlichen Entscheidung also auch ein nachgeordnetes Gericht sein. Die Geschäftsordnungen der Gerichte sehen regelmäßig vor, dass nach Aufhebung und Rückverweisung durch das Bundesverfassungsgericht derselbe Spruchkörper des Gerichts erneut zuständig wird,[470] es sei denn es wird ausdrücklich entschieden, dass die neue Verhandlung und Entscheidung vor einem anderen Spruchkörper stattzufinden hat. **298**

Kosten vor dem Bundesverfassungsgericht: Gerichtskosten: Keine gem. § 34 Abs. 1 BVerfGG. **Missbrauchsgebühr:** Bis 2600,– € bei Vorliegen der Voraussetzungen des § 34 Abs. 2 BVerfGG möglich. **Beschwerdeführer:** Es gelten gem. § 37 Abs. 2 RVG die Vorschriften des dritten Teils VV über die Gebühren in Revisionen in bürgerlichen Rechtsstreitigkeiten **299**

Materie des Verfassungsprozessrechts nicht bewanderten Praktiker ein großes Hindernis für das Bemühen der korrekten Wahrnehmung der Interessen des jeweiligen Mandanten.

[466] Ähnlich die Überlegungen von *Zuck* a.a.O., S. 294, Rdn. 674, zur „last minute" Verfassungsbeschwerde.

[467] Nach der Erledigungsstatistik des Bundesverfassungsgerichts für die Jahre 2000–2004 gingen jährlich um die 4840 Verfassungsbeschwerden ein. 2004 waren es 5434. Davon wird etwa 1–2% im Jahr durch Kammerentscheidung stattgegeben, die Anzahl der Verfassungsbeschwerden, die vor einem Senat Erfolg haben, bewegt sich im Promillebereich. Die durch Nichtannahme im Kammerverfahren erledigten Verfassungsbeschwerden liegen über 95% des Jahreseingangs. Der Erfolg von Verfassungsbeschwerden liegt nahezu immer in der Aufhebung von Gerichtsentscheidungen. Der Anstieg der Verfassungsbeschwerden seit dem Jahre 2003 ist laut Vorwort zur Jahresstatistik 2003 wesentlich durch den Anstieg der Verfassungsbeschwerden gegen Zivilurteile beeinflusst (Quelle: www.bundesverfassungsgericht.de unter „Organisation").

[468] Die veröffentlichten Entscheidungen zu erfolgreichen Verfassungsbeschwerden sind in der Regel kurz und prägnant, vgl. etwa BVerfG FamRZ 2004, 85, NJW 2002, 1334, NJW-RR 2002, 68, NJW-RR 1995, 1033.

[469] Zu Sonderfällen vgl. etwa die Kommentierung bei *Maunz/Schmidt-Bleibtreu/Klein/Bethge* Rdn. 21 ff. zu § 95 BVerfGG.

[470] So sind etwa die Allgemeinen Bestimmungen des Geschäftsverteilungsplans 2004 des LG München I, A.11.1 f oder die Grundsätze II.C.6 des Geschäftsverteilungsplans 2004 des AG München zu verstehen.

entsprechend, mind. 1,6 Prozessgebühr gem. VV Nr. 3206.[471] **Beschwerdegegner:** mind. 1,1 gem. VV Nr. 3207, wenn ein Verfahrensbevollmächtigter eingeschaltet wird.

Kosten Fortsetzung des Ausgangsverfahrens: § 37 GKG bereits angefallene Gebühren fallen nicht nochmals an, bereits verwirklichte Gebührentatbestände entfallen nicht mehr. **Beschwerdeführer:** § 21 Abs. 1 RVG, das weitere Verfahren gilt als neuer Rechtszug, allerdings fällt die Verfahrensgebühr gem. Vorbemerkung 3 Abs. 6 VV nicht erneut an.

300   **Wertfestsetzung:** erfolgt gem. § 113 Abs. 2 BRAGO durch das Bundesverfassungsgericht, das abweichend vom dort geregelten Regelwert von 4000,- € nur dann festsetzt, wenn ein entsprechender Antrag vor Durchführung des Kostenfestsetzungsverfahrens gestellt wird.[472]

---

[471] *Hartung/Römermann* Rdn. 13 zu § 37 RVG wollen entgegen dem Wortlut von VV Nr. 3206, 3208 eine 2,3 Gebühr zubilligen und (unklar) in jedem Fall eine Terminsgebühr.

[472] BVerfG JurBüro 1995, 421, laut BVerfG NJW 2006, 2249 beträgt der Gegenstandswert bei einer erfolgreichen Verfassungsbeschwerde mindestens 8000,- €.

14. Kapitel. Selbständiges Beweisverfahren

Übersicht

	Rdn.		Rdn.
I. Allgemeines	1–7	3. Entschädigungshöhe	13–16
II. Vermieter	8, 9	4. Ablösevereinbarung zwischen Mieter und Nachmieter	17, 18
III. Mieter	10–18		
1. Minderung	10	IV. Streitwert	19
2. Ortsüblichkeit der Miete	11, 12		

I. Allgemeines

Während oder außerhalb eines Streitverfahrens ist es einer Mietvertragspartei möglich, ein selbständiges Beweisverfahren – z. B. zur Hemmung der Verjährung – einzuleiten, wenn entweder der Gegner zustimmt, der Verlust des Beweismittels droht, oder seine Benutzung erschwert wird (§ 485 Abs. 1 ZPO). **1**

Ist ein Rechtsstreit zwischen den Prozessparteien noch nicht anhängig, können Vermieter oder Mieter eine schriftliche Begutachtung durch einen Sachverständigen beantragen, wenn sie ein rechtliches Interesse daran haben (§ 485 Abs. 2 ZPO), dass: **2**
1. der Zustand einer Person oder der Zustand oder Wert einer Sache
2. die Ursache des Personenschadens, Sachschadens oder Sachmangels
3. der Aufwand für die Beseitigung eines Personenschadens, Sachschadens oder Sachmangels festgestellt wird.

Ein rechtliches Interesse ist anzunehmen, wenn die Feststellung der **Vermeidung** eines Rechtsstreites dienen kann (§ 485 Abs. 2 Satz 2 ZPO). Damit wurde über das alte Beweissicherungsverfahren hinaus, das dem jetzigen § 485 Abs. 1 ZPO weitgehend entsprach, die Möglichkeit geschaffen, auch ohne drohenden Beweisverlust einen Sachverständigenbeweis herbeizuführen, um gegebenenfalls außergerichtlich oder im Beweisverfahren eine Einigung zu erzielen.[1] **3**

Durch die Gesetzesänderung per 1. 9. 2001 war zunächst klar gestellt worden, dass die Verjährung bei Durchführung des selbständigen Beweisverfahrens (§ 485 f ZPO) unterbrochen wird (§ 548 Abs. 3 BGB). Mit Inkrafttreten des Schuldrechtsmodernisierungsgesetzes entfiel diese Regelung wieder. Jedoch wurde unter § 204 Abs. 1 Nr. 7 BGB festgestellt, dass das selbständige Beweisverfahren die **Verjährung hemmt**. **4**

Diese Gesetzesänderungen haben jedoch zu keinem wesentlichen Anstieg der selbständigen Beweisverfahren geführt. Die häufigsten Streitigkeiten entstehen anlässlich der Beendigung des Mietverhältnisses. In der Regel wird ein Vermieter jedoch nicht das Risiko übernehmen wollen, den Mietausfall bis zu dem Zeitpunkt tragen zu müssen, zu dem der Sachverständige die Begutachtung der Räumlichkeiten vorgenommen hat. Erfahrungsgemäß dauern selbst bei Durchführung des selbständigen Beweisverfahrens nicht nur die Erstellung des Gutachtens Monate, sondern oft muss der Vermieter geraume Zeit warten, bis der Sachverständige tätig wird. Hinzu kommt, dass entgegen § 487 Ziffer 3 ZPO a. F. die Person des Sachverständigen nicht mehr vom Antragsteller zu benennen ist; die Benennung hatte den Vorteil, dass der Antragsteller einen Sachverständigen auswählen konnte, der ihm zuvor ein rasches Tätigwerden versprach. Die Auswahl trifft nunmehr das Gericht.[2] **5**

---

[1] *Herget* in *Zöller* vor § 485 ZPO Rdn. 2.
[2] *Herget* in *Zöller* § 487 ZPO Rdn. 5; *Reichold* in *Thomas/Putzo* § 487 ZPO Rdn. 3.

6 In der Praxis überwiegt daher auf Vermieterseite die Vorgehensweise, nach einer kurzen aber angemessen befristeten Abmahnung, die Beseitigung der Schäden selbst vorzunehmen, um möglichst bald weiter vermieten zu können.

7 Wird der Weg des selbständigen Beweisverfahrens gewählt und liegt das Gutachten vor, hat die Gegenpartei ihre Einwändungen gegen das Sachverständigengutachten in diesem Verfahren zu erheben, und nicht erst das Hauptverfahren abzuwarten. Erhebt die Gegenpartei die zumutbaren Einwändungen erst im Hauptprozess, trifft sie die volle Beweislast dafür, dass das Sachverständigengutachten unzutreffend und das Beweisergebnis ein anderes sein muss.[3]

II. Vermieter

8 Neben der eingangs besprochenen Problematik im Zusammenhang mit der Beendigung des Mietverhältnisses dürfte der häufigste Streitpunkt, der Anlass zur Diskussion über die Zulässigkeit des selbständigen Beweisverfahrens gibt, die Feststellung der **Ortsüblichkeit** der Miete sein. Durch die Neufassung der §§ 485 ff. ZPO Ende 1990 hat sich die Rechtslage verändert. Bisher konnte nur mit Zustimmung des Gegners im Rahmen des Beweissicherungsverfahrens die ortsübliche Miete festgestellt werden, da die Feststellung einer Bewertungsgröße nach dem Gesetzeswortlaut nicht zulässig war. Vielmehr war das Beweissicherungsverfahren nur zulässig, wenn bei fehlender Zustimmung des Gegners zu befürchten war, ein Beweismittel ginge verloren oder seine Benutzung werde erschwert oder der gegenwärtige Zustand einer Sache müsse festgestellt werden.[4] Weder der gegenwärtige Zustand wurde durch ein Sachverständigengutachten über die ortsübliche Miete festgestellt, noch stand zu befürchten, ein Beweismittel gehe verloren oder dessen Nutzung werde erschwert, weshalb der Antrag auf Beweissicherung unzulässig war.

9 Nach der Neuformulierung des § 485 ZPO wird diskutiert, ob unter dem Wert einer Sache allein der Sachwert oder auch der Ertrags-, d.h. der Mietwert zu verstehen ist.[5] Scholl vertritt hierzu zutreffend die Auffassung, der Begriff des Wertes umfasse auch den Mietwert.[6] Somit ist der Begriff des Wertes einer Sache weit zu fassen.[7] Das berechtigte Interesse an der Feststellung ist zu bejahen, da die Ermittlungen des Sachverständigen geeignet sind, einen Rechtsstreit zu vermeiden und damit die Gerichte zu entlasten, was u.a. der Grund für die Neufassung des selbständigen Beweisverfahrens war.[8] Darüber hinaus ist ein rechtliches Interesse auch dann zu bejahen, wenn der Mietwert die Grundlage eines sachlich-rechtlichen Anspruchs des Antragstellers bilden kann.[9]

III. Mieter

1. Minderung

10 Bei der Feststellung des Zustandes einer Mietsache ist fraglich, inwieweit der Sachverständige auch zur Höhe der Mietzinsminderung Stellung zu nehmen hat. Zwar mag

---

[3] *Blank* in *Schmidt-Futterer* § 553 BGB Rdn. 68 m.w.N.
[4] LG Mannheim WuM 1976, 58.
[5] *Scholl* WuM 1997, 307 unter Hinweis auf LG Köln WuM 1995, 490; **a.A.:** *Fischer* in *Bub/Treier* VIII Rdn. 101.
[6] *Scholl* a.a.O.; **a.A.:** LG Braunschweig WuM 1996, 291; LG Köln WuM 1996, 484.
[7] *Herget* in *Zöller* § 485 ZPO Rdn. 9.
[8] *Scholl* a.a.O., 307/308.
[9] LG Köln WuM 1996, 490.

III. Mieter 11–14 14. Kap.

dies zur Vermeidung eines Rechtsstreites im Rahmen des selbstständigen Beweisverfahrens geeignet sein, gleichwohl handelt es sich bei der Höhe der Mietzinsminderung um eine Rechtsfrage, deren Beantwortung allein dem Gericht und nicht dem Sachverständigen obliegt.[10] Allerdings ist einzuräumen, dass ein Vorschlag des Sachverständigen zur Höhe der Mietzinsminderung geeignet sein kann, die Beilegung des Rechtsstreites zu fördern. Sollte es anschließend zu einem Hauptsacheverfahren kommen, ist das Gericht an die rechtliche Beurteilung des Sachverständigen nicht gebunden und wird eigenständige Feststellungen treffen.[11]

2. Ortsüblichkeit der Miete

Die bereits oben unter II. diskutierte Frage, inwieweit mittels eines Beweisverfahrens die Ortsüblichkeit der Miete festgestellt werden kann, stellt sich im Zusammenhang mit einer vom Mieter behaupteten **Mietpreisüberhöhung**. Die Voraussetzungen des Rückforderungsanspruches (§ 5 WiStG i.V.m. § 812 BGB) hat der Mieter darzulegen und zu beweisen, mithin nicht nur das Vorliegen einer **Mangellage,** sondern auch die wesentliche Überschreitung der ortsüblichen Miete. Der Rückforderungsanspruch ist im gerichtlichen Verfahren zu beziffern, was bei dem Fehlen eines Mietspiegels zu Schwierigkeiten führen muss. Das Beweisverfahren bietet sich an. 11

Entscheidend ist auch hier, inwieweit § 485 Abs. 2 Ziffer 1 ZPO (Wert einer Sache) zur Anwendung kommt, mithin ob man unter dem Wert nur den Sachwert oder auch den Ertragswert subsumiert.[12] Da ein wesentlicher Aspekt der Änderung des § 485 ZPO darin bestand, Prozesse zu vermeiden, ist es gerechtfertigt, den Begriff des Wertes einer Sache weit auszulegen[13] und somit das selbstständige Beweisverfahren zuzulassen.[14] 12

3. Entschädigungshöhe

Hat der Mieter aufgrund vertraglicher Vereinbarung oder gesetzlicher Regelungen (§§ 552, 578 II BGB Geschäftsführung ohne Auftrag oder § 812 BGB) einen Anspruch auf angemessene Entschädigung, kann er den Zustand einer Einrichtung[15] sowie deren Wert im Rahmen des selbstständigen Beweisverfahrens ermitteln lassen. In jedem Fall sind die Feststellungen des Sachverständigen geeignet, einen Rechtsstreit zu vermeiden. Der Streitpunkt, inwieweit § 485 ZPO nur ermöglicht, den Verkehrswert einer Sache festzustellen, ist im Hinblick auf obige Ausführungen obsolet (III. 2.). 13

Der Mieter sollte beantragen, dass der Sachverständige den **Zeitwert** der Einrichtungen auf der Basis des Anschaffungswertes ermittelt (str.).[16] Eine alternative Feststellung des Zeitwertes auf der Basis der Wiederbeschaffungskosten oder anhand des seinerzeitigen Neupreises und der Installierungskosten, bei Berücksichtigung der zwischenzeitlich eingetretenen Wertminderung durch Abnutzung, erscheint ebenso fraglich wie zu beantragen, die Kosten der Wiederherstellung des ursprünglichen Zustandes zu beziffern und in die Berechnung des Zeitwertes einzubeziehen. Zwar wer- 14

---

[10] LG Saarbrücken WuM 1992, 144/145: Das LG spricht von einer unzulässigen Kompetenzverlagerung vom Gericht auf den Sachverständigen.; **a. A.:** *Scholl* in NZM 1999, 108 ff. insbesondere Hinweise auf BGH NJW-RR 1991, 779; *Krämer* in *Bub/Treier* III. Rdn. 1368.
[11] *Eisenschmid* in *Schmidt-Futterer* § 536 BGB Rdn. 433.
[12] *Scholl* WuM 1997, 307.
[13] *Scholl* a.a.O.; *Herget* in *Zöller* § 485 ZPO Rdn. 9.
[14] LG Köln WuM 1995, 490; Scholl, a.a.O.; *Herget* in *Zöller* § 485 ZPO Rdn. 9; **a. A.:** LG Köln WuM 1995, 484; LG Freiberg WuM 1997, 327.
[15] BGH WuM 1987, 262.
[16] LG Köln WuM 1998, 345/346; aber vgl. *Scholl* WuM 1998, 327; *Scholl* in *Jendrek* D III.2.2, Anm. 5; **a. A.:** *Langenberg* in *Schmidt-Futterer* § 552 BGB Rdn. 9.

den anspruchsmindernd von einem Teil der Literatur und der Rechtsprechung die Kosten des Ausbaues und der damit verbundene Wertverlust sowie die Aufwendungen für die Wiederherstellung des ursprünglichen Zustandes in Ansatz gebracht.[17] Richtigerweise ist aber auf den Wert abzustellen, den der Vermieter durch die Einrichtung erhält.[18] Würde man auf den Wiederbeschaffungswert der Einrichtung abstellen, den diese nach dem Ausbau im Rahmen einer Weiterveräußerung hätte, so würde der Wert – wie das OLG Hamburg zutreffend feststellt – gegen Null tendieren.[19]

15 § 552 BGB hat einen gerechten Interessenausgleich im Auge. Es erscheint daher gerechtfertigt, auf der Basis des Anschaffungspreises und der zeitbedingten Abnutzung einen Zeitwert zu ermitteln. Der Vermieter würde dann an einem günstigen Anschaffungspreis indirekt partizipieren. Der Mieter erhält das, was er aufgewandt und noch nicht abgewohnt hat.

16 Nicht gerechtfertigt erscheint es, die Kosten des Ausbaues der Anlage sowie die Kosten der Wiederherstellung des ursprünglichen Zustandes zu Lasten des Mieters in Ansatz zu bringen. Schließlich ist zu berücksichtigen, dass dem Vermieter die Einbaukosten erspart bleiben, so dass letztlich dadurch die Wiederherstellungskosten kompensiert werden.[20] Zu korrigieren ist gegebenenfalls das Ergebnis, wenn eine geschmacklich ausgefallene Einrichtung von Nachmietern nicht akzeptiert wird.[21]

4. Ablösevereinbarung zwischen Mieter und Nachmieter

17 In Zeiten der Wohnungsknappheit wird von weichenden Mietern mitunter eine überhöhte Ablösesumme für zum Teil wertlose Einrichtungen vereinbart. Diese Verträge sind gemäß §§ 4a, Abs. 2 WoVermG, 138 BGB teilweise unwirksam. Nach der Rechtsprechung des BGH[22] liegt ein auffälliges Missverhältnis im Sinne des § 4a Abs. 2 Satz 2 WoVermG dann vor, wenn das vereinbarte Entgelt den objektiven Wert der Einrichtung um mehr als 50% überschreitet. Die Vereinbarung ist insoweit unwirksam, als 150% des objektiven Wertes überschritten werden.[23] Dieser objektive Wert ermittelt sich anhand der Wiederbeschaffungskosten, nicht anhand der Anschaffungskosten, wie im Fall des § 552 BGB.[24]

18 Es ist daher zu beantragen, dem Gutachter aufzugeben, den Zeitwert anhand des Neupreises unter Berücksichtigung eines Abschlages für die bisherige Nutzung zu bewerten, der sich an der technischen Lebensdauer orientiert.[25]

IV. Streitwert

19 Zum Teil werden hundert Prozent des Hauptsachewertes als Streitwert für das Beweisverfahren angesetzt,[26] zum Teil 80%[27] oder auch 50%.[28]

---

[17] *Scholl* WuM 1998, 327/328 m.w.N.
[18] *Langenberg* in *Schmidt-Futterer* § 552 BGB Rdn. 9.
[19] OLG Hamburg WuM 1997, 333/334.
[20] *Langenberg* in *Schmidt-Futterer* a.a.O.
[21] *Langenberg* in *Schmidt-Futterer* a.a.O.
[22] BGH WuM 1997, 380ff.
[23] BGH a.a.O.
[24] *Scholl* in *Jendrek* D.III.2.3, Anm. 4.
[25] *Scholl* a.a.O.
[26] OLG Karlsruhe NJW-RR 1992, 766; (h.M.) LG Köln NJW-RR 2000, 802; vgl. *Hüßtege* in *Thomas/Putzo* § 3 ZPO Rdn. 33; *Herget* in *Zöller* § 3 ZPO Rdn. 16 (selbstständiges Beweisverfahren) m.w.N.
[27] OLG Karlsruhe MDR 1992, 615.
[28] OLG Frankfurt OLGR 1993, 228; OLG Köln NJW-RR 1992, 767.

Sachregister

Fette Zahlen bezeichnen die Hauptkapitel; magere Zahlen bedeuten Randnummern.

Abhilfeentscheidung
- Begründete Beschwerde **13** 216
- Kostenentscheidung **13** 216
- Unbegründete Beschwerde **13** 215
- Unzulässige Beschwerde **13** 213
- Zulässige Beschwerde **13** 214

Abhilfeverfahren
- Beschwerde **13** 229
- Sofortige Beschwerde **13** 211
- Weitere Beschwerde **13** 261

Ablösevereinbarung
- Beweisverfahren **14** 17 f.

Abmahnung
- Form **5** 19
- Prozessvoraussetzung Unterlassungsklage **5** 15 ff.
- Untervermietung **8** 40 f.
- Unzulässigkeit Feststellungsklage **6** 41
- Vertragswidriger Gebrauch **5** 15 ff.

Abnahmeprotokoll
- Beweisfunktion **9** 117 f.

Abnutzung
- Haftungsverteilung **9** 120 ff.
- Schadensersatz **9** 114 ff.
- vertragsgemäße **9** 113

Abrechnung
- Betriebskosten **9** 43
- Kaution **9** 215

Abrechnungsfehler Betriebskosten 9 43 ff.

Abrechnungsfrist
- Betriebskosten **9** 43
- Kaution **7** 33; **9** 215
- Zurückbehaltungsrecht **7** 35

Abrechnungspflicht
- Betriebskosten **9** 43
- Kaution **9** 215
- Verstoß **9** 43

Abrechnungszeitraum 9 42

Abstellen
- Fahrräder/Kinderwagen/KFZ **3** 69; **5** 14

Abtretung
- an Erwerber **1** 92 f., 96 (Fn), 114
- gesamthänderischer Anspruch **1** 123
- Gestaltungsrecht **1** 95 ff., 114 ff.
- Gewerberaum **1** 96 (Fn)
- Herausgabeanspruch **1** 96, 114
- Passivlegitimation **1** 124
- Prozessstandschaft, gewillkürte **1** 96, 119 ff.
- Umdeutung in Ermächtigung **1** 96 (Fn)

Abweichende Vereinbarungen
- Betriebskosten **9** 51
- Kaution **9** 6
- Unwirksamkeit **3** 49
- Wegnahmerecht **3** 54

Affektive Beziehung 3 126

AG 4 9

Aktivlegitimation
- Abtretung *s. dort*
- BGB-Gesellschaft **1** 78 ff., 100 ff., 106 f.; **4** 9
- Bruchteilsgemeinschaft **1** 115
- Eheleute als Mietvertragspartei *s. dort*
- Erbbauberechtige **1** 138
- Erbengemeinschaft **1** 87 ff.
- Erwerber **1** 92 ff.; **4** 5 ff.
- Gesellschaft als Vertragspartei **1** 73, 78; **4** 9
- Insolvenzverwalter **1** 127
- juristische Person **1** 78 ff.; **4** 8 ff.
- Klagerubrum **1** 104
- Nießbrauch **1** 137
- Personenmehrheit **1** 67, 109 ff., *s. dort*
- Schuldbeitritt **1** 71, 74
- Urkundenprozess **10** 1
- Verbandsklage **1** 146 ff.
- Verwalter **1** 83 f.
- Zustimmungsklage **4** 3–9
- Zwangsverwalter **1** 139 ff.

Allgemeine Geschäftsbedingungen 1 146

Alter
- „neu für alt" **9** 123

Altvereinbarungen
- Indexmiete **4** 140, 145

Anbringung
- Dübel **3** 65

Anerkenntnis
- der Erhöhung auf die ortsübliche Vergleichsmiete **4** 27
- der Indexmiete **4** 174
- Kostenfolge **3** 11; **9** 55
- sofortiges **3** 11; **5** 15; **9** 55

Anerkenntnis, sofortiges
- Kostenentscheidung im Räumungsprozess **2** 210

Anfangsrenovierung 9 128

Angehörige
- Einbeziehung in Schutzbereich des Mietvertrages **9** 247 ff.

Ankündigung
- Baumaßnahmen **3** 28
- Besichtigungstermin **3** 9

391

Register

fett = Kapitel-Nrn.

- Frist **3** 30 ff.
- Inhalt **3** 9, 28

Anlage der Kaution
- insolvenzsicher **9** 14

Anlagen
- Duldung Installation **3** 71 f.

Anscheinsbeweis
- Mietpreisüberhöhung **9** 159

Anscheinsvollmacht 1 68 (Fn)

Anschlussberufung 13 28
- Frist **13** 29
- Kosten **13** 30
- Kostentragung **13** 29

Anschlussbeschwerde 13 199

Anschlussrechtsbeschwerde 13 237

Anschlussrevision 13 163
- Beschränkung **13** 164
- Frist **13** 166
- Kosten **13** 167

Antrag
- Berufung **13** 47
- Berufungserwiderung **13** 116, 119
- Einräumung des Mitbesitzes **7** 99
- Eintragungsantrag (Vorkaufsrecht) **1** 76
- auf Herausgabe des Zweitschlüssels **11** 47
- Indentitätsbestimmung **11** 12
- Kautionsauskunft **8** 12
- Mietpreisüberhöhung **9** 153
- Nutzungsbeendigung durch Untermieter **7** 69
- Parabolantenne **7** 92 f.
- Rückbau **7** 83
- Schimmel **7** 86
- Vermieterpfandrecht **11** 55
- Zulassung Revision **13** 119
- *s. auch Klageantrag*

Antragsgegner
- Vermieterpfandrecht **11** 57

Anwaltszwang
- Berufung **13** 20
- einstweilige Verfügung **11** 98
- Gehörsrüge **13** 271
- Nichtzulassungsbeschwerde **13** 138
- Rechtsbeschwerde **13** 233
- Revision **13** 138
- Sofortige Beschwerde **13** 193
- Sprungrevision **13** 187
- Verfassungsbeschwerde **13** 292

Anwendungsbereich
- Indexmiete **4** 144–150

Anzeige
- Gebrauchsüberlassung an Dritte **3** 133
- Mängel **9** 37
- Wegnahme von Einrichtungen **3** 58

Anzeigepflicht
- Aufnahme Dritter **3** 133
- Mangel **9** 37

Auflagen 3 92

Aufrechnung 7 31; **8** 6
- Aufrechnungserklärung **7** 31
- Aufrechnungslage **8** 6; **9** 216
- mit Aufwendungsersatzansprüchen **9** 177
- Berufungsverfahren **13** 77
- Gleichartigkeit **7** 27, 36
- gegen Kautionsrückzahlung **7** 27; **8** 5 f.; **9** 215, 218 f., 222
- Kostenfolge **9** 220
- mit mehreren Gegenforderungen **9** 222
- Umdeutung in ZBR **7** 28
- mit verjährten Ansprüchen **9** 221

Aufrechnungserklärung im Prozess 9 218

Aufrechnungslage 8 6; **9** 216

Aufwendungen
- Aufwendungsersatzansprüche des Mieters *s. dort*
- frustrierte **9** 193
- notwendige **9** 175
- nutzlose **9** 192, 193
- sonstige **9** 185
- Vorschuss **9** 189

Aufwendungsersatzansprüche des Mieters
- Abwendung eines Schadens **9** 169, 175 ff.
- Aufrechnung mit **9** 177
- Ausschluss **9** 187
- Beseitigung eines Schadens **9** 175
- Darlegungs- und Beweislast **9** 175, 190
- Eilmaßnahme **9** 175
- entgangene Einkünfte **9** 190
- Erforderlichkeit der Maßnahme **9** 178, 180
- erhöhte Betriebskosten **9** 191
- erneute Anzeigepflicht **9** 180
- Fälligkeit **9** 177, 185
- Geschäftsführung ohne Auftrag **9** 182 ff.
- infolge Modernisierungsmaßnahmen **9** 188 ff.
- Interessenlage des Vermieters **9** 184
- Verjährung **9** 181, 187
- Verwirkung **9** 187
- Vorschuss **9** 177, 189

Ausfertigung
- Mangel **13** 3
- Vorlage mit Rechtsmittel **13** 20

Auskunftsanspruch
- Hauptsacheerledigung **8** 5
- Kaution **8** 4, 11
- des Mieters bei vorgetäuschtem Eigenbedarf **7** 24 ff.
- Mietpreisüberhöhung **9** 154
- Pfandsache **8** 42 ff.
- Streitwert **7** 60
- Stufenklage **7** 58, 68; **8** 1 ff.
- Überbelegung **8** 38
- Umsatz **8** 29 f.
- bei Untervermietung **7** 57 f.; **8** 37 f.
- Vermieterpfandrecht **11** 58

mager = Rdn.

Register

Auskunftsklage
- Kaution **11** 80
- des Mieters wegen Eigenbedarf **7** 24 ff.
- Untermieter (Name und Anzahl) **7** 57 ff.

Ausländische Mieter
- Parabolantenne **3** 71 (Fn)

Ausländisches Recht 13
- Zuständigkeit OLG **13** 18

Ausschluss von Mieterhöhungen
- während der Indexmiete **4** 137–138, 141
- während der Staffelmietzeit **4** 117–119

Ausschlussfrist
- Betriebskostenabrechnung **9** 43
- Einwendungen des Mieters im Prozess **9** 43
- Pfandsachen **8** 43
- Vermieterpfandrecht **11** 56, 59
- Zustimmungsklage **4** 34

Außenfassade 3 29

Außerordentliche befristete Kündigung
- Staffelmiete **4** 121

Aussetzung
- des Zustimmungsprozesses wegen nachgeholten Mieterhöhungsverlangens **4** 78

Bankbürgschaft *s. Kaution*
Barkaution *s. Kaution*
Barrierefreiheit 3 78 ff.
Baubetreuungsgesellschaft 4 3

Bauliche Änderungen
- behindertengerechte Nutzung **3** 78 ff.
- Modernisierung/Verbesserung **3** 24 ff.
- Zustimmungspflicht Mieter **3** 168
- Zustimmungspflicht Vermieter **3** 64, 73

Begründung
- Verwerfungsbeschluss **13** 91
- Zurückweisungsbeschluss **13** 91

Begründung von Wohnungseigentum
- Vorkaufsrecht des Mieters **9** 205 f.

Behauptungslast, sekundäre 2 51, 108, 111

Beheizung
- Einstweilige Verfügung **11** 82

Behindertengerechte Nutzung 3 78 ff.
- Auflagen **3** 92
- Begriff **3** 81
- Darlegungs- und Beweislast **3** 110, 114
- Informationspflicht **3** 102
- Interessenabwägung **3** 85 ff.
- Klageantrag **3** 110
- Sicherheitsleistung **3** 93 ff.
- Streitverkündung **3** 91
- Streitwert Zustimmungsklage **3** 116
- Überlegungsfrist **3** 108
- Zustimmung WEG **3** 98 f.

Behinderung 3 79
Beiziehung von Grundbuchakte 1 92

Belegeinsicht 9 50
Benachrichtigungszettel
- Zugang der Mieterhöhung **4** 94

Bereicherungsansprüche des Mieters
- unwirksame Vereinbarungen **9** 237 ff.
- Voraussetzungen **9** 236

Bereicherungsansprüche des Vermieter 9 107 f.

Berichtigung 13 4

Berufung
- Aufbau Begründung **13** 39
- Aufbau Erwiderung **13** 102
- Begründung **13** 37
- Begründungsfrist **13** 37
- Beschlussverfahren **13** 74
- Einlegen **13** 14
- Einzelrichter **13** 93
- Entscheidungserheblichkeit **13** 62
- Erwiderung **13** 102
- Gliederung **13** 48
- Kosten **13** 135
- Materielle Rechtsverletzung **13** 56, 58
- Neue Angriffs- und Verteidigungsmittel **13** 69
- Prüfungsgrundlage Gericht **13** 121
- Prüfungsschema **13** 51
- Rechtsschutzbedürfnis **13** 26
- Rücknahme **13** 32
- Rügen **13** 55
- Streitgegenstand teilbar **13** 41, 54
- Streitwertgrenze **13** 24
- Verfahrensfehlerrüge **13** 56, 62
- Verwerfungsbeschluss **13** 90
- Ziele Berufungserwiderung **13** 102
- Zulassung **13** 24
- Zurückweisungsbeschluss **13** 90
- Zuständigkeit **13** 14

Berufungsrücknahme
- Kostenentscheidung **13** 33

Berufungsurteil
- Inhalt **13** 130
- Rechtliche Begründung **13** 133
- Tatbestand **13** 132

Berufungszulassung 13 24
- Berichtigung **13** 7

Beschlussverfahren
- Berufung **13** 74

Beschwer
- Abweisung der Klage auf Duldung der Modernisierung **4** 105
- Abweisung der Zustimmungsklage **4** 70

Beschwerde
- Abhilfeverfahren **13** 229
- Einlegen **13** 229
- Frist **13** 229
- Kosten **13** 231
- Weitere Beschwerde **13** 251

Beseitigung von Einrichtung *s. Rückbau*

393

Register

fett = Kapitel-Nrn.

Beseitigung von Parabolantenne s. *Parabolantenne*
Besichtigungsrecht 3 5 ff.
– Klageantrag **3** 11
Besichtigungstermin
– Ankündigung **3** 10
Bestimmtheitserfordernis
– einstweilige Verfügung **11** 12
– Indentitätsbestimmung **11** 12
– Kautionsklage **8** 4 f.
– Klage auf Vertragsabschluss **7** 41
– Klageantrag **7** 6, 11, *s. dort*
– Klausel über Vermieteraustausch **1** 98
– Mangelbeseitigung **7** 1 ff., 6 f.
– Mietvorvertrag **7** 39 ff., 47
– Rückbau **7** 83 f.
– Schimmelbeseitigung **7** 86
– Stufenklage **8** 1 ff.
– Tierentfernung **7** 62
– Untervermietung **7** 73
– Zahlungsklage **9** 21 ff.
Bestreiten mit Nichtwissen 2 105
Besucher
– Abgrenzung Gebrauchsüberlassung **3** 132
– Anzeigepflicht **3** 133
– Einbeziehung Schutzbereich des Mietvertrages **9** 247 ff.
– Erfüllungsgehilfen **5** 12
– störendes Verhalten **5** 12
Betretungsrecht
– einstweilige Verfügung **11** 42 f.
– gekündigte Wohnung **11** 43
– Handwerker **3** 6
– Hausverbot **11** 44
– Hausverwalter **3** 6
– Hauswart **3** 6
– Kaufinteressent **3** 6
– Mieterzutritt **11** 45
– Selbsthilferecht **3** 8
– Überprüfung der Heizkörper **11** 44
– Voranmeldefrist **3** 8
– *s. auch Besichtigungsrecht*
Betriebskosten
– Begriff **9** 39
– Urkundenprozess **10** 8, 10
– Vereinbarungen **9** 38 ff.
Betriebskostenarten 9 39
Betriebskostenerhöhungen
– Indexmiete **4** 138, 141, 160
– Staffelmiete **4** 117
Betriebskostennachzahlung
– Abweichende Vereinbarungen **9** 51
– Anforderungen an Betriebskostenabrechnung **9** 42
– Ausschlussfrist **9** 43 ff.
– Ausschlusswirkung **9** 44
– Belegeinsicht **9** 50
– Darlegungs- und Beweislast **9** 53 ff., 58 ff.
– Einwendungsfrist Mieter **9** 46
– formale Fehler Abrechnung **9** 45
– geringe Vorauszahlungen **9** 58
– materielle Fehler Abrechnung **9** 44
– Prüfungsfrist für Mieter **9** 46
– Schlüssigkeit Klage **9** 52 ff.
– stillschweigende Vereinbarungen **9** 41
– Zahlungsfristen **9** 49
– Zurückbehaltungsrecht Mieter **9** 49
Betriebskostenpauschale 4 117; **9** 40
Betriebskostenvereinbarungen
– abweichende Vereinbarungen **9** 51
– stillschweigende Vereinbarungen **9** 41
Betriebskostenvorauszahlungen
– bei Abrechnungsreife **9** 24 f.
– Vereinbarung zu geringe **9** 58
Betriebspflicht
– Umsatz **8** 32
– einstweilige Verfügung **11** 52 f.
Beweisaufnahme
– § 279 Abs. 3 ZPO **13** 53
Beweisbeschluss
– Gutachten über ortsübliche Vergleichsmiete **4** 62
Beweislast
– Einwände gegen Sachverständigen **14** 7
– Feuchtigkeitsschäden **7** 16
– Fogging **7** 19 f.
– Indexmiete **4** 178
– des Mieters bei Instandsetzungsklage **7** 15 f.
– ortsübliche Vergleichsmiete **4** 42, 55–56
– Regeln **11** 54
– Schadensersatz bei vorgetäuschtem Eigenbedarf **7** 24
– Schimmelbeseitigung **7** 15 f., 87
– Staffelmiete **4** 133
– Stufenklage **8** 30
– Urkundenprozess **10** 67
– des Vermieters bei Instandsetzungsklage **7** 16 ff.
– Verwender **1** 149
– *s. Darlegungs-Beweislast*
Beweismittel
– Inaugenscheinnahme **4** 54
– Mietspiegel **4** 40–51
– Parteivernehmung **4** 58
– Sachverständigengutachten **4** 43, 50, 51
Beweisverfahren
– Feststellung der ortsüblichen Vergleichsmiete **4** 37–65
Beweisverfahren, selbstständiges 14 1 ff.
– Ablösevereinbarung **14** 17 f.
– Einwände gegen Sachverständigen **14** 7
– Entschädigungshöhe **14** 13 f.
– Hemmung der Verjährung **14** 14
– Mangellage **14** 11
– Mietpreisüberhöhung **14** 11
– Minderung **14** 10 f.

mager = Rdn.

– Ortsüblichkeit der Miete **14** 8, 11 f.
– Streitwert **14** 19
– Vermeidung eines Rechtsstreits **14** 2
– Zeitwert **14** 19

BGB-Gesellschaft
– Aktivlegitimation **1** 100 ff.
– Aktivprozess **1** 78, 100 ff.
– Anteilsveräußerung **1** 107
– Außengesellschaft **1** 80
– Drittwiderklage gegen Gesellschafter **1** 104
– Geltendmachung von Ansprüchen **1** 116, 118
– Gesamthandsvermögen **1** 102
– Gesellschafter **1** 80 (Fn), 118
– Gesellschafterwechsel **1** 107
– Klagerubrum **1** 104
– Lebenspartner **1** 116
– Mitgliederwechsel **1** 106
– Nebenintervenient **1** 102
– Parteifähig **1** 100, 105
– Passivlegitimation **1** 100 ff.
– Passivprozess **1** 100 ff.
– Prozessführungsbefugnis eines Gesellschafters **1** 105, 117 f.
– Rechtsfähigkeit **1** 100 f.
– Rubrumsberichtigung **1** 104
– Streitgenossenschaft, notwendige **1** 102
– Übertragung von Anteilen **1** 107
– als Vertragspartei **1** 73, 78
– Widerklage **1** 104
– Wohnungsgemeinschaft **1** 116
– Zustellung **1** 103

Bloßstellung
– einstweilige Verfügung **11** 91 f.

Bruchteilsgemeinschaft 1 115

Bruttokaltmiete
– Angabe in Zustimmungsklage **4** 15
– Umrechnung bei Erhöhung mit Nettomietspiegel **4** 62

Bruttomiete
– Berechnungsgrundlage für Minderung **9** 32

Bürgschaft 7 35 ff.

Darlegungs- und Beweislast
– Abzug von Drittmitteln **4** 103
– behindertengerechte Einrichtung/Veränderung **3** 110, 115
– Betriebskostennachzahlung **9** 53 ff., 58 ff.
– Duldungsklagen **3** 37
– Feststellungsklagen **6** 23 f., 38
– Höhe Sicherheitsleistung **3** 95
– Instandsetzungsanteil **4** 102
– Interessenabwägung **3** 75 f.
– Kautionsklage **9** 7
– künftige Leistung **9** 69
– Mietrückstände **9** 16 ff.
– Minderung **9** 27, 31 ff., 36
– Unterlassen der Entfernung von Sachen **5** 34

– vertragswidriger Gebrauch **5** 25, 28 f.
– Wegnahmeklage **3** 59 f.
– Wohnwerterhöhende Ausstattung **4** 55

Darlegungspflicht
– Urkundenprozess **10** 1, 6

Doppelvermietung 9 163
– Einräumung des Mitbesitzes **7** 98 ff.
– einstweilige Verfügung **11** 17 ff.

Dringlichkeit
– einstweilige Verfügung **11** 16, 30, 32, 52, 63
– s. auch Verfügungsgrund

Drittwiderspruchsklage
– Doppelvermietung **7** 99

Dübel 3 65

Duldung
– bauliche Änderungen **3** 16 ff., 64 ff.
– Besichtigungs-, Betretungsrecht Vermieter **3** 5 ff.
– Definition **3** 2 f.
– Duldungsansprüche gegenüber Untermieter **3** 50 f.
– Duldungspflichten Mieter **3** 5 ff.
– Duldungspflichten Vermieter **3** 52 ff.
– Eingriffe in bauliche Substanz **3** 67
– einstweilige Verfügung **11** 28
– Erhaltungsmaßnahmen **3** 19 ff.
– Fälligkeit Duldungsverpflichtung **3** 34
– Gebrauch der Mietsache **3** 69 f.
– Installation Anlagen **3** 61 f.
– Instandsetzung/Instandhaltung **3** 19 f.
– Klageanträge **3** 11, 21, 39 f., 59, 69
– Plakate/Transparente **3** 71 f.
– Sicherheitsleitung **3** 63
– Streitwerte **3** 18, 23, 47, 63
– Umbaumaßnahmen **3** 13
– Vorschuss **3** 45
– Wegnahme **3** 53 ff.
– Zumutbarkeit **3** 20
– Zurückbehaltungsrecht **3** 45, 63

Ehegatte(-n)
– Zustimmungsklage **1** 67 ff., 82, 116; **4** 10; **9** 75, 76

Eidesstattliche Versicherung
– Stufenklage **8** 8, 30

Eigenbedarf 2 38
– innere Tatsachen **2** 110
– nachträglicher Wegfall **2** 45
– Schadensersatz wegen Vortäuschung **9** 192 ff.

Eigenschaft
– zugesicherte **9** 30

Eigentümer-Besitzerverhältnis 9 107, 109

Eigentümerwechsel
– Rückzahlung Kaution **9** 225

Eigentumswohnung
– Mitwirkungspflicht WEG **3** 98 ff.

# Register
fett = Kapitel-Nrn.

Einräumung des Mitbesitzes
- Anspruch **7** 98
- Einstweilige Verfügung **11** 57 ff.

Einrichtungen
- Definition **3** 52
- Übernahmeverpflichtung **9** 246
- Wegnahmerecht Mieter **3** 52 ff.

Einschreibebrief 4 94

Einstweilige Anordnung 11 11

Einstweilige Verfügung 11 1 ff.
- Anhängigkeit des Anspruches **11** 2
- Anwaltszwang **11** 98
- bauliche Maßnahmen **11** 27 f.
- Beheizung **11** 82
- Betretungsrecht **11** 42 ff.
- Betriebspflicht **11** 52 f.
- Bloßstellung **11** 91 f.
- Doppelvermietung **7** 98; **11** 17 ff.
- Dringlichkeit **11** 16, 30, 32, 52, 63, 94
- Eilbedürftigkeit s. *Dringlichkeit*
- Eingriff in Rechte Dritter **11** 18
- Einzugsermächtigung (Widerruf) **11** 88
- Erhaltungsmaßnahmen **11** 25 f.
- fehlende Mitwirkungspflicht des Vermieters **11** 31
- Gefahr für Leib und Leben **11** 7, 13, 46
- Gemeinschaftsantenne **11** 94
- Gewerberaum **11** 14 f.
- Glaubhaftmachung **11** 1, 9, 35 f., 49
- Hausverbot **11** 44
- Hilfe des Gerichtsvollziehers **11** 50
- Kaution **11** 78 ff.
- Konkurrenzschutz **11** 35 ff.
- Lärmstörung **11** 86
- Mängelhinweis gegenüber potentiellen Käufer **11** 95
- Mietvorvertrag **11** 84
- Mietzahlung **11** 33
- Modernisierung **11** 21 f.
- Musizieren **11** 87
- Räumung **11** 6 ff.
- Rechtshängigkeit **11** 5
- Rechtsmittel **11** 105
- Rechtsschutzbedürfnis **11** 19
- Regelung, endgültige **11** 107
- Regelungsverfügung **11** 4
- Sachverständigengutachten **11** 21, 37
- Schutzschrift **11** 100
- Sicherungsverfügung **11** 4
- sofortige Beschwerde **11** 103
- Stellplatz **11** 90
- Streitwert **11** 106 f.
- Überlassungsverbot **11** 19 f.
- Unterlassung **11** 27
- Untervermietung **11** 61 ff.
- Verbandsklage **11** 96 f.
- verbotene Eigenmacht **11** 7, 9, 12, 17, 26, 48
- Verfügungsgrund s. *dort*
- Vermieterpfandrecht **11** 54 ff.
- Vollziehungsfrist **11** 99
- Vollzug **11** 77
- Vorkaufsrecht **11** 71 ff.
- Vorschuss **11** 32
- Wassersperrung **11** 93
- Widerspruch **11** 104
- Wiedereinräumung des Besitzes **11** 48 ff.
- Wohnraum **11** 7
- Zutrittsverbot des Lebensgefährten **11** 81
- Zwangsräumung **11** 10

Eintritt in das Mietverhältnis
- Ehegatte **4** 10, 11
- Erben **4** 13
- Erwerber **4** 5
- Kinder **4** 11
- Lebenspartner **4** 11

Eintritt in den Mietvertrag
- Kaution **9** 225

Einzelrichter
- Berufungsverfahren **13** 93
- Rechtsmittel **13** 96

Einzugsermächtigung
- Widerruf (einstweilige Verfügung) **11** 88

Empfangsbekenntnis 13 3

Endrenovierung 9 128, 137

Entbehrlichkeit der Fristsetzung 9 129

Entschädigung bei Abwendung Wegnahmerecht 3 53

Entschädigungshöhe
- Beweisverfahren **14** 13

Erbbauberechtigter 1 138

Erbe
- Eintritt in das Mietverhältnis **4** 13

Erbengemeinschaft 1 87 ff.
- Gestaltungsrechte **1** 90
- Herausgabeanspruch **1** 114
- notwendige Streitgenossen **1** 91
- Prozessstandschaft, gesetzliche **1** 89
- Rechtsfähigkeit **1** 88

Erfüllungsanspruch
- Doppelvermietung **7** 98
- Schönheitsreparaturen **7** 49, 55 ff.

Erfüllungsverweigerung
- Schönheitsreparaturen **9** 129

Ergänzung 13 4

Erhaltungsmaßnahmen 3 14
- einstweilige Verfügung **11** 25 ff.

Erhaltungspflicht
- bei Abwälzung auf Mieter **9** 128
- bei Hauptpflicht **9** 127, 129

Erhaltungspflicht des Vermieters 9 128

Erhöhungsverlangen
- Beifügung zur Zustimmungsklage **4** 23
- Indexmiete **4** 137
- Modernisierungszuschlag **4** 82

Erinnerung
- Kosten **13** 268

mager = Rdn.

- Rechtsmittel **13** 267
- Statthaftigkeit **13** 265
- Verfahren **13** 266

Erlaubnis
- Änderung der Geschäftsgrundlage **7** 80
- Befristung **3** 147
- Begriff **3** 4
- Form **3** 140 f.
- Gebrauchsüberlassung an Dritte **3** 137 ff.
- gewerbliches Mietverhältnis **7** 77
- Klageanträge **3** 125, 159
- Parabolantenne **7** 94
- Tierhaltung **3** 117 ff.; **7** 61
- Untervermietung **3** 138; **7** 73
- Widerruf **7** 76
- s. auch Zustimmung

Erledigung der Hauptsache
- Räumungsprozess **2** 217
- s. Hauptsacheerledigung

Erledigungserklärung 4 7, 13

Ermächtigung 1 85, 96 f., 119 ff., 147
- s. auch Prozessstandschaft

Ersatz von Verwendungen s. Aufwendungsersatz

Ersatzanspruch des Mieters
- Aufwendungsersatz s. dort
- Schadensersatz s. dort

Ersatzanspruch des Vermieters
- s. Schadensersatzanspruch Vermieter

Ersatzvornahme
- Betriebskostenabrechnung **8** 25

Ertragswert
- Miete (Beweisverfahren) **14** 9, 12

Erwerber 1 92 ff.
- Abtretung **1** 93 f.
- Abtretung – Schriftform **1** 94
- Abtretung von Gestaltungsrechten **1** 95 ff.
- Abtretung – Zustimmung des Mieters **1** 93, 98
- Aktivlegitimation s. dort
- Eintritt in das Mietverhältnis **4** 4–6
- Ermächtigung, Offenlegung **1** 96 ff.
- gewerbliches Mietverhältnis **1** 96
- Grundbuch **1** 92
- Herausgabeanspruch **1** 96 (Fn)
- Klausel bzgl. des Austauschs des Vermieters **1** 98
- Mieterhöhung **4** 7
- notarieller Vertrag **1** 92
- Passivlegitimation **1** 28, 29, 93, 94
- Prozessstandschaft, gewillkürte (Ermächtigung) **1** 96
- Räumungsklage des Erwerbers **1** 96
- Vorkaufsrecht **11** 72
- Zustimmungsklage **4** 3, 5, 7

Fahrräder 3 69; **5** 14

Fälligkeit
- Betriebskostensaldo **9** 48
- Miete **9** 18 ff.
- Schönheitsreparaturen **9** 129, 137

Familienangehörige
- Zustimmungsklage **4** 11
- s. auch Lebenspartner

Familienmitglieder 3 133

Fehlende Mitwirkungspflicht 3 41

Fehler (Begriff) s. Mangel

Feststellungsantrag
- Änderung des Leistungsantrages **8** 18, 34
- Auskunftsanspruch **8** 6, 34
- Rechnungslegung **8** 18
- Schadensersatzanspruch (Kosten) **8** 36
- s. Feststellungsklage

Feststellungsinteresse 6 7

Feststellungsklage
- Abgrenzung Klage auf künftige Leistung **6** 12
- Abmahnung **6** 41
- Beendigung Mietverhältnis **6** 29, 37
- Bezifferung Klageantrag **6** 26
- Darlegungs- und Beweislast **6** 23 f., 38
- Feststellungsinteresse **6** 7
- Fortbestehen Mietverhältnis **6** 33
- Gebrauchsüberlassung **6** 39
- Gestaltungsrecht **6** 9
- Indexmiete **4** 176
- Klageanträge **6** 22, 29 ff.
- Klagebeispiele **6** 29 ff.
- Mietminderung **6** 44 f.
- Mietzahlung unter nicht qualifiziertem Vorbehalt **6** 53
- Mietzahlung unter qualifiziertem Vorbehalt **6** 52
- Modernisierungszuschlag **4** 103
- negative **6** 22 ff.
- Nichtigkeit Mietvertrag **6** 29
- Nichtigkeit Mietvertragsklausel **6** 43
- Nichtvorliegen vertragswidriger Gebrauch **6** 41
- positive **6** 22 f.
- Qualifizierung Mietverhältnis **6** 40
- Rechtshängigkeitssperre **6** 15
- Rechtsschutzbedürfnis **6** 25
- Streitwerte **6** 56–64
- Unwirksamkeit Mietvertrag **6** 29
- Verjährungshemmung **6** 19 f.
- Zustimmung Mieterhöhung **6** 42
- Zwischenfeststellungsklage **6** 27 f.

Firmenschild 3 69

Flächenabweichungen
- Mangel **9** 28 (Fn)

Fogging 7 19

Form
- Elektronische **4** 109
- Indexmiete **4** 136
- Mieterhöhungserklärung **4** 7, 141
- Staffelmiete **4** 109

Register

fett = Kapitel-Nrn.

- Zustimmungsklage **4** 30
- s. auch *Schriftform*

Formalien
- Berufung **13** 20

Formularmietverträge 9 6, 126, 128

Fortbildung des Rechts 13 85

Fortsetzung des Mietverhältnisses 4 13

Fortsetzungsantrag des Mieters 2 116 ff.
- Änderung der Bedingungen **2** 125, 134
- Urteil **2** 126
- Weitere Fortsetzung **2** 131 ff.
- s. auch *Widerspruch des Mieters*

Frist
- Ankündigungsfrist **3** 8 f.
- Ausschlussfrist **4** 34
- Klagefrist **4** 28 f.
- Mitteilungsfrist **3** 28
- Prüfungsfrist **3** 108
- Überlegungsfrist **4** 24 ff.

Fristenlauf bei Insolvenz 1 136

Fristverlängerung
- Berufungsbegründung **13** 37
- Berufungserwiderung **13** 100
- Beschwerdebegründung **13** 205

Fristversäumnis
- Wiedereinsetzung **13** 22

Garantiehaftung 9 30, 164

GbR
- Zustimmungsklage **4** 9

Gebrauch
- vertragsgemäßer **9** 112 f.

Gebrauchsentziehung 9 196 ff.

Gebrauchsgewährung 9 196 ff.

Gebrauchshindernis
- Risikoverteilung **9** 197 ff.

Gebrauchshindernisse
- als Sachmangel **9** 28

Gebrauchsüberlassung an Dritte
- Abgrenzung **3** 132
- Abgrenzung Untermiete **3** 143
- Änderung Rechtspersönlichkeit Mieter **3** 136
- Angestellte **3** 133
- Anspruch **3** 142
- Besucher **3** 131
- Darlegungs- und Beweislast **3** 162 ff.
- Definition **3** 137
- entgeltlich **1** 65
- Feststellungsklage auf Berechtigung **6** 39
- Hausangestellte **3** 133
- Klageantrag **3** 159
- Lebensgefährte **3** 135
- Lebenspartner **3** 135
- Streitwert **3** 167
- Überbelegung **3** 132
- Voraussetzung Erlaubnis **3** 148 ff.

Gebührenstreitwert
- Klage auf Duldung der Modernisierung **4** 103
- Klage auf Feststellung der Wirksamkeit der Indexmiete **4** 179
- Klage auf Feststellung der Wirksamkeit der Staffelmietvereinbarung **4** 134
- Klage auf Feststellung des Modernisierungszuschlages **4** 104
- Klage auf künftige Leistung **4** 104
- Modernisierungszuschlag **4** 104
- Staffelmiete **4** 134
- Zustimmungsklage **4** 69

Gefahrtragung 9 197 ff.

gegen Kündigung
- unzumutbare Härte **2** 122
- bei weiterer Fortsetzung **2** 131

Gehörsrüge
- Anwaltszwang **13** 271
- Entscheidungserheblichkeit **13** 277
- Frist **13** 271
- Gerichtliche Versehen **13** 273
- Grenzen **13** 276
- Kosten **13** 282
- Pannenfälle **13** 273
- Rügen **13** 272
- Statthaftigkeit **13** 270
- Subsumtionsfehler **13** 274
- Unterlassene Hinweise **13** 275
- Verfahrensfortsetzung **13** 281
- Verwerfungsbeschluss **13** 279
- Zurückweisungsbeschluss **13** 280

gekündigte Wohnung
- Betretungsrecht **11** 43

Gemeinschaftsantenne
- einstweilige Verfügung **11** 94

Gerichtsstand
- allgemeiner im Ausland **13** 16
- Zustimmungsklage **4** 2

Gesamthandsgemeinschaft 1 73, 87, 91, 115, 123

Gesamtmiete 9 85

Gesamtschuldnerschaft 1 124

Geschäftsführung ohne Auftrag
- Aufwendungsersatz **9** 182 ff.

Geschäftsraummietverhältnis
- Zuständigkeit **1** 18

Gesellschaft s. *BGB-Gesellschaft*

Gesellschaft bürgerlichen Rechts 4 9

Gesellschafter
- Zustimmungsklage **4** 4

Gesellschaftsvertrag 1 78

gesetzlicher Vertragsübergang 4 5–6

Gestaltungsrecht
- Abtretbarkeit **1** 95 ff., 114 ff.
- Mietminderung **10** 3

Gestattung der Wegnahme 3 52 ff.

mager = Rdn.

Gewerbemiete
– Erwerber s. dort
– gewillkürte Prozessstandschaft **1** 96
Gewerberaum
– Räumung (einstweilige Verfügung) **11** 61 ff.
– Untervermietung (einstweilige Verfügung) **11** 14 ff.
Gewerbezuschlag 9 17
gewerbliches Mietverhältnisses
– Auskunftsklage **7** 59
– Einstweilige Verfügung **11** 14
– Ermächtigung **1** 96 f.
– Renovierungsanspruch **7** 50
– Urkundenprozess **10** 6
Gewillkürte Prozessstandschaft
s. *Prozessstandschaft*
Glaubhaftmachung 13 73
– Konkurrenzschutz **11** 35 f., 37 f.
– Mietvorvertrag **11** 84
– Minderung **11** 89
– Verbandsklage (einstweilige Verfügung) **11** 96
– verbotene Eigenmacht **11** 9
– Verfügungsanspruch **11** 1
– Verfügungsgrund **11** 1
– Vermieterpfandrecht **11** 54 f., 57
– Vorkaufsrecht **11** 74
Gleitklausel 9 16
GmbH 4 9
Grenzwerte für Lärm etc. 7 12
Größe der Wohnung
– Abweichung als Mangel **9** 28 (Fn)
– Mieterhöhung **4** 59
Grundbuchakte
– Beiziehung **1** 92
Grundmiete 9 16
– Angabe in Zustimmungsklage **4** 16
Grundsatzbedeutung 13 80
Gutachten s. *Beweismittel*

Haftungsausschluss und -begrenzung 9 121 f.
Handelskammer
– Berufungszuständigkeit **13** 15
Hauptsacheerledigung 5 26; **6** 53; **9** 25, 219 f.
– Aufrechnungserklärung **8** 6
– Aufrechnungslage **8** 6
– Betriebskostenabrechnung **8** 15 ff.
– einstweilige Verfügung **11** 5
– Reduzierung des Klageantrags, Zug-um-Zug **7** 30
– Stufenklage **8** 3 f., 6, 34
– Untervermietung **7** 73 ff., 80; **8** 38
Hausflur 3 69
Haushaltsangehörige 3 133
Haushaltsangehöriger
– Zustimmungsklage **4** 11
Haushaltspersonal 3 133

Register

Hausordnung 3 9
Hausverbot
– Betretungsrecht **11** 44
Hausverwalter s. *Verwalter*
Heilung
– Fehlende Offenlegung der Prozessstandschaft **1** 97
Hemmung
– der Verjährung **9** 146
Herausgabeanspruch
– Erbengemeinschaft **1** 114
– Pfandsachen **8** 42
– Vermieterpfandrecht **11** 56, 60
– Zweitschlüssel **11** 47
Herausgabevollstreckung
– Doppelvermietung **7** 99
Hilfsantrag
– Klage auf Mietvertragsabschluss **7** 42 ff.
Hinterlegung
– Pfanderlös **8** 43
Hinweise
– Berufungserwiderung **13** 105
– Dokumentation u. Berichtigung **13** 10
– Gehörsrüge **13** 275
Hinweispflicht
– Abhilfeverfahren **13** 212
– Begründetheitsmängel **13** 38
– Berufungsbegründung **13** 45
– Berufungsbeklagter **13** 117
– Berufungserwiderung **13** 108
– Beschlusszurückweisung **13** 79
– Beschwerdegericht **13** 221
– Beweisaufnahme **13** 53
– Gehörsrüge **13** 275
– Rechtsanwendungsfehler **13** 124
– Schriftsatzfrist **13** 53
– Terminsladung Berufung **13** 98
– Verwerfung Berufung **13** 87
– Zulässigkeitsmängel **13** 38
– Zustimmungsklage **4** 21
Hunde s. *Kampfhund und Tiere*

Indexmiete 3 17
– Altvereinbarungen **4** 140, 145
– Anerkenntnis **4** 174
– Anwendungsbereich **4** 144–150
– Betriebskostenerhöhungen **4** 138, 141, 160
– Beweislast **4** 178
– Dauer der Vereinbarung **4** 159
– Fälligkeit **4** 173
– Feststellungsklage **4** 176
– Form der Mieterhöhungserklärung **4** 163
– Gewerberaum **4** 150
– Indexierung **4** 155–158
– Inhalt der Mieterhöhungserklärung **4** 163
– Jahresfrist **4** 141
– Kappungsgrenze **4** 164
– Karenzfrist **4** 160, 162

399

# Register
fett = Kapitel-Nrn.

- Klage auf künftige Indexmiete **4** 175
- Klageverfahren **4** 173–178
- Kostenelementklausel **4** 158
- Leistungsvorbehalt **4** 158
- Mietdauer **4** 137
- Mieterhöhung **4** 137
- Mieterhöhungsverfahren **4** 164–168
- Mieterhöhungsvorbehalt **4** 143
- Mietpreisüberhöhung **4** 141
- Modernisierung **4** 138, 140, 160
- öffentlich geförderter Wohnraum **4** 144
- Preisgebundener Wohnraum **4** 146–147
- Schriftform **4** 152–153
- Spannungsklausel **4** 158
- Streitwert **4** 179
- Untermietverhältnisse **4** 149
- Unwirksame Vereinbarungen **4** 169–172
- Vereinbarung **4** 136–140, 151–162
- Wartefrist **4** 161
- Wesentlichkeitsgrenze **4** 165
- Wirksamkeitszeitpunkt **4** 166
- Zeitmietvertrag **4** 142, 148
- Zweck **4** 141

Insolvenz
- Ermächtigung der Schuldner **1** 135
- Eröffnung **1** 129, 132
- Freigabeerklärung **1** 130
- Insolvenzmasse **1** 128
- Kaution **8** 11
- bei Mietermehrheit **1** 131
- Prozessstandschaft, gewillkürte **1** 135 (Fn)
- Prozessvollmacht **1** 129
- Unterbrechung **1** 127 ff., 136
- Verwalter *s. dort*

Insolvenzverwalter 1 127 ff.
- Aufnahme des Prozesses **1** 134
- Ermächtigung des Schuldners **1** 135
- Passivlegitimation **1** 128
- starker Verwalter **1** 127
- Zustellung an ... **1** 132

Instandhaltungsmaßnahme 3 19
Instandmodernisierung 3 24 f.
Instandsetzung 3 19

Jahresfrist
- Einwendungsfrist Betriebskostenabrechnung **9** 46 f.
- bei Erhöhung auf die ortsübliche Vergleichsmiete **4** 75
- bei Indexmiete **4** 141
- bei Staffelmietvereinbarung **4** 110–111

Juristische Person
- Gründungsstadium **1** 73, 78
- Zustimmungsklage **4** 9

Kampfhunde 3 124
Kappungsgrenze
- Indexmiete **4** 164

- bei Mieterhöhung **4** 23
- Modernisierungszuschlag **4** 88–89

Kaufinteressent
- Betretungsrecht mit **3** 6

Kausalität
- Mietpreisüberhöhung **9** 157

Kaution
- Abrechnung **9** 217
- Abrechnungsfrist **9** 215
- abweichende Vereinbarungen **9** 5
- Anlage **9** 2, 223
- Aufrechnung **7** 27; **9** 13, 216 ff.
- Aufstockungspflicht **9** 8
- Bankbürgschaft **9** 213 f.
- Barkaution **9** 4
- Bürgschaft **9** 213 f.
- Darlegungs- und Beweislast **9** 7, 11
- einstweilige Verfügung **11** 78 ff.
- entgangene Zinsen **9** 240
- Fälligkeit **9** 2, 6
- Formularklauseln **9** 6
- Geschäftsraummiete **9** 3
- Klage auf – nach Beendigung des Mietverhältnisses **9** 10 ff.
- Ratenzahlung **9** 2
- Rückzahlung **9** 213 ff.
- Sparbuch **9** 213
- unwirksame Vereinbarung **9** 2 ff., 240
- Urkundenprozess **10** 8 f.
- Vermögensverfall des Vermieters **9** 14
- Verzinsung **9** 2, 210, 213
- Verzugszinsen **9** 7
- Vollstreckungsgegenklage **9** 12
- Wiederauffüllung **9** 8
- Wohnraummiete **9** 5
- bei Zahlungsverzug **9** 9
- zulässige Höhe **9** 2
- Zurückbehaltungsrecht **7** 35; **9** 13
- Zwangsverwaltung **9** 225

Kenntnis
- Mangel **9** 35

Kenntnisnahmepflicht
- Gerichtliche **13** 70

KG
- Zustimmungsklage **4** 9

Kinderlärm
- vertragsgerechter, sozialadäquater Gebrauch **5** 13 (Fn)

Kinderwagen 3 69; **5** 14
Klage auf zukünftige Leistung
- Abänderungsklage **9** 70
- Abgrenzung Feststellungsklage **6** 12
- Anerkenntnis **9** 70
- Aufrechnung **9** 70
- Besorgnis nicht rechtzeitiger Leistung **9** 66, 69
- Darlegungs- und Beweislast **9** 69
- Indexmiete **4** 175

mager = Rdn.

Register

- Klageantrag **9** 69
- künftig Mieten **9** 63 ff.
- künftige Nutzungsentschädigung **9** 86 ff.
- Modernisierungszuschlag **4** 92
- Räumungsklage **7** 26
- Urkundenprozess **10** 7

Klageänderung
- Kosten nach Auskunft über Umsatz **8** 36
- Kosten nach Rechnungslegung **8** 18
- sachdienliche **1** 7, 32, 104
- Stufenklage **8** 8
- (nach) verspäteter Auskunft **8** 36
- Zustimmungsklage **4** 73

Klageantrag
- auf Abschluss eines Mietvertrages **7** 41 f.
- Änderung nach Veräußerung **1** 99
- bauliche Veränderungen **3** 76
- Beendigung der Untervermietung **7** 67 ff.
- behindertengerechte Einrichtung/ Veränderung **3** 110
- Duldung Betretungsrecht **3** 11
- Duldung Erhaltungsmaßnahmen **3** 21
- Duldung Gebrauch der Mietsache **3** 69
- Duldung Installation von Anlagen **3** 72
- Duldung Modernisierungsmaßnahmen **3** 39 f.
- Duldung Wegnahme Einrichtung **3** 59
- Entfernung eines Tieres **7** 62
- Erlaubnis Untervermietung/Gebrauchs- überlassung **3** 159
- Feststellungsklagen **6** 22, 29 ff.
- Indexmiete **4** 173
- künftige Leistung **9** 69
- Mängelbeseitigung **7** 6 f., 11
- Modernisierungszuschlag **4** 92
- Schimmelbeseitigung **7** 86
- Staffelmiete **4** 132
- Tierhaltung Zustimmung/Erlaubnis **3** 125
- Unterlassung **7** 62
- UKlaG **5** 68
- Unterlassung Entfernung von Sachen **5** 33, 35
- Unterlassung Störung **5** 27, 31, 50
- Unterlassung Tierhaltung **5** 27; **7** 62
- Unterlassung vertragswidriger Gebrauch **5** 27
- auf Vertragsabschluss **7** 41
- Vollstreckungsfähigkeit **7** 41
- Zustimmungsklage **4** 19–21
- *s. auch Antrag*

Klageerweiterung
- Zustimmungsklage **4** 21

Klagefrist
- Ausschlussfrist **4** 34
- Beginn **4** 29
- Fristberechnung **4** 24
- Zustimmungsklage **4** 28–35

Klagehäufung
- objektive **8** 1

Klagerücknahme 4 7
- (nach) Auskunft **8** 34, 38

- in Insolvenz **1** 133
- Stufenklage **8** 1, 5, 8 (Fn)
- (bei) Zurückbehaltungsrecht **7** 30

Klagerweiterung
- Berufungsverfahren **13** 78

Klageverbindung
- Zustimmungsklage mit Zahlungsklage **4** 17

Kleintiere 3 118
Kommanditgesellschaft 4 9
Konkurrenzschutz 7 59; **9** 48; **11** 35 ff.
Konkurrierende Ansprüche 9 107
Kosten 9 219 f.
- Anschlussberufung **13** 30
- Anschlussbeschwerde **13** 201
- Anschlussrechtsbeschwerde **13** 239
- Anschlussrevision **13** 167
- Berichtigung **13** 12
- Berufung **13** 136
- Berufungsrücknahme **13** 35
- Beschwerde **13** 231
- Beschwerderücknahme **13** 203
- Ergänzung **13** 12
- Erinnerung **13** 268
- Gehörsrüge **13** 282
- Hauptsacheerledigung – Untervermietung **7** 81
- Nichtzulassungsbeschwerde **13** 161
- Rechtsbeschwerde **13** 249
- Rechtsbeschwerderücknahme **13** 241
- Revision **13** 182
- Revisionsrücknahme **13** 169
- Rücknahme weitere Beschwerde **13** 260
- Sofortige Beschwerde **13** 227
- Stufenklage **8** 5, 18, 34 ff.
- Verfassungsbeschwerde **13** 299
- Weitere Beschwerde **13** 264
- Zustimmmungsprozess **4** 66

Kostenelementklausel 4 158
Kostenentscheidung 9 219 f.
- Berichtigung **13** 6
- Berufung **13** 23

Kunden
- Einbeziehung in Schutzbereich des Miet- vertrages **9** 247 ff.

Kündigung 2 34
- Eigenbedarf **2** 38, 110
- fristlose **2** 63, 73 ff.
- Geschäftsraum **2** 77
- durch Klageerhebung **2** 97
- im Prozess **2** 89 ff.
- Staffelmiete **4** 120–121
- Störung des Hausfriedens **2** 66
- Verkauf **2** 56
- Verschulden **2** 68
- Vertragsverletzung **2** 46
- Verwertung **2** 52
- Wohnraum **2** 34
- Zahlungsverzug **2** 65, 73 ff.

401

Register

fett = Kapitel-Nrn.

Ladenöffnungszeiten **8** 32
Ladung
– Berufung **13** 97
Landgericht
– Berufungszuständigkeit **13** 15
Lärm
– Mangel **9** 29
Lebensgefährte **3** 69, 135; **6** 39
Lebenshaltungskostenindex **4** 155–156
Lebenspartner **3** 134
Lebenspartnerschaft **3** 135
Leistungsklage
– Vorrang vor Feststellungsklage **6** 50
– Wechsel zur **8** 8, 30
– Zustimmungsklage **4** 1–81
Leistungsurteil
– Schönheitsreparaturen **7** 50 (Fn), 53
Leistungsverfügung
– Anspruch nach UKlaG **11** 96
– Luxuswohnung **9** 149
Leistungsverweigerungsrecht
– Duldung Modernisierungsmaßnahme **3** 45
– Kautionszahlung **9** 13
Leistungsvorbehalt **4** 158

Mahnung *s. Abmahnung*
Makler **1** 148
– Betretungsrecht **3** 6
– Kosten für **9** 143
Mangel
– bei abweichender Raumgröße **9** 28 (Fn)
– Annahme in Kenntnis **9** 35
– Anzeigepflicht **9** 37
– arglistiges Verschweigen **9** 35
– Begriff **9** 28 ff.
– Darlegungs- und Beweislast **9** 27, 31 ff., 36
– erheblicher **9** 30
– geringfügiger **9** 30
– Lärm **9** 29
– periodisch auftretender **9** 180
– Schadensersatz Mieter **9** 161 ff.
– Schmerzensgeld **9** 170
– unbehebbarer **9** 180
– Urkundenprozess **10** 5, 6
– Ursache **9** 34 ff.
– vertraglicher Ausschluss **9** 171
– Zeitpunkt des Entstehens **9** 162, 165
Mangelbeseitigung **7** 1 ff.
– Bestätigungs-/Besichtigungsklausel **7** 3
– Bestimmtheitserfordernis des Antrags **7** 6 ff., 11
– Beweislast **7** 15 ff.
– Erfüllungsanspruch **7** 3
– Fogging **7** 19
– Grenzwert bei Mängelfeststellung **7** 12
– Lärmbelästigung **7** 7, 11
– Mangel des Gemeinschaftseigentums **7** 13
– Mängelfolge **7** 7

– Schönheitsreparaturen **7** 10, 49 f.
– selbstverschuldete Mängel **7** 5
– Verwirkung **7** 4
– Wahlrecht bei Beseitigung von Mängeln **7** 8 ff., 51
– WEG **7** 14
– Zimmerlautstärke **7** 7, 11
– Zwangsvollstreckung **7** 8
Mängelbeseitigung *s. Aufwendungsersatz*
Mangelfolgeschaden **9** 168
Mangellage
– Ausnutzung **9** 145, 156 ff., 159
– Beweisverfahren **14** 11
– Kausalität bei **9** 157
– Mietpreisüberhöhung **9** 145, 147 ff.
– Teilmarkt **4** 128 f.
Materielle Rechtsverletzung **13** 58
Mehrheit von Mietern **1** 125
– Abmahnung **5** 23
– Klagebefugnis **3** 161
– *s. auch Personenmehrheiten*
Mehrwertsteuer **8** 33
– *s. Umsatzsteuer*
Meinungsäußerung **5** 14
– Duldung **3** 17
Meistbegünstigungstheorie
– Nichtzulassungsbeschwerde **13** 153
Mietausfallschaden
– Schönheitsreparaturen **9** 137
– Vorenthaltung **9** 102, 124
Miete
– Begriff **9** 15
– Bestandteile **9** 16 ff.
– Betriebskostenvorschüsse **9** 27
– einstweilige Verfügung **11** 39
– Fälligkeit **9** 18 ff.
– Gesamtmiete **9** 85
– Grundmiete **9** 16
– höhere – nach Modernisierung **4** 106–116
– Index- **4** 136–168
– Indexierung **9** 16
– künftige **9** 63 ff.
– Marktmiete **9** 90 f.
– Minderung **14** 10
– Ortsüblichkeit (Beweisverfahren) **4** 37 ff.; **14** 8
– Rückstände **9** 15 ff.
– Schätzung im Zustimmungsprozess **4** 47–49
– Staffel- **4** 106–108
– Umsatzsteuer **9** 17
– vereinbarte **9** 16
– Zahlung unter Vorbehalt **6** 52 f.
– Zeitraum
– – bei Indexmiete **4** 137
– – bei Staffelmiete **4** 110–111
– Zuschlag zur **9** 17
Mieteintrittsrecht
– Ehegatte **4** 10, 11

mager = Rdn.

- Familienangehöriger **4** 11
- Haushaltsangehöriger **4** 11
- Kinder **4** 11
- Lebensgefährte **4** 11
- Lebenspartner **4** 11

Mieter
- Ehegatte **4** 10, 11
- Familienangehöriger **4** 11
- Haushaltsangehöriger **4** 11
- Kinder **4** 11
- Lebensgefährte **4** 11
- Lebenspartner **4** 11

Mieterhöhung
- Abtretung **1** 35
- Erwerber **4** 3, 5–7
- Gutachten **4** 50–51
- Indexmiete **4** 163
- Kappungsgrenze **4** 23
- Mängel des Erhöhungsverlangens **4** 74–79
- Mieterhöhungsverlangen, nachgeholtes **4** 71–73
- Mietermehrheit **4** 10–11, 32
- Mietspiegel **4** 38–54
- Modernisierung **4** 82–86
- Nachbesserung des Erhöhungsverlangens **4** 75
- Nettomiete **4** 15
- auf ortsübliche Vergleichsmiete **4** 1–81
- Passivlegitimation **4** 10–14
- Privatgutachten für ortsübliche Vergleichsmiete **4** 66
- Schönheitsreparaturen **4** 16
- Staffelmiete **4** 130–131
- Teilzustimmung **4** 18
- Überlegungsfrist **4** 24
- Unzulässigkeit der Klage **1** 126
- Urkundenprozess – Indexvereinbarung **10** 8
- Zustimmung eines Mieters **1** 126; **4** 14

Mieterhöhungsprozess
- Aktivlegitimation **4** 3–9
- Beschwer **4** 70
- Bruttomiete **4** 15
- Form **4** 30
- Gebührenstreitwert **4** 69
- Grundmiete **4** 16
- Klageantrag **4** 19–21
- Klageerweiterung **4** 21
- Klagefrist **4** 28–35
- Klageverbindung mit Zahlungsklage **4** 17
- Kosten **4** 66
- Leistungsklage **4** 15
- Mängel des Erhöhungsverlangens **4** 74–79
- Mieterhöhungsverlangen, nachgeholtes **4** 71–73
- Mietermehrheit **4** 10–14, 32
- Mietspiegel **4** 38–54
- Nachbesserung des Erhöhungsverlangens **4** 75
- Nettomiete **4** 15

Register

- Passivlegitimation **4** 10–14
- Prozessvollmacht **4** 71
- Schönheitsreparaturen **4** 16
- Teilzustimmung **4** 18
- Telefax **4** 30
- Überlegungsfrist **4** 24–27
- unbezifferte **4** 20
- Verbindung mit Zahlungsklage **4** 17
- Vermietermehrheit **4** 3–4
- Vollstreckbarkeit des Zustimmungsurteils **4** 67
- Wirksamkeitszeitpunkt **4** 21
- Wohnfläche **4** 59
- Zulässigkeitsvoraussetzungen **4** 19–22
- Zuständigkeit **4** 2
- Zuständigkeitsstreitwert **4** 68
- Zustellung **4** 30–33

Mietermehrheit
- Zustimmungsklage **4** 10

Mietminderung
- Urkundenprozess **10** 3
- s. Minderung

Mietniveau
- Feststellung durch Mietspiegel **4** 44–45

Mietpreisüberhöhung
- Ausnutzung der Mangellage **9** 159 f.
- Berechnung **9** 146
- Beweisverfahren **14** 11
- Indexmiete **4** 141
- Luxuswohnung **9** 149
- Mangellage **4** 126; **9** 145, 147 ff., 152, 156; **14** 11
- Mischmietverhältnis **9** 148
- ortsübliche Miete **9** 146, 150
- Schlüssigkeit **9** 145 f., 150 ff.
- selbständiges Beweisverfahren **9** 153
- Staffelmiete **4** 125–129
- Teilmarkt **4** 128
- unangemessenes Entgelt **9** 145, 153 ff.
- Wesentlichkeitsgrenze **4** 127
- Wohnräume **9** 147

Mietrückstände
- Bestimmtheit der Klageforderung **9** 21
- Betriebskostenvorauszahlung **9** 16
- Darlegung- und Beweislast **9** 16 ff., 27, 31 ff., 36
- und Minderung **9** 27 ff.
- Verbindung Zahlungsklage/Räumungsklage **9** 32
- Verrechnung Gegenansprüche **9** 22
- Verrechnung Zahlungen **9** 22

Mietsicherheit s. Kaution

Mietspiegel
- Anforderungen **4** 41, 44
- Angaben zur Verkehrslärmbelastung **4** 48
- Ausstattungsmerkmale **4** 55–57
- Beifügung zur Zustimmungsklage **4** 23
- Beweismittel **4** 40–44

Register

fett = Kapitel-Nrn.

- einfacher **4** 40
- Leerfeld **4** 60
- Orientierungshilfe **4** 46–47
- qualifizierter **4** 41–43
- Spanneneinordnung **4** 46–47
- Stichtag **4** 52–53

Mietverhältnis
- Eintritt von Ehegatten, Angehörigen, Lebenspartnern **4** 11–12
- Fortsetzung mit Ehegatten, Lebenspartner, Angehörigen **4** 13

Mietverhältnis, gewerbliches 7 59
- Auskunft bei Untervermietung **7** 59
- Untermietserlaubnis **7** 7 (Fn)

Mietvertrag
- Erbe **4** 13
- Erwerber **4** 5–7
- Familienangehöriger **4** 11
- Haushaltsangehöriger **4** 11
- Kinder **4** 11
- Lebensgefährte **4** 11
- Lebenspartner **4** 11

Mietvertragsformular 7 40

Mietvertragsparteien
- Anscheinsvollmacht **1** 68 (Fn)
- BGB-Gesellschaft – Unterschrift **1** 78 ff.
- Eheleute/Ehegatten **1** 67 ff., 71, 82, 116
- Erbengemeinschaft **1** 87 ff.
- Erwerber **1** 92 ff.
- gewillkürter Prozessstandschafter (Verwalter) **1** 85
- Hausverwalter **1** 83 ff., s. auch *Verwalter*
- juristische Person **1** 73, 78
- konkludenter Eintritt **1** 68 (Fn)
- Miteigentümer **1** 67 (Fn)
- Miterben **1** 88
- notwendige Streitgenossenschaft **1** 91, 102, 104
- Parteifähigkeit **1** 88
- Rechtsfähigkeit **1** 88
- Rubrum **1** 67, 70 ff.
- Unterschrift **1** 67, 71 ff., 83
- Vertragsunterzeichnung **1** 80
- Verwalter **1** 83 ff.

Mietvorauszahlung
- Abdingbarkeit Rückzahlung **9** 234
- Rückzahlung **9** 226 ff.

Mietvorvertrag 7 39 f.
- einstweilige Verfügung **11** 84
- Teilleistungsklage **7** 40

Minderung
- Ausschluss **9** 35 ff.
- Berechnungsgrundlage **9** 32
- Darlegungs- und Beweislast **9** 27, 31 ff., 36
- Entzug vertragsgemäßer Gebrauch **9** 30
- Feststellungsklage **6** 44 ff.
- Mangel **9** 28 ff., s. auch dort
- Verwirkung **9** 36

- Vorrang Leistungsklage **6** 50
- zugesicherte Eigenschaft **9** 30

Mischmietverhältnisse 1 27
- Einordnung **1** 27
- Mietpreisüberhöhung **9** 148
- Übergewichtstheorie **1** 28

Miteigentümer
- Zustimmungsklage **4** 7

Mitteilung
- Umbau behindertengerechte Nutzung **3** 102
- s. auch *Ankündigung*

Mitteilungsfrist s. *Ankündigungsfrist*
Mitteilungsinhalt s. *Ankündigung*
Mitteilungspflicht s. *Ankündigung*

Mitwirkungspflichten
- Mieter **3** 41
- Vermieter **9** 81

Modernisierung
- Ankündigung **3** 34
- Begriff **3** 26 f.
- Duldung **3** 28 ff.
- Einsparung **3** 24
- einstweilige Verfügung **11** 21 f.
- Mieterhöhung **4** 82 f.
- Mitteilungsfrist **3** 30
- Mitteilungspflicht **3** 28 ff.
- Mitteilungsumfang **3** 31, 33
- Mitwirkungspflicht **3** 41
- modernisierende Instandhaltung/Instandsetzung **3** 24
- neuer Wohnraum **3** 24
- Rückzug in die alte Wohnung **7** 101
- Verbesserung **3** 24

Modernisierungszuschlag
- Abzug von Instandsetzungskosten **4** 102
- Abzug von Zinsermäßigungen **4** 103
- Feststellungsklage **4** 103
- Höhe **4** 82
- Indexmiete **4** 91
- Information **4** 83–84
- Kappungsgrenze **4** 88–89
- Klage auf künftigen Zuschlag **4** 92
- Kombination mit Erhöhung auf die ortsübliche Vergleichsmiete **4** 96–100
- Modernisierungsankündigung **4** 83–84, 101
- preisgebundener Wohnraum **4** 85–86, 89
- Staffelmiete **4** 90
- Voraussetzungen **4** 82–86
- Wartefrist **4** 88
- Wirksamkeitszeitpunkt **4** 93–94
- Zugang der Mieterhöhungserklärung **4** 94

Nachbesserung
- Betriebskostenabrechnung **9** 43 ff.
- Mieterhöhungsverlangen **4** 71 ff.

Nachfolgemieter
- Duldung Wegnahme **3** 60

mager = Rdn.

Register

Nachlassverwalter 1 141
Namensschild 3 69
Nebenkosten s. *Betriebskosten*
Nebenkostenpauschale
  s. *Betriebskostenpauschale*
Nettomiete
– Angabe in Zustimmungsklage **4** 15
Neue Angriffs- und Verteidigungsmittel
– Berufung **13** 43
– Berufungsbegründung **13** 50, 52, 57, 69
– Berufungserwiderung **13** 110, 112
– Prüfung Berufungsgericht **13** 113
– Sofortige Beschwerde **13** 207
Neue Bundesländer 1 82
Neufeststellung Tatsachen
– Berufungsgericht **13** 122
Nichteheliche Lebensgemeinschaft 3 134 f.
Nichtgewährung des Gebrauchs 9 196 ff.
Nichtigkeit des Mietvertrages s. *Feststellungsklage*
Nichtzulassungsbeschwerde
– Darlegung Gründe **13** 159
– Entscheidung **13** 160
– Entscheidungserheblichkeit **13** 148
– Frist **13** 142
– Inhalt **13** 147
– Kosten **13** 161
– Meistbegünstigungstheorie **13** 153
– Prüfung Revisionsgericht **13** 147
– Rechtsfehler **13** 156
– Rügen **13** 144
– Wertgrenze **13** 143
– Zulassungsgründe **13** 155
Nießbrauch 1 137
Notfälle
– Aufwendungsersatz **9** 175 f.
Novenverbot
– Berufungsverfahren **13** 76
Nutzungsentschädigung
– Abdingbarkeit **9** 95
– Abtretung **9** 85
– Aktivlegitimation **9** 84
– Darlegungs- und Beweislast **9** 72, 77
– Erhöhung **9** 88 ff.
– Fälligkeit **9** 75, 85
– Haftung ausgezogener Mitmieter **9** 75 ff.
– Klage auf **9** 71 ff.
– künftige **9** 86
– Mehrheit von Mietern **9** 75
– und Minderung **9** 87
– Minderungsrecht **9** 94
– Mitverschulden **9** 83
– objektive Unmöglichkeit Rückgabe **9** 82
– ortsübliche Miete **9** 89 ff.
– Räumungsfrist **2** 178
– Streitwert **9** 96
– Umsatzsteuer **9** 85
– Urkundenprozess **10** 7

– Verjährung **9** 93
– Verschulden **9** 82
– Vorenthaltung der Mietsache **9** 78 ff.
– zukünftige **10** 7
– Zwangsverwalter **9** 84

Oberlandesgericht
– Berufungszuständigkeit **13** 16
Obhutspflicht 5 8; **9** 166, 176
öffentlich-geförderter Wohnraum
– Vereinbarung einer Indexmiete **4** 144
OHG
– Zustimmungsklage **4** 9
Orientierungshilfe
– Mietspiegel **4** 46–47
ortsübliche Miete
– Beweisverfahren **4** 37–65; **14** 8
– s. *Mietpreisüberhöhung*
Ortsüblichkeit der Miete 4 37–65; **9** 146, 151

Parabolantenne 3 67, 71 (Fn)
– Ansprüche auf Parabolantenne **7** 88 ff.
– Beseitigung **7** 90, 95
– Informationsinteresse **7** 94
– Interessenabwägung **7** 94
– Sicherheitsleistung **7** 93, 95
– Umsetzung **7** 90
Parken 3 69
Parteiberichtigung 4 7
Parteifähigkeit
– BGB-Gesellschaft **1** 100 ff.
– Erbengemeinschaft **1** 88
Parteiwechsel 1 104; **4** 7
Partnerschaft 3 134 f.
Passivlegitimation
– Abtretung s. *dort*
– BGB-Gesellschaft **1** 78 ff., 100 ff., 106 f.
– Erbbauberechtigter **1** 137 f.
– Erbengemeinschaft **1** 87 ff.
– Erwerber **1** 92 ff.
– Insolvenzverwalter **1** 127, 132
– Nießbraucher **1** 137
– Personenmehrheit **1** 124 ff.; **4** 10, 13–14
– Schuldbeitritt **1** 74
– Urkundenprozess **10** 1
– Verbandsklage **1** 146 ff.
– Verwender von AGB **1** 146, 148
– Zustimmungsklage **4** 10–14
– Zwangsverwalter **1** 139 ff.
Personenmehrheit 1 41 ff.
– Aktivlegitimation s. *dort*
– Bevollmächtigung, Klausel **1** 126
– BGB-Gesellschaft **1** 100 ff., 116; **4** 9
– Bruchteilsgemeinschaft **1** 115
– Eheleute, Ehegatten **1** 67 ff., 82, 116 f.
– Gesamtschuldner **1** 124
– Instandsetzung, – haltung **1** 124
– Klage gegen störenden Mieter **1** 125

405

Register fett = Kapitel-Nrn.

- Mängelbeseitigungsklage **7** 14
- Mieterhöhung **4** 8
- Passivlegitimation s. dort
- Prozessstandschaft, gesetzliche s. dort
- Prozessstandschaft, gewillkürte s. dort
- Schönheitsreparaturen **1** 124
- Streitgenossen, einfache **1** 131
- Willenserklärungen (Klausel) **1** 126
- Wohngemeinschaft **1** 116, 121
- Zustimmung eines Mieters zur Mieterhöhung **1** 126; **4** 14
- Zustimmungsklage **4** 3

Pfandrecht Vermieter
- Ausschluss Wegnahmerecht **3** 62
- Vorenthaltung **9** 79

Pfandsachen
- Auskunft über Verbleib **8** 42 ff.

Plakate 3 71 f.; **5** 14
Politische Äußerungen 3 71 f.
politische Äußerungen
- einstweilige Verfügung **11** 92

Praxisschild 3 69
Preisindex 4 155–156
Prioritätenprinzip 11 17
Privatgutachten
- ortsübliche Vergleichsmiete **4** 66

Protokoll
- Abnahme **9** 117
- Übergabe **9** 116

Protokollberichtigung
- Allgemein **13** 11
- Berufungsbeklagter **13** 111

Prozessfortführungsvoraussetzungen
- Revision **13** 172

Prozessführungsbefugnis 1 50 f.
- Aktivlegitimation s. dort
- Gesellschafter **1** 105, 108
- Hausverwalter **1** 85
- Insolvenzverwalter **1** 127 f.
- Nachlassverwalter **1** 141
- Prozessstandschaft s. dort
- Testamentsverwalter **1** 142 f.
- Verband **1** 146 f.
- bei Zustimmungsklage **4** 3
- Zwangsverwalter **1** 139 f.

Prozessstandschaft
- gewillkürte **3** 99
- bei Zustimmungsklage **4** 3

Prozessstandschaft, gesetzliche
- BGB-Gesellschaft **1** 100 ff., 105, 116 f.
- Bruchteilsgemeinschaft **1** 115
- Eheleute, Ehepartner **1** 116
- Erbengemeinschaft **1** 89 f., 116
- Gestaltungsrecht **1** 90, 116
- Gütergemeinschaft **1** 116
- Insolvenzverwalter **1** 127 f.
- Nachlassverwalter **1** 141
- Personenmehrheit **1** 109 ff.

- Rechtsfolgen **1** 113, 120
- Testamentsvollstrecker **1** 142
- Verbandsklage **1** 146
- Zulässigkeit **1** 112 f.
- Zwangsverwalter **1** 139 f.

Prozessstandschaft, gewillkürte 1 119 ff.
- auf Grund Ermächtigung **1** 85, 96 f., 119 ff., 135, 147; **4** 3
- Erwerber **1** 92 ff.
- Gestaltungsrecht **1** 96
- Insolvenz **1** 135 f.
- Personenmehrheit **1** 109 ff.
- Rechtshängigkeit **1** 122
- Rechtskraft **1** 122
- rechtsschutzwürdiges Interesse **1** 90
- Verbandsklage **1** 146 ff.
- Verwalter **1** 83 ff.

Prozessstandschafter 1 85, 113
Prozessvollmacht
- für Zustimmungsklage **4** 71

Prüfung von Amts wegen
- Urkundenprozess **10** 7

Qualifizierter Vorbehalt
- bei Mietzahlung **6** 52 f.

Qualifizierung Mietvertrag 6 40

Ratenzahlung bei Kaution 9 5 f., 7
Rauchen
- als vertragsgemäße Nutzung **3** 27 (Fn)

Räumung
- einstweilige Verfügung **11** 6 ff.

Räumungsfrist 2 141 ff.
- Antrag **2** 147 ff.
- Ersatzwohnraum **2** 158
- Höchstdauer **2** 175
- Interessenabwägung **2** 153 ff.
- Kostenentscheidung **2** 162
- künftige Räumung **2** 163 ff.
- Mietrückstände **2** 159
- Mischmietverhältnisse **2** 144
- Räumungsvergleiche **2** 189
- Rechtsmittel **2** 183 ff.
- Sachvortrag des Mieters **2** 155 f.
- Verkürzung **2** 173
- Verlängerung **2** 169
- Verzicht **2** 188
- Wirkung **2** 178

Räumungsklage 2 1 ff.
- Abgrenzung Wohn-/Geschäftsraum **2** 2 ff.
- Abtretung des Herausgabeanspruches **1** 96 (Fn)
- Antrag des Vermieters **2** 23
- Aussonderungsanspruch **1** 128
- erneute Räumungsklage **2** 100 ff.
- Erwerber **1** 99

mager = Rdn.

Register

- Fortsetzungsantrag des Mieters **2** 116
- Klage auf künftige Leistung **2** 7 ff.
- Kosten **2** 207
- Sachvortrag des Mieters **2** 102 ff.
- Sachvortrag des Vermieters **2** 19 ff.
- Streitwert **2** 223
- Unterbrechung bei Insolvenz **1** 127 f.
- Ziehfrist **2** 17

Räumungstitel
- Untermieter – Aufnahme nach Rechtshängigkeit **7** 57

Räumungsvergleich 7 26

Räumungsvollstreckung 12 25 ff.
- Einstellung **12** 79 ff.
- Erlös **12** 57
- Kosten **12** 43
- Modell, Berliner **12** 45 ff.
- – und Vermieterpfandrecht **12** 45 ff.
- Modell, Frankfurter **12** 44
- Modell, Hamburger **12** 43
- Titel **12** 30
- – gegen Ehegatten **12** 32
- – gegen Kinder **12** 31
- – gegen Mitbewohner **12** 36
- – gegen Untermieter **12** 39
- Verwirkung **12** 59
- s. auch *Vollstreckungsschutz*

Rechnungslegung
- Art und Weise **8** 22
- Betriebskostenabrechnung **8** 17, 23
- Eidesstattliche Versicherung **8** 8, 30
- Stufenklage **8** 1 ff., 15 ff., 29 ff.
- Verjährung **8** 20

Rechtsbehelfe
- in einstweiliger Verfügung **11** 102 f.

Rechtsbeschwerde
- Anschlussrechtsbeschwerde **13** 237
- Begründung **13** 244
- Beschwer **13** 236
- Einlegen **13** 232
- Entscheidung **13** 248
- Entscheidungserheblichkeit **13** 246
- Frist **13** 232
- Kosten **13** 249
- Rücknahme **13** 241
- Rügemöglichkeiten **13** 224
- Statthaftigkeit **13** 235
- Unterschrift **13** 234
- Verwerfungsbeschluss **13** 104
- Zulassung **13** 223, 244
- Zulassungsantrag **13** 210

Rechtshängigkeit
- einstweilige Verfügung **11** 5
- Untervermietung, nach **11** 57

Rechtskraft
- Zustimmungsurteil **4** 67

Rechtskrafterstreckung 1 122

Rechtsmangel
- anfänglicher **9** 162
- Doppelvermietung **9** 163

Rechtsmissbrauch
- Beseitigungsansprüche **7** 82
- Tierentfernung **7** 61
- Untermieterlaubnis **7** 78 f.

Rechtsmittel
- Abgrenzung Berichtigung **13** 8
- in einstweiliger Verfügung **11** 105

Rechtsmittelstreitwert
- Abweisung der Klage auf Duldung der Modernisierung **4** 105

Rechtsmittelzulassung
- Berichtigung **13** 7
- durch Berufungsgericht **13** 128
- durch Beschwerdegericht **13** 225
- Weitere Beschwerde **13** 230

Rechtsschutzbedürfnis
- Berufung **13** 26
- Betriebspflicht bei vermögenslosem Mieter **11** 53
- Doppelvermietung **7** 98
- einstweilige Verfügung (Doppelvermietung) **11** 19
- Feststellungsklage **4** 176; **6** 25
- Untermieter **11** 64 f.
- Vermieterpfandrecht **11** 54

rechtsschutzwürdiges Interesse (Verwalter) 1 83 ff.

Rechtsverhältnis 6 3

Rechtsverlust
- bei unterlassener Mängelanzeige **9** 35

Regelverjährung 9 92, 106

Renovierungsfristen
- starre **9** 128

Renovierungskosten 9 137

Reparatur
- Kosten **9** 123
- unvollständige **9** 180

Revision
- Absolute Verfahrensmängel **13** 174
- Amtsprüfung **13** 173
- Anschlussrevision **13** 163
- Begründung **13** 175
- Beschränkung **13** 141
- Beweiswürdigung **13** 178
- Bindungswirkung Zulassung **13** 180
- Einlegen **13** 138
- Entscheidungserheblichkeit **13** 176
- Frist **13** 138
- Gliederung **13** 177
- Grundrechtsverletzung **13** 179
- Kosten **13** 182
- Prozessfortführungsvoraussetzungen **13** 172
- Prüfungsgrundlage **13** 175
- Rücknahme **13** 168

Register

fett = Kapitel-Nrn.

- Rügen **13** 175
- Urteil **13** 181

Revisionsgründe
- Absolute **13** 152
- Relative **13** 150

Revisionszulassung
- Allgemein **13** 128
- Rechtsfehler **13** 156
- Teilzulassung **13** 140

Risikobelehrung 13 67

Rubrum 1 67, 70 ff.
- Berichtigung **1** 104

Rückbau 7 82
- bei behindertengerechten Einrichtungen **3** 93
- Beseitigungspflicht **7** 82, 85
- Holzwände **7** 82
- Teppichböden (verklebt) **7** 82
- vertragsgemäße Gebrauch **7** 82
- Vormieter **7** 85
- Wahlrecht **7** 84
- Wertverbesserung **7** 82

Rückerstattung Mietvorauszahlung 9 226 ff.

Rückforderung Mietobjekt
- ausdrückliche gegenüber Untermieter **9** 74

Rückständige Miete s. *Mietrückstände*

Rückzahlung Kaution s. *Kaution*

Sachverhaltsdarstellung
- Berufungsbegründung **13** 42

Sachverständige
- Benennung der Person **14** 5
- Beweisverfahren **14** 2 ff., 10
- einstweilige Verfügung **11** 78
- Einwände gegen ... **14** 7
- Entschädigungshöhe **14** 13 f.
- Zeitwert **14** 14, 18

Sachverständigengutachten
- einstweilige Verfügung **11** 1, 22, 37, 78
- Ermittlung der ortsüblichen Vergleichsmiete **4** 43, 47, 50
- Kosten **9** 137
- mündliche Erläuterung **4** 64
- Privatgutachten **4** 66
- Stellungnahme zum **4** 63

Satellitenempfang 3 67, 71

Schadensersatz 1 85; **7** 55

Schadensersatzansprüche Mieter
- „anfängliche Unmöglichkeit" **9** 196
- anfänglicher Mangel **9** 162 f.
- Aufwendung zur Abwendung des Schadens **9** 169
- Aufwendung zur Beseitigung des Schadens **9** 169, 175
- Ausschluss **9** 173
- Darlegungs- und Beweislast **9** 168, 175
- Doppelvermietung **9** 163

- Eilmaßnahmen **9** 175
- entgangene Kautionszinsen **9** 210 ff.
- frustrierte Aufwendungen **9** 193
- Garantiehaftung Vermieter **9** 162, 164
- Haftungsausschluss **9** 171 f.
- Höhe **9** 168
- Mangel der Mietsache **9** 161 ff.
- Mängelanzeige **9** 167
- nachträgliche Unmöglichkeit **9** 199
- nachträglicher Mangel **9** 165
- Nichterfüllung des Vertrages **9** 194 ff.
- Nichtgewährung Gebrauch **9** 196 ff.
- nutzlose Aufwendungen **9** 192 ff.
- Rechtsmangel **9** 162 f.
- Rentabilitätsvermutung **9** 194
- Rücktritt **9** 204
- Teilzerstörung Mietsache **9** 200
- Untergang der Mietsache **9** 196
- Unzumutbarkeit Wiederherstellung Mietsache **9** 200
- Vereitelung Vorkaufsrecht **9** 205 ff.
- Verjährung **9** 174
- Verschulden Vermieter **9** 165
- Verzug Vermieter **9** 167, 175
- Vorenthaltung Mietsache **9** 196 ff.
- zugesicherte Eigenschaft **9** 162
- Zumutbarkeit Wiederherstellung Mietsache **9** 201

Schadensersatzansprüche Vermieter
- abweichende Vereinbarungen **9** 126
- Darlegungs- und Beweislast **9** 103, 115 ff., 119 ff., 123
- nicht durchgeführte Schönheitsreparaturen **9** 128 ff.
- Fälligkeit **9** 104
- fristlose Kündigung **9** 140 ff.
- Haftungsausschluss **9** 122
- Haftungsverteilung **9** 120 ff.
- Höhe **9** 123, 143
- Konkurrenz Bereicherungsansprüche und Eigentümer/Besitzerverhältnis **9** 107 ff.
- Mietausfall **9** 124 f.
- Mietausfallschaden **9** 102
- Mitverschulden **9** 99
- Nachfolgemieter **9** 102
- Rückgabeverzug **9** 99 ff.
- Schadensminderungspflicht **9** 125, 141
- schuldloser Irrtum **9** 101
- statt Rückgabe **9** 105
- Überschreitung vertragsgemäßer Gebrauch **9** 112 ff.
- Umsatzsteuer **9** 123
- Verjährung **9** 106, 139
- Verschulden **9** 99, 141
- Verzögerung Modernisierung **9** 110 ff.
- auf Grund Vorenthaltung **9** 97 ff.
- weitere Schaden **9** 97
- Weitervermietung **9** 124 ff., 144

mager = Rdn.

Register

Schimmel
- Beseitigung **7** 86 f.

Schlichtungsverfahren 1 150 ff.; **7** 38
- Parabolantenne **7** 97
- Tierentfernung **7** 66

Schlüssigkeit 9 145 f., 150 ff.
- Doppelvermietung **7** 100
- Kautionsanlage **8** 11
- Klage auf Vertragsabschluss **7** 46 ff.
- Mietpreisüberhöhung **9** 145 ff., 150 ff., 160
- Parabolantenne – Entfernung **7** 94
- Rückbau **7** 85
- Schimmelbeseitigung **7** 87
- selbstständiges Beweisverfahren **9** 153
- Tierentfernung **7** 64
- Untervermietung **7** 70, 72, 76
- Zustimmungsklage **4** 23

Schmerzensgeld
- Mieter **9** 170

Schonfrist 1 136

Schönheitsreparaturen
- Anfangsrenovierung **9** 128
- Art und Weise **7** 51
- Bereicherungsanspruch des Mieters **9** 242 f.
- Bestimmungsrecht **7** 7
- Darlegungs- und Beweislast **9** 132 ff.
- Definition **3** 19; **9** 128 (Fn)
- Endrenovierung **9** 128, 137
- Erfüllungsanspruch **7** 49 ff., 55, 56
- Erfüllungsverweigerung **9** 129
- Ersatzvornahme **7** 50, 56; **9** 135
- Fälligkeit **9** 129, 137
- Fristsetzung **9** 131
- Gestaltungsfreiheit **7** 10, 52, 54
- Gutachterkosten **9** 137
- Klage des Mieters **7** 10
- Klage des Vermieters **7** 49 ff.
- Klauselkombinationen **9** 128
- Leistungsaufforderung **9** 131
- Leistungshindernisse **9** 138
- Leistungsurteil **7** 53
- Mietausfall **9** 138
- Renovierung ohne Verpflichtung **9** 242 f.
- Renovierungsfristen **9** 128
- Schadensersatzanspruch **7** 55
- Schadensersatzanspruch des Vermieters **9** 137
- Substanzgefährdung **7** 50 f.
- Umbau-/Abrissmaßnahmen Vermieter **9** 138
- Umfang des Schadensersatzanspruches **9** 137
- Vereinbarung **9** 129
- Verjährung **9** 139
- „Verschlimmbesserung" **9** 136
- Verzug **9** 130 f.
- Vorschuss **7** 53
- Wahlrecht des Mieters **7** 51

- Wegfall Verpflichtung des Mieters **9** 138
- Zustimmungsklage **4** 16

Schriftform
- Indexmiete **4** 152–153
- Staffelmietvereinbarung **4** 109

Schriftsatzfrist
- Berufungsbeklagter **13** 108

Schuldbeitritt 1 71, 74

Schuldverhältnis, gesetzliches 1 65

Schutzbereich des Mietverhältnisses
- Besucher **9** 247
- Kunden **9** 247
- Mitbewohner **9** 247
- Untermieter **9** 250

Schutzschrift 11 100 f.

Schutzwirkung für Dritte 9 247 ff.

Selbstbeseitigungsrecht bei Mängeln 9 175

Selbsthilferecht 3 45

Selbstkorrektur
- auf Gehörsrüge **13** 276

Selbstständiges Beweisverfahren
- Ablösevereinbarung **14** 17
- Entschädigungshöhe **14** 13
- Mangellage **14** 11
- Mietpreisüberhöhung **9** 153
- Minderung **14** 10
- Streitwert **14** 19

Sicherheitsleistung 12 2 ff.
- bei behindertengerechter Einrichtung **3** 94 f., 115
- Schutzantrag des Schuldners **12** 12
- *s. auch Kaution*

Sicherung einer einheitlichen Rechtsprechung 13 86

Sicherungsverfügung 11 4
- Mietvorvertrag **11** 84

Sofortige Beschwerde
- Abhilfeverfahren **13** 211
- Anschlussbeschwerde **13** 200
- Anwaltszwang **13** 193
- Begründung **13** 205
- Begründungsfrist **13** 206
- Beschlussbegründung **13** 226
- Beschwer **13** 198
- einstweilige Verfügung **11** 103
- Einzelrichter **13** 217
- Entscheidung **13** 222
- Frist **13** 194
- Gesetzlicher Richter **13** 208, 217
- Kosten **13** 227
- Mittelbares Interesse **13** 199
- Rechtsbeschwerdezulassung **13** 210, 225
- Rücknahme **13** 202
- Spruchkörper **13** 219
- Statthaftigkeit **13** 195
- Wertgrenze **13** 196
- Zuständigkeit **13** 192

409

Register

fett = Kapitel-Nrn.

Sonderrechtsnachfolge
- Ehegatte **4** 10, 11
- Erben **4** 13
- Erwerber **4** 5
- Kinder **4** 11
- Lebenspartner **4** 11

Spanneneinordnung
- Mietspiegel **4** 46–47

Spannungsklausel 4 158

Sparbuch
- Aufrechnung – Umdeutung **7** 27 f.
- Freigabeerklärung **7** 27
- Herausgabeanspruch **7** 27
- Zurückbehaltungsrecht **7** 28 ff.

Sparbuch als Kaution 9 4
- *s. auch Kaution*

Sprungrevision 13 184
- Einwilligung Gegner **13** 186
- Entscheidung **13** 189
- Frist **13** 188
- Kosten **13** 190
- Rügemöglichkeiten **13** 185

Staffelmiete
- Bestätigung **4** 111
- Betriebskostenerhöhungen **4** 138, 141, 160
- Dauer **4** 120
- Eingangsmiete **4** 111
- Erhöhungsbetrag **4** 116
- Erhöhungsvorbehalt **4** 112
- Form der Vereinbarung **4** 109
- Heilung **4** 114
- Jahressperrfrist **4** 108
- Klageverfahren **4** 132–133
- Kündigungsrecht des Mieters **4** 121–123
- Mietpreisüberhöhung **4** 125–129, 133
- Mindestfrist **4** 110
- Modernisierungszuschlag **4** 118
- Rechtsfolgen **4** 130–131
- Schonfrist **4** 131
- Staffelanzahl **4** 115
- Staffeldauer **4** 110–116
- Streitwert **4** 134–135
- Unwirksamkeitsfolgen **4** 116, 119
- Urkundenprozess **10** 8
- Vereinbarung **4** 106–116
- Vertragsdauer **4** 107
- Verwirkung **4** 130
- Wartefrist **4** 108
- Zahlungsverzug **4** 131
- Zeitmietvertrag **4** 122–124

Statthaftigkeit
- Berufung **13** 23
- Erinnerung **13** 265
- Gehörsrüge **13** 270
- Nichtzulassungsbeschwerde **13** 143
- Rechtsbeschwerde **13** 235
- Revision **13** 139
- Sofortige Beschwerde **13** 195
- Sprungrevision **13** 184
- Urkundenprozess **10** 3 ff., 6 ff.
- Weitere Beschwerde **13** 255

Stellplatz
- einstweilige Verfügung **11** 90

Stellungnahme
- Hinweise im Berufungsverfahren **13** 88

Stichtag
- Mietspiegel **4** 52–53, 62

Störung des Hausfriedens
- Mangel **9** 29

Streitgegenstand
- Zustimmungsklage **4** 36

Streitgenossenschaft
- einfache **1** 91, 131
- notwendige **1** 102, 104
- Zustimmungsklage **4** 8, 14

Streitwert(-e)
- Auskunftsanspruch **7** 60
- Beweisverfahren **14** 19
- Duldungsklagen **3** 18, 23, 47, 63
- Einstweilige Verfügung **11** 106 ff.
- Erlaubnis Tierhaltung **3** 126
- Erlaubnis Untervermietung/Gebrauchsüberlassung **3** 167
- Feststellungsklagen **6** 56–64
- Gebührenstreitwert für
- – Klage auf Duldung der Modernisierung **4** 103
- – Klage auf Feststellung der Wirksamkeit der Indexmiete **4** 179
- – Klage auf Feststellung der Wirksamkeit der Staffelmietvereinbarung **4** 134–135
- – Klage auf Feststellung des Modernisierungszuschlages **4** 104
- – Modernisierungszuschlag **4** 104
- – Staffelmiete **4** 134
- – Zustimmungsklage **4** 69
- Kautionsanlage **8** 14
- Klagen nach UKlaG **5** 69
- Mangelbeseitigung **7** 20
- Nutzungsentschädigung **9** 96
- Parabolantenne **7** 96
- bei Räumungsklage **2** 223
- Rechnungslegung **8** 28
- Selbstständiges Beweisverfahren **14** 19
- Stufenklage **8** 10, 14
- Tierentfernung **7** 65
- Untervermietung **7** 60
- Zuständigkeitsstreitwert für Zustimmungsklage **4** 68
- Zustimmung bauliche Veränderungen **3** 76
- Zustimmung behindertengerechte Nutzung/Veränderung **3** 116

Streitwertgrenze
- Berufung **13** 24

mager = Rdn.

Register

- Nichtzulassungsbeschwerde **13** 143
- Sofortige Beschwerde **13** 196

Stufenklage
- Allgemeines **8** 1 ff.
- Eidesstattliche Versicherung **8** 8, 30
- Kaution **8** 4 ff.
- Pfandsache **8** 42 f.
- Rechnungslegung **8** 15 ff.
- Umsatzsteigerung **8** 29 ff.
- Unzulässigkeit **8** 1

Subsidiarität
- Verfassungsbeschwerde **13** 284

Substantiierung 8 30
- Mietrückstand **9** 21 ff.

Subsumtion
- Vertretbare im Ersturteil **13** 61

Tatbestand
- Beurkundungswirkung **13** 9

Tatbestandsberichtigung 13 4

Tatsachenbindung
- Berufungsgericht **4** 49; **13** 75

Täuschung
- arglistige **9** 35, 58

Teilleistungsklage 7 40

Teilrückgabe 9 79 f.

Teilurteil
- Berufungsrügen **13** 64
- Berufungsurteil **13** 125
- Revision **13** 173

Teilzustimmung
- Berücksichtigung bei Zustimmungsklage **4** 18

Telefax
- zur Wahrung der Klagefrist bei Zustimmungsklage **4** 30

Terminsbestimmung
- Berufung **13** 96

Testamentsvollstrecker 1 142 ff.
- Prozessführungsbefugnis **1** 142
- Prozessstandschaft, gesetzlich **1** 142
- Urteil gegen ... **1** 144, 145

Textform
- Ankündigung Modernisierungsmaßnahme **3** 32

Tiere
- Gefährlichkeit **3** 124
- Kampfhunde **3** 124
- Kleintiere **3** 118

Tierentfernung 7 61
- Ansprüche **7** 61
- Antrag – Indentifizierbarkeit **7** 62
- Rechtsmissbrauch **7** 61
- Schlüsseltest **7** 64
- Unterlassungsantrag **7** 62
- vertragsgemäßer Gebrauch **7** 61

Tierhaltung
- Erlaubnis/Zustimmung **3** 117 ff.
- Gefährdungen **3** 124

- Gleichbehandlungsgrundsatz **3** 120
- Interessenabwägung **3** 121 ff.
- Klageantrag **3** 125
- Streitwert **3** 126
- Unterlassung **5** 27
- vertragliche Abreden **3** 117 f.

Tilgungsbestimmung
- Mietzahlung **9** 22

Tod
- des Mieters **4** 10, 11

Transparente 5 14

Übereinstimmende Erledigung s. *Hauptsacheerledigung*

Übergabeprotokoll
- Beweisfunktion **9** 117 f.
- s. auch *Abnahmeprotokoll*

Überlassung der Mietsache
- an Dritte **3** 137 ff.
- gesamte Mietsache **3** 152
- Untermiete **3** 137

Überlassungsverbot 11 19 f.

Überlegungsfrist
- Ablauf als Zulässigkeitsvoraussetzung der Zustimmungsklage **4** 24–27
- behindertengerechter Umbau **3** 108
- Modernisierung **3** 39

Überraschende Klausel
- Schönheitsreparaturen **9** 128

UKlaG
- Klageantrag **5** 68
- Klagebefugnis **5** 66 ff.
- Streitwert **5** 69
- s. *Verbandsklage*

Umbau
- bauliche Veränderungen **3** 16, 73

Umbau der Mietsache 3 16, 73

Umlageschlüssel
- Betriebskosten **3** 42, 61

Umsatz
- Auskunftsanspruch des Vermieters **8** 29 ff.

Umsatzsteuer
- Mietbestandteil **9** 17
- Option des Vermieters **9** 123, 237
- auf Schadensersatz **9** 85, 123
- Vorsteuerabzugsberechtigung Vermieter **9** 123

Umstandsmomen
- (Verwirkung) **4** 130

unangemessenes Entgelt 9 145, 153 ff.
- Wohnraum **9** 147
- s. *Mietpreisüberhöhung*

Unberechtigte Kündigung als Vertragsverletzung
- Schadensersatzansprüche Mieter **9** 192

Unkenntnis
- Leistungshindernis **9** 198
- Mangel **9** 35 f.

411

Register

fett = Kapitel-Nrn.

Unmöglichkeit
- anfängliche **9** 196
- von beiden zu vertreten **9** 199
- vom Mieter zu vertreten **9** 37, 99, 199
- nachträgliche **9** 37, 199
- von niemandem zu vertreten **9** 164, 199
- teilweise **9** 164, 202
- vom Vermieter zu vertreten **9** 164f., 197

Unmöglichkeit der Leistung
- Doppelvermietung **7** 98

Unterbrechung des Verfahrens bei Insolvenz 1 127ff.

Untergang der Mietsache 9 200ff.

Unterlassung
- Abgrenzung Anspruch Vornahme einer Handlung **5** 51ff.
- Abgrenzung Beseitigungsanspruch **5** 3
- Abgrenzung Klage Vornahme einer Handlung **5** 51
- Abhilfezeitraum **5** 20
- Abmahnung **5** 15ff.
- Ansprüche des Mieters auf **5** 40–60
- Ansprüche des Vermieters auf **5** 5–39, 61–64
- bauliche Veränderungen **5** 27
- Belastung Mietobjekt mit Rechten Dritter **5** 56f.
- Besitzstörung **5** 40ff.
- Darlegungs- und Beweislast **5** 25, 28f., 34
- Definition **5** 1
- Einzugsermächtigung/Mietminderung **5** 49
- Entfernung von Sachen **5** 33ff.
- Entziehung Mietnebenräume **5** 44
- Erlaubniseinwand **5** 29
- Erlaubniswiderruf **5** 18
- Gebrauchsstörung **5** 40ff.
- Hausrecht **5** 43
- Klageanträge **5** 27, 50, 55, 63
- Streitwerte **5** 37ff., 53f.
- Tierhaltung **5** 13, 27
- Überschreitung Selbsthilferecht **5** 45
- Unterlassungsanspruch gegen Untermieter **5** 59
- Unterlassungsanspruch Grundpfandgläubiger **5** 64
- Unterlassungsansprüche gegen Mitmieter/sonstige Dritte **5** 60
- Untervermietung **5** 27; **8** 40
- Verbindung mit Beseitigungsklage **5** 31
- Verstoß Konkurrenzschutz **5** 48
- Verstoß Wettbewerbsschutz **5** 48
- vertragswidriger Gebrauch **5** 5ff.
- Verwirkung **5** 21
- WEG **5** 62
- Wiederholungsgefahr **5** 7

Unterlassungsantrag
- Androhung der Zwangsvollstreckung **7** 62
- Tierhaltung **7** 62

Unterlassungsklage 1 125, 149; **7** 7

Untermiete
- Abgrenzung Besuche **3** 132
- Abgrenzung Gebrauchsüberlassung **3** 137
- bei Änderung Rechtspersönlichkeit des Mieters **3** 136
- Anspruch auf Erteilung der Erlaubnis **3** 142
- Aufnahme des Ehegatten **3** 133
- Aufnahme eines Partners **3** 134f.
- Aufnahme Familienmitglieder **3** 133
- Begriff **3** 138
- berechtigtes Interesse **3** 151ff.
- Duldungsanspruch gegen **3** 50
- Erlaubnis **3** 140ff.
- Klageantrag Erlaubnis **3** 159
- Klageantrag Unterlassung **5** 27

Untermieter
- Haftung für **5** 12
- Räumungstitel **7** 57
- Schutzbereich Mietvertrag **9** 250

Untermietererlaubnis
- Anspruch auf **3** 150
- Darlegungs- und Beweislast **3** 162f.
- Form **3** 141
- Mehrheit von Mietern **3** 161
- Rechtsmissbrauch Verweigerung **3** 144
- Rechtsnatur **3** 140
- Streitwert **3** 167
- Versagung aus wichtigem Grund **3** 151ff.
- (nicht) Wirksamkeitsvoraussetzung Untermietvertrag **3** 140

Untermietvertrag
- Rechtsnatur **3** 137f.

Untermietzins
- Bekanntgabe gegenüber Vermieter **3** 157

Untermietzuschlag 3 157; **9** 17

Untervermietung
- Anspruch auf Erlaubnis **3** 150ff.
- Antrag auf Beendigung **7** 67ff.
- Auskunftsanspruch **7** 57, 68
- einstweilige Verfügung **11** 61ff.
- Erlaubnis, fehlende **7** 73
- gewerbliches Mietverhältnis **7** 59, 77
- Hauptsacheerledigung **7** 73, 81
- Interessenabwägung **7** 72
- Konkurrenzschutz **7** 59
- Rechtshängigkeit **7** 57
- Rechtsmissbrauch **7** 78f.
- Schlüssigkeit (Beendigung) **7** 70, 72
- Stufenklage **8** 37f.
- teilweise Untervermietung **7** 72
- Überbelegung **7** 72; **8** 38
- Weitervermietung **7** 71
- s. auch Untermiete

Urkundenprozess
- Betriebskosten **10** 8, 10
- Fälligkeit der Miete **10** 1

mager = Rdn.

Register

- Indexerhöhung **10** 8
- Kaution **10** 8 f.
- Mangel der Mietsache **1** 5, 6
- Mietzahlung **10** 1 ff., 5 f.
- Minderung **10** 3
- Nachverfahren **10** 3
- Nutzungsentschädigung **10** 7
- Staffelmiete **10** 8
- Statthaftigkeit **10** 3 ff., 6 ff.
- Voraussetzung **10** 1
- Vorbehaltsurteil **10** 3
- zukünftige Leistung **10** 7
- zukünftige Miete **10** 7

Urteil 4 65
Urteilsergänzung 13 4

Veränderung
- bauliche/Duldung/Unterlassung **3** 7, 13, 46, 64

Verbandsklage 1 146 ff.; **5** 65 ff.
- einstweilige Verfügung **11** 96 f.

Verbesserung der Wohnverhältnisse 3 24
- *s. auch Modernisierung*

verbotene Eigenmacht 11 48 f.
- einstweilige Verfügung **11** 7, 9, 12, 17, 26, 93
- Indentitätsbestimmung **11** 12
- Untervermietung **11** 63, 65
- Vermieterpfandrecht **11** 60
- Wiedereinräumung des Besitzes **11** 48
- Wohnraum **11** 7, 9

Vereinbarungen
- über Mieterhöhungsvoraussetzungen **4** 80–81

Verfahrensfehler
- Amtsprüfungspflicht **13** 63

Verfahrensmangel
- Berufungsbegründung **13** 45
- Verzichtbarer **13** 66

Verfassungsbeschwerde
- Anlagen **13** 295
- Anwaltszwang **13** 292
- Bundesverfassungsgericht/Landesverfassungsgericht **13** 289
- Darlegungen, notwendige **13** 293
- Entscheidungserheblichkeit **13** 296
- Formelle Subsidiarität **13** 286
- Frist **13** 291
- Grundüberlegung **13** 297
- Kosten **13** 299
- Materielle Subsidiarität **13** 288
- Missbrauchsgebühr **13** 290
- Rügen **13** 284
- Zurückverweisung **13** 298

Verfügungsgrund
- bauliche Maßnahme **11** 29
- Beheizung **11** 82 f.
- Betretungsrecht **11** 42

- Bloßstellung **11** 91 f.
- Doppelvermietung **11** 19
- Einzugsermächtigung **11** 89
- Kaution **11** 78
- Lärmstörung **11** 86
- Modernisierung **11** 21 f.
- Räumung **11** 13
- Schutzschrift **11** 102
- Stellplatz **11** 90
- Untermietserlaubnis **11** 67 ff.
- Verbandsklage **11** 96
- Vorkaufsrecht **11** 72
- Wiedereinräumung des Besitzes **11** 49 ff.

Vergleichswohnungen
- Konkretisierung im Sachverständigengutachten **4** 61

Verjährung
- Aufwendungsersatz **9** 181, 187
- Beginn **9** 139, 181, 187
- Beweisverfahren **11** 1 ff.
- Hemmung **14** 1, 4
- Hemmung durch Feststellungsklage **6** 19 f.
- Kaution **8** 4
- Mietpreisüberhöhung **9** 146
- Schadensersatzanspruch Mängel **9** 174
- Schadensersatzanspruch wegen Vorenthaltung **9** 106
- Schönheitsreparaturen **9** 139
- Vorauszahlung **8** 20 f.

Verkaufsrecht des Mieters bei Wohnungsumwandlung
- Schadensersatz wegen Vereitelung **9** 205 ff.
- Voraussetzung **9** 205 ff.

Vermieter
- Mehrheit bei Zustimmungsklage **4** 3–4
- Mieterhöhung **4** 3–4
- Zustimmungsprozess **4** 3–9

Vermieterpfandrecht
- Einstweilige Verfügung **11** 54 ff.
- *s. Pfandrecht Vermieter*

Vermieterwechsel, vorzeitiger 1 94

Vermietungsregelung
- einstweilige Verfügung **11** 97

Vermögensverfall
- insolvenzsichere Anlage Kaution **9** 114
- für ortsübliche Vergleichsmiete **4** 41

Verrechnung
- Mietzahlungen **9** 21 f.

Versäumnisurteil
- Berufung **13** 23

Verschlimmbesserung
- Schönheitsreparaturen **9** 136

Verschulden
- nach Vertragsschluss **9** 199

Verschweigen
- arglistiges **9** 35 f.

Vertragsgemäßer Gebrauch 5 6, 41
- bauliche Veränderung **7** 82

413

Register

fett = Kapitel-Nrn.

- Formularklausel **7** 61
- Parabolantenne **7** 89
- Prüfungs-/Besichtungsrecht **3** 7
- Tierhaltung **7** 61

Vertragspartei 1 65 f.
- Eheleute **1** 67 f.
- Vertretung **1** 67 f.
- *s. auch Mietvertragspartei*

Vertragsunterzeichnung
- Ausscheiden eines Mieters **1** 69
- Bezeichnung im Rubrum **1** 67 ff.
- GbR **1** 73 ff.
- juristische Person **1** 73, 78 ff.
- neue Bundesländer **1** 82
- Unterschrift des Geschäftsführers **1** 73
- Unterschriftenreihenfolge **1** 73

Vertragswidriger Gebrauch
- Abhilfezeitraum **5** 20
- Abmahnung **5** 15 ff.
- bauliche Veränderungen **5** 7, 46
- Beendigung vor Klageerhebung **5** 26
- Besucher **5** 12
- Darlegungs- und Beweislast **5** 25
- Fahrräder **5** 14
- Gebrauchsüberschreitung **5** 6, 40
- Hausordnung **5** 9
- Hellhörigkeit des Hauses **5** 9
- Kinderwagen **5** 14
- Obhuts-/Sorgfaltspflicht **5** 8
- Störung des Hausfriedens **5** 9
- Störung Nachruhe **5** 10
- Tierhaltung **5** 13
- Transparente **5** 14
- Verwirkung Einwand **5** 21

Vertreter 4 3
Vertretungszusatz 1 67, 80
Verwalter 1 83 ff.
- gewillkürte Prozessstandschaft **1** 85
- rechtsschutzwürdiges Interesse **1** 85 f.
- Schadensersatz **1** 85

Verwandte
- Aufnahme in die Wohnung **3** 133 (Fn)

Verwender von AGB 1 146 ff.
- Empfehlen von Klauseln **1** 149
- Makler **1** 148

Verwerfungsbeschluss
- Berufungsverfahren **13** 90

Verwertungskündigung 2 52 ff.
- Begründung **2** 54 ff.
- bei Verkauf **2** 56

Verwirkung
- Aufwendungsersatzanspruch **9** 187
- Minderungsrecht **9** 35
- Staffelmiete **4** 130
- Unterlassungsansprüche **5** 21

Verzug
- Mängelbeseitigung **9** 167, 175
- Modernisierungszustimmung **9** 110 ff.

Vollmacht
- Erlöschen bei Insolvenz **1** 129
- Klausel **1** 126

Vollmachtsurkunde
- Vorlage **3** 32

Vollstreckbarkeit
- Anträge zur **12** 11
- Berufungsurteil **13** 47
- ohne Sicherheitsleistung **12** 4
- vorläufige **12** 1 ff.
- Zustimmungsurteil **4** 67

Vollstreckung in Nachlass 1 145
Vollstreckungsfähigkeit 7 41
Vollstreckungsschutz 12 78 ff.
- Anwendungsbereich **12** 80
- Kosten **12** 109
- Verfahren **12** 100
- Voraussetzungen **12** 84

Vollziehungsfrist 11 99
Vorauszahlungen
- Fälligkeit **8** 21
- Urkundenprozess **10** 10
- Verjährung **8** 20

Vorbehalt *s. Zahlung unter V.*
Vorbehaltsurteil
- Urkundenprozess **10** 3

Vorenthaltung der Mietsache
- Annahmeverzug **9** 81
- Irrtum über Räumungspflicht **9** 101
- Nutzungsentschädigung **9** 71 ff.
- bei Räumungsfrist **9** 80
- teilweise **9** 79
- bei Zwangsräumung **9** 80

Vorgetäuschter Eigenbedarf
- Schadensersatzanspruch **9** 192 f.

Vorkaufsrecht
- Auflassungsvormerk **11** 73 f.
- einstweilige Verfügung **11** 71 ff.
- Verfügungsanspruch **11** 71
- Zuständigkeit **11** 75

Vornahme einer Handlung
- Abschluss eines Mietvertrages **7** 39 ff.
- Auskunft bzgl. Eigenbedarf **7** 24 ff.
- Bankbürgschaft *s. Sparbuch*
- Einräumung des Mitbesitzes **7** 98 ff.
- Mangelbeseitigung **7** 1 ff.
- Parabolantenne **7** 88 f.
- Rückbau **7** 82 ff.
- Schimmelbeseitigung **7** 80 f.
- Schönheitsreparaturen **7** 49 f.
- Sparbuch **7** 27 f.
- Tierentfernung **7** 61 ff.
- Untervermietung **7** 57 ff., 67 ff.

Vorschuss
- Aufwendungen Mieter anlässlich Modernisierung **3** 45; **5** 189
- einstweilige Verfügung **11** 32

mager = Rdn.

– auf Schadensersatz Schönheitsreparaturen **9** 135
– Zurückbehaltungsrecht **11** 32

Waffengleichheit
– bei Fristverlängerung **13** 100
Wahlrecht
– Doppelvermietung **11** 20
– Konkurrenzschutz **11** 40
– bei Mangelbeseitigung **7** 8 ff.
– Mieterhöhung nach Modernisierung **4** 97–100
– Rückbau **7** 84
– Schönheitsreparaturen **7** 51
Wassersperrung
– einstweilige Verfügung **11** 93
Wechsel
– Gesellschafter **4** 9
– Mieter **4** 11–13
– Vermieter **4** 5–7
WEG 7 13 (Fn)
– Zustimmung behindertengerechte Nutzung **3** 98
Wegfall des Eigenbedarfs 9 192
Wegfall/Änderung der Geschäftsgrundlage 3 145
Wegnahme von Einrichtungen
– Gestaltung/Duldung **3** 52 ff.
– *s. auch Einrichtungen*
Wegnahmepflicht 3 55
Wegnahmerecht
– Abbau- und Transportkosten **3** 63
– Abdingbarkeit **3** 55
– Abwendung **3** 53, 54
– Ausschluss **3** 54, 56, 62
– berechtigtes Interesse **3** 53
– Darlegungs- und Beweislast **3** 59 f.
– Duldungsklage **3** 46
– Einrichtung **3** 52 ff.
– gegenüber Nachmieter **3** 60
– Sicherheitsleistung **3** 63
– Streitwert **3** 63
– Verjährung **3** 61
– und Vermieterpfandrecht **3** 62
– Zurückbehaltungsrecht Vermieter **3** 63
– *s. auch Wegnahme*
Weitere Beschwerde
– Anschlussbeschwerde **13** 259
– Begründung **13** 262
– Einlegen **13** 252
– Formalien **13** 253
– Frist **13** 254
– Kosten **13** 264
– Rücknahme **13** 260
– Statthaftigkeit **13** 257
Weiterer Schaden *s. Mangelfolgeschaden*
Weitervermietung 9 102
Werkswohnung 1 82

Werkswohnungen
– Zuständigkeit **1** 31 ff.
Wertanpassungsklausel 4 150
Wesentlichkeitsgrenze
– Indexmiete **4** 141
– Staffelmiete **4** 125–129
Wichtiger Grund
– Versagung der Untermieterlaubnis **3** 149, 154
Widerklage 1 104; **7** 33
– Berufungsverfahren **13** 77
Widerruf
– Untermieterlaubnis **5** 18
Widerrufsvorbehalt
– Untervermietung **7** 76
Widerspruch
– des Mieters **2** 116 ff.
– einstweilige Verfügung **11** 1
Wiederaufleben
– des Minderungsrechts **9** 94
Wiedereinräumung des Besitzes
– einstweilige Verfügung **11** 48 ff.
Wiedereinsetzung 13 21
– Berufungsbegründung **13** 38
Wiederholungsgefahr
– Unterlassung (einstweilige Verfügung) **11** 86
Wirksamkeitszeitpunkt
– des Zustimmungsverlangens **4** 21
Wirtschaftlichkeitsgebot
– Aufwendungsersatz **9** 179
– Betriebskostenmanagement **9** 53
Wohnfläche 4 59
– Ermittlung bei Mieterhöhung **4** 59
– Mangel **9** 28 (Fn)
Wohngemeinschaft 1 116, 121
Wohnraummietverhältnis
– Fortsetzung durch
– – Ehegatten **4** 10, 11
– – Erben **4** 13
– – Erwerber **4** 5
– – Kinder **4** 11
– – Lebenspartner **4** 11
– sachliche Zuständigkeit **1** 8 ff.
Wohnung
– Größe **4** 59
Wohnungsbesichtigung
– Duldung **3** 5 ff.
– *s. auch Besichtigungsrecht*
Wohnungseigentümer *s. WEG*
Wohnungseigentümergemeinschaft
– Zustimmungsklage **4** 9
Wohnungsgröße 4 59
– Mangel **9** 28 (Fn)

Zahlung unter Vorbehalt
– Bereicherungsanspruch **9** 241
– qualifizierter V. **6** 52
– nicht qualifizierter V. **6** 53

Register

fett = Kapitel-Nrn.

Zahlungsklage
- auf Vorschuss **7** 50, 53

Zahlungsverzug 2 65
- fristlose Kündigung **2** 65
- Sachvortrag des Mieters **2** 113 f.
- Sachvortrag des Vermieters **2** 65
- Schonfrist **2** 73

Zeitmoment
- Verwirkung **4** 130

Zeitwert
- Beweisverfahren **14** 14 f.

Zerstörung der Mietsache 9 199 ff.

Zeugen
- präsente **11** 1

Zimmerlautstärke 7 11

Zinsen auf Kaution 9 7, 210

Zivilkammer
- Berufungszuständigkeit **13** 15

Zug- um Zug-Leistung/-Verurteilung 3 46, 63

Zugang von Willenerklärungen 5 15

Zugang zu den Mieträumen 5 44
- s. auch Betretungsrecht/Besichtigungsrecht

Zugesicherte Eigenschaft 9 30

Zug-um-Zug
- Rechnungslegung **8** 27
- Verurteilung **7** 30

Zulässigkeit
- ordentlicher Rechtsweg **1** 1
- Werkswohnungen **1** 31

Zulässigkeitsvoraussetzungen
- für Zustimmungsklage **4** 19–22

Zumutbarkeit einer Baumaßnahme 3 20, 38, 76, 88

Zurückbehaltungsrecht
- wegen Auflagen **3** 92
- gegenüber Kaution **7** 28 ff., 33 (Fn) , 35
- Rechtskraft **7** 34
- bei Vorschuss **11** 32
- wegen Vorschusspflicht **3** 45; **5** 89
- Wasserversorgung **11** 93
- gegen Wegnahmerecht **3** 63

Zurückverweisung
- durch Berufungsgericht **13** 126
- Ermessen **13** 127

Zurückweisungsbeschluss
- Berufungsverfahren **13** 90

Zuschlag
- gewerbliche Mitbenutzung **9** 17
- Möblierung **9** 17
- Untermiete **3** 157; **9** 117

Zusicherung
- Eigenschaft **9** 30

Zustand des Mietobjekts
- Mangel s. dort

Zuständigkeit 1 1 ff.
- Berufung **13** 15
- Bürgschaft **1** 15

- Ferienhaus **1** 46
- Geschäftsraum **1** 18
- Hinweispflicht **13** 17
- internationale **1** 63
- Kammer für Handelssachen **1** 24
- Klage gegen Verwerter von AGB **1** 59
- Mischmietverhältnisse **1** 25
- örtliche **1** 35 ff.; **4** 2
- sachliche **1** 7; **4** 2
- Schiedsvereinbarung **1** 4
- sstreitwert- für Zustimmungsklage **4** 68
- svereinbarung für Zustimmungsklage **4** 2
- Verweisung **4** 2
- Werkswohnungen **1** 31 ff.
- Wohnraum **1** 8 ff.
- Zustimmungsklage **4** 2

Zustellung
- an Insolvenzverwalter **1** 128
- Klage gegen Gesellschaft **1** 103
- Verwerfungsbeschluss Berufung **13** 89
- Wiederaufnahme unterbrochenes Verfahren **1** 45, 52
- Zurückweisungsbeschluss Berufung **13** 90

Zustellungsmangel
- Heilung **13** 3

Zustimmung
- bauliche Veränderungen **3** 73 ff.
- behindertengerechte Nutzung **3** 78 ff.
- zur Gebrauchsüberlassung an Dritte/Untermiete **3** 128 ff.
- Klageanträge **3** 76, 125, 159
- Rechtsnatur **3** 4
- zur Tierhaltung **3** 117 ff.
- Zustimmungspflichten des Mieters **3** 168
- Zustimmungspflichten des Vermieters **3** 73 ff.
- s. auch Erlaubnis

Zustimmungserklärung 4 14

Zustimmungsklage
- Aktivlegitimation **4** 3–9
- Beschwer **4** 70
- Bruttomiete **4** 15
- Form **4** 30
- Gebührenstreitwert **4** 69
- Grundmiete **4** 16
- Klageänderung **4** 72
- Klageantrag **4** 19–21
- Klageerweiterung **4** 21
- Klagefrist **4** 28–35
- Klageverbindung mit Zahlungsklage **4** 97
- Kosten **4** 66
- Leistungsklage **4** 15
- Mängel des Erhöhungsverlangens **4** 74–79
- Mieterhöhungsverlangen, nachgeholtes **4** 71–73
- Mietermehrheit **4** 10–14, 32
- Nachbesserung des Erhöhungsverlangens **4** 75

mager = Rdn.

Register

- Nettomiete **4** 15
- Passivlegitimation **4** 10–14
- Prozessvollmacht **4** 71
- Schönheitsreparaturen **4** 16
- Teilzustimmung **4** 18
- Telefax **4** 30
- unbezifferte **4** 20
- Verbindung mit Zahlungsklage **4** 17
- Vermietermehrheit **4** 3–4
- Vollstreckbarkeit des Zustimmungsurteils **4** 67
- Wirksamkeitszeitpunkt **4** 21
- Zulässigkeitsvoraussetzungen **4** 19–22
- Zuständigkeit **4** 2
- Zuständigkeitsstreitwert **4** 68
- Zustellung **4** 30–33

Zustimmungsverlangen
- Mieterhöhung **4** 15

Zutritt zum Mietobjekt s. *Betretungsrecht / Besichtigungsrecht*

Zutrittsrecht
 s. *Betretungsrecht / Besichtigungsrecht*

Zwangsräumung
- verbotene Eigenmacht **11** 10

„**Zwangsverkauf**" **9** 105

Zwangsverwalter 3 24; **9** 84
- Betriebskostenabrechnung **1** 140
- Kaution **1** 139

Zwangsvollstreckung
- Abgabe einer Willenserklärung **12** 74
- Androhung bei Unterlassung **7** 62
- Androhung bei Vergleich **7** 62
- Berufung **12** 21 ff.
- Dauerverpflichtung **12** 67
- Einsicht in Unterlagen **8** 27
- einstweilige Einstellung **10** 4; **12** 20
- Ersatzvornahme **8** 25
- Handlung **12** 61 ff.
- Mitwirkung Dritter **11** 52
- Rechnungslegung **8** 25
- Revision **12** 24
- Sicherheitsleistung **10** 3 f.
- unvertretbare Handlung (Betriebspflicht) **11** 52
- Urkundenprozess **10** 4
- Zutritt **12** 69
- Zwangsgeld **12** 71

Zweckentfremdungsverbot 9 152
Zwischenfeststellungsklage 6 27 f.
Zwischenumzug 3 40

417